"十一五"国家重点图书出版规划
教育部哲学社会科学研究重大课题攻关项

中国传统法律文化研究

······ 总主编 曾宪义 ······

身份与契约：
中国传统民事法律形态

● 主　编　赵晓耕

撰　稿　人（以撰写章节先后为序）

赵晓耕　易　清　肖洪泳
余钊飞　何民捷　王平原
王　立　马晓莉　马　慧
袁兆春　李　力　周子良
柴　荣　何莉萍　李　力
春　杨

中国人民大学出版社
·北京·

《中国传统法律文化研究》
秘书处

负责人：庞朝骥　冯　勇　蒋家棣

成　员：(按姓氏笔画排列)

马慧玥　王祎茗　吴　江　张玲玉

袁　辉　郭　萍　黄东海

中国人民大学法律文化研究中心　　组织编写
曾宪义法学教育与法律文化基金会

目录

导　论

　　身份即身分，指人的出身、地位或资格。身在古汉语中乃会意成字，从人，主体结构形似人体脊骨，指人的身体以及自我、自身，因此，《尔雅·训诂》谓之"朕、余、躬，身也"。分，《说文解字》释曰："别也。""身"与"分"结合成"身分"一词，就是能把某一人与其他人区别开来的出身、地位以及资格等等，北齐颜之推在《颜氏家训·省事》中就自叙："吾自南及北，未尝一言与时人论身分也。"

　　契约，通常地讲，就是证明出卖、抵押、租赁等的文书。契，原为古代在龟甲、兽骨上篆刻文字的行为以及篆刻文字的刀具，后来代指契约、文卷。《说文解字》释："大约也。"这里的约是"缠束之义"。即契在古代即有我们今天的"契约"所含之义，它的法律意义，古人也说得明白："凡簿书之最目、狱讼之要辞，皆曰契。"① "契"有契约之义，"约"也早有契约之义。《汉书·冯奉世传》载："前莎车王杀汉使者，约诸国背叛。"唐颜师古注曰："约，谓共为契约。"② 契约二字联合成词，最早见《魏书·鹿悆传》"契约既固，未旬，综果降。"③ 这里，契约的意思已经与今之契约基本相同，即指双方或多方同意订立的条款、文书。

　　"身分"与"契约"，均是中国古代早已有之的概念，但把身份与契约这两个名词在学术上如此紧密地结合在一起，与英国法学家梅因在其代表作《古代法》中的重要观点有莫大关系：

　　　　所有进步社会的运动，到此处为止，是一个从"身份到契约"的运动。④

　　身份和契约是否能够作为社会进步的标识？对这一问题可能仁者见仁，智者见智。但身份与契约在法律史研究中的重要性则不容否认。研究中国传统法律中的身份与契约问题，是本卷的中心任务。而确定身份与契约为本卷的主题并把身份、契约与中国传统民事法律联系起来，则是受到梅因《古代法》影响的更直接证据。梅因在研究了以罗马法为主要标

---

① （清）段玉裁：《说文解字段注》，2版，522页，成都，成都古籍书店，1990。

② 《二十五史》（一），296页，上海，上海书店、上海古籍书店，1986。

③ 《二十五史》（三），2373页，上海，上海书店、上海古籍书店，1986。

④ ［英］梅因：《古代法》，沈景一译，97页，北京，商务印书馆，1959。

本的众多古代法的身份、家族、继承、财产、契约等制度以及侵权与犯罪等规定之后，得出结论："法典愈古老，它的刑事立法就愈详细、愈完备。"① 梅因的这一观点深深地影响了学者对中国法制史的研究，以至于 1959 年商务印书馆出版梅因《古代法》的中文译本时不得不特别在正文前面印上著名民法学家李祖荫的小引，声明：

> 梅因在他的著作中有这样的错误论调：一个国家文化的高低，看它的民法和刑法的比例就知道。大凡半开化的国家，民法少而刑法多，进化的国家，民法多而刑法少。他这几句话被资产阶级学者奉为至理名言。日本有的资产阶级法学家更据此对我国大肆诬蔑，说中国古代只有刑法而没有民法，是一个半开化的、文化低落的国家。就在我国，也有一些资产阶级法学家像鹦鹉学舌一样，把自己的祖先辱骂一顿。事实上，古代法律大抵都是诸法合体，并没有什么民法、刑法的分别，中国古代是这样，外国古代也是这样。国家的先进和落后要具体地历史地考察，主要从其社会制度是否适合当时生产力的发展来衡量，而不能单以作为国家上层建筑之一的法律制度之完善与否为尺度，至于民法与刑法的比例则更不是一种什么准则。②

由于特殊的历史环境，李祖荫的这段话带有浓厚的意识形态味道，把一些学术上的讨论简单地加上了政治标签，但它却反映了梅因的思想已经深深地影响了学者对中国法制史的研究这一历史事实。

自从近代西方法学被引入中国并占据主导地位之后，不论我们愿意与否，中国学者都不得不在西方法学的语境中研究中国传统法律文化。我们所面临的对象是中国传统法律文化，我们也许能够尽可能地追求用中国传统的方法进行研究，但我们所处的时代已经发生了根本性变化，我们无论如何也无法回复到过去。我们可能并不赞成梅因的观点，我们得出的结论可能与梅因的结论迥然不同，所有这些都无法否认梅因对我们研究的影响。历史学的基本特征就是对已经发生过的事件进行研究，以期认识过去事件的原貌。然而，历史事件的原貌是后代人难以真正认识的。任何看似公允的历史学研究，都无法逃脱研究者想象的影响。而研究者的想象又无不带上来自他所生存时代的特征和他个人理解力的烙印。每个时代、每个民族都有一批批的历史研究者从事着繁杂的历史研究，但都深深打上时代的烙印。因此，意大利历史学家克罗奇告诉我们："所有的历史都是当代史。"我们反对把历史与现实简单地加以联系，但我们也明白：我们通过史实考证、史料辨析等多种方法追寻历史真实，我们通过文化解释、比较法学等方法研究中国传统法律文化，其目的在于探讨它对当代的影响以及探求未来的走向，正如雅斯贝斯所指出的那样：

> 历史指导我们超越所有的历史而进入至高无上的全面理解综合（the Comprehensive）——那是最终目标。思想虽然永远不能达到这个目标，然而却可以接近它。③

---

① ［英］梅因：《古代法》，沈景一译，207 页，北京，商务印书馆，1959。
② ［英］梅因：《古代法》，沈景一译，小引，北京，商务印书馆，1959。
③ ［德］卡尔·雅斯贝斯：《历史的起源与目标》，魏楚雄、俞新天译，序言第 2 页，北京，华夏出版社，1989。

（一）

梅因在《古代法》中提出了古代法典民法与刑法的比例问题，而近代中国对中国传统民商事法律的探讨则首先在中国古代有没有民商事法这一问题上形成高潮。近代思想界的巨子梁启超最早提出中国无私法、无民法的观点。他说："我国法律之发达，垂三千年，法典之文，万牛可汗，而关于私法之规定，殆绝无之。""我国法律界最不幸者，则私法部分全付阙如之一事也。"① 王伯琦不仅支持梁启超的观点，而且还对中国几千年来为什么没有民法，从民法规范的对象与经济社会的关系的角度进行了论证。他认为，中国古代是一个农耕社会，而在农耕社会里，民法所调整的身份和财产关系并不发达，付与习惯加以调整即可。国家只需用刑罚维持社会秩序。"观之唐律以至《大清律例》之内容，仍未脱政事法及刑事法之范围……公法与私法，民法与刑法等名词，原系来自西洋，如其意义在吾国未有变更，则谓吾国在清末以前，无民事法之可言，谅无大谬。"② 对于散见于历代律令中的户役、田宅、婚姻、钱债等方面的规定，王伯琦认为，其目的仍只在于维护社会秩序，与现代民法的目的完全不同。"（历代律令中）户役、田宅、婚姻、钱债等篇，虽亦含有个人与个人间应遵循之规范，但其所以制裁者，仍为刑罚，究其目的，仍在以政府之政治力量，完成安定秩序之作用。其间之关系，仍为公权力与人民间之关系，仍属公法之范畴，与所谓民事法之趣旨，不可同日而语。如现行刑法有侵占、诈欺、背信、重利等罪之规定，其中无不含有民事上债权物权关系之规范在内，但其为刑事法而非民事法，固不待言也。"③

与否定者旗帜鲜明不同，最先肯定中国古代有民法、认为"礼"就是中国古代的民法的梅仲协则显得不那么理直气壮。梅先生认为，"我国春秋之世，礼与刑相对立……礼所规定之人事与亲属二事，周详备至，远非粗陋残酷之罗马十二表法所敢望其项背者。依余所信，礼为世界最古最完备之民事法规也。"但面对春秋之后礼崩乐坏的历史事实，梅先生不得不承认，自商鞅变法、礼与刑之间的分界泯灭之后，只在律典的户婚、杂律之中还残留着些许民法规定，"故中华旧法，以唐律为最完备。惜乎民刑合一，其民事部分，唯户婚、杂律中，见其梗概耳"④。

与否定说和肯定说的针锋相对不同，杨鸿烈、戴炎辉、胡长清、杨幼炯、徐道邻、张镜影、林咏荣等法学名家皆持此民刑合一说。如，杨鸿烈先生说："以中国上下几千年长久的历史和几百种成文法典而论，公法典占绝大的部分，纯粹的私法典简直寻找不出一部。在现时应该算是私法典规定的事项也包含在这些公法典里面，从来没有以为是特种法典而独立编纂的。并且这些公法典里的私法的规定也是很为鲜少，如《亲族法》的婚姻、离婚、养子、承继，《物权法》的所有权、质权和《债权法》的买卖、借贷、受寄财物等事也不过只规定个大纲而已，简略已极。"⑤ 胡长清先生也说："中国古无所谓法典，有之，自

---

　　① 梁启超：《论中国成文法编制之沿革得失》，载《饮冰室合集·文集之十六》，52～53页，北京，中华书局，1989。
　　② 王伯琦：《民法总则》，15页，台北，"国立编译馆"，1963。
　　③ 王伯琦：《民法总则》，15页，台北，"国立编译馆"，1963。
　　④ 梅仲协：《民法要义》，15～16页，北京，中国政法大学出版社，1998。
　　⑤ 杨鸿烈：《中国法律思想史（下）》，250～251页，上海，上海书店，1984。

李悝之《法经》始。《法经》计分六编（盗法、贼法、囚法、捕法、杂法、具法），然皆属于刑事。商鞅传之，改法为律。汉相萧何更加悝所造户、兴、厩三篇，谓之九章之律。于是户婚之事亦入于律……《大清律例》仍首名例，次《吏律》二卷，《户律》七卷，《礼律》二卷，《兵律》五卷，《刑律》十一卷，《工律》二卷，《户律》分列七目，共81条，虽散见杂出于《刑律》之中，然所谓户役、田宅、婚姻、钱债者，皆民法也。谓我国自古无形式的民法则可，谓无实质的民法则厚诬矣。"① 无论是杨鸿烈的民事与刑事糅杂，还是胡长清的形式的民法与实质的民法，其本质上都是变相的肯定说。

此外，还有民法与礼合一说。潘维和先生说："吾人宁可认为民法与礼合一说，或习惯法（礼俗惯例）较能赅固有法系中民事法之形成、发展或其本质、作用。唯持此说之学者，在观察之角度上颇有出入，即所谓礼书为民法法源。有认为民法为礼制之一部分，有认为民法包涵于礼之中即所谓礼与民法混合，有认为民法为另一形态之礼，即所谓民法独见于礼。要之，若谓古来民刑区分，民法并无专典，而礼中之一部分，除刑事、政事外，即为民事规范，或无大误。"② 史尚宽教授也持相同观点："太古时代之事迹，书阙有间，不可得而征矣。溯自唐虞以迄前清，其间历年数千，势有弛张，而法书亦遂有多少之变革。惟其中最可令人注意者，即其编纂之精神，数千年皆一贯是也。盖吾国法书，本义辅翼礼教，礼教所不能藩篱者，然后以法律正之。清之律令，渊源于明，明之律令，渊源于唐，唐之律令，渊源于隋，隋本于北齐、后周，卒皆形式稍变，而用意不变。偏重于公法之制度，而私法关系，大抵包括于礼制之中。然亦有私法关系为法书规定之内容者。如所谓户律、婚律、户婚、户役、田宅、婚姻、钱债等篇目是也。此种法条之规定，且有随时代增详之趋势。可谓皆民法也，不过混杂于刑法之中，且未见其发达耳。谓我国无形式的、完善的民法则可，若谓无实质的民法，则厚诬矣。"③

中国古代有无民法这一问题自20世纪初提出，在20世纪30年代形成一个讨论高潮。分析诸家观点，有学者归纳为"两类三种"："一类为否定说，一类为肯定说。肯定说分两种，一种认为中国古代民法存在于国家颁布的正式律典中，即'肯定说'与'民刑合一说'；一种认为中国古代民法除了存在于国家正式的典章或礼制中外，尚有以礼俗习惯为表现的存在形态，即所谓的'民法与礼合一说'。其共通处在于认为不能否定中国古代存在有实质民法。"④ 20世纪80年代，围绕古代中国是否有民法又一次展开了热烈讨论。这次讨论，虽然在论据与论证方面与30年代的讨论有了很多不同，但讨论者所持的观点仍基本可归为上述三类。经过讨论，至少在大陆学界形成了一个共识："从广义来看，无疑在我国古代是存在调整民事财产关系和人身关系的民事法律规范的，亦即是存在民法的。"⑤

开篇之初即回顾对中国古代是否有民法这一差不多持续百年的讨论，我们的目的不只是想以一个共识来为本卷确定研究范围，而是我们认识到：中国古代是否有民法这样一个

---

① 胡长清：《中国民法总论》，15～16页，北京，中国政法大学出版社，1997。
② 潘维和：《中国近代民法史》，54页，台北，汉林出版社，1982。
③ 史尚宽：《民法总论》，47页，台北，正大印书馆，1980。
④ 俞江：《关于"古代中国有无民法"问题的再思考》，载《现代法学》，2001（6）。
⑤ 陈嘉梁：《"民法"一词探源》，载《法学研究》，1986（1）；李龙：《中国民法沿革考略》，载《法学研究》，1986（4）。

看似简单的问题不仅关系到什么是民法、什么是划分民法的标准等问题，更是关系到怎样认识中国传统民事法律以及中国传统民事法律特点等问题，它还涉及中国传统法律的特征以及中国传统社会的本质等更高层次问题。因此，我们认为这一问题是研究中国传统民事法律的元问题。对这一问题的百年左右的探讨，表面上看来，共识似乎已经形成，答案似乎已经找到。但我们更相信，对这个元问题的探索是无穷尽的。表面的平静正预示着更大的突破，而对这一问题的更深入探讨还将带动我们更深刻地认识中国传统民法、中国传统法律甚至中国传统社会。

（二）

对中国古代是否有民法这一问题的讨论，并非仅仅是得出一个"有"或者"无"的结论。更重要的是，学者们通过对这一问题的回答与论证，解决了一些基本的理论问题。例如，从哪里去寻找中国古代的民事法律这一基本问题就被放到了很重要的位置加以考虑。通过讨论，学者们更倾向于把那些实质上起到规范作用的一系列原则、规则的总和当做法，而抛弃了法仅仅是国家颁布的成文法的观点。从这个角度来看，就没有必要再强调礼与律例的界限，而对古代民法的探讨也不应再局限于包括律典在内的一切静态的法，而应越来越关注动态的法，中国传统社会中的买卖、典、佃、抵押、婚姻、继承等民事习惯及具体运作形态都应在研究范围之内。梁治平等学者把它称为习惯法并为习惯法下了定义："习惯法乃是由乡民长期生活与劳作过程中逐渐形成的一套地方性规范；它被用来分配乡民之间的权利、义务，调整和解决他们之间的利益冲突；习惯法并未形诸文字，但并不因此而缺乏效力和确定性，它被在一套关系网络中实施，其效力来源于乡民对于此种'地方性知识'的熟悉和信赖……官府的认可和支持有助于加强其效力，但是它们并非习惯法所以为'法'的最根本特征。"[1] 所谓的"内在的"或"自然的"民事规则，实际上，也间接地证明了中国古代有民法这一结论。

一部分学者用法律文化解释方法来回答中国古代有无民法这一问题，还有部分学者用历史考察方法来回答这一问题。有关中国古代民商事法规的史料，随着考古发现和法律古籍整理的长足发展，已是日有所增。已出版的以史料为主的著述也是越来越多，这为我们从事进一步研究提供了难得的条件，也为我们阐明自己的观点与看法奠定了史料基础。在分析史料的基础上，有学者将中国古代漫长的民事法律发展过程划分为三个阶段：初创阶段——夏、商、周，发展阶段——秦汉至唐，完备阶段——宋、元、明、清，并且还总结出了各个不同发展阶段所具有的一些特征。[2] 更进一步的研究则摆脱了历史分期方法而更多地使用法学研究方法、更宏观整体地把握中国传统民事法律的特征，他们认为：中国古代通过对公权力的规定而相对界定了私权活动的范围——固有民法强调禁与罚而非正面地肯定权利，古代法典是在实定性的私法体系外设想和构筑民事法律秩序——正律仅仅是一种作为民事活动底线的最基本的要求，中国古代民法是由多种法律渊源构成的法律规范体系——中国古代固有的广义的实质意义上的民法，了解中国古代民法的多种渊源，是理解中国固有民法的关键，中国固有民法是在一个包含有多个法律规范系统的层面之中、实施

---

① 梁治平：《清代习惯法：社会与国家》，166 页，北京，中国政法大学出版社，1996。
② 参见张晋藩主编：《中国民法通史》，4～22 页，福州，福建人民出版社，2003。

多种法律渊源综合调整的法律规制方法。①

上述研究启发我们反思早先因中国古代无独立民法典而得出的中国古代漠视民事法律关系的结论。例如，中国传统社会以农业经济为主，作为农业基本生产资料的土地就成为传统法律调整的主要内容。中国人对地产、田宅的关心源远流长，至今仍不见衰减。内地城乡的盖房热，香港房地产的飙升，海外华侨购买不动产的高比例，都是这一古老传统对中国人影响的现代形态。产生于其中的许多法律关系及其调整手段，不说是独一无二的，也可谓是特色颇具。以往认为古代官府疏于涉足"田土之事"，视其为细故。但古语中亦有："杀人偿命，欠债还钱"，"清官难断家务事"等说法。说明古人视欠债与杀人同属重要，清官必常断"家务事"才有"难断"之叹。而且，历代大小官吏皆以"民之父母官"自居，事实上，地方官吏的首要任务即为"亲民"。正常社会状况下，杀人越货究属非常，恰恰是须臾关乎民命的田土细故之争成为官们日常需要处理的事务。所以，那种以为古代官吏不注重田土之事的观点，甚或由此推论古代官方不能、不愿规范出一套相应的调整制度的观点是传统儒家学说对官吏理想人格的一种理论期求，而非历史上官吏的实际行为状况。事实上，历代王朝对田土之事不是不重视，而是注重的方式方法和体现出的法律形式以及指导司法实践的思想观念与今天大异其趣罢了。

田土之事本是民事法律调整的重要领域，而传统中国对此的调整方法与西方也有很大差异。传统中国血缘伦理的政治结构、安土重迁的小农经济均视土地为终极的财富象征，故土难离，祖宗留下的家业难以舍弃。正因为其在中国人的社会生活中占据着如此重要的地位，因而国家一直把其作为自己权力调控的重要领域。自汉以降，占田、均田也好，魏晋隋唐的口分、永业也罢，直到宋元以后的不抑兼并，以至近代革命的根本目的——土地的再分配，这一传统观念的深入人心，比之于基督教对西方人的影响，也不逊色。即使在当今的经济改革中也是一个不可忽视的重要因素。从1950年前后的"土改"，到1980年前后的"土地承包"，都体现着国人对土地权益的关心，以致几度凉热的房地产，也莫不反映着国家权力对这一领域控制力度的强弱。而为了调整因土地而衍生的庞大利益体系，也就生产了一套繁杂的法律体系。官府对土地的控制，通过家庭来实现，故有家长权的特殊规定，进而形成一系列家族法规。随之而来的户籍、税收、借贷、租赁、典当等法律规范，莫不彼此相关。官府收税，要核对户籍；因缴税，由于年景好坏收成多少不同，农民不免借贷；因借贷不成，不免典卖田宅，出当动产；因动产、不动产的丧失，不免租赁他人土地；如此等等。而官商、官绅的彼此勾结，更是操纵上述种种法律关系中的一种或数种来从中渔利。以中国传统社会的户籍法规为例，户籍是税收的基础，历代皆有官户与私属之争，实则是皇家与中小地主的财富分割之争，因此户籍法不可不严，而历代此类法规的发达有目共睹，存在大量有关户籍、户等、立户、分户等等法律规范。在传统社会的借贷方面，官绅、官商勾结的高利贷，向以中国特色著称于史，其中的相关法律规定自是不厌其详。历史上的许多次所谓改革，相当部分都是为了纠正这一时弊。但是"道高一尺，魔高

---

① 参见李显冬：《中国古代民事法律调整的独到之处》，载《晋阳学刊》，2005（5）；《从〈大清律例〉到〈民国民法典〉的转型——兼论中国古代固有民法的开放性体系》，北京，中国人民公安大学出版社，2003；叶孝信主编：《中国民法史》，31～33页，上海，上海人民出版社，1993。

一丈"，高利贷虽有死刑相胁，仍是屡禁不绝，而借贷方面的法律调整，则是日有所进。而在最具中国古代特色的典当这一特殊的买卖形态中，离开了传统的商业信誉和基于血缘的权利移转及私有观念，便很难理解这一交换方式。不仅物可典可当，人、妻、子女皆可典可当，其中不乏古人的"期货意识"。在这一独特的买卖形态中，尤以土地的典卖最为复杂最有特色，其繁复程度大出今人的意料之外。自然，在传统的私有观念和经济形态中，历代官府对私有形态的存在方式是有选择和限制的。进而言之，任何一个特定的社会形态，其所认可的私有形态都有其历史的特殊性。统治者出于现实统治的需要，只会选择有利于其统治的私有观念和私有制度，并通过法律手段来强化这一选择。

宏观上的归纳总结落实到微观上，首先必须解决鉴别中国古代民商事法律标准这一问题。中国古代某一具体法律规范是否属于古代民商事法律范畴？其主要或说第一位的标准就是考察它所调整的对象是否是财产和人身关系。对于这一标准，学者们没有多大异议。问题的关键或者说争议的焦点集中于第二个标准，即如何看待这些法律规范所采取的调整手段。一般认为，中国古代民商事法律的调整手段分为三类：第一类调整手段指纯粹的或者说大致符合今天民商事法律概念的法律调整手段。对这一类调整手段，没有多大争议，很自然地把其划入古代民商事法律范畴。虽然这类法律规范在中华法系中凤毛麟角，但也不能说就没有，如关于时效和典卖，古代民商事法律规定："如是典当限外，经三十年后并无文契，及虽执文契，或难辨真伪者，不在论理收赎之限"[①]；关于相邻关系，规定："居住原有出入行路，在见出卖地者，特与存留"，"地原从官地上出入者，买者不得阻障……"[②]；还有关于添附的规定："今后，如元（原）典地栽木，年满收赎之时，两家商量。要，即交还价值；不要，取便斫伐，业主不得占吝"[③]；等等。这些规定，在今天的民商事法律中仍然可以找到相应或相类似的规定。第二类是既有民事，又有刑事或行政的法律调整手段。在中华法系中，这类法律规范占绝大部分。对第二类调整手段，由于情况比较复杂，因而不能将其作简单划分。对那些调整对象虽属民事性质、调整手段明显属行政性质的法律规范，则不应全部纳入古代民商事法律范畴。对那些法律调整对象显属民事性质、调整手段带有刑罚内容的法律规范，应划入古代民商事法律范畴。如有关买卖契约，规定："卖物及买物人，两不和同而较固取者……杖八十。"[④] 再如有关债的发生，宋代律典就规定："其有用功修造之物，而故毁损者……计庸坐赃论，各令修立；误损毁者，但令修之，不坐。"[⑤] 同时，《宋刑统》也有债的履行的规定："诸负债，违契不偿，一匹以上，违二十日，笞二十……各令备偿。"[⑥] 对这类法律规范，虽然它在中国古代是规定在刑律中，我们今天进行研究时，也应将其划入民商事法律的范围。第三类是礼的调整手段。礼这一类调整手段与前两类有重合的部分，这类法律规范在中华法系中占相当比例，它们一般都应划入古代民商事法律的范畴，如关于宗祧继承、妇人"七出"的规定等等。当然，以上三类鉴别方法

---

① 薛梅卿点校：《宋刑统》，231 页，北京，法律出版社，1999。
② （清）徐松：《宋会要辑稿》（五），4874 页，北京，中华书局，1957。
③ （清）徐松：《宋会要辑稿》（五），4814 页，北京，中华书局，1957。
④ 薛梅卿点校：《宋刑统》，485 页，北京，法律出版社，1999。
⑤ 薛梅卿点校：《宋刑统》，501 页，北京，法律出版社，1999。
⑥ 薛梅卿点校：《宋刑统》，467 页，北京，法律出版社，1999。

仍然不很精确。我们据此鉴别古代法律规范时，仍会遇到许多法律规范介乎几者之间，即亦刑、亦民、亦行政的情况。但同样的情况在今天也仍然存在，今天也仍有许多归属说法不一的法律规范乃至单行法规。法律规范的划分在任何时候都只具有相对的意义，而不是绝对的。就今天的情况来说，一些新制定的法律特别是单行法规，其"诸法合体"的特点不是在减弱，而是在加强。这也许是文化融合、法系融合分久必合的一种趋势。

（三）

法律作为上层建筑，必然体现国家意志。中国是世界四大文明古国之一，国家政权形成较早，但这个"早产儿"也把氏族制度下的许多做法以宗法形式保留了下来。中文用"国"和"家"这两个字组成了"国家"这一概念，这实际上也反映了中国这个东方古国的"国家"演变的历史。中国早期的国家就是由氏族组织蜕变而来、以血缘宗族关系为基础建立起来的。它经过夏、商的逐步完善，到了西周时期已完全把"国"与"家"紧密结合起来、构成一体。周天子在宗法上是天下的大宗，在政治上则为同姓诸侯的共主，亡国即是亡家。而中国自进入阶级社会时起，便在国情因素作用下实行专制主义政体。权与法紧密结合，皇帝居于至高无上的地位，拥有无限的权力，口含天宪，言出法随。公权渗透到私人生活的各个领域，融家于国并以家族本位吞没个体利益。在古人心目中，国是家的放大，家是国的缩小。家族本位的观念形成了极其复杂的亲属制度，成为中国传统民法的一个主要内容，朝廷的法律希望民间民事权利的维护和行使能由权利人自行解决，不要过多烦扰官府。① 众多学者探讨中国古代的政治制度与中国古代民法的关系，认为在严酷的专制统治下人身依附关系长期存在，不能广泛提供法律上权利与义务关系的人格平等，家国一体的政治格局，限制和扼杀了人的平等、自由权利，法律附庸于王权，不可能产生维护人民平等地位、自由意志的民法。总之，中国独特的政治结构是中国古代没有民法或中国古代民法发展缓慢的原因。这一结论当然是正确的，但如果仅仅局限于这一结论也是不恰当的。如果以"市民社会、具备形式理性的私法规范体系、独立的民事诉讼程序"这一法律标准来衡量，中国古代是没有民法的。但如果我们在社会结构与规范功能意义上定义中国古代民法时，我们会看到，在社会结构方面，对私人或私人团体之间的关系，国家干涉的范围比较小，干涉的强度也比较低；在规范功能上，涉及财产和人身关系的私人问题都归属于"民事"范畴，其规范的表现形式包括国家律典、例规，以及礼制、家法族规、风俗、民约等习惯性规范。② 在此基础上来看中国古代民法与中国传统的政治结构的关系，中国古代民法的宗法制特征便特别清楚地凸显出来。古代中国自上而下遍及每一个角落的宗法制组织形式，深深地决定着中国的传统法观念。无论是纵向的组织还是横向的组织，都是家庭这种组织形式的原则在别的领域的适用，法律以全力维护"家国一体"模式为己任。国家之内的一切层次、一切类型的社会组织都不过是直接或间接的、原态或变相的宗法组织，宗法伦理是古代中国法观念的基石、核心。这集中体现在以下各方面：一是国的家化，君的父化；二是官民关系的父子格局；三是其他一切社会关系的宗法化；四是为宗法化服务的其他行政制度。从民事方面的规定看，中国传统法律关于民事问题的规范，更特别注意从

---

① 参见郭建、邱立波等：《中国民事传统观念略论》，载《华东政法学院学报》，1999（2）。

② 参见张生：《中国"古代民法"三题》，载《法学家》，2007（5）。

细微的角度维护宗法伦理秩序，捍卫宗法社会组织结构，防止对它的任何破坏。① 中国古代法律很大程度上向宗法伦理倾斜：法律规范就靠于亲情关系，往往因为法律关系人的亲情身份的变化而改变。其表现在：第一，尊卑长幼及夫妻之间在法律上具有明显的不平等地位；第二，法律确认家庭为国家统治下的基本单元，并强制保护家庭内部的伦理凝聚力。② 所有这些，都影响到了人们对中国古代传统民法文化特征的概括与总结。

　　小农经济是构成中国传统民事法律文化的又一基础。对小农经济与传统民事法律关系的研究进程自上一世纪前半期即已经开始，而近期则又是一个成果迭出的时期。从早期的《中国田赋史》到后来的《地赋丛钞》，学者们首先关注的是史料的收集与整理，通过对先秦、汉唐、宋元、明清及近世的地制和田赋史料的收集与整理，为农业及赋税领域的研习提供了可靠的数据，从而展示中国小农经济的发展历程是学者的首要任务。③ 而小农经济在中国历史上的若干历史时期的发展与演变则成为不同学者的关注重点。例如，从战国到秦汉，中国的小农经济最基本的特性，就是低投入和低产出，其后则由于高额的租税剥削，低投入的情况甚至变得更加严重，中国经济史上"枣"与"桑"的并称，反映出粮食替代品生产对维持农民生活的重要性。④ 汉朝是中国小农经济主基调确立的时期，农业呈现出精耕细作、出现农舍工业、重视国家调节功能、形成全国性交通网络等四大特征。⑤ 北魏以来的均田制在唐代得到承继，这一保护小农经济的措施为整个社会变革提供了制度保障，在均田制下，小农经济独立性日益增强，乡村市场日趋繁荣，导致了社会阶层出现结构性调整，由身份等级分层向贫富分层转化，富民阶层的崛起，租佃制的盛行，不仅导致了国家政策、制度的调整，而且为乡村控制的转型提供了基础，其中一个显著的变化是乡村控制方式开始由乡官制向职役制转化。⑥ 用法学方法来研究宋元以来资本主义生产关系萌芽这一著名的历史问题亦是学者们关注的重点。受中国古代义利观的影响，历代颁布了许多强调农业重要性的政策与法令，同时蠲免徭役、减轻租赋，并以律法贬低商人的社会政治地位，但自宋代开始，人们对商人与经商的看法有显著改变，开始出现士人与商人、官员与商人结合的社会现象并且在法律上得到反映。两宋时商业贸易活跃频繁、商业的发展也使商事立法更加详备：主要有市场与市场管理法规、均输法与市易法、严禁走私的律法与衡器和物价管理法规、禁榷律法、对外贸易律法、商税制度等等。⑦ 研究明清租佃关系、雇佣关系、地主农民关系，可以看出，明清时期封建土地关系已经松懈，中国农业经济在封建社会后期呈现出独特发展道路。⑧ 小农自然经济向商品经济的转化是明清时期农村经济关系的

---

　　① 参见范忠信：《中国法律传统的基本精神》，89～94 页、112～117 页，济南，山东人民出版社，2001。

　　② 参见朱勇、成亚平：《冲突与统一——中国古代社会中的亲情义务与法律义务》，载《中国社会科学》，1996 (1)。

　　③ 参见陈登原：《地赋丛钞》，北京，中国财经出版社，1985。

　　④ 参见程念祺：《中国历史上的小农经济——生产与生活》，载《史林》，2004 (3)。

　　⑤ 参见许倬云：《汉代农业——中国农业经济的起源及特性》，桂林，广西师范大学出版社，2005。

　　⑥ 参见曹端波：《唐代小农经济的发展与乡村社会控制的转型》，载《思想战线》，2006 (3)。

　　⑦ 参见赵晓耕：《两宋商事立法述略》，载《法学家》，1997 (4)；赵晓耕：《宋代官商及其法律调整》，北京，中国人民大学出版社，2001；赵晓耕等：《中国古代义利观对重农抑商法律传统的影响》，载《船山学刊》，2008 (2)。

　　⑧ 参见李文治：《明清时代封建土地关系的松懈》，北京，中国社会科学出版社，1993。

重要变革，中国封建的小农经济是个体经济，它的个体性是生产自然性的表现，但个体经济不一定都是自然经济，从历史上看，自然经济小生产和商品经济小生产都属于个体经济的范畴，而后者是前者的转化物，规模细小、经营分散是它们的共同特征，自然经济和商品经济则是它们的本质差别。① 研究清代工商业碑刻资料可以发现，清朝社会各行业有关商事规范的各种制度、法令已经形成宏大的中国传统商事立法体系，它反映了中国商业发展对规范与秩序的要求，即使在重农抑商的社会大背景下，商事规则的发展也呈现出难以抗拒的历史潮流。② 而黄宗智以华北平原及长江中下游平原为背景的研究，融法律与习俗、文本与实践、社会与文化于一体，对数百年来中国不同地区的农村及小农经济的演变提出了自己的看法。③ 包括上述研究在内的许多成果常常引起争鸣，但每一次争鸣对中国传统民事法律文化的研究都是一种推动，其进程的显著特征就是不再仅仅把小农经济作为中国古代民事法律发展缓慢的原因来研究，而是更进一步地探讨它到底给中国传统民法文化留下了什么。

中国传统义利观对中国古代民法的影响也是研究重点之一。中国传统义利观是中国传统社会伦理思想的重要组成部分，在伦理思想体系中居于显著地位，是古往今来思想家和社会大众普遍关注与思考的问题。义利之辩是独具中国特色的人生哲学，是从先秦至今规范中国社会思想和意识形态全部进程的中心议题，是每次深刻社会变革论争的焦点所在。孔子关于义、利的最初观点，儒家学者对其思想的丰富与发展，表现出了封建正统思想对中国传统文化的深远影响，儒、墨、道、法各派关于义、利的不同主张，特别是法家作为先秦诸子中颇具影响的一个学派，以人性好利自私为立论基础，主张利以生义、以利为义，对中国历史的发展产生了深远的影响。④ 宋明理学是儒学发展史上的高峰，理学诸儒的义利观作为理学庞大体系的一部分，影响了当世及后世对法律、官员、士人和商人与经商的看法及评价。中国古代义利观的演变是中国正统法律思想对政治、经济等的反映的演变。中国传统义利观是中国重农抑商法律传统的思想基础，其在法律规范上的具体表现则是颁布了许多强调农业重要性的政策与法令；蠲免徭役，减轻租赋；以律法贬低商人的社会政治地位；重征商税；不断改变币制等。⑤ 在研究重农抑商思想的形成、发展、统治、衰落、破产的演变过程时，既对消极影响进行批判，也不应回避其在传统农业经济中的积极作用。⑥

研究中国古代民法必须研究上述其赖以存在的社会政治、经济与思想观念基础，但在具体研究中国古代民事法律规范及其特点时，实际上很难分清哪些是由政治、经济与思想观念分别作用而形成的，其往往是多因素综合着力的结果。氏族制度下的许多遗俗以宗法形式保留下来，到西周时期已经形成完备的宗法制度。从《周礼》等儒家经典的许多记载

---

① 参见柯建中：《略论明清时期小农自然经济向商品经济的转化》，载《四川大学学报（哲学社会科学版）》，1983（4）。

② 参见孙丽娟：《清代商业社会的规则与秩序》，北京，中国社会科学出版社，2005。

③ 参见黄宗智：《华北的小农经济与社会变迁》，北京，中华书局，2000；《长江三角洲的小农家庭与乡村发展》，北京，中华书局，2006；《清代的法律、社会与文化：民法的表达与实践》，上海，上海书店出版社，2001；《法律、习俗与司法实践：清代与民国的比较》，上海，上海书店出版社，2003。

④ 参见许青春：《法家义利观探微》，载《中南大学学报（社会科学版）》，2006（6）。

⑤ 参见赵晓耕等：《中国古代义利观对重农抑商法律传统的影响》，载《船山学刊》，2008（2）。

⑥ 参见张守泽：《中国历史上的重本抑末思想》，北京，中国商业出版社，1988。

中就可以看出，西周宗法制度，最基本的就是"德以柔中国，刑以威四夷"①，即在处理与外族的敌对关系时形成了"刑"，在处理宗族贵族内部的尊卑上下关系中形成了"礼"。在这"礼"与"刑"之中，就萌芽出了许多中国最初的民事法律规范，如其中的"听取予（借贷）以书契"、"听称责（债）以傅别"、"听买卖以质剂"②等规定，以及其中体现出的"均平"、"名分"、"信义"等思想，未尝不可引为中国历史上早期的民商事法律规范和思想。但应当看到，宗法制度的发展与成熟，并不利于民商事法律的发展。宗法制度之下的礼的调节作用，并非是独立发展而是与刑相伴而存在的，民刑不分这一事实使得萌芽中的民事法律规范在最初阶段就被淹没在宗法制度下，失去了独立发展的可能。当然，这也是与当时的生产力发展状态相适应的。土地国有，生产力低下，广大民众长期固定在土地上从事着自给自足的农业生产活动，也只有这样才能生存。一些必要的产品交换也基本不超出血缘亲属关系的范围，其目的并非营利，而是基于宗法关系的互通有无，社会实际生活中民事法律关系稀少，本来就不发达的商品经济和商品交换长期处于一种十分简单的状况。

　　"如果说自然经济是宗法制度产生的必要前提，抑商政策则是宗法制度所要求的必然结果。"③ 这在秦汉以后特别明显。秦汉时期，随着封建土地私有制的发展，封建商业也获得了较大发展，但封建统治者则不是顺应其发展而变革，而是采取了一系列旨在扼制封建商业和由此产生的商品交换关系以维护、发展封建小农自然经济的政策，以达到其维护以宗法制度为核心的整套封建专制国家政权的目的。其中，被历代封建统治者奉行了两千年的"重农抑商"政策对中国古代民商事法律发展阻碍最大。封建地主经济决定了封建社会的商品经济主要是表现在：封建商业，实质上，只能是一种"买贱鬻贵"的贩运贸易，与今日之商品经济有天壤之别。虽然它寄生于农业生产上，但它仍然可能侵蚀和动摇封建社会经济基础，成为威胁封建专制秩序的破坏力量，并成为封建社会变化的起点。因此，封建统治者不能不对其加以扼制。这也是其后数千年里各个朝代都"抑商"的根本原因。也正因为这种贩运贸易没有把基础建立在生产过程中，而仅仅辗转于流通之中，浮在社会的表层，故封建王朝也容易控制它，使其既能给统治者带来极大的利益又不致危害其统治基础。④ 这种"抑商"但又不禁商的政策，导致了封建禁榷制度的产生。它只给予商人维持商业经营活动所必需的最小限度的平等和自由，却为日益增长的封建财政最大限度地提供了支持，典型的如南宋城市商业税收几乎占了全年财政收入的三分之一。这一整套禁榷法律规范，绝大部分是关于商品流通和手工业生产的规定，主要内容就是限制商品流通和商人活动以及一些类似格式合同的契约法律规范。中国古代民商事法律的主要部分也就是禁榷法制制度之中的单行的钱、钞、茶、盐、酒、税诸法以及所有权、债权、各类契约的法律规范，这些法律规范不可避免地带有官府的直接或间接干预特征，体现着国家的意志。其目的不是保护和促进商业及商品经济发展，而是"抑商"。数千年的中国古代民商事法律始终都保持着国家干预这一特征。时至今日，虽然"抑商"的内容已几乎不存在了，但国家干预的特征仍未完全消失。改革开放以来，国家法制建设得以快速恢复与发展，这其中发展最快

① （清）阮元：《十三经注疏》，《左传·僖公二十五年》，1821 页，北京，中华书局，1980。
② （清）阮元：《十三经注疏》，《周礼·天官·小宰》，654 页，北京，中华书局，1980。
③ 赵晓耕：《中国古代民法的特点及其鉴别》，载《法制现代化研究》，南京，南京师范大学出版社，1997。
④ 参见傅筑夫：《中国经济史论丛》（上），北京，三联书店，1980。

的是刑事法律和经济法律，刑事法律受到特别关注，与传统"中华法系"的"重刑轻民"传统的影响相关，而经济法律的一枝独秀，则更是传统影响和现实需要结合的产物。所以，尽管我们社会普遍缺乏契约意识、主体平等等观念，而这些正是传统民商法的理论精髓，但在现实的政治实践中，回顾改革开放三十多年来的法制发展历程，我们可以清楚地体会到经济法律的发展，正是得益于古老的行政传统和现实的经济体制变革这两者的现代化结合。几千年的行政统治经验和传统，几十年的行政经验教训，经济法律所特有的行政属性，决定了经济法律先于民商事法律在中国改革开放中的发展历程。虽然我们的社会尚缺乏传统民商事法律所营造的民事法律意识，但我们可以用丰富的传统行政资源来加以弥补。例如，我们可以开展大规模的全社会的法律普及运动，这当然是用行政手段来完成的。这也验证了马克思经典著作中的一个观点：任何一个历史时期的统治者，都只能用其熟悉的统治方式去进行统治。

（四）

从典籍来看，中国很早就有了"民法"一词。《尚书·汤诰》中有"咎单作明居"一语。《尚书·孔氏传》注释："咎单，臣名，主土地之官，作《明居民法》一篇，亡。"① 如果仅仅从字面上看，可以说，古人对"民法"一词的理解与今天我们的认识，相去并不十分遥远。许多著述都在强调秦以前就有了"狱"、"讼"之分，即"狱"指刑事诉讼，"讼"指民事诉讼。但这些并不能说明中国古代曾经有过单独的民事法律。相反，从先秦青铜器上铭文记载以及近年的考古发现来看，实际上当时民刑是混杂的，不仅有"民事兼劾刑事"的现象，也有"刑事兼劾民事"的情况。可以说，由于自然经济和宗法制度的影响，中国古代民事性质的法律规范在最初阶段就失去了独立发展的可能。② 秦汉以降、直到隋唐而渐渐形成的中华法系向来不承认有什么"民法"。《唐律疏议》是中国古代法典的楷模，其在首篇《名例律》就开宗明义："名者，五刑之罪名；例者，五刑之体例。名训为命，例训为比，命诸篇之刑名，比诸篇之法例，但名因罪立，事由犯生，命名即刑应，比例即事表……"③在当时人们的观念中，法和刑是同物而异名，法与罪、罪与刑是彼此相关的。天下只有一个皇帝，皇帝手中的法律也只有一个刑法。既然古人本没有（严格地说也许自秦汉以后）民法概念，我们何必强加于历史、说古代中国有民法？事实上，尊重历史同用人类最先进的社会知识去重新认识历史是不矛盾的，我们每代人都是在用他们当时已有的知识去认识和解释自己的历史。因此，我们得出了中华法系诸法合体、民刑不分、重刑轻民等一系列对古人来说都是不能成立的观点。古人也把法律加以分类，如律、令、格、式等等，但他们根本没有我们今天的法律部门概念，因而他们并不觉得中华法系是诸法合体的。同样，古人根本就没有近代民商事法律的概念，因此他们也不可能认为他们的法典民刑不分，更谈不上重刑轻民了。显然，我们不会、也不能把自己的认识水平限制在几百乃至几千年前的古人的认识水平上。因此，我们能够用今天的民商事法律标准去衡量过去，发现

---

① （清）阮元：《十三经注疏》，《尚书·商书·汤诰》，162 页，北京，中华书局，1980。

② 参见赵晓耕：《中国古代民法的特点及其鉴别》，载《法制现代化研究》，南京，南京师范大学出版社，1997。

③ 刘俊文点校：《唐律疏议》，3 页，北京，法律出版社，1999。

古代的许多法律规范在本质上与今天的民商事法律规范相一致，即它们有着同样的法律规范调整对象。故我们得出中国古代有民事性质的法律规范的结论。但是，古代民商事法律毕竟有其时代特点，毕竟不会同今天的民商事法律完全一样。如果我们硬要用今天的标准严格地衡量古代的民事法律规范，从而得出古代没有民事法律的结论，这样的做法可能更不尊重历史。既承认共性，也承认不同。中国古今民商事法律的最大不同在哪里？或者说，中国古代民商事法律最大的特点是什么？我们认为，"刑事兼劾民事"可以说是中国古今民商事法律最大的不同，是中国古代民商事法律最重要的特点。

法律史研究已经揭示，从法律的发展历史来看，最初的民事性质法律规范，无论在中国还是外国，都含有明显的刑罚内容。"……债务人得被砍切成块，至于砍切大小，则并不[归罪]于他们（债权人）。"①罗马《十二铜表法》中第三表《债务法》这样的规定说明：不仅"重刑轻民"的中华法系，就是古代民商事法律比较发达的古罗马法，其民事性质的法律规范都带有明显的刑罚内容。甚至在罗马私法繁盛时期，拜占庭（东罗马）帝国皇帝立奥六世（886－912）颁布的《拜占庭行会章程》都还规定：诸如买卖不公平等行为，要处以断手、鞭挞和罚款等刑罚。英国最初的近代民商事法律规范中也仍有拘禁债务人的刑罚措施。民商事法律的历史就是在一步步摆脱刑罚手段的过程中逐渐完善起来的，历史就是这样发展过来的。不仅是民商事法律，就是刑法本身，不也是强调应逐渐缩小刑罚的适用范围和程度吗？随着人类文明的发展，也许若干年后，人们也会难以理解今天刑法中的刑罚手段呢。"古代民商事法律逐渐摆脱刑罚手段的历史过程，在中华法系中历两千多年而无什么进展。这恰恰是符合着封建统治的要求——将社会中的一切都固定下来并加以神圣化，从而导致了中国古代民法在法律的调整手段上，始终留有明显的刑罚特征。"②可以说，这种调整对象属于民事性质、调整手段属于刑罚的二重性特点虽然不完全符合今天民商事法律的概念，但它却符合中国古代法典的要求，是中华法系中绝大部分民事法律规范的特点。

（五）

除了刑与中国古代民法的关系外，我们还必须探讨的另一个重要问题是礼与中国古代民法的关系。如前所述，宗法制度与封建的自然经济相辅相成，礼与刑都是宗法制度的派生物，礼与刑的发展及两者的进一步结合适应并稳定着中国传统的社会关系。秦因法繁而亡、法家思想的一蹶不振，礼的社会调节职能获得了充分发展。在几百年的诸家思想竞争和总结封建统治经验的基础上，以礼为中心的儒学本身，吸收了法、道诸家思想之长，逐渐成为封建统治者的最高思想准则。它在两个方面对中国古代民商事法律产生了较大影响：其一是"重义贱利"的思想，其二是礼法的结合。几千年来世俗观念中轻商的主要原因、中华法系重刑轻民的重要原因就是儒家的"重义贱利"思想。汉承秦制，《汉书·刑法志》载，汉初"捃摭秦法，取其宜于时者，作律九章"③，最大变化就是礼法开始结合。董仲舒"春秋决狱"，魏晋引经注律，一直到唐律"疏议"，最终完成这一过程。《永徽律疏》不仅

①　《世界著名法典汉译丛书》编委会：《十二铜表法》，9 页，北京，法律出版社，2000。

②　赵晓耕：《中国古代民法的特点及其鉴别》，载《法制现代化研究》，南京，南京师范大学出版社，1997。

③　《汉书·刑法志》，载《历代刑法志》，14 页，北京，群众出版社，1988。

将许多礼的规范直接上升为法律，而且其全部律文的解释均遵循礼的原则，形成了封建法典中许多规范亦法亦礼的状况。中国古代民商事法律在这方面表现得尤为明显，如儒家经典《大戴礼记》中有"妇人七出"之语，古代民商事法律中遂有离婚"七出"的规定；《仪礼》中有"丧服"之节，封建法典中便以"准五服制罪"，后来更是将《丧服图》列于各篇之首；《仪礼》说"大宗者，收族者也，不可以绝，故族人以支子后大宗也"①，古代民商事法律便以"宗祧继承"制度加以维护。如此等等，使其既是礼的要求又是封建法律的规定，礼法之间既联系又区别，既"出礼入刑（此处刑乃法之意）"，又"明礼以导民，定律以绳顽"②，满足社会现实的需要。即使今天我们看来属于纯粹的民事范围的婚姻、亲属、继承等方面，统治者也是一方面尽可能以礼来履行具体的调整职能，利用传统习惯的力量来维护利于其统治的社会秩序；另一方面，他们更进一步地"要把现状作为法律加以神圣化，并且要把习惯和传统对现状造成的各种限制，用法律固定下来"③。也因为如此，礼与古代民商事法律在调整对象上多有重合的现象，在上述婚姻、继承等方面则更是如此。受传统重礼轻法观念的影响，人们在实际生活中处理这些民事关系时，也往往只知有礼、不知有法、只知守礼、不知守法。掌握着司法权的正统儒士们，秉持"田土细故"的观念，遵奉"家齐而后治国"④的礼数，也乐于把这方面（诸如婚姻、继承）的司法辖权有所保留地交给家长、族长，既达到了社会安定的实效，又得到重礼慎法的好名声。由此，礼成为中国古代民商事法律中长期存在的一种特殊调整手段，为我们认识中国古代民商事法律带来了许多困难。

虽然礼长期以来一直是中国古代民商事法律中一种特殊的调整手段，但在认识礼法一体的中国古代民商事法律关系时，仍应该纠正中国古代的礼就是中国古代的民商事法律或者中国古代唯有礼而不存在民商事法律的"泛礼论"的观点。"泛礼论"这实际上是从一个极端走到另一个极端。礼与古代民商事法律是复杂的交叉关系而不是简单的彼此包容关系。礼在整个中华法系之中居于重要地位，在涉及民事关系的法律规范中，礼更是居于一种实际上的具体调节职能和精神上的至高原则地位。古代民商事法律中相当一部分法律规范直接源于礼的规定，中国古代法典中妇人"七出"的规定，就是一字不漏地从儒家经典《大戴礼记》中照搬下来的。但我们还应看到，在诸如所有权、债、契约等方面所形成的一系列其他古代民商事法律规范，多是由于商品经济的发展和实行传统抑商、禁榷制度的结果。虽然他们仍然受到礼的原则的指导，但并非尽都出于礼的具体要求。如古代民商事法律关于孳息的规定："生产蓄息，本据应产之类，而有蓄息。若是兴生、出举而得利润，皆用后人之功，本无财主之力，既非孳生之物，不同蓄息之限"⑤；关于动产、不动产区分的规定："器物（动产）之属，须移徙其地……地（不动产）既不离常处，理与财物有殊。"⑥这类的法律在古代法典中也不难见到。

————————

① （清）阮元：《十三经注疏》，《仪礼注疏·丧服》，1106 页，北京，中华书局，1980。
② 《明史·刑法志》，载《历代刑法志》，513 页，北京，群众出版社，1988。
③ 《马克思恩格斯全集》，第 25 卷，894 页，北京，人民出版社，1974。
④ （清）阮元：《十三经注疏》，《礼记·大学》，1673 页，北京，中华书局，1980。
⑤ 薛梅卿点校：《宋刑统》，72 页，北京，法律出版社，1999。
⑥ 薛梅卿点校：《宋刑统》，229 页，北京，法律出版社，1999。

　　由此可见，那种认为中国古代唯有礼而没有民商事法律的观点是不能成立的。礼与中国古代民商事法律的这种交叉关系只能解释为：就婚姻、继承等部分而言，礼与中国古代民商事法律是交叉的，礼已上升为古代民商事法律；就所有权、债等部分而言，礼并非尽入于古代民商事法律，同样，古代民商事法律并非都源于礼。只有分清这些界限，我们才能真正看到中国古代的民事法律规范。

（六）

　　对中国古代民法的研究，不仅应当关注中国古代有没有民法、中国古代民法的基本特点等问题，还要探究中国古代民法发生演变的社会政治、经济及观念基础，以及中国古代民法与刑、礼的关系等宏观层面的问题。用比较法方法把中国古代民法与现代民法进行比较研究也应得到重视，如有学者研究人权作为一种观念和制度为什么产生于西方而不见于中国这一问题时，认为：（1）从社会政治关系层面分析，中国传统社会的宗法关系排斥西方式的契约关系，使个人难以挣脱整体联系的脐带，成长为独立平等的人；（2）从政治法律制度层面分析，中国的法律和宗教制度使个人的生活维持着整体性的统一，没有形成与整体相区分的个人的生活范围；（3）从政治行为的层面来分析，中国以权力斗争冲淡了权利斗争，缺乏西方式的权利斗争传统和权利思维方式；（4）从政治法律价值观念层面分析，中国人对社会和谐的追求和终极关怀的缺乏，不能形成坚强的个人主义精神和超越现实的批判意识。[①] 还有学者辨析中国古代法与现代民法债和契约的关系，进一步分析它们在具体制度方面，如债和契约的关系、债的种类、借贷之债的利率、债的担保、债务履行、债的消灭、契约自由原则、契约的有效条件、承担违约责任的方式等的相同和不同之处，认为中国古代法上的债和契约制度与现代民法中的债和契约制度既有相同和相似的一面，也有比较大的差异。[②] 类似这样的研究把中国古代民法的研究由宏观引向了微观。宏观研究所关心的中国古代民法的有无问题、中国古代民法的政治经济与思想文化基础以及中国古代民法与刑和礼的关系等问题是关涉中国古代民法研究各个方面、各个部分的重大问题，但并不是说中国古代民法研究只研究这些问题。中国古代民法研究既需要宏观考量，更需要从细微处着手。因为，微观研究是宏观研究的基础，只有在严肃认真的宏观研究的基础上，宏观研究的结论才更为可靠与科学。而对中国古代民法的具体领域与具体规范的细致研究，更特别有利于借古鉴今，完善我国现行民法的相关制度。

　　对中国古代民事法律的微观层次的研究有很多领域，婚姻家庭的研究是其中一个重要方面，研究成果也极为丰富。这一方面的研究首先是对婚姻家庭史的研究，然后是婚姻家庭法的研究。中国古代婚姻法以压迫妇女为其特征，如果说男女不平等是古代婚姻法的个性的话，那么，同其他法律一样，等级性就是其共性，古代婚姻法乃是专制主义制度的重要部分。[③] 婚姻是家庭产生的前提，家庭则是婚姻发展的必然结果。而在中国古代，婚姻是家庭的附庸品，缔结婚姻关系的行为是家庭与家庭之间的事，婚姻必须由家庭来决定，实际形成了先有家庭后有婚姻的局面。但婚姻家庭方面的法律也不是静止不变的，而是在各

---

　　① 参见丛日云：《中国政治法律传统与人权》，载《辽宁师范大学学报（社科版）》，1997（2）。

　　② 参见李玉生：《中国古代法与现代民法债和契约制度的比较研究》，载《法学家》，2005（5）。

　　③ 参见林剑鸣：《法与中国社会》，长春，吉林文史出版社，1988。

个不同的历史阶段有其不同的特点。如宋代的婚姻缔结虽然继承了很多长期形成的传统礼法，但在商品经济高度发展的冲击和影响下，在结婚、离婚、再婚等方面都发生了许多新的变化，尤其是维护妇女再嫁权的法律有所变化，妇女再嫁盛行。① 也有学者注意到：敦煌出土的10世纪前后的离婚文书多称为"放妻书"。此"放"字乃放归本宗之意，本身并无贬义。"放妻书"所开列的离婚理由都是夫妻不谐，属"和离"范畴，与"七出"、"义绝"等全然无涉。因此，协议离婚时，语气都很缓和，绝不见"斥"、"逐"、"弃"之类词汇。离婚书的主要用途，一是用于户籍除附，二是供再婚之用。封建礼教乃是汉魏以降历代律令的主要理论依据之一，但礼教毕竟不同于律、令，也不必都入律、令。律、令的各条款亦不必都是一本于"礼"。就剥夺妇女的婚姻自主权而言，"礼"和律、令是一致的，而就剥夺寡妇的再嫁权而言，祸首就是"礼"，而不是律、令。② 同时，关于中国古代婚姻制度的特征与原则、恩格斯在《家庭、私有制和国家的起源》中所表达的婚姻观在中国传统婚姻制度研究中的普适价值等问题，仍是学界研究的重点与热点。可以说，中国古代婚姻家庭制度仍有许多值得研究和探讨的地方，而鉴于婚姻家族制度天生所具有的历史传承性，这些研究有利于以史为鉴、进一步完善中国的婚姻家庭法制。

和传统的婚姻家庭法一样，中国古代的继承法也充分体现了中国传统法律身份法的特征。中国古代社会继承制度从实质上看主要分为财产继承和身份继承。从继承的方式上主要是法定继承、遗嘱继承、代位继承。中国传统财产继承制度与宗祧继承密切结合，对历代财产关系的延续发挥了重要作用。同时，它具有多重固有矛盾，包括财产继承与宗祧继承的矛盾、同居共爨与别籍异财的矛盾、鼓励多子与众子继承导致败落的矛盾，以及男子垄断继承与女子参与财产继承的矛盾等。近代以来，通过对财产继承制度的变革，上述矛盾才逐步消亡。③ 传统法律中的财产继承在正统法律思想所规定的原理上是排除女性的，女儿没有继承权。但是，唐、宋以及明清的法律以及法律习惯上女儿是可以继承一定的"嫁妆"和财产的。这反映出传统法律在女性的财产继承上，法律原理与制定法及法律习惯存在着冲突。在中国数千年的传统社会里，有关财产继承的法律与伦理一直在诸子分户析产这一原则上陈陈相因，呈现出相对稳定的性质。许多传统的家庭财产继承制度至今仍然作为民事习惯在现代社会中发挥着作用，发扬其合理因素，克服其不利影响，仍然是一个值得研究的课题。

家族制度研究是史学研究的一个重要领域，家族法是其中一个重要方面。自近代西方社会学、人类学引入中国后，家族制度研究就成为现代史学的一个重要方面。家族制度研究首先是家族演变历史的研究，家族的内部结构与功能是其重点。从世系问题入手，然后依次考察婚姻、亲属称谓、世系集团等，最后论述家庭结构和家庭关系是一般的研究径路。商周时期是宗法制的形成时期，也是学界研究的重点。家族及其隶属组织的规模与结构，居住方式，家族成员的等级结构，家族内部的政治形态、经济形态与家族的社会功能，宗法制度的起源和实质，宗法制家族形态，宗法分封制度，宗法与政治的结合，卿大夫世族

---

① 参见郭东旭：《宋代法制研究》，开封，河南大学出版社，2000。
② 参见杨际平：《敦煌出土的放妻书琐议》，载《厦门大学学报》，1999（4）。
③ 参见程维荣：《论中国传统财产继承制度的固有矛盾》，载《政治与法律》，2004（1）。

内部的宗法制度，士庶阶层的宗法制度，宗法制度和中国历史文化都是研究的对象。但我们更要看到，在特定的历史条件下诞生与发展的宗法制也是中国对世界文明史的一大贡献。[①] 而宋元家族制度转型之后在前代的家训、家法基础上发展的家族法在填充传统社会的控制空白、解决乡土社会中个人无力解决、国家无心解决的教育与救济等问题上的积极作用也值得充分肯定，而不能只是把其作为代表封建族权的"绳索"而简单地加以抛弃。

土地制度在中国历史研究中具有重要意义，土地所有权是一种重要的财产权利。土地私有权是一种法律关系，订立土地契约是一种法律行为，法律保障土地私有权，这是中国自战国以来的土地私有制度的必然反映。自商鞅变法后，国家的政治统辖权开始与土地所有权分离，西晋占田制之后，国家对土地所有权的干预从暴力形式向规范化认同化方向转变。均田制从北魏、北齐、北周开始，到唐代已经形成周密、详备的制度，并通过《唐律》等律令加以法律化。中唐以后，国家对土地私有制由诸多限制变为更加尊重和放任发展，土地买卖日益成为取得土地的主要途径。宋代土地交易非常活跃，有绝卖、活卖、倚当等复杂灵活的交易方式。与此相应，在法律上有关土地交易的程式化要件、实质性要件及相关诉讼问题规定得都比较完备。程式化要件有先问亲邻、订立契约、纳税投印、过割赋役等等。实质性要件要考虑交易人的意愿、权利能力、是否离业等因素。随着土地私有权的日益深化，佃户手中的土地使用权亦在向长期化方向发展，形成了永佃权，而对永佃制度的研究形成了中国古代民法研究的一个重点与热点。学者们在永佃权的产生、永佃权或永佃制的界定、存在原因及其历史价值等问题上各抒己见。总的来说，关于永佃权的产生虽然有隋唐与宋等诸说，但其在明清时代发展迅速，在民国时期定型。永佃权虽是中国乡村社会的产物，各个时期各个地方对此进行了多种多样的探索，清末的《大清民律草案》最终从国家立法层面加以规定，其发生发展的过程证明其存在有其历史的必然性。在一个土地资源总量很大而人均很少的国家，历朝历代、各个阶层的人们均重视土地所有权及其相关制度，土地财产权仍然是当今民法必须面对的重大问题之一，相信对中国古代民法的相关制度的研究会对此有所裨益。

我国契约制度的历史非常悠久，西周青铜器铭文上记载的法律制度已经比较丰富，有以物易物的交换转让契约、买卖交换契约、师徒契约、租田契约、赏赐契约，不仅贵族、周王室都成为民事权利主体。但中国古代法中的契约制度大多表现为民间习惯，成文法的规定极少。而在西方法学引入中国的早期，法学研究多以法典文本为对象，因而中国早期的法学研究中关于中国传统契约制度的研究，相对于身份制度等方面的研究要薄弱得多，直到最近才形成一个高潮。研究材料除传世的文物典籍中的契约材料外、考古新发现的契约资料亦是个重要方面。世纪之交，许多学者更是积极收集整理与研究大量散存民间的契约资料，另辟蹊径，成果颇丰。从中国历史文献、考古资料以及民间契约资料来看，中国传统契约的称谓很多，契约的形式也很丰富。契约成立的要件主要有立契当事人的确认、成契理由的认定、标的物的界定、立约双方权利与义务的保障、第三方"中人"的参与、承诺与交割的认证、立契时间与时效的标注等。买卖契约、借贷契约、租赁契约和雇佣契约是四大主要契约，典当契约、合伙契约、信托契约、质押契约也是重要的契约形式。契

---

① 参见钱杭：《周代宗法制度史研究》，上海，学林出版社，1991。

约的担保与中人制度受到特别重视。在历代书面契约中，虽然各个时期对中人的称谓有所不同，中人作为第三方参与契约的签订则贯穿于始终。中保人是中国古代契约制度中的一个特点，其具有的居间和保证双重身份以及所扮演的多种角色更是其特色。在对契约制度的诸要素进行探讨的同时，学界对各个时期的租佃契约、不动产买卖契约、借贷契约、承揽契约等特定契约的研究也在深入，揭示出中国传统契约的不自愿性和不平等性，以及兼有身份性与合意性等特征。学者们对中国古代法律（如唐代律令）对契约的规制或指导进行了研究，总体上是：部分民间事务靠习俗调整，另有部分则由法律调整。国家承认"私契"的地位，并承认它的规则，契约内容和契约活动是在法律规制下进行的。国家通过受理（官为理）、不受理（官不为理），表达契约自由的限度；并有质物处理、保人责任等程序性的和实体性的权利义务的设定；律令规定往往是相衔接的。但在实践中，契约内容对法律又有遵守与抵触两种情形同时存在。在契约的履行方式、利息限制、质物交付与处理、保人代偿等问题上，这种冲突都比较明显。契约中还有"抵赦"条款，专门应对国家对私人债负的赦免效力问题。[①] 而通过具体契约及具体契约制度对中国古代的契约观念与契约精神进行探求也是契约研究中的重要方面，如有学者指出，经济因素、地理状况、文化因素是影响徽州契约观念的重要因素[②]；还有学者研究得出结论：在西方法律中的合伙制度尚未传入之前，中国古代便产生了关于伙的观念和制度[③]；有学者认为儒家自然法思想对传统契约精神具有内在影响力及其外在构束力，认为儒家自然法下的传统契约法精神呈道德化、人情化倾向，其外在表现则依赖民间权威系统（士绅阶层及家族制度）维护社会经济秩序，导致传统契约呈现浓厚的习惯法色彩，最终完成儒家正统皇权的社会控制。[④] 众多的研究揭示出：中国契约制度源远流长，从古至今一直是民事活动的主要表现现实。中国古代契约制度极其强调当事人意思自治，公权力仅仅存在于有限的范围之内，中国古代契约制度中"私的自治"精神历来被人忽视，这一事实的认识有助于树立正确的中国古代民法观。中国古代的契约精神，是对契约的敬畏，将约定等同于法律；是对契约的尊重，视契约优先于规定；更主要也更为基础性的是，中国人对契约的理解，本来是将其作为一种制度性安排，以为契约是"立信"、"结信"、"征信"。古代中国社会与国家的结构形式，政治等级、社会等级、家庭内部等级的存在，并没能消灭经济生活中的契约平等，古代中国也是一个契约社会，契约本身也是一种生活方式。中国人的契约精神，既是一种法律精神，也是一种文化精神，它可以与西方法律精神相衔接，成为构建新型法治的"中国元素"[⑤]。从某种角度讲，我们也可以把这些研究看作是对梅因《古代法》中关于身份与契约关系研究的一种回应。

---

① 参见霍存福：《论中国古代契约与国家法的关系——以唐代法律与借贷契约的关系为中心》，载《当代法学》，2005（1）。

② 参见刘志松：《徽州传统民间契约观念及其遗存》，载《甘肃政法学院报》，2008（3）。

③ 参见李 力：《清代民间契约中关于"伙"的观念和习惯》，载《法学家》，2003（6）。

④ 参见刘云生：《礼正俗：儒家自然法与传统契约精神》，载《广东社会科学》，2003（5）。

⑤ 霍存福：《中国古代契约精神的内涵及其现代价值》，载《吉林大学社会科学学报》，2008（5）；常洁琨：《中国古代契约"私的自治"散考》，载《甘肃成人教育学院报》，2005（5）。

（七）

相对于中国民法研究的众多领域，已有的研究成果还是显得太少，许多领域的研究还不充分，还有待于人们去努力耕耘。例如，学者对于古代中国民法的民事主体法没有太多的关注，一些论述中提到了中国古代民法的民事主体，但是其研究并未深入。李志敏先生所著的《中国古代民法》①对民事主体用专章进行了概说。他认为，"民事主体，即民事法律关系的参与人。"主体分为个人与组织，个人包括奴隶主、地主、官僚、小农、雇农、佃农、手工业者、奴隶、奴婢、商人、妇女等；组织包括宗族组织（宗族团体、户等）、国家政权组织、生产经营组织和商业组织、宗教性组织、教育组织、其他组织。随后的一些著述虽然意识到了民事主体研究的重要性，但基本上仍限于民事主体种类的研究，对于各个民事主体的民事权利能力和行为能力等问题的研究成果则不够丰富。而户作为中国古代一个重要的民事主体需要加以特别的重视，户的概念、种类与名称、私法属性、财产权利、人身权利、户的民事法律行为以及户进行民事行为所遵循的民事基本原则等都需要认真地加以研究。从法律形态的角度对古代财产权进行研究也是个新的研究角度，已有的研究多集中在女性财产权方面。女性的财产权在各个时代也有一定的变化，主要表现在已婚女性的财产权上。从家族角度来研究财产权亦是中国古代民法研究的一个新的重要领域。在宗族制度下，宗族财产同归宗子控制。家族制度则与之不同，由同居亲属组成的个体家庭成为真正的经济实体，成为拥有可以包括土地在内的财产所有权的基本单位。但是从法律调整的范围看，这种个体家庭的规模多在三代以内。至于作为个体家庭联合体的家族，只有为数有限的用于祭祀和家族公益的族产，已经失去了组织全体族人生产生活的功能。②古代自给自足的自然经济导致了人们之间联系的松散，在生产力比较落后的前提下，单个个体的生产不利于经济的发展。而家族共同体利用自己的整体优势，经营家族财产，联络独立的家庭进行劳动生产，推广先进的生产经验，并将涉及生产、经营方面的经验写入家族法，其正面作用也值得肯定。

总之，对中国古代民事法律的微观研究的丰富是宏观层面认识加深的前提，已有的研究成果已经大大加深了我们对中国古代民法的总体认识，而我们也希望学界有更加丰富微观研究，从而更进一步推进我们对中国古代民法的总体认识。

---

① 李志敏：《中国古代民法》，20～27 页，北京，法律出版社，1988。
② 参见陶毅、张铭新：《宗法制度与传统法律文化》，载《法学评论》，1993（1）。

第一编
文化根基与传统民法

第一章

小农经济的社会结构

第一节
小农经济概述

一、小农经济形成

中国传统经济有着独特的运行规律和稳定的秩序状态，其典型模式是小农经济模式。小农经济是一种以家庭或家族为组成单位，通过男耕女织方式进行的小土地分散式经营。这种有特定的生产与生活格局的自给自足的经济形态，是中国传统社会数千年中的主导经济形态。

从生产关系层面看，小农经济有三大特点：第一，其所有制结构以地主土地所有制为主、自耕农土地私有制为辅；第二，从生产过程中人与人的关系来看，以皇帝为代表的地主阶级与包括自耕农、佃农、雇农在内的农民之间存在着压迫剥削关系，同时农民与地主间也存在一定的人身依附关系；第三，以赋税、徭役、地租、高利贷、雇资、自备粮等形式分配处理产品，只有少量农业产品、家庭副业产品等以交换等形式进行分配。数千年来，中国社会的上层建筑就建立在这种具有上述主要特征小农经济基础之上。自然，中国传统法律也受到它的影响，带有它的烙印。①

中国传统的农耕产生于其独特的自然环境。广袤的亚洲东方大陆以及鲜明的季风气候提供了农业发展的良好条件，并为小农经济的形成奠定了雄厚的物质基础。与此相应的是，小农经济的形成与传统中国的土地所有制关系紧密相连。从一定意义上讲，小农经济是土地兼并的必然，它是随着土地私有制度的产生而确立的。战国以后，土地制度的实质性关系再也没发生过任何实质性变化，中国式的土地私有成为社会经济的不变基础，而小农经济遂成了社会经济结构的基本核心。

---

① 参见范忠信：《小农经济与中华法传统的特征》，载《河南省政法管理干部学院学报》，2000（6）。

小农经济的生产方式，主要是通过男耕女织的形式来表现的。性别分工是农业生产分工的主要基础，因为基本生活资料的生产是小农经济的主要目的。通过男性劳动力的生产提供了人们日常生活中的粮食需求，通过女性劳动力的生产提供了人们日常生活中的衣着需求，解决人们日常生活中最基本的"温饱"问题。粮食与织物生产的增长被视为民众福利和国家力量之本，这是贯穿于整个传统中国的一条主线。为了更好地理解男耕女织这种生产方式，我们从以下两个方面作必要分析。

（一）男耕

粮食是人类生存必不可少的生活资料，粮食生产也一直是最重要的农业生产。古代的农业实际上是一个基本上仅指粮食种植的狭义概念。华夏先民很早就十分重视粮食的生产，在裴李岗文化、磁山文化，以及仰韶文化、河姆渡文化等遗址中，都发现有大量的粟、黍等粮食窖藏或稻作遗存。数千年来，中国社会也一直秉承着"国以家为本"、"民以食为天"的理念，视农业即粮食种植为本业、正业、主业，其产品自然就称为主食。而蔬菜、果树栽培和家畜饲养，既是人类杂食的需要，更能在粮食种植受天气和气候影响而歉收甚至绝收时作为临时充饥之用，即能弥补粮食生产不足，故称为副业，其产品亦称副食。①

小农经济第一个重大表现方式就是传统农民在土地上的精耕细作。精耕细作的作业方式推动了小农经济纵向发展，缓解了巨大的人口压力和土地私有制的局限。农民把大量精力投放在基本农业生产上，劳动集约型的精耕细作方式是我国历史上农业发展的主流。在精耕细作的基础上，农民在业余时间依然要从事多种形式的其他农业生产。著名学者许倬云认为：田庄的劳动确实是多种多样的，汉代的田庄不仅需要干农活，而且要饲养牲畜、养蚕、收集、狩猎，甚至进行一些买卖；农民必须制造与维修地里与家中使用的一切物品；他和他的家人除了是农民外，还是木匠、泥瓦匠、织工、裁缝、小贩等。所有这些农业生产都需要大量劳动力，基于男性在身体素质和适应能力方面的一些优势，农业生产中男性始终处于主导地位。

中国早在春秋战国时期就开始了铁制农具的使用。但自那以后直至近代的两千多年里，传统农业生产一直以简单的铁器和木器为主要生产工具。铁制的如刀、镰、斧、锄、铲、钯、锹、镐等，木制的有水车、耙、风扇、耖等等。这表明，小农经济下的生产技术一直停留在较低水平上。农业气候、土质改善、良种培育、栽种技术以及除草施肥等方面，一直没有多大改变。农民在具体农业生产中主要依靠常年积累的经验知识，并以世代相传的方式流传。农业产量在两千多年的历史演变中没有获得重大突破。农业生产效率的提高有赖于畜力和农具的改进，而分散经营、经济力量薄弱的小农经济本身却难以在这方面实现根本性突变，小农经济在数千年的历史演变中虽然在畜力与家具等方面不时有所改进，生产力水平却没有发生重大突破，作为小农经济生产力的上层建筑的小农经济体制这样一种生产关系，虽然屡屡受到生产效率有所提高的冲击，但能够一直延续下来而没有发生根本性变革。

---

① 参见朱筱新：《论中国古代小农经济的形成及特点》，载《北京教育学院学报》，2003（4）。

（二）女织

推动小农经济发展的另一个重要方面是妇女所从事的纺织业，然而它却为一般学者所忽视。纺织业包括了从纺纱、织布到制作、剪裁的各个步骤，自古以来就是农村妇女的工作。最早将妇女与纺织联系在一起的例子之一就是牛郎织女的故事。西汉时期，贾谊通过这个古老的传说，印证了妇女纺织与男子耕田有同等重要地位的观点。汉代地方官员不仅把督促农民种好地、努力生产粮食作为自己的主要职责，而且要督促他们种植桑、麻以确保纺织原料的充分供应。① 这一切表明，妇女始终是中国历史上贡献社会财富的重要力量。此外，国家基本的赋税单位是农户，直到张居正实施"一条鞭法"前，赋税既包括男人耕种的粮食又包括妇女纺织的布匹。赋税政策强化了男耕女织这种普遍的劳动性别分工，女性劳动力对于小农经济以及国家赋税产生了重要影响。

把妇女和社会连接起来的重要枢纽就是织布。布对于大多数典礼和社会交换来说都是必不可少的。同时，布对于传统政权的运作也具有基础性作用，每个家庭都有义务交纳布匹，因为政府需要大量布匹以供应军队，需要大量丝织品供应皇室和贵族使用并用来作为实际奖励品。布甚至可以直接表示金钱，在早期中国，布曾被当做交换媒介以及标准流通货币；即使在较晚的朝代，当货币短缺或者价值变化不定时，布匹也往往再度成为流通物。从这个角度上讲，国家是布匹最大的消费者，妇女的作用通过布匹可以联系到国家的存在和发展。② 因此，女织是小农经济重要的基础力量，没有这种家庭纺织业来作为农业经济的一个重要支柱，小农经济不能正常运行，更不能长期存在，只有两者结合在一起，才能如马克思所说成为"现时中国社会的基本核心"。

正是由于家庭纺织业在小农经济中占有极大的比重，所以一般没有土地或没有劳动力而不能经营土地的妇女，便完全靠纺织度日。因而，这种经济结构也成为封建道德观念的一个重要经济支柱，使千千万万牺牲在礼教下的所谓烈女贞妇，能够依靠双手的日夜勤劳，含辛茹苦地坚守贞节，养姑育子。③ 正如有学者指出：

> 妇女的纺织不仅生产有价值的物品，而且也培养德性。纺织的学习教导着基本的妇德如勤奋、节俭、有条理和自律。④

家庭内部的纺织生产并不是作为商业活动而存在，而是孝的表现：妇女劳动的产品——温暖和精致的布料每年被用来为父母做新衣服。纺纱织布的工作既教给妇女两性都需要的孝道，也教给他们女性特有的美德——勤俭。这些美德不但对穷人家是必需的，对精英家庭的正常管理也是不可缺少的。⑤ 这种兼具财富创造和秩序维持的生产方式，是传统社会和统治集团高度认可的，传统中国法律认可并维持了这种生产方式，特别是在礼教规范和传统习惯中得到高度的反映。

通过纺织，国家的社会秩序和家庭生活构成了一个相互联系的统一整体。因此，妇女

---

① 参见许倬云：《汉代农业》，127 页，桂林，广西师范大学出版社，2005。
② 参见〔美〕白馨兰：《技术与性别》，江眉、邓京力译，144～149 页，南京，江苏人民出版社，2006。
③ 参见傅筑夫：《中国古代经济史概论》，106～107 页，北京，中国社会科学出版社，1981。
④ 〔美〕白馨兰：《技术与性别》，江眉、邓京力译，148 页，南京，江苏人民出版社，2006。
⑤ 参见〔美〕白馨兰：《技术与性别》，江眉、邓京力译，191 页，南京，江苏人民出版社，2006。

的行为关乎政治事务。蓝鼎元在其著作《女学》中强调一种观点：

> 天下之治在风俗，风俗之正在齐家，齐家之道，当自妇人始。①

也就是说，私人的美德被视为在许多方面都有助于公共秩序，而且，对封建社会后期的道德家来说，妇女的纺织工作在几个层面上与其德行结合在一起。所以，作为小农经济的重要表现形式，女性所从事的纺织业不仅深刻影响了社会财富的创造，同样也影响了妇女本身生活方式的塑造，并由此影响到社会秩序甚至传统道德观念的建构。

男性所从事的基本农业生产与妇女所从事的家庭手工业的结合造就了完美的小农经济生产方式。之所以结合得如此密切，是因为与基本农业相结合的纺织业解决了人生最基本的需求，即所谓"衣食之需"。中国的农户可以基本不依赖于市场，因此大多数人的生活与商品经济相隔离，简单商品经济没有强大的发展潜力。这种超稳定的经济基础决定了封建时代上层建筑不可能发生革命性的变化，传统政治、文化、法律也同样显示了这种保守稳定的特征。这在小农经济与传统民法的一节中有深刻反映。

二、小农经济的特点

通过上面的分析，我们可以知道，男性为主的基本农业生产与女性为主的纺织业紧密结合的小农经济在造就小农经济产生的同时也限制了小农经济的深入发展。通过梳理小农经济的历史变迁和基本生产方式，我们可以总结归纳出，它有如下几个特点：

(一) 小农经济的包容性

需要澄清的一个问题是：中国的小农经济不限于农业生产，而且包含着手工业、商业等多种经济成分，因此我们不能简单地将小农经济理解为田间的农业生产，尽管它是小农经济的一个重要方面。作为一种经济模式，手工业、简单商品经济也是小农经济的重要组成部分。

在我国历史上，"士农工商"的社会分工由来已久，但并非是一种严格的职业划分，一个人可以在这些身份中不时地相互变换，变化的重要方式就是耕读传家。普通农户经过数代积累，通过长期教育投资，使自己的子弟参加科举考试，实现从农向士的转换，以此进入官僚阶层，并通过特权和其他方式积累财富，特别是获取大量土地，并在其家乡通过放租或其他商业投资方式成为集官僚、地主、商人于一身的人物。在传统社会，个人的奋斗史也是身份转换的历史，小农经济的包容性给普通农户一种遥远但是毕竟存在的机遇。

中国封建社会时期的农业生产，一代超越一代，隋唐超过秦汉，宋元超越隋唐。尤其是宋代，在小农经济比较发达的基础上，农业生产技术达到了相当高的水平。明清又超过宋元，在农具、灌溉、施肥、辨别土壤、因地制宜等方面都有不同程度的发展，尤其在农作物传播、井灌推广、经营集约化、少种多收等方面，都向前迈进了一步。② 这种生产力上的发展，为农业社会的商品经济发展奠定了重要的基础，使农产品和手工业产品的交换水平提升到了一个新的层次，是小农经济与市场得到结合的重要基础。

---

① （清）蓝鼎元：《女学》，1页，台北，文海出版社，1977。

② 参见李文治：《明清时代封建土地关系的松懈》，6页，北京，中国社会科学出版社，2007。

宋代《清明上河图》中显示的小商品经济繁荣景象

因此，尽管中国的小农经济是一种低水平的经济模式，但它却很早与市场联系在一起，这一点在封建社会晚期特别明显。明清时期，商业性农业和为市场交换而进行的手工产品生产在小农经济中占据了重要地位。在长江中下游地区，社会经济比较发达，棉花、蚕桑的生产是农家经济收入的重要组成部分。以食租为特征的中国地主，在广治田产的同时，也对工商生产有浓厚的兴趣。中国的小农经济就是这样包含着工商业等多种经济成分，扩充了内部的活动空间，使自己始终保持着一定的再生能力，适应时代的变化。① 这种情况说明：小农经济并非一成不变，它也具备了一定的发展潜力。小农经济的包容性为中国传统法律的多样性提供了重要基础，大量的民商事规则出现在成文或不成文的法律之中，中国传统社会里大量存在的民间契约关系与此有着直接的关系。

（二）小农经济的持续性

自夏商周以来，中国的小农经济经历了无数次天灾人祸的考验，始终未曾陷入难以克服的困境，而循环式的复苏和进步周而复始，使小农经济得以长期延续。传统农业的持续发展保证了中华文明的绵延不断，使其具有极大的承受力和凝聚力，这与中国历史的早熟有着密切关系。但是，中国历史的早熟未能促成商品经济的成熟和发展，相反，却加强了传统农耕经济的保守性和坚固性。商品生产、城市经济、土地买卖、农民自由离土、货币地租这些有助于资本主义经济产生和发展的因素在中国虽早已出现，然而他们并非是作为农耕经济的对立面而是作为补充形态出现的。尽管农耕经济内部滋长着商品经济发展升级因素，但是都被农耕经济的多元化结构所化解或吸收。中国封建社会中官僚、地主和富商大贾的相互转换就是一个明显的例子。② 正是在这种背景之下，小农经济的生产关系难以得到有效松动，相反，却限制了生产力发展，小农经济下的生产关系尽管可以包容当时生产力的部分发展，却始终难以能动地推动生产力的发展。

正是在这种小农经济体制下，传统中国的法律也表现出了超强的稳定性，显示出了极端的保守性。这从传统中国法典变迁中可以得到明显印证，如有学者言：

明律是根据唐律修成的，后者更以汉代的九章律为蓝本，清律也遵循着同一的规

---

① 参见张岱年、方克立主编：《中国文化概论》，36 页，北京，北京师范大学出版社，1994。

② 参见张岱年、方克立主编：《中国文化概论》，46 页，北京，北京师范大学出版社，1994。

范。除了少数的增减出入，及积聚各项律例之外，中国的法律在最后的五百年一成不变，而西方在此时极端的进步，中国却一心一意地要保持2000年来的传统。①

在此，小农经济与传统法律相互固化，均长期停留在低水平之上，显示了两者超强的持续性和保守性。

（三）小农经济的落后性

"普天之下，莫非王土"②、"封略之内，何非君土"③。表面上，传统中国的土地所有制，是名义上的土地国有或王有制下的土地私有制。实际上，自秦"改帝王之制，除井田，民得买卖"④ 之后，已经形成了土地私有制。土地的取得主要有两种方式：一是通过国家班授、自垦、继承分割、买卖、军功或其他奖赏等方式获得，二是通过赏赐、掠夺、巧取、买卖、开垦等方式获得。在整个中国封建社会，土地所有制变化不大，其经营方式变化也很小。大地主土地私有制、小地主土地私有制以及自耕农的土地私有制，都采用一家一户的土地经营模式，大规模的农业劳动生产和雇佣劳动制为主的农业生产经营在中国古代基本没有出现，生产经营方式比较一致。地主土地，一般以租佃方式交给许多单个农家耕种。小地主和富农的土地，或租佃耕种，或雇农耕种。自耕农、佃农乃至雇农的生产活动，几乎都是以个体家庭为生产单位。⑤ 传统中国的土地所有制决定了小农经济的发展水平，束缚了小农经济的纵向发展，特别是使资本主义商品经济在中国历史上难以得到有效展开。小土地私有制的局限性是小农经济落后的根源问题。小农经济对资本主义商品经济发展的桎梏在封建社会后期更为明显，明朝的"洪武型财政"就是一个典型：

> 一味节省、以农村内的经济为主，只注重原始式的生产，忽视供应行销以及质量上的增进。过度注重短时间的平等，不顾投资为来日着想……
>
> 把整个国家当做一个多数农村拼成的大集团，缺乏中层经济上的组织与交流，迫使中国经济的发展，只有单线条数量上的扩充，缺乏质量上的突破。⑥

国家经济建立在小农经济基础上，国家税收政策依然是低水平的农业成果掠夺对策，难以实现高度发达的农业商品化和促进农业资本主义的发展。

小农经济落后性的另外一个重要表现就是鲜明的剥削性。农户在从事农业生产的同时，还要受到国家赋税和地主地租的双重压榨。农户将收获物的相当一部分以赋税形式交给国家，以谷物、布匹、货币等形式上交赋税，另外还需履行法定的徭役。此外，给地主上交地租也是一项沉重的负担，佃农常常需要向地主交纳数额高出自耕农应向国家交纳赋税数倍的佃租。一般情况下，土地税、人口税等由地主向国家纳付，但也有很多时候是佃农既向地主交佃租，又向国家交纳土地税、人口税，负担极重，导致小农容易在灾荒之年破产

---

① ［美］黄仁宇：《放宽历史的视界》，196页，北京，三联书店，2001。
② （清）阮元：《十三经注疏》，《诗经·小雅·北山》，463页，北京，中华书局，1980。
③ （清）阮元：《十三经注疏》，《左传·昭公七年》，2047页，北京，中华书局，1980。
④ （汉）班固：《二十五史·汉书·食货志》，477页，上海，上海书店、上海古籍书店，1986。
⑤ 参见傅筑夫：《中国古代经济史概论》，90～94页，北京，中国社会科学出版社，1981。
⑥ ［美］黄仁宇：《放宽历史的视界》，192～194页，北京，三联书店，2001。

而成为流民。雇农的一切收成全归地主，仅取得一定工钱养家糊口。在这套沉重的剥削机制下，普通农户的经济创造能力受到严重限制，农业经济深层次发展潜力也被压缩。在这种生产组织和经营方式之下，人身依附关系即压迫剥削关系成为一切社会关系中的核心关系。一家一户的小农要么依附于地主（如佃农、雇农），要么依附于国家（如自耕农）；中小地主则常常依附于大地主，整个地主阶级依附于朝廷和皇帝，他们都有向其依附的对象无偿交纳一部分收获物的义务，以换取保护或耕种机会。[①] 传统中国的法律机制则成为这套剥削关系定型化、标准化的重要载体，它反映了小农经济的现实需求，维护封建时代的经济基础，制约了小农经济质量的提升。

小农经济的特点，特别是落后的生产关系和严重不平等的分配机制，深刻地影响了整个封建时代国家与社会的各种关系。其中一个显著的影响就是推动并决定了中国传统法律的内在品格和价值导向。法律是体现社会生产关系的一个重要平台，传统中国法律的作用就是对上述生产关系加以严格保护，并使不平等的分配模式得以具体化和制度化。

三、小农经济与传统中国治国政策的选择

由于小农经济是一种分散、狭小的个体生产，每个农户是一个独立的生产单位，所以农户彼此之间在经济上缺乏有机联系。这种经济模式把农民牢牢地控制在土地上，使绝大多数人能够过上简单而平静的生活，并自发或自觉地服从中央集权统治。与此同时，封建时代庞大的国家机器的运转，除了需要得到地主阶级的支持外，还需要广大农民用交赋税、服徭役来支撑。如果没有小农经济的发展，那么封建国家就势必崩溃。从历史上看，当小农经济充分发展的时候，国家经济实力就雄厚，就会出现国泰民安的景象。相反，当小农经济遭到破坏时，封建国家的财源就会枯竭，经济、政治、军事实力也会明显减弱。在这种情况下，保护和维持小农经济、抑制商业发展成为我国封建时代国家的主要治国策略，与此相对应的，就是传统法律文化中"重农抑商"的趋向极为明显。

（一）重农

农业生产的重要性不仅在封建时代表现得极为明显，在我国早期历史中也具有特殊的地位。殷商时期，甲骨文中就有许多涉及农业生产的卜辞。"年"，在甲骨文字中是由"禾"、"千"两个字上下组合而成，表示谷物累累、丰收之意。[②] 卜辞中，常见"求年"及"求雨"、"宁雨"等内容，充分说明商朝统治者对农业生产的重视。这表明农业生产事关民众生活和国家生存，是人类历史文明演进的物质保障。到春秋战国时期，重视农业生产已经成为统治者的施政纲领。法家的著名代表人物商鞅就明确指出：

> 民之生，度而取长，称而取重，权而索利。明君慎观三者，则国治可立而民能可得。……故圣人之治也，多禁以止能，任力以穷诈，两者偏用，则境内之民壹。民壹则农，农则朴，朴则安居而恶出。[③]

---

① 参见范忠信：《小农经济与中华法传统的特征》，载《河南省政法管理干部学院学报》，2000（6）。
② 参见朱启新、朱筱新：《中国古代汉族的节日风情》，7页，北京，中共中央党校出版社，1991。
③ 《商君书·算地第六》，载《诸子集成》（五）、《商君书》，14页，北京，中华书局，1954。

商鞅提出的兴农为治国之本的理论对后世影响极大。历代统治者都采取"重农"政策，通过建立土地制度、户籍制度等强化了农民与土地的联系，以维护和巩固统治。汉代的最高统治者对农业同样非常重视。公元前178年，文帝在恢复籍田礼仪时，宣称农业是国家的根本，他之所以亲自参与农作，就是要耕种农田以提供祭祀宗庙的谷物，在这方面做表率。此后，这种半宗教半政治性的礼仪就开始成为汉代宫廷内的传统。每年春季，皇帝都要按照儒生特别倡导的这种古代礼仪，象征性地推三下犁。与此同时，朝廷还颁布一道又一道的诏书表达皇帝对农业的关心，公元前168年的诏书就是告诫官员要竭尽全力鼓励百姓种植粮食。政府对农业的扶持并非仅是纸上谈兵，除了免除及减少赋税外，

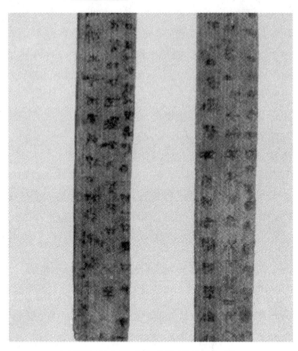

深刻体现秦代法家农战思想的田律

朝廷还试图在各个地区选拔最优秀的农夫，为百姓树立楷模。① 最高统治者对农业生产的高度重视表明，农业的繁荣直接关系到国家的安全与强大。号称一代明君的唐太宗也强调：

> 凡事皆须务本。国以人为本，人以衣食为本。②

唐代史学家杜佑将君、人、地、谷四者之间的关系与治政联系起来：

> 谷者，人之司命也；地者，谷之所生也；人者，君之所治也。有其谷则国用备，辨其地则人食足，察其人则徭役均。知此三者，谓之治政。③

在他看来，在这四者中，人、地、谷都属于农业范畴，君治人，人治地，地生谷，谷安邦。只要使民务农，就能得谷，进而安邦富国，这种认识的实质仍然是"以农为本"思想。

以农为本的政策取向对传统中国的法律体系产生了深刻影响，特别是围绕此政策而建立起了相应的土地所有权制度和相应的重视农业生产的民事规则。在传统社会里，民众认为土地是一切财富的源泉和象征，其真正的价值在于它有保值和增值作用：

> 天下货财所积，则时时有水火盗贼之忧。至珍异之物，尤易招尤速祸。草野之人，有十金之积，则不能高枕而卧。独有田产，不忧水火，不忧盗贼。虽有强暴之人，不

---

① 参见许倬云：《汉代农业》，22～23页，桂林，广西师范大学出版社，2005。
② （唐）吴兢撰，谢保成集校：《贞观政要·务农》，423页，北京，中华书局，2003。
③ （唐）杜佑：《通典·食货·田志上》，典9页，杭州，浙江古籍出版社，1988。

能竞夺尺寸；虽有万钧之力，亦不能负之以趋。千万顷可以值万金之产，不劳一人守护。即有兵燹离乱，背井去乡，事定归来，室庐畜聚，一无可问。独此一块土，张姓者仍属张，李姓者仍属李，艾薙垦辟，仍为殷实之家。①

正是基于对土地价值的这种认识，传统中国社会一直存在着激烈残酷的土地争夺，"富者田连阡陌，贫者无立锥之地"的现象贯穿于封建社会始终。不仅官僚阶层视土地为钱财，凭借权势巧取豪夺，大肆侵吞百姓田产，屡遭抑制的商人纷纷将经商获利的资本投向土地，以此既减少财富积累所带来的风险，还可再从土地上牟利，扩充资本。在他们的侵夺下，以土地占有数量为标准的贫富分化不断加剧，土地易主十分频繁②：

> 贫富无定势，田宅无定主。有钱则买，无钱则卖。③

与"诸侯藏于国，天子藏于海内"④ 不同，大量的普通农民则承受着巨大压力，不得不"以垣墙为藏闭"⑤，以家庭或家族为单位进行小土地分散式经营，实质是将有限的土地置于与世隔绝的封闭状态中。国家以农为本的政策强化了小农经济，反过来，小农经济又促进了重农政策的法律化。从以下几个方面我们可以看出：

1. 国家法律保障小农的土地占有并抑制土地兼并

（1）保障小农的土地占有。关于基本农业资料土地的分配，在我国封建社会时期最主要的就是均田制。通过国家的授田，每人可以分到几十亩不等的田地，每户大约百亩左右。所授田地可分为两份：一份家世其业、永不归还国家，称为桑田、世业田或永业田；一份是人丁终生使用，身老免赋税时或死亡后须归还国家，称为露田、口分田等。国家严格限制这些田的买卖，以保障小农的土地占有。如北魏时露田不得买卖，桑田也只能"卖其盈"，即只能出卖家口减少后多出来的份额面积。"不得卖其分"⑥，即不得出卖按家口应有的永业田份额。唐代仍然坚持此种限制，世业田、口分田均不许自由出卖。世业田仅许在"徙乡及贫无以葬"⑦ 时出卖，口分田仅许在"自狭乡而徙宽乡"及"卖充宅及碾硙、邸店之类"⑧ 时出卖。对此，当时法律有严格规定，《唐律》严厉打击"卖口分田"的行为：

> 诸卖口分田，一亩笞十，二十亩加一等，罪止杖一百，地还本主，财没不追。⑨

此种限制一直到封建社会晚期依然得到保留。如《大清律》规定：凡典卖田宅，即使典期已满，依惯例不得赎回时，只要田主仍欲赎回，则仍可按原价赎回，典主不得拒绝，违者笞四十。⑩ 这是一种保证小农生产延续、阻止小农破产的制度安排。换句话说，不许出

① 张英：《恒产琐言》，载孙奇逢等：《孝友堂家规（及其他五种）》，3 页，北京，中华书局，1985。
② 参见朱筱新：《论中国古代小农经济的形成及特点》，载《北京教育学院学报》，2003（4）。
③ 袁采：《袁氏世范》，贺恒祯、杨柳注释，162 页，天津，天津古籍出版社，1995。
④ 《盐铁论·禁耕第五》，载《诸子集成》（七），《盐铁论》，6 页，北京，中华书局，1954。
⑤ 《盐铁论·禁耕第五》，载《诸子集成》（七），《盐铁论》，6 页，北京，中华书局，1954。
⑥ （齐）魏收：《二十五史·魏书·食货志》，2487 页，上海，上海书店、上海古籍书店，1986。
⑦ （宋）欧阳修：《二十五史·新唐书·食货志》，4273 页，上海，上海书店、上海古籍书店，1986。
⑧ 刘俊文点校：《唐律疏议》，225 页，北京，法律出版社，1999。
⑨ 刘俊文点校：《唐律疏议》，225 页，北京，法律出版社，1999。
⑩ 参见田涛、郑秦点校：《大清律例》，198 页，北京，法律出版社，1999。

卖的土地不是私产，而是国家无息借贷给小农家庭的基本经营本钱。

（2）抑制土地兼并。中国传统政治理念认为："夫仁政必自经界始。"① 也就是说，仁政的实施要从保障耕者有其田、制止豪强兼并土地开始。故国家不但很早就限制土地买卖，还规定了占田限制，以抑制土地兼并，保证小农不易失掉田产。汉武帝时，董仲舒就建议"限民名田，以澹不足，塞并兼之路"②，以缓解严重的土地兼并危机。哀帝时，接受师丹、孔光等人建议，下诏限田，列侯以下至吏民"名田皆毋得过三十顷"③。王莽时再次下令限田："其男口不盈八而田过一井者，分余田于九族邻里乡党。"④ 整个西汉王朝对土地占有数量的严格限制表明，土地兼并将破坏小农经济的正常发展，会引发严重的社会危机进而影响整个王朝的长治久安。西晋时期，国家实行更明确的"占田制"，要求"男子一人占田七十亩，女子三十亩"，"其官品第一至第九，各以贵贱占田，品第一者占五十顷……第九品十顷。"⑤ 北魏实行均田制，同时规定禁止占田过限："盈者得卖其盈，不足者得买所不足，不得卖其分，亦不得买过所足。"⑥ 唐代亦有占田限制，《唐律》明文规定打击占田过限："诸占田过限者，一亩笞十，十亩加一等……罪止徒一年。"⑦ 封建国家以严格的法令来保证限制土地兼并的实施，对于官吏利用权势巧取豪夺贫民田地，历代法律都注意严厉打击。《唐律》规定：

> 诸在官侵夺私田者，一亩以下杖六十，三亩加一等，过杖一百，五亩加一等，罪止徒二年半。⑧

直到《大清律》，仍然规定：

> 凡有司官吏，不得于见任处所置买田宅，违者，笞五十，解任，田宅入官。⑨

通过这些严厉的法律来打击官吏兼并土地，有利于保障小农生产的正常运作和小农经济的正常发展，小农经济与国家政策法令保持了高度一致。

2. 国家法律防止苛税并扶助小农

小农破产的另一重要原因是苛税重役。中国古代法律十分重视均平赋役以保护小农。《唐律》规定：非法而擅赋敛及以法赋而擅加益者，即使得到的钱财全部"入官"，也要"计所擅坐赃论"；"入私"者即以枉法论，刑至"加役流"。凡差科赋役，《唐律》规定："先富强，后贫弱；先多丁，后少丁"；又规定老弱残疾应免赋役者不得隐瞒不报，违者应受笞杖之刑。⑩ 上述法令表明，最高统治者已经有意识地防范苛捐杂税，在税收政策方面，

---

① 《孟子·滕文公上》，载《四书五经》（上），37页，北京，中国书店，1985。
② （汉）班固：《二十五史·汉书·食货志》，477页，上海，上海书店、上海古籍书店，1986。
③ （汉）班固：《二十五史·汉书·食货志》，478页，上海，上海书店、上海古籍书店，1986。
④ （汉）班固：《二十五史·汉书·王莽传》，745页，上海，上海书店、上海古籍书店，1986。
⑤ （唐）房玄龄：《二十五史·晋书·食货志》，1334页，上海，上海书店、上海古籍书店，1986。
⑥ （齐）魏收：《二十五史·魏书·食货志》，2487页，上海，上海书店、上海古籍书店，1986。
⑦ 刘俊文点校：《唐律疏议》，266页，北京，法律出版社，1999。
⑧ 刘俊文点校：《唐律疏议》，268页，北京，法律出版社，1999。
⑨ 田涛、郑秦点校：《大清律例》，197页，北京，法律出版社，1999。
⑩ 参见刘俊文点校：《唐律疏议》，272~274页，北京，法律出版社，1999。

也是通过先富后贫的原则来保护普通农户的基本利益。这种原则性的制度设计，在封建社会后期，特别是明朝显得更为突出。明初朱元璋颁布的《特制大诰续编》下令：

> 朕尝禁止官吏、皂隶，不许下乡扰民，其禁已有年矣。有等贪婪之徒，往往不畏死罪，违旨下乡，动扰于民。今后敢有如此，许民间高年有德者民率精壮拿赴京来。[①]

这是一项空前绝后的法令，国家特别法授予普通民众有权抵抗苛政。虽然未必类似西方宪政原则，但它包含了维护小民利益的朴素追求，这虽与朱元璋出身贫寒有关，但更大的理由就是封建国家在维护其统治基础（即小农经济）这一点上是毫不含糊的。防止横征暴敛的法令也为清王朝所继承，《大清律》规定：凡征赋役，应依法确定上、中、下户等之差，依次征取。"若放富差贫，挪移作弊者，许被害贫民赴控该上司……当该官吏各杖一百。"又规定："凡应差丁夫杂匠，而差遣不均平者"，主管官吏应受笞杖之刑。[②]这种关于赋役"先富强，后贫弱"之类的规定，旨在保护贫弱小农不致因苛税重役而动辄破产。[③]所有这一切表明，封建国家对于苛捐杂税有明确的制度限制，其根本动机就是维护其统治基础，确保小农的基本生存资料，防止丧失土地的农民成为封建王朝的敌对者，预防农民起义发生。

此外，为了保障小农顺利生产，国家以法律的形式规定扶助小农，如汉武帝时期就规定："徙民屯田，皆与犁牛"[④]，"贫民有田业而以匮乏不能自农者，贷种粮"[⑤]；凡募民屯田之地，常"赐与田宅什器，假与犁、牛、种、食"[⑥]。这种借贷，多为无息，此即"边郡受牛者勿收责"、"所赈贷种食勿收责"[⑦]。晋时仍保留有借贷耕牛之制，所不同的是要付利息：

> 分种牛三万五千头，以付二州将士吏庶，使及春耕。谷登之后，头责三百斛。[⑧]

而北朝西魏颁布的《六条诏书》第三条规定：每年春耕时，地方官必须"戒敕部民，无问少长，但能操持农器者，皆令就田，垦发以时……单劣之户及无牛之家，劝令有无相通，使得兼济"[⑨]。唐朝《田令》规定：

> 户内永业田，每亩课植桑五十根以上，榆、枣各十根以上。土地不宜者，任依乡法。[⑩]

宋代的"青苗法"，实际上是生产资料扶助性的扶贫与农贷制度，即国家将各地常平仓、广惠仓中存粮作为本钱，在农民春耕时或夏秋间青黄不接时放贷给农民，农民在收成

---

① 杨一凡：《〈明大诰〉研究》，277 页，南京，江苏人民出版社，1988。
② 参见田涛、郑秦点校：《大清律例》，181～183 页，北京，法律出版社，1999。
③ 参见范忠信：《小农经济与中华法传统的特征》，载《河南省政法管理干部学院学报》，2000（6）。
④ （汉）班固：《二十五史·汉书·昭帝纪·如淳注》，387 页，上海，上海书店、上海古籍书店，1986。
⑤ （南朝宋）范晔：《二十五史·后汉书·和殇帝纪》，780 页，上海，上海书店、上海古籍书店，1986。
⑥ （汉）班固：《二十五史·汉书·平帝纪》，397 页，上海，上海书店、上海古籍书店，1986。
⑦ （汉）班固：《二十五史·汉书·昭帝纪》，387 页，上海，上海书店、上海古籍书店，1986。
⑧ （唐）房玄龄：《二十五史·晋书·食货志》，1334 页，上海，上海书店、上海古籍书店，1986。
⑨ （唐）令狐德棻：《二十五史·周书·苏绰传》，2617 页，上海，上海书店、上海古籍书店，1986。
⑩ 刘俊文点校：《唐律疏议》，271 页，北京，法律出版社，1999。

后偿还本钱并加二分利息。① 这是国家直接参与小农经营的重要标志。

通过上述制度设计，国家以立法的方式帮小民解决小农生产和经营中存在的种种问题，特别是劳动力和畜力以及其他生产资料的不足问题。这表明，脆弱的小农经济不仅需要防范苛捐杂税的侵蚀，也要通过国家直接的物质援助来保障其正常健康发展。

3. 国家法律奖励力田者，惩罚游惰之民，维护小农生产秩序

为了保护封建国家的经济基础，国家法律政令特别注意奖励孝悌力田之人。② 商鞅变法，通过免赋役、以粮买官爵等方式鼓励小农勤耕勤织，明令："戮力本业，耕织致粟帛多者，复其身"③；又令"民有余粮，使民以粟出官爵"④，以保障封建国家的正常运行。西汉惠帝、高后时也以免税役、封官爵的办法来奖励在家中特别孝顺父祖、勤劳种田的农民，下令："举民孝悌力田复其身"⑤，又于各郡国"置孝悌力田二千石者一人"⑥。汉代经常赏赐孝悌力田者，自文帝至哀帝，几乎每年都有"赏赐"、"劳赐"、"加赐"孝悌力田的记录，有时一年赏赐二三次。汉文帝时，还曾"以户口率置孝悌、力田常员，令各率其意以导民焉"⑦，就是委任乡间评选出特别孝悌力田的农民为乡官，负责督导人民行孝道及勤耕作。汉代还直接立法允许举荐孝悌力田者送到京师任用为官吏，如宣帝地节四年（前 66 年）曾"诏郡国举孝悌有行、义闻于乡里者各一人"⑧，听候任用。此种制度惯例一直延续到明清。明代允许农民纳粟买官，得至从六品；清雍正帝时曾令各州县推举榜样老农，赐予顶戴，以示尊奖。

除了上述奖励引导之外，国家法律还维护家长对小农生产经营的绝对指挥安排之权威，严厉打击不孝不睦之行径，以不孝顺父祖为重罪。历代法律也特别注意打击游手好闲、怠惰耕作之人。因为生产力落后，小农稍一息惰就会破产，就会连国家的税粮都交不了。孟德斯鸠说：

> 在中国，因为人口急增土地不足，因而需要政府极大地注意，时时刻刻关心维护人民生计的问题，要使人民不害怕收获物为他人夺走，要迫使人民辛勤耕作。
>
> ············
>
> 所以这个政府与其说是管理民政，毋宁说是管理家政。⑨

历代关于惩治游闲、怠耕的法令也证明了孟德斯鸠的说法。早在商鞅变法时期就规定要将"怠而贫者"直接收为奴隶。汉时，地方长官"劝人生业，为制科令……其剽轻游恣

---

① （元）脱脱：《二十五史·宋史·食货志上四》，5726 页，上海，上海书店、上海古籍书店，1986。

② 本小节的主要观点吸收了范忠信教授的研究成果，参见范忠信教授所著《中国传统法律的基本精神》，济南，山东人民出版社，2001。

③ （汉）司马迁：《二十五史·史记·商君列传》，255 页，上海，上海书店、上海古籍书店，1986。

④ 《商君书·靳令第十三》，载《诸子集成》（五），《商君书》，23 页，北京，中华书局，1954。

⑤ （汉）班固：《二十五史·汉书·惠帝纪》，377 页，上海，上海书店、上海古籍书店，1986。

⑥ （汉）班固：《二十五史·汉书·高后纪》，377 页，上海，上海书店、上海古籍书店，1986。

⑦ （汉）班固：《二十五史·汉书·文帝纪》，380 页，上海，上海书店、上海古籍书店，1986。

⑧ （汉）班固：《二十五史·汉书·宣帝纪》，389 页，上海，上海书店、上海古籍书店，1986。

⑨ ［法］孟德斯鸠：《论法的精神》，上册，张雁深译，129 页，北京，商务印书馆，1982。

者，皆役以田桑，严设科罚"①。北朝西魏时颁布的《六条诏书》规定：

> 若有游手怠惰、早归晚出、好逸恶劳、不勤事业者，则正长牒、名郡县，守令随
> 事加罚，罪一劝百。②

《唐律》也严厉打击"浮浪他所"以逃避农作、逃避赋役的行为，重者至徒三年。③ 元
时，曾颁《农桑之制》十四条，规定每五十户立一社，社长有责任督责惩戒众人。"其有不
敬父兄，及凶恶者"，上报官府惩处，轻者"仍大书其所犯于门"，重者"罚其代充本社夫
役"。元成宗时曾申律令："力田者有赏，游惰者有罚。"④ 这些法律制度及其实施，对于维
护小农经济的经营秩序而言是极为重要的。

此外，中国历代法律不但规定要惩罚占有田地而不耕作者，而且还要处罚放任农田荒
芜而不督责农民耕种的官吏。《唐律》规定，"户主犯者，亦计所荒芜五分论，一分笞三十，
一分加一等"⑤，即一户田地荒芜五分之一以上即受处罚。管辖区域内田畴荒芜达到十分之
一以上，官吏就要受到笞三十至徒一年的刑罚。从下至上，不仅里正等乡官要受罚，连州
县长官、佐职官员也要受罚。《大清律》规定：任田地荒芜的民户亦应受笞杖之刑；凡里长
管辖范围内已入籍纳粮当差田地无故荒芜及应课种桑麻之类而不种者，面积达十分之一以
上即应受刑事处罚；州县长官、佐官减二等处罚。⑥ 同时规定："其还乡复业人民，丁力少
而旧田多者，听从尽力耕种，报官入籍，计田纳粮当差。"⑦ 若多余占田而荒芜者，应受笞
杖之刑，其田入官。这类立法，显然旨在"地尽其利"，使更多的人获得进行小农生产经营
的基本条件，防止有人多占田地、任其荒芜，侵占贫民的生产资料。

对于不从事农业生产的宗教人员，封建国家一般对其采取较为严格的限制，以防止农
业生产劳动力的流失。中国古代统治者认为，宗教寺观是小农生产的一大威胁，因此，历
代法律（除极少数佞道佞佛时期外）都注重防止滥度僧道、防止寺观兼并土地，制止寺观
争夺农业劳动力及生产资料，以保护小农经济。⑧

首先，法律打击私度僧道，防止通过僧道途径逃避税役。北魏时，曾立《僧制》四十
七条，明定：

> 年常度僧，依限：大州应百人者，州郡于前十日解送三百人，其中州二百人，小
> 州一百人。⑨

超过指标限制，随意批准民人为僧道或将品行恶劣有犯罪前科者度为僧道者，要受到

---

① （南朝宋）范晔：《二十五史·后汉书·循吏传·仇览传》，1019 页，上海，上海书店、上海古籍书店，
1986。

② （唐）令狐德棻：《二十五史·周书·苏绰传》，2617 页，上海，上海书店、上海古籍书店，1986。

③ 参见刘俊文点校：《唐律疏议》，575～576 页，北京，法律出版社，1999。

④ （明）宋濂：《二十五史·元史·食货一·农桑》，7507 页，上海，上海书店、上海古籍书店，1986。

⑤ 刘俊文点校：《唐律疏议》，270 页，北京，法律出版社，1999。

⑥ 参见田涛、郑秦点校：《大清律例》，201 页，北京，法律出版社，1999。

⑦ 田涛、郑秦点校：《大清律例》，190 页，北京，法律出版社，1999。

⑧ 参见范忠信：《小农经济与中华法传统的特征》，载《河南省政法管理干部学院学报》，2000（6）。

⑨ （齐）魏收：《二十五史·魏书·释老志》，2506 页，上海，上海书店、上海古籍书店，1986。

严厉制裁：

> 刺史为首，以违旨论，太守县令纲僚节级连坐。①

唐时，天下寺观数有定额，每寺观僧道人员皆有定额。《唐律》规定：

> 诸私入道及度之者，杖一百……即监临之官，私辄度人者，一人杖一百，二人加一等。②

《大清律》规定：

> 私创庵院寺观者杖一百；未得度牒私自剃度僧尼收纳道士女冠者，杖八十。③

其次，法律限制僧道人员或寺观占田。北魏时，禁止僧道营财占田。北宋时，"禁寺观毋得市田。"④ 明建文帝时，曾"限僧道田，人无过十亩，余以均给贫"⑤。

再次，国家直接通过行政强制驱僧道归农。如北周武帝时，曾"罢沙门道士，并令还俗"⑥，令僧尼三百万人"皆复军民，还归编户"⑦。唐会昌年间曾下令驱"天下僧尼二十六万五千人"⑧ 还俗。

封建国家以基本法律的形式保障和支持农户积极从事农业生产，打击懒惰之民，防止农业劳动力的流失，这表明了统治者对小农经济的主体——农业劳动力的高度关注。

(二) 抑商

现代民法的发展与商业的繁荣有着密切关系，中国在经济上以小农经济为主，商品经济难有质的发展，民事规则难以形成系统化的现代民法体系。传统中国的商品经济难有质的发展，一个重要原因就是，商业资本更多地用于购置田产或在农村放高利贷，而不是用于工商业的扩大再生产。从思想理论深处来讲，最关键的原因就是封建统治者认为，农业是封建社会财富的主要来源，也是稳定社会秩序、巩固统治的重要因素：

> 夫农，衣食之所由出也。生民之业，莫重焉。一夫之力，所耕百亩，养生送死，与夫出赋税、给公上者，皆取具焉。⑨

而商人具有强大的财富和社会凝聚力，商业的繁荣将威胁其统治基础，不利于封建王朝稳固统治。在统治者看来，必须采取"抑商"政策，必须稳定农业生产秩序，使农民安心务农。商鞅曾告诫：

---

① （齐）魏收：《二十五史·魏书·释老志》，2506页，上海，上海书店、上海古籍书店，1986。

② 刘俊文点校：《唐律疏议》，256页，北京，法律出版社，1999。

③ 田涛、郑秦点校：《大清律例》，176页，北京，法律出版社，1999。

④ （清）毕源：《续资治通鉴》，167页，上海，上海古籍出版社，1987。

⑤ （清）张廷玉：《二十五史·明史·虞谦传》，8208页，上海，上海书店、上海古籍书店，1986。

⑥ （唐）令狐德棻：《二十五史·周书·武帝纪》，2590页，上海，上海书店、上海古籍书店，1986。

⑦ （隋）费长房：《历代三宝记》，载苏渊雷、高振农：《佛藏要籍先刊（二）》，509页，上海，上海古籍出版社，1994。

⑧ （后晋）刘昫：《二十五史·旧唐书·武宗纪》，3558页，上海，上海书店、上海古籍书店，1986。

⑨ 陈杏珍、晁继周点校：《曾巩集》，405页，北京，中华书局，1984。

农之用力最苦，而赢利少，不如商贾、技巧之人。苟能令商贾、技巧之人无繁，则欲国之无富，不可得也。①

商鞅认为，办法就在于："重关市之赋，则农恶商"②。西汉桑弘羊也指出："抑商"政策的好处是："富商大贾无所牟大利，则反本，而万物不得腾踊"③，"抑商"能使商人的经商活动受到遏制，不能发大财，更难以暴富，这就阻断了农民弃农经商、寻求其他生路的途径。事实上，"抑商"政策加剧了小农经济的封闭性，强化了其自给自足的特点。

在具体抑制商业发展方面，首先是重征商税，"寓禁于征"。商鞅变法，直接将破产商人征为奴隶，"事末利及怠而贫者，举以为收孥"④；又下令"不农之征必多，市利之租必重"⑤。这些表明封建统治者为维护其统治，采用各种严酷的措施抑制商业发展和商人阶层的兴起。

汉朝统治者同样对商业发展抱有敌意，汉政府对于商人的态度远称不上友好，几乎早在王朝建立伊始，发达的商人集团就遭到了来自政治上的抑制。汉代的第一位皇帝高祖刘邦就曾禁止商人穿丝绸、乘车舆，并提高商税来限制他们的发展、贬低他们的地位。其后几代皇帝统治时期都禁止商人及其子孙在政府中任职。⑥ 汉文帝时期，贾谊认识到粮食短缺的危机，并断定粮食生产者相对于大量的消费者而言是太少了，并且力劝那些游手好闲的寄生人口恢复农业生产。与贾谊同时代的晁错进一步指出了商业活动易于牟利是诱使人们脱离农业生产的罪魁。汉武帝时期，限制商人的法律不断增加。公元前129年，武帝下诏"初算商车"，这一举措可能与之前不许商人衣丝乘车的禁令有关。同时，政府又开征了一些商业税，并在公元前120年，以"算缗"、"告缗"等方式重征商贾。⑦ 其中影响最为深远的是告缗。公元前117年，一位叫杨可的官员被委任专门负责告缗，大规模的告发使得那些被发现对自己财产申报不完全、估价不实的"中家以上"完全破产。他们的土地、奴婢与其他财产都根据皇帝的命令被没收充公，这些富人当中就包括"商贾"⑧。

除了重征商税外，为阻止商业发展，传统法律还禁止商人做官。汉初明令："贾人不得名田为吏，犯者以律论"⑨，"市井之子孙，亦不得仕宦为吏"⑩。这开启了剥夺商人参与政治的先河。北魏太和元年（477年）孝文帝下诏：

工商皂隶，各有厥分，而有司纵滥，或染清流。自今户内有工役者，唯止本部丞

---

① 《商君书·外内第二十二》，载《诸子集成》（五），《商君书》，37页，北京，中华书局，1954。

② 《商君书·垦令第二》，载《诸子集成》（五），《商君书》，4页，北京，中华书局，1954。

③ （汉）司马迁：《二十五史·史记·平准书》，180页，上海，上海书店、上海古籍书店，1986。

④ （汉）司马迁：《二十五史·史记·商君列传》，255页，上海，上海书店、上海古籍书店，1986。

⑤ 《商君书·外内第二十二》，载《诸子集成》（五），《商君书》，37页，北京，中华书局，1954。

⑥ 参见许倬云：《汉代农业》，35～36页，桂林，广西师范大学出版社，2005。

⑦ 参见（汉）司马迁：《二十五史·史记·平准书》，178～180页，上海，上海书店、上海古籍书店，1986。

⑧ 许倬云：《汉代农业》，35～37页，桂林，广西师范大学出版社，2005。

⑨ （汉）班固：《二十五史·汉书·哀帝纪》，396页，上海，上海书店、上海古籍书店，1986。

⑩ （汉）司马迁：《二十五史·史记·平准书》，178页，上海，上海书店、上海古籍书店，1986。

已下准次而授。若阶藉元勋以劳定国者，不从此制。①

唐《选举令》规定：

　　　身与同居大功以上亲，自执工商，家专其业者，不得仕。②

直到明清，仍禁止三代以内工商子弟参加科举。

此外，国家对特殊产品进行专卖也是抑制商业发展的重要方式。封建国家政权为了控制民众的日常生活并攫取巨额利益，对关系到百姓日常生活的物品多实行专卖政策。著名学者许倬云指出：实行盐铁官营的动机有两个，明显的动机是需要金钱解决财政危机，不那么明显的则是要重申汉政权的权威。因为富商的影响日益扩大，对汉政府构成了不容忽视的威胁。《盐铁论》中有段话明确指出，官营的重要目的在于遏制富商大贾日益增长的影响，因为商人有能力聚集大批追随者。③

正是基于上述动机，盐铁专卖几乎贯穿整个封建时代。其中又以盐的专卖最为典型。黄仁宇先生指出：盐的专卖管理也许最能表现出明朝政府在商业管理方面的无能。16世纪的大部分时间和17世纪早期，专卖制度规模没有扩大，计划性收入停滞在一个固定的水平。1535年制定的价格此后基本未变，盐务官员从来不知道其财税收入有多少来自于盐课，有多少来自于盐引。他进一步指出：专卖制度最大的弊病在于其将管理简单农耕社会的方法和原则施用于宏大的商业性经营管理。由于管理者的无能，专卖制度被分为无数个子系统，其结果就是为了管理的目的，把单一商品划分为七八个不同的类别。④ 由于封建国家的经济基础是小农经济，其王朝利益至上的宗旨和拙劣的管理水平反过来又抑制了商业经济的发展。

更严厉的措施就是有计划地限制商人投资和强制商人迁徙。限制商人投资的领域主要是土地，汉武帝时即下令"贾人有市籍者，及其家属，皆无得籍名田以便农；敢犯令，没入田僮"⑤。强制迁徙商人源于秦朝，秦时曾"发诸尝逋亡人、赘婿、贾人略取陆梁地、为桂林、象郡、南海，以适遣戍"⑥。汉武帝时"发七科谪"中有"贾人"⑦一科。这种强制迁徙，主要是为了抑制商人兼并土地。

对于商人的打击，封建政权不仅采取上述强制性和暴力性政策，还进行精神和人格上的羞辱。这主要是通

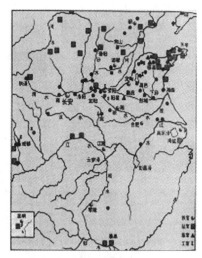

西汉后期召开的盐铁会议分布图

①　（唐）李延寿：《二十五史·北史·北魏孝文帝纪》，2904页，上海，上海书店、上海古籍书店，1986。
②　刘俊文点校：《唐律疏议》，497页，北京，法律出版社，1999。
③　参见许倬云：《汉代农业》，37页，桂林，广西师范大学出版社，2005。
④　参见黄仁宇：《十六世纪明代中国之财政与税收》，251页，北京，三联书店，2001。
⑤　（汉）司马迁：《二十五史·史记·平准书》，179页，上海，上海书店、上海古籍书店，1986。
⑥　（汉）司马迁：《二十五史·史记·秦始皇纪》，30页，上海，上海书店、上海古籍书店，1986。
⑦　（汉）班固：《二十五史·汉书·武帝纪》，386页，上海，上海书店、上海古籍书店，1986。

过车马服饰方面对商人进行羞辱。如汉朝明确规定：

> 贾人不得衣丝乘车。[①]
>
> 贾人毋得衣锦、绣、绮、縠、絺、紵、罽，操兵，乘骑马。[②]

晋律规定：

> 侩卖者皆当着中白贴额，题所侩卖者及姓名，一足着白履，一足着黑覆。[③]

此类规定直到明清仍有。[④] 法律对商人如此刻薄的目的，正如商鞅所云，是要使"农恶商"、"农逸而商劳"[⑤]，"令民归心于农"[⑥]。

通过上述政策和法律上的约束，商人阶层被视为社会的底层，受到种种排斥。这些政策法令保证小农生产秩序不被商业力量所瓦解，让商业对农民没什么吸引力。驱"工商游食之民"回归小农生产，阻止商贾兼并土地使农民破产。正如孟德斯鸠说：

> 在有些国家出于特殊理由，需要有节俭的法律。由于气候的影响，人口可能极多，而且在另一方面生计可能很不稳定，所以最好使人民普遍经营农业。对这些国家，奢侈是危险的事，节俭的法律应当是很严格的。[⑦]

这里讲的似乎就是中国的情形，在自给自足的经济形态下，商业正代表奢侈，商业使人怠于务农，所以重农抑商是法律的必然选择。[⑧] 反观西方资本主义的发展历史，资本主义在经济先进国家立足的时候，即有逐渐将商业法律施于全民的趋向，不仅家庭关系及遗产之继承必须符合现代需要，而且有关欺骗、监守自盗、破产诸端也要与商业习惯相吻合。倘非如此，社会下层机构就组织不起来，无法支持高高在上的企业组织及其大罗网，而中国在明清时期既无能力也没有任何走这条路的企愿。[⑨] 所以，传统中国受到小农经济的深刻影响，难以使原有的封建法律体系转型到资本主义法律体系，更不会把商业法律普及到整个社会，导致整个中国传统的私法规则难以产生革命性的变化。

尽管如此，传统中国还是存在着广泛的商品交换活动和因此出现的商品生产、商人资本、城市货币经济等，但其核心是围绕并弥补小农经济的。古代商品经济归根结底是为了补充农耕经济的不足和满足大一统的中央集权国家需要而产生和发展的，因此这种商品经济缺乏独立发展性格，是依附于农业生产的简单商品经济。这在封建政权对待国内外商业贸易的态度中可见一斑。

1. 在对待内陆贸易方面

为了抑制商业发展，封建时代关卡林立，比如设立大量钞关。在明代，加征于内陆商

---

① （汉）司马迁：《二十五史·史记·平准书》，179 页，上海，上海书店、上海古籍书店，1986。
② （汉）班固：《二十五史·汉书·高帝纪》，374 页，上海，上海书店、上海古籍书店，1986。
③ （宋）李昉：《太平御览》（三），3110 页，北京，中华书局，1960。
④ 参见范忠信等：《中国古代法中的重农抑商传统及其成因》，载《中国人民大学学报》，1996（5）。
⑤ 《商君书·垦令》，载《诸子集成》（五），《商君书》，4 页，北京，中华书局，1954。
⑥ 《商君书·农战》，载《诸子集成》（五），《商君书》，7 页，北京，中华书局，1954。
⑦ ［法］孟德斯鸠：《论法的精神》，上册，张雁深译，102 页，北京，商务印书馆，1982。
⑧ 参见范忠信：《小农经济与中华法传统的特征》，载《河南省政法管理干部学院学报》，2000（6）。
⑨ 参见黄仁宇：《放宽历史的视界》，201 页，北京，三联书店，2001。

业交通水道的税收有三种，船钞向运输者征税，由船主付给，由户部征收，它基于船的宽度进行评估。商税向所有由陆路和水路运输的商品征收，由商人给付，由各省官员管理。钞关的渊源可以追溯到1429年设立在大运河上征收通行税的四个船料税关。到了16世纪，已经设立7个钞关。后来，钞关开始逐渐接管码头地区商税的管理。另外，商税的税率虽然很低，但征收面广，而且重复征收。甚至小商贩和农民运输成袋的商品去城镇集市出售也不能免除。这些迹象表明，关卡和重税对于商业发展的打击是致命的。

2. 在对待边境贸易方面

茶马贸易是传统边境贸易的典型。尽管内陆边境地区的茶马贸易对政府财政有所贡献，但对整个封建王朝来说绝非至关重要。茶马贸易与明朝茶叶专卖有着密切联系。明朝建立之初，将茶叶与食盐置于国家严格控制之下。相比盐的专卖而言，茶叶因为其产品过于分散而不能置于政府直接控制之下。在明朝，陕西和四川的茶叶被用于与西部边境游牧民族进行茶马贸易。明政府通过茶马贸易，每年可以得到一万三千余匹马。但是，翻越崇山峻岭的运输费用使得整个运作非常不经济。这种边贸关系，与其说是贸易还不如说是战略物资交换，巨大的成本投入难以获得应有的利润本身就说明了此种贸易的非营利性，它只是弥补小农经济不足的一种经济活动而已。

3. 在对待国际贸易方面

中国封建政权对国际贸易从来都不积极。如整个明代，国际贸易从来都不被认为是国家收入的主要来源。朝贡外交不仅没有给国家带来相应的经济利益，反而增加了沉重负担。对外贸易被限制在很小范围内，国内商人出境贸易和进口货物都要纳税。在明朝，每年出海贸易船只的总数被限制在88艘，一艘16尺宽的船出海经商，每尺征水饷5两，另加引税3两。[①] 在国家贸易方面，除了个别朝代（如南宋）外，一般均实行闭关锁国的政策，重税依然是限制商业发展的重要方式。

仔细审视上述传统贸易，我们可以发现它们都是典型的农产品交易或者是战略物资交换，与现代西方商业贸易发展的最大差别在于，此种贸易不能孕育出资本主义商业方式，培养不出商人投资阶层。它们仅仅是小农经济的表现形式和补充方式而已。比如明朝建立之初，政府无意发展潜在的经济力量，而是依赖于政治控制作为其统治基础。明朝的财政机构深受帝国建立者经济思想的影响，也就是受到节俭意识和认为"利"本身是一种罪恶的观念影响。商业营利思想不可避免地与社会和国家的这种观念发生冲突，而且必然受到压制。

封建国家抑制商业发展的一系列政策法律表明，私人持有经济利益的稳定合法性依据在传统中国是不存在的。私人财产权利只能在民间层面存在着有限的对抗他人的正当性，也仅仅在这个层面上，私人财产的经营有一定的完整与自由。然而，在更广的层面上，频繁发生着国家对私人财产的抑制，政治及大量超经济因素与私人财富及其经济规则相冲突，但这些冲突无不以私人财产服从国家政治而告终。[②] 正是私人财产权在封建国家面前如此脆

---

① 参见黄仁宇：《十六世纪明代中国之财政与税收》，300～310页，北京，三联书店，2001。

② 参见邓建鹏：《私人财产之抑制与中国传统法文化》，载范忠信、陈景良主编：《中西法律传统》（第3卷），北京，中国政法大学出版社，2003。

弱，商业发展的基础便不再牢固，商业投资即使再成功，在封建皇权面前也仅仅是玩偶而已，沈万三、胡雪岩的悲剧都印证了这个道理，那就是"你再富也敌不了国"。同时也证明我国传统法律的非商业化特征导致商业原则难以产生、商业法律难以全面影响整个国家的民事法律，故而，西方式的民法体系在传统中国没有存在土壤。

第二节
小农经济与传统中国的民事法律

　　传统中国政治上是绝对的君主专制体制，经济上以小农经济为主，是一个典型的宗法等级制社会，这就决定了民众在政治地位上的臣民属性，在经济地位上的被剥削状态，在等级社会中的卑微地位。然而，民法的发展要建立在平等主体之间的相互交往之上，传统的民众难以获得身份上的实际平等，故难以产生西方意义上的现代民法。但是，中国古代又是一个简单商品经济很发达的封建社会，民事交易颇为频繁，存在着许多民事法律性质的规则和习惯，形成了中国古代独特的民法文化。

　　中国传统法律制度中有深刻的"小农经济"烙印，传统法律文化是小农经济的法律文化。中国古代没有西方意义上的单独的民事法律规范，关于民事活动的规则要么存在于"礼"或习俗中，要么存在于《户令》、《田令》之类的行政规则中，要么依附于刑事条文而存在。也就是说，传统中国虽无形式上系统的民法，但是存在大量的民事规则。一个鲜明的例子就是在传统中国已经产生了大量民事法律方面的概念。如在户婚方面有庚书、彩礼、入赘、立嗣、分析、兼桃、螟蛉子、童养媳、长孙田等；在田土方面有典、卖、顶、退、找、贴、断、赎、田皮、田骨、长租、借耕；钱债方面有借、贷、押、让租、加一、印子钱、孝帽债。此外，还有涉及当时社会生活几乎所有方面的各式各样的契据文书的名称：卖契、典契、批字、讨字、限字、收字、婚书、阄书、继书、合同约、过租约，等等。[1] 研究小农经济与传统民事法律的关系，首先必须建立在承认并尊重传统民法的存在。虽然在一些具体观念上可能存在一定分歧，但笔者所持的基本立场是中国古代存在民法。同时，我们认为：传统的民事法规范受到了小农经济生产方式的影响强烈，或者说，许多民事规范是为维护小农经济的生产方式或基本经济秩序而存在的。

一、小农经济与民事主体的形成

　　民事主体是指在民事法律关系中享受权利并承担义务的当事人。在传统中国，宗法等级观念根深蒂固，身份的差别导致不同阶层的人群之间享受不平等的权利和承担不对等的义务。身份是指社会成员个人在社会关系中所处的特定地位，这种地位通过人与人之间的不同关系表现出来。一般而言，身份可以分为三种：一是政治上的身份，中国古代有君与臣、官与民、良与贱的等级身份差异，由此导致政治权利的不平等和人身依附性。二是社

---

　　① 参见梁治平：《清代习惯法：社会与国家》，40页，北京，中国政法大学出版社，1996。

会意义上的身份，中国古代社会成员因性别、种族、阶层、贫富等差别而表现出在饮食、住宅、服饰、婚姻等方面的等级差异和人身依附性。三是法律上的身份，是指由法律所确认的社会成员的不同地位。中国古代法律上的身份关系具有复合性，其核心在于"名分"，实际上是宗法伦理的法律化。具体而言，有以下差别：

第一是官民之别。传统中国在良人范围内，社会成员的身份因爵位和官职的差异而呈现鲜明的等级化。西周时期，天子、诸侯、卿大夫、士和庶人构成五等序列，战国秦汉时官民差异增大，魏晋时期则有门阀等级之分、士庶相别，隋唐以后，则主要是官僚贵族与庶民的区别。根据等级的贵贱之别，贵族官僚享受与其等级相配套的民事特权，可以享受国家经济上的支持，如历代皇亲国戚占有大量土地并免除税收，而普通民众只有糊口的田粮却要负担沉重的国家赋税。

第二是良贱之别。良人在职业上可以分为士、农、工、商，从事不同的职业，具有不同的社会地位，也享有不同的政治权利和法律特权。贱指"贱民"，相对于良人，贱民不具备独立的民事法律主体身份，贱民中的某些人，甚至不具备独立的人格，而只作为一种特殊的财产。贱民在各个时代所包含的内容不尽相同，在战国秦汉时代包括奴婢、赘婿、后父等；魏晋南北朝时期逐渐出现部曲；隋唐时期对贱民作了法律上的规定，即贱民由其身份上的不同，可以分为"官贱民"和"私贱民"两种："官贱民"包括官奴婢、官户、工乐户、杂户等，"私贱民"包括奴婢、部曲、客女等；明清时期因地域性从事下贱劳动者而被划入贱民范围的有蛋户、丐户、惰民等。贱民基本上没有独立的人格，如唐律明确规定"奴婢贱人，律比畜产"①，完全没有法律地位。

第三是贫富之别。社会成员因占有财富的多少而分化为贫者与富者。富人可以通过交罚金来替代劳役，可以通过捐钱来获取社会地位和官职，造成穷人与富人在民事权利上存在重大差异。

第四是尊卑之别。传统社会中，以血缘关系为基础的亲属体系构成了社会成员的尊卑之别，尊长与卑幼之间的身份差别也决定了他们民事权利上的差异。卑幼的民事权利依附于尊长，如在财产权利方面，子孙不得别籍异财，子女的婚姻必须由父母来决定，卑幼若侵犯尊长的人身安全将导致严重的法律制裁。

第五是男女之别。在宗法伦理"男女有别"的教化下，妇女的地位一直处于低下状态，妇女在法律上和事实上都依附于男性，妇女在室从父，出嫁从夫，夫死从子。滋贺秀三指出："围绕夫家家产，妻本人的持分是不存在的。因此只要夫活着，妻就隐藏在夫之背后，其存在就如同等于零。"② 正妻的地位尚且如此，妾以及改嫁寡妇的民事权利则更加弱化。身份上的不平等导致社会成员在民事权利享有上的不平等。民事主体等级化的格局使西方法学意义上的民法难以在传统中国产生。这种差别之所以根深蒂固，与小农经济、小农阶层的形成有着密切的联系。

（一）地主、自耕农、佃户阶层结构的形成

春秋战国时期，农业经营方式由集体共同经营向家庭经营转变；以一家一户为基础的

---

① 刘俊文点校：《唐律疏议》，143 页，北京，法律出版社，1999。
② ［日］滋贺秀三：《中国家族法原理》，张建国、李力译，415 页，北京，法律出版社，2003。

小农经济开始形成，产生了早期的地主、自耕农和佃农阶层，成为古代民事法律关系中的主要角色。秦汉时期，以地主土地所有和自耕农土地所有为代表的土地私有制成型，并形成地主、自耕农、佃户的阶层结构。地主、自耕农和佃农成为传统社会中最基本的民事主体，他们的身份地位和权利义务随着土地私权结构的发展深化而呈现各自不同的发展轨迹。地主和自耕农始终是国家的编户齐民，享有民事主体的基本权利，承担基本义务，没有人身依附关系，可以自由迁徙。佃户和雇工对地主有人身依附关系，并逐渐摆脱这种人身束缚，由不自由民向自由民演进，最后成为基本的民事主体。地主官僚则一直享有政治和经济上的种种特权，是具有完全民事权利能力的民事主体，主体资格一般没有限制，而佃农的身份和地位却随着土地私权的演进而不断地发生变化，整体的发展趋势又是相对稳定和开放的。

秦汉时期的佃农是自由身，不依附于土地，法律上也不受歧视，汉代已有租佃契约来规定主佃双方的权利义务。到三国两晋时期，佃农地位开始下降，人身自由受限，有的甚至沦为部曲、家奴，身份低贱。

隋唐时期，佃农地位有所上升，租佃关系是契约经济关系，主佃双方在经济上是对等的，无尊卑之分。宋以后，公私田地上的租佃制发达，佃农享有高度的人身自由，可以广泛参与各种民事经济活动，成为民事法律关系主体，随着佃农地位的提高和经济实力的增强，主佃关系中地主一直占尽优势的状况也有所改变，佃农的权利意识和抗争能力也在增强。地主划佃增租，佃户也有自己的应对方式，佃户辞田逃离、欠租事件时有发生，主佃之间的斗争日益激烈起来。1052年的"官庄客户逃移法"就是专门针对官田佃户大量逃离事件而制定的。同时也应该看到，宋明理学思想对主佃关系产生了深刻影响，宋儒将君臣、父子、师徒间的宗法等级关系应用于地主和佃户间，认为他们之间也是尊卑关系，因此体现在法律上的权利义务也有明显差别。

明清时期，租佃制的成熟形态——永佃制开始盛行，永佃制后来又发展到一田两主的形态，使得佃农的地位和能力进一步提高，佃农已经具有与地主讨价还价的能力，有些富裕的佃农甚至成为颇有实力的"二地主"。这些变化其实都是佃农与地主长期斗争的结果，或者说是双方长期博弈的结果，而随着佃农身份和地位的变化，佃农对地主人身依附关系的逐渐摆脱，佃农由不自由民向自由民的转变，必然影响到民事活动中不同主体间权利义务关系的变化。

（二）"户"在传统民事法律中的地位

在小农经济社会里，自耕农和雇农成为社会最广泛的主体，他们领受土地、交租服役、纳粮贡赋，并在有限的范围内从事一定的交换。在这样的"户"之中，保存着强烈的父系宗法制的影响。在日常生活中所发生的民事关系基本上是户与户之间的民事关系。尽管随着经济发展，血缘伦理纽带逐渐松弛，个人逐渐拥有更多的民事权利，但是，建构在宗法基础之上的一家一户仍然是传统民事法律关系中最重要的民事主体，编户齐民就是适应了小农经济结构的重要政策手段。

秦汉以后，中国社会逐渐形成了超稳定政治结构，形成了官僚地主伦理等级与封建家族伦理等级在一定程度上互相分离又互相支持的等级社会。可以说编户齐民这一政策手段正是政治等级制与血缘伦理制、国家统治秩序与血缘家庭统治秩序的结合点。从此，家庭在中国政治统治过程中扮演了承上启下的作用。一方面，家庭、家户作为一个独立的法律主体得到国家法律的承认，例如，均田制中，分封土地时要按照户来分配。同时，家户也是独立承担国家义务的义务主体，国家的赋税杂役是以户为单位来计算。国家法律承认和维系家户的法律地位，保障家户的合法权益。另一方面，国家法律承认和保护家长、户长在家庭秩序内的至高无上的地位。例如，唐律规定"十恶"重罪，不孝就是其中的重要内容，其目的就是维护祖父母、父母对血缘伦理等级低的晚辈亲属的统治，确立家长权威。同时，法律通过承认家长、户长对家庭财产的垄断来保障家庭秩序的稳固。

另外，中国古代社会家长是家的代表，家属受家长的支配。正如瞿同祖先生所指出的：

> 中国的家族是父权家长制的，父祖是统治的首脑，一切权力都集中在他的手中，家族中的所有人口——包括他的妻妾子孙和他们的妻妾子孙，未婚的女儿孙女，同居的旁系卑亲属以及家族中的奴婢，都在他的权利之下，经济权、法律权、宗教权都在他的手里。经济权的掌握对家长权的支持力量极为重大。中国的家族是着重祖先崇拜的，家族的绵延，团结一切家族的伦理，都以祖先崇拜为中心——我们甚至可以说，家族的存在亦无非为了祖先崇拜。在这种情形下，无疑的，家长权因家族祭司（主祭人）的身份而更加神圣化，更加强大坚韧。同时由于法律对其统治权的承认和支持，他的权力更加不可撼摇了。[①]

这表明家长不仅对内有监督家属、管制家财、处理家政等的权利义务，且对外是一家的代表，统率家人，对国家尽义务。例如，对于户籍事项，家长有呈报义务。《唐律》规定：

> 诸脱户者，家长徒三年，无课役者、家长减二等，女户，又减三等。[②]

又如，关于田粮等事项，家长有缴纳的义务。《大清律》规定：

> 凡欺隐田粮、脱漏版籍者，一亩至五亩，笞四十；每五亩加一等，罪止杖一百。其田入官，所隐税粮，依数征纳。[③]

而这义务也是加于家长身上的。

二、小农经济与土地所有权的法律保护

在传统经济秩序中，作为农业活动最基本的生产资料的土地问题"一直是一个被上至历代统治者，下至黎民百姓最为关注的问题之一"[④]。因此，对土地的占有、使用和处分的经济秩序和法权关系是小农经济所必然衍生出来的重要内容，也是影响中国古代民事法律的一个基本方面。中国古代虽然没有形成明确的动产、不动产概念，但存在着类似的划分，这就是将财产分为田宅和财物。田宅又称产、业或产业，主要是指土地或土地上的定着物。田宅尤其是土地不仅是财产的重要组成部分，而且是国家税收的主要来源，在古代经济和

---

① 瞿同祖：《中国法律与中国社会》，6页，北京，中华书局，2003。
② 刘俊文点校：《唐律疏议》，252页，北京，法律出版社，1999。
③ 田涛、郑秦点校：《大清律例》，190页，北京，法律出版社，1999。
④ 赵晓耕：《中国古代土地法制述略》，序言，北京，中国和平出版社，1996。

政治生活中有特殊的重要作用。①关于私人土地所有权，马克思曾经这样描述过：

> 土地所有权的前提是，一些人垄断一定量的土地，把它作为排斥其他一切人的、只服从自己个人意志的领域。②

土地私人所有权出现的标志，在中国古代主要表现为个人对土地的处分以及国家不再对这种私人处分行为进行干涉，按照私人意志对土地进行赠与、继承、转让、买卖等民事活动逐渐合法化。

土地所有权制度是所有制法权的最深层次的表现。所有权的法律问题是民事法律关系中最根本的问题。土地所有权制度作为土地制度中最重要的部分，随着历史变迁呈现出清晰的发展脉络，它与小农经济的发展互为影响、互相伴随。地主土地所有制和自耕农土地所有制构成小农经济发展的基础，而小农经济的结构基础又保障和促进了传统社会中土地所有权形态的发展和变化，使得传统社会中的土地占有和分配问题始终成为历朝历代所关注和试图解决的问题，但受制于小农经济本身的现实基础，其努力的效果不甚理想。

春秋时期，铁器的使用和牛耕的普及推动着农业生产发展，各诸侯国在原有的井田之外开辟出大量的新土地。这些都是公田之外的私田，归诸侯、贵族和大臣占有和使用，不在周王的控制之下。各诸侯占有的私田数量日益增多，而周王控制下的井田却在日渐减少。周宣王的"不籍千亩"③，就是一个明确的信号，甚至还出现诸侯间、大夫间、大夫向诸侯、诸侯向周王争夺土地的斗争。因争夺土地和臣民而频繁发生的诸侯之战，也使得昔日的井田制难以维持，井田上的农夫大量逃离，土地日益荒芜，井田制趋于瓦解。另一方面，随着私田的出现，土地买卖、赠与关系也开始增多，"戎狄荐居，贵货易土，土可贾焉"④ 就是这种情况的现实反映。另外，在新出土的西周青铜器中，明确记载土地转让的铭文也不少，以1975 年在陕西岐山县董家村出土的青铜器最为典型。这些铭文记载了西周中期周恭王时期的一些有关土地的租佃、转让以及诉讼的事例，充分说明地权转让在西周时期就已经出现。⑤

随着商品和货币经济的发展以及"礼法"制度的崩溃，周王对诸侯的控制日渐力不从心，而诸侯对土地的处分权力逐渐增大，土地转让和地权移转使土地商品化程度急剧提高，个别的、私下的地权转移逐渐形成了规模，日渐式微的周王朝已无力阻挡大量买卖土地的行为。土地的买卖直接导致私田增多，有关争田、夺田的土地纠纷大量出现，在《左传》、《公羊传》及《谷梁传》中有不少这类事件的记载。"田里不鬻"原则已经被破坏，井田制逐渐瓦解，土地所有制度发生了某些变化，土地私权开始出现，各诸侯对土地的所有权也得到认可，周王的土地所有权开始转变为诸侯、贵族和平民的土地所有权。这种社会关系的发展，就逐渐形成了私有的土地所有权关系。

随着"井田制"的瓦解和鲁国初税亩制度的推行，土地转移逐渐合法化。之后，各诸

---

①　参见李玉生：《中国古代法与现代民法物权制度的比较研究》，载《南京师大学报》，2005（6）。

②　《资本论》，第3 卷（下），695 页，北京，人民出版社，1975。

③　（清）徐元浩：《国语集解》，王树民、沈长云点校，15 页，北京，中华书局，2002。

④　（清）阮元：《十三经注疏》，《左传·襄公四年》，1933 页，北京，中华书局，1980。

⑤　参见赵晓耕：《中国古代土地法制述略》，21 页，北京，中国和平出版社，1996。

侯国相继进行类似的变革以适应社会的发展，实现从"籍而不税"到"按田而税"的转变。齐国管仲的改革，就是"相地而衰征，则民不移"①，根据土地的好坏及产出的多少来征税。晋国则是作爰田，"爰，易也"②，变动井田制原有的旧阡陌，改小亩为大亩，打破井田中领地与份地的划分，实际上是对井田制的破坏，对土地私有的认可。在所有制法权结构上突破井田公有制束缚的还是秦商鞅变法，董仲舒曾言：

> 至秦则不然，秦用商鞅之法，改帝王之制，除井田，民得买卖。③

秦国的商鞅变法，"废井田，开阡陌"，时间上虽不是最早，但其措施和决心却最彻底，对秦国土地关系的变革也最为彻底，"为田开阡陌封疆，而赋税平"④，允许土地买卖，承认土地私有，是诸侯国改革中最成功的典范，这一系列的改革措施进一步瓦解了井田制，促进土地私有的发展。秦始皇统一全国后，已经不能掌握全国土地占有的实际情况。在这种背景下，秦始皇三十一年（前216年），秦朝颁布命令："使黔首自实田，以定赋"⑤。命令人民向政府呈报土地占有数字，以便向土地占有者征收田赋。这就意味着国家对土地私有权的承认，说明封建国家开始对土地私有给予法律上的认可和保护，"民得名田"意味着土地私权得以确立。秦王朝实行土地分配政策，国家支持农民自立为户，给予田宅成为自耕农，成为生产单位和交纳赋税的承担者。

> 秦坏井田之后，任民所耕，不计多少，已无所稽考，以为赋敛之厚薄，其后遂舍地而税人，则其缪尤甚矣。是年，始令黔首自实田以定赋。⑥

可见秦统治者通过呈报这一手续来使土地私有合法化，也说明了土地为自耕者个人私有的目的是在社会中明确国家贡赋的主体。除了地主以外，农奴变成了占有少量土地的自耕农，国家也确认了他们对土地的私人所有。土地所有权成为仅次于人身权的一种权利。对土地私有权的侵犯意味着对王朝政治基础的破坏，国家法律开始使用刑罚手段来保护私人土地所有制。秦在阡陌之间设立田界标志，对于私自移动田界的人，视做侵犯土地个人私有权而予以法律制裁。《秦简·法律答问》规定：

> "盗徙封，赎耐。"可（何）如为"封"？"封"即田千陌。顷半（畔）封（也），且非是？而盗徙之，赎耐，可（何）重也？是，不重。⑦

可见当时已经使用"赎耐"的刑罚来保护土地私有制度。

汉代，有关土地转让的规定更为明确具体，汉代《田令》中就有不少土地买卖契券的规定，反映了对土地私有权移转的法律保护。土地买卖的频繁，加速了地权的流转，土地逐渐从国有变为私有，从平民百姓手中集中到贵族地主手中。一些原为国有的山林川泽也

---

① （清）徐元浩：《国语集解》，王树民、沈长云点校，227页，北京，中华书局，2002。
② （清）阮元：《十三经注疏》，《左传·僖公十五年》，1806页，北京，中华书局，1980。
③ （清）阮元：《十三经注疏》，《左传·僖公十五年》，1806页，北京，中华书局，1980。
④ （汉）司马迁：《二十五史·史记·商君列传》，255页，上海，上海书店、上海古籍书店，1986。
⑤ （南朝宋）裴骃：《二十五史·史记·秦始皇·集解》，30页，上海，上海书店、上海古籍书店，1986。
⑥ （元）马端临：《文献通考》，31页，北京，中华书局，1986。
⑦ 睡虎地秦墓竹简整理小组：《睡虎地秦墓竹简》，178页，北京，文物出版社，1978。

变为私有，以致出现"今田无常主，民无常居"①的现象。这就使得地主和自耕农的身份相互间不断地转换和更新，经营不善的地主可能沦为自耕农或佃户，而自耕农生产经营得力，田亩数额增加，也可能上升为地主。土地的自由买卖，说明私人对土地的控制权在逐步地加强，而国家对土地的控制权却在逐渐地削弱，土地私有的观念逐渐为人们所认可，人人都想拥有自己的土地，人人皆可自由买卖土地，土地不得无故剥夺，连皇帝都要通过买卖方式来获得自己的土地，东汉灵帝刘宏就曾差人回自己老家，"买田宅，起第观"②，来满足自己对地产的占有欲。汉代时期，不仅出现了大量的耕地买卖民事行为，而且也出现了山林川泽买卖关系。浙江省绍兴市区东南 20 公里富盛镇跳山东坡的汉代摩崖石刻就记载"昆弟六人，共买山地。"可见，两汉时期，依靠个人实力，圈占国有林地的现象已经相当普遍。

随着土地买卖关系的兴起，土地买卖契约也发展起来了。在土地买卖中，一般在契约中写明标的的位置、四至、面积等基本内容。例如东汉建初六年（81 年）买地券：

> 武孟子男靡婴，买马熙宜、朱大弟少卿冢田，南广九十四步、西长六十八步、北广六十五步、东长七十九步，为田廿三亩奇百六十四步，直钱十苗二千。东陈田比介，北、西、南朱少比介。时知券约赵满、何非，沽酒各二斗。③

随着社会生产的恢复和发展，在土地私有化的同时，土地集中和兼并也开始出现。例如，"相国（萧何）贱强买民田宅数千万"④，"（张禹）为相六岁……及富贵，多买田至四百顷"⑤，"（马）防兄弟贵盛，奴婢各千人以上，资产巨亿，皆买京师膏腴美田"⑥。秦汉时期，买卖是土地兼并的重要手段，土地私权仍然受到各种政治权利的制约，土地买卖的自由也是相对的，并不具备完全意义的商品化形态，贵族地主非法占夺、强买和巧取公私田地之事还是常有发生的。

秦汉以后，耕地的私人所有制基本上确立起来，国家法律正式确认耕地的所有权人为私人。私人之间的土地买卖关系也开始受到国家的保护，同时，耕地买卖契约作为土地所有权的凭证受到社会的尊重和法律的保障，以地主所有和自耕农所有为代表的土地私权在小农经济的基础上发展起来，总的趋势是私田逐渐取代公田，占据土地所有权的主导地位，由此形成"地主－自耕农－佃农"的土地私权结构。三国两晋时期，土地私权继续膨胀，形成了世族大地主这个在政治上和经济上都享有特权的阶层。世族地主大肆兼并土地，扩张自己势力，连原来国有的山林川泽也被豪强地主占有，成为私产。南齐竟陵王萧子良就曾"封山泽数百里，禁民樵采"⑦。尽管东晋、刘宋朝都曾颁布禁止"封山占水"的法令，

① （南朝宋）范晔：《二十五史·后汉书·仲长统传》，947 页，上海，上海书店、上海古籍书店，1986。
② （南朝宋）范晔：《二十五史·后汉书·宦者传·张让传》，1024 页，上海，上海书店、上海古籍书店，1986。
③ 吴天颖：《汉代买地券考》，载《考古学报》，1982（1）。
④ （汉）司马迁：《二十五史·史记·萧相国世家》，235 页，上海，上海书店、上海古籍书店，1986。
⑤ （汉）班固：《二十五史·汉书·张禹传》，674 页，上海，上海书店、上海古籍书店，1986。
⑥ （南朝宋）范晔：《二十五史·后汉书·马援传附子防传》，881 页，上海，上海书店、上海古籍书店，1986。
⑦ （唐）姚思廉：《二十五史·梁书·顾宪之传》，2102 页，上海，上海书店、上海古籍书店，1986。

但仍不能有效限制土地私权的发展。这段时期也是自耕农经济相对较弱、大地主田庄迅速膨胀和租佃制比较发达的时期。北魏至中唐时期一直实行均田制，使秦汉以来土地私有的迅猛发展势头有所停滞，土地私权的发展在这段时期内暂时中断了。中唐以后，随着均田制的废除，土地买卖又开始盛行，宋代实行"不抑兼并、不立田制"政策，土地兼并之风更盛，土地私权又占据了上风，以租佃经营为基础的田庄、坞堡大量涌现，田庄内的佃户数量日益增多，而本来势单力薄的自耕农经济在地主制经济的打压下日渐萎缩。这种以土地私有为基础的租佃制关系，不同于均田制上的自耕农与国家的关系，私田租佃的发达，说明土地私权结构的日益发达和深化。到明清时期，土地私有不再受到限制，在明清朝廷和士大夫们看来，土地私有是天经地义的事情，理应受到尊重和保护，土地私权的观念此时已完全被人们所接受，明朝的邱濬就认为前代的那些王田、限田和均田之法都是"拂人情而不宜于土俗，可以暂而不可以常也，终莫若听民自便之为得也"[①]，足以说明土地私权在官方和民间的认可度也达到最高点。

通观我国封建社会，土地私人所有制是小农经济存在和发展的基础，是关系到封建国家稳定和发展的关键。为了维系封建政权的生存，历代王朝均以法律来严格维护既有的土地私有制。所以，传统中国关于土地私有权的法律真实地反映了小农经济的现实需求，同样对小农经济起到了很好的保护作用。传统民事法律中关于土地私有制的规定与小农经济息息相关。

三、小农经济与永佃权、典权的法律保护

在小农经济的模式下，土地占有的方式是趋向集中，而土地经营的方式则是趋向分散。这种相反的趋势是由多种原因造成的，最重要的是地权本身的分散。即集中起来的"田连阡陌"的大地产，并不能保持长久不变。尽管拥有大量地产的大地主们非豪强权贵即富商大贾，他们都是巨大财富的拥有者，但是他们却由于种种偶然和必然的原因而不停地将其地产分割、转让或出卖。[②] 此种背景下，永佃权、典权便应运而生，传统的民事法律规则对此予以了必要的保护。

（一）小农经济与永佃权

中国古代并无物权的明确概念和系统规定，但在一些民事规则和习惯中涉及了类似物权的规定。小农经济的本质属性使得人们对土地资源的利用和开发进行得较为深入，这方面的典型就是富有民族特色的永佃权制度。

永佃权是由土地租佃关系发展而来的，萌芽于宋代，明清两代发展得比较成熟，主要盛行于我国南方省份，如江苏、江西、福建、安徽、广东等省。永佃权是以交租为代价、永久租种所有人地面的权利。在实际中，永佃权极其复杂并富有弹性。在永佃权关系中，永佃权人取得的地面权具有永久性，因而可以再出租，甚至出卖、出典。这使得永佃权人既有佃者之名，又有业主身份；对土地既可自耕，又可出卖、出租、出典，有利于土地的改良和土地资源的充分利用。永佃权制度的重要后果就是产生了复杂的"一田两主"现象。

---

① （明）邱濬：《大学衍义补》，林冠群、周济夫点校，133 页，北京，京华出版社，1999。

② 参见傅筑夫：《中国古代经济史概论》，88 页，北京，中国社会科学出版社，1981。

正如梁治平先生所指出的那样,"一田两主"现象体现了主佃关系的新变化:

> 这种新变化就是,"永佃"关系中佃户一方讨价还价的能力日益增强,以至能够隐蔽地、半公开乃至公开地将自己耕作的土地转佃或转让给第三者,最终造成田面与田底的分割。[①]

这种田面权与田底权的分离,或多或少地影响了土地所有权与经营权的分离。

在宋代以前,土地制度仅允许对民田进行买卖。至宋代,官田买卖在法律上也得到了确认。两宋时期的中央政府为了增加收入,对于其掌握的国有土地(官田,特别是对于没收的个人田产而充做的官田)采取两种做法:一是出卖,二是出租。前一种做法,因其可以在最短时间内增加收入、缓解中央财政压力而被广为采用。特别是在南宋财政困难时期,更是大量出卖官田,并设置专门官吏管理专卖事宜,以至于有时因财政窘迫而限期卖地,甚至不惜监锢保长、抑勒四邻、强制卖田。官田成为土地买卖关系的客体,从而扩大了土地流转的范围。后一种做法,则造成了"租佃制"及其租佃权的发展。宋代官田最初沿袭曹魏之制召兵或者百姓屯用,官出耕牛、田具等生产资料并提供生活资料,进行"屯田"。不论兵、民都要"愿佃",对国家是主仆关系,对封建制国家具有较强的经济依附关系。

随着商品经济的发展,宋代官府渐废经营田务,废除屯田,采取召民请佃,量出租调的对策。《宋会要辑稿》载:太宗至道三年(997年)三月三日,京西转运使张选言:

> 废襄州蛮河营田务,已召民请佃。量出租调,公私便之。[②]

佃农之于地主虽仍然具有一定程度的依赖关系,但其拥有自己的生产和生活资料,不完全依赖地主供给。建立在官田国家所有制上的新型的土地占有、使用制度发展起来了。并且,在官田租佃过程中,由于对官田的租佃量没有限制,一些豪门权贵借机大量转租、包租,并雇请佃户进行耕种,从中盘剥。这样在租佃关系中又形成了封建国家、包租者、佃农之间的多重关系。特别是包租者往往利用各种方式将包租的土地攫为自己私用,成为官田私有的重要途径,并且在与佃农放佃的过程中形成了长期、稳定的租佃关系。宋代法律也承认这种租佃关系:

> 官田宅,私家借得,亦令人佃食,或私田宅,有人借得亦令人佃作。[③]

同时,为了规范和保护正常租佃关系,对佃户的利益给予保护,如"或有抵顽佃户欠谷数多,或日脚全未纳到,至冬至后,委是难催之人,方许甲头具名申上,亦止合依田主论佃客欠租谷体例,备牒本县追理,本仓不得擅自追扰"[④]。又如:"在法,十月初一日已后,正月三十日已前,皆知县受理田主词诉,取索佃户欠租之日"[⑤]。

法律规定,地主不得直接追索佃户的欠租,只有政府才有权催交,从而大大减轻了佃农对地主的直接依赖。这一方面确认和保护了田地租佃关系,另一方面也使租佃关系得到

① 梁治平:《清代习惯法:社会与国家》,84页,北京,中国政法大学出版社,1996。
② (清)徐松:《宋会要辑稿(五)》,4826页,北京,中华书局,1957。
③ 薛梅卿点校:《宋刑统》,505页,北京,法律出版社,1999年。
④ (宋)叶适:《水心先生别集》,载《丛书集成续编(第105册)》,1104页,上海,上海书店,1994。
⑤ (宋)黄震:《黄氏日抄》,载《文津阁四库全书(235)》,513页,北京,商务印书馆,2005。

发展并形成了永佃制。永佃制建立在租佃制基础上，把田底的所有权与田面的使用权分开，使田面的使用权、收益权成为可以独立交易转让的权利，确认田面永久占有的制度。《宋会要辑稿·食货》载：宣和元年（1119 年）八月二十四日，农田所在奏请招佃耕种浙西的逃田、荒地、沙涂、退滩时即建议：

> 以田邻现纳租课比补，量减分数，出榜，限一百日召人实封投状，添租请佃，限满拆封给租多之人。每户给户帖一纸，开具所佃田色、步亩、四至、著望、应纳租课。如将来典卖，听依系籍田法，请买印契，书填交易。[1]

总之，农户出钱购买土地的使用权并享有对土地的收益权，成为永佃户，使土地的所有权和耕作权（使用权）分离。永佃制到明清时进一步发展，并且在发展过程中也日趋复杂。永佃权制度富于弹性，既有佃者的名称，又有业主的身份，既可租种，又可出卖出典出租，因而有利于土地改良，缓和了封建人身关系。同时，永佃权制度又使土地所有权关系更为复杂化了。[2]

土地制度的这种变化在中国古代民事法中具有重要的影响：其一，租佃制的出现是对唐以前存在的佃奴制的推动，确立了新型的民事主体关系。在租佃制下，有田者出租于能耕垦而又无田者，佃农租耕土地而向地主交租。佃农对土地的这种依赖关系是建立在佃农独立性的基础上的，依赖关系随租佃关系的消灭而消灭。尽管佃农经常因为经济上的贫困而不得不在人身上依附于地主，但至少在法律上，佃农的意志是自主的，其人身是独立的，租佃关系的缔结体现了地主和佃农之间一定程度的平等。其二，租佃的出现和发展丰富了中国传统民法的内容和形式。以租佃制为基础的永佃权，是以交租为代价永远租种所有人地面的权利，乃是用益物权。[3] 土地所有人不得随意撤佃和另行招佃，土地所有权可以易主，但这并不影响永佃权的存在，并且永佃权可以继承、典押、出卖、转租，从而形成了新型的民事流转关系。

（二）小农经济与典权

中国古代的私有化更多地是一种国家默认的自然状态，并没有充分的法律对个人私有的神圣性给予完全保护。虽然在土地关系中出现了纯粹的个人私有制，但是在横向的土地关系之外，还存在着国家对私人土地的调拨和以国家土地向私人分配这种纵向的法律关系。在依靠平等的土地买卖方式取得土地以外，还广泛地存在着依仗实力兼并、占田的土地取得方式。即使在土地买卖契约中进行的土地转移也不一定能够完全反映土地的所有者对土地权利的处分。更主要的是，在国家法律中，土地更多地是作为臣民缴纳贡赋以及对国家服劳役的一个计算标准。因此，对于土地所有人、占有人以及土地权利的规定并不十分完全。但是，从秦汉以来，土地所有者对于土地标的物的占有、使用、收益以及处分的权利还是在一定程度上受到了国家制定法的保护。正是在这种背景和前提下，中国古代土地以及建立在土地所有制基础上的物权关系得到了发展。

---

[1] （清）徐松：《宋会要辑稿（五）》，4818 页，北京，中华书局，1957。

[2] 参见李志敏：《中国古代民法》，101 页，北京，法律出版社，1988。

[3] 参见李志敏：《中国古代民法》，100 页，北京，法律出版社，1988。

随着土地私有化进程的深化，地主土地所有制经济得到迅速发展壮大，而以此为基础的民事物权关系也因此发展起来。以地主土地所有权为中心，衍生出土地的典卖、租佃、抵押等一系列民事法律关系。土地买卖一直是土地流转的最主要方式，由于小农经济的本质属性，在土地流转中衍生出土地出典、永佃和一田两主等制度，构成我国独有的物权制度。

在土地私有基础上产生的租佃经营方式，是典型的土地所有权和经营权相分离的模式，是在所有权的基础上派生出土地的经营权（承佃权）、后来又发展出永佃（永久的耕种权）和一田两主（将土地所有权分为田底权和田面权两层）的形态，有了所谓的双层（重）土地所有权的说法，而一田两主的出现只会使地权更加分散、更多的劳动力被束缚在小块的土地上，小农经济也因此更为巩固，资本主义大农场和雇工经营方式始终不占主导地位。

此外，典权的产生与传统中国亲朋好友与邻里故旧之间的互助合作精神也有密切关系。因为小农经济是一种脆弱的经济模式，小农的利益需要人们相互之间的协助来实现。正是在互助、济急的精神作用下，在民间形成一种独特的典权关系。现代民法上的典权是一种不动产物权，即支付典价、占有他人不动产而为使用收益的权利。传统意义上的典是出卖田宅的变通方法；典卖土地既可以暂时应急，又可以在典期届满时回赎，对出典和承典双方都有利。典权指出典人将田宅以低于市场价格暂时出卖，同时保留其所有权，在约定期限内回赎。典权人向出典人支付典价，占有出典人的不动产，并对该不动产行使使用、收益权；出典人在约定期间届满时，交还典价，赎回典物。典权制度的设置可以暂时缓解出典人的经济困难局面，也为投资者设立了一个投资领域。与此相随的还有典当业的发展。

关于典当的兴起，有学者认为：

> 盖自货币兴，借贷起，有余资者不得其用，而无资者，欲假钱财，既无亲戚朋友之关系，则靳于情谊，又非空言所能取信于人，乃以物为质，约期赎回，贷资者因得物以为抵押，则不虞其贷资之无着落，借资者只须有物，则可质钱，不问起识与不识也。于是资金得以流通，各方均蒙其利，而于贫民尤称其便，贫民之信用薄弱，岂一纸借据，而能博人之信哉，故贫民欲得资金之融通，舍典当更无第二之途径，谚谓"典当者，穷人之后门"。可想见穷人与典当之密切矣。[①]

传统中国对典权关系实施必要的法律保护，《大元通制》、《大明律》、《大清律例》中的"典卖田宅"条对典权关系的设定、典权人与出典人的权利与义务都有明确规定。典当制度是传统中国富有民族特色的重要民事规则，起到了帮助小农渡过难关的作用，充分体现人与人之间的互助合作关系。

四、小农经济与民间契约

契约文书在我国历史十分久远。自汉代起，民间社会就有"民有私约如律令"的说法，隋唐之时则有"官有政法，民从私约"的习惯。唐宋以后，契约文书日益成熟、规范，这在隋唐五代敦煌吐鲁番文书和明清时期各地出现的契约文书中可以得到充分反映。在敦煌

---

① 杨肇遇：《中国典当业》，2 页，北京，商务印书馆，1933。

发现的各时期各类文书，其内容相当丰富，从类别上说，有租赁文书、买卖文书；内容包括家畜买卖、劳动力雇佣，还有土地、房屋买卖租赁以及消费借贷，甚至还有人质文书；等等。明清时期，很多契约文书属于私家文书档案，但相当部分的契书，因涉及产权性质，有关买卖或租佃当事人为了取得法律承认与保护，就去官府登记注册，并缴纳契税，一些文契还直接采用官定的契纸，或契本样式。①

以商品经济比较发达的宋代为例，当时契约关系广泛发生。契约种类很多，包括田宅契约、买卖契约、典当契约、借贷契约、赠与契约、寄托契约等，形成较完善的亲邻、契纸、契税、交割等制度。宋代典卖田宅，必须在契约内写明当事人的姓名、典卖亩数、坐落、田色、四邻界至、产业来历、典卖原因、原业税钱、交易钱额、追夺担保及悔契责任。契约订立三日内，会同业主、邻人、牙保、写契人，经官当面按验无误，交纳契税，官府注籍，并给钱主凭由。为使契约规范化，宋朝强制推行"契纸"制度。契纸制度对于规范契约秩序、减少纠纷起到重要作用。契约的存在和发展，对于繁荣传统社会的财产流转和顺利解决民间纠纷起到了积极作用，在百姓的日常生产和生活中发挥了重要作用。

契约关系的发展与小农经济的成熟是相辅相成的，这在小农经济发展到顶点的明清时代最为明显。封建社会后期，人口剧增，地权分化，农业开始集约化和商品化，货币经济发展到较高的层次，部分地区市场发展快速，民事关系契约化倾向明显。民间土地买卖空前频繁，各种借贷方法如典、当、抵、押、合会等均获极大发展。②尽管如此，当时的民间契约仍然是小农经济的现实反映，因为当时的借贷主要是用来维持生活而不是用来进行生产性投资，反映资本主义商品经济的民事合同关系尚未成熟。

五、小农经济与宗族、婚姻、继承关系的法律保护

中国古代的小农经济之所以形成家族或家庭式的小土地经营，与宗法观念有密切关系。封建社会，宗族制度的强大生命力是与小农经济占统治地位分不开的。在封建土地关系制约下，小农的经济状况十分脆弱，一家一户是一个生产单位，也是一个消费单位，他们的生存靠父子兄弟共同辛勤劳动，同甘共苦的经济条件把他们紧密地联系在一起，孝悌思想油然而生。也正是这个缘故，孝悌伦理作为中国封建社会的优良传统乃得以持续。当然孝悌思想本身并非宗法，但它和宗法有一定联系。宗法宗族制的生命力也和聚族而居的自然条件有着一定的联系，在一定的历史条件下，农民很难摆脱宗族共同体的支配和制约，宗法宗族思想的持续是很自然的。③在传统中国的法律体系中，存在着许多维护宗法制的法律精神和相应的法律规则，保护宗法伦理的法律广泛地出现在国家的礼与法之中。

宗族制度，本身寄生于传统的农业经济体系之中、依托于农耕生产方式而存在，同时又构成了传统社会正统价值体系、政治制度的基础。对于传统社会的绝大多数中国人而言，宗族关系是人生中最主要的社会关系，一个人的生、养、病、死，生前的婚姻嫁娶、择业谋生，身后的祭葬承嗣等等人生基本问题，几乎没有什么能脱离宗族关系。宗法制的实质，

① 参见韩秀桃：《民从私约与纠纷解决——对明代徽州38件契约文书的分析》，载中国法律史学会：《中国文化与法治》，259～275页，北京，社会科学文献出版社，2007。
② 参见梁治平：《清代习惯法：社会与国家》，168页，北京，中国政法大学出版社，1996。
③ 参见李文治、江太新：《中国宗法宗族制和族庄义田》，1页，北京，社会科学文献出版社，2000。

是在家族内部确立成员之间的亲疏关系，以确定财产的继承和权力的分配。大宗与小宗虽属同祖、同宗，但在内部权力的分配上却大相径庭。在家族内部，由宗主维系和协调本族内部各成员家庭间的关系。宗主在家族内部所具有的核心地位，无疑使其具有稳定家族、聚拢族属的作用，因而也常被封建统治者所利用。如北宋政权曾"劝上户有力之家，切须存恤接济本家地客，务令足食，免致流移"①。在封建统治者的利用和扶植下，宗法制使得家族内部的结合更加牢固，家庭与家族的隶属关系更加紧密，形成共同的经济利益。男耕女织的家族经济即多从属于宗法制下的宗族经济。也就是说，宗族经济实质就是一种扩大的小农经济。

中国古代社会重视宗法伦理，在以血缘和婚姻为纽带联结而成的亲属团体内部，人与人之间存在着包括权利与义务在内的伦理亲情关系。每一个体依照亲属身份，承担不同的权利与义务。这种权利与义务主要是伦理性的。因此，传统中国的民事规则主要倡导的是伦理与礼治而不是权利与平等。在立嫡与继承、财产管理与分割、婚姻等问题上，主要依据"亲亲"、"尊尊"的伦理规范即礼与习惯来调整。在宗族和社会范围内，"礼义为先，义务本位"原则对民事纠纷起到了主要的调整作用，个人的权利依附在家族之中，导致个人权利义务独立、平等的观念难以产生。与此同时，民事主体缺乏对自身权利的深刻认识，没有产生类似于西方的那种明确的法律权利观。因此在传统中国，民事权利是不明确的，是被伦理亲情模糊化的。

（一）调整宗族关系

中国古代的家族经济，是以同一族属的各个家庭为基础的组合式经济，是将本家族所属成员进行内部分工，使之从事不同劳动，以取得生存所需要的基本生活及生产资料。在宗法制的作用下实现整个家族的自给自足，这也是小农经济的一种特殊表现形式，它与独立家庭式的小农经济并无本质区别，只是在构成方式和生产规模上有所差别，且封闭和排外性更为突出。

由于存在着共同的经济利益和利害关系，每个小家庭都有责任和义务维护本家族的利益。

> 兄弟析烟，亦不迁徙。祖宗庐墓，永以为依。②

其中一个重要的表现，就是族田义庄的设立。族田义庄创始于北宋范仲淹。他创设义庄的动机有过这段自述：

> 祖宗积德百余年，始发于我，今族众皆祖宗子孙，我岂可独享富贵。③

为此，他拿出一部分财产捐置义庄。他的目的在于"济养群众"，使"族之人日有食，岁有衣，嫁娶凶葬咸有赡给"④。

作为共同的家业，宗族的田产是不允许分割或买卖的。

---

① 朱熹：《劝谕救荒》，载《朱熹集（八）》，5065页，郭齐、尹波点校，成都，四川教育出版社，1996。
② 《吴县志》，转引自萧一山：《清代通史（一）》，496页，上海，华东师范大学出版社，2005。
③ （清）范能濬编集，薛正兴校点：《范仲淹全集》（下），714页，南京，凤凰出版社，2004。
④ （清）范能濬编集，薛正兴校点：《范仲淹全集》（下），714页，南京，凤凰出版社，2004。

房屋、地产、池塘，不许分析及变卖。有故违者，声大义攻之，摈斥不许入祠堂。①

诸如此类的族规、家法，目的在于维护家族的完整性。这在封建社会时期，亦被视为一种伦理道德。凡聚族而居，多世同堂，世代不分籍的家族，常被称为"义门"②。可以这样认为，宗法制的作用在于宗子之间既互济互助，又互相制约，并将族属世代束缚和限制在祖宗遗留的田产家业上。在传统的礼与法中，对以下几个方面有着相应的反映：

1. 要求宗族内部之间进行必要的经济互助

宗族本身含有族人相恤的内容，在传统社会中，宗族公有经济是团结族人的重要手段，即所谓以义田"收族"。宗族有了公有财产，才有经费修缮祠堂、举行族祭。倘若有较多的公产收入，可以赈济贫穷族人，照顾鳏寡孤独。族人有困难，可以向族长提出申请，要求经济资助。公财之外，族人之间也互相照顾，如在生产上互助，以劳力换取畜力、种子；逢红白喜事，做无偿的人力帮忙；富裕族人给予贫穷者粮米、药材、棺木等。族人间的财产虽然分得很清楚，但在人们观念里又有残余共财的因素，卖产首先问亲邻的习惯和卖产需近亲族人做中人的习惯，均源于此。所以族人相帮，有着尽义务的成分。

2. 要求宗族内部遵循相应的等级秩序

封建伦理是宗族制的核心。所谓伦常关系即尊卑长幼、嫡庶亲疏关系。尊卑关系表现为"孝"，长幼关系表现为"悌"，孝是核心，悌是从孝派生出来的。这种伦常关系不限于五服，而是扩大到一个村镇的整个同族，在这种情况下则更多地体现为睦。宗族关系的生活准则即孝、悌、睦三字，这是宗族伦理的基本内涵。各个族姓进行的建祠修谱活动，其直接目的就是实现睦族，使广大人民浸淫于睦，使所有族众，不分阶级和等级都能和睦相处。各宗族组织对祖先的祭祀、对生者的孝悌都极为重视，往往是家法族规的重要内容。③人们的日常生活都被纳入宗法体系，宗法伦理神圣不可侵犯。在孝、睦思想的支配下，尊卑长幼秩序合理合法化，宗族伦理合理合法化。这种宗族制度赋予族长以绝对权威，地方缙绅就利用这种权威控制族众。父权是随着父系血缘的确立而确立，它经过奴隶制时代的不断实践和充实，到了封建时代，更由于封建礼法的完备而完备。在宗族中，父权、族权高居于全体成员之上，成为宗族的核心，拥有至高的权力，对整个宗族实行经济专制和思想专制，如族长拥有财产权、惩罚权、仲裁权、主婚权、主祭权等等，宗族制度中的长尊幼卑、夫主妻从、嫡贵庶贱等原则也都由父家长制而起源。④

基于伦常，中国传统法律不承认亲子关系能合法地解除，也不允许像现代法律那样可

---

① 庞尚鹏：《庞氏家训》，载《杨忠愍公遗笔（及其他五种）》，9页，北京，中华书局，1985。

② （清）顾炎武：《日知录校注》，陈垣校注，781页，合肥，安徽大学出版社，2007。

③ 据朱勇关于14省30份清代宗谱族规统计，族规共456条，其中有关伦理秩序者169条，关于尊祖者69条，即有关血缘伦理者达到238条，其他有关惩过行为者106条，有关持家立业者58条，有关报效国家者54条。可见，维持血缘伦理是族规的主要任务，具体条目有"孝父母"、"友兄弟"、"敬长上"、"序尊卑"、"别男女"、"肃闺阃"、"慎嫁娶"、"严立继"、"明宗法"、"严祭祀"、"避祖讳"等。参见朱勇：《清代宗族法研究》，140～141页，长沙，湖南教育出版社，1987。

④ 参见郑定、马建兴：《论宗族制度与中国传统法律文化》，载《法学家》，2002（2）。

以通过收养、出家等形式把血缘亲子关系转化为法律上的常人关系。为此，传统律典中禁止父祖将子孙送给同宗以外的人收养为子孙的"妄继人后"行为，也就是不承认父祖有权利主动解除法律上的亲子关系。典型的如《唐律》规定：

> 以子孙妄继人后者，徒二年。①

《大清律》规定：

> 其乞养异姓义子以乱宗族者，杖六十。若以子与异姓人为嗣者，罪同。②

这等于宣告：即使是尊长，永远也无权逃避抚养教育子孙的宗法义务。即使贫苦无告，也不得卖子孙。否则，卖者视同斗杀之罪。③ 对于子孙而言，虽然他对于亲生父母家族的服制（守丧义务）因被同宗收养或因战乱灾荒流浪被人收养而降了一格（等），但他仍不得解除对亲生父母的宗法伦理义务，法律不承认其能合法解除宗法亲子关系。他对于亲生父母若有殴、告、詈、伤、杀、过失杀伤等行为，跟未被人收养的子孙罪责完全一样，并不依常人相犯情形来处理。这就是说他虽出养于他人之家，但与本生父祖的宗法伦理义务并未减轻，他侵犯亲生父母祖父母的罪责丝毫没有减轻，所免除者仅仅是赡养义务，所减轻仅仅是服丧义务。同样，子孙亦不得以"出家"为名解除对父母的全部宗法伦理义务。如，《大清律》即规定：

> 凡僧、尼、道士、女冠，并令拜父母，祭祀祖先，丧服等第皆与常人同。违者，杖一百，还俗。④

这样的规定，就是禁止出家人解除亲子关系，不能出"宗法伦常"之"法网"，即不允许以宗教教义为由破坏宗法伦常秩序，否定"亲亲尊尊"原则。"父子关系是一切宗法关系的基础，对它的动摇，与动摇君臣之纲一样，可以动摇国本，故法律要重点防范。"⑤

3. 强调宗族整体利益的维护

对宗族整体利益的维护，主要体现在加强族众团结以及防御外族欺凌方面。加强宗族内部团结的做法主要有：一是建祠堂，二是置族田。祠堂用以敬宗，族田用以收族。就是说，祠堂从精神上、族田从物质上团聚家族，形成聚族而居的宗族组织，达到收族的目的。再就是加强族内事务管理，比如统理族内财产、教导族人、掌管婚丧等重大事务、会聚族人等。⑥ 理学家张载说：

> 管摄天下人心，收宗族，厚风俗，使人不忘本，须是明谱系世族与立宗子法。⑦

正是采取这些措施，广大族众的日常生活基本上处于宗族控制范围之内。

---

① 刘俊文点校：《唐律疏议》，258 页，北京，法律出版社，1999。
② 田涛、郑秦点校：《大清律例》，178 页，北京，法律出版社，1999。
③ 参见刘俊文点校：《唐律疏议》，403 页，北京，法律出版社，1999。
④ 田涛、郑秦点校：《大清律例》，292 页，北京，法律出版社，1999。
⑤ 范忠信：《宗法社会组织与中华法律传统的特征》，载《中西法律传统》第一卷，167 页，北京，中国政法大学出版社，2001。
⑥ 参见史凤仪：《中国古代的家庭与身份》，34～36 页，北京，社会科学文献出版社，1999。
⑦ （宋）张载：《张载集》，258 页，北京，中华书局，1978。

(二) 调整立嫡与继承关系

1. 立嫡

中国传统宗法制首先要解决的问题就是要确立宗子，即确定上一代"宗子"的权力继承问题，以保证家族主祭人、执法人之职位顺利交接，保障"亲亲"、"尊尊"的秩序不致紊乱。为维护中国传统的宗族权力继承的"有嫡立嫡，无嫡立长"原则，法律严禁弄虚作假立嫡的行为，保护宗法伦理秩序，捍卫宗法社会的组织结构。历代法律特别打击违法立嫡违法的行为。父辈身份、爵位、权力的第一继承人只能是嫡妻所生的儿子（长子为先）。正妻有子却因爱憎之故先立妾所生之子为嫡子，就是违法，就乱了宗法伦常秩序。只有妻年五十以上且无子，才能立妾所生之子为嫡子，并确定其为继承人。违反者，《唐律》规定徒一年，《大清律》规定杖八十。

法律还作出特别规定，防止不是"正嫡"者弄虚作假承袭父祖的爵位权力。除了依法应立为嫡子的人可以承袭父祖的公侯伯子男等爵位权力及其他政治或宗法权力之外，其他不应立嫡的子孙不得承袭，外人更不得诈袭。对于违犯者，《唐律》规定：

> 诸非正嫡（子孙），不应袭爵而诈承袭者，徒二年；非子孙而诈承袭者，从诈假官法（流二千里）。[1]

为了防止宗族利益"外流"，旧律还特别打击收养异姓人为子孙以乱宗族。《唐律》规定：

> 养异姓男者，徒一年。
> 养杂户男为子孙者，徒一年半。[2]

到《大清律》时，按照"轻其所轻"的原则，刑罚有所减轻：

> 乞养异姓义子以乱宗族者，杖六十。[3]

为防止有人借收养遗弃小儿紊乱宗族，清代法律还规定：无子者，可以立同宗昭穆相当者为嗣子，不得尊卑失序；收养遗弃小儿，听从其姓，但不得以无子为由立为嗣子。

2. 继承

多子平分财产是传统继承制度的基本制度。中国多子平分财产的继承制度，是与土地私有制同时开始的。例如《唐律》即有专条称："同居应分不均平者，计所侵，坐赃论，减三等。"《疏义》曰："准《户令》：'应分田宅及财物者，兄弟均分。妻家所得之财，不在分限。兄弟亡者，子承父分。'违此令文者，是为不均平。"[4]

可见诸子平分财产，不但早已是社会公认的继承制度，而且是法律保障的通行制度，分产"不均平"是一种与法律抵触的犯罪行为。[5]

---

① 刘俊文点校：《唐律疏议》，498 页，北京，法律出版社，1999。
② 刘俊文点校：《唐律疏议》，259 页，北京，法律出版社，1999。
③ 田涛、郑秦点校：《大清律例》，178～179 页，北京，法律出版社，1999。
④ 刘俊文点校：《唐律疏议》，263 页，北京，法律出版社，1999。
⑤ 参见傅筑夫：《中国经济史概论》，89 页，北京，中国社会科学出版社，1983。

在此种背景之下，私人占有经营的土地面积不断被分割，小农经营模式更加稳固。自商鞅变法，废井田，允许土地买卖时起，即有"民有二男以上不分异者，倍其赋"① 之法。不许成年兄弟同居，虽是为了增加国家税赋，但也使土地等生产资料不断因分家析产而分割成更小规模，使农民的农业经营只能成为小块土地上的个体经营。《唐律》规定：

> 诸相冒合户者，徒二年。主司知情，与同罪。即于法应别立户而不听别，应合户而不听合者，主司杖一百。②

此法亦与商鞅之法同旨，其目的在于使民户不断拆散为小家庭，使土地分割为小块经营地。关于土地等家财分割，《唐律》特别规定：

> 即同居应分（财），不均平者，计所侵，坐赃论减三等。③

唐《户令》规定：

> 应分田宅及财物者，兄弟均分。④

特别强调诸子或兄弟在分家时均分家产，就是为了保证人人都有小农经营的机会，实现耕者有其田，防止土地集中。这里甚至根本不承认父祖有通过遗嘱作不平均分割的权力。这就不断地造就了小农经济的前提，杜绝了农业的大规模社会协作劳动或社会化经营的可能。

另外，法律明确禁止父母在世时兄弟别籍异财，以保证小农经济的目标实现。自《唐律》至《清律》，都明文规定"祖父母、父母在而子孙别籍异财"⑤ 为犯罪。这似乎与前述强令分家析产、分割田产而使农业经营规模不能不变小之规定相矛盾。但是，我们要注意到，小农经济的目的，正如孟子所言，是要使"五十者可以衣帛"、"七十者可以食肉"、"颁白者不负戴于道路"⑥。而要达到这一点，当然要使小农家庭中老年人的赡养无后顾之忧。为了防止因成年子孙分家析产而致年高父祖赡养无着，所以干脆规定：祖父母、父母在世时，子孙即使成年或已婚，也不许分家析产。《唐律》甚至规定：祖父母、父母主动令子孙别籍异财，也要受到"徒二年"之处罚。⑦《清律》则取消了此种规定，允许父祖同意下的子孙别籍异财。当然，这种不许别籍异财的规定更多地是出于伦理的考虑，因为在父母丧期内也不得别籍异财。但为保证小农经济养老目的实现，不能不视为此种规定的原由之一。⑧

在中国古代法上，析产与继承虽然有密切关系，但其性质迥然有别。析产只涉及家庭财产的分割与分配，继承却关系宗系的合法传承。虽然继承地位的获得可以同时包含对一

---

① （汉）司马迁：《二十五史·史记·商君列传》，255 页，上海，上海书店、上海古籍书店，1986。
② 刘俊文点校：《唐律疏议》，262 页，北京，法律出版社，1999。
③ 刘俊文点校：《唐律疏议》，263 页，北京，法律出版社，1999。
④ 刘俊文点校：《唐律疏议》，263 页，北京，法律出版社，1999。
⑤ 刘俊文点校：《唐律疏议》，257 页，北京，法律出版社，1999；田涛、郑秦点校：《大清律例》，186 页，北京，法律出版社，1999。
⑥ （清）阮元：《十三经注疏》，《孟子·梁惠王章句上》，2671 页，北京，中华书局，1980。
⑦ 参见刘俊文点校：《唐律疏议》，258 页，北京，法律出版社，1999。
⑧ 参见范忠信：《小农经济与中华法传统的特征》，载《河南省政法管理干部学院学报》，2000（6）。

定财产的请求权，但从根本上说，继承制度是宗法而非财产的。因此，在财产所有权问题上，宗法制的核心是家长制以及家父权的确立。在先秦分封制下，由天子和诸侯对其庶子进行分封，分封制、宗法制和嫡长子继承制决定了家长既是家族的族长又是封地的行政长官，对其封地和族内的财产拥有绝对权利。秦汉以后的宗法制尽管表现出不同的结构形态，但都表现出维护家长、族长对家内、族内的财产所有权和处分权。为保护宗法家庭的和睦，中国传统法律注意维护合乎"亲亲尊尊"原则的家财管理及分割秩序，特别打击"祖父母、父母在而子孙别籍异财"和"同居卑幼私辄用财"的行为。自《唐律》起，历代律典均有相关规定。打击"子孙别籍异财"的规定，不仅是防止因子孙分家析产而危及父祖的赡养，更重要的是保护父、祖统一管理家财的权威。同样，"同居卑幼私辄用财"的立法也是基于"同居之内，必有尊长；尊长既在，子孙无所自专"① 的伦理，认为尊长的家财管理权是家长权威不可分割的一部分。故有此行为者，按唐律的规定，罪重者要受到杖一百的刑罚。《唐律》还规定：祖父母、父母命令子孙别籍者，也要处罚父母、祖父母；如果祖父母、父母仅命令子孙别财则无罪，这样的立法，在今人看起来是匪夷所思。实际上这一立法的目的并非财产考虑，其根本的出发点是保护宗法家庭的完整性，以免家庭分裂太快以危及宗法秩序。"也就是说，至少保持两代同堂，才具备在家庭内实践尊卑贵贱长幼等伦理的条件。"②

小农经济背景下的财产分割机制是一种抑制个人财产权的制度设计，严重抑制个人财产权的发展，进而影响资本主义的产生。黄仁宇指出："西洋诸国资本主义之发展，有赖于尊重私人财产之绝对性，并认为此绝对性高于皇权，甚至高于传统之道德观念。其司法权之独立，即由法庭保障此绝对性。"③这表明：在中国传统法文化中，没有正式的法律制度可以作为私人持有经济利益的稳定合法性依据。

（三）在婚姻关系调整方面

在婚姻问题上，古代法律规制的立足点在于是否符合宗法秩序，婚姻问题必须以宗法秩序为依归，而不是双方当事人的个人自由与利益。

中国传统的婚姻制度中，很早就有了禁止同姓为婚的规定。作出这一规定，有"其生不蕃"这样的优生学考虑，但更多是出于"附远厚别"这样的增加家族利益与维系宗法秩序的考虑。防止宗族内尊卑长幼秩序混乱。同姓为婚，一般是与同族或同姓旁族之人结婚，这在客观上可能鼓励宗族内部奸淫内乱。但更主要的问题是，其极易导致宗族内尊卑长幼秩序的紊乱。同姓相婚所生的孩子在宗法关系网上的名分可能混乱不清，他的"父族"、"母族"可能重合，其对父族母族不同的名分义务就无法确定，不便履行。如果发生夫妻矛盾冲突或离异的情况，则直接影响同族同宗内部的和睦关系，威胁宗法伦理秩序。除此之外，法律为保障父祖的主婚权，还禁止"卑幼自娶妻"，防止卑幼以私情而不以宗法利益为标准决定婚姻大事。而传统婚姻家庭法律特别加重主婚人和媒人的责任，规定除卑幼擅自

---

① 刘俊文点校：《唐律疏议》，263 页，北京，法律出版社，1999。
② 范忠信：《宗法社会组织与中华法律传统的特征》，载《中西法律传统》第一卷，166 页，北京，中国政法大学出版社，2001。
③ 黄仁宇：《放宽历史的视界》，1 页，北京，三联书店，2001。

婚嫁之外所有的违法婚姻都要追究主婚人和媒人的罪责，而结婚男女反而不被追究或从轻追究。因为，在宗法伦理看来，婚姻不是个人私事，而是"合二姓之好，上以祀宗庙，下以继后世"① 的宗族大事，法律必须为保障婚姻的这一目的构建制度保障。

中国传统民法中关于离婚的规定，最典型的就是"七去三不去"。离婚的标准不是感情是否破裂而是宗法秩序上是否能够放行。七条离婚理由（一无子、二淫泆、三不事舅姑、四多言、五盗窃、六妒忌、七恶疾）中，有五条都是基宗法家族利益上的理由，尤以"无子"、"不事舅姑"二条为典型。"淫泆"、"多言"、"妒忌"三条主要是防止妻子在宗族内淫乱、离间宗族团结、不允许丈夫纳妾等有害宗法家族秩序和利益的行为。而"盗窃"和"恶疾"二条，看起来是属于个人理由，实际上也与宗族利益与宗族秩序相关。所谓"三不去"的不许离婚的理由也与宗族利益紧密结合起来，其中：第一条（为公婆服过三年丧）就是宗法性的，她为宗族尽了义务，不能离。第二条（娶时贱后富贵）也有宗法伦理性，她为家族的兴旺做过贡献，经历过艰苦创业，也不能离。总之，订立这三条的目的并非是保护女性在婚姻中的平等地位，而是把女性在婚姻中的地位作为一种奖赏，从而鼓励更多女性为家族作出更大的贡献。

虽然中国旧律也允许两愿离婚，但这种允许并不意味着中国古代真正尊重婚姻双方当事人的自由以及保护其权益。最能体现宗法原则的是传统律典中关于"义绝"的离婚规定。《唐律》规定：

> 诸犯义绝者，离之，违者徒一年。②

《大清律》规定：

> 若犯义绝，应离而不离者，杖八十。③

根据律典，导致"义绝"的行为主要有：丈夫殴妻之祖父母、父母及杀妻之外祖父母、伯叔父母、兄弟、姑、姊妹及与妻母奸；妻子殴詈夫之祖父母、杀伤夫之外祖父母、伯叔父母、兄弟、姑、姊妹及欲害夫，或与夫之缌麻以上亲属通奸；夫妻双方的前述近亲属之间互相残杀；等等。凡此种种，均为义绝。这些行为的发生，以宗法或家族利益来判断，表明夫妻双方家族之间道义关系已绝。因此，夫妻必须离婚，即使两人感情很深，也必须离婚，否则就是违法。

在宗法伦理之下，妻妾尊卑秩序是宗法秩序的重要部分，妻妾失序有可能危及宗法秩序乃至国家秩序。因此，为保护宗法制度，中国传统民法也特别注意严格区分妻妾的名分和地位，禁止有妻更娶、以妻为妾、以妾为妻等行为，以保证宗法秩序不致紊乱。有妻更娶，违反一夫一妇之制，使"两嫡（贵）不能相事"，其家必乱；以妻为妾，以妾为妻则打乱了家内的贵贱尊卑秩序，"亏夫妇之正道，黩人伦之彝则，颠倒冠履，紊乱礼经"④，当

---

① （清）阮元：《十三经注疏》，《礼记正义·昏义》，1680 页，北京，中华书局，1980。

② 刘俊文点校：《唐律疏议》，292 页，北京，法律出版社，1999。

③ 田涛、郑秦点校：《大清律例》，213 页，北京，法律出版社，1999。

④ 刘俊文点校：《唐律疏议》，279 页，北京，法律出版社，1999。

然要严厉制止,《唐律》规定犯之者徒一年至二年;到《大清律》时仍然规定杖一百或杖九十。① 这些行为,用今人的眼光看,纯粹是个人私事或家内事务,国家何须干涉?但在宗法制之下,这些事务已经超出了个人事务的范围而变成家族事务,甚至国家事务。

"妻者,齐也","一与之齐,终身不改","合体同尊卑","与己匹敌"等等,但事实上,法律并未在任何地方实际上赋予妻与夫平等的权利地位。相反,法律还明确规定并刻意维护夫妻之间的不平等。"妻虽非卑幼,义与期亲卑幼同。"② 在人身关系上,夫侵犯妻,刑罚比常人相犯减轻;而妻侵犯丈夫,则动辄处以重刑。又如,妻告发夫为"不睦"重罪,夫即使诬告妻也能减等处罚。后世更明确"妇以夫为天",妇女更无独立人格。在财产关系方面,妻在家内没有财产权利,财产全由丈夫控制除,关于妻的财产权利,仅规定妻在离婚时可以带走部分婚前财产。中国传统法律规定这样一种夫尊妻卑的夫妇关系,正是在竭力构筑宗法秩序的基础:

> 夫妇有义而后父子有亲,父子有亲而后君臣有正。故昏(婚)礼者,礼之本也。③

有学者将中国历史上的婚姻状态划分为七:即政治婚姻、门第婚、重婚与世婚、财婚、侈婚、冥婚及收继婚。④ 财婚是中国历史上最具包容性的婚姻状态。所谓财婚,就是由父母之命、媒人之言及收受财礼三大要件构成的婚姻类型,财礼一项在其中尤为重要。财礼的通行意味着婚姻含有重要的交换意义,对小农家庭而言,婚姻是家庭发展中最重大和成本最高的事件之一,男方获得了妻子而使家族可以绵延,意味着劳动力可以延续;女方出嫁女儿也意味着可以获得一笔不小的金额,可以补贴家用。因此,传统婚姻的小农特征鲜明。

一般而言,男婚女嫁,女人必入于男家,然而在民间习惯中,有男入女家者,是为"入赘"。入赘通常要写立合同书,将入赘之目的、时限、要求等一一载明,各方面的权利、义务关系按照相应的民事习惯来处理。⑤ 男性的入赘实际上意味着没有男孩的小农家庭可以得到劳动力的弥补。

---

① 参见田涛、郑秦点校:《大清律例》,206 页,北京,法律出版社,1999。
② 刘俊文点校:《唐律疏议》,471 页,北京,法律出版社,1999。
③ (清) 阮元:《十三经注疏》,《礼记正义·昏义》,1681 页,北京,中华书局,1980。
④ 参见陈鹏:《中国婚姻史稿》,30～182 页,北京,中华书局,2005。
⑤ 参见梁治平:《清代习惯法:社会与国家》,67～73 页,北京,中国政法大学出版社,1996。

第二章

"义"、"利" 之辩及其影响

第一节
中国传统法律文化中的义利观

一、义利观在中国传统法律文化中的基本内容

义利之说被视为"儒家第一义",在中国古代经济思想中占有重要的地位。在中国传统文化中,义与利的观念反映了人们对利益与道德的基本看法。在中国传统法律思想中,对义与利的看法及义利观问题成为一个判断各家学派的基本价值基准。

义利思想是对人们从事经济活动的正当性应遵循的准则所作的理论概括。它作为人们从事经济活动的指导思想之一,起着调节和制约人们经济活动的作用。义利之辩出现在春秋战国时代。那时,整个社会经济关系处于急剧的动荡变革中,人与人之间固有的利益关系面临着严重挑战。如何正确看待和处理这些利益关系,当时的儒、墨、道、法各派思想家都分别表明了自己的立场和见解。经过争论,孔孟重义轻利的思想得到了系统地发展。到了汉代,董仲舒在继承先秦儒家思想基础上,更加明确提出了"正其谊不谋其利,明其道不计其功"[①] 的观点。自此后,这一思想便占据了统治地位。它客观上要求人们看轻物质利益的诱惑,重视人与人之间的信义。重义轻利对于人与人之间建立一种高尚稳定的人际关系起到了重要的作用,但是过分地忽视利也是传统中国难以有效发展经济的一个障碍。

对于义利的看法,孔子"罕言利"[②],说,"君子喻于义,小人喻于利"[③]。孟子说,"王何必曰利? 亦有仁义而已矣"[④]。荀子也说"义与利者,人之所两有也。虽尧舜不能去民之

---

① (汉)班固:《二十五史·汉书·董仲舒传》,601页,上海,上海书店、上海古籍书店,1986。

② (清)阮元:《十三经注疏》,《论语注疏·子罕》,2489页,北京,中华书局,1980。

③ (清)阮元:《十三经注疏》,《论语注疏·里仁》,2471页,北京,中华书局,1980。

④ (清)阮元:《十三经注疏》,《孟子注疏·梁惠王章句上》,2665页,北京,中华书局,1980。

欲利。"① 先秦儒家学派特别强调"义"，强调内心修省以及道德自律，对于物质利益以及对物质利益的追求则采取了相对轻视的态度。但是，这并不意味着儒家绝对地否定物质利益、压抑物质利益、不要物质利益。同时，儒家学派也是一个发展的学派，在不同的历史时期，儒家的义利观也在发生着变化。孔子在强调仁义的同时，也指出"富与贵是人之所欲也。不以其道得之，不处也"②；"不义而富且贵，于我如浮云"③。孟子也说："非其道，则一箪食不可受于人；如其道，则舜受尧之天下，不以为泰。"④ 可见，在义与利的关系上，儒家的一个基本立场是承认"义"与"利"的存在，但是，在二者的关系上则强调"义"优越于"利"、"义"对"利"具有指导作用，要求"见利思义"、"以义节利"，反对"见利忘义"⑤。在中国历史上，儒家思想在汉代成为正统的法律思想，在中国法律文化发展史上，儒家思想主导的义利观始终占据着中国正统法律思想的核心。

在先秦儒家那里，义意味着礼，孔子说"义者，宜也"⑥。《左传·成公二年》记载孔子"礼以行义"的言论，孔颖达疏曰："义者宜也，尊卑各有其礼，上下乃得宜。"⑦ 也就是说，儒家所讲的"义"，最终归结为由血缘伦理建立起来的"亲亲"、"尊尊"等级秩序和等级观念。故而，礼与义在儒者那里就经常混在一起使用，"故制礼义以分之，使有贫、富、贵、贱之等，足以相兼临者，是养天下之本也"⑧；"故制礼义以分之，以养人之欲，给人之求"⑨；"义者循理"⑩；"行义以礼，然后义也"⑪。因此，荀子的论述，对义利观作了最为系统、最为明晰的解说。说到底，儒家所讲的义，就是要建立和维护以礼义所规范和调整的伦理秩序、阶级秩序。当然，这种等级秩序的构筑并不简单地否定人们对于物质利益的追求，而是要确立一定的利益分界，防止人们追求不符合统治秩序要求的利益。孔子说"因民之所利而利之，斯不亦惠而不费乎"⑫。孟子曾经强调要使百姓"制民之产"，做到每户有"五亩之宅"、"百亩之田"、"老者衣帛食肉，黎民不饥不寒"⑬。《荀子·大略》曾经说过：

> 不富无以养民情，不教无以理民性。故家五亩宅，百亩田，务其业，而勿夺其时，所以富之也。⑭

因此，先秦的思想家虽然力图确立一个按照血缘伦理构筑的统治秩序，但他们并不否

① 《荀子·大略》，载《诸子集成》（二），《荀子集解》，330 页，北京，北京，中华书局，1954。
② （清）阮元：《十三经注疏》，《论语注疏·里仁》，2471 页，北京，中华书局，1980。
③ （清）阮元：《十三经注疏》，《论语注疏·述而》，2481 页，北京，中华书局，1980。
④ （清）阮元：《十三经注疏》，《孟子注疏·滕文公章句下》，2711 页，北京，中华书局，1980。
⑤ 刘新《传统道德与市场经济》，载陈鹏生、反町胜夫主编：《儒家义利观与市场经济》，21 页，上海，上海社会科学院出版社，1996。
⑥ （清）阮元：《十三经注疏》，《礼记·中庸》，1629 页，北京，中华书局，1980。
⑦ （清）阮元：《十三经注疏》，《左传·成公二年》，1894 页，北京，中华书局，1980。
⑧ 《荀子·王制》，载《诸子集成》（二），《荀子集解》，96 页，北京，中华书局，1954。
⑨ 《荀子·礼论》，载《诸子集成》（二），《荀子集解》，231 页，北京，中华书局，1954。
⑩ 《荀子·议兵》，载《诸子集成》（二），《荀子集解》，185 页，北京，中华书局，1954。
⑪ 《荀子·大略》，载《诸子集成》（二），《荀子集解》，325 页，北京，中华书局，1954。
⑫ （清）阮元：《十三经注疏》，《论语注疏·尧曰》，2535 页，北京，中华书局，1980。
⑬ （清）阮元：《十三经注疏》，《孟子·梁惠王章句上》，2671 页，北京，中华书局，1980。
⑭ 《荀子·大略》，载《诸子集成》（二），《荀子集解》，328 页，北京，中华书局，1954。

认黎民百姓的个人需求，相反，他们还主张要保有民力，使民富方可使国强。但是，民富必须有一个基本的界限：首先，民富是为了更好地服从于现有的等级秩序，"归之如流水"①；其次，不能在血缘等级和阶级等级以外谋求利益，百姓要做到"不义而富且贵，于我如浮云"。也就是说，超出了现有等级的利益就成了不义之财；再次，对于"利"的追求和发展不能对"义"构成威胁，也就是个人的物质追求不能膨胀到超越现存秩序的程度，如果超出了这一程度就对国家统治带来决定性的影响，也就是所谓的"义胜利者为治世，利克义者为乱世"②。

简单地说，儒家所讲的义利观的主要内容就是始终将对基于血缘伦理的道德观念的追求置于对物质文化的追求之上。由于这种义利观在中国传统法律文化中居于主导地位，所以，儒家的这种义利观在中国几千年的历史中经久不衰，并且在不同的时代被赋予不同的历史内容，作出不同的历史解说。例如，汉时大儒董仲舒说"圣人为天下兴利"，宋时的理学家程颢说"义与利，只是个公与私也"，也就是将义所代表、所维系的秩序作为天下公利，强调公益统率私益。义所代表的是君上，是族长，是群体，是大我；而利则代表着私利，是个人，是个体，是小我。在中国法文化中，义利观还与理欲观，也就是人的理性要求与感性需要的关系问题紧密地联系在一起。③ 基本上，中国传统法文化中的义利观与理欲观是互相对应的，义表示理性，而利则意味着个人欲望、私欲、私心。但是，由于观察问题的角度不一样，各个时期对二者的关系给予了不同阐释。在宋明时期，理学大行其道，宋明理学家们甚至提出了"存天理，灭人欲"的口号，对理性、礼义的强调达到了极点。但儒家义利观的基本内容——重义轻利、先义后利、以义生利始终是中国传统儒家法律文化的一个重要特征。

二、传统义利观的演变与中国商业经济的对应

中国传统社会一直奉行荣宦游而贱工商的伦理规范，士农工商，等秩俨然。但各个时期主流的义利观也并非一成不变。传统义利观某些程度上的突破，其动力来源主要有两方面：一是封建正统思想中义利观念的转化；第二是民间商业经济的发展与要求。一言以括之，义利观的演变是中国正统思想对民间商业经济的反应的演变。

在中国经济思想史上，"义"与"利"之辩先秦时期就已出现。春秋战国时期，是我国封建社会商品经济发展的第一个高峰。由于商品经济的刺激，为追求私欲而"为富不仁"的现象越来越普遍，严重破坏了社会的程序。反思和批判这种社会现象，思想家们把拯救社会的希望寄托在对"义"的强调上，由此形成了以儒家为代表的重义轻利思想。唐宋时期，封建社会商品经济的发展进入第二个高峰阶段，商品经济的发展再一次给社会带来巨大冲击。面对这次冲击，不同的人站在不同的角度，围绕义利观问题，展开了激烈争论。争论的两方面中，以理学为代表的一派，将重义轻利这一传统观点进一步发展为完全不要利而只讲义的唯义主义。与之相对的功利学派则主张义利并行，不仅要讲利，而且倡导利。

① 《荀子·富国》，载《诸子集成》(二)，《荀子集解》，123 页，北京，中华书局，1954。
② 《荀子·大略》，载《诸子集成》(二)，《荀子集解》，330 页，北京，中华书局，1954。
③ 参见萧伯符：《儒家义利观与市场经济》，载陈鹏生、反町胜夫主编：《儒家义利观与市场经济》，上海，上海社会科学院出版社，1996。

两宋之初，反传统先锋李觏首先公开质疑不言利的观点。他指出：利欲是礼义的物质前提，若"食不足，心不常，虽有礼义，民不可得而教也"①。值得注意的是，李觏在强调利欲的同时，并没有走入只要利不要义的极端，而是主张义利统一。他尤其反对损公利私、唯利主义的极端功利主义，他所要讲的"利"是民利、公利，讲利必须遵循"循公而不私"的要求：

> 古之君子以天下为务，故思与天下之明共视，与天下之聪共听，与天下之智共谋，孳孳焉唯恐失一士以病吾元元也。如是安得不急于见贤哉？后之君子以一身为务，故思以一身之贵穷天下之爵，以一身之富尽天下之禄，以一身之能擅天下之功，名望望焉唯恐人之先己也。如是谁暇于求贤哉？嗟乎！天下至公也，一身至私也，循公而灭私，是五尺竖子咸知之也。然而鲜能者，道不胜乎欲也。②

经过宋代理学家的微调之后，传统的义利观在宋代有了更为深入的发展。但以讲求功利的永康、永嘉和金华学派等功利学派，却试图反对理学脱离实际的做法、扭转理学空谈性命的风尚。"功利学派反对'以义抑利'的观点，一切以务实为基点，公然讲利，用赤裸裸的物质利益去代替为纲常伦理所掩盖的封建特权，这在商品经济不断发展、市民阶层崛起的宋代，是一种进步的思想。"③

进入明中叶以后，受到已经相当发达的东南地区的商品经济的影响，理学家及士绅阶层为了适应社会经济新环境，也不得不开始尝试为商品经济环境下人的行为模式寻找理论依据，"工商皆本"的重商主义思想交汇迭起，传统重农主义的伦理规范受到很大冲击。嘉靖四年（1525年），王阳明曾为弃儒从商的方麟写过一篇墓表，认为传统儒家"荣宦游而耻工贾"观念乃是"交骛于利"的产物，强调士农工商四民虽异业而道同，皆"有益于生人之道"。广东顺德一家族的家训规定：

> 礼义兴由于衣食足，农工商贾，皆所以治生也，凡我子孙，间有读书不成，身家淡薄者，勿以明农为嫌，勿以商贾为耻，苟能居积致富，则礼义可兴，亦足以振家声。④

值得注意的是，与王阳明等理学家从伦理主义原则出发来肯定商贾行为的合理性不同，明清的反理学思想家如何心隐、李贽也都反对重农抑商，但他们主要是从功利主义原则出发来肯定商人的活动。许多商人以及商人世家，都为提高商人的社会地位而大声疾呼，甚至把为商之道与儒家的伦理道德、天道相提并论。⑤ 如出身新安商人的汪道昆，便是明中叶江南新兴商人阶层的代言人。他称："大江以南，新都以文物著。其俗不儒则贾，相代若践更。要之，良贾何负闳儒，则其躬行彰矣。"⑥"藉今服贾而仁义存焉，贾何负也？"⑦

---

① 李觏：《李觏集·平土书》，183 页，北京，中华书局，1981。

② 李觏：《李觏集·上富舍人书》，183 页，北京，中华书局，1981。

③ 冯娟：《宋代"义利"争辩述论》，载《思想战线》，2004 (2)。

④ 《顺德桂洲胡氏第四支谱全录》，载刘志伟：《在国家与社会之间——明清广东里甲赋役制度研究》，广州，中山大学出版社，1997。

⑤ 参见陈进国：《理性的驱驰与义利的兼容——宋明理学与东南家族社会经济变迁简论》，载《东南学术》，2001 (6)。

⑥ 汪道昆：《太函集》，1146 页，合肥，黄山书社，2004。

⑦ 汪道昆：《太函集》，638 页，合肥，黄山书社，2004。

第二节
传统义利观的影响——重农抑商政策的长期推行

一、重农抑商的观念来源：儒家的义利观与法家的本末论

古代中国著名变法家商鞅说："苟可以利民，不循其礼。"① 为了达到国富民强的目的，商鞅并不在乎是否要遵循伦理这一套。在当时的历史条件下，从事兵战和农耕是使国家走向富强和称雄的有效途径，因此，商鞅提出了重本轻末的思想主张。因此，法家带来的经济政策就是建立兵农一体的模式。为了实现全国的集中和统一，法家极力打击异己，将商人以及商业视为末业穷途。

中国商业的一个大发展时期是在秦汉之际。由于秦王朝奉行的一任法术、重商苛罚政策导致了秦王朝的短命。前车之履，后车之鉴，这种深刻的历史教训使继任的汉王朝不敢再继续秦王朝的一任刑罚的政策。同时由于连年的战事和过度剥削，社会生产力遭到极大破坏，统治关系极其紧张，社会已经无法承受剥削。因此，汉王朝被迫推行休养生息的政策。虽然在制度的层面上，汉承秦法，汉代继受了前代的制度成果，但是，在制度继受的同时，汉王朝对秦朝的苛法作了大幅度的更改，大大放松了对社会的控制。为了恢复社会经济，国家一方面允许私人经济的出现，另一方面尽量减轻剥削，降低租税率。在这种社会经济政策的主导下，汉初的经济逐渐得到恢复和发展，不仅仅农业得到了恢复，而且民间商业经济也逐渐繁荣起来。因此，这一时期的社会观念对于商业以及商人的态度总体上还是给予承认的，正统观念也不将义利绝对地对立起来。这时候一般社会趋向是"天下熙熙皆为利来，天下攘攘皆为利往"②，逐利是人们的一般社会价值取向。

但是汉初这种放任社会统治政策并没有持续太久，主要是有为的汉代统治者不能满足长时期的无为而欲大有作为，因此，休养生息、无为而治的黄老之策很快被弃置不用，经过改造后的儒家理论粉墨登场。

中国的统治者并不是刻意地想抑商，而是由于商业和商业经济所形成的民间势力对以皇帝为核心的中央集权造成了巨大威胁，甚至于威胁到君主集权政府所刻意追求的国家社会秩序，休养生息政策下所形成的商业资本以及分封制所形成的地方势力时刻威胁着中央统治。因此，从维护封建君主专制统治以及消除民间势力的政策目的出发，国家开始实行董仲舒重视伦理的儒家正统理论，在维护中央集权、强调保持血缘伦理关系的同时，国家开始颁布实行一系列重农抑商政策，并在舆论上大力强调重视以血缘伦理为核心的义的观念，强调建立君君臣臣、父父子子，君为臣纲、父为子纲、夫为妻纲的政治伦理和社会伦理观念。在强调儒家伦理秩序的同时，封建正统法律思想将儒家的"义"与民间的"利"

---

① 《商君书·更法第一》，载《诸子集成》（五），1 页，北京，中华书局，1954。
② （汉）司马迁：《二十五史·史记·货殖列传》，355 页，上海，上海书店、上海古籍书店，1986。

对立起来。从此，在中国法律文化中，重农与抑商的法律开始同轨，在传统中国社会的正统观念中，重义轻利成为统一的两个方面。

中国古代社会，义利观念不仅存在于普通平民百姓的日常生活中，更为重要的是，义利观对于中国传统社会的经济政策、经济形态以及经济社会结构发生了重要影响。而且，中国古代义利观的发展变化也往往与中国传统经济社会的发展形态有着某种对应关系。从总体上来看，以儒家礼义思想指导的"均无贫"①，"省工贾、众农夫"② 等礼义观念形成了中国古代重农抑商经济传统的观念基础。秦汉时期实施的抑商、辱商规定，使商人的社会地位处于社会底层，商人职业为世人所不齿。因此，社会的一般观念是不愿意从事商业。同时，国家对于工商业实行了一系列的限制和盘剥措施，汉武帝时期实施的"缗钱令"、"告缗令"甚至造成了"商贾中家以上大率破（产）"③ 的局面。对于商人的敌视态度不仅仅普遍存在于社会的一般阶层，而且，一些政治家还将商贾视为破坏国家根基的罪魁祸首。西汉思想家贾谊曾经认为富商大贾不耕而食、不织而衣，造成了"一人耕之，十人聚而食之"④，商人兼并农人是"农人所以流亡"⑤ 的原因。所以，中国传统社会早期就在重义轻利观念的指导下，形成了轻视工商阶层的传统。

但是，这种重义轻利的观念在中国漫长的历史过程中并非一成不变。在国家的政治意识形态中，重义就必然要轻利，重义轻利必然伴随着重农抑商，义与利、农与商是截然对立的。但是，随着社会发展，商业经济所带来的巨大利润不仅仅使人们趋之如鹜，连国家也开始插手商业，并形成了官营垄断经济。到了中国历史中叶——宋代，虽然还有官商与民商的区别，但是，巨大利润所带来的财富使商人的地位开始发生巨大变化。两宋之初的李觏就曾经提出了"圣贤之君，经济之士必先富其国焉"⑥ 的理论。宋代儒士苏洵也说"义利、利义相为用"⑦，中国历史上有名的改革家王安石更是彻底否定了将义利对立起来的传统观念："利者义之和，义固所以为利也。"⑧ 他将民间财富与伦理道德统一起来，"聚天下之人，不可以无财"⑨。他甚至说："政事所以理财，理财乃所谓义也。一部《周礼》，理财居其半。"⑩ "因天下之力以生天下之财，取天下之财以供天下之费。"⑪

自宋代开始，财利开始登上大雅之堂，"君子不言利"的古训化为腐朽。但是，这种对于利益、财利的公然肯定，并没有使民间商业发展起来，相反，还出现了官商与民争利，官商文化较私商文化更为发达的历史现象。北宋中期的蔡襄指出：在北宋初期，官员稍有节操者尚以经商赢利为耻，到了北宋中期，情况就大大地发生了变化，官员们"纡朱怀金，

---

① （清）阮元：《十三经注疏》，《论语注疏·季氏》，2520 页，北京，中华书局，1980。
② 《荀子·君道》，载《诸子集成》（二），《荀子集解》，156 页，北京，中华书局，1954。
③ （汉）班固：《二十五史·汉书·食货志下》，480 页，上海，上海书店、上海古籍书店，1986。
④ （汉）班固：《二十五史·汉书·贾谊传》，575 页，上海，上海书店、上海古籍书店，1986。
⑤ （汉）班固：《二十五史·汉书·食货志》，477 页，上海，上海书店、上海古籍书店，1986。
⑥ 李觏：《李觏集》，王国轩点校，133 页，北京，中华书局，1981。
⑦ （宋）苏洵：《苏洵全集》，张玉霞点校，108 页，长春，时代文艺出版社，2001。
⑧ （宋）李焘：《续资治通鉴长编（9）》，5321 页，北京，中华书局，1985。
⑨ 秦克、巩军标点：《王安石全集》，272 页，上海，上海古籍出版社，1999。
⑩ 秦克、巩军标点：《王安石全集》，73 页，上海，上海古籍出版社，1999。
⑪ 秦克、巩军标点：《王安石全集》，8 页，上海，上海古籍出版社，1999。

专为商旅之业者有之,兴贩禁物、茶、盐、香草之类","贪人非独不知羞耻,而又自号材能,世人耳目既熟,不以为怪"①。

值得注意的是,社会对于官人参与商业、追逐利润的行为,已经见怪不怪了。这说明,官吏经商的现象已经为社会一般的意识理论所接受。但是,这并非意味着传统的儒家义利观念的彻底解体。宋代以前,国家以及社会的一般观念是抑制以商业为代表的"利",尤其是国家运用强制力来否认私人对利益的追逐,通过国家法律手段来抑制商业活动。但是,宋代以后,在国家的意识形态中,否认物质利益的理论让位于追逐利润的观念,国家官吏们更乐于从事商业活动去谋取个人利益。宋代时期官吏、士人经商成为社会的一般时尚,开始出现官人依靠势力与民争利的情况。在这种情况下,传统社会所确立的礼义秩序有受到根本冲击的危险,统治阶级的意识形态有发生崩溃的可能。为了从根本上维护传统的统治秩序,就必须建立起适应统治需要的价值观念体系。因此,由宋代大儒朱熹提出的宋明理学应运而生。

朱熹的理论中,"存天理、灭人欲"②是其核心内容,也是其法律思想的基础。所谓天理,就是传统儒家所提出的三纲五常的伦理等级秩序,而人欲,则是随着封建经济发展在统治阶级和被统治阶级之间日益出现的对于物质利益的追求。为了维护传统统治秩序,就必须消灭对"人欲"的追求。并且,"存天理、灭人欲"还是一个统一的过程,"天理"正是在对"人欲"不断克服的过程中体现出来的。朱熹主张通过德、礼、政、刑等方法来达到"存天理"的目的。他认为:

> 政者,法度也。法度非刑不立。故欲以政道民者,必以刑齐民。③

在本质上,以朱熹为代表的理学派认为,"政刑"与"德礼"都是进行统治的手段,其目的又都是为了"存天理、灭人欲"④。在朱熹的理学理论中,除了再次强调三纲五常是大伦大法以及"有德礼、则刑政在其中"⑤等传统儒家礼义观以外,还特别强调通过国家强制手段来压制人们对个人私欲的追求。朱熹的儒家理学实际上是对宋代出现的个人主义思潮泛滥的历史现象的一种反正,这种反正的主要目的在于维护传统的礼义伦理秩序,压制畸形发展的对个人私欲的物质追求。但是,宋代以后理学之所以成为正统法律思想,则是因为这种理学理论在当时的历史条件下充分地整合了个人私利与礼义伦理的内在关系,从传统的礼利对立转为承认在一定范围内的个人私利的价值取向。明代的理学大儒邱濬就强烈地批判以义抑利、重农抑商的传统政策,主张承认和保护个人在一定范围内的私人所有权,强调民人与君主分利,划分君民之间的财产界限。"天生五材,民并用之。君特为民理之耳,非君所得而私有也"⑥,并要确立"人人各得其分,人人各遂其愿"⑦的法律制度,以

① 蔡襄:《端明集》,《文津阁四库全书》,464页,北京,商务印书馆,2005。
② (宋)黎靖德编:《朱子语类》(一),杨绳其、周娴君点校,184页,长沙,岳麓书社,1997。
③ 朱熹:《朱熹集(四)》,郭齐、尹波点校,1914页,成都,四川教育出版社,1996。
④ 张国华、饶鑫贤主编:《中国法律思想史纲》,下,29页,兰州,甘肃人民出版社,1987。
⑤ 朱熹:《朱子语类》(一),杨绳其、周娴君点校,494页,长沙,岳麓书社,1997年。
⑥ 邱濬:《大学衍义补》,林冠群、周济夫点校,208页,北京,京华出版社,1999。
⑦ 邱濬:《大学衍义补》,林冠群、周济夫点校,202页,北京,京华出版社,1999。

实现"省力役、薄赋敛、平物价，使富者安其富，贫者不至于贫，各安其分，止其所得矣"①。可见，到了中国封建社会的中晚期，传统社会的义利观念已经出现了变化，这种变化的实质仍然坚持以儒家的纲常礼义为中心，但是，无论是民间百姓的一般观念，还是国家统治意识形态，都已经开始承认民利，并已经力图建立在礼义伦理秩序范围内的个人财产秩序。特别是，明代开始出现了鼓励民间交易、限制国家干预、反对与民争利的思想："盐之为利，禁之不可也，不禁之亦不可也。要必于可禁不可禁之间，随地立法，因时制宜，必使下不至于伤民，上不至于损官，民用足而国用不亏，斯得之矣。"②"官不可与民为事，非但卖盐一事也。大抵立法以便民为本。苟民自便，何必官为？"③

尽管这种义利观念仍然没有摆脱以义为主的传统理论框架，但是，这种理论观点的提出，说明了传统社会观念已经开始出现对传统义利观的反动。

从总体上来看，中国古代形成了建立在小农经济基础上的义利观念、义利理论。随着社会和商业经济的缓慢发展，在义利关系上，人们对义利的关系从传统的互相排斥、互相对立逐渐开始承认利益。法律也逐渐开始保护建立在礼义等级基础上的个人利益。因此，中国传统文化中对于义利的看法，不仅仅影响了中国传统社会经济政治生活，而且还表现在民事法律的立法价值取向上，传统义利观的演进导致了封建社会后期重农抑商政策的些许松动。

二、重农抑商的经济政策分析

在中国古代经济史中，重农与抑商是基本的政策趋向。这一政策最初开始于战国时期秦朝的重农政策与民本主义。在秦王朝那里，农业和战事都是构筑国家实力的基础。但是，在二者关系上，秦王朝认为农事是战事的基础，是为战事服务的。因此，这一主导思想必然导致极力压榨和剥削农民，靠严刑峻罚和奖励来驱使农民从事战争和劳役。汉代总结秦王朝灭亡的历史经验，逐渐开始实行儒家的民本主义政策。这一政策的核心是以农为本以及休养生息。汉文帝多次发布诏令，提出"农，天下之大本也，民所恃以生也"④，"道民之路，在于务本。"⑤并且，汉代开始将对农业的重视与刑法直接结合起来：

> 方今之务，莫若使民务农而已矣。欲民务农，在于贵粟；贵粟之道，在于使民以粟为赏罚。今募天下入粟县官，得以拜爵，得以除罪。⑥

这种用赏罚的手段来调动人们从事农业生产积极性的方式，与秦时以赏罚的手段调动人们从事战争的政策形成了鲜明对比。反思秦政后，汉代实施了重农政策。同时，也应看到，在传统的小农经济社会里，农业生产维系着封建统治安危，重农是任何一个王朝都要实施的政策。中国古代对于农业的重视集中地体现在古代实行的民本主义传统文化之中，

① 邱濬：《大学衍义补》，林冠群、周济夫点校，242 页，北京，京华出版社，1999。
② 邱濬：《大学衍义补》，林冠群、周济夫点校，264 页，北京，京华出版社，1999。
③ 邱濬：《大学衍义补》，林冠群、周济夫点校，263 页，北京，京华出版社，1999。
④ （汉）班固：《二十五史·汉书·文帝纪》，379 页，上海，上海书店、上海古籍书店，1986。
⑤ （汉）班固：《二十五史·汉书·文帝纪》，380 页，上海，上海书店、上海古籍书店，1986。
⑥ （汉）班固：《二十五史·汉书·食货志》，477 页，上海，上海书店、上海古籍书店，1986。

就是由重视农业到重视百姓，由重视农业到排斥工商业的发展道路。

任何朝代为保持政治统治的稳定，首先就必须保持经济稳定。而在当时的历史条件下，自然经济形态的小农经济则是最理想和现实的经济形态。因为这种"处农，就田野"[①] 的自然经济结构，将人口中的大多数固着在土地上，使之墨守成规地进行着基本是重复性的简单再生产。这样自然地形成因袭不变、历久相沿的传统，进而又把这种传统造成的现状，视为神圣不可侵犯的天意，于是大家都成为习惯的俘虏。在生产力尚不十分发达，产业分工十分简单的历史条件下，农业是变化最少的一个生产部门，把农业当做主要的生产部门，并力求使之成为唯一的——如果可能的话——生产部门，确实是使旧的生产保持原封不动的首要条件。而与之相对，以交换为基本特征的商业流通，虽然远在春秋战国时代就开始出现，但是，社会流动性和商人暴富对国家政权带来的潜在威胁，使商业流通、商品交换始终处于农业经济的对立面。从中国传统经济的构成来看，农业经济始终是国家经济的基础，支持了国家的税收、赋役，维系着国家的运转，国家的经济政策也围绕着农业经济来运转。而商业经济，特别是民间商业虽然出现得较早，但是，其命运则或者为国家所把持（中国的官营商业一直规模较大），或者遭到国家所取缔，因此，中国传统的经济政策总体上体现为重农抑商——其准确含义应该是重视小农，抑制民间商业经济的自由发展。

小农经济是中国传统社会的核心，农业是社会主要生产部门，因而也是一切社会关系和政治关系的一个决定性因素。它与人民的生存、国家的安定直接相关，从而重农抑商不仅是经济问题，也是政治问题了。《管子·权修》指出"田野之辟，仓廪之实"[②] 是国富民强的根本。而在生产工具十分落后，农业主要是手工操作的古代，农业从业人数的多寡，直接表现为农业生产力的大小。所以"禁末作，止奇巧"就成为"利农事"[③] 的必要手段。这就决定了"重农"必须"抑商"这样一种关联关系。重农抑商是为了从根本上消弭社会动乱产生的根源。当社会经济的生产和生活方式，一切都墨守成规和原封不动，习惯和传统成为最高指导原则和最强大的决定力量，那就不管什么，只要过去是这样，就应当永远是这样；现实存在的，就是神圣不可侵犯的。于是一切社会关系都固定化了。而这正是封建"礼法"、"王制"所要求的，一出生就要把每一个人都固定在他生就的阶级、地位、门阀、身份、职业等等之上，也就是使每一个社会成员都固定在一种上下有序、互相隶属的关系中，即所谓：

> 自天子、公侯、卿、大夫、士，至于皂隶、抱关击柝者，其爵禄奉养、宫室车服、棺椁祭祀、死生之制，各有差品。小不得僭大，贱不得逾贵。[④]

这个井然有序的封建法统能自然运行，便是封建统治者的最高利益。所以把广大人民都固着在土地上，使他们只知日出而作，日落而息，不可见欲，使心不乱，就从根本上堵塞了动乱之源。

① （清）徐元浩：《国语集解》，王树民、沈长云点校，219 页，北京，中华书局，2002。
② 《管子·权修》，载《诸子集成》（五），《管子校正》，7 页，北京，中华书局，1954。
③ 《管子·治国》，载《诸子集成》（五），《管子校正》，261 页，北京，中华书局，1954。
④ （汉）班固：《二十五史·汉书·货殖传》，705 页，上海，上海书店、上海古籍书店，1986。

民间商业在中国传统社会里是侵蚀农业和引起社会不满的起点。[①] 以营利为目的商人在一个自给自足、以自然经济为基础的农业社会中出现，初则是引起变化和竞争，继则是招致多欲和不满，终则是造成社会的动荡和不安，进而威胁到统治阶级的地位。封建制度的基本利益要求抑商来确保安定，防止变化。所以，重农抑商实质上是一个政策的两个侧面。只有坚决抑商，才能真正重农。

正是基于上述原因，历代帝王对重农抑商这一政策谨遵不误，并通过法律来达到这一目的，真正用法律来全面推行这一政策的，以汉代为首。以后历代所执行政策及颁行的有关律法，基本上是两汉重农抑商制度的延续和翻版。

（一）重农政策与古代民本主义

两汉时期，重农措施主要有以下几类：

1. 帝王单独下诏强调重农的重要性

如汉文帝前元二年（前178年）九月底下诏：

> 农，天下之大本也，民所恃以生也，而民或不务本而事末，故生不遂。朕忧其然，故今兹亲率群臣农以劝之。[②]

以后，历代此类诏令陈陈相因，千篇一律。虽也起到一定作用，但基本上多是一些内容空泛、无具体办法的官样文章，终使得重农这一具体的经济政策，变成为装点门面的八股。

2. 蠲免农家徭役，减轻田租税赋

如汉文帝前元十三年（前167年）五月诏：

> 农，天下之本，务莫大焉。今勤身从事而有租税之赋，是谓本末者无以异也。其于劝农之道未备，其除田之租税。[③]

然而，这种刺激农业生产的办法，其结果不过是扬汤止沸。所谓"岁劝民种树，而功未兴"[④]。这是因为，对广大无地农民来说，本无田赋负担，故减免之策对"重农"难有影响。虽然如此，但历代均不遗余力地修正和推行这一办法，辅之以计口授田，摧抑兼并的大量律法。后世的租庸调法、两税法、免役法、助役法、一条鞭法等等，均在"重农"、"劝农"。而其结果不佳也可想而知。

3. 强调粮食储备的重要性

《管子》说：

> 田垦则粟多，粟多则国富，国富者兵强，兵强者战胜，战胜者地广。[⑤]

---

① 恩格斯说：商人对于以前一切都停滞不变、可以说由于世袭而停滞不变的社会来说，是一个革命的要素。……现在商人来到了这个世界，他应当是这个世界发生变革的起点。参见《资本论》，第3卷（下），619页，北京，人民出版社，1975。

② （汉）班固：《二十五史·汉书·文帝纪》，379页，上海，上海书店、上海古籍书店，1986。

③ （汉）班固：《二十五史·汉书·文帝纪》，380页，上海，上海书店、上海古籍书店，1986。

④ （汉）班固：《二十五史·汉书·文帝纪》，380页，上海，上海书店、上海古籍书店，1986。

⑤ 《管子·治国》，载《诸子集成》（五），《管子校正》，261页，北京，中华书局，1954。

而在这一系列连锁反应中,有一个不言而喻的前提条件:即粟多,需保持"仓廪之实",才能取得上述一系列结果。所以古人说:

> 国无九年之蓄曰不足,无六年之蓄曰急,无三年之蓄曰国非其国也。三年耕,必有一年之食。九年耕,必有三年之食。以三十年之通,虽有凶旱水溢,民无菜色。①

将粮食储备与国家安危联系起来,确是古人贤明之处。封建粮食储备法规何以如此发达,由此可知。从此引申一步,又不难理解,何以古代禁酒律令行逾千年,其原因也是由于酒的酿造要耗去大量粮食,而有亏"本"的可能。唐宋以降,仓法库律日趋严密,北宋神宗时就颁行有《储仓丐取法》,榷酒之律更是多次修订,南宋时已有《左藏东西库专法》,《宋会要辑稿·食货志》就载:

> 左藏东西库有专法一册,系绍兴二年敕令所画旨颁降,今已八十余年。②

为使农民务农,历代统治者可谓不遗余力,为避免灾害之年百姓流离引起动乱,出现"贫生于不足,不足生于不农,不农则不地著,不地著则离乡轻家,民如鸟兽,虽有高城深池,严法重刑,犹不能禁也"③ 的局面,遂有与重农抑商相关的另一历代相守之制常平仓的设立。它始于汉宣帝时任大司农中丞耿寿昌的倡议,目的在于以丰籴(收)灾粜(放)的手段来平抑谷物价格、救济灾荒,故曰常平仓。然而仓系官设,贪污侵渔之事时有发生,结果往往是"常平"更加不平。所以,早在东汉明帝再议设常平仓时,已有人反对,认为是"外有利民之名,而实侵刻百姓。豪右因缘为奸,小民不能得其平"④。但明帝终还是设了常平仓。此后,历代常平仓之制相沿不断,与此相关的律法也越来越多。

(二)抑商措施与古代法律特征

中国古代传统社会虽然以小农经济为基础,但商业流通和交换一直存在,进入汉代,传统商品经济得以迅速发展。其时已是"法律贱商人,商人已富贵矣;尊农夫,农夫已贫贱矣"。社会生活中已是:

> 俗之所贵,主之所贱也;吏之所卑,法之所尊也。上下相反,好恶乖迕,而欲国富法立,不可得也。⑤

为了扭转这种局面,抑商遂成为维系统治安危的当务之急。而封建商业买贱鬻贵,与生产不相联系、游离于社会之中的贩运性质,也决定了它能够被统治者所抑制。在西汉,抑商律法得到了最有力的推行,其抑商的主要措施是:

1. 以律法贬低商人的社会政治地位,以至于规定各种形式的人身侮辱

《史记·平准书》说:"(汉初)天下已平,高祖乃令贾人不得衣丝乘车,重租税,以困

---

① (清)阮元:《十三经注疏》,《礼记·王制》,1334页,北京,中华书局,1980。
② (清)徐松:《宋会要辑稿(六)》,5682页,北京,中华书局,1957。
③ (汉)班固:《二十五史·汉书·食货志》,477页,上海,上海书店、上海古籍书店,1986。
④ (南朝宋)范晔:《二十五史·后汉书·刘般传》,918页,上海,上海书店、上海古籍书店,1986。
⑤ (汉)班固:《二十五史·汉书·食货志》,477页,上海,上海书店、上海古籍书店,1986。

辱之。"① 司马迁这段记载,用"困"、"辱"二字准确概括了汉代的抑商政策。自汉以后,历代王朝的抑商政策的主旨也不外"困"、"辱"两途。历史上实施"辱"商的方式有三:

第一,直接视经商为犯罪,实行人身制裁。秦始皇时曾实行"谪戍"之制,即将商人等流放到条件艰苦的边境地区以作为惩罚,"先发吏有谪及赘婿、贾人,后以尝有市籍者,又后以大父母、父母尝有市籍者,后入闾,取其左"②。这是把商人和罪犯视为一类。一人市籍,三代即失自由。对外用兵,先以这些人谪戍。汉承秦制,汉武帝"发七科谪"(遣七种罪犯罪戍边)中也有"贾人"一科。

第二,"锢商贾不得宦为吏"③。这是历代最常见的一种抑商之法。汉初,"贾人不得名田为吏,犯者以律论"④。孝惠高后时虽"弛商贾之律","然市井子孙犹不得仕宦为吏"⑤。汉文帝时,"贾人赘婿及吏坐赃者,皆禁锢不得为吏"⑥。汉末又增加了一些侮辱性办法,绥和二年(前7年)六月有司条奏"……贾人皆不得名田、为吏,犯者以律论"⑦。唐《选举令》规定:"身及同居大功以上亲,自执工商,家专其业者,不得仕。"⑧ 北魏孝文帝太和元年(477年)下令:"工商皂隶,各有厥分,而有司纵滥,或染清流。自今户内有工役者,唯止本部丞已下准次而授。若阶藉元勋、以劳定国者,不从此制。"⑨ 直到明清时代,商人子孙仍须数世以后才被允许参加科举。然而,在金钱即是权力的社会,以法贱商收效不大。早在西汉中期,显宦高官中已不乏商贾之人了。经唐至宋,官与商更是进一步结合,商业甚至成为封建官吏的副业,出现了不耻贾贩、与民争利的现象,律令中贱商规定逐渐稀少,但限商条文却日益增多。

第三,从服饰方面进行侮辱。如汉高祖八年(前119年)春三月即令商人不能衣着华丽⑩,晋律规定: "侩卖者皆当着巾贴额,题所侩卖者及姓名,一足着黑履,一足着白履。"⑪

2. 加重商人赋税负担,"重征商税使无利自止"⑫

"重关市之赋,则农恶商,商有疑惰之心",使商"无裕利,则商怯,商怯则欲农"⑬。其做法有以下几个方面:

首先,国家确定了禁榷制度,建立了从事国家官营的专门机构,并且规定民间不得与国家争利。

① (汉)司马迁:《二十五史·史记·平准书》,178页,上海,上海书店、上海古籍书店,1986。
② (汉)班固:《二十五史·汉书·晁错传》,579页,上海,上海书店、上海古籍书店,1986。
③ (南朝宋)范晔:《二十五史·后汉书·桓谭传》,889页,上海,上海书店、上海古籍书店,1986。
④ (汉)班固:《二十五史·汉书·哀帝纪》,396页,上海,上海书店、上海古籍书店,1986。
⑤ (汉)司马迁:《二十五史·史记·平准书》,178页,上海,上海书店、上海古籍书店,1986。
⑥ (汉)班固:《二十五史·汉书·贡禹传》,648页,上海,上海书店、上海古籍书店,1986。
⑦ (汉)班固:《二十五史·汉书·哀帝纪》,396页,上海,上海书店、上海古籍书店,1986。
⑧ 刘俊文点校:《唐律疏议》,497页,北京,法律出版社,1999。
⑨ (齐)魏收:《二十五史·魏书·高祖纪》,2189页,上海,上海书店、上海古籍书店,1986。
⑩ (汉)班固:《二十五史·汉书·高帝纪》,374页,上海,上海书店、上海古籍书店,1986年。
⑪ (宋)李昉:《太平御览》(三),3110页,北京,中华书局,1960。
⑫ 张建业主编:《李贽文集(二卷)》(藏书上),337页,北京,社会科学文献出版社,2000。
⑬ 《商君书·垦令第二》,载《诸子集成》(五),《商君书》,3~4页,北京,中华书局,1954。

其次，对商人征收重税。早在秦商鞅变法时即定下国策加重商人等的赋税负担："不农之征必多，市利之租必重。"① 汉高祖对商人以"重租税"施以打击；汉武帝采取极端办法，实行"算缗"、"告缗"，用征重税和鼓励告发漏、逃税的方式对商贾进行全国性大抄家，"得民财物以亿计"，"于是商贾中家以上大率破（产）"②。汉代征收人头税，明定"贾人倍算"（双倍征税）③。自汉以后，历代王朝莫不重征商税，包括对手工业者、高利贷者、囤积居奇者，不管有无市籍，均科以重税，寓禁于征。

3. 不断改变币制，使商人积累的大量货币财富减少或丧失价值

汉武帝时，"更造钱币以赡用，而摧浮淫并兼之徒"④。仅汉一朝，改币制六次之多。如果说"告缗令"这类极端办法会引起社会动荡，后世效法不多，但改变币制这一条却得到发扬光大。特别是两宋时期的茶盐钞法，常使家资万贯的富商大贾转瞬而沦为一文不名的乞丐。官府利用法律巧取豪夺的"技艺"日臻成熟。此后直到清末，朝廷进行了数十次币制改革，其主要目的就是通过改变铸币的金属成分、重量、发行量来使货币贬值，以搜刮民财（主要是商人之财）。

为使三者切实有效，历代王朝均以法律形式对这些措施加以规范与贯彻。在政权体制上，隋唐以降的三省六部制，户部位居第二；两宋时的"三司使"号称"计相"。在法律上，历代王朝法典中《户律》均占重要地位。宋元以后其法规数量几占半数，令、敕、诏、旨，内容更以此类规范为多，明清更有专门法律编纂颁行，其中的茶、盐、酒、税、钱法，多自成系统，成为传统法律的重要内容。⑤

（三）官商与官营：中国传统社会商业经济的异化

在中国传统社会，国家从事经营的历史较早，早在春秋时期齐国相国管仲就曾经进行经济改革，其中的一个重要举措就是实行了"官山海"的盐铁国家专卖政策。自此，国家专卖政策相沿数千年。虽然在不同的历史时期里专卖、管制对象各有不同，但是其结果则是在小农经济占主导地位和君主专制的传统社会里，君主和国家牢牢地控制了最重要的工商业和国内外利源，禁止私人染指其中。

中国国家官营政策一开始是为了抑制富商和防止民间势力出现，后来逐渐演变为国家牟利、增加财政税收的一种手段，因此，国家制定了一整套的律法来维系国家工商业的专有属性，防止民间侵其利。秦汉时期国家已经颁布了一系列法律、法令来规范官营商业。秦王朝为了实现国富兵强的目标，按照商鞅的法家政策，实行了一系列国家控制经济的手段，《秦简》中的《工律》、《工人程》、《均工》、《司空》、《效律》等法规就对官营工商业的具体生产、经营作了明确规定。汉代，国家专营是打击民间势力的一种重要手段，是"将

---

① 《商君书·外内第二十二》，载《诸子集成》（五），《商君书》，37 页，北京，中华书局，1954。

② （汉）司马迁：《二十五史·史记·平准书》，180 页，上海，上海书店、上海古籍书店，1986。

③ （汉）班固：《二十五史·汉书·惠帝纪》，377 页，上海，上海书店、上海古籍书店，1986。

④ （汉）司马迁：《二十五史·史记·平准书》，179 页，上海，上海书店、上海古籍书店，1986。

⑤ 参见赵晓耕：《祖制与律法及其对社会的影响——重农抑商对传统律法的制定和社会的影响》，载《法学家》，2000（6）；赵晓耕、周子良、易清：《中国古代义利观对重农抑商法律传统的影响》，载《船山学刊》，2008（2）；范忠信、秦惠民、赵晓耕：《论中国古代法中"重农抑商"传统的成因》，载《中国人民大学学报》，1996（5）。

以建本抑末，离朋党，禁淫侈，绝并兼之路"①的一种重要措施，即把富商大贾和豪强权贵的钱夺过来，用以打击地方分割据势力、消灭政治上的潜在危机。此后历朝历代官营禁榷的范围不断扩大，到明清两代已经发展到盐、铁、酒、茶、铜、铅、锡、硝、硫黄，甚至瓷、烟草、大黄等等，均列入官营范围。为了维护国家"专利"，历史上朝廷设定严刑打击敢与朝廷争利的商人，使商人摇手触禁、动辄逾制，随时有陷入法网之虞。汉代，"敢私铸铁器煮盐者，钛左趾，没入其器物"②，明清两代律典均规定："凡贩私盐者，杖一百、徒三年。若有军器者，加一等。诬指平人者，加三等。拒捕者，斩。盐货、车船、头匹并入官。"③ 法律规定严格，实施也十分严厉，致使"征榷之使，急于星火，搜括之令，密于牛毛"④；"百里之内，辖者三官，一货之来，榷者数税"⑤。

一般而论，重农抑商特别是抑商中的禁榷制度以及由此派生出的一系列有关户婚、租赋、商税、货币、仓储等法律规范，对传统社会商品经济的发展起着消极阻碍作用。对此，著名经济史学家傅筑夫先生明确指出：

> 禁榷制度简单说就是把某些产销两旺、获利最丰的工商业收归官营，并完全由官家垄断，禁止私人经营。这样一来，就把工商企业自由发展的道路彻底堵塞了。所以禁榷制度乃是对商品经济的一个直接扼杀力量，因而也是贯彻抑商政策的一个最强有力的支柱。⑥

如果说在封建社会初期禁榷制度尚有其可以肯定的某些历史作用，如消弭分裂因素，稳定农业经济，从而促进了整个传统社会文化的进步的话，那么，随着社会的发展，君主专制政体越来越不适应社会经济发展的要求，出于维护君主专制政体需要而建立起来的重农抑商政策，特别是抑商中的禁榷制度，以及由此派生出的一系列有关户婚、租赋、商税、货币制度，以法律手段来扶持、保护国家工商业以及抑制民间商业的发展，从而在根本上抑制了中国古代民事法律关系产生和发展的经济基础。在中国传统法律中，儒家的义利观对于中国传统的民事活动和民事法律关系的确立产生了重要的影响。传统中国社会重义轻利的观念成为影响民事活动的观念基础，特别是在民事活动中，以儒家的义礼观念为核心的道德观念在某种程度上成为指导交易的基本准则。这种道德观念在法律制度上予以规范化，从而成为中国传统民事法律的基本原则。

---

① 《盐铁论·复古第六》，载《诸子集成》（七），《盐铁论》，7 页，北京，中华书局，1954。

② （汉）司马迁：《二十五史·史记·平准书》，179 页，上海，上海书店、上海古籍书店，1986。

③ 怀效锋点校：《大明律》，77 页，北京，法律出版社，1999；田涛、郑秦点校：《大清律例》，250 页，北京，法律出版社，1999。

④ （清）谷应泰撰：《明史记事本末·矿税之弊》，载《历代纪事本末》（第二册），2388 页，北京，中华书局，1997。

⑤ 南京大学历史系明清史研究室：《明清资本主义萌芽研究论文集》，13 页，上海，上海人民出版社，1981。

⑥ 傅筑夫：《中国古代经济史概论》，212 页，北京，中国社会科学出版社，1981。

第三章

政治结构与法律体系的双重影响

第一节
政治体制与传统民法

政治文化是一个民族在特定时期流行的一套政治态度、信仰和感情。这个政治文化形成于本民族的历史以及现在的社会、经济、政治活动进程之中。人们在过去的经历中形成的态度类型对未来的政治行为有着重要的强制作用。政治文化影响各个担任政治角色者的行为、他们的政治要求内容和对法律的反应。[①]

按照这一现代政治文化的定义观察中国古代政治，我们就会发现中国传统政治文化是一个变化而又超稳定的结构，具有不同而又相同的内容，政治文化结构和特点对法律以及法律文化的影响既构成了其自身的内涵和特征，同时，更影响着法律和法文化的性质、特点和发展。按照马克斯·韦伯对政权合法性基础的分类方法，政权的合法性基础包括：第一，传统合法性。其来源是一套既定的信仰，即相信古老传统是神圣的，不可更易的。传统的合法性使统治者的"身份"变得十分重要。比如皇位的世袭依据是血缘身份关系，对专制皇帝来说，其统治权是来自"天命"或"神授"，是天经地义的，人民对其权力只能顶礼膜拜和消极服从而不容有任何"不敬"的表示或谋反行为。第二，理性合法性。这种合法性的来源是人民的选举以及当权者能否依宪行事，如果政府是经人民选举产生的，且其施政、立法完全按照宪法的程序办理，那么它就是合法的。第三，领袖魅力型合法性。此合法性基于多数人民倾向于某个人所具有的独特的神圣性质、英雄色彩和堪为楷模的人格，并且相信该圣雄式的人物所宣布的政治信仰及道德秩序。中国传统政治是建筑在传统合法性为主导的理论基础上的，儒家思想是中国传统政治文化最主要的思想基础，家长制、世袭制和封建专制是传统政治制度最重要的内容，他们最终体现为对专政制度的维护。这

---

① ［美］阿尔蒙德、鲍威尔：《比较政治学：体系、过程、政策》，曹沛霖、郑世平、公婷、陈峰译，29 页，上海，上海译文出版社，1997。

种传统政治文化对中国传统民事法律具有最直接的影响。

一、伦理政治思想与传统法律文化

"中国传统的政治思想是体认中国传统政治文化的窗口，中国传统社会的政治机制、社会政治心理，都将从政治思想中投射出来。"① 法律文化之于政治文化，必然要反映占统治地位的政治思想，任何法律都不会脱离当时有重大影响甚至占统治地位的思想体系。在中国历史上，深刻地影响了中国传统政治文化模式、理念的社会政治思想体系也深刻地影响了法文化，并对传统民事法律的形成、发展、演变起了重要作用。对中国传统政治文化起着重要作用的儒家思想体系和法家思想都对传统民法文化生成、发展起了重要作用。法家以主张"以法治国"的"法治"而自成一派，提出了一整套"法治"的理论和方法来为建立统一的封建专制主义中央集权制度提供理论依据。法家理论主张"法"与"刑"的结合，以刑罚作为推行法律的最后保障，法家认为法律的作用在于"定分止争"和"兴功去暴"②，是君主实现"上之所以一民使下"③ 的工具。为了推行法治，法家提出了"法"、"势"、"术"相结合的理论，强调建立统一的专制主义中央集权制政权，以实现"君尊则令行"④ 的目标。而先秦儒家思想则是在继承和发展西周礼治和周公"明德慎罚"思想基础上发展起来的，儒家思想强调先天的伦理等级，要求维护宗法制下的"君君、臣臣、父父、子子"的身份等级；提倡政治上的教化和"宽猛相济"的互为作用的统治方略；在政治统治上，先秦儒家强调"为政在人"⑤ 和"有治人、无治法"⑥ 的"人治"至上主义。

先秦法家理论经过秦王朝的短暂实践即显示了其强大的生命力——迅速使秦国成为"兵革大强、诸侯畏惧"⑦ 的大国，最后统一六国。法家理论这种实践上的巨大功效在中国政治史上的意义是深远的：以"法治"为基础的中央集权主义官僚制取代了宗法分封制，成为中国传统政治的经典模式。但是，"法治"极端化发展造成的严刑峻法、轻罪重罚也使历代统治者认识到了"法治"的局限性，从而使政治思想朝着"德主刑辅"的方向转变。秦汉之际黄老思想综合了先秦儒、法、道等家的不同政治主张，提出了文武并用、德刑相济、约法省禁、尊主安民的主张，使经过秦王朝横征暴敛、苛刑峻法的社会得以休养生息，为政治思想领域中实现从"尚法"到"崇儒"的转变作了铺垫。汉武帝"罢黜百家、独尊儒术"，树儒学为独尊，使儒家政治思想开始在中国古代政治文化中占据主导作用。

尽管在魏晋隋唐时期，儒家思想曾经受到佛教与玄学的冲击，但儒家思想一直在中国传统政治中起着决定性的支配作用，正所谓"儒者，其为教也，大矣。其利物也，博矣。以笃父子，以正君臣，开政化之本原，凿生灵之耳目，百王损益，一以贯之"⑧。被奉为政

---

① 朱日耀、曹德本、孙晓春：《中国传统政治文化的现代思考》，23 页，长春，吉林大学出版社，1990。
② 《管子·七臣七主第五十二》，载《诸子集成》（五），《管子校正》，288 页，北京，中华书局，1954。
③ 《管子·任法第四十五》，载《诸子集成》（五），《管子校正》，256 页，北京，中华书局，1954。
④ 《商君书·君臣第二十二》，载《诸子集成》（五），《商君书》，38 页，北京，中华书局，1954。
⑤ （清）阮元：《十三经注疏》，《礼记正义·中庸第三十一》，1629 页，北京，中华书局，1980。
⑥ 《荀子集解·君道篇第十二》，载《诸子集成》（二），《荀子集解》，151 页，北京，中华书局，1954。
⑦ （西汉）刘向集录：《战国策》，75 页，上海，上海世纪出版股份有限公司、上海古籍出版社，1998。
⑧ （唐）李延寿撰：《二十五史·北史·儒林上》，3179 页，上海，上海书店、上海古籍书店，1986。

治思想圭臬的儒家思想是有别于先秦儒家、发展变化了的儒家思想。这种正统的儒家思想经董仲舒改造，"变成了符合'天人感应'的神学目的论的永恒真理，将那种原来只是表达一种政治伦理思想的儒家的一家之言，通过政权的力量，推崇成了政治、社会以至家庭生活的最高准则；另一方面，它又吸取其他各家，特别是法家和黄老学说中有利于当时统治的内容作为补充，使之成了具有很强适应性的精神武器和统治工具"[1]。这种正统的政治思想使中国古代法律带上了内容儒家化、形式法家化的特征；法价值是儒家的，法体系却是法家的；既强调法律的惩戒作用，更主张礼律结合，经律互用，以封建的宗法等级和"三纲五常"的伦理道德原则作为立法和司法的准则。正统儒家思想的特质决定了儒家政治哲学是入世的而不是出世的，是为维护社会秩序、政治秩序服务的。

事实上，吸收了法家政治思想的儒家政治思想设定了家、国二重等级秩序，这个二重等级秩序以家、国为载体，以伦理、纲常为纽带，以身份血缘差别为特征，给中国传统民事法律带来了最为深刻的影响。从本质上来说，先秦儒家和法家都以维持社会秩序为目的，其分别只在他们对于社会秩序的看法和达到这种理想的方法。儒家认为：

> 贱事贵，不肖事贤，是天下之通义。[2]

为了维护贵贱、尊卑、长幼的等级秩序，儒家政治理论特别强调"名位"，并认为"名位不同，礼亦异数"[3]，即等级地位不同，其行为规范也就不一样。在中国古代社会中，"礼"是重要的民事法律渊源，礼之"异数"实际上说明：在儒家纲常伦理的政治思想指导下，等级身份决定了社会主体有不同的行为规范，有不同的权利、义务。汉代以后，儒法合流，儒学使法家的法治理论带上了道德化的特征，形式化的法律与儒家的忠孝道德相结合，法律与道德统一于维护专制主义政治统治的目标之下。因此，法律和礼教的作用在于维系专制等级秩序和宗族伦理等级——即"定分止争"的被动作用。中国传统民事律法中的主体地位的差异性、身份关系重于财产关系、以刑罚手段调整民事关系的特点都可以从传统政治思想中找到根源。

二、分封制、编户齐民与传统民法

考察中国传统政治文化发展演变的历史，就会发现：国家和人民之间的关系——或者说，在历史发展的不同历史时期国家权力对社会的统治有着不同的方式。具体地说，存在着商周时期的血缘分封制和秦汉时期确立的编户齐民这样两种不同的社会统治形态。

（一）血缘分封制

中国自夏商周开始形成了国家政权统治，传统政治文化开始形成。国家形成后政权对社会的统治形态是建立在原始的血缘等级制度基础上的。以国王为中心的国家权力通过血缘的亲疏远近，将国家划分为不同的领地进行分封，以血缘纽带构建国家对领土的统治，这种统治方式在中国传统政治文化中被称为分封制。夏、商、周便是以不同显贵家族为中

---

① 张国华、饶鑫贤主编：《中国法律思想史纲》，上册，317 页，兰州，甘肃人民出版社，1984。
② 《荀子集解·仲尼篇第七》，载《诸子集成》（二），《荀子集解》，71 页，北京，中华书局，1954。
③ （清）阮元：《十三经注疏》，《春秋左传·庄公十八年》，1773 页，北京，中华书局，1980。

心建立起来的统治集团，国王便是家族的族长，并通过"封邦建国"的方式分封自己的亲属担任地方诸侯，各地方诸侯再层层分封，形成了政治上的分封制与家族式的嫡长子继承制相结合的政治统治形式，宗族组织与国家组织合二为一，同宗同姓同祀的血缘共同体构成了家国一体化的政治形态。在统治区域上，京城周围的地区归国王直接管辖，叫做"王畿"，诸侯受封以后，也保留自己的直辖封地，又同样将其他的领地分封给其卿大夫，卿大夫的封地叫"采邑"。卿大夫也将自己的封地分给士，士拥有自己受封来的食地，成为贵族的最底层。经过这样的层层分封，在贵族内部便形成了由一个天子和众多诸侯、卿大夫、士组成的"王臣公，公臣大夫，大夫臣士"的宝塔式等级制度。这种政治等级制是建立在宗法等级制基础之上、按照宗法关系进行的。以西周时期的分封为例，除一部分因功受封的异姓诸侯以外，周王首先分封与自己血缘最近的亲属，诸侯以下也是这样如法炮制，形成了周天子是全族之主，奉祀全族始祖的"大宗"，其同母弟与庶兄弟为诸侯——"小宗"，大宗与小宗由嫡长子继承父位的"宗法等级"制。这样，从血缘关系上来讲，大宗处于血缘等级的上位，从政治关系上小宗服从大宗的宗法等级和政治等级二位一体的等级制度。在这种等级制度下，大宗对小宗拥有绝对权利，大宗拥有全国的土地、财产，拥有绝对的财产所有权。

这种家国一体式的宗法制，使政治等级上的"王有制"与家族血缘关系的"族长权"紧密地结合起来，家族本位与国家本位二位一体，大宗拥有更多的政治特权和财产权，拥有更多的人身权。在宗法血缘制下，最重要的特权取得方式便是通过分封，并且分封制是建立在血缘伦理制度下，所以，建立在血缘伦理基础之上的家族制度在社会政治关系上具有最为重要的地位。在血缘分封制的政治文化中，政治权力、土地以及财产的基础实际上是根据血缘等级的高下而决定的。并且受封者对于因受封而得到的物权在行使上受到限制：仅仅对动产具有所有权，可以处分。在"溥天之下，莫非王土"的土地所有制下，对于不动产只具有占有权和用益权，不得进行处分，国王可以随时收回重新进行分配。在人身权领域，亲亲与尊尊的伦理等级制原则既是国家政治的原则，也是确定等级上下的权利、义务、责任的根据。

在分封制下，国家中央权力系统对社会的把握是通过分封制形成的诸侯层层进行的，例如殷商和西周时期，社会基本单位主要是以血缘为主形成的族群，政治统治力量要透过士族组织才能到达基层社会。在社会生产力尚不发达的社会经济条件下，与其说分封制确认了这种族居的社会形态，不如说只有依靠这种形式才能更有效地进行国家统治。在分封制下，国王与诸侯之间根据等级高下，形成了宝塔式的等级结构，各个诸侯之间是不平等的，有公、侯、伯、子、男等不同的位阶。位阶不同其领地和权势也不一样，这正如太史公所言：

> 周封五等：公、侯、伯、子、男。然封伯禽、康叔于鲁、卫，地各四百里，亲亲之义，褒有德也。太公于齐，兼五侯地，尊勤劳也。武王、成、康所封数百，而同姓五十五。地，上不过百里；下，三十里。①

① （汉）司马迁：《二十五史·史记·汉兴以来诸侯王年表第五》，98 页，上海，上海书店、上海古籍书店，1986。

在分封的领地内，诸侯对人民和土地享有绝对的支配权力；反过来，虽然在名目上是"王土"，即在法律关系上，全国的土地是由国王所有，但是在分封制下，这种所有关系只在国王的封地内实现了所有和占有的结合，所有关系才具有实际意义。实际上在诸侯的领地区域内，这种所有权并不具有实际意义，是诸侯而不是国家（国王）占有和控制着领地和领地之上的人民。最为重要的是，这种占有和控制关系可以世代继承。而且，各个领地上的人民并不是国家权力控制的对象，得不到国家政治权力的认可，人民只对领主具有依赖关系，因此，他们可以作为领主的处分对象，从而完全丧失人身权利，所以，领地上的人民只对诸侯负有忠诚和贡纳义务，并不对国王或国家负有忠诚和贡纳义务。同时，各个领地的人民之间在身份地位上也是不一样的，他们的身份地位依据其主人的身份而异。[①] 因此，建立在分封制基础上的社会统治方式的基本特征就是国家政治秩序依据血缘的高下而有等级不同，国家权力并没有深入到社会的最底层。

建立在血缘伦理制基础上的分封制上升为国家规范就形成了先秦时期的礼制体系，礼制成为调整家族伦理关系和国家政治关系的渊源。礼制是适应血缘伦理制和政治分封制需要的先秦时期的一整套国家法律规范体系。礼制将国家政治等级和家族伦理等级固定化，等级高的宗主享有更多的财产权和人身特权，从而将等级制的权利结构固定化。礼制与分封制相对应，在适用上，只对诸侯具有效力，将百姓、庶民排除在调整体系之外，所谓"礼不下庶人，刑不上大夫"[②] 即为此意。在宗法制的政治制度下，礼制具有混合性法律部门的特征，既是"宪法"、"行政法"，又是"民事法"。这种调整方式的特征是：使国家结构成为家族模式的延伸，国家政治权利、义务结构成为家族伦理权利、义务范式的延伸和扩大。礼制既是"定亲疏，决嫌疑，别同异，明是非"[③] 的家族伦理法；也是"经国家，定社稷，序民人，利后嗣"[④] 的国家法，既规定了家族内的财产权、人身权的归属，也规定了国家结构中财产权的归属和人身权的支配。

（二）编户齐民

传统中国社会是一个大一统的社会，国家权力集中在皇帝手中，皇帝通过官僚系统对国家进行统治。不同的历史时期，国家政治权力对社会、对构成社会基础的人民的控制手段有所不同，对社会统治也强弱不一。但是，传统社会之所以循环往复、延续数千年，则与中国传统社会国家权力的编户齐民的社会统和手段密切相关。

战国以降，随着生产力发展，西周时期的土地制度逐步得以打破，封建地主土地私有制开始确立，从而在生产关系领域引发了新的变革。与这种变革相适应，在上层建筑领域，家族伦理与政治等级二位一体的宗法制已行崩溃，"诸侯争战，适者生存"的局面使各国诸侯都在寻找富国强兵和进行社会控制的有效方式。法家的农战政策和实行非世袭的官僚制和中央集权君主专制制度，彻底冲垮了家族伦理等级与政治等级的合二为一的宗法等级制度。从此，国家对社会的控制开始实行编户齐民政策。

---

① 参见杜正胜：《编户齐民——传统政治社会结构之形成》，38 页，台北，联经出版事业公司，1981。
② （清）阮元：《十三经注疏》，《礼记正义·曲礼上》，1249 页，北京，中华书局，1980。
③ （清）阮元：《十三经注疏》，《礼记正义·曲礼上第一》，1231 页，北京，中华书局，1980。
④ （清）阮元：《十三经注疏》，《春秋左传正义·隐公十一年》，1736 页，北京，中华书局，1980。

"编户齐民"一词初形现于汉人著述,《史记·货殖列传》即有"天下熙熙,皆为利往。夫千乘之王、万家之侯、百室之君尚犹患贫,而况匹夫编户之民乎。"①《汉书·高帝纪》师古注曰:

> 编户者,言列次名籍也。②

"齐民"见于《汉书·平准书》:

> (汉初)自天子不能具钧驷,而将相或乘牛车,齐民无藏盖。③

南朝宋裴骃集解说:

> 如淳曰:齐,等无有贵贱,故谓之齐民,若今言平民矣。④

今人认为:"政府按户登记人口,谓之编户,理论上,凡编户之民皆为国君统治下的平等人民,故曰'齐民'。"⑤编户实际上是国家以行政统治手段,将社会存在的主体划分为不同单位、不同等级,这种等级制度为国家法律所承认;编户之目的则是为了使民"齐"——也就是为了满足统治人民的需要。编户齐民政策建立在国家对百姓的登记管理制度基础之上。国家形成后不久,中国就形成了一系列完整的居民和户籍登记管理制度。作为国家对人民的管理和对社会的统治手段,春秋时代开始出现将单一个人的身份资料登记造册的制度,称之为"名籍",将合户多人的身份资料称为"户籍"⑥。但是,从国家对社会的统治层面上来看,国家对百姓登记和把握的范围逐渐扩大,并且国家在进行户籍身份管理时,根据社会不同的登记身份进行不同的登记,"名籍依其性质或用途而有不同的名称"⑦。春秋时期的名籍以宫廷宿卫和军队士卒为主。先秦到秦汉,国家通过编户登记政策在法律上承认了社会身份等级制,如内廷宦官入宫籍,如秦中车府令赵高(《史记·蒙恬列传》);市井小民从事商贾者入市籍,如汉代的何显(《汉书·何武传》);为门生子弟者入弟子籍,如孔子的门生(《史记·仲尼弟子列传》)。秦代以后,户籍登记逐渐成为国家征收劳役赋税、征兵的依据,国家对社会人口的登记开始出现以户为单位的登记,这称之为"户籍"。根据专家对云梦秦简的考证,秦代的户籍登记以户长为首,登记内容包括所有家户成员的身份资料,并且户长注明居里、爵位和姓名,其家属也要注明基本的自然情况,以作为征兵和徭役的根据。⑧ 在户籍登记中,达到征兵和课役标准称之为"傅",《史记·孝景本纪》曰:"男子二十而得傅",《索引》引荀悦云:"傅,正卒也。"⑨

正卒,就是正式注册服兵役的年龄。到了魏晋时期,政府按照劳力役使的程度,将人民划分为正丁、次丁、老、小四种身份:

---

① (汉)司马迁:《二十五史·史记·货殖列传》,355 页,上海,上海书店、上海古籍书店,1986。
② (汉)班固:《二十五史·汉书·高帝纪第一下》,376 页,上海,上海书店、上海古籍书店,1986。
③ (汉)司马迁:《二十五史·史记·平准书》,178 页,上海,上海书店、上海古籍书店,1986。
④ (汉)司马迁:《二十五史·史记·平准书》,178 页,上海,上海书店、上海古籍书店,1986。
⑤ 杜正胜:《编户齐民——传统政治社会结构之形成》,1 页,台北,联经出版事业公司,1981。
⑥ 杜正胜:《编户齐民——传统政治社会结构之形成》,1 页,台北,联经出版事业公司,1981。
⑦ 杜正胜:《编户齐民——传统政治社会结构之形成》,6 页,台北,联经出版事业公司,1981。
⑧ 参见杜正胜:《编户齐民——传统政治社会结构之形成》,6~7 页,台北,联经出版事业公司,1981。
⑨ (汉)司马迁:《二十五史·史记·孝景本纪第十一》,49 页,上海,上海书店、上海古籍书店,1986。

> 男女年十六已上至六十为正丁，十五已下至十三、六十一已上至六十五为次丁，十二已下、六十六以上为老小，不事。①

隋唐时期，亦规定：

> 男女三岁已下为黄，十岁已下为小，十七已下为中，十八已上为丁。丁从课役，六十为老，乃免。②

户籍登记制度同时也成为隋唐时期均田制度实施的前提条件。

户籍制度的建立，使"四境之内，丈夫女子皆有名于上，生者著，死者削"③。户籍登记成为政府掌握全国人力和实施统治的基本依据。编户齐民，对中国传统法律的形成有着重要影响：

第一，编户齐民确认了传统中国国家和社会的界限，使社会主体的身份在国家法律体系中得到承认。国家法律对社会主体身份的划分和承认，决定了各个社会主体不同的权利义务关系。编户齐民是商周分封制崩溃、郡县制建立的产物，编户齐民在法律层面上确认了编户之内人民的社会主体身份，打破了周代分封制下的不平等关系。商周时期实行分封制，周王根据血缘亲疏和功劳大小将各地诸侯划分为公、侯、伯、子、男五个等级，根据等级不同分封不同数量的土地和人口，确认了以礼制为基础的等级统治秩序，并在此基础上形成了列国朝觐、会盟等礼仪制度，不同的身份等级关系构筑了不同的权利、义务基础，附着在各诸侯国内的人民依附于各地诸侯，在法律上与周王并不存在直接的从属关系。因此，周王所承认的社会主体仅仅局限于各个被分封的诸侯，国家对社会的统治更多地依赖各层血缘体系来维持。

第二，编户齐民的实施，扩大了国家户籍登记的范围。中央政府将权力的触角延伸到社会最底层，进行了户籍登记的人民原则上成为对国家尽兵役和劳役义务的社会主体，相应的，他们也有权从国家获得必要的生产资料和获得必要的权利救济。与编户齐民的统治相适应，传统政治的统治方式也从血缘分封制开始转为官僚统治。中国传统的官僚制统治摆脱了分封制所造成的封闭性和保守性，建立了一个开放性的位阶秩序，血缘虽然在决定社会身份中仍然具有重要作用，但是，一般的贫民通过家户登记而成为国家登记的法律主体，由此，他们可以依据战功或者通过科举跃居统治者之列，从而打破了社会统治的底层与社会其他阶层之间的封闭状态。特别是从隋唐以后，由于实行科举这种国家考试制度，贫苦书生更是可以通过钻研儒家经典而跻身于统治集团之中，这种制度可以为封建统治选拔人才，同时，也大大地抹杀和混淆了阶级和阶层之间的对立和界限。

第三，编户齐民政策奠定了家户的法律地位。中国自汉代以来，开始尊奉儒家学说为正统的法律学说，儒家所尊崇的血缘伦理等级秩序成为国家正统的法律秩序。在这个大的历史背景下，编户齐民政策实际上正是儒家正统统治思想的体现，编户齐民这一政策手段也适应了中国古代小农经济结构的社会基础。从秦汉以后，随着封建集权官僚制度的建立

---

① （唐）房玄龄：《二十五史·晋书·食货志》，1334 页，上海，上海书店、上海古籍书店，1986。
② （唐）长孙无忌：《二十五史·隋书·食货志》，3338 页，上海，上海书店、上海古籍书店，1986。
③ 《商君书·境内第十九》，载《诸子集成》（五），《商君书》，33 页，北京，中华书局，1954。

和完善，地主与官僚成为新的特权阶级，农民成为主要的被压迫阶级，政治等级制再次成为农业社会维护地主官僚统治的法宝，而与之相应，运用家族伦理等级秩序、利用农村中的家族来控制臣民就成为应有之义。秦汉以后，中国社会逐渐形成了官僚地主伦理等级与封建家族伦理等级在一定程度上互相分离又互相支持的等级社会，可以说编户齐民这一政策手段正是政治等级制与血缘伦理制、国家统治秩序与血缘家庭统治秩序的结合点。从此，家庭在中国政治统治过程中扮演了承上启下的作用。一方面，家庭、家户作为一个独立的法律主体得到了国家法律的承认，例如，均田制中分封土地时要按照户来分配，同时，家户也是独立承担国家义务的义务主体，国家的赋税杂役要按照户的单位来计算。因此，国家法律就要承认和维系家户的法律地位，保障家户的合法权益。另一方面，国家法律承认和保护家长、户长在家庭秩序内的至高无上地位。这种地位通过保护等级血缘伦理制度来加以确认。例如，唐律规定的"十恶"重罪中，不孝就是其中的重要内容，其目的是维护祖父母、父母对血缘伦理等级较低的晚辈亲属的统治来确立家长的权威。同时，法律承认家长、户长对家庭财产的垄断来保障家庭秩序的稳固。例如，唐律明确规定：父母在，子孙不得别籍异财，违反者治罪。

当然，"齐民"的前提在于人民富足，只有人民富足，国家才能殷实。这种民本思想早在春秋战国时期就存在：

> 治平在庶功兴，庶功兴在事役均，事役均在民数周，民数周，为国之本也。故先王周知其万民众寡之数，乃分九职焉。九职既分，则劬劳者可见，怠惰者可闻也，然而事役不均者，未之有也。事役既均，故民尽其心而人竭其力，然而庶功不兴者，未之有也。庶功既兴，故国家殷富，大小不匮，百姓休和，下无怨疚焉，然而治不平者，未之有也。故曰：水有源，治有本。①

三、行政主导政治体制与中国传统民事法律

如果将中国传统政治文化作一剖解，就会发现行政权凸显于权力结构之上，行政制度占据了本应由民事法律制度调整的范畴。以皇权为中心的行政官僚机构操纵了社会生活最重要的方面，行政权可以剥夺任何个体成员的财产、控制其人身，国家统治权绝对高于家族权利、个体权利。在集权、专制的封建等级特权社会，私权利与政治权力紧密联系在一起，反映在现实生活中，就不免出现乌廷玉所说的情形：

> 中国不仅礼俗方面具有等级差别，在土地所有制方面，也存在着等级结构。②

在受传统礼治思想、儒家学说影响产生的专制政治体制下，即使存在所谓的私有财产制度、存在着契约交易规则，这些权利也都是不稳定和不可预期的。从"实在"财产权利的产生看，财产首先是作为特权在社会上由行政以"特权"形式加以配置，而不是由法律以"私权"形式分配。与西方世界以法律固定财产的形式相比较，中国是从统治者的口里或诏书里给予其臣民财产的，也就是以行政手段固定财产归属。如汉高祖五年（前202年）

---

① （汉）徐干：《中论》，徐湘霖校注，296页，成都，巴蜀书社，2007。
② 乌廷玉：《中国历代土地制度史纲》（上册），194～195页，长春，吉林大学出版社，1987。

曾颁布诏令："吏先与田宅。"① "田宅"在帝王手中与其说是财产，不如说是特权。法律和行政手段的不同在于，前者有普适性、平等性、规范性、可靠性，后者有针对性、不平等性、随意性和不确定性。② 更重要的是，国家权力广泛地涉足于商品经济领域，从而使民事法律关系存活发展的空间极为有限，同时，行政权涵括了司法权，形成了行政司法混合不分的司法模式。

> 儒家学说的中心目标是要建设一个管理良好的社会：一个由等级森严的社会组织和政治组织所构成、由贤明睿智的皇帝所领导的受过良好教育的文官系统自上而下加以控制的社会。③

在这样的社会里存在着政治分层与伦理等级两个互相独立而又互相作用的社会结构。为了维系这个社会结构的稳定性，以家庭为基础的农业经济被置于优先地位。家庭既是社会的基本单位，更是国家赋税和徭役的承担者，为了维护这种小农式自然经济的稳定，中央和各级地方政府对于经济活动进行了充分干预。这种对经济关系的行政干预，对古代民事主体制度、对商品经济发展产生了重要影响，经济关系行政化使民事关系的发展受到了极大限制。古代社会尽管存在着特有的人身关系、财产关系，但古代中国社会最主要的经济关系是建立在行政关系、行政管理基础之上的经济管理、经济统制关系。

首先，在行政统制的目标下，"钱粮兵谷"被视为各级政府的头等大事，经济行政统制制度严重束缚了商品经济的发展。秦汉以后确立了封建专制主义官僚体制，这种行政体制最重要的职能便是征收地税、丁口税和徭役。国家财政是建立在封建小农经济基础之上的，自然经济使封建庄园和一家一户家庭成为社会基本经济组织，"男耕女织"既能满足庄园和家庭生产单位和生活单位的需要，又能满足对国家的经济义务。因此无论对于家庭单位来说还是对国家各级地方政府来讲，交换关系都是无关紧要的。并且，为了维护小农经济秩序，地方政府对于交换关系总体上采取了歧视态度。在奉儒家思想为圭臬的官僚们眼中，"商人作为一个不稳定并且常常是云游四方的群体，其自身利益与整个社会的利益相冲突"④，重农抑商政策使商人一直处于很低下的地位，行政权总是在政治上"辱没"工商业者，在经济上运用政治力量"困顿"工商业，剥夺商人的政治权利。在以身份定权能的伦理等级制社会里，商人这一社会团体被排除于政治生活以外，尽管其通过经营可以获得利润、进行资本积累，但是各级行政权力通过经济政策上的"困商"，束缚、限制着工商业的自主发展。各级官府为了聚敛财富，限制农民经营有利可图的工商产业，而由官府直接经营。在历代行政机构中，官营工商机构都是重要的部门，担负着为官府聚敛财富的重要任务。自商鞅"壹山泽"⑤始，到明清两代，总的趋势是官营的范围逐渐扩大，自汉武帝时开

---

① （汉）班固：《二十五史·汉书·高帝纪第一下》，373 页，上海，上海书店、上海古籍书店，1986。

② 参见彭诚信：《"观念权利"在古代中国的缺失——从文化根源的比较视角论私权的产生基础》，载《环球法律评论》，2004 年秋季卷。

③ ［美］D. 布迪、C. 莫里斯：《中华帝国的法律》，朱勇译，梁治平校，176 页，南京，江苏人民出版社，1993。

④ ［美］D. 布迪、C. 莫里斯：《中华帝国的法律》，朱勇译，梁治平校，176 页，南京，江苏人民出版社，1993。

⑤ 《商君书·垦令第二》，载《诸子集成》（五），《商君书》，3 页，北京，中华书局，1954。

始的盐铁官营，到明清时的盐铁、酒茶、铜、铅、锡、硝、硫黄、烟草等等无不纳入官营范围。汉代，敢私铸铁器、煮盐者，不但器物要被没收，而且要受到钛左趾的刑罚；唐宋两代，私盐之罪皆以斤两定轻重；到元代时则是"不计斤两，一概徒二年"；明代更是"私盐一斤以下者亦拟徒没产"①，较元及以前各代规定加重。

在中国古代以小农经济为基础的封建社会，工商业是被认为与行政权力相对立的：第一，它在经济利益上与国家争夺"山海陂泽之利"②；第二，它在统治基础上与农业争夺劳动力，造成"民弃本逐末，耕者不能半，贫者虽赐之田，犹贱卖以贾"③ 的恶劣形势，从而威胁行政统治的政治经济基础；第三，商人容易"众邪群聚，私门成党"④，形成势力，影响中央对社会秩序、国家秩序的管理。为了打击工商业，各级政府都把经济管制作为其重要职能，限制商品的自由流通，延至明代以后甚至推行禁海政策，更是严重打击了对外贸易业，在根本上限制了民事律法所赖以生存的商品经济的发展。

其次，在行政与司法的关系上，中国在清末法制改革以前，一直保持着行政司法合一的传统，尤其是地方行政首长兼理诉讼，不存在行政司法分权的观念。中国古代的行政司法合一，在人事方面，是由行政首长兼任司法官，而不是由司法官兼理行政事务；在财政方面，司法并无专项拨款，全部费用均出自行政经费。所以，司法依附于行政。行政司法合一，行政长官承揽司法审判，司法权不断受到行政权的掣肘。行政权与司法权本应相互监督相互制约，但置于长官一身，只能自己监督自己，这体现为儒家的"内圣"思想，强调个人的自省和道德修养。

再次，在统治秩序的价值观念上，一切以统治秩序的稳定为最高价值观念还被渗透到包括纯私人事务的一切领域。传统中国是一个国家权力和观念高度发达的社会⑤，早在青铜时代这种情况就有了相当的发展，秦汉以后更行增大，专制主义中央集权日趋加强，家国一体，融家于国的情形可谓举世罕见。在这种异常发达的国家集权和国家观念之下，中国古代的法是以维护统治阶级的统治秩序为根本的。诚如学者所言：

> 在中国，最初促使法律产生和发展的，既不是宗教因素，也不是经济因素……当法律出现以后，它却既不维护传统的宗教价值，也不保护私有财产。它的基本任务是

---

① （清）沈家本撰，邓经元、骈宇骞点校：《历代刑法考·盐法考》，1307 页，北京，中华书局，1985。
② 张建业主编：《李贽文集（二卷）》（藏书上），337 页，北京，社会科学文献出版社，2000。
③ （汉）班固：《二十五史·汉书·贡禹传》，648 页，上海，上海书店、上海古籍书店，1986。
④ 《盐铁论·禁耕第五》，载《诸子集成》（七），《盐铁论》，6 页，北京，中华书局，1954。
⑤ 在解释为什么中国古代国家集权和国家观念如此发达时，有学者认为：中国古代的经济形式是一家一户的小农耕作、自给自足的农业经济，这种经济生活方式使得整个社会像是"一盘散沙"，因为在这种经济基础之下，血缘家庭和宗族具有强大的内聚力，这种力量本能地排斥外来权威，使得古代的百姓缺乏国家的观念。这可能历史地决定了：中国若要利用国家形式推动社会进步和增进共同福利，必须有比西方更强大的国家机构和集权权力，必须更经常、更强烈地向人们灌输国家观念。这导致了中国古代国家集权和国家观念（说古代中国有强烈、发达的国家观念，应仅就代表国家目标、力量和意愿的势力而言——如中央政府及其代表、官吏以及倾向于国家集权的政治家、思想家，不应包括普通民众。因为百姓最缺乏的正是国家观念，正是心目中有家而无国）的异常发达。（参见范忠信：《中西法文化的暗合与差异》，62 页，北京，中国政法大学出版社，2001。）

政治性的：对社会施以更加严格的政治控制。①

于是，私人事务与社会秩序和国家的政治控制联在了一起。② 正因为如此，有学者认为中国传统法律具有刑事化属性：

> 一个社会的国家权力和观念愈发达，其刑事立法也必然发达；如果一个社会的国家权力和观念发达到使个人独立存在的价值与利益变得无足轻重甚或基本丧失，国家代表或否定了个人（个人完全消融在国家之中），侵犯私人权益就是侵犯国家利益、破坏社会秩序，那么，这个社会的法律必然表现为刑法和刑法化。③

为什么说私人间民事侵权行为也构成了对统治者统治秩序的破坏呢？学者认为这就要从中国"家国同构"的伦理属性上去解释。

> 因为家之伦理亦是国家这架政治机器的黏合剂，是以家之逆子必为国之乱臣，是以移孝可以作忠，是以"齐家"可视为治国手段之一。所以，对家内成员间关系准则的侵犯（哪怕仅为民事的侵害），实在有可能使国之黏合剂分解。至于这个家族（庭）和那个家庭之间的民事关系，本来应该不受家内伦常之拘限，而直接用国家的民事法规去规范。但由于这些小家之间的关系被视为国这个大"家"里的"兄弟"关系，互相有民事侵害也被视为违背了"兄友弟恭"、"贵贱有序"之类伦常，故也有损于国家的根本原则，威胁国家的立国之本，所以也要以刑罚治之。④

也就是说，虽然从要素上来看，中国传统法律中确有关于民事、经济等方面的规定，但这些规定的目的并非是民事、经济的，而是维护统治秩序所需，所以：

> 立法者在制定律典时，只是意在申明国家禁令，而没有向老百姓宣明权利的意图。
>
> ⋯⋯⋯⋯⋯
>
> 中国传统法典中虽然有私法的内容，但这是就我们今天的观念来看的。实际上，在中国古代立法者看来，并没有什么公法私法划分。他们从来没有为民事活动制定仅以民事制裁为后盾的法律规范的主观自觉。即使他们制定出了许多纯粹的民事性的"例"，他们仍不过把这些例文当成刑事性律文的补充。一些例文中没有任何刑事性文字，不是因为他们自觉地与刑事性法律规范划清界限，也不是因为他们疏忽，不过是因为立法者认为刑事性规定已经在律条正文中规定了而已。⑤

另一方面，上述民事、经济等方面的规定本身在国家法律体系中所占的地位和数目也极其有限。有学者曾作过统计：

---

①　［美］D. 布迪、C. 莫里斯：《中华帝国的法律》，朱勇译，梁治平校，7 页，南京，江苏人民出版社，1995。

②　参见［美］王国斌：《转变的中国：历史变迁与欧洲经验的局限》，106 页，南京，江苏人民出版社，1998。

③　张中秋：《中西法律文化比较研究》，2 版，91 页，南京，南京大学出版社，1999。

④　范忠信：《中西法文化的暗合与差异》，63 页，北京，中国政法大学出版社，2001。

⑤　范忠信：《明清律结构及私法在其中的地位》，载《现代法学》，2000（4）。

《大清律例》律文 436 条，90％的条文均是对一般社会成员犯罪与刑罚的规定。有关维护封建伦理秩序的条文仅 40 条左右，包括涉及婚姻、继嗣、尊卑关系及亲属之间骂殴杀等方面，在数量上约占总条文 10％。[①]

民事内容在封建国法中所占的比例如此之小，不是由于传统中国民事纠纷少，而是因为大量的民事纠纷不必动用国法，所谓：

> 诸论诉婚姻、家财、田宅、债负，若不系违法重事，并听社长以理谕解，免使妨废农务，烦紊官司。[②]

由此可知，凡由封建国法处理的民事纠纷，都属于"违法重事"者，这类民事纠纷一经国法处理，其性质就完全转变为刑事案件，故才以刑法处断之。此外，所有非"违法重事"的民事纠纷，就被视为田宅细故，由民间自行处理，处理的方式主要是调解，调解的依据是风俗习惯和宗族法规。[③]

第二节
法律体系与传统民法

对于法律传统与传统法律文化的总体评价，学者们一般从法律精神和制度表征两个方面来把握，有学者认为中国传统法律文化的总体精神是单向"集体本位"，其宏观样式表现为"混合法"，即"有法者，以法行，无法者，以类（判例及法律意识）举"[④] 的成文法与判例法的统一。也有学者从中国法律文化的起源、内容、构成、精神等诸方面归纳为"引礼入法、礼法结合"，"恭行天理、执法原情"，"法则公平、权利等差"，"法自君出、权尊于法"，"家族本位、伦理法治"，"重刑轻民、律学独秀"，"以法治官、明职课责"，"纵向比较、因时定制"，"立法修律、比附判例"，"援法定罪、类推裁断"，"无讼是求，调处息争"，"诸法并存、民刑有分"等方面。[⑤] 中国传统法律文化是深深植根于中国古代小农经济的土壤之中并且受到中国传统政治文化、伦理文化等各种因素影响。作为传统法律文化有机组成部分的传统民法文化不唯受到中国传统文化的影响，更表现出传统法律文化的特点，传统民法文化最直接地反映了传统法律文化精神。因此，对传统民法文化的考察，除了看它的形成基础、它的存在空间（政治文化）外，更要看到与之共生共荣的法律文化对其的影响和联系。

---

① 朱勇：《清代宗族法研究》，139 页，长沙，湖南教育出版社，1987。
② 黄时鉴点校：《元代法律资料辑存》，18 页，杭州，浙江古籍出版社，1988。
③ 参见张中秋：《中西法律文化比较研究》，2 版，79 页，南京，南京大学出版社，1999。
④ 《荀子集解·大略篇第二十七》，载《诸子集成》（二），《荀子集解》，329 页，北京，中华书局，1954。
⑤ 参见张晋藩：《中国法律的传统与近代转型》，北京，法律出版社，1997。

一、从礼法法律传统看传统民法

中华文明源远流长，调整社会关系的制度规范即法律的起源也具有悠久历史。同样，调整民事关系的民事法律规范出现也很早，传说在神农氏时代就有"日中为市"的交易法，天下人民"交易而退，各得其所"①，这说明中国古代民法文化具有悠久的历史传统。中国古代法律文化作为世界古代法律文化的一个重要组成部分，具有非常鲜明的特点。中国古代民法文化作为中国古代法律文化的一个有机组成部分，既体现出传统中国法律文化的特点，同时，传统法律文化的总体模式和基本精神又深刻地影响着古代民法文化的特点。因此，要探讨中国传统民法的文化根基就不得不将传统民法放在传统法律文化的大背景下。

（一）传统法文化的起源与礼法文化

中国古代法律文化属于礼法文化，具有礼法交融、礼法并用的特点。中国礼法文化特点的形成与中国法律文化的起源有着密切关系。中国上古时期法律文化的起源实际上有两个路径：其一是刑起于兵；其二是法源于礼。原始社会末期，"国之大事，在祀与戎"②，原始宗教祭祀与战争成为中国传统法律发展的渊源。为了争夺领地和人民，统治者就必须驱使人民"向战"，在战争中为了有效地约束本族人民，开始打破原始社会人人平等的温情，"大刑用甲兵"③，出现了残酷的刑罚，刑罚逐渐体系化、定型化，成为传统刑律的起源。据史书记载，夏朝时期"夏有乱政，而作禹刑"，商朝时期"商有乱政，而作汤刑"，从夏商开始，开始使用刑罚规范进行国家统治，这种源于战争的刑罚规范，在夏商时期就开始定型化、体系化，逐渐形成了墨、劓、剕、宫、大辟等五刑制度。

> 夏后氏之王天下也，则五刑之属三千。④

根据犯罪危害程度的大小，将罪名与刑罚结合起来，这种立法体例与五刑体系实际上为后代所继承，并成为中国古代律法文化的渊源。

而礼的起源则是与宗教祭祀紧密地联系在一起的，"礼者，履也，所以事神致福也"⑤。礼是一种原始社会末期出现的宗教习俗，这种宗教习俗建立在血缘伦理的基础之上。夏代以后，礼仍然被继承下来：

> 殷因于夏礼，所损益，可知也。周因于殷礼，所损益，可知也。⑥

到了西周，周公制礼，以"亲亲、尊尊"为核心内容的礼具有"定亲疏，决嫌疑，别同异，明是非"，"经国家，定社稷，序民人，利后嗣"的制度功能，成为调整社会关系的综合性的规范形式。礼作为一种调整社会关系的综合性规范，在先秦时期起到了国家法律、社会道德等的综合作用。由于礼这种规范是建立在血缘伦理制度基础上的，贯彻着"亲亲

---

① 李甲孚：《中国法制史》，18 页，台北，联经出版事业公司，1988。

② （清）阮元：《十三经注疏》，《春秋左传正义·成公十三年》，1911 页，北京，中华书局，1980。

③ （汉）班固：《二十五史·汉书·刑法志》，473 页，上海，上海书店、上海古籍书店，1986。

④ （唐）房玄龄：《二十五史·晋书·刑法志》，1349～1350 页，上海，上海书店、上海古籍书店，1986。

⑤ （清）段玉裁：《说文解字段注》，3 页，成都，成都古籍书店，1990。

⑥ （清）阮元：《十三经注疏》，《论语注疏·为政》，2463 页，北京，中华书局，1980。

也，尊尊也，长长也，男女有别，此其不可得与民变革者也"① 这样的血缘伦理等级和社会等级的一般原则，因此，礼在先秦时期成为确定社会名分、调整社会关系、止纷息争的社会规范。礼的含义既包括为国家权力所承认、由国家确认和用国家强制力保障实施的礼制，也包括民间基于血缘伦理关系所形成的礼仪、习俗，还包括作为国家祭祀的仪式的礼俗、祭礼、仪制等，更多地具有宗教和道德色彩。

礼的这种特征实际上与当时的法文化不发达、制度不分化的历史条件紧密地联系在一起。这一时期，由于国家意识形态中充满着神权法思想，"刑不可知，则威不可测"② 的法律神秘主义甚器尘上，虽然在体系上，可能刑与法的体系存在着区分，但是到了西周时期，礼、法互相为用，"夫礼者，禁于将然之前；而法者，禁于已然之后"③，礼之所许，法所不禁；法之所禁，礼所不容，礼法互相表里。在这种法律文化模式中，虽然礼、法在体系上还是分别独立的，但是，这种礼刑交互为用的统治模式实际上为后代的礼法文化打下了基础。先秦时期的成文法《法经》后来为推行法治路线的秦王朝所继承，商鞅改法为律，汉承秦制，萧何制九章律，确立了中国国家基本法以律典为中心的法文化的外在特征。而礼在夏商周时期是一种综合性的规范形式，并成为当时的统治方式，礼治成为中国社会"政治早熟"的一个重要标志。礼治在春秋战国时期由于诸侯并起、战国纷争而"礼崩乐坏"，随着法治的兴起，秦时"一任法家"，礼治衰落。但是，秦代速亡给后代统治者以深刻教训，汉武帝时重新尊崇主张礼教的儒家思想为国家的正统思想，礼教开始在国家意识形态中抬头，礼义原则、精神与法律结合起来，封建律典经过魏晋南北朝的儒家化过程，到了唐代终于形成了"一准乎礼"的唐代法律文化模式，并形成了中华法律文明"礼法文化"的特点。

（二）礼法文化的内容

对于礼法文化的特点，把握的角度不同，包含的内容也就不同。从法律思想渊源的角度来看，主张法治的法家和主张礼治的儒家曾经先后成为正统意识形态理论，被尊奉为国策，成为国家的统治思想，直接影响了中国古代的立法、司法。因此，中国古代法律文化实际上既受到法家文化的影响，又是儒家正统法律思想指导下的产物。从法律形式来看，中国古代基本上是一个"以法治国"的国家，从李悝制定《法经》——中国历史上第一部成文法以来，中国古代历代的统治者都依靠具有确定性的法律规范、成文规定来治理国家、统治人民，并形成了层次化、体系性的成文法文化。因此，从国家制定法的表面来看，统治形式以"法"为主。

西周的礼治在春秋时期开始没落，自公元前 536 年郑国子产"铸刑书"之后，中国开始了公布成文法的运动。礼逐渐成为建立在血缘伦理基础上的道德伦理规范，更多地依靠社会舆论以及当事人的内心自省来发挥社会作用。特别是秦王朝时期，"事皆决于法"，万事"皆有法式"④，随着秦律的公布，礼与法的分野就愈加明显，主张礼治、德治、人治的

---

①　（清）阮元：《十三经注疏》，《礼记正义·大传》，1506 页，北京，中华书局，1980。

②　（清）阮元：《十三经注疏》，《春秋左传正义·昭公六年》，2044 页，北京，中华书局，1980。

③　（汉）班固：《二十五史·汉书·贾谊传》，576 页，上海，上海书店、上海古籍书店，1986。

④　（汉）司马迁：《二十五史·史记·秦始皇纪》，29～30 页，上海，上海书店、上海古籍书店，1986。

儒家学派和主张法治的法家学派也在学术上互相对立、互相批判。

但是，从汉代董仲舒"罢黜百家、独尊儒术"以后，儒法两家在政治上都主张建立大一统的专制主义中央集权国家，强调建立以皇权为中心的政治等级制度，同时由于法家强调的政治等级制与儒家强调的政治等级与血缘伦理等级相结合的等级制在理论上也具有共通的地方，所以，从先秦大儒荀子开始，儒家理论与法家理论就开始整合，并成为实际上的法治理论，因此，从这个角度上来讲，可以说："二千年之法，荀法也。"①

儒家理论与法家理论不仅仅在学术理论上互相整合，而且在国家意识形态上，汉代开始确立的正统法律思想实际上是以儒家学说为主、儒法合流的理论，并一直成为中国传统法律文化的指导思想。从汉代以后，儒家的"君为臣纲、父为子纲、夫为妻纲"的三纲思想开始与国家制定法实践有机地结合起来，掌握国家立法权并且"皆明经，通法律政事"②的儒生们用体现血缘伦理的纲常礼义来指导国家立法并按照儒家学说对立法进行解释。东汉以后，儒家注律相当普遍，史籍记载：

> 至后汉，马融、郑玄诸儒十有余家，律令章句，数十万言，定断罪所用者，合二万六千余条。③

通过这种方式，儒家的经义逐渐成为成文法的指导思想，有的儒家伦理规范还直接成为国家制定法。同时在司法中，汉代大儒董仲舒创造了儒家春秋决狱的方法，用儒家经典《春秋》等所包含着的微言大义来解释法律、指导法律实施，儒家的经义不仅仅直接通过立法对中国成文法文化进行了改造，而且通过司法将儒家的伦理规范贯彻到社会生活当中，在实践中确立了"为尊者讳"、"为亲者讳"，"父为子隐、子为父隐不为罪"的守法、司法原则，在成文法与礼义的关系上确立了法无明文规定者以礼为准绳、法与礼抵触者依礼处断的基本原则。

从魏晋以来，中国传统法律文化礼法结合的特征更加明显，在治国思想上，德主刑辅、礼法结合成为国家正统法律思想的核心内容；在法律实践中，法律的儒家化进程也不断推进。在法律上开始确立了一系列的伦理法原则。例如，晋代法律确立了"准五服以制罪"，也就是根据服制的远近、亲疏来确定犯罪的轻重。这一制度，从晋律确立以后，成为中国传统法律的基本内容。经过魏晋南北朝时期中国法律的儒家化发展，到了唐代，在继承前代礼法结合的法律文化成果的基础上，制定出了"一准乎礼"的唐律。无论是在结构体例上还是在内容上，唐律礼法结合臻于成熟和定型，成为中华法系的代表作，也集中体现了中国传统法律礼法结合的特点，自此，中国传统法律文化的礼法融合的特征达到了顶点。

首先，以唐律为代表的国家立法确立了"德礼为政教之本，刑罚为政教之用"④的礼法结合、礼刑并用的指导思想，礼是指导国家法律制定的基本原则。在三纲五常的儒家伦理指导下，唐律确立了"十恶"大罪的犯罪类型，血缘伦理的亲疏远近成为确认犯罪危害性大小和处加刑罚轻重的基准。

---

① 武树臣：《中国古代法律样式的理论诠释》，载《中国社会科学》，1997（1）。
② （汉）班固：《二十五史·汉书·郑弘传》，633页，上海，上海书店、上海古籍书店，1986。
③ （唐）李林甫等撰：《唐六典》，陈仲夫点校，181页，北京，中华书局，1992。
④ 刘俊文点校：《唐律疏议》，3页，北京，法律出版社，1999。

其次，传统礼教、礼典规范成为国家正式法律规范，并与律典的风格、结构有机地统一起来。传统礼教基于人伦血缘关系，非常重视子孙对长辈的尊崇关系，《礼记·内则》确立了子孙尽孝的标准：

> 孝子之养老也，乐其心，不违其志，乐其耳目，安其寝处，以其饮食忠养之。①

并且，《礼记·曲礼》还认为"父母存，不有私财"②。这些规定虽然没有国家强制力作为保障，但由于这些规定是从血缘伦理秩序中推导出来的行为规范，所以获得了极大的道德支持。唐律规定了不孝罪："诸祖父母、父母在，而子孙别籍、异财者，徒三年"③，"诸子孙违犯教令及供养有缺者，徒二年。"④ 可见作为礼法结合的一个重要内容，国家已经运用刑罚手段对于那些违反礼教规范的行为进行处罚。此外，像唐律《名例》中确立的"八议"原则，实际上也是渊源于《周礼·秋官·小司寇》中"八辟"规定，这种以礼入法的事例在唐律中随处可见，并且与其他成文法律规范互相协调，达到了有机的和谐统一。

最后，在司法中正式确立了"一准乎礼以为出入"的量刑原则，并且给予制度化。例如，唐律中规定，对于同样的加害行为，由于加害人与被害人之间血缘伦理关系不同，就要处以不同的刑罚。例如，唐律规定：

> 诸殴缌麻兄弟，杖一百。小功、大功，各递加一等。尊属者，又各加一等。伤重者，各递加凡斗伤一等；死者，斩。
>
> 诸殴兄姊者，徒二年半，伤者，徒三年……伯叔父母、姑、外祖父母，各加一等。
>
> 诸詈祖父母、父母者，绞；殴者，斩。⑤

在实际司法过程中，虽然定罪量刑的基本依据还是国家制定法，但是在古代断案中也经常出现以礼折狱、以礼断案的事例。

礼法结合之所以能够实现融合，就在于礼的等差性实质上与中国古代法的特权性是一致的，古代法律文化"礼法互补，以礼为主导，以法为准绳；以礼为内涵，以法为外貌；以礼移民心于隐微，以法彰善恶于明显；以礼夸张恤民的仁政，以法渲染治世的公平；以礼行法减少推行法律的阻力，以法明礼使礼具有凛人的权威；以礼入法，使法律道德化，法由止恶而兼劝善；以法附礼，使道德法律化，出礼而入于刑。"⑥ 礼法文化的特点具有丰富的内容，形成了中国传统法律文化的不同侧面，它对于传统民法文化的形成具有相辅相成的关系。

（三）礼法精神与传统民法

东京大学名誉教授滋贺秀三在比较中西法文化的差异时曾经说过：

> 综观世界历史，可以说欧洲的法文化本身是极具有独特性的。而与此相对，持有

---

① （清）阮元：《十三经注疏》，《礼记正义·内则》，1467页，北京，中华书局，1980。
② （清）阮元：《十三经注疏》，《礼记正义·曲礼上第一》，1234页，北京，中华书局，1980。
③ 刘俊文点校：《唐律疏议》，257页，北京，法律出版社，1999。
④ 刘俊文点校：《唐律疏议》，472页，北京，法律出版社，1999。
⑤ 刘俊文点校：《唐律疏议》，444～446页，北京，法律出版社，1999。
⑥ 张晋藩：《中国法律的传统与近代转型》，34页，北京，法律出版社，1997。

完全不同且最有对极性的法文化的历史社会似乎就是中国了。这一点大概已为大多数人所肯定。在欧洲，主要是以私法作为法的基底和根干；在中国，虽然拥有从古代就相当发达的文明的漫长历史，却始终没有从自己的传统中生长出私法的体系来。中国所谓的法，一方面就是刑法，另一方面则是官僚制统治机构的组织法，由行政的执行规则以及针对违反规则行为的罚则所构成。①

中国传统社会虽然存在着民事关系、民事法律关系以及民事法律规范，但是，中国传统法律文化中毕竟没有产生系统化的民法体系，中国传统法律文化中民法不发达也是一个事实。

首先，民法不发达的原因是中国传统的小农社会没有产生发达的民事关系，也就是说，经济关系决定着中国传统法律文化的基本特点。小农经济长期以来对人们思想和社会影响，使得中国古代的私法文化一直没有能够发达起来。

其次，中国传统礼法文化与中国古代民法文化的形成和发展也有着密切关系。传统礼法文化影响着中国传统的民法秩序、民事法律关系在法律关系中的地位等。礼法文化排斥了以民法为基础的私法文化，主要原因是礼法文化的特点使古代民法文化具有浓厚的道德色彩。礼法文化的一个重要特点在于礼与法是互相贯通的，出乎礼则入于刑，刑的意义是刑法；礼是确定社会名分、调整社会关系，止纷息争的社会规范。礼的含义既包括为国家权力所承认、由国家确认和用国家强制力保障实施的礼制，也包括民间基于血缘伦理关系所形成的礼仪、习俗，还包括作为国家祭祀仪式的礼俗、祭礼、仪制等，这更多地具有宗教和道德色彩。更主要的是国家制定法贯穿着古代礼教伦理的等级原则，礼法交融已经到了不可分割的地步。

二、从中国传统民法的渊源上来看

（一）礼与中国传统民法的渊源

中国礼法文化的特点与中国传统法律的形式有着密切联系，礼法文化的特征与中国传统民事法律的存在方式或者说传统民事法律的鉴别问题联系在一起。理解礼法文化的特点也与中国古代是否存在民事法律的问题联系在一起。中国古代是否存在民事法，传统成文法是否属于古代民商事法律，最主要的是考察它所调整的对象是否是一定范围内的财产和人身关系以及调整手段和方法。同时，中国法律在不同的历史时期的表现形式是不同的，因此，中国传统法律的形式也有不同的表现形式。从中国古代法律文化的外在形式来看，主要是以国家制定法为主的成文法，同时承认判例、儒家经义以及民间习惯的法律效力。

礼是由原始社会末期的习俗转化而来的。因此，礼所调整的内容主要是人伦社会关系、家庭社会状态。从中国历史发展过程来看，各个时期礼在国家统治中的作用是完全不同的。先秦时期，礼是一种综合性的规范体系，并且是经国家、定社稷的重要方式，特别是经过周公制礼，形成了周代三礼——《周礼》、《仪礼》、《礼记》，礼成为无所不包的规范体系：

---

① ［日］滋贺秀三：《中国法文化的考察》，载《比较法研究》，1988（3）。

礼义以为纪，以正君臣，以笃父子，以睦兄弟，以和夫妇，以设制度。①

周礼形成了中国历史上的礼治时期。春秋战国以后，礼崩乐坏，礼治遭到了严重的破坏，秦法家"一任于法"，焚书坑儒，礼治的政治统治路线被法治主义所取代，中国法文化的主要渊源成为成文律法。秦汉以后，随着儒家理论开始抬头，儒家所倡导的礼义理论也开始改造律令法典，礼义又开始复兴。但是，礼义的复兴并没有完全取代法典，而只是通过法律儒家化的方式来改造律典。到了唐代，律典一准乎礼，实现了儒法合流。在法律儒家化的过程中，礼义一直是作为法典的影子和精神在起作用，但是礼义并没有取代法律的作用而成为礼治。有学者认为，礼在中国历史上的作用可以分为前期的礼治和后期的礼教两个阶段。在前期的礼治阶段中，礼是一种道德和法律规范的综合体，是行为规范的主要形式，并形成了礼治体系。这一阶段中，主要以刑护礼，靠教化来弘扬礼，因此这一时期，礼治体系就是典章制度的代名词。礼教阶段存在于秦汉以后的历代王朝。汉王朝吸取秦王朝迅速灭亡的教训，开始恢复儒家的中庸理论。这时的国家意识形态强调儒家独尊，开始用儒家理论改造律法。但是，礼义作为一种规范体系和伦理原则，仍只是存在于道德领域和被改造后的法律领域。此时的律法与礼义存在明显界限，故礼在国家统治中仍只是起到了一种礼教作用。

在礼治时期，礼治体系按照其实施的方式不同，可以分为两大类：第一类是依靠刑罚而实施的各项具体而明确的制度与规范，其中也包括法律制度；第二类是依靠教化而实施的风俗习惯与伦理道德，这一部分可以称之为礼教。礼治的部分又可以划分为设范立制的典章制度以及与奴隶制五刑相结合的刑书、刑制。我们认为，除了礼治时期那些明确与刑罚相结合的固定化的礼制规范以外，凡是通过"正其行"的方式来达到维护"亲亲、尊尊"的统治秩序、人身关系和财产关系的行为规范的礼都可以看作是古代的民事法律规范。由于中国古代的规范体系尚未分化和系统化，保障规范实施的手段也是复合的。在礼治实施过程中，既有"天命"、"天罚"这样的神权方法，也有社会舆论的谴责和嘲笑这样的道德方式，例如，儒家要求"不待父母之命媒妁之言、钻穴隙相窥、逾墙相从，则父母国人皆贱之"②。由于礼治确立了婚姻的成立要以父母之命、媒妁之言为前提条件，社会舆论的监督成了保障这一礼治规范实施的强有力手段。先秦礼治所调整的最主要社会关系就是"亲亲尊尊"的宗法等级制，由于家庭血缘伦理关系成为政治分封的基础和根据，所以，先秦时期礼治所调整的最主要的民事关系就是家庭血缘伦理和财产关系。《礼记》规定"男帅女，女从男。夫妇之义，从此始也。妇人从人者也，幼从父母、嫁从丈夫、夫死从子"③。礼治确立了家庭关系中父权家长制和嫡长子继承制，因此可以说，这一时期的礼成为重要的民事法律渊源。

秦汉以后，国家制定法取代了不公开的礼制，律典成为主要法律渊源，礼义的伦理原则通过改造律典的方式而发挥作用。也就是礼是作为一种道德说教在社会中起作用，是礼教时期。虽然这时在规范体系上，律典与礼义开始分化，礼义更多地表现出其道德属性和

① （清）阮元：《十三经注疏》，《礼记正义·礼运第九》，1414 页，北京，中华书局，1980。
② （清）阮元：《十三经注疏》，《孟子注疏·滕文公章句下》，2711 页，北京，中华书局，1980。
③ （清）阮元：《十三经注疏》，《礼记正义·郊特牲》，1456 页，北京，中华书局，1980。

伦理色彩，但是，在礼教时期，许多礼仍然是一种重要的民事法律渊源。由于国家律典是"一准乎礼"，所以，礼义原则成了国家基本法律的指导原则，国家律典的重要任务就是保护礼义所确立的社会关系、社会秩序。因此，礼义实际上确立了国家基本的法律秩序，当然也包括民事法律秩序，例如，唐律所确定的"父母在，不别籍、异财"的法律秩序就是根据礼义原则确立下来的，而这实际是调整家庭内部的人身和财产关系的法律规范。其次，国家法律承认礼义在家族、家庭内部的规范效力，并且赋予家长、族长以实施教化的权力，这时的礼义规范实际上成为家庭和家族中的"民事法典"。再次，在法律实施过程中，礼义原则往往成为法官判断民事权利、义务归属的依据，从这一个角度来说，礼义就是直接的民事法律规范。

因此，在中国传统法律文化中，礼是一种重要的民事法律渊源：

> 礼作为民法的渊源，一方面表明了我国古代民事规则的广阔性，另一方面又表明了我国古代民事规则的局限性。它广阔至无所不包，又狭窄至"列职责、序尊卑"，限于人身方面的某些关系。但无论从哪方面看，礼都是我国古代民法的一个重要来源。[①]

（二）国家制定法与古代民法渊源

所谓制定法就是国家制定、颁布的具有宣明性的规范体系。从中国古代法律文化的外在形式来看，主要是以国家制定法为主的成文法，同时承认判例、儒家经义、礼义以及民间习惯的法律效力。

中国制定国家律典与成文法运动的兴起和发展有重要的关系。公元前536年子产铸刑书，首开中国法律史上公布成文法的先河。战国时期李悝"造法经六篇"[②]，中国正式开始编纂成文法典。特别是秦王朝确立了法家学派在意识形态领域的主导地位，采取了"一任于法"、"皆有法式"的法治路线，法律、法典成为国家统治的必备之具。秦设范立制，"明法度，定律令，皆以始皇起"[③]。汉承秦制，在秦律的基础上又制定了《九章律》。汉律以后，"历代之律，皆以汉九章为宗，至唐始集其成"[④]。这正如有的学者所说的那样："中国的法典，在组织和内容上，从战国时起，经过秦、汉、魏、晋、南北朝，一千多年，一直演变，到了唐朝永徽律，遂成了典型。"[⑤] 中国传统的律典经过魏晋南北朝时期法律的儒家化过程，终于形成了中国传统律典的典范——唐律。唐代以后的各个朝代，基本上沿用唐代律典而加以损益，直至清朝末年修律为止。中国法律史上以规定了刑罚内容的成文律典为国家基本法典，律典是维护封建统治关系的最后屏障，是国家的基本法律。律典是成文法文化最主要的法律渊源。

除了律典以外，中国古代成文法律形式还包括令、格、式等法律形式，并且在作用和功能上，律典与令、格、式等法律形式各有区别：

---

① 李志敏：《中国古代民法》，5页，北京，法律出版社，1988。
② 刘俊文点校：《唐律疏议》，2页，北京，法律出版社，1999。
③ （汉）司马迁：《二十五史·史记·李斯传》，286页，上海，上海书店、上海古籍书店，1986。
④ 《明史·刑法一》，载《历代刑法志》，509页，北京，群众出版社，1988。
⑤ ［日］桑原骘藏：《支那法制史论丛》，89页，日本，岩波书店，1968。

　　凡律以正刑定罪，令以设范立制，格以禁违止邪，式以轨物程事。①

　　令者，尊卑贵贱之等数，国家之制度也；格者，百官有司之所常行之事也；式者，其所常守之法也。凡邦国之政，必从事于此三者。其有所违及人之为恶而入于罪戾者，一断以律。②

　　由于律典是国家的基本法，而律典主要又是以刑罚规范为主，以五刑制度来保证律文的实施，所以，有人认为中国古代法律是以刑为主。但是，制定法的这种特点并不能否定中国古代民事法律关系和调整民事法律关系的民事规范的存在。因此，要研究中国古代民事法律，就不能单从法律形式本身来探讨民事法律。

　　看中国古代一个具体的法律规范是否属于古代民商事法律范畴，我们认为主要的或说第一位的，是考察它所调整的对象是否是财产和人身关系；其次是考察它所采取的调整手段。这里问题的关键或说可能引起争议的焦点，一般不在认定法律规范所调整的对象的民事性质，而在于如何看待这些法律规范所采取的调整手段。

　　从秦代改法为律开始，一些调整民事关系的规范就开始载入律典之中，《秦简》中涉及私有财产权、国有财产、买卖、婚姻家庭关系、民事责任能力的律文也很多，到了北齐时期改户律为户婚律，及至唐代律典 12 篇，除了规定刑事断案程序的捕亡、断狱两篇律文以外，其他都涉及民事关系，特别是《杂律》，大部分条款都是关于民事关系的民事规范，实际上成为古代民事法的专篇。这种立法状况一方面反映了古代民事关系的发展，另一方面也说明古代民事法律规范的发达。

　　中国古代成文法发展过程表现出两个倾向：一方面，国家的法律构成和法律结构自秦汉以来到唐代达到成熟，此后一直相沿不变，表现出保守性的一面；另一方面，具有稳定性的基本法典受到具有不稳定性的例、敕的冲击，又表现出变革性的特点。在国家制定法体系中，虽然出现了制定法形式的分化——令、格、式等规范行政关系的法律形式的出现以及《唐六典》、《会典》、《则例》的制定和颁布——出现了古代行政法法典化的倾向，但是律典仍然一直是包含调整各种社会关系的规范，在明清律典中，除作为总则的名例律之外，其余六律均以吏律居首，也说明了古代法律体系中以刑典涵盖诸法的体例。③ 中国民事法律的鉴别必须建立在传统中国法典编撰的这种特点之上。对于中国传统民事法律渊源的鉴别不仅要看法典编撰体例，更应该看到中国古代存在的法律关系。中国古代法律关系的产生是建立在传统社会的社会关系基础之上的，具有自己的特点和发展特征。法典编撰体例中以刑典涵盖诸法的体例并不能否认传统社会中民事法律关系的存在，不能否认在律典中存在调整人身关系和财产关系的民事法律规范。唐律的内容实际上涵盖了中国古代田宅、婚姻家庭、买卖、债负、损害等民事法律关系的基本内容，因此，在律典中应该看到这种规定民事法律关系的法律规范也是中国传统民法的重要渊源。

　　此外，中国传统制定法在发展过程中，并非没有出现专门调整民事关系的单独法律。宋代以后，随着宋朝商品经济的发展和土地自由买卖的兴起，也出现了一些单独的民事制

---

①　（唐）李林甫等撰，陈仲夫点校：《唐六典》，185 页，北京，中华书局，1992。

②　《新唐书·刑法志》，载《历代刑法志》，307 页，北京，群众出版社，1988。

③　参见张晋藩：《中国法律的传统与近代转型》，305 页，北京，法律出版社，1997。

定法，一些不稳定的国家制定法，如诏敕实际上开始成为调整民事关系的单行法。由于中国传统社会后期不稳定的法律形式在实际社会生活中的效力往往高于稳定性法律规范，所以，这些民事单行法实际上成为当时社会中的"活法"。因此，这些民事单行法也是中国传统法律的重要渊源。

中国古代法典的编纂，一般没有对法律调整对象作严格区分，而是将民事法律和刑事法律混合在一起，在法典上表现为民刑不分的外在形式。从历代法典编纂来看，中国历来重视用刑罚作为最后调整手段，因此，自战国李悝编纂《法经》起，到秦律、汉律、唐律、明律、清律，历代王朝都非常重视刑事法律规范的编纂，刑事法律规范占据了法典的最主要部分。梅因认为"中国古代只有刑法，没有民法"，中国也有学者干脆认为"中国固有法文化传统具有重刑轻民的特征。在这种文化条件下，民法或者被吸收为刑法，或者充当和事老的角色"，"总的来说，固有民法也是极不发达的，它缺乏明确的权利规定；在制裁不法行为时，借用了刑法的现成手段。作为一个体系，或作为一个部门，它根本就不存在"[①]。其实，重刑轻民并不表明民法规范以及民法部门的不存在，尽管中国古代长期施行"重农抑商"的政策抑制了商品经济的发展，但是，对于自然经济下的权利确认，在"买贱鬻贵"的商业经济过程中形成的交换关系以及宗法制下的人身关系、财产关系都需要有一定的规范形式来调整，中国古代的民法秩序是建构在一定规范之上的。正如有学者指出那样："中国古代民法具有鲜明的特点，它既不像罗马法那样形成了体系严密的独立法典，也不像普通法那样依赖判例和习惯……中国古代没有形式上的民法典，但却有实质上的民法条文"[②]。对于这些规范的认识和区分，是与各固有法的法律结构和法律规范的调整手段密切联系在一起的。

1. 混合规范的分化与民法规范的鉴别

考察中国法律规范形式必须从礼的规范入手。"礼"起源于原始社会的宗教祭祀习俗，它既是氏族社会的规范、习惯的积累，同时又是国家的——越来越多的习俗被赋予国家的强制力。它调整的对象广泛，涉及宗教、伦理、道德、财产、人身等诸方面。当礼与刑罚手段结合的时候，它就变成了刑事规范。不同社会发展阶段，不同历史条件，法律规范调整的内容是不一样的，调整的手段也不同。中国古代社会是以家国集体本位为特征的伦理型社会文化，"三纲"、"五常"是构筑社会最重要、最根本的秩序基础，因此，涉及"君臣、父子、夫妇"的人身和财产等级关系，或者是构成支撑"仁"、"义"、"礼"、"智"、"信"的社会伦理观念的社会关系，必然要以国家的强制来保证。因此，以刑罚手段来维护财产所有制和人伦秩序便成为客观需要。当一定的正面规范逐渐紧密、固定地同刑罚手段结合在一起的时候，它就变成了刑法规范了。因此，中国古代刑法规范的形成是礼的正面规范与刑罚手段固定化的过程，中国法典化的内容是以刑罚为中心构架法典体系的。

正是在礼的规范和刑罚不断系统化的基础上，经过古人科学的归纳和分类，形成了中国古代法典化法文化，自"夏有乱政，而作禹刑。商有乱政，而作汤刑。周有乱政，而作

---

① 陈晓枫主编：《中国法律文化研究》，379 页，郑州，河南人民出版社，1993。

② 怀效锋：《中国古代民法未能法典化的原因》，载杨振山、[意] 斯奇巴尼：《罗马法中国法与民法法典化》，北京，中国政法大学出版社，1995。

九刑"①，及至《尚书·吕刑》，中国法典的道路是从刑罚的体系化开始的。《周礼·秋官·司刑》说："夏刑，大辟二百，膑辟三百，宫辟五百，劓、墨各千"。墨刑、劓刑、膑刑、宫刑、大辟刑成为奴隶制时代最古老的五种刑罚。《尚书·吕刑》也是根据刑名定罪制，不仅规定了"五刑"而且明确规定了赎刑罚金等级，将赎刑制度化。及至春秋战国时期，李悝"撰次诸国法，著《法经》"，制定了中国历史上第一部成文法，并且法律内容的编排是根据刑罚打击的重点来统领全篇，"以为王者之政，莫急于盗贼，故其律始于《盗》、《贼》。盗贼须劾捕，故著《网》、《捕》二篇。其轻狡、越城、博戏、借假、不廉、淫侈、逾制，以为《杂律》一篇，又以《具律》具其加减。是故所著六篇而已，然皆罪名之制也"。《法经》的编纂在中国古代立法史上是一个分水岭，首先在法典内容上确立了"王者之政莫急于盗贼"的指导思想，首列《盗律》、《贼律》两篇，以维护当时的财产秩序为第一要务；其次，《法经》六篇皆为"罪名之制"改变了"以刑统罪"的旧传统，转而以罪统刑。以上两端为后世法典所承继，成为秦汉以后法典的滥觞。如《晋书·刑法志》所云："商君受之以相秦。汉承秦制，萧何定律，除参夷连坐之罪，增部主见知之条，益事律《兴》、《厩》、《户》三篇，合为九篇。"②

　　经过魏、晋、南北朝时期法典的规范化、体系化，无论是法典的内容还是法典的形式都为隋唐法典体系化奠定了基础。因此，中国传统法律文化有其独特的法学思维，在制定法典时总是将国家社会关系最重要的内容抽象为刑律规范。中国古代法中包含有今天法律部门的刑法、民法、经济法、行政法的内容就毫不奇怪了。以中华法律的代表《唐律疏议》为例：名例律为其首篇，规定了十恶大罪、刑罚种类、统率法典的指导思想等等；卫禁律规定了确保皇室安全，城镇拱卫、官府要塞等场所安全的内容；职制律颇似现代国家行政法律内容，规定了国家机构编制、官吏选拔、职责、考核等内容；户婚律规定了土地、户籍、赋役、婚姻家庭方面的内容，是带有经济法律、民事法律、行政法律的内容；厩库律规定了公、私畜饲养和管理及官府公仓、府库管理的法律内容；擅兴律是关于军事和工程兴造方面的法律规定，类似今天的行政法律和经济法律；贼盗律规定了对侵犯皇权、政权、人身以及财产的内容，因"王者之政莫急于盗贼"，因此对盗贼一类的行为给予严厉惩罚，这一部分法律规定的量刑也最重，与今天的刑事规定也相吻合；斗讼律规定了对斗殴杀人、伤人、殴打官长和尊长、诬告、亲亲相告等行为的处罚规定；诈伪律是对伪造印信、符墨、官私文书、诈取财物等行为的法律规定；杂律的内容包括买卖、借贷、市场管理、伪造货币、赌博、纵决堤和犯奸等方面的内容，这其中既包含现代法律部门划分意义上的民事法律，也包括刑事法律，更有经济法律的内容；捕亡律以及断狱律是关于逮捕逃亡和处罚逃亡的以及审判定罪、法官责任的法律规定，颇似于今天的程序法。从唐律的规定来看，以刑罚作制裁手段的法律规定占据了最主要的内容，从这一角度来说，从李悝的《法经》到清代的《大清律例》为代表的中华法典以刑事法为主是不争的事实。但如果据此来否定中国历史上的民事法律则失之偏颇。

　　2. 民法规范的再认识——律法中所规定的是急务

　　从传统民事法律的调整内容问题上加以区分，古代律法规定的是国家的"急务"，既然

---

① （清）阮元：《十三经注疏》，《春秋左传正义·郊特牲》，2044 页，北京，中华书局，1980。
② 《晋书·刑法志》，载《历代刑法志》，46 页，北京，群众出版社，1988。

是急务，就需要有最严厉的保障方法，而刑罚手段无疑是最严厉的制裁方式，可以维护国家最重要的统治秩序，因而在律典中与刑罚制裁相伴的规定也是最多的，但急务也并非都是与刑事制裁相伴，刑事制裁只是最后的保障手段，它保障的是正面性的规范秩序。从刑罚的背后，同样可以看到关于人身关系财产关系的民事秩序。如《唐律疏议》规定：

> 诸犯义绝者离之，违者，徒一年。若夫妻不相安谐而和离者，不坐；即妻妾擅去者，徒二年；因而改嫁者，加二等。[①]

这条法律条文的前半部分规定了离婚的充分条件——"义绝"，犯"义绝"则必须离婚，如果不离婚则要对当事人处以"徒一年"的处罚。若"夫妻不相安谐"而"和离"则为法律所允许，在这里，"夫妻不相安谐"实际上构成了"离婚"的必要条件。因此，这一条文实际上是规定离婚必要条件的民事规范与对违反规范规定的行为进行处罚的刑事规范的复合性规范，但是它所表现的却是刑罚性的特征。

中国古代重血缘伦理的身份等级制，给古代中国的人身、财产关系打上了深深的人伦等级烙印；强化以皇权为中心的中央集权制使民事关系带有国家至上、皇权优先的特征。在血缘伦理等级制和国家至上的文化背景下，家长权和皇权必然存在千丝万缕的联系，皇权承认家长权的相对独立性，以维护家族内的伦理秩序，因此，在家长权盛行的家族，礼教规范、族规、家法发挥着调整家庭内人身、财产关系的作用；以皇权为表征的国家权力只是以国家强力做后盾，对家庭内的民事秩序给予最后的确认和保护。因此，对民事法律关系的调整，国家法典和以家长权为中心的礼教、族规的角度不一，作用也就不同。中国古代特有法中，礼是一种重要的民事法律规范形式。在古代礼法不分的时期，"礼"是最重要的民法渊源，所谓"纷争辩讼，非礼不决"[②]。在礼法有分、成文法至上的时期，礼也是正面规定财产权、人身权的最主要规范，礼确立了最基本的民事秩序。以国家法律来调整中国古代民事法律是自春秋晋国赵宣子的"常法"开始[③]，《春秋左传·文公六年》载：

> 宣子于是乎始为国政，制事典，正法罪，辟刑狱，董逋逃，由质要，本秩礼，续常职，出滞淹。既成，以授大傅阳子与大师贾佗，使行诸晋国，以为常法。[④]

"质"为质剂；"要"为要合，用质剂就是使用契约。且"事典"、"法罪"都可能涉及民事内容。我国古代民事入法是自赵宣子"常法"开始的。战国时期李悝制《法经》涉及许多对财产关系的调整内容。秦改法为律，对用律法调整民事关系进行固定，从《睡虎地秦墓竹简》所载的田律、厩苑律、仓律、金布律、徭律、工律、关市律等内容来看，涉及了私有权、国有财产、质权、侵权、婚姻家庭关系等方面。秦律以后，自汉律、曹魏律、晋律、北齐律，直至隋唐律，虽然法典"以刑事法典的面目出现，实际上为一个综合性的法规总汇。其中涉及民事者，为我国古代民法最为完备的一个渊源。唐律在田宅、婚姻、买卖、债负、损害等方面有许多富有创造性的规定，标志着我国古代民法在唐代已经形成

---

① 刘俊文点校：《唐律疏议》，292 页，北京，法律出版社，1999。

② （清）阮元：《十三经注疏》，《礼记正义·曲礼上第一》，1231 页，北京，中华书局，1980。

③ 参见李志敏：《中国古代民法》，5 页，北京，法律出版社，1988。

④ （清）阮元：《十三经注疏》，《春秋左传正义·文公六年》，1843 页，北京，中华书局，1980。

自己的体系"①。唐代以后的律法，以唐律为范本，但在反映民事法律关系的内容上却多有变化，特别是明律在体例上将原置于杂律的钱债、买卖等民事流转关系的内容置于户律之下，且各自独立成篇；在内容上，有关婚姻、买卖的条文也更加详尽，这说明随着明代商品货币关系的发展，需要对民事法律关系进行更深和更广的调整。

中国古代民事法律规范形式除了律以外，还有令、格、式、程、例等。"令，教也，命也。"② 令这一法律形式起源于汉代，"若追寻唐令内容的渊源，则可上溯到先秦"③。在古代令文中，很多是有关行政设置、行政管理的内容，涉及祭祀、贡赋、职官、关市、逃亡奴婢、军制、刑具等内容，但其中有许多内容是"干涉士卒百姓私生活的公法性规定"④。史书有明确记载的令文自汉代始，先后有汉令、魏令、晋令、宋令、齐令、梁令、北魏令、北齐令、北周令、隋令、唐令以及唐后的宋令、元令、明令等。⑤ 与令相同，格、式也是以皇帝名义颁行的制定法，格是国家机关各部门及百官日常办事的细则，也是皇帝有关诏令的删辑，式是国家机关的公文程式和行政活动的细则，按照现代法律部门的划分，都属于公法的性质，但是在中国古代社会，国家法律除了承认家族自治体内的相对自治以外，对于事关国家秩序的百姓私生活，给予更多的干涉，因此，从法律形式来看，国家公法干涉私法领域；以皇权名义颁行的制定法凌驾于由礼教规范形成的私法是中国古代调整民事法律关系的法律结构形式上的特点。

关于民事和民事法律的内涵与外延，如果严格按照今天的法律部门意义来看待中国古代法律传统，人们往往会陷入一种似是而非的矛盾境地。这有两个原因：其一，今天的法律概念、法律术语与法律部门并不是固有法的产物，而是西学东渐的舶来品；其二，各个国家有其历史和传统，如果不是从历史背景的宏观角度出发，不注意历史发展的延续性，就往往会忽略固有法所特有的法律现象。考查中国民事法律，既要从法律规范出发，更要从法规范形式背后挖掘其所隐藏的民事秩序、财产关系、人身关系，以及对民事关系的确认、保护方法。

中国古代民法具有鲜明的特点，它既不像罗马法那样形成了体系严密的独立的法典，也不像普通法那样依赖判例和习惯……中国古代没有形式上的民法典，但却有实质上的民法条文。⑥

（三）民间习惯法与古代民法渊源

中国自古以来就是一个多民族的、幅员辽阔的、政治经济发展不平衡的大国，各地区、各民族、各行业之间都流行着各自的习惯，这些习惯与国家制定法共同构成了多样性的民事法律渊源，供司法官在判决民事纠纷时选用。有法律者依法律，无法律者依习惯。但所选用的习惯不得与制定法的原则、精神相违背。中国古代虽然没有制定出一部

① 李志敏：《中国古代民法》，6页，北京，法律出版社，1988。

② （唐）李林甫等撰，陈仲夫点校：《唐六典》，184页，北京，中华书局，1992。

③ ［日］仁井田升：《唐令拾遗》，栗劲、霍存福、王占通、郭延德编译，839页，长春，长春出版社，1989。

④ ［日］仁井田升：《唐令拾遗》，栗劲、霍存福、王占通、郭延德编译，806页，长春，长春出版社，1989。

⑤ 参见（唐）李林甫等撰，陈仲夫点校：《唐六典》，184页，北京，中华书局，1992。

⑥ 怀效锋：《中国古代民法未能法典化的原因》，载《现代法学》，1995（1）。

集中的民法典，但民事法律关系都有效地调整，是和国家法与习惯法的互补互用分不开的。

　　民间习惯法这种在中国的传统法律制度和文化中积累起来的行为规范、行为模式和法律观，长期以来一直是人们在社会生活中调整社会关系、解决社会纠纷的首选模式。这种"民间法律规范"在特定的法律定义上而言，不是一种法律，但是却无法否认它对整个社会，特别是经济领域、日常生活领域的现实影响。在中国文化之根的传统乡土社会，国家政权的力量只能延伸到县一级，县以下的传统乡村只靠习惯法与伦理来协调，国家很少干预。

　　在传统乡土社会里，从整体上，讲民众是在疏离和削弱国家法，国家法萎缩，民间法显得活跃与兴盛。对中国乡土社会而言，一个沉重的传统包袱就是国家法或王法显得相对萎缩，或者说国家法没有得到充分的发育，没有走进人心，贴近社会；相反，民众对国家法之外的所谓习惯、民俗、伦理、道德等民间法更感兴趣，更有所偏好和青睐。如勒内·达维德所说：

　　　　中国人解决争端首先必须考虑"情"，其次是"礼"，最后是"理"，只有最后才诉诸法。

　　　　中国人一般是在不用法的情况下生活的。[1]

　　韦伯也认为，在中国传统社会中，法律与宗教、伦理规范和风俗习惯等含混不分，道德劝诫和法律命令没有被形式化地界定清楚，因而导致了一种特殊类型的非形式法律，即中国传统法律是一种"实质的伦理法"。在现实社会中，许多人依然偏好用习惯、民俗、土政策、土办法等所谓的"习惯法"或"民间法"来解决问题，之所以如此，是由国家法自身的缺陷和供给不足、路径不畅、成本太大、预期不明等客观因素造成的，人们总是感叹法律不起作用，国家法还停留在纸上，远没有亲近民众、走入民心。国家法只是整个法律秩序中的一个部分，在国家法之外、之下，还有各种各样其他类型的法律，它们不但填补了国家法遗留的空隙，甚至构成国家法的基础。人们一旦有逾越行为，就会受到来自族长为代表的宗族势力和来自乡村社会共同体的谴责、蔑视和惩戒。其方式有的是加以贬抑，使其名望下降，在乡邻中抬不起头；有的是加以制裁，使其利益受到损失，如重罚和多出劳役等严厉惩戒，有的还可以处死。这些人情、礼俗、宗法、习惯，或有明文规定，或是约定俗成的民间法律。对此，梁治平先生认为：

　　　　它们不但填补国家法遗留的空隙，甚至构成国家法的基础。当然，也正因为其非官方性，这部分法律往往与国家法不尽一致，乃至互相抵牾，但这并不妨碍他们成为一个社会法律秩序中真实和重要的一部分，甚至，它们是较国家法更真实而且在某些方面也更重要的那一部分。[2]

　　以至于今天的民事行为模式中，经济纠纷中的非法拘禁，人们多数以私了的方式加以解决；婚姻关系的确立，多数农村的传统风俗习惯是以是否举行仪式作为婚姻关系是否确

---

　　① ［法］勒内·达维德：《当代主要法律体系》，486～487页，上海，上海译文出版社，1984。

　　② 梁治平：《清代习惯法：社会和国家》，35页，北京，中国政法大学出版社，1996。

立的要件，至于是否经过法律上的婚姻登记则无关紧要。人们习惯于用多年来形成的普适客观规则解决自己的问题，这就是"民间习惯法"。执行这种"民间习惯法"可能违反了正式的国家制定法，但是却得到了社会成员的普遍认可，使它在一定范围内具有某种合法性。而且在相当长的一段时间内它不会被人们放弃，会适时地存在下去，除非能找到某种功能上的替代物，它是人们生活中不可或缺的一部分。

三、从"狱"、"讼"相分的特点来看传统民法

从规范的层面上来讲，"我国旧法，并无纯粹诉讼法，大率采取制裁法规的形式。另有'令'为教令法，规定行政、司法的准则"①。从观念的层次来讲，中国古代法文化中并未产生纯粹的刑事、民事诉讼法的观念，但却有"讼"和"狱"的区分，在家国一体的集体本位下，家族构成了民事秩序自治体，家长权在解决民事纠纷中扮演着重要的角色，国家法律的基础在于对家族民事秩序的确认、巩固、保护，为了使家庭自治体内的个人行为同家族伦理秩序相一致，公法经常干预私人事务、私人生活。

《周礼·周官·大司寇》郑玄注：

> 讼，谓以财货相告者。
> 狱，谓相告以罪名者。②

以此观之，古代以"讼"、"狱"为相别的概念："讼是民案，狱及刑案"③。这种区分对于中国古代诉讼体制形成及含义具有重要意义。在地方上出现了民事诉讼、刑事诉讼的区分，但民事诉讼仍居于从属地位。《唐六典》载：

> 户曹、司户参军掌户籍、计帐、道路、逆旅、田畴、六畜、过所、蠲符之事，而剖断人之诉竞。凡男女婚姻之合，必辩其族姓，以举其违。凡井田利害之宜，必止其争讼，以从其顺。
>
> 法曹、司法参军，掌律、令、格、式，鞫狱定刑，督捕盗贼，纠逖奸非之事，以究其情伪，而制其文法。赦从重而罚从轻，使人知所避而迁善远罪。④

所谓"剖断人之诉竞"，就是指裁决因个人权利或纠纷而发生的民事纠纷。所谓"鞫狱定刑"就是指审判刑事罪案，根据律文来定罪判刑。两宋时期，对于民事纠纷的案件，县衙有完整的管辖权，对有关田宅、婚姻、债务之类的案件具有决定权。如果当事人认为县衙"断事不当"可以向州（府、军、监）提起上诉；如果当事人对州官的裁决仍然不服，可进而向监司提起上诉，由监司送邻州委官审理；如当事人对该审理结果仍然不服，可以向户部提起上诉，户部是民事诉讼的终审机关，户部尚书、侍郎的职责是："若事属本曹，郡县监司不能直者，受其讼焉。"⑤

---

① 戴炎辉：《中国法制史》，136 页，台北，三民书局，1966。
② （清）阮元：《十三经注疏》，《周礼注疏·秋官·司寇第五·郑玄注》，870 页，北京，中华书局，1980。
③ 戴炎辉：《中国法制史》，137 页，台北，三民书局，1966。
④ （唐）李林甫等撰，陈仲夫点校：《唐六典》，749 页，北京，中华书局，1992。
⑤ （汉）司马迁：《二十五史·宋史·职官志》，5668~5669 页，上海，上海书店、上海古籍书店，1986。

宋代，地方上出现了专门处理民事纠纷的司法官吏，中央也有处理民事上诉案件的专门机构，户部左曹就分为户口、农田、检法三案，负责全国"田务券债之理直民讼"，主要处理"民间立户分财"，"典卖屋业、陈告户绝、索取妻男"，"田讼务限"等讼。① 可见，中国古代民事诉讼的受案范围，绝少涉及人身关系的内容，只有对涉及国家对土地、财产、赋役等管理分配过程中发生的权益纠纷，州府才会给予充分关注。这种诉讼机制的建立也是同法典结构、法律观念联系在一起的。中国传统文化视个人权利为细务，主张"忍让"为体，为了维护家族内的共同秩序，提倡"无讼"。同时，中国古代法律结构采取一种调解—处罚的二极模式，其结果是民事调解的方式与刑事处罚直接相通。《名公书判清明集》卷十"叔侄争业令稟听学职教诲"判词云：

> "听讼，吾犹人也，必也，使无讼乎！"当职德薄望浅，不足以宣明德化，表率士风，而使乖争陵犯之习于吾党，有愧于古人多矣！否则威之，挞以记之，正惧有所不容但已者，而诸友乃能举责善之谊，以启其良心，使其叔侄之情不远而复，岂非区区所望于学校之士者与？示周德成叔侄，仰即日稟听明朋友教诲，遂为叔侄如初。若或不悛，则玉汝于成者，将不得不从事于教刑矣！②

如果教化得成，二人和解，那么伦理秩序就得以恢复，也可以"宣明德化，表率士风"；如果不成，那么"若或不悛，则玉汝于成者，将不得不从事于教刑矣"。将民事诉争以"教刑"相要挟，由"和解"劝告到"不得不从事于教刑"又是何其快也。

民事诉讼功能上的附属地位导源于中国古代法律依附于行政治政需要。古代地方官既是执掌纲常伦理教义的宣传者，又是维护地方秩序的责任者，行政司法一体化的政治体制，使法的目标服务、服从于治政的目的。在这种体制下，解决诉讼的目的并非是确认个人权利、义务，而是为了维护行政管理上的秩序。在制度上，民事诉讼制度不发达；在功能上，表现为民事诉讼的目的是服务于行政管理需要；在解决方式上，重视"和解"和以刑事处罚作为民事纠纷解决的最终方式。

四、从民事纠纷解决首倡"调处"来看传统民法

中国传统文化重视等级和谐性，法文化上的"无讼"的价值取向正是这种文化的表征。"听讼，吾犹人也，必也使无讼乎。"③ 在以儒家思想为指导的中国古代社会，"无讼"成为执政者的理想，息讼成为施政的重要手段，为了达到"无讼"的目的，调处成为解决民事纠纷的重要方式。

由于中国传统社会的民事关系、民事活动一般都局限于亲友、乡邻之间，所以，要解决在民事活动中出现的各种各样的纠纷，在血缘伦理关系基础上形成的家长、族长所主持的调解就具有重要的作用。家长、族长进行调解时所要做的首要工作就是阐明礼义伦理原则，使民事纠纷的当事人能够依照礼义所确立的权利义务关系来反省彼此的作为。如果通

---

① 参见（汉）司马迁：《二十五史·宋史·职官志》，5669页，上海，上海书店、上海古籍书店，1986。
② 中国社会科学院历史研究所宋辽金元史研究室点校：《名公书判清明集》，391页，北京，中华书局，1987。
③ （清）阮元：《十三经注疏》，《论语注疏·颜渊第十二》，2504页，北京，中华书局，1980。

过礼义伦理的说教使民事纠纷的当事人内心反省,那么,纠纷就会迎刃而解,使民对利的追求、对于利益的争夺化为彼此互敬互利的契机,这时的礼义说教就起到了化干戈为玉帛的作用。在中国古代社会,民间的大多数民事纠纷都是通过这种方式得以解决的。如果在民间由家长或者族长所主持的礼义说教不能解决当事人之间的纠纷而将争讼提交到官府的话,官府解决问题的第一个步骤首先也是力图以天理、人情、礼义来使当事人息讼,如果通过官府主持的调解仍然不能使当事人之间的纠纷得到解决,那么,兼任地方官的法官审理案件的首要标准仍然是礼义、伦理的原则,其次,便是对于地方的治政所产生的影响,再次才是当事人之间的财产权、债权的归属。当然,在这些审断民事纠纷的依据中,彼此之间是互相重合的,但是,礼义、礼制、伦理无疑是包含在一切依据中最首要标准。史载:有兄弟二人,本一父所生,弟过继给叔为嗣,并要"兄承父业、弟受叔产"。但是父叔死后,兄将叔产卖与他人,争讼于县衙。县官王某在审案时首先以儒家的义利观对该兄训斥一番:"况叔产不腴于父,弟财更减于兄,重义轻利,何必乃尔",并判决将盗卖所得交与其弟,并以"盗卖律拟取供"①。可见,在古代法官的观念中,只要辨明了伦理关系、义利关系,那么财产关系就不言自明了:

> 即使权益不明,在义利面前也是小利一桩,无伤社会秩序。②

同时由于中国古代社会是家国自治体构成的二元结构,个人权利依附于家族,个人权利服从于国家权力,所以民间发生的民事纠纷的解决可以分为家族内由家长主持解决和在官府内由国家官吏解决两种方式。无论以何种方式解决民事纠纷,为达到"无讼"、"和谐"的目的,"调处"都成为首选,也是最重要的民事纠纷解决方式。"调处的主持者,包括地方州县官、基层小吏和家族之长"③,即一些地方自治体中的有一定权威的人物。根据调处的主体不同,可以分为诉讼内的调处和诉讼外的调处。诉讼内的调处是指由地方官主持的调处,尽管征之于正式的法律,调处并非中国古代诉讼必需的程序,但是官府调处在诉讼中非常流行,特别是自宋以后一直盛行不衰。只有调处不成,才对簿公堂,剖明曲直。官府在进行调处时,常常施之以伦理纲常式的道德说教以达到教化民众的目的。"争地界"傅良诉沈百二争议案中载:

> 事既到官,惟以道理处断,引监沈百二拆除新篱,只依干照界至,归还地段,庶可息争。然所争之地不过数尺,邻里之间贵乎和睦,若沈百二仍欲借赁,在傅良亦当以睦邻为念。却仰明立文约,小心情告,取无词状申。再不循理,照条施行。④

在这一案件中,官府经过调查,已查明沈百二理亏,但是为了达到使傅良与沈百二睦邻友好的目的,官府并未采取直接强制沈百二拆除新篱的措施,而是先行调处,以收教化、

① 《折狱明珠》刑幕秘本,转引自俞荣根:《儒家义利观与中国传统民法文化》,载陈鹏生、反町胜夫主编:《儒家义利观与市场经济》,上海,上海社会科学院出版社,1996。

② 俞荣根:《儒家义利观与中国传统民法文化》,载陈鹏生、反町胜夫主编:《儒家义利观与市场经济》,上海,上海社会科学院出版社,1996。

③ 张晋藩:《中国法律的传统与近代转型》,283 页,北京,法律出版社,1997。

④ 中国社会科学院历史研究所宋辽金元史研究室点校:《名公书判清明集》,199 页,北京,中华书局,1987。

维护礼义之效。从此案可以看出，官府的调处并非是"和稀泥"式的拉郎配，而是从维护礼义教化的角度出发，在申明情理的前提下进行调处，并且调处不成往往伴之以强制力的威胁，即"再不循理，照条施行。"但是，由于调处的首要目标在于淳化风俗，在"无诉"的价值目标的导引下，是否做到"讼清狱结"是地方官为政的重要标准。为了减少诉讼，地方官往往依职权处分当事人的权利，强制当事人进行和解，诉讼内的调解并非建立在双方当事人完全自愿的基础之上。所以在当事人出具的息讼"甘结"、"和议状"、"无争状"中，往往要申明"依奉结得"、"遵命和息"等等保证。

除了由官府主持的"调处"外，民间调处，即"私和"在解决民事纠纷中也发挥着积极的作用。由于民事争讼涉及的往往是田土户婚等"细故"之事，如能在当事人之间自行解决，既能达到"永睦合好"的目的，又能减少诉讼成本。所以，只要不危及国家秩序，古代官方放任甚至鼓励民间"私和"。史载，嘉靖年间（1522—1567）订立的乡甲约规定应和事件有九：（1）婚姻不明；（2）土地不明；（3）骂詈斗殴；（4）牲畜食践田禾；（5）放债三年以上，本利交还不与者；（6）钱到取赎房地力不能回者；（7）买卖货物不公，亏损人者；（8）田界不明者；（9）收留走失人口牲畜，具令各还本主者。

由于中国古代以家族以本位，在地方自治中，族长具有极大的权威，民间调处具有适应性强，避免争讼公开化、扩大化的特点，并且民间调处没有差役的勒索，又不误农事，因此得到广泛的适用。国家法律对于民间调处也往往采取放任的态度。

> 如卑幼诉分产不平，固当以法断，亦须先谕尊长，自行从公均分。①

《元典章》规定：

> 凡告婚姻、地土、家财、债负外不违法者，若已拦告，所在官司不许轻易再接诉状归问，如违，从廉访司照刷究治。
>
> ············
>
> 今后凡告婚姻、地土、家财、债负，如原告被论人等自愿告拦休和者，准告之后，再兴讼端，照勘得别无违错事理，不许受状。②

告拦，即自愿和解撤诉，如果民间争讼经过告拦，元代法律禁止再行受理，以免妄生词讼。明代户部教民榜文规定："民间户婚、田土、斗殴，相争一切小事，不许轻便告官，务要经本管里甲老人理断。若不经由者，不问虚实，务将告人杖断六十，仍发里甲老人理断。"③

清代康熙朝修订之《圣谕十六条》也明确规定了"和乡党以息争讼"，都说明了中国古代对于民事纠纷民间调处解决的法律化。

在中国古代司法与行政合一的体制与"家国一体"二元社会结构的复合作用下，官府的诉讼内调处与以家长权为主导的民间调处在解决民事纠纷中扮演着重要的角色。这样的解决纠纷的模式是建立在中国古代"无讼"的理想和重人伦和谐秩序的理念之上，在这样

---

① 中国社会科学院历史研究所宋辽金元史研究室点校：《名公书判清明集》，10 页，北京，中华书局，1987。
② 《元典章》，34 页，北京，中国书店，1990。
③ 张晋藩：《中国法律的传统与近代转型》，289 页，北京，法律出版社，1997。

的模式下，个人权利要求往往被置于行政权主导和家长权至上的轨道上来，无论是官府主持的诉讼内调解还是民间自发的和解，对民事权利的确认、界定都要服从服务于维护纲常、伦理秩序的目标。又加上古代司法制度的弊端，为避免官人的勒索和因诉讼而更费时间、耽误农时，民事诉讼的当事人在解决纠纷时，往往也乐意选择"免使荒废农务，烦扰官司"① 的调处方式，从而形成了中国古代特有的民事调解法文化特色。

---

① 《新元史·刑法志》，载《历代刑法志》，491页，北京，群众出版社，1988。

第二编
传统民事法律形态分述

第四章

家族——国与家的中间形态

第一节
家与族

一、家与家庭

（一）家

家，按照《新华字典》、《现代汉语词典》的解释，其意义第一是家庭、人家；第二是家庭的住所；第三是指经营某种行业或有某种身份的人家；第四是掌握某种专门学识或有丰富实践经验以及从事某种专门活动的人；第五是学术流派；第六是指相对各方中的一方。无论它的词义范围有多少，意义有多广泛，但最基本的却不外乎两个方面的含义，一是指一个处所，如回家、家居、在家等；二是指某一类型或一定范围的人，如家父、农家、法家等等。

从字源上讲，"家"的历史也颇为悠久。《说文解字》释曰："家，居也，从宀，豭省声"①。对于"宀"，《说文解字》早已归其为象形构字，段玉裁解释：

> 古者屋四注东西与南北，皆交覆也。有堂有室，是为深屋。②

《说文解字》认为"家"是"豭省声"，"豭"是表"家"之读音。段玉裁认为：

> 此字为一大疑案。"豭"省声读"家"，学者但见从豕而已。从豕之字多矣，安见其为"豭"省耶？何以不云"叚"声，而迂回至此耶？窃谓此篆本义，乃豕之居也。引申假借，以为人之。字义之转移本如此。牢，牛之居也。引申为所以拘罪之陛牢。庸有异乎？豢豕之生子最多，故人居处。借用其字，久而忘其字之本义，使引申之义得

---

① （清）段玉裁：《说文解字段注》，2版，358页，成都，成都古籍书店，1990。

② （清）段玉裁：《说文解字段注》，2版，357页，成都，成都古籍书店，1990。

冒据之。盖自古而然。①

换一句话说，段玉裁认为：家并非是形声字，而根据许慎的"六书"造字法，应是假借造字，借豭豕之处来指人居之所。

朱勇对"家"定义为：

> 家是封建社会构成的基本单元。一方面，它是宗法血缘关系中的基本亲属团体。另一方面，它又是社会生活中男耕女织、自给自足的生产经营和生活消费基本单位。以同一现世祖为中心，所有子孙与其同居共财，共同生产，共同生活，这就是家的基本含义。②

对于家的范围，费孝通认为：家庭在西洋是一种界限分明的团体，家庭包括他和他的妻子及未成年的孩子。而在中国，家的范围是因时因地可伸缩的，大到数不清，天下可成一家。他用了团体格局与差序格局来解释这一现象。他认为：中国社会的团体格局好像把一块石头丢在水面上产生的一圈圈推出去的波纹。每个人都有一个基于生育和婚姻所形成的状似一圈圈推出去的波纹的网络。由于处于中心的那个人的势力厚薄是不相同的，因此个体在某一时间某一地点所动用的圈子是不相同的。由于中国传统社会结构中的这种差序格局具有伸缩能力。这样，就出现了家的范围差异很大的情况：

> 在乡下，家庭可以很小，而一到有钱的地主和官僚阶层，可以大到像个小国。③

（二）居

家者，居也。"居，处也。处，止也"④。居，"从尸，古声"⑤，是个形声字，古为声旁，而"尸"则是形旁，表明其字的意义。"尸，陈也。象卧之形。凡尸之属皆从尸。"⑥"尸"之最为现代人熟悉的是尸体，但在古代，在古汉语中，"尸"与表示尸体之"屍"并非一字。尸，是代表死者受祭的活人，其意义最为现代人熟悉的是成语"尸位素餐"中的"尸"的含义。《说文解字》曰："尸，陈也，象卧之形。"清段玉裁注曰：

> 祭祀之尸，本象神而陈之，而祭者因主之。二义实相因而生也。故许但言陈。至于在床曰"屍"，其字从尸从死，别为一字，而经籍多借尸为之。⑦

无论如何，"居"的构字方式表明它和祭祀有着密切的关系。

（三）宅与室

家为人居之所，但并非所有人居之所均称之为家，汉语中表达"人居之所"意义的还有许多词，典型的当数宅。"宅"，许慎释为"人所托居也。从宀，乇声。"段玉裁注曰：

---

① （清）段玉裁：《说文解字段注》，2版，358页，成都，成都古籍书店，1990。
② 朱勇：《清代宗族法研究》，43页，长沙，湖南教育出版社，1987。
③ 费孝通：《乡土中国 生育制度》，27页，北京，北京大学出版社，1998。
④ （清）段玉裁：《说文解字段注》，2版，358页，成都，成都古籍书店，1990。
⑤ （清）段玉裁：《说文解字段注》，2版，424页，成都，成都古籍书店，1990。
⑥ （清）段玉裁：《说文解字段注》，2版，423页，成都，成都古籍书店，1990。
⑦ （清）段玉裁：《说文解字段注》，2版，423页，成都，成都古籍书店，1990。

托者，寄也。人部亦曰："任，寄也。"引申之，凡物所安皆曰宅。宅、托又叠韵。《释名》曰："宅，择也。择，拣吉处而营之。"①

这里，宅的意义仅限于所居之地。与现代汉语里的住所、房子等意义相差无几。

室，《说文解字》曰："室，实也。从宀，至声。室屋皆从至，所止也。"段玉裁认为：

> 以叠韵为训。古者，前堂后室。《释名》曰："室，实也。人物实满其中也。"引申之，则凡所居皆曰"室"。《释宫》曰："宫谓之室，室谓之宫"是也。②

这里，室所代表的就是房屋。段玉裁认为，室与屋的意义是一致的，其差别就在于构字方式的不同：

> 室屋者，人所至而止也。说从至之意。室兼形声，屋主会意。③

因此，就其基本意义来讲，"宅"、"室"以及屋等，均指的"家"之第一个意义，即人所居住的处所。

现代汉语中，"家室"、"皇室"等词中的"室"有妻子及家族的意义，而"会计室"、"办公室"、"档案室"等中的"室"是机关团体内的工作单位，它们都是"室"的引申意义。这种引申意义在先秦的典籍中就已经可以找到相应的佐证了。先秦的典籍中，室主要指妻室，"先秦血缘家庭是由'室'构成的"④。例如，《左传·桓公十八年》就说："女有家，男有室。无相渎也。"唐孔颖达解释说：

> 家者，内外之大名。户内曰室。但男子一家之主，职主内外，故曰家。妇人主闺内之事，故为室也。⑤

从这里可以看出，室在一家之内，是家的一个内部单位。套用现代民法理论，室没有独立民事能力。

(四) 庭

与家联系最为密切的词，当为"庭"。许慎释："庭，宫中也。从广，廷声。"故庭为一个形声字，"广"是其形旁。所谓广者，许慎解释为：

> 因厂为屋也，从厂，象对剌高屋之形。凡广之属，皆从广，读若俨然之俨。⑥

段玉裁对此作了解释：

> 厂者，山石之崖岩。因之为屋，是曰广。⑦

需要注意的是，许慎此处所用的"宫中"并非是诸葛亮《出师表》的"宫中府中，俱

---

① （清）段玉裁：《说文解字段注》，2版，358页，成都，成都古籍书店，1990。
② （清）段玉裁：《说文解字段注》，2版，358页，成都，成都古籍书店，1990。
③ （清）段玉裁：《说文解字段注》，2版，358页，成都，成都古籍书店，1990。
④ 赵沛：《两汉宗族研究》，67页，济南，山东大学出版社，2002。
⑤ （清）阮元：《十三经注疏》，1759页，北京，中华书局，1980。
⑥ （清）段玉裁：《说文解字段注》，2版，468页，成都，成都古籍书店，1990。
⑦ （清）段玉裁：《说文解字段注》，2版，468页，成都，成都古籍书店，1990。

为一体"所特指皇宫,而是指"宫之中",即房屋之中,因为许慎释"宫"为"室也"。

> 宫言其外之围绕。室言其内。析言则殊,统言不别也。①

段玉裁对"宫中"亦有专门解释:

> 下文曰中庭,则此当曰中宫,俗倒之耳。中宫,宫之中。如《诗》之"中林",林中也。又部曰:"廷,中朝也"。朝不屋,故不从广。宫者,室也。室之中曰"庭"。《诗》曰:"殖殖其庭";曰"子有庭内";曰"洒扫庭内"。《檀弓》:"孔子哭子路于中庭。"注曰:"寝中庭也。"②

发展至今,庭的字义仍基本保持不变,指正房前的院子,并扩展成为厅堂等意义。我们可以将"庭"与"家"的位置作一对比。家,古人已经指出其位置:

> 《释宫》:"牖户之间谓之扆,其内谓之家。"引申之,天子诸侯曰国,大夫曰家。③

牖,指窗。户,单扇门。扆,一种画有斧形的屏风。"凡室,户东牖西。户牖之间,是曰扆。"④ 这样,从位置上讲,由"家"到"庭"是向外的一种延伸。仅仅从位置上看,家为后,庭为前,家为内,庭为外。

(五) 家庭

家庭,《辞海》给出了一个具有普遍意义的概念:

> 家庭,由婚姻、血缘或收养而产生的亲属间的共同生活组织。有广、狭两义。狭义指一夫一妻制个体家庭(单偶家庭)。广义泛指群婚制出现后的各种家庭形式,包括血缘家庭、亚血缘家庭(普那路亚家庭)、对偶家庭与一夫一妻制个体家庭。当代主要在狭义上使用。家庭与婚姻有密切联系,婚姻是家庭产生的前提,家庭是缔结婚姻的结果。家庭的性质、职能、形式、结构以及与它相联系的道德观念,都随着生产方式的变革而不同。在社会主义制度下,家庭关系以夫妻在家庭中地位平等,夫妻有互爱互敬、互相帮助,互相抚养与养老育幼的义务为显著特点。⑤

与"家"、"庭"比较,"家庭"作为一个有自己独特意义的词较晚,而且"家庭"最初也仅仅是作为"处所"的意义在使用,并非前述的今日之家庭的概念。《后汉书》载:郑均少好黄老书,曾力劝其哥哥廉洁为吏:

> 均好义笃实,养寡嫂孤儿,恩礼敦至。常称疾家庭,不应州郡辟召。⑥

这里的"家庭",作为一个处所的意义非常明显,而并非一个具有自己独特含义的词语。到南北朝时期,家庭开始作为独立的词语出现,如唐高祖命欧阳询等辑的《艺文类聚》

---

① (清)段玉裁:《说文解字段注》,2版,363页,成都,成都古籍书店,1990。
② (清)段玉裁:《说文解字段注》,2版,469页,成都,成都古籍书店,1990。
③ (清)段玉裁:《说文解字段注》,2版,358页,成都,成都古籍书店,1990。
④ (清)段玉裁:《说文解字段注》,2版,621页,成都,成都古籍书店,1990。
⑤ 《辞海》,1236页,上海,上海辞书出版社,2000。
⑥ (南朝宋)范晔:《二十五史·后汉书·郑均传》,888页,上海,上海书店、上海古籍书店,1986。

所选的南朝梁王僧孺《詹事徐府君集序》则有"故以事显家庭，声著同族"语。这里，家庭与"同族"对应，不再仅仅是处所的意义，而有了现代意义上的"家庭"一词的含义。

（六）户与房

汉语中，还有一些词与家和家庭有关。其中较为重要的有户、房等。

> 户，护也，半门曰户。象形。凡户之属皆从户。[1]

户的本义指单开的门，"一扇为户，两扇为门"[2]。《诗经·小雅·斯干》有"筑室百堵，西南其户"[3]。引申开去，户有了住户的意义，成为家庭的计量单位，一家谓之一户，这在《周易》中即有记载：

> 不克讼，归而逋其邑。人三百户，无眚。[4]

这一含义也成为"户"的最广泛意义，它在法律上的意义也特别重要，至今仍在发挥着重要作用，如著名的户籍制度。中国很早就有按户登记居民的制度，如《周礼·天官·宫伯》即有"宫伯掌王官之士庶子，凡在版者"。汉代郑玄注曰："版，名籍也。以版为之，今时乡户籍谓之户版。"[5]《管子·禁藏》中首先使用"户籍"一词："户籍田结者，所以知贫富之不訾也。"[6]秦代有了按户进行的人口登记制度。刘邦率军攻入秦的都城咸阳后，其部下纷纷抢占装有金银财物的地方，唯独萧何去收集秦丞相与御史府的律令与图书。萧何的远见卓识为刘邦建立汉朝立下了大功。项羽一把火烧了咸阳后，史载：

> 汉王所以具知天下厄塞、户口多少、强弱之处、民所疾苦者，以何具得秦图书也。[7]

所谓户口者，"计家曰户，计人曰口"[8]。正因为户口管理有如此巨大的作用，萧何在制定汉《九章律》时，就在李悝以来的盗、贼、囚、捕、杂、具六篇的基础上，增加了厩、兴、户三篇。户律是关于户籍、赋役及其他民事关系的法律，它后来又和婚姻等方面的法律规定结合在一起，成为历代法典中非常重要的一部分。主管户口、财赋等方面事务的行政部门——户部也成为历代重要的机关之一。可以说，家是户的核心，户是家的法律表现形式，著名的《唐律疏议》中，提及"户"的有三百余处，而"家"则罕见，在法制史上，"户"的意义远较"家"重要。

房，在现代汉语中首先指住人或放东西的建筑物，其次指房间，第三指家族的一支。从构字上讲，房为形声构字，"室，在旁也。从户，方声"[9]。按照古代的房屋结构，正中为

---

① （清）段玉裁：《说文解字段注》，2 版，620 页，成都，成都古籍书店，1990。
② 《辞源》（修订本）（二），1197 页，北京，商务印书馆，1980。
③ （清）阮元：《十三经注疏》，436 页，北京，中华书局，1980。
④ （清）阮元：《十三经注疏》，1196 页，北京，中华书局，1980。
⑤ （清）阮元：《十三经注疏》，658 页，北京，中华书局，1980。
⑥ （清）阮元：《十三经注疏》，621 页，北京，中华书局，1980。
⑦ （汉）司马迁：《二十五史·史记·萧相国列传》，234 页，上海，上海书店、上海古籍书店，1986。
⑧ 《辞源》（修订本）（二），1197 页，北京，商务印书馆，1980。
⑨ （清）段玉裁：《说文解字段注》，2 版，621 页，成都，成都古籍书店，1990。

正室，左右为房，即所谓东房西房。由此产生了古代婚姻关系上的所谓"正室"、"偏室"与"偏房"的区分。正室，一指正妻、嫡妻。晋虞聪《前妻被掠没贼后得还后妻之子为服议》即有：

汉时黄司农为蜀郡太守，得所失妇，便为正室，使后妇下之。①

正室的第二个含义是正妻之子，即嫡子，与庶子相对。《礼记·文王世子》即有"正室守太庙"②，正室即适子，即正妻所生的儿子。与正室相对应的是"偏房"与"侧室"。偏房，指妾。汉代刘向的《烈女传》二《赵衰妻颂》即有"不妒偏房"句。侧室，本指旁侧的房间，它也有指代妾的意思。唐颜师古注《汉书·南粤王传》"朕，高皇帝侧室之子"时认为"（侧室之子）乃非正嫡所生也"③。据《汉书·文帝纪》载：孝文皇帝是汉高祖中子，其母薄姬是刘邦的一个妾。可见，用侧室指代妾已经有很久的历史。而究其原因，则与妾所居住的房间多居于正室之侧有关。

房作为家族的一支，成为家族的分支单位，这在著名社会学家费孝通的著作中多次提及。他说：

我们的所谓大"家庭"，虽则没有和满人一般很多单位家庭挤在一个炕上，但是有一点是相似的，就是成年的儿子并不一定离开他们的父母，甚至结了婚，连同妻子都跟他们父母同住在一处。若是像西洋现代的风俗一般，儿女结了婚就搬出老家，则家庭之成为一区位上的单位团体就比较显著。若是结了婚的儿女依旧跟父母一同住，则这个空间的集团就会在时间里扩大起来，至其极会有五世同堂等大家庭出现了。在苏州就有个明代传下来的大宅子，里面住着近百个同族的子孙，可是这个亲属团体在区位上一房一房的分得清清楚楚，每个家庭还是自成一个单位。④

二、族与家族

（一）族

族，溯其本源，族本为箭头，相当于今天之"镞"义，《说文解字》说：

---

① （唐）杜佑：《通典》（全一册），486页，杭州，浙江古籍出版社，1988。
② （清）阮元：《十三经注疏》，1408页，北京，中华书局，1980。
③ （东汉）班固：《二十五史·前汉书·南粤王传》，720页，上海，上海书店、上海古籍出版社，1986。清代桂馥认为：唐代颜师古的注释是错误的（参见（清）桂馥：《晚学集（五）·书汉书南粤王传后》，133页，北京，中华书局，1985）。汉初并没有以侧室来指称妾，侧室之子指的是支子，即除嫡长子及继承先祖的儿子为宗子外，其余的儿子都称之为支子，即不但包括妾的儿子，而且包括正妻除长子以外的儿子。《左传·文公十二年》载有"赵有侧室曰穿，晋君之婿也"。晋代杜氏作注时认为："侧室，支子。穿，赵夙庶孙。"这里，侧室之子指的是支子，即除嫡长子及继承先祖的儿子之外的儿子。唐孔颖达疏解曰：注：侧室至庶孙。正义曰：文王世子云："若有出疆之政，庶子守公宫。正室守大庙。"郑玄云："正室适子也。"正室是适子，知侧室是知子，言在适子之侧也。《世族谱》："穿，赵夙之孙"，则是赵盾从父昆弟之子也。盾为正室，故谓穿为侧室（参见（清）阮元：《十三经注疏》，1851页，北京，中华书局，1980）。
④ 费孝通：《乡土中国 生育制度》，178页，北京，北京大学出版社，1998。

族，矢锋也，束之族族也。从㫃从矢。㫃，所目标众。众，矢之所集。①

段玉裁注释道：

此说从㫃之意。㫃所以标众者，亦谓旌旗所以属人耳目。旌旗所在，而矢咸在焉。众之意也。

所谓众之意者，众者，多也。所以族乃聚集之义也。②

发展到现代，"族"在现代汉语里的语义主要有以下几个方面：（1）聚居而有血统关系的人群统称，如家族、宗族；（2）民族、种族；（3）事物有某种共同属性的一大类，如语族、芳香族、氮族等；（4）封建时代的一种残酷刑法，杀死犯罪者的整个家族，甚至其母亲及妻子的家族。概括起来，其基本的意义乃是聚集、集中之义。

（二）家族

家族，《辞源》释为"同姓的亲属"③。《管子·小匡》：

公修公族，家修家族。使相连以事，相及以禄。④

当代，《辞海》对家族的解释是：

以婚姻和血缘关系组成的社会单位。在原始群的性杂交时期，尚未产生家族。尔后有血缘家庭（族）。随母权制氏族公社的形成，乃有母系大家族，即男子居住女方，世系依母系计（群婚时代知母而不知父）。至父权制氏族公社时代，则出现了父系大家族，即女子居住男方，世系依父系计。随着原始公社制度逐渐解体，父系大家族逐渐分裂为若干个体家庭。中国古代曾长期存留父系大家族制或父家长制。⑤

三、宗与宗族

（一）宗

宗出现得较早，《诗经·大雅·凫鹥》中即说：

凫鹥在渨，公尸来燕来宗。既燕于宗，福禄攸降。公尸燕饮，福禄来崇。⑥

渨，水相会的地方，宗，尊也。公尸参加完周成王祭祀宗庙之礼后又接受成王的宴请，"有尊主人之意"⑦，因此福禄就要降临到他身上。

《礼记·丧服小记》对于宗亦有解释：

---

① （清）段玉裁：《说文解字段注》，2 版，330 页，成都，成都古籍书店，1990。
② （清）段玉裁：《说文解字段注》，2 版，330 页，成都，成都古籍书店，1990。
③ 《辞源》（修订本）（二），839 页，北京，商务印书馆，1980。
④ 《辞源》（修订本）（二），839 页，北京，商务印书馆，1980。
⑤ 《辞海》，1237 页，上海，上海辞书出版社，2000。
⑥ （清）阮元：《十三经注疏》，538 页，北京，中华书局，1980。
⑦ （清）阮元：《十三经注疏》，538 页，北京，中华书局，1980。

别子为祖，继别为宗。继祢者为小宗。①

许慎认为，宗是一会意字。"宗，尊祖庙也。从宀礻。"

段玉裁认为《说文解字》此处有脱漏，正确解释应为"尊也，祖庙也。"

> 凡尊者，谓之宗。尊之，则曰宗之。……凡言大宗小宗，皆谓同所出之兄弟所尊也。尊莫尊于祖庙，故谓之宗庙。宗，从宀从礻，礻谓神也，宀谓屋也。②

概而言之，在古代汉语中，宗主要有以下几个方面的含义：(1) 宗庙、祖庙。《尚书·大禹谟》中有"受命于神宗"③。禹接受舜临终之嘱托，在舜之宗庙前率百官继任为首领。孔氏传曰："神宗，文祖之宗庙。言神，尊之。"④《左传·成公三年》说："首其请于寡君而以戮于宗。"⑤ 这里，"宗"乃指宗庙、祖庙。(2) 祖宗、祖先。《左传·成公三年》亦有"若不获命，而使嗣宗职"。杜氏注曰："嗣其祖宗之位职"⑥，即根据世卿世禄制继承其祖先传下来的职位。(3) 宗族。《尚书·五子之歌》说"荒坠厥绪，覆宗绝祀"⑦，唐孔颖达疏曰："今太康荒废，坠失其业，覆灭宗族，断绝祭祀。"《史记·秦始皇纪》载：秦始皇镇压长信侯嫪毐作乱时，将中大夫令齐等 20 人"枭首，车裂以徇，灭其宗。"⑧

（二）宗族

在传统典籍中，宗时常与族分别而论，指一定范围的父系亲属。族亲于宗，例如，春秋时期晋国的羊舌氏是世袭的贵族，羊舌肸，字叔向，又名叔肸的父及兄均为晋国大夫，但面对着礼崩乐坏的春秋大乱局，叔向也不得不感叹：

> 晋之公族尽矣。肸闻之，公室将卑，其宗族枝叶先落，则公从之。肸之宗十一族，唯羊舌肸在而已。⑨

这里，可以明确地看到：族是宗的下位亲属单位，若干个族才合成一宗，宗亲较族亲更为疏远。就亲属范围的大小来说，宗的范围较族更广，而就关系的远近来说，族亲于宗。《左传·襄公十二年》载：

> 秋，吴子寿梦卒，临于周庙。礼也：凡诸侯之丧，异姓临于外，同姓于宗庙，同宗于祖庙，同族于祢庙。是故，鲁为诸姬，临于周庙。⑩

周礼规定：不同亲疏关系的亲属，享有不同级别的丧礼。这里，外姓、同姓、同宗、同族形成了一个由外至内、由远及近的亲疏关系序列。宗较族为远，族较宗的范围小。虽

---

① （清）阮元：《十三经注疏》，1495 页，北京，中华书局，1980。
② （清）阮元：《十三经注疏》，362 页，北京，中华书局，1980。
③ （清）阮元：《十三经注疏》，136 页，北京，中华书局，1980。
④ （清）阮元：《十三经注疏》，136 页，北京，中华书局，1980。
⑤ （清）阮元：《十三经注疏》，1900 页，北京，中华书局，1980。
⑥ （清）阮元：《十三经注疏》，1900 页，北京，中华书局，1980。
⑦ （清）阮元：《十三经注疏》，157 页，北京，中华书局，1980。
⑧ （汉）司马迁：《二十五史·史记·秦始皇本纪》，28 页，上海，上海书店、上海古籍出版社，1986。
⑨ （清）阮元：《十三经注疏》，《左传·昭公三年》，2031 页，北京，中华书局，1980。
⑩ （清）阮元：《十三经注疏》，《左传·昭公三年》，1951 页，北京，中华书局，1980。

详细分析典籍可以作此区分，但历史上也常就宗与族的范围孰大孰小、亲疏孰远孰近发生歧义。如北宋政和三年（1113 年）宋徽宗听从蔡京建议，仿周代的制度，下令改公主的称谓为帝姬、郡主的称谓为宗姬、县主的称谓为族姬。后来，名将岳飞之孙岳珂就上书指误：

> 姬本妇人通号，故循而用之耳……宗族二字，本以别亲疏。①

杜预为《春秋左传》作注时已经清楚解释"同族谓高祖以下"，族亲于宗是非常明显的。郡主较县主的更亲，她应该称族姬而不是宗姬，县主才应该称之为宗姬。由于蔡京等误读《汉书》的记载而导致了上述的称谓与血缘亲疏关系相背。

关于宗与族的关系，近人亦有不同的观点，吕思勉认为"宗与族异"②，其差别就在于族是有血统有关系之人的统称，他们之间没有主从之别。而宗则是要在亲族之中，把一个人当作主人。如果主人死了，则把继承他的人当作主人。由于族中权力都在男子手中而不在女子手中，自然被当作主人的是男子，他就是始祖，而他的继承者则是宗子。《白虎通义》所说的"宗者，尊也。为先祖主者，宗人之所尊也"就是这个意思。

可能正是由于宗与族上述差别的细微与易于混淆，所以春秋时期已经出现"宗"、"族"并列而成为了合成词。如《左传·僖公二十四年》载：

> 召穆公思周德之不类，故纠合宗族于成周而作诗。③

《战国策·韩二》载：

> 臣之仇，韩相傀。傀又韩君之季父也，宗族盛，兵卫设。④

宗族，《辞源》认为是"父系的亲属。又指同宗的人"⑤。今人使用宗族一词，已经完全把其作为单独意义的合成词来看待，不再区别宗与族，而是作为整体，"谓同宗同族之人"⑥。

从研究宗族的构词方法入手，我们还可以看出家族与宗族的区别。家族是由家而族，关系由亲到疏，范围由小而大。而宗族是由宗而族，关系由疏到亲，范围由大而小。它们分别合成"家族"与"宗族"两个词以后，家族的范围较宗族小，而家族的亲属关系则较宗族更亲。当然，正如前面已经指出，"族"的意义有聚集、集中之意，如果把"家族"、"宗族"中的"族"作为动词来看待，把其构词法理解成主谓合成词也是可以的。家族即以家为范围的亲属的聚居，宗族即以宗为范围的亲属的聚居。按照这样的理解，家族的范围仍较宗族为小，关系也仍较宗族为亲。但孙本文认为，"家族"是"宗族"的扩充。他定义宗族、家族为：

> 宗族是"家庭"的扩充，包括父系同宗的亲属。"家族"则更由"宗族"扩充，包

① （宋）岳珂：《愧郯录一》，14 页，北京，中华书局，1985。
② 吕诚之：《中国宗族制度小史》，5 页，中山书局，1929。
③ （清）阮元：《十三经注疏》，1817 页，北京，中华书局，1980。
④ （西汉）刘向集录，范祥雍笺证，范邦瑾协校：《战国策笺证》（下册），1576 页，上海，上海古籍出版社，2006。
⑤ 《辞源》（修订本）（二），814 页，北京，商务印书馆，1980。
⑥ 《辞海》（1999 年版缩印本），1845 页，上海，上海辞书出版社，2000。

括父族、母族、妻族的亲属。"宗族"为同姓，而"家族"则未必为同姓，盖包括血亲与族亲。[①]

这里，他也是严格按照血缘系谱来划分宗族与家族的。而杜正胜根据《丧服传》的服制作出的划分却与此相反：

> 凡同居或共财的称为"家庭"，五服之内的成员称为"家族"，五服以外的共祖族人称为"宗族"。[②]

虽然现代也有学者支持这一观点，但更多的人并不认同这一说法。例如，李卿根据对秦汉魏晋南北朝传世文献的分析，认为：在五服以内，家族与宗族是相通的，可以互换。在五服以外，他们不能互换。因为：

> "宗族"与"家族"是内涵相近、外延不同的两个概念。"宗族"是个大概念，既可涵盖五世以内的同一始祖父系血缘群体，也可以涵盖五世以外的同一始祖的父系血缘群体。"家族"是小概念，它只能涵盖五世以内的同一始祖的父系血缘群体，不能涵盖五世以外的同一始祖的父系血缘群体。[③]

现在，许多学者已经开始普遍不再严格区分家族与宗族之间的差别，而往往互用，作为一个大致明确而又难以准确的亲属范围的统称。如徐扬杰认为："家族，又称宗族。"[④]《辞源》释"家族"为"同姓的亲属"[⑤]，其所包括的亲属关系范围不但超出了家，而且也超出了族与宗。

四、氏与氏族

(一) 姓氏

姓氏，为姓与氏的合称。姓，《说文》释曰：

> 人所生也。古之神圣人，母感天而生子，故称天子。因生以为姓，从女生，生亦声。[⑥]

清人段玉裁注曰：

> "因生以为姓"，若下文神农母居姜水因以为姓、黄帝母居姬水因以为姓、舜母居姚虚，因以为姓是也。感天而生者，母也。故姓从女生。会意。其子孙复析为众姓。如黄帝子二十五，宗十二姓，则皆因生以为姓也。[⑦]

① 孙本文：《现代中国的社会问题》(一)，71 页，上海，商务印书馆，1947。
② 杜正胜：《编户齐民——传统的家族与家庭》，载刘岱总主编：《中国文化新论·社会篇·吾土吾民》，16 页，北京，三联书店，1992。
③ 李卿：《秦汉魏晋南北朝时期家族、宗族关系研究》，27 页，上海，上海人民出版社，2005。
④ 徐扬杰：《宋明家族制度史论》，1 页，北京，中华书局，1995。
⑤ 《辞源》(修订本)(二)，839 页，北京，商务印书馆，1980。
⑥ (清) 段玉裁：《说文解字段注》，2 版，647 页，成都，成都古籍书店，1990。
⑦ (清) 段玉裁：《说文解字段注》，2 版，647 页，成都，成都古籍书店，1990。

氏，《说文》释为："巴蜀名山岸胁之旁箸欲落堕者曰氏"①，即山旁突出的部分或水岸突出的高地，其意为现在所用"坻"或"汦"，与姓氏无涉。段玉裁认为：在古代经籍中，氏与是多为通用的，如《大戴礼记》所说的"昆吾者，卫氏也"及其以下的六个"氏"字，均为"是"的假借。而汉代书籍与汉代碑文中，假"氏"为"是"的情况不胜枚举。因此，段玉裁总结道：

> 故知姓氏之字，本当作是，假借氏字为之。人第习而不察耳。姓者，统于上者也。氏者，别于下者也。是者分别之义也。其字本作是。汉碑尚有云姓某是者。今乃专为姓氏字。而氏之本义，惟许言之。浅人以为新奇之说矣。②

按段氏说法，"姓氏"者，本为"姓是"。是，"直也，从日正"，乃一个会意字，意味着"天下之物，莫正于日也"③。由此理解，姓，乃因生以为姓，即由出生的血缘来决定，而"姓是"既表明有直接的血缘关系，又指明此血缘关系是竖直向下的传递。段氏关于姓氏乃"姓是"的考察，真算得上道出了姓氏的真谛。

历史上，上述段氏关于姓氏的解释是后起的说法，且不为人们所重视。普遍接受的解释是《通志》的说法：

> 三代之前，姓氏分为二，男子称氏，妇人称姓。氏所以别贵贱，贵者有氏，贱者有名无氏。……姓所以别婚姻，故有同姓、异姓、庶姓之别；氏同姓不同者，婚姻可通，姓同氏不同者，婚姻不可通。三代之后，姓氏合而为一，皆所以别婚姻，而以地望明贵贱。④

顾炎武更准确地说：

> 姓氏之称，自太史公始混而为一。《本纪》于秦始皇则曰"姓赵氏"，于汉高祖则曰"姓刘氏"⑤。

妇人称姓、男子称氏这一说法在近代也得到许多学者的认可。著名史学家吕思勉在其《中国宗族制度小史》中就接受了这一观点。他认为，生民之初，无人我，无群己，混然集若干人于一处而已。随着文明的演进，人类开始认识到自己的血统，乃于混然一大群中按血缘关系分出若干小群。受摩尔根《古代社会》的影响，吕思勉认为：而人类对血统的认识，首先从其母开始，而后是父系。母系时代，人之聚居，率依其母，男子与异姓匹合，入居其妻之族，而其身仍属其母之族。生有子女，亦属其妻之族，随母有姓，意味与其母族有血缘关系。后来发展到了父系氏族，以男为主，以女附之，则子女随父有氏，表明其父为何人，以使继承父亲的财产、职业与贵贱身份地位等。这样，人之所以有姓与氏，原因在于：

---

① （清）段玉裁：《说文解字段注》，2 版，664 页，成都，成都古籍书店，1990。
② （清）段玉裁：《说文解字段注》，2 版，664 页，成都，成都古籍书店，1990。
③ （清）段玉裁：《说文解字段注》，2 版，73 页，成都，成都古籍书店，1990。
④ （南宋）郑樵：《通志》（一），439 页，杭州，浙江古籍出版社，1988。
⑤ （清）顾炎武著，陈垣校注：《日知录校注》（下），1249 页，合肥，安徽大学出版社，2007。

故姓之兴，所以表血统。氏之兴，则所以表地位、财产等系统者也。①

（二）氏族

在中国传统典籍中，氏族的含义与此有很大的差异。传统典籍中，"氏族"指的氏与族，而且它常常与姓相关联。许多著述在讨论氏族问题时，都引用了《左传·隐公八年》的记载：

> 无骇卒，羽父请谥与族。公问族于众仲。众仲对曰："天子建德，因生以赐姓。胙之土而命之氏。诸侯以字为谥，因以为族。官有世功，则有官族。邑亦如之。"公命以字为展氏。②

唐代孔颖达疏解释道：

> 姓者，生也。以此为祖，令之相生，虽下及百世而此姓不改。族者，属也，与其子孙共相连属。其旁支别属则各自立氏。③

把孔颖达的解释稍加分析，则可看出，他不认为姓氏之别是女子称姓，男子称氏。而是姓、族、氏构成了一个范围由大及小，亲疏由远及近的血缘集团。其中，氏、族的意义是一致的。就是《释例》所说的"另而称之谓之氏，合而言之则曰族"。例如，宋国的华元、华喜，均是戴公的儿子；向鱼、鳞、荡均是桓公的儿子。如果只是指单个的人，则称华氏、向氏，如果要指明其宗，则云戴族、桓族。氏与族联合，其意义则主要指血缘源流宗支关系。与今日所称之宗族或家族意义相近，而与作为原始社会发展的一个阶段的氏族公社则有很大差异。如传统典籍中多有《氏族志》，这并非记载的是原始社会时期的各个氏族公社，而是指某一时期的大家族的源与流。

20世纪开始，西方的近代人类学、社会学等开始传入中国。摩尔根的《古代社会》，马克思、恩格斯关于家庭、私有制和国家起源等的理论影响到了中国，许多学者开始在其著述中使用现代意义上的"氏族"一词，它的意义与传统中国文化中的"氏族"已经有了较大差别，而且各个著述中互相间的含义也不太一致。根据摩尔根的观点，氏族首先是一个婚姻单位，此氏族的男子和彼氏族的女子发生婚姻关系。氏族之内的男女被禁止交配，以避免近亲繁殖而使种族孱弱。洛伊认为：

> 氏族不独是一个社会单位，而且是一个政治单位；每一氏族有一酋长，他的职位传给儿子或次一等的亲人，他的主要任务为排解争议。若干氏族结合为联盟，联盟之首长称王。④

易家钺认为：人类社会组织进化的路程，分别经过了种族、氏族、大家族、小家族以及个人五个时期。他给氏族下的定义是：

---

① 吕诚之：《中国宗族制度小史》，5页，中山书局，1929。
② （清）阮元：《十三经注疏》，《左传·隐公八年》，1733页，北京，中华书局，1980。
③ （清）阮元：《十三经注疏》，《左传·隐公八年》，1733页，北京，中华书局，1980。
④ ［美］R. H. 洛伊：《初民社会》，142页，上海，商务印书馆，1935。

> 凡由血族全体——不仅含有直系的血族关系，凡属旁系及由夫族分歧的，一切都包在内——组织而成的大团体，就叫做氏族。①

易家钺认为，在古代氏族制度发达的时期，家族的雏形事实上已经具备，而且还是组成氏族的分子。但是，不能认为这时家族已经存在，因为在氏族制度之下，但见氏族不见家族。况且，即使家族已经存在，它也只是作为氏族的附庸而存在的，没有独立的性质。同时期的学者高达观也在其《家族制度 ABC》一书的第三章专门讨论了家族制度和氏族制度的关系。他认为，家族制度在人类的原始状态下就已经存在了，即家族制度的起源与人类的起源是同时的。但是，

> 在起初虽已有了家族制度，但在她上面有统合了家族制度而行使共同生活体职分的氏族制度，家族制度则没了于其中。即与其说各个个人据家族制度而经营共同生活，不如说是据氏族制度而经营共同生活，氏族制度本身成为一个独立的共同生活体，反之家族制度则是由从属于氏族制度包括在她中间以维持她的存在。②

高达观所使用的氏族概念与易家钺大致相同，但他认为，氏族制度的发达与不发达因各民族需要多数者集合而为共同作业的程度怎样而决定。在以农业为经济本态的所谓农耕民族间，业务的性质决定其往往需要很多人共同作业，因而其氏族制度最为发达。而狩猎渔捞的业务需要共同作业的程度较低，因而以此为经济本态的所谓狩猎渔捞民族之间的氏族制度就不很发达，其家族制度则常常独立地具有成为共同生活体的职分。而牧畜民族间所需要的氏族生活就更小，家族的作用就更大。

费孝通对氏族也有自己的理解。他认为：亲属关系的扩展分为第一层的扩展与第二层的扩展。第一层的亲属关系是以从家庭生活中余留的感情以及日常生活上的互助为基础，所以并没有法律性的联系和有形的组织。而氏族是第二层的扩展中所组成的单系亲属团体。

> 这是一个经济和政治性的组织，有共同的利益要保护，有共同的目的要追求，所以有统治的机构，有规定的权利和义务。③

从这里可以看出，氏族一词的使用在这一时期是相当混乱的。

1949 年新中国成立之后，关于氏族的外延与内涵迅速地统一到恩格斯《家庭、私有制和国家的起源》等经典著作所确定的范围上来，氏族被作为原始社会一个基本的社会结构得到普遍使用和接受。《辞海》的解释为其标准：

> 氏族，也叫"氏族公社"。以血缘关系结成的原始社会基本的社会经济单位。一般认为，产生于考古学上的旧石器时代晚期。初为母权制，约当新石器时代末期开始过渡到父权制。氏族内部实行禁婚（外婚制），生产资料公有，集体生产平均分配，无剥削和阶级。公共事务由选出的氏族长管理，重大问题如血亲复仇、收容养子等由氏族成员会议决定。随着生产力的提高、私有制和阶级关系的确立，氏族制度开始解体，

---

① 易家钺：《西洋家族制度研究》，2 页，上海，商务印书馆，1931。
② 高达观：《家庭制度 ABC》，39 页，上海，世界书局，1929。
③ 费孝通：《乡土中国 生育制度》，279 页，北京，北京大学出版社，1998。

为一夫一妻制家庭所取代。氏族公社阶段为世界各民族所必经，其残迹曾长期留存于阶级社会中。①

这一定义也是现今多数人知晓并接受的含义。但这一意义实际上是后起的意义，尤其是在马克思、恩格斯的历史唯物主义传入中国并成为统治地位的意识形态之后才开始得到广泛传播与普遍接受。

确实，宗族和原始社会的氏族一样，也可以被称为一个经济和政治性组织，有共同的利益要保护，有共同的目的要追求，也有一定的机构与规定的权利和义务。但原始社会的氏族所追求的是其血缘共同体的整体性、根本性或关键性的利益与目的，即氏族整体生存与发展和氏族内部各个个体的生存与发展。氏族内部各个个体的生存和发展与氏族的生存和发展是紧密联系在一起而不可分割的，离开了氏族，单独的个体就无法存在下去。而宗族存在的目的也是宗族本身的繁荣与发展，但离开了宗族，宗族内部各个家庭以及各个单独的个体仍可以存在与发展。宗族也追求利益，但其追求的利益仅是某一方面或几方面的利益，而不是整体的、全面的利益。宗族所追求的利益，组成家族的家庭和个体通过自己的努力也能够达到，但通过宗族集体的努力则更容易、更经济。如果说氏族事务的组织与管理可以称之为政治的话，那么氏族这个政治性组织的管理是全方位的，涉及氏族生活的方方面面，而宗族的政治性则完全无法与氏族相提并论。很大程度上，中国宋元以来的宗族已经与国家行政管理等政治性事务脱钩，它多是宗族内部的事务的组织管理。而且，就是宗族内部以及宗族所属的各个家庭管理的很大部分也已经由国家加以控制与调整，宗族的政治性是完全无法与其抗衡的。所以，氏族与宗族虽然均是基于血缘的社会团体，但其差别是非常大的。例如，费孝通认为：

> 在我们中国，有些地方氏族组织在农村里就不很发达；在市镇的地方阶层中，这种组织才较普遍。②

费孝通这里所说的氏族实际指的应该是人们通常所说的"大家庭"，而不是作为原始社会一个重要发展阶段的氏族。根据西方人类学理论，费孝通认为：家庭是亲子所构成的生育社群，它包括父母与他们未成年的孩子。中国的家庭在父系方面作单系的扩大，就是组成四世或五世同堂的人们常说的"大家庭"。这种根据单系原则所组成的社群，在人类学上即称之为氏族。费氏命名为"小家族"。族是由许多家庭所组成的，是一个社群的社群。如果仅从其结构上看，在费孝通看来，所谓的四世或五世同堂的"氏族"大家庭包含了若干父母与未成年子女所构成的基本家庭的组合，而通常所说的"族"也包括了若干家庭。因而，他从社群的结构性质考虑，认为所谓的四世同堂的"大家庭"实际上是"小家族"。

但是，我们不得不指出，"氏族"中的基本家庭的组合与"族"里的基本家庭的组合是不一样的。参加"族"的家庭并没有失去其独立性，而组成氏族"小家族"的各个包含父母与未成年子女的家庭不是独立的。他们所在的"大家庭"的目标是他们的目标，"大家庭"的利益即是他们自己的利益。除此之外，他们除了个人有限的必须以个体名义拥有和

---

① 《辞海》，1845 页，上海，上海辞书出版社，2000。

② 费孝通：《乡土中国　生育制度》，281 页，北京，北京大学出版社，1998。

享用的财产与利益外，他们没有任何自己的单独的利益。因而，它们还应该是家庭而不是家族。20 世纪 60 年代，为了挑战费里德曼用从族产出发来讨论中国家族组织的社会经济功能的家族理论，美国学者费雷德提出：构成宗族的基本条件不是族产，而是系谱关系，有些血缘团体虽有族产，但系谱关系并不明确，因而只能说是"氏族"，而不可称为宗族。西方人类学界普遍支持其观点，认为氏族成员的血缘关系是虚构的，可以任意扩充，而宗族成员的血缘联系却是真实的，无法自由选择。我们认为，"区分宗族和氏族是有重要意义的"①。组成宗族的个体或家族当然有其共同追求的政治与经济目标，但这些政治与经济的目标并非是整体性的，甚至并非是主要的，过分强调宗族的整体政治性与整体财产性，无疑会模糊氏族与宗族不同的性质，抹杀氏族与宗族的本来应当分明的界限。

追溯汉语中氏族、宗族、家族诸词的流变，它们在某些情况下分别具有非常确定的所指，而在另外一些情况下则各自的内涵与外延又都非常模糊。我们认为：如果要在氏族、宗族与家族之间作一比较的话，则它们构成了范围由大及小、亲疏由远及近的不同的血缘性社会集团。而为了避免更多的混乱，这里我们尽量避免使用传统中国文化上的氏族的概念，而把宗族与家族作为同一概念使用，即除了引文或特别的说明之外，我们文中所出现的氏族即《辞海》所解释的原始社会的氏族公社，而家族与宗族则是同义的。作这样的处理还有我们更深的考虑。家庭、家族、宗族、氏族这些团体都是以血缘为基础的社会单位。从血缘关系入手，按照严格的系谱来划分和区别它们范围的大小、亲疏的远近或许是可能的，但我们更要考虑其功能，研究它们之间相互的作用以及与其他社会团体、社会单位的作用。而从功能上看，家庭、家族与氏族是有显著的区别的。氏族并不是以个体家庭为基础结合起来的，并不都是一个男性祖先的子孙，并不是严格意义上的家族。但家族与宗族之间，虽然在不同时期及不同情况下，其所包含的亲属范围可能有所不同，但在功能上并没有根本的区别。当代学者也已经普遍在同一意义上使用家族与宗族。如著名家族史研究专家徐扬杰即反对把五服之内称为宗族、五服之外为家族的区分，认为是不必要的，也是不可能的。他认为：

> 家族又称宗族、户族、房头，古书中又常常直接称为族、宗，称家族成员为族人、宗人。②

五、家庭与家族

（一）先秦时期"家"的观念

在谈到文化差别时，费孝通曾经说：

> 文化科学不能不建筑在一套叙述文化事实的名词上，而供给名词的语言体系总是属于特殊文化的。用甲文化中的名词来叙述乙文化中的事实，时常会发生困难，因为甲文化中的名词的意义是养成在甲文化的事实之中，甲乙文化若有差别之处，乙文化

---

① 华琛：《中国家族再研究：历史研究中的人类学观点》，载《广东社会科学》，1987 (2)。
② 徐扬杰：《中国家族制度史》，4 页，北京，人民出版社，1992。

的事实就不易用甲文化的名词直接表达了。①

当我们试图区分家庭与家族时，我们就碰到这样的情况了。可以说，古今中外对何为家庭、何为家族这个问题的答案是不一致的，也就是说，家庭与家族这两个名词概念的内涵与外延在不同的法律文化中并不一致。家庭，《牛津法律大辞典》定义为：

> 家庭主要由一男一女两个成年人组成。共同生活，在许多活动中共同发挥作用，生儿育女的社会基本单位。②

《牛津法律大辞典》认为：家庭往往引起许多具有重要社会意义的法律关系的产生，如夫妻、父母、子女、收养等等法律关系。同时，它指出："家庭"一词及其附属的法律关系在不同的立法体系中有着各种不尽相同的含义，尚无确切的法律含义。家庭的基本模式有广义的家庭与"单亲"家庭。前者包括已婚子女及其配偶和后代的家庭，后者指配偶之一已经失踪、死亡或离婚的家族。不同的家庭形式引起不同的法律形式，但各种法律制度通常均视家庭为一种应予保护和支持的社会制度。

《元照英美法词典》认为，family一词，根据适用该词的上下文，其含义甚广：（1）指同住一家的人，包括父母、子女和其他亲属，甚至包括仆人和看门人；（2）指基于血缘、婚姻或收养关系而形成的人的集合，他们往往互负义务；（3）具有某一共同祖先的所有后代，即所有的血亲亲属；（4）仅指子女。对该词的解释需要以相关的法律领域、使用该词的有关文件的目的、案件的具体事实等作为依据。③

对于家族，很少有法律辞典给出准确定义。《法学大辞典》解释为：

> 家族，父族同宗亲属和母族、妻族亲属的总称。也指两个以上的家庭彼此间有亲属关系。是中国封建社会家庭关系的体现。家族关系具体表现为：（1）父权制。全家权力集中于家长，子女服从于家长，毫无自由；（2）父亲承袭，重男轻女，男尊女卑，男女不平等；（3）嫡庶长幼有序，嫡长继承，兄弟不平等；（4）重视亲族关系，凡亲族戚党之人都被看作休戚与共的分子；（5）尊重"孝"、"悌"，崇拜祖先。旧制度家族有"九族"之多，即"父族三，母族四，妻族二"，"九族"之内均为亲属，但家族不以同财共居为限。④

陶希圣认为："家在古代有夫妇的意义"⑤，他举例说，《诗经》中有"无室无家，玁狁之故"，及"宜尔室家，乐尔妻孥"。其实，陶先生在这里把现代意义上的"家"的家庭的意思硬往古汉语上套了。《诗经》中的"室"指夫妇，更进一步讲，室指妻子，而"家"则是指包括儿子与夫妇在内的构成单位。对此解释，可以作证的是陕西西安的半坡、临潼姜寨的原始村落遗址。在这些遗址中，除了用作氏族进行公共活动的大型房屋之外，其附近均有若干小房子供对偶家庭居住，这反映了我国先民曾经存在的对偶家庭状况。如前述我

---

① 费孝通：《乡土中国 生育制度》，164页，北京，北京大学出版社，1998。

② 《牛津法律大辞典》，328页，北京，光明日报出版社，1988。

③ 薛波主编，潘汉典总审订：《元照英美法词典》，532页，北京，法律出版社，2003。

④ 邹瑜、顾明总主编：《法学大辞典》，1382页，北京，中国政法大学出版社，1991。

⑤ 陶希圣：《婚姻与家族》，65页，上海，商务印书馆，1934。

们曾经考察过的关于"室"与"家"的建筑结构与构字结构，我们可以看出，在一个家内是有许多室的，这些室就是不同的夫妻的起居的地方，因而室可以代替夫妇或妻，而家不一样。对偶家庭虽然过着相对稳定的同居生活，但这对夫妇不是现代意义上的家庭，他们的生产与生活仍然是以氏族形式或我们可以称之为家的社会组织形式进行的。当夫妻有了孩子后，由于夫妻生活天然的隐秘性，他们的孩子到一定时候便会被赶出其父母所居住的室，到一个较室更大的空间与组织单位生活，这就是家。所以，在中国古代，有没有家的标准并不是有没有妻子，关键在于有没有儿子。如果一对夫妻没有子女，则该男子从属于他的父亲所在的家之下，而妻子则从属于男子，他们则只能是室，构成他们父亲所在的家的一部分，而不是家。当他们有了自己的儿子之后，则该夫妇具有了成家的基本条件。无室无家，没有妻子当然没有儿子，也就没有家，古人对此的认识是非常清楚的，这是从完全自然观察的角度得出来的结论。古汉语中往往讲究非常严格的对应关系，这一点在上述《诗经》的句子中也可以看到。"宜尔室家"，室指夫妇，家则包括夫妇和儿子。与之对应的就只能是"乐尔妻孥"，妻指妻子，孥则是儿子。到后来，汉语的词汇由"室家"变成"家室"，语词的重心发生了转变，这也表明人们不再单纯从自然观察的现象来做结论，而是赋予了词汇更深刻的意义，在家室中，家是最重要的，可以有家而没有室，只要有了儿子，老婆也是可以不要的。因此，家并不一定如陶希圣先生所说，在古代有夫妇的意义，而可能包括夫妇，但更主要是对儿子的强调。由此来看汉代家庭的组成，则就容易得多了。

（二）汉唐以降"家"的观念与法定化

陶希圣先生据汉儒对《易经》的解释来说明汉代人关于"家"的概念[①]，他所引的汉儒对"家人"的解释是：

> 家人，利女贞。象曰：家人，女正位乎内，男正位乎外。男女正，天地之大义也。家人有严君焉，父母之谓也。父父、子子、兄兄、弟弟、夫夫、妇妇而家道正。正家而天下定矣。[②]

陶希圣先生据此认为：

> 这里的家，明白指出是父子兄弟夫妇。这种观念表现于法令，非常明确。法令上的家族范围即是父子兄弟夫妇。[③]

这里，陶先生混用了一个概念。在汉代人看来，父子兄弟夫妇是"家"的概念，而不是"家族"的概念。陶先生认为父子兄弟夫妇是"家族的范围"并不是汉代的"家族"范围。陶先生这里使用家族的概念，其潜在的逻辑基础是现代西方文化中的"家"的概念。西方文化中的"家"指一夫一妻及其未成年子女构成的家。在陶希圣先生看来，超出

---

① 陶先生下文所引的对《周易》的注乃王弼所注。王弼乃三国曹魏时人，并非汉儒。并且，他"用'援老入儒'的方式，为封建伦理纲常辩护，即以新的玄学代替当时逐渐失势的汉儒经学。其注《易》偏重哲理，扫除汉代经学烦琐之风"（《辞海》，1444 页，上海，上海辞书出版社，2000），治学方式和风格与汉儒迥异。

② （清）阮元：《十三经注疏》，50 页，北京，中华书局，1980。

③ 陶希圣：《婚姻与家族》，65 页，上海，商务印书馆，1934。

"一夫一妻及其未成年子女"这个范围就应该称之为"家族"而不是"家"。因此汉代人所谓的"家"就是"家族"。而实际上，汉代人的"家"就是包括父子兄弟夫妇在内的一个团体。汉代史籍中的法律术语对家的范围也是划得非常清楚的，"降敌者，诛其身，没其家。"① 这里的家是指父子兄弟夫妇。三国时期的魏人如淳在注《汉书·景帝纪》曾引汉律：

> 大逆不道，父、母、妻、子、同产，无少长，皆弃市。②

《后汉书·明帝纪》也说：

> 妻、子自随，便占著边县，父、母、同产欲相代者，恣听之。③

到唐代时，在现存的唐代律典《唐律疏议》中，家的范围非常清楚准确。《唐律疏议》明确规定："同籍、期亲为一家"，"同籍不限亲疏，期亲虽别亦是"④。也就是说，家是指在登录在同一户之下的所有人，而不论其是否有血缘关系，家庭之中，因而包含着奴隶，叫做家口。《唐律疏议》规定："家人不限良贱"⑤，则家口又叫家人。在户籍中，奴隶也要登记。而期亲即使没有登记在同一户之下也算是家人。这样，实际上把家与户的关系划分得非常清楚了。一家之人并不一定是同户之人，但同户之人肯定是一家之人。此时家的划分已经不再仅以血缘为标准，而是以血缘为基础，兼顾家的社会功能了。"由此可知当时实际上的家多止于夫妇及其子孙。"⑥ 这与现代西方意义上的家的概念有很大的差距。这一现象也正好印证了费孝通先生的观点：

> 从我们看来，任何文化都是根据当地人民在社会中生活所必需的条件而发生的。若是我们承认人类的基本需要是相同的，则千变万化的文化也必有一个相同的基础。在这文化的相同的基础上，我们可以寻到一套相同的概念，这是文化比较研究的基本理论。无疑的，这套相同的概念，依旧是须用特殊文化中的语言来表达的，因之，在文化科学中所应用的一套名词所具的意义，有时和特殊文化中日常所应用时的意义不尽相合。婚姻、家庭等就是这种类名词的例子。⑦

费孝通认为：父母子所形成的家庭，除了偶然的分离外，总是在一起生活的，所以也常常是地域上居处共同的团体的基本单位，但它并不是唯一的地域团体单位，因为在一起生活的很可能包括父母子三角以外的人物。在英文中，父母子三角结构是 family，地域团体是 household，地域团体的大小是和经济基础有关的。费孝通认为：

> 这种大家庭并不是我们中国社会结构中的普遍方式，各地方每户人数的平均，据已有的农村调查说，是从四个人到六个人。四个到六个人所组成的地域团体决不能形

① （唐）司马贞：《二十五史·史记·商君列传·索隐》，720 页，上海，上海书店、上海古籍书店，1986。
② （东汉）班固：《二十五史·汉书·景帝传》，381 页，上海，上海书店、上海古籍书店，1986。
③ （南朝宋）范晔：《二十五史·后汉书·明帝纪》，774 页，上海，上海书店、上海古籍书店，1986。
④ 刘俊文点校：《唐律疏议》，360 页，北京，法律出版社，1999。
⑤ 刘俊文点校：《唐律疏议》，190 页，北京，法律出版社，1999。
⑥ 陶希圣：《婚姻与家族》，77 页，上海，商务印书馆，1934。
⑦ 费孝通：《乡土中国 生育制度》，164 页，北京，北京大学出版社，1998。

成上述那种大家庭，所以我在《江村经济》中说：所谓大家庭大多见于市镇中，显然是出于另一种经济基础。[①]

费孝通认为：家庭是地域团体单位，但是，这里所说的"地域团体是社会单位不是建筑单位"[②]。既然是社会单位，它就必然负担一定的社会功能，他认为这些功能主要有：

> 从生活上着眼，居处在一起的社会单位，至少要有下列几个条件：经营同一的生产事业，在一个共同的账上支付他们日常的费用，用一个灶煮他们的食料。[③]

徐扬杰关于家庭的定义与费的观点可谓异曲同工，他认为：

> 个体家庭除了上述的一般特征之外，如果一定要给它一个定义，可以说它是社会最基本的细胞，是人们最基础的婚姻、经济和社会生活单位。[④]

徐扬杰认为：个体家庭首先是一个婚姻生活单位，人们组织在家庭里，按照特定的婚姻制度和道德规范过着婚姻生活，生育和抚养子女，同时进行两性生活的管理。没有一定的婚姻形态，也就没有家庭。其次，家庭是一个经济生活单位，人们以家庭为单位进行生产和消费，这个经济单位的主要特点：一是同居，家庭所有成员，除临时外出者外，长期稳定地居住在一所或毗邻的几所房屋之内，在户籍制度产生之后，所有家庭成员都登记在一个户籍之内；二是共财，家庭的全部生产资料和生活资料为全体家庭成员所共有，由家长支配，只有少数生活资料如衣帽等才归个人使用；三是合爨，即在一个锅里吃饭。再次，它是一个社会生活单位，人们以家庭为单位教育后代，为其婚配，进行社会交往，保障成员安全等。

根据这个标准，家庭人口的多少并不是分别家庭与家族的关键，同样，仅仅是血缘关系也不是判别家庭与家族的关键。家庭和家族作为社会的单位，只能就其功能上作区分。即使母子同居在一个院内，并没有篱或墙分开，可是厨房相对，各自预备自己的饭，各自耕种自己的田，他们只能是邻居，绝不能是同户，也就是说，他们分别构成不同的家庭，而不是算作一个家庭。当然，在传统中国社会，这种情况的出现是极为罕见的，因为在传统法律时，子孙别籍异财是被严格禁止的。《唐律疏议》明确规定：

> 诸祖父母、父母在，而子孙别籍、异财者，徒三年。别籍、异财不相须，下条准此。[⑤]

从上列的律典条文可以看出，别籍异财的规定实际上很好地把握了家庭的本质特征与功能作用，别籍是官方的认可，异财则是经济上的分别，这两者都是由家庭转化为家族的重要标准。在传统的农业社会技术条件下，大家庭的集体经济生活在使用共同的水利、农具等方面更为有利。例如，在农业生产中起重要作用的耕牛，养一头牛的成本是一样的，

① 费孝通：《乡土中国 生育制度》，178 页，北京，北京大学出版社，1998。
② 费孝通：《乡土中国 生育制度》，179 页，北京，北京大学出版社，1998。
③ 费孝通：《乡土中国 生育制度》，179 页，北京，北京大学出版社，1998。
④ 徐扬杰：《中国家族制度史》，2 页，北京，人民出版社，1992。
⑤ 刘俊文点校：《唐律疏议》，257 页，北京，法律出版社，1999。

这样家庭太小，耕地太少就不划算。所以中国传统家庭的扩大有经济生活的利益驱动。由此，传统中国伦理里，总是强调大家庭，而反对分家离户。传统社会里，一谈到分家，没有人会理直气壮地认为这是应当的，而多少认为是迫不得已的行为。但对于中国传统社会的大家庭的解释，更应当被看作是由于经济社会的需求而产生了大家庭，在大家庭存在并产生了一系列好处的事实存在之后，产生了中国传统社会看重大家庭的传统伦理观念，而不应当认为中国传统社会中的大家庭是传统伦理观念下的产物。即使要那样看，也应当明白，有了大家庭存在的事实导致了重视大家庭的传统伦理观念这一点是本源性的，而中国传统的大家庭是传统伦理观念下的产物是其次的、居于第二位的。确实，伦理观念确立后必然影响人的行为，从而把某种社会组织视为应当实现的模型。但是，更重要的是某种既存的社会组织模型正是伦理观念确立的先决条件，就如费孝通先生所说的那样：

> 伦理观念本是一种维持社会结构的力量，它必需和生活事实相符合。①

传统中国的社会是一个主要由没有完善社会保障制度的乡村所构成的社会，那些因死亡或其他原因引起家庭破裂的剩余分子，不容易经营独立的生活，因之不得不并入其他团体，依赖完整的家庭谋取生活，形成了大家庭。根据西方的家庭结构理论，费孝通划分其为扩大了的大家庭（expanded family）、核心家庭的大家庭（big family）和联合家庭的大家庭。扩大的大家庭是由一个核心家庭和附属的成员所组成的家庭，如离婚的女子回到他父母和其未成年的弟妹所组成的家庭即是这种情况。核心家庭的大家庭是真正的大家庭，即由父母和许多未成年子女所组成。联合家庭的大家庭是一种由几组父母和其子女所组成的大家庭，即费孝通等所称之为联合家庭的大家庭（joint-family）。这种家庭又有两种结构，一是由父母和其子女以及子女的子女所组成的家庭，即双重或多重父母子三角所组成的家庭，典型的即是所谓五世同堂的家庭；二是并行的两个或多个父母子三角所组成的大家庭，即兄弟及其妻子和孩子所组成的家庭。这中间除了追求经济的规模效益、解决后代教育以及负担社会保障功能等动机外，更重要的是中国传统社会的社会资源的分配都是权力的分配，而农耕社会的权力分配又都是围绕土地来进行的。农田面积越大、人口越多，不但其经济力量相对更强大，而且做官和获得权力的机会也越大。因此，所有可能造成农田和财产分割的分家都是对既有的生活和权力利益的威胁，因而必须加以反对。中国传统家庭的伦理的形成也是家庭利益长期积累的结果。因此，自唐至清末，"别籍异财"的立法在各代律典里均得到保持。

但是，基本生活团体扩大，必然带来人事及管理上的困难，费孝通对此有颇为形象的表达：

> 多刺的刺猬挤紧了，大家觉得不好过。②

在一个经济单位中，权利和义务的平衡是维持团体完整的必要条件。在以亲属为基础的团体里，两代之间还可以用权力来维持不太平等的关系，同代之间则比较困难了。同时，

---

① 费孝通：《乡土中国 生育制度》，181页，北京，北京大学出版社，1998。
② 费孝通：《乡土中国 生育制度》，180页，北京，北京大学出版社，1998。

继承问题也成为大家庭一个绕不过去的坎。由于后代数量的多寡不同，家庭会分别出现以多继少或以少继多等情况。在以多继少的情况下，由于承继者均是自己的子女，感情上有一种尽可能公平地对待所有子女的需要，但事实上又不可能做到，被继承的许多东西是无法加以平均分配的，其中最重要的就是权力。权力是建立在社会的集合性上的，除了社会分裂等情况外，它不易被分割。对此，商代采取的是兄终弟及的方式，兄弟之间有同样的继承权。问题出现在当所有的兄弟轮换完之后，权力是回到长子的后代呢，还是移交给最后继承王位的弟弟的长子呢。并且，在第二轮权力承继时，兄弟的后代可能会出现兄长的后代的年龄较弟弟的后代年龄小的情况，这时是依其父亲的行序呢，还是依年龄的次序呢？因此便会出现种种问题，其间的争执，往往严重影响到统治本身。由成吉思汗建立的蒙古帝国在此问题上曾经出现几次危机，使其统一亚欧大陆的雄心功亏一篑。周代实行长子权，即长子继承其父亲的宗主地位。其余的则获得采邑，得到经济上的补偿。但长期分封下来的结果就是最后分崩离析。在普通人家中，继承问题也同样面临着土地、房屋等财产资源被不断分割而最后归于无形的状况。解决的办法就是由一个儿子单独继承，但社会和家庭必须提供能使其余孩子离开土地房屋这些资源能够独立生存的条件。无后是以少继多的情况中的特例。

大家庭的扩大有其天然的阻力，但是仅仅由核心家庭构成的单位家庭又实在难以抵御生产力水平低下的农耕社会里处处都存在的巨大风险，解决需要更大的集体才能解决、而政府又没有解决的后代教育等问题。这样就产生了家族这种介于家庭与官府之间的社会组织。家族与家庭不同，它不是一个社会生活的基本单位，家族成员不必同财共居，不是完整的经济和生产的共同体。家族与家族成员之间不发生直接的联系，而多是通过家庭发生联系。也就是说，构成家庭的基本单位是个体的人，但构成家族的基本单位是家庭而不是个体的人。

需要说明的是，许多学者的著述根据近代西方的家庭理论，多是仅仅根据天然的血缘关系来判别家庭与家族，认为真正家庭的概念仅指由父母及其未成年子女构成，超过此限便是家族。这里，我们不仅仅从血缘来判断家庭与家族，坚持家庭是一个最基础的婚姻、经济和社会生活单位的概念。这样，即使是五世同堂，甚至百代聚居，不管其规模有多大，不管他们包括多少由父母和未成年子女组成的核心家庭，只要他们有共同的经济和社会生活，我们都认为其是一个家庭而不是家族或宗族。家族，首先必须是一个男性祖先的子孙，从男系计算的血缘关系；第二必须有一定的规范和机制处理族内各家庭之间以及族众之间的关系；第三必须有一定的组织系统，并且这个组织系统能够运转并处理一些公共事务。总之，我们基本认同徐扬杰所给出的家族的定义：

> 家族是以家庭为基础的，是指同一个男性祖先的子孙，虽然已经分居、异财、各爨，成了许多个体家庭，但是还世代相聚在一起（比如共住在一个村落之中），按照一定的规范，以血缘关系为纽带结合成为一种特殊的社会组织形式。[1]

---

① 徐扬杰：《中国家族制度史》，4 页，北京，人民出版社，1992。

第二节
家族制度的历史考察

中国传统的家族制度，自原始社会末期产生，先后经历了原始社会末期开始的父家长制家族、殷周时期的宗法式家族、魏晋至隋唐时期的世家大族式家族以及宋以后的近代封建家族四个阶段。各个不同阶段的家族制度也具有不同的特点。

一、父家长制家族

历史上的家族制度，是以个体家庭为基础的，是个体家庭产生后才出现的一种社会组织形式。但远古人类在很长一段时间都处在群婚时代。这一时代，婚姻在氏族内部和氏族之间进行，供养在氏族内部实现，因而不可能产生家庭，更不可能有家族的存在。人类在群婚时代所经历过的种种家庭制度实际上是一种婚姻生活单位，而不是现代意义上的家庭。但是，追溯人类原始的婚姻与家庭形态是必要的。因为：

> 家庭制度的起源是基因于所谓男女之性的区别和养育子女的必要这种生物的事实上，所以她是和人类的存在共同发生的，是由原始时代便存在的制度，此后随着文明的发达，也渐次发达而造成种种的形态，并具有了种种的机能。①

（一）血缘家庭

人类是由远古的类人猿经过直立人阶段、智人阶段和新人阶段而发展成现代人的。中国境内的云南元谋人、湖北长阳人、北京山顶洞人的考古发掘已经证明，中国远古的人类经过从猿到人的发展诸阶段，而逐步进化成为了现代人类。人是社会的动物，因而它必须结合起来，按照一定组织形式，过着一定的社会生活。由于资料的缺乏，对于原始时期人类婚姻与家庭的状况，还仅能进行大致的推断。多数学者根据摩尔根《古代社会》与恩格斯《家庭、私有制和国家的起源》提供的理论范式，收集各民族的人类学资料、研究传世典籍中有关早期人类婚姻的记载，分析原始神话，结合考古发现，得出了大致相同的结论。② 首先，人类最早的社会组织是原始群，它是一种比较松散的社会组织，原始群内的两性关系是杂乱的性交关系。早期人类经历了这样一个杂乱性交的群婚时代。自然，这一时期还不存在家庭与家族。经过几十万年的发展后，我国历史进入了氏族公社时期。

---

① 高达观：《家庭制度 ABC》，36 页，上海，世界书局，1929。
② 部分学者对中国早期人类的婚姻的研究的方法与结论有别于基于摩尔根与恩格斯的理论，他们虽值得重视，但还没有得到普遍接受。参见徐国栋：《家庭、国家和方法论；现代学者对摩尔根、恩格斯——对〈古代社会〉、〈家庭、私有制和国家的起源〉之批评百年综述》，载曾宪义主编：《法律文化研究》，第二辑，287～309 页，北京，中国人民大学出版社，2006。

我国首先以盘瓠创造者为核心，形成了一个较大的氏族集团。[1]

与此同时，人类的婚姻也逐渐从原始杂婚进入了血缘群婚制时期。这一时期，血缘亲属间可以自由交配，但已经排除了直系血亲间的性交。这种同辈血缘婚，子女以男子长辈为其父，母亲则知其各自子女，丈夫过着多妻的生活，同时妻子也过着多夫的生活，具有"姊妹即是妻"的特点。这在中国文献与少数民族传说中均有大量实例，最有名的即是伏羲和女娲兄妹的神话。山东、四川等地出土的汉代石刻画像均是人面蛇身两尾相交缠在一起，象征夫妻交合繁衍人类的人祖形象。《后汉书·南蛮传》亦载：高辛氏将其女许配给槃瓠，他们在三年之内生子一十二人、六男六女。槃瓠死后，"因自相夫妻"[2]，繁殖后代，号称南蛮。这即是典型血缘群婚传说。由于实行了血族群婚，也就出现了人类历史上第一个家庭形态的血缘家庭。但这仅是一个婚姻生活单位，与现代意义上的家庭不同。

（二）亚血缘家庭

通过血缘群婚的长期进化，人类婚姻开始进入族外群婚阶段。这一时期，在排除了直系血亲间的交配之后，进一步排除了嫡系亲兄弟姊妹间的性关系，而是实行族外群婚制，即一个氏族的一群兄弟和另一个氏族的一群姊妹交配。在这种婚姻形态下，本氏族的姊妹要把另一个氏族的男子娶到本氏族作为自己的丈夫，而本氏族的男子则要嫁到另一个氏族去作该氏族女子的丈夫，由此也建立了第二种原始的家庭制度——亚血缘家庭。与血缘家庭不同的是，在亚血缘家庭里，夫妻是分属于不同的氏族的，孩子跟随其母生活，属于母亲的氏族的成员，孩子们只知其母不知其父，血统按母系计算，同父亲的氏族没有关系。我国古代典籍《尚书·尧典》说尧"厘降二女于妫汭，嫔于虞"[3]，把自己的两个女儿嫁给舜。《孟子·万章上》载，舜之弟象请"二嫂使治朕栖"[4]，实际上就是族外群婚制的典型反映。

（三）对偶家庭

根据摩尔根—恩格斯的观点：人类的婚姻形态经历了从群婚制到对偶婚制，再到一夫一妻制的进化过程。对偶婚是群婚制发展的最高级阶段，也是一夫一妻制的前奏。但这一进化过程应该也不是绝对的。祝瑞升认为：

在群婚制度下，或者更早的时候，就已经出现了或长或短时期内的成对配偶制。事实上，一男一女在一定时间内的同居，可以说自有人类社会以来就出现了。[5]

在对偶婚制度下，成对的配偶或长或短时间地相对稳定地同居，由此建立起对偶家庭。在对偶家庭中，成对的配偶虽然相对稳定地同居，但婚姻关系仍是比较松散的，夫或妻都可以离开对方，与他人交配，发生性的关系。陕西西安的半坡、临潼姜寨的原始村落遗址中，除了用作氏族进行公共活动的大型房屋之外，其附近均有若干小房子供对偶家庭居住，

---

① 祝瑞升主编：《中国婚姻家庭史》，22页，上海，学林出版社，1999。
② （南朝宋）范晔：《二十五史·后汉书·南蛮传》，1049页，上海，上海书店、上海古籍书店，1986。
③ 《尚书·尧典》，《四书五经》（上），3页，北京，中国书店，1985。
④ 《孟子·万章上》，载《四书五经》（上），69页，北京，中国书店，1985。
⑤ 祝瑞升主编：《中国婚姻家庭史》，59页，上海，学林出版社，1999。

这反映了我国先民曾经存在的对偶家庭状况。对偶家庭虽然过着相对稳定的同居生活，但他们仍不是现代意义上的家庭，这时人类的生产生活以及繁衍抚育后代仍以氏族为基本单位。但对偶家庭产生了一个重要的事实是，由于一对男女相对稳定地在一起，孩子可能不但知道他的母亲，而且知道他的父亲，由此出现了父子关系，虽然世系仍照母系来计算。仅这一点，就为人类进入一夫一妻制家庭打开了大门。

（四）专偶家庭

对偶婚的进一步发展，就是专偶婚，俗称一夫一妻制。原始社会末期，由于农业、畜牧业和手工业的发展，男子在生产上的作用迅速扩大，由此也取代了妇女在氏族中的地位。同时生产力的发展也使剩余财富的积累成为可能，由此也产生了财产的承继问题。

> 夫生计渐裕，则私产渐多。人之情，莫不私其子。父有财产，恒思传之于其子。于是欲知财产之谁属，必先知其父为何人。[1]

要准确地知道父子关系，必须进一步缩小婚姻的范围，建立稳固的夫妻关系。专偶婚姻由此出现了。在黄河流域的大汶口文化、龙山文化以及长江流域的屈家岭文化、良渚文化等考古遗址中，出现了男子居于主要地位、女子居于附从地位的男女合葬情况，这表明父权制的专偶家庭已经形成。专偶家庭的夫妻及子女虽然都比较固定，从婚姻构成上讲已经与现代意义上的家庭几乎相同。但最初它还不是现代意义上的家庭，不是一个社会功能单位，仍是一个婚姻单位。因为此时的生产力的发展水平虽然已经得到发展，但还不足以支撑一夫一妻制的家庭形态作为一个社会功能单位。但它们已经在氏族的共同的生产生活之外，开始了以稳定的两性结合为基础的一种独立的倾向，即如考古发现所表明的那样，他们在氏族的公共生活之外有了自己的相对独立的生活空间以及属于他们自己的私人物品。也即是说，私有的概念已经出现。私有概念的出现促进了社会生产力的极大发展，每个个体为拥有更多的私有财产而尽可能地发挥着他们的想象和能力。而生产力的发展为人们打破以氏族为单位的生产生活方式提供了可能。这样，氏族开始分裂成更小的单位，家庭开始从氏族中分裂出来，成为独立的生产、消费单位。这种新的个体家庭与对偶家庭的重大区别之一是它已经不再仅仅是一个婚姻单位，而且是一个经济生活单位。在这之前的家庭是一个婚姻单位，人们的生产生活以及繁衍抚育是以氏族为单位进行的，夫妻、父子分别属于不同的氏族，家庭成员的构成是横系的，即由同一个群体的同辈男女组成同辈家庭，家庭成员没有共同的经济生活。而随着生产力的发展，人们已经能够摆脱离开氏族集体只是死路一条的命运，可以从氏族中分化出来，以一种更小的单位生产生活。但这时的氏族分裂再也不是横向的分裂，而是纵向的分裂，即是分裂成以父系计算包括数代子孙在内的父系大家庭。这种家庭成为独立的生产、消费和婚姻生活单位，而更进一步的发展，则是包括代数更小的父系家庭，众多独立的个体家庭开始大量出现。

（五）父家长制家族

在从氏族中分裂出父系家庭的过程中，氏族组织并没有解体。但它的职能发生了变化，

---

① 吕诚之：《中国宗族制度小史》，4 页，中山书局，1929。

它再也不是社会的经济单位与人类的再生产单位，而逐渐成为调节各种利益关系、履行各种公共职能的组织，开始向国家政权方向发展，如负责组织氏族之间的争战等。原来的氏族首领由于其所处的职位可以获取更多的财富以及积累更多的权威，逐渐演变成为国家的统治者。同样，在从原来的包括较多代数的父系大家庭中分裂出包括较少代数的父系家庭的过程中，原来的大家庭也并没有消失，但职能发生了变化。原来的大家庭的父系家长由于血缘上的辈分关系以及由年龄所代表的经验知识的作用，仍能统领分裂出来的若干小的家庭。同时，他们在这个分裂过程中也保留了一定公共财富与经济权力。因而它演变成为一种在单个家庭之上、按一定血缘关系结合而成的社会组织。它居于氏族和个体家庭之间，承担一定的公共职能，如管理家族的公共设施、公共财物，分配土地，组织祭祀等。但它已经不再是一个生产、消费和婚姻单位，因而与家庭已经有本质的不同。首先，它是一个男性祖先的子孙聚族而居，它虽然包括若干个独立的小家庭，这些家庭独立生活，有属于自己家庭的财产。家族虽然还有公共财产，但其已经不占主要部分。其次，家族和家庭都是父家长制，即组织家族的各个家庭由最年长的男性担任家长，是家庭财产的所有者，也是家庭成员的天然领导者，由其组织领导家庭的生产生活，是家庭事务的主宰。家族也有自己的领导人，他是整个家族中的最高尊长，他们管理家族所有的资财，组织家族的公共事务。再次，家族有共同的信仰与祭祀。在人类早期社会，图腾崇拜是整个氏族甚至部落的共同信仰，"祖先的崇拜和祖先祭祀是家族最重要的信仰和精神活动"①。家族的信仰与崇拜更多地是祖先崇拜与祖先祭祀。人类早先的知识是经验积累而成的知识，年长者较年轻者有更大的知识所带来的威权。而家族中的尊长不仅具有知识的权威，还由于他们是家族的首领而具有权力所带来的威权。这种威权之大，以至于在他们死后还使他们的家族成员敬畏，并祈求他们保护。对祖先的祭祀就是这种对祖先的崇拜的表达。祖先崇拜的最初反映就是对男性生殖器的崇拜，汉字的"祖"的最早的字体"且"即是一男性生殖器的象形。后来各个家族的神主牌，也是男性生殖器的抽象造型。

二、宗法制家族

（一）宗法

关于宗法，较早专门论述的是北宋理学大家张载，其在《理学经窟·宗法》中开宗明义即讲：

> 管摄天下人心，收宗族，厚风俗，使人不忘本，须是明谱系世族与立宗子法。宗法不立，则人不知统系来处。古人亦鲜有不知来处者。宗子法废，后世尚谱牒，犹有遗风。②

由此可以看出，他所论述的宗法即是宗子法。他对"宗"的解释是：

> 夫所谓宗者，以己之旁亲兄弟来宗己。所以得宗之名，是人来宗己，非己宗于

---

① 徐扬杰：《中国家族制度史》，51页，北京，人民出版社，1992。
② （宋）张载：《张载集》，258页，北京，中华书局，1978。

人也。①

张载对"宗子"的解释是"言宗子者，谓宗主祭祀"。就是说，宗子是祭祀的主持者。即使宗子是士，甚至是庶人，庶子是爵位比其高的大夫，庶子也应当备上牲祭于宗子之家。

通观这篇文章，除了阐释"宗子之法不立，则朝廷无世臣"立宗法的意义外，张载还讨论了"宗子之母在，不为宗子之妻服"，"天子建国，诸侯建宗"，"支子不祭"等诸祭祀原则。总的来看，他所谓的宗法是以血缘嫡庶为标准确定宗子主持祭祀的宗族祭祀制度。

进入现代，由于西方人类学、社会学、民族学等的引进，宗法、封建等开始成为学术上的流行词，以至于陶希圣批判：

> 说到经济与政治构造，差不多什么都是"封建的"，说到亲属制度，差不多什么都是"宗法的"。这样一来，封建制度与宗法制度的意义就模糊不清了。②

陶希圣认为，宗法是氏族制度的一种，其最重要的征象有：第一是父系的，即依父系血统计亲属；第二是父权的，即父亲的身份及权利传于子；第三是父治的，即一族的权力在于父，子女受父的支配；第四是族外婚制；第五是长子继承。明显地，这一标准相当宽泛，这一标准还是基本把宗法限制在张载所说的宗子法的范围内，即它是宗族内部确立、维护、行使宗子权的各种规定。其定义相当宽泛，基本适合于中国传统社会所有家族，有学者亦称之为"一般宗法形态"③。《辞源》即采用此说法，对宗法的定义是：

> 封建社会规定嫡庶系统的法则叫宗法。以始祖的嫡长子一系递承而下的嫡子为大宗，其余庶子为小宗，由此而分别系统。天子、诸侯、大夫、士、庶人都受这种法则支配。它是封建社会赖以保持等级制度的重要思想基础。④

宗法的基本内容，《礼记·大传》与《礼记·丧服》等有基本相同的记载：

> 别子为祖，继别为宗，继祢者为小宗。有百世不迁之宗，有五世则迁之宗。百世不迁者，别子之后也。宗其继别子之所出者，百世不迁者也。宗其继高祖者，五世则迁者也。尊祖故敬宗，敬宗，尊祖之义也。⑤

这是研究宗法制度最根本的依据。其核心即是"别"。诸侯往往有许多儿子，虽然诸侯有许多土地和财物可供其儿子继承，但其爵位只有一个，主持家族祭祀的权力也不允许分开来由各个儿子分别继承。吕思勉先生揭示了这一矛盾：

> 盖但论亲情，则众子相等。若欲传治理之权，则众子之中，不得不择其一矣。所谓继承者，即继承治理之权之谓也。⑥

为解决这一矛盾，这就不得不产生"别"的问题。这样只能按其母亲的嫡庶以及长幼

---

① （宋）张载：《张载集》，258 页，北京，中华书局，1978。
② 陶希圣：《婚姻与家族》，1 页，上海，商务印书馆，1934。
③ 钱杭：《周代宗法制度史研究》，286 页，上海，学林出版社，1991。
④ 《辞源》（修订本）（二），813 页，北京，商务印书馆，1980。
⑤ （清）阮元：《十三经注疏》，《礼记·大传》，1508 页，北京，中华书局，1980。
⑥ 吕诚之：《中国宗族制度小史》，15 页，中山书局，1929。

顺序，由诸侯的嫡长子继承诸侯的爵位，他被称为世子。其余的儿子则被称为公子。因公子不能继承其父的爵位，与嫡长子有别，故又被称为"别子"。别者，别于嫡长也。这里的别，并非是一种血缘上的自然的"别"，如果仅仅从血缘上讲，嫡子与庶子并不见得有什么差别。虽然在确定嫡长时以出生的时间为准，诸子出生的时间很重要，但它也不是一种时间顺序上的一种天然区别，庶母所生的儿子即使时间上先于嫡长子也只能是庶子，它主要是一种人为的"别"。如商末，商纣的父母本想立其长子微子启，但微子启与其弟仲衍出生时他们的母亲还是一个妾，不具有正妻的身份，只是到了他们的弟弟受德出生时，他们的母亲才转正成为妻。因而商纣的父母立长子微子启的想法遭到了太史的反对。

　　（太史）据法而争之，曰："有妻之子，而不可置妾之子。"①

　　商纣的父母才决定传位于第三子受德，即商纣。别子不能继承其父的爵位，只能受封为卿大夫，另立为宗，与世子是尊卑关系。在自己所另立的一宗里，他是始祖，即"别子为祖"。别子在其封地内继续实行嫡长子继承制度，他的嫡长子继承他的卿大夫的身份，其余的儿子则被分封到各个采邑去作士，与继承卿大夫爵位的别子的嫡长子有别，再建立新的宗族。而士的爵位则由其长子继承，士的其余儿子则成为平民，不再有爵位的继承。由此类推，天子相对诸侯而言是大宗，即他将会受到作为诸侯国国君的他的诸弟的尊崇和朝拜，诸侯国的国君相对天子而言是小宗，他们要以他们的长兄为宗。在诸侯国里，诸侯的嫡长子继承诸侯的爵位，是大宗，他的诸弟则被封为士，相对于继承诸侯爵位的长兄来说，他们是小宗，要以长兄为宗。而士的嫡长子则继承士的爵位，士的其余儿子则只能成为平民。这样，天子、诸侯、大夫、士，每一个级别的大宗都受其嫡长子孙的祭祀，即使传到一百代以后，也永远不会发生变化，称为"百世不迁"。但每一大宗分支出来小宗，分支的范围只及五世，也即是他们只祭到自己的高祖为止。高祖以上祖就超出了他们祭祀的范围而不再受到他们的祭祀。这便是"五世而迁"。

　　（二）宗法制

　　对以上典籍中所载的宗法的内容进行文本式的解读可以看出，所谓宗法，也就是宗子法。许多学者都是从这一角度研究宗法的，他们认为：

　　　　所谓宗法，实际就是在家族财产共有制度之下由嫡长子孙一支承继所形成的一个社会组织。而且由宗与被宗的关系，乃成一复杂的体制。②

　　也就是说，宗法是确定承继顺序的一套家庭内部嫡庶长幼制度的方法。它通过严格把握首领的人选和宗族等级的构成，决定了宗族的祭祀权、财产控制权等的归属。事实上，这一规定家庭内部承继关系的宗法制度只是以殷周为代表的中国古代社会的宗法制度一个重要特色，还不是最根本的特色。以殷周为代表的中国古代社会的宗法制度最重要、最根本的特点是：

---

　　①　《吕氏春秋·仲冬纪第十一·当务》，转引自《诸子集成》（六），《吕氏春秋》，111页，北京，中华书局，1954。

　　②　曾资生：《中国宗法制度》，12页，上海，商务印书馆，1946。

国家组织与宗族组织紧密结合，宗族等级与政治等级混而为一。①

它是以家族内部的嫡庶长幼为基础来构建整个社会的政治统治体系的，即把确定家族内部嫡庶长幼的宗法推及到社会的政治管理制度上，成为一种宗法制度。也即是说，宗法与宗法制是有区别的。《辞海》对"宗法制"的解释是：

> 中国古代维护贵族世袭统治的一种制度。由父系家长制演变而成，到周代逐渐完备。周王自称天子，王位由嫡长子继承，称天下的大宗，是同姓贵族的最高家长，也是政治上的共主，掌握国家的军权和政权。天子的庶子有的分封为诸侯，对天子为小宗，在本国为大宗，其职位亦由嫡长子继承，并以国名为氏。诸侯的庶子有的分封为卿大夫，对诸侯为小宗，在本家为大宗，其职位亦由嫡长子继承，以官职、邑名、辈分为氏。从卿大夫到士，其大宗与小宗的关系与上同。世袭的嫡长子，称为宗子，掌握本族财产，负责本族祭祀，管理本族成员，同时代表贵族统治人民。②

换句话说，宗法仅限于家族内部的承继关系的确定，它于商周时期成熟定型，在以后汉唐及宋元时期虽有许多变化，但主体部分却至近代仍存在于家族内部。而宗法制是以家族内部的宗法为基础，把国家政权、社会管理与经济利益的划分与其紧密结合起来，形成宗法制社会的一种制度。宗法制度一方面用嫡长继承制度确立了大宗统率的宗法等级秩序，嫡长继承为纵向关系，宗法系统为横向关系。但它更重要的是用大宗、小宗这一体系把天下连为一体。大宗、小宗的地位不同，分别享有不同的政治与经济权力，要承担相应的义务。天子是全国最高统治者，享有全国最高的土地所有权，即所谓"普天之下，莫非王土"。诸侯、大夫亦在其封国与封邑中享有政治统治权与土地的收益权。统治者内部的关系，除政治上的上下级关系外，又加上一层宗法亲疏关系，政治等级与宗法等级合而为一，互相维持，即所谓"率土之滨，莫非王臣"。这才是中国古代的宗法制度的本质。这一宗法制社会到春秋战国时期因废除"世卿世禄制"而受到严重打击，秦汉后便在社会现实制度层面上不复存在了，但却长期影响着人们的思想观念。

（三）先秦时期的宗法制

宗法制度，在我国源远流长。中国从原始的氏族制度过渡到奴隶制，并没有彻底打破原始的氏族公社制，而是利用原始社会末期父系氏族的血缘组织，建立起了宗族血缘关系与国家政治高度结合的家国一体的宗法制度。在原始社会末期，私有制度产生以后，财产和权力的传子制度就已经基本上确立。《史记》上记载的夏代的诸王，以及商族的先公（商族灭夏以前）都是采用的父传子，子传孙，父死子继，一代一代继承下来的。有学者认为：

> 宗法制是氏族制与阶级分化相结合的产物，从这一意义上说，夏代便有了宗法制的雏形。③

但这一过程并非是一帆风顺的，商代就曾经实行过"兄终弟及"的继承法，及每一代

---

① 史凤仪：《中国古代的家族与身份》，28页，北京，社会科学文献出版社，1999。

② 《辞海》（1999年版缩印本）（上），1221页，上海，上海辞书出版社，2000。

③ 李光灿、张国华总主编：《中国法律思想通史（一）》，63页，太原，山西人民出版社，2001。

均先传弟，无弟才传子。因此，部分学者认为，商族一没有严正的父治，二没有嫡长的继承，三没有族外婚姻的限制，因而没有宗法制度。

> 商族没有纵断的大宗小宗的系统，只有横断的世代层的划分。①

但这是仅就家族内部的继统法不同来说的，其家族制度与国家制度的紧密结合却是毫无疑义的，在家族体系的基础上构建政治、经济的社会管治制度这一特点却没有变，改变的只是具体的哪一个人是大的统治者，哪一个人是小的统治者这一点上。因此，我们认为，商代社会仍是宗法制社会，宗法制仍是商代社会的基本制度。周代统治者吸取商朝统治者兄终弟及造成内乱、严重削弱其统治力量的教训，建立了立嫡以长不以贤、立子以贵不以长的宗法继承法，宗法制达到其鼎盛时期。但是，也有例外。如时在南方的楚国因受母系氏族制度的影响较大，早期就是实行的少子继承制度，齐国也有长女不嫁，留在家中主祠的记载，陶希圣曾指出，汉儒以降的宗法理论描述周代的宗法制度时，有其理想化的成分：

> 当周征服黄河流域并蔓延长江的时代，中国的各地也不是全行宗法的。即在周族，宗法组织也未必有汉儒以降所传习的宗法理论之整密。②

（四）宗法制与封建

中国传统文化里，封建一词专指"封国土，建诸侯"，指帝王把爵位、土地分赐给亲戚或功臣，使他们在封定的区域内建立邦国，这也是宗法制的典型模式。它最重要的特征就是宗族结构与国家结构融为一体，宗族等级与政治等级完全一致。到春秋战国时期，以血缘、政治二重原则相结合构成的宗法社会开始瓦解，新兴的地主阶级开始登上历史舞台。秦始皇统一六国，打破贵族世袭制度，实行郡县制，建立起统一的专制主义中央集权国家。秦始皇自命为始皇帝，幻想他的统治会二世、三世以至万世永存，最高皇权虽然仍为一家所独有，但他在地方上却废除了周代的分封建国的宗主统治制度，代之以非世袭的国家任命官吏管理地方事务的制度，打破了直接以血缘身份世袭领地、垄断地方政权的状况，使宗法分封制遭受沉重打击。虽然汉初在坚持郡县制的同时曾经大量分封建国，但经过汉武帝等削藩之后，诸侯国势力一蹶不振。此后，虽然时不时仍有恢复周代封建制的议论，但周代家族血缘关系与国家政权结为一体的宗法制度已不复存在。这是中国传统家族制度的一大转变。有学者认为：

> 秦始皇统一六国，建立起专制主义中央集权国家。宗法因素进一步与封建制度相结合，封建皇帝继续实行家天下统治，皇位世袭，品官荫亲，血缘上的亲疏嫡庶关系在国家政治生活中具有重要意义。③

事实上，秦代实行郡县制度是对周人的封建制度的革命，而不是与封建制度的进一步相结合。按照马克思主义学说，封建制度是一种以封建地主占有土地、剥削农民（或农奴）剩余劳动为基础的社会制度。在封建制度下，封建地主阶级拥有最大部分的土地，农民或

---

① 陶希圣：《婚姻与家族》，17页，上海，商务印书馆，1934。
② 陶希圣：《婚姻与家族》，18页，上海，商务印书馆，1934。
③ 朱勇：《清代宗族法研究》，6页，长沙，湖南教育出版社，1987。

农奴完全没有土地或只有很少的土地。他们耕种地主的土地，对地主阶级有不同程度的人身依附，受其剥削和压迫。在封建社会，自然经济占有主要地位，地主对农民的剥削主要采用收取地租的方式。封建社会的政治上层建筑主要是以君主制和等级制为特点的专制政权制度。从血缘家族制度与国家政权的结合上来看，虽然在国家政治制度的最上层，作为最高统治的封建君主专制制度一直实行的是血缘世袭制度，但从国家政治制度的整体来看，从春秋战国时期开始，宗法血缘制度与国家政治制度越来越分离。在以后的社会里，尽管宗族组织仍然受到重视，嫡庶差别仍然存在，但再已不存在大宗、小宗垄断政权的宗法制度了。商鞅在秦变法，奖励耕战，废除贵族世袭制是一重大的转变。因而在由陈胜、吴广所引发的反秦起义中，随处可见到不甘心在国家政治生活中失去其地位的各地贵族的势力。刘汉政权建立以后，也一度恢复封建制，大量分封诸侯国，由此也造成了汉初的诸侯国叛乱，严重影响到国家和社会的稳定。两相比较，由秦开始的专制集权制度显示出了强大的生命力。因此，在汉武帝削藩、剥夺诸侯国的权力和影响之后，专制制度完全确立起来。由此后，宗法血缘制度与国家政权的直接联系被切断，转而采取间接的方法与国家政权结合。从"封建"一词的中国传统文化意义上来讲，"封建宗法制"揭示了先秦时期宗法制的国家政权、社会管理与家族等级制度紧密结合的本质。而如果从马克思主义理论角度来理解"封建"的话，则中国历史上并不存在"封建宗法制"。

（五）宗法制家族

宗法制家族是中国家族史上的第二种家族形态。有的学者认为宗法制家族是奴隶制社会的家族形态，进而认为奴隶制家族同父家长制家族的主要区别在于：

> 家族内部已有阶级分化，分裂成了奴隶主和奴隶两个对立的阶级，有些被征服的家族则整族的变成了征者家族的奴隶。族长从血缘关系方面看虽然仍是父家长，但从阶级地位上看，都已是拥有剥削和奴役他人的特权的大小奴隶主了。[①]

事实上，奴隶并非家族成员，而只是家族的财产之一，这从唐律仍然规定"奴婢贱人，律比畜产"[②] 就可看出。所谓家族内部，并不包括奴隶，并且奴隶与族长也没有血缘关系。奴隶主与奴隶是针对整个社会的自然人来进行划分的。但在家族内部虽然有族长与成员等长幼尊卑等级，但并没有划分为对立的奴隶主与奴隶两大阶级。与其把宗法制家族内部家族之间的关系定位为剥削，毋宁说是一种分肥的体制。夏启杀益夺取王位、建立夏朝后，与其同时存在的还有许多同姓与异姓的家族。同姓的家族自然和夏家族比较亲近，而许多异姓的家族则是同夏联姻的家族。而那些与夏为敌的家族则先后被夏征服，其族人成为奴隶，失去了以家族作为其存在的组织的权力。如有穷氏曾经打败夏政权，后来夏族的少康利用有穷氏家族的内斗打败了有穷氏，"有穷由是遂亡"[③]，作为一个家族不复存在。商代也一样，在商统治时期，也有许多与商并存的家族。商王朝同夏王朝一样，也采用家族和政权合一的制度，通过分封，把众多的子姓家族以及联姻的异姓家族以及归附的家族，分封

① 徐扬杰：《中国家族制度史》，66 页，北京，人民出版社，1992。
② 刘俊文点校：《唐律疏议》，143 页，北京，法律出版社，1999。
③ （清）阮元：《十三经注疏》，《左传·襄公四年》，1933 页，北京，中华书局，1980。

到各地，形成亲疏关系不同、力量大小不同的侯、甸、男、卫、邦、伯等不同等级，即它们既是家族组织，又是政权组织。周代是宗法制最为完备的时期。它用分封的办法建立了族权和政权合一的统治。周家族是全国的中央政权，封国的同姓与异姓家族是地方政权，政权与家族统治高度重合。但不同的是，周代开始出现与贵族家族相对应的庶民家族。商代已经有平民家族，但他们与贵族同宗，所以他们按照宗法制的要求，需尽义务。整个社会仍然采用一种以血缘亲疏关系决定隶属关系的结构，"没有史料可以证明商代时已用地区来划分商人家族成员"①。周代的贵族家族仍与商代的贵族家族一样，家族成员基于同族长的亲属关系而形成不同层级的政治等级关系，分别享有不同的政治统治权与经济支配权，它既是家族组织，更是国家政权组织。宗子在家族中占据统治地位，有主持祭祀与占卜的权利，有团聚家族、管理家族事务的责任，也有处分家族成员的权力，还有统率家族武装的职责。

（六）庶民家族

与贵族家族相对应，周代由于家族血缘关系的逐渐疏远，开始出现了与贵族家族脱离关系的庶民家族。周代大量分封诸侯，但对各封国内的原土著居民，却采取了新的统治方式：

> 即是不打乱土著居民的家族组织，亦不强求改革其生活习俗，仍然保持其固有的生活方式，只是在政治上、经济上置之于被统治、被役使的地位。②

同时，许多诸侯及大夫的后裔由于血缘关系的疏远等原因也脱离了原来的家族关系，而成为庶民家族。他们被限制在一定地域内生产生活，但自身内部的血缘关系并没有完全被打破，形成宗族村社。一个宗族村社，是一个聚族而居的村落，其居民又是一个家族的成员，家族内部有自己的机构，举行家族的祭祀等活动，但远不如贵族家族那样严密。同时，宗族村社作为地域性组织，开始出现了一些并非由血缘关系产生的领导人，如汉何休就记载：

> 在田曰庐，在邑曰里，一里八十户，八家为一巷，中里为校室。选其耆老有高德者名曰父老，其有辩护伉健者为里正，皆受倍田，得乘马。父老比三老，孝弟官属，里正比庶人在官吏。③

这是家族制度与政权制度分割开来的前兆。

三、世家大族式家族

（一）宗法制家族的瓦解

如前所述，春秋时期的社会基层已经开始出现家族制度与政权制度分裂的征兆。但宗法制家族的全面崩溃与瓦解，则是从大宗、小宗之间争夺，周王共主地位的丧失开始的。

---

① 朱凤瀚：《商周家族形态研究》，627 页，天津，天津古籍出版社，1990。
② 朱凤瀚：《商周家族形态研究》，275 页，天津，天津古籍出版社，1990。
③ （清）阮元：《十三经注疏》，《〈春秋公羊传〉解诂·宣公十五年》，2287 页，北京，中华书局，1980。

按照宗法制，大宗与小宗是严格的统治与被统治关系，周王永远是天下的共主。但自西周灭亡、周平王迁都洛阳后，为周王天下共主地位提供经济支撑的富饶的关中地区被秦所有，周王所直接控制的土地急剧减少，实力大幅下降，无法再号令天下，各诸侯趁机断绝对周王的贡献，并不时出兵讨伐周王，谋取自己的利益。与此同时，各个诸侯国内的大宗、小宗之间也出现了激烈的争斗。嫡长子继承制度无法再实现下去，废嫡立庶事件比比皆是。而从春秋时期开始的长期争霸战争，使许多小的诸侯国被消灭，由此导致许多宗族组织被消灭。在那些实力较强的诸侯国内部，各个贵族之间的斗争也非常激烈，如晋国的十一家贵族经过一百余年的争斗，最后形成了韩、赵、魏三家分晋的局面。郑、楚、宋、鲁等国亦存在同样情况。

如果说战争极大地削弱了宗法势力的话，而春秋战国时期政治制度的变革无疑是对宗法家族制存在的釜底抽薪。周代，除了周王、各诸侯、卿大夫、士等"大宗"的百世不迁之外，还实行世卿世禄制度，周王朝和各个诸侯国等执掌政权的官吏均由一些大家族的首领世袭担任。这样做的最严重后果就是大量庸碌无为的人担任官吏，严重影响了行政效率，难以使诸侯国的国力提高。春秋战国时期，各级诸侯纷纷改革各王国内的中央行政机关，设立最高行政官和将军，任命有才能的人进行管理，以增强国力、发动战争、抢夺封地臣民。担任这些职务的人，有的与国王有血缘关系，有的则与国王无任何血缘关系。世卿世禄制度由此废除，吴起、范雎、苏秦、张仪、孙膑、白起等众多布衣卿相在政治舞台上大显身手。他们不需要宗族做后盾，任用他们的各诸侯国的国君也不会允许他们受宗族的控制与支配。同时，各个诸侯国也开始不再向新掠夺的土地上分封同姓或异姓贵族，而是设立县、郡，委派行政长官直接进行管理。他们直接听命于国王，国王可以任意任免、调遣他们。其职位也不再可以被死去的郡县长官的后代继承。这样产生的这种新的地方政权制度，已经不再与族权合一，而是一种单纯的行政管理机关，宗法制由此失去了其存在的可能。秦始皇统一中国，把郡县制推向全国，宗法制遭到了致命一击，西汉初年刘邦分封诸侯只不过是短时间的回光返照而已。

伴随着贵族家族的瓦解的是个体小家庭的迅速成长。春秋战国时期由于铁制农具和牛耕的普遍使用，生产力得到很大发展，耕种更多的土地成为可能。人们开始在周王公有的土地之外开垦荒地，形成私田。同时，由于周室的衰弱，周王仅有的土地也不断受到侵占，土地私有的概念开始流行。周代青铜器铭文中就出现了大量的关于用土地进行交换、抵押、赔偿的记载，如《散氏盘》、《曶鼎》等的记载①即是如此。典籍中也记载了许多贵族之间争夺田地的记载，典型的如晋邢侯与雍子争夺鄐田而起命案，叔向不徇私情，向韩宣子建议："施邢侯，而尸雍子与叔鱼于市。"孔子称叔向乃"古之遗直"②。公元前594年，鲁国实行"初税亩"，不分公田私田一律按亩征税。秦国商鞅变法也从法律上废除了土地公有制。与此同时，各国开始实行户籍制度，开始由国家直接管理个体家庭，废除家族这个中间管理层级，使家庭成为社会基本的管理单位，以人头为单位征收口赋与算赋，以户为单位征收田赋与户赋。为增加国家财政收入，用于大规模的兼并战争，各国都制定了奖励分户的政

---

① 参见胡留元、冯卓慧：《长安文物与古代法制》，74、49页，北京，法律出版社，1989。

② （清）阮元：《十三经注疏》，《左传·昭公十四年》，2076页，北京，中华书局，1980。

策。秦国还制定法律规定，"民有二男以上不分异者，倍其赋"①，强迫实行小家庭制度。

小家庭的迅速增加，也是生产力发展的结果，以家庭为单位的劳动力也能够进行农业生产，因而李悝举例当时家庭生产的情况为"今一夫挟五口，治田百亩"②，汉代晁错也说：

> 今五口之家，其服役者不下二人；其能耕者，不过百亩；百亩之收，不过百石。③

这表明，这种数口之家的个体小家庭已经成为普遍现象。从汉代开始已经提倡大家庭制度，但在法律上，对分家析户还是允许的，如汉《二年律令·户律》就规定：

> 民大父母、父母、子、孙、同产、同产子、欲相分予奴婢、马牛羊、它财物者，皆许之，辄为定籍。④

曹魏时开始改变法令，禁止父子分割财产，唐律更明确规定：

> 诸祖父母、父母在，而子孙别籍、异财者，徒三年。⑤

但家庭的扩大带来家庭管理与经济社会以及日常生活诸多不利。这一时期的农业生产主要以种植粮食作物为主，生产工具主要是牛耕铁锄，特别适合于有七八十亩的土地耕种的五口之家。同时在家庭这个生活共同体中，权利和义务的平衡是维持团体完整的必要条件。家庭成员越多，家庭关系就越复杂，家庭成员很难和睦相处，所以：

> 秦汉魏晋南北朝乃至隋唐时期的家庭结构始终是以五口之家的核心小家庭为主。在整个中古历史上，这种家庭的结构和规模始终并无太大的变化。⑥

（二）汉代的强宗豪右

自春秋战国时期起，小家庭制度开始在中国流行开来，秦还从法律上限制大家庭，宗法制家族受到致命打击。由于这些小家庭多是从原来的大家族分离出来的，或是原来的作为庶民家族的所谓村社制家族分裂而形成的，个体小家庭赖以存在的土地基本上是从原来的家族的大块土地所划分出来的，因而他们虽然分开种地，以小家庭独立生活，但土地使他们仍然聚居在一起，因此，

> 战国、两汉时期，宗族组织虽然瓦解了，而个体小家庭聚族而居的现象却继续下来了。⑦

确实，在诸子均分的财产制度下，每个子孙都可以从父祖手中获得部分土地。这些土地虽然在所有权上被划分给了各个后代，但它们在地理上却是仍然连接在一起的。各个小

---

① （汉）司马迁：《二十五史·史记·商君传》，255 页，上海，上海古籍书店，1986。
② （东汉）班固：《二十五史·前汉书·食货志》，476 页，上海，上海书店、上海古籍书店，1986。
③ （东汉）班固：《二十五史·前汉书·食货志》，477 页，上海，上海书店、上海古籍书店，1986。
④ 朱红林：《张家山汉简〈二年律令〉集释》，211 页，北京，社会科学文献出版社，2005。
⑤ 刘俊文点校：《唐律疏议》，257 页，北京，法律出版社，1999。
⑥ 李卿：《秦汉魏晋、南北朝时期家族、宗族关系研究》，74 页，上海，上海人民出版社，2005。
⑦ 徐扬杰：《中国家族制度史》，160 页，北京，人民出版社，1992。

家庭还必须靠这些土地生活，这使得他们不可能离开这些实际上连在一起的土地太远，因而形成了以土地为中心的聚居。这种聚居大多数情况下都不是聚族而居，而是宗族聚居。聚族而居与宗族聚居是有区别的：

> "聚族而居"，从语义上讲就应该是人们在宗族观念的支配或影响下，有意识地将分散居住的族人聚集起来，集中居住。它有个从主观到客观的过程。而宗族聚居，则只是反映族人住处相对集中这一客观现象。它可以是人为的，也可以是自然形成的。①

小家庭的宗族聚居，绝大部分是通过兄弟之间均分家产等形式形成的个体小户的聚居，同时亦有部分源自宗法制家族的遗留。秦朝强制实行小家庭制度，一方面增加了国家的财政收入，但同时也有强干弱枝、打击宗法制家族对国家政权威胁的作用。这种打击也引发了强烈的反弹，如原齐国的田氏家族就利用宗族势力参与了反秦起义，田儋"遂自立为齐王"②。西汉建立初期，为防止原六国诸侯贵族聚居所形成的地方豪强，仍继续实行强干弱枝的政策，削弱地方大族的势力。汉高祖接受娄敬的建议，数度迁徙在秦亡过程中发展起来的六国贵族后裔，既削弱诸侯的势力，又加强中央政权所直接控制的关中地区的实力。萧何早年即跟随刘邦，刘邦建立西汉政权后论功行赏，认为"今萧何举宗族数十人皆随我，功不可忘也"③。但面对西汉时期对豪族势力的高压政策，为西汉政权立下大功的萧何也不得不小心行事：

> 何置田宅必居穷处，为家不治垣屋。曰："后世贤，师吾俭。不贤，毋为势家所夺。"④

西汉开始鼓励同居，如汉惠帝元年（公元前194年）的诏书规定：

> 今吏六百石以上，父母妻子与同居，及故吏尝佩将军都尉印将兵及佩二千石官印者，家唯给军赋，它无有所与。⑤

以优惠赋税鼓励官吏父母、妻子随其同居。后又把这一政策推向民间。但是，这里鼓励同居只限于个体家庭的范畴，与"族居"是两个根本不同的概念。⑥

汉武帝时更是加强了打击豪强的立法，限制地方豪强的田地与房屋的数量，严禁官吏庇护豪强，派出刺史周行郡国加以监督。因此，这一时期的小家庭聚居并未形成严格控制的家族组织，他们的血缘关系相对比较松散，虽然他们之间有一定的互相帮助与赡施赈济等活动，但并没有形成家族组织。

尽管如此，秦汉统一，自春秋战国时期以来的长期动乱结束，人们生活安定下来，再加之汉代文景之治、轻徭薄赋，家族或宗族因此能够以其所有的田地而聚居繁衍，逐渐形成家业世承、利害与共的聚居的家族团体。两汉的强宗豪右，在文献中又有"豪族著姓"、

---

① 杨际平、郭锋、张和平：《五—十世纪敦煌的家庭与家族关系》，201页，长沙，岳麓书社，1997。
② （汉）司马迁：《二十五史·史记·田儋传》，296页，上海，上海书店、上海古籍书店，1986。
③ （汉）司马迁：《二十五史·史记·田儋传》，235页，上海，上海书店、上海古籍书店，1986。
④ （汉）司马迁：《二十五史·史记·田儋传》，235页，上海，上海书店、上海古籍书店，1986。
⑤ （东汉）班固：《二十五史·前汉书·惠帝纪》，377页，上海，上海书店、上海古籍书店，1986。
⑥ 赵沛：《两汉宗族研究》，86页，济南，山东大学出版社，2002。

"旧姓豪强"、"郡国豪杰"等名称，他们在各个时期有不同的表现特征：前期以战国旧贵族为主，其活动主要是政治性的；中期以富商大贾为主，其活动主要是经济性的；东汉时期则形成豪族之下汇集了一大批依附人口的社会共同体。两汉的强宗豪右从特征上讲，首先是一个血缘性组织，同时拥有强大的经济实力，有着众多的宗族成员与依附人口。他们通过政治、经济、文化诸多途径对社会发生着重大的影响，并常常利用自己强大的经济社会实力，向国家的中下层组织发起挑战，正如《后汉书》所说的那样：

> 汉承战国余烈，多豪猾之民。其并兼者则陵横邦邑，桀健者则雄张闾里。①

到汉昭宣时期（前86年—前49年），情况变得更为严重：

> 自郡吏以下皆畏避之，莫敢与忤，咸曰："宁负二千石，无负豪大家。"宾客放为盗贼。发，辄入高氏。吏不敢追。浸浸日多。道路张弓拔刃，然后敢行，其乱如此。②

东汉的刘秀就是充分利用豪族的势力获得政权的，因此，尽管东汉时不时采取措施抑制豪族势力，但这种强宗豪右势力扩张的状况直到东汉末年仍然保持着。两汉的宗族内部的联系开始得到加强，也开始有了一些基于宗族团体利益的宗族性行为，赡给救济同宗族贫穷者的记载多了起来，如《汉书》所载：

> 杨恽"受父财五百万，及身封侯，皆以分宗族"③。

还有聚族自保，如东汉光武即位，"时赵魏豪右往往屯聚"④。总的来说，自汉代开始，家族聚居已经开始存在并逐步得到发展。这一时期的家族制度虽然仍是以血缘为主体的社会团体，仍然重视宗族的结合，有嫡庶之分，但已经不存在政治上的大宗、小宗的宗法组织。除了极为少见的累世同居的大家庭外，宗族内部各个家庭是独立的社会生活单位，没有大宗统率小宗的隶属关系，没有了政治权力的再分配。宗族与政权的关系也已经完全隔断，不再存在政权与族权高度统一的宗法制政权。除汉初所封诸侯是实封、各诸侯对所封地区享有实际的行政管理权外，其余的封地封爵在本质上已经发生了根本性的变化，即董仲舒所谓：

> 王者封诸侯，非官之也，得以代代为家者也。⑤

用当代学者的话来说，就是：

> 汉代以后历代封建王朝虽然仍有封地封爵的做法，那只是对皇亲国戚和功臣的恩赏措施，并非国家机构的基本形态。⑥

---

① （南朝宋）范晔：《二十五史·后汉书·酷吏传》，1019页，上海，上海书店、上海古籍书店，1986。
② （东汉）班固：《二十五史·前汉书·酷吏传·严延年传》，704页，上海，上海书店、上海古籍书店，1986。
③ （东汉）班固：《二十五史·前汉书·杨敞子杨恽传》，631页，上海，上海书店、上海古籍书店，1986。
④ （南朝宋）范晔：《二十五史·后汉书·酷吏传·李章传》，1020页，上海，上海书店、上海古籍书店，1986。
⑤ （唐）司马贞：《二十五史·史记·吴太伯世家·索引》，235页，上海，上海书店、上海古籍书店，1986。
⑥ 史风仪：《中国古代的家族与身份》，41页，北京，社会科学文献出版社，1999。

但是，随着宗族势力的逐步增强，宗族的政治职能还是得到了加强，主要的途径是通过宗族首领出任乡官里吏与郡县掾吏，或由地方强宗豪右控制乡举里选、影响地方官吏的选择等来对国家的地方政权形成压力。东汉的刘秀上台之后虽然曾经下令释放奴婢，实行"度田"，颁布法令，继续西汉时期的限制豪宗强右的政策，但他本身就是靠豪强势力的支持才得以夺取权位，上台后他不得不承认几个利益集团。因此，东汉时期形成了两类不同的豪族：一是凭借中央政权而形成的宗室、外戚与宦官，二是自己逐渐发展起来的地方家族。东汉时期的豪族所在，差不多已经遍及全国。他们甚至可以交通王侯，或公然与中央政府对抗，成为东汉社会一种重要的势力。赵沛认为：

> 在整个东汉时期，从中央到地方的各级官职基本上掌握在各级宗族势力之手，并且，他们更得以利用手中的政治权力，经营其经济势力。宗族势力在东汉得到了发展，出现了一批批世代为官的世族阶层。这些世族实际上已经构成了魏晋时期门阀的基础。①

（三）魏晋南北朝的世家大族

1. 大家族与世家大族

世家大族是汉以后魏晋南北朝及隋唐时期一种以血缘家族为基础的特定的社会群体的称谓。据统计，它有高门、势家、世家、世族等 28 种称谓②，其中最为人所通用的可能是士族。世家大族一定是一个大家族，但大家族并不一定是"世家大族"。夏炎认为：

> "大家族"仅以人数众多为其主要判断标准，而"世家大族"则包含有更深刻的经济、政治、文化内涵。他们处于社会的上层，从中央到地方都拥有一定的社会影响力，并且得到了社会的认同。③

对于世家大族的标准，自汉末至三国两晋南北朝期间，未见到明确的规定，因而也出现了判断不一的情况，如有名的博陵崔氏，是汉代尚书崔寔之后，它被一些人轻视甚至视为寒门，认为崔氏"世号'东崔'，地寒望劣"④，然又被另外一些人称为"世为北州著姓"⑤。北魏孝文帝于太和十九年（495 年）第一次以法律的形式确定门阀士族。对官达者位极公卿而功衰之亲仍居猥任、处于寒族的情况进行调整。唐人柳芳曾对此加以记载：

> 魏孝文帝迁洛，有八氏、十姓、三十六族、九十二姓。八氏十姓，出于帝宗属或诸国从魏者，三十六族九十二姓，世为部落大人，并号河南洛阳人。郡姓者，以中国士人差第阀阅为之制。凡三世有三公者，曰"膏粱"。有令、仆者，曰"华腴"。尚书、领、护而上者，为甲姓。九卿若方伯者，为乙姓。散骑常侍、大中大夫者为丙姓，吏

① 赵沛：《两汉宗族研究》，230 页，济南，山东大学出版社，2002。
② 参见毛汉光：《中国中古社会史论》，141 页，上海，上海书店出版社，2002。
③ 夏炎：《中古世家大族清河崔氏研究》，14 页，天津，天津古籍出版社，2004。
④ （北齐）魏收：《二十五史·魏书·高阳王传》，2234 页，上海，上海书店、上海古籍书店，1986。
⑤ （隋）李百药：《二十五史·北齐书·崔暹传》，2551 页，上海，上海书店、上海古籍书店，1986。

部正员郎为丁姓。凡得入者谓之"四姓"。①

鲜卑贵族本来没有姓族等级的划分，但他们作为北方的少数民族入主中原后，为与中原文化接轨，北魏孝文帝也不得不制定标准、对门阀士族制度加以规定。虽然北魏孝文帝曾制定过门阀士族的标准，但从整个历史来看，世家大族这一称谓并非是某个人所赋予，也非仅通过法律条文加以规定就能形成的。如果通过这样的办法来认定，那么它在发生皇位承继、朝代更替时就可能随之发生变更。事实上，这样的情况发生很少。长期历史发展中形成的世家大族制度，许多时候连皇帝都无可奈何。如《新唐书》载：

> 开成初，文宗欲以真源、临真二公主降士族，谓宰相曰："民间修婚姻，不计官品而尚阀阅。我家二百年天子，顾不及崔、卢耶？"②

当然，从魏晋到隋唐的几百年间，世家大族的概念是在不断的发生变化的，它们的界限也不是绝对的。但一旦形成，其影响力不会因为一朝一代的建立而立刻消失。其社会地位具有一定的延续性和相对的稳定性，即使政治地位或经济地位一度处于劣势，只要社会地位不落，世家大族仍会得到社会的承认。夏炎总结到：

> 从这个意义上讲，"世家大族"应该是一种被当时全社会所共同承认的精神符号，世家大族的社会地位是这个精神符号赖以生存的基础，一旦社会地位遭到破坏，世家大族便会由于失去生存基础而消亡。③

2. 士族与九品中正制

应该看到，士族的范围也有很大的不确定性，世家大族是历史文化长期积累的结果。战国秦汉数百年间，宗法制被彻底打破，政权和族权分离，在这种情况下是形不成士族的。东汉中叶以后，政权和家族再次进行结合。但这次结合并不是按照宗法制的规定，完全以天然的血缘关系为标准自然而然进行的结合，而是在国家设定的一系列制度的基础上长期逐渐形成的。

东汉末年，强宗大族已经遍布全国，每个地方都有一些雄踞州县的大族。这些大族长期聚居在一个地方，生息繁衍，往往人口众多，有的聚族至数千家以至数万家，长期的聚族而居也逐渐引起各级政权随之发生变化：

> 不仅乡里政权进一步为强宗豪右所控制，郡县政权为世家大族把持的现象也非常普遍，甚至中央政权的某些部门，特别是宰相这样的职位，为几姓世家大族世代传袭，即历史上的世家大族累世公卿的局面也出现了。④

典型的有汉代邓禹家族：

---

① （宋）欧阳修、宋祁：《二十五史·新唐书·儒学传·柳冲传》，4731 页，上海，上海书店、上海古籍书店，1986。

② （宋）欧阳修、宋祁：《二十五史·新唐书·杜兼附子中立传》，4677 页，上海，上海书店、上海古籍书店，1986。

③ 夏炎：《中古世家大族清河崔氏研究》，354 页，天津，天津古籍出版社，2004。

④ 徐扬杰：《中国家族制度史》，206 页，北京，人民出版社，1992。

自中兴后累世宠贵，凡侯者二十九人，公二人，大将军以下十三人，中二千石十四人，列校二十二人，州牧郡守四十八人，其余侍中、将、大夫、郎、谒者不可胜数。东京莫与为比。①

梁翼家族也是如此。梁翼在其父梁商死后，袭其大将军职。他骄横不法，专断朝政二十余年，其家族也因之盛极一时：

翼一门，前后七封侯，三皇后，六贵人，二大将军，夫人、女食邑称君者七人，尚公主三人，其余卿、将、尹、校五十七人。②

东汉黄巾起义后，各个地方的豪强势力纷纷独立，形成了地方割据势力。以至于随后的曹魏等政权也不得不借助世家大族的势力维持统治。司马氏集团建立起来的西晋王朝是第一个由世家大族完全控制的统一王朝。到东晋南朝时期，则形成了十分典型的封建家族制度。王、谢等家族世代执掌朝政，从北方南下的世家大族与原南方的士族形成激烈的冲突。中国北方的少数民族贵族进入中原地区与北方的汉族世家大族结合，形成联合统治。同时，北方士族内部形成关陇士族与山东士族的矛盾，并对其后的隋唐诸朝产生了很大影响。

世家大族的形成，最主要得益于九品中正制的推行。宗法制时代实行世卿世禄制度，自春秋战国开始，选贤任能逐步形成制度。自秦开始，中央集权专制政权的一系列官吏选任方式逐步完善起来并形成制度。秦的官吏选任方式主要有荐举、征召、保举等。两汉的官吏选任方式主要有察举和征辟。察举是一种自上而下的考察和推选人才的方法，朝廷确定的需要人才的科目和对策应试的方法往往因时而异，主要有孝廉、秀才、贤良方正、明经、明法、文学等科目。征辟，也称辟举、辟除，是公卿等高级官吏以及地方郡守以上官吏向中央推荐有名望又有统治才能的人或自选他们作为自己的属员的制度。此外还有纳赀和征召等形式。

在三国两晋南北朝时期，秦汉时期的官吏选任制度虽然基本得到沿用，但由三国曹魏文帝于黄初元年（公元 220 年）确立的九品中正制（又称九品官人法）开始得到普遍适用。其主要的内容有以下几个方面：

第一，负责官吏选任的机构是中央的司徒和吏部尚书，在地方为州郡的大小中正，由下而上分级进行；

第二，选官的标准是由世、状、品所构成三条标准，世指家世、财产、地位和资格等的标准，而状与品则是对本人的才行的评价；

第三，选官的方法是将人物按其言行和品质等方面进行等级的品评，在上、中、下三等的基础上每个等级再区分出上、中、下三等共九个等级，每年均有升降；

第四，任官实行评用分开，州郡大小中正按九品评定后上报司徒核实，最后由尚书根据需要和条件进行任命，评任两者之间既相互联系又互相制约。

① （南朝宋）范晔：《二十五史·后汉书·邓禹传》，860 页，上海，上海书店、上海古籍书店，1986。
② （南朝宋）范晔：《二十五史·后汉书·酷吏传·梁统传》，908 页，上海，上海书店、上海古籍书店，1986。

九品中正制第一次建立了完整的官吏的品评和任用体系。它使州郡的大小中正及主要官吏皆来自"著姓士族",达到了"尊世胄、卑寒士,权归右姓"①的目的,巩固和加强了士族门阀制度。因此,由士族建立的两晋南北朝诸朝代均沿袭了这一制度。在实际评定人物时,基本不看人的品行与才能,主要是父祖的官职以及出身的家族,使世家大族垄断中央和地方官职的政治特权法律化、制度化。在取得政治上的特权后,士族贵族政权又制定了占田荫户制度,攫取经济上的利益。官吏和世家大族按官品的高下分别可以占有不同数量的田产,并且可以荫户。被其所荫的亲族客户免除国家的课役义务而只向其主人纳课和服役,即是确认了世家大户广占田地和人口而不负担纳税与服役的义务。到隋唐时期,国家开始采取措施,逐步消除家族对国家政权的影响。自隋代开始废除九品中正制,实行科举取士,使门阀世家进入和影响国家政权的一条主要渠道被切断。随着科举制度在唐代的规范与完善,到武则天统治时期,来自社会中下层的寒门士族势力开始逐步在国家政权中占据主导地位。北魏开始的均田制在隋唐时期得到继续推行,中央政府由此直接控制了全国大多数农户,保证了朝廷的财政赋税收入,从经济上削弱了豪强地主的力量。唐朝中后期,中央政府加大了对豪强地主的打击、抑制力度,再加之唐末农民起义及随后的五代十国的割据征战,世家大族终于在社会舞台上销声匿迹了。

3. 士族的特征

魏晋南北朝的世家大族虽然人数仅占总人数的很小一部分,但由于他们往往占据国家政权中的高位,在社会上又具有很大的影响,因而成为这一时期具有代表性的家族制度。其主要的特征有:

(1)以家风家学传世,形成社会声望。魏晋南北朝的世家大族常被称为士族,其原因是:

> 夫士族之特点既在其门风之优美,不同于凡庶,而优美之门风实基于学业之因袭。②

士在先秦时代是属于分封贵族最低的一级。随着春秋战国时期宗法制的打破以及士在社会进化中的作用增加,士逐渐成为"士农工商"的"四民"之首。秦为统一中国,强调武功。代秦而起的刘汉政权,其元勋功臣除叔孙通、陆贾等极少数儒生外,多是来自社会最下层的贩缯屠狗之徒,其后代也多坐吃祖宗基业,骄逸无度,多陷法禁,以至百余年后便靡有孑遗了。汉武帝"罢黜百家,独尊儒术"之后,士开始与儒结合,成为读书阶层。再加之两汉经学大盛,而且往往注重家学渊源,讲究子承父业,由此开始形成家族世袭化的特征。而部分学而优者还入仕做了官,如汉代公孙弘以研习《春秋》而被任命为丞相封侯,"天下学士,靡然乡风矣"③。其示范效应非常明显。"自此以来,公卿大夫士吏,彬彬多文学之士矣。"④ 到东汉时,其开国元勋中,儒林、二千石及以下中低级官吏成为主要

---

① (宋)欧阳修、宋祁:《二十五史·新唐书·儒学传·柳冲传》,4731页,上海,上海书店、上海古籍书店,1986。

② 陈寅恪:《隋唐制度渊源略论稿·唐代政治史述论稿》,260页,北京,三联书店,2004。

③ (东汉)班固:《二十五史·前汉书·儒林传序》,697页,上海,上海书店、上海古籍书店,1986。

④ (东汉)班固:《二十五史·前汉书·儒林传序》,697页,上海,上海书店、上海古籍书店,1986。

部分。

　　这也表明自西汉中期以后各类宗族群体发展盛衰的情况，士林宗族的崛起是重要的特征。①

他们中间很多人懂得守成持家之道，因此不少成为延绵东汉一代的世家大族。从社会群体的构成上说，两汉与魏晋的贵族之间有着家族类型上的区别：

　　汉代的贵族是战国以来军功贵族宗族的延续，武人为多，如西汉"皆武人屈起，亦有鬻缯屠狗轻猾之徒"。魏晋士族，主要是由儒学世家和官宦世家演变而成，文化人为多，家族的儒学之风是其最大的特色。②

学与仕的结合使士人之族突破纯粹师承流派的学术领域，达到了社会和政治领域。这种声望不仅是对个人的品行学识的认可，也是对其世代相传的家学家风的认可。这也为实行九品中正制的官吏选任制度后士人家族获得更多的政治权利和社会影响打下基础。西晋制定户调式，规定官僚贵族之家：

　　各以品之高卑荫其亲属，多者及九族，少者三世；宗室、国宾、先贤之后及士人子孙亦如之。③

这将汉武帝开始的对博士弟子免除赋役的政策扩大到了家族，从而开始出现"士族"的说法。④魏晋南北朝时期士族与国家政权及各级官吏紧密结合，拥有极强的政治、经济、军事实力和极高的社会影响力，形成某家族世居某地，为当地所仰望的姓氏、家族与地域三者结合的郡望。对于郡望的功用，有学者总结道：

　　中古时期世家大族的郡望是家族成员认同的重要符号，是家族荣誉的象征，它就像一条无形的线将不同时空的家族成员联系在一起，维系着家族的凝聚力。郡望是世家大族繁衍生息之所，是其经济实力、政治实力之依托，并且是借以标榜其门第的重要工具。⑤

　　(2) 以婚姻论门第。等级婚姻是等级社会的一个重要特征。我国先秦时期即实行等级婚姻制，从宗妇鼎、秦公鼎、叔姬簋等青铜器铭文中可以看出，当时实行的就是天子与诸侯国通婚、诸侯国之间通婚、大夫与大夫之间通婚、士与士通婚、庶人与庶人通婚的制度。魏晋之际，社会上虽然已经出现士族、庶族之区分，但小族之男子如果才华相貌出众，被公认为"名士"之后，则他的政治及社会地位与士族子弟的差别并不大。庶族的女子如果遵守礼法得到公认，则她也可与高门豪族通婚。这其中的原因是：

　　所谓士族者，其初并不专用其先代之高官厚禄为其唯一之表征，而实以家学及礼

---

①　冯尔康等：《中国宗族社会》，110 页，杭州，浙江人民出版社，1994。

②　阎爱民：《汉晋家族研究》，304 页，上海，上海人民出版社，2005。

③　(唐) 房玄龄：《二十五史·晋书·食货志》，1334 页，上海，上海书店、上海古籍书店，1986。

④　参见唐长孺：《士人荫族特权和士族队伍扩大》，载《魏晋南北朝史论拾遗》，67 页，北京，中华书局，1983。

⑤　夏炎：《中古世家大族清河崔氏研究》，18 页，天津，天津古籍出版社，2004。

法等标异于其他诸姓。①

但是，随着士庶之别越来越严，"高门婚对，必求世胄，寒素之家，虽宠贵一时，亦不得为婚士族，士族婚宦失类，亦每遭排抑"②。如南朝时期门第不高却权倾一时的河南王侯景要求请婚于当时著名的高门士族王氏家族或谢氏家族，梁武帝都只好拒绝："王、谢门高，非偶。可于朱、张以下访之。"侯景为此愤懑不已，誓言"会将吴儿女以配奴"③。

北魏太和二年（478 年），孝文帝下诏重申门第之禁，再次使士族与庶族之间的通婚成为法律禁条：

> 皇族贵戚及士民之家，不惟氏族高下，与非类婚偶。先帝亲发明诏，为之科禁。而百姓习常，仍不肃改。朕今宪章旧典，祗案先制，著之律令，永为定准。④

隋唐时期，法律已改禁门第通婚而为禁良贱为婚，规定：

> 人各有耦，色类须同，良贱既殊，何宜配合。⑤

同时，为防止贵族大姓对国家政权的威胁，还刻意抑制高门大姓之间的婚配。但民间仍然崇尚士族婚配，士族嫁女必定索要丰厚钱财，就如同卖女一样，唐太宗都斥其"甚损风俗，有紊礼经"⑥。但民间习俗如此之深，以致皇帝数次下诏都仍然风行。直到唐末五代，山东士族等历经丧乱，陵迟殆尽，"门第之别，始不复为时所重"⑦。

（3）重视谱牒。谱牒，是记载氏族或宗族的书，其历史悠久，司马迁作《史记》时，谱牒就是其重要的参考资料。他自述：

> 余读谍记，黄帝以来皆有年数，稽其历谱牒，终始五德之传。⑧

司马迁著《史记》时利用谱牒甚多，他对历代谱牒记载的周全大加赞赏：

> 太史公读春秋历谱牒，至周厉王，未尝不废书而叹也："呜呼！师挚见之矣。"⑨

根据众多谱牒，司马迁记录了黄帝以来颛顼、帝喾、尧、舜等五帝的世系及夏、商、周三代王室等的历代世系。考古学发现已经证实其关于商、周诸王的世系记载是基本准确的。由此，"我们或许可以推测，最早的家谱很可能出现在大禹时期"⑩。在禅让被世袭取代后，血缘关系便与政治等紧密地结合起来。商代出现的甲骨文，使家谱从口耳相传步入了文字记载的实物阶段。西周时期出于维护宗法制度的需要，开始由国家建立一整套的史官修谱的制度。《周礼》载：

①　陈寅恪：《隋唐制度渊源略论稿·唐代政治史述论稿》，260 页，北京，三联书店，2004。
②　陈鹏：《中国婚姻史稿》，56 页，北京，中华书局，2005。
③　（唐）李延寿：《二十五史·南史·贼臣传·侯景传》，2885 页，上海，上海书店、上海古籍书店，1986。
④　（北齐）魏收：《二十五史·魏书·高祖纪》，2189 页，上海，上海书店、上海古籍书店，1986。
⑤　刘俊文点校：《唐律疏议》，293 页，北京，法律出版社，1999。
⑥　（唐）吴兢撰，谢保成集校：《贞观政要》，396 页，北京，中华书局，2003。
⑦　陈鹏：《中国婚姻史稿》，66 页，北京，中华书局，2005。
⑧　（汉）司马迁：《二十五史·史记·三代世表序》，54 页，上海，上海书店、上海古籍书店，1986。
⑨　（汉）司马迁：《二十五史·史记·十二诸侯年表序》，56 页，上海，上海书店、上海古籍书店，1986。
⑩　吴强华：《家谱》，11 页，重庆，重庆出版社，2006。

小史掌邦国之志，奠系世，辨昭穆。若有事，则诏王之忌讳。①

这里的志乃记的意思；奠者，定也；系指帝系，指帝王之血缘承递关系；世指世本，为记载诸侯大夫的氏姓、世系、居作等事项之书，唐因避太宗李世民之讳改称系本；昭穆，即贵族宗庙的辈次排列顺序，以始祖居中，昭居左，穆居右，实际上代表了宗族内部的长幼尊卑和亲疏远近。先王死去的日子称为忌，先王的名为讳。如果帝王有事需要进行祭祀，则小史应当告诉他先王的忌日和名字。周代还出现了《世本》等我国最早的谱牒学著作。随着士庶门阀之别的强化，魏晋南北朝后，谱牒再次兴盛起来，出现了家传、家谱与谱籍等多种形式的谱牒。并且，谱牒的功用得到了强化：

自隋唐以上，官为簿状，家有谱系，官之选举，必由于簿状，家之婚姻，必由于谱系。②

与此同时，出现了专门研究谱牒的学问和谱学家，如西晋的挚虞制定了第一部记载天下士族血缘关系的正式谱牒《族姓昭穆》上呈皇帝，"以定品违法为司徒所劾。诏：原之"③。东晋有专门研究谱牒之学贾弼之、贾匪之、贾渊三代世家。南梁的王僧孺则撰有《十八州谱》、《百家谱集抄》、《东南谱集抄》等，成为其时的谱学集大成者。④ 当时，"人尚谱系之学，家藏谱系之书"⑤ 已成为一种普遍的社会现象。

官藏官修谱牒是从两晋开始的，官方的谱牒具有最高的权威。而唐朝则是官修家谱最发达的王朝之一，唐太宗时期编撰有《氏族志》，武后时又有《姓氏录》，唐中宗、玄宗时又组织编撰有《姓族系录》。但唐代官修谱牒的目的已与以前不同，主要在于培植新贵族，抑制旧贵族，即"欲重今朝冠冕"⑥。到唐末五代，战乱频仍，门阀士族制度遭到毁灭性打击，"魏晋以来以维护门第为主要任务的官方谱学正式消亡了"⑦。

四、近代封建制家族

(一) 宋以前的家族聚居

魏晋南北朝时期的家族社会的主要特征是士族式宗族。但并不能说除了士族宗族外，就没有其他形式的家族存在。事实上，不但有其他类型的家族存在，而且就数量来说，它们还占据着绝对的优势。士族在血缘的基础上还具有政治性，其内部有高低贵贱之分，有其产生、发展和消亡的过程。而宗族则是主要以血缘关系来划分的，是自然形成的血缘共同体，不可能被人为地消灭。

① （清）阮元：《十三经注疏》，《周礼·春官·小史》，818 页，北京，中华书局，1980。
② （南宋）郑樵：《通志》（一），439 页，杭州，浙江古籍出版社，1988。
③ （唐）房玄龄：《二十五史·晋书·挚虞传》，1409 页，上海，上海书店、上海古籍书店，1986。
④ 参见（唐）李延寿：《二十五史·南史·王僧孺传》，2829 页，上海，上海书店、上海古籍书店，1986。
⑤ （南宋）郑樵：《通志》（一），439 页，杭州，浙江古籍出版社，1988。
⑥ （后晋）刘昫：《二十五史·旧唐书·高士廉传》，3769 页，上海，上海书店、上海古籍书店，1986。
⑦ 吴强华：《家谱》，28 页，重庆，重庆出版社，2006。

士族与家族、宗族是两种不同性质的概念。①

春秋战国时期，宗法制家族瓦解，以宗子权为特征的宗族大家长制随着分封制的被打破而瓦解，简单明了的直系血亲关系开始取代复杂的宗族集体型人际关系。这种直系血亲关系的特征是：

> 他们虽取父系，虽取父权，虽取父治，却没有氏族的组织。他们的亲属共同生活团体，不是父系、父权、父治的氏族，而是父系、父权、父治的家族，抽象的宗法系统之下的家族制。自此以后，宗法已成为抽象的系统。宗子没有了，宗庙不复由宗子独占主祭权了。"人各亲其亲，人各子其子"这种分散家族制，使儒者叹息大道之不行。②

这一时期，宗族仍然存在，血缘观念依然保持：

> 祭祖、收族及族谱的修撰，是最重要的宗法活动。③

先秦时期，这些活动被纳入礼的范围，由国王统率的贵族严格遵守并执行着。到秦汉时期，宗法活动开始降于普通百姓。首先是宗族的祭祀活动。秦汉时，自普通百姓至天子，都采取了墓祭的方式。汉明帝时更是明确下诏：

> 无起寝庙，藏主于光烈皇后更衣别室。④

这一规定打破了周礼的所规定的"天子七庙"制度，把众多的祖先神主集中在一个祖庙里供奉，把隆重的祭祀典礼由宗庙移到了陵寝。这一转移具有重要的意义，因为：

> 墓祭最重要的特征，不反映宗子的主祭权，不区分大小宗之别，使得宗法活动能更加广泛化。⑤

墓祭有固定的岁时祭祀及合祭远近祖先神主的禘祫之礼和正祭外的"闲祀"。还有一种是不固定的，或者临时有事，需招亲朋宾客商议；或是官员回乡省亲等的祭祀。从《四民月令》所记载的东汉豪族的频繁活动来看，大都是祖先祭祀，这说明：

> 当时社会生活中，原来的基本乡里秩序遭到破坏，宗族活动已逐渐成为社会生活中最重要的内容了。⑥

到了东汉末，由于宗族活动的加强与频繁，士大夫阶层已开始在家内辟出特定的地方作为祭祖活动的场所，祠庙祭祖又开始得到恢复，但不同的是，这已经不再是贵族专有的特权，而成为一种正常的社会活动。秦代和西汉时期，统治者推行严密的什伍制度，乡、里、亭等基层组织发挥着重要的作用，非血缘的乡邻关系在社会生活中占有重要地位，亭

---

① 李卿：《秦汉魏晋、南北朝时期家族、宗族关系研究》，300 页，上海，上海人民出版社，2005。
② 陶希圣：《婚姻与家族》，62 页，北京，商务印书馆，1934。
③ 冯尔康：《中国宗族社会》，97 页，杭州，浙江人民出版社，1994。
④ （南朝宋）范晔：《二十五史·后汉书·明帝纪》，775 页，上海，上海书店、上海古籍书店，1986。
⑤ 冯尔康：《中国宗族社会》，99 页，杭州，浙江人民出版社，1994。
⑥ 冯尔康：《中国宗族社会》，102 页，杭州，浙江人民出版社，1994。

长、里长这类小人物活动频繁。家族势力受到国家政权的强力抑制，使其"强干弱枝"。但家族作为一种社会活动单位仍在发挥着作用。东汉后，《白虎通义》从理论上论证了尊祖敬祖的宗法理论的重要性。宗族作为解决族人争端及内部事务的一种机构的功能也开始得到显现。魏晋南北朝后，由于士族制度的影响，平民的宗族社会组织也较秦汉时期有了很大发展。他们大多规模不大，活动也不是很频繁。他们散布全国各地，虽没有士族显赫，但数量不少。丞相韦贤病重时，其任太常丞的长子韦弘因坐宗庙事被捕入狱待决。韦贤却恚恨而不肯另外指定嗣子。韦贤门下的学生、博士义倩等出面处理韦贤的继承人问题：

> 与宗家计议，共矫贤令，使家丞上书言大行，以大河都尉玄成为后。①

"宗家"，唐颜师古释为"贤之同族也"。可见，宗族集议共决家庭承嗣者在汉代已是一种通行做法。南齐故西阳内史刘整侵夺寡嫂奴婢财产，刘氏"宗长"因未究举而一并受到任昉的弹劾。②

"收族"即收容周济族人。族众之间互通有无、互相赈济是维持家族团结的一个重要原则，也是族众的义务。《四民月令》中就记载了许多家族的经济互助措施。但这种救济既不同于先秦时期的大宗收族之举，给予宗人以制度化的经济实惠，也异于以后北宋年间出现的义庄制，即宗族有自己的公有田产，并制度化，它是前后这两种形式之间的过渡形式。这种原则和义务，既通过道义上来维护，也通过家族和官府立法来强制推行。古代有"大功同财"的规定，不赈济贫困的大功亲是违法行为。

（二）宋代的转变

唐代中后期，随着商品经济的发展，社会私有化程度加深，地主阶级逐渐改变剥削方式。部曲、佃客制基本废除。农民与作为土地所有者的地主之间的人身依附关系开始减弱，他们开始改变原来的作为地主家族附属成员的角色，开始建立起以血缘关系为基础的自己的家庭，并以此作为独立的社会生活的实体，靠租佃地主的土地谋生。但这样的个体小家庭在社会矛盾激化的北宋以后的社会，其政治、经济地位都十分脆弱，个体的人身和财产都缺少安全感，同时难以解决精神寄托、后代教育以及社会救济等问题。同时，统治阶级也意识到：游离性增强的以家庭为单位的个体小农也会形成社会不安定的因素，因此需要建立新的社会组织，以稳定社会秩序和巩固国家统治，中国的家族发展史由此进入近代家族制度阶段。这一阶段的家族制度虽然仍然是以男性血统为中心的亲属集团，宗族成员同祖共宗，并出一门。但它既不像商周时期血缘关系与政治结构高度统一，也不像东汉以后的门阀世族与中央集权的上层势力紧密联系。它不再是以国家的政治与政权为存在的目标，与国家的政权已经完全分离。虽然统治者为借助宗族组织在维持社会秩序方面的作用，允许宗族部分地代行国家基层政权组织的征收税捐钱粮、维持社会治安、处理民事纠纷和轻微刑事案件等方面的职责，但从总体来说，宗族组织从这时起，其存在的目的完全转变为满足族人的政治、经济、文化等诸多方面的群体要求，是为宗族的利益而建立的一种社团性的组织，是一个有限度自治的宗族共同体。这一共同体的性质是：

---

① （汉）班固：《二十五史·前汉书·韦贤传》，651页，上海，上海书店、上海古籍书店，1986。
② 参见任昉：《奏弹刘整文》，转引自（梁）萧统编，（唐）李善注：《文选》，560页，北京，中华书局，1977。

宗族共同体既非营利性团体，亦非具有一定政治目的的组织。它以维系子孙生存、展延祖宗血脉为立族宗旨，因此，稳定宗族社会关系，维持宗族秩序，以求得宗族自身的存在与发展，这就是目的。①

第三节
家族法

一、家族法

什么是家族法，由于我们在前文已经定义在同一意义上使用家族与宗族的概念，因此这里仍使用朱勇所定义的宗族法概念：

> 宗族法是封建国家法律的重要补充形式。宗族权贵为了维持宗族社会秩序的安定，同时也为了保护自己的特殊利益，以国家法律、民间习惯及纲常礼教为原则，删减增补，加工整理，使其成为宗族内部具有普遍约束力的宗族法，并以宗族自身力量和国家力量作为其强制执行的保证。宗族法以维持既定的宗族秩序为直接目的，因而起到支持国家政权、维护封建统治的重要作用，与国家法律一起，共同组成封建的法律体系。②

定义了以上概念，朱勇在《清代宗族法研究》中认为，早期东汉时期，宗族法作为个别现象已经存在。其所举的例证是三国时魏人田畴率族聚居，成为魏晋南北朝时期盛行的坞壁制度的雏形的事例。为了建立起家族聚居的秩序，田畴已经开始制定有家族的法规：

> 乃为约束相杀伤、犯盗、诤讼之法，法重者至死，其次抵罪，二十余条。又制为婚姻嫁娶之礼，兴举学校，讲授之业，班行其众。从皆称便。③

马新在《两汉乡村社会史》一书中认为：在两汉时期，族规族训已经存在。④ 其所引的例证《后汉书·邓骘传》：

> 自祖父（邓）禹教训子孙，皆遵法度，深戒窦氏，检敕宗族，阖门静居。⑤

其实，如果按照上文所述的家庭与家族的区分作仔细分析，田畴与邓禹所制定的规范可能被称为教训子孙的家规而不是族人共同订立的族规更为合理。这说明，家法、家规、家诫等家庭内部规范自汉代即已有之。与以上观点相似，冯尔康等也认为：

---

① 朱勇：《清代宗族法研究》，18页，长沙，湖南教育出版社，1987。
② 朱勇：《清代宗族法研究》，9页，长沙，湖南教育出版社，1987。
③ （晋）陈寿：《二十五史·三国志·田畴传》，1107页，上海，上海书店、上海古籍书店，1986。
④ 马新：《两汉乡村社会史》，232页，济南，齐鲁书社，1997。
⑤ （南朝宋）范晔：《二十五史·后汉书·邓骘传》，861页，上海，上海书店、上海古籍书店，1986。

为了约束族人，比较完整的宗规族法在南北朝时已经出现。其已不同于汉魏主要是针对家庭的诫子书，与子侄书了，是主要针对宗族的管理而立的法规。①

为证明魏晋南北朝时期已经出现宗规族法，冯尔康等所举例证为西魏大统七年（541年）文帝引见诸王时所赐"宗诫十条"和《颜氏家训》。他们认为：

> （这一时期）宗族对族人的控制与在协调他们之间关系方面，已趋附于规范化。②

其实，西魏文帝的"宗诫十条"只是西魏文帝的个人"手诏"，属皇帝为诸王所立规条，《颜氏家训》是颜之推为子孙立训，都不是族众共同订立的宗规族法，适用的范围都很窄，因此，我们赞同这样的观点：

> 秦汉魏晋南北朝时期，由宗族成员共同制定并对全体族人都具有约束力的族规还未见。③

实际上，不仅如前所说，家庭与家族有着不同。细分起来，族规与家法也是两个不同的概念。族规是由家族共同制定并对全体族人都具有约束力的行为规范。而家法是指家庭或家族内部的行为规范。两个概念所涵盖的范围不同，但又有一定联系。特别重要的是，从家族法的历史来看，家族法有一个从两汉魏晋南北朝时期的家法、家训等逐渐发展演变成为宋代及以后的家族法的历史，而且历史上许多的祖宗家法往往直接成为后代的族规、族训。从现有的史料来看，保存到今天的宋以前的家法、家训已经只有相关典籍中的片言只语记载。某种程度上讲，家训已经只有概念意义上的价值，而没有了可以用作研究的实际对象。为此，我们虽然试图从概念上对家训与家族法作一区分，但在其内容研究上，实际仍把它们作为家族法进行研究。

二、家族法的演变

由于对家庭与家族的理解不同，对于家族法的定义及所包括的范围也有区别。这也导致了对家族法出现及演变历史有不同的观点。可以肯定的是，家法出现的历史是比较早的。根据西安半坡遗址显示的情况来看，在约六千年前，半坡的原始居民就已经在遵守一些规则了。他们的家园里有沟壑，有错落有致的房屋，墓地里男女分葬，早夭的幼儿又被葬在另一处，这都表明，原始居民已经有了组织，有了制度和习惯。但那时的法显然还处于法的蒙昧阶段。到父家长制出现时，个体家庭开始普遍，社会生活再不是杂乱无章了，那些抽象的观念开始固定化，变成了早期的一些原则，人们皆要遵守。再到宗法式家族出现时，社会组织皆是宗法式，国家也同样是宗法式，庞大的宗法式家族需要法来规范家族的成员，宗法式的国家更需要法，这种要求必然使早期的原则和习惯都逐渐转变成定制。在宗法式家族时代，家族内部已经有了家法族规。然而这时的家法也仅仅是抽象习惯的确定而已，还远没有成文的家法族规出现。汉朝建立后，宗法式家族开始解体，新的世家大族式家族开始萌芽，史籍中开始有了一些关于家法族规的零星记载，《史记》中载有"任公家约"

---

① 冯尔康等：《中国宗族社会》，127 页，杭州，浙江人民出版社，1994。
② 冯尔康等：《中国宗族社会》，127 页，杭州，浙江人民出版社，1994。
③ 李卿：《秦汉魏晋、南北朝时期家族、宗族关系研究》，235 页，上海，上海人民出版社，2005。

一条:

> 非田畜所出，弗衣食；公事不毕，则身不得饮酒食肉。①

三国魏晋南北朝时，世家大族式的家族蓬勃发展，家规开始成文化，如前文所举的田畴例即是。颜之推所著《颜氏家训》七卷亦是以一种家训的方式存在，基本上是类似于《论语》一样的教导，不仅缺乏权利义务的规定，而且没有相应的惩罚措施，规定大都相当宽松。唐朝时，世家大族式家族已经开始向近代封建式家族转变。这一时期，政治清明，诗书礼仪非常兴盛，不少书香门第都开始制定"家法"或"礼法"，但这仍然属于家训性质的家庭规范，与现代意义上的家族法还有很大的差距。目前见到的最早的家法族规是江州陈氏的《义门家法》。《义门家法》比起以前的家训，已经有了不少差异。其中一个重要的差异就是《义门家法》开始规定惩罚措施，并且具体规定了惩罚的办法和力度，而不再是单纯的教导，这就和通常所说的法律非常接近了。唐代以后，家法已经逐步演化成为家族法。家法在制定时普遍已经考虑到了其可执行性，不再仅仅是一种道德劝导，而且加上了惩罚性的规定，同时还考虑到了其延续性，规定后代必须遵守，从而把家庭法直接转化成了家族法。如前述的江州陈氏的《义门家法》以及后来的《武肃王钱镠遗训》、《居家杂仪》等即是如此。《居家杂仪》被朱熹收入《朱子家礼》并流传后世，对后世产生了巨大影响。

宋代以后，随着近代宗族制度的建立，宗族法也开始加速发展。宋元时期，宗族组织初步建立，对于内部社会关系的调整，一般停留在以习惯与礼为准则的阶段。即使某些宗族已开始制定宗族法，其内容也极不完备，多为原则性规定，缺少对社会生活各个方面的具体规定；其文字形式缺乏法律化加工，而以伦理性说教和习惯原型为主。由于内容不完备，在具体的执行过程中常感不足，因而不断对其加以增补。明清两代，君主们都鼓励家族编撰家法族规，这使得明清两朝的家法族规非常之多，家族法在内容和形式上都有了长足的进步，清代尤其如此。家族法在内容上调整的范围由小到大，由窄到宽，几乎涉及族内生活的一切领域；在文字形式上，更加体系化、规范化，大多数家族法皆设款分项，条文大都有主体、客体、行为及后果诸内容。家族法汲取国家法中的某些内容，包括一些具体法律的应用，在立法技术上有了较大进步。

三、家族法的内容

（一）家族身份法

1. 族籍的取得与终止

宗族作为一个社会共同体，与其所有成员皆结成一定的权利义务关系，社会个体只有获得族籍，才能成为宗族的一员。族籍的取得，主要通过出生及婚姻取得。

宗族是以血缘关系为基础建立的社会共同体，出生是取得族籍的主要途径。并且，对于出生还普遍规定了一定的登记或报告制度。如作于南宋绍兴十八年（1148年）的《锡山邹氏家乘凡例》就规定:

---

① （汉）司马迁：《二十五史·史记·货殖传》，357页，上海，上海书店、上海古籍书店，1986。

凡生子弥月，父母褓其子，请于舅姑，诣祠堂告诸祖宗曰："第几子某，生一孙，取名某。"即以所生年、月、日、时入于某行，录于谱。①

订立于明初的《余姚江南徐氏宗范》亦规定：

宗中生子，宜告知祖宗，请掌谱者备书子生年月日于副谱上，照例取名，毋得擅执己见，故犯宗讳。违者正之。②

入于族谱是取得族籍最为正式的形式。因此，许多家族法规对此规定了相应的时间、程序，一些宗族还规定要缴纳一定的费用。如清代同治十一年（1872年）修订的《东粤宝安南头黄氏族规》就规定：

族人生男者，于来年正月各要到祠开灯。每一灯头，出钱二百文。灯一盏，其大八角。灯以及油火各项春色，俱系祠出。祠另补花银二元，以为庆贺之用。若不到祠开灯，其父不得领胙。不得推延。未满月者，下年开。③

山西平定石氏订立的《宗祠规条》也规定：

族中或城、或乡有得子者，于三年内到冬至日来祠报喜，随带喜钱二百文。经理人当即书名于子孙簿，答以红绳锁一挂。留来人馂余，将钱存储，以作日后续谱之用。其锁每年自行更换。俟至十二岁时，令其子来祠开锁，布施多寡随便，将名续于谱次。倘有生子三年不报者，日后查明加罚。④

上列宗族法所规定登记入谱的均为男性后代。对于女性，因其将来要出嫁，并不载入本宗族族谱。这样，她便不能成为本宗族的正式成员，但仍然可以享受本宗族内的若干福利性待遇，如《浦江郑氏义门规范》规定家族内设羞（篚）服长专掌男女衣服资之事，男子衣资，一年一给，十岁以上者半给，给以布。十六岁以上者全其给，兼以帛。对于女性，则规定：

妇人衣资，照依前数，两年一给之。女子及笄者，给银首饰一副。⑤

到清代中晚期，女子不入族谱的情况发生了变化，一些族规族法开始对女子的家族成员资格给予某种程度的承认，如江苏的《常熟丁氏义庄规条》规定：

族人生男女，于满月后到庄报明司事，详悉注册，以便及年支米。如逾期不报，

---

① 《锡山邹氏家乘凡例》，载费成康主编：《中国的家法族规》，243页，上海，上海社会科学院出版社，1998。

② 《余姚江南徐氏宗范》，载费成康主编：《中国的家法族规》，273页，上海，上海社会科学院出版社，1998。

③ 《东粤宝安南头黄氏族规》，载费成康主编：《中国的家法族规》，298页，上海，上海社会科学院出版社，1998。

④ 《山西平定石氏宗祠规条》，载费成康主编：《中国的家法族规》，329页，上海，上海社会科学院出版社，1998。

⑤ 《浦江郑氏义门规范》，载费成康主编：《中国的家法族规》，258页，上海，上海社会科学院出版社，1998。

后虽年长，不准增给。①

同时，该《义庄规条》还规定对未独立的男女供给大米：

> 应给之口，无论男女，十七岁以上每人给米八合，十一岁至十六岁给米六合，五岁至十岁给米四合，四岁以下不给。女于出嫁日停给。闰月小建，总以日计。②

到清光绪二年（1876 年），在经济相对比较发达、文化相对比较开放的苏州地区，已经逐步开始承认女子的族籍，如苏州彭氏宗族制定的族规就规定：

> 族中生产，不论男女，一体报庄注册，载明年月日时及父母名氏。③

传统中国社会对男女之防极为注重，婚姻之外的性关系是各朝法律加以严惩的犯罪行为，宗族法对于非婚生子女给予歧视对待则几乎是通例。如康熙五十年（1711 年）制定的浙江萧山来氏宗族家谱就规定：

> 野合于外妇与宣淫于族妇，及下乱于家人妇而有子，俱为奸生子，不得入谱。④

出生之后记载于族谱虽然有了族籍，但往往没有真正的家族成员的资格。要成为家族成员，许多宗族法都规定了必须要经过成年仪式，即要经过正式的冠礼之后才能成为家族的成员。冠礼，在先秦时期的吉、凶、军、宾、嘉五礼之中属于嘉礼，是古代男子的成年礼。《礼记·曲礼上》说：

> 男女异长。男子二十，冠而字，父前子名，君前臣名；女子许嫁，笄而字。⑤

根据《礼记》等典籍的记载，冠礼与笄礼是古代男女成年的标志性仪式，冠笄之礼前后，男女在家族内的地位是完全不同的，其所拥有的权责与义务也完全不同。如《浦江郑氏义门规范》规定：

> 一、子弟未冠者，学业未成，不听食肉，古有是法。非惟有资于勤奋，抑欲其识齑盐之味。
>
> 一、子弟未冠者，不许以字行，不许以第称，庶几合于古人责成之意。
>
> 一、子弟年十六以上，许行冠礼。须能暗记四书一经正文，讲说大义，方可行之。否则直至二十一岁。弟若先能，则先冠以愧之。子弟当冠，须延有德之宾，庶可责以成人之道。其仪式尽遵文公家礼。
>
> 一、子弟已冠而习学者，每月十日一轮，挑背已记之书，及谱图、家范之类。初次不通，去巾一日；再次不通，则倍之；三次不通，则分给如未冠时。通则复之。

---

① 《常熟丁氏义庄规条》，载费成康主编：《中国的家法族规》，291 页，上海，上海社会科学院出版社，1998。

② 《常熟丁氏义庄规条》，载费成康主编：《中国的家法族规》，289 页，上海，上海社会科学院出版社，1998。

③ 江苏苏州《彭氏宗谱》卷十二，载朱勇：《清代宗族法研究》，14 页，长沙，湖南教育出版社，1987。

④ 浙江萧山《来氏家谱》卷九，载朱勇：《清代宗族法研究》，15 页，长沙，湖南教育出版社，1987。

⑤ （清）阮元：《十三经注疏》，《礼记·曲礼上》，1241 页，北京，中华书局，1980。

一、女子年及笄者，母为选宾行礼，制辞字之。①

由于男女生长发育的周期不相同，因而男子满 20 岁才行冠礼，开始有自己的字号，成为家族和社会独立的成员。女子则满 15 岁就行笄礼，可以谈婚论嫁。但在宗族法里，如前面所引的《浦江郑氏义门规范》所引的那样，冠礼与笄礼的年龄却不尽是 20 岁与 15 岁，而是有不同的规定，同时也附带有识字与礼仪等方面的规定。同样，浙江海盐望族的白苎朱氏在明代初年制定的《家规》中也有类似的规定：

> 冠礼，年十六以上，能通《孝经》、《论语》，粗知礼义之方，然后行之。仪节悉依《家礼》。②

中国很早就意识到"同姓为婚，其生不蕃"，采取族外婚制。由于婚姻的成立，外族女子嫁入夫家，即获得夫所在宗族的族籍。对于外姓女子加入本宗，有的宗族法规定经认可的婚姻的入嫁女自然取得族籍，还有些则规定了新婚夫妇必须经过一定程序后，新妇才能成为该宗族正式成员。如广东宝安南头黄氏的《族规》规定：

> 一、凡子姓婚娶者，于亲迎吉夕，恬先虔谒祖祠，然后归家堂拜。盖夫妇家室，人伦造端，礼莫大焉。到拜谒者，祠与花红钱二百文。③

无锡邹氏家族亦规定：

> 一、凡子孙娶妇者，亦须择其相称，方许娶之。当其娶日，亦必会诸族男女，以知尊卑称呼。或茶，或饭，或馔，随家丰俭勿论。苟有贪图财贿径娶者，通族不许称呼。④

中国传统社会的婚姻实行的是一夫一妻多妾制。国家法律认可妾的存在，但对妻与妾在家庭中的不同地位加以严格控制保护。唐律五百条即专设有"以妻为妾"条，规定：

> 诸以妻为妾，以婢为妻者，徒二年。以妾及客女为妻，以婢为妾者，徒一年半。各还正之。⑤

同时，唐律还在条文之后的"疏议"中详细解释了制定本条的理由：

> 妻者，齐也，秦晋为匹。妾通卖买，等数相悬。婢乃贱流，本非侪类。若以妻为妾，以婢为妻，违别议约，便亏夫妇之正道，黩人伦之彝则，颠倒冠履，紊乱礼经，犯此之人，即合二年徒罪。"以妾及客女为妻"，客女，谓部曲之女，或有于他处转得，

---

① 《浦江郑氏义门规范》，载费成康主编：《中国的家法族规》，260 页，上海，上海社会科学院出版社，1998。

② 《白苎朱氏奉先公家规》，载费成康主编：《中国的家法族规》，269 页，上海，上海社会科学院出版社，1998。

③ 《东粤宝安南头黄氏族规》，载费成康主编：《中国的家法族规》，298 页，上海，上海社会科学院出版社，1998。

④ 《锡山邹氏家乘凡例》，载费成康主编：《中国的家法族规》，244 页，上海，上海社会科学院出版社，1998。

⑤ 刘俊文点校：《唐律疏议》，278 页，北京，法律出版社，1999。

或放婢为之；以婢为妾者：皆徒一年半。"各还正之"，并从本色。①

到了清代，严格妻妾之位的法律仍然存在，《大清律例》设有"妻妾失序"的专条，规定：

> 凡以妻为妾者，杖一百；妻在，以妾为妻者，杖九十，并改正。②

作为维护宗族法族制度的重要工具的宗族法中，对妾等的地位亦多有规定，如宗族法对妾的族籍及地位往往也有明确的规定。如福建南台的刘氏家族在光绪七年（1881 年）制定族谱时规定：

> 本谱中各公妻室：凡明婚正娶者书"配"，继室为"继配"，妾为"侧室"。其余来历未明及不以礼聘者，均削去配氏、继室、侧室字样，仅书"某氏"二字而已。③

2. 宗长、族长

宗族制度是以血缘关系为基础的社团性组织。宗长在家族中享受特别的地位。西周时期实行家国一体，确认嫡长子为主要内容的宗法成为家与国组织形式的骨干。宗子以嫡统庶，既居本宗之正位，又掌握国家各级行政权力。宋元以后兴起的近代家族制度仍然肯定宗子承续祖宗血脉的嫡正地位，许多宗族法对宗子的地位与特权等作了规定。浙江余姚江南徐氏的《宗范》则更是用大段的文字专门阐释了立宗子的重要性：

> 宗子上承宗祀，下表宗族，大家不可不立。但世衰法坏，人各为祭，而于四宗之法憒然不知，将宗子置之无用。岂知宗子不止承祭，古昔盛时皆由此休隆治道，敦睦风族。志古者能家立宗子，使治一家之事，是非曲直，得与家长一体治事。治有不服，然后告之长吏而治之，则宗子之权自重而家齐矣；家睦而户安，无烦长吏纷纷案牍之劳而国治矣。何今人事不禀知宗子，而共愬知里甲父老，岂是非曲直易明于同姓之宗子者，反不如异姓之父老乎？吾观于宗法而知治道易也，宗子之立岂其微哉。④

宗子凭先天的血缘关系决定，无法确保宗子均是有德有才之人。宗族法在处理这一问题时，既充分肯定宗子在家族中的地位，但又往往仅赋予宗子一些象征性、荣誉性的职权，如主持祭祀与管理谱牒等，而家族的实际大权掌握在族长手中。族长是宗族的首领，统率一族之事，掌理宗族财产，执行宗族法。"族有族长，房有房长，享有出任族、房长资格的，首先必须具备伦常条件。"⑤ 但家族毕竟与家庭不一样，族长的选举则更多具有任贤的意味。伦常条件并不是唯一决定因素。湖南省内人烟稠密，族人往往数百家聚居一处。据民国时期的民事习惯调查，大致可以看出家族族长的任职资格并非是以血缘而定的：

> 族长资格，并不限于族内年尊派长之人，凡族内之人，（一）品行端正，（二）身家殷实，（三）办事干练，具备三种要件，均有被举族长之资格。其被举人数，仅有举

---

① 刘俊文点校：《唐律疏议》，279 页，北京，法律出版社，1999。
② 田涛、郑秦点校：《大清律例》，206 页，北京，法律出版社，1999。
③ 《刘氏桂枝房支谱·凡例》，载朱勇：《清代宗族法研究》，17 页，长沙，湖南教育出版社，1987。
④ 《姚江南徐氏宗范》，载费成康主编：《中国的家法族规》，244 页，上海，上海社会科学院出版社，1998。
⑤ 朱勇：《清代宗族法研究》，9 页，长沙，湖南教育出版社，1987。

族长一人者，有举副族长一人者，皆视族内事之繁简而定其数。①

除族长以外，一些家族还设有家相，负责监察之责。有的家族还设有专门管理族产的人员，有的称之为庄正，亦有称之为掌庄等，掌管家族所共有的财产。对于庄正的选举，各个家族规定不大相同。一是以义庄捐献者之直系亲属主持，族中其他人，即使尊长亦不得干预。另外则是按照"尚贤"而不是"尚尊"的原则，公举老成持重、明白事理、洁己奉公者充任，并加以一定的财产资格限制，要求是殷实富户者方可担任。

（二）家族民事法

宗族共同体中有两种性质不同的财产，一是家族以户为单位的家庭私有财产，二是属于整个家族所共有的族产。家族法对此有不同的规定：

1. 家庭财产

家族内各个家庭所有的财产，是受到国家法律与民事习惯保障的家庭私有财产。家庭独立地占有、使用自己的财产，一般情况下不受家族成员及家族组织的干涉。但其对于财产的处分权，则普遍受到家族的限制与影响。主要有：

（1）规定族内优先权，限制家族财产外流他族。家族法的目的就是稳定发展家族，它对家族各个家庭所有的财产的经营管理虽不直接进行干预，但是尽可能地保护家族内各家庭的财产在本家族内流动而不外流，以确保整个家族的经济实力。首先是劝阻，尽可能减少家庭财产的流动。如景定张氏《家规》即规定：

> 先人手置产业，艰辛备尝。倘有不肖子弟废弃正业，荡毁家产，族人宜恺切劝导，或设法阻止其典卖田宅。②

其次，许多家族法都规定了亲族先买权，要求处理祖居产业或坟山毗连的房屋田地者，要先尽亲房、本族，然后才外人。违者仅要被责令赎回外，还要加以处罚。这在《宋刑统》中即有规定：

> 应典、卖、倚当物业，先问房亲；房亲不要，次问四邻；四邻不要，他人并得交易。房亲着价不尽，亦任就得价高处交易。如业主、牙人等欺罔邻、亲，契帖内虚抬价钱，及邻、亲妄有遮悭者，并据所欺钱数，与情状轻重，酌量科断。③

宋庆元年间（1195—1200年）重修田令及嘉定十三年（1220年）刑部颁降条册也对此作了规定，《名公书判清明集》记载：

> 照得所在百姓多不晓亲邻之法，往往以为亲自亲，邻自邻。执亲之说者，则凡是同关典卖之业，不问有邻无邻，皆欲收赎；执邻之说者，则凡是南北东西之邻，不问有亲无亲，亦欲取赎。殊不知在法所谓应问所亲邻者，止是问本宗有服纪亲之有邻至

---

① 前南京国民政府司法行政部编，胡旭晟、夏新华、李交发点校：《民事习惯调查报告录》（下册），982页，北京，中国政法大学出版社，2000。

② 转引自朱勇：《清代宗族法研究》，31页，长沙，湖南教育出版社，1987。

③ 薛梅卿点校：《宋刑统》，232页，北京，法律出版社，1999。

者。如有亲而无邻，与有邻而无亲，皆不在问限。①

但是，宗族法在规定家族的先买权时，明显地突破了国家法律所规定的相邻的有服亲的限定，把先买权扩大到了所有族人，而不管是否相邻，也不管是否有服无服，对家族的财产的保护更加严格。例如，安徽桐陂赵氏宗族则规定：

> 凡族人田宅如有卖者，先尽本房，次及族人。族人不买，然后卖与外姓。族人互相典买，其价比外姓稍厚，不得用强轻夺，违者具告宗子，合众处分。如偷卖外姓，不通族人知者，罚之。若有意先卖，破族人产者，以不孝不悌论。族人备价，责令赎回。②

再次，在田产典当等可能涉及财产所有权转移的交易中，族人有权加以收回。如甘肃陇西地区的"优先抽赎"规定，如果甲乙两人同宗，甲将自己所有的不动产出典与丙，乙可以备原价直接向丙抽赎，甲与丙均无权限止。《名公书判清明集》记录之"孤女赎父田"一案亦是按此原则处理。俞梁于开禧二年（1206年）将田九亩三步以价八十七钱典与戴士壬。绍定二年（1229年）俞梁死。仅有女俞百六娘及赘夫陈应龙。因未知此田为典还是卖，俞百六娘到嘉熙二年（1238年）才经县陈诉取赎。这桩田土交易前后历三十余年，官司辗转数年，最终结果为：

> 照得诸妇人随嫁资及承户绝财产，并同夫为主。准令：户绝财产尽给在室诸女，而归宗女减半。今俞梁身后既别无男女，仅有俞百六娘一人在家，坐当招应龙为夫，此外又别无财产，此田合听俞百六娘夫妇照典取赎，庶合理法……俞梁既别无子孙，仰以续祭祀者惟俞百六娘而已，赎回此田，所当永远存留，充岁时祭祀之用，责状在官，不许卖与外人。如应龙辄敢出卖，许士壬陈首，即与拘籍入官，庶可存继绝之美意，又可杜应龙贱赎贵卖之私谋，士壬愤嫉之心，亦少平矣。③

（2）干预家庭内部的分家析产。家庭内部的分家析产是家庭内部事务，家族法一般不加干预。但往往也在以下几方面加以干预：首先是强调分家析产要遵守国家法律及传统习惯所确立的"诸子均分"、"妻妾定分"等原则，如江西饶州府洪氏作于嘉靖二十七年（1548年）的《鄱阳洪氏宗谱》在其卷尾的《世训》中即重申：

> 兄弟同气连枝，产业家资，务要公平均分，毋得偏私竞争，有干不仁。④

同样，《毗陵长沟朱氏祠规》亦规定：

> 兄弟分家，义让为美。不得霸占，以失手足之情，而伤父母之心。有恃强攘夺者，族长查明，押号均分，照攘夺之多寡，酌量示罚。

---

① 中国社会科学院历史研究所宋辽金元史研究室点校：《明公书判清明集·亲邻之法》，308 页，北京，中华书局，1987。

② 《桐陂赵氏宗谱》，载朱勇《清代宗族法研究》，33 页，长沙，湖南教育出版社，1987。

③ 中国社会科学院历史研究所宋辽金元史研究室点校：《明公书判清明集·孤女赎父田》，316 页，北京，中华书局，1987。

④ 常建华：《明代宗族研究》，327 页，上海，上海人民出版社，2005。

其次，宗族法普遍要求见证并监督执行分家契约，如规定分家析产要"鸣族立约，始足为凭"①，或者将书面契约附于本族宗谱，确立宗族为契约的执行人等。②

2. 家族公产

除了家族内各个家庭的财产外，家族往往有全族共有的财产，以履行祭祀祖宗、赡济族人的功能。

（1）族产的种类。族产有许多种，主要有：

义田、义庄：指家族为赡养族人及贫困者而设置的田产、庄园。

祠堂、祀产：祠堂是用于祭祀祖宗或先圣的庙堂。祀产是专门用于祭祀的财产，如供给祭祀的田产等。

学田：指为家族学生学习而设置的田产，以其田租的收入作为学生及塾师的费用等。

（2）族产的来源。族产的来源有以下几种：

一是先世遗留。如史载最早的义田乃是北宋名臣范仲淹为族人所置的田产：

> 方显贵时，于其里买负郭常稔之田千亩，号曰义田，以养济群族。③

二是具有一定身份资格的家族成员的捐输。如有的规定：凡家族成员均有缴纳捐助的义务；子孙欲使其本房、本家的祖先之神主牌位进入宗祠内的神龛、享受宗族的祭祀，必须缴纳一定的银钱；还有的要求族人出仕为官应当捐送一定数量的财产给家族；等等。

三是在家庭重大事务，特别是涉及财产处理行为时必须缴纳一定数额的财产作公产。如：家庭财产的继承及分析时均缴纳一定的比例作为家族的公产。

四是族产的孳息。家族的各项收入，除用于祭祀祖先、赡济贫苦、维持学校以及其他家族日常开支外，其余全部用作购置田产，用作孳息，其所有孳息亦是家族的族产。如《锡山邹氏家乘凡例》规定：

> 凡子孙有尚义捐出祭田、鱼塘以供时祀者，别立记文，载之家乘。不许子孙之无赖者恃公侵欺，以为己其有分，则祭田不废矣。④

（3）族产的经营管理。家族的族产管理规定是家族法中的重要部分。许多家族除了在总的家族法里加以规定外，还立有专门的家族法规管理族产，如清咸丰六年（1856年）江苏常熟大族丁氏家族即订有《常熟丁氏义庄规条、续置书田规条》、苏州陈氏于清咸丰十年（1860年）制定有《古吴陈氏丛墓规条》等。族产除一部分用作集体公共使用，如祠堂、墓地等以外，其余的田产等均以出租为主。为保证族产收入，防止本族成员利用血缘身份关系少交或不交租息，绝大多数家族均实行族外租，规定本族人不得租佃族田。

（4）族产的处分。族产是家族的经济基础，家族法对此加以特别保护，防止族产的所

---

① 湖南善化《周氏三续族谱》卷二《族规》，载朱勇：《清代宗族法研究》，32页，长沙，湖南教育出版社，1987。

② 转引自朱勇：《清代宗族法研究》，32页，长沙，湖南教育出版社，1987。

③ （宋）钱公辅：《义田记》，载李勇先、王蓉贵点校：《范仲淹全集》（中），1168页，成都，四川大学出版社，2007。

④ 《锡山邹氏家乘凡例》，载费成康主编：《中国的家法族规》，244页，上海，上海社会科学院出版社，1998。

有权发生转移。首先在族产的购入上进行限制，规定只准绝买，不准活买。即所有权必须发生彻底的转移，而不得以典押形式扩充族产，以免发生日后卖主经济状况好转要求回赎其资产的情况，确保家族财产所有权的稳定。其次是严格禁止族产买卖，规定族产由子孙永远保有，不得有变卖、典押等情形发生。对于违者，族中任何人均有纠举过问之权责，除被要求迅速赎回外，还要受到惩罚。被明太祖朱元璋称为"江南第一家"的浦江"义门"郑氏就规定：

> 拨常稔之田一百五十亩（世远逐增），别蓄其租，专充祭祀之费。其田券印"义门郑氏祭田"六字。字号步亩，亦当勒石祠堂之左，俾子孙永远保守。有言质鬻者，以不孝论。①

3. 家族婚姻关系

通过国家制定的律令调节婚姻关系在中国传统法律文化里有悠久的历史。宗族法为达到通过婚姻使家族兴盛的目的，一方面细化了国家制定法中的婚姻方面的规定，另一方面则补充修订了国家制定法中的许多规定。

（1）家族法规定实行严格的族外婚制，这一方面是接受了遗传优生学的知识，知道族内通婚会影响到下一代的体格和智力，另一方面则更多地是利用宗族间的联姻，发展两姓之间、两家族之间的社会关系，从而加强本族的力量。如潘光旦的《明清两代嘉兴的望族》曾对此作过很好的证明与生动的描述：

> 婚姻既有类聚的道理，它对我们这篇研究的意义就很显然了。假若小人结党、君子成群是一种自然的倾向，优秀的人和优秀的人通婚，愚拙的人和愚拙的人配合，也就成为势所必至理有固然的事。此种类聚的趋势可以走得很远，举凡体格的强弱，智力的高下，兴趣与才能的各别，都可以因类相聚，成为婚姻的张本。②

（2）对于婚姻对象的选择，各个宗族基于各自家族的实际情况，普遍作了相应的规定。但较多地强调了门当户对，以及德行家风，尤其反对看重钱财的做法。如《浦江郑氏义门规范》即规定：

> 婚姻必须择温良有家法者，不可慕富贵以亏择配之义。其豪强、逆乱、世有恶疾者，毋得与议。③

《毗邻长沟朱氏祠规》亦规定：

> 男女婚嫁，须门楣相当，伦序不紊。不许贪得财礼，滥配匪类。违者罚银二两。至有本家为媒，图利撮合，玷辱家风，责三十板。④

---

① 《浦江郑氏义门规范》，载费成康主编：《中国的家法族规》，253 页，上海，上海社会科学院出版社，1998。

② 潘光旦：《明清两代嘉兴的望族》，120 页，北京，商务印书馆，1947。

③ 《浦江郑氏义门规范》，载费成康主编：《中国的家法族规》，260 页，上海，上海社会科学院出版社，1998。

④ 《毗邻长沟朱氏祠规》，载费成康主编：《中国的家法族规》，282 页，上海，上海社会科学院出版社，1998。

（3）中国传统法律中，很早即有"七出三不去"的规定，赋予男子很大的离婚的自由。但家族法为使族内各个家庭的婚姻稳定，普遍不提倡随意离婚，并对丈夫的"出妻权"作了限制性的规定。如湖南新市李氏宗族于道光十一年（1831年）制定的《宗规》规定：

> （族人出妻时）本房房长、户首即宜苦谏力阻，或该妻实系犯出，亦必经鸣房长、户首，会同查议。公论无饰，方许从权，否则断乎不可。①

4. 对家长权的支持

家庭是家族的基本构成单位，中国传统法律里也一直确定家庭为基本的社会构成单位，并确定了家长在家庭中的地位。从保存至今的《唐律疏议》等各代正式律典中均可看到：家长在家庭中享有监护权、教令权、财政权、主婚权、立嗣权等，并承担相应的义务。如果家庭成员违反了其中的规定，家长要受到相应的惩罚。家族法对此也加以规定予以强化。如规定有家长对成员的监护权、教诫权、财政处分权等。《盘谷高氏新七公家训》专列有"肃家规"条：

> 家规不肃，则奸盗之端由兹而起。故为家长者，必严内外之界，定长幼之分，谨出入往来之防。凡三姑六婆，及一切奸诈污贱无耻之流，皆在拒绝。不可脱略形迹，自疏防检，以为厉阶。②

5. 对继承制度的规定

继承是家庭内部事务，它包括宗祧继承和财产继承。宗族法一般均重申了国家法律关于这两种继承的种种规定，特别强调了宗族在继承过程中的监督作用以及在发生宗祧继承失位和财产继承不均的情况下宗族及其族长的调解处理权。

（1）宗祧继承。宗祧继承分为承继与立继。承继是按嫡庶血缘关系而依顺序进行的继承。立继是在无直系嫡庶血缘关系的后代承继的情况下，在一定血缘亲属范围内选择相应行辈后代进行的法律拟制继承。宗族法参与最多的是立继行为：

> 继有两条，有应继，有爱继。应继者，伯叔无嗣，子侄承继，由长及次，由近及远，以次推焉。爱继者，本亲子侄当继，而又爱堂者为后，则以堂者继之；本堂子侄当继，则又受从者为后，则以从者继之。③

一般来说，爱继只有在无法应继的情况下才能进行。即是立继首先是在五服亲属中，按照由亲及疏的原则选择昭穆相当之后代继宗祧。若五服内亲属没有合适的继承人进行拟制继承，则由被继承人在五服亲属之外的同宗亲属间选择昭穆相当的子孙作为宗祧继承人。由于时代变化以及家族情况不同，各个家族法的规定也不太一致。有的家族允许在应继、爱继两者之间可以选择。特殊情况下，甚至允许异宗年幼者承嗣。清同治十一年

①　转引自朱勇：《清代宗族法研究》，48页，长沙，湖南教育出版社，1987。
②　《盘谷高氏新七公家训》，载费成康主编：《中国的家法族规》，249页，上海，上海社会科学院出版社，1998。
③　《上虞雁埠章氏家训》，载费成康主编：《中国的家法族规》，232页，上海，上海社会科学院出版社，1998。

（1872 年）广东宝安南头的《黄氏族规》规定：

> 族有乏嗣者，至亲应继，不论家资厚薄，以必继为主。着至亲无可择，当择房亲；房无可择，当禀请房亲及族内尊贤，择同族合昭穆者，以承宗祧。不许取异姓为后。倘若取异姓之子为后，不许入祠列谱。盖一本同源，不失所亲也。①

但该宗族不久又修改增加的《新续例款》则规定：

> 族内如有乏嗣，勿论家产厚薄，必以至亲者承嗣为要。若至亲无可继，即须择本族昭穆相宜者入继。或本族昭穆不相宜，即择异宗鬈垂者入继即可。倘以异姓、别宗壮年已冠者拆立为继，永不得入祠、列谱、领胙等项，众当斥逐，以正本源也。②

这里，已经同意可以立异姓年幼者为后，较之以前有很大不同。而章溪郑氏家族由于人口锐减，日益衰微，于 1947 年制定的宗谱《新增凡例》中明确提出：

> 窃思宗族主义为吾国人民所富有，惟吾族弱小，殊堪深忧。兹于乙丑年特开宗族会议，皆谓欲求宗族之发展，须多辟入继之门路，因此公同决议，最后凡吾族内有无后者，不必拘守血统之旧制，准行族外入继制度，入继者多而宗族须有发展之一日云。③

该家族的这个决议，不仅公开鼓励"异姓乱宗"，允许异姓入继，而且打破无后才收继的传统，明确规定族无论有无后者均可收继，且外继子的承祀与承产之权与亲生子无异。由于宗祧继承所选出的继承人将以宗子身份代表该家庭参与家族的活动，多涉及家庭财产在族内的再分配，因而宗族法对此多有规定，并且常常导致家族的干涉。大量的家族法对此均有详细规定。

（2）财产继承。传统的继承都是概括继承，继承人不仅从被继承人那里继承财产，而且继承其全部债务，即所谓"父债子偿"。家族法对家庭的财产继承的规定，重点在限制继承人对其财产的处分权，保证其不破坏继承顺序，并按照"诸子均分"的原则分割家庭财产。家族对继承财产的处分权，早在汉代即有请族人出面加以干预的例证：

> 许荆字少张，会稽阳羡人也。祖父武，太守第五伦举为孝廉。武以二弟晏、普未显，欲令成名，乃请之曰："礼有分异之义，家有别居之道。"于是共同割财产以为三分，武自取肥田、广宅、奴婢强者，二弟所得并悉劣少。乡人皆称弟克让而鄙武贪婪，晏等以此并得选举。武乃会宗亲，泣曰："吾为兄不肖，盗声窃位，二弟年长，未豫荣禄，所以求得分财，自取大讥。今理产所增，三倍于前，悉以推二弟，一无所留。"于是郡中翕然，远近称之。④

---

① 《东粤宝安南头黄氏族规、新续例款》，载费成康主编：《中国的家法族规》，298 页，上海，上海社会科学院出版社，1998。

② 《东粤宝安南头黄氏族规、新续例款》，载费成康主编：《中国的家法族规》，301 页，上海，上海社会科学院出版社，1998。

③ 《章溪郑氏新增凡例》，载费成康主编：《中国的家法族规》，414 页，上海，上海社会科学院出版社，1998。

④ （南朝宋）范晔：《后汉书·循吏列传·许荆传》，1018 页，上海，上海书店、上海古籍书店，1986。

汉代社会生活中已经确立起了诸子均分家庭财产分割原则。许武故意违背这一原则，他受到了乡人的讥讽。许武最后解套时，"乃会宗亲"。宗亲，在秦汉魏晋南北朝时期，"主要指五世内外的宗族成员"①。这说明宗族成员参与家庭财产处理，评判公正，在汉代已经成为一种民事习惯。

（三）家族管理法

家族是若干个家庭基于血缘和地域关系而建立起来的社会共同体组织。家族法中相当部分内容是关于家族成员、家族管理的规定，其主要的内容有：

1. 家族管理机构

家族是具有血缘关系的众多家庭的共同体组织。它所处理的事务都是涉及一些涉及各个家庭和个体利益、往往又超出家庭与个体的范围而附带有集体利益的事务。所以普遍设有家族管理机构来处置相关的家族事务。家是家族内部的最小血缘单位。由于一个家族往往集合了许多具有血缘关系的家庭，因而普遍在家之上设有房一级管理层次。一族之内常包括数房，它们多设有自己的管理机构，它们都统属于家族的管理机构。一般地，家族的族、房二级机构根据家族法的规定和传统习惯的分工，分级管理不同的事务。另外，族内还根据成员的多少、事务的多寡等设立其他的机构。家族的管理机构一般均由家族法规定其任职条件、产生办法、职权范围，以及相应的义务等。

（1）宗子。宗子是家族的嫡长子，即家族的长房长门的嫡长子，承继祭统，是家族的象征与宗法血缘上的代表。殷商时代的宗法制是血缘制度与家族统治及地方政权的结合，宗子既是一家之长，也是家族血缘上的代表，还是地方政权的长官，因此他不仅治理自己的家庭，还管理整个家族。后来，废除世卿世禄，实行郡县制，国家政权开始独立于家族。宗子只能管理家庭与家族的事务，如果家族成员对其治理不服，才可以诉诸地方长吏。由此则宗子之权自重而家睦而安。再后来，家族的事务管理工作开始由族长行使，而宗子则逐渐成为家族血缘关系的代表，并主要管理祭祀事务，它的产生一般是根据血缘的直系世系自然形成的。

> 宗子为长房、长子、长孙正裔。倘有乏嗣，必须择长孙正派，昭穆相宜者承嗣，方得为宗子。②

即只有在无后的情况下，才按照家族立嗣的规定，从最近的血缘卑亲属昭穆相当者立嗣承继宗子地位。与普通立嗣不同的是，部分家族允许无后者立外宗年幼者承嗣，但他们永远不被允许成为家族的宗子。如章溪郑氏家族由于人口锐减、日益衰微而于1947年制定的宗谱《新增凡例》不仅公开鼓励"异姓乱宗"，允许异姓入继，且外继子的承祀与承产之权与亲生子无异，但却规定：

---

① 李卿：《秦汉魏晋、南北朝时期家族、宗族关系研究》，35页，上海，上海人民出版社，2005。
② 《东粤宝安南头黄氏族规、新续例款》，载费成康主编：《中国的家法族规》，301页，上海，上海社会科学院出版社，1998。

外继子本身虽年长殷实，也永不许为宗长、房长、干事等。①

宗子是宗族血缘的代表，他上承宗祀，下表宗族。一般家族都必定设立宗子，许多家族法还规定家长、族长等要加强对宗子的教养，成其德性，使其才器与德艺足以为一族作为模范。宗子是依血缘关系而确定的，即任长不任贤。因而如果发生宗子不肖的情况，也不能废其宗子之位，而只能仿周伊尹放逐太甲的做法，置其于家庙，使其自己觉悟，然后继续让其就宗子之位。虽然北宋张载曾经提出可以废立宗子，个别家族法也规定："则此暂依张横渠之说，旁求次支之贤者为之。"② 事实上，这样的事是很少发生的。宗子最主要的任务是主持家族的祭祀活动，具有审定族人祭祀资格、督察祭祀仪式和礼节等权利。如《浦江郑氏义门规范》规定：

> 宗子上奉祖考，下壹宗族，家长当竭力教养。③

该宗族法还规定：祠堂是用以报本的，宗子当严洒扫扃钥之事。每年四月一日是家族初迁之祖的生日。宗子当奉神主于有序堂，集家众行一献礼。复击鼓15声，令子弟1人朗诵谱图一遍，举行所谓明谱会以追思先祖。

（2）族长。族长是家族最主要的管理机构，个别家族的称呼可能有变化，如有的家族称之为族正。

> 一族之中，必择老成有德者为之，宗主每事皆就正焉。或有败类之徒，不遵训诫，即当依法惩儆。或年老而倦勤，或不幸物故，应会众公举以充其乏。而为族正者，尤要顾名思义，毋得阿私，致滋物议，庶家法不至废坏，而吾族可无失德矣。④

而山西平定的家族首领被称作总管、各房房长被称为经理人。⑤ 湖南的《映雪堂孙氏家法补略》则规定：

> 我族龙、武两房，务各择族中之正大慷慨者，立一族总。各支房又择其老成练达者，立一房长。⑥

湖南龚氏则规定家族的首领为祠首，祠首综揽大纲，有命令、裁判之责。房长襄理庶政，有调查、报告之责。经营专司财政，有预算、决算及掌积、赔偿之责。⑦ 对族长的职责，各个家族规定各有侧重。大致可分为以下几项：

① 《章溪郑氏新增凡例》，载费成康主编：《中国的家法族规》，415页，上海，上海社会科学院出版社，1998。

② 《余姚江南徐氏宗范》，载费成康主编：《中国的家法族规》，272页，上海，上海社会科学院出版社，1998。

③ 《浦江郑氏义门规范》，载费成康主编：《中国的家法族规》，253页，上海，上海社会科学院出版社，1998。

④ 《盘谷高氏新七公家训》，载费成康主编：《中国的家法族规》，249页，上海，上海社会科学院出版社，1998。

⑤ 参见费成康主编：《中国的家法族规》，328页，上海，上海社会科学院出版社，1998。

⑥ 《映雪堂孙氏家法补略》，载费成康主编：《中国的家法族规》，343页，上海，上海社会科学院出版社，1998。

⑦ 《上湘龚氏族规》，载费成康主编：《中国的家法族规》，361页，上海，上海社会科学院出版社，1998。

第一，立规定制、教育子弟。如临安钱氏家族规定：

> 凡族长当立家规以训子弟，毋废学业，毋惰农事，毋学赌博，毋好争讼，毋以恶陵善，毋以富吞贫。①

第二，议论是非，从公处分。

> （族长）在择仁义之人立之。仁爱则刻薄不生，而能成人之美；义断则姑息不争，而无长人之奸。倘族人有家务相争，投明族长，族长议论是非，从公处分，必合于天理，当于人心。轻则晓喻，重则责罚。财产为之分析，伦理为之整顿。如处分不服，然后共鸣之官府，以听讯断。若有挟私受贿，故意武断者，众共非之。②

部分家族法规定，族中的是非争端必须遵照家族旅长、房长等的处理，不准擅自告诉纠集族外之人酿成讼端。

第三，执行族规，司职罚责。

> 合族立族长，各房立房长，经理房族诸事故外，立执刑祠壮，专司杖责。凡遇有不守家规者，该先鸣本房房长理处。不合者，始许鸣族长。如不由房长越鸣族长，族长仍仰房长理斥。③

部分家族为族长设有专门的收益，以供族长支配。如宝安南头黄氏家族规定：

> 族长为一族之尊，众议将暗下就地扳缯鱼坶二架，前海暗水石浮棚鱼坶第一、第二两架，具归族长自行批发，收租应用。④

清末以降，西风东渐，家族管理机构亦随之发生变化，其组织开始向现代社会的社团组织靠拢。如广东南海的何氏命名其宗族名称为"垂裕堂"，设议会为其权力机构，议会设会长一人，由族长兼任，族长（议长）等均分别规定有相应的职责，但均为义务职，不得支给薪水。⑤ 1947年的湖南武陵的郭氏《公定规约》规定设立合族户主大会，设有族理事会、监事会等机构。"办理关于伦常、祠产、祭吊及岁载之一切事项，有随时议处并代表对外参加一切公共组织，与署名、诉愿、送惩之权。"⑥ 理事会理事由全族户主大会票选产生，再就当选理事中票选一人为理事长。其组织结构与章程等，已经与现代的社团组织相差无几。

与宗子的设立完全由血缘关系来决定不同，各个家族对其家族管理机构人员的选择多规定一定的德才标准来进行。其中，年高德昭、事理通达与身家殷实为最重要的三个条件。

---

① 《临安钱氏谱例》，载费成康主编：《中国的家法族规》，237页，上海，上海社会科学院出版社，1998。

② 《李氏家法》，载朱勇：《清代宗族法研究》，217页，长沙，湖南教育出版社，1987。

③ 《宁乡熊氏祠规》，载费成康主编：《中国的家法族规》，311页，上海，上海社会科学院出版社，1998。

④ 《东粤宝安南头黄氏族规、新续例款》，载费成康主编：《中国的家法族规》，237页，上海，上海社会科学院出版社，1998。

⑤ 参见《南海荷溪乡垂裕堂族规》，载费成康主编：《中国的家法族规》，371页，上海，上海社会科学院出版社，1998。

⑥ 《武陵郭氏公定规约》，载费成康主编：《中国的家法族规》，404页，上海，上海社会科学院出版社，1998。

中国传统的农业生产主要靠经验进行，而经验的积累需要一段时间过程，老年人因为有丰富的生产和社会经验而容易在农业社会中获得尊重，其权威易于得到认可。各个家族的族长多是一种不付酬的职位，这本身要求族长必须至少具有能维持生产生活所必需的财产，才能有足够的时间与精力投身于宗族事务中；且身家殷实者也容易以其财产获得必要的信用保障，因而家族多规定族长要具备一定的财产资格。家族作为社会生活中的共同体组织，其领袖必须要在复杂的社会环境中代表宗族与官府和其他地方势力打交道，同时平衡家族内部全体成员的关系与利益，因而家族法往往规定族长必须明白事理、通晓人情。总的来说，族长的选择是遵循任贤而不任长的原则。因而其任职往往规定有一定的年限，或规定如有不称职的情况可以加以纠正的条款。如余姚的徐氏就规定：

> 族长齿分居尊，统率一族子姓，评论一族事情，公平正直，遇事辄言，乃其职也。虽亲子弟有犯，亦不得偏枉回护。若委靡不断，依违是非，或私受嘱托，或恃尊偏执，皆不称职，何以服众，族反不睦，纪纲废而讼端起矣。许各房长会集公议。①

（3）分支机构。族下的分支机构是房。族是由同一始祖之下的所有成员组成，但家族并不以单独的个体作为自己的基本组成单位，而是以家庭作其最小的血缘单位，因而家并非一级的管理单位，而是家族最小的单元。家庭之上，则往往有房作为家族的下一级管理机构而存在。一族常包括数房，各房的最高祖则是出自同一祖先的同胞兄弟，是同宗之下的血脉分支。房由房长主持，"以执有恒产、事理通达者为合格"②。

（4）其他机构。除了宗子、族长以外，还根据不同家族的情况，分别设有一些管理机构，如余姚徐氏设立有家相。家相选择不论支庶、贫贱，仅以德行、文艺为标准。其职责如同传统国家机构中设立的谏官一样，专门与族长及宗子相抗衡，以辨曲直是非。家相"毋得窥避、伴食，庶称斯职，否则更置之"③。同治八年（1869年）江苏昆陵费氏宗族设立了宗长、宗统、宗辅、宗察、宗理、宗书、宗贮、宗干等八大员。④

家族机构中最重要的是家族财政资产的管理机构。由于各个家族情况不一，设立的家族财产管理机构的名称与组成等相差也较大。许多家族规定族长负责经理公事，办理进出各项，如辽宁海城尚氏家族规定：

> 茔庙设立正家长二名，副家长二名，经管茔墓祭器。祭田除入帐目，凡遇收放，正副四人到齐，始命书记登写簿内，以便稽察销算，庶免侵渔。⑤

多数情况下，各个家族均设有专门的管理家族资财的专门机构。江苏常州的长沟朱氏家族则规定：祠中银钱、租斗，每岁公议二人掌理，称为管年人。他们负责条粮、祭祀、

① 《余姚江南徐氏宗范》，载费成康主编：《中国的家法族规》，271 页，上海，上海社会科学院出版社，1998。

② 《岭南冼氏祠规》，载费成康主编：《中国的家法族规》，348 页，上海，上海社会科学院出版社，1998。

③ 《余姚江南徐氏宗范》，载费成康主编：《中国的家法族规》，272 页，上海，上海社会科学院出版社，1998。

④ 参见朱勇：《清代宗族法研究》，67 页，长沙，湖南教育出版社，1987。

⑤ 《海城尚氏先王定训、遗训》，载费成康主编：《中国的家法族规》，275 页，上海，上海社会科学院出版社，1998。

修理等项事务的经营管理。每年的腊月十五造好往来账目清簿，交给第二年的管理人，并呈族长，召集族人审阅。如查出有私怀侵渔，支吾不明情弊者，要按照查出数额加倍处罚，并且永远不得再参加宗族事务的管理。此外，管年人还负责保管祠中一切器皿，还管理族中义仓，审查族中贫困者的申请并呈报族长批准，照簿领给。并于十月之内负责催还本息。

> 及腊月十五，管年人交带，倘容情不催，亦照欠数倍罚，下手不许接受。①

这是从族人中公举产生。还有以族产的主要捐献者的后裔的嫡长子孙世袭。如常熟丁氏的丁锦峰死后捐出土地 545 亩设置义庄、书田。丁氏家族订立的规条中就规定：设司事一正一副，正用庄裔嫡长，副由庄裔延请，不拘同宗、异姓。

> 收租、完粮、银钱出入、给发领米一切等事，正副必逐一登注清册，以便查核。②

这样，这些族产便能一直处于庄裔即丁锦峰子孙的控制之下；而族人中也只有与庄裔血缘关系较近的成员，才能从该义庄、书田处领得月米及津贴。此外，在南方一些宗族，还流行推举外姓人充当义庄经理人的习惯。③ 这样，实现了所有权和经营权分离。家族财产的所有权仍归家族所有，但由外族经理人经营。外族经理人由家族聘请，其必定会尽职尽责，同时，家族众成员又可监督稽察其工作，可以避免家族财产被侵蚀，也使家族内部成员难以觊觎。

（5）家长。家长的设置，本应为家庭法所规定。故仅在早期兼有家法与族法的家族法中有所规定。如司马光所作的《居家杂仪》中规定：

> 凡为家长，必谨守礼法，以御群子弟及家众。分之以职，授之以事，而责其成功。制材用之节，量入以为出，稳家之有无以给。上下之衣食，及吉凶之费，皆有品节而莫不均一。裁省冗费，禁止奢华，常须稍存赢余，以备不虞。

亦有家族称族长为家长的。如清光绪元年（1875 年）浙江萧山的管氏宗族重建族内机构，设立家长一人，统掌全族事务。④ 个别家族法条款中有户长职务。如安徽寿州龙氏家族制定的《家规惩恶十二条》对忤逆、凶横、赌博、盗窃等十二种行为均规定了相应的惩罚，其中多数条款都规定户长有权利将违犯者送官处置等。如其中的"戒盗窃"条规定：

> 凡我族人，有爱人财物、阴行偷窃、败坏家门者，初犯责三十；再犯，凭户长、房长送官惩治，请枷祠内示众；三犯，重处。⑤

这里，户长是组成家族的家庭的首领，即家长的族内称呼。但亦有个别家族称其首领为户长者。如江西九江的岳氏在民国初年规定"户长宜立也"：

---

① 《毗陵长沟朱氏祠规》，载费成康主编：《中国的家法族规》，283 页，上海，上海社会科学院出版社，1998。

② 《常熟丁氏义庄规条、续置书田规条》，载费成康主编：《中国的家法族规》，291 页，上海，上海社会科学院出版社，1998。

③ 参见朱勇：《清代宗族法研究》，69 页，长沙，湖南教育出版社，1987。

④ 参见朱勇：《清代宗族法研究》，67 页，长沙，湖南教育出版社，1987。

⑤ 《寿州龙氏家规》，载费成康主编：《中国的家法族规》，325 页，上海，上海社会科学院出版社，1998。

惟共选一廉明公直者立之，更择一二端方有才者佐之，则仗义执言无弊，忠孝门第有光。[1]

此处的户长当是该家族的首领，而非某一家庭的首领。

2. 敦促家庭成员遵守国家律令

（1）告诫族人遵守法令，无犯科条，成为家族法的一个重要内容。作为一种社会共同体组织，家族不可能与强大的专制皇权相抗衡。相反，它必须在现存的中央集权的国家政权的统治下获得存在的空间。因此，为了自己家族的人丁兴旺、财产日增、势力强大，各个家族都在家族法中订立专门条文，要求成员安于本业，遵守法令，维护国家的统治秩序，以避免国家政权的惩罚，以保障家族自身的生存和发展。如清道光二十八年（1848 年）江南宁国府太平县馆田李氏宗族订立的《李氏家法》在其序言中即谆谆告诫：

纵子弟以乱法，则国法必至。国法至则非与家等矣。拘提褫魄，敲楚断肌，株连则罪及无辜，贿赂则破尽家产。于此始悔教诫之无人，致祸之迭生不已，晚乎。[2]

对于违犯律典而受到刑罚处分者，家族法往往还规定如革胙、除名等家族法的处罚。

（2）要求家族成员完成赋税输纳义务。赋税是国家财政收入的重要来源，也是国家得以正常运转的基础。纳税完粮、应役出差是封建国家加予每个家庭的重要义务，违反者往往被施以严刑峻法。因此，家族法多规定有"供赋税"、"尽输纳"等条文，要求家族成员按照规定履行义务：

倘有奸猾鄙吝，昧奉上急公之义，拖欠不完；又或于他人应完之国课兜揽入手，而设计侵欺，皆将不免公庭之辱也。亟宜于祠内责之，使知改过。不雔其罪。如强项执梗，不肯俯服，即送官究治。[3]

（3）奖励廉洁奉公的出仕者。如《浦江郑氏义门规范》便规定：

子孙倘有出仕者，当夙夜切切，以报国为务。抚恤下民，实如慈母之保赤子。有申理者，哀矜恳恻，务得其情。毋行苛虐，又不可一毫妄取于民。[4]

为保障其子孙为官清廉，该家族法还规定：如有为官在任时衣食不能自给者，还可以从家族公用资产中给予资助，以勉励其为官清正。但如果为官的子孙因为贪墨而名声在外，则要受到家族"生则于谱图上削去其名，死则不能许入祠堂"的处罚。

（4）规避词讼。在中国社会具有极大影响的儒家思想历来强调止讼，"必也使无讼"的思想深入人心。家族法大多也强调"戒争讼"，这不仅是深受儒家思想的影响，更多的是基于诉讼对家庭及家族造成的现实危害的认识：

讼犹兵也，不得已而应之。今习风日炽，讦告日繁，人多尚气兴词，求以雪耻。

---

① 《九江岳氏家规》，载费成康主编：《中国的家法族规》，370 页，上海，上海社会科学院出版社，1998。
② 朱勇：《清代宗族法研究》，215 页，长沙，湖南教育出版社，1987。
③ 《李氏家法》，载朱勇：《清代宗族法研究》，218 页，长沙，湖南教育出版社，1987。
④ 《浦江郑氏义门规范》，载费成康主编：《中国的家法族规》，261 页，上海，上海社会科学院出版社，1998。

而不知辨对之时，受其罗织诟詈之言；跪伏之下，自为卑污苟贱之态。甚则皂隶索钱，遭其凌辱；吏书舞文，蒙其恐吓，日夜焦思，寝食俱废，诚所谓耻未及雪，而为辱反甚矣。①

打起官司后，来回旅费开支、接待官吏的费用不菲。案件久拖不决，往往弄得双方两败俱伤，直至倾家荡产。因此，许多家族法规定，家族内发生的民事纠纷，甚至刑事案件均不得擅自告官；与族外之人发生冲突后，也不得贸然兴讼：

> 凡我族人，有好为兴讼，出入公廷者，乃健讼之徒。若与本族构讼，凭户长分别责惩。其与外人争讼，除万不得已外，依恃刀笔代人作词者，户长指名，送官究治。②

但一旦词讼之事起，也基于家族的声望，要求"合族出而助之"③。

3. 维护家族秩序

（1）维护长幼尊卑次序。中国传统社会是一个等级社会，每一个体分别属于不同的阶层之中，享受不同的权利，承担不同的义务。家族是以血缘为基础的社会群体，其成员同祖共宗，源出一流，但相互之间的血缘却有亲疏的差异。国家颁布的律令规定以"五服"来计算亲等，确定相互之间的亲疏关系。对于血缘关系越来越远的五服之外的亲属则视同常人。众多的家族法则扩大了亲属关系的计算范围，更加细化了家族内部的亲属关系的亲疏划分，并根据长幼尊卑确定不同的义务。

> 凡宗族当循次第，长幼有序，尊卑有别，子孝父慈，兄友弟恭，礼亦如一。背者以不孝、不悌论。④

这是一种总的规定。还有的家族法规对长幼尊卑的次序礼节作了更加详细完整的规定。如：

> 见兄长，行必起，行必以序，应对必以名，毋以尔我。⑤

其他如子孙之于尊长，咸以正称，不许假名易姓。子侄虽已是六十岁的老年人了，还是不能和伯叔同坐。卑幼不得反抗尊长的教诲，即使是只年长一天者亦是尊长。违者要教育，教育之后还不改正的，"则重箠之"。

（2）加强男女之防。男女有别，这是封建礼教的基本原则之一。家族为维护其血缘关系的纯洁，防止家族内乱的发生，以及淫乱等伤风败俗之事的发生，大都在家族法中设立了"别男女"、"禁淫秽"等规定。其主要内容可以分为以下几个方面：

第一是加强日常管理，对男女交往严加限制防范。如北宋著名的政治家司马光所作的

---

① 《余姚江南徐氏宗范》，载费成康主编：《中国的家法族规》，273 页，上海，上海社会科学院出版社，1998。

② 《寿州龙氏家规》，载费成康主编：《中国的家法族规》，326 页，上海，上海社会科学院出版社，1998。

③ 《上虞雁埠章氏家训》，载费成康主编：《中国的家法族规》，273 页，上海，上海社会科学院出版社，1998。

④ 《临安钱氏谱例》，载费成康主编：《中国的家法族规》，237 页，上海，上海社会科学院出版社，1998。

⑤ 《浦江郑氏义门规范》，载费成康主编：《中国的家法族规》，263 页，上海，上海社会科学院出版社，1998。

《居家杂仪》就规定：

> 凡为宫室，必辨内外。深宫固门，内外不共井，不共浴室，不共厕。男治外事，女治内事，男子昼无故不处私室，妇人无故不窥中门。男子夜行以烛。妇人有故出中门，必拥蔽其面。男仆非有缮修及有大故，不入中门。入中门，妇人必避之；不可避，亦必以袖遮其面。女仆无故不出中门，有故出中门，亦必须蔽其面。①

这是北宋时期聚族同居的大家族的规定。环山余氏宗族还禁止本族妇女出外观会、看戏、游山、谒庙等。② 其他家族法虽大多没有如此详细，但还是多有男女有别条，规定：

> 女勤纺绩，不出闺门，毋得族中男女溷杂，同席饮酒，不避嫌疑。违者罚银二两。③

由于传统家庭的家庭分工以及礼教所规定的女子的"三从四德"，对男女之别的交往的限制的义务则多落实到女性身上，家族法中的规定亦多以"正闺阃"命名，要求女性做到：

> 凡我族人，于家中妇女，宜令恪遵母教，谨守闺阃。内言不出，外言不入，勤纺织，修中馈，克尽厥职。④

第二是禁淫荡。男女之欲，人皆有之。孔子亦说："食、色，性也。"家族法强调不知耻的苟合是禽兽行为。家族法要求，不但良家妇女不可以失身，即使男子亦不宜宿使娼家。因为交结淫朋将使人视田谷为泥沙，轻银钱如草莽，破家荡产。而且孽债孽报，好色狂徒的最后结果往往是死后无嗣，而贪花浪子的后代常常成为妓女。种种后果，均是家庭的不幸。因此家族法除要求家长及早扑责锁禁，加以痛惩之。对那些不守夫妇尊卑之分、苟乱人伦的行为，更是"男女均宜逐出，不准入祠入谱"⑤。还有一些家族法甚至有令犯奸淫者自尽的条款。如果其父母不同意家族令其女儿自尽的处罚，还要受到处罚。如渑池曹氏宗族规定：

> 女子有所非为、犯淫狎者，与之刀绳，闭之牛驴房，听其自死。其母不容者，出之；其父不容者，陈于官而放绝之，仍告于祠堂，于宗图上削其名，生不许入祠堂。既放而悔改容死其女者，复之。⑥

第三是表彰鼓励贞节。

> 凡妇女有节自誓者，为宗长当白诸有司，旌表其节，庶可以励薄俗。有司未行，即当备入于谱表立传，以载家乘外篇。⑦

① 《司马氏居家杂仪》，载费成康主编：《中国的家法族规》，240 页，上海，上海社会科学院出版社，1998。

② 参见朱勇：《清代宗族法研究》，54 页，长沙，湖南教育出版社，1987。

③ 《毗陵长沟朱氏祠规》，载费成康主编：《中国的家法族规》，282 页，上海，上海社会科学院出版社，1998。

④ 《寿州龙氏家规》，载费成康主编：《中国的家法族规》，282 页，上海，上海社会科学院出版社，1998。

⑤ 《李氏家法》，载朱勇：《清代宗族法研究》，219 页，长沙，湖南教育出版社，1987。

⑥ 朱勇：《清代宗族法研究》，55 页，长沙，湖南教育出版社，1987。

⑦ 《锡山邹氏家乘凡例》，载费成康主编：《中国的家法族规》，244 页，上海，上海社会科学院出版社，1998。

明代万历年间的《余姚江南徐氏宗范》亦规定，对于那些修行内政、辅夫教子、足以仪刑闺阃的族内妇女，族长应当召集族人加以表彰。对于那些在年轻时即丧夫，却一直守寡，"清苦自持，节行凛然，终身无玷者"①，族长务必要召集族众，向官府呈报其事迹，以使其为朝廷所知，得到朝廷表彰。如果达不到这个目标，则应当专门聘请有名的儒生文人，为其作传并载之于家族的谱牒。

（3）促进家族和睦。

家族和睦是家族法追求的目标之一。因此，家族法一般均有睦家族的要求：

> 三党之中，皆与我有休戚相关之谊。必期循其名分，恤其孤寡，同其好恶，贷其贫急。不以意气相加，愉以礼让为先。斯上不负祖宗，下不欺幽独，相爱相敬，风斯古也。且孔子大圣，恂恂乡党，其于亲族，果何如耶。愿吾族众，毋以贵欺贱，毋以强凌弱，毋以众压寡，斯为一乡之善士矣。倘于亲族之间，休戚漠不动念，而或交相欺凌，是蹶其根本矣。可不戒哉。②

家族内各家庭之间各不相同，尤其是经济条件往往差距很大。如何协调贫富家庭之间的关系成为家族法在促进家族和睦方面需要解决的重大问题。因而众多的家族法都规定有全体族人无论贫富均当和睦相处的内容，提倡富户不可恃势辱贫，贫者亦要保护富户。同治九年（1870年），安徽桐城刘氏的《家规》"睦家族"条规定：

> 凡我同宗要彼此相维，情义相孚，有无相济，患难相周，毋得尊凌卑、幼辱长、富欺贫、贫害富、知弄愚、刁害良，以致怨恫祖宗。被害者果有明证，投祠，公较轻重，责罚。③

4. 禁止赌博、盗窃、斗殴、欺诈等丑恶现象

家族作为社会共同体组织，无疑面临着大量的社会问题，其中对家族影响最大的是与家庭家族财产直接相关的赌博与盗窃行为。因为：

> 士、农、工、商，各勤其事。近有赌博之徒，荒废职业，如狂如梦，典衣罄产，皆所不顾。若不严禁，何以挽其颓风。④

但由于传统社会娱乐方式单调，赌博在很多时候又被作为一种娱乐项目受到社会大众的欢迎。因而上述《李氏家法》亦不得不作出例外规定，要求除了新年正月前七日里因亲朋往来暂时开禁以外，其余时间一切赌博概不准开。《寿州龙氏家规》还强调对犯赌博之禁的累犯要加重惩罚。族中如果有不务正业以赌博作生涯者，频犯则重责二十。若与族人共赌，参与赌博的长辈将被重处，罚戏一台。

惩治盗窃行为是家族法的重要内容，家族法对此加以特别关注：

---

① 《余姚江南徐氏宗范》，载费成康主编：《中国的家法族规》，273页，上海，上海社会科学院出版社，1998。

② 《上虞雁埠章氏家训》，载费成康主编：《中国的家法族规》，232页，上海，上海社会科学院出版社，1998。

③ 朱勇：《清代宗族法研究》，52页，长沙，湖南教育出版社，1987。

④ 《李氏家法》，载朱勇：《清代宗族法研究》，219页，长沙，湖南教育出版社，1987。

穿窬攘窃，非士君子之行，玷宗辱祖，莫此为甚。少有干犯，即当痛责。与其身试官刑，孰若治家法。不悛者，革无赦。致若犯劫盗之罪案，经族正会议，立予除名，不准入谱。①

家庭是社会的基本生活单元，家族法更多面对的是日常的生活琐事。而发生在传统农业社会的盗窃多是以塘鱼田禾为对象的小偷小摸行为。对此，国家法往往无能为力。如清《刑案汇览三编》曾记载江西邓玉书殴死温水子等案，明确了"摘取田园果蔬未便以罪人论"的处理原则。② 而家族法禁盗的规定十分细致，对此却可以作出处理。如安徽明经胡氏宗族规定：

天地之间，物各有主，乃有不轨之徒，临财起意，纳履瓜田，见利生心；整冠李下，鼠窃狗偷，此等匪人宜加惩戒。如盗瓜、菜、稻草、麦秆之属，罚银五钱；盗五谷、薪木、塘鱼之属，罚银三两，入公堂演戏示禁。其穿窬夜窃者，捉获有据，即行黜革。③

《永兴张氏合族禁条》规定，对盗窃塘塍蔬菜瓜豆，以及鸡鸭塘鱼之属的男女，允许族人搜夺，赃获则重罚。到秋收完成时，只许捡穗，不许窃偷。如违则罚钱六千文。"黑夜盗窃者，加倍议罚。"④ 更有甚者，还规定对盗者可以合族公同打死。如清代康熙年间制定的《毗陵长沟朱氏祠规》规定：

族中有为窃盗者，事发锁拿，重责四十大板，逐出祠外。至为强盗者，赃真事确，合族公同打死。如失主首到报官，合族公举，决不宽饶。⑤

这里合族公同打死，一来表示对强盗行为的重视，二来借以分担打死人者的责任，使官府无从追究。

（四）家族社会法

中国传统农村的经济是一种自给自足的小农经济，人们以家庭为基本的生产生活单位。这种分散的生产方式和经济制度的最大问题以单个家庭的力量难以兴办较大规模的公益事业、无力抵御大的自然灾害以及其他较大风险。而传统的专制国家政权除了在遭遇大的自然灾害或其他社会危机时短时间减轻或免除赋税或进行一些赈灾济困的活动外，也很少兴办社会福利事业。家族制度则在此方面集中家族力量，发挥了很大的福利和救济功能。家族法也有许多这方面的规定。一方面，部分家族制定有关于颁胙、义田、义庄、书田、义

---

① 《盘谷高氏新七公家训》，载费成康主编：《中国的家法族规》，250 页，上海，上海社会科学院出版社，1998。

② 参见（清）祝庆祺、鲍书芸、潘文舫、何维楷编：《刑案汇览三编（一）》，242 页，北京，北京古籍出版社，2004。

③ 转引自朱勇：《清代宗族法研究》，54 页，长沙，湖南教育出版社，1987。

④ 《永兴张氏合族禁条》，载费成康主编：《中国的家法族规》，286 页，上海，上海社会科学院出版社，1998。

⑤ 《毗陵长沟朱氏祠规》，载费成康主编：《中国的家法族规》，281 页，上海，上海社会科学院出版社，1998。

塾、墓地等的专门条规，如：清嘉庆二十年（1815 年）制定的《海昌鹏坡陆氏颁胙条约》，江苏常熟丁氏于清咸丰六年（1856 年）制定的《常熟丁氏义庄规条、续置书田规条》，清同治十一年（1872 年）制定的《镇海柏墅方氏师范堂义塾规则》，清光绪十三年（1887 年）制定的《古吴陈氏丛墓规条》等即是此类专门规条；另一方面，综合性的家族法中大多有关于福利与救济方面的条文。如唐代大顺元年（890 年）制定的、保存至今的最早的成文家族法《江州陈氏义门家法》中即专门规定：立书堂一所于东佳庄，弟侄子息中有智性明敏者，在此修业；立学院一所于东佳庄之西，每年春三月，择日起馆，至秋九月解散。童子年七岁入学，至十五岁出学。① 另一著名家族法规《武肃王钱镠遗训》亦要求：

> 多设养济院，收养无告四民。添设育婴堂，稽察乳媪，勿致阳奉阴违，凌虐幼孩。②

概括起来，家族法中的这些专门条规和条文涉及的主要内容有：

1. 重视教育、兴办教育事业

子孙教育是家族法内容的重要组成部分。其具体内容大致可分为以下几方面：

（1）教育内容。北宋天圣五年（1027 年）的《临安钱氏谱例》规定：

> 宗族子弟读书，当择名师训之。宜遵礼法，教以孝、悌、忠、信、礼、义、廉、耻等事。如资质异常者，当荐拔之。

这是一种关于教育内容的总的规定。司马光制定的《居家杂仪》对子女教育要求得更为细致具体：孩子能够吃饭时，就要教其用右手。能够说话时就要教其说自己的名字，道万福等。稍有知时，就要教其恭敬尊长。对不识尊卑长幼的，还要严加呵斥。到了六岁后，就要开始识数及方名，男子开始习字，女子开始学女工。七岁开始，男女不同席，不共食，要学习《孝经》、《论语》。八岁、九岁、十岁要分别学习《尚书》、《春秋》、《孝经》、《列女》、《诗》、《礼》、《传》等。各个年龄段，男女分别规定得十分详细。

家族法强调教育并非仅为求功取名，而要以德行为先，造就知书识礼、忠孝为先、诚实为要的人。元至正二年（1342 年）刘浆所作的《家劝录》要求：

> 子孙六岁以上，便于择老成有学行者教之。先知揖让尊卑之礼，稍长教以孝弟忠信，使底于成立，无忝尔祖。若夫举子业，非可语于今日者，但修学明经，使知义理而已。③

《浦江郑氏义门规范》规定：家族要广储书籍，以惠子孙，并在书籍的卷首写上"义门书籍，子孙是教。鬻及借人，兹为不孝"，以防因偷卖和出借造成书籍逸散；小儿五岁时起，便要在朔望参祠讲书及忌日奉祭时学礼，每天早餐后要随众到书斋低揖以接受熏陶；子孙自八岁入小学，十二岁出就外傅，十六岁入大学；聘致明师训饬，以教以孝悌忠信为

　　① 《江州陈氏义门家法》，载费成康主编：《中国的家法族规》，224 页，上海，上海社会科学院出版社，1998。

　　② 《武肃王钱镠遗训》，载费成康主编：《中国的家法族规》，229 页，上海，上海社会科学院出版社，1998。

　　③ 《毗陵新安刘氏乐隐公家劝录》，载费成康主编：《中国的家法族规》，247 页，上海，上海社会科学院出版社，1998。

主；如果其到了二十一岁还在儒业上无所成就者，就要让其学习治家理财。并且，该家族法还一反以科举考试为教育中心的主流，规定：

> 子孙为学，须以孝义切切为务。若一向偏滞词章，深所不取。此实守家第一事，不可不慎。[1]

由此可见，传统中国的教育强调儒家思想，以科举考试为核心。但无论怎样都只有一少部分人能够通过科举考试。面对这种情况，家族教育就不得不考虑其存在对于家族的意义，因而部分家族法也强调不要专攻举业、求取功名，也要学习治家理财，使其适应社会生活，如《合江李氏族规》就规定：

> 子弟以读书明理为上。为父兄者必延聘名师，慎择益友，俾得朝夕渐摩，学问有所成就。遇则掇科取第，不遇亦不失为通人。光前裕后之图，计莫逾此。其有资质不能读，及力不能读者，则为农、为工、为商，即佣雇营生，亦属正业。[2]

（2）家族私塾的管理。中国历史上的专制政府注重以培养官吏为目的的科举制度，而缺乏提高民众素质的教育，因而官府并不举办儿童以及少年的教育，而任社会自行解决。因此，社会普遍以家庭、家族为单位聘请塾师教授孩子。部分重视教育的家族还专门制定有相关的条例，对塾学的规模、塾师的聘请、教学方法、学生的管理等加以规定。如《镇海柏墅方氏师范堂义塾规则》即是此例：

> 本堂设立义塾，为族内无力延师者陶教子弟。其师由本堂聘请，修金即由本堂送奉。凡来就学者，概无须出赀。其有雅意敬师，自愿少酬者，听。[3]

随后，它以近三十个条文对师长、开馆日期、子弟报塾、学习考核方法、学习内容及顺序、塾生管理等作了详细严格的规定。并且特别指出：如塾中有才质迈众、学可造就而其家或无力卒业者，义塾会另行筹酌，助给书资。无力之家或并笔墨书纸等不能自具，只要先行告明登册，可以由义塾供给。这一规定充分体现了义塾的公益性。如果父亲不送子入塾读书，部分家族法还规定要对其加以惩罚：

> 族中贫不能延师者，俱送子入祠读书。如幼童品质颖秀，其父甘于废弃，不送读书，罚银一两。有从旁谤议，阻挠不肯成人之美，定责二十板。[4]

（3）提供考试补助及奖励。通过科举出仕，是古代读书人的最重要的目标，也是给家族以荣耀的大事。因而家族多设书田等专项地产，或从义庄等家族财产收入中拿出款项，对参加各级科举考试者给予补贴，以资鼓励。如《常熟丁氏义庄规条、续置书田规条》就

---

[1]　《浦江郑氏义门规范》，载费成康主编：《中国的家法族规》，264页，上海，上海社会科学院出版社，1998。

[2]　《合江李氏族规、族禁》，载费成康主编：《中国的家法族规》，334页，上海，上海社会科学院出版社，1998。

[3]　《镇海柏墅方氏师范堂义塾规则》，载费成康主编：《中国的家法族规》，303页，上海，上海社会科学院出版社，1998。

[4]　《毗陵长沟朱氏祠规》，载费成康主编：《中国的家法族规》，283页，上海，上海社会科学院出版社，1998。

规定：族中子弟及庄裔子弟应试者，分别县试、府试、院试、入泮等情，分别给予一到数千文钱的补贴，于临行前支取。"如支而无故不赴考，于月米内扣还，仍永不再给。"① 1872年订立的《东粤宝安南头黄氏族规》规定：童生有县名应府试、有府名应院试者，以及生员及贡、监ров遗才等均发给二三元不等的花银。而考取游泮、监生、饷贡、禀贡、文武举人、进士等谒祖时，要发给花红银，数目按不同功名分别从六元到三百两不等，其仪式的各项开支也由家族支付。《宁乡熊氏祠规》也规定：

> 族中入文庠者，奖钱四十串；武泮者，奖钱二十五串；补廪及恩、拔、副、岁优，俱奖钱五十串；文闱中乡式者，奖钱八十串；武闱中乡式者，奖钱六十串；会文试中式者，奖钱九十串；会武试中式者，奖钱八十串；文翰林，奖钱一百二十串；武翰林，奖钱一百串。由科甲到任者，路费临时酌议。②

近代废止科举后，家族分胙花红金无法再按照科举制度的附生、五贡、举人、进士四等来进行了。但仍比照科举制度给奖，分别给县学位、府中等学位、省高等学位，京师大学堂等进行奖励。各等学堂毕业得到学位后，先将证书照录一份，送交值事存祠，然后自行诣案行礼，到祠堂谒祖，分别学级奖给花红银两。同时规定：

> 在兵、农、工、商专科学堂及法政、警察各学堂毕业得奖学位者，各视其阶级，比照县、府、省、京学格，一体给奖花红。③

随着清末变革后社会的进步，家族法还规定了强制的义务教育制度：

> 无论贫富，务期人人读书识字，庶有谋生之路。约从宣统三年起，仿行强迫教育。各房长造具学童名册，送呈祠首备查。如有子弟年届八岁至十二岁不入学者，罚其父兄。其极贫不能送学者，由族房各公项下酌助学费。④

即使一些小的家族，财力有限，也通过多给胙肉的形式，给读书者以奖励。如浙江慈溪方家堰方氏家族于1931年重修宗谱之际，制定了新的族约，规定：

> 我族族小，读书者不多。如有中学毕业，或与中学有同等程度者，亦另给胙肉一股，以奖励之。⑤

2. 家族救济

自给自足的自然经济下的家庭或个人抵御风险的能力十分脆弱，他们很难在遇到社会或自然风险时获得救助。家族在此时施以援手，会增加家族对其内部各个家庭的凝聚力，而且有助于减少因饥寒而起的盗贼现象。因而众多的家族法均有关于"赈恤"方面的规定。

① 《常熟丁氏义庄规条、续置书田规条》，载费成康主编：《中国的家法族规》，291页，上海，上海社会科学院出版社，1998。
② 《宁乡熊氏祠规》，载费成康主编：《中国的家法族规》，311页，上海，上海社会科学院出版社，1998。
③ 《岭南冼氏祠规》，载费成康主编：《中国的家法族规》，350页，上海，上海社会科学院出版社，1998。
④ 《上湘龚氏族规》，载费成康主编：《中国的家法族规》，359页，上海，上海社会科学院出版社，1998。
⑤ 《慈东方家堰方氏家规、族约》，载费成康主编：《中国的家法族规》，316页，上海，上海社会科学院出版社，1998。

其主要内容有：

（1）强调"族属同气，休戚与共"，号召"一切患难，须协力相助"①。众多的家族法均规定有"周贫乏"的内容。

> 友朋有通财之道，岂宗族可无赈恤之仁。"希文义田"、"尧夫麦舟"，古人高义，不可不法。②

部分家族法除了要求宗族内部要"贫弱之户，富实者宜时周恤之。愚鲁之徒，贤智者宜时教导之。总以相扶、相助为念"③外，还把其社会福利事项由宗族外扩大到乡里，号召族人对于修桥、补路、拯溺、救饥、矜孤、教不能等项有利于桑梓的事情，量力而行，"以使生长聚族之邦，其亦共有所赖也夫"。

（2）生活赈济。家族法对于族内孤寡幼弱难于维持生计，或者由于天灾人祸一时陷入贫困者，规定要给予适当的救济。部分家族专门制定义田、分胙等规条，对救济无力婚娶、丧祭、营生等贫困族人作了规定。没有专门规条的，也多在综合性家族法中规定有救济穷人的制度。如《浦江郑氏义门规范》规定：

> 宗人实共一气所生，彼病则吾病，彼辱则吾辱，理势然也。子孙当委曲庇覆，勿使失所。切不可恃势陵轹，以忝厥祖。④

它还规定：在缺食之际，要对那些贫困者给予每个月谷六斗的救济，直至收秋有新谷时才停止。严冬深寒时，应当怜悯那些没有被褥者，子孙当量力而资助之。同时，该家族法还将其福利事业延伸到不是本家族的乡邻里党范围，规定对于那些非本家族成员的乡邻，如果出现粮食匮乏的情况，应当根据情况，无息借给其谷物，待新谷收获时仅要求其按照原来所借谷物的标准和数量归还即可。如果哪家生了孩子，则资助其粥谷二斗五升。家族还自己收贮药材，邻族有疾，能准确验证其病症，则给其用药。但一定要诊察其寒热虚实等，对症下药，不可妄与。如果桥垮路烂，子孙中有多余资财者，应当积极参与修治，以方便行路之人。在酷热难当的六月至八月之间，应当于大路上设一两处茶水点，以方便口渴的路人。该家族法还强调，所有这些都是无偿的。

> 里党之痒疴疾痛，吾子孙当深念之。彼不自给，况望其馈遗我乎。但有一毫相赠，亦不可受。⑤

对于赈救灾荒的具体办法上，部分家族实行一事一议制度。如《岭南冼氏祠规》规定：

---

① 浙江东阳《潘氏宗谱》卷一《家规》，转引自朱勇：《清代宗族法研究》，57页，长沙，湖南教育出版社，1987。

② 《盘谷高氏新七公家训》，载费成康主编：《中国的家法族规》，251页，上海，上海社会科学院出版社，1998。

③ 《合江李氏族规、族禁》，载费成康主编：《中国的家法族规》，333页，上海，上海社会科学院出版社，1998。

④ 《浦江郑氏义门规范》，载费成康主编：《中国的家法族规》，261页，上海，上海社会科学院出版社，1998。

⑤ 《浦江郑氏义门规范》，载费成康主编：《中国的家法族规》，262页，上海，上海社会科学院出版社，1998。

各房遇有水旱奇灾，以致乏食失所，报到本祠，即由值理通知各房量力捐助。一面邀集绅耆，设法救济。或联络善界、代禀上官，务尽其力之所能到。所有纸张、笔墨、邮费，准在公项开支。其收捐、放赈章程，临时酌定。①

还有的家族设有专门义仓，但部分义仓出借需要付息，还严格规定了催还责任。如《毗陵长沟朱氏祠规》规定：

每年正月十五日后，本族之贫者赴祠具领状，管年人酌其宜借，呈明族长批准登薄。二月初一后，照薄领给。十月内，管年人催还，每石加息二斗半。荒免一斗，大荒全免，其所借之本，亦移至次年起息偿还。如有奸顽拖欠，十一月族长逐拘严比。及腊月十五，管年人交带，倘容情不催，亦照欠数倍罚，下手不许接受。②

对于接受救济的范围，除了水旱灾害等外，各个家族由于经济实力不同而大有差别。较大的家族则除了灾害婚丧等的补贴外，对没有劳动能力的小孩和老人等还给予月米的津贴。如常熟丁氏有土地面积达到545亩的义庄、书田，家族经济实力雄厚，因而其救济的范围也较为宽泛，族中丁男自四岁起供给月米，到二十岁以上停止，年满六十岁后再给。女子自四岁起始，至出嫁日停给。残废者常给，已嫁女因守寡无靠而归母家者给，妾婢虽不准入册支给，但其所生男女均一体支给。另外，凡丧嫡室而遗有子女俱幼者，族中六旬外鳏独及十六岁以下孤子女等，除月米外，还要享受额外的补贴。婚嫁、丧葬等也要给予救济。③

（3）丧祭补贴。家族是以血缘关系为基础的，因而强调丧祭的追祖思源功能，特别注重丧祭礼仪，吴越王钱镠因此在其遗言中嘱咐：

吾家世代居衣锦之城郭，守高祖之松楸。今日兴隆，化家为国，子孙后代莫轻弃吾祖先。④

浙江上虞的《雁埠章氏家训》规定：

孝子事亲，生则养，没则丧，丧毕则祭。养观其顺，丧观其哀，祭观其敬，此三者孝子之行也。⑤

明代的《寿州龙氏家规》亦强调：

祖功与宗德，木本水源深。葬以礼，祭以诚，追远报本无穷尽。欲见枝叶茂，先须笃本根。承先不坠想容音，见闻慢忾常申敬。⑥

① 《岭南冼氏祠规》，载费成康主编：《中国的家法族规》，348页，上海，上海社会科学院出版社，1998。

② 《毗陵长沟朱氏祠规》，载费成康主编：《中国的家法族规》，283页，上海，上海社会科学院出版社，1998。

③ 《常熟丁氏义庄规条、续置书田规条》，载费成康主编：《中国的家法族规》，289～290页，上海，上海社会科学院出版社，1998。

④ 《武肃王钱镠遗训》，载费成康主编：《中国的家法族规》，229页，上海，上海社会科学院出版社，1998。

⑤ 《上虞雁埠章氏家训》，载费成康主编：《中国的家法族规》，234页，上海，上海社会科学院出版社，1998。

⑥ 《寿州龙氏家规》，载费成康主编：《中国的家法族规》，320页，上海，上海社会科学院出版社，1998。

但由于家庭条件的不同，家族中常常有不能举葬及行祭礼的情况。众多家族法均规定：家族统一置祭田，用其孳息作为祭祀开支，立义冢，供埋葬无地者用。如《浦江郑氏义门规范》规定：

> 拨常稔之田一百五十亩（世远逐增），别蓄其租，专充祭祀之费。其田券印"义门郑氏祭田"六字。字号步亩，亦当勒石祠堂之左，俾子孙永远保守。有言质鬻者，以不孝论。[1]

同时，设义冢，宗族之无地者可以埋于此。同时，家族之外的乡邻死亡，如果确实无子孙者，可以给予槽梿埋于此处。《余姚江南徐氏宗范》亦规定：

> 祖宗遗立祭田，盖以共祭祀而世守者也。务要轮流收管，营办四时祭品。毋得贪图肥己，以乖祖宗立法美意。[2]

苏州是清咸丰年间清朝统治者与太平天国军队激战的地方。苏州陈氏也有许多人死于战场。死难者的后裔多因家破人亡，无力营葬，因而族中出现了一批无法埋葬的棺木。1887年，该族十二世孙陈宗浩捐银购置了一块墓地，来安葬多年的死难者并为族人提供葬身之地。为此，专门制定了《古吴陈氏丛墓规条》。由于该族原来没有义庄赡给葬费，所有祠中祭产供祭扫、坟粮、修理等都还有不足，因此，该规条规定，倘遇父已葬而母未葬者，不能给予葬费。若愿葬在此墓者，报明后即行举办。但提倡父母共葬、夫妇同穴：

> 倘或其子孙及近房可以挪移，终以合葬为是。不可因有此一地，而令父母夫妇分穴。[3]

祭祀祖宗是人类社会早期存在的一种普遍现象，中国传统史籍中即有早期社会关于祖先祭祀的记载。殷商时期开始形成严格的祭祖制度。秦汉以后，崇拜祖宗的祭祀传统为整个社会所保留。汉代将先秦时期的宗庙祭祀改为墓祭，这与宗族的社会功能相一致，班固在《白虎通义》卷下《宗族》中就说：

> 宗者，何谓也？宗，尊也，为先祖主者，宗人之所尊也。《礼》曰："宗人将有事，族人皆待。"圣者所以必有宗，何也？所以长和睦也。大宗能率小宗，小宗能率群弟，通于有无，所以纪理族人者也。……族者，凑也，聚也，谓恩爱相流凑也。生相亲爱，死相哀痛，有会聚之道，故谓之族。[4]

因为族是"生相亲爱，死相哀痛"的组织，墓祭会宗亲更是这"合聚之道"的最主要的方式。它强调通过对先祖亡灵的崇拜，求得先祖亡灵对于现世子孙赐福禳灾，并以先祖

---

① 《浦江郑氏义门规范》，载费成康主编：《中国的家法族规》，253 页，上海，上海社会科学院出版社，1998。

② 《余姚江南徐氏宗范》，载费成康主编：《中国的家法族规》，274 页，上海，上海社会科学院出版社，1998。

③ 《古吴陈氏丛墓规条》，载费成康主编：《中国的家法族规》，319 页，上海，上海社会科学院出版社，1998。

④ （汉）班固撰：《白虎通义》，54 页，上海，上海古籍出版社，1992。

作为子孙现世生活的楷模，在尊祖活动中逐步确立起自己的信条戒律、祭祀礼仪以及专职祭祀人员，但它本身并未形成严格的组织和系统的教义，并不构成一种严格意义上的宗教。这种以祖先崇拜为主要内容的尊祖实际上又是一种具有宗教性质的社会意识形态，"在一定程度上，我们可以说它是一种不同于一般迷信的、不成熟的宗教"①。实际上，慎终追远，对祖先的认同，是墓祭的重要精神，它成为族人间共同的精神感召，成为联络族人之间感情的重要手段。同时，还可以利用这个机会会聚宗亲，处理宗族事务；祭祖后族人的会餐及分胙，成为助弱的重要方式。

第四节
家族法与国家法

一、中国古代社会结构中的家族与国家

结构是指构成一个整体事物（或现象）的各个组成部分之间的配合或组织方式。社会结构是一个由社会诸要素按照特定关系和方式相互联结而成的有机整体，是人际互动形成的多层次的社会关系网络，它把社会统合为一个整体系统和特定的结构，从而规定社会的性质。② 社会结构作为一个整体系统，它既有浅层次方面，如单个社会要素的表象；也有深层次方面，这就是社会关系体系结构。研究社会结构的关键，不只是了解社会要素是什么，更重要的是认识各个要素之间是怎样联系的，有着怎样的联结方式与互动关系，因此，社会结构的本质要通过诸要素之间总体的相互关系的性质来诠释。因而，冯尔康认为：

> 社会结构是社会要素，或者说是广义的社会组织的组成方式，是具有各种社会身份的人及其群体的联结方式，这种方式是各种社会组织的有序排列，即各种组织有其社会地位，并依次由低级向高级排列，这种有序排列呈相对稳定状态，即形成社会结构的模式；社会结构要素间的冲突，使其内部产生变化的动力，并最终造成社会结构的变迁；人类社会的分工、生产力水平和生产关系给社会结构的形式、状态、性质、演变以决定性的影响，社会结构只是人类社会总体中的一种结构，与生产方式结构、生活方式结构等并存不悖。③

同时，再将社会力量引为社会结构的构成要素，那么社会结构是社会中各种社会力量之间形成的相对稳定的关系，即一个社会形成的社会力量格局。由此我们可以得到这样的推论：

> 一种社会形态之所以不同于另一种社会形态，原因在于各种社会之间的结构不同，

---

① 朱勇：《清代宗族法研究》，62 页，长沙，湖南教育出版社，1987。
② 参见王玉波：《深化社会结构史研究——〈中国社会结构的演变〉读后》，载《历史研究》，1995（6）。
③ 冯尔康：《中国社会结构的演变》，11 页，郑州，河南人民出版社，1994。

更进一步讲，是由于构成社会结构的各种力量的形态不同。

从长时间来看，社会力量的规模和类型不断发生变化，出现强弱变化，新的社会力量取代旧的社会力量，这个过程就是社会结构的变迁过程，甚或出现社会形态的转型。[1]

（一）宗法等级制度与中国古代社会结构的特点

明确了社会结构的基本概念及原理，再用它来分析中国古代社会，便不难得出宗法等级制度是中国古代社会结构的特点。

1. 社会要素以等级结构的形式存在

等级的划分在人类历史上普遍存在，而以门第、职业为依据的等级划分，早已得到中国古代法律的认定。并且，中国古代社会等级结构非常严密，各个等级的社会地位很难变动，特权者长期掌握特权，贱民世代遭受压制。这其中最具代表性的说法就是《左传·昭公七年》中楚国芋尹无宇对楚灵王讲的一番话：

> 天子经略，诸侯正封，古之制也。封略之内，何非君土？食土之毛，谁非君臣？……天有十日，人有十等。下所以事上，上所以共神也。故王臣公，公臣大夫，大夫臣士，士臣皂，皂臣舆，舆臣隶，隶臣僚，僚臣仆，仆臣台。马有圉，牛有牧，以待百事。[2]

中国古代不仅建立起了森严的等级制度，为了使等级成员的社会地位保持固定，不轻易发生变动，还形成了一套等级地位的监督机制，违反者将被纠正，甚而会被判有罪。人们受到了政府的、等级成员内部的监督，不许伪冒。政府用户籍、法令进行管理，比如唐律就禁止"相冒合户"：

> 诸相冒合户者，徒二年；无课役者，减二等。主司知情，与同罪。即于法应别立户而不听别，应合户而不听合者，主司杖一百。[3]

2. 宗法精神贯穿于中国古代社会结构

中国古代是在继承了原始氏族社会传统的基础上进入文明社会，并形成中华文明模式的。土地国有或者说王有带来的后果是手工业难以从农业中分化出来。由于土地私有制和商品经济得不到发展，在国有土地制度的前提下，以血缘为纽带的氏族公社的外壳完整地保存下来了。这样形成的国家就是以血缘宗法制度为基础的宗君合一的专制国家，其所在的社会则是以家庭中的父子、兄弟、夫妇关系为坐标而建构起来的。以父子关系定君臣、官民之上下关系，以兄弟关系定同事朋党之平辈关系，以夫妇关系定男女关系。由此而以家庭关系建构全部社会关系，全部社会关系实现家庭化，整个社会"是由无数私人关系搭成的网络"[4]，宗法精神则是中国古代社会结构中各要素相互作用、相互维持的纽带：

> 宗法精神在伦理上引导人们注意人伦关系和忠孝道德，维护家庭、宗族、团体、

---

① 朱新山：《乡村社会结构变动与组织重构》，13～14 页，上海，上海大学出版社，2004。
② （清）阮元：《十三经注疏》，2047 页，北京，中华书局，1980。
③ 刘俊文点校：《唐律疏议》，262 页，北京，法律出版社，1999。
④ 费孝通：《乡土中国 生育制度》，36 页，北京，北京大学出版社，1998。

等级的秩序；在法律上注重亲情，以情代法，以人伦代替法理，使严酷的法律蒙上温情脉脉的面纱，以利于有效的执行，实现他所维护的社会结构关系；在经济上讲究有宗法关系的人们之间的互助互救，令宗族、团体各自解救自身成员的痛苦，力求不发生社会变乱。①

正因为这样，宗法精神为统治者所乐于提倡并且渗透到社会结构各领域，家族成为社会结构的中心，宗法精神维系着社会结构与社会秩序的稳定。正如梁漱溟所指出的：

> 旧中国之政治构造，比国君为大宗子，称地方官为父母，视一国如一大家庭。所以说"孝者所以事君，弟者所以事长，慈者所以使众。"而为政则在乎"如保赤子"。自古相传，二三千年一直是这样。这样，人们但知有君臣官民彼此之间伦理的义务，而不认识国民与国家之团体关系。②

3. 社会结构具有高度稳定性

中国古代社会结构中充满着宗法精神的等级制度是一种超稳定的社会结构，这表现在：

> 组成传统社会结构基本框架的小农生产方式的经济结构，大一统的中央集权君主专制的政治结构，以父权家长制家族为社会基本单元和等级制的社会实体结构，以宗法伦理道德为核心的文化价值体系结构，安土重迁、聚族而居和以食为天的生活方式结构，两千年来基本上没有发生根本性的变化。③

当然，中国传统社会结构的高度稳定性有其自然经济、历史文化等多方面的原因。从地理位置上看，中华民族生活在东亚大陆的中心，这是一个近乎封闭的生活空间。四周为海洋、高原、草原、沙漠所环绕。中华民族以农业为主体，农业生产是生产周期较长的缓慢生产，因而农业社会是一个力求稳定的社会。为保障农业生产，封建国家实行重农抑商的政策，在平民中给予农民以较高的地位，春秋时管仲就将"农"列为"四民"的第二，居于"工"、"商"之上，并且实行严格的户籍制度，将农民附着于乡里。以农为本，人口与地域、土地紧密结合，这就是高度稳定的社会结构存在的基础。

同时也要看到，社会结构的高度稳定性也并非完全由经济基础决定。如汉、唐时期，都是自然经济占统治地位的时代，然而，当时社会比较开放；明、清虽已出现资本主义萌芽，自明后期至清反而闭关锁国，社会结构的封闭性得到强化。马克思就认为，推动清王朝实行闭关锁国政策"更主要的原因是这个新的王朝害怕外国人会支持一大部分中国人在中国被鞑靼人征服以后大约最初半个世纪里所怀抱的不满情绪"④。社会结构并不是一种简单的物理性结构，它是极其复杂的社会诸要素间各种关系、联系的有机结合的整体形态。剖析中国古代社会诸要素间的各种互动关系，可以得出结论：宗法制度就是维持中国传统社会结构稳定的重要因素。家族制度把国家政治层面的整合与社会层面的整合结合在一起，达到社会一体化，使中国古代社会结构变得极为稳定。

---

① 冯尔康：《中国社会结构的演变》，239页，郑州，河南人民出版社，1994。
② 《梁漱溟全集》，第3卷，170页，济南，山东人民出版社，1998。
③ 王玉波：《深化社会结构史研究——〈中国社会结构的演变〉读后》，载《历史研究》，1995 (6)。
④ 《马克思恩格斯选集》，2版，第1卷，696页，北京，人民出版社，1995。

它不仅维系着封建社会的财产继承和封爵继承、食封继承，产生世袭封爵这样的等级继替，而且在更广泛的层面上维护着一宗一族一家内的等级秩序。这种等级秩序，由于国、家合一的家族本位政治的主导和封建伦理道德的支撑，成了处理封建社会阶级关系的准则。可以说，整个封建社会礼制下的社会关系一直存留着宗法制的印迹。[①]

（二）国家社会与民间社会

国家与社会是一对相互联系的历史范畴，它们既对立又统一。这里所说的国家，并不是一个独立的概念，而是与社会一词相对应的特定之概念，具体说来主要指国家机构。而社会同样是一种独立于国家之外的特定范畴，它包括了不能被国家所淹没的社会公共领域，是在社会的国家化与国家的社会化之间形成的一个中间地带，因此也被称为民间社会。德国哲学家黑格尔从理论上提出了国家与社会的划分，在《法哲学原理》这本书中，他提出了两个不同的概念：一个是政治国家，另一个则是市民社会。他认为政治国家和市民社会是两个不同的领域，国家首先和更重要的是一种"理念"上的实体，而市民社会更重要的是现存的经济、社会生活领域。[②] 这两个概念后来为马克思所接受。

自从国家产生、出现了国家与社会这一对历史范畴之后，国家和社会就一直处在一种博弈之中。从历史和现实的角度而言，无时不在呈现和证明国家以不同的形式对社会的渗透或侵吞。[③] 在国家不能为社会正当利益提供有益或有效的服务时，社会就想凭应有权力和权利去确立或取消政治权力[④]，也就是通过适度的形式在法律上得到确认。"没有社会制约的国家权力总是危险的和不可欲的，它是对专制主义的放纵。"[⑤] 国家通过制定法律来界定社会主体和不同领域的自主性及权利义务的外在疆域，社会在其不同的历史发展时期也根据自身的特点从总体上设定了相应的国家行为的界限，国家与社会是由传统和现实及以法律为主导的规则体系而结合在一起的，法律强调和规制着各自及彼此间的权利和义务。当然，国家和社会各自的由经济、宗教、文化等构成的并非完全自主，也非毫无互为渗透的多元性及特殊性，决定了这一现象的复杂性，其范围与内涵亦在不断发生变化。[⑥] 社会要求国家制定与一定历史时期相适应的、社会内在需求的法律来约束并且限制其自身的行为范围；同时又要求国家能够及时制定和有效实施保障社会多元化及其必要之自由的法律，从而形成了社会对国家的制约。

1. 中国古代国家呈现出中央集权的发展趋势

夏是我国古代文明史的开端，不过因为文献史料的不足，夏朝的国家结构设置至今还较为模糊，但西周的官僚制度已相当完备，仅西周青铜器铭文中提到的各类职官就有两百

---

① 杨张乔：《论中国传统社会结构和社会思想特征》，载《学术季刊》，1994（2）。

② 参见［德］黑格尔：《法哲学原理》，范杨等译，197～351页，北京，商务印书馆，1961。

③ 参见邓正来：《市民社会与国家——学理上的分野与两种架构》，载《中国社会科学季刊》，1993（春季刊）。

④ 参见［美］查尔斯·泰勒：《市民社会的模式》，邓正来译，载［英］J.C. 亚历山大：《国家与市民社会》，23页，北京，中央编译出版社，2002。

⑤ ［英］约翰·基恩：《市民社会与国家权力型态》，邓正来译，载［英］J.C. 亚历山大：《国家与市民社会》，120页，北京，中央编译出版社，2002。

⑥ 参见唐宏强：《国家与社会互动中的法律发展探析》，载《学术交流》，2006（7）。

多种。西周初期，王室政权机构中最重要的职官是太师和太保。太师和太保掌握着王室的军政大权，并且负有监护和辅佐年少国君的重任。周王室的官僚机构分为两大系统，即卿事寮和太史寮。卿事寮即卿士寮，其职权是主管"三事"和"四方"。太史寮掌管册命、制禄、图籍、祭礼、占卜、礼制、时令、天文、历法等。

秦统一全国后，疆域空前辽阔。秦始皇在确立了至高无上的皇权之后，紧接着在中央建立了以皇帝为首的中央政府，设立了三公九卿制：三公是丞相、御史大夫和太尉。丞相辅佐皇帝处理全国政事；御史大夫执掌律令、图籍，兼监察百官；太尉负责管理军事。三公以下设九卿，分掌朝廷和国家各项行政事务，军国大权完全操纵在皇帝一人之手。在地方，在全国范围内废除分封制，实行郡县制（郡县两级地方行政机构），郡县官吏都由中央政府任免。郡县制奠定了中国地方行政制度的基础。

汉承秦制，略有更改。东汉末年，地方行政区划由郡县两级制转变成为州郡县三级制。经过魏晋南北朝时期的逐步发展，三省六部制在隋唐时期定型：在中央以尚书、门下、内史（中书）三省为最高权力机关。又在尚书省下置吏、礼、兵、刑（都官）、民（度支）、工六曹；在地方上，把州郡县三级改为州县两级制，从而建立起一整套相当严密的机构。唐朝时三省分工明确，既相互合作，又相互牵制和监督，保证了君权的独尊，是中国古代政治制度的重大创造。在尚书省下设立的六部，则完善了三省六部的管理体制。此后历朝都基本沿袭了这种制度。

宋代在中书省内设政事堂，简称中书，与枢密院分掌事务，号称"二府"。在宰相之下设"参知政事"作为副贰，还把唐末五代设置过的枢密使和三司使定为常设官员，以枢密使分取宰相的军政大权，以三司使分取宰相的财政大权。地方上派文臣做地方官，设通判监察，削减节度使权力，避免了唐五代以来武人割据、地方官权力过大的问题。将唐的"道"改为"路"，设平级四个机构，分掌军政、财政、司法和市场等事。它们互不统属，各自直接对中央负责。这有利于防止地方官独揽大权，因而强化了中央集权。

元朝的中央统治机构有中书省、枢密院和御史台。中书省是最高行政部门，设中书令，右、左丞相，平章政事，右、左丞，参知政事等，统称丞相。中书省下辖吏、户、礼、兵、刑、工六部。枢密院掌兵权，设院使、副使。御史台掌司法，设御史大夫。创立实行行省制度，在地方设置行省，作为中书省的派出机构，行省之下设路、府或州、县，对边远民族地区设置宣慰司进行管理。行省制度的创立，是中国古代地方行政制度的重大变革，是中国省制的开端，影响深远。

明朝废"行中书省"，设三司（承宣布政使司、都指挥使司、提刑按察使司）负其责而统属于朝廷中书省；后又废中书省，罢丞相官职，由吏、户、礼、兵、刑、工六部处理其事，对皇帝负责。设内阁，内阁为官署名。明成祖时，以官品较低的翰林院编修、检讨等官入午门内的文渊阁当值，参与机务，称为内阁。清代在中央中枢部门依明制设内阁（三殿三阁），作为全国最高行政机关，下设六部。特设议政王大臣会议及军机处作为最高权力机关。军机处是清代皇帝直接指挥下的最高军政决策机构。明清两朝地方都是实行省、府、县三级地方行政制度。

从以上中国古代行政机构设置的简略回顾中可以看出：中国古代中央政府机构是随着宰相类型的变化而不断调整的，其特征就是在王权、皇权允许的范围内最大限度地发挥相权的作用。地方政府的管理机制与中央政府执行机构一样，也是随时而变的，其核心在于紧紧地围绕着如何有利于中央政府的控制和指挥，如何有利于中央集权的加强。① 最后，中央集权越来越集中，地方的权力过分削弱，国家的一切活动，听命于皇帝一人。中央集权有利于行政制度整齐划一，可以提高并增进国家的统一性，可以避免各地方之间的战争，如果条件允许的话，中央集权还有利于商品经济的发展和统一市场的形成。但是，中央集权不利于近代意义上分权政体的形成，官吏均由中央任命，只知道奉行中央意旨，不能考察地方民情，导致产生有损无益的官僚政治，中央集权使得政府的管理成本加大。

2. 中国古代国家对社会的控制是有限度的

中国古代的政体是君主专制政体。所谓君主专制则是以世袭君主为国家元首，且由君主一人掌握最高权力的政治体制。然而，尽管中国古代的君主专制一直沿着中央集权加强、地方权力削弱的方向发展。但中国古代国家对社会的控制也一直是有限度的。只是在不同的时代，控制的大小与力度有所不同而已。夏启代益继禹之位并建立夏朝，之前的原始氏族的民主政体被打破。然而，夏朝国王的权力是有限的，因为中央其他机关的长官大部分出身于地方诸侯，这是地方政治权力制约中央的典型。夏之后的商与周都基本沿袭了这一体制。春秋战国时期，诸侯变革图强，各国加强了君主的权力，不过受到了历史传统及残余的分邦建国制度的影响，再加之各国君主变法需要吸纳人才，君主依然无法形成绝对的权力，周朝是一个典型的实行裂土封疆制的"封建社会"。

秦朝以后，中国建立起了统一的封建专制主义中央集权统治，不仅建立起了较为完备的中央政府各种机构，皇帝拥有至高无上的权力，并且对地方的行政统治也十分严密。然而，截至19世纪末，国家对民间社会的控制程度仍是有限的。一般认为，中国封建专制主义中央集权统治是以县为地方基层行政。其原因主要有：

（1）财政收入的限制。中国古代国家的资源主要来自对分散农户的提取，14到19世纪土地税及土地附加税提供了国家财政收入的70％至80％。另外，盐税提供了国家财政收入的10％至15％。② 可以这样说：

中国是世界上唯一从公元前迄至20世纪，始终直接向各个农户直接抽税的国家。这种税收的基础极为广泛而又非常脆弱。③

（2）机构与人员的限制。除了窘迫的财政限制了国家的能力以外，国家机构的设置和人员的配备也制约着国家对民间社会的控制。18世纪末全国大约有两万名行政职位，其中一半在京城，还有一半分布在与明代大致相同数量的行省和地方机构中。④ 可以想见，国家机构设置的不合理使得原本控制能力有限的县级行政机构的境况更加难堪。再则，虽然中国人口在这一时期增加了两倍，政府官员却只增加了60％，清代地方行政官员平均每县五名，而他们所辖县的平均人口却由十万增加到二十五万。⑤ 此种情况下，国家对于民间社会

① 参见张创新：《中国古代政府论纲》，3页，长春，吉林大学出版社，2004。
② 参见 ［美］罗兹曼主编：《中国的现代化》，204页，南京，江苏人民出版社，1998。
③ ［美］黄仁宇：《中国大历史》，47页，北京，三联书店，1997。
④ 参见 ［美］张仲礼：《中国绅士》，114页，上海，上海社会科学院出版社，1991。
⑤ 参见 ［美］罗兹曼主编：《中国的现代化》，81页，南京，江苏人民出版社，1998。

的控制十分有限也就不难理解了。

除此之外，中国古代的组织技术、通信手段等也限制了国家对社会的控制。

3. 乡里制度发挥着管理社会的功能

中国古代国家对社会的控制是有限的，但这并未造成整个社会的混乱无序，其中一个重要的原因就是中国古代的中央集权统治在县级以下还有一套较为完善的民间基层社会行政管理体制——乡里制度。

乡里制起源甚早，《周礼·大司徒》所载施教之法就要求：

> 令伍家为比，使之相保；五比为闾，使之相受；四闾为族，使之相葬；五族为党，使之相救；五党为州，使之相固；五州为乡，使之相宾。①

乡里制度中的"乡"与"里"在春秋战国之前为地域概念。"里"为人群聚居之地，是人们为了生产和生活方便而形成的共同体。"乡"的本意为方向，后引申为具有某个方向的地域。② 秦始皇统一中国、建立起高度集权的中央帝国之后，乡里组织的首领开始改由官府委派。

历经秦汉到隋唐，县以下所设的乡里组织的首领基本上是由官府委派的，其身份属于官僚性质。秦朝在县以下即建立了乡（亭）、里等基层行政权力体制。乡设"有秩"，是乡的主管官吏，另设"三老"掌管封建教化，设啬夫掌管诉讼、赋役，设游徼掌管巡查缉捕。里设里正负责掌管一百家。除此之外还有亭，每十里设一亭，亭长执掌治安警卫，兼管民事。

汉代与秦大体相似：

> 汉制……五家为伍，伍长主之；二五为什，什长主之；十什为里，里魁主之；十里为亭，亭长主之；十亭为乡，乡有乡佐、三老、有秩、啬夫、游徼各一人。乡佐、有秩主赋税，三老主教化，啬夫主争讼，游徼主奸非。③

隋唐以后，国家通过行政手段强制推行保甲制，继续对民间进行一定程度的控制。保甲制度一直延续到明清，其间虽然名称、形式有所变化，如隋唐称乡里，宋为保甲，明为里甲，清为保甲和里甲并存，但实质相差无几。④ 保甲制作为国家政权控制基层社会的一项基本制度，在相当长的时期内得到平稳发展，不仅元明清各代相沿不替，而且在清代中期规模大备，兴盛一时。清代的保甲组织，除有保长、坊长、客长、团首之设外，还有乡约之设。乡约是为宣讲圣训而设，是通过定期（每月初一、十五，即朔、望）宣讲圣谕和涉民法律条文，加强封建纲常礼教、法制教育，从思想道德方面维护封建统治。乡约一般由绅士担任，选诚实、堪信、素无过犯之绅士充当约正，再择朴实谨守者三四人值月分讲。⑤ 社会地位比保长、客长等都高，是一地的"精神领袖"，具有很大的影响力，所以，一般都

---

① （清）阮元：《十三经注疏》，707 页，北京，中华书局，1980。

② 参见全晰纲：《中国古代乡里制度研究》，40 页，济南，山东人民出版社，1999。

③ （梁）沈约：《二十五史·宋书·百官下》，1774 页，上海，上海古籍书店，1986。

④ 参见徐勇：《中国古代乡村政治与自治二元权力体系分析》，载《中国史研究》，1993（4）。

⑤ 参见吴吉元：《清代的普法教育》，载《百科知识》，1993（6）。

经推荐、保举认充等程序。

晚清时期，政府统治陷入来自内外的双重夹击之中：在国内，太平天国运动和捻军起义接踵而来，动乱步步升级；国外则有西方列强虎视眈眈，先是向中国输入鸦片，后是以炮舰轰开中国门户，中国沦为半殖民地半封建社会的苦难历程从此开始。在此背景下，中国的民间社会也受到了极大冲击，传统的小农经济开始解体，社会秩序陷于紊乱，包括保甲在内的各种权力组织都遇到了非常棘手的功能性障碍。这种情况下，团练兴起，使得保甲制度寻得了借以渡过难关的新形式。[①] 团练是从保甲组织中衍生出来的，因此它与保甲组织在编制形态、基本职能等方面难免会有一些相似甚至重合的地方，但团练绝不是保甲的翻版，它对环境的适应能力及其对社会的整合强度也不是保甲组织可以相比的。这主要表现在其功能和内容上的根本区别：保甲重在清理户口，防备盗贼；团练重在防御，抵制暴力。保甲具有法律性，行于全国，属于官僚政治体系；团练具有自发性，多由地方绅士主持，并未在全国强制推行，属于社会自助。保甲之控制权操之于中央，以牵制绅权；团练之权则操之于绅士，以制衡保甲。

4. 地方精英在民间社会中起着重要作用

地方精英是独立于国家政治秩序之外的社会组织和力量，是国家发展到一定程度以后国家与民间基层社会相分离的产物。中国古代社会的地方精英包括了贵族与绅士，他们在中国历史上存在的时间并不相同，"在中国，严格意义上的贵族只有在秦统一之前才存在"[②]。周朝是典型的"封建社会"，通过分封由大大小小的贵族统治。周天子把爵位、王畿之外的土地连同居民分封给诸侯，诸侯再将土地及居民（采邑）分封给卿大夫，卿大夫又将食田分封给士。于是形成了周天子、诸侯、卿大夫、士依次依存的金字塔式的贵族等级制。不过，贵族有广义与狭义之分：广义上的贵族包括当时的周王、诸侯、卿大夫以及士在内的统治阶层；狭义上则是指卿大夫、士。最狭义的贵族——卿大夫、士族阶层是地方精英层在这一历史时期的存在形式。正如《国语》所称：

> 古者，先王既有天下，又崇立上帝、明神而敬事之，于是乎有朝日、夕月以教民事君。诸侯春秋受职于王以临其民，大夫、士日恪位著以儆其官，庶人、工、商各守其业以共其上。[③]

西周末期，周室的地位急剧下降。齐桓公挟天子以令诸侯，表明天子大权已然下移。春秋战国时期各国之间争霸激烈，频繁的战争及政治斗争使得不少贵族也开始衰落，正如《左传·昭公三十二年》所称：

> 社稷无常奉，君臣无常位，自古以然。故《诗》曰："高岸为谷，深谷为陵"。三后之姓，于今为庶。[④]

---

① 参见王先明、常书红：《晚清保甲制的历史演变与乡村权力结构——国家与社会在乡村社会控制中的关系变化》，载《史学月刊》，2000（5）。

② 孙立平：《改革前后中国大陆国家、民间统治精英及民间互动关系的演变》，载《中国社会科学季刊》，1994（夏季卷）。

③ 董立章：《国语译注辨析》，38 页，广州，暨南大学出版社，1993。

④ （清）阮元：《十三经注疏》，2128 页，北京，中华书局，1980。

贵族的衰落，也为秦始皇废封建为郡县创造了条件。但一直到清朝，贵族仍以各种形态存在，对社会结构的变化产生重要影响，尽管它们的力量已无法与周朝的贵族相比。秦以后，跻身贵族行列的路径也各不相同：秦朝是春秋战国时代残留下来的旧贵族，汉朝是新分封皇朝的同姓子弟，东汉是仕宦世袭、长期世袭而成长起来的新贵族，他们的影响一直持续到唐朝末年，在明清两代则是皇室贵族；贵族名称也在不断变化：东汉是豪强地主，魏晋南北朝是士族，隋唐是大望族。① 而在宋代以后的中国传统社会中，绅士又形成一个特殊而重要的社会阶层，他们拥有社会特权，有特殊的生活方式，在社会中也发挥着特殊的作用。

学术界历来对于"绅士"的定义也有各种不同看法。通常认为，绅士包括具有各级科举功名以及拥有或曾经拥有过各类官职者。学品和学衔都是通过政府的科举考试后取得的，这种考试是证明受教育者资格的正式方法。因此人们常将经科举考试而成为绅士的那些人称为"正途"，然而，功名可以由捐纳而获得。虽然捐功名的人一般也是有文化或受过若干教育的，但他们并不需要提供任何足以证其受教育资格的证明。这些绅士人们常称之为"异途"。绅士要具备一些相同的条件：曾经受过相当的教育，具备着相同的经济基础——田产和房屋。中国传统社会中的绅士大多具有如下特征：一是家中有人或本人已通过科举考试取得某种功名，如果本人取得这种功名，这种功名的等级一般是较低的，如生员或监生；二是其家族的某个或者某些成员在官府中担任一定正式的官职，或曾经担任过这种官职而现在赋闲；三是拥有一定的土地（一般可以称得上是地主），或通过放高利贷等获得较高的收入，家境较为优裕。如果只具备其中一项或两项特征，则可以成为"边缘绅士"。而"边缘绅士"努力成为标准绅士，则是中国传统社会中非常值得注意的普遍现象。②

绅士享有一定的特权。他们在政治上的特权是由法律授予并被社会所承认的。他们触犯法律，衙门不得像对待普通百姓那样滥施刑具，他们还享有见官不必下跪的法律特权。日常生活中，他们可与官吏一样被称呼为"老爷"，乘轿，甚至其服装、饰物、顶戴也与官员相同，还可参加文庙的官方典礼等。并且，他们与官府有着密切的关系，他们中的许多人甚至就是政府的官员。绅士们掌握着文化特权，中国古代的文字和文化具有一种社会制度的性质，也是一种社会地位的标志。在中国古代社会中，一个人如果不能得到生产者的供养，根本无法脱离生产，因而贫苦的农民缺乏掌握文化资源的特权。绅士们还享有一定的经济特权，比如绅士阶层免服徭役，优免赋税，有时还适用于其家庭成员。但绅士之所以成为绅士，并不在于他们所从事的职业。实际上，绅士们从事的职业活动千差万别，有执掌书院的山长、坐馆授徒的塾师，有经营地方公产的仓董、充当书吏衙役者，更有乡居以行医和"包揽词讼"为业者。绅士不是一个社会职业集团。同样，绅士之所以为绅士，并不是因其是否占有大量土地，而是以其有无功名、顶戴来决定的。绅士之所以为绅士，是由绅士所处的社会地位与所扮演的社会角色所决定的。具体地说，由科举制度和等级身份制度所赋予的功名、顶戴等名器是绅士群体社会地位和身份的标志，而身居乡里既要为百姓的道德楷模、行为表率，又要利用自己的特权地位维护地方利益，则是社会对绅士这

---

① 参见朱新山：《乡村社会结构变动与组织重构》，17页，上海，上海大学出版社，2004。

② 参见朱新山：《乡村社会结构变动与组织重构》，39页，上海，上海大学出版社，2004。

一角色的要求和期望。

没有任何法律对绅士的职能作出全面系统的规定，但分析几千年来绅士在中国社会扮演的角色，可以看出，其履行的社会职能是十分广泛的。首先，影响地方决策。绅士对地方政府制定和实施政策，特别是那些与地方利益密切相关的政策，有着很大发言权。由于围绕绅士集聚整合起来的社会性力量不可忽视，没有绅士的参与和支持，这些政策都很难真正地得到贯彻和实施。其次，整合社会力量。绅士们掌握着民间社会中的各类组织，无论是官方的、半官方的还是民间的，他们都在其中处于支配地位，发挥着重要影响。同时，绅士们倡导、组织和管理着地方上的一些公益事务和机构，如学校、社仓和各种慈善机构的建立与维持，以及桥梁、道路和各种水利设施的修建与维护。依靠这些公益组织和公益活动，他们又赢得了广泛的社会声誉。再次，维持社会治安，化解社会矛盾。绅士们往往控制了像团练这样的具有一定军事性质的组织，当社会发生动乱时，他们还会自行建立一些武力组织以保卫乡里。同时，绅士调解和仲裁民间社会中发生的许多矛盾和冲突。他们虽然没有法律承认的司法权力，但在许多时候，他们会利依仗其声望与权威阻止乡民将事情诉至官府，甚或强迫当事的一方或双方接受其解决办法。最后，绅士还是意识形态的塑造者和维护者，他们积极地在乡村社会推行"教化"，传播以儒家思想为主的行为准则，改革有悖于儒家伦理的地方习俗。

贵族、绅士作为地方自治力量存在，客观上势必会对国家权力的膨胀、扩张起到屏障、遏制作用。早在20世纪40年代，有学者就根据自己对中国乡村社会的多年调查研究指出，中国古代社会通过绅权的作用形成地方自治，把政治分成中央集权和地方自治两层，把中央"悬空"起来，使专制的皇权不能直接进入人民的日常生活中，于是人民在履行了有限的义务后，就可以享受较大的生活自主权。① 绅士享有的特权及占有的资源优势使绅士填补了高悬在上的国家机构与分散的社会经济结构之间的空白。绅士是官与民之外的"第三种社会力量"、"社会漂浮力量"、"边缘性角色"。一方面，他们能够动员大量的民间资源，将其整合起来，形成一支稳定的社会力量，使官府不敢轻易忽视。另一方面，他们仍然受到国家机器与意识形态的控制，又是协助国家行使其统治权的重要力量。绅士作为一支相对独立的力量，在官、民之间发挥着沟通作用，一定程度地消解着他们之间不可逾越的等级鸿沟。② 绅士群体之所以能成为地方权力的重要组成部分，还受益于中国古代的官制，按规定，官员必须异地就任并实行定期轮换制度，其本意或许是为了防止官员与地方势力的结合而使权力失控，但这客观上为绅士在地方事务中发挥作用创造了机会。因为官员们只能短期在某地任职，使他们难以很快熟悉当地的情况，地方官员对很多事务的处理上往往需要依仗地方上的绅士们。

尽管绅士在地方社会的控制上发挥着重要作用，但中国传统绅士在地方上的公共领域活动受到国家权力的监督和控制，并未实现真正的自治。国家行政干预削弱并不等于国家在基层控制方面无所作为，只不过政府行政在于集中力量保障王朝统治的安全，基层社会控制留给了绅士。绅士的基层控制在威胁国家权力方面并不显现，反而暂时有利于矛盾的

---

① 参见费孝通：《乡土重建》，上海，上海观察社，1948。

② 参见高寿仙：《略论传统中国的乡村控制与村社结构》，载《北京行政学院学报》，2001（5）。

缓和、社会的安定，有利于封建王朝的苟延残喘，因而中国古代一直是由官府和绅士合作共同治理和控制民间基层社会。

> 有时绅士受命于官府而办事，或协助官府办事，有时官吏倡议某些事，由绅士去干，并且让绅士放手去推行。还有时候绅士倡议做某事，然后由官府批准，往往还得到官府经费或其他方面的支持。[①]

5. 宗族履行着多方面的社会职能

一种社会形态之所以不同于另外一种社会形态的原因在于各种社会之间的结构不同，更进一步讲是由于构成社会结构的各种力量的形态不同。从长时间来看，社会力量的规模和类型不断发生变化，新的社会力量取代旧的社会力量，这个过程就是社会结构的变迁过程，甚或出现社会形态的转型。中国古代社会前后期国家秩序与社会秩序的关系并非一成不变。前期，国家在掌握政治权力分配的同时，又掌握了以土地为核心的大量社会经济资源，在政治、经济、文化等领域中都明显表现出国家秩序空前强大的特点。而在后半期，随着均田制的瓦解和地主制经济的深入发展，土地自由买卖加速，国家直接控制的土地、人口日益减少，自耕农的佃农化使他们与国家之间的人身依附关系大为松动。国家对社会的经济控制由直接的、全体居民的人头、户头控制逐步演变到对土地、财产、户等的控制。国家政权面对日益分化的社会阶级、阶层状况，面对日益增多并且日益复杂的社会事务，不得不采取较以前更为丰富的手段加以控制调节：国家不得不给予更多居民获得政治参与的机会，从形式上使社会大多数阶级、阶层拥有一定的政治身份成为可能；国家注重吸收各阶层的优秀人才参与行政管理，使被统治阶级中的部分优秀人物也能够上升到统治阶层；国家通过特殊政策、特殊管理，使统治阶级内部不同集团的政治关系在不同的历史条件下得以调整。而国家在具体的行政运作上，特别是在基层社会表现出对社会的依赖性亦是一大重要变化。[②] 宗族制度自三国两晋南北朝萌芽到宋代定型就是国家无法对整个社会实行高度的、全面的集权式管理而不得不将民间基层社会的很大部分管理权交由宗族来掌握，使之作为"代理人"而存在就充分地表现了这一点。

中国是一个有着悠久、深厚宗法传统的国度。在几千年的历史进程中，家族以血缘关系为纽带，再加上与地缘关系的结合，渗透到了中国民间基层社会政治、经济、文化生活的各个方面，对中国传统社会产生了深刻的影响。宋明以来，统治阶级有意识地利用宗族势力，通过建祠堂、修族谱、立乡约等方式不断使家族势力组织化，强化族长的权威，同时设立义田对于族中鳏寡孤独进行帮助，并将家族制和保甲制相结合，以确保地方的稳定。家族构成了中国传统社会结构的基础，在中国基层社会的调控中发挥着广泛的作用与影响，而且这种作用与影响还不断地通过家族法的形式固定下来，并形成与国家法的互动。

> 宗法以人人有所隶为主，是亿万户固已若在纲，条分缕析，于是以保甲为经，宗

---

① ［美］张中礼：《中国绅士》，57 页，上海，上海社会科学出版社，1991。

② 参见卜宪群：《古代国家秩序与社会秩序的一般关系——以中国历史为中心的探讨》，载《史学理论研究》，2005（4）。

法为纬，一经一纬，参稽互考。①

（1）宗族的组织管理职能

中国的宗族制度实行外婚制，拥有祭祀祖先的祠堂和族产、族谱、族规、族训的特征，具有比日本的同族远为紧密的内部结合体和封闭性，是非常有力的、制度化了的亲族群体。② 家族通过订立族规禁约来组织管理族众。族规是一个宗族根据各地本宗族内部社会生活的具体实际情形而制定的行为规范细则。其主旨是为宗族的日常生产生活及公共秩序确定一个严格的行为准则，禁绝各类扰乱当地社会和谐生活的不法行径，维护正常的生产生活秩序。一个宗族组织必有一个族长，作为全族的领袖和代表，领导整个宗族的活动：

> 在社会和法律都承认家长或族长这种权力的时代，家族实被认为政治、法律之基本单位，以家长或族长为每一单位之主权，而对国家负责。我们可以说家族是最初的司法机构，家族团体以内的纠纷及冲突应先由族长仲裁，不能调解处理，才由国家司法机构处理。③

（2）宗族的救济保障职能

宗族组织通过"守望相助"、"同族相恤"等形式来帮助族人抵御天灾人祸，担当起了某种福利救济团体的功能，对宗族组织的稳定起了重要的作用。宗族内的赈济活动，实质上都是宗族富家对贫族的扶助。宗族组织的社会救济一般主要有两种形式，一种是累世共财同居的大家族，通过类似原始的公社式的家族共同体实行互助，另一种形式则是由在朝的官员或当地绅士出面设立族田、义庄救济、赡养本族成员，资助同姓子弟读书。历史记载最早的义庄，是北宋范仲淹设于苏州的范氏义庄。范仲淹曾谈及其设义庄的出发点：

> 吾吴中宗族甚众，于吾固有亲疏。然以吾祖视之，则均是子孙，固无亲疏也。吾安得不恤其饥寒哉？且自祖宗来，积德百余年而始发于吾，得至大官，若独享富贵而不恤宗族，异日何以见祖宗于地下？亦何以入家庙乎？④

自范氏义庄之后，不仅许多官员竞相仿效，而且一些地方也由族人出面共同筹田置办义庄。这些义庄一般都会设有"义学"、私塾，族中子弟可免费接受教育，以便参加科举考试。族田、义庄的设立，意图在于通过经济手段来增强族众的凝聚感和向心力。

（3）宗族发挥着礼仪教化职能

在中国古代，民间基层社会的道德教育历来通过宗族来实现，宗族有自己的传统道德榜样，它也是历代的封建统治者用以维护其乡间社会秩序的思想基础。宗族进行教化的形式有多种，祭祀、祠堂、族谱都是为族权系统服务的。涣散的血缘关系被宗族组织所强化，并加以伦理化，成为维护尊卑长幼之序的血缘伦理制度，以实现中国传统社会经济与专制王权对宗族组织的功能要求。宗族是一个血缘集团，因而也是一个祭祖单位。因此祭祀活动作为一种神圣的公共意识，标志着家族内部的群体认同，并维系着家族的尊卑有序的血

---

① 林济：《长江中游宗族社会及其变迁》，7页，北京，中国社会科学出版社，1999。

② 参见［日］富永建一：《社会结构与社会变迁——现代化理论》，211页，昆明，云南出版社，1988。

③ 瞿同祖：《中国法律与中国社会》，载《瞿同祖法学论著集》，27页，北京，中国政法大学出版社，1998。

④ （清）范能濬编集，薛正兴校点：《范仲淹全集》（下），714页，南京，凤凰出版社，2004。

缘关系。其效果就是：

> 在尊卑有别、长幼有序、循规蹈矩的祭祀过程中，对宗族的敬畏依附之情油然而生。[①]

祠堂是家族的象征，宋代以降，每个聚族而居的家族，必有一个至几个祠堂。祠堂是全族祭祀祖先的场所，是族长向族众宣讲封建礼法的课堂，是一个家族的中心，它象征着祖先，象征着家族的团结。

族谱是一种簿籍性质的东西，其主要内容有：全族的世系和血缘关系图表，全文刊载本族有史以来制定的各种家法族规、家训、家范，以及祖宗训诫子孙的言论等，还有祠堂、祖茔、族产公田的坐落方位、形胜地图等。修谱的目的是追思祖先功德、弘扬先贤的优良品质，就像欧阳修在《欧阳氏谱图序》中指出的那样：

> 传曰："积善之家，必有余庆"。今八祖之子孙甚众，苟吾先君诸父之行于其躬，教于其子孙者，守而不失，必有当之者。故图其世次，传于族人。又志于其石以待。[②]

6. 宗族制度在中国古代社会具有特别价值

宗族制度在中国古代社会具有特别价值，所以，历代封建王朝都特别重视宗族组织的建设和发展，以其作为专制统治的社会基础。

（1）宗族制度所体现出的宗法思想是封建专制政治的观念基础

中国社会从原始社会的氏族公社制进入有阶级的社会，并没有打破旧有的氏族血缘关系，而是充分利用了血缘关系，从一开始就形成了"家国同构"的家天下体系。从前面的家族制度的演变过程中，我们可以发现，中国早期的国家与父家长制有着直接的承接关系。最初的国家就是在父家长制家族基础上的扩大，君权就是家长权的扩大。这种国家政权与宗族血缘关系的紧密结合所形成的宗法制度占据了中国历史的相当长一段时间，使中国文化一开始就处于宗法文化的浓厚气氛中。正因为如此，中国文化从一开始就强调"孝"，而国家的法令也强调"孝"，因为"孝"是对家长权力与地位的尊重，对家长权力与地位的尊重也就是对君王的权力与地位的尊重，因而与"忠"是统一的。先秦的儒家已经对中国的国家政权与家族血缘关系紧密结合这种宗法伦理政治给予了极大的关注。《孝经·广扬名章》说：

> 君子之事亲孝，故忠可移于君；事兄悌，故顺可移于长；居家理，故治可移于官。[③]

对此，汉代大儒董仲舒作了理论总结，归纳出了"君为臣纲、父为子纲、夫为妻纲"的"三纲"，对宗法家国制度作了高度概括。从皇帝来看，从他的宗亲、大臣开始，他们随着血缘与官僚层级的不同而形成了一层又一层由小到大的同心圆圈，他自己处在这个圆圈的中心，而整个圆都是他的势力范围，即形成了"普天之下，莫非王土，率土之滨，莫非

---

① 杨国安：《明清两湖地区基层组织与乡村社会研究》，278 页，武汉，武汉大学出版社，2004。
② （宋）欧阳修：《欧阳修全集》，518 页，北京，中国书店，1986。
③ （清）阮元：《十三经注疏》，1508 页，北京，中华书局，1980。

王臣"的局面，天下百姓都是其子民，自然，他要为天下苍生负责，但更主要的，天下苍生都应该服从他，为他作出牺牲，"朕即天下"的观念根深蒂固。不仅如此，皇帝的每一个官吏在其所管辖的范围之内都是其百姓的父母官，被看作是父权的代表。当然，皇帝父权的最小代表是族长与家长，对族长与家长的服从与尊重就是对皇帝的服从与尊重。而如果每一个家庭与家族都能治理好的话，则"家齐而国治"，天下自然太平。因而陈顾远先生认为：

> 从来中国社会组织，轻个人而重家族，先家族而后国家，故中国社会亦以家族本位为其特色之一。①

家族本位是中国法制的基本特征，其最重要的问题就是家庭、家族与国家之间的统率与被统率的环环相扣的关系。家族内部强调长幼尊卑次序，严格等级特权，实际上也是把对君主的尊崇与对国家管理的服从的习惯放在日常生产生活之中。

（2）宗族组织对封建社会的自然经济起稳固作用

中国传统的社会是一家一户为主的自然经济社会。从宗族组织的变迁历史可以看出，首先是生产力的发展使人类社会可以划分成更小的单位进行生产和生活，才产生由氏族到家族的分化。而当生产力进一步发展到了可以为以家庭为单位独立进行生产和生活提供可能时，社会生产生活的组织便开始以单个的家庭为最主要的生产组织方式。但是，传统中国社会的生产力一直没有发展到单独的个体能够独立进行生产生活的水平，因而整个社会一直以家庭为最基本的生产生活单位。在缺乏商品交换的条件下的自然经济社会里，社会每一个独立的生产生活单位必须保证其主要的生产生活资料能够自给，交换只是在非常少的情况下才会发生。但这种以家庭为基本生产生活单位的社会组织方式也有其自身难以克服的问题，最主要的就是单个家庭难以积累起抵抗自然灾害和各种社会风险的财富与力量，以及难以兴办投资周期长且效率不十分明显的教育等社会福利事业。在宗法制家族社会，宗族与国家政权融为一体，家庭福利的解决也是国家政权必须而且应当考虑的问题。在魏晋南北朝世家大家族社会，这些问题的解决靠世家大家族解决，或者靠家庭的扩大来解决。自唐代起，随着生产力的发展，世家大家族受到冲击被打散，社会组织形式进一步演变为家庭形式。而数口之家的家庭自然经济无法解决赈济与教育等问题，专制的国家又没有把这纳入其治理的范围；由此，家族这一社会组织形式的作用得到了充分发挥。家族利用家族内各个家庭之间血缘上的联系，集中各个家庭的部分力量与资源来解决这些问题。因此，在现存的家族法中我们可以看到，这已经成为家族的重要的功能。家族大多有族田、义庄，也兴办塾校，解决家族后代的教育问题。虽然家族制度中的这些措施远没有现代社会救济制度那样丰富与完备，但它毕竟为不时遭受天灾人祸的各个单个家庭建立起了一道薄薄的屏障，因而有助于稳固自给自足的自然经济及以自然经济为主的社会。

（3）宗族组织维护封建基层政权

中国的国家政权是由父家长制家族扩大而成，随后又经历了一个长期的血缘家族与国家政权同构的宗法社会时期。春秋战国时期，随着分封制被打破、世卿世禄制的废除，血

---

① 陈顾远：《中国法制史》，63页，上海，商务印书馆，1934。

缘家族关系与国家政权开始分离，尤其是自商鞅在秦变法开始的郡县制使家族与政权完全分离开来。但自汉代开始，血缘家族与国家政权的结合在一定程度上又得到恢复。汉代，在中央层面是外戚诸家对政权的轮流控制，在地方层面是豪强家族对基层国家政权构成威胁。

到魏晋南北朝时期，血缘家族与国家政权的结合在更大程度扩展开来，出现了世家大族垄断或控制国家政权的情况。但此时的家族与政权的结合已经和宗法社会里家族与政权的结合有所不同。宗法社会里，家族与政权是天然的结合，天生的血缘关系是其结合的合法性的最重要的且唯一的理由。魏晋南北朝时期，世家大族与国家政权的结合并非是天生的，而是家族利用自己政治文化与经济优势影响国家的官吏选任制度，继而利用国家的官吏选任制度，通过扩大自己家族的社会地位和影响或重视文化教育培育人才，从而使自己的族人获得国家政权中的职位，再进而为自己家族的发展获得更多的资源。因此，此时家族扩大的一个重要动力与目标就是围绕国家政权进行。

隋唐时期开始科举取士后，部分出身贫寒的优秀人才可以不靠宗族的势力与影响，而是通过自己个人的努力而单枪匹马地进入国家政权。从政治上讲，这使皇帝专制的中央集权统治的统治基础得到扩大，从社会上讲，这使世家大族存在的理论基础受到挑战，因而世家大族在隋唐之后迅速衰落。

宋代开始的现代家族组织进一步与国家政权组织分离，它们已经与国家政权没有明确而直接的关联。从总的趋势来说，中国的家族组织与国家政权是越来越分离，但这并不意味着家族组织与国家政权已经绝对地分隔开来。唐宋以来的中国传统社会仍然可以被称为小政府的社会，国家政权主要基于政治层面的统治而存在，而对社会生活干预极少。并且，中国传统社会的国家政权很大时期内只设于县一级，而乡村一级更多的时候是采取一种近似于自治的组织管理形式，这给家族组织留下了足够的社会活动空间。于是，宗族组织与国家政权的基层组织呈现出一种交融的关系。一方面，家族组织通过在自己聚居地所形成的社会经济文化等方面的优势影响基层国家政权组织，部分家族的族人还直接进入基层政权，掌控着基层政权。另一方面，家庭组织内部往往也形成了自己的组织系统，有族长、族正、宗相等领导者，还往往设有管理钱财、礼仪与家族司法的机构，国家政权也愿意借重家族组织来达到自己控制社会的目的，常常让家族组织代行国家政权的催税催粮、调处纠纷等职能。家族组织与国家政权的这种关系在家族法里也得到十分明显的反映，家族法大都强调尊君尊长、强调对国家法令的尊重、对国家政权与国家官吏的服从，要求家族成员不得对抗官府、按照规定纳粮服役，这和国家政权的管理内容是完全一致的。而家族法中重惩偷盗、严禁赌博等内容也是国家政权进行社会管理与控制的重要内容。并且，这些事务由家族组织来做，以血缘关系形成的软权力来取代国家政权的硬权力，其效果往往更佳。因而家族组织在维护基层政权、稳定社会秩序方面的作用是不可低估的。

二、家族法与国家法的互动

中国古代的国家是由家族间的征服而形成的，某个家族或家族联盟征服了其他的家族，从而成为了中国范围内的最大家族，于是这个家族或家族联盟就成了国家的统治者，统治着其他被征服的家族，各个王朝的更迭实际上就是家族轮番统治着国家，国是家的放大而已，国家法与家族法有着很大的一致。但家族法与国家法在制定主体、调节方式与作用范围等方面均不相同，因此它也与国家法在某些方面并不一致甚至相冲突，由此形成了一种互动的关系。

（一）国家法对家族法的支持

中国国家法的历史非常悠久，传说中的《禹刑》就是早期的国家法，而规范形态的家族法则是在宋代及其以后形成的。因此，家族法从一开始就处于国家法的语境之下。而且，从总的层面上来说，国家法对家族法是支持的。国家法对家族法的确认与支持也是家族法得以存在的基础。具体说来，国家法对家族法的确认与支持主要表现在以下几个方面：

1. 国家法对宗法精神的确认是家族法存在的基础

以"亲亲、尊尊"为基本内容的宗法精神是家族制度在传统中国社会能够得以长期存在的基础。家族法区别家族内各个成员的长幼尊卑秩序，分别其等级地位与亲疏名分，赋予其在家族内以不同的权利与义务，要求其承担不同的职责和任务，这与国家法的基本精神是完全一致的。中国国家法的立法始终贯穿着宗法伦理精神，明确地以血缘的亲疏来确定人们的不同社会地位与不同的权利义务关系，早在魏晋时期就确定了"准五服以制罪"制度。到了隋唐时期，以《唐律疏议》的制定完成为标志，中国古代道德与法律的融合，也就是通常所说的"礼法结合"的过程基本完成，中国古代法制也由此达到了很高的水平。唐律"一准乎礼"，礼的实质就是封建的宗法等级制度，用刑罚手段维护封建宗法等级之礼，惩罚各种违反宗法等级制度的犯罪行为，就成为国家制定法的一项基本任务。父家长制是专制国家的统治基础，唐律采取了种种措施来维护家庭内部的父权统治以及维护以夫权为核心的婚姻制度，唐律首列"十恶"之罪，其中的"恶逆"、"不孝"、"不睦"、"内乱"等即是直接维护宗法家庭与家族制度的。元代开始把明确家族成员不同地位的五服图作为正式的法律文件纳入法典中。明代朱元璋制定的《大明律》被杨鸿烈称为"中国法系最成熟时期的难得产物"[①]。这部法典首列有五刑之图二张，然后，"又为丧服之图凡八：族亲有犯，视服等差定刑之轻重"[②]。朱元璋解释这样安排的目的："此书首列二刑图，次列八礼图者，重礼也。"[③] 其所重的"礼"就是"所以定亲疏，决嫌疑，别同异，明是非也"[④]。国家法对宗法精神的维护奠定了家族法的法理基础，是家族法最重要的法源。

2. 国家法支持家族内尊长的特殊地位

对家长、族长在家庭和家族中的特殊地位和作用的规定是家族法的一项重要内容，这也得到了国家法的有力支持。早在唐律中就对家族内尊长的地位加以特别保护，首先是在"十恶"罪中设立了"恶逆"、"不孝"等罪维护家庭内尊长的地位，惩处冒犯其人身以及尊严的行为；其次是以违犯教令罪强制子女服从尊长意志；再次是通过加重尊长为国家承担户籍、课役等管理职责来强化其在家族内的地位。为了保护家长对家庭财产的支配，唐律规定：

---

① 杨鸿烈：《中国法律发达史》，746页，上海，上海书店，1990。

② 《明史·刑法志》，载《历代刑法志》，512页，北京，群众出版社，1988。

③ 《明史·刑法志》，载《历代刑法志》，512页，北京，群众出版社，1988。

④ （清）阮元：《十三经注疏·礼记·曲礼上》，1231页，北京，中华书局，1980。

　　诸祖父母、父母在，而子孙别籍、异财者，徒三年。①

　　凡是同居之内，必有尊长。尊长既在，子孙无所自专。若卑幼不由尊长，私辄用当家财物者，十匹笞十，十匹加一等，罪止杖一百。②

《宋刑统》也明确规定了先问房亲、次问四邻的条款，对家庭、家族的财产加以特别保护。众多的家族为了防止家族财产的流失，都利用家族法对家族财产的流转进行特别的规定，如有名的《浦江郑氏义门规范》即有许多关于家族财产的规定：

　　一、家中产业文券，既印"义门公堂产业，子孙永守"等字，仍书字号。置立砧基簿书，告官印押（续置当如此法）。家长会众封藏，不可擅开。不论长幼，有敢言质鬻者，以不孝论。

　　一、子孙倘有私置田业，私积货泉，事迹显然彰著，众得言之家长。家长率众告于祠堂，击鼓声罪而榜于壁。更邀其所与亲朋，告语之。所私即便拘纳公堂。有不服者，告官以不孝论。其有立心无私，积劳于家者，优礼遇之，更于劝惩簿上明记其绩，以示于后。③

保证尊长对家庭成员的婚姻的决定权是封建国家制定法的重要内容之一，《唐律疏议》规定：

　　诸违律为婚，祖父母、父母主婚者，独坐主婚。若期亲尊长主婚者，主婚为首，男女为从。余亲主婚者，事由主婚，主婚为首，男女为从，事由男女，男女为首，主婚为从。④

唐律规定的"违律为婚"的基本精神直到清代仍然保持，《大清律例》的有关规定是：

　　凡嫁娶违律，若由祖父母、父母、伯叔父母、姑、兄、姊及外祖父母主婚者，独坐主婚。余亲主婚者，事由主婚，主婚为首，男女为从；由事由男女，男女为首，主婚为从。至死者，主婚人并减一等。⑤

国家制定法规定了祖父母、父母、期亲尊长以及其他亲属违律主婚的责任，保护了家长及族尊对子女及卑亲属的主婚权，这也成为众多家族法关于家族成员婚姻规定的法律根据。许多家族法也对家族成员的婚姻对象的选择、婚嫁的费用、仪式的举行等等作了相应的规定，如《浦江郑氏义门规范》对于婚姻就连续规定有11项：

　　一、婚姻乃人道之本。亲迎、醮醋、奠雁、接绥之礼，人多违之。今一祛时俗之习，其仪式并遵文公家礼。

　　一、婚嫁必须择温良有家法者，不可慕富贵以亏择配之义。其豪强、逆乱、世有

---

　　① 刘俊文点校：《唐律疏议》，257 页，北京，法律出版社，1999。
　　② 刘俊文点校：《唐律疏议》，263 页，北京，法律出版社，1999。
　　③ 《浦江郑氏义门规范》，载费成康主编：《中国的家法族规》，255 页，上海，上海社会科学院出版社，1998。
　　④ 刘俊文点校：《唐律疏议》，296 页，北京，法律出版社，1999。
　　⑤ 田涛、郑秦点校：《大清律例》，391 页，北京，法律出版社，1999。

恶疾者，毋得与议。

一、立嘉礼庄一所，拨田一千五百亩，世远逐增。别储其租，令廉干子弟掌之，专充婚嫁诸费。男女各以谷一百五十石为则。

一、娶妇须以嗣亲为重，不得享宾，不得用乐。违者罚之。入门四日，婿妇同往妇家，行谒见之礼。

一、娶妇三日，妇则见于祠堂，男则拜于中堂，行受家规之礼。先拜四拜，家长以家规授之，嘱其谨守弗失，复拜四拜而去。又以房扁授之，使其揭于房阈之外，以为出入观省。会茶而退。

一、子孙当娶时，须用同身寸制深衣一袭，由履各一事。仍令自藏，以备行礼之用。

一、子孙有妻子者，不得更置侧室，以乱上下之分。违者责之。若年四十无子者，许置一人。不得与公堂坐。

一、女子议亲，须谋于众。其或父母于幼年妄自许人者，公堂不与妆奁。

一、女适人者若有外孙，弥月之礼，惟首生者与之。余并不许，但令以食味慰问之。

一、甥婿初归，除公堂依礼与之，不得别有私与。诸亲并同。

一、姻家初见，当以币帛为贽，不用银斝。他有馈者，此亦不受。

其他如国家法律中关于亲属相犯等的规定也成为了家族法处理相关问题的重要依据。

以上是从立法层面来看的。但更多的情况下，国家法是根据国家制定法律的基本精神与原则，在司法过程中对家族法的规定加以支持。如对于家族族长的地位的确立、对家族与家族事务的裁判权、对家族成员的处罚权，以及家族尊长在诉讼上的特权等的支持都没有明文规定于国家律典中，却往往在司法过程中，通过审判实践中司法官吏的具体判决来加以支持，并通过众多案例的积累来形成一种司法惯例来支持家族法的相关规定。如自唐代起律典便有“不孝”、“不睦”等条规定：告言、诅詈祖父母、父母，以及谋杀及卖缌麻以上亲，殴告夫及大功以上尊长、小功尊属等要加以严惩，但没有规定对五服以外的尊亲亦应当加以保护。宋代范宽凌虐其穷困的同族叔叔，其族叔已是五服之外亲，法律并未加以特别保护，但事实上，官府基于维护宗族制度的考虑，亦对此加以惩处：

范宽以富而凌虐其穷困之族叔，动辄以服绝为言，如此，则族之尊长皆可以服绝而毁辱之矣！后生小子，不知有宗族骨肉之义，本合科断，以其稍能读书，不欲玷其士节。押下佥厅，请吴兼佥捶楚二十，以为恃富凌族长者之戒。[1]

同样类型的案例在清代亦能找到。《大清律例》在“同姓亲属相殴”条明确规定：

凡同姓亲属相殴，虽五服已尽，而尊卑名分犹存者，尊长，减凡斗一等；卑幼，加一等；至死者，并以凡人论。[2]

---

① 中国社会科学院历史研究所宋辽金元史研究室点校：《名公书判清明集》，392页，北京，中华书局，1987。

② 田涛、郑秦点校：《大清律例》，461页，北京，法律出版社，1999。

同样，对于凡人的和奸，《大清律例》规定为"杖八十"，而对宗族成员之间的通奸则规定：

> 凡奸同宗无服之亲，及无服亲之妻者，各杖一百。①

同时，清代还通过条例加重了对宗族成员之间通奸的惩罚：

> 凡奸同宗无服之亲，及无服亲之妻者，各枷号四十日，杖一百。②

清代不仅在立法上已经注意保护宗族关系，在司法实践中同样通过比附等司法推理方式，加强对宗族关系的保护。四川张卯英系张启文之缌麻亲堂妹，张卯英出嫁后，按服制规定，张启文与张卯英变为无服亲。但张启文与张卯英通奸案发后，刑部在回复四川总督的询问时，并未按照凡奸处理此案，而是认为：

> 查出嫁姊妹服虽降而名分犹存，故奸缌麻以上亲并无出嫁降服治罪明文规定，盖律严内乱，非谓本妇出嫁即无名分，得宽奸夫以应得之罪也。③

最后，刑部认为四川省按照奸缌麻以上亲例处理此案，发配张启文到附近充军"尚属允协，应请照覆"。

同样，直隶省的魏本荣强奸凤姐未成案也体现了对宗族关系的保护。魏本荣因见无服亲族妹凤姐独处，顿萌淫念，遂将凤姐搂抱强奸。凤姐挣扎哭喊，该犯释手逃逸，未经成奸。案发后，直隶省认为魏本荣与凤姐并无服制，应该按照凡人强奸未遂论罪，按律处以流刑。但刑部改为将魏本荣照强奸未成满流律上加一等，发附近充军。其改判的理由是：

> 查魏本荣与凤姐虽无服制，惟系同宗服尽亲属，如果强奸已成律应斩候，较凡人强奸已成绞候为重，且例内奸同宗无服之亲，拟罪亦重于凡人，则强奸未成，自应酌量加等问拟。检查历年成案，亦有似此案情加等拟军者可以仿照办理。④

3. 国家法认可家族法

家族法本是家族用以调整其内部关系的行为规范，它在内容上涉及家族内部发生的民事、刑事等诸多关系，但与国家法系统本身并无直接的渊源关系。但鉴于家族法在维护宗法秩序和社会稳定等方面的重要作用，国家法系统也不时通过认可家族法的规定，使家族法成为受国家强制力保护的法律规范。而部分家族为了使家族法更具有合法性和约束力，也往往将其家族法呈报官府，通过官府认可的方式来获得国家强制力的支持。这些家族法随之便在家族内成为了国家法的一部分，具有了国家强制约束力。如明代安徽新安许氏为创祠、修谱、立宗法三事，呈报徽州府，得到直隶徽州府段知府的批准：

> 据议修谱、创祀、立宗法三事，顾一门光前裕后之谋，实一方移风易俗之机也。且首遵圣谕及录端毅公注孝悌诗与诸训戒之词，即古蓝田之约不过是也。况今地方多

---

① 田涛、郑秦点校：《大清律例》，524页，北京，法律出版社，1999。
② 田涛、郑秦点校：《大清律例》，524页，北京，法律出版社，1999。
③ （清）祝庆祺、潘文舫、何维楷编：《刑案汇览三编》（三），1966页，北京，北京古籍出版社，2004。
④ （清）祝庆祺、潘文舫、何维楷编：《刑案汇览三编》（三），1967页，北京，北京古籍出版社，2004。

事，保甲乡约尤本府切欲行之而未能者。兹举首倡，以先士民，甚有裨保约，益地方多矣。即如议，著实举行。如有梗议挠约者，呈究。①

这样，制定宗族法的行为得到官府的肯定，家族法的效力也得到了国家法系统的认可与支持。其他如家族立约保护族产、宗族墓地与林地等也多得到官府批准，具有了官方文书的法律效力。这时的家族法就不但对族人有约束力，对相关的族外人员亦具有了约束力。如清咸丰年间，绩溪龙川胡氏宗族为防止各个支派的不肖后代为贪图取石之利、开矿烧灰以及私卖他姓，保护其宗族墓地虎林坑所属的来龙去脉处所龙须山、正班坞、金紫山一带山场，特呈报县衙，恳请勒碑永禁掘损之事。县衙审查后，"合行出示严禁"，发布正式的官方文书，让该处人民知悉：

> 嗣后如有不肖派丁勾通顽梗石工，胆敢破禁开矿情事，许该生等指名禀县，以凭立拿严究，按律重办，决不姑宽。②

这样，不仅该宗族成员必须遵守，其他人，如参与开采的石工等亦不得对抗此禁。这也表明：在国家法与家族法的关系上，国家法是大于家族法的，而不是家族法大于国家法。许多宗族立法要在官府备案，求得官府认可、支持和庇护，正是国家法与宗族法关系的表现。

（二）家族法对国家法的维护与补充

家族法是家族为了维护宗族内部的秩序，保护家族的利益而制定的对家族成员具有普遍约束力的行为规范，它以宗族自身的力量并借助国家力量保障其实施。家族法自其创立之初便处于国家法体系的调控之中。在传统中国社会，家族法维护家族的宗法秩序与国家法维护整个社会的宗法秩序的目的是一致的，这决定了家族法在国家制定法体系之下仍有生存的空间。尤其是在传统社会中，国家法的重点在于维护专制君主对整个国家与社会的政治统治，而对普通民众所必须面对的日常生产生活的诸多事项的调整都极为简略，甚至不加规定，这给家族法留下了大量用武之地。对家族法来说，国家法居于统率地位，家族法的存在是以承认国家法的存在为前提的。对国家法来说，家族法是对其精神的更加细致的维护，是对其原则的有益的补充。

1. 家族法对国家法精神的维护

中国传统社会的专制集权法制的基本精神是"君为臣纲、父为子纲、夫为妻纲"。家族法对国家法的这一基本精神均是大加贯彻，大多数家族法规均有忠君、尊父、侍夫等内容的条文。

（1）大多数家族法开卷便是忠君爱国的内容。明代的许多家族法开篇即是明朝开国皇帝朱元璋的"圣谕"：

> 孝顺父母，尊敬长上，和睦乡里，教训子孙，各安生理，毋作非为。③

---

① 赵华富：《徽州宗族研究》，419 页，合肥，安徽大学出版社，2004。
② 赵华富：《徽州宗族研究》，421 页，合肥，安徽大学出版社，2004。
③ 《皇明制书卷九·教民榜文》，载《续修四库全书》编纂委员会：《续修四库全书》卷七八八，355 页，上海，上海古籍出版社，2002。

同样，清代的家族法又多加上了清圣祖康熙皇帝的"圣谕广训"：

> 敦孝悌以重人伦，笃宗族以昭雍睦，和乡党以息争讼，重家桑以足衣食，尚节俭以惜财用，隆学校以端士习，黜异端以崇正学，讲法律以儆愚顽，明礼让以厚风俗，务本业以定民志，训子弟以禁非为，息诬告以全良善，诫窝逃以免株连，完钱粮以省催科，联保甲以弭盗贼，解仇忿以重身命。①

忠君的具体表现，各个家族法均有规定，主要有：做官要清正廉明、公而忘私；为民则尽输科捐，踊服差役，同时要遵守国家法令，毋得胡作非为。对于族人参加对抗朝廷的会堂秘密组织的行为，则更是加以坚决禁止。家族法中关于忠君爱国的这些规定，一方面使其与国家法维护纲常伦理的精神相同，但更多的是迫于专制政权的淫威，无力面对强大的国家政权而小心翼翼地作出趋利避害的选择。传统中国社会，家族是一个社会组织单位，个人不是首先作为自我的个体而存在，而是作为家族的一员而存在。家族成员与家族有一荣俱荣、一损俱损的直接利害关系。因而为家族大局计，不得不要求急税捐、不入社、慎交游。如《合江李氏族规、族禁》就规定：

> 践土食毛，自应输赋；急公好义，岂许逋粮。况国家惟正之供，按季征收，如额而止，先后不免。何苦延挨观望，伺候公庭，自取鞭扑耶？凡吾族于本户地丁漕粮各项，须依期投纳。即近年筹饷捐输，亦朝廷万不得已之举，亦不可逾延拖欠。庶催科不扰，门户晏如，岂非乐事？②

许多家族法均有诸如此类的规定。这虽然是劝督族人遵守义务，同时也是在强大的国家政权之下的为了家族的生存而作出的无奈之举。

（2）大量维护"父为子纲"的规定。"父为子纲"是家族法强调的又一个重要内容，各个家族法均做了大量规定，如《绩溪明经胡氏龙井派祠规》就规定：

> 众之本教曰孝，其行曰能养，其养必兼之能敬，敬而将之以礼，始无愧为完人，乃得称为孝子。啜菽饮水，但求能尽其欢；夏清冬温，又在不违其节；而且丧祭有礼，庐墓不忘。有此仁孝子孙则颁胙，殁给配享，仍为公呈请旌，以敬孝子也。③

对于不尊父母尊长的行为，各个家族法在加强说教的同时，都规定了训斥、杖责、革出等惩罚；对尊敬父母尊长的行为，则有颁胙、配享、列传与请旌等多种方法加以奖励。

（3）维护"夫为妻纲"的原则。对"夫为妻纲"的原则的维护，是家族法的另一项重要任务。如徽州地区的一家族法规定：

> 妇人必须安详恭敬，奉舅姑以孝，事丈夫以礼，待姊姒以和，无故不出中门，夜行以烛，无烛则止。如其淫狎，即宜屏放。若有妒忌长舌者，姑诲之；诲之不悛，则

---

① 赵华富：《徽州宗族研究》，367页，合肥，安徽大学出版社，2004。

② 《合江李氏族规、族禁》，载费成康主编：《中国的家法族规》，335页，上海，上海社会科学院出版社，1998。

③ 赵华富：《徽州宗族研究》，370页，合肥，安徽大学出版社，2004。

出之。①

家族法对于"夫为妻纲"的维护，首先重在男女有别，其次要求妇女要恪守家规，再次要从一而终。违反者，家族法均规定了严厉的惩罚条款，其作用也是颇为可观的。"徽州族规家法中关于'节'的规定，起了重大社会作用。历史上，徽州地区产生了数以万计节妇烈女。"②

2. 家族法对国家法的配合

国家法与家族法的目的都在于维护现存社会的秩序，都将重心集中于维护"三纲五常"的宗法伦理，但由于家族法与国家法在调整对象、适用范围、强制效力等方面有很大不同，虽然有些社会关系可能家族法与国家法都会进行调整，但二者侧重点不一样，因而家族法实际上起着对国家法的配合和贯彻的作用。国家法具有最高的法律效力，有笞、杖、徒、流、死等多种严厉的刑罚，它侧重于对破坏专制皇权、颠覆国家政权以及杀人害命等犯罪，如"十恶"中的多数犯罪行为均与此相关，而且处刑也是最重的。而宗族法的适用范围与强制效力等都受到限制，因此，它与国家法的侧重点就有了很大的不同：

> 绝大多数宗族法皆没有设立"谋反"、"谋叛"，及六杀罪名，反而百分之六十的宗族法都将"窃盗"、"赌博"、"奸淫"等列为专条定罪量罚，经以惩处。③

明清时期，由于社会的发展变化，封建国家的法律惩治犯罪的重心也发生了一些变化，即是"重其所重，轻其所轻"，薛允升归之为：

> 大抵事关典礼及风俗教化等事，唐律均较明律为重，贼盗及有关帑项钱粮等事，明律则又较唐律为重，亦可以观世矣。古人先礼教而后刑法，后世则重刑法而轻礼教，唐律尤近古，明律则颇尚严刻矣。④

国家律典加重了贼盗及有关帑项钱粮等犯罪的惩罚，而减轻了关于典礼及风俗教化等犯罪的处罚，这给宗族法提供了更广阔的空间。因为典礼及风俗教化虽然是皇帝专制政权的基本精神，但它并不直接威胁专制统治，因此维持宗法伦理不是国家法的最主要的任务。而维持家庭内部的伦理秩序，是家族法最主要最直接的任务。所以，在清代宗族法中，"直接涉及伦理关系的条文占族规总数的百分之三十七，高出国家法律相应比例的两至三倍"⑤。同时，宗族法对伦理秩序的维护，更多的是通过反复的说教、对日常行为的规范、对小过小犯的惩处来达到目的的。而国家法则不可能像宗族法那样有大段的说理教化，有反复的规劝警诫，也不可能对众多细小的违犯行为加以规定加以惩处。如果仅凭国家法来维护宗法伦理，则会出现不教而诛以及纵小过而成大错的情况。如关于窃盗，清律规定：

> 凡窃盗，已行而不得财，笞五十，免刺；但得财，以一主为重，并赃论罪，为从

① 赵华富：《徽州宗族研究》，373 页，合肥，安徽大学出版社，2004。
② 赵华富：《徽州宗族研究》，374 页，合肥，安徽大学出版社，2004。
③ 朱勇：《清代宗族法研究》，142 页，长沙，湖南教育出版社，1987。
④ （清）薛允升撰：《唐明律合编》（李鸣、怀效锋点校本），170 页，北京，法律出版社，1999。
⑤ 朱勇：《清代宗族法研究》，140 页，长沙，湖南教育出版社，1987。

者，减一等。①

其他如盗马牛畜产、盗田野谷麦、苹果及无人看守器物、山野柴草、木石等他人已用工力砍伐积聚之物者，亦是按赃值定罪，赃值一两以下，杖六十；一两以上至十两，杖七十；其他依律加以惩罚。而在农村，大多是见财起意的小偷小摸行为，无法用国家法来加以规定和惩处，家族法则可以加以规范。如《永兴张氏合族禁条》规定：

一、议塘塍蔬菜瓜豆，以及鸡鸭塘鱼之属，倘有无知男妇盗窃，许令搜夺。赃获，重罚。

一、议耘田后不许摩螺摩鱼，以及张筌张鱼，亦不许牵牛在洞中牧看，有害田塍。违者，罚钱一千文。

一、议族间六畜，无论践踏生芽、田苗，量赔无辞。

一、议秋成时，只许捡穗，不许窃偷。如违，罚钱六千文。黑夜盗窃者，加倍议罚。

一、议田中禾草，秋成各挑。乃有射利之徒，收获未完，即行窃挑自便。如违，罚钱四千文。②

如上所列细微小事，国家律令无法作出详细规定，但它们却在乡村社会大量存在，且容易引起更大的冲突，导致宗族不睦和乡村社会矛盾。宗族法对此加以调节，既可因地因事制宜，亦有利于防微杜渐，把危害更大的犯罪消灭在初始状态。如清咸丰九年（1859年）湖南湘阴狄氏制定《湘阴狄氏家规》，为了提高其家规的权威性，该家族特在制定家规后呈请湘阴县令予以批准。在呈文中，他们明确宣示："士遵祖训家法，以辅国法之行。"并且针对家族姓本单微，住多散漫，贤愚杂处，习气移人的实际状况，明确规定：

窝窃分赃，显干国法。犯此者除将屋宇撤毁外，带祠重惩。子弟犯盗者同。③

另外，国家法律还把大量的民事事务交由宗族组织来加以解决，减轻了国家法的负担，节约了国家的立法、司法资源，使国家能够集中更多的力量于危害专制政权的严重犯罪。宗族法融教化与惩戒于一体，不仅是惩罚性的规定，更有提倡与奖励的条文，它提倡四业当勤、崇尚节俭、重视教育、济贫救难、和睦邻里以及禁止赌博、禁止迷信、禁止偷盗等内容，这些行为在国家政治统治层面来说，与统治秩序的关联不大，不必全都由具有国家强制力的国家法律来加以惩处。但对家族来说却是影响很大、不得不加以规定的事项。一个经常赌博的人可能倾家荡产连累家族，一个嫖荡的成员则可能使整个家族蒙羞，因而家族法必须对此加以禁止。如安徽《休宁宣仁王氏族谱·宗规》写道：

上司设立保甲，只为地方。而百姓辈乃复欺瞒官府，虚应故事，究致防盗无术，束手待寇，小则窃，大则强；及至告官，得不偿失，即能获盗，牵累无时，抛废本业，是百姓之自为计疏也。吾族虽散居，然多者千烟，少者百室，又少者数十户；兼有乡

---

① 田涛、郑秦点校：《大清律例》，391页，北京，法律出版社，1999。

② 《永兴张氏合族禁条》，载费成康主编：《中国的家法族规》，284页，上海，上海社会科学院出版社，1998。

③ 《湘阴狄氏家规》，载费成康主编：《中国的家法族规》，295页，上海，上海社会科学院出版社，1998。

邻同井，相友相助，须依奉上司条约，严谨施行。平居互讯出入，有事递为应援，或合或分，随便邀截。若约中有不义男不遵防范踪迹可疑者，即时察之。若果有实迹可据，即鸣诸宗祠，会呈送官。若其人自知所犯难掩畏罪自尽者，本主具备实情，一□投祠，约各房长证明，即为画知存照。倘有内外棍徒诈索，即以此照经官究治。[①]

同时，对于国家律典明文加以惩处的犯罪行为，家族法也常常根据自己家族情况作出相应的规定加以配合。如清代社会多有将妻妾典雇于人的情况，清律对此明文禁止：

凡将妻妾受财，立约出风验日暂雇与人为妻妾者，本夫杖八十；典雇女者，父杖六十；归女不坐。若将妻妾妄作姊妹嫁人者，杖一百；妻妾，杖八十。知而典娶者，各与同罪，并离异。女给新，妻妾归宗。财礼入官。不知者不坐，追还财礼，仍离异。[②]

为了配合国家律典的这一规定，浙江《东阳上瑝王氏修谱条例》就明确规定：

典雇妻妾，上干律禁，下犯家规。如有典雇妻妾与人，及典人妻妾以图嗣续者，所生子不载。[③]

东阳王氏家族通过对典雇妻妾所生子不载入族谱这一家族法的惩戒方法来配合国家律典的禁止性规定得到执行。同时，东阳王氏家族还在其《修谱条例》相关条款后面全文抄录了《大清律》的《户律·婚姻》的相应条文原文。这样，家族法与国家法之间的相互补充的关系阐述得非常清楚。家族法由此与国家法形成了各有侧重、互相分工、互相配合、共同完成维护现存社会秩序的相互依存关系。

3. 家族法对国家法的修正

家族法与国家法虽然同样是为维护社会现存秩序的目的而存在，但由于制定主体、表现形式、适用范围以及效力高低不同，也呈现出许多差异。而且家族法的一些规定还构成了对国家法的个别原则的修正，而国家法系统基于整个社会系统的秩序保障，对此也加以认可。这主要表现为在体现儒家伦理精神的"准五服以制罪"、"八议"荫免与"同居相为隐"等原则上。"准五服以制罪"是魏晋以来形成的一项重要原则，国家法律规定：五服之内的亲属相犯，要根据亲属之间的血缘亲疏关系分别处以不同的刑罚。但家族法却没有这一原则。因为家族本身就是全体宗族成员以同祖共宗、血脉一统的关系联系在一起的，彼此之间都有着不同程度的血缘关系，如果家族法认可"准五服以制罪"的原则，则会出现无人可罚的情况。国家法是专制政权基于国家权力而强加于整个国家全体人民的。而家族法的制定虽然其中可能有一个或多个强有力的家族成员或家庭出面推动，但这样的家族成员也没有强大到拥有绝对的权力控制整个家族的全体成员而把一个完全按等级制度区分了权利义务关系的家族法强加给整个家族。家族法的制定大多是"阖族共议"，因此即使是形式上也要考虑家族成员间，尤其是各个组成部分的权利义务关系大致平等。同时，如果家

---

① 赵华富：《徽州宗族研究》，397 页，合肥，安徽大学出版社，2004。
② 田涛、郑秦点校：《大清律例》，205 页，北京，法律出版社，1999。
③ 《东阳上瑝王氏修谱条例》，载费成康主编：《中国的家法族规》，307 页，上海，上海社会科学院出版社，1998。

族仅仅以"五服"划线，则把聚居一处、同祖共宗、血脉相连的五服外亲属与五服内亲属人为地分为两个系统，不利于家族势力的扩大。这与家族法的根本宗旨是相违背的。"因此，不论是贵贱尊卑的家人或族人，在家族法面前都没有什么特权。"① 众多的家族法中都有关于上下、尊卑、长幼关系的规定，要求对尊长必须恭敬，对此有称呼、行礼、行为等一系列的规定。如安徽歙县黄氏宗族《潭渡孝里黄氏家训》规定：

> 子孙受长上呵责，不论是非，但当俯首默受，毋得分理；
> 子侄虽年至耄耋，凡侍伯父，俱当隔坐，随行不得背礼贻讥。②

凡是不遵守上下、尊卑、长幼关系规定的宗族成员都要受到惩处。只要违犯家族法规，则尊长亦要受罚，不能因其位尊而享有法外特权，这与国家法有很大不同。如安徽黟县南屏叶氏宗族的《祖训家风》规定：

> 族中邪僻之禁至详，而所尤严者赌博。赌博之禁，业经百余年，间有犯者，宗祠内板责三十，士庶老弱，概不少贷。许有志子弟访获，祠内给奖励银二十两。恐年久禁驰，于乾隆十四年加禁，乾隆四十三年加禁，嘉庆十四年又加禁。历今恪守无违，后嗣各宜自凛。③

同时，家族法大多实行了"罪人不孥"的规定，处罚基本上只限于违反家族法者本人。

中国传统的国家法自汉代实行"首匿"制度起便允许隐匿一定范围内的亲属犯罪。自唐以后更发展成为国家律典明确规定的"同居相为隐"制度。但众多的家族法则抛弃了这一制度，明确规定家族成员之间互相检举违反家族法行为的责任，知情不报、互相隐瞒要受到严厉处罚。如清康熙时期浙江绍兴吴氏《族规》规定：

> 尊长宜严率子弟，各务生理，毋得纵容赌博。如有犯者，不分亲疏长幼，即便具首以凭责罚。知而不举，罪并及之。……卑下幼非礼干犯各支尊长，而其父兄代为辩饰者，罚。④

湖南宁乡的熊氏宗族光绪十年（1884年）续修族谱时，为加强祠规的强制力，特向官府禀请刑状以肃祠规。禀词说：

> 特虑迩年来，匪类蜂起，邪教肆行，恐族中愚蠢，有被其蛊惑者。一朝破露，其贻害也，小及一家，大及同族。爰立家刑，通知各房房长，遇有不孝、不悌、游荡、嫖赌、偷窃、无赖、酗酒、行凶、吃洋烟有败家、藉茹斋而斩祀等弊，该房长传亲属父兄毋得纵庇，押送交祠处治，取具悔结，并取亲属父兄约束保结，交族长收执。而流入匪类、邪教，亦如之。⑤

---

① 费成康主编：《中国的家法族规》，176 页，上海，上海社会科学院出版社，1998。
② 赵华富：《徽州宗族研究》，397 页，合肥，安徽大学出版社，2004。
③ 赵华富：《徽州宗族研究》，395 页，合肥，安徽大学出版社，2004。
④ 朱勇：《清代宗族法研究》，145 页，长沙，湖南教育出版社，1987。
⑤ 《宁乡熊氏祠规·请刑禀词》，载费成康主编：《中国的家法族规》，313 页，上海，上海社会科学院出版社，1998。

这里，明确要求亲属父兄毋得纵庇。而官府不但准请存案，而且批准其设立了小刑竹板、木枷、祠状号褂等刑具。作出这样的规定，也是为了保证家族法的强制性得以实现，因为族人之间，都有或近或远的血缘亲属关系，如果在宗族内允许亲属相容隐，则大量违反家族法的行为就会无人举告，家族法将形同虚设，家族内部秩序就无法维持。因此，大多数宗族都不允许亲属之间相互隐匿，而是对知情不报者，特别是直系亲属，包括祖父母、父母等，一并予以处罚。同时，该违反家族法的行为虽然在家族内没有得到隐匿，在家族内是公开的，但对于家族外，特别是对于官府仍然是隐匿的。这样，家族法就把家族内部和家族外部分隔开来，既使一些违法犯罪行为得到处理，又没有严重侵犯国家法的权威，因而国家法对此也加以默认。

第五章

婚姻 ——"上以事宗庙"、"下以继后世"

传统中国是一个以农为本的社会，土地是最重要的生产资料，经济利益的获得与劳动力的延续，都要靠家庭来承担，家庭是最基本的生产单位。家庭的稳定、和谐是国家和社会稳定、和谐的前提和基础，家庭是社会的细胞，是社会构成的基本单位。而家庭的基础则是婚姻，是夫妻的结合，家庭的维系也主要靠夫妻的经营。因此，婚姻在中国的传统社会中具有非凡的意义。中国传统婚姻制度是传统亲属、家庭、宗族关系产生的前提。伦理色彩浓重是中国传统法律的特点之一，在婚姻制度的法律调整规范中，传统伦理道德与传统法律的结合则突出地体现了这一点。

第一节
婚姻的语义学剖析——对中国传统婚姻制度的字面解读

一、从"嫁娶"到"婚姻"

（一）嫁娶风俗是中国婚姻制度的起源

在氏族社会早期，人类过着原始群居生活。那时虽然有男女之别的天然性别差异，但并没有出现真正意义上的家庭生活。就其婚姻状况而言，则处于一种群婚状态。随着生产力水平的提高和社会的发展，群婚所引发的各种危害逐渐显露出来。为消弭群婚的弊端，对偶婚渐次取代了群婚，并逐渐演变为嫁娶风俗。

嫁娶最初是一种关于两性结合方式的纯粹民俗行为，这种民俗行为大量地、反复地出现而成为一种特定的嫁娶现象，在人类社会演进的过程中，逐渐并且越来越强烈地受到礼制的调整和规范。从这个发展过程上看，中国的婚姻礼制不仅源起于上古的嫁娶风俗，而且，在国家机器出现之后，礼制不断受到国家强制力的庇护，嫁娶风俗也逐渐由此而实现从自然形态向制度规范形态的转变。是故，我们可以认为嫁娶风俗是中国婚姻制度的起源。

我国近代学者陈顾远先生甚至对此明确断言："婚姻称谓与礼相辅，其主旨在确定聘娶婚之正当，其起源当后于有嫁娶之事实。"先生治学严谨，言之有据，他认为：

> 婚姻意义以聘娶婚为主要对象，而聘娶婚之兴起也亦较迟，故知婚姻称谓，为时当后也。然在聘娶婚之先，各种嫁娶之事实，为例甚多，则嫁娶用语或更先于婚姻也。①

这就是说，婚姻与嫁娶有着严格的分野，二者不能简单地混同。在嫁娶与婚姻二者出现的时间顺序上，应该是嫁娶现象出现在先，婚姻关系问世偏晚。在婚姻制度规范出现之前，嫁娶已经广泛存在，但它只是一种自在自为的社会现象，这种嫁娶现象并不能因为嫁娶本身而自发地上升为婚姻关系。婚姻则是一种特定的社会关系，它与礼法观念的出现相辅相成，婚姻的缔结需要一定的社会基础和先决条件。婚姻关系确立的，必须先有嫁娶之事实，后有婚姻缔结合于礼的规范性。而嫁娶则是对一种两性结合方式或行为状态的表述，它仅仅受到习俗的影响乃至支配。显然，在婚姻产生以前，嫁与娶的事实已经成为了社会的客观存在。

嫁娶既然是一种风俗，在不同地域和不同时期也就表现出不同的发展和变化形式，因此，关于嫁娶也就有许多不同的称呼。《说文》云："嫁，女适人也。"②《易·序卦》解释嫁意"为归妹"。按照《仪礼·丧服》的说法："凡女行于大夫以上曰嫁，行于士庶曰适人。"③《尔雅·释诂》谓：嫁，"如、适、之、徂、逝，往也。"④《易》之"蒙卦"、"咸卦"等还多处讲到取女即表示嫁娶的意思。《史记》、《世本》诸书都记载了太昊（伏羲）制嫁娶，以俪皮⑤为礼，《礼记·士冠礼》、《礼记·聘礼》均有关于俪皮的记载，亦说明嫁娶称谓早于婚姻一语，但史学界目前对太昊、伏羲的身份仍然颇有争议。⑥

据《三皇本纪》记载：伏羲

---

① 陈顾远：《中国婚姻史》，5 页，北京，中华书局，1990。

② （汉）许慎：《说文解字》，327 页，北京，中国戏剧出版社，2007。

③ （清）阮元：《十三经注疏》，《仪礼注疏》，1096 页，北京，中华书局，1980。

④ （清）阮元：《十三经注疏》，《尔雅注疏》，2568 页，北京，中华书局，1980。

⑤ 唐代孔颖达《礼记正义》引谯周《古史考》云："太昊制嫁娶，以俪皮为礼。"（（清）阮元：《十三经注疏》，《礼记正义》，1680 页，北京，中华书局，1980。）据《仪礼·士冠礼》记载，主人为了表示对来宾的酬谢，要向来宾赠送"俪皮"，郑玄注曰："俪皮，两鹿皮也。"以俪皮为礼表示希望成双成对。（参见（清）阮元：《十三经注疏》，《仪礼注疏》，953 页，北京，中华书局，1980。）

⑥ 时下人们多主张太昊即伏羲，称伏羲是中华民族的人文始祖，是早于炎帝、黄帝的"三皇之首"。范三畏在其《太昊伏羲氏源流考辨》，载《西北民族学院学报（哲学社会科学版）》，1995（1）；王剑在其《论中华民族共同先祖的确认——兼及"羲黄文化"》，载《中南民族大学学报（人文社会科学版）》，2003（6），所撰文均采这种说法。持此一说者多认为，伏羲氏出生在渭水流域的成纪（今天水秦安县），后来称王，都城于陈（今河南淮阳），卒于陈。淮阳为此建有伏羲陵墓——太昊陵，是以伏羲先天八卦之数理而建，分外城、内城、紫禁城三道"皇城"，陵庙内有三殿、两楼、两廊、两坊、一台、一亭、一祠、一堂、一园、七观、十六门。全部建筑分布在一条南北中轴线上。对此，也有学者提出别说，如：屠武周在其《伏羲非太昊考》一文中提出："伏羲、太皞（一作太昊，以下均用太昊）的传说始见于战国时代的文献。《汉书·律历志》把二名连文，称太昊伏羲氏。清人崔东壁《补上古考信录（卷下）》炎帝氏及太昊氏条断伏羲非太昊，笔者以为甚是，但考辨过简，故至今大多数述著仍沿用汉人旧说"。

有圣德，仰则观象于天，俯则观法于地，旁观鸟兽之文，与地之宜，近取诸身，远取诸物，始画八卦，以通神明之德，以类万物之情，造书契以代结绳之政。于是始制嫁娶，以俪皮为礼。结网罟以教佃渔……养牺牲以庖厨。①

唐杜佑《通典》比较详细地记载了三代嫁娶的内容：

遂皇氏始有夫妇之道。伏羲氏制嫁娶，以俪皮为礼。五帝驭时，娶妻必告父母。夏氏亲迎于庭。殷迎于堂。周制，限男女之岁，定婚姻之时，亲迎于户。六礼之仪始备。②

从上述史料可看出，嫁娶即专指男女的结合。

郑玄以嫁娶来诠释婚姻，他在《诗经·郑风·丰》笺说：

婚姻之道，谓嫁取之礼。

对此，孔颖达疏曰：

嫁谓女适夫家，娶谓男往娶女，论其男女之身，谓之嫁娶；指其好合之际，谓之婚姻。嫁娶婚姻，其事是一，故云婚姻之道，谓嫁娶之礼也。③

郑、孔二人均以为，嫁娶和婚姻从本质上说是一回事，只是"婚姻"一词已经包含中国古人对"嫁娶"的规范和调整的观念在内了。这样，婚姻由上古的嫁娶风俗，历经夏商，到西周才发展成为比较完备的婚姻制度。

（二）释义"婚姻"

中国的汉字体系属于表意文字体系，几千年来一脉相传，一直使用到今天，这不能不说是世界文字发展史上的一个奇迹。这种文字本身就具有文化传承功能，因此，我国的汉字之中就凝聚和表达着远古以来的文化观念和人文信息。正如著名中国历史学家、古文字学家、古典文学家、书画家饶宗颐所言：

汉字已是中国文化的肌理骨干，可以说是整个汉字文化构成的因子，我们必须对汉字有充分的理解，然后方可探骊得珠地掌握到对汉文化深层结构的认识。④

大师学贯中西，先后执教于亚、欧、美三洲著名大学，其微言大义，可为后学引领一条学术研究的捷径。

再者，研究婚姻的法文化内蕴，我们也就可以借助《说文》等典籍及古文字学的研究成果，从语义层面对"婚姻"两字详加剖析研判，深入挖掘其中所蕴含的规则和制度理念。

1. "婚"、"姻"两字的由来

在《说文解字》中，婚姻两字的意思分别被解释为：

---

① （唐）司马贞：《补三皇本纪》，载http://www.confucius2000.com/ziliao/shbj.htm，2009-07-04。
② （唐）杜佑：《通典》卷五十八，1632页，北京，中华书局，1988。
③ （清）阮元：《十三经注疏》，《毛诗正义》，344页，北京，中华书局，1988。
④ 饶宗颐：《符号·初文与字母——汉字树》，引言部分，上海，上海书店出版社，2000。

婚，妇家也。礼，娶妇以昏时。妇人阴也，故曰婚。《礼》云：娶妇以昏时，妇人阴也，故曰婚。从女从昏，昏亦声。①

　　姻，婿家也。女之所因，故曰姻。从女从因，因亦声。

《白虎通义·嫁娶》对婚姻的解释为："婚姻者，何谓也？昏时行礼，故谓之婚也。"②

在《辞源》中，对婚姻两字的解释则为：

婚，男女结为夫妻。古籍中婚字常作"昏"。

由此可见，这里的婚，其实也可表达婚姻关系之意。③

姻，一是男女嫁娶称婚姻；二是婿父、婿家、妻父；三是由婚姻关系而结成的亲戚④，故长久以来一直有姻亲之说。

2. 传统"婚姻"一词的含义

今天，人们谈到婚姻，通常是指发生在男女两性之间的嫁娶行为和结为夫妇的事实状态。然而在中国古代社会，婚姻一词的含义却并非完全如此。在考稽传统"婚姻"一词的含义时，我们发现，依照先秦古籍经传以及相关辞书的记载与诠释，古代"婚姻"一词大致可以有不少于四种的含义，虽然就其具体含义的精确内涵而言各有侧重，每每不同，但究其大略范畴而言，却又基本上属于男女的嫁娶风俗以及通过男女的嫁与娶的具体行为与状态而引发的伦理关系。因此，我们可以对婚姻的含义范畴加以层次区分，其中的层层伦理关系就更加显而易见了——以下我们可以例解其中的四种基本含义，从而形成以下四层伦理关系：

（1）在第一层次上的夫妇伦理关系：传统的"婚姻"是指婿与妇的关系，即指简单的夫妇结合关系。这是一种最简单的主义表述层次，在这个层次上，只是简单地反映出男女两性结合的行为和状态。如，《礼记·昏义》孔颖达疏：

娶妻之礼，以昏为期，因名焉。……婿曰婚，妻曰姻。⑤

又如，《白虎通义·嫁娶》有"不惟旧姻"，是指夫；又"燕尔新婚"，则是指妇。再如，《诗经·小雅·车辖》：

觏尔新昏，以慰我心。笺云：新婚谓季女也。⑥

_____

① （汉）许慎：《说文解字》，327页，北京，中国戏剧出版社，2007。
② （汉）许慎：《说文解字》，327页，北京，中国戏剧出版社，2007。
③ 参见《辞源》（修订本），412页，北京，商务印书馆，1988。
④ 参见《辞源》（修订本），406页，北京，商务印书馆，1988。
⑤ （清）阮元：《十三经注疏》，《礼记正义》，1680页，北京，中华书局，1980。
⑥ （清）阮元：《十三经注疏》，《毛诗正义》，482页，北京，中华书局，1980。

此处的婚姻即指夫妇，是一种简单的夫妇关系的意思表达，并无主次、众属、尊卑之意包含在内。

（2）在第二层次上的夫妇伦理关系：传统的"婚姻"是指由夫妇结合关系所体现出的两性主从关系——夫妇尊卑伦理关系。在这个层次上，虽然还是表述男女两性结合的行为和状态，但其中夫妇二者之间的相对不平衡性逐渐显露出来了。据《诗经·郑风·丰》小序记载："婚姻之道缺，阳倡而阴不和，男行而女不随。"郑笺云："婚姻之道，谓嫁娶之礼"，疏云："其好合之际，谓之婚姻。"①

这里出现的"婚姻之道缺，阳倡而阴不和，男行而女不随"，表明当时男女之间已经出现男行女随的两性主从观，男行而女不随，则是婚姻之道缺，即婚姻关系的既成规则被颠倒、被打破而呈现出的不和谐状态。

在《汉书·匡衡传》中也醒然有云：

> 婚姻之礼正，然后品物遂而天命全。②

其中提出"礼正"，并且必须以礼正为基本条件和前提，才有了"然后品物遂而天命全"，说明这时的婚姻之礼已经在相当高的程度上受到社会的接受和重视，因此，在没有更多文献资料详加佐证的情况下，我们虽然不能妄揣这个"婚姻之礼"的全部内涵，但也绝不能将这个"婚姻之礼"简单地等同于伏羲之"始制嫁娶，以俪皮为礼"了。

我们进一步引入历史的时间概念，就不难发现，自《诗经·郑风·丰》之"婚姻之道，谓嫁娶之礼"，经由春秋、战国，及秦至汉，由春秋时代的"嫁娶之礼"传承、发展、演变为汉时的"婚姻之礼"，其内涵和礼的等级秩序规则势必更加完备和严密。

就汉代而言，其特定的社会文化发展演进历程也给上古的"婚姻之礼"和春秋时期的"婚姻之道"赋予了新的、更为完备的礼制文化内涵和秩序规则含义。汉初，在历经秦末乱世之后，汉高祖、惠帝、吕雉主政时期为时短暂，国家政治的主要任务仍然在于平定内乱、诛杀功臣、武装削除刘姓诸王（削藩）问题，其他政治架构、制度规则和社会文化理念基本属于"汉承秦制"，并无独特建树。但遗憾的是，秦始皇"焚书坑儒"之后，儒文化也就不仅成为了秦代的文化禁区，而且因此游离于汉初的政治文化之外了。汉文帝、景帝时期，虽然国家所承受外部压力仍然很大——因匈奴势力的迅速崛起而带来的侵扰问题日渐严重——但其国内社会秩序却是相对平和与稳定，为了发展经济和增强国力，国家实行了与民休息的基本国策，因应这一特定的社会时期政治文化需要，"黄老之术"进入了国家的政治理念和社会的主流文化视界。因此，汉初的"婚姻之道"同其他社会现象一样，纳入了"黄老之术"的文化、规则和礼仪。汉景帝后期以来，特别是汉武帝主政时期，早已近乎销声匿迹的儒家学说逐渐在朝政中出现，特别是其中的"儒礼"及其所倡导的"君为臣纲、父为子纲、夫为妻纲"的"三纲"理念和"五常"等社会等级观，越来越合乎于中国封建社会的政治文化发展需要，遂在由"董生献策"之后，为汉武帝所采纳而成为中国封建社会的主导文化。由于儒文化对汉代社会政治文化生活的介入，武帝之后，中国的婚姻逐渐

---

① （清）阮元：《十三经注疏》，《礼记正义》，344页，北京，中华书局，1980。
② （汉）班固：《汉书》（十），3342页，北京，中华书局，1962。

从汉初的“婚姻之道”而步入了“婚姻之礼”。

综此，《汉书·匡衡传》之“婚姻之礼正，然后品物遂而天命全”所表达的“婚姻之礼”已经成为在上古简单的婚姻之礼基础之上，经历了道家文化陶冶，并在儒礼的改造之下而焕然一新的封建“婚姻之礼”了。

《全晋文》载潘岳怀旧赋序：

> 余十二而获见于父友东武戴侯杨君，始见知名，遂申之以婚姻。[1]

所以，陈鹏先生指出：

> 男女以礼嫁娶，因嫁娶而好合，故嫁娶之礼，好合之际，均称为昏姻。[2]

（3）在第三层次上的夫妇伦理关系：婚姻指婿与妇之父母的关系。《尔雅·释亲》讲：

> 女子子之夫为婿，婿之父为姻，妇之父为婚。[3]

《后汉书·顺帝纪》也说：

> 妻父曰婚，婿父曰姻。[4]

但亦有相反而称的。《左传·昭公九年》载：

> 王有姻丧，使赵成如周吊。服虔云：妇之父曰姻，王之后丧父，于王亦有服义，故往吊。[5]

《唐律疏议·户婚律》“居父母夫丧嫁娶条”疏议：

> 共为婚姻者，谓婿父称婚，妻父称姻。[6]

可见婚姻二字，含义自古关联，可以互通。

（4）在第四层次上的夫妇伦理关系：婚姻指婿妇两家及亲党的关系。

《说文》女字部载：

> 婚，妇家也。姻，婿家也。

《尔雅·释亲》载：

> 妇之党为婚兄弟，婿之党为姻兄弟。[7]

《诗经·小雅·角弓》载：

> 兄弟昏姻……笺云：骨肉之亲……孔疏：骨肉唯谓同姓耳。[8]

---

[1] 《全晋文》卷九十一，载http://book.guqu.net/quanjinwen/11252.html，2009-08-07。
[2] 陈鹏：《中国婚姻史稿》，2页，北京，中华书局，1990。
[3] （清）阮元：《十三经注疏》，《尔雅注疏》，2592页，北京，中华书局，1980。
[4] （南朝宋）范晔：《后汉书》，256页，北京，中华书局，1965。
[5] （清）阮元：《十三经注疏》，《春秋左传正义》，2056页，北京，中华书局，1980。
[6] 《唐律疏议》，影印本，294页，北京，中华书局，1985。
[7] （清）阮元：《十三经注疏》，《尔雅注疏》，2592页，北京，中华书局，1980。
[8] （清）阮元：《十三经注疏》，《毛诗正义》，490页，北京，中华书局，1980。

这里，婚姻之亲与宗族、家族类似。

综上所述，在中国传统社会制度下的婚姻，乃是"合二姓之好"。男女一经嫁娶，二姓便成姻戚，故婚姻又可用为两家亲党之称。简言之，嫁娶基于婿妇，故婚姻之最初含义为婿与妇；婿与妇以礼嫁娶、好合而成夫妇，故婚姻之礼，好合之际，便称为婚姻；又婚姻依"父母之命"，结"二姓之好"，故婿与妇双方的父母亲党又相互称为婚姻。四种说法虽异，而其渊源皆基于男女嫁娶。

正是由于婚姻两字都是指男女双方结为夫妻这样一种人类行为，因而由婚姻两字共同组成的词组，文字学中就被称为联合词组，即两个字表达的意思相近共同构成一个词组，这个词组的意思也就不言自明了。婚姻应当指男婚女嫁，以及由此而派生出的社会关系，《辞源》中对婚姻的解释极具代表性，即是：一是嫁娶，二是亲家。[①]

从现存的典章古籍中，对婚姻的描述，最著名的要数《礼记·昏义》：

> 昏礼者，将合二姓之好，上以事宗庙，而下以继后世也。[②]

这是中国古代人们对婚姻的意义的理解，也是婚姻的目的所在。

二、"婚姻"在传统法律中的地位及衍生的法律关系[③]

"昏礼者，将合二姓之好，上以事宗庙，而下以继后世也。"这是人们对婚姻意义的基本认识。但是，进入阶级社会后，婚姻又被掺杂了其他因素，并由此引发了更复杂的政治法律关系的出现。

（一）"婚姻"与皇权

婚姻具有繁衍人类的功能，除此之外，在统治者或者当权者看来，它更是一个政治工具。将婚姻作为维系政治统治、扩张家族势力的需要，在中国自殷商、西周始，其后延续数千年。汉代开始的"和亲"政策一直沿继至唐，其后辽、金、元均继承之，明律甚至禁止蒙古色目人本类自然嫁娶，而强行民族外之婚制。清人入关后，为维护满人特权曾以满汉不相通婚为定制，但至光绪帝时因局势所迫才下通婚诏。因此，婚姻与王权、皇权有着不可分割的联系。

1. 联姻——通过婚姻扩大势力

通过联姻来扩大自己的势力范围，这种将婚姻与政治紧密联系在一起的做法古已有之。我国历史中著名的典故"秦晋之好"[④] 即是对这一做法的真实反映。

---

① 参见《辞源》（修订本），412 页，北京，商务印书馆，1988。
② （清）阮元：《十三经注疏》，《礼记正义》，1680 页，北京，中华书局，1980。
③ 关于这部分的内容，以下各章均会有详细的论述，本文只是对此作一个简要的介绍，以保证内容的完整性。
④ 春秋时，秦国（今陕西一带）和晋国（今山西和河北南部一带）是相邻的两个强国。两国统治集团之间钩心斗角，争夺霸权，矛盾很尖锐，有时还出兵对阵。但另一方面，他们为了自身利益的需要，有时却又互相联合，互相利用，甚至彼此通婚，结成关系密切的亲家。春秋五霸之一的秦穆公，他的夫人是晋献公的女儿；晋献公的儿子晋文公，也是春秋五霸之一，他的夫人文嬴，便是秦穆公的女儿。所以，秦、晋两国尽管互有矛盾，而彼此一再联姻这一点，在各国关系中也还是比较突出的。参见 http://www.zhidao.baidu.com/question./11194032.html，2009－07－24。

2. 外戚——通过婚姻取得权力

外戚一般指的是帝王的母族或妻族的家庭成员。这些人正是通过婚姻成为皇亲国戚，进而取得政治地位。外戚通过婚姻获取政治地位，操纵朝政，甚至废帝取而代之的事件在中国历史上屡见不鲜。其中，最著名的就是汉代的王莽和隋朝的杨坚。

王莽的女儿为汉平帝的皇后，正是由于这一原因，王莽位居诸侯王公之首，并于公元 8 年自立为帝。建立隋朝的杨坚与王莽也有相似之处。杨坚的女儿为周宣帝的皇后。周宣帝死后，年仅 8 岁的周静帝宇文阐即位，杨坚以"入宫辅政"为由，将军政大权总揽于一身，公元 581 年，杨坚逼周静帝宇文阐将帝位禅让于己。

(二)"婚姻"与其他法律关系

在中国古代，婚姻在成为政治工具的同时，也成为法律适用过程中一个必须考量的因素。我国古代的许多法律规定，都与婚姻有着千丝万缕的联系。特别是在法律的适用上，因为婚姻关系，在不同的情况呈现出千变万化的状态。

1. 婚姻与刑法的关系

婚姻与刑法的关系无非有三：一是因为婚姻的成立而构成犯罪，二是因为婚姻的成立而加重刑罚，三是因为婚姻的成立而减免刑罚。

（1）因为婚姻的成立而构成犯罪。这在秦律中的规定十分明确。秦律中有两个罪名，一个是娶亡人妻罪，一个是弃妻不书罪。秦律规定：

> 女子甲去夫亡，男子乙亦阑亡，相夫妻，甲弗告请，居二岁，生子，乃告请，乙即弗弃，而得，论可殹？当黥为城旦舂。弃妻不书，赀二甲。其弃妻亦当论不当？赀二甲。①

在《唐律疏议》中，因为婚姻成立而构成犯罪的行为就是"居父母丧，身自嫁娶"。《唐律疏议》：

> 七曰不孝。谓告言、诅詈祖父母、父母，及祖父母、父母在，别籍、异财，若供养有阙；居父母丧，身自嫁娶，若作乐，释服从吉；闻祖父母、父母丧，匿不举哀；诈称祖父母、父母死。②

（2）因为婚姻的成立而加重刑罚。这在中国古代几千年的法制史上是十分引人注目的，其中最有代表性的就是"夷三族"的法律规定。夷三族是从族刑中演变而来的。

沈家本在《历代刑法考》中记载：

> 《书·泰誓》："罪人以族。"孔传："一人有罪，刑及父母、兄弟、妻子，言淫滥。"《史记·秦本纪》："文公二十年，法初有三族之罪。"《集解》张晏曰："父母、兄弟、妻子也。如淳曰：父族、母族、妻族也。"③

---

① 《睡虎地秦墓竹简》，223 页，北京，文物出版社，1978。
② 《唐律疏义·名例律》，21 页，北京，中华书局，1985。
③ （清）沈家本：《历代刑法考》，71 页，北京，中华书局，1985。

（3）因为婚姻的成立而减免刑罚。这在中国古代法律制度中有很多规定，其中比较有代表性的规定有：

第一，亲亲得相首匿原则的确立。亲亲得相首匿原则的确立是汉律儒家化的标志之一，其根据源于孔子所说的"父为子隐，子为父隐，直在其中"。由此，亲亲得相首匿，将适用范围从父子相隐，扩大至夫妻相隐，祖孙相隐。以后，这一原则的适用范围逐渐扩大至同居相隐不为罪。《汉书·宣帝纪》：

> （地节四年）夏五月，诏曰：父子之亲，夫妇之道，天性也。虽有患祸，犹蒙死而存之。诚爱结于心，仁厚之至也，岂能违之哉！自今子首匿父母、妻匿夫、孙匿大父母，皆勿坐。其父母匿子，夫匿妻，大父母匿孙，罪殊死，皆上请廷尉以闻。[1]

第二，议、请、减、赎的适用。议、请、减、赎是封建特权法的代表性内容，其意是封建贵族犯罪时，可以减免刑罚处罚。这一法律原则不仅适用于封建贵族本人，而且也适用于其家人，包括其妻子。《唐律疏议》：

> 诸应议、请、减及九品以上之官，若官品得减者之祖父母、父母、妻、子孙，犯流罪以下，听赎。……诸妇人有官品及邑号，犯罪者，各依其品，从议、请、减、赎、当、免之律，不得荫亲属。【疏】议曰：妇人有官品者，依令，妃及夫人，郡、县、乡君等是也。邑号者，国、郡、县、乡等名号是也。妇人六品以下无邑号，直有官品，即媵是也。依《礼》：凡妇人，从其夫之爵位。注云：生礼死事，以夫为尊卑。故犯罪应议、请、减、赎者，各依其夫品，从议、请、减、赎之法。若犯除、免、官当者，亦准男夫之例。故云各从议、请、减、赎、当、免之律。[2]

第三，诉讼特权的享有。因为婚姻的成立，而享受诉讼特权的法律规定，在中国古代法制史上也曾出现。《周礼·秋官·小司寇》载：凡命夫命妇，不躬坐狱讼。

《丧服传》曰：

> 命夫者，其男子之为大夫者。命妇者，其妇人之为大夫之妻也。[3]

2. 婚姻与行政法的关系

婚姻与行政法的关系主要表现在行政管理体制上，也即为任官制度上。在中国古代，婚姻作为一种扩大势力范围、加官晋爵的手段屡见不鲜。由于婚姻而对行政管理体制，特别是任官的限制则显得十分稀少。西汉时制定的三互法则是婚姻与行政法之间关系的一个较好例证。《后汉书·蔡邕传》载：

> 初，朝议以州郡相党，人情比周，乃制婚姻之家及两州人士不得对相监临。至是复有三互法，注：三互谓婚姻之家及两州人不得交互为官也。[4]

---

① （汉）班固：《汉书》（一），251 页，北京，中华书局，1962。
② 《唐律疏议·名例律》，33～36 页，北京，中华书局，1985。
③ （清）阮元：《十三经注疏》，《周礼注疏》，873 页，北京，中华书局，1980。
④ （南朝宋）范晔：《后汉书》，1990～1991 页，北京，中华书局，1965。

第二节
传统婚姻的历史形态与制度嬗变

婚姻制度并不是从来就有的，也不是一成不变的，而是特定历史阶段的产物，并且随着生产力水平的发展，不断发展变化。摩尔根在其著名的《古代社会》一书中将家庭的发展排列为五种顺序相承的形态，即五个依次相接的阶段：血缘家庭（或译"血婚制家族"）、普那路亚家庭（或译"伙婚制家族"）、对偶家庭（或译"偶婚制家族"）、家长制家庭（或译"父权制家族"）、一夫一妻制家庭（或译成"专偶制家族"）。马克思和恩格斯接受并改进了摩尔根关于人类历史上婚姻家庭形式的发展阶段的理论，恩格斯在《家庭、私有制和国家的起源》一书中把家庭发展形式排列为相继发展的四个阶段：血缘家庭、普那路亚家庭、对偶家庭、一夫一妻制家庭。恩格斯排列的这一家庭发展序列在逻辑上更加严密和明晰，因而也就更加科学地从本质上把握了人类家庭形式发展的历史脉络。[1] 马克思主义关于婚姻制度历史形态变迁的理论从方法论的高度指导着我国学界对于中国传统婚姻历史形态的研究，虽然现在有不同观点，但其仍处于主流观点的地位。

一、远古时期的婚姻形态

一般认为，远古时期的婚姻形态主要有两种，即群婚和对偶婚。

（一）群婚

群婚（group marriage）是指一群男子和一群女子互为夫妻的集团婚，是一种乱婚，在那里，一个社会集团的一切女人共同属于一切男人。也有人称之为共婚或杂婚（communal marriage），但同一氏族之内禁止通婚。它经历血缘婚阶段，发展为普那路亚婚。在母系氏族公社后期，逐渐为更高一级的对偶婚所代替。[2] 血缘家庭，又称"血缘家族"，是建立在血缘婚基础上的家庭形式，也是人类第一种家庭形态和第一个社会组织，即由血缘集团内部同一辈分的男女成员互相婚配，存在于人类由原始群向氏族公社过渡的整个时期。后期则发展到两分组织间的族外群婚，又称"普那路亚"家庭，"普那路亚"为夏威夷语，意为亲密的伙伴，所以又称"伙婚制"，即一个集团的一群男子与另一集团的一群女子集体互相通婚，而集团内部的男女则禁止婚配。这种婚姻形式不仅排除了不同辈的近亲通婚，而且也排除了同辈的近亲通婚，是较血缘家庭有所进步的家庭形式。普那路亚家庭是外婚制的开始。群婚是人类最初的婚姻形式，存在于原始时代血缘家族公社时期至母系氏族社会前期，相当于考古学上的整个旧石器时代。

马克思指出："一个大原始群团为了生计必须分成小集团，它就不得不分成血缘家族，

---

① 参见魏茂恒：《马克思恩格斯史前家庭研究的历史考察》，载《齐鲁学刊》，1997（6）。

② 参见《简明社会科学词典》，1064 页，上海，上海辞书出版社，1982。

仍实行杂交；血缘家族是第一个社会组织形式。"① 恩格斯认为，"我们所知道的群婚形式都伴有特殊复杂的条件，以致必然使我们追溯到各种更早、更简单的性关系的形式，从而归根结蒂使我们追溯到一个同从动物状态向人类状态的过渡相适应的杂乱的性关系的时期"②。马克思、恩格斯的话对群婚的实质进行了剖析，我们可以看出，群婚是人类从动物状态向人类状态过渡的一个阶段，是人类婚姻制度发展的一个必经阶段，这个阶段是以杂乱的性交关系为婚姻成立的特征的。

对于群婚这一人类社会最初的婚姻形式，我国古代的典章古籍中也有不少的论述。《吕氏春秋·恃君览》：

> 昔太古尝无君矣，其民聚生群处，知母不知父，无亲戚兄弟，夫妻男女之别；无上下长幼之道，无进退揖让之礼。③

《列子·汤问》记载：

> 男女杂游，不媒不聘。④

这些都是对当时人类社会状态的生动描述和追忆。

随着经济的发展和社会的进化，人们经验的积累，这种杂乱性交的社会形态逐渐被血缘群婚的社会形态所取代，这是一个漫长的渐进的过程。血缘群婚排除了祖先与子孙之间、父母与子女之间的杂乱性交，是一种只在同一群体的兄弟姊妹或从兄弟姊妹间两性结合的社会行为规范。在中国的古代神话传说中，有很多这种血缘群婚的记载，如相传人类由伏羲、女娲兄妹结婚而产生。

《春秋世谱》记载：

> 华胥生男子为伏羲，女子为女娲。

唐代李冗《独异志·卷下》描述了这对兄妹为婚的经过：

> 昔宇宙初开之时，只有女娲兄妹二人在昆仑山，而天下未有人民，议以为夫妻，又自羞耻，兄即与妹上昆仑山，咒曰："天若遣我兄妹二人为夫妻，而烟悉合；若不，使烟散。"于烟悉合，其妹即来就兄，乃结草为扇，以障其面。

在两汉至魏晋南北朝的画像石和帛画里，两人通常被绘成人面蛇身交尾的男女形象。⑤在山东嘉祥县武氏祠的汉代画像石上，伏羲和女娲蛇尾纠结，面各相背；两人之间，又有男女小人一对，蛇躯交合，面部相向。⑥两辈间的婚媾互不妨碍，恰是一幅血缘婚的画面写

① ［德］马克思：《摩尔根〈古代社会〉一书摘要》，20页，北京，人民出版社，1965。

② 《马克思恩格斯选集》，2版，第4卷，31页，北京，人民出版社，1995。

③ 《二十二子·吕氏春秋》，703页，上海，上海古籍出版社，1985。

④ 《二十二子·列子》，210页，上海，上海古籍出版社，1985。

⑤ 参见徐州博物馆：《论徐州汉画像石》，载《文物》1980（2），53页图9。重庆市博物馆、合川县文化馆：《合川东汉画像石墓》，载《文物》1977（2），67页图15。黄文弼：《吐鲁番考古记》，图版61，北京，科学出版社，1954。

⑥ 参见《文物》，1979（7），封底。

照。可见，在那个时代血缘婚是天经地义的。①

伏羲与女娲图（一）　　　　伏羲与女娲图（二）

　　我国台湾地区高山族有个《纹面的起源》的传说：很久以前，大陆上一对兄妹，为了追寻太阳，漂泊到台湾岛上。岛上毫无人迹，为了繁衍后代，天神暗示他们结为夫妇，可是哥哥不同意。妹妹只好想了个法子，哄骗哥哥，说给哥哥找到一个对象，请他晚上去相会。晚上，妹妹在脸上画满黑色花纹，到相会地点等候哥哥。哥哥来后竟认不出自己的妹妹。于是两人行交合之欢，繁衍了后代。从此，高山族少女婚前都要纹面。②

　　这种基于同一血缘群体内部按行辈婚而形成的社会生活共同体，子息的生身父亲是难

---

①　该部分内容及注释参见宋镇豪：《夏商社会生活史》，第三章"婚姻"，北京，中国社会科学出版社，1995。

②　参见吴存诰：《中国婚俗》，221页，济南，山东人民出版社，1986，转引自宋镇豪：《夏商社会生活史》，第三章"婚姻"，北京，中国社会科学出版社，1995。

以确定的，血统只能从母亲方面确认，因而属于内婚制的母系血缘家族。我国的云南元谋人（约 170 万年前）、陕西蓝田人（约 80 万～65 万年前）、湖北郧县郧西人（和蓝田人相当）、河南南召人（和北京人相当）、安徽和县人（约 40～30 万年前）都大致处于血缘公社时期。他们的典型代表是北京人（约 70～22 万年前）和他们所创造的文化。①

从生理学上来说，血缘婚由于是有血缘关系的亲属间的两性行为，容易产生畸形、弱智、早夭等现象，随着人们认识水平的提高，这种婚姻形态逐渐被普那路亚婚（伙婚）形态所取代。

中国古代的神话传说对此也有很多反映，如：《史记·五帝本纪集解》记载黄帝的诞生时：

> 帝轩氏，母曰附宝，之郊野，见大电绕北斗枢星，感而怀孕，二十四月而生黄帝于寿丘。②

《史记·周本纪》：

> 周后稷名弃，其母有邰氏女，曰姜嫄。姜嫄为帝喾元妃。姜原出野，见巨人迹，心忻然说，欲践之，践之而身动如孕者，居期而生子，以为不祥，弃之隘巷……因名曰弃。③

在伙婚下，按照氏族外通婚的原则，丈夫是从别的氏族嫁过来的。氏族内的姊妹们都是他的妻子，而随同这个男人嫁进来的兄弟们又都是丈夫。只要存在着群婚，那么世系就只能按照母亲方面来确定。在实行伙婚制的部落里，每一个家庭都是一半在氏族之内，一半在氏族之外，因为丈夫和妻子必须属于不同的氏族。当时人们搞不清父、母、子三者的自然关系。他们保存了其始祖的母亲的名称，而把其始祖的诞生归诸她与某神发生关系。于是，在母系氏族产生的同时，出现了图腾崇拜。图腾一般选择与各氏族有密切关系的动植物或无生物。它是氏族群体的徽号和象征。玄鸟、巨人迹就是商周祖先的图腾。所谓"感天而生"，即指女祖先与图腾发生关系，从而导致某一氏族群体的形成。④

大约距今四五万年前的北京周口店山顶洞人开始逐渐进入普那路亚（即伙婚）制阶段。而在宝鸡北首岭墓地中发现了男女分区聚集埋葬。在同一墓地的两个区域内，一边多是男子单人葬，另一边则是女子单人葬。在西安半坡墓地，发现了两个男子合葬和四个女子合葬的墓葬各一座，也有一个墓区里男女单人葬。在元君庙，发现有母子合葬墓。但在同一时期的墓葬中，各地都未发现成年男女（夫妻）合葬墓或父子合葬墓。这说明我国仰韶文化的氏族一直实行母系族外婚制。⑤

---

① 参见祝瑞开：《中国婚姻家庭史》，19 页，上海，学林出版社，1999。
② （汉）司马迁：《史记》（一），2 页，北京，中华书局，1982。相似的记载还有：《帝王世纪》曰："附宝见大电绕北斗枢星，照郊野，感附宝，孕二十四月，生黄帝于寿丘，曰轩辕丘。"《周易·正义》亦曰："黄帝，有熊氏少典之子，姬姓也，母曰附宝，其先娶炎帝母家有蹻氏之女附宝，见大电光绕北斗枢星照于郊野，感附宝。孕二十四月而生黄帝于寿丘，长于姬水，龙颜有圣德。"等等。
③ （汉）司马迁：《史记》（一），111 页，北京，中华书局，1982。
④ 参见董琦、张涛：《我国远古时代的婚姻制度演变》，载《工会论坛》，1999（1）。
⑤ 参见祝瑞开：《中国婚姻家庭史》，19 页，上海，学林出版社，1999。

（二）对偶婚

随着社会的发展和婚姻禁忌的日益增多，群婚逐渐被对偶婚所取代。对偶婚（pairing marriage），也被称为"对偶家庭"。婚姻建立在成对配偶的基础上，通常由一男一女在或长或短的时间内结为配偶的婚姻形式，缺乏独占的同居，没有独立的家庭经济，依附于集体劳动，是原始社会母系氏族公社时期的婚姻家庭形式，也是由群婚向一夫一妻制发展的过渡环节。但其结合并不巩固，易为任何一方所拆离，所生子女只归于母系；配偶双方尚无独立经济，个人的物品各属其母系氏族。群婚时期，只能确定子女的生母；对偶婚时期，则能同时确定子女的生父。因此，在血缘关系的确定方面，对偶婚为后来的父系氏族和一夫一妻制的产生准备了条件。[①] 恩格斯对对偶婚是这样描述的："对偶婚给家族添加了一个新的因素。除了生身的母亲以外，它又确立了确实的生身的父亲。"[②] 在对偶婚制下，世系仍然按照母系计算，子女属于母亲，但是出现了父子关系。对偶婚与群婚相比，在婚姻形式上又有了进步，为一夫一妻制的产生奠定了基础。

在对偶婚中，一个男子，在许多妻子中间，有一个主妻；同样地，一个女子，在许多丈夫中间，有一个主夫。根据传说，舜、象共妻娥皇、女英，但其中舜和娥皇还分别为主夫和主妻。《孟子·万章上》说象使"二嫂"治其"栖"，又说"象往入舜宫"。《楚辞·九歌·湘君》洪兴祖补注说："尧之长女娥皇，为舜正妃。"刘向《列女传·母仪·有虞二妃》说："娥皇为后，女英为妃。"可见，舜为主夫，娥皇为主妻。由于受群婚遗风的影响，这种对偶婚制不可能达到专偶婚制的水平，婚姻关系只能维持双方同意维持的时候，极容易破裂，所生子女仍属母亲。这种对偶婚是与母权制相适应的，世系多半还是按女系计算。这时的墓葬制度与伙婚时期也没什么区别。由对偶婚组成的对偶家庭，本身还很脆弱，不稳定，还不能取代氏族成为基本的经济单位。[③]《诗经·小雅·楚茨》说："诸宰君妇，废彻不迟。诸父兄弟，备言燕私。"[④] 诸父即多父。《诗经·小雅·黄鸟》说："此邦之人，不我肯穀。言旋言归，复我邦族……复我诸兄……复我诸父。"[⑤] 徐中舒说：

> 这是男子初居妇家而不见容于妇家的乡里（邦）妇之兄弟和诸父辈，因此，他就想离弃其妇而回复到自己的邦、族和诸父、诸兄的父系家庭去了。[⑥]

此外，《诗经·邶风·谷风》、《诗经·王风·葛藟》二诗，有的学者也认为是写丈夫被其妇抛弃的诗，反映的都是母系婚制下对偶婚从妻居的残余。也有人认为，上述二首诗反映的是赘婿婚。其实，赘婿婚的源头就在对偶婚从妻居中，后世的赘婿婚虽然带有各自时代的特点，但它所具有的母系婚制下妇女握有家庭大权，男子在家中处于被支配的地位的本质特征却没有变化。[⑦]

---

① 参见《简明社会科学词典》，278 页，上海，上海辞书出版社，1982。

② 《马克思恩格斯选集》，2 版，第 4 卷，52 页，北京，人民出版社，1995。

③ 参见董琦、张涛：《我国远古时代的婚姻制度演变》，载《工会论坛》，1999（1）。

④ （清）阮元：《十三经注疏》，《毛诗正义》，469 页，北京，中华书局，1980。

⑤ （清）阮元：《十三经注疏》，《毛诗正义》，434 页，北京，中华书局，1980。

⑥ 徐中舒：《中国古代的父系家庭及其亲属称谓》，载《四川大学学报》，1980（1）。

⑦ 参见高兵：《周代婚姻制度研究》，23～25 页，吉林大学古籍研究所，2004 年博士论文。

二、一夫一妻制

在原始社会末期的对偶婚制的基础上产生了一夫一妻制（monogamy，monogamous marriage）。一夫一妻制是生产力水平发展到一定阶段的产物，是一种普遍的婚姻形态。尽管从对偶婚至一夫一妻制是人类社会婚姻制度的一大进步，但是一夫一妻制从其诞生伊始就带有明显的性别特色，即一夫一妻制是相对于女性而言的，而对于男性，则不可能做到真正的一夫一妻。恩格斯对此的论述极为精辟："专偶制从一开始就具有了它的特殊的性质，使它成了只是对妇女而不是对男子的专偶制。……实质上是使妇女地位恶化，而便利了男子的不忠实。"①

据考古学田野素材所昭示，不同地区有关从夫居的父权制家庭的时差较大。如山东泰安大汶口文化晚期（约前 2500 年）反映父系对偶婚的证据为 26 座合葬墓。经过对其中 17 座鉴定，均毫无例外地表明分别是一对年岁相当的男女，且带有明显的以男性为主的趋向。而甘肃永靖魏家齐家文化（约前 2000 年）墓地的 24 座合葬墓中，男性仰身直肢居右，女性侧身屈肢居左，正是妻子从属于丈夫的直接写照。②

甲骨文和考古学文化反映了商代的一夫一妻婚制。商人祭祖时"法定"配偶同享祭祀，最早的就是祭示壬时其配偶同享祭祀。且配偶之有名号者也是从示壬之配妣庚开始的。从商先公示壬起至立国后大戊时，商代上层社会已实行一夫一妻制，即上层贵族的多妻中，有一个法定的正妻或嫡妻。

据宋镇豪先生研究，这一婚制在商代各地考古遗址中均有反映。③ 能反映这一婚制的有两种墓葬方式：

一是一男一女合葬墓。河北藁城台西商代中期墓葬的第 35 号墓，曾发现男性仰身直肢，女性两脚捆绑面向男性，第 102 号墓中也是男性仰身直肢，女性下肢被捆绑面向男子④，均似死后强行以妻相殉。山西灵石旌介晚商墓葬中的二号墓一椁两棺，左棺男主人仰身直肢，右棺女主人侧身直肢，面向男主人，两人周围均有大量铜器、玉器、骨器、陶器随葬⑤，应为夫妻合葬墓。另如殷墟南区刘家庄南殷代墓地中的 MB 是一椁两棺的合葬墓，从埋葬方法和葬式看，似为妻妾为夫殉葬，双方都是一次葬。⑥

殷墟墓地中常见的"异穴并葬墓"是殷代的夫妻并葬墓。⑦ "异穴并葬墓"的两个墓穴紧靠，两位墓主的头相一致，双方必是一男一女，男左女右。在葬式上男性俯仰并举，女性一律为仰身。他们的墓室规模、葬具相同，随葬品的质地也大体相同，反映了夫妻生前经济地位平等。但男性靠前，女性错后的现象则反映出男性生前在家庭中占主导地位，女

① 《马克思恩格斯选集》，2 版，第 4 卷，60、80 页，北京，人民出版社，1995。
② 参见郑若葵：《中国远古暨三代习俗史》，159 页，北京，人民出版社，1994。
③ 参见宋镇豪：《中国风俗通史·夏商卷》，508～509 页，上海，上海文艺出版社，2001。
④ 河北省文物研究所：《藁城台西遗址》，151、154、155 页，北京，文物出版社，1985。
⑤ 山西省考古研究所、灵石县文化局：《山西灵石旌介村商墓》，载《文物》，1986（11）。
⑥ 安阳市博物馆：《安阳铁西刘家庄南殷代墓葬发掘简报》，载《中原文物》，1986（3）。
⑦ 参见孟宪武：《试析殷墟墓地"异穴并葬墓"的性质》，载《华夏考古》，1993（1）。

性居屈从地位。这种墓是占殷商社会总人口大多数的自由民大众阶层的墓葬，数量约占殷墟墓葬的近二分之一。他们死后葬在家族墓地，说明生前的一夫一妻制个体家庭的存在仍依附于家族。

夫妻异穴并葬墓与夫妻同穴合葬墓最大的区别在于：虽然两者都是一次葬，但前者可按夫妻亡故的自然时间顺序下葬，一般不会出现被强迫殉葬的现象。而夫妻合葬墓中有许多是妻妾被迫为夫殉葬，反映了双方乃主从依附关系，生前受压迫等状况。[①]

第三节 古代中国传统的婚姻观念
——对中国传统婚姻制度的深层解读

一、"天人合一"的婚姻观

(一)"天人合一"实质是一种道德伦理哲学

传统中国是个农业社会，自然界中的自然现象往往对人们的生产生活产生很大的影响，"天人合一"（combining human with nature）是人们将自然现象神秘化，进而将人们的行为与自然现象相结合的哲学思想，是人类希望同自然界和谐相处的哲学思想。

"天人合一"的思想在对"天"与"人"的关系认识上，认为整个宇宙，包括天、地、人，是一个整体，是不可分的。宇宙生成之后，天地、万物、人类之间不是杂乱无章的，而是一种有序的共存状态。人类的活动必须遵循万物的自然属性，只有顺应自然，才能实现人与天的永久共存。天人合一是理性的、有序的合一，而人性是天性赋予的。天道是分尊卑等级的，天为尊、地为卑；与此相应，人类社会也是尊卑有等、次序分明的。天道与人道是相互感应的，要达到天人合一，则必须兼顾天道与人道两个方面。天人不合一将会招致天道降灾异以谴告和警示。因此，中国传统的"天人合一"的哲学实质是一种道德伦理哲学。它把天道拟人化了，赋予了其人文色彩，进而言之，是道德色彩，用天道来为人道的等级尊卑作终极的论证。如《易传·文言》在解释乾道（天道）的元、亨、利、贞之义时，认为元是扬善的，亨是合美的，利是合义的，贞是干事的。无论是扬善、合美，还是合义、干事，都是具有道德意义的表现。其后，它由天道推衍人道，以这四者为内涵的形而上的天道落实到人道那里，就是儒家的仁义礼智，天人合一就是道德的合一。实际上天道不过是为人道设立的一个形而上的价值载体，被赋予了道德内容。在儒家"父子有亲，君臣有义，夫妇有别，长幼有序，朋友有信"[②]的理想社会中，大家被固着在一定的身份等级上，以身份享有权利、履行义务，普遍的道德自律和自觉是社会和谐有序的基础和保障。[③]

---

① 该部分内容及注释参见高兵：《周代婚姻制度研究》，10～11 页，吉林大学古籍研究所博士论文，2004。

② （清）阮元：《十三经注疏》，《孟子注疏·滕文公上》，2705 页，北京，中华书局，1980。

③ 参见梁清华：《〈易传〉的天人合一哲学及其对中国封建法的影响》，载《周易研究》，2001（2）。

(二)"天人合一"婚姻观的主要指向

"天人合一"的婚姻观与"天人合一"的哲学思想和政治伦理制度互为因果,彼此影响。这一古老的婚姻观念在《易经》中就有大量的记述。《易经》以自然解释人事,又以人事契合自然,自然有天地,生人有男女,天与男是阳;地与女是阴。天地交感,而生万物,故男女亦有婚姻。

1. 夫妇关系是一切社会关系的始点

夫妇关系(男女关系)是一切社会关系的始点,其他社会关系都是由它派生出来的,要理顺社会关系就需要先理清夫妇关系。《周易·序卦》载:

> 有天地然后有万物,有万物然后有男女,有男女然后有夫妇,有夫妇然后有父子,有父子然后有君臣,有君臣然后有上下,有上下然后礼义有所错。夫妇之道不可以不久也。[1]

清代御纂的《周易程传》曰:

> 天地万物之本,夫妇人伦之始,所以上经首乾坤,下经首咸,继以恒也。天地二物,故两卦分为天地之义,男女交合,而成夫妇,故咸与恒皆二体,合为夫妇之义。

这是说天地交合为万物之本,男女婚姻为人伦之始,二者息息相关。故而有"君子之道,造端乎夫妇,及其至也,察乎天地"[2]。在这里,始以自然解释人事,终以人事契合自然,影响自然,故:

> 婚姻不时,男女旷怨,则违天地阴阳之和,召灾异之变。[3]

这些对婚姻家庭的论述都是将自然现象与男女性别和家庭关系联系在一起,进而引发对社会秩序的定位。这种"天人合一"的婚姻观,构成了中国古代社会最基本的政治、婚姻和家庭的基础。一方面,这种婚姻观使天与人共同成为文明创生和发展链条上的一环,借助人们对天的至上地位的崇敬,论证家族伦常的天赋不平等性,为以此为基点形成的社会等级制度设置一个形而上的价值本位。另一方面,作为法律的根本渊源的家族伦理不仅是合乎人之情的,而且是合乎天之理的。天人合一之法最终落实到道德人伦之法上。将以男女关系为始点进而推出的夫妇关系作为家族伦常关系的基点,更是突出了夫妇伦常关系对于社会秩序的重要作用。

2. 阴阳观念与"男尊女卑"

随着人类文明的历史迈向父系社会形态,几乎所有的国家、民族都出现了基于男女性

---

① (清)阮元:《十三经注疏》,《周易正义》,96 页,北京,中华书局,1980。
② (清)阮元:《十三经注疏》,《礼记正义·中庸》,1626 页,北京,中华书局,1980。
③ 《后汉书·周举传》:"阳嘉三年……河南、三辅大旱……诏书以举才学优深,特下策问……举对曰:臣闻易称天尊地卑,乾坤定矣。二仪交构,乃生万物,万物之中,以人为贵。故圣人养之以君,成之以化,顺四时之宜,适阴阳之和,使男女婚娶,不过其时,包之以仁恩,导之以德教,示之以灾异,训之以嘉祥,此先王承干养物之始也。夫阴阳闭隔,则二气否塞,二气否塞,则人物不昌,人物不昌,则风雨不时,风雨不时,则水旱成灾"。参见(南朝宋)范晔:《后汉书》,2025 页,北京,中华书局,1965。

别的不平等现象。"男尊女卑"是一种普遍存在的社会历史现象。而中国传统社会中，政治家、思想家则通过用"天道"观念和"天人合一"的思想对这一现象作绝对化的论证，使之成为一种"天经地义"的、具有永恒性的真理。自然界的"天"因此被赋予了伦理道德的色彩，行"人道"就是尊"天道"，尊"天道"必须由"人道"而行。由此，儒家婚姻伦理思想也就成为传统社会不能置疑的最高价值准则，从而，"男尊女卑"、"夫唱妇随"的"等级格局"也获得了合法性与合理性。

起初，在中国古人心中，"阴阳"观念主要同地理方位有关，向阳的一面称"阳面"，而背阳的一面为"阴面"。后来，随着古人对自然现象的不断观察和总结，"阴阳"概念被用来比拟天地、日月、光明与黑暗等自然界中对立的现象。随着这种"二元"对立思想的产生和不断发展，之后它们又被人们同奇偶数字联系在一起，逐渐抽象成为古代哲学思想中最基本的一对范畴。所以，"阴阳"既可以被用来指代日月、天地等自然现象，又可以被用来象征男女、夫妻、君臣等社会伦理关系。男人被比附为天、日和阳，以象征其应当有覆盖万物之胸怀；而女人则被比附为地、月和阴，以象征其能化生万物、绕日而行。

所以，《周易·系辞下》说：

乾，阳物也；坤，阴物也。阴阳合德，而刚柔有体。以体天地之撰，以通神明之德。（孔颖达）疏曰：阴阳相合，乃生万物，或刚或柔，各有其体。[1]

而《礼记·昏义》亦云：

天子之与后，尤日之与月，阴之与阳，相须而后成者也。[2]

《白虎通义·爵》曰：

庶人称匹夫者，匹，偶也，与其妻为偶，阴阳相成之义也。地之承天，犹妻之事夫，臣之事君也。

《周易·系辞上》载：

"乾道成男，坤道成女"、"天尊地卑，乾坤定矣，卑高以陈，贵贱位矣"[3]。

男女之间的性别差异是天地阴阳关系在人类社会中的反映，天地阴阳间的尊卑关系是自然规律，是不可变更的；因而，由此推衍出的男女间的男尊女卑、夫尊妇卑的等级关系也就是与自然规律一样颠扑不破的社会规律。这种思想到汉代，春秋公羊大师董仲舒在其著作中的表述更为理性成熟，《春秋繁露·阳尊阴卑》云：

丈夫虽贱皆为阳，妇人虽贵皆为阴；阴之中亦相为阴，阳之中亦相为阳。[4]

《白虎通义·三纲六纪》载：

阳唱阴合，男行女随也；天道所以左旋，地道右肘，何以为天地，动而不别，行

① （清）阮元：《十三经注疏》,《周易正义》, 89 页, 北京, 中华书局, 1980。
② （清）阮元：《十三经注疏》,《礼记正义》, 1682 页, 北京, 中华书局, 1980。
③ （清）阮元：《十三经注疏》,《周易正义》, 75～76 页, 北京, 中华书局, 1980。
④ 《二十二子》, 797 页, 上海, 上海古籍出版社, 1985。

而不离，所以左旋右周者，尤君臣阴阳相对之义。

把男女之间的性别作为确定尊卑等级的依据，并把它上升到天地万物自然之理的高度，夫妻间的这种道德伦理哲学成为儒家"三纲五常"伦理思想的支柱之一。婚姻中夫妇的这种尊卑地位是永恒的天理，不能够有丝毫的破坏。从而，"父父、子子、兄兄、弟弟、夫夫、妇妇，而家道正。正家而天下定矣。"① 天人合一的伦理哲学外化为一套带有浓厚伦理色彩的治国政治思想模式。正如《礼记·昏义》云：

> 男女有别，而后夫妇有义；夫妇有义，而后父子有亲；父子有亲，而后君臣有正。故曰：昏礼者，礼之本也。②

中国古人还把"天"之道用"一"这个具有象征意义的数字来表示，确定"定于一尊"的观念。在他们朴素的唯物主义哲学思想中，"一"就是"中心"、"绝对"、"唯一"、"神圣"。它既是天地的中心，唯一的本原，至上的神祇；又是天下一统、君主权威、理性法则等的终极依据。在这些概念化的数字中，最为本原的是"一"③。《礼记·礼运》说：

> 是故夫礼，必本于大一，分而为天地，转而为阴阳，变而为四时，列而为鬼神。④

《礼记·丧服四制》云：

> 天无二日，土无二王，国无二君，家无二尊，以一治之也。⑤

从而说明了"定于一尊"对于治家、治国的重要性。这为封建夫统等级结构合法性给予了形而上的论证。

由于男女阴阳之分、尊卑贵贱有别思想的确立和"定于一尊"的伦理原则的规定，夫妇在婚姻生活中所享有的权利和承担的义务大相径庭。夫主要是权利的享有者，而妻则主要是义务的承担者。"夫刚妻柔"的德性和"夫唱妇随"的伦理义务模式是婚姻伦理思想的主旋律。在民间更是流行着"嫁鸡随鸡，嫁狗随狗，嫁根扁担抱着走"的说法。

由此，儒家通过天人合一、天人感应与阴阳五行等思想，建立了一套天道与人道有机联系的理论体系，人类社会是宇宙万物和自然规律的一个重要组成部分。天道是有尊卑贵贱的，理想的人类社会是与天道相应的尊卑有等、贵贱有序的等级社会。天道与人道的感应通过种种外显的征兆如祥瑞和灾异，可以得到验证。在此大理论背景下，夫妻之间的尊卑伦理关系和等级社会地位也就成为天然的、毋庸置疑的真理了。

实际上，"天道"与"人道"是不同的。"天道"来自宇宙秩序的规律性，而"人道"却来自血缘亲情的"人伦"自觉性。但是，在儒家伦理思想中，却把二者混同在一起，以天道解释人道，以人道印证天道。在这样的逻辑之下，夫妻关系作为五伦之一，其贵贱尊卑的权利义务设定通过天道予以理论强化。从而使这种等级秩序由"天人"而达"自然"，

---

① （清）阮元：《十三经注疏》，《礼记正义·昏义》，1681 页，北京，中华书局，1980。
② （清）阮元：《十三经注疏》，《礼记正义》，1681 页，北京，中华书局，1980。
③ 陈从兰：《〈礼记〉婚姻伦理的哲学基础》，载《兰州学刊》，2006（9）。
④ （清）阮元：《十三经注疏》，《礼记正义》，1426 页，北京，中华书局，1980。
⑤ （清）阮元：《十三经注疏》，《礼记正义》，1695 页，北京，中华书局，1980。

由"自然"而"当然"①。

正如《礼记·昏义》所说：

> 夫礼始于冠，本于昏，重于丧祭，尊于朝聘，和于乡射，此礼之大体也！②

（三）"天人合一"婚姻观的另一面："天作之合"的宿命论

由于婚姻制度被纳入到"天道"范围内，中国传统婚姻观也就带有了宿命的特色。宿命的婚姻观念，起源甚早，史书中载周文王娶太姒，已有天命作合之说。《诗经·大雅·文王之什·大明》记载：

> 天监在下，有命既集。文王初载，天作之合。在洽之阳，在渭之涘。文王嘉止，大邦有子。大邦有子，伣天之妹。文定厥祥，亲迎于渭。造舟为梁，不显其光。有命自天，命此文王，于周于京，缵女维莘。长子维行，笃生武王。保右命尔，燮伐大商。③

到西周缔结婚姻形成的"六礼"中，宿命的婚姻观就表现为对男女生辰的占卜，看是否适合缔结婚姻。这种宿命的婚姻观念，在中国传统婚姻中十分流行，而且也一直沿袭了很多年。最早从西周"六礼"之一的"纳吉"，我们就可以看到占卜在婚姻关系成立时所起的作用，以后史书和小说中，对此也屡有记载。宋武公女，以生而手中纹理成字为鲁夫人，遂嫁鲁惠公。《左传·隐公元年》：

> 惠公元妃孟子。孟子卒，继室以声子，生隐公。宋武公生仲子，仲子生而有文在其手，曰为鲁夫人，故仲子归于我。注：妇人谓嫁曰归，以手理自然成字，有若天命，故嫁之于鲁。生桓公，而惠公薨。④

《史记·外戚世家序》记载：

> 夫妇之际，人道之大伦也。礼之用，唯婚姻为兢兢……甚哉，妃匹之爱，君不能得之于臣，父不能得之于子，况卑下乎！既欢合矣，或不能成子姓，能成子姓矣，或不能要其终，岂非命也哉？⑤

汉儒以阴阳五行之说解经，婚姻天命观遂成儒家传统观念，以次流传。《汉书·外戚传序》：

> 夫乐调而四时和，阴阳之变，万物之统也，可不慎软。人能弘道，未如命何。甚

---

① 该部分请参见陈丛兰：《〈礼记〉婚姻伦理思想研究》，西北师范大学伦理学硕士论文，2005；梁清华：《〈易传〉的天人合一哲学及其对中国封建法的影响》，载《周易研究》，2001（2）。

② （清）阮元：《十三经注疏》，《礼记正义》，1681页，北京，中华书局，1980。

③ 参考译文：上天监察下方，天命降身属文王。文王即位之初年，上天作合配新娘。新娘家在洽水北，在那渭水岸旁。待到文王大喜日，大国有个美女子。大国有个美女子，好比美丽天仙女。卜筮聘定有吉祥，文王亲迎到渭水。用船搭成做浮桥，场面宏大显光辉。天命本自天上来，大命降归文王身，国号为周邑为京，继娶莘国女为妃。莘国长女嫁文王，幸喜此后生武王。天命所属天保佑，会同诸侯讨伐商。参见郑竹青、周双利主编：《中国历代诗歌通典》（上），280～281页，北京，解放军出版社，1999。

④ （清）阮元：《十三经注疏》，《春秋左传注疏》，1713页，北京，中华书局，1980。

⑤ （汉）司马迁：《史记》，1967页，北京，中华书局，1982。

哉妃匹之爱，君不能得之臣，父不能得之子，况卑下乎？既欢合矣，或不能成子姓，成子姓矣，而不能要其终，岂非命哉。孔子罕言命，盖难言之，非通幽明之变，恶能识乎性命。①

唐代时此种观念愈益发达，小说《定婚店》以月下老人以赤绳相系确定男女姻缘的故事，反映了姻缘前定的观念，其中的宿命论思想尤为突出：

> 杜陵韦固，少孤，思早娶妇，多歧，求婚不成。贞观二年，将游清河，旅次宋城南店。客有以前清河司马潘昉女为议者，来旦期于店西龙兴寺门。固以求之意切，旦往焉。斜月尚明，有老人倚巾囊，坐于阶上，向月检书。觇之，不识其字。固问曰："老父所寻者何书？固少小苦学，字书无不识者。西国梵字，亦能读之。唯此书目所未觌，如何？"老人笑曰："此非世间书，君因得见。"固曰："然则何书也？"曰："幽冥之书。"固曰："幽冥之人，何以到此？"曰："君行自平，非某不当来也。凡幽吏皆主人生之事，主（'主'原作'生'，据明抄本改）人可不行其中乎？今道途之行，人鬼各半，自不辨耳。"固曰："然则君何主？"曰："天下之婚牍耳。"固喜曰："固少孤，尝愿早娶，以广后嗣。尔来十年，多方求之，竟不遂意。今者人有期此，与议潘司马女，可以成乎？"曰："未也，君之妇适三岁矣。年十七，当入君门。"因问囊中何物？曰："赤绳子耳，以系夫妇之足，及其坐则潜用相系。虽仇敌之家，贵贱悬隔，天涯从宦，吴楚异乡，此绳一系，终不可逭。君之脚已系于彼矣，他求何益。"曰："固妻安在？其家何为？"曰："此店北卖菜家姥女耳。"固曰："可见乎？"曰："陈尝抱之来，卖菜于是。能随我行，当示君。"及明，所期不至，老人卷书揭囊而行。固逐之入菜（"菜"原本作"米"，据明抄本改）市。有眇妪，抱三岁女来，弊陋亦甚。老人指曰："此君之妻也。"固怒曰："杀之可乎？"老人曰："此人命当食大禄，因子而食邑，庸可杀乎？"老人遂隐。

> 固磨一小刀，付其奴曰："汝素事，能为我杀彼女，赐汝万钱。"奴曰："诺。"明日，袖刀入菜肆中，于众中刺之而走。一市纷扰，奔走获免。问奴曰："所刺中否？"曰："初刺其心，不幸才中眉间。"尔后求婚，终不遂。又十四年，以父荫参相州军（"军"原作"君"，据明抄本改）。刺史王泰俾摄司户掾，专鞫狱，以为能，因妻以女。可年十六七，容色华丽。固称惬之极。然其眉间常贴一花钿，虽沐浴闲处，未尝暂去。岁余，固逼问之，妻潸然曰："妾郡守之犹子也，非其女也。畴昔父曾宰宋城，终其官。时妾在襁褓，母兄次殁。唯一庄在宋城南，与乳母陈氏居，去店近，鬻蔬以给朝夕。陈氏怜小，不忍暂弃。三岁时，抱行市中，为狂贼所刺。刀痕尚在，故以花子覆之。七八年间，叔从事卢龙，遂得在左右，以为女嫁君耳。"固曰："陈氏眇乎？"曰："然，何以知之？"固曰："所刺者固也。"乃曰奇也。因尽言之，相敬逾极。后生男鲲，为雁门太守，封太原群左夫人。知阴骘之定，不可变也。宋城宰闻之，题其店曰"定婚店"②。

---

① （汉）班固：《汉书》，3933 页，北京，中华书局，1962。

② （唐）李复言：《续玄怪录·定婚店》，载《太平广记》卷一九五，1142 页，北京，人民文学出版社，1959。

其后，明人小说中"乔太守乱点鸳鸯谱"的故事，也同样表现了"自古姻缘天定，不由人力谋求。有缘千里也相投，对面无缘不偶"的主题。在现实生活中能"成眷属"者未必都是有情之人，"有情人"也未必皆成眷属。这并不是有命运之神在捉弄人，而是不合理的社会制度或错过某些机遇而造成的悲剧。

当然，在以父母之命、媒妁之言为主流的定婚格局之外，自由恋爱订情的情况也时有存在，这种情形在少数民族地区远比汉族地区还要普遍得多。

二、"合二姓之好"的婚姻观

《礼记·昏义》载："昏礼者，将合二姓之好，上以事宗庙，而下以继后世也"。

这种体现家族主义本位的婚姻观是古代中国最普遍的婚姻观念，也是对当代中国社会中的婚姻关系仍起作用的婚姻观念。

（一）传统婚姻的目的："上以事宗庙"和"下以继后世"

1. 婚姻的根本目的是家族的兴旺和延续

中国古代社会有关婚姻的观念和现代完全不同。现代婚姻里，男女双方结婚，是当事人都有结婚的需要，包括男女双方精神上慰藉和寄托的需要，以及生理上、生活上共同组织家庭的需要；婚姻的目的是使男女双方的生活美满和幸福。至于婚姻中的生男育女，则是男女结婚以后的自然现象，不是结婚的唯一目的或者主要目的。而在中国古代，传统婚姻是父系社会的产物，其核心目的在于"上以事宗庙"和"下以继后世"[1]。即婚姻最根本的追求是使宗族或家族得以延续下去，而延续宗族和家族的目的又主要在于祭祀，使祖宗永远享有"血食"。

《辞源》载：

> 古时杀牲取血，用以祭祀。[2]

"血"为牲血，"食"为让神或祖先享用。因古代的祭祀要用牲畜，杀牲便有血，以血祭祀，让祖先神明"血食"，正是原始的血祭风貌。血食反映出了先民的信仰和心理。《左传·庄公六年》曰：

> 若不从三臣，抑社稷实不血食，而君焉取余？[3]

《史记·封禅书》云：

> 周兴而邑邰，立后稷之祠，至今血食天下。[4]

这里"血食"的意思已经抽象为祭祀祖先、使国家和宗族得以延续的意思了。祭祀祖先鬼神，延续后代称为"血食"。在早期社会中，普遍存在着灵魂不灭的观念、冥间观念和祖先崇拜观念。古人认为，人是由灵魂和肉体两个互相独立的部分组成的，当两者统一时，

---

① （清）阮元：《十三经注疏》，《礼记正义》，1680 页，北京，中华书局，1980。
② 《辞源》，影印本（修订本），1520 页，北京，商务印书馆，1988。
③ （清）阮元：《十三经注疏》，《春秋左传注疏》，1764 页，北京，中华书局，1980。
④ （汉）司马迁：《史记》，1380 页，北京，中华书局，1982。

就是活人；两者分离时，肉体变成尸体，称为"魄"。"魄"是有形的，与之对应的无形的灵魂称为"魂"，如《礼记·郊特牲》曰：

> 魂气归于天，形魄归于地。①

魂为阳，魄为阴，阳气离魄，阴阳两分，尘世间的特定生命便不存在了。但人们认为在此世界之外还有另一个世界存在，它是死去的祖先去的地方，人死后灵魂进入另一世界，但血肉之躯还存留在现实的世界中，于是人们祭之以血或血色之物，以期先人在另一个世界复活，并保佑后人，使后代、宗族繁衍、延续。反映这种观念的考古发现如山顶洞人的墓葬，他们将死者一起葬在地下室，说明他们认为死去的亲人仍在另一个世界中共同生活；在死去的遗骸上撒下赤铁矿粉，是认为人的鲜血是灵魂的居所，带有输血的含义，赤铁矿粉所代表的鲜血能使死者的灵魂到一个永恒的世界中去生活；又如仰韶文化时期的瓮棺葬具，一般都有钻孔，是为了便于灵魂自由出入。这大概是把祭祀祖先使祖先保佑称作血食的最直接的缘由。②

"上以事宗庙"和"下以继后世"这种婚姻观念是古人敬鬼神、事先人观念的反映。因为婚姻不仅可以繁衍后代，而且要将祭祀祖先这一重大伟业继续下去，在祭祀祖先的同时则可以把祖宗的种种权利和财产继承下来。家族的延续与祖先祭祀，二者之中，后者的目的更重于前者。《尚书·盘庚》曰：

> 古我先后既劳乃祖乃父，汝共作我畜民，汝有戕则在乃心，我先后绥乃祖乃父，乃祖乃父乃断弃汝，不救乃死。兹予有乱政同位，具乃贝玉，乃祖先父丕乃告我高后曰：作丕刑于朕孙。③

从中我们可以看到，祖先对后世子孙的盛衰起着决定性的作用，只有获得祖先的庇佑，后世家族才能祈福避祸。中国的古人笃信，只有通过祭祀让祖先永享血食，才能长久地获得祖先的庇佑；只有获得祖先的庇佑，自己的家族才能长盛不衰；而基于男阳女阴、男尊女卑的观念，只有男性才拥有祭祀祖先的权利。在这样的文化观念下，婚姻制度所具有的生育尤其是生育男性的功能和属性在传统社会中被无限放大，成为缔结婚姻的神圣目的。结婚是子孙对祖先所负的神圣义务，而独身及无嗣则会被认为是一种愧对祖先的最大的不孝行为。

既然家族和宗族的福祉要依赖于祖宗的庇佑，获得祖宗庇佑的主要方式就是通过祭祀，而祭祀一向由男性主持，这样，在婚后生男就是一件至关重要的大事。因为无后的结果会使祖先没有人祭祀，连带祖先没有"血食"，不结婚的男子则被视为家族的罪人。因此，为了能有人"上以事宗庙"，"下以继后世"在逻辑上也就顺理成章地成为婚姻的重要目的了。

---

① （清）阮元：《十三经注疏》，《礼记正义》，1457 页，北京，中华书局，1980。

② 程邦雄：《"鬼"字形义浅探》，载《华中理工大学学报·社会科学版》，1997 (3)；李斐：《"血食"探源》，载《西安外国语学院学报》，2001 (4)。

③ （清）阮元：《十三经注疏》，《尚书正义》，171 页，北京，中华书局，1980。其大意为：从前我的先王既然劳苦过你们的祖先和父辈，你们都作为我所养育之民众，你们心中却存在邪恶之念！我的先王将把这些告知你们的祖先和父辈，你们的祖先和父辈就会断然遗弃你们，不会从死亡中援救你们。现在我周围有扰乱政事的官员在位，他们只是聚敛财宝。你们的祖先父辈于是告知我的先王说："对我的子孙动用大刑吧！"于是先王就重重降下灾殃。参见罗庆云、戴红贤译注：《尚书译注》，71 页，呼和浩特，远方出版社，2004。

所以，中国自古便有"不孝有三，无后为大"①的传统观念。"无后"则无以继承祖业，是不孝之至的行为。女性成年以后必须出嫁给不同宗、不同姓的男人，并帮助这位男人完成他"事宗庙"、"继后世"的双重任务，妻子对于这两个任务，缺少其一就是失职；特别是后者，妻不能为丈夫生下男孩就有遭受婚姻离异、被赶出夫家的危险，这在传统法律"妇人七出"条中有明确的规定。②

2. 祭祀

我国古史发展到西周时，礼仪已渐成形。这时，家族已经形成父系统辖系统，所以"子孙崇先报本，生养死祭，所谓孝也，故娶妻者，父母存，则奉侍舅姑，舅姑殁，则供祭祀"③。由于"祭祀"是婚礼的首要目的，为了彰显承担祭祀重任，《仪礼·士婚礼》记载周代新郎在迎娶新妇之前，做父亲的务必慎重告诫一番："往迎尔相，承我宗事；勖帅以敬，先妣之嗣。"④ 训勉新郎迎娶新娘来共同承担宗庙祭祀之事，婚后更要以恭敬之德引导新娘，使她继承母亲或祖母的美德。《唐律·户婚律》"以妻为妾条问答"：

> 妻者传家事，承祭祀，既具六礼，取则二仪。⑤

正因如此，妻的地位颇受夫的尊重。《白虎通义·考黜篇》讲：

> 王者……不臣妻之父母，何也，妻者与己一体，恭承宗庙，欲得其欢心，上承先祖，下继万世，传至无穷。故不臣也。

西周时就形成的结婚的六礼程序规定要在宗庙里举行，所谓"凡有婚事，必告宗庙"，提醒新人必须具备祭祖的能力。娶妻既为祭祀，故六礼之仪，均受命于祖庙，有"三月而庙见称来妇也，择日而祭于祢，成妇之义也"⑥的规定。反之，若妻有恶疾，不能供祭祀，即可为离婚的充足理由。可见，结婚最重要的就是为"承先祖、供祭祀"。《公羊传》"庄公二十七年何休注"：

> 妇人有七弃：无子弃，绝世也；淫逸弃，乱类也；不事舅姑弃，悖德也；口舌弃，离亲也；盗窃弃，反义也；嫉妒弃，乱家也；恶疾弃，不可奉宗庙也。⑦

3. 继嗣

孟子："不孝有三，无后为大"⑧ 这句话是对婚姻中"下以继后世"目的的真实写照。婚姻除了本身应建立完整的家族体系之外，还应该创造生命以承继家族的香火。如果不能继嗣，则意味着宗系断绝，而祭祀也会最终荒废。因此，古代将无子作为休妻的一个主要原因。《白虎通义·嫁娶篇》载：

---

① （清）阮元：《十三经注疏》，《孟子注疏·离娄上》，2723 页，北京，中华书局，1980。
② 如《唐律》中规定的妇人七出，第一出就是无子。
③ 陈鹏：《中国婚姻史稿》，6 页，北京，中华书局，1990。
④ （清）阮元：《十三经注疏》，《仪礼注疏》，972 页，北京，中华书局，1980。
⑤ 《唐律疏议》，293 页，北京，中华书局，1985。
⑥ （清）阮元：《十三经注疏》，《礼记正义·曾子问》，1392 页，北京，中华书局，1980。
⑦ （清）阮元：《十三经注疏》，《春秋公羊传注疏》，2239 页，北京，中华书局，1980。
⑧ （清）阮元：《十三经注疏》，《孟子注疏·离娄上》，2723 页，北京，中华书局，1980。

人道所以有嫁娶何？……重人伦，广继嗣也。

《仪礼·丧服》曰：

七出者，无子一也，淫佚二也，不事舅姑三也，口舌四也，盗窃五也，妒忌六也，恶疾七也。①

婚姻既以继嗣为目的，就必须保证子嗣血统的纯正，因为古人认为"神不歆非类，民不祀非族"②，因此要求"妇人以贞为行"。如果妻子与丈夫以外的男子发生性关系，生下的孩子血统不正，则其上不能奉祖先之祭祀，下不能传血统于永远，这在传统社会是不能容忍的行为。由此可见，婚姻突出地体现了承嗣敬祖这一神圣目的。③ 结婚不仅要求子，而且人们还希望子孙众多，这样才能对祭祀更有保障，许多古时婚礼仪物，也多寓此意。汉武帝纳李夫人，令宫人撒同心花果，武帝与夫人以衣裙盛之，得的多，多得子。《北齐书·魏收传》载：北齐时，安德王延宗，纳赵郡李祖收女为妃，文宣帝去李宅赴宴，妃子的母亲宋氏送两个石榴到皇帝面前，问大家都不明其意，皇帝求答，魏收说："石榴房中多子，王新婚，妃母欲子孙众多。"皇帝大喜。④ 结婚无子者，礼列七出，准其离异。为达到婚姻的这一目的，汉代法律定制：重囚无子者许妻入狱。⑤ 所以"多子多福"的观念今天仍很盛行。

清代典型家庭合影
图片来源：中华网——文史频道。

综上所述，婚姻之目的，一言以蔽之，乃家族制度下婚姻的必然结果。以婚姻作为保持并延续家族之手段。《礼记·昏义》载："昏礼者，将合二姓之好，上以事宗庙，而下以继后世也"。这一句话蕴涵了中国古代传统婚姻最直接的目的。中国古代婚姻的目的并不是

---

① （清）阮元：《十三经注疏》，《仪礼注疏》，1104 页，北京，中华书局，1980。
② （清）阮元：《十三经注疏》，《春秋左传注疏·僖公三十年》，1801 页，北京，中华书局，1980。
③ 参见刘向明：《先秦婚姻规范的宗教性》，载《韩山师范学院学报》，1998（3）。
④ 参见（唐）李百药：《北齐书》，490 页，北京，中华书局，1972。
⑤ 参见（清）赵翼：《陔余丛考》卷二十七。

两个个人为了感情而结合，而是为了祖先的祭祀和家族的延续。①

（二）"媒妁之言"与"奔者不禁"

1．"媒妁之言"

第一，释义"媒妁之言"。媒妁的缘起，乃是适应"同姓不婚"的社会规范和婚姻制度的时代需要而产生的。《诗经·卫风·氓》中说：

> 匪我愆期，子无良媒。②

《诗经·齐风·南山》曰：

> 取妻如之何？匪媒不得。③

《孟子·滕文公下》云：

> 不待父母之命，媒妁之言，钻穴隙相窥，逾墙相从，则父母国人皆贱之。④

东汉许慎《说文解字·女部》对媒妁的解释：

> 媒，谋也，谋合二姓者也；妁，酌也，斟酌二姓者也。⑤

所谓"谋合二姓"的"谋"，有"谋求"之意，《周礼·媒氏》注曰："媒之言谋也，谋合异类，使何成者。""谋合二姓"即帮助两姓的男女缔结婚姻。"斟酌"，在此有权衡适中，择善而定之意。《说文》曰："妁，酌也，斟酌二姓也。"段玉裁注："斟者，酌也。酌者，盛酒行觞，斟酌二姓者，如挹彼注兹，欲其调适也。"许氏、段氏均以为媒妁就是斟酌情况，主合其半，也就是担任两个不同姓氏、家族的婚姻中介者，让男女双方合起来成为夫妇。还有清人阮葵生在其《茶余客话》卷十六中所说"男曰媒，女曰妁"，这一说法还为汉学家崔世珍所著《训蒙字会》中所采，认为媒妁者，男媒为媒，女媒为妁。后世人们将之统称为"媒"。他们的解释，比较全面地揭示了"媒妁"作为专用名词的词源。媒妁既为说合男女成婚配的介绍人，婚姻用媒自然成理，因而在礼制上受到相当的重视，进而成为确定婚姻合法合理性的一个条件。对"媒"和"妁"的释义，用"二姓"这个词，而不用更能体现婚姻本义的"男女"一词，可见，中国传统婚姻的主要目的不在于缔结婚姻的男女双方当事人，而是为了他们所在的男女两家的家族利益。同时，这也能反映出当时"同姓不婚"的婚姻习俗。这一婚俗的制度化，随着人类的文明进步而形成，在先秦典籍中已多有记述。如《左传·僖公二十三年》："男女同姓，其生不蕃"。《国语·晋语》："同姓不昏，惧不殖也。"《礼记·郊特牲》："取于异姓，所以附远厚别"⑥。这些资料从生理、伦理和政

---

① 关于传统婚姻的两个目的，这是我国学术界比较普遍的看法。瞿同祖先生在 20 世纪 40 年代，就明确提出，从《昏义》中"关于婚姻的定义里，我们看得很清楚婚姻的目的只在于宗族的延续及祖先的祭祀"。参见瞿同祖：《中国法律与中国社会》，97 页，北京，中华书局，2003。

② （清）阮元：《十三经注疏》，《毛诗正义》，324 页，北京，中华书局，1980。

③ （清）阮元：《十三经注疏》，《毛诗正义》，352 页，北京，中华书局，1980。

④ （清）阮元：《十三经注疏》，《孟子注疏》，2711 页，北京，中华书局，1980。

⑤ （汉）许慎：《说文解字》，327 页，北京，中国戏剧出版社，2007。

⑥ （清）阮元：《十三经注疏》，《礼记正义》，1456 页，北京，中华书局，1980。

治等多方面阐明了这一习俗的原始意义，关键是同样强调了"二姓（异姓）"婚姻。①

"媒"的最初形态应当是"官媒"，主要掌管男女的婚配和生育。到西周时期，媒妁之言成为婚姻成立的主要条件。在《周礼·媒官》中，"媒"的职能被进一步具体化，从而使"媒"成为掌管涉及婚姻一切事物的国家官制人员。② 战国以后，"私媒"在民间日益兴盛。后世的法律要求媒人为合法婚姻的必要条件，如《唐律疏议·为婚妄冒》条疏议云："为婚之法，必有行媒。"如果婚姻关系不合法，还要追究媒人的法律责任，如《唐律疏议·嫁娶违律》条规定："诸嫁娶违律，……媒人各减首罪二等。"

第二，"媒妁之言"与婚姻仪式。

与"媒妁之言"相匹配的婚姻仪式，就是我们平常所说的"六礼"，也即为婚姻关系的成立必须经过六个阶段。这六个阶段分别为：纳采、问名、纳吉、纳征、请期、亲迎。《仪礼·士昏礼》曰：

> 昏礼下达，纳采用雁。主人筵于户西，西上右几。使者玄端至……问名，主人许宾入授，如初礼。……纳吉用雁，如纳采礼。纳征，玄纁束帛俪皮，如纳吉礼。请期用雁，主人辞，宾许，告期，如纳征礼。③

《白虎通义·嫁娶》曰：

> 纳采，问名，纳吉，请期，亲迎，以雁〔为〕贽。纳征曰玄纁，故不用雁。贽用雁者，取其随时〔而〕南北，不失其节，明不夺女子之时也。〔又是随阳之鸟，〔妻从夫之义也〕。又取飞成行，止成列也。明嫁娶之礼，长幼有序，不相踰越也。又婚礼贽不用死雉，故用雁也。纳征玄纁束帛离皮。玄三法天，纁二法地也。阳奇阴偶，明阳道之大也。离皮者，两皮也。

2. 奔者不禁

追溯中华古老文化的源头，在中国古代婚姻史上，虽然"父母之命，媒妁之言"始终占主导地位，但于此之外，婚恋自由的现象还是部分存在的。按"礼"，在一些特定的时间是容许未婚男女私奔自由结合的。如《周礼·地官·媒氏》载：

清代的结婚照片
图片来源：中华网——文史频道。

> 中春之月，令会男女，于是时也，奔者不禁；若无故不用令者，罚之，司男女之

---

① 参见李宁、龚世俊：《媒妁起源考论》，载《学术交流》，2001（3）；姚仪敏：《周代"主婚"与"媒妁"礼俗考》，载《复兴岗学报》，1993（82）。

② 参见《周礼·地官司寇·媒氏》："媒氏，掌万民之判，凡男女自成名以上，皆书年月日名焉。令男三十而娶，女二十而嫁，凡娶判妻入子者，皆书之。"（清）阮元：《十三经注疏》，《周礼注疏》，732～733页，北京，中华书局，1980。

③ （清）阮元：《十三经注疏》，《仪礼注疏》，961～963页，北京，中华书局，1980。

无夫家者而会之。①

我国最早的诗歌总集《诗经》中记载了许多早期男女之间的自由交往和恋爱。如《诗经·郑风·野有蔓草》：

> 野有蔓草，零露漙兮。有美一人，清扬婉兮。邂逅相遇，适我愿兮！野有蔓草，零露瀼瀼，有美一人，婉如清扬，邂逅相遇，与子偕臧！②

《诗经·郑风·溱洧》：

> 溱与洧，方涣涣兮。士与女，方秉蕑兮。女曰观乎？士曰既且。且往观乎？洧之外，洵訏且乐。维士与女！伊其相谑，赠之以勺药。溱与洧，浏其清矣。士与女，殷其盈矣。女曰观乎？士曰既且。且往观乎？洧之外，洵訏且乐。维士与女！伊其将谑，赠之以勺药。③

《诗经·郑风·褰裳》：

> 子惠思我，褰裳涉溱。子不我思，岂无他人？狂童之狂也且。子惠思我，褰裳涉洧。子不我思，岂无他士？狂童之狂也且！④

从中可看出青年男女在当时的婚恋结合是非常直率朴实的。《诗经》收集了从西周到春秋中叶大约五百年的诗歌，其中情歌占近 1/5。从这些情歌中可以看出，既有男悦女，又有女悦男，约会既可在城头，又可在水滨，也可在郊外。这与《礼记》中所体现的严格的礼仪约束是格格不入的，反映了森严礼制外男女婚恋开放的一面。这说的就是所谓的非正规的自主择偶，后人称之为"野合"。《史记·孔子世家》载，孔子之父叔梁纥"与颜氏女野合而生孔子"⑤。从历史记载看，孔子平生并未因这种明显的"非礼"家世而受到当时社会的歧视。这说明当时的风气还是相当开明的。野合之俗反映了当时婚姻的多元性，官媒对青年男女婚姻的态度不是限制，而是按照统治阶级的意志来谐调阴阳，促成男女结合。四川成都近郊出土的一块汉代"野合"画像砖，真实形象地展现了这一婚俗。⑥

---

① （清）阮元：《十三经注疏》，《周礼注疏》，733 页，北京，中华书局，1980。

② 参考译文：野外有有蔓延青草，草叶上露珠圆圆。一位美人草地站，眉目清秀好容颜。我与美人偶相遇，她正适合我心愿。野外有蔓延青草，草叶上露珠汪汪。一位美人草地站，姿容婉丽神采扬。我与她偶然相遇，愿与她偕老成双。参见译文选自郑竹青、周双利主编：《中国历代诗歌通典》（上卷），177 页，北京，解放军出版社，1999。

③ 参考译文：溱水清清洧水清清，溱水洧水哗哗地淌。小伙子啊姑娘们啊，手拿兰花吐放清香。姑娘说："且去看看吧？"小伙子说："已经观光。"还是观望观望现场。洧水外边的天与地，真是快乐而又宽敞。那些小伙子与姑娘，互相欢笑而乐洋洋，拿鲜花芍药赠姑娘。溱水清清洧水清清，深深洧水清清流淌。小伙子啊姑娘们啊，人挤人拥满荡荡。姑娘说："且去看看吧？"小伙子说："已经观光。"还是观望观望现场。洧水外边的天与地，真是快乐而又宽敞。那些小伙子与姑娘，互相欢笑而乐洋洋，拿鲜花芍药赠姑娘。参见郑竹青、周双利主编：《中国历代诗歌通典》（上卷），177~178 页，北京，解放军出版社，1999。

④ 参考译文：你要是爱我思念我，提起衣裳渡过溱河。你要是不思恋我，难道没有别人爱我？傻小子呀你真傻啊！你要是爱我思念我，提起衣裳渡过洧河。你要是不想念我，难道没有别人爱我？傻小子呀你真傻啊！参见郑竹青、周双利主编：《中国历代诗歌通典》（上卷），172 页，北京，解放军出版社，1999。

⑤ （汉）司马迁：《史记》，1905 页，北京，中华书局，1982。

⑥ 参见陈才训：《阴霾下的一缕阳光—先秦"父母之命，媒妁之言"外之自由婚姻》，载《青海师专学报》，2002（2）。

汉代画像砖：《桑林野合图》

图片来源：中华网——文史频道。

自由恋爱往往具有浪漫色彩，恋爱的双方为了把自己的恋情表达出来，巩固下来，并期望铭记于心，从而出现了爱情的各种物化形式，即通过一定的物品表达爱恋。物品本来也只是普通之物，但由于寄托了双方的情思，便逐渐深化为定情之物了，这就是爱情的佐证，在我国古代通常称之为"订情信物"，也叫"定情信物"。

"定情信物"可以各种各样，无须一定之规，但在长期的古代社会，被采用得相对多一些的"信物"主要集中到有限的几种物品之上，便有人汇集梳理，总其大成，称之为"中国古代十大定情信物"，现录于此，以飨学人探究。

中国古代十大定情信物①：

戒指：何以道殷勤，约指一双银

手镯：何以致契阔，绕臂双跳脱

---

① 另有一说为中国古代九大定情信物，少"裙"一种。参见中国新闻网：《中国古代九大定情信物重现，样样均留情》以下图片均来源于：http://it.sohu.com/20060303/n242110250.shtml。

钗：何以慰别离，耳后玳瑁钗

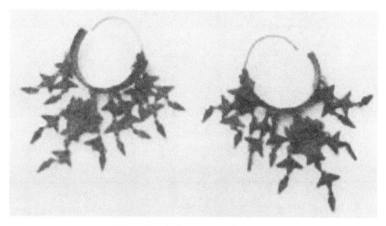

耳环：何以致区区，耳中双明珠

玉佩：何以结恩情，美玉缀罗缨

香囊：何以致叩叩，香囊系肘后

簪：何以结相于，金薄画搔头

缠臂：何以致拳拳，绾臂双金环

同心结：何以结中心，素缕连双针

裙：何以答欢忻，纨素三条裙

但是，在西周时期，以"父母之命，媒妁之言"的聘娶婚仍然占据社会的主导地位，也就是聘娶婚是当时的主要结婚形式。"奔者不禁"的自由恋爱婚则是聘娶婚的补充形式，而且这种婚姻的最直接后果就是出嫁女子在夫家不得为正妻。据《礼记·内则》记载："聘则为妻，奔则为妾"①，妻妾地位悬殊，自由恋爱婚的地位也就可想而知了。对于这一种婚姻形式的后果，《诗经·卫风·氓》中的记载，则反映了一段没有媒人的婚姻，最后女子遭到丈夫遗弃的情况：

> 氓之蚩蚩，抱布贸丝。匪来贸丝，来即我谋。送子涉淇，至于顿丘。匪我愆期，子无良媒。将子无怒，秋以为期。
>
> 乘彼垝垣，以望复关。不见复关，泣涕涟涟。既见复关，载笑载言。尔卜尔筮，体无咎言。以尔车来，以我贿迁。
>
> 桑之未落，其叶沃若。于嗟鸠兮，无食桑葚。于嗟女兮！无与士耽。士之耽兮，犹可说也。女之耽兮，不可说也。
>
> 桑之落矣，其黄而陨。自我徂尔，三岁食贫。淇水汤汤，渐车帷裳。女也不爽，士贰其行。士也罔极，二三其德。
>
> 三岁为妇，靡室劳矣。夙兴夜寐，靡有朝矣。言既遂矣，至于暴矣。兄弟不知，咥其笑矣。静言思之，躬自悼矣。
>
> 及尔偕老，老使我怨。淇则有岸，隰则有泮。总角之宴，言笑晏晏。信誓旦旦，

---

① （清）阮元：《十三经注疏》，《礼记正义》，1471 页，北京，中华书局，1980。

不思其反。反是不思，亦已焉哉！①

3."门当户对"与婚姻的成立

中国自国家产生的夏王朝开始，即已是一个地域广阔的泱泱大国。治理这样一个地域辽阔的国家，中国的国君们，从夏至西周均是依靠他们的诸侯大臣的。既要利用诸侯贵族治国，所以对于这些诸侯，尤其是异姓、远地依附来的便特别要笼络感情。所以中国先秦君主，为了扩大或维护自己的统治权也常采取政治联姻方式，而这种联姻又得到一夫一妻多妾制的婚制的支持。即所说的"夫昏礼，万世之始也。娶于异姓，所以附远厚别也"②。也就是说婚姻是国君统治权的开端。即妻要向异姓诸侯国娶，这样可使远方异姓诸侯依附于国君，也是厚待别姓诸侯，进行政治笼络感情的方法。殷纣王所娶妲己是异姓有苏氏之女，因纣王讨伐获胜而作为有苏人献的战利品而获得。这不仅证明了殷人实行族外婚，而且证明，婚姻不仅对战胜国而且对战败国也都是政治联姻的需要，战败国希图借此以依附于战胜国。

这种婚姻观念发展到西周时，等级制度已经成为中国社会的重要属性，整个社会分为不同的等级，各阶级中又有阶层的高下，婚姻制度也受这种等级制度和等级观念的影响，具体表现便是在缔结婚姻时讲求"门当户对"。西周春秋时期贵族实行等级内婚制是这一观念的反映。在贵族阶层之内互通婚姻，而且贵族阶层内的联姻双方应具有相同或相近的政治和社会地位，不能相差太远。因周天子找不到相同的等级，只能娶诸侯女，王姬也多下嫁于诸侯，如桓王后纪季姜是纪国公室之女；惠王后陈妫是陈国公室之女；诸侯夫人中称王姬者，大都是周王室之女，如齐襄公夫人王姬等。诸侯国君大都是娶异姓诸侯国君之女或宗室之女，如所谓齐鲁世姻、晋齐世婚、秦晋之好、晋楚联姻，基本上都是国君娶对方国君之女或公室之女。

汉代时，皇室、官僚也重视门第的联姻，如"齐厉王，其母曰纪太后。太后取其弟纪氏女为后，王不爱，纪太后欲其家重宠"③，有人认为汉代皇室、官僚之间的通婚"开魏晋

---

① 参考译文：男子装老实，拿钱来买丝。不是来买丝，是来说婚事。送他渡淇水，一起到顿丘。不是我失约，是你无良媒。请你莫生气，婚礼在秋季。

登上高墙头，翘足望复关。不见复关人，哭泣泪涟涟。已见复关人，有笑又有言。你卜你占卦，卦体无凶险。于是驾车来，把我嫁奁搬。

桑树正茂盛，桑叶嫩又新。哎呀斑鸠鸟，不要吃桑葚。哎呀妙龄女，莫与男子混。男子胡厮混，或者可摆脱。女子胡厮混，到时难解脱。

桑叶将要落，枯黄落纷纷。自从作你妻，多年吃苦辛。淇水汤汤流，水将车幔浸。女自无过失，男人变了心。男人不专一，反覆又寡恩。

多年做你妻，家务不辞劳。早起又迟眠，终日把心操。家境日渐好，你却变凶暴。兄弟不知情，嘻嘻常嘲笑。静静思往事，心中好悲悼。

相约共偕老，到老心中怨。淇水也有岸，沼泽也有边。欢乐少年时，谈笑安安然。盟誓明明在，不思当初恋。初恋思不返，分手情两断。参见郑竹青、周双利主编：《中国历代诗歌通典》（上卷），145～147 页，北京，解放军出版社，1999。

② （清）阮元：《十三经注疏》，《礼记正义·郊特牲》，1456 页，北京，中华书局，1980。

③ （汉）司马迁：《史记·齐悼惠王世家》，2007 页，北京，中华书局，1982。

南北朝门第婚之先河"①。在门阀制度占统治地位的魏晋南北朝时期，婚姻已经成为维持门阀氏族的一大支柱和衡量门第高卑的尺度，正如唐长孺先生所说："当时门第高卑，婚姻是一项重要标准。"② 氏族之间通过通婚，姻亲之间有往往累世通婚，可以互相提携、互相庇佑，从而起到垄断权益的作用，如当时的琅琊王氏和陈郡谢氏累世通婚，"公卿将相出其门者十七八"③。婚媾要求门第相配，有它相对的合理性。在两晋南朝时愈演愈烈，逐渐变成了不具条文的金科玉律。这种门第观念对婚姻的影响虽然随着两晋南北朝士族门阀制度的衰落而逐渐衰落，但它对隋唐仍有直接而重要的影响。时至今日，从人们婚姻观念的心理上而言，我们仍然不难看到它的种种遗存现象。

第四节
传统结婚制度

一、婚姻的形式

婚姻的形式即为嫁娶的方法。原始社会时期，人们只是按照自然法则进行性交，故知有其母而不知有其父，血缘关系与性关系非常复杂。在这种情况下，婚姻和婚姻形式等问题自是无从谈起。随着私有观念的产生，逐步有了社会意义上的婚姻，而后才有了婚姻形式。在中国，传统的婚姻形式以聘娶婚为原则，尚有其他的婚姻形式。陈顾远先生就曾指出："嫁娶之事实随时代而有变迁，依环境而呈异态，于是其方法亦难仅限于一种。"④

根据史料记载，在聘娶婚大行其道之前，曾有过多种形态的婚姻。这些婚姻形式在聘娶婚成为主流之后仍在婚姻史上，尤其是少数民族政权下的朝代占有一席之地。这些可以被统称为"早期型嫁娶方法"⑤，包括：

（一）掠夺婚

所谓掠夺婚，是指并不通过被抢来的女子及其亲属的同意，男子以掠夺的办法，将该女子抢为妻妾。这种形式的婚姻，在原始社会后期已具雏形。原本在部落内部盛行的是血缘婚，但是古人在长期的生活中却发现这种婚姻所生育的后代问题多多。

既然"男女同姓，其生不蕃"⑥、"同姓不婚，恶不殖也"⑦，如何实现异姓通婚，在原始时代，掠夺的方式显然不可避免。在《周易》中也有过这样的记载：

---

① 朱顺玲、曾兆阁：《论汉代婚姻的特点》，载《南都学坛》，1997（1）。

② 唐长孺：《魏晋南北朝史论拾遗》，63 页，北京，中华书局，1983。

③ （宋）秦观：《淮海集卷二十二·王俭论》，载《钦定四库全书》，第 1115 册之《集部》，1 页，台北，台湾"商务印书馆"，1972。

④ 陈顾远：《中国婚姻史》，影印本，77 页，上海，上海文艺出版社，1987。

⑤ 陈顾远：《中国婚姻史》，影印本，77 页，上海，上海文艺出版社，1987。

⑥ （清）阮元：《十三经注疏》，《左传·僖公二十三年》，1815 页，北京，中华书局，1980。

⑦ 《国语·晋语四》，77 页，沈阳，辽宁教育出版社，1997。

> 屯如邅如，乘马班如。匪寇，婚媾。女子贞不字，十年乃字。
> 乘马班如，求婚媾。往吉，无不利。
> 乘马班如，泣血涟如。①

梁启超先生对此解释说：

> 夫寇与婚媾截然二事，何至相混？得无古代婚媾所取之手段与寇无大异哉！②

而《易》中"乘马班如、泣血涟如"，生动地刻画出女子被抢夺后无助哭泣的形象。

在古代典籍中，还可以搜寻到其他掠夺婚的蛛丝马迹。从"婚"字的表意上看，按照《说文》的解释，所谓"婚"，是"娶妇以昏时"。而郑玄则认为"婿曰昏"。孔颖达的表述则更为具体化：

> 娶妻之礼以昏为期，因名焉。③

为什么要在昏时迎娶新妇，学界一种观点认为，这是因为在夜间掠夺妇女更容易得手，所以后世因袭了这一习惯，都在夜间迎娶。这也可以与《礼记》上所谓"婚姻不贺"，以及孔子所说的"嫁女之家三日不息烛"以及"娶妇之家三日不举乐"相印证。④ 男方在天黑之后，突然出现在女方家中，有如匪寇般将新娘掠走。因此女方家中三日举烛，思念被掠走的女子；而男方家中三日不敢庆祝，以防女方循踪而至。聘娶婚出现后，这种掠夺婚的形式也并未消失。

古代语言学家对"娶"字的解析，则表现得更为清晰。按照《说文解字》中的解析，"娶"字的字意为"取妇"。而"取"字则是"捕取"。这个解释可以说明"取"与掠夺的密切关系。因为"取"字"从又从耳"，"取"字字形左为"耳"，对应着《周礼》中就有"获者取左耳"的文字，展现了古人在战争中割下战俘的左耳，作为战利品的标志的情形。而在古文中，"取"也做"娶"之用。⑤ 所谓"取妇"，颇有"抢个老婆作为战利品"的意思。

掠夺婚在史籍中也有不少记载。许多少数民族，例如蒙古族、女真族、满族⑥，都曾盛行掠夺婚，就连有着聘娶婚和礼制传统的中原地区，也不乏掠夺婚的成例。这种掠夺婚可以分为四类：

第一类是"师婚"，即通过军事手段掠夺妻女。比如在上古传说中，有"昔夏桀伐有施，有施人以妹喜女焉"⑦，而在史书的记载中，更有周幽王伐褒氏而得褒姒、宋督攻孔氏

---

① 《五经·易经·屯》，339页，长春，吉林文史出版社，2004。

② 转引自李衡眉：《掠夺婚说问难》，载《中州学刊》，1987（6）。

③ （清）阮元：《十三经注流》，《礼记正义》，1680页，北京，中华书局，1980。

④ 采取这一观点的，包括陈顾远先生的《中国婚姻史》、史凤仪的《中国婚姻与家庭》、叶孝信的《中国民法史》等等。他们认为这些记载都可以说明婚姻最初起源于掠夺。

⑤ "取"用作"娶"的例子，在先秦时期的典籍中俯仰皆是。例如《礼记》中的"可以冠，取妻子"、"男子三十而取"，《诗经》中的"取妻如何？"《左传》中的"别姓而后可想取"，等等。因篇幅有限，不再一一列举。

⑥ 各少数民族盛行掠夺婚，例如蒙古族，成吉思汗的父亲也速该把阿秃儿与诃额仑夫人的成亲，就是抢婚形式。《金史》也有记载，金代女真人在昭祖时代仍掠夺为婚，世宗不得不以诏书禁止。甚至到清代，仍有乾隆与香妃的故事流传，香妃就是乾隆从回疆掠来，充入后宫。

⑦ 《国语·晋语一》，537页，沈阳，辽宁教育出版社，1997。

杀孔父而取其妻①、楚王灭息而得息妫②、三国曹魏破邺曹丕娶甄后。

第二类是"夺婚"，即仗势抢夺别人妻女。晋时权臣中书令孙秀强夺石崇姬妾梁绿珠③，这是非常典型的夺婚。

第三类是"劫婚"，即使用暴力方法，抢夺妻女的行为。北朝就有高昂帮助兄长抢亲④的实例。虽然各代也有立法禁止"劫婚"⑤，然而却令行不止。这种形式的婚姻在清代仍很盛行，在民国时期时有发生，甚至在新中国建立后偏远的乡村里也有相应的案例。清人赵翼在《陔余丛考》就曾记载，"村俗有以婚姻议财不谐，而纠众劫女成婚者，谓之抢亲"。

第四类是"窃婚"，即采取某种手段窃取他人的妻女。《金史·世宗纪》就曾记载了渤海地区原来的婚姻风俗都是先将妇女窃走私奔，然后正式成亲。

民国时期学者啙生也曾对当时的乡村婚俗进行考察，并从六个方面进行了详细论述。包括夜间迎亲、女家关门、分散物、新郎张弓箭、跨马鞍以及拜天地。他认为在这些婚礼仪式中，仍保留了一部分掠夺婚的遗迹。⑥

（二）买卖婚

所谓买卖婚，是指纯因钱物交易而成就的婚姻。这里，女子如同货物，完全被视为权利客体，只要能够支付价金即可得到。初时，买卖不分妻妾。随着西周时代礼制的确立，娶妻须聘，而妾室可买，这也成为买卖婚与聘娶婚的差异。

买卖婚的历史由来已久，在《通典》中就有"伏羲制嫁娶，以俪皮为礼"的说法。而俪皮为礼，表现了买卖妇女的习俗。而若对与婚姻相关的"嫁"、"帑"两字进行考察，还可以得到买卖婚的蛛丝马迹。古时"妻"与"帑"往往可以通用，如《左传》中就有"宣子使臾骈送其帑"的文字，孔颖达将"帑"疏之为"妻子也"。而《说文》中，则是"帑，金币所藏也"。妻子等同于金钱藏所，卖之可得钱财，所以魏时曹彰以妾换马，子硕卖庶母以葬生母⑦，所谓妻帑，正是买卖婚下妻子形象的一个缩影。"嫁"则与"娶"相对。"女适人"为嫁。在先秦时代，嫁字也有卖之意。《韩非子》中就有："天饥岁荒，嫁妻卖子者，必是家也"。对这段文字进行解读，"嫁"与"卖"并列，显然也是"卖"的意思。

买妻之事，秦汉之后已经少见，经过礼制的装扮，买卖婚已经转型为更隐蔽的新形态——聘娶婚。历代法律虽禁止买卖妇女，但是买妾的习俗却仍未改变。从《礼记·曲礼》上就记载有"买妾不知其姓"云云。而《红楼梦》里就有荣府大老爷求娶丫环鸳鸯不成，转而从人牙子处购买了女孩嫣红做妾的情节。

典妻，也可以看成是另一种类型的买卖婚。将妻子物化，议价典给他人，待典约期满再将之回赎。其与卖妻的区别不过是永久性卖出还是将来可回赎。每当饥荒之年或走投无

---

① 参见（清）阮元：《十三经注疏》，《左传·桓公元年》，1729页，北京，中华书局，1980。

② 参见（清）阮元：《十三经注疏》，《左传·庄公十四年》，1778页，北京，中华书局，1980。

③ 参见《晋书·石崇传》。

④ 参见《北史·高昂传》。

⑤ 如《清律例·户婚注》规定，强夺良家妇女自为妻妾，或卖与他人为妻妾，或投献势豪之家，或配与子孙弟侄者，均绞候，从者流三千里。

⑥ 参见啙生：《我国掠夺婚姻的遗迹》，载《说文月刊》，第一卷，1943（11）。

⑦ 参见（清）阮元：《十三经注疏》，《礼记·檀弓上》，1288页，北京，中华书局，1980。

路，男子便可将妻子典卖。根据《元典章》记载，元时吴越一带，典妻的习俗由来已久。妻子典入人家，与典权人过起夫妻生活，甚至为典权人生子，一般要三五年之后，才会归还其夫。对于典妻，元代立法禁止，然而如果典妻已成事实，并且愿意经由嫁娶之礼做典权人的妻妾的情况，则是被允许的。而清代立法则公然允许典妻，不过要经过法定的手续，而且只能服劳役，而不能典为妻妾。典妻的存在，从一个侧面反映了买卖婚仍在传统婚姻中有一定的影响。而历代法律甚至允许卖妻。元明清法律中均有相应的规定，对于犯奸的妻子，丈夫有权作价将之卖掉了事。如《大清律例·刑律·犯奸》中规定：

> 和奸、刁奸、男女同罪……奸妇从夫价卖。

（三）服役婚

所谓服役婚，是指男子为娶得妻子，须在婚前或者婚后在妻家服一段时间的劳役，以此作为娶妻的代价。服役婚在中原地区很少见，主要是在少数民族地区实施。比如金女真人的旧俗，就是由男方到女方家成亲，并在女方家当三年仆役，侍奉女方家长，方能将妻子领回家中。与金人旧俗相类似的，还有东汉时的乌桓人、唐代的室韦人等等。服役婚一般被视为买卖婚的一种变形，它们的区别只是用劳役代替了需支付的价金。

（四）交换婚

所谓交换婚，是指两家以异性亲属交换结婚。交换婚大致分为两种：

一种是通行于古代诸侯贵族间的交换婚。两大国家、两大姓氏或者两大家族之间的互相通婚，婚姻双方一荣俱荣，一损俱损，通过交互为婚，增强联系的纽带。在中国传统中"婚"与"媾"两字经常连用。《易经》中就有"婚媾有言"的文字。按照许慎的解释，媾为"重婚"、"重迭交婚"之意。这类婚姻在先秦典籍中有例为证。如历史上所说的周代姬、姜两姓世代互相通婚。如《国语·晋语》曰："今将婚媾以从秦。"正因为秦晋两国世代为姻亲，所以现代人提及婚姻，还称之为"秦晋之好"。到了后世，交换婚在王室贵族间仍有之。如《宋书·后妃传》中记载的孝武帝之姑嫁给王偃为妻后，生一子刘藻，一女刘宪源，孝武帝就娶了自己的表妹，而把自己的妹妹嫁给了刘藻。

另一种是两户人家之间兄妹、姐弟互换通婚，也就是民间所称的"亲上加亲"。这类交换婚，女子的出嫁往往是为了解决兄弟的婚姻问题，或以妹换嫂，或以姐换弟媳。男方家得一媳，而女方家也同样得一媳，两方面各不相欠，这样便解决了娶妻需要大笔聘礼的实际问题。这种类型的交换婚在民间很流行。甚至在新中国成立之后，还有这种交换婚的流弊。

（五）聘娶婚

聘娶婚是中国传统婚姻的正型。从西周始，建立在一整套"礼"的基础上的聘娶婚，就成为了历代为法制所保障的婚姻形式。聘娶婚有着严格的程序要求。所谓聘娶婚，就是男子因聘的程序而娶，女子因聘的方式而嫁。《礼记·内则》有云："聘，则为妻。"陈顾远考察聘娶婚，认为其有三个主要事件：第一是父母之命，第二是媒妁之言，第三则是婚约。

《礼记》中对于婚姻的描述，就是典型的聘娶婚：

> 男女非有行媒，不相知名；非受币，不交不亲。故日月以告君，齐戒以告鬼神，

为酒食以召乡党僚友，以厚其别也。[①]

男女结为夫妻，绝对不能马虎。要有媒妁，要有收受聘礼的过程，要昭告乡里表示结为"两姓之好"的意愿。如果没有经过这样的过程而私相授受，那就要遭到国人乡里的轻贱。

就聘娶婚的三个主要事件来考察聘娶婚的性质，不难看出聘娶婚与买卖婚的渊源关系。虽然中国传统的蒙学教育从小便教导"婚姻论财，夷虏之道"，可是婚礼论财之风、奢靡之风却依然故我。"聘"与"买"的区别，不过在于形式上是否符合"礼"的要求，至于其实质，仍旧是是否"受币"。这从传统婚姻法的内容中就可得窥。《唐律疏议》中明文规定："婚礼先以聘财为信……虽无许婚之书，但受聘财亦是。"

对于聘娶婚三要素的具体内容，在后文中专门论及，此处不再赘述。

聘娶婚虽为婚姻正型，然而在实际的社会生活中，却不可能完全按照礼制的要求操做到分毫不差。根据历朝历代的特点以及时间的推进，聘娶婚的传统也在发展和变形。例如"强聘"的出现，这种婚姻形式，就是掠夺婚与聘娶婚的混合。以聘之形式，行抢之实质。春秋战国时期有公孙黑强聘徐吾犯之妹就是一例。

（六）其他婚姻类型

而除以上几种婚姻类型外，中国传统婚制中还有其他一些婚姻，可归结为特殊类型的婚姻。

1. 选婚与赠婚

这两种婚姻形式，都属于强迫婚。所谓选婚，是指帝王为充实后宫，挑选良家女子或罪犯家中的女子供自己玩乐或赐予臣下。选婚开始实施于西汉，定制于东汉。以后历朝历代都有选婚的情况，在历代史籍的《后妃传》都可以见到。如《宋史·后妃传》中就有：

> 冯贤妃……以良家女，九岁入宫，及长，得侍仁宗。
> 林贤妃……司农卿洙之女，幼选入宫，既长，遂得幸。[②]

而清朝的"八旗选秀"制度就更是广为人知。慈禧就是以叶赫纳拉氏秀女入宫，最终得以成为万人之上的"老佛爷"。

所谓赠婚，是指依父母或有权人的意志，将其所支配的女子赠送给别人为妻。春秋战国时期，史籍中很多这样的例子。孔子就曾将自己的女儿赠给公冶长为妻，将其兄之女赠给南容为妻。还有一种特殊形式的赠婚，是赐婚，即皇帝将自己支配的女子，如从选婚得来的女子、罪犯的女子，俘虏来的女子等赐予宗室或臣下。清朝就有所谓的"指婚"，其实质就是赐婚。

2. 收继婚

所谓收继婚，主要指叔接嫂或者兄接弟妇，也有一部分接受非生母为妻者。一般而言，按照礼制要求，宗妻与尊卑皆不得为婚，如果结婚，则是禽兽行径，往往会以"和奸"定

---

① 《礼记·曲礼上》，4 页，沈阳，辽宁教育出版社，1997。

② 《宋史·后妃传》。

罪。然而在中国历朝历代，从王室到民间，收继婚频频发生。

就少数民族而言，收继婚是婚姻的一种正常形态。仅汉唐史籍通志中的记载，奉行收继婚的少数民族就有16个，包括了匈奴、鲜卑、党项等民族。匈奴人的婚俗，是"父兄死则妻其妻"①。汉代的王昭君，就在呼韩邪单于死后，又被呼韩邪之子立为阏氏。

汉族中也不乏收继婚，尤其在春秋战国时代，《左传》之中就在兄占弟妻、子收庶母的很多记载。在民间收继婚则更为普遍。普通百姓家庭难以提供大笔的聘礼用于婚姻，娶妻是一件非常不容易的事情。在一个家庭中，若鳏寡能得以收继为婚，也是两相便宜。所以，虽然官方反对收继婚，认为收继婚有伤风化，然而却屡禁不止，甚至到了民国时代，仍有收继婚的现象存在。民国的一次调查中，就得到"湖北襄阳谷城，盛行伦婚习俗，或兄故，弟娶嫂，或弟故，兄娶弟妇……"② 无怪薛允升谈到收继婚时指出：

> 奸兄弟妻唐律本系流罪，明改绞决未免太重，究之法过严而照律办理者，百无一二，过此等案件，不得不委屈调停。③

收继婚，正算在"奸兄弟妻"之中，而曾任职刑部尚书的薛允升，有着大量的审判经验，他的言论也从侧面反映了收继婚存在的事实。

3. 招赘婚与接脚婚

所谓招赘婚，是指男方到女方家结婚落户的婚姻。在这类婚姻中的男方被称为赘婿。中国古代，男尊女卑，所以男方到女方家生活，往往会被世人轻贱。《释名》中解释"赘"字为"属也；横生一肉附着体也。"将赘婿视同肉瘤，鄙视之情溢于言表。春秋战国时代，已经有赘婿出现，史记中记载"淳于髡为齐之赘婿。"而秦代奉行的家有"二男以上不分异者倍其赋"的政策，使因家境贫苦不能娶妻的男子选择了出赘的道路，以逃避严苛的赋税。赘婿的社会地位很低，秦代驱使赘婿开发边疆或作战，而汉代则用赘婿征讨朔方。此后，历朝的赘婿的社会地位都很低。他们就如同嫁出去的女儿一样，与自己的家族隔绝而成为配偶的家族的成员。

所谓接脚婚，是指丈夫死后或生前无力养家，再招一夫共同生活，共同生活的丈夫被称为接脚夫。招夫分为有夫再招和寡妇招夫。前一种出现于明清两朝，较为少见，由于无力养活家小，虽然丈夫仍在世，却招无力娶妻的男子共同生活，以帮助维持家计。而寡妇招夫则在唐以后就比较普遍了。"接脚夫"这一词语是唐朝对于后夫的称呼，而宋朝也将之延续。然而这时候的"接脚夫"，仅指寡妇招夫，即"以异性继寡妇"④。宋代的接脚夫与寡妇是同居关系，而非夫妻关系，并不发生财产上的继承关系。

4. 冥婚

冥婚，又称虚合，是指生者为死者举行婚礼。冥婚主要分为两种，一种情况是一对已有婚约的男女，若在未嫁娶前有一方已经死去，在生的一方仍旧实行嫁娶。男娶女死被称为"娶鬼妻"，而女嫁男死则被称为"嫁殇"或"归门守孝"。另一种则是男女双方并无婚

---

① 《我国收继婚的沿革》，载《社会研究》，第一卷第2期，1936 (6)。
② 《民商事习惯法调查报告录》，1668页，南京，司法部自印，1930。
③ （清）薛允升：《读例存疑》，载http://www.legalhistory.com.cn/docc/zysl.asp，2009 - 08 - 25。
④ 《宋会要》，转引自史凤仪：《中国古代婚姻与家庭》，50页，武汉，湖北人民出版社，1987。

约关系，但是为死者冥福，访娶另一个已死的适合异性，为他们举行婚礼，传统将之称为"迁葬"。

冥婚的历史由来已久。《周礼》中，媒氏的职责之一就是"禁迁葬者，与嫁殇者"。对此，孔颖达疏之曰："迁葬，谓成人鳏寡，生时非夫妇，死乃嫁之。"可见冥婚之事，虽与礼法不合，然确实古已有之。《三国志》中载，曹操幼子仓书死后，曹操向女儿早丧的椽邴原结阴亲，却被其以"嫁殇非礼"的借口予以拒绝，然而曹操还是聘得甄氏亡女与其子结为鬼夫妻。南北朝、唐、宋都概莫能外，而元明清史书列女传中，这种例子更是比比皆是。甚至马可·波罗的游记中，也有这样的记载：

> 假如一个人有个儿子，第二个有个女儿，纵然死了好几年……给这一对已经身故了的孩子联婚……让他们也按照相当的形式，结成夫妇。①

民国时期，冥婚依然在民间盛行。民国学者如清水、李景汉都曾深入民间进行调查，并将之著述成书。② 然而，冥婚毕竟非婚姻的常态，所以将之归入特殊的婚制。

二、婚配的范围

对于婚配的范围，可以从不同的界限进行考察。许多学者习惯从内外婚制进行考察，假定有一界限，在界限内结婚则为内婚制，在界限外结婚则为外婚制。本文中所指的婚配范围，主要是择偶的范围，而考察的界限则按照学界惯例分为血族、民族和阶层三方面。

（一）以血族为界限进行考察

在人类社会中，曾有一段时间实行血缘婚姻，即血族内通婚。这是人类社会发展的一般规律。恩格斯《家庭、私有制和国家的起源》一书中将这种婚姻描述为：

> 在这里，婚姻集团是按照辈数来划分的：在家庭范围以内的所有祖父和祖母，都互为夫妻；他们的子女，即父亲和母亲，也是如此；同样，后者的子女，构成第三个共同夫妻圈子。③

有人将这种血缘婚称为班辈婚，即兄妹为婚。在中国古代传说中，就有兄妹婚的例子。人类的始祖伏羲和女娲，就是一对兄妹。他们在昆仑山上结拜为夫妻，从而人类诞生。④ 而古代的典籍中也不乏这样的暗示。"夏殷不嫌一姓之婚"⑤、"夏殷五世之后通婚姻"的说法，也证明了古人认为同姓为婚的禁忌，是始于周，而在此之前，族际通婚，即血缘婚是合法的。王国维先生也指出"同姓不婚之制自周始"⑥。

然而经过长期的社会实践，人类逐渐发现本族内通婚所生的子女数量少，且存在缺陷；

---

① 《马可·波罗游记》，第一卷第五十章，载天涯在线书库。

② 清水的《特殊婚俗谈》所载的是广东翁源的风俗，而李景汉的《定县社会概况调查》详细记载了定县结阴亲的全过程。

③ 《马克思恩格斯选集》，2版，第4卷，33页，北京，人民出版社，1995。

④ 参见（唐）李亢：《独异志·卷下》，载古史漫谈网。

⑤ 《魏书·高祖纪》。

⑥ 王国维：《殷周制度论》，载百度百科（http://baike.baidu.com/view/702084.htm）。

但是与另一个氏族内取得的奴隶所生子女却身体强健，更易存活。为了维持氏族团体的强大，古人提出了"同姓不婚"的婚姻原则。从此不但不能兄妹为婚，甚至连同姓的两人成婚也是禁止的。《左传》就曾记载公孙侨与晋侯在一次对谈中谈及"同姓不婚"问题。公孙侨说：

> 内官不及同姓，其生不殖，美先尽矣，则相生疾，君子是以恶之。故《志》曰："买妾不知其姓，则卜之。"违此二者，古之所慎也。男女辨姓，礼之大司也。①

可见，古人早已对血缘婚的危害有所认识。同姓不婚的原则，在西周时代得以确立。同姓之间，百世不得通婚，甚至在买妾不知其姓时，也要通过占卜的方法取得姓氏。

对于同姓不婚的限制，不仅仅是出于生物学的考虑，更多是礼制的要求。就伦理而言，"同姓不得相娶，重人伦也"。在西周时代，中国人口与姓氏还不发达，同姓往往和血缘联系在一起，同姓通婚，往往会混乱家族内的伦常关系。同姓不婚，还出于政治上的需要。西周以后，特别是春秋战国时期，通婚成为贵族们维系彼此之间关系的首选方法。试想想要促进两家抑或两国间的友好关系，对于重视血缘与家族关系的中国人，有什么办法，还能比结为"秦晋之好"来得更为稳妥和迅速？

然而，同姓不婚这一原则，在中国传统婚姻的历史中，并没有被严格地执行过，甚至在西周时代仍是如此。其中的原因涉及政治、经济、民族等各个方面。在西周时代，在分封制的背景下，只有王化地区才与王朝保持一致，边陲地区仍然有按照本民族习惯实行族内婚的。而春秋战国时代，礼崩乐坏，婚姻方面的礼制也不能幸免。不但同姓成婚时有发生，史书中还记载了齐襄公般与其妹私通的事件。而秦以后，姓氏相混、功臣赐姓、义子袭姓、避仇改姓以至于少数民族改用汉姓，政治的变迁以及人口的增长，使姓氏与血缘关系日趋复杂。虽然同姓不婚仍然是历代法典所维护的信条，譬如唐律中就有"诸同姓为婚者各徒二年"的规定，但是在事实上却对这种现象抱持着宽容态度。所谓"同姓"，要附上"同宗"的条件，这一点非常重要。如果同姓但不同宗，法律并不追究。这种状况到明清时代为之一变，法律将同姓和同宗分为两条，分别禁止，清末修律，又将两条合并，只禁同宗而不禁同姓。事实上，在民间纵使有同姓结婚的状况，官府一般也不会加以禁止。《律例汇集遍览》上说："同姓者重在同宗，如非同宗，当援情定案，不必拘文。"

（二）以民族为界限进行考察

民族通婚，在中国历史上并不少见。民族婚，在庙堂之上，主要表现为和亲；而在江湖之远，则是汉族与少数民族的男女的结合。

早在先秦时期，就有民族通婚的故事发生。然而遍观历史典籍，周人娶异族女子为多，而汉族女子嫁到异族去的状况较少。社会舆论认为与异族通婚是不吉利的。《周书》有云："周纳狄后，富辰谓之祸阶；晋升戎女，卜人以为不吉。"赵衰与晋文公逃亡到了狄，并娶了狄女叔隗为妻，等回到国家后，又复娶赵姬。赵姬贤惠，将叔隗及其子赵盾迎回。虽然赵姬立赵盾为嫡，但是就连赵盾自己，也觉得赵姬"微君姬氏，则臣狄人也，何以至此"，可见对于"匪我族类"，时人并无好感。汉代是对异族"和亲"政策的开端。从高祖白城之

---

① （清）阮元：《十三经注疏》，《春秋左传注疏·昭公元年》，2024 页，北京，中华书局，1980。

围开始，终两汉之世，与匈奴的和亲便连绵不绝。对于和亲政策，后世褒贬不一。

唐代诗人戎昱有诗云：

> 汉家青史上，计拙是和亲。社稷依明主，安危托妇人。①

清人则认为，和亲政策是非常有益的：

> 汉家议就和戎策，若胜边防十万兵。②

然而，无论和亲政策如何，那些踏上漫漫和亲路的女子的命运，却是故土再难回。在她们中，最广为人知的便是"自请和亲"的王昭君。戏剧《昭君出塞》，就是讲述了王昭君从汉家宫女到和亲成为单于阏氏的故事。

魏晋南北朝时期的婚姻政策，少数民族政权要比汉族政权开放得多。五胡乱华，使少数民族大量涌入。而少数民族的政权纷纷汉化，族际通婚成为汉化政策的重要组成部分。尤其在北魏时期，由于皇帝的倡导，从王室到民间，纷纷与汉族通婚。在汉族之外，他们也与其他少数民族通婚。正是由于这些汉化政策，鲜卑族作为一个民族，最终融入了汉族之中。

隋唐时期，汉族和少数民族的交往频繁，民族融合一直在持续。唐高祖母亲独孤氏是鲜卑人，所以李唐王室从一开始就有一半的异族血统。而唐太宗皇后长孙氏，也是鲜卑人。异族大臣充斥朝堂，甚至占据了重要职位。和亲政策仍然在继续着。和亲的婚姻中，又出现了文成公主与松赞干布的结合。文成公主的下嫁，对于西藏地区的发展作出了重要贡献。

宋辽金元时代，宋人采取的是民族紧缩政策，而辽、金两个少数民族政权则对族际通婚并不排斥。金章宗明昌二年（1191 年），皇帝就曾特别颁下诏书，允许族际通婚。③ 而元代虽然将天下臣民划为四等，却也不禁止族际通婚。根据元代法律规定：诸色人等"递相婚姻者，以男为主"④。

明清两代对于族际婚姻态度消极，这与明清两代的政治气候有关。明王朝的心腹之患就是蒙古族与满族，所以规定边境军民不得与建州女真通婚，而蒙古人和色目人，则是必须在族内通婚，以控制人口增长。而清朝作为最后一个统一的少数民族政权，他们最忌讳的则是被统治的汉族。所以虽然皇帝倡导满汉一家，但是满汉之间却不能通婚，而这一规定直到光绪年间才得以废止。

（三）以阶层为界限进行考察

门当户对，是中国传统社会缔结婚姻的一个重点，阶层之间的差别在划分婚姻范围时难以逾越。从西周起，这种差别就已经存在。而历代以来，士庶之间，良贱之间，甚至官民之间的通婚都曾是被禁止的。

1. 士庶不婚

严苛的门第婚姻是魏晋南北朝时期婚姻的重要特征。曹魏定"九品中正"作为人才选

---

① 《全唐诗》卷二七〇，1637 页，延边，延边人民出版社，1999。

② （清）郭漱玉：《咏明妃》。全诗为：竟抱琵琶塞外行，非关画图误倾诚。汉家议就和戎策，若胜防边十万兵。见中小学教育资源网。

③ 参见《金史·本纪第九》。

④ 郭成伟点校：《大元通制条格》，38 页，北京，法律出版社，2000。

拔制度，然而士族贵族在其间上下其手，致使家世成为评价标准，"上品无寒门，下品无士族"。士族为排挤庶族，与庶族之间区分严格，互不通婚。由此发展下来，士族高门之中也分等级，而门第竟成为婚姻的第一要素。士族的这种"尊严"受到了严密的维护，皇帝也要尊重。《晋书·列传第一》记载：

> 时卞籓女有美色，帝掩扇谓后曰："卞氏女佳。"后曰："籓三世后族，其女不可枉以卑位。"

皇帝纳妃尚且会因美人门第太高无法屈尊而不能如愿，何况手下的一干贵族？贵族们对于婚姻缔结更是郑重。

东晋初年，骠骑大将军王导初到江东，想要与本地的大户交好，便为其子求娶丞相参军陆玩之女，不想却遭到了拒绝。陆玩给出的理由是"义不能为乱伦之始"，并在言谈中暗示王家高攀不上陆家门楣。王导出身琅玡王氏，为北方茂姓，是士族中最显赫的一支，而陆氏则为吴地的显贵。虽到后来王的身份高于陆，然当时当地，仍然被吴地的贵族轻视，不愿与之结亲。①

南朝梁武帝时期，大将军侯景想娶王、谢之女为妻，便求武帝做媒，武帝却直接拒绝，反劝他别想高攀。武帝说："王、谢门高非偶，可于朱、张之下访之。"王、谢是士族中的士族，朱、张，则是吴地大姓，侯景要娶妻，可以在这种门楣显赫的名族之下寻找。北魏时期曾经颁布法令，禁止"非类婚偶"：

> 皇族贵戚以及士民之家，不惟氏族，下与非类婚偶，先帝亲发明诏，为之科禁。②

所以，"自（北）魏太和中定望族七姓，子孙迭为婚姻"。士族们为了保持自己的社会地位，只能在特定的范围内选择对象。在南朝状况也大抵相同。如果士族将女儿下嫁庶族，不仅会被时议讥讽为"婚宦失类"，还要触犯法律。与士族相反，庶族则将得娶士族之女视为极大荣耀。南齐东海王氏的王源为了豪华的聘礼，欲将其女嫁给庶族，因而中丞沈约对其进行了猛烈地弹劾。沈约认为王源将女儿下嫁，实在是骇人听闻的恶事，不仅对不起王氏的祖先，也侮辱了整个士族阶层。要求对王源"免所居官，终身禁锢"③。而在北齐，相府主簿孙搴出身寒微，为表彰他能力卓越，将士族女子韦氏配给他，时人都对他艳羡不已。④

士庶不婚的状况，直到隋唐时期才被打破。隋唐时代，士族贵族由于六朝时代的优越地位，骄奢成性却缺乏真才实学，庶族贵族逐渐占据了上风。然而士族仍自持高贵，不与庶族通婚。统治者对于士族并没有多少好感，唐太宗更是态度鲜明，他在编纂《氏姓志》时就指出："不须论数世之前，止取今日官爵高下作等级。"即以官爵高低为姓氏显要的新标准。他还规定王妃和驸马不能是士族，而士族七姓十家之间不得自为婚姻。五代以后，

---

① 参见《晋书·陆玩传》。
② 《魏书·帝纪第七》。
③ 《文选·弹事》，载百度国学。
④ 参见《北齐书·孙搴传》。

才最终得以"取士不论家世，婚姻不问阀阅"①。

2. 官民不婚

所谓官民不婚，是指具有官僚身份的人，与普通的百姓之间不能成婚。这一原则的适用，起始于唐朝。《唐律疏议》云：

> 诸监临之官，娶所监临女为妾者，杖一百。若为亲属娶者亦如之。其在官非监者减一等，女家不坐。②

为官者娶民女为妾尚且违法，至于娶民女为妻，按照类推原则，结果可想而知。宋代则规定：

> 诸州县官人在任之内，不得共部下百姓交婚，违者虽会赦仍离之。其定婚在前任官居后以及三辅内官，门阀相当，情愿者，并不在此限。③

也就是说，为地方官僚者不得与自己的部下和辖下的百姓结为婚姻，若有这样的状况，就要判定离婚，只有特定的情况除外。而这些情况也不外门阀相当、定婚时贫贱而后荣显等等。以后宋元明清历代都有相类似的规定。如《明律》规定：

> 凡府州县亲民官任内，娶部民女为妻妾者，杖八十。

官民不婚这一原则的出现，应是基于多种考虑的。这些考量中，不乏一些学者认为的传统婚姻讲究"门当户对"的因素，也有对于婚姻双方家族真实意愿表达的考虑。官与民，尤其是监临官与所辖民众之间，官方必然处于强势地位。如果具有管辖权的官吏要求娶他治下的民女，处于弱势地位的民众可能会畏惧官僚的威势，虽不愿意却不敢表露，只好勉强成婚。这与婚姻"合两姓之好"的目的相违背，也不免有"夺婚"之嫌。所以唐代法令中，对于官民通婚者，仅对男方进行处罚而女方则不承担责任。

3. 良贱不婚

所谓良贱不婚，是指社会地位不同的良民与贱民之间不能通婚。良民又称"齐民"，包括士、农、工、商四种人。贱民是身份是"贱籍"的人，范围较广。从官私奴婢，到百工、妓女、丐户、部曲等等，都囊括在内。贱民社会地位较低，在很多方面都会受到限制。

早在西周，就有贵族与庶民的区别。正所谓"刑不上大夫，礼不下庶民"，在贵族与庶民之间，形成了贵贱两个等级，这两个等级一般也只在其内部通婚。《尚书·尧典》疏：

> 言匹夫者，士大夫已上则有妾媵，庶人无妾媵，惟夫妻相匹，其名既定，虽单亦通，谓之匹夫匹妇。④

到秦汉时期，社会上已经有了"良贱"的划分，到了南北朝时期，则上升为国家法律。《魏书》中记载了北魏高宗发布的诏令，诏令中写道：

① （宋）郑樵：《通志二十略》，1页，北京，中华书局，2000。
② 《唐律疏议·户婚律》，300页，北京，中华书局，1985。
③ 薛梅卿点校：《宋刑统》，251页，北京，法律出版社，1999。
④ （清）阮元：《十三经注疏》，《尚书正义》，124页，北京，中华书局，1980。

> 夫婚姻者……尊卑高下宜令区别……今制：皇族师傅王公侯伯以及士民之家，不得与百工技巧卑姓为婚。①

法律公然划分出了婚姻范围的界限，作为百工技巧者，都是贱民，他们甚至不能与"民"通婚。

到了唐朝，良贱不婚的法令更为完备。法律言简意赅，规定婚姻应"当色为婚"，即：

> 人各有偶，色类须同，良贱既殊，何宜配合。②

具体而言，就是"诸杂户不得与良人为婚，违者杖一百"。而在杂户这样的贱民之下的私家奴婢则身份更低，所以处罚也更加严厉。

> 诸与奴娶良人为妻者，徒一年半，女家减一等，离之。其奴自娶者亦如是。③

宋代在唐律之上更进一步规定：

> 诸奴婢诈称良人，而与良人及部曲、客女为夫妻者，所生男子女并从良；及部曲、客女知情者从贱。④

元明清法律中都有禁止良贱为婚的规定，于唐宋法律的基础上有些增减。元代对禁止良贱为婚设置四个条文，明代则规定：

> 凡家长与奴娶良人为妻者杖八十，女家减一等，不知者不坐；其奴自娶者亦如是。家长知情者减两等，因而入籍为婢者，杖一百；若妄以奴婢为良人而与良人为婚者，杖九十，各离异正之。⑤

而清承明制，大抵相同。直到雍正、乾隆年间，开始解放贱民，不再禁止良贱通婚，但是习惯的影响力不容小觑。直到辛亥革命后，这种风气才逐渐淡去。

三、结婚的年龄

（一）中国历代对婚龄的法律规定

对于结婚年龄的规定，历代皆有不同。实际上的操作与礼法的规定也有差异。

1. 西周时的婚龄规定较高

"周制，限男女之岁，订婚姻之时"⑥。古人认为在西周已经有了婚姻年龄的规定。在西周时期，一般认为，男子20岁、女子15岁就可以嫁娶，而男子30岁、女子20岁则是上限。这一结论主要来源于《礼记》与《孔子家语》。《礼记·内则》有记载：

---

① 《魏书·高宗文成帝纪》。
② 刘俊文点校：《唐律疏议》，269页，北京，中华书局，1983。
③ 刘俊文点校：《唐律疏议·户婚》，269页，北京，中华书局，1983。
④ 《宋刑统·户婚律》，226页，北京，中华书局，1984。
⑤ 《明律集解附例·户律》。
⑥ （唐）杜佑：《通典》，1632页，北京，中华书局，1988。

男子二十而冠，始学礼，三十而有室，始理男事。女子十有五年而笄，二十而嫁。①

冠礼与及笄，代表已经成人，是男女可以婚嫁的标志。《孔子家语》对此的解释是当鲁哀公向孔子询问既然在男子 16 岁、女子 14 岁就已有能力生育后代，那么根据礼治要求男子 30 岁、女子 20 岁方能结为婚姻会不会有些过于晚婚，孔子的回答是：

夫礼言其极也，不是过也。男子二十而冠，有为人父之端；女子十五许嫁，有适人之道。

在这里，男子 30 岁、女子 20 岁是最高婚龄。也有认为男子 30 岁、女子 20 岁是结婚的理想年龄。《尚书·大传》有云：

男三十而娶，女二十而嫁，通于纴织纺绩之事，黼黻文章之美。不若是，则上无以孝于舅姑，而下无以事夫养子。②

无论如何，在西周婚姻年龄比之后世相对较高。

2. 从春秋时期开始，早婚倾向成为主流

最初早婚主要是出于战争③以及战后增加人口与赋税的需要。汉初，历经六国统一战争和秦朝暴政，人口严重不足，甚至在大城市，人口也只有原来的十分之二三。④ 为此，汉朝统治者立法严格规定结婚年龄，要求早婚，鼓励生育。

《汉书·惠帝纪》曰：

女子年十五以上至三十不嫁者，五算。

换言之，女子 15 岁仍不出嫁，就要交纳五倍的人头税。虽然有识之士如王吉提出"世俗嫁娶太早，未知为人父母之道而有子，是以教化不明而民多夭"⑤，意识到早婚的危害性，但是统治者却不予采纳，甚至反其道而行，终汉之世，甚至有 6 岁、9 岁的小皇后出现。⑥东汉时，班固在《白虎通义》写道：

男三十而筋骨坚强，任为人父；女二十而肌肤充盛，任为人母。

这也是对早婚之风的一种反思。

魏晋南北朝延续了汉代的政策，早婚的风气依然主导着婚嫁，因为这一时代也面临着和前代几乎相同的社会问题。连年不断的战争，加上蝗灾、瘟疫，如此这般天灾人祸，使经济崩溃、人口锐减，增加人口成为当务之急。推进早婚的手段也更激烈，在汉代对于不肯早婚，主要靠增加赋税这样的经济制裁，而晋以后则是直接使用行政手段强制结婚。《晋书·武帝纪》载：

---

① 《礼记》，85～86 页，沈阳，辽宁教育出版社，1999。

② 《二十二子·孔子集语·孝本二》，485 页，上海，上海古籍出版社，1985。

③ 越王勾践就为了与吴国战争储备，要求女子 17 岁前必须出嫁，否则就要惩罚其父母。

④ 参见《汉书·功臣表序》。

⑤ 《汉书·王吉传》。

⑥ 汉昭帝之后上官氏 6 岁而为后，汉平帝之后王氏则是 9 岁而嫁。

> 女年十七父母不嫁者，使长吏配之。

《北齐书·补帝纪第八》和《周书·武帝纪》分别记载：

> 女年二十以下，十四岁以上，未嫁悉集省，隐匿者家长处死刑。
> 自今以后，男年十五、女年十三以上，爰及鳏寡，所在军民，以时嫁娶。

因此，早婚成为了较普遍的现象。以晋代与北朝为例来考察女性的婚龄，在《晋书·列女传》中提到了的 35 位列女中，有 4 人提到了具体年龄。其中皮京妻龙怜与杜有道妻严宪，都是 13 岁出嫁；段丰妻慕容氏是 14 岁出嫁，吕绍妻张氏则是年仅 14 岁就已经守寡。而《北史·列女传》中有 34 位女性，明确提到结婚年龄的有五位，有一位是 13 岁，两位 14 岁，一位 17 岁，最大一位 18 岁，却是已经死过一任丈夫再婚。还有更多的是年纪仅仅十七八岁便已经守寡。男性结婚也很早，北朝魏太祖 13 岁生明元帝，魏献文帝 12 岁生孝文帝；北齐皇帝高俨被杀时年仅 14 岁，却已经有了 5 个遗腹子。

唐代的结婚年龄初期有所提高，规定是男子 20 岁以上，女子 15 岁以上。但是到了开元年间则又恢复了旧制，男子 15 岁以上，女子 13 岁以上。而宋代则承袭了唐开元年间的规定。[①] 与其同时代的少数民族政权辽和金规定的结婚年龄则相对较高。陈顾远先生考察了《辽史》和《金史》，得到了辽代的适婚年龄是女子 18 岁到 20 岁，而金代则为男子 23 岁、女子 16 岁。到元代，民间的结婚年龄女子普遍在 16 岁到 20 岁之间。[②]

明清时代的结婚年龄则是男子为 16 岁、女子为 14 岁以上。这是因为洪武元年制定庶人婚礼时采用的是《朱子家礼》的标准。[③] 在婚龄方面概莫能外。清承明制，所以在《大清通礼》上也是一样的规定。一般而言，在民间，女性的结婚年龄普遍还是在 16 到 18 岁之间。《明史·列女传》中有 14 人提到了结婚年龄，其中在 16 到 18 岁结婚的有 9 人，占据一半以上。

综上所述，早婚是中国传统婚姻的重要特征，这是自然经济发展的必然要求，也是一种社会需要。早婚则早育，自然经济的发展，需要人口繁衍以增加劳力，而在统治阶级而言，人口的增长则意味着赋税的增加。特别是在王朝初建或是战乱之后，鼓励早婚多育，就成为恢复社会经济最重要的手段。

3. 历代婚龄的一般规律

一般而言，除了个别的早婚陋习，以结婚的实际年龄而论，皇室与士阶层的婚姻年龄早于民间婚姻。皇室为传承帝位，通常很早就结婚生子。例如清朝法律规定，男子结婚年龄为 16 岁，然而康熙皇帝却在 13 岁就已经大婚，册立了皇后赫舍里氏。雍正皇帝的两位皇后，那拉氏在"垂髫之年"嫁给雍正；乾隆的生母纽祜禄氏，也是 13 岁就已经"事世宗潜邸"[④]。而贫家女子，却很难嫁得出去，只有空发"苦恨年年压金线，为他人做嫁衣

---

① 《唐会要》和《天圣令》都规定的是"男年十五，女年十三以上，听嫁娶"。
② 参见陈顾远：《中国婚姻史》影印本，128 页，上海，上海文艺出版社，1987。
③ 参见《明史·礼九（嘉礼三）》。
④ 《清史稿·后妃传》。

裳"① 之叹。白居易的一首诗，深刻地反映了这种状况：《白居易·秦中吟十首·议婚》：

> 红楼富家女，金缕绣罗襦。见人不敛手，娇痴二八初。母兄未开口，已嫁不须臾。绿窗贫家女，寂寞二十余。荆钗不值钱，衣上无珍珠。几回人欲聘，临日又踟蹰。②

贫富差距，可见一斑。富家女子附加值高，所以容易出嫁；而贫家女没有嫁妆，就很难嫁得出去了，自然"拟托良媒益自伤"。

（二）两种例外情况

在中国传统中，还有两种与婚龄规定不相符、颇具特色的婚姻状况——指腹婚与童养媳。

1. 指腹婚

又称"指腹为婚"，是在胎中就由父母、祖父母订立婚约。这是"父母之命"的一种强化。指腹为婚，语自《魏书》：

> 尚书卢遐妻，崔浩女也。初，宝兴母及遐妻具孕，浩谓曰："汝等将来所生，解除自我，可指腹为婚"。及婚，浩为撰仪，躬自监视。③

指腹为婚的现象则至少在东汉初年已经出现，《后汉书·贾复传》记载，光武帝刘秀听说自己的部下贾复身受重伤，便许诺说绝不让他担忧妻子儿女的后事。他说："闻其妇有孕，生女邪，我子娶之；生男邪，我女嫁之。"

由于从"指腹"到最后的结婚，至少需要经过十数年的岁月，时过而境迁，其间变故自然不少，因为先贫贱而后富贵，不再门当户对而发生的争议，自然也就很多。指腹为婚时很多人都是以口头约定，很难分清是非曲直，所以婚姻能否履行，主要依靠的是道德力量。针对这种状况，历代法律中都有相应的规定去解决问题。晋代的法令规定，婚姻的缔结，以"聘"为准，至于"私约"则不理。指腹为婚应属于私约的范畴，可见法律对其持否定态度。而后世唐宋之法，则是在此基础上提出："诸许嫁女已报婚书，及有私约，而辄悔者，杖六十，虽无许婚之书，但受聘财亦是。"④ 在当时，有婚书或有聘财，婚约既可成立，获得法律保护。因为临时起意缔结婚约，可能就无法准备聘礼，人们就从衣服上撕下一块布，作为彩礼和信物，这也是指腹婚的一道程序"割衫襟"的由来。到元代，法律则不承认指腹为婚。《通制条格》云：

> 男女婚姻或以指腹并割衫襟为亲，即无定物婚书，难成亲礼，今后并行禁止。⑤

明清两代的法律则对于指腹为婚规定严格。洪武元年定制庶人婚礼，下令禁指腹、割

---

① （唐）秦韬玉：《贫女》。全诗为：蓬门未识绮罗香，拟托良媒益自伤。谁爱风流高格调，共怜时世俭梳妆。敢将十指夸针巧，不把双眉斗画长。苦恨年年压金线，为他人作嫁衣裳。参见《全唐诗》，卷670，4154页，延边，延边人民出版社，1999。

② 《全唐诗》卷四二五，2552页，延边，延边人民出版社，1999。

③ 《魏书·列传第二十六》。

④ 《唐律疏议·户婚》，《宋刑统》规定相同。

⑤ 郭成伟点校：《大元通制条格》，38页，北京，法律出版社，2000。

衫襟为亲者。但如果在指腹之后又授受聘礼的，则不在此列，仍受法律保护。明代就有过这样的案例：武昌县有叶、黄两家曾经为彼此的孩子指腹为婚，孩子出生之后，黄家曾经托媒下聘。之后黄家发生变故，叶家便想悔婚，因此发生诉讼。县主因两家曾经以礼物互聘，并有媒人中介，判定婚约有效。①

到了晚清和民国时代，指腹为婚的故事仍时有发生。晚清朴学大师俞樾在《右台仙馆笔记·衢州傅翁》中就曾写过："汝在孕时，与某氏指腹为婚，今其女长成，当为汝娶之。"2006年，有一对指腹为婚的老夫妻度过了 70 年的婚姻生活。他们指腹为婚，结缡于1936年。②

2. 童养媳

童养媳是指旧中国一般出身于贫苦家庭，从小被出卖或由家庭包办订婚，在婆家生活的媳妇。元代戏剧大师关汉卿最负盛名的作品《窦娥冤》中，窦娥就是童养媳出身。而"衣被天下"的黄道婆也是童养媳。③ 民间童养媳的风俗，起源于宋代：

> 民间有女幼许嫁，未行而养于婿氏……养妇虽非礼律，然"未成妇"则一也。④

这些童养媳的身份，只相当于没有经过"庙见"的媳妇，尚未取得"新妇"的身份，也不是夫家的家族成员。名不正，则言不顺。童养媳的地位也很尴尬。她们虽名为"媳"，实际地位却与家奴相类。元代法律规定：

> 诸以童养未成男妇转配其奴者，笞五十七。⑤

法律之所以有此规定，也是因为将童养媳配给家奴的事情已比较普遍，成为一种不得不立法遏制的社会现象。

童养媳的产生，有其必然性。穷人家养不起孩子，迫于生活便将幼女嫁出，这样既可得到一笔彩礼，又可以省却养女儿以及嫁女儿的费用。通常童养媳的彩礼较低，作为男方，一则可省却将来娶妻所需要的大笔聘礼，二则增加了劳动力。童养媳往往在六七岁的年纪便已经到了夫家，承担繁重的家务劳动，处境很悲惨，所以在革命时期，许多嫁为童养媳的贫家女都不堪忍受重负，投身革命队伍。其中不乏出色的女军人，如湖南浏阳的女将军李贞。⑥

---

① 《新镌国朝名公神断详刑公案》卷四"苏县尹断指腹负盟"条，转引自叶孝信：《中国民法史》，370 页，上海，上海人民出版社，1993。

② 《昔日指腹为婚昨日喜庆白金婚结婚 70 载子孙 60 多》，载《新文化报》，2006－02－24。

③ 参见余秋雨：《天涯故事》，载《秋雨散文》，330 页，杭州，浙江文艺出版社，1994。

④ 《宋史·杜纮传》。

⑤ 《元史·刑法志》。

⑥ 李贞（1908—1990）出生在湖南省浏阳县小板桥乡的一个农民家里。由于家境贫寒，年仅 6 岁的李贞就被送给人家当了童养媳。1926 年春夏，参加革命。1927 年 3 月加入中国共产党。红军长征时期，曾任红六军团组织部部长，红二方面军组织部副部长等职。1955 年 9 月，被晋升为中国第一个女少将。全国解放以后，曾任中国人民志愿军政治部秘书长、军委防空军干部部部长、解放军军事检察院副检察长、总政治部组织部顾问等职。参见百度百科。

四、婚姻的要件

一般而言，传统婚姻的成立，需要三个要件：这三个要件在西周时已经被礼制固定下来，并为后世承袭。古人对于婚姻是非常重视的，他们认为，"昏礼者，礼之本也"①，并有详细的规定，涉及包含了婚姻责任承担、婚姻管理、婚姻要式等各方面的内容。

(一) 父母之命

"取妻如之何？必告父母。"② 主婚人的同意，是婚姻成立的要件之一。中国传统婚姻都是为"合两姓之好"③，上为祖先祭祀，下为延续香火，至于当事人双方的意愿，则不在考虑之列。父母的意志主导婚姻，而结婚的夫妻双方，不过是两姓缔结婚姻的道具。

值得注意的是，所谓"父母之命"，是指父母对儿女婚姻具有决定权。具有主婚权的不仅仅是父母，祖父母也享有对孙子女婚姻的决定权。若祖父母、父母不在世，其他尊亲属也有权主婚。④ 就连婚姻当事人远在外地，也没办法自己做主。唐代和明代法律都有规定，如果卑幼身在外，享有主婚权的尊长有权为他们定婚。这种定婚，除非卑幼在外地私自完婚才失去效力。否则就算卑幼自行定婚在先，也不能与尊长所定的亲事对抗，必须予以解除，否则就要受到刑罚。⑤

在缔结婚姻中，主婚人其享受主婚的权利不容反对，自然在婚姻有违礼法时也要承担相应的责任。他们所承担的法律责任大小，则与主婚权大小直接相关。如唐代法律规定：

> 诸嫁娶违例，祖父母、父母主婚者独坐主婚；若期亲尊长主婚者主婚为首，男女为从；余亲主婚者，事由主婚，主婚为首，男女为从，事由男女，男女为首，主婚为从。⑥

这种安排是考虑到了现实。祖父母、父母是直系尊亲，他们对婚姻专断的可能性较高；而其他的亲属则关系较远，则未必能对婚姻完全做主，因此责任也相对较小。

(二) 媒妁之言

"取妻如之何？匪媒不得。"⑦ 媒妁之言，是婚姻成立的要件之二。父母拥有主婚权，但是男女无媒不交，缔结婚姻还需有人中介，而这个人就是所谓的"媒"。

《说文解字》中的解释，媒，"谋"也，意为谋合两姓。媒人这一行业，在中国已历史悠久。在地官司徒长贰属官七十八职中，就有"媒氏"。按照《周礼》的说法，媒氏，掌万民之判。判，在注解中则被解释为"半也，得耦为合，主合其半，成夫妻也"。可见媒氏的

---

① （清）阮元：《十三经注疏》，《礼记·昏义》，1680 页，北京，中华书局，1980。

② （清）阮元：《十三经注疏》，《诗经·齐风·南山》，1252 页，北京，中华书局，1980。

③ （清）阮元：《十三经注疏》，《礼记·昏义》，1680 页，北京，中华书局，1980。

④ 《唐令·婚姻》、《通制条格》、明《户令》中都有这样的规定。以《户令》为例，其规定："凡嫁娶皆由祖父母、父母主婚，祖父母、父母俱无者从余亲主婚。"

⑤ 《唐令·婚姻》、《明律·户婚》中都有这样的规定，只是刑罚轻重有不同。唐律规定为杖一百，而明律则是杖八十。

⑥ 刘俊文点校：《唐律·户婚》，272 页，北京，中华书局，1983。

⑦ （清）阮元：《十三经注疏》，《诗经·齐风·南山》，353 页，北京，中华书局，1980。

职能，就是分管婚姻家庭事务。《诗经》中就记载了"匪我愆期，子无良谋"的歌谣。可见当时民间也对媒人非常熟悉。媒人也分为官媒和私媒两种。《三国志》中也有"媒官"的职位。官媒就源于媒氏，元代的官媒都是职业型的，须经过专业的培训，并在官府登记注册，立下保书。他们对于中介婚姻都起到了重要作用。

媒人在缔结婚姻中非常重要。因为按照礼制的要求，"女无媒而嫁，君子不行也"①，甚至"男女非有行媒不相知名"②，如果男女之间缔结婚姻没有经过媒人，就会惹人非议。尤其是女子，若没有媒人说合，就只能处子终老，否则便会被讥讽为"丑而不信"。而到唐代以后，"媒妁之言"便由"礼"入"法"。《唐律》在"名例"中规定"嫁娶有媒"，在"户婚"中进一步规定"为婚之法，必有行媒"，并规定对自己所保之媒，媒人也要承担责任。如果出现违例嫁娶的状况，媒人也难逃其罪，要"减首罪二等"。到了明、清两代，由于法律承认双方主婚人排除媒人中介而私下订立的婚约有效，媒人在婚姻中的作用有所降低。

（三）六礼嫁娶

六礼嫁娶又被称为成妻之礼，是婚姻成立的要件之三。所谓的"六礼"，是来自《礼记》和《仪礼》中对于婚礼的记载，包括纳采、问名、纳吉、纳征、请期、亲迎六个程序。这种婚姻仪式的程序经过了后世的完善与发展，是中国传统婚姻的完整程序，也是中国传统婚姻最具特色的部分。

在西周之前，婚礼并没有严格的程序要求，甚至不用音乐也不庆贺。周礼下的婚姻很庄严，但并非奢华，铺张浪费的婚礼风气是从汉代开始的，其中几度诏令禁止这种风气，却始终没能制止住。宋代因六礼过于繁琐，法律规定士庶人婚礼由六礼简化为四礼，保存了纳采、纳吉、纳征、亲迎。然而六礼也好，四礼也罢，婚礼的奢靡程度却并未减轻。

1. 纳采

是指采择之礼。男方托媒人带着礼物——大雁——到女家表明求婚之意。之所以以雁为采，是因为雁为随阳之鸟，守时而且至一生只有一个伴侣。在六礼中，除纳征外，都要用到雁作为礼物。在古时，雁很容易猎取，后世已经没有那么容易取得，所以有所变通。《礼记》中就有"昏礼下达，纳采用雁"、"请期用雁"的句子。

2. 问名

是男方求问新娘的姓名、生母的姓氏与生辰八字，在这里也有对新娘进行考察的意思。对新娘的母亲进行询问，主要是为得知新娘是嫡出还是庶出；而新娘的姓氏和生辰八字拿到后，则要进行占卜。这一程序通常可以与纳采合并，一次完成。

3. 纳吉

是男方占卜得吉兆，备礼通知女方。男方将女方的姓氏生辰八字拿到宗庙祖宗牌位前，进行占卜。古代婚姻都是"上以事宗庙、下以继后世"，祖先们的意见自然弥足珍贵。古人非常迷信，像婚姻这样事关"礼之本"的重要事件，占卜必不可少。《左传》中就有"懿氏卜妻敬仲"的故事流传下来。《左传·庄公二十二年》：

---

① 《说苑》，载百度国学。
② （清）阮元：《十三经注疏》，《礼记·曲礼》，1241页，北京，中华书局，1980。

初，懿氏卜妻敬仲，其妻占之，曰："吉，是谓'凤皇于飞，和鸣锵锵，有妫之后，将育于姜。五世其昌，并于正卿。八世之后，莫之与京。'"①

作为女方，得到男方的通知，就要作书为答。这也被称为"报婚书"。婚书是缔结婚姻的一种证明文件，具有法律效力。只要具备了"报婚书"，男女双方便在法律上成为未婚夫妻。如果违背不嫁，就要受到杖刑。

4. 纳征

是指男方决定缔结婚姻后，必须向女方提供一笔可观的彩礼，请媒人送至女方家中，作为缔结婚姻的证据。虽然历代也有法令对彩礼的数量，特别是官员婚姻彩礼的数量进行规定，比如清代一品至四品官员，需要币表里各八两，容饰合八事、食品十器。② 但是因对彩礼漫天要价或是竞富而引发的争议却是不断发生。

5. 请期

是指男方在女方纳征之后择定婚期，并携带礼物至女方家协商。若女方同意，便可如期结婚；若不同意，则要重新选期。

6. 亲迎

是指男方在结婚之日，亲自去女方家迎娶新娘。新郎带着礼物到新娘家中，拜见女方的父母，再入女方宗庙拜祖先，将女方请上车并载回家中。亲迎的程序也很繁琐。新郎新娘回到夫家经过"花烛之夜"的各种仪式之后，才算结为夫妻。

中国传统婚姻是典型的仪式婚，婚礼是婚姻所必备的外部形式。甚至到了民国时期，民法典中仍有规定"结婚应有公开的仪式"。而现代人结婚时对婚礼大操大办，不能不说是受到了传统的影响。

成妻之礼之后，还有更重要的仪式——成妇之礼。只有经过成妇之礼，才宣告新妇加入丈夫的家族。成妇之礼分为两部分，一为"谒舅姑"，一为"庙见"。按照《仪礼》的要求，新婚夫妇花烛之夜后，第二天清晨起来，新娘要沐浴整装，拜见公婆，三个月后才进入宗庙，拜见祖先。这两项礼节都是极端重要的。"谒舅姑"是女子进门后遇到的第一个考验。唐诗中对此有过生动的描写，新妇的惶恐之情跃然纸上：

昨夜洞房停红烛，待晓堂前拜舅姑。妆罢低眉问夫婿，画眉深浅入时无？③

三个月后，新娘"庙见"，这一仪式又称为"奠菜"。《仪礼注疏卷六·士昏礼第二》曰：

若舅姑既没，则妇入三月，乃奠菜。（没，终也。奠菜者，以筐祭菜也，盖用菫。）[疏]"若舅"至"奠菜"。释曰：自此至"飨礼"，论舅姑没三月庙见之事。必三月者，三月一时天气变，妇道可以成之故也。此言"舅姑既没"者，若舅没姑存，则当时见姑，三月亦庙见舅。若舅存姑没，妇人无庙可见，或更有继姑，自然如常礼也。

---

① 《春秋左传》（一），39页，沈阳，辽宁教育出版社，1997。
② 参见《清通礼》，乾隆元年官刻本。
③ （唐）朱庆余：《近试上张籍水部》（一作《闺意献张水部》），参见《全唐诗》卷五一五，3211页，延边，延边人民出版社，1999。

案《曾子问》云："三月而庙见，称来妇也。择日而祭於祢，成妇之义也。"郑云："谓舅姑没者也，必祭，成妇义者。妇有供养之礼，犹舅姑存时盥馈特豚於室。"此言莫菜，即彼祭於祢一也。莫菜亦得称祭者，若《学记》云"皮弁祭菜"之类也。①

在庙见前，新娘仍不能算是新郎家族成员。经过庙见后，新娘才晋升为"新妇"。因为三个月时间较长，经常会发生一些变数。如果新娘在庙见之前发生意外不幸身故，还要由娘家负责丧葬，不能入男方宗庙。后来为减少这种状况引发的争端，从婚礼到庙见的时间大大缩减。《朱子家礼》中，就将这一时间减少为三天，朱元璋则更进一步将庙见仪式和谒舅姑合为一天进行。②

五、婚姻的禁忌

婚姻禁忌，是指法律规定的禁止结婚的情形。在婚姻范围中，已经对一些婚姻禁忌有所涉及。一般可以将婚姻禁忌分为四种情况——干分嫁娶、非偶嫁娶、违时嫁娶以及停妻再娶。

（一）干分嫁娶

所谓干分嫁娶，是指辈分不合或有不适宜的亲属身份的婚姻，包括前文已经提到的同姓不婚、尊卑不婚、亲属不婚以及宗妻不婚。

1. 尊卑不婚

尊卑不婚，是指亲属关系中的尊亲属与卑亲属不能通婚。在先秦时代，对于婚姻中的辈分问题并没有太多的关注。尤其在盛行媵嫁的春秋战国时期，有很多姑侄同嫁的例子。宫廷之中更是淫风炽烈，不乏上烝之事。就是到了汉代以后，在帝王之家，仍有姻亲不同辈的例子。西晋权臣贾充的女儿贾荃与贾南风，就是嫁给了司马家的一对叔侄。③ 而在少数民族地区和政权中，尊卑为婚屡见不鲜。汉代和亲公主刘细君，就曾按照匈奴习惯，先后嫁给昆莫与岑娶祖孙二人，而清朝皇太极则是娶了孝庄文皇后姑侄三人。姻亲中的尊卑不婚，始倡于唐。《唐律疏议·户婚·同姓为婚》规定：

> 若外姻有服属而尊卑共为婚姻，及娶同母异父姊妹，若妻前夫之女者，亦各以奸论。其父母之姑舅两姨姊妹及姨，若堂姨、母之姑、堂姑、己之堂姨及再从姨、堂外甥女、女婿姊妹、并不得为婚姻，违者各杖一百并离之。④

后世也延续了尊卑不婚的规定。明代法律规定：

> 凡外姻有服而尊卑共为婚姻，及娶同母异父姊妹，若妻前夫之女者，各以奸论。其父母之姑舅两姨姊妹及姨，若堂姨、母之姑、堂姑、己之堂姨及再从姨、堂外甥女、

---

① （清）阮元：《十三经注疏》，《仪礼注疏》，970 页，北京，中华书局，1980。
② 参见《大明集礼》，明嘉靖九年内府刻本。
③ 按照《晋书》记载，贾充的长女贾荃所嫁的齐王，是晋武帝的弟弟；而其第三女贾南风，则嫁给了武帝的太子，就是日后大名鼎鼎的贾皇后。齐王与太子，正是叔侄关系。
④ 《唐律疏议》，297 页，北京，中华书局，1985。

若女婿及子孙妇之姊妹，并不得为婚姻，违者各杖一百。[①]

外姻有服不能为婚，按照类推原则，在家族中的尊卑亲属就更不能结为夫妇。在古人认为，尊卑为婚，是一种乱伦行为。所以禁止尊卑婚，是对家族伦理关系的维护，也是礼制的要求。

2. 亲属不婚

亲属不婚，是指在一定范围内的亲属不能结为婚姻。最常见的亲属不婚是中表不婚。

所谓中表，是指姑表、姨表兄弟姐妹。中国古代称父亲的姊妹（姑母）的子女为外兄弟姊妹，称母亲的兄弟（舅父）姊妹（姨母）的子女为内兄弟姊妹。外为表，内为中，故外兄弟姊妹与内兄弟姊妹又称"中表兄弟姊妹"。中表婚在传统婚姻中非常流行。在唐代以前并不禁止，宋代以后才有禁止中表婚的律条——"中表为婚，各杖一百，离之"。明清则规定为"若娶己之姑舅两姨姐妹者，杖八十并离异"[②]。然而在实际生活中，社会舆论通常不会对此非议，反而认为中表婚是"亲上加亲"，所以虽有禁而不止。实际状况如此，司法上自然也无法执行。在当时的史籍与文学作品中，从皇族到士大夫再到民间，中表为婚者不计其数。以清皇族为例，顺治所娶的第一任皇后，正是其母孝庄文皇后的侄女，与顺治为中表兄妹；康熙孝懿仁皇后佟佳氏则是康熙的生母孝康章皇后侄女。士大夫阶层也并不以中表为婚为禁忌，宋代苏洵将女儿嫁与妻舅之子程之才时曾赋诗一首，最能说明中表婚的心态："汝母之兄你伯舅，求以其子来结姻；乡人嫁娶重母党，虽我不许将安云？"

曹雪芹在《红楼梦》中刻画的贾、王、史、薛四大家族同齐连枝，他们之间维系感情与利益的方式，就是联姻。其中贾宝玉与薛宝钗这对两姨姐弟的结合，就是典型的中表婚。曹雪芹出身清朝上层贵族家庭，他对中表婚的态度，也可以代表一部分士大夫的心理。

民间对于中表婚的态度则是不告不理。明代司法实践是，民间的中表婚若没有人告发则相安无事，一经告发就要被判离婚。[③] 而清代则废止了中表不能为婚的戒律——"己之姑舅两姨姐妹……固不在禁限也。"[④]

除了中表婚之外，同母异父兄弟姐妹之间也不能成婚，在历代法律中都有此规定。一般而言，"娶同母异父姐妹者"要"以奸论"，实践中也被严格执行。甚至继兄弟姐妹之间的婚姻在金、明时代也被禁止过。清代则对此作出了灵活处理，继兄弟姐妹的婚姻，若是尊长主婚，法律就不加以干涉。

3. 宗妻不婚

所谓宗妻，是指亲属的妻妾。在家族内妻妾与家族亲属不能结婚，也就是禁止民间所谓的转房婚或者收继婚。按照礼制原则，妻妾与家族中亲属发生性行为，要以通奸论，是非常严重的犯罪行为，结婚就更是骇人听闻了。所以，历朝历代对于这样的"禽兽行径"严厉惩处。明律规定：

---

① 《大明律·户律·尊卑为婚》。

② 《大明律·户律·尊卑为婚》、《大清律例·户律·尊卑为婚》。

③ 《明史·朱善传》中记载，朱善曾为弛中表婚禁上书明太祖，太祖虽然同意了他的建议，但是在律条中却仍有中表婚的规定。他的这条建议还是在司法实践中有所反映。

④ （清）沈之奇：《大清律辑注》，268 页，北京，法律出版社，2000。

> 诸尝为袒免亲之妻而嫁娶者，各杖一百；缌麻及舅甥妻，徒一年；小功以上，以奸论。妾，各减二等。并离之。①

明律还规定：

> 若收父祖妾及伯叔母，各斩。若兄亡收嫂，弟亡收弟妇者，各绞；妾，各减两等。②

《大清律例》中也有相同的规定。虽然法律规定种种，然而正如前文所述，收继婚是传统婚姻中的一种方法，在社会上积习成风，所以司法部门也只能听之任之。

（二）非偶嫁娶

所谓非偶嫁娶，是指根据礼法根本不应结合的婚姻，包括因社会地位产生的限制——士庶不婚、官民不婚以及良贱不婚；因身份而产生的限制——僧道不婚；因不正当关系而不能结婚——奸逃不婚。其中因社会地位差异而不能结合的状况，已经在婚姻范围中加以考察。这一部分将主要探讨其他两种非偶嫁娶。

1. 僧道不婚

对僧道不婚作出规定是出于宗教原因。按照宗教戒条的要求，既然遁入空门，就要苦心清修，别说娶亲，连发生性行为也是不被允许的。历代法律对此也有规定，如唐代法律规定"凡道士、女道士、僧、尼……和合婚姻……皆苦役也"③。金代直接处以死刑。元明清法律则是对僧道娶妻者处以杖刑，婚姻废止。④

然而在司法实践中，对僧道不婚的情况还是会灵活处理的。有清一代，在山东潍县曾经发生了轰动一时的僧尼通奸案，主审官员是时任县令的郑板桥，他对于这对僧尼采取了宽容态度，并判令他们还俗结婚。留下了著名的郑板桥诗判：

> 一半葫芦一半瓢，合来一处好成桃。从今入定风波寂，此后敲门月影遥。鸟性悦时空即色，莲花落处静偏娇。是谁勾却风流案，记取当年郑板桥。⑤

2. 奸逃不婚

所谓奸逃不婚，是指有通奸关系的男女不许结婚，不许与在逃的女子结婚。唐律规定：

> 诸娶逃亡妇女为妻妾，知情者与同罪，至死者减一等。离之。即无夫，会恩免罪者，不离。⑥

在古代，通奸是很严重的犯罪，对于女子更为严酷。如果女子被发现与人通奸，她的丈夫有权将其作价变卖。所谓"诸和娶人妻及嫁之者，各徒二年；妾，减二等。各离之，

---

① （清）薛允升：《唐明律合编》，怀效锋、李鸣点校，337 页，北京，法律出版社，1999。
② （清）薛允升：《唐明律合编》，怀效锋、李鸣点校，344 页，北京，法律出版社，1999。
③ 陈仲夫点校：《唐六典》，126 页，北京，中华书局，1992。
④ 参见《元史·刑法志》、《大明律》、《大清律例》之"婚姻"。
⑤ （清）郑板桥：《判潍县僧尼还俗完婚》，载百度百科。
⑥ 《唐律疏议·户婚》，297 页，北京，中华书局，1985。

即夫自嫁者，亦同。仍两离之"①。就是说，如果有夫再嫁或使已婚妇人再嫁者，要处以两年的徒刑，而妻子与前后两个丈夫都要离婚。而后各朝法律也纷纷出台律条规定奸逃不婚。

（三）违时嫁娶

所谓违时嫁娶，一般是指在礼制的守丧期间内结婚的行为，也可泛指法律规定不能结婚的期间内结婚。中国传统法律重视人伦，嫁娶要求在适宜的时间内举行，否则就是犯罪行为，要受到法律的追究。《红楼梦》中就有这样一个情节。贾琏在外设置小公馆偷娶尤二姐被王熙凤获悉，惹来王熙凤大闹宁国府。王熙凤骂道：

> 国孝家孝二重在身，就把个人送进来了。②

贾琏偷娶尤二姐，不仅仅涉及下文将提到的停妻再娶，也涉及违时嫁娶，因为此时是值举国为太妃守制，而贾琏的伯父贾敬也刚刚死去，贾琏在这时娶妻妾，很明显不合时宜。

违时嫁娶包括以下几个方面的内容：

1. 居尊亲丧不得嫁娶

远在西周时代，尊亲丧内就不能嫁娶。《礼记》："女子二十而嫁，有故者二十三而嫁"，正因为考虑到为父母服丧三年的可能性。居父母丧，为人子女者反倒娶亲，不但与礼不合，且罪在不孝。《后汉书·宗室四王三侯列传》载：

> 元初五年……赵相奏干居父丧私娉小妻，又白衣出司马门，坐削中丘县。

北齐时，将"居父母丧嫁娶"引入重罪十条，隋唐法律也将之列入不孝罪。唐律规定："诸居父母及夫丧而嫁娶者，徒三年；妾减三等。各离之。"③ 明律则规定：

> 凡居父母及夫丧而身自嫁娶者，杖一百……若居祖父母、伯叔父母、姑、兄弟丧而嫁娶者，杖八十。④

清代法律的规定则与明律大体相同。

2. 居配偶丧不得嫁娶

居配偶丧不得嫁娶，主要是针对女子而言，按照夫妻间礼制规定，男尊女卑，所以女方在为丈夫守丧期间嫁娶者，与居父母丧同等处理，历代法律基本如此，上文已经引用过相应法条。至于男子为妻子守丧，尚无相应律文规定，自然也不会触犯法律。

3. 值帝王丧不得嫁娶

按照法律的要求，对于帝王或者王室其他成员进行的国丧，从官员到百姓都要守制。一般而言，贵族士大夫之家，守丧一年；而普通百姓则是三日。在国丧三日期间，百姓们不得嫁娶，而官员们则是一年之内都不嫁娶。所以《红楼梦》中提到皇帝敕谕为太妃服丧：

---

① 《唐律疏议·户婚》，300 页，北京，中华书局，1985。
② （清）曹雪芹：《红楼梦》，888 页，北京，人民文学出版社，1979。
③ 《唐律疏议·户婚》，293 页，北京，中华书局，1985。
④ （清）薛允升：《唐明律合编》，怀效锋、李鸣点校，333 页，北京，法律出版社，1999。

> 凡有爵之家，一年内不得筵宴音乐，庶民皆三日不得婚嫁。①

4. 直系尊亲属被囚期间不得嫁娶

唐律规定：

> 诸祖父母、父母被囚禁而嫁娶者，死罪，徒一年半；流罪，减一等；徒罪，杖一百。（祖父母、父母命者，勿论。）②

明律规定：

> 凡祖父母、父母犯死罪被囚禁，而子孙嫁娶者杖八十，为妾者减二等。③

清律规定大体相同。

（四）停妻再娶

停妻再娶，又称"有妻再娶妻"，是指在已经有正妻的情况下再娶妻子的行为。一夫一妻制，是中国传统婚姻之正型。虽然男子可以纳妾，但是妻妾有别，正妻的地位不能动摇。停妻再娶，是重婚行为。禁止停妻再娶，则是对婚姻的维护。历代都有关于禁止停妻再娶的规定，而唐以后，则在法典中明文禁止。唐代法律规定：

> 诸有妻更娶妻者，徒一年；女家，减一等。若欺妄而娶者，徒一年半；女家不坐。各离之。④

按照法律规定，后娶之妻由始至终不能算作妻子，就是在此期间与夫家亲属相犯，也不能和妻子与亲属相犯同罪。元代法律则规定："诸有妻妾复娶妻妾者笞四十七，离之"，明清法律则规定："若有妻更娶妻者亦杖九十，离异"⑤。

第五节
传统婚姻中的夫妻关系

《周易·序卦》曰：

> 有天地然后有万物，有万物然后有男女，有男女然后有夫妇，有夫妇然后有父子，有父子然后有君臣，有君臣然后有上下，有上下然后礼义有所错，夫妇之道不可以不久也，故受之以恒，恒者久也。⑥

---

① （清）曹雪芹：《红楼梦》，742 页，北京，人民文学出版社，1979。
② 《唐律疏议·户婚》，294 页，北京，中华书局，1985。
③ （清）薛允升：《唐明律合编》，怀效锋、李鸣点校，334 页，北京，法律出版社，1999。
④ 《唐律疏议·户婚》，292 页，北京，中华书局，1985。
⑤ （清）薛允升：《唐明律合编》，怀效锋、李鸣点校，330 页，北京，法律出版社，1999。
⑥ （清）阮元：《十三经注疏》，《周易正义》，96 页，北京，中华书局，1980。

可见在中国传统文化中，夫妻关系非常重要。在中国传统社会的五大关系——"君臣、父子、夫妇、兄弟、长幼"中，"夫妇"是所有社会关系的基础，是"君子之道"之"造端"①，是"人伦之始"、"王化之基"②。

一、夫妻的含义

夫妻关系经由婚姻而产生的。《说文解字》说：

> 夫，丈夫也。妻，妇与夫齐者也。

夫妻是一男一女，因为婚姻关系而结为一体。夫妻还有许多其他的称谓，如伉俪、匹藕、合藕、配偶等等，无论"匹"、"藕"、"偶"，都有平等、匹敌之意，正因为这种"夫妻齐体"的观念，中国古代礼制始终要求奉行"自天子至庶人"都实行"一夫一妻制"，甚至要求夫妻之间"一与之齐，终身不改"③。

然而这种一夫一妻制因为媵妾制的存在只能流于形式。而"一与之齐，终身不改"也只是要求妻子履行的义务：

> 男有再娶之意，女无再适之文。④

由于生理条件的自然分工，进入父权时代，就演变成了男女有别、男尊女卑的主从关系。即使礼制要求"夫妻齐体"，然而男权社会的现实，必然使男女之间不可能出现真正的平等。夫妻齐体只能是一种理想，在现实中的夫妻之间，只有夫尊妻卑，夫为妻纲。夫妻之间的这种夫尊妻卑是男尊女卑的延伸。中国传统观念中，男尊女卑来自于自然法则。《易经》："天尊地卑，乾坤定矣"。《易经》："乾道成男，坤道成女"。男女之间的不平等自出生始。

《诗经·小雅·斯干》云：

> 秩秩斯干，幽幽南山。如竹苞矣，如松茂矣。兄及弟矣，式相好矣，无相犹矣。似续妣祖，筑室百堵，西南其户。爰居爰处，爰笑爰语。约之阁阁，椓之橐橐。风雨攸除，鸟鼠攸去，君子攸芋。如跂斯翼，如矢斯棘，如鸟斯革，如翚斯飞，君子攸跻。殖殖其庭，有觉其楹。哙哙其正，哕哕其冥，君子攸宁。下莞上簟，乃安斯寝。乃寝乃兴，乃占我梦。吉梦维何？维熊维罴，维虺维蛇。大人占之：维熊维罴，男子之祥；维虺维蛇，女子之祥。乃生男子，载寝之床。载衣之裳，载弄之璋。其泣喤喤，朱芾斯皇，室家君王。乃生女子，载寝之地。载衣之裼，载弄之瓦。无非无仪，唯酒食是议，无父母诒罹。⑤

在民间，甚至还有愚昧之民求男得女，致以虐杀女婴。《利玛窦游记》中便有这样的记载：作为女性而言，出嫁从夫，只是她所必须恪守的闺训的一部分。《仪礼·丧服》载：

---

① （清）阮元：《十三经注疏》，《礼记·中庸》，1626页，北京，中华书局，1980。
② 《后汉书·荀爽传》。
③ （清）阮元：《十三经注疏》，《礼记》，1456页，北京，中华书局，1980。
④ （汉）班昭：《女诫》，载百度国学。
⑤ 《诗经》，322～323页，北京，长城出版社，1999。

> 妇人有三从之义，无专用之道。故未嫁从父，既嫁从夫，夫死从子。故父者，子之天也，夫者，妻之天也。①

仅仅"三从"，还不足以表达中国古代男尊女卑的妇女境遇，在"三从"之外，尚有"四德"。若"三从"还是男子加诸于女子身上的道德标准，"四德"则是受到男尊女卑思想戕害的女性的自我要求。《女诫》所谓四德指：

> 女有四行，一曰妇德，二曰妇言，三曰妇容，四曰妇功。夫云妇德，不必才明绝异也；妇言，不必辩口利辞也；妇容，不必颜色美丽也；妇功，不必工巧过人也。清闲贞静，守节整齐，行己有耻，动静有法，是谓妇德。择辞而说，不道恶语，时然后言，不厌于人，是谓妇言。盥浣尘秽，服饰鲜洁，沐浴以时，身不垢辱，是谓妇容。专心纺绩，不好戏笑，洁齐酒食，以奉宾客，是谓妇功。此四者，女人之大德，而不可乏之者也。然为之甚易，惟在存心耳。②

在传统社会之下，身为女人之苦，由是可知。女子在社会中的从属地位，也成就了她在家庭中的从属地位。夫为妻纲，夫与妻的地位有天壤之别。《尔雅·释名》对于家庭中妻子的定位：

> 天子之妃曰后。后，后也。言在后不敢以副言也。诸侯之妃曰夫人，夫，扶也，扶助其君也。卿之妃曰内子，子，女子也，在闺门之内治家也。大夫之妃曰命妇，妇，服也，服家事也，夫受命于朝妻受命于家也。士庶人曰妻。妻，齐也。夫贱不足以尊称故，齐等言也。③

上至国母，下至匹妇，夫尊妻卑，是为定理。董仲舒以阴阳关系概括夫妻间这种关系——"夫妇之义，皆取诸阴阳之道。"④ 司马光的说法更为浅白：

> 夫，天也，妻，地也；夫，日也，妻，月也；夫，阳也，妻，阴也。天尊而处上，地卑而处下。⑤

礼法要求妻子"事夫如事天，与孝子事父，忠臣事君同也"⑥。据此，礼制所要求的夫妻关系是：夫妻之间严格分野内外，男子主外，女子主内。这种差异贯彻在生活的细节之中：妻子的衣服不能搭在丈夫的衣架上，不能装在丈夫的衣箱里，甚至两人不能使用同一间浴室，丈夫不在家中，妻子要把丈夫的寝具收藏起来。《礼记·内则》载：

> 礼始于谨夫妇，为宫室，辨外内，男子居外，女子居内，深宫固门，阍寺守之，男不入，女不出。男女不同椸枷，不敢县于夫之楎椸，不敢藏于夫之箧笥，不敢其湢

---

① 《周礼·仪礼》，67 页，沈阳，辽宁教育出版社，1997。
② （汉）班昭：《女诫》，载百度国学。
③ 《白虎通义·嫁娶》，载国学数典。
④ （汉）董仲舒：《春秋繁露》，载《二十二子》，797 页，上海，上海古籍出版社，1985。
⑤ 《训子孙文》，载国学数典。
⑥ （汉）班昭：《女诫》，载百度国学。

浴。夫不在，敛枕箧簟席，襡器而藏之。①

《太平御览》引《列女传》，确立了妻子侍奉丈夫的标准：

> 以顺从为务，贞悫为首，故事夫有五：一是平日缅笄而相，则有君臣之严；二是沃盥馈食，则有父子之敬；三是报反而行，则有兄弟之道；四是规过成德，则有朋友之义；五是惟寝席之交，而后有夫妇之情。②

妻子顺从丈夫，甚至要达到君臣、父子的程度。女性的从属地位决定了她不具备独立的人格，她的一切荣辱都必然与她的丈夫联系在一起。若夫一朝得势，妻子自然荣耀加身。历朝官僚的妻子与母亲，都依照其丈夫或儿子的品秩而得到封号。

《礼记·郊特牲》："妇人无爵从夫之爵，坐以夫之齿。"是所谓"夫尊于朝，妻荣于室，随夫之行"③。以唐代为例，《旧唐书》与《唐六典》中都有妻凭夫贵的规定：

> 王母、妻为妃。一品及国公母、妻为国夫人；三品已上母、妻为郡夫人；四品、若勋官二品有封，母、妻为郡君；五品、若勋官三品有封，母、妻为县君。散官并同职事。勋官四品有封，母、妻为乡君。其母邑号皆加"太"字。各视其夫及子之品，若两有官爵者，皆从高。④

到了清代，则是：

> 文、武正、从一品妻封一品夫人。满、汉公妻为公妻一品夫人。侯妻为侯妻一品夫人。伯妻为伯妻一品夫人。正、从二品夫人。正、从三品淑人。正、从四品恭人。正、从五品宜人。正、从六品安人。正从七品孺人。正、从八品八品孺人。正、从九品九品孺人。武职八旗八品以下、绿旗营七品以下妻无封。后改绿营正七品妻封孺人。⑤

另一方面，若丈夫失势获罪，妻子也要被株连。或同丈夫一起身死，或被收没充官，为奴为婢。以谋反罪为例，秦代连坐之法，若丈夫身犯死罪，妻子自然难逃一死。到了汉代，法律规定凡丈夫谋反，"其父母、妻子、同产，无少长皆弃市"⑥。魏晋南北朝时期，夫谋反大逆，妻虽不致同死，却也要收没为官婢。如北魏律便规定本人腰斩，诛其同籍，十四岁以下男子处腐刑，女子籍没为官府奴婢。唐律则是本人处斩，仅父子年十六以上处绞，十五以下之子及缘坐妇女没官。明清时代，本人凌迟，十六岁以上男子皆斩，十五岁以下男子及缘坐妇女给付功臣之家为奴。

> 丈夫虽贱皆为阳，妇人虽贵皆为阴。⑦

---

① （清）阮元：《十三经注疏》，《礼记》，1468 页，北京，中华书局，1980。
② 《太平御览·礼仪部二十》，2453 页，北京，中华书局，1998。
③ 《白虎通义》，载百度国学。
④ 《唐六典·尚书吏部》以及《旧唐书·职官志》。
⑤ 《清史稿·选举志》，载百度国学。
⑥ 彭浩、陈伟、[日]工藤元男主编：《二年律令与奏谳书》，88 页，上海，上海古籍出版社，2007。
⑦ （汉）董仲舒：《春秋繁露》，载《二十二子》，797 页，上海，上海古籍出版社，1985。

即使妻子的身份再尊贵，也不能逾越夫妻之间的界限。妻子始终附属于丈夫。女性在家庭中地位高于男性，被讥讽为"牝鸡司晨"——"牝鸡无晨。牝鸡之晨，惟家之索。"①妇人一旦专事，在家则家败，在国则国亡。汉代公主、翁主凭其出身高贵，凌驾于丈夫之上，引发诸多不满。时任博士谏大夫的王吉上书汉宣帝，将国家内乱的原因归结为妇人掌权："夫妇，人伦大纲，夭寿之萌也。……汉家列侯尚公主，诸侯则国人承翁主，使男事女，夫诎于妇，逆阴阳之位，故多女乱。"②

易学大家荀爽也认为：

> 臣闻有夫妇然后有父子，有父子然后有君臣，有君臣然后有上下，有上下然后有礼义。礼义备，则人知所厝矣。夫妇人伦之始，王化之端，……今汉承秦法，设尚主之仪，以妻制夫，以卑临尊，违乾坤之道，失阳唱之义。③

《易传》甚至将自然现象与夫妻关系联系起来，将夫妻关系分为妻子不顺从丈夫、妻子凌驾于丈夫之上、夫妻之间没有严格的等级界限等几种情况。这些情况都会导致日旁之气——"蜺"的不正常：

> 后妃有专，蜺再重，赤而专，至冲旱。妻不壹顺，黑蜺四背，又曰蜺双出日中。妻以贵高夫，兹谓擅阳，蜺四方，日光不阳，解而温。内取兹谓禽，蜺如禽，在日旁。以尊降妃，兹谓薄嗣，蜺直而塞，六辰乃除，夜星见而赤。女不变始，兹谓乘夫，蜺白在日侧，黑蜺果之，气正直。妻不顺正，兹谓擅阳，蜺中窥贯而外专。夫妻不严兹谓媟，蜺与日会。妇人擅国兹谓顷，蜺白贯日中，赤蜺四背。④

二、夫妻间的关系

传统礼制对于夫妻关系的要求，大抵是"夫者扶也，以道扶接；妇者服也，以礼屈服"⑤。在这种思想的指导下，中国传统法律中的夫妻关系自然也是遵循男尊女卑的原则。

（一）服制

服制始见于礼，后人于律，是中国传统法制的重要内容，也是确定亲属相犯承担刑事责任的重要原则。明清法律规定，妻子为丈夫服斩衰三年，而丈夫为妻子则服齐衰一年之服。妻子的服制重而丈夫的服制轻。可见在宗法地位上，丈夫如同尊长，而妻子则同卑幼。若妻子闻夫丧，"匿不举哀，若作乐释服从吉，及改嫁"，构成"不义"罪，"不义罪"条款有二，另一条为"杀本属府主、刺史、县令、见受业师，吏、卒杀本部五品以上官长"，可见妻不按制为夫服丧罪过之大。疏为："夫者，妻之天也。移父之服而服，为夫斩衰，恩义既崇，闻丧即须号恸。而有匿哀不举，居丧作乐，释服从吉，改嫁忘忧，皆是背礼违义，故俱为十恶。"对此，要处以"徒三年"之刑，其缔结的婚姻无效，各离之。若男子在为妻

---

① （清）阮元：《十三经注疏》，《尚书·牧誓》，182～183 页，北京，中华书局，1980。

② 《汉书·王吉传》。

③ 《后汉书·荀淑传附子爽传》。

④ 《汉书·五行志》。

⑤ 《白虎通义》，载百度国学。

子服丧期间再娶，不过"杖一百"。

与服制有关的问题还有"亲属容隐"制度，夫妻的责任承担也有不同。汉宣帝本始四年（76年）诏令：

> 子首匿父母，妻匿夫，孙匿大父母，皆勿坐；其父母匿子，夫匿妻，大父母匿孙，罪殊死，皆上请廷尉以闻。

这条原则自此成为中国传统法律中的金科玉律，历代相沿不改。唐代更是将其与服制融合为一体。除谋反、谋大逆、谋叛这三项涉及国家与皇室安全的犯罪外，"诸同居，若大功以上亲及外祖父母、外孙，若孙之妇、夫之兄弟及兄弟妻，有罪相为隐，部曲、奴婢为主隐，皆勿论。即漏露其事，及擿语消息，亦不坐。其小功以下相隐，减凡人三等"[1]。从此条规定中也能看出夫妻之间地位的不平等。丈夫如父母、大父母般的尊亲属，而妻子则如子、孙这样的卑亲属。

（二）刑事

按照传统法律的规定，妻子"虽非卑幼"却"义与期亲卑幼同"[2]。所以夫妻相犯的刑事责任承担上，夫犯妻所承担的责任较轻，妻犯夫刑事责任较重。以十恶为例，进行分析：

在唐律疏议"十恶"之条中，为人妻者可能构成三大罪：妻杀夫，构成"恶逆"罪；妻谋杀、殴打、控告丈夫，构成"不睦"罪；以及上文已经提到的"不义"。

1. 恶逆

在秦代，尚有"夫为寄瑕，杀之无罪"[3] 之条，到了汉朝，妻杀夫就变成了大逆不道。《唐律疏议》规定，妻杀夫，罪在十恶之"恶逆"，而夫杀妻则罪在十恶之"不睦"。若妻杀夫，处以斩刑，而夫杀妻，以凡人论，处以绞刑。斩刑与绞刑虽同为死刑，然而程度毕竟不同。若是过失杀人，夫过失杀妻者"勿论"，而妻过失杀夫者"减二等"，处以徒刑三年。

发展到明清时代，夫妻地位差异更为显著。即使妻子是正当防卫或过失杀夫，也罪同故意，判处死刑。而若妻子有错，丈夫杀之，则处刑极轻。如"妻妾因骂夫之父母、而夫擅杀者，杖一百。"

再对比案例如下，两案均出自《刑案汇览》：

案例一：粟荣贵之妻唐氏，言语之间顶撞婆婆廖氏，并将廖氏推跌倒地，丈夫怒极之下，将其用刀砍死，廖氏与唐氏之间的争殴曾经报告给村中保甲人员——保邻。所以地方司法机关认为这种情况与父母亲告无异，依照"妻殴骂夫之父母、而夫擅杀"律拟判处杖刑，并将情况呈咨刑部。然而刑部认为，唐氏推跌婆婆廖氏之事虽然曾经"投鸣保邻"，然而却并没有真正赴案亲告，所以不能适用该条款，应该另行按例处理。

案例二：罗小么贫困难度，逼令其妻王阿菊卖奸。王阿菊不从，两人之间因此常发生口角。在一次争吵之中，罗小么出言侮辱，王阿菊气愤之下以砂锅滚水泼向罗小么，以图逼退罗小么，却失手将罗小么泼伤至死。有司认为罗小么逼妻卖奸，无耻至

---

① 刘俊文点校：《唐律疏议·名例》，130 页，北京，中华书局，1983。
② 刘俊文点校：《唐律疏议·斗讼》，437 页，北京，中华书局，1983。
③ 顾炎武：《日知录》卷十三，岳麓书社，1994（国学数典 word 版）。

极，然而王氏亦有过错。惟死系伊夫，名分攸关，王氏仍依殴死夫律处以斩刑。

上述两案，一则妻子因与婆婆厮打，丈夫激怒下将妻子用刀砍死，已属故意杀人。然而只要有父母亲告，即使官府尚未定罪，也按照"夫殴死有罪妻妾"论，仅处以杖一百之刑。另一则丈夫逼令妻子卖淫，本属犯罪行为，按照明清法律规定处以"杖一百"的刑罚。然而妻子拒绝卖淫，并与丈夫发生相殴，过失致其死亡，也难逃杀夫罪名，而被判处斩刑。二者无论定罪量刑，均有天壤之别。

若发生威逼至死的事件，妻子的境遇就更为悲惨。清代法律规定："家庭闺阃之内，妻妾之过失不论大小，本夫殴非折伤，皆得弗论，自欲轻生，何罪之有?!"① 妻子不堪忍受家庭暴力而自杀身亡，是自己的过错；与之相反，若丈夫因不堪忍受妻子威逼而自杀者，按照明律，则应比照"妻妾殴夫至笃疾律拟绞"，而清律更重，为"斩立决"。《刑案汇览·卷三十四》有案可查：

> 李氏因夫黄长喜詈伊不为照管饭菜，该氏不服回詈。黄长喜忿拾棍赶殴，绊跌到地，致被地方木捍担尖头戳伤右胯逾命。律例内虽无夫赶殴妻自行失跌误伤身，其妻作何治罪专条。惟父母赶殴子自行失跌身死之案，向俱比照"子孙违法教令致父母自尽"之例拟绞监候。妻之于夫，情无二致，自应比例问拟。该抚将黄李氏依"妻过失杀夫"例，拟绞立决，声明听候夹签，殊未允协，应即更正。黄李氏应比依妻妾衅起口角，并未逼迫情状，其夫轻生自尽者，照子孙违反教令致父母轻生自尽例，拟绞监候。

按照现代刑法，夫妻因日常琐事发生口角，丈夫追打妻子过程中因为自己的不谨慎而死，应属意外事件，妻子并不需承担任何刑事责任。然而在传统礼制男尊女卑的情况下则不同，出嫁从夫，夫为妻纲，妻子詈骂丈夫已经触犯了刑律，何况丈夫之死与妻子的不顺从有间接关系，这就足以构成犯罪。

2. 不睦

对于夫妻相犯，也同尊亲属殴告卑亲属一般对待。《唐律疏议》在"不睦"之条中特别指出：

> 依《礼》："夫者，妇之天。"又云："妻者，齐也。"恐不同尊长，故别言夫号。

妻殴告夫罪在十恶，而夫殴告妻则否，夫妻地位极不平等。其实早在汉代，法律就明文规定：

> 妻悍而夫殴笞之，非以兵刃也，虽伤之，毋罪。②

而"妻殴夫，耐为隶妾"③。唐律则规定："诸殴伤妻者，减凡人二等"，而"诸妻殴夫，徒一年；若殴伤重者，加凡斗伤三等"。夫妻相犯，夫犯妻减轻其刑，妻犯夫则加重其刑。而两者之间竟有刑差五等。明清法律规定：妻殴夫，不问有伤无伤，即杖一百，折伤以上

---

① （清）沈之奇：《大清律辑注》，694页，北京，法律出版社，2000。
② 彭浩、陈伟、［日］工藤元男主编：《二年律令与奏谳书》，103页，上海，上海古籍出版社，2007。
③ 彭浩、陈伟、［日］工藤元男主编：《二年律令与奏谳书》，103页，上海，上海古籍出版社，2007。

加凡人斗伤三等，至笃疾者绞；而夫殴妻，非至折伤以上不论，且须由妻亲告乃为罪。

这种差异甚至出现在侵犯对方亲属的刑事责任上。例如在汉代，法律规定"妇贼伤、殴詈夫之泰父母、父母、主母、后母，皆弃市"。而丈夫侵犯妻子尊亲则相对较轻："若殴妻之父母，皆赎耐。其会詈之，罚金。"

无论是夫殴妻，抑或妻殴夫，都是告诉乃论之罪。然而根据传统礼法，夫同尊长、妻同卑幼，卑幼告发尊长违背亲属相隐的原则，属于干名犯义行为，妻告夫，更在十恶"不睦"之列，唐律规定："虽得实，处徒刑二年……诬告重者，加所诬之罪三等。"

明清律则规定得更严重，杖一百并科以徒刑三年，诬告者至于绞刑。而夫告妻，则分属尊长告卑幼，即使是诬告，也要减等。唐律规定"夫告妻须减所诬之罪二等"，而明清律则减三等。

夫妻间严重不平等的情况，还反映在以下几个方面：以唐代论，夫殴其妻至"折跌支体瞎目"——肢体残废，一目失明，不过处以徒刑二年，这还要建立在妻子告发的基础上。若身为被害人，其妻不堪忍受将夫告发，她所受刑罚，竟和伤害她至斯的恶夫一样。夫妻之间不平等莫过于此。宋代笔记曾记载一个著名的妻告夫的案例：

> 右承奉郎监诸军审计司张汝舟属吏，以汝舟妻李氏讼其妄增举数入官也。其后有司当汝舟私罪徒，诏除名，柳州编管。李氏，格非女，能为歌词，自号易安居士。[1]

这个案例中的原告，正是宋代女词人李清照。相传，宋室南渡之后，李清照孤苦无依，生活困顿，于是被媒人"如簧之说"和"似锦之言"所迷惑，糊里糊涂地再嫁了张汝舟。然而这段婚姻并不幸福。张汝舟娶李清照，是为谋夺李清照所藏金石字画，在婚后对李清照极尽虐待。李清照无法忍受，提出离婚，并同时检举了张"妄增举数入官"的违法行为。宋承唐制，妻子告发丈夫，即使属实，也要判处徒刑两年。因此夫妻双双入狱。九天后，李清照得翰林学士綦崇礼相助，得以离婚且免除刑责。记载其事的宋人笔记，于今得见的有六种。李清照改嫁之谜，引发宋明学者广泛讨论。李清照是否改嫁，可忽略不计。此案的意义在于它反映出古人对待妻告夫的态度。李清照若不得亲友相助，依照律法，必难逃刑罚。

（三）民事

在民事方面，夫妻关系也不平等。妻子没有独立的人格，在家庭里，妻子不能成为一家之主。妻子的财产归丈夫所有，甚至妻子也会成为法律关系的客体，由丈夫买卖、转让。

1. 家主

宗法制是中国礼法制度的基本构成。所谓"修齐治平"，"齐家"是中国古代男子的必修课程。夫妻双方的不平等首先体现在此。在家庭中，妻子虽然负责处理家事，但是对于家庭中的财产只有使用权而无处分权，只要夫在世，妻子就不能成为家主。只有夫亡守寡的节妇可以因"夫妻一体"的原则，在没有尊亲属，而其子尚未成年不能承担家长责任之前，暂代家长之职。

---

[1] （宋）李心传：《建炎以来系年要录》，北京，中华书局，1956。

2. 丈夫占有妻子的财产

在财产方面，夫妻的权利也是不平等的。婚后，丈夫及其家族完全占有妻子的财产。这些财产包括妻子的嫁妆以及她从自家继承的遗产。妻子则不能有其私。《礼记·内则》载：

> 子妇无私货，无私畜，无私器，不敢私假，不敢私与。或赐之饮食、衣服、布帛、佩帨、茝兰，则受而献诸舅姑；舅姑受之，则喜如新受赐。若反赐之，则辞；不得命，如更受赐，藏以待乏。如若有私亲兄弟，将与之，则必复请其故，赐而后与之。①

作为女性可以得到的财产，一种是嫁奁，可以视为女儿可以继承的财产，在结婚时实现。另一种则是在特殊状态下的遗产继承。按照礼制要求，女子出嫁后与娘家脱离了关系，不再享有娘家继承权。然而唐代起，法律规定出嫁女享有一定的继承权。开成元年（836年）有敕令："自今后如百姓及诸色人死绝无男，空有女已出嫁者，令文合得资产。"② 两宋时代，具体的做法是在娘家户绝，且无在室女的情况下享有娘家 1/3 财产的继承权。宋代同此例，法条如下：

> 今后户绝者，所有店宅、畜产、资财、营葬功德之外，有出嫁女者，三分给与一分。其余并入官。③

这些财产由妻子所得，但都被视为丈夫的财产。在元代以前，法律允许改嫁寡妇和被出之妻带走原属自己的财产，不准带走的是属于夫家的财产。

汉代法律规定"弃妻畀所赍"④，即是指丈夫在休离妻子时，允许妻子将其所带来的妆奁带走，丧偶归宗之妻更是如此。如著名的《凤求凰》故事：卓文君新寡，与司马相如私奔。后迫于生计在长安市上当垆卖酒。卓王孙碍于面子，只好"分予文君僮数百，钱百万，及其嫁时衣被财物"⑤。这些"嫁时衣被财物"就是文君的妆奁，其归宗时由夫家带回，私奔之时来不及带走，最后由其父再次交给她。唐宋法律规定：

> 寡妻无男者，承夫分。若夫兄弟皆亡，同一子分（有男者不得别分，谓在夫家守志者；若改适，其见在部曲、奴婢、田宅不得费用，皆应分人均分）。⑥

在这条中，只提到夫分，而未提到妆奁。直到元朝，法律明文规定若寡妇改嫁或被休离，其原有的嫁妆，都将丧失，归为夫家所有。《元典章》中规定：

> 随嫁奁田等物，今后应嫁妇人不问生前离异，夫死寡居，但欲再适他人，其原随嫁妆奁财产，一听前夫之家为主，并不许似前搬取随身。⑦

---

① 《礼记》，81 页，沈阳，辽宁教育出版社，1997。
② 转引自《宋刑统·户婚律》。
③ 薛梅卿点校：《宋刑统·户婚律》，223 页，北京，法律出版社，1999。
④ 郑玄注《礼记·杂记》时所引汉律，参见（清）阮元：《十三经注疏》，1569 页，北京，中华书局，1980。
⑤ 《史记·司马相如传》。
⑥ 吴翊如点校：《宋刑统·户婚律》，197 页，北京，中华书局，1984。
⑦ 《元典章·户部·婚姻》，288 页，北京，中国书店，1990。

明清两代萧规曹随，法律皆规定：

> 改嫁者，夫家财产及原有妆奁，并听前夫之家为主。

法律对于妻子再嫁苛刻至极，却对丈夫非常宽松。若妻子死去，丈夫得单独继承她的财产。唐宋法律规定在分家析产时，"妻家所得之财，不在分限（妻虽亡末，所有资财及奴婢，妻家并不得追理）"，也就是说这部分财产在分家时不计入家族财产份额，而为丈夫单独所有，丈夫再娶亦如此。

3. 典卖妻子

妻子在丈夫家中，虽非奴婢，但常被丈夫视为私产。历朝民间都不乏丈夫逼妻卖奸或卖妻之事。

丈夫逼妻卖奸，《元典章》规定：所有因受财放纵妻子为娼者，本夫与奸夫、奸妇各杖八十，并使其离异。《明律·杂律》规定：凡是纵容妻妾与人通奸，本夫、奸夫、奸妇各杖九十；或勒令妻妾及养女与人通奸的，本夫、义父各杖一百，奸夫杖八十，妇女不坐，并且要离异。更有甚者，如果妻子拒绝卖淫与丈夫发生争斗，误伤丈夫的，还要判以重罪。丈夫逼妻卖奸而酿出惨案更是不胜枚举。在上文中已经提到过的"罗小么王阿菊"案便是一例。

卖妻也分为合法与不合法。合法卖妻是指法律规定在一定条件下丈夫可以卖妻，这个条件就是妻子不贞。明朝法律规定：凡是妻子与人通奸的，奸妇一律断罪，服从嫁卖。非法卖妻，有卖妻、典妻、质妻、雇妻等形式。女子出嫁从夫，在中国传统社会中，丈夫往往把妻子视为私有。或生活无着，或不堪重赋，或天灾人祸，当有这些状况发生，妻子就会最先被舍弃，被当作法律关系的客体出卖。虽然历朝法律禁止卖妻，然而历代史籍中卖妻之事仍屡见不鲜。

《晋书·刘琨传》所载，永嘉元年（307 年），刘琨任并州刺史。时胡寇作乱，以致百姓生活困苦，他上书皇帝：

> 及其在者，鬻卖妻子，生相捐弃，死亡委危，白骨横野，哀呼之声，感伤和气。

后世《宋史·食货志》咸淳十年（1274 年）条也有侍御史陈坚、殿中侍御史陈过等人对此类事的奏章，称：

> 今东南之民力竭矣，西北之边患棘矣，诸葛亮所谓危急存亡之时也。而邸第戚畹、御前寺观，田连阡陌，亡虑数千万计，皆巧立名色，尽蠲二税。州县乏兴，鞭挞黎庶，鬻妻卖子，而钟鸣鼎食之家，苍头庐儿，浆酒藿肉；琳宫梵宇之流，安居暇食，优游死生。[①]

以下是一则明代的卖妻文书，结发妻子身价不过 30 两白银。

证约书

立出堆洽卖妻因正月缺乏银两今将原配妻刘喜英年方二十六发卖于陈二为妻 卖价叁拾

---

① 《宋史·食货志》。

两白银两相交清 自己祖业破产无法生存 因此无有反悔立约为证 此原有一男一女留于自己
日后相认陈二必须以亲生相认

买卖双方各自同意都无反悔为证

卖妻方　立出堆

买妻方　陈二

证明人　刘青山　李玉明

大明万历年三月二十七日①

丈夫卖妻，妻子不从，往往会酿成血案，在《刑案汇览》中就有实例。该书"卷四十
妻妾殴夫"中有一案"欲将妻嫁卖不从故杀妻命"。嘉庆十二年（1807 年），陈尚德因家贫
度日艰难，在刘彪的怂恿下，决定将其妻交由刘彪嫁卖。然而其妻李氏不肯听从，两人唯
恐李氏告官将其二人入罪，便将其妻杀死。逼卖妻子不遂，为逃避刑责，竟将发妻杀死，
妇女性命轻贱至此。

典妻的概念在婚姻形式一节中已有提及，是指将妻子议价典给他人，典约期满，以原
价赎回，典期一般为 3 年至 5 年。而雇妻则是将妻出租，按期收取雇金（租金）。在法典之
中常以"典雇"并称，为"典雇妻女"之条。我国的典妻风俗源于宋、元时代，主要流行
于南方地区，特别是浙江各地，如宁波、金华、舟山、绍兴、湖州等地，典者则是一些为
使宗族有后嗣而不惜出资借妻得子的人。《元史·刑法志》中有：

> 诸以女子典雇于人及典雇人之子女者，并禁止之。若已典雇，愿以婚嫁之礼为妻
> 妾者，听。请受钱典雇妻妾者，禁。其妇同雇而不相离者，听。

可见在元代，典妻与雇妻蔚然成风。元代统治者虽禁却不能止，明代典妻之风竟愈演
愈烈。所以清代统治者立法中特设此条。《清律辑注》中载，典妻"必立契受财，典雇与人
为妻妾者，方坐此律。今之贫民将妻女典雇于人服役者甚多，不在此限"。

一般典妻均经过订立契约的过程。契约主要写明出典妻子的时间期限，典租妻子的租
价及备注事宜。典租价以妇女的年龄大小、典租时间的长短而定。以下就是一则明代典妻
契约：

> 赵喜堂因手中空乏，难以度日，进退两难，出其无奈，实事无法，情愿出于本身
> 于结发妻送于张慕氏家中营业为主，同更言明使国票六百元整，当面交足，并不短少，
> 定期八年为满。如要到期，将自己妻领回，倘有八年以里，有天灾病萆，各凭天命，
> 于有逃走，两家同找，如找不着，一家失人一家失钱。期满赵喜堂领人，不如张慕氏
> 相干，恐后无凭，立租字人为证。②

在传统的夫妻关系模式下，妻子听凭丈夫随意买卖处分，地位之卑，竟同物件，可悲
可叹！

---

① 在包头发现的明代卖妻契约，有图为证。参见《包头发现明代卖妻契约，原配妻卖白银三十两》，载新浪
网新闻中心，2007 - 01 - 11。

② 《揭秘古代"典妻"现象》，载中新网，2008 - 12 - 14。

(四) 诉讼

夫妻之间的诉讼权利也不平等。除上文曾经提到妻告夫罪在十恶之外，明清法律甚至规定妇女没有民事诉讼权。《明令》规定：

> 凡妇人一应婚姻田土家财等事不许告官，若夫亡无子方许出官理对，若身受损害无人代理，许令告诉。

妇人在家从父，出嫁从夫，夫死从子。若有任何民事诉讼情事，都必须由男性——夫或子代理，否则官府不予受理。甚至妇女犯罪都由丈夫监管："凡妇人犯罪，除犯奸及死罪收禁外，其余杂犯责付本夫收管。"①

三、夫妻在家族中的地位

自汉代以来，家长制大家庭逐渐成为中国家庭的主流。魏晋南北朝时期，许多大家族累世同居，家庭成员过百人，家人数代同居共财，传为美谈。有唐一代，法律规定：

> 诸祖父母、父母在，而子孙别籍、异财者，徒三年。曾、祖在亦同。②

换言之，家中直系尊亲尚在子孙便要求分户分家的属于犯罪行为。在"尊尊"、"亲亲"的礼制要求下，婚姻自然也成为家族存续的一种手段。是以《礼记·昏义》开诚布公地把婚姻定义为"合两姓之好"，而非"合男女之爱"。作为婚姻主体的夫与妻的个人意志，礼法根本不予考虑。婚姻的意义在于"上以事宗庙，下以继后世"，也就是说，夫妻二人最重要的家庭责任是祭祀和生育。所以，在婚礼之中，更重成妇之礼，以成妇须庙见祭祀；而不孝有三，无后为大，夫妻离婚（夫休妻）的条件——七出之中列"无子"之条。

夫尊妻卑的法律地位，使夫妻二人之中，礼法对于妻子的家庭责任要求更高："妇顺者，顺于舅姑，和于室人，而后当于夫。"③

(一) "顺于舅姑"为妻子的首要责任

在古代家庭中，百善孝为先。家族联姻中，真正对于婚姻有决定权的，自然是父母。婚姻要有父母之命，离婚同样也要有父母之命：

> 子甚宜其妻，父母不说，出；子不宜其妻，父母曰"是善事我"，子行夫妇之礼焉，没身不衰。④

夫之喜好，不足以与父母的好恶对抗。从《孔雀东南飞》中的焦仲卿与刘兰芝到《钗头凤》里的陆游与唐婉，多少恩爱夫妻不能白头。无论是礼法还是现实的要求，都使妻子的第一要务不是维持夫妻感情，而是侍奉公婆（事舅姑）。在古文中，"媳"与"子"对称，而"妇"则与"夫"对称，今人将"媳"、"妇"并用，"媳"犹在"妇"前。可见妻子先为

---

① 《明律例》十二以及《清律例》三十七。
② 刘俊文点校：《唐律疏议·户婚》，236 页，北京，中华书局，1983。
③ （清）阮元：《十三经注疏》，《礼记·昏义》，1680 页，北京，中华书局，1980。
④ （清）阮元：《十三经注疏》，《礼记·内则》，1463 页，北京，中华书局，1980。

"人媳"，再为"人妇"这一传统，在现实中仍有影响。身为人媳要如何侍奉公婆（舅姑），《礼记·内则》中给出了非常具体的标准：

> 妇事舅姑，如事父母。鸡初鸣，咸盥漱，栉，縰，笄，总，衣绅，左佩纷帨、刀、砺、小觽、金燧，右佩箴、管、线、纩，施縏袠，大觽，木燧，衿缨，綦屦，以适父母舅姑之所。及所，下气怡声，问衣燠寒。疾痛苛痒，而敬抑搔之。出入则或先或后，而敬扶持之。进盥，少者奉盘，长者奉水，请沃盥。盥卒，授巾。问所欲而敬进之，柔色以温之。饘、酏、酒、醴、芼、羹、菽、麦、蕡、稻、黍、粱、秫，唯所欲，枣、栗、饴、蜜，以甘之，堇、荁、枌、榆、免、薧、滫、瀡，以滑之，脂、膏，以膏之。父母舅姑，必尝之而后退。①

以最简单的语言来表述，就是媳妇侍奉公婆要像女儿侍奉父母，凡是公婆所需、所想、所用，事事准备齐全，要时时随侍身侧，态度恭敬，柔顺谨慎。若有半点差错，视为不事舅姑，构成七出之条。若有半点不从，则构成"子孙违犯教令"，罪在"十恶"。媳妇侵犯公婆，则构成严重犯罪。唐律规定：

> 诸妻妾詈夫之祖父母、父母者，徒三年；须舅姑告，乃坐。殴者，绞；伤者，皆斩；过失杀者徒三年，伤者徒二年半。②

《刑案汇览》之中便有发生在清道光年间的案例"姑嫌菜寡被翁抱怨致姑自尽"，其中写道：

> 李许氏轮应供膳翁姑之期，因耕作事忙一时忘记。适翁姑来家，该犯妇记忆赶回，备办不及，仅炒茄子与姑下饭。伊姑嫌菜不好，向其斥骂。该犯妇自知错误，往找伊子另买荤菜。经伊翁埋怨伊姑贪嘴，致伊姑气愤自尽。将李许氏比照子贫不能养赡致父母自尽，满流。③

该案之中，按照现代刑法学观点，李许氏对于其婆母之死既无故意，也无过失，竟被处以流刑之中最严厉的满流，法律对于为人媳者竟严苛至此！

（二）"和于室人"为妻子的第二要务

所谓"和于室人"，就是与丈夫家族的女性成员和谐相处。所谓"室人"，按照注疏，是指"在室之人，非男子也。女姑，谓婿之姊也。女叔，谓婿之妹。诸妇，谓娣姒之属。"女子结婚之后，脱离父族，进入夫族，冠以夫姓，从此变成夫家一员。如何摆正自己在夫家的位置，处理好姑嫂、妯娌的关系是重中之重。如果处理不好这种关系，发生争执，也会被冠以"多言"的罪名，难逃七出。若发生伤害，法律规定："诸殴兄之妻及殴夫之弟妹，各加凡人一等。"④

---

① （清）阮元：《十三经注疏》，《礼记·内则》，1463 页，北京，中华书局，1980。
② 刘俊文点校：《唐律疏议·斗讼》，420～421 页，北京，中华书局，1983。
③ 《刑案汇览》卷三十九，四库全书（文渊阁电子版）。
④ 刘俊文点校：《唐律疏议·斗讼》，417 页，北京，中华书局，1983。

虽则"妃匹之爱，君不能得之于臣，父不能得之于子，况卑下乎"①，然而在中国传统婚姻家庭之中，无论是夫还是妻，他们所承担的首先是家庭赋予的责任，而夫妻之爱，则不得不屈从于家庭之义，退居居次。

第六节
纳妾制度的历史演变

"古者夫妇之好，一男一女而成家室之道。"② 一夫一妻制，是中国传统婚姻的常态。然而中国古代家室之中，并非只"一男一女"，"妾"是在夫妻与家庭关系中不能忽视的问题。

一、妾的历史沿革

（一）妾的含义

何者为"妾"，《说文》讲：

> 妾者，有罪女子给事之得接于君者，从辛从女。

在传统文化中，"妾"的含义有三：

其一，女奴隶。此种语境下的"妾"，是"臣"的对称。"役人贱者，男曰臣，女曰妾。"在《书》中，就将"臣妾逃捕"并列，并指出"役人贱者，男曰臣，女曰妾"。可见《说文》中妾为"有罪女子"所言不虚。而妾很重要的职责，就是"给事"，即从事生产劳动。妾作女奴隶解释，最典型的例子，就是越王勾践战败于吴之后乞降，称"勾践为臣，妻为妾"③。

其二，侧室或偏房。这也是本文所论及的"妾"。除了"给事"，妾的另一个重要职能就是"接幸"。《孟子》中便有"齐人有一妻一妾者而处室者"的语句。而妾与妻的区别，便在于虽"得接见君子"却"不得为伉俪"。

其三，女子的谦称。这也是"妾"字的一种重要用法。传统社会中，女子皆自称为"妾"，这种用法在史籍和诗文中屡见不鲜，李白的《长干行》中就有"妾发初覆额"的诗句。然而，"妾"这一称谓，尚有轻贱的含义。《资治通鉴》中所载："庞临刑，太后抱持号叫，截发稽颡，上表诣贾后称妾，请全母命；不见省。"可见对于一国太后，向自己的儿媳自称为"妾"，是一种屈服的表现。

（二）妾的来源

1. 买则为妾

买妾是妾产生的最主要来源。买妾的现象由来已久。《礼记》中便有"买妾不知其姓，

---

① 《史记·外戚世家第十九》。

② 《汉代财经大辩论——盐铁论》，286 页，海口，三环出版社，1992。

③ 《史记·越王勾践世家》。

卜之。"因为人口买卖中可能会产生不知其姓的状况，所以要为之占卜姓氏。春秋战国时期，不仅盛行于士大夫阶层，就连百姓都参与其中。《韩非子》中便有著名的夫妻祝祷的典故：

> 卫人有夫妻祷者而祝曰："使我无故，得百来束布。"其夫曰："何少也?"对曰："益是，子将以买妾。"①

卫人之妻担心一旦自己丈夫有多余的钱便用来买妾，甚至在许愿的时候都只要得区区"百来束布"，买妾风行，可见一斑。

2. 奔则为妾

《礼记·内则》载：

> 聘则为妻，奔则为妾。

以情而私奔者，丧失了成为妻的资格，只能为妾。按照古礼，男女结为夫妻，必须要经过六礼聘娶，而私自缔结的婚姻，不能得到家族的承认。白居易的乐府诗《井底引银瓶》就提及这种情况，描述了年轻男女一见钟情，相约私奔。女方因此无法与男子结成伉俪，更不能见容于家族，只得终日饮恨的悲惨故事。诗中有云：

> 到君家舍五六年，君家大人频有言。聘则为妻奔是妾，不堪主祀奉苹蘩。终知君家不可住，其奈出门无去处。岂无父母在高堂? 亦有亲情满故乡。潜来更不通消息，今日悲羞归不得。②

可见在传统社会中"不待父母之命、媒妁之言，钻穴隙相窥，逾墙相从，则父母国人皆贱之"③。

3. 其他途径

战争也是妾产生的重要来源。在奴隶社会的部落战争中，在诸侯兼并的战争中，战败方的女子，都无法避免成为人妾的命运。晋献公伐骊而得骊姬姐妹就是如此。而战败国也不免要献上美女以示臣服。越王勾践就曾将郑旦与夷光两位美人献于夫差。

婢女得子而升格为妾，也是妾产生的途径。不孝有三，无后为大，古人置妾的重要原因便是子嗣。在主人家中，婢女是由主人支配的。《红楼梦》中的赵姨娘，就是婢女出身，因为贾政生下儿子贾环而一跃成为妾，贾琏王熙凤房中的大丫环平儿则是"通房丫头"，虽与主人发生关系，但是还没有升格为妾。这种情况在《易》中被称为"得妾以其子"。

此外，犯罪罚没也是妾产生的一种情况。《说文·辛部》："男有罪曰奴……女曰妾"。《汉书·司马迁传》以臧获婢妾并称，可见犯罪罚没沦为妾也是常见现象。

（三）妾的称谓

妾的历史可以追溯到上古时代。从中国社会进入父权社会，妾制便成为婚姻家庭制度

---

① 《韩非子·内储说下·六微》，载《二十二子》，1153 页，上海，上海古籍出版社，1985。

② 《全唐诗》卷四二七，2567 页，延边，延边人民出版社，1999。

③ 《孟子·滕文公下》。

中不可缺少的一部分。传说中，尧为了考察舜的才能，便将自己的两个女儿娥媓、女英嫁给舜，是所谓"尧闻舜贤，征之草茅之中，妻之以媓，媵之以英"[①]。这也是媵妾制最早的起源。"媵"与"妾"从此开始，对文则别，散文则通。

1. 媵与妾

媵，又称贵妾或长妾，是指随妻子陪嫁而来的众妾。"媵者何？诸侯娶一国，则二国往媵之，以侄娣从；侄者何？兄之子也；娣者何？弟也。诸侯一聘九女，诸侯不再娶。"[②] 照此记载，诸侯与一国联姻，那么该国要奉上九女，并且这九女中必定要有另外同姓两国之女共媵，方才为礼。具体情况如下图：

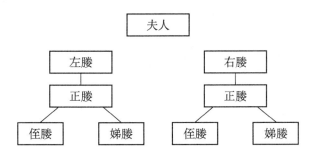

商礼与周礼对于媵妾制的规定可谓大相径庭。《春秋》以殷为质家，周为文家，这也导致了媵妾在尊卑、次序等问题上的区别，这些直接影响到继承问题。在侄媵与娣媵何者为尊的问题上，殷礼以娣为尊，而周礼则以侄为尊。是为"质家亲亲先立娣。文家尊尊先立侄"[③]；而在左媵与右媵何者为尊上，则是"质家为天尊左，文家法地尊右"[④]。然而在二国来媵，何者为尊上，则"（二国之中）大国为尊。国同以德，德同以色"。大国为尊，取决于媵妾制政治婚姻的本质。

传统礼制对于媵制的规定如此之细，郑玄注《内则》时，竟有"夫人当一夕，两媵一夕，侄娣两两而御，五日而偏"的文字流传。虽然媵被包含在广义的"妾"之中，但是媵与妾还是在来源、地位等各方面有所区别。

首先，媵与妾的含义不同。在《说文》中，"媵"字作"俟"，送也，从人炎声，是随妻子陪嫁而来的众妾。相对于妾"给事之得接于君"，媵则"承事嫡"也。

其次，媵与妾的来源不同。媵来自于陪嫁，出身于诸侯世家，她们或是夫人的侄娣，或者来自于夫人同姓之国的贵胄之家。从妾的来源就可以得知，女奴隶或者买来的"给事"、"接于君"的妾，自然无法与之相提并论。

再次，媵与妾的地位不同。媵的地位比妾高，所以在《仪礼注》中，称呼"媵"为"贵妾"加以区分。若夫人死后，媵得摄夫人事，而妾则不能。

① 《尸子》，载百度百科。
② （清）阮元：《十三经注疏》，《春秋公羊传·庄公十九年》，2236 页，北京，中华书局，1980。
③ （清）阮元：《十三经注疏》，《春秋公羊传·隐公元年》，2197 页，北京，中华书局，1980。
④ 《白虎通义》，载百度国学。

女君卒，贵妾继室，摄其事耳，不得复立为夫人。①

媵与妾的这种地位差异，也是由法律加以规定的，《唐律疏议》中就有这样的律文："媵犯妻者减妾一等；妾犯媵者，加凡人一等。杀者各斩。"②

最后，媵与妾存续的范围不同。媵妾制是先秦贵族政治婚姻的产物。按照礼制的要求，媵妾是天子与诸侯专享的婚姻制度，卿大夫以下，只有侄娣而无媵。至于庶民，则为一夫一妻。"妾"制则广泛存在于中国古代社会中，从天子到庶民，男子皆可纳妾。

媵妾制自尧舜时代始，兴于西周，极盛于春秋战国，到了秦汉时期，诸侯割据被大一统的格局所取代，媵妾制也丧失了赖以存在的基础，便渐渐消亡了。在此之后所谓的"媵"，已经丧失了"媵妾制"的原意。

2. 小妻与妾

两汉三国两晋南北朝时期，五胡乱华，民族融合，礼法制度受到了很大冲击。表现在婚姻家庭中就是贵族间以各种形式、名目置姬纳妾，出现了很多新名目，其中小妻也称媵，是史籍中常见的与妾有密切关系的称谓。

关于小妻与妾的关系，前辈学者多有论述。一种说法认为小妻即妾，这种说法的代表是清人梁章钜。他在《称谓录》中，将"小妻"列于"妾"题下。《魏书·后妃传·文德郭皇后》记载：

> 后姊子孟武还乡里，求小妻，后止之。遂敕诸家曰："今世妇女少，当配将士，不得因缘取以为妾也。宜各自慎，无为罚首。"③

另一种说法则认为小妻与妾并不完全相等。小妻是多妻制下的产物。瞿兑之先生便是这种观点的持有者。他在 1928 年撰文指出：

> 然《汉书》止言"下妻"、"小妻"、"旁妻"，而不言"妾"，似以非正式婚配，故云"下"，云"小"，云"旁"。盖与近代之姬妾微不同也。④

例如《晋书》中则有"陶亡后，（宋）挺娶陶爱妾以为小妻"⑤。而宋人车垓对小妻的解释更为明了："户令：妻犯七出内恶疾，而夫不忍离弃者，明听娶妾，昏如妻礼。故今俗呼为'小妻'也。"⑥ 娶小妻时，竟要举行如娶妻一样的婚礼，这与"妾"的待遇大相径庭。

如此可见，小妻与一般意义上的妾之间的关系，很难一概而论，甚至古人也很难将两者区别。例如《后汉书》载：

> （赵惠王刘）乾居父丧私娉小妻。⑦

"聘"是传统礼制中很严格的婚姻用语，《礼记》对此便有明示"聘则为娶，买则为

---

① （唐）杜佑：《通典》，1975 页，北京，中华书局，1988。
② 《唐律疏议·斗讼》，411 页，北京，中华书局，1983。
③ 《魏书》，清光绪上海五洲同文书局石印本。
④ 瞿兑之：《汉代风俗制度史》，195 页，上海，上海文艺出版社，1991。
⑤ 《晋书·刘隗传》，清光绪上海五洲同文书局石印本。
⑥ 《内外服制通释》卷三，《沈寄簃先生遗书》，归安沈氏刻本。
⑦ 《后汉书》卷十四《宗室四王三侯列传·赵孝王良》，清光绪上海五洲同文书局石印本。

妾"。娶妾是不能经过"聘"这一程序的,这本可以作为说明迎入小妻的程序与纳妾有所区别的佐证。然而唐人李贤《后汉书注》中,则批注为"小妻,妾也"。清人段玉裁的说法最为微妙。他在《说文解字注》解释小妻时,所用的语句是"名之不正者"。除却小妻,还有其他的称谓。杨树达先生在他的专著《汉代婚丧礼俗考》曾一一列举:"男子于正妻之外,有小妻"、"有小妇"、"有少妇"、"有傍妻"、"有妾"、"有下妻"、"有外妇"、"有傅婢御婢"①。在当时与妾相关的概念,竟有八九种之多。

(1)"小妇",意同小妻,也有学者认为小妇偏指爱妾。②《汉书》有载:"(王)凤知其小妇张美人已尝适人"句,颜师古注曰:"小妇,妾也"。相对于妾称小妇,妻则被称为"大妇"。《法苑珠林》记述了妻子为争夺家产,杀死庶子的故事:

> 有一长者,其家巨富,惟无子息,更取小妇,夫甚爱念,后生一男,夫妇敬重,视之无厌。大妇心妒,私念念言:"此儿若大,当摄家业,我唐勤苦聚积何益?不如杀之。"取铁针刺儿腮上,后遂命终。

用"大妇"、"小妇"来称谓妻妾的方法,沿用至唐代。唐代诗人卢仝就曾作《小妇吟》一首,诗开篇云:

> 小妇欲入门,隈门匀红妆。大妇出门迎,正顿罗衣裳。门边两相见,笑乐不可当。③

(2)"少妇"也有妾的含义。这一称谓见于汉朝以后的典籍,如:

> (东方朔)徒用所赐钱帛,取少妇於长安中好女。率取妇一岁所者即弃去,更取妇。④

(3)"傍妻"这一称谓在史籍并不常见,来自于《汉书·元后传》:

> 禁有大志,不修廉隅,好酒色,多取傍妻,凡有四女八男……

(4)"下妻"多见于两汉典籍中。

《汉书》中,便有"汉氏刘子舆,成帝下妻子也"⑤ 的记录,对此,颜师古注曰:"下妻犹言小妻。"然而,下妻的不同之处在于它是对地位相对低下的妾的称谓。"甲寅,诏吏人遭饥乱及为青、徐贼所略为奴婢下妻,欲去留者,恣听之。"⑥

(5)"外妇"。在所有的称谓里,外妇与众各别。外妇并非妾,其与夫的关系是姘居,因其非礼也,所以得不到社会的承认。

> 刘肥者,高祖长庶男也。其母外妇也,曰曹氏。⑦

① 杨树达:《汉代婚丧礼俗考》,44~46页,上海,上海古籍出版社,2000。
② 参见孟昭华、王明寰、吴建英:《中国婚姻与婚姻管理史》,109页,北京,中国社会出版社,1992。
③ 《全唐诗》卷三八八,2378页,延边,延边人民出版社,1999。
④ 《汉书·滑稽列传》,清光绪上海五洲同文书局石印本。
⑤ 《汉书·王莽传》,清光绪上海五洲同文书局石印本。
⑥ 《后汉书·光武帝纪》,清光绪上海五洲同文书局石印本。
⑦ 《史记·齐悼惠王世家》,清光绪上海五洲同文书局石印本。

这一称谓在典籍中比较常见，甚至到明清时期，仍然被使用："有进士嬖外妇而杀妻，抚按欲缓其狱，森卒抵之法"①，"既珍悔属思明，与朝隙，朝乃以外妇所生子时芳，诡云广宁孙，以兵千人纳之"②。

3. 兼祧之妻

所谓兼祧，也称独子承祧，独子"以一人而为两房之后"俗称"一子继两房"。具体说就是甲乙兄弟之间，甲无子乙有一子时，在让这个儿子作为嫡子承继甲的同时还让其作为嗣子承继乙的措施，这一个儿子同时祭祀甲乙两者并继承两者的财产。③ 清代学者俞樾《俞楼杂纂·丧服私论·论独子兼祧之服》："一子两祧，为乾隆间特制之条，所谓礼以义起也。"

兼祧子的婚姻是与一般人不同的，因为是承继两房，其生父和嗣父往往会各为自己的儿子娶一房妻子，由各自所娶媳妇所生之子继承宗祧与财产。两边的妻子通常称为"平妻"或者"平处"，习惯上并无大小之分，这两个妻子适用妯娌关系而不是妻妾关系。虽然兼祧之子承继两房，但是平妻毕竟于礼法有异，兼祧后娶之妻应认定为妻为妾，造成很大争议。

追溯清朝与民国遗留下来的判例，可知清朝司法上对于兼祧后妻的认定存在较大争议。嘉庆年间，曾经有一个相关案例——余万全丁忧案。余万全之父余笃生兼祧两门，万全是长门长孙，二门正妻雷氏病故，万全应否为雷氏持服斩衰丁忧。礼部认为二门已有余万德（二门妾杜氏所生）承祧，万全与二门的"世次渐远"，不必持服斩衰丁忧。礼部还指出，按照礼的要求，雷氏只能比照妾论。④ 然而这一判例还是引发了较大争议，观点的分歧主要集中在这一判例作出的结论是否可以在刑事案件中直接援引。一种观点认为既然已经明确规定兼祧后娶之妻的法律地位，就不应该再因案件的性质不同而有争议，就算发生的是刑事案件，也应该按妾的标准来对待后妻。另一种观点认为余万全案判例有误，不能被援引。对于后娶之妻，应视按照《大清律例》"妻妾失序律"推断，为专指夫之子女为后娶之妻持服而言。虽然礼无二嫡，但是后妻也是明媒正娶而来，兼祧婚姻中与后妻缔结的婚姻应视为"有妻更娶"，如果亲属相犯，后妻不应被视为妾，而应该视为"再娶之妻"适用法律更为合适。这两种观点都可以找到相关的案例，在这里笔者举出两个典型案例来说明这个问题。一个案例是在咸丰元年（1851年），发生于保定府：王宗闵之子廷庸承祧两门，宗闵弟又为廷庸娶妻张氏（长门已为娶妻）。王宗闵调奸张氏（二门妻）未成。后张氏与丈夫发生口角而自尽。该案的判决则比依"有妻更娶"之例，按照父调戏子妻未成论罪，很明显，判决采取了第二种观点。另一个案例的案情与前一个案例的非常相似，则是按照第一种观点来指导判决的。

《刑案汇览续编》上记载，彭文汉兼祧两房，其生父彭自立先为娶妻郑氏（"先郑"），续娶妾王氏，后其嗣母彭高氏为其娶妻郑氏（"后郑"）。后因先郑之子与后郑冲突，后郑被彭自立杀死。判决根据余万全丁忧案的成例，认为彭文汉只能有一个正妻，其余均为妾。

---

① 《明史·马森传》，清光绪上海五洲同文书局石印本。

② 《明史·广西土司传》，清光绪上海五洲同文书局石印本。

③ 参见［日］滋贺秀三：《中国家族法原理》，张建国、李力译，261页，北京，法律出版社，2003。

④ 参见何勤华：《清代法律渊源考》，载《中国社会科学》，2002（1）。

彭自立杀后郑应以父杀子妾论，先郑之子与后郑的冲突也应依子犯父祖妾办理。从中可以看出清朝对于后妻法律地位的认定在具体的判案实践中还是存在着疑问和争议的。但是到了民国时期，法律则统一把后娶之妻认定为妾。这是因为民国出现了新的情况，民国成立以后，习俗仍有"开门立户"之事，即一人借兼祧为名，可娶多女，利用兼祧可娶"平妻"的习俗，行骗婚之实，这是与兼祧的初衷相违背的，所以民国的大理院判例中，直接把后妻视为妾室。①

二、妾的地位

在古代社会，妾的地位很低，这从"妾"这一称谓便可以看出。按照《周礼》记载："臣妾，男女贫贱之称"，而在《礼记》中，更直斥"妾"为"贱者"，公开宣扬"妾合买者，以其贱同于公物也"。作为法律关系客体的妾，地位之低，由是可知。

（一）妾与夫

妾与夫之间并无婚姻关系存在，在历朝法典之中论及夫与妾的关系，都以"夫主"称之。可见在中国传统法律文化中，夫与妾之间是主仆而非配偶。妾与奴婢不同之处仅在于妾与夫之间存在合法的性关系。妾对于丈夫，应呼之以"君"，而不能呼之以"夫"。

在传统社会中，妾可以由丈夫随意赠送、转让、买卖，其个人意志在这种关系中完全可以忽略不计，她只是法律关系中的客体，与牛马无异。更有甚者，以妾换马这样的事例，成为士大夫中流传的佳话，就连如苏东坡这样的人物也不能免俗，他曾经"以妾换马"，留下一段诗话：

苏东坡在遭遇乌台诗案被贬为黄州团练副使之前，他的好友蒋运使为他送行。苏东坡便命自己的婢妾春娘佐酒。席间，两人便达成协议，蒋运使以白马换购春娘。苏东坡酒酣耳热，便赋诗一首：

春娘此去太匆匆，不敢啼叹懊恨中。只为山中多险阻，故将红粉换追风。

蒋运使也志得意满，口占一绝：

不惜霜毛雨雪蹄，等闲分付赎蛾眉。虽无金勒嘶明月，却有佳人奉玉卮。

然而，春娘却是个烈性女子，她在得知苏东坡将她换马之后，异常悲愤，也和诗《辞谢苏公口号》："为人莫作妇人身，百年苦乐由他人。今日始知人贱畜，此身苟活怨谁嗔。"而后，春娘便触柱而亡。

"以妾换马"则并非独此一家，在古代社会非常流行。春娘尚为婢妾，梁代宫体诗中尚有《和人以妾买马》、《爱妾换马》、《和王竟陵爱妾换马》之类的诗作，可见妾之于夫，不过是可以随时抛弃的物件。而在法典中，夫主与妾地位之不平等，较之夫妻更甚。历代法律上夫主殴妾比殴妻处罚轻两等，杀妾在唐律上仅处以流刑，明清律处罚则更轻，夫杀妾只"杖一百、徒三年"。与之相反，若妾殴骂夫主，骂者"杖八十"，殴者"不问有伤无伤，俱徒一年或一年半"，折伤以上则比普通人加罪四等，处以死刑。

---

① 参见《大理院判例解释例全集》里关于兼祧的案例很多，限于篇幅，不再一一叙述。

（二）妾与妻

中国古代礼法严格维护妻妾嫡庶之间的差异。妾的地位低于妻，这从妾对妻"女君"的称呼便可知晓。虽然与妻一样承担着生儿育女的义务，妾却享受不了"妻"的待遇。按照古代夫妻齐体的理论，妾自然也是妻的奴婢，而妻妾关系，更好似婆媳关系。按照中国传统礼制的要求"妾之事女君与妇之事舅姑等"。这种妻妾之间的尊卑关系，渗透于礼法中的各个方面。

1. 刑事责任

妻妾之间的不平等，首先体现在妻妾相犯的刑事责任承担上。对妾而言，妻便是与其夫同尊的"女君"。历朝法典都规定，妾犯妻与犯夫主同，而妻殴妾则与夫殴妻同样处理。对于妻犯妾，以夫妻之间的尊卑关系推论，妻妾之间也存在着刑法上与夫妻之间同等的关系——妻殴妾减凡人二等。唐律对此的解释是：

> "若妻殴伤杀妾"，谓殴者，减凡人二等；死者，以凡人论。①

而妾殴妻则分为两等，按照唐朝的法律规定：

> 五品以上有媵，庶人以上有妾。

作为"贵妾"的"媵"的待遇，在"妾犯妻与犯夫同"的基础上，也有所不同：

> "若妾犯妻者，与犯夫同"，谓殴者，徒一年半；死者，斩。"媵犯妻者，减妾一等"，殴者，徒一年；伤重者，从重上减妾一等。

明代的法律并没有关于"媵"的问题，所以明律直接规定，凡妾殴伤正妻与殴夫同。② 妻犯夫与妾犯夫所受刑罚也不相同。在《唐律疏议》"妻詈殴夫"条下，有关于妾殴夫的规定。疏曰：

> 故媵及妾犯夫者，各加妻犯夫一等，谓殴夫者，徒一年半；殴伤重者，加凡斗伤四等。"加者，加入於死"，若殴夫折一支，或瞎一目，凡斗徒三年，加四等合绞，是名"加入於死"③。

明清律中的规定也大抵如此。《大明律》规定，凡妻妾殴夫至折伤者加凡人斗伤三等，若为妾伤夫则再加一等。④ 而与之相对的，唐律规定：

> 夫殴妾"非折伤无罪；折伤以上，减妻罪二等，即是减凡人四等。若杀妾者，止减凡人二等。"

明律则规定夫殴妾"至折伤以上者减伤妻二等。至死者杖一百徒三年"。

2. 家庭责任

相对于妻妾之间存在的尊卑差别，妾在家庭中承担的责任也要比妻少得多。对于妻来

---

① 《唐律疏议·斗讼》，411 页，北京，中华书局，1983。
② 参见《大明律·妻妾殴夫》，清光绪三十四年（1908 年），修订法律馆。
③ 《唐律疏议·斗讼》，409 页，北京，中华书局，1983。
④ 参见《大明律·妻妾殴夫》，清光绪三十四年（1908 年），修订法律馆。

说，在日常生活中最重要的责任就是"主中馈"。她在家庭中承担着多种角色。有美国学者把妻描绘成"复合家庭中尽本分的儿媳"、"胜任的管家"、"贤明的劝导者"、"才女"、"孝敬的妻子"① 等等，也就是说，作为一个合格的妻子，她至少要扮演好四个角色——贤妻、良母、佳媳以及严妇。

相对于妻的主中馈，妾所需要承担的责任是生育。"不孝有三，无后为大"，男子娶妾的一个重要原因就是"无子"。是以，子嗣就成为妾在家庭之中最大的资本。虽然在礼法上，妾所生之子以妻为嫡母，但是妾还是可以"母凭子贵"。为夫家生育过子女的妾，其在家庭中的身份、地位、权利往往会随之提高。

3. 妻权

按照中国传统文化，男主外，女主内。一个女子若其从夫成为一家之主母，她便负有在阃门之内统御全家子妇们的职责，其中包括丈夫的妾、儿子、媳妇及其子孙。妻子据此对妾享有支配权，而妾对妻则必须小心侍奉。古人描述理想状态的妻妾关系，在《列女传》中有"卫宗二顺"故事：卫灵王早故，有一寡妻无子，一妾傅氏生子继承宗祧。妻妾二人均有妇德。傅氏侍奉主母八年，态度十分恭谨。灵王夫人深受感动，以自己无子而"主君之母不妾事人"愿下堂外居。傅氏坚辞，认为"供养固妾之职也"，并指出："吾闻君子处顺，奉上下之仪，修先古之礼，此顺道也。今夫人难我，将欲居外，使我居内，此逆也。处逆而生，岂若守顺而死哉！"傅氏依据礼法，将奉养正妻视为人妾的职责，并指出恪守妻妾之间的"上下关系"是合乎大道，妻妾关系甚至在亲子关系之上，对这种关系的任何改变都是对礼法的悖逆。

从古人对于此事的评价可以得知，傅氏的这种观点符合中国传统法律文化的主流——

> 卫宗二顺，执行咸固，妾子虽代，供养如故，主妇惭让，请求出舍，终不肯听，礼甚闲暇。②

妻子与妾虽名分有异，然而毕竟共享一夫，两者之间存在着必然的利益冲突，并由此会引发妇妒问题，妻妾之间更多的是竞争与倾轧。妻与妾都是一夫一妻多妾制下的受害者，然而妻尊而妾卑的事实，让妾的地位更为尴尬。大多情况便是妻子初容娶妾，然至进门，便生出许多风波。

4. 妻妾失序

在法律上，妻妾严格有别，妻子在世且不论，就算妻子过世或休离，妾也没有资格升格为妻。从春秋时代，礼制便要求"毋以妾为妻"。以妾为妻，甚至在诸侯会盟时被列为禁条。

历代法律均有规定，妻与妾之间的地位要严格区分，不能混淆，否则以妻妾失序论。妻在世自不必言，甚至妻死，妾也终身不得为妻。女子一旦为妾，就丧失了成为人妻的资格。早在汉代，律法中就有"乱妻妾位"条。孔乡侯傅宴就是一例。他因"坐乱妻妾位，免"③。而唐律则规定：

---

① ［美］伊沛霞：《内闱：宋代的婚姻和妇女生活》，胡志宏译，101～116 页，南京，江苏人民出版社，2004。

② 《列女传·正顺》，载百度百科。

③ 程树德：《九朝律考》，34 页，上海，商务印书馆，1927。

诸以妻为妾,以婢为妻者,徒二年。以妾及客女为妻,以婢为妾者,徒一年半。各还正之。

并据此疏云:

若以妻为妾,以婢为妻,违别议约,便亏夫妇之正道,黩人伦之彝则,颠倒冠履,紊乱礼经,犯此之人,即合二年徒罪。以妾及客女为妻,客女,谓部曲之女,或有於他处转得,或放婢为之;以婢为妾者:皆徒一年半。各还正之,并从本色。①

至于明清,法典中则有"妻妾失序"条,法律规定:"凡以妻为妾者杖一百,妻在以妾为妻者杖九十,并改正。"究其原因,妻妾之间"贵贱有别,不可紊也"。

然而在现实生活中,妻妾地位并非不可逾越,女子出嫁从夫,夫继立妾为正室之例常有之。《红楼梦》里就有"把平儿扶了正"之语。平儿是贾琏的"通房丫头",甚至不具备名义上"妾"的身份,都可以"扶正"为妻,可见当时社会上视"以妾为妻"为平常事。有史可考,甚至在帝王之家亦如是。黄初三年(222年),魏文帝将立郭贵嫔为后,遭到了臣下的反对。中郎栈潜上疏:

夫后妃之德,盛衰治乱所由生也。是以圣哲慎立元妃,必取先代世族之家,择其令淑,以统六宫,虔奉宗庙。《易》曰:"家道正而天下定。"由内及外,先王之令典也。《春秋》书宗人衅夏云:"无以妾为夫人之礼。"齐桓誓命于葵丘,亦曰:"无以妾为妻。"今后宫嬖宠,常亚乘舆,若因爱登后,使贱人暴贵,臣恐后世下陵上替,开张非度,乱自上起。②

很显然,他以传统礼法为依据,试图劝说文帝放弃扶正身份为妾——"贵嫔"的郭氏为正妻——皇后,却并没有引起反响。文帝在当月庚子立郭贵嫔为后。

妻妾关系以及妇妒问题是古代婚姻家庭中最易引发民事与刑事纠纷的关系之一。其牵涉着立嫡以及继承问题,也关系到家庭与家族的和谐稳定。因此严格妻妾之别,是中国传统婚姻家庭礼法制度的重要部分。

(三)妾与家族

与妻不同,妾并不是家族成员,妾与夫之间并不是婚姻关系。所以为妾者,自然没有资格"上以事宗庙,下以继后世"。事实上,除却媵妾制下的媵,妾在家族中的地位很低,几乎与奴婢无异。《红楼梦》中赵姨娘与宝玉房中小丫头芳官斗嘴,芳官便曾以自己"不是姨奶奶家买来的"和"梅香拜把子——都是奴才"的话嘲笑赵姨娘,暗指以赵姨娘"妾"的身份,并不是贾家家族成员,而是和自己一样的贾家奴才。③

首先,娶妾既非"合两姓之好",那妾本身与夫家亲属之间无亲属关系,相对于对夫"君"和妻"女君"的称谓,妾对夫家家族成员只能用敬称,甚至对非自己亲生子女,也只能以"少爷"、"小姐"呼之。而妾的家庭成员,自然与夫家不存在亲戚关系。《红楼梦》中

---

① 《唐律疏议·户婚》,292 页,北京,中华书局,1985。
② 《资治通鉴·魏纪一》,2206 页,北京,中华书局,1956。
③ 参见(清)曹雪芹:《红楼梦》,766 页,北京,人民文学出版社,1979。

就有一个典型事例。贾政之妾赵姨娘为其死去的兄弟赵国基向其女探春索要丧葬费，赵姨娘提及自己的兄弟说道"如今你舅舅死了，多给二三十两银子"，当即遭到探春的反诘——"我素习按理尊敬，越发敬出这些亲戚来"。探春所指之"理"，就是她的生母赵姨娘身为人妾，她的兄弟与自己和贾家并无亲属关系，只有王夫人的兄弟才是她的舅舅。[①]

其次，妾不能"事宗庙"。妾无权参加夫家祭祀祖先的活动，在其死后，也不能进入宗庙，享受家族的祭祀。即使为家族生下儿子，其死后也只能被单独祭祀。孔子的后人子思是儒家的一位重要人物，根据《礼记》记载，子思得知自己生母死讯，哭悼其母于孔家宗庙。他的这番举动被门人指为非礼——"庶氏之母死，何为哭于孔氏之庙乎？"子思立即反省自己的错误，并且"哭于他室"。

再次，妾不能"继后世"。子嗣是娶妾的重要目的，然而在通常情况下，妾所生之子被称为"庶子"，与妻所出之"嫡子"相别。按照中国的嫡长子继承制，只要有嫡子的存在，庶子即使身为长子，也无权继承宗祧。清康熙皇帝长子胤禔为惠妃所出，而次子为孝诚仁皇后所出，康熙接受了中原王朝流传下来的嫡长子继承制，立胤礽为太子。少数民族王朝尚且如此，可见在传统社会中嫡庶之分的严格程度。

三、妾的待遇

妾虽然不算正式的家庭成员，但是却能因其具有"妾"的身份而被视为"半个主子"。

（一）妾所享有的权利

妾首先被保障的权利是性权利。礼制给出的庶民男子的纳妾权来自于无子。无子是古代男子出妻的条件之一，是身为人妻最大的恶德，也是男子娶妾的最重要的原因。为了生育，妾所有的权利之首就是性权利。为了保障妾的这种权利，在《礼记·内则》中甚至还规定了丈夫与妻妾性交的顺序和次数："故妾虽老，年未满五十，必与五日之御。"

妾的这种身份也使她与夫的家族产生了服制联系。按照"三父八母"说，妾可以作为"慈母"、"庶母"，而相关之子要为其服丧。所谓"慈母"，是指妾生子时，生母已殁，父亲指令别妾抚育，该妾被其抚育之子称为"慈母"，并为其服斩衰三年。"庶母"则是对已生子之妾的称呼，其亲生子为其服斩衰三年，其他诸子则为其服齐衰杖期。

虽然妾并非家族成员，按照法律规定，与祖父、父之妾发生性关系，就被视为一种典型的乱伦行为，被界定为犯罪行为。按照《唐律疏议》"奸父祖妾"条则规定：奸父祖之有子之妾，流二千里；强者，绞。若该妾无子，则按照"奸缌麻以上亲"条规定，诸奸缌麻以上亲及缌麻以上亲之妾，减妻一等，最高刑罚至于流。虽然妾与夫之间并无婚姻关系，然而违例纳妾仍属犯罪行为。如：

> 诸居父母及夫丧而嫁娶者，徒三年；妾减三等。各离之。

据此疏曰：

> 娶妾者，合杖七十。不知情，不坐。

---

①　参见（清）曹雪芹：《红楼梦》，698～699 页，北京，人民文学出版社，1979。

妾所生之子也由其生母之身份取得合法婚姻之子的身份,被称为庶子。其虽比嫡子的地位低,但是在财产继承方面享有平等权利。庶子不同于没有婚姻关系而生育的奸生子(相当于现代语义中的非婚生子),在继承权方面,奸生子的继承份额低于嫡子与庶子。

(二) 影响妾待遇的因素

法律上的妻尊妾卑并不足以反映妻妾在实际生活中的关系。妻与妾在家庭中的地位,除上文已经叙及的生育状况外,与她们的家族地位、教养以及与丈夫之间的感情直接相关。南北朝宋明帝曾着令虞通之著《妒妇记》一书,以警告南北朝越来越严重的妇妒情况。其中一则就是关于大司马桓温:

> 桓大司马平蜀,以李势女为妾。桓妻南郡主凶妒,不即知之;后知,乃拔刀率数十婢往李所,因欲斫之。见李在窗前梳头,发垂委地,姿貌绝丽,乃徐下结发,敛手向主曰:"国破家亡,无心以至今日;若能见杀,实犹生之年。"神色闲正,辞气凄惋。主乃掷刀,前抱之曰:"阿姊见汝不能不怜,何况老奴。"遂善遇之。①

南郡主身家显赫,桓温贵为大司马尚不能辖制,礼让三分,何况其妾?若非李势之女以美丽打动了南郡主之心,只怕已成刀下亡魂。

然而历史上也有妾在妻上的先例。三国时吴主孙权之妻徐氏虽然养育太子,却因嫉妒而被吴主遗弃,最后连原先力主奉其为后的群臣也放弃了她。步氏何许人,史书上称她"与丞相骘同族"。

> 初,吴主为讨虏将军,在吴,娶吴郡徐氏。太子登所生庶贱,吴主令徐氏母养之。徐氏妒,故无宠。及吴主西徙,徐氏留处吴。而临淮步夫人宠冠后庭,吴主欲立为皇后,而群臣议在徐氏,吴主依违者十余年。会步氏卒,群臣奏追赠皇后印绶,徐氏竟废,卒于吴。②

无论如何,纳妾制度是中国传统婚姻制度中不得不论及的话题。它是一种不合理的婚姻形态,对于女性尤其残酷。这一制度也曾遭到有识之士的反对,《易经》将这种关系比喻成"水火相息",指出:"二女同居,其志不相得,曰革。"

民间对此也表示反对,汉昭帝始元六年(91 年),下诏将各郡国推举的"贤良"聚集京城,调查民间疾苦。这次著名的"盐铁会议"的会议记录,便形成了《盐铁论》卷六对于一夫一妻多妾制的批判:

> 古者夫妇之好,一男一女而成家室之道。及后士一妾,大夫二,诸侯有侄娣九女而已。今百数,卿大夫十数,中者侍御,富者盈室。是以女或旷怨失时,男或放死无匹。③

纳妾制度是历史的产物,随着社会的进步,终成明日黄花。

---

① 《妒妇记》,载互动百科。这则故事也曾被《世说新语》载入。
② 《资治通鉴·魏纪六》,2338 页,北京,中华书局,1956。
③ 《汉代财经大辩论——盐铁论》,286 页,海口,三环出版社,1992。

第六章

继承——身份与财产的二重性

把自己拥有的身份和财产传递给有一定血缘或婚姻关系的人，这是随着私有财产出现而产生的人类社会的共同现象。在中国古代以家族为重的社会中，继承尤其具有重要的意义。身份的传递可以维持家族较高的社会地位，从而保证家族在社会等级中的优越层次，最终保证家族的尊荣与繁盛。在传统的父系家长社会中，这种继承表现为由上而下的男系纵向传递。从子嗣方面来讲，则是后辈得到了前辈的身份、财产。因为"自下受上称'承'"，"承"者，"下载上也①，所以这一社会现象被称为"承"、"承继"或"继承"。

第一节
传统继承法的特点

中国传统社会的宗法结构对继承法的方式、特点有决定性的影响。宗法组织是一个父系大家族，内部又分为许多支"宗"，但这些"宗"的地位不一，有大宗与小宗之别。宗法组织中，一定存在着一个"百世不迁"的大宗，另有四个"五世则迁"的小宗，并由大宗统率四小宗；同理，"别子为祖，继别为宗，继祢乾为小宗"②。"宗法"一词，始称于北宋哲学家张载，他认为：

> 管摄天下人心，收宗族，厚风俗，使人不忘本，须是明谱系世族与立宗子法。③

可见，宗法是对存在于父系家族内部宗子关系及原则的命名，其内涵极为丰富，包含有确立、行使与维护宗子权力各个方面的内容。但仅从继承关系这一角度对它进行分析，宗法就缩微成了一个继承法，它的基本原则就是嫡长子继承的父死子继、嫡庶有别。中国传统继承法的主要特点概况如下④：

---

① （清）张玉书等：《康熙字典》引《增韵》，北京，中华书局，1958。
② 《礼记·大传》、《礼记·丧服小记》，宋余仁仲万卷堂家塾刻本，北京，北京图书馆出版社，2008。
③ 张载：《张子全书·经学理窟·宗法》卷四，上海，商务印书馆，1932。
④ 参见吴秋红：《论中国古代继承法的特点》，载《高等函授学报（哲学社会科学版）》，2001（6）。

一、身份继承重于财产继承

中国古代的"继承"，主要是指直系卑亲从长辈获得家族或社会上的一定地位或身份。因为，中国的古代社会是身份性社会，每个社会成员都具有与生俱来的家族及社会的等级地位，其中，家族的身份主要是继承祭祀祖先的主祭权，而社会的身份主要是可以继承的爵位。而对于长辈遗留的财产，则主要在卑亲之间分配，称之为"分析"或"析产"。因此，中国古代的身份继承重于财产继承。

在古代，政治身份的继承意义远远超过了财产的继承。一般认为，商代初期，王位继承是兄终弟及与父死子继并行，但以前者为主要原则。即兄死后，其王位和财产由其弟继承；若无弟，则传给其子。商代末期，父死子继基本上代替了兄死弟及，但也出现了嫡长子继承的现象。

西周时期，在宗法制下已经形成了嫡长子继承制，即《春秋公羊传》隐公元年所谓"立嫡以长不以贤，立子以贵不以长"。由于实行一妻多妾制，王位的继承必须是妻所生长子，无论其贤与否；如妻无子，则不得不立贵妾之子，不管其年龄如何。这种继承主要是王、贵族政治身份的继承，土地、财产的继承是其次。中国古代社会长期实行宗祧继承制度。凡有宗祧继承权者，固应有财产继承权；反之，有财产继承权者，却未必有宗祧继承权。宗祧继承的目的是上以奉祖先的祭祀，下以续血统，是故以直系卑亲属中的男子为限，而嫡长子居继承的优先地位。实行这一制度，在统治阶级，目的是不使财产分散和维持政治特权的世袭；在被统治阶级，目的是维护其小私有制的权益。但自唐以后，随着私有观念的日益深入，宗祧继承则往往成了争夺遗产的托词。

二、男性继承权高于女性继承权

如前所述，所谓嫡长子继承制更多适用于身份继承。而财产继承则基本上适用诸子、诸孙、在室女、出嫁女、归宗女、寡妻、妾、赘婿等几乎所有家庭成员。"男女有尊卑之序，夫妇有唱随之礼，此常理也。"[①] 这是中国古人的价值判断标准。这一标准体现在传统继承法中，则是充分体现了长幼有序、男女有别的伦理特点，这就决定了传统财产继承权在性别上是基本不均等的，特别是男性继承权优于女性继承权。

在中国传统社会，财产继承一般被为"析产"。男性继承权高于女性继承权的财产继承一般所遵循的原则是：

1. 诸子均分

所谓诸子均分，也就是说由被继承人的儿子平分财产，女儿一般无财产继承权。唐《户令》规定：

> 应分田宅及财物，兄弟均分，妻家所得财产，不在分限，兄弟亡者，子承父分。兄弟俱亡，则诸子均分。[②]

---

① 《周易·程氏传·归妹》，上海，上海古籍出版社，1987。
② 吴翊如点校：《宋刑统·户婚》，197页，北京，中华书局，1984。

宋代有关继承的立法，基本沿袭唐律，但两宋的继承律法较唐律更为详尽。在沿袭"兄弟均分"、"子承父分"的原则下，对男女财产分配上的许多规定为明清所沿用。如《大清律例·户律》载：

> 嫡庶子男……不问妻妾婢生，只以子数均分。①

在中国古代，第一顺序继承人是包括嫡子、庶子、婢生子、别宅子（即私生子）、嗣子在内的诸子，但有时孙子也可成为第一顺序继承人。孙子成为第一顺序继承人的情况有二：一是"兄弟亡者，子承父分"，即被继承人的某个儿子死于被继承人之前，由死者的儿子（被继承人的孙子）代父继承；二是"兄弟俱亡，则诸子均分"，即被继承人的诸子全部死于被继承人之前，则由被继承人的诸孙继承。

2. 女儿的财产继承权受到限制

在中国古代，女儿的继承权与婚姻密切相关。女儿根据其婚姻状况分为在室女、已嫁女、归宗女（已出嫁因某种原因回到父母家居住者），她们的继承权则因此有不同。

在室女的继承地位相对较高，和诸子一样享有继承权，但继承份额是一份嫁妆，与诸子相比则少得多。如果户绝之家只有在室女，则"诸户绝财产，尽给在室女"②。实践中，在室女的继承份额为只有儿子的一半，如南宋法律明确规定：

> 在法，父母已亡，儿女分产，女合得男之半。③

北宋时，规定了归宗女的继承权，但适用范围较窄，只规定了与丈夫离婚后没有分得夫家财产的归宗女的继承权。至南宋时则有了变化，明确规定归宗女一律与未婚在室女同等对待。

已嫁女一般不享有继承权，不得在父亲死后分割家产。即使在户绝情况下，虽有继承权，但仍然受到种种限制。唐朝时规定：

> 自今后如百姓及诸色人等死绝无男，室有女已出嫁者，令女合得资产。其间有心怀觊望，孝道不全，与夫合谋有所侵夺者，委所在长吏严加纠察，如有此色，不在给与之限。④

《宋刑统》则规定了已嫁女享有继承权的情况，即已嫁女无诸子诸孙，又无在室女及归宗女的情况下才有继承权。

3. 寡妻的继承权受到限制

唐《户令》"应分条"对寡妻继承权作了规定：

---

① 田涛、郑秦点校：《大清律例·户律·卑幼私擅用财》，187页，北京，法律出版社，1999。

② 中国社会科学院历史研究所宋辽金元史研究室点校：《名公书判清明集·户婚门·检校》卷八，北京，中华书局，1987。

③ 此条有两个问题值得深究：一是"得男之半"的计算方法不明；二是此原则的适用范围不明。学界尚无定论。

④ 唐开成元年（836年）敕，参见（宋）窦仪等：《宋刑统·户婚·卑幼私用财》，吴翊如点校，198页，北京，中华书局，1984。

　　寡妻无男者，承夫分。若夫兄弟皆亡，同一子之分。谓在夫家守志者，若改适，其见在部曲、奴婢、田宅不得费用。①

宋亦规定寡妻"未去一口，则可以一口承夫之分"②。

《大明律·户令》规定：

　　女人夫亡无子守志者，合承夫分，须凭族长择昭穆相当之人继嗣。其改嫁者，夫家财产及原有妆仓奁，听前夫之家为主。

由此可以看出，寡妻只有在守节的情况才能享有继承权。但是寡妻的继承权会因其改嫁而丧失。

三、法定继承优于遗嘱继承

在中国传统社会，一直没有确立遗嘱继承优先于法定继承的原则，反之，法律强调法定继承优于遗嘱继承。③

虽然迄今所知最早的遗嘱出现在汉代。④ 但现存关于遗嘱继承的最早法规是唐代制订、宋代沿用的《丧葬令》。此外，北宋的户绝条贯、南宋的户令都有关于遗嘱继承的规定。但无论是《丧葬令》、北宋户绝条贯，还是南宋户令，都对遗嘱继承做了许多的限制：

1. 遗嘱继承适用的前提是"身丧户绝"或"财产无承分人"

《丧葬令》规定：

　　诸身丧户绝者……余财并与女，无女者，均入以次近亲，无亲戚者，官为检校。若亡人在日，自有遗嘱处分，证验分明者，不用此令。⑤

北宋天圣四年提出了"户绝条贯"：

　　今后户绝之家……若亡人遗嘱，证验分明，依遗嘱施行。⑥

南宋户令规定：

　　① 吴翊如点校：《宋刑统·户婚》，197 页，北京，中华书局，1984。

　　② 中国社会科学院历史研究所宋辽金元史研究室点校：《名公书判清明集·户婚门·检校》卷八，280 页，北京，中华书局，1987。

　　③ 对于中国古代是否存在遗嘱继承制度，较多学者持肯定意见，只是对遗嘱继承制度的适用范围有不同看法。但魏道明先生《中国古代遗嘱继承制度质疑》一文则基本上持否定意见，认为："中国古代不存在一般意义上的遗嘱继承制度。遗嘱继承制度的产生，以单纯的个人所有权的普遍化和血亲关系的相对淡化为前提条件，而中国古代不具备这些条件；中国古代的法律仅允许被继承人在'户绝'时适用遗嘱，有子时则必须实行法定继承，与普通意义上的遗嘱继承制度相去甚远；虽然中国古代有实行遗嘱继承的个别实例，但不能据此认为中国存在遗嘱继承制度。"载《历史研究》，2000 (6)。

　　④ 汉称遗嘱为"先令"。颜师古注曰："先令者，预为遗令也。"（汉）班固撰，（唐）颜师古等注：《汉书·何并传》，北京，中华书局，1962。

　　⑤ （宋）窦仪等，吴翊如点校：《宋刑统·户婚·户绝资产》，北京，中华书局，1984。

　　⑥ （清）徐松辑：《宋会要辑稿·食货》卷六十一，北京，中华书局，1957。

> 诸财产无承分人，愿遗嘱与内外缌麻以上亲者，听自陈，官给公凭。①

2. 遗嘱有效的条件是"证验分明"及"官给公凭"

《丧葬令》、户绝条贯要"证验分明"，即遗嘱以书面遗嘱为有效，并要求有见证人。南宋户令则要求遗嘱有"官给公凭"，即遗嘱要向官府陈述，由官府加以证明。据《名公书判清明集·户婚门》载，被继承人必须"亲书遗嘱，经官给据"，"经具印押"，遗嘱继承才有效。凡未经官印押的遗嘱不予承认。

此外，对遗嘱继承的诉讼时效作了规定，如《名公书判清明集》卷五《户婚门·争业下》：

> 遗嘱满十年而诉者，不得受理。②

南宋户令还对遗嘱继承继承人的继承份额作了限制，"其得遗嘱之人，依见行成法，止合三分给一。"③ 在司法实践中，即使遗嘱符合法定条件，遗嘱也得不到应有的尊重。北宋时杭州某富人将死时小儿子才3岁，便托女婿代管家务财产，并写遗书给女婿："他日欲分财，即以十之三与子，七与婿。"儿子成年后要求分家，女婿持遗书请求官府按遗书判决，结果张泳判财产7/10归子，3/10归婿。理由竟是："汝之妇翁，智人也！时以子幼，故此嘱汝，不然，子死汝手矣。"

四、生前继承与死后继承并行

中国古代继承法对继承开始时间并无统一规定。就权利、身份继承而言，虽然一般也是以被继承人死亡之时开始，但被继承人尚未去世就已经实现的继承也颇为常见。周礼称这种开始于被继承人尚在人世的继承为"继统"，如《红楼梦》中的宁国府"宁公死后，贾代化袭了官，也养了两个儿子：长名贾敷，至八九岁上便死了，只剩了次子贾敬袭了官，如今一味好道，只爱烧丹炼汞，余者一概不在心上。幸而早年留下一子，名唤贾珍，因他父亲一心想做神仙，倒把官让他给袭了。"④ 贾珍的继承正是开始于其父尚在人世之时。再如唐高祖李渊传位于李世民、清乾隆传位于嘉庆，都是在被继承人尚在人世时实现继承的。

就财产继承而言，在受儒家礼的思想影响不大的秦朝和西汉初期，继承可以开始于被继承人死亡之前。秦早在商鞅变法时就规定：

> 民有二男以上，不分异者，倍其赋。⑤

随着汉朝"罢黜百家，独尊儒术"局面的形成，"三纲五常"逐渐成为立法指导思想，财产继承就大多在被继承人死亡若干年后才开始。《礼记·内则》早有"不敢私其财"之

---

① 中国社会科学院历史研究所宋辽金元史研究室点校：《名公书判清明集·户婚门·违法交易》卷九十一，北京，中华书局，1987。

② 中国社会科学院历史研究所宋辽金元史研究室点校：《名公书判清明集·户婚门·争业下》卷五，135～136页，北京，中华书局，1987。以下所引《名公书判清明集》均为此版本，不再详注。

③ （清）徐松辑：《宋会要辑稿·食货》卷六十一，北京，中华书局，1957。

④ （清）曹雪芹、高鹗：《红楼梦》，第二回，北京，中华书局，2005。

⑤ （汉）司马迁：《史记·商君列传》，北京，中华书局，1959。

说，因而，父母在世，子孙"别籍异财"要受到法律的制裁。如宋律规定处以徒三年刑，明清法律规定处杖一百。《唐律疏议·户婚》规定："诸居父母丧生子，及兄弟别籍异财者，徒一年"①，明清律对居父母丧期间分家析产的行为则"杖八十"②。

第二节
身份的继承——宗祧与爵位继承

身份的继承是中国传统社会最重要的继承制度，它确保了家族的社会地位以及各种社会特权，同时也保证了社会等级结构的稳定，有利于宗法社会秩序的维护。在中国古代社会，最大的继承就是皇位的继承，皇家身份的继承已经不是简单的民事行为，而更多地上升到政治的高度。民间家族的身份继承最主要的是宗祧和爵禄的继承。

一、宗祧继承

身份继承首先要解决的问题就是确定谁有资格作为继承人，这就是所谓的家庭立后制度。

中国古代社会是非常重视祖先的祭祀，传宗接代的目的很大程度上就是为了接替祭祀祖先的香火。在宗法制度尚未完备的商代，继承实行嫡系与辈行相结合的继统法，即以"弟及"为主；以子继为辅，没有弟可传才传子。商代继承的实例是：自成汤至帝辛的30帝中，以弟继兄的有14帝，以子继父的，不全是"兄之子"多是"弟之子"。商代后来发生的九世之乱，就有争立的情形，详细情形无法考证。总括来说，商人在祭祀先王时，祭兄与祭弟的礼仪完全相同，未立的先亡兄弟的祭礼也相同。由上可知殷商继承制度没有嫡庶的区别。

自周代起，有了传子制度，嫡长子继承制发展成了百世不易的继承规则。嫡庶区分并自此开始。不传弟而传子的目的是为了息争，周人传子，就是为了避免传弟会发生变乱而设。周代原有的嫡庶制度，本是天子的继统法，君位传给嫡长子，其余诸子就分封出去，分封出去的儿子就和继位者成为君臣关系。后来大夫以下也都采用这一宗统的方式，宗法于是就产生了。周初宗法虽不可考，在古代为后学所述的，不外"别子为祖，继别为宗，继祢为小宗，有五世而迁之宗，有百世不迁之宗"等。到战国时期，父死子继、嫡庶区分的制度才正式确定下来。

之后，多数朝代都实行嫡系宗祧继承的规则。汉代的立继称为"置后"或"代父后"，立继的对象一般都是嫡长子。魏晋时代法制比较乱，再次出现了嫡系与辈行相结合的承祧现象，按照《通典》记载，王侯贵族有爵位和封地的仍然按照古制实行嫡系宗祧继承，大

---

① 《唐律疏议》，277页，北京，中华书局，1985。
② 田涛、怀效锋点校：《大清律例》，187页，北京，法律出版社，1999。

夫以下和普通百姓不依嫡系承继，嫡子死后，由嫡子兄弟继承。①

在中国的传统社会中，男子依照明媒正娶的礼节迎娶过门的正室叫嫡（妻），正就是嫡，正室生的儿子叫嫡子。宗法社会，大宗是不可绝后的，立嫡就是为了接承大宗。在宗桃继承上，继承宗桃的，限于嫡室生的嫡长子，嫡长子如果死了，由嫡长子的嫡长子（嫡长孙）继承，叫承重孙。没有嫡长子、嫡长孙的，轮由庶子（立庶子、立庶孙）继承，这叫做"非正"，将会受到制裁。如果没有庶子、庶孙的，才在同宗中寻觅最亲的人立嗣。如在宗外立后，更是非法的，当事人会受到"非子"的制裁。② 这种立嫡立长的制度自汉代以后叫做"父后"（支庶不准叫父后），汉文帝、景帝以前的诏书中，常有"赐为父后者"的文句③，此后很长一段时间文书中才较少见"父后"的字样。魏晋时期，曹操说：

> 吾起义兵，为天下除暴乱，旧上人民，死丧略尽，国中终日行，不见所识，使吾凄怆伤怀。其举义兵以来，将士绝无后者，求其亲戚以后之，授土田，官给耕牛，置学师以教之，为存者立庙，使祀其先人，魂而有灵，吾百年之后何恨哉！④

这就是说没有嫡子立嫡孙，以次是立嫡子的同母弟，没有母弟的立庶子。没有庶子的立嫡孙，没有同母弟的立庶孙。如果没有后可立的，就是户绝。宗桃继承正是为解决此一问题而形成的传统制度设计。

唐代再次规定了嫡系承桃规则。《唐律·户婚》规定：

> 诸立嫡违法者徒一年，即嫡妻年五十以上无子者，得立庶以长，不立长者亦如之。

《唐律疏议》对此律文的解释说：

> 立嫡者本拟承袭，嫡妻之长子为嫡子，不依此立，是名违法，合徒一年。即嫡妻年五十以上无子者，谓妇人年五十以上不复乳育，故许立庶子为嫡，皆先立长，不立长者亦徒一年，故云亦如之。依令，无嫡子及有罪疾立嫡孙，无嫡孙以次立嫡子同母弟，无母弟立庶子，无庶子立嫡孙同母弟，无母弟立庶孙。曾玄以下准次。无后者为户绝。⑤

所以宗桃继承的顺序是：嫡长子、嫡长孙、嫡长子同母弟、庶子、嫡孙同母弟、庶孙。

对于无子的，听养同宗中昭穆相当的人。如养异姓男，处徒刑一年，唐代户令并规定："与者，笞五十"。其遗弃小儿，年在三岁以下，"虽异姓收养，即从其姓"。养杂户男为子孙的，并处徒刑一年半，养女的处杖一百，并有"官户各加一等，与者亦如之。若养部曲及奴为子孙者，杖一百，各还正"的规定。

宋代，准许无后的人立兄弟之子⑥，就是说家长没有生子就是无后。古代家庭不能无

---

① 参见史凤仪：《中国古代的家族与身份》，271 页，北京，社会科学文献出版社，1999。

② 参见《汉书·功臣表》（（汉）班固撰，（唐）颜师古注，北京，中华书局，1962）："杜嗣侯福，坐非子，免"。

③ 参见《汉书·文帝纪》、《汉书·景帝纪》（（汉）班固撰，（唐）颜师古注，北京，中华书局，1962）。

④ 赵幼文著，赵振铎整理：《三国志校笺·魏志·武帝纪》，成都，巴蜀书社，2001。

⑤ 《唐律疏议》，278～279 页，北京，中华书局，1985。

⑥ 参见《宋刑统·诈伪律》（（宋）窦仪等撰，吴翊如点校，北京，中华书局，1984）引"封爵令"。

后，因而必须在同族、同宗中选择关系特别亲近、昭穆相当的子侄立后。以现代法律用语来说就是成立一种拟制的父子关系，以之作为遗产的继承人，由其负责祭祀。宋代的宗祧继承主要有两种：立继与命继。宋代，男子死而无嗣，法称"户绝"。为了使死者"不断香火"、"血食永享"，就须为死者立继。凡立继之家，官府也不没收死者遗产。继绝的方式，有立继与命继两种。两宋律法对二者区分得颇为严格：

> 立继者，谓夫亡而妻在，其绝则其立也当从其妻。命继者，谓夫妻俱亡，则其命也当惟近亲尊长。立继者，与子承父分法同，当尽举其产以与之。命继者，于诸无在室、归宗诸女，止得家财三分之一。①

可见立继与命继的差别，一是立嗣的权利主体不同；二是继承的遗产份额不同。

如果父子双亡，则只需为其子立继或命继，便可达到绍"香火"之目的。这种立孙为后的继绝法，简化了继承环节。

立继子或命继子早殇，则达不到"承绍香火"之目的，因之必须再为被继承人立继或命继。但无论是立继还是命继，被立之人必须是被继承人的父系血缘之同姓、同族人，即"父之党为宗族"②。如同一高祖所生的子孙、曾孙、玄孙，都为同族人。《宋刑统·户婚律》规定：

> 诸无子者，听养同宗昭穆相当者。

"昭穆相当"，则是要求所立继承人必须是被继承人的晚辈。宋代的社会风俗亦是如此。《袁氏世范》载：

> 同姓之子，昭穆不顺，亦不可以为后。鸿雁微物，犹不乱行，人乃不然，至以叔拜侄，于理安乎?!

这说明"昭穆相当"，是法和"理"的共同要求。

如果本族内没有昭穆相当人可立，也可从妻家族中选择适当人。这是因为：

> 想其环视本宗，无人可立，不得已取诸其妻家之裔，亦曰关于九族之一，庶几亲亲以睦，而相依以生。其较诸绝无瓜葛者，良有间矣。③

这种不得已立妻家人为后的做法，是对"同宗"继承原则的补充。

明清法律则基本上沿袭了这一规定，如明代《户令》规定：

> 如未立继身死，从族长依例立继。凡妇人夫亡无子守制者，合承夫份，须凭族长择昭穆相当者继嗣。

此外，明代还准许立贤。④

当为无子者选定嗣子后，嗣子与亲生父母的关系就要降格为伯叔父母与侄子的关系。如果被选定者是独子，一旦出继就要造成本房"户绝"。关于这个问题，即使是儒家著作也

---

① 《名公书判清明集·户婚门·立继类》卷八，"命继与立继不同"，"再判"。
② 《尔雅·释亲》，《十三经下》，北京，燕山出版社，1991。
③ 《名公书判清明集·户婚门·立继类》卷八，"治命不可动摇"。
④ 参见怀效锋点校：《大明律例·户役条例》，沈阳，辽沈书社，1989。

是众说纷纭，没有定论。一般认为在这种情况下要优先保障长子"大宗"的继绝，所谓"大宗不可绝，小宗可绝"①。唐宋元明时期法律对此并没有具体的规定。

在明代，《大明律·户令》规定了"有子立长，无子立嗣"②。并且规定嗣子必须从同宗近支或同姓的卑亲属中择立，且应昭穆相当，不能尊卑失序。但立异姓则为法律所不允许：

> 其乞养异姓义子，以乱宗族者，杖六十。③

清代非常重视宗祧的继承，清律中也规定了承继和立继两种宗祧继承方式。承继按照嫡长子、嫡长孙、嫡次子、嫡次孙、庶长子、庶长孙、庶次子、庶次孙的顺序进行。户绝之人可以采用立继的方式继承。立继的嗣子由被继承人生前确定，或者通过遗嘱确定。如果夫死妻在，妻子有立继权；夫妻俱亡的，由近亲尊长命继。立继和命继都必须写立嗣文书，报官府备案。立嗣关系成立以后，不能随意解除，除非嗣子不孝或者相处不睦。

清代早期曾规定"独子不准出继"，并拟订为条例。以后在乾隆四十年（1775 年）改定这条法律，重新制定"独子承祧例"，规定允许民间独子出继，同时也不断绝与亲生父母的关系，将来"一人承两房宗祧"，称为"兼祧"。但是必须要由寡妇"择其属意之人"，并征得出继本房的同意，订立书面"阖族甘结"④。说明清代法律开始允许独子继嗣兼祧。乾隆四十四年（1779 年）编成《独子承祧例》，对独子兼祧的具体条件作了明确的规定：

> 无子立嗣，如可继之人亦系独子，而情属同父周亲，两厢情愿者，取具合族甘结，亦准其承继两房宗祧。

---

① 《仪礼·丧服·子夏传》，上海，商务印书馆，1936。
② 明朝判例中还有立两人为嗣的现象，一为"应继"，一为"择继"。如祁彪佳《莆阳谳牍》中载有有一事，不仅反映了两人为嗣共继，而且对了解明朝有关宗祧继承的其他制度也有帮助。原文如下：

一件惨灭禋祀事

审得方启林有兄启寅而无子，●启休有三子耀如、莹如、尾仔。休以尾仔继寅，是亦宗支之正派，乃休之二子已死，止存尾仔一人，此方式珍之所以有词也。然休二子虽死，而二子各有一孙，则休之三支仍俱未绝，而以幼子立继非妄也。启寅遗妾黄梅花抱螟子方琼，年尚幼小，黄氏苦诉不愿尾仔为继，虽寡妾之言未足全据，而平日启休把握兄之赀产，使黄氏母子不安以致兴词，则黄氏之苦诉亦有至情在也。夫有应继有择继，尾仔不谓之应继不可若言，择继则必择自启寅，据武珍称启寅立珍为后，已有治命，虽无遗嘱可凭，而方如玉现在确证可信也。启寅螟子不宜承祧，则以尾仔为应继，以武珍为择继，是可以杜后日无穷之讼端矣。启寅现产殊为萧然，武珍愿为人后，而尝区区产业之是计乎？据黄氏称寅遗房产物值若干，半为休之所有，此亦未足全据，即以前府堂之审词论之，方六娘还休肆拾捌两之价，所称还债赎房行聘等费，非启休费耶！谓启休而于兄产并无隐侵，本馆不信也，今姑不深究，只以现产分计，螟子无预继事，方琼止量给田地叁亩，其柒亩着尾仔与武珍均分。岁时蒸尝二子共之存继之名，不妨继之实可也。俱各免科。

祁彪佳曾任推官、御史，并曾将明朝地方官之指示、告示、禁令等编纂成《公牍》，表明他不仅熟知律令，对地方法规及习惯亦多有了解。因此，他所审断的民争案件，当与明朝法规相符，有普遍意义。细究该案，可推见知：第一，尽管"兼祧"继承已有皇家特例，但民间仍不允许"兼祧"。司法官在确认"休之三支俱未绝"的前提下，才判定以尾仔承嗣启寅的合法性。第二，螟子（养子、义子）与养父母（义父母）不发生宗祧继承关系，但可继承部分财产。第三，遗嘱立嗣具有法律效力。第四，承认了并立二嗣的法律地位。并立二嗣是礼法与人情调合的结果，"择继"体现个人意志，"应继"则表明宗法规则。（转引自张晋藩总主编：《中国法制通史》（第七卷），303～304 页，北京，法律出版社，1999。）
③ 怀效锋点校：《大明律·户律·户役·立嫡子违法》，沈阳，辽沈书社，1989。
④ 《清实录·高宗纯皇帝实录》（卷七十二，乾隆四十年乙未闰十月），影印本，北京，中华书局，1985。

在清代，兼祧继承应用范围非常广，连旗人也学汉人的做法立继并实行兼祧继承，使之成为民间广为流行的习惯。按照民间习惯，无子立嗣若舍近亲而立疏族之子，须分给近亲昭穆相当之人若干动产，以免争继。若近亲昭穆相当者有数人，在立其一之后，对未立之人也应分给若干财产，谓之"遗爱"①。

旗人无子者也仿民人例，"许立同宗昭穆相当之侄承继，先尽同父周亲，次及大功、小功、缌麻。如俱无，方准择立远房同姓。如实无昭穆相当之人，准继异姓亲属"。但要"取具该参、佐领及族长、族人、生父列名画押印甘各结送部，准其过继"，"如有抱养民间子弟、户下家奴子孙为嗣，或实无同宗而继异姓者，均按律治罪"②。

清代实施兼祧制，就是说被立继的人一人得同时承继伯叔二家，叫做双祧。承继三家的叫做三祧。每一祧可娶一个妻室，一夫多妻的现象就此正式出现。但这是有财产人家的做法，没有财产的人家就没有人为其立继或立祧了。

以上即传统社会的立嫡、立嗣。立后的目的从形式上是为了祭祀，而实际上是为了继承祖先的政治身份与地位。在立后的当事人死亡后，被立的后要每年按期对其祭祀，并对列祖列宗祭祀，不祭祀是不孝的行为，祭祀的用费，就靠继承得来的遗产。家长有多子的，继承遗产自然是均分，因而祭祀并不限定一人，有各自祭祀的，有共同集资由一人祭祀的。对于祭祀的顺位，历代法律没有作硬性的规定。

二、爵禄继承

封爵制度早自周代时候就已经开始实行了。在周代，爵位共分公、侯、伯、子、男五等，封土之外并要建国，有其一定的土地和税收，并实行井田制度，同时还可拥有军队。

秦汉以后，爵位有所增加。汉代的封爵，只有称号和赐给俸禄，封有采邑的才可在采邑内收取租税。晋代的封爵，又增为王、公、侯、伯、子、男六等。隋唐的爵位分国王、郡主、国公、郡公、县侯、县伯、县子、县男各等，其中，包括荣禄性的虚封和有贡租的实封两种。

在西汉，确立了嫡子继承爵位的原则。被封爵的人死亡，亲生的儿子才能继承爵位承袭，没有亲子的，纵有孙、有养子，都要"国除"，就是说要由国家除掉这一爵位。西汉末年改变了承继法，规定嫡孙得承祖，就是嫡孙得先于嫡妻长子的同母弟或庶长子来承袭爵禄，并许可养子承袭爵禄。东汉时候又进一步有了"传国不绝"的制度，意思是说只要有子孙，就可以永远承袭。

宗法的继承原则是嫡嫡相承，"周制，大子死立适孙"③，"适孙死，立适曾孙，上下皆然"④，如果没有可以充任继承人的嫡子嫡孙，则由庶子（别子）庶孙继承，即所谓"庶子为后者"、"庶孙为后者"⑤。但西汉的爵位继承法与此不同，爵位的继承仅仅限于亲子，孙

---

① 《民商事习惯调查报告录》，参见湖南各县习惯。

② 田涛、郑秦点校：《大清律例·户律·立嫡子违法条例》，北京，法律出版社，1999。

③ （汉）司马迁：《史记·梁孝王世家》卷五十八，北京，中华书局，1959。

④ 《周礼·司服》贾公彦疏。宋刻本，北京图书馆出版社版。

⑤ 《礼记·丧服小记》"庶子不为长子斩"之孔颖达疏。宋余仁仲万卷堂家塾刻本，北京，北京图书馆出版社，2008。

子、侄子都不能继承，其他族人或异姓更不用说。如果不是亲子而继承了爵位，一旦发现就要取消资格，如以下二例：

> （荒侯市人）子他广代侯，六岁，侯家舍人得罪他广，怨之，乃上书曰："荒侯市人病不能为人，令其夫人与其弟乱而生他广，他广实非荒侯子，不当代后。"诏下吏。孝景中六年，他广夺侯为庶人，国除。①

荒侯市人没有生育能力，继承其爵位的他广，是其妻私通其弟所生，被告发后，就被剥夺了爵位，削为庶人。

> 甘露二年（前52年），（充国）薨，谥曰壮侯，传子至孙钦。钦尚敬武公主，主亡子，主教钦良人习诈有身，名它人子。钦薨，子岑嗣侯，习为太夫人。岑父母求钱财亡已，怨恨相告，岑坐非子，免，国除。②

赵钦的嫔妃习伪装怀孕，以别人的儿子冒充亲生子，取名岑。赵岑继承爵位以后，其亲生父母因为经济要求得不到满足而告发了真相，于是赵岑被免除爵位。

赵岑与始封侯赵充国毫无血缘关系，免除其爵位似乎名正言顺。樊他广虽然不是樊市人的亲子，在血缘上却是始封侯樊哙的亲孙子、樊市人的亲侄子，但也被剥夺了爵位。诸如此类因为"非子"（不是被继承人的儿子）而被夺爵的案例，在《史记》、《汉书》中屡见不鲜。③

这种"非子"被夺爵除国的做法，虽然很可能承袭自秦代，不是西汉的首创，但由于它有利于巩固中央集权，所以执行得比较认真，不像"异子之科"那样有名无实。当然，不管它创于何时，都不可能适用于皇位的继承，因为从理论上讲，大宗不可绝后，皇室是天下最大的大宗，自然不能无后；从事实上看，如果皇帝没有亲子也要"除国"，那就等于改朝换代了，没有哪一个臣子敢提出这样的法案，也没有哪一个皇帝会愚蠢到批准这样的法案。当然它也不适用于一般的财产继承。

上述夺爵法既与宗法的嫡嫡相承原则逆背，又与当时社会上业已通行的诸子有分的财产继承原则格格不入，但巩固中央集权却又势在必行。为解决这个矛盾，西汉统治者终于提出了一个两全的办法，这就是有名的"推恩令"。汉武帝元朔二年（前127年）诏令：

> 梁工、城阳王亲慈同生，愿以邑分弟，其许之。诸侯王请与子弟邑者，朕将亲览使有列位。④

"推恩令"扩大了爵位继承人的范围，缩短了与宗法原则的距离，迎合了在继承方面诸子有分的社会心态，有利于统治集团内部的团结，同时又达到了削弱诸侯王、巩固中央集

---

①　（汉）司马迁：《史记·樊哙传》卷九十五，北京，中华书局，1959。

②　（汉）班固撰，（唐）颜师古注：《汉书·赵国充传》卷六十九，北京，中华书局，1962。

③　参见《史记·高祖功臣表》卷十八、《汉书·高祖功臣表》卷十六、《汉书·武帝王子侯表》卷十五、《汉书·武帝功臣表》卷十七等。参见（汉）司马迁撰：《史记》，北京，中华书局，1959；（汉）班固撰，（唐）颜师古注：《汉书》，北京，中华书局，1962。

④　《汉书·武帝纪》卷六。另见《汉书·主父偃传》卷六十四，偃说上曰："……今诸侯子弟或十数，而适嗣代立，余虽骨肉，无尺地之封，则仁孝之道不宣。愿陛下令诸侯得推恩分子弟，以地侯之。……"于是上从其计。参见（汉）班固撰，（唐）颜师古注：《汉书》，北京，中华书局，1962。

权的目的。但是推恩令似乎是临时性措施，所以到平帝元始元年（1年），又下令：

> 诸侯王、公、列侯、关内侯，亡子而有孙若子同产子者，皆得以为嗣。①

所谓"子同产子"，就是收养兄弟（同产）之子为养子，基本上恢复了宗法的身份继承原则。②

南北朝时，承袭爵位的不限于子孙，旁系亲属也有继承爵位的。如《魏王·王洛儿传》记载：

> 子长成袭爵，卒，无子，弟德成袭爵。

又有《宋书·宗室列传》：

> 追赠散骑常侍，无子，弟秉以子承继封。

《宋书·殷孝祖传》：

> 孝祖子悉为薛安所杀，以从兄子慧达继封。

弟弟、侄儿、从兄弟的儿子都可以继承封爵。

封爵③，是帝王对皇帝亲属以及有功官员授予的一种荣典。爵位可以世袭，由子孙延续继承。凡封爵都有食邑。食邑从一万户到二百户共分十四等。食邑仍是虚数，食实封才有一点好处。食实封从一千户到一百户共分七等。实封数约为虚封数的十分之四。

封爵继承制是在唐代正式确立的。唐代封爵令的爵位，也规定由子孙承嫡的传袭。但限同胞兄弟所生的男子才得袭爵位，没有养子的"国除"（又称"爵除"）④。在《唐六典》中，有这样的规定：

> 诸王公伯子男皆子孙承嫡者传袭，若无嫡子及有罪疾者，立嫡孙；无嫡孙，以次立嫡子同母弟；无母弟，立庶子；无庶子，立嫡孙同母弟，无母弟，立庶孙。

关于封爵继承制，自唐以后的法律都强调了嫡长子继承，即爵位由嫡长子承袭，如《唐律·诈伪篇》规定：

> 诸非正嫡不应袭爵而诈承袭者，徒一年；非子孙而诈承袭者，从诈假官法。

宋初规定：

> 依令、王、公、侯、伯、子、男、皆子孙承嫡者使袭。
> 无嫡子立嫡孙，无嫡孙，以次立嫡子同母弟，无母立庶子，无庶子立嫡孙同母弟，无母弟立庶孙。⑤

---

① （汉）班固撰，（唐）颜师古注：《汉书·平帝纪》卷十二，北京，中华书局，1962。
② 参见叶孝信：《中国民法史》，160～162页，上海，上海人民出版社，1993。
③ 宋爵共有十二等：王、嗣王、郡王、国公、郡公、开国公、开国郡公、开国县公、开国侯、开国伯、开国子、开国男。
④ ［日］仁井田升：《唐令拾遗》，长春，长春出版社，1989。
⑤ 《宋刑统·名例律》。

宋初的《封爵令》还规定：

> 诸王公以下无子孙，以兄弟子为后，生经侍养者，听承袭。赠爵者亦难比。若死王事，虽不曾经侍养老，亦听承袭。①

神宗时的《封爵令》对这一规定作了一些修改：

> 王、公、侯、伯、子、男，皆子孙承嫡者传袭。若无嫡及有罪疾，立嫡孙。②

明清时期的法律也沿袭了这一规定。封爵成为帝王对皇族亲属以及有功官员授予的一种荣典，且其爵位可以世袭。到了清代，《大清律·吏律》中的"官员袭荫"条也规定有官员嫡长子孙的袭荫法。清代承继爵位的范围更为广泛了，本支无子孙的还可以由近支承袭。《光绪会典》中规定：

> 凡袭爵则辨其系……本支无人，准以近族承袭。再无人，则除其绝。

与爵位相关的还有食封的问题。秦汉时代的封爵多止于称号，不给食邑，只给俸禄。唐代开始在封爵的同时授予食邑。所谓食邑，就是在封爵领域内收取赋税，受封者称为"封家"，缴纳封物的课税户称为"封户"，"封户"内的人口称为"封丁"。根据爵位的高低，食邑的范围也大小不同，有三千户、五千户、万户等。食邑和封爵一样也可以继承，所不同的是，封爵作为身份不能分割，而食封作为经济利益可以分割继承。

除爵位外，历代又有"任子"及"袭荫"的制度，使世袭贵族以外的官僚也有让自己后代做官的途径。不过袭荫只是获得一个选官的出身，并不是直接就去做官。③

西汉有"任子"制度，凡是担任二千石以上官职满三年的官员，可以推荐自己的一名兄弟或儿子到朝廷任"郎"。郎是皇帝的随从，不是官职，也没有俸禄，但由于接近皇帝，有获得官职的可能性。唐宋时规定，正一品至从五品为止都可以一子袭荫，这种袭荫只是获得选官的资格，还要经过吏部的考试铨选，并非直接继承父亲的官职。明代规定从正一品至正七品官员都可以一子袭荫。在《大明律·吏律·职制》中有"官员袭荫"专条，"凡文武官员应合袭荫者，并令嫡长子、孙袭荫。如嫡长子、孙有故，嫡次子、孙袭荫；若无嫡次子孙，方许庶长子、孙袭荫。"同样也是要参加吏部的铨选才可以任官。清律沿袭，但明确规定袭荫只适用于三品以上高级官员，并仅获得在朝廷教育机构国子监的学生资格，号为"荫生"，按照制度可以参加选官。

历史上武官世袭的情况比文官略多。少数民族皇朝统治时期，部族军队的军官都是世袭的。如女真族建立的金朝，将原来女真族的游猎作战组织猛安、谋克固定为军职，有战功者往往也授世袭猛安、谋克。蒙古族建立的元朝也将百户、千户、万户之类的军职作为世袭职位。之后的明朝也规定军官都授予"世职"，军官死亡或年满60岁，由嫡长子承袭职位，如果自己没有儿子的，允许兄弟继承。在承袭职位前也要经过骑射测试。清朝则是在八旗军队中实行军官世袭。

---

① 《宋刑统·诈伪律》。
② 《仪礼经传通解》续卷十六，"丧服图"。
③ 参见郭建：《中国财产法史稿》，167~168页，北京，中国政法大学出版社，2005。

三、孔府身份继承

关于中国传统社会的爵位继承，可以孔子后人的爵位继承作为个案的典型。由于孔府的地位比较特殊，其嫡长子的继承权包括了宗祧继承和爵禄继承两个方面的内容。

（一）孔氏家族及其封爵

随孔子地位的不断提高，孔氏家族①，在历代王朝中获取了大量其他家族无法得到的尊崇及优惠，这也为孔氏家族的发展提供了极为优越的条件。自汉魏以来，孔氏家族已成为全国的名门望族之一，加之有其统一的、严密的家族（宗法）管理体系，至今已达八十余代，支派井然有序，世系不乱，其嫡系后裔多集中居于山东曲阜，旁系支派亦有散居全国各地及亚、欧、美诸国。目前，孔氏家族的国内外总人口（男女）已逾一百三十余万人。

孔氏家族的爵位赐封由来已久。② 有确凿史料可据的如下：汉高祖十二年（前 195 年）

---

① 孔氏的远祖系商代子姓王族，西周时为宋国公族。传至孔父嘉时，降为大夫，另立一族，其子孙以其字为姓，形成孔氏，此为孔氏之始。公元前 710 年（鲁恒公二年），孔父嘉被太宰华督所杀，其子木金父徙鲁（《孔氏宗谱》序跋之宗图、《孔子世家谱》、《阙里广志·世表》。一说防叔奔鲁，见《孔子家语·本世解》、《世本》、《阙里广志·世谱》），定居于陬。木金父生睾夷父（祈父），睾夷父生防叔，防叔生伯夏，伯夏生叔梁纥，五世皆为士。叔梁纥与颜氏野合而生孔子（前 551 年），名丘，字仲尼（《史记·孔子世家》、《史记·卫世家》、《史记·宋世家》，《左传·昭公七年》，《阙里文献考》（孔继汾等撰）。孔子三岁丧父，幼年即随其母迁鲁都阙里，其后子孙繁衍，称"阙里世家"，孔子便被称为孔氏家族的始祖。

② 《孔府档案》0063 卷载：

衍圣公袭封爵位。临雍陪祀，岁时来朝，一切仪注谨按先圣后裔，自周汉以来，进侯而公，代有褒封，锡赐之仪，暨前明之世，来朝乘传，时邀眷顾之隆，历考家乘记载于，已叨世禄，而恭遇朝温旨，优渥超越前古。今慕修礼书，咨取仪注，更属旷典。谨考订开送以修采择如左。袭爵封位之初，始自周朝，魏安釐王封孔子八代孙讳谦为文信君。至秦改封为鲁国文通君。汉封为奉祀君，又改袭褒成侯，又改袭封关内侯。又改袭褒亭侯，食邑八百户至两千户。晋封奉圣亭侯，加封食邑二千户。南宋改封宗圣侯，食邑一千户。魏封崇圣大夫，有爵于南朝者，封奉圣亭侯，加封食邑一千户，北齐改封恭圣侯，周封邹国公，唐封褒圣侯，赐劝书。又追封文宣公，许兼外官，改食封一百户。自宋始封衍圣公。金复授承直郎，袭封衍圣公。元授嘉议大夫，仍封衍圣公。给印。前明洪武间，仍衍圣公，给银印，开设袭封衙门。给衍圣公诰命，皆如一品之制。具五轴用织文玉轴。班列文臣之首。又赐正一品金织衣服，玉带，织锦衣，麒麟文。带佩绶环俱用玉。洪武十七年五十七代讳，正月朝京师，二月二日拜袭封之命，受诰。大集百僚，班列，仍敕，礼官以教坊前导至太学，学官率诸生迎于成贤街，每人觐给符乘侍班列文臣首，厚其廪饩，下及侍从。弘治十六年，巡抚御史徐源奏，孔子六十一孙孔闻韶当袭，命下吏部，遣官诣阙里侍召命九□入觐袭封上表陈谢如仪，六十五代孔胤植袭封如仪。于□□四年加太子太保。□□五年加太子太傅。历朝眷顾，代有褒封。

至圣朝之尊崇，沾恩更笃。我世祖章皇帝定鼎之初，即颁谕旨，允圣门典礼，悉照前朝旧制。期于优渥。钦遵在案。于顺治元年吏部等衙门题准，衍圣公封爵官衔原阶照旧，开历代所赐田亩，俱应相沿，前代遇章恩，依次加师保等衔，元年题准衍圣公长子孔兴燮，钦依二品冠服。顺治四年因病奏准钦依二品冠服长子孔兴燮承袭。顺治六年三月二十八日恭领劝谕。顺治七年入都谢恩，蒙赐宴颁厚瑜于前代。特晋太子太保。顺治八年，恭遇皇太后徽号礼成，恩诏加少保兼太子太保。顺治十三年，恭遇章恩，加少傅兼太子太保，晋阶光禄大夫。给诰如制。顺治□□年改赐满汉字三台银印。康熙六年，因病奏准长子孔毓圻承袭，康熙十四年，恭遇章恩，加太子少师，晋阶光禄大夫。给诰如制。康熙四十年，奏准长子孔传铎钦依二品冠服，雍正元年因追封先师五代王赴阙谢恩。患病奏准钦依二品冠服长，子孔传铎承袭。雍正二年因长子孔继濩已故，奏准长孙孔广棨钦依二品冠服。雍正九年因病奏准钦依二品冠服，长孙孔广棨承袭。

刘邦封孔子九代孙孔腾为"奉祀君"，奉孔子祀；元帝永光二年（前43年）封孔子十三代孙孔霸为"褒成侯"，这是孔子后裔正式袭爵的开端。此后，到三十五代孔璲之基本上都是侯爵。唐玄宗开元二十七年（793年）改封孔璲之为"文宣公"，并规定"每代取长子一人袭封"，代代相沿，直到四十六代孔宗愿①为止。宋仁宗至和二年（1055年）改封孔宗愿为"衍圣公"，"封孔子后为衍圣公"②；除哲宗时短期改为奉圣公外，直到第七十七代孔德成都沿用这一称号。1935年，国民政府改任孔子七十七代孙孔德成为"大成至圣先师奉祀官"③。

孔氏家族在其发展过程中，也出现过不少曲折。最令孔氏家族至今不能忘怀的是后梁乾化二年（912年）的"孔末乱孔"事件，这个事件几乎使孔氏裔嫡绝嗣。此后，"阙里孔氏"即分为内孔、外孔。孔子的后裔称内院孔或内孔④，"同居庙宅，谓之内院。宋末分居外宅"⑤；孔末（原姓刘名末，系孔庙的洒扫户，入孔庙后改名孔末）的后代称外孔或外院孔、伪孔。外孔之人是续不上孔氏家谱的，尽管他们也居住在曲阜。

在孔氏家族内部，有系统而严密的宗法组织，以嫡长为大宗，其余皆为小宗。

> 大宗者，尊之统也……大宗者，收族也。不可以绝。⑥

五十六代衍圣公孔希学，即为六十户中第一户，称为大宗户，其余各户都是小宗户。"衍圣公"只能是孔裔之嫡嗣，它在政治上是世袭公爵，在宗族中的地位则是孔氏家人的大宗主，即宗、政合一，宗法、族规极为严格。如清顺治六年（1649年），曾下令衍圣公统治管理孔氏宗族人员，严格依"礼度"办事。

由上可知：孔氏家族是由同一始祖——孔子繁衍下来的若干支宗族的结合体，其组织虽然庞大、复杂，但是严密而系统有序。他们也曾自称：

> 至于昌宗法之遗意以至今，则孔氏犹为至古。……宗法久泯于天下，而梗概犹存

---

① 参见山东省曲阜市孔子博物院存明清时期孔府档案，具体编号略。

② 乾隆《曲阜县志》卷二十五《通编》载：宋仁宗至和二年"孔子之后，以爵号褒显，世世不绝，其来远矣。自汉元帝封为褒成君，以奉其祀，至平帝时改为褒成侯，始追谥孔子为褒成宣公。褒成其国也，宣尼其谥也，公侯其爵也。后之子孙，虽更改不一，而不失其义。至唐开元中，始追谥孔子为文宣，而尊以王爵，封其嗣褒成侯为文宣公。孔氏子孙去国名而袭谥号，礼之失也，盖由此始。朕稽考前训，博采群议，皆谓宜法汉之旧，革唐之失，稽古正名，于义为当。朕念先帝，崇尚儒术，亲祠阙里，而始加至圣之号，务极尊显之意。肆朕纂临，继奉先志，尊儒重道，不敢失坠。而正其后裔嗣爵之号，不其重钦！宜改至圣文宣王，四十六代孙宗愿为衍圣公。"另见《宋史·仁宗纪》卷十二。

③ 山东省曲阜市孔子博物院存明清时期孔府档案，具体编号略。

④ 内孔现有六十宗户，这是从四十三代中兴祖开始的。在此之前，孔氏宗族支派主要有十派；中兴祖之后的孔氏支派，就由十派发展为二十派，再由二十派改为六十宗户至今未再改。其具体发展过程是：四十三代中兴祖孔仁玉有四子，二、三子早死失传。下传到第五十三代时，其长子宜传下来六派：浣、沂、潾、治、澄、济；其四子勖的后人这时有十四派：淙、位、演、淑、泗、滨、滋、浩、淋、潚、洵、沕、注、灝。合起来共有二十派。发展到第五十六代时，这二十派就分为六十宗户，其中宜的后代有二十五宗户，勖的后代有三十五宗户。这六十宗户全是阙里孔氏家族的本支（《孔子世家谱》宗派总论，《阙里广志·世家》）。我们在这里所论及的爵位继承等问题，即是关于这六十宗户的宗法爵位继承问题。

⑤ 《孔子世家谱》内院真孔之图。

⑥ 《仪礼·丧服》，上海，商务印书馆，1936。

于吾族。大圣之泽，固将百世不迁乎！①

在其两千多年的宗族发展史上，孔氏家族在爵位承袭问题上比较严格地遵守了封建宗法继承原则，即实行父死子继、嫡长子继承制，由嫡长子自然地承嗣袭爵，如嫡长子早死，也可由嫡孙承嗣袭爵（"一生"）；若无嫡子或其早卒而无嫡孙，也可由庶子承嗣；如无子则由其弟承嗣（"一及"）或由其弟之子承嗣；若真的绝了后，那就只能由与其血缘关系最为亲近的侄辈中的长者来承嗣袭爵（这些情况在下文将作具体分析）。同时，对于孔氏家族的承袭情况，无论是当时的统治者还是孔氏本身，都很关心。如唐玄宗开元十二年（724年）诏：

> 文宣公家每代取长子一人承袭。②

在曲阜的档案中，有材料这样记载："公爵，孔子嫡孙则承大爵"③。乾隆六年（1741

---

① 康熙《孔子世家谱》卷首序。
② （清）宋际等撰：《阙里广志·恩典》卷七，馆藏地点：中国国家图书馆。
③ 《孔府档案》0079－3载：

吏部为崇圣学以培人材事。该本题，验封清吏司案呈，奉本部送顺治元年九月初七日吏科抄出巡抚山东等处地方管理营田提督军务都察院右佥都御史方大猷题前事内称，臣奉令旨随抚将出都时曾具一疏，为恭陈平定山东十二要策事，内第七款为崇圣学，谓先圣孔子为万世道统之宗。本朝开国之初，一代纲常培植于此，礼应敕官崇祀，复衍圣公并四氏学博等之封，可卜国脉灵长，人文蔚起。

迄今未见举行。兖州、曲阜一带久已归顺，况朝廷尊师乐道，与接待臣子不同，古来启运之主，尽有崇祀之文，礼宜先施，碑志可考。谨详列历朝恩例，以备殿下采仿而行。此天下所仰以为盛典，后世传之以为美治，万不可迟缓也。伏候圣裁，缘系崇圣学以培人材理，未敢擅便，为此具本专差官孙英奉捧，谨题请旨。计开

一、公爵。孔子嫡孙则承大爵，自秦始皇始封孔鲋为文通君，历代封爵不一，有加无已，悉载于史册可考。至宋仁宗始封衍圣公，历金元至明洪武二年封为衍圣公，赐正一品服色，麟袍玉带，三台银印一颗，列文武班首，历传至尽。自天启二年又晋阶太子太傅袭封衍圣公。

一、衍圣公长子至十五岁袭授钦依冠服二品服色。至崇祯年间各公侯伯长子俱加玉带，事例相同。

一、博士。衍圣公长子则承大爵，次子至十五岁授以世袭翰林院五经博士，以主子思子祀事。三子则袭太常寺博士，主汶上县圣泽书院祀事。每随一代公爵递为更授。

一、知县。天下州县皆用流官，独曲阜用孔氏世职以宰此邑者，盖以大圣人之子孙不使他人统摄之也。其官由本爵保举贤能孔氏廪膳生员德行兼优者，以授此职，五年任满，照例升转。

一、学录。天下学官皆用教谕，独四氏学用学录者，盖以比隆国学，亦以圣贤之子孙不与他学同也。其官亦自孔姓生员中德行兼懋者，由本爵咨部，以授此职。

一、尼山乃孔子发祥之地，亦设学录一员，以主其祀。其官系本爵之弟侄中选德行兼异者，咨部授职。

一、洙泗书院乃孔子阐教之地，亦设学录一员，以主其祀。其官于孔氏中遴德行秀异者，由本爵咨部，以授此职。

一、本爵属官役使洪武元年十二月十九日钦设管勾官一员司五屯钱粮，司乐官一员司乐舞生，典籍官一员司礼生书籍，掌书一名司文移，书写一名司缮写，知印一名司印务，奏差一名司差道。以上俱由本府保举堪用人数，咨部铨用。

一、屯田。孔庙祀田历代各有钦赐，至明洪武二年钦赐祭田二千大顷，坐落兖属二十七处，其界段数载在阙里志可考。近因寇盗扰乱，土地荒芜，佃丁逃亡，钱粮无备，每至祭期，卖产毁器，心血几枯。幸际圣朝，惟冀新恩。

一、佃户。凡孔庙郓城、巨野、平阳、东阿、独山五屯佃户，系洪武二年钦拨民间身家无过俊秀五百户，凑人二千丁，见工百亩，佃种五屯祭田，办纳籽粒，以供本府祭祀等项支用。其民间一应杂泛差役，俱行免。至尽年荒寇乱，死亡逃移，十存二三，丁逃地芜，祭祀匮乏，甚为可虑。伏乞裁酌。

年）："查定例，衍圣公袭封由长子承袭，五经博士由衍圣公次子承袭，太平寺博士由衍圣公二子承袭……"④等等。

在嫡裔爵位承袭的实际过程中，这个家族从十三代到七十代，除个别变故外，基本上依上述原则进行。

（二）孔氏家族的爵位继承

根据所掌握的文献资料，从第一代孔子到第八代孔谦，孔子的子孙七世都是单传，只是从孔谦起才开始繁衍开来。尽管第二至第八代也可以依宗法继承原则称作"一生"：父死子继，但实际上，这时期还无爵位可袭，只是一般的继嗣。前文已说明：封爵始于汉高祖十二年（前 195 年），汉封第九代孔腾为奉祀君，经历了第十代、第十一代及第十二代后，直到第十三代孔霸才始袭爵"褒成侯"。因此，下文的分析包括了第二代至第十二代在内，这主要是出于宗源清晰的考虑。孔氏家族的袭爵情况可以下表展示：

一、庙户。孔庙户丁历代钦拨不一，自明洪武二年钦拨民间俊秀子弟一百一十五户，以供本庙洒扫，至尽或死于荒或死于盗，十存一二，至于洒扫，寥寥无人。此又不可不加意者也。

一、乐舞生。孔庙每年四时祭祀，乐用八佾，额设乐舞生二百四十名，于兖属二十七州县遴选民间俊秀子弟，以授斯役，以供本庙奔走。其本生一应差徭予廪膳生员事例一体优免，仍免本户人丁二丁，以供本生往返盘费。目今世乱，多致逃亡，其乐亦废。伏乞新旨招徕。

一、礼生。孔庙礼生，每月朔望及四时节祭祀，在庙引赞礼仪，额设礼生名数，于曲阜等州县选用民间俊秀子弟，以授斯役，其优免例与乐舞生同。近因兵乱，逃移死亡，以致礼节多废，亦乞新旨招徕等因。顺治元年九月初四日奉令旨，先圣为万世道统之宗，礼当崇礼，昭朝廷尊师重道至意，这本内所开各款，具应相沿，期于优渥，以成盛典。着该部查照，一体饬行。钦此钦遵，抄部送司。案查天启二年五月内该本部覆题孔子六十五代孙翰林院五经博士孔胤植奏称，伊继父尚贤于嘉靖三十五年九月内袭病故，植系嫡人亲枝任，已袭五经博士，乞要承袭祖爵等因，奉明朝圣旨，孔胤植准袭封衍圣公，钦遵在案。除银印、祭田、佃户、户丁、乐舞礼生应听户、礼导致部议覆外，通查案呈到部，看得衍圣公封爵原阶，并伊男应加冠服、四氏博学及保举知县等官一节，既经该抚具题请覆，奉有这本内所开各款俱应相沿，期于优渥，以成盛典，着该部察照，一体饬行之令旨。相应议覆，合无将孔胤植仍封衍圣公，照原阶太子太傅。伊长男孔兴燮应加二品冠服。四氏世袭五经博士孔胤钰、颜绍绪、曾闻达、孟闻玺俱应仍照原袭五经博士。世职曲阜知县孔贞堪，系衍圣公保举堪任，咨部考授，今见任，仍应照旧准用。四氏学录孔闻然、尼山书院学录孔兴荣、洙泗书院学录孔尚澄，俱见任，仍照旧准用。典籍贵存正、书写田世旺、知印张应登、奏差齐有成，俱见在，仍应照旧留用。世袭太常寺博士主汶上县圣泽书院应该衍圣公第三子承袭，今缺。管勾、司乐、掌书俱缺，应听衍圣公咨部补授。谨遵旨覆启合候命下行令臣部遵奉施行等因。顺治元年九月二十八日该本部具题，十月初二日奉圣旨，是。钦此钦遵，抄部送司，案呈到部，拟合就行。为此合咨贵爵，烦为察照本部题奉明旨内事理，钦遵施行。须至咨者。

右咨
太子太傅衍圣府衍圣公孔
顺治元年十二日对同都吏重童士吉
崇圣学等事。

④ 山东省曲阜市孔子博物院存明清时期孔府档案，具体编号略。

孔氏家族袭爵展示表①

```
                    ┌ 父死  嫡长子继承（67 代次）：2-8，10-20，22-41，43-48，50-59，
                    │  子继                        61-64，66-68，71-72，74-76
            ┌ 继嗣 ┤  非嫡长子继承（8 代次）：9，48，49，71，72，74-76
            │       │  兄终弟及（4 代次）：32，47，50，61
 孔氏家族  ┤       │  嫡孙承其祖（2 代次）：61，70
 袭爵情况  │       └  嗣子（养子）继承（6 代次）：21，46，49，53，65，73
            └ 继统（1 代次）：70
```

在上表中，如果以朝代为线索进行概括的话，计有 103 人次封爵或袭爵，如下表所示：

孔氏家族历朝封爵、袭爵情况②

朝代	世次	人数	朝代	世次	人数	朝代	世次	人数
周	第 1-8 代	8	晋	第 22-24 代	3	宋	第 44-52 代	18
秦	第 9 代	1	南北朝	第 25-32 代	8	元	第 53-55 代	6
西汉	第 9-16 代	8	隋	第 32 代	1	明	第 55-65 代	11
东汉	第 17-20 代	4	唐	第 33-42 代	10	清	第 65-76 代	12
三国	第 21 代	1	五代	第 43 代	1	中华民国	第 77 代	1

说明：南北朝时期的 8 次，不包括未收录进表 I 中的 5 人次。

仅从表 6—1 中就可以清楚地看出：孔氏家族的爵位继承基本上是严格地按宗法继承原则继续下来的，体现了中国第一大家族的最主要特点，这也许是"帝王之姓时有易，定鼎之区有时而改，独孔子之阙里则与天地而长存"③ 的主要原因吧。

我们知道如从继承法的角度去考虑宗法问题，那么宗法的主要内容就是身份继承。孔氏家族亦不例外。从孔氏第五十六代起，衍圣公的长子继承了衍圣公的爵位后就独住孔府之中，而他的弟弟们就要搬出孔府，分别住在外面的十二府里。④ 这里的十二府并不是十二个府，而是当初修造时按照排行称呼，行几就叫几府，共有九府：大、二、三、四、五、七、八、十、十二。其中，大府指的是庶出长子。在衍圣公的弟弟们搬出去时，除了给房

---

① 参见《孔子世家谱》（孔广彬撰，孔传堉修），《孔府档案》（孔令仁编），《阙里文献考》（（清）孔继汾撰），《阙里广志》（（清）宋际等撰），《续修曲阜县志》（中华民国），以上古籍均藏于中国国家图书馆。说明：

（1）表中的阿拉伯数字，系指孔氏第几代人。

（2）第四十二代因战乱而失爵；第六十代及六十九代早卒，未袭爵。故上表中未列入这三代。

（3）第四十三代系中兴祖孔仁玉，系"孔末乱孔"后孔氏之遗孤，虽列入嫡长子继承范围之中，但他并不一定就是嫡长子，也许可以列入"兄终弟及"范围内的。

（4）由于历经五季之乱，孔末乱孔及宋金元的动乱等原因，上表中除第一代孔子及第四十二、第六十代及第六十九代共四代未列入外，只列举了七十三代，但封、袭爵者却不止七十三人，表中共收录了八十五人次。

（5）在个别史料中，除上述袭爵者外，涉及袭爵的还有如下五人次：孔靖之（东晋武帝封为奉圣亭侯）、孔继之（奉圣亭侯）、孔惠云（公元 451 年，宋文帝封为奉圣侯）、孔迈（宋孝武大明二年即公元 458 年封）、孔荂（孔迈之子，嗣爵。参见《孔子世家谱·宗子》、《阙里文献考》、《阙里广志·世家》卷二）。这些都是南北朝时的战乱所致，其他详细资料无考。

② 参见（清）宋际撰：《阙里广志·刘芳躅序》卷首，馆藏地点：中国国家图书馆。

③ （清）宋际撰：《阙里广志·世宗》卷二，馆藏地点：中国国家图书馆。

④ 参见山东省曲阜市孔子博物院存明清时期孔府档案，具体编号略。

子，还要给部分田地，但数量并不多，几十亩而已。孔府的祖传赐田虽很多，却不能动；这些搬出的弟弟们也没有封号，只是到了明代，曾封衍圣公次子为世袭五经博士、三子为世袭五常寺博士。[①] 由于十二府没有世袭俸禄，土地又不多，他们的经济状况也就不很稳定，因而孔氏家族的族权就全部集中于衍圣公一人手中，在孔氏兄弟之间形成了鲜明的对比。

既然孔氏家族为了保持"阙里世家"的脉系永继，坚持严格的宗法继承原则，那么为什么在这七十七代孔氏嫡裔中却出现了节外生枝的诸种情况呢？下面依表6—1中的先后顺序详加分析说明。

1. "继嗣"中的特殊情况

"继嗣"，即"为人后"，也就是在被继人（父、祖）死后所发生的承嗣关系。在这一部分之中，又有以下几种情况需分析：

其一，嫡长子继承。

孔氏家族在嫡裔承袭爵位的过程中，从第四十九代到第五十四代之间发生了较大的变化，产生了南宗与北宗两大支系。这主要是由于在宋末、金、元初时期，社会动荡不定、民族之争及政治斗争的需要，给孔氏家族的嫡裔之爵位承袭施加了外在的影响。具体经历是：

第四十六代衍圣公孔宗愿有三子，由长到次为：若蒙、若虚、若愚。第四十八代孔端友（若蒙之长子）袭封衍圣公后，在北宋末随宋高宗于建炎二年（1128年）扈驾南渡，定居衢州，谓之孔氏南宗。其弟孔端操留守林庙，遂被金命袭封衍圣公，谓之孔氏北宗。[②]

元灭南宋后，元世祖至元十九年（1282年）宣孔端友之孙、衍圣公孔洙"赴阙议令袭爵"，孔洙以本支累代圣祖坟茔在衢，曲阜子孙守护先茔，有功于祖，"愿让爵与曲阜宗弟孔治承袭公爵"[③]。于是，元贞元年（1295年），元成宗封孔治为衍圣公。这在当时，是南宗以嫡裔的身份让位于北宗的庶支，使北宗由小宗变成了大宗，成了整个孔氏家族的大宗户。衍圣公的封号自此始，由北宗世代承袭，由元迄明清，近六百年成为定制。当然，孔

---

① 南宗衍圣公孔端友无子嗣，就以孔端操（孔若蒙次子）次子孔玠为嗣，承袭衍圣公，其后有孔搢、孔文远、孔万春、孔洙等六代，依次承袭南宋衍圣公的封号。后来，孔洙无子遂罢而封北宗。北宗孔端操之次子孔璠于1131年被金封为衍圣公，主孔子祀事。后由其长子孔拯、次子孔摠及孔摠长子孔元措相继袭衍圣公；孔元措无子，以弟之长孙孔浈嗣爵（孔浈于1251年被元宪宗免爵），孔浈亦无子，这样一来孔宗愿长子若蒙之嗣到第五十三代已无传；孔宗愿次子若虚，有四子，传一代后，亦俱绝。孔宗愿三子若愚，生四子，唯四子孔端立有后，孔端立之孙孔拂生三子，长子元直，无传后，次子元孝，三子元用。孔元用于元初继宗兄孔元措袭封衍圣公，子之全、孙治，俱袭爵。孔治生思诚。参见《孔子世家谱》，馆藏地点：中国国家图书馆。

② 参见山东省曲阜市孔子博物院存明清时期孔府档案，具体编号略。

③ 山东省曲阜市孔子博物院存明清时期孔府档案0736-18载：

正德元年正月二十四日，浙江衢州府知府臣沈杰谨奏。为条陈孔氏家规以彰圣教事。臣由进士出身，任浙江衢州府知府，因见本府西安县南隅地方，原有先师孔子家庙一所，及宋时旧赐祭田五顷，遗存正派子孙相传掌管，供祭不缺。臣谨考圣朝大明一统志及寰宇通志、续资治通鉴纲目、宋史诸书，俱载孔子四十八代孙孔端友在宋时袭封衍圣公。建炎年间，端友与其子孔玠，并从父中奉大夫开国男孔传，俱扈从高宗南渡，赐家于衢，照阙里规制，建立家庙，赐田立祀，子孙皆袭爵封，历传圣后五代。宋殁。大元至元六十九年，世祖宣端友之孙衍圣公孔洙赴阙，议会袭爵。孔洙因本支累代圣公坟茔在衢，难以弃离，况曲阜子孙守护先茔有功于祖，情愿让爵与曲阜宗北孔承袭公爵。世租欢曰："宁违荣而不违道，此乃真圣人之后也。"赐孔洙以授国子祭酒兼提举浙东道学校，归守江南庙墓，南北遂为二支。当将宋时给赐袭封衍圣公印信进缴于朝。迨今子孙相传，在衢分立二十余户，登籍百有余人，世守宗祀不绝。

洙绝嗣是让爵之后的事情。

五十四代衍圣公孔思诚，是承父孔治袭爵。但在元延祐二年（1315 年）孔氏族人上书皇帝，说他是庶支而思晦（元孝之重孙）才是正支，于是 1316 年被罢爵而改封思晦。[①] 到此时，孔氏家族经过七代的磨砺后，才恢复了正常的嫡长承袭制。上述孔氏家族第四十九代到五十四代间的变化，可由下表概括出来：

四十六至五十四代世系表

```
46（代)47  48    49          50        51        52      53      54        55
              端友（绝）
                 瑄（迁居江西）
         若蒙 端操 璠 ——————— 拯（绝）
                             摠 ——— 元措（绝）
                                    元绂 —— 之固 —— 浈（绝）
                       琪（绝）
                       玠（奉端友祀）—— 搢 —— 文远 —— 万春 —— 洙（绝）
     宗愿 若虚（绝）
              端弼（绝）
              端雅（绝）
         若愚 端禀（绝）
              端立 —— 琥 ——————— 拂 ——— 元直（绝）
                                       元孝 —— 之厚 —— 浣 —— 思晦 —— 克坚
                                       元用 —— 之全 —— 治 —— 思诚
```

其二，非嫡长子继承。

在现有史料中，较明确的有以下五代：

第九代孔腾，系孔谦之次子。因长子孔鲋被"秦始皇召为鲁国文通君，拜少傅"，后自隐于嵩山，且后来失考，故汉高祖时封孔腾。[②]

第四十八代孔端操，系孔若蒙之次子，因其兄长端友随宋康王赵构南下定居衢州而留守林庙，金命袭封衍圣公。[③]

第四十九代孔璠，系孔端操之子，因其兄外迁定居于江西，遂被金之大齐皇帝封为衍圣公；大齐之后，金仍封之。[④]

第五十一代孔元用，系孔宗愿三子孔若愚的重孙孔拂之三子，与孔元措为同宗兄弟。

---

① 参见《孔子世家谱》（孔广彬纂，孔传埙修）、《阙里文献考》（孔继汾撰）、《阙里广志》（（清）宋际等撰），以上古籍均藏于中国国家图书馆。

② 参见《孔子世家谱》（孔广彬纂，孔传埙修）、《阙里文献考》（孔继汾撰）、《阙里广志》（（清）宋际等撰），以上均藏于中国国家图书馆。

③ 参见《孔子世家谱》（孔广彬纂，孔传埙修）、《阙里文献考》（孔继汾撰）、《阙里广志》（（清）宋际等撰），以上均藏于中国国家图书馆。

④ 参见《孔子世家谱》（孔广彬纂，孔传埙修）、《阙里文献考》（孔继汾撰）、《阙里广志》（（清）宋际等撰）。以上古籍均藏于中国国家图书馆。

当孔元措随金宣帝南迁汴京时，就由孔元用暂主曲阜祀事，宝庆元年（1225 年）宋兵收复山东时，以孔元用为衍圣公。[①]

第七十七代孔德成，系孔令贻之后。孔令贻先后有四个妻妾：前妻孙氏，病死时尚无子女；纳妾牛氏，未生育；续娶陶氏，生一子，三岁夭折，此后未育；最后收王氏为侧室，生两女一子，子即孔德成。孔德成出生时其父已去世，因此，孔德成刚出生三个月就于1920 年承袭衍圣公的公爵封号。[②]

其三，兄终弟及。

现有史料中只有四例：

第三十二代孔悊，系孔长孙的次子，其兄孔英悊被封为奉圣侯，但早卒无子，隋炀帝即封嗣悊为绍圣侯。[③]

第四十七代孔若虚，为孔宗愿次子，因其兄孔若蒙袭封衍圣公后坐事夺爵而袭封。若虚卒后，仍以若蒙长子端友袭封衍圣公。[④]

第五十代孔摠，系孔璠次子。在其兄孔拯袭封衍圣公无子后，继兄承袭爵号。[⑤]

第六十一代孔宏泰，系孔承庆次子。承庆长子宏绪袭封后，"以宫室逾制"被劾夺爵，有臣"乃据宋若蒙、若虚故事以请"，明帝就"命其弟宏泰代袭，而后仍归其子"[⑥]。

其四，孙承其祖（即"为祖后"）。

史料中仅存有两例：

第六十一代孔宏绪，为孔彦缙之嫡长孙，其父孔承庆未袭爵即卒，由其代父承爵位。[⑦]

第六十八代孔传铎，其长子孔隽二十多岁卒，未袭爵；后来孔传铎重病染身，于雍正九年（1731 年）"以沉疴难起，上疏乞休。蒙恩予告，而以长孙袭世爵"[⑧]。即孔传铎的衍圣公爵位由其长子长孙孔广棨袭承。因孔广棨当时只有十二岁，孔传铎又年老多病，故日常府务就由小衍圣公的两位叔父孔继汾、孔继涑主持。[⑨]

在后一袭爵案中，孔传铎之所以"上疏乞休"，请求皇帝批准由孔广棨继爵，笔者认为也许与孔广棨年龄不足十五岁有关。因文献记载：自明天启年（1621 年）起，衍圣公长子至十五袭成为定例。当然，尽管年龄偏小，但这毕竟是孙子而非长子。同时，这两例"孙承其祖"的情况也符合自周而成的宗法继承原则，与嫡长子继承原则并不矛盾。"周道，太

---

① 参见山东省曲阜市孔子博物院存明清时期孔府档案，具体编号略。

② 参见《孔子世家谱》（孔广彬纂，孔传堉修）、《阙里广志》（（清）宋际等撰）。以上古籍均藏于中国国家图书馆。

③ 参见《孔子世家谱》（孔广彬纂，孔传堉修）、《阙里广志》（（清）宋际等撰）。以上古籍均藏于中国国家图书馆。

④ 参见《孔子世家谱》（孔广彬纂，孔传堉修）、《阙里广志》（（清）宋际等撰）。以上古籍均藏于中国国家图书馆。

⑤ 参见孔继汾撰：《阙里文献考·世系》，馆藏地点：中国国家图书馆。

⑥ 孔继汾撰：《阙里文献考·世系》，馆藏地点：中国国家图书馆。

⑦ 参见孔继汾撰：《阙里文献考·世系》，馆藏地点：中国国家图书馆。

⑧ 山东省曲阜市孔子博物院存明清时期孔府档案，具体编号略。

⑨ 参见山东省曲阜市孔子博物院存明清时期孔府档案，具体编号略。

子死，立嫡孙"①。也就是由嫡孙直接继承祖父的身份（爵位）等，它与现代继承法中的代位继承极为相似。

其五，嗣子继承。

在中国传统的观念中，人们生儿育女的目的就是延续宗祧（继嗣）及老有所养。其中的延续宗祧则是使祖先永享后嗣的祭祀，而祭祀又是由男系子嗣承担的，所以，如果某男性婚后未育或虽育无子，就被称作绝嗣或绝祀。为了延续宗祧及老有所养，在没有亲子的情况下，就要养他人之子为己子，亦称"拟制亲子"②。不过，以延续宗祧为目的养子只能是同宗之后，如"为人后"、"同宗则可为之后"③等。习惯上又称这种同宗养子为"嗣子"、"立嗣子"等。在现存有关孔氏家族的史料中，涉及嗣子袭爵的有以下六例：

第二十一代孔羡，系第二十代衍圣公孔完的弟侄。因孔完袭侯无嗣，而由其弟孔瓒之长子孔羡承嗣袭侯。④

第四十六代孔宗愿，系孔宜次子孔延泽的长孙，因孔宜嫡长子孔延世的长子孔圣佑袭公爵后绝嗣，就由宗愿"维圣佑"承袭公爵。⑤

第四十九代孔玠，因其伯父孔端友袭爵后无嗣而"奉端友祀"承袭公爵。⑥

第五十三代孔涓，为第五十一代衍圣公孔元措弟孔元紘之长孙。孔元措年老无子，就将孔涓抚育为嗣，之后由孔涓袭爵。⑦

第六十五代孔衍植，系孔闻韶次子孔贞宁的长孙。因第六十四代衍圣公孔尚贤（孔闻韶长子贞干之子）二子早卒，就由孔衍植袭封公爵。⑧

第七十三代孔庆镕，为第七十二代衍圣公孔宪培之弟宪增的长子。因孔宪培未育，就过继侄儿孔庆镕为子。孔庆镕在十岁时即袭爵位。⑨

以上六例，有四例是由其侄辈继嗣袭爵，另两例由其弟孙辈或重孙辈继嗣袭爵。但无论如何，都是出于一个共同的目的：保持大宗的祭祀继续，大宗不可绝。

以上分为五个层次，分析了孔氏家族爵位继承的继嗣情况。

2. "继嗣"并列的"继统"

所谓"继统"，也就是在被继承人年老体弱时，被继承人就把其宗子的地位传给合适的继承人，这里体现出了被继承人对继承人的主动性。对此，有学者称之为"生前继承"⑩，

① 叶孝信主编：《中国民法史》，157、221、398页，上海，上海人民出版社，1993。

② 《礼记·丧服传》，宋余仁仲万卷堂家塾刻本，北京，北京图书馆出版社，2008。

③ 《孔子世家谱》（孔广彬纂，孔传堉修），馆藏地点：中国国家图书馆。

④ 参见《孔子世家谱》（孔广彬纂，孔传堉修），馆藏地点：中国国家图书馆。

⑤ 参见《孔子世家谱》（孔广彬纂，孔传堉修），馆藏地点：中国国家图书馆。

⑥ 参见《孔子世家谱》（孔广彬纂，孔传堉修）、《阙里文献考》（孔继汾撰）、《阙里广志》（（清）宋际等撰）。以上古籍均藏于中国国家图书馆。

⑦ 参见《孔子世家谱》（孔广彬纂，孔传堉修）、《阙里文献考》（孔继汾撰）、《阙里广志》（（清）宋际等撰）。以上古籍均藏于中国国家图书馆。

⑧ 参见民国《续修曲阜县志（卷二）·尚贤志》，馆藏地点：中国国家图书馆；《孔府档案》，馆藏地点：中国国家图书馆。

⑨ 参见叶孝信主编：《中国民法史》，398、157、221、398页，上海，上海人民出版社，1993。

⑩ 山东省曲阜市孔子博物院存明清时期孔府档案，具体编号略。

以示与"继嗣"中被继人死后才发生的继承有所区别，在现有的涉及孔氏家族的史料中，"继统"只有一例，即前面已经分析过的孔广棨继承其祖父孔传铎公爵例。孔广棨是集生前继承与代位继承于一体。

3. "临时摄爵"

除上述"继嗣"与"继统"外，在孔氏家族的爵位承袭过程中还发生过更特殊的情况，即在继爵者待定而被继承人已亡的情况下，由同宗一长者暂主府务，也可以称之为"临时摄爵"。这一事例发生在孔氏第七十六代衍圣公与第七十七代衍圣公交替之际。

第七十六代衍圣公孔令贻，在去北京时病危，此时其侧室王氏怀孕半年左右。于是他在临终前给徐世昌大总统及清逊帝溥仪的遗呈中，提出了如下要求：如其侧室王氏生男，则由其袭爵；如生女，则在同宗之中择合适者袭爵。在未确定袭爵者之前，孔府的所有府务，暂由其叔伯堂兄孔令誉代理。孔令贻去世后，孔令誉及其妻（袁世凯之妹）及他们的独生女儿孔德恭，就由五府搬进孔府居住，暂时行使衍圣公的权力。孔德成出生袭爵后，孔令誉全家又由孔府搬回了五府居住。[①]

4. 其他

孔氏家族作为中国第一大家族，其爵位之高，令其他家族望尘莫及；但这并不能使孔子后人一日袭爵即终生受用。孔氏家族在其发展过程中，也发生过被夺爵、免爵的情况，也有失爵、让爵、冒爵等事情发生。例如：

第十五代孔均在王莽夺权后受封，后因王莽败"失爵"[②]。

第二十六代孔继之为奉圣亭侯，于宋文帝元嘉八年（431 年）因"博塞替祀"被"夺爵"，改封第二十六代孔鲜即孔隐之[③]。

第二十七代孔惠云被封为奉圣侯后，因"重疾失爵"[④]。

第二十九代孔莘嗣爵后，因罪被"夺爵"[⑤]。

第四十二代孔光嗣，其父昭俭袭封文宣公。因"五胡乱华"，曲阜又远离朝廷而使孔光嗣"失世爵"；后任泗水令期间，又为孔府庙户孔末所害。同时，孔末在将孔子后裔"翦灭殆尽"后入主孔府，夺爵印，冒封爵。[⑥]

第四十七代孔若蒙，于宋熙宁元年（1068 年）袭衍圣公，又于宋元祐元年（1086 年）

---

① 参见《孔子世家谱》（孔广彬纂，孔传埙修），《阙里文献考》（孔继汾撰），均藏书于中国国家图书馆。该事例皆发生于南北朝战乱时期，只有此两文献记载，别无他考。

② 《孔子山家谱》（孔广彬纂，孔传埙修），《阙里文献考》（孔继汾撰），均藏书于中国国家图书馆。该事例皆发生于南北朝战乱时期，只有此两文献记载，别无他考。

③ 参见《孔子世家谱》（孔广彬纂，孔传埙修），《阙里文献考》（孔继汾撰），均藏书于中国国家图书馆。该事例皆发生于南北朝战乱时期，只有此两文献记载，别无他考。

④ 《孔子世家谱》（孔广彬纂，孔传埙修），《阙里文献考》（孔继汾撰），均藏书于中国国家图书馆。该事例皆发生于南北朝战乱时期，只有此两文献记载，别无他考。

⑤ 《孔子世家谱·嫡裔考》（孔广彬纂，孔传埙修）、《阙里广志·世系》（（清）宋际等撰）。以上古籍均藏于中国国家图书馆。

⑥ 参见《孔子世家谱·嫡裔考》（孔广彬纂，孔传埙修）、《阙里广志·世系》（（清）宋际等撰）。以上古籍均藏于中国国家图书馆。

"改奉圣公，专主祀事，不任他务"，元符元年（1098 年）"坐事夺爵"，以其弟若虚袭封。①

南宗五十三代孔洙，让爵与曲阜宗弟孔治承袭公爵。②

第五十三代孔洙，系孔元措之弟孔元紘的孙子，为元紘子孔之固的侧室所生，后其母带其改嫁给驱口李氏。孔洙长大后，适值元措年老无子，就由元措领回抚养。而孔洙袭爵后，终日游猎，不认真祭祀，引起孔氏族人的不满，族人联名上书皇帝，说孔洙非孔子后裔而是驱口李氏之子。元宪宗二年（1252 年）下诏免去孔洙衍圣公的封爵。

第五十四代孔思诚承袭其父孔治衍圣公爵。但元延祐二年（1315 年）孔氏族人上书皇帝，说思诚是庶支而思晦是正支。于是仁宗亲自查看孔氏谱牒，遂于 1316 年罢思诚衍圣公爵。③

第六十一代孔元绪，"少贵，多过举"，于成化五年（1469 年）"以宫室逾制，被劾夺爵"④。

总的来看，中国第一大家族——孔氏家族的爵位继承，是与传统的宗法继承原则相吻合的，其中所发生的变故既有政治的、战乱的客观原因，也有孔氏家族本身的原因，如无嗣等情况。

第三节
财产的继承

一、生前继承

现代民法受欧洲法律传统的影响，继承开始时间一般都以被继承人死亡之时为始。然而在中国古代往往是被继承人尚健在，继承就已开始。因此不能生硬地搬用现代民法的概念来看待中国古代的继承。

据儒家所总结的西周礼制，宗法上的继承可分为"继嗣"和"继统"两类。按《仪礼·丧服》注的说明，"继嗣"是指在被继承人死后继承祖先的血统；而在被继承人未死时就已经立嫡指定了继承人，当被继承人年老体衰时往往将自己的地位传给继承人，这种被继承人尚未去世就已实现的继承被称为"继统"。嫡长子被称为"将所传重者"，嫡孙被称为"将上为祖后"，在父祖去世前称"非孤"，如果父祖已死就称"孤"。这种生前就将地位传给继承人的情况在史书记载中颇为常见。最著名的例子如唐高祖、宋高宗、清高宗等未死而传位太子，自称"太上皇"。

关于财产继承也基本如此。战国时秦商鞅变法，规定"民有二男以上，不分异者，倍

---

① 参见《孔子世家谱·嫡裔考》（孔广彬纂，孔传埙修）、《阙里广志·世系》（（清）宋际等撰）。以上古籍均藏于中国国家图书馆。

② 参见山东省曲阜市孔子博物院存明清时期孔府档案，具体编号略。

③ 参见《孔子世家谱·嫡裔考》（孔广彬纂，孔传埙修），馆藏地点：中国国家图书馆。

④ 《阙里文献考·世系》（（清）宋际等撰），馆藏地点：中国国家图书馆。

其赋"[①]。从立法的目的来说当然是为了增加政府的收入，但其副作用是使原来在家长死后才进行的家产分割提前到了家长的生前。这种处分财产的性质如以现代民法的眼光看来，似乎应该算是赠与。但实际上这是提前实现儿子们的继承期待权，可以说是具有继承的性质。西汉初年，陆贾以病致仕，将自己为朝廷出使南越所得赏赐千两黄金，平均分给5个儿子，让他们买地经营产业，自己只留下"安车驷马"，随身带着10名歌舞奏乐侍者及价值百金的宝剑。陆贾和儿子们约好，轮流住儿子们的家，每家10天，如死在哪家，就由哪个儿子主办丧事，并得到"宝剑车骑侍从"[②]。在这个事例中，陆贾的财产处分就具有更明显的继承性质，其与儿子们的约定，颇有今日民法中的遗赠扶养协议的含义。陆贾式的提前处分财产、实现儿子们财产继承的方式，在后世受到普遍的赞扬，"陆贾……古贤达也，所以预我为定分"[③]。模仿陆贾方式在生前就让后代实现财产继承的情况也是极为常见的。

与上述生前就开始继承的情况相反，另一方面的情况是，财产的继承往往也会在被继承人死亡后若干年后才开始。从儒家而言，在居丧期间是绝对不可分家析产的。后世的法律也有这样的要求，如《唐律疏议·户婚》"诸居父母丧生子、及兄弟别籍异财者，徒一年。"明清律依旧有这样的内容，只是把处罚减为杖八十。

总之，中国古代法律对于继承开始时间并不加以僵硬的规定，而以父命为主导因素，以财产的处分能够有利于家族的整体利益、有利于家族的稳定为基本原则。如果要为这种继承制度硬加一个近代民法的称呼，或许可以称之为"生前继承"。即使发展到今天，民间像这样在被继承人去世以前先实现财产继承的现象也是很普遍的。[④]

二、继承份额的平均主义

中国传统法律关于财产继承的顺序基本是：第一顺序为诸子及诸孙（包括嫡子、庶子、婢生子、嗣子、奸生子），第二顺序为在室女、赘婿，第三顺序为出嫁女，寡妻一般作为特殊顺序继承人处理。除金元律之外，嫡庶子基本上均分财产；嗣子，除宋代外，亦同亲生子；对于诸孙的继承份额，法律上也不分嫡庶。

我们在这里所述的继承份额的平均主义，是指诸子均分。

明清关于诸子继承份额的规定，是历代有关法规的继续和发展。"嫡庶子男，除有官荫袭，先尽嫡长子孙。其分析家财田产，不问妻妾婢生，止以子数均分。奸生之子，依子量与半分，如别无子，立应继之人为嗣，与奸生子均分。无应继之人，方许承继全分"[⑤]。据此，可列表如下[⑥]：

---

① （汉）司马迁撰：《史记·商君列传》，北京，中华书局，1959。
② （汉）司马迁撰：《史记·陆贾列传》，北京，中华书局，1959。
③ （后晋）刘昫等撰：《旧唐书·姚崇传》，北京，中华书局，1975。
④ 参见郭建等：《中国法制史》，216～217页，上海，上海人民出版社，2000。
⑤ 《明代律例汇编·户律·户役》，台北，"中央研究院"，1979；田涛、郑秦点校：《大清律例·户律·户役门》"卑幼私擅用财"条附例，北京，法律出版社，1999。
⑥ 参见姚荣涛：《秦汉以来封建财产继承制度的历史考察》，载叶孝信、郭建主编：《中国法律史研究》，323～344页，上海，学林出版社，2003。

明清诸子继承份额表

		嫡庶诸子	奸生子	立嗣子
1	只有嫡庶诸子 m 人	$1/m$	/	/
2	有嫡庶诸子 m 人 及奸生子 n 人	$\dfrac{2}{2m+n}$	$\dfrac{1}{2m+n}$	
3	有奸生子 n 人 及立嗣子 1 人	/	$\dfrac{1}{n+1}$	$\dfrac{1}{n+1}$
4	只有奸生子 n 人			/
5	只有立嗣子 1 人	/	/	100%

上表子嗣身份分为三类，各类应得份额虽有差异，但同类子嗣所得份额均同。因此，诸子均分，尤其是嫡庶诸子均分，乃是中国秦汉以来封建社会继承制度的一大特点。

在西周领主制下，小农的耕地是从领主处取得的份地，虽然不属耕者所有，但每家所耕亩数基本相等。春秋战国时期，土地私有、土地买卖制度形成，必然产生土地继承问题。在诸子中分配土地，有两种模式可供选择，即嫡长继承制和份地分配制，而后者（即每个农户领耕亩数基本相等的份地）离小私有者更近，故人们更乐于选择这种模式。所以可以说，诸子均分制度是与土地私有和买卖制度同时开始的。

商鞅废井田，开阡陌，使民得买卖土地，同时规定"民有二男以上不分异者倍其赋"。这是现存最早的诸子有份原则在法律上的表现。土地私有制在商鞅变法以前既然早已萌芽，故可以认为，商鞅上述规定只是"把现状作为法律加以神圣化，并且要把习惯和传统对现状造成的各种限制，用法律固定下来"[1] 而已。商鞅虽死，秦法未改，这不能不是因为它符合各方面的需要而被政府和黔首接受的缘故。汉代陆贾分财的故事是一个典型例子：

> （陆贾）乃病免，以好畤田地善，往家焉（师古曰：好畤即今雍州好畤县）。有五男，乃出所使越橐中装，卖千金，分其子，子二百金，令为生产严。[2]

陆贾将一千金均分五子，这种均分是被继承人决定的。至于父母亡殁以后的兄弟分割，也有史例可证。东汉"（荆）祖父武，太守第五伦举为孝廉。武以二弟晏、普未显，欲令成名，乃请之曰'礼有分异之义，家有别居之道'。于是共割财产为三分"[3]，按"分异之礼"，许荆与其弟三人分家析产（即分割遗产），各得 1/3，同样实行均分制度。"不患寡而患不均"[4]，平均主义是中国古代礼法的基本原则之一。诸子均分原则的执行，甚至被歪曲为锱铢必较："田真兄弟三人，家巨富而殊不睦，忽共议分财，金银珠物各以斛量，田产生资，

---

① 《马克思恩格斯全集》，第 25 卷，894 页，北京，人民出版社，1974。

② （汉）班固撰，（唐）颜师古注：《汉书·陆贾传》，北京，中华书局，1962。

③ （宋）范晔撰，（唐）李贤等注：《后汉书·循吏·许荆》，北京，中华书局，1965。

④ 《论语·季氏》，沈阳，辽宁出版社，1997。

平均如一，惟堂前一株紫荆树，花叶美茂，共议欲破为三，三人各一分，待明日就截之"①。可见"均"的观念积习之深。

诸子均分制的思想支柱是传统的平均主义。所谓"有国有家者，不患寡而患不均"②，不是从发展生产方面着手，而只是着眼于分配方面，试图用"均"的办法来达到"无贫"，这是平均主义的一个特点。而达到了"均无贫"③，又可臻于"和无寡，安无倾"④，减少民事诉讼，稳定社会秩序，巩固封建专制统治。只能消极地防止子孙贫困和不睦的诸子均分制，正是平均主义对中国社会发生影响的途径之一。

目前，尚未见到足以说明唐代之前已将诸子均分原则制定为法律的确凿资料。唐宋法律规定：

> 应分田宅及财产者，兄弟均分……兄弟亡者，子承父分，兄弟俱亡，则诸子均分。其未娶妻者，别与聘财。⑤

违者加以惩罚：

> （分财）不均平者，计所侵，坐赃论减三等。⑥

此时立法运用诸子均分原则已十分娴熟。总的原则是兄弟均分，诸子均分。兄弟中有死亡者，由死者之子代位继承（即"子承父分"）。但若"兄弟俱亡"，由于各自的子嗣人数不等，如仍"子承父分"，每一继承人实际所得数额可能悬殊，因此立法对均分原则加以变通，即由"俱亡"的兄弟的"诸子均分"，变通为生存的堂兄弟的"诸子均分"。于是对活着的"诸子"是"均"的，但对"俱亡"的"兄弟"则不均了。虽然顾此失彼，却更现实。此外，由于已婚兄弟已取得过一份家产（即支出聘财），而未婚兄弟则否，故又规定"其未娶妻者，别与聘财"，以弥补尚未取得的应得份额，更好地贯彻均分原则。

我们在前面考察继承人范围时，已提到立嗣之子作为拟制的亲子，是法定继承人，立嗣之后如又生子，嗣子与亲子的继承份额也同等。如元代"（唐证无子）过房伊侄唐柱为子，十有二年之后，典雇葛氏方生一男唐桢"。后来唐柱、唐桢为继承遗产提起诉讼，官府判决"应有财产，令唐柱、唐桢均分"⑦。明清也有明文规定："若立嗣之后，却生亲子，其家产与原立子均分"⑧。

但南宋将立嗣子分为"命继"与"立继"两类，所得份额不同："检照淳熙指挥内臣僚奏请，谓：祖宗之法，立继者，谓夫亡而妻在，其绝，则其立也当从其妻。命继者，谓夫

---

① （宋）李昉等：《太平御览·续齐谐记》，北京，中华书局，1960。

② 《论语·季氏》，沈阳，辽宁出版社，1997。

③ 《论语·季氏》，沈阳，辽宁出版社，1997。

④ 《论语·季氏》，沈阳，辽宁出版社，1997。

⑤ （唐）长孙无忌等：《唐律疏议·户婚·同居卑幼私辄用财》所引户令，北京，中华书局，1983；（宋）窦仪等：《宋刑统·户婚·卑幼私用财》所引户令，吴翊如点校，北京，中华书局，1984。

⑥ （唐）长孙无忌等：《唐律疏议·户婚·同居卑幼私辄用财》，北京，中华书局，1983；（宋）窦仪等：《宋刑统·户婚·卑幼私用财》，吴翊如点校，北京，中华书局，1984。

⑦ 《元典章·户部五·家财》"同宗过继男与庶生子均分家财"，北京，中国书店出版社，1990。

⑧ 《历代食货典·户口部·汇考》，馆藏地点：中国国家图书馆；田涛、郑秦点校：《大清律例·户律·立嫡子违法》，北京，法律出版社，1999。

妻俱亡，则其命也当惟近亲尊长。立继者与子承父法同，当尽举其产以与之；命继者，于无在室、归宗诸女，止得家财三分之一。"① "立继嗣子"（即唐律"无子者，听养同宗于昭穆相当者"）对于养父母的义务与亲子同，即赡养服侍养父母和尔后祭祀祖宗。"命继"之子则纯粹出于延续宗祧的需要而为近亲尊长所立，被"命继"之时，嗣父母既已双亡，其所承担的义务，除祭祀外，自无须赡养服侍嗣父母。权利一般应与义务一致，封建立法可能是出于这种考虑，规定命继之子在继承份额的比例上，低于立继之子，在所继承遗产的总额上也有限制："（绍兴元年，即 1131 年，九月二十二日）本司看详户绝之法，依法既许命继……乞将已绝命继之人于所继人家财产，视出嫁女等量法许分给。户部看详，欲以本司所申，如系已绝人家，有依条合行立继之人，其财产依户绝出嫁女法，三分给一，至三千贯止，余依现行条法。从之。"② 命继之子虽然原则上可继承嗣父母遗产的 1/3，但按此比例所得遗产却不得超过三千贯。

金代法规对诸子均分原则的贯彻，不同于唐宋："应分家财，妻之子各四分，妾之子各三分，奸良人及辛婢子各一分。"③ 此亦为元代所沿袭。

《元典章》载有依此判处的案件：

至大二年（1309 年）正月，袁州路奉江西行省札付，近据龙兴路申，吴震告元雇到蒋梅英为妾，后因前潭州路等处勾当，有蒋英与父吴彦礼私通，生男寿生、同生，争要家财，等事。得此移准中书省咨送礼部，检照旧例（即前引金代法规，略）。为此本部参详，吴震雇到蒋梅英曾生一女，在后伊父吴彦礼却与私通，生到寿生、同生二人，见争家财，比依奸良人之子例，拟合一分，检力与吴震同当差役。④

金代制定、元代沿用的上述法规，虽然在继承份额上嫡庶有别，但每一身份相同者所得份额还是相等的。足见诸子均分原则即使在金元时也未被摒弃。⑤ 而且按照元代"分分之例"，庶子得与立嗣之子均分家产。皇庆元年（1312 年）有周自思（立嗣之子）与其庶弟周再一、周再三为继承遗产事诉至官府，官府判决："若论分分之例，周自思虽是过房，原系嫡侄立为长子，入籍三十余年。再一、再三即系庶出，若将周桂发（嗣父，被继承人）应有家财分作四分，内际留阿曾（庶母）养老一分外，余有田产财物，令周自思、再一、再三，三分另居，停当差役。侯阿曾尽其终身，抛下养老田产至日，三子再行平分"⑥。"同宗

<hr>

① 中国社会科学院历史研究所宋辽金元史研究室点校：《名公书判清明集·户婚门·立继类》"命继与立继不同·再判"，北京，中华书局，1987。

② （清）徐松辑：《宋会要辑稿·食货》，北京，中华书局，1957。

③ 《元典章·户部五·家财》所引金例，北京，中国书店出版社，1990。

④ 《元典章·户部五·家财》所引金例，北京，中国书店出版社，1990。另，同书尚有"补庶分家财例"："至元十一年二月，大名路承奉中书户部符文来甲，绣女匠孙伴哥与兄孙成两争故父孙平抛下房院，取责得孙成状，称弟伴哥母阿于系故父买到，在后为妻，生弟伴哥。府司若将见争房屋令孙成与弟伴哥均分两停，应当差役诚恐未应。乞照详省部相度，孙成、妻之子，孙伴哥、系婢生之子，据所抛房屋事理以十分为率，内八分付荪成为主，二分付孙伴哥为主外，据孙成等户下匠役亦验上项分数应当合下。仰照验施行。"份额比例显见亦按金代旧例计算，但这里也体现了权利与义务的一致性。

⑤ 参见《元典章·户部·家财》，"诸子均分财产"案例，北京，中国书店出版社，1990。

⑥ 《元典章·户部·家财》，"过房子与庶子分家财"条，北京，中国书店出版社，1990。

过继男与庶生子均分家财"①，为元代法规所确认，这与明清"立嗣之后却生亲子，其家财与原立子均分"② 的规定同一性质。立继之子是拟制的嫡子，而且具有"长子"身份，庶子与拟制的嫡长子可以均分遗产。所以，即使在元代，嫡庶有别也非绝对。总之金元时实行"嫡庶有别"的诸子均分制，虽然不同于此前的诸子均分制，但毕竟仍是多子继承制，而且也贯彻了均分原则，仍然适应于当时的经济形态。

明清嫡庶无别、诸子均分的法规，前已论及。从总体上说，诸子均分制是导致中国封建社会地权分散的原因之一，也有利于封建专制统治。但对于家庭中没有独立生活能力的兄弟，却是取得生活资料的一种微薄的法律保障。

三、代位继承与越位继承

面对财产继承与身份继承的分离，唐代法律"应分条"对于孙辈与祖辈的继承关系作出了相应的规定：一般情况之下，父亲先于祖父死亡的，孙子可以依据"兄弟亡者，子承父分"之规定，继承其父亲的那份应继承的财产额。此为典型的代位继承。

但是，如果父辈兄弟俱于祖父前死亡，按照"应分条"，"兄弟俱亡，则诸子均分"之规定，孙辈就可以直接平均分割祖父的财产。这里，孙辈是越过父辈直接实现了对祖父遗产的继承。因此，可以将其称之为"越位继承"。

四、遗嘱继承

（一）一般条件下的遗嘱继承制度

1. 汉代③

在汉代，继承权往往通过被继承人的生前遗嘱来实现。

江苏扬州仪征胥浦101号汉墓出土的平帝元始五年（5年）《先令券书》，内容如下：

> 元始五年九月壬辰朔辛丑亥，高都里朱凌，卢（庐）居新安里，甚接其死。故请县、乡三老、都乡有秩、左里陈（师）、田谭等，为先令券书。
>
> 凌自言：有三父，子男女六人，皆不同父。〔欲〕令子各知其父家次，子女以君、子真、子方、仙君，父为朱孙。弟公文，父吴衰近君。女弟弱君，父由阿病长宾。姬言：公文年十五去家，自出为姓，遂居外，未尝持一钱来归。姬予子真、子方自为产业。子女仙君、弱君等贫，无产业。五年四月十日，姬以稻田一处，桑田二处，分予弱君。波（陂）田一处，分予仙君，于至十二月。公文伤人为徒，贫无产业。于至十二月十一日，仙君、弱君各归田于姬，让予公文。姬即受田，以田分与公文。稻田二处，桑田二处，由界易如故，公文不得移卖田予他人。

---

① 《元典章·户部·家财》，"同宗过继男与庶生子均分家财"条，北京，中国书店出版社，1990。

② 《明代律例汇编·户律一·户役》，台北，"中央研究院"，1979；田涛、郑秦点校：《大清律例·户律·户役》"立嫡子违法"条附例，北京，法律出版社，1999。

③ 本部分的内容的写作参考了徐世虹主编：《中国法制通史·战国秦汉》，第二卷，446～449 页，北京，法律出版社，1999。

时任知者：里陌、伍人谭等，及亲属孔聚、田文、满真。先令券书明白，可以从事。①

券书意为：元始五年九月初十日，高都里朱凌家居新安里，将不久于人世，因此请来县、乡三老、都乡有秩、里师、田谭等人，订立《先令券书》。朱凌自述：家中有三位父亲，子女六人为异父兄弟姐妹。准备让子女各自知道自己的父亲，以君、子真（朱凌）、子方、仙君的父亲是朱孙。弟弟公文的父亲是吴县人衰近君，妹妹弱君的父亲是曲阿县人病长宾。姬（朱凌之母）述：公文十五岁时离家，自取父姓，居住在外，从未带回一枚钱。姬将产业分给儿子子真、子方。因女儿仙君、弱君家贫，无产业，姬于同年四月十日，贷给弱君一处稻田，二处桑田；贷给仙君陂田一处，限期十二月归还。公文因伤人被判处徒刑，家贫无产业。约定至十二月十一日，仙君、弱君各自将田归还给姬，让给公文。姬得田后即以此分给公文。稻田二处、桑田二处的地界依然如故，公文不得将田转卖、借贷给他人。现场证人、担保人有里师、同伍之人田谭，以及亲属孔聚、田文、满真等人。②

"先令"，即预先立遗令之意。《汉书·何并传》：（何并为颍川太守）"疾病，召丞、掾，作先令书目：'告子恢：吾生素餐日久，死虽当得法赙，勿受。葬，为小椁，直容下棺。'"颜师古注："先为遗令也。"同今语之立遗嘱。

通过《先令券书》可以发现诸点：其一，汉代以遗嘱分配财产的现象已经较为普遍。据推测，朱凌可能是一个身份较低的小地主或小土地所有者③，前述沛郡富豪则家訾千万，无论富庶，财产所有人都在临终前安排财产分配。其二，朱凌请来县乡三老及乡吏里吏参与订立遗嘱，表明遗嘱执行将由乡里官吏及亲属族人监督进行，既表现了法定权力与习惯继承的结合，也体现了前者对后者的约束。其三，家长在析产过程中仍具有决定权。朱凌是朱家长子，也是遗嘱的订立者，但在家产的分配中，实际行使权力的是母亲姬。根据姬在遗嘱中的作用不难看出，她和长子对家产具有第一支配权。其四，儿女均有继承权，但继承顺序儿子居先。公文虽然系姬后夫所出，又早年离家居外，以后又判刑服役，长期未在朱家，但在其服刑期满后，将获得由同母异父姊妹处归还的田产使用权，而仙君、弱君从朱家所贷田产的使用权仅有八个月。这也许是二人已从朱家出嫁所致。其五，汉代遗嘱文书的制作已经具有相当的水准。券书包含了订立遗嘱时间、遗嘱者姓名、遗嘱内容、具有公证效力的行政组织官吏、遗嘱见证人及担保人，基本具备了现代遗嘱的要件。"先令券书明白，可以从事"一句，应当是官吏与证人、担保人对遗嘱法律效力的认定，证明遗嘱执行具有法律效力。

汉代的财产继承法是否有制定法行世，苦于史料的缺乏而难以定论。但以《先令券书》的内容见之，继承关系的调整并不仅依赖于习惯法，从官府权力的介入、遗嘱文书的发达，透视出制定法于此并非尚未触及。④

---

① 扬州博物馆：《江苏仪征胥浦 101 号西汉墓》，载《文物》，1987（1）。
② 参见陈平、王勤金：《仪征胥浦 101 号西汉墓〈先令券书〉初考》，载《文物》，1987（1）。
③ 参见扬州博物馆：《江苏仪征胥浦 101 号西汉墓》，载于《文物》，1987（1）。
④ 参见徐世虹主编：《中国法制通史·战国秦汉》，第二卷，446～449 页，北京，法律出版社，1999。

2. 宋代

唐代《丧葬令》载:

> 若亡人在日,自有遗嘱处分,证验分明者,不用此令。①

宋代仁宗天圣四年（1026年）颁布的《户绝条贯》载:

> 若亡人遗嘱证验分明,并依遗嘱施行。②

这说明唐宋两代均承认了遗嘱继承的效力。但是自《户绝条贯》颁布后,宋代法律对遗嘱继承的规定又有了几次修改。根据现存史料及《名公书判清明集》的记载,宋代关于遗嘱继承的规定大致有以下内容:

第一,保护法定继承人的合法继承权。

宋代在承认被继承人的遗嘱的法律效力的同时,也强调了保护法定继承人的合法继承权,即明确了遗嘱继承人的范围。嘉祐遗嘱法规定:

> 财产别无有分骨肉,系本宗不以有服及异姓有服亲,并听遗嘱。③

南宋时,缩小了遗嘱继承人的范围:

> 在法:诸财产元承分人,愿遗嘱与内外缌麻以上亲者,听自陈,官给公凭。④

如果遗嘱中对法定继承人的合法权益有所损害,则视为违法,受害人可以据此向官府起诉。《宋史》卷二九三《张咏传》记载,张咏对一个损害法定继承人权益的案件的审理时,就将该遗嘱认定为无效遗嘱:

> 有民家子与姊婿讼家财,婿言妻父临终,此子裁三岁,故见命掌赀产,且有遗书,令异日以十之三与子,余七与婿。

《名公书判清明集》载:

> 叶氏此田,以为养老之资则可,私自典卖固不可,遗嘱与女亦不可。……《户令》曰:诸财产无承分人,愿遗嘱与内外缌麻以上亲者,听自陈,则是有承分人不合遗嘱也。⑤

第二,有效遗嘱的成立必须经过法定程序。

根据宋律的规定,立遗嘱者须要经官印押,官给公凭。

赵鼎《家训笔录》曰:

> 三十六娘吾所钟爱,他日吾百年之后,于绍兴府租课内拨米二百石充嫁资,仍经

---

① （宋）窦仪等:《宋刑统·户婚律·户绝资产》所引《丧葬令》,吴翊如点校,北京,中华书局,1984。
② （清）徐松辑:《宋会要辑稿·食货》,北京,中华书局,1957。
③ （清）徐松辑:《宋会要辑稿·食货》,北京,中华书局,1957。
④ 中国社会科学院历史研究所宋辽金元史研究室点校:《名公书判清明集·鼓诱寡妇盗卖夫家物业》卷九,北京,中华书局,1987。
⑤ 中国社会科学院历史研究所宋辽金元史研究室点校:《名公书判清明集·继母将老田遗嘱与亲生女》卷五,北京,中华书局,1987。

县投状改立户名。①

《名公书判清明集》中书判：

> 乃谓余氏在日，有此遗嘱……设果有遗嘱，便合经官印押，执出为照。②
> 在法：诸财产无承分人，愿遗嘱与内外缌麻以上亲者，听自陈，官给公凭……今徐二之业，已遗嘱与妹百二娘及女六五娘，曾经官投印，可谓合法。③

以上资料说明，遗嘱必须经过法定的程序，才能成为有效遗嘱，即必须经过官府认可，加盖印章，并发给证明文件。

由官府确认遗嘱的合法有效，其目的有二：一是可以尽量杜绝因造假或伪造遗嘱而引起纠纷，二是政府可以根据遗嘱中的财产数额征收一定的遗产税。高宗绍兴三十二年（1162 年）五月，户部规定：

> 人户今后遗嘱与缌麻以上亲，至绝日合改立户及田宅与女折充嫁资，并估价赴官提契纳税。④

第三，口头遗嘱或未经官府盖章并发放证明文件的遗嘱没有法律效力。

> 其所谓遗言者，口中之言邪？纸上之言邪？若曰纸上之言，则必呈之官府，以直其事矣。若曰口中之言，恐汗漫无足据，岂足以塞公议之口。⑤
> 缪氏母子不晓事理，尚执遗嘱及关书一本，以为已分析之证。此皆何烈在日，作此妆点，不曾经官印押，岂可用私家之故纸，而乱公朝之明法乎！⑥

第四，造假或伪造的遗嘱没有法律效力，要受到法律惩处。

> 荣孙，异姓也，七岁。且遗嘱非真，似难争立。⑦

不仅对于造假或伪造的遗嘱，官府不予认可外，而且法律明确规定对于该行为人情节严重的，要予以制裁：

> 范瑜放荡无藉，乘范大佑神朝奉不禄，安起觊觎，既教唆族人，使子范朝奉垂绝之际，登门伐丧，骗去钱、会，今又敢情其破落，自行诈赖。鞠之囚圄，理屈辞穷，

---

① 《忠正德集》卷十家训笔录，馆藏地点：中国国家图书馆。
② 中国社会科学院历史研究所宋辽金元史研究室点校：《名公书判清明集·父子俱亡立孙为后》卷八，北京，中华书局，1987。
③ 中国社会科学院历史研究所宋辽金元史研究室点校：《名公书判清明集·鼓诱寡妇盗卖夫家物业》卷九，北京，中华书局，1987。
④ （清）徐松辑：《宋会要辑稿·食货》，北京，中华书局，1957。
⑤ 中国社会科学院历史研究所宋辽金元史研究室点校：《名公书判清明集·立继有据不为户绝》，北京，中华书局，1987。
⑥ 中国社会科学院历史研究所宋辽金元史研究室点校：《名公书判清明集·僧归俗承分》卷七，北京，中华书局，1987。
⑦ 中国社会科学院历史研究所宋辽金元史研究室点校：《名公书判清明集·先立一子俟将来本宗有昭穆相当人双立》卷五，北京，中华书局，1987。

即无所谓遗嘱，特凿空诬赖，为骗取钱物之地耳。范瑜勘杖一百，编管邻州。①

第五，寡妇有立遗嘱的权利。

《名公书判清明集》载：

> 寡妇以夫家财产遗嘱者，虽所许，但《户令》曰：诸财产无承分人，愿遗嘱与内外缌麻以上亲者，听自陈。②

> 今却据族长评议，已立渊海继王怡外，更欲立王广汉为圣舆之后。究其所以，乃谓徐氏（按：圣舆之妻）在日，有此遗嘱。③

> 今契勘阿游再立尧萱遗嘱。……官司亦只得听从其说。④

（二）一般条件下的遗嘱继承制度的例外情况

中国古代特别是唐宋两代，由于中国古代法律伦理法的特点，家庭中的家长特别是男性家长被赋予对家庭财产的支配权及尊长的地位，这就使得男性家长作为被继承人时，他拥有一定的遗嘱自由的权利，这也就造成了除上述遗嘱继承制度外，还会有其他例外情况的出现。

诸子均分只是常态，但继承人的范围时有变化。

《晋书》卷三十三《石苞传附子崇传》记曰：

> 崇，字季伦，生于青州，故小名齐奴。少敏惠，勇而有谋，苞临终，分财物与诸子，独不及崇。其母以为言，苞曰："此儿虽小，后自能得。"⑤

1. 诸子均分的财产数额也有变化，可遗赠他人或女婿。

由于家长享有一定的遗嘱自由权利，因此，有时会出现诸子均分一部分财物，而其余财产遗赠给他人。

《旧唐书》卷五十八《刘弘基传》载：

> 弘基遗令给诸子奴婢各十五人，良田五顷，谓所亲曰："若贤，故不及多财；不贤，守此可以免饥冻。余财悉以散施。"⑥

《旧唐书》卷九十六《姚崇传》载：

> 崇先分其田园，令诸子侄各守其分，仍为遗令以戒子孙，其略曰：……比见诸达官身亡以后，子孙既失覆荫，多至贫寒，斗尺之间，参商是竞。岂为自玷，仍更辱先，

---

① 中国社会科学院历史研究所宋辽金元史研究室点校：《名公书判清明集·假伪遗嘱以伐丧》卷八，北京，中华书局，1987。

② 中国社会科学院历史研究所宋辽金元史研究室点校：《名公书判清明集·继母将养老田遗嘱与亲生女》，北京，中华书局，1987。

③ 中国社会科学院历史研究所宋辽金元史研究室点校：《名公书判清明集·父子俱亡立孙为后》卷八，北京，中华书局，1987。

④ 中国社会科学院历史研究所宋辽金元史研究室点校：《名公书判清明集·后立者不得前立者自置之田》卷八，北京，中华书局，1987。

⑤ （唐）房玄龄：《晋书》，北京，中华书局，1974。

⑥ （后晋）沈昫：《旧唐书》，北京，中华书局，1975。

无论曲直，具受嗤毁。庄田水碾，既众有之，递相推倚，或至荒废。陆贾、石苞，皆古之贤达也，所以预为定分，将以绝其后争，吾静思之，深所叹服。

2. 除财产外，土地的承佃权也可遗赠他人。

《名公书判清明集·户婚门·争业上》卷四"子不能孝养父母而依栖壻家则财产当归之壻"一案的判词称：

> 王有成之父王万孙昨因不能孝养父母，遂致其父母老病无归，依栖女壻，养生送死，皆赖其力。……况此项职田，系是官物，其父之遗嘱，其母之状词，与官司之公据，及累政太守之判凭，皆令李茂先承佃……王有成父子不知负罪愿，尚敢怨天尤人，紊烦官司……王有成决竹篦二十。①

3. 被继承人有儿子或养子，但将部分财产遗赠给女儿、女婿。

被继承人在有儿子的情况下，可以以嫁资的形式将部分财产遗赠给女婿。

《名公书判清明集·户婚门·争山类》卷六"争山"一案的判词曰：

> 牛大同乃钱居茂之壻，钱孝良乃钱居洪之子，居茂、居洪嘉定六年置立分书，异居析产，已三十年。淳祐二年，大同葬其母于居茂祥禽乡之山，孝良乃称大同伪作居茂遗嘱，强占山地，有词于县。……居茂既以遗嘱与之……况将遗嘱辨验，委是居茂生前摽拨，与女舍娘充嫁资，其辞鄙俚恳切，虽未为当理，却是居茂亲笔书押……真正自无可疑。……令牛大同凭遗嘱管业，庶几是非别白，予夺分明。

被继承人在有养子的情况下，也可立遗嘱将部分财物遗赠给女儿。

《名公书判清明集·户婚门·遗嘱类》卷八"女合承分"一案称：

> 郑应辰无嗣，亲生二女，曰孝纯、孝德，过房一子曰孝先，家有田三千亩，库一十座，非不厚也。应辰存日，二女各遗嘱田一百三十亩，库一座与之，殊不为过，应辰死后，养子乃欲掩有，观其所供，无非刻薄之论。假使父母无遗嘱，亦自当得，若以他郡均分之例处之，二女与养子各合受其半。今只人与百三十亩，犹且固执，可谓不义之甚，九原有知，宁无憾乎？县丞所断，不记其家业之厚薄，分受之多寡，乃徒较其遗嘱之是非，义利之去就，却不思身为养子，承受田亩三千，而所拨不过二百六十，遗嘱之是非何必辨也。……郑孝先勘杖一百，钉锢，照元（原）遗嘱各拨田一百三十亩，日下管业。

案中未说明二女是否"在室"。若"在室"，按《宋刑统》卷十二《户婚律·卑幼私用财》规定：

> 准《户令》：诸应分田宅者，及财物，兄弟均分，妻家所得之财，不在分限，兄弟亡者，子承父分。兄弟俱亡，则诸子均分。其未娶妻者，别与聘财。姑姊妹在室者，减男聘财之半。②

---

① 中国社会科学院历史研究所宋辽金元史研究室点校：《名公书判清明集》，北京，中华书局，1987。

② （宋）窦仪等撰：《宋刑统》，197页，北京，中华书局，1984。

4. 丈夫立遗嘱将财产由妹妹和女儿继承，剥夺了妻子的继承权。

《名公书判清明集》卷九《户婚门·违法交易类》"鼓诱寡妇盗卖夫家业"一案的判词称：

> 徐二初娶阿蔡为妻，亲生一女六五娘。再娶阿冯，无子。阿冯带来前夫陈十三子，名陈百四。徐二宜立嗣而不立嗣者，盖阿冯母子专其家，不容立也。徐二虑之熟矣，恐身死之后，家业为异姓所攘，乃于淳祐二年手写遗嘱，将屋宇、园池给付亲妹与女，且约将来供应阿冯及了办后事。徐二虽为家业虑，亦未尝不为阿冯虑也，其遗嘱可谓曲尽，阿冯可以生死无憾矣。……今徐二之业已遗嘱与妹百二娘及女六五娘，曾经官投印，可谓合法。……仍仰百二娘照遗嘱供奉阿冯终身，不得背弃。①

由此可以看出，中国古代遗嘱继承的情况是多种多样的，而并非法律规定的只有在"户绝"的条件才可适用。②

由于中国的传统法律一直强调法定继承优于遗嘱继承，因此，遗嘱继承往往仅适用于特殊的条件，如汉代的"先令券书"，唐宋时期"户绝"者依遗嘱处分遗产的原则等。在司法实践中，遗嘱也未得到重视，司法官吏可以对遗嘱随意进行解释。这从另一个侧面反映

---

① 中国社会科学院历史研究所宋辽金元史研究室点校：《名公书判清明集·户婚门·女受分类·遗嘱与亲生女》，北京，中华书局，1987。

② 有的学者认为出现这种情况主要有两个原因：一方面，中国古代家庭或家族共财的习俗上升为礼法，赋予父祖尊长支配家产的特权。如《礼记注疏》卷一《曲礼》曰："父母在，不许友以死，不有私财。"疏曰："不有私财者，家事统于尊，故无私财。"卑幼不得有私财，不得擅用财，一切统于尊长。受这一礼法的制约，"父母产业，父母支拨，为人子者，孰få而违之。"这说明如果户绝之人依遗嘱处分其财产，其继承人是无权干预的。官方法律也明文保护父祖尊长的这一特权。如《唐律疏议》卷十二《户婚律·同居卑幼私辄用财》与《宋刑统》卷十二《户婚律·卑幼私用财》都规定了同居卑幼私用财的罪罚。父祖尊长无须等到临终就可以行使这种财产支配特权，可以根据家庭实际情况一定程度地自由分析财产。例如，将部分财产赠与他人。如《隋书》卷四十七《韦世康传》载："以诸弟位并隆贵，独季弟世约宦途不达，共推父时田宅，尽以与之。"《旧唐书》卷六十三《萧瑀传》载："初，瑀之朝也，关内产业先给勋人。至是特还其田宅，瑀皆分诸宗子弟，惟留庙堂一所，以奉蒸尝。"更为常见的是令子孙析产。《唐律疏议》卷十二《户婚律·子孙别籍异财》"疏议"曰："若祖父母父母处分，令子孙别籍及以子孙妄继人后者，得徒二年，子孙不坐。但云别籍，不云'令其异财'，令异财者，明其无罪。"这就是说父祖若不是让子孙别籍而是让子孙异财，唐律并不加惩罚。异财即由父祖主持分析共有财产，但父祖往往难以做到绝对的平均和公平，尤其是像土地的肥瘠、房屋的朝向、牲畜的老幼、家什的新旧等区分，在析产中根本无法"均平"。一旦家庭内部因分财不均而发生争执，不免要诉诸法律。但传统习俗在更多的场合要求即使分财出现偏向，子孙也要服从尊长意旨，不能埋怨，遑论诉讼。如明代有的乡约说："父母贤明，自是均一，或父母有所偏向，人子亦当养志于父母，推让于弟兄，且自反而思曰：'凡此田宅财帛父母之物也，使当初父母不有此，或遇水火盗贼而失此，又将相争何物。'会众宜以此相劝，不可因田宅财帛小利怨对离间于父母。"可见遗嘱自由是父祖尊长拥有的财产支配特权的延伸，一旦遗嘱有违反法定继承准则之处，传统习俗也要求法定继承人加以认可。另一方面，共财关系中父祖尊长对家产的支配权并不等同于个人所有权。中国古代无论是法律还是习俗强调的都是财产家庭共有，而非个人所有。《唐律疏议》卷十七《贼盗律》"缘坐非自同居"条"疏议"曰："问：老疾得免者，各准一子分法。假有一人年八十；有三男十孙，或一孙反逆，或一男见在，或三男俱死惟有十孙。老者留分？答曰：男但一人见在，依《令》作三男分法，添老一人，即为四分。若三男死尽，依《令》诸子均分，老人共十孙，为十一分，留一分与老者，是为'各准一子分法'。"所以，身为尊长和子孙一样是家庭财产的共有者，所谓"凡同居者同财，尊长之财，即卑幼之财也。"所以，中国古代的父祖尊长在遗嘱中指定继承人时之所以多数场合囿于家庭或家族成员，其原因就在这里。参见姜密：《中国古代非"户绝"条件下的遗嘱继承制度》，载《历史研究》，2002（2）。

出遗嘱继承在中国传统的财产继承中的地位低下。

官府对遗赠的数额，嘉祐之前未见限制，其后一般规定为未满 300 贯者可全部遗赠，未满 1 000 贯的遗产限 300 贯，1 000 贯以上的限总额的 1/3。降及南宋，对遗产继承数额，户绝之家止给 3 000 贯，其余没官，由此可见官府的贪婪。①

明朝还存在遗赠扶养协议，但这种协议仍限定在宗亲范围之内，其内容大致为遗赠人将其财产拨与扶养人名下管业，扶养人对遗赠人负有养老送终之义务。如洪武二十年（1387 年）祁门县王寄保所立遗赠扶养协议就是如此："五都王寄保娶妻陈氏，生育子女，不幸俱已夭亡。今身夫妇年老病疾，虑恐无常，思无结果，同妻商议，将吾分下承祖王祥孙、王德龙经理名目产土，尽数批与侄婿洪均祥、侄女寄奴娘承业，管顾吾夫妻生侍送终殡葬之资；承祀侄婿子女，毋得违文背弃。如违，甘当不孝情罪毋词。自批之后，一听均祥业，毋许家外非故异词争夺。今恐人心无凭，立此批契，永远为照。洪武二十年九月初八日。立批契人：王寄保。中见：谢宁、王志保。"②

五、无人继承及外商客死遗产的处分

（一）唐朝对户绝财产及外商客死遗产的有关规定

唐令中对无人继承的户绝财产，做了详细的规定。唐开元二十五年（787 年）令：

> 诸身丧户绝者，所有部曲、客女、奴婢、店宅、资财，并令近亲（亲依本服，不以出降）转易货卖，将营葬事及量营功德之外，余财并与女（户虽同，资财先别者，亦准此）；无女，均入以次近亲；无亲戚者，官为检校。若亡人存日，自有遗嘱处分，证验分明者，不用此令。③

唐文宗开成元年敕，又对上述令中所规定进行了修改，一是确立了财产分割适用的基本前提，二是增加了官府的稽查责任：

> 自今后，如百姓及诸色人死绝，无男空有女，已出嫁者，《令》文合得资产。其间如有心怀觊望，孝道不全，与夫合谋，有所侵夺者，委所在长吏，严加纠察，如有此色，不在给与之限。④

对于外商客死遗产的处分，唐朝也有明确的法律规定。唐朝对该类遗产处理的基本原则、主体范围及在室姐妹的继承份额均作出了规定：

> 诸商旅身死，勘问无家人亲属（相随）者，所有财物，随便纳官，仍具状申省。在后有识认，勘当灼然是其父兄子弟等，依数却酬还。⑤

---

① 参见《续资治通鉴长编》卷三八三，上海，上海古籍出版社，1986；《名公书判清明集·户婚门》，北京，中华书局，1987。

② 张传玺主编：《中国历代契约会编考释》，1085 页，北京，北京大学出版社，1995。

③ ［日］仁井田升：《唐令拾遗·丧葬令》，770 页，长春，长春出版社，1989。

④ （宋）窦仪等：《宋刑统·户婚》引唐令，吴翊如点校，中华书局，1984。

⑤ （宋）窦仪等：《宋刑统·户婚·死商钱物》所引唐《主客式》，吴翊如点校，北京，中华书局，1984。

唐太和五年颁布（831年）敕令：

> 死商钱物等，其死商有父母、嫡妻及男，或亲兄弟、在室姊妹、在室女、亲侄男，见相随者便任收管财物。如死商父母、妻儿等不相随，如后亲属将本贯文牒来收认，委专知官切加根寻，实是至亲，责保讫，任分付取领，状入案申省。[①]

唐太和八年（834年）又颁布敕令：

> 死商客及外界人身死，应有资财货物等，检勘从前敕旨，内有父母、嫡妻、男、亲侄男、在室女，并合给付。如有在室姊妹，三分内给一分。如无上件亲属，所有钱物等并合官收。

> 死波斯及诸蕃人资财货物等，伏请依诸"客商例"，如有父母、嫡妻、男女、亲女、亲兄弟无相随，并请给还。如无上件至亲，所有钱物等并请官收，更不牒本贯追勘亲族。[②]

从以上三项引文中，我们可以看出，唐代处理外商客死遗产的法律规定已逐渐成熟。[③]

（二）宋代的有关规定

宋律对无人继承的财产及外商客死后遗产的处分，均有详细的规定。

对商旅的遗产继承是这样规定的：

> 诸商旅身死，勘问无家人、亲属者，所有财物随便纳官，仍具状申省。在后，有识认，勘当灼然，是其父兄子弟等，依数却酬还。[④]

对长住我国（五代以上）的外商的遗产，按其遗嘱处分。若无遗嘱，暂由市舶司保管，待其家属或近亲收领。《宋刑统·户婚律》卷十二载：

> 死波斯及诸蕃人，财产货物等，伏请依诸商客例……如无上件至亲（指父兄子

---

① （宋）窦仪等：《宋刑统·户婚·死商钱物》，吴翊如点校，北京，中华书局，1984。
② （宋）窦仪等：《宋刑统·户婚·死商钱物》，吴翊如点校，北京，中华书局，1984。
③ 第一则只是规定了处理死商财产的总原则，其所确认的继承主体并不十分明确，只是用"父兄子弟等"的词句来指明继承主体的范围，易引起纠纷。与后两则规定相比较，其制定的年代当最早。第二则规定已改正了继承主体范围不明确的不足，并加强了程序法方面的规定，以防止妄冒认领。第三则规定则明确了在室姊妹的份额，并对涉外死商财物作了不同于国人的规定。三则规定充分反映了唐人对死商财物这一特殊财产认识的不断深化和社会财产关系的日益复杂，由此确立了唐代处理死商财产的基本制度：（1）客商死亡时若身边有亲属相随，其遗产由其家人亲属收管。亲属的范围包括客商的父母、嫡妻及子、亲兄弟、在室姊妹、在室女、亲侄男。（2）无家人亲属相随，财物由官府收管，承办官府应就此项财物向上级部门书面报告。（3）不随行的亲属认领财产，须持有原籍官府出具的公文，并须有人担保。官府确认无误后，交还全部遗产。（4）至于波斯及诸蕃商人所遗财产，如有家人亲属相随，则由其家人亲属收管。这种涉外继承人的范围，小于国人之间的继承主体的范围，只包括父母、嫡妻、子女、亲兄弟，排除了亲侄男、在室姊妹的继承权。当然，也可能是现今所据的太和令有衍文或漏抄所致。无随行的家人亲属，则所有钱物等一律收归官府，这实际上剥夺了不随行家属的继承权。（5）官府对死商财物的继承一直起着监督、检查的作用，并须申报上级。这充分反映了国家政权对财产的干预作用。参见陈鹏生主编：《中国法制通史·隋唐》，第四卷，610~612页，北京，法律出版社，1999。
④ （宋）窦仪等：《宋刑统·户婚·死商钱物》所引唐《主客式》，吴翊如点校，北京，中华书局，1984。

弟），所有钱物等并请官收。更不牒本贯，追勘亲族。

其蕃人波斯，身死财物，如灼然有同居亲的骨肉，在中国者，并可给付，其在本
上者，虽来识认，不在给付。①

对因战乱所造成的无主财产，后由亲属来认领的问题是这样处理的：

及全家被虏，而有亲属方归之人，亲属谓依条合得财产之人，赴守令听陈诉，逐
官回问仔细，来取索干照契书等。如无文照，限当日勾勒保正长、厢耆邻佑，照征得
实，即时给忖。

对无人继承的财产，《庆元条法事类·道释门》卷五十一载：

诸僧道身死……给官殓，送葬之费数依户绝法。亲限三年许承分人召保请。若出
限或无人承分者，依无人继绍……依户绝法。

值得注意的是《宋刑统·户婚律》卷十二中对"有心怀觊望，孝道不全"和"有所侵
夺者"，及"又不同炊，经三载以上，逃亡，经六载以上"的继承人，规定可以剥夺其继
承权。

宋朝时，由于战争及政府对贪污、劫盗等案件的处理，各地出现了一些户绝及没
官的田产。所谓户绝田产，即"人户断绝之家"留下的田地和财产；没官田产主要是
拘收贪官污吏或籍没劫盗得到的田地和财产，违法交易被官府没收的钱物有时也被籍
入其中。

宋政府把诸路的户绝、没官等田产，常交给提举常平司掌管。绍兴二十年（1150 年）
四月，高宗"以没入官田悉归常平司，禁募民佃种"②。绍兴二十九年（1159 年）七月，高
宗诏令诸路提举常平司官，"躬亲措置没官、户绝等田宅"③。

宋高宗和孝宗两朝，诸路提举常平司对户绝、没官等田产的职责主要是出卖。绍兴二
十九年（1159 年）七月，高宗规定：诸路提举常平官"如能率先出卖数多，仰户部具伸尚
书省取旨，优异推恩；或出卖数少，当行黜责"④。隆兴二年（1164 年）十一月，孝宗诏令
诸路提举常平"依元降出卖没官田产指挥施行"⑤。

宋孝宗以后，诸路提举常平司在出卖户绝、没官田产时，"皆为强豪挟持恃势力，以贱
价买之，官司所获无几"⑥。针对这些问题，朝廷又令诸路提举常平司将户绝、没官之田招
募人耕种，然后将"拘收租课入常平，违者科罪"⑦。宁宗以后，诸路提举常平司在每年年
底，必须将该年拘收的户绝、没官田产情况，置籍向朝廷汇报一次。

---

① （宋）窦仪等：《宋刑统·户婚·死商钱物》所引唐《主客式》，吴翊如点校，北京，中华书局，1984。
② （元）脱脱等：《宋史·高宗纪》，北京，中华书局，1977。
③ （清）徐松辑：《宋会要辑稿·职官四三》，北京，中华书局，1957。
④ （清）徐松辑：《宋会要辑稿·食货六一》，北京，中华书局，1957。
⑤ （清）徐松辑：《宋会要辑稿·食货六一》，北京，中华书局，1957。
⑥ （清）徐松辑：《宋会要辑稿·食货六一》，北京，中华书局，1957。
⑦ 《皇宋中兴两朝圣政》卷六三（淳熙十三年四月庚戌），台北，台湾文海出版社，1982。

（三）元代的有关规定

1. 界定了户绝的概念和户绝继承的条件

世祖建元之前的中统五年（1264 年）八月圣旨：

> 随处若有身丧户绝另无应继之人，谓子侄弟兄之类，其田宅浮财人口头足尽数拘收入官，召人立租承佃，所获子粒等物，通行明置文簿报本管上司转申中书省。①

2. 未户绝而子女未成年情况下的财产继承

如果未户绝，但子女尚未成年，元代法律进行了区别，而且根据不同情况作出了不同的规定：

一是父母双亡，未成年子女的财产继承：

> 若抛下男女十岁以下者，付亲属可托者抚养，度其所需季给。②

二是父亡母在，未成年子女的财产继承：

> 虽有母招后夫或携而适人者，其财产亦官知数。如已娶或年十五以上，尽数给还。③ 若母寡子幼，其母不得非理典卖田宅人口，放贱为良。若有须合典卖者，经所属陈告，勘当是实，方许交易。④

3. 户绝情况下女儿的财产继承

按照元代有关法律规定，只有在户绝的情况下，女儿才享有遗产继承权，而且遗产的继承份额也不多。⑤

---

① 郭成伟点校：《通制条格·户令·户绝财产》，28 页，北京，法律出版社，2000。
② 郭成伟点校：《通制条格·户令·户绝财产》，29 页，北京，法律出版社，2000。
③ 郭成伟点校：《通制条格·户令·户绝财产》，29 页，北京，法律出版社，2000。
④ 郭成伟点校：《通制条格·户令·户绝财产》，29 页，北京，法律出版社，2000。
⑤ 至元八年（1271 年）六月，南京路刘涉川、刘阿王夫妻俱死，无子，仅有二女。一女张阿刘称：先已招张士安作养老女婿，继承家业。驱口（奴婢）告官，争要家财。此案几经反复，左三部断令：银器具 4 付，断付张阿刘；房屋、事产全部断与驱口为主。御史台以为"体例枉曲"，此案"与身死户绝、别无应继之人"不同。要求"户下田宅以三分为率，除一分与女均分，余二分……止合令阿刘女婿张士安为主"。户部与省府以张士安已在其户户下附籍，又非养老女婿，不允许张士安承继刘涉川家产。遂断令："将刘涉川抛下应有财产、驱婢，依例以三分为率，内一分与刘涉川二女，作三分；内二分与张士安妻阿刘，一分与次女赵忠信妻刘三娘"，"外二分官为拘收，通行开坐，申部呈省"。这个案例提到的"依例三分"，应是对户绝情况下官拘收二分、女儿只能承继一分的通例性规定。女子的继承权，只是在户绝情况下，才得享有。本案两女，共分其父三分之一的财产。至元十年七月，耶律左丞投下当差户金定家人节次身死，只有一个 13 岁的女儿旺儿尚存。依元代法律，属典型绝户。户部拟定：金定"抛下地三顷四十五亩，官为知在。每年依理租赁课子钱物，养赡金定女旺儿，候长大成人，招召女婿，继户当差。"都堂批准了这一拟议。这个案件的处理与至元八年案的通例不同，却参照了中统五年法例，主要原因是死者的子女年幼，与已成婚者不同。此案可证明：中统五年圣旨所云"抛下男女十岁以下者"，不仅包括男子，也包括女儿。后者更符合户绝的本义。参见韩玉林主编：《中国法制通史·元》，第六卷，715～718 页，北京，法律出版社，1999。

此外，元代还有未户绝，由弟侄继承财产的情况。①

第四节
女性的继承权

中国传统社会中，男性是主要的继承人，女性在继承权上往往受到歧视，她们不可能有身份上的继承权利，仅仅在特殊情况下可以继承一定的家产。女儿在财产继承上地位极低，其继承权受到种种限制。与儿子在财产继承上的平等相比，女儿的继承权要依其婚姻状况分为在室女、已嫁女、归宗女（已出嫁因某种原因回到父母家居住者）分别对待。由于赘婿的特殊身份和地位，并不享有与子、孙同等的继承权，故将其继承权放在本节论述。

一、妻的继承权

（一）妻

中国传统社会中，家庭财产属家长所有。根据"父母在，不有私财"②的礼制原则和"诸祖父母、父母在，而子孙别籍异财者，徒三年"③的法律规定，这种家长所有，就是父母所有，对父母本身而言，即夫妻共有。在家庭财产关系上，夫妻乃是一个联合体。这个联合体由夫财和妻财两部分组成，其各自的原始取得途径是"男承家产，女承衣箱"④。封建礼法的重要原则之一是男女不平等，夫为妻纲，夫乃是这个联合体的当然代表，是家产的处分人。但夫的这种身份，并不否定妻对家产的所有权，"在法：妇人财产，并同夫为主"⑤。妻死之后，"并同夫为主"的"妇人财产"成为夫的独有财产，夫实际上已继承了妻的遗产。但这时的家产处分人未发生变化，从表面上不易分辨这个继承的法律事实。在特殊情况下，上述继承可能比较明显，如按秦律，妻有罪被捕，陪嫁财物应归其夫所有⑥，此即特殊情况下夫对妻的一种继承。又如唐宋时兄弟分家，"妻家所得之财不在分限（妻虽亡没，所有资财及奴婢，妻家并不得追理）"⑦。说明妻死后，娘家人无权继承其遗产，夫家的

---

① 元代有两例侄伯叔业的法例，实际相当于前述的"另籍侄嗣继"。只不过一例在死后，一例在死前。至元五年七月，平阳路军户郑大年老无嗣，其弟民户郑堪告官要求其子郑挨哥侍养郑大，承继祖业，充当贴户，津济正军。都省批准了，并定下规矩："已后民户内有无子之家，军户内却有承继同宗弟侄，亦仰依上一体施行"。至元六年十一月，南京路钧州范显、范山儿父子相继身故，怀州范显之弟范总帅之子范赞，全家搬至范显家，接管事产。户部以为：范赞既是范显亲侄，有权"承继伊伯户名当差，将抛下人口、事产等物尽行分付本人为主"，都省也批准了。参见韩玉林主编：《中国法制通史·元》，第六卷，715～718页，北京，法律出版社，1999。

② 《礼记·内则》，宋余仁仲万堂家塾刻本，北京，北京图书馆出版社，2008。

③ （唐）长孙无忌等撰：《唐律疏议·户婚·子孙别籍异财》，北京，中华书局，1983。

④ 《中国谚语资料》，上册，上海，上海文艺出版社，1961。

⑤ 中国社会科学院历史研究所宋辽金元史研究室点校：《名公书判清明集·户婚门·争业·妻财置业不系分》，北京，中华书局，1987。

⑥ 参见《睡虎地秦墓竹简》，224页，北京，文物出版社，1982。

⑦ （宋）窦仪等撰：《宋刑统·户婚·卑幼私擅用财》所引唐令，吴翊如点校，北京，中华书局，1984。

其他人也因"妻财不在分限"而不能继承。故妻的遗产只能由其夫继承。

但同时妻也是夫的继承人。"妻者，齐也，与夫齐礼"①，在财产关系上，夫妻互为继承人。夫死后，夫妻共有财产便转变为妻的独有财产，或者说，原先共同财产中夫的份额，已被妻所继承。妻的家产所有权如被侵犯，可以要求法律保护。宋朝"王罕知漳州，州素号多事，知州多以威严取办，罕独以仁恕为之，州事亦治。有老妪疯狂，数邀知州诉事，言无伦理，知州却之，则悖詈。先后知州以其狂，但命徼者屏逐之。罕至，妪复出，左右欲逐之。妪诉本为人嫡妻，无子，其妾有子，夫死，为妾所遂，家赀妾尽据之，妪屡诉于官，不得直，因愤恚发狂。罕为直其事，尽以家赀还之。吏民服其能察冤"②。本案将全部家产判还给嫡妻，说明未亡人取得家产原属合法，若被他人占有，就是"冤"了。唐律"诸祖父母、父母在，而子孙别籍异财者，徒三年"，据律意，父亡而母在者，也应适用，即确认寡妻对亡夫财产的继承。元代规定，"诸兄以立继之子主谋杀其嫡弟者，主谋下手者皆处死。其田宅人口财物尽归死者妻子，其子归宗"③，明确指出妻的继承人地位。自唐至清，均有"寡妻无男承夫分"④的法规，即为强调无子寡妇对亡夫财产的继承权。

(二) 寡妻

由于受"夫为妻纲"的影响，寡妻的继承权只有在守节的情况下才得以实现。对寡妻继承权的规定，最早见于唐《户令》"应分条"："寡妻无男者，承夫分。若夫兄弟皆亡，同一子之分。谓在夫家守志者，若改适，其见在部曲、奴婢，田宅不得费用。"

宋律沿用唐代的规定，《宋刑统》卷十二《户婚律·卑幼私用财》"准"唐代《户令》：

> 寡妻妾无男者，承夫分，若夫兄弟皆亡，同一子之分。

1. 寡妻改嫁，即丧失对前夫财产的继承权。

寡妻"未去一日，则可以一日承夫之分"⑤。有男者不别得分，谓在夫家守志者，若改适，其见在部曲、奴婢，田宅不得费用，皆应分人均分。⑥

宋太宗太平兴国二年（977年）五月丙寅诏：

> 尝为人继母而失死改嫁者，不得占大家财物，当尽付夫之子孙。⑦

南宋时期继续实行这一规定。《名公书判清明集》书判引法令：

> 按《户令》：寡妇无子孙并同居无有分亲，召接脚夫者。前夫田宅经官籍记讫，权

---

①　《白虎通义·嫁娶》（据台湾商务印书馆影印文渊阁本复制），2008。

②　（宋）江少虞：《宋朝事实类苑·官政治绩》，上海，上海古籍出版社，1981。

③　（明）宋濂：《元史·刑法志·杀伤》，北京，中华书局，1975。

④　（宋）窦仪等撰：《宋刑统·户婚》"卑幼私擅用财"条所引唐令："寡妻妾无男承夫分"（该令文中之"妾"字，据中田薰考证为衍文，见《唐令拾遗》246～247页）。

⑤　中国社会科学院历史研究所宋辽金元史研究室点校：《名公书判清明集·户婚门·检校》卷八，北京，中华书局，1987。

⑥　参见（宋）窦仪等撰：《宋刑统·户婚·卑幼私擅用财》，吴翊如点校，北京，中华书局，1984。

⑦　（宋）李焘：《续资治通鉴长编·太宗太平兴国二年五月丙寅条》，（清）黄以周等缉补，卷十八，上海，上海古籍出版社，1986。

给，计直不得五千贯，其妇人愿归后夫家及身死者，方依户绝法。①

2. 寡妻对夫家田产无典卖权，即使其在夫家"守志"，也无例外。

《名公书判清明集》书判引法令说：

> 在法：寡妇无子孙年十六以下，并不许典卖田宅。②
> 又法：诸寡妇无子孙，擅典卖田宅者杖一百，业还主，钱主、牙保知情与同罪。③

3. 寡妻如果有儿子或者养子，当儿子或养子已成年，即与儿子共同享有对家产的处分权。

《名公书判清明集》云：

> 交易田宅，自有正条。母在，则合令其母为契首。兄弟未分析，则合令兄弟同共成契。④

4. 寡妻再婚，招进后夫，即享有对前夫家产的用益权。

寡妇再婚，招进后夫，俚语谓之"接脚夫"。宋代法律规定：

> 妇人夫在日已与兄弟伯叔分居，各立户籍，之后夫亡，本夫无亲的子孙及存分骨肉，只有妻在者，召到后夫。⑤
> 在法有接脚夫，盖为夫亡子幼，无人主家设也。⑥

《名公书判清明集》判词云：

> 前谓阿甘已召接脚夫，不应复为前夫抱养子，便欲籍没其业，则尤未安。妇人无所依倚，养子以续前夫之嗣，而以身托于后夫，此亦在可念之域。⑦

但是对寡妇召进后夫，享有前夫家产的权利，在宋天圣八年（1030 年）规定，寡妇召进后夫以后，"委乡县觉察，前夫庄田知在，不得衷私破卖，隐田入己，别买田产转立后夫姓名"⑧。

宋代的这一规定与以往法律规定相比，有很大的不同，是宋代有关寡妻继承制度的一个亮点。

---

①　中国社会科学院历史研究所宋辽金元史研究室点校：《名公书判清明集·夫亡而有养子不得谓之户绝》，北京，中华书局，1987。

②　参见中国社会科学院历史研究所宋辽金元史研究室点校：《名公书判清明集·继母将养老田遗嘱与亲生女》，北京，中华书局，1987。

③　中国社会科学院历史研究所宋辽金元史研究室点校：《名公书判清明集·鼓诱寡妇盗卖夫家业》，北京，中华书局，1987。

④　中国社会科学院历史研究所宋辽金元史研究室点校：《名公书判清明集·母在与兄弟有分》，北京，中华书局，1987。

⑤　（清）徐松辑：《宋会要辑稿·食货》，北京，中华书局，1957。

⑥　中国社会科学院历史研究所宋辽金元史研究室点校：《名公书判清明集·已出嫁母卖其子物业》卷九，北京，中华书局，1987。

⑦　中国社会科学院历史研究所宋辽金元史研究室点校：《名公书判清明集·夫亡而有养子不得谓之户绝》卷八，北京，中华书局，1987。

⑧　（清）徐松辑：《宋会要辑稿·食货》，北京，中华书局，1957。

至元八年（1271 年）四月，在杨阿马案中，元朝肯定了寡妇继承权。案情是这样的，杨阿马告官：小叔杨世基以阿马无子，将故夫杨世明抛下家财房屋占据，并将女儿兰杨带去，又将妾属陈柱儿收继为妾。户部议定："寡妇无子，合承夫分"，引用先朝旧法，遂断令"杨世基要讫杨世明一分财产并陈柱儿，拟合追付阿马收管"，仍令将兰杨放归，与其母同居，从而肯定了寡妇的继承权。但寡妇继承的本质，只是财产看守人。户部同时规定："据现有财产，杨阿马并女兰杨却不得非理破费销用。如阿马身死之后，至日定夺"[①]。

《大明律·户令》规定："妇人夫亡无子守志者，合承夫分，须凭族长择昭穆相当之人继嗣。其改嫁者，夫家财产及原有妆奁，并听前夫之家为主。"据此，寡妇改嫁将丧失对丈夫财产的继承权。可以这样认为在中国传统社会，寡妻并没有真正意义上的财产继承权。

二、在室女的继承权

唐代法律将在室女与诸子并列为第一顺序的继承人。唐"应分条"规定：分家时其男子"未娶妻者，别与聘财，姑姊妹在室者，减男聘财之半"。这里明显指的是尚未出嫁的女儿即在室女，她所取得的妆奁就是她继承的一份父母的遗产。

宋代法律在女儿财产分配上的规定，尤为详尽，许多为明清法律所沿用。如《宋刑统·户婚律》卷十二规定：

> 今后户绝（无男性子嗣）者，所有店宅、畜产、资财，营葬功德之外，有出嫁女者，三分给与一分；如有出嫁亲女被出（七出），及夫亡无子，并不曾分割得夫家财产入己，还归父母家后户绝者，并同在室人例。

《宋刑统·户婚律》卷十二还规定：

> 姑姐妹在室者，减男聘财之半。

由上知：在室女也有继承权，但继承份额很少，一般仅为儿子的一半，如南宋就依《唐律》规定："在法：父母已亡，儿女分产，女合得男之半。"但如果户绝之家只有在室女，那么"诸户绝财产，尽给在室女"[②]。

继子与户绝家之女的财产分配，《名公书判清明集·户婚门》中有详细记载[③]，表示如下：

继子与户绝家之女财产分配

户绝之家	继子得	女得	没官
只有在室女	1/4	3/4	
有在室并归宗女	1/5	4/5	

---

① 黄时鉴点校：《通制条格·户令·亲属分财》，杭州，浙江古籍出版社，1986；《元典章·户部·家财·寡妇无子承夫分》，北京，中国书店出版社，1990。

② 中国社会科学院历史研究所宋辽金元史研究室点校：《名公书判清明集·户婚门·检校》卷八，北京，中华书局，1987。

③ 中国社会科学院历史研究所宋辽金元史研究室点校：《名公书判清明集·户婚门》引宋初"户令：诸户绝，财产尽给在室诸女"，北京，中华书局，1987。

续前表

户绝之家	继子得	女得	没官
只有归宗女	1/4	3/8	3/8
只有出嫁女	1/3	1/3	1/3
无在室归宗出嫁女	1/3		2/3

当然，如果是户绝之家，在室女和出嫁女都是全部家产的继承人，只是在继承财产份额的比例上有所区别而已，地位也在嗣子之后。

三、出嫁女、归宗女的继承权

《宋刑统》"起请条"规定，只有出嫁女继承时，出嫁女只能得到遗产总额的1/3。

归宗女的继承权，唐律未列。北宋规定与丈夫离婚后没有分得夫家财产的归宗女有继承权，只有南宋对归宗女不加区别，一律以未婚在室女对待。

出嫁女一般不得在父亲死后分割家产，在户绝情况下，虽有继承权，但受到种种限制。如唐开成元年（836年）敕：

> 自今后如百姓及诸色人等死绝无男，室有女已出嫁者，令女合得资产。其间有心怀觊望，孝道不全，与夫合谋有所侵夺者，委所在长吏严加纠察，如有此色，不在给与之限。①

《宋刑统》规定，出嫁女只有在既无诸子诸孙，又无在室女及归宗女情况下，才有继承权。②《宋刑统》卷十二《户绝资产》沿唐旧制，规定：

> 自今后，如百姓及诸色人死绝无男，空［室］有女已出嫁者，令文合得资产。

但是，又有限制："其间如有心怀觊望，孝道不全，与夫合谋有所侵夺者，委所在长吏严加礼察，如有此色，不在给与之限。"这里体现了权利与义务相一致的精神。对于出嫁女可获得户绝之家遗产的规定，《宋刑统》的编修者又补入起请条说：

> 臣等参详：请今后户绝者，所有店宅、畜产、资财，营葬功德之外，有出嫁女者，三分给与一分，其余并入官。如有庄田，均分近亲承佃。

根据宋初的这条法令，出嫁女可以继承户绝资产中的"店宅、畜产、资财"中的1/3，而庄田则"均与近亲承佃"，出嫁女无权继承田产。

仁宗天圣四年（1026年）七月，宋又颁布《户绝条贯》，重申上述规定，并规定无出嫁女，亦可给予出嫁的亲姑姊妹侄一分：

> 今后户绝之家，如无在室女有出嫁女者，得资财、庄宅、物色、除殡葬营斋外，三分与一分，如无出嫁女，即给与出嫁亲姑姊妹侄一分。③

① （宋）窦仪等：《宋刑统·户婚·户绝资产》，吴翊如点校，北京，中华书局，1984。
② 参见张晋藩、郭成伟主编：《中国法制通史·宋》，第五卷，316～318页，北京，法律出版社，1999。
③ （清）徐松辑：《宋会要辑稿·食货》，北京，中华书局，1957。

这条法令同样没有提到出嫁女可以继承田产。其后，以上法令有所变化，至迟在天圣六年（1028 年），出嫁女对于户绝财产的继承，已包括田产在内。天圣六年二月雄州言：民妻张氏户绝，田产于法当给三分之一与其出嫁女。① 从《名公书判清明集》书判看，南宋时期出嫁女的继承户绝财产，都是包括田产的。如以下例证：

> 又准户令：诸已绝之家立继绝子孙（谓近亲尊长命继者），于绝家财产者，止有出嫁诸女者，即以全户三分为率，以二分与出嫁诸女均给，余一分没官。法令昭然，有如日星，此州且之所当奉行者。今欲照上条帖县，委官将汇齐戴见在应干田地、屋业、浮财等物，从公检校抄箚，作三分均分。……将一分付与诸女法。②

仁宗天圣年间开始的出嫁女继承户绝资产包括田产在内的做法，与建隆条法中的出嫁女不继承庄田相比较，显见是一个很大的变化。

哲宗元符元年（1098 年）八月，宋又颁新规：

> 户绝财产尽均给在室及归宗女，千贯以上者，内以一分给出嫁诸女；止有归宗诸女者，三分中给二分外，余一分中以一半给出嫁诸女，不满二百贯给一百贯，不满一百贯全给；止有出嫁诸女者，不满三百贯给一百贯，不满一百贯亦全给，三百贯以上三分中给一分，已上给出嫁诸女并至二千贯止，若及二万贯以上，临时具数奏裁增给。③

四、赘婿的继承权

赘婿的继承人地位，有一个发展演变的过程。

《史记集解》："瓒曰：赘，谓居穷有子，使就其妇家为赘婿"④。赘婿即就婚于女家的男子，俗称"招女婿"。元代赘婿分四种，"一曰养老，谓终于妻家聚活者；二曰年限，与妇归宗者；三曰出舍，谓与妻家析居者；四曰归宗，谓年限已满，或妻亡，并离异归宗者"⑤。（其中，第四种年限满后归宗，并不携妻，与第二种携妻归宗者不同）此外，有一种特殊的赘婿，称"接脚夫"，即"以异姓继寡妇者"⑥。赘婿历来受世俗歧视。贾谊认为，"秦俗日败，故秦人家富子壮则出分，家贫子壮则出赘"⑦。自从父权制代替母权制以来，婚姻制度一般总是要求女到男家就婚。"就其妇家为赘婿者"违反这个惯例，故被视为败坏风俗，名

---

① 参见李焘：《续资治通鉴长编卷（一零六）·天圣六年二月甲午条》，上海，上海古籍出版社，1982；范镇《东斋纪事》亦有相同记载。

② 中国社会科学院历史研究所宋辽金元史研究室点校：《名公书判清明集·命继与立继不同（再判）》，北京，中华书局，1987。

③ 李焘：《续资治通鉴长编》卷五〇一，哲宗元符元年八月丁亥条，上海，上海古籍出版社，1982。

④ （汉）司马迁：《史记·秦始皇本纪》，北京，中华书局，1959。

⑤ （元）徐元瑞撰：《吏学指南·亲姻》，北京，北京图书馆出版社，2004；《居家必用事类全集·辛集》卷十六，馆藏地点：中国国家图书馆。

⑥ （元）徐元瑞：《吏学指南·亲姻》北京，北京图书馆出版社，2004；《居家必用事类全集·辛集》卷十六，馆藏地点：中国国家图书馆。

⑦ （汉）班固撰，（唐）颜师古注：《汉书·贾谊传》，北京，中华书局，1962。

声不佳。另一方面，赘婿所以遭歧视，主要还是由于"家贫无有聘财"①。

赘婿在秦汉时的社会地位极其低下，秦始皇"三十三年发诸尝亡逋人、赘婿、贾人略取陆梁地，为桂林，象郡、南海，以適遣戍"②，赘婿为"七科谪"③之一。汉"孝武帝时，贵廉洁、贱贪污，贾人、赘婿及吏坐赃者皆禁锢不得为吏"④。贾人"弃本务末"，追逐商利，贪官违法乱纪，收受赃贿，两者被视为"贪污"，很可理解。至于赘婿也被并提，看来主要是因为"无有聘财"而"就妇家为赘婿"，大有觊觎女家资财至少是继承一份家产之嫌。由于封建宗法观念的影响，赘婿继承家产的事实，在很长一个历史时期内，未得到法律承认。

以上情况到唐宋时可能有所变化。唐律、宋刑统都没有提及赘婿，不仅如此，为人赘婿还为法律所禁止，"（淳化元年，即 990 年）九月二十一日，崇仪副使郭载言，前使剑南日，见富人家多召赘婿，与所生子齿，富人死，即分其财，贫民多舍其父母出赘，甚伤风化，而益争讼，望禁之。诏从其请"⑤。否定赘婿的主要理由是礼教方面的。于是有"禁川峡民父母在，出为赘婿"⑥之诏。但如果父母死亡而出为赘婿，则不加禁止。在法律限制赘婿，而社会又需要赘婿⑦的情况下，遗嘱成了赘婿取得家产的合法途径。"（宋真宗时，郎简徙知窦州）县吏死，子幼，赘婿伪为券，冒有其赀。及子长、屡诉不直，乃讼于朝。下简劾治，简示以旧牍曰：'此尔翁书耶？'曰'然'。又取伪券示之，弗类也，乃伏罪"⑧。这说明如果该赘婿所持遗嘱（券）确为其岳父所写，他取得家产就合法了。宋神宗时进一步缓解了对赘婿继承遗产的限制，元丰六年（1083 年）"提举河北保甲司言，乞义子孙，舍居婿、随母子、接脚夫等，见为保甲者，候分居日，比有分亲属给半，诏著为令"（"舍居婿"即赘婿）。据此，即使没有遗嘱，赘婿在分居时也可"比有分亲属给半"，取得一定份额的遗产。南宋时，赘婿可以依据遗嘱得到家产、但"若后来有养子（指立嗣之子）、合行均给"⑨。与笼统的"有分亲属"不同，嗣子是法定继承人，赘婿与嗣子有均等继承权利，这是赘婿在继承遗产上获得的法律保障。

赘婿尽管遭受种种歧视而不绝于世，面对这种实际情况，元代统治者不得不承认"今作召赘之家往往甚多，盖是贫穷不能娶妇、故使作赘，虽非古礼，亦难革拨"⑩。从而开始在法律上进一步保护赘婿，"诸有女纳婿，复逐纳他人为婿者，杖六十七，后婿同其罪，女

---

① （汉）班固撰，（唐）颜师古注：《汉书·贾谊传》，应劭注，北京，中华书局，1962。

② （汉）司马迁：《史记·秦始皇本纪》，北京，中华书局，1959。

③ （汉）司马迁：《史记·大宛传》。张晏云："吏有罪，一；亡命，二；女婿，三；贾人，四；故有市籍，五；父母有市籍，六；大父母有籍，七。凡七科。"

④ （汉）班固撰，（唐）颜师古注：《汉书·贡禹传》，北京，中华书局，1962。

⑤ （清）徐松辑：《宋会要辑稿·刑法》，北京，中华书局，1957。

⑥ （元）脱脱：《宋史·太宗本纪》，北京，中华书局，1977。

⑦ 仅有女儿时，为"防老"，招赘养老女婿，靠其养老送终，女婿担负了"养老"之儿的义务，从而取得了继承遗产的权利，故有"女婿为半子"之民谚。为"防老"而招赘，是无子人户的需要，赘婿客观上减轻了社会对鳏寡老人的责任。

⑧ （元）脱脱：《宋史·郎简列传》，北京，中华书局，1977。

⑨ （清）徐松辑：《宋会要辑稿·食货》，北京，中华书局，1957。

⑩ 黄时鉴点校：《通制条格·户令·婚姻之礼》，杭州，浙江古籍出版社，1986。

归前夫，聘财没官"①。明代不但加重处罚这种"逐婿"行为②，而且还有关于招赘女婿的明确规定："招婿凭媒妁，明立婚书，开写养老或出舍年限。止有一子者不许出赘。如养老女婿，仍立同宗应过继者一人，承事祭祀，家产均分，如未立继身死，从族长依例议立"③。至此，赘婿便在事实上可以继承岳父母的家产，正式成为法定继承人。清代沿袭了这一规定。④

---

① （明）宋濂：《元史·刑法志·户婚》，北京，中华书局，1975。

② 《明代律例汇编·户律三·婚姻》（台北，"中央研究院"，1979）："凡逐婿嫁女，或再招婿者，杖一百，其女不坐。男家知而娶音同罪。不知者亦不坐。其女断付前夫"。

③ 《明代律例汇编·户律三·婚姻》（台北，"中央研究院"，1979）："凡逐婿嫁女，或再招婿者，杖一百，其女不坐。男家知而娶音同罪。不知者亦不坐。其女断付前夫"。

④ 参见田涛、郑秦点校：《大清律例·户律·婚姻》男女婚姻之例，北京，法律出版社，1999。

第七章

中国古代财产权的法律形态

中国古代很早就有成文法，然而在体系庞大的成文法中却几乎没有像样的民法规范，直到中国封建社会的最后阶段——清代社会，这种情况都没有发生根本性的变化，以至于中外学者都认为古代中国法律制度的特征是刑事法发达并且以刑事法代替民事法，即所谓"刑民不分，以刑代民"，甚至有学者认为，中国古代只有刑法而没有民法。然而中国古代社会又是一个地域辽阔、人口众多，经济曾经相当发达，而且社会经济关系极其复杂的社会，在这样一个有着丰富多彩的民事关系的社会中，如果说没有或少有民事行为规范的话，那么整个社会又是怎么能够做到协调而有序地运转的呢？中国封建社会延续了数千年，虽然历尽朝代更替，但是其社会经济基础和运行方式却始终未有根本性的变化，如果说没有或少有民事行为规范的话，这个社会的经济运行机制又是怎么能够保持如此的稳定性的呢？显然，认为中国古代社会没有民法或民法不发达的结论是以成文法是中国古代法律制度的全部，至少也是其主体的认识为其预设前提的，尽管近年来许多学者也在挖掘中国古代的民法传统，但是从其研究的视角看，仍然在很大程度上囿于成文法的框架之中。然而法律是什么？有学者跨越传统与现代的不同视阈而将法律这一概念界定为：是特定社会用来调整人们的权利义务关系，并可反复适用，且由获得社会认可的物质力量保障其实施的普遍行为规范。[①] 这一认识给我们以方法论意义上的启示：法律是在一个社会中对社会成员实际起着约束作用的行为规范。以这样的视角观察中国古代社会，我们就会发现中国古代社会的法律远不只是成文法，如果把成文法看作是中国古代社会法律制度的全部内容，那么我们甚至根本无法想象中国古代社会的民事法律关系会简单到什么程度，因为在历朝历代的

---

① 根据这一相对宽泛的概念，该学者认为法律一词蕴含着三个级次的"法律"：一是由尚不稳定和较为脆弱的社会物质力量来保障实施的不成文习惯法，此为初级形态的法律；二是由较为稳定和较为坚固的社会物质力量来保障实施的成文习惯法，此为中级形态的法律；三是由高度稳定、强固的社会物质力量——"国家"来保障实施的国家法，此为高级形态的法律。法律世界的景象是这三种不同层次的法律同时并存，并且在其之间存在着某种互动关系。参见胡旭晟：《20世纪前期中国之民商事习惯调查及其意义（代序）》，载《民事习惯调查报告录》（上册），北京，中国政法大学出版社，2000。值得注意的是，日本学者滋贺秀三在考察清代习惯法的论文中提出了习惯法存在的三种形态：（1）以成文形式汇编的习惯；（2）在判决中被实际引用的民间法谚；（3）被审判所确认的、公认的惯例。滋贺先生判断习惯法的基本立足点是该习惯是否被公认，并且是否在正式的审判中被实际适用。参见［日］滋贺秀三：《清代诉讼制度之民事法源的考察——作为法源的习惯》，载《明清时期的民事审判与民间契约》，北京，法律出版社，1998。

成文法中，属于民事法律的条款的确少到可怜的程度。① 但是，如果我们将视角转向在中国古代社会丰富多彩的民事关系中现实存在着的规则和习惯，便会得出完全不同的结论：中国古代社会存在着大量的民事习惯法，它不仅足以调整社会的经济关系和民事活动，而且具有鲜明的文化特征和法系特征，形成了自己独特的概念体系和权利体系。可见，中国古代财产权制度的法律形态表现为官方成文法和民间习惯法两个方面，尽管社会的统治者对于大量存在的民间习惯法持有一种复杂的心态，将其排斥在成文法的范围之外，但是不能不承认其客观存在，并且通过初级审判机制为其提供一定程度的保护，从而使官方成文法与民间习惯法有机地结合起来。

第一节
官方成文法

早期古代社会中官方的法律和成文法并无必然的联系，法律史学界一些学者认为夏商和西周时期法律的形式主要是礼和刑，也有学者认为还有习惯法。② 学术界普遍认为中国古代社会在春秋时期就出现了成文法，郑国的《刑书》③ 被认为是最早的一部成文法，与晋国的刑鼎、郑国邓析的刑书④共同代表着中国古代社会从不成文法向成文法的变革，在中国古代法制史上具有重大的意义。⑤ 自此之后，历朝历代都制定并公布成文法典，形成了中华法系成文法极为发达的法系特征⑥，并且形成了法、律、令、格、式、例等多种法律形式并用的局面。⑦

一、成文法的发展

中国古代社会早在殷代便有关于私有财产的文字记载。殷墟卜辞中有关货币的文字，表明在当时已经出现以货币为媒介的交换，因而私有财产当已经形成。在当时，社会的行为规范主要是礼⑧，其起源与祭祀有关，并逐渐与天命联系起来。最早以法令形式发布的行

---

① 参见李力：《清代法律制度中的民事习惯法》，载《法商研究》，2002（4）。

② 参见张晋藩主编：《中国法制史研究综述》，19页，北京，中国人民公安大学出版社，1990。

③ 因其内容被铸在铜鼎上又被称为《刑鼎》。

④ 因其内容刻在竹简上又被称为《竹刑》。

⑤ 参见韩浒琪：《论春秋时代法律制度的大演变》，载《中国史研究》，1983（4）。

⑥ 有学者认为中国古代法的演变经过了四个阶段，在春秋以前是习惯法时期，习惯法占主导地位，礼成为习惯法的主要形式，这一时期虽有成文法产生，但不占主导地位；从春秋后期子产铸刑书开始，成文法在各诸侯国普遍发展起来，到秦汉之际法律归一统，这是公布成文法时期；汉武帝时期的"春秋决狱"开始了法律儒家化的阶段；而清末修律则标志着中国古代法律的发展进入了引进西方法律的阶段。参见刘广安：《中华法系的再认识》，130～133页，北京，法律出版社，2002。

⑦ 参见李志敏：《中国古代民法》，5页，北京，法律出版社，1988。

⑧ 有学者认为礼的典籍主要有三：《周礼》、《仪礼》和《礼记》，合称"三礼"，并认为"在民事方面，《周礼》有不少规定"，而"《仪礼》涉及民事的，主要表现在婚姻方面"。参见李志敏：《中国古代民法》，4页，北京，法律出版社，1988。

为规范可能是商代中期盘庚王制定的刑①，而《春秋左传》记载文公六年"宣子于是乎始为国政，制事典，正法罪，辟刑狱，由质要……使行诸晋国，以为常法"，也是制定行为规范的活动。

中国历史上第一部比较系统的成文法典是战国时期李悝制定的《法经》，该法典已经失传，根据《晋书·刑法志》的记载，《法经》当由六篇构成，即一"盗法"，二"贼法"，三"囚法"，四"捕法"，五"杂法"，六"具法"②。《法经》中盗篇居诸篇之首，其内容主要是对侵犯财产权的行为的规定和处罚③，表明当时社会中财产权观念已经相当牢固，国家已经开始用刑罚手段来对财产权利加以保护。湖北云梦县睡虎地出土的秦简抄录了《秦律十八种》的部分内容，包括田律、厩苑律、金布律、工律、军爵律、行书律、司空律等等，其中也有关于农业、手工业和商业方面的法规。在这以后，汉朝制定了《汉律》，因其由九章构成而被称为《九章律》或汉《九章》；魏晋南北朝时的成文法有魏国的《魏律》、晋国的《晋律》、南朝的《齐律》、《梁律》、《陈律》，以及北朝的《北魏律》、《北周律》、《北齐律》等等；隋朝制定了《开皇律》和《大业律》；唐朝制定了《唐律》，并有解释《唐律》的著作《唐律疏议》存世④；宋朝时有《宋刑统》；元朝时制定了《大元通则》；明朝成文法为《大明律》；清朝则有《大清律》，以后又逐渐演变为《大清律例》。唐朝的《唐律疏议》是我国现存最早的一部成文法典，它在很大程度上是以隋朝的《开皇律》为蓝本而制定的，并且成为以后各朝代成文法典的模本。汉《九章》在很大程度上源自李悝的《法经》，在保持了《法经》的六篇以外，又增加了《兴律》、《厩律》和《户律》三篇。《唐律疏议》更进一步将法律的结构扩展为十二章，包括（1）名例；（2）卫禁；（3）职制；（4）户婚；（5）厩库；（6）擅兴；（7）贼盗；（8）斗讼；（9）诈伪；（10）杂律；（11）捕亡；（12）断狱，共计500条（一说为502条）。明初制定的《大明律》也以唐及唐以后各代的法律为蓝本，但是修订后的《大明律》却创立了自己的结构体系，并且被清律所效仿。修订后的《大明律》采取了七门三十目的篇章结构，七门为名例、吏律、户律、礼律、兵律、刑律、工律，在吏律门下分职制和公式两目，户律门下分户役、田宅、婚姻、仓库、课程、钱债、市廛七目，礼律门下分祭祀、仪制两目，兵律门下分宫卫、军政、关津、厩牧、邮驿五目，刑律门下分贼盗、人命、斗殴、骂詈、诉讼、受赃、诈伪、犯奸、杂犯、捕亡、断狱十一目，工律门下分营造和河防两目。《大清律》延续了这一结构体系。

从内容上看，中国古代社会自唐以后的成文法已经趋于稳定，没有太大的变化，但是在形式上却有很大的发展。尽管由于资料的缺乏，人们对秦代法律的形式了解不多，但是根据睡虎地秦简所提供的信息，有学者认为秦代法律已经存在着多种形式，包括律、令、法律解释和例。⑤ 其中律是指以律为名称的法律规范，令是指皇帝针对某一事项颁布的诏

---

① 参见孔庆明、胡留元、孙季平编著：《中国民法史》，1～2页，长春，吉林人民出版社，1996。

② 《中国大百科全书·法学》，99、366页，北京，中国大百科全书出版社，1984。

③ 参见《中国大百科全书·法学》，99、366页，北京，中国大百科全书出版社，1984。

④ 《唐律疏议》也称《唐律疏义》，是唐时长孙无忌奉唐高宗之命，集合全国律学人才撰写的一部解释法律的书，全书分三十卷，十二篇。编成后经皇帝批准颁行天下，"自是断狱者，皆引疏分析之"（《旧唐书·刑法志》）。参见《中国大百科全书·法学》，579～580页，北京，中国大百科全书出版社，1984。

⑤ 参见《中国大百科全书·法学》，478页，北京，中国大百科全书出版社，1984。

令，法律解释是指官方以法律问答的形式对秦律所作的解释，例则是指被称为"廷行事"的司法机关办案的成例。汉代法律除了律以外，还有令、科、比等形式，其中令的性质与秦代类似，科是指就某一律条的适用对象所作的规定，而比则是指决事比，即经过朝廷批准，具有法律效力的断事成例或断案判例，类似于秦代的"廷行事"。晋代法律中出现了被称为"式"的法规形式，《晋书·食货志》称：晋在平吴之后，"又制户调之式"，主要包括户调、占田、课田以及荫族、荫客等方面的规定。① 唐代法律除了前朝已有的律、令、式、例之外，还有格、典、敕等形式，其中格是对一些长期有效的诏敕的汇编，典是关于中央和地方官制的法规大全，敕是诏敕，即皇帝的行政命令，其中有些内容属于法律规范。② 清朝法律也有律、例等形式。一般而言，中国古代历朝法律中的律是刑事规范，主要用来定罪量刑，而令、格、敕等则主要是调整民事或行政活动的法律规范。

二、成文法中的财产权规范

有学者认为在早期古代社会的礼中已经包含了财产权的规范，例如，周代实行大一统的土地国有制，即"溥天之下，莫非王土；率土之滨，莫非王臣"（《诗经·小雅·北山》）。而据传由周公制定的《周礼》中则有关于将国有的土地分配给农户耕种规范的记载。③

然而，中国古代社会的法律发展有着自己独特的形式，由于国家对民间细事采取放任的态度，同时也由于统治者对民众的权利采取漠视的态度，因而与民间事务或民事权利有关的规范始终未能进入官方制定法的视线范围，而是任由民间自发形成的民事习惯加以调整，只有当民间事务或民事权利涉及诸如社会治安或经济秩序等国家利益时，国家才以刑事的，或是行政的手段加以干预。因此，官方成文法主要表现为刑事规范和行政规范，其中虽然也有与民事权利或财产权利相关的内容，但是就刑事规范而言，所涉及的民事权利或财产权利仅是被作为犯罪对象而提及的，作为行政规范，所涉及的民事权利或财产权利仅是作为行政行为的对象而被提及的。从这个意义上说，中国古代成文法中并无现代意义上的民事规范或财产权规范。然而，尽管国家并没有在成文法的层面上明确规定民事权利和财产权利，但是当国家以刑罚的方式对侵犯财产权的行为加以惩罚时，或是以行政的方式维系一种财产关系时，实际上便表明了国家对调整财产权和财产关系的民间习惯或习惯法的认可，"也许更确切地说，律典以对人们违反规范的行为施以过度的惩罚来支持习惯法"④，从这个意义上说，中国古代法律制度通过以成文的刑事规范和行政规范对表现为习惯或习惯法的民事规范或财产权规范加以确认的方式而将其纳入统一的法律体系。因此，透过成文法中的刑事规范和行政规范，我们仍然能够看到掌握立法权的统治者对于民事权利或财产权利的态度，看到其所保护的民事权利和财产权利。

概括地说，中国古代成文法对于私人财产权利的确认和保护主要涉及以下几个方面的内容：

---

① 参见《中国大百科全书·法学》，326 页，北京，中国大百科全书出版社，1984。

② 《唐六典》说："律以正刑定罪，令以设范立制，格以禁违止邪，式以轨物程式。"

③ 参见孔庆明、胡留元、孙季平编著：《中国民法史》，6～7 页，长春，吉林人民出版社，1996。

④ Peter Wesley-Smith, The Source of Hong Kong Law, Hong Kong, Hong Kong Univ-Press, 1994，转引自苏亦工：《明清律典与条例》，51 页，北京，中国政法大学出版社，2000。

第一，对于财产权主体的确认。基于中国古代社会的家族制度和家族观念，官方成文法把家庭或家族看作是财产权的主体，并规定以家庭或家族的尊长作为行使财产权的主体。例如，《元典章·户部五·典卖》规定："凡典卖田宅，皆从尊长画字。"这一规定表明立法者将田宅等财产看作是家庭或家族的财产，其财产权由家庭或家族享有，并且只能由家庭或家族的尊长来行使财产权利。

第二，家庭财产权制度。唐律《名例律》将不孝列为十恶之一，将"祖父母、父母在，别籍异财"规定为不孝的内容之一，从而是一种严重的犯罪。唐以后的法律都沿用了这一规定。明律《集解》将不得"别籍异财"解释为："盖同居共财矣，财虽为公共之物，但卑幼得用之，不得而自擅也。尊长得掌之，不得而自私也。"清律《辑注》也说："一户以内所有田粮，家长主之，所有钱财，家长专之"。

可见，不得别籍异财指的是这样一种事实状态，即家庭成员在一起共同生活，财产为家庭所共有，除了家长外，其他家庭成员可以使用家庭财产，但需经过家长的同意，且不能将家庭财产据为己有，也不能擅自处分；而家长则负责掌管家庭财产，包括对内分配使用家庭财产，对外处分家庭财产。从这个意义上说，家庭是财产权的主体，而家长则是行使家庭共有财产权的主体。中国古代社会的统治者以严厉的刑罚手段对家庭财产权制度加以维护有其意识形态和统治利益的双重考虑，从意识形态看，"孝"是儒家思想的核心理念之一，也是中国古代社会制度最重要的意识形态基础之一。在以家族制度为基础而建立起来的家国制度中，家庭关系中的"孝"和国家制度中的"忠"有着内在的联系，"父为子纲"与"君为臣纲"也具有内在的统一性：在家庭内部，父即为君，而在国家制度中，君即为父。因此，在家庭关系中维护父权的绝对权威，以使家庭成员在"父为子纲"的意识形态中启蒙，对于维系"君为臣纲"的皇权意识有着极为重要的意义。而从统治利益考虑，家庭共有财产制度则构成了维系国家土地所有权的重要基础。中国古代社会自周朝开始就建立起君主将土地分封给臣民的制度，进行土地分配的基本单位就是户，相应地，历朝历代也逐步建立起户籍制度，以便对土地和附随在土地之上的臣民义务进行管理。户是一个制度上的概念，与之相对应的便是家庭。统治者以户为单位分配土地，以户为单位征收税赋，当然希望保持户籍的稳定，因而也就不希望家庭不断地分裂。父母在不得别籍异财的规定不仅强调了家庭财产的共有，以便使家庭所承担的税赋义务的履行获得保障，同时还强调了家庭的稳定，只要有父母在，甚至只要有祖父母在，家庭便不得分裂。可见，中国古代社会家庭财产权制度的意识形态基础是儒家学说中的"孝"的观念，而其制度性实质，则是维系国家土地权利的稳定性，并保障国家税赋权力的实现。

第三，财产的继承制度。① 中国古代社会的财产继承制度也体现着家庭财产权制度的特征。在家庭财产权制度下，财产归家庭所有，但家庭成员却只享有财产使用权，家长掌握着财产的分配和处分权，因此，财产的继承问题便表现为两个方面：其一是由于家长的变更而引起的财产权的变动，其二是由于家庭的分裂而引起的财产权的变动。从严格意义上

---

① 在中国古代法的概念中，继承制度涉及三个方面：宗祧继承、封爵继承和财产继承。广义的宗祧继承包括继承宗祧、继承祭祀和继承地位（王位或爵位），狭义的宗祧继承则不包括封爵继承。参见李志敏：《中国古代民法》，56 页，北京，法律出版社，1988。

宋代兄弟争财图

说，由上述两方面的原因所引起的财产权的变动并不是现代民法意义上的继承问题。在由于家长变更而引起的财产权变动时，引起财产权变动的原因可能是家长死亡，也可能是家长不能履行其家长的责任，后一种情况显然不能归之于现代民法意义上的继承问题，即使是在前一种情况下，只要不发生家庭的分裂，财产权主体便没有发生变化，因而也谈不上继承，如果说有继承发生的话，也只是家长的权利被继承了。由于家庭的分裂而引起的财产权变动，其性质与其说是继承，还不如说是现代民法意义上的分家析产更为恰当，只是这种分家析产是发生在家长死亡之后，且是由于家长死亡所引起的时候，才具有了现代民法中的继承的意义。一般而言，在中国古代社会中，家长的死亡并不必然导致家庭的分裂，即使是在家长已经变更的情况下，如果死亡者的配偶还在，原有的家庭便仍然会延续下去，只有当父母都不在，且一个家庭中有两个以上的成年兄弟时，才会有分家的情况发生。因此，当我们讨论中国古代社会的财产继承制度时，实际上是在说财产权利的变更问题，这一问题与死亡有关，但无论是在内涵和外延上，都与现代民法中的继承概念相去甚远，从某种意义上说，只要家庭不发生分裂，财产是无须继承的，随着家庭或家族的延续，家庭所有的财产权便也一直延续下去，发生变化的，只是行使家长权的人。

　　中国古代社会的财产继承是与家族制度中的家长制和宗祧继承相关联的。由于家庭或家族财产权制度的存在，所以家长地位的继承在财产继承中具有重要的意义，而家长地位的继承是由宗祧继承制度决定的。古代中国在周以后逐步确立了以嫡长子继承为核心的宗祧继承制度，其核心内容是以嫡长子继承家庭或家族的尊长地位。《唐律疏议》将嫡长子继承制度表达为：

　　　　立嫡者，本拟承袭，嫡妻之长子为嫡子。
　　　　无嫡子者及有罪疾，立嫡孙；无嫡孙，以次立嫡子同母弟；无母弟，立庶子；无庶子，立嫡孙同母弟；无母弟，立嫡孙。曾玄孙以下准此。无后者，为户绝。

唐律规定，不依此次序立嫡者，是为违法。如果我们把立嫡看作是继承，或是财产继承的一个前设制度，那么唐律的规定事实上就是一个继承顺序，它详细规定了由谁来作为家长地位的继承人，而一旦继承了家长的地位，也就继承了家长对于家庭财产的分配权和处分权。①

与财产继承相关的另一个问题是分家析产制度。虽然分家析产并不必然意味着财产继承②，但当这种情况发生在家庭尊长死亡的条件下时，便具有了财产继承的性质。中国古代社会早期实行嫡长子继承土地的制度，有学者认为在商鞅变法以后，土地即已实行诸子平分制。③ 唐律规定：

> 应分田宅及财物者，兄弟平分……兄弟亡者，子承父分。

这一规定表明在唐代时，家庭的主要财产都已实行诸子平分制，当兄弟先亡时，则由其子代位继承。《唐律疏议》还对家庭主要财产诸子平分的制度做了更为详细的解释：如果分家析产时家中有老人，则老人也应分得等额的一份；如果兄弟俱亡，则家庭财产在诸兄弟之间等额分配。

在家庭尊长死亡而又无嫡子时，嗣子有继承家庭财产的权利，妇女也有继承财产的权利；既无嗣子也无女时，可以在近亲属间分配继承，无人继承时则将家庭财产入官。在这种情况下，财产分配的性质更接近于现代民法意义上的继承。

第四，财产权保护制度。中国古代社会虽然始终没有在成文法的层面上创设完善的财产权制度，而是由国家权力来控制土地这种农业社会中最重要的生产要素的所有权，除此以外的其他财产权利则主要由民间形成的习惯和习惯法来加以规范和调整，但是，国家也在成文法的层面上通过对财产权的确认和保护来维系整个社会财产制度的稳定性。在中国古代法中，国家使用刑罚手段对侵犯财产权的行为加以处罚，从而使财产权的观念和习惯得到进一步的强化。总体上看，在以刑事规范为主要特征的中国古代成文法中，涉及财产权保护的内容主要包括三种类型：其一是对家长权的保护。中国古代社会的成文法都赋予家长以很高的地位，并极力维护家长的权威。这不仅表现为隋以后的历代法律均以"十恶"中的不孝、不睦等罪名对藐视家庭尊长的行为加以严惩，而且还表现为以法律来确认家长对于家庭事务的绝对权利，唐以后的法律均不禁止家庭尊长殴卑幼，《九朝律考·晋律考》甚至认为晋朝时家长有处死家庭成员的权利。④ 通过对家长权的保护，有效地保障了家长对

---

① 与家长地位继承相关的另一个问题是立嗣，即没有男性后代的家庭在同宗族中选择辈分相当的男性后代作为家长地位的继承人。《唐律疏议》解释户令说："无子者，听养同宗于昭穆相当者。"明清律规定：无子者许令同宗昭穆相当之侄承继，先尽同父周亲，次及大功小功缌麻，如俱无，方许择立远房及同姓为嗣。但是立嗣的顺序似乎不如立嫡子那么严格，《大明律·户律》户役门"立嫡子违法"条附条例规定，如果因特殊的原因不能按照法定的顺序立嗣，则需要通过告官的方式别立；如果宗族对立嗣者不依法定顺序立嗣有意见，也需要通过告官的方式解决，可见立嗣的顺序不是不可改变的。

② 例如唐以后法律虽然禁止祖父母、父母在而别籍异财，但是允许祖父母、父母令其子女异财，因而在这种情况下也会发生分家析产的问题。参见李志敏：《中国古代民法》，53 页，北京，法律出版社，1988。

③ 参见李志敏：《中国古代民法》，60 页，北京，法律出版社，1988。

④ 《九朝律考·晋律考》："法云，谓违反教令，敬恭有亏，父母欲杀，许之。"

于家庭财产的控制，从而维系了家庭财产权制度。其二是对侵权行为的处罚。通过刑事规范对侵犯财产权的行为作出否定性评价，并且以刑罚作为威慑手段来禁止侵权行为的发生。唐律规定有盗窃和强盗罪，明清律中也有盗窃罪。此外，对于其他侵犯财产权的行为也给予否定性评价，例如规定对于夜间无故闯入他人住宅的，主人杀之勿论。官方成文法对于私人财产权的这种态度和相应的刑罚处罚也有效地维护了私人的财产权利。其三是对财产权流转的管理。基于国家对于土地的权利和利益，历朝历代都对土地及地上的房屋权利的流转规定了严格的管理制度，土地和房屋的买卖均须告官，领取、使用官方印制的契文，由官府在契约上盖章确认，并且向国家缴纳契税。尽管国家实施这些管理措施的目的并非是保护私人的财产权利，但是经过官方认可的土地、房屋买卖行为，其财产权的流转当然也得到官府的认可，从而受到官方的保护。

第二节
民事习惯法

中国古代社会的成文法有律、令、格、式、典、敕、例等多种存在形态①，以现代社会的观点看，这些成文法构成了古代社会的法律制度。然而我们已经指出，大量存在的民间习惯和习惯法同样也起着规范人们行为的作用，尤其是在财产关系领域中，习惯和习惯法发挥着几乎是主导性的作用。②

一、情、理与民间习惯

中国古代社会中的习惯和习惯法与儒家学说中的礼有着密切的关系，古代社会早期的行为规范就是从礼发展而来的，而在儒家学说的长期发展中，礼的观念和范畴更是深入到社会生活的每一个领域，构成人们内心世界道德价值的共同标准，也成为民事习惯形成的伦理基础，因此，在中国古代社会，民事习惯和习惯法在很大程度上与表现儒家伦理价值的情和理之间存在着内在的联系。日本学者滋贺秀三曾经从审判依据的角度考察了构成清代社会秩序基础的规范因素。③他指出，清代的成文法构成了"国法"，但"决不是所有或大多数案件中（裁判者的裁判）都引照国法，从数量上看，未提及国法便得出结论的案件更多，甚至即使是引用国法的案件，也未必意味着裁判者严格地受到法律条文的拘束"。事

---

① 参见刘广安：《中华法系的再认识》，132 页，北京，法律出版社，2002。

② 苏亦工在谈到香港对于中国古代法律制度的继承问题时引证说明了"中华帝国的法律包括两种类型：制定法，即律典和条例以及各个地方的习惯规范"，当二者"相一致的时候，民事违法行为通常会受到刑事处罚。当二者相冲突的时候……习惯法发挥着主要的作用"。苏亦工：《明清律典与条例》，51 页，北京，中国政法大学出版社，2000。

③ 滋贺先生的研究，请参见［日］滋贺秀三：《清代诉讼制度之民事法源的概括》，载《明清时期的民事审判与民间契约》，19 页，北京，法律出版社，1998。

实上，清代官吏裁判案件时更多地是以"情"、"理"作为判断的依据。① 滋贺先生在列举了一系列案件的判词后说：

> 情理一词的作用，既有强行性公序良俗的意义，又被作为妥协分担损失的折衷手法而使用；既作为保持数量计算上均衡的大致标准，又作为不是单单论证权利之所在，而是试图调整社会关系整体的原理而存在。总体而言，情理大约只能理解为一种社会生活中健全的价值判断，特别是一种衡平的感觉。②

然而，被裁判者作为裁判依据的"情"、"理"却并不都是其个人的感觉，而是一种得到社会普遍认可的意识形态。中国古代在汉以后确立了儒家文化的正统地位，使之成为主流意识形态，而在隋唐以后，各级官吏便是科举的产物，一般而言，入仕的唯一途径是通过科举考试，即所谓"学而优则仕"。科举考试的形式虽经几次变革而在宋代大体上确立下来，但却始终以儒家经书为其必考的重要内容，人们往往要在《四书》、《五经》中浸淫十数年，甚至是数十年才能考取功名，走上仕途。这时，儒家文化的道德准则和行为标准已经根植于入仕者的意识形态之中，当他们被选任为各级官吏并审判案件时，便成为"儒家化的法官"③。事实上，中国古代社会的官吏不仅基于其自身的修养而以儒家的道德准则和行为规范来作为"天理"和"人情"之依据，而且其审判的性质也决定了他只能遵从儒家的教化来断案。中国古代的审判在很大程度上依赖于裁判者对判决理由的阐述而使当事人服判，因此官吏在审判中特别注重对当事人晓之以理，动之以情，通过道德教化而使他们口服心服地息讼平争。这是一种带有强烈调解色彩的审判，甚至被称为"教谕式的调解（didactic conciliation）"④。显然，以裁判者的个人好恶作为裁判的依据起不到教化的作用，只有居于社会主流文化地位的儒家道德准则和行为规范才能发挥实际的道德约束作用。因此，清代审判实践中作为裁判依据的"情"和"理"都是建立在儒家学说基础之上，而以"礼"的形式存在的道德规范。尽管这种"情"、"理"并不具有实定性，但是作为一种"普遍性判断标准"，仍然可以在广义上"称之为'法律渊源'"⑤。

国内亦有学者对清代官吏审判案件的依据进行了考察。郝铁川引用清光绪年间任陕西省布政使的樊增祥所著《樊山判牍》中的判词，指出契约在一定情况下也可以成为其审判的依据。⑥ 在李泰盛诉王复兴房屋租赁纠纷一案中，樊的判词《批李泰盛呈词》说：王复兴将房屋租给李泰盛时曾同中人言明不准转租别人，但李泰盛却把房屋转租给了别人，因此判定李泰盛腾出房屋交给王复兴。在这里，樊增祥并未引用任何《大清律例》的成文法规

---

① 郝铁川教授甚至认为，"古代中国儒家化的法官向以能运用多重标准——理、情、法——为骄傲，对斤斤计较于成文法条规定者相当鄙视。"参见郝铁川：《中华法系研究》，169 页，上海，复旦大学出版社，1997。

② ［日］滋贺秀三：《清代诉讼制度之民事法源的概括》，载《明清时期的民事审判与民间契约》，34 页，北京，法律出版社，1998。

③ 郝铁川：《中华法系研究》，57 页以下，上海，复旦大学出版社，1997。

④ ［日］滋贺秀三：《清代诉讼制度之民事法源的概括》，载《明清时期的民事审判与民间契约》，21、41 页，北京，法律出版社，1998。

⑤ ［日］滋贺秀三：《清代诉讼制度之民事法源的概括》，载《明清时期的民事审判与民间契约》，20 页，北京，法律出版社，1998。

⑥ 参见郝铁川：《中华法系研究》，170 页以下，上海，复旦大学出版社，1997。

定，便直接依据双方的契约而作出了判决，按照现代法律制度中的观念，这种情况似乎可以用"契约就是双方当事人的法律"，在契约与法律不冲突的情况下契约应当被优先适用的原则来解释。然而在清代，在樊增祥这样的裁判者心目中并不存在契约自由的观念，而且事实上他也经常不依据合同而判案。在侯汝玉诉侯汝成借贷纠纷一案中，侯汝成之父与侯汝玉之父系兄弟，玉父借银二百二十两给成父用于赎身，当时立有字据，双方当事人之父均亡故后，侯汝玉向侯汝成追讨欠款。然而樊增祥却说：弟借兄债，与其他人之间的借贷本不相同，况事隔四十多年，你叔叔与你堂弟无力偿还，你又何须自寻烦恼呢！两个案件都涉及契约，但是裁判者的态度却大不一样，其内心的依据究竟是什么呢？或许我们可以从两个案件所涉的事实中寻找一些线索：第一个案件所涉及的是房屋承租人能否擅自将承租房屋转租他人的问题；而第二个案件所涉及的是兄弟之间的借债关系是否延续到其后代的问题。在前一问题上，清时的惯例是租佃权并不构成"业"，因而承租人不能自行处分，这是佃权与典权以及永佃权的区别；而在后一问题上，清时却没有惯例可循，且依儒家观念和宗族习惯，宗族内部殷实之家有扶持贫困亲属的义务。① 因此，我们或许可以认为，在樊增祥的心目中，前一案件虽无成文法可依，但是却有习惯可循；而后者既无成文法可依，又无习惯可循，因而只能依"情"、"理"裁判了。事实上，清代的契约大多依习惯而立，因而在诉讼中通常都会得到官方的认可②，即使是在后一个案例中，两个当事人的父辈之间订立的借据也会因其符合借债还钱的习惯而获得官方的认可，樊增祥所不认可的只是将兄弟间的借贷关系等同于普通的借贷关系，而且可以将之延续到其后代，而不是其父辈之间的借贷关系本身。可见，在清代的官方审判中，习惯也是裁判的依据之一，正因为习惯能够获得官方的支持，所以才会有契约现象的广泛存在，而按照马克思的看法，契约本身就是"法的形式"③。可见，作为一种"普遍性判断标准"，我们也可以在广义上将存在于中国古代社会中的习惯称之为"法律渊源"，在这个意义上，习惯也构成习惯法。

二、习惯与习惯法的类型和范畴

有学者将习惯法进一步区分为不成文习惯法和成文习惯法两种类型。④ 笔者认为，如果按照该学者的区分标准，那么在中国古代社会中的确存在着这两种类型的习惯法。但是该学者将不成文习惯法界定为初级形态的法律，而将成文习惯法界定为中级形态的法律，这却是笔者所不能同意的。以清代为例，清代成文习惯法大体上包括以下几种类型：（1）宗

---

① 在河北省一个宗族的族规中规定：凡殷实之家，对小功以上贫困亲属不予资助，使其无法正常进行婚丧嫁娶，即使平时并无不端行为，亦削之。参见［英］S. 斯普林克尔：《清代法制导论》，张守东译，101～103 页，北京，中国政法大学出版社，2000。

② 笔者将在以后指出，在某种情况下，甚至习惯与成文法相冲突时，官方的裁判也会依习惯作出。

③ 马克思说："先有交易，后来才由交易发展为法制……这种经过交换和在交换中才产生的实际关系，后来获得了契约这样的法的形式。"《马克思恩格斯全集》，第 19 卷，422～423 页，北京，人民出版社，1963。

④ 参见胡旭晟：《20 世纪前期中国之民商事习惯调查及其意义（代序）》，载《民事习惯调查报告录》（上册），北京，中国政法大学出版社，2000。

族的族规；（2）行会、商会的行规或章程；（3）井规。① 从总体上看，这些成文习惯法的适用范围都非常有限，宗族的族规仅限于一个宗族内部，行规或章程也仅限于行会或商会，井规则仅限于自贡产盐区的某一个井场。从内容上看，除了井规比较完整地涉及盐业生产经营的全过程以外，其他两种类型大多没有很具体的行为规范，例如族规主要是有关宗族组织的规则，其次是宗族事物的管理规则，而族人个人行为的规则却并不是必备的部分，有些就散见于族谱的其他规定或是族产管理规章之中，即使是专门加以规范，也较为抽象，且大多与维护宗族的组织和利益相关。② 然而不成文习惯法却具有普遍适用的价值，不仅在一个地区会形成共同认可的习惯，而且在不同的地区之间也会形成共同的习惯，中国古代社会发生在许多不同地区的民间契约都具有近似的内容，使用相同的概念，表达相同的权利，这一事实清楚地表明了整个社会对民事习惯的普遍认同。此外，民国初年在全国范围内进行的民事习惯调查也表明了这一事实，即绝大部分民事习惯都在全国范围内具有普适性。③ 从内容上看，不成文习惯法也具有广泛适用性，其调整对象已经远远超过家庭和宗族事务的范围，而涉及民事、商事活动的各个领域，构成了整个社会经济运转的主要规范系统。因此，不成文习惯法是在人们的社会活动超出家庭和家族的范围以后形成的规范体系，无论是从其调整的对象看，还是从其在社会生活中的重要性看，都应当处于比族规或行规更为高级的层次。④

在中国古代成文法与习惯法并存的法律体系中，成文法与习惯法在调整对象上各有侧重，成文法主要调整统治者认为对社会构成严重侵害的行为，所采取的手段主要是刑事处罚，因而人们普遍认为中国古代的成文法是以刑法为主体；而习惯法则以大量的家庭事务、民事活动，以及商事活动为调整对象，所采取的手段也以经济手段为主。尽管族规和行规具有自治法的性质，因而包含有私刑的成分⑤，但是超出宗族范围之外的大量民事习惯却完全不具有刑的性质。研究者们往往对习惯法关照不够，因而认为中国古代法律中缺乏民事规范，这种认识并不完全正确。

笔者认为，中国古代民事法律制度经过历代的发展，至清时已经具备了自己独特的体系构架，并且已经形成了基本的民事权利概念体系。清代民间契约所表达的民事习惯所使用的概念体系主要包括"业"、"卖"、"伙"、"保"等基本范畴，以及与此相关的其他权利概念。

---

① 即四川自贡地区在长期的盐业生产经营实践中约定俗成的厂规，同治《富顺县志》卷三十《盐政新增》记载了三个井规，即《桐、龙、新、长四档地主与客人所做客井、子孙井三十班井规》、《邱珰小溪地主与客人二十四口子孙井规》、《上中下节井规》。这些井规与行规相比，有着明显的差别。

② 参见 ［英］S. 斯普林克尔：《清代法制导论》，张守东译，100～101 页，北京，中国政法大学出版社，2000。

③ 参见前南京国民政府司法行政部编：《民事习惯调查报告录》，胡旭晟等点校，北京，中国政法大学出版社，2000。

④ 在清末法制改革中，沈家本、伍廷芳曾主持过大规模的民商事习惯调查，其本意是在立法中吸收民事习惯法，以达到"求最适于中国民情之法则"的目的。参见眭鸿明：《清末民初民商事习惯调查之研究》，21 页以下，北京，法律出版社，2005。尽管在当时的历史条件下这一目的根本无法实现，但是却也表达了立法者将习惯和习惯法法典化的愿望。

⑤ 高其才教授的研究甚至发现有族规规定可以经合族公议而对族人处死的例子。参见高其才：《中国习惯法论》，44 页，长沙，湖南出版社，1995。

这些概念在清代以前的古代社会中既已出现，并且经过漫长时间的发展而逐步确定下来。

"业"的概念所表达的是一种特定的财产权利，其基本含义是基于某种财产而产生的收益权，以及对此收益权的处分权。业的概念构成了中国古代社会财产流转关系的基础。以业的概念为基础的中国古代财产权制度与西方相关制度在基本构造上存在着根本的差别。在大陆法系的法律制度中，对物的占有构成整个物权制度的基础，基于这种所有权又产生出其他用益物权；而在清代的法律制度中，对物的占有在不动产权利体系中却并不具有核心的地位，从某种意义上说，收益权是业的概念的核心部分，而整个不动产，乃至于财产流转制度建立在业的概念基础之上。从表现形式看，业通常以地权（田骨）、永佃权（田皮）①、典权等形式存在，但也会以各种复杂的形式和模糊的中间状态存在。但无论如何，就不动产权利体系而言，以业为中心的权利制度已经能够满足当时财产流转的需要。

与"业"的概念相比，"卖"的概念也许有着更为悠久的历史，甚至在中国古代社会的正式成文法中也有关于卖的规定，但是民间习惯法却更能反映和适应社会生活中大量存在着的买卖关系。古代社会中的买卖关系构成了业权流动的基本形式，并且在这种基本形式的基础上，发展起来诸如"典"、"当"、"押"、"质"等多种存在于卖的过程中的阶段性形式。由于业权的流动需要获得民间习惯法的具有强制性的保障，于是围绕着业权的买卖而发展起了以宗法社会和乡村自治社会的控制力为基础的民间担保制度，这种担保的强制力随着卖的过程的发展面逐步增强，并且使得作为卖的阶段性过程而存在的"典"、"当"、"押"、"质"等关系也具有了不同的担保作用。从总体上看，有关卖的成文法和习惯法也已经能够满足中国古代社会业权流动的需要。

"伙"的概念是古代社会财产权制度中的又一个重要组成部分，其内涵大体上可以表达为：一个可以独立构成"业"的份额。从比较的角度看，"伙"的概念与西方法律制度中的共有、合伙、股份等概念有类似之处，但是它与共有的区别在于伙的各个组成份额具有完全独立的处分权，权利人转让的自由度大于共有权中的共有人，此外，在有些伙的关系中，由伙所构成的整体似乎并不具有可转让性；而与股份关系的区别则在于，伙并不具有社团性，因为在伙这种权利中并不必然包含管理上的决策权，此外，伙的关系也并非必然基于财产权利而产生。在清代，伙的关系大体上表现为三种形式：乡村社会中的伙、合伙经营中的伙、井盐生产中的伙。

中国古代财产权制度中的另一个基本概念是"保"，其基本含义是一个较为完整的交易保障制度。与西方法律制度中的保证制度不同，保的概念不仅包含着为交易行为的实现而提供的人的保证和物的保证制度，而且还在某种程度上包含着对交易标的物，尤其是不动产标的物的权利归属的保证。② 这一目的在现代法律制度中是通过登记或占有而产生的公信力来实现的；而在中国古代社会，保的制度通过保人（中人）、契约代书人、押钱等形式得以实现。由于古代的交易活动大多是即时清结，因而其保证金的制度并未发展起来，但是保的制度作为一个整体，也已经能够满足当时社会交易活动的需要。

---

① 当田皮与田骨合一时，其权利形态类似于现代的土地所有权。

② 英国学者斯普林克尔认为，在清代，雇佣中人或保人，在每一个地方的中国人中，对几乎一切重要一点的交易，都是标准惯例。人们认为亲友与邻居为交易作证，要比任何官契更能使产权生效。参见［英］S. 斯普林克尔：《清代法制导论》，张守东译，133～134 页，北京，中国政法大学出版社，2000。

三、习惯法的运行机制

从总体上说，中国古代社会中的成文法和习惯法不仅各有自己的调整领域，而且各有自己的运行机制。尽管成文法中也有涉及民事关系的规范存在，但即使是成文的国家法中有关民事活动的规范，也表现出与习惯法关注的对象不一致、调整的范围有差别的特征。例如在土地买卖问题上，国家法关注的是交易者是否已经缴纳了交易税，因而规定交易双方在形成契约后需经官方加盖官印，形成"红契"，并且以红契作为国家对土地权利交易加以认可的凭证，而对于官府来说，加盖官印的程序也就是其收取交易税的环节；而习惯法关注的则是这个交易是否有障碍，也就是说，交易是否正当，以及是否能够实现，因而以中人作为其族人、邻居、其他权利人不反对的认可标志。可见在中国古代社会中，国家成文法与民间习惯法在调整范围上是泾渭分明的。

成文法通过正式的官僚机构运行。中国古代有着司法与行政不分的传统，由行政官员负责听讼断狱，直到清朝末年，审判组织与行政组织都未能最后分离。清朝的行政结构大体上分为四级，即：中央行政机构、省行政机构、府行政机构和州、县行政机构，县以下则不设行政机构。在中央以外的各级地方政府都不设专门的审判机构①，地方政府负责官员的首要任务，便是听讼断狱。中央行政机构虽设有刑部、大理寺和都察院，合称"三法司"，作为专门的司法机构，刑部审案，大理寺复核，都察院监督，但司法权却并非由它们所独享。在三法司之外另设吏、户、礼、兵、工五部和通政司，与三法司合称"九卿"。在特殊情况下，一些案件会通过"九卿会审"的方式来审理，因而其他行政机构也部分地享有司法权。② 州、县级行政机构是最基本的法律实施机构，所有案件都要经过县令初审，这一制度自唐以后便一直延续下来。在清代，州县一级的官员虽然可以审理所有的案件，但是其裁决却对处以徒刑以上的案件不生效力，这一部分案件无论当事人是否上诉，都必须将全部案卷连同人犯一起送往上级官府以俟复审，原则上要经过府级再送到省级，合计进行三次审问调查；省级行政机构审理后，涉及人命以及相当于流以上刑罚的案件，还要由巡抚上报到京城的中央政府，但仅限于将案卷送到刑部，人犯已不再送去。刑部审查后流刑案件可以定案，但死刑案件除刑部外还要由都察院、大理寺两个机关来共同审查，审查的结果要上报皇帝，由皇帝做最后的裁决。③ 这种层层上报的审判制度也构成了不同于现代的审级制度④，清代的成文法就是通过这样一种审判制度而得以实施的，在清以前的朝代

---

① 从制度上说，在地方各级除了行政长官或专司审判的官员以外并不存在其他审判组织，但是有学者认为，清朝时无论省抑或州县司法长官，都有正式制度供给的或非正式但普遍存在的专门司法人员辅佐。虽然这些人员没有法律上的地位与权力，但正如清人邵晋通言："今之吏治三种人为之，官拥虚名而已。三种人者：幕宾、书吏、长随也"。参见郭润涛：《官府、幕友与书生》，1 页，北京，中国社会科学出版社，1996。

② 参见郑秦：《清代司法审判制度研究》，25 页，长沙，湖南教育出版社，1988。

③ 参见 [日] 滋贺秀三：《中国法文化的考察》，载《明清时期的民事审判与民间契约》，北京，法律出版社，1998。

④ 按现在的审级制度的观点，案件层层上报复审，构成了诸多审级，有学者认为在清朝时，内自户部、刑部以及三法司、九卿，外自督抚以及州县，约可分为六审：第一级：县、州、厅、直隶州、直隶县；第二级：府、直隶州、直隶厅、分巡道；第三级：按察使、布政使；第四级：督、抚；第五级：户部、刑部；第六级：三法司、九卿。参见林廷琛：《论法院组织法》，40～43 页，上海，上海法学编译社，1937。

中，尽管行政机构的设置可能与清代有所不同，但是其运作的机制大体上是相同的。

习惯法的运行机制与成文法完全不同。同样以清代社会为例，清代县以下不再设行政区划，但在县的管辖区之内另有两个管理系统：其一是自然发展起来的自治；其二是由当局为了自己的目的而设立的管理组织。① 前者以宗族为代表，后者则表现为保甲制度。宗族在家长、族长的领导下，制定宗族规则，组织内部的活动，并且对违反规则者加以种种处罚。保甲制度在中国也有很长的历史，清代建立保甲制度的目的是镇压叛逆，保护守法良民之平安。通常以十户为一牌，十牌为一甲，十甲为一保或里，在城镇，牌和保则称为坊和巷。保的负责人称为地保或保长，通常由当地有资历、声望和能力者担任。有学者认为保长是县官的代理人②，但从保长产生的方式和其作用的实际发挥看，与其说是县官的代理人，不如说是对官府负责的村民代表。③ 保长负责把衙门的要求传给本村村民，还要保证村民能够照办——不管是征税、户口登记、土地交易还是把犯法者或证人送到官府候审，但是其更重要的作用在于以其声望和官方认可的背景来维护本村的秩序。"在村子里，排解纠纷构成了乡村领袖特别是本地'士绅'的大部分职能。"④ 在中国古代，契约纠纷通常不是通过诉讼提交官府解决，而是在乡村中通过里老社长进行调解甚至裁判来加以解决，这"是由来已久的习惯"⑤，甚至就是提交给官府的纠纷，裁判官员也可能会要当事人回去找邻里调解解决。⑥

清代习惯法运行的一个重要特征是与宗族和村落制度结合在一起，以宗族或村落制度作为其运行的基本条件和保障。这不仅是指在发生民事纠纷的情况下需要由宗族或村落组织来对习惯法作出确认，而且是指依据习惯法所发生的交易行为本身便需要宗族和村落制度提供条件。例如在交易过程中，保人（中人）之所以能够具有保证交易标的物的权利归属的作用，便是因为他或者被看作是宗族的代表，或者被看作是村落的代表，以其对交易标的物的直接观察来证明权利出让方没有为虚假表示。⑦ 可见，宗族和村落组织的存在是清代民事习惯法能够有效运行的一个重要的条件，或者换句话说，正是因为存在着宗族和村落这样的自治组织，才发展起了清代那样的不动产和交易习惯法。

宗族内部的自治以宗族习惯法为基本依据，这种习惯法以族规的形式得到表现。几乎每个宗族都有自己的族规，但是不同宗族的族规的内容和存在形式并不一致。很多宗族修

---

① 参见［英］S. 斯普林克尔：《清代法制导论》，张守东译，57～58 页，北京，中国政法大学出版社，2000。

② 参见［英］S. 斯普林克尔：《清代法制导论》，张守东译，58 页，北京，中国政法大学出版社，2000。

③ 这从清政府希望保长发挥的作用和其实际起到的作用之比较可以清楚地看到。清政府希望保长管理村落，发现匪盗等情况及时报告，并组织村民自保，但事实上保长并不能起到这样的作用，因而保甲制度似乎已衰落，官府的希望实际上成为空想。参见［英］S. 斯普林克尔：《清代法制导论》，张守东译，58 页，北京，中国政法大学出版社，2000。

④ ［英］S. 斯普林克尔：《清代法制导论》，张守东译，125 页，北京，中国政法大学出版社，2000。

⑤ 李志敏：《中国古代民法》，128 页，北京，法律出版社，1988。

⑥ 《宋本名公书判清明集·赁屋》记载有胡石壁的判词说："两家既是亲戚，岂宜为小失大，押下本厢，唤邻里从公劝和，务要两平，不得偏党"。

⑦ 由于乡村领袖有责任对土地进行登记并征税，乡民必须把土地转让和析产情况通知他们；而他们登记人口的职责，又使他们了解到婚嫁方面的情况。于是，从理论上说，这些情况也就为全村所知晓。这也正是在遇到诸如土地交易引起的纠纷的时候，何以要邀请乡村领袖公断的另一个原因。参见［英］S. 斯普林克尔：《清代法制导论》，张守东译，138 页，北京，中国政法大学出版社，2000。

有族谱，族规通常是其中重要的组成部分①，也有一些较大的宗族将族规写在木牌上或刻在石碑上，置于宗族祠堂中；未修族谱的宗族也通过族长而将一些不成文的族规代代延续下来。族规的内容通常涉及宗族机构、宗族活动、族产管理，以及维护宗族内部的家族关系和秩序等内容。② 其中有关宗族机构和宗族活动的内容构成宗族的组织基础，而有关族产管理和宗族关系的内容则涉及亲属、继承、土地、借贷等多方面的民事关系，构成习惯法的重要内容。宗族在族长的领导下，按照族规规定的方式运作，而当内部发生纠纷时，族人会依族规调解，调解不成时，由族长召集全族或族内头面人物听取双方意见，然后进行劝告，并公断其是非。对于违反族规的行为宗族可以依族规进行处罚，其处罚方式有：训斥、罚站罚跪、罚款或扣发"分赡"、责打、削族、鸣官，甚至处死。③ 但是族规对于族人的约束恐怕更重要的是表现在宗族对其的认同感上，宗族作为一个对族人来说无论是在精神上还是在物质上都具有归属感的群体，其对族人行为的道德评价具有约束族人遵循其宗族规范的巨大力量。英国学者斯普林克尔对中国人普遍看重的"脸面"和"面子"进行过有益的分析。④ 事实上，"脸面"和"面子"具有复杂的社会含义，其最基本的意义在于个人被其所处群体的认同程度，这种认同对于处在宗族制度中的族人来说极为重要，"脸面"表明宗族对其人格品质的认同，而"面子"则是对其威信和名望的认同，如果失去了"脸面"和"面子"，族人在宗族中的地位便会下降，受到宗族其他人的嘲笑，甚至会被宗族所排斥。正因为如此，因纠纷而"被传唤到全族人或族长面前，本身就是耻辱"⑤，道德约束在维系宗族习惯的过程中发挥着巨大的作用。⑥

第三节
官方法律制度与民事习惯法的融合

日本有的学者一直反复强调，在明清时期的中国古代社会中，国家法律并不对私法关系加以规定调整，而听任民间自由地形成这种关系。⑦ 然而在笔者看来，在封建中国这样一

① 高其才教授对族谱的内容做过专门的研究，参见高其才：《中国习惯法论》，29 页，长沙，湖南出版社，1995。

② 对族规的详细考察清参见高其才：《中国习惯法论》，24 页以下，长沙，湖南出版社，1995。

③ "分赡"是指族人按照族规从宗族领取的补贴，削族是指从宗族族谱中除名，鸣官则是由族众将其扭送官府，族长出面要求官府处理。参见高其才：《中国习惯法论》，42～44 页，长沙，湖南出版社，1995。

④ 参见 ［英］S. 斯普林克尔：《清代法制导论》，张守东译，123 页以下，北京，中国政法大学出版社，2000。

⑤ ［英］S. 斯普林克尔：《清代法制导论》，张守东译，106 页，北京，中国政法大学出版社，2000。

⑥ 《大清律例》是清朝唯一的一部法典，除此之外，还有《大清会典》、《会典事例》，以及各部的《则例》等很多法制编纂物。但是在法律适用的过程中，《大清律例》以外的成文规范在判词中被引用之处几近于无。参见 ［日］滋贺秀三：《清代诉讼制度之民事法源的概括》，载《明清时期的民事审判与民间契约》，北京，法律出版社，1998。

⑦ 参见 ［日］岸本美绪：《明清契约文书》，载《明清时期的民事审判与民间契约》，北京，法律出版社，1998。

个从实体权利配置到意识形态都高度集权的社会中，听任民间私法关系自由地形成和发展是难以想象的。事实上，在古代中国，以君权为核心的政权系统和以族权为核心的家族系统是贯穿整个中国社会的两个组织系统，二者的统一性和互补性决定了正式的成文法与习惯法之间尽管存在着调整对象和调整手段上的诸多差异，但是却非常有效地融合在一起，构成了完整的法律体系。

一、乡村自治的双重性质

乡村自治是中国古代社会的一个重要特征。明清时期，封建官府正式的官僚机构，只到县衙门为止。地方乡官国家不给予薪俸，不是完全的国家官职人员，这些职位多为地方上的大族所控制，有的乡官甚至直接由族长担任。① 乡村社会"在家长、族长、乡村名流、行会主管或专门性协会的组织者（所有这些人因资历、声望、能力而获得其地位）的领导下，自行管理"。"为了在衙门与村庄之间建立联系，且为了在家长与皇帝这一责任连环之间建成一种否则就会空缺的联系，县官在每一个村都找一个代理人"，即地保或保长，"负责把衙门的要求传给本村村民，还要保证村民能够照办"②。

乡村自治的这种结构同样建立在家族制度的基础之上，村庄中的大族③控制着乡村的权力，将村庄纳入其家族的管理，而族规则起着规范的作用。然而，官府代理人的存在却使这种乡村自治具有了双重性质。一方面，乡村自治是家族权利的延伸，使以血缘关系为特征的家族关系进一步表现为以地域关系为特征的社会组织关系；另一方面，乡村自治也是国家制度的一个组成部分，统治者的利益和意志也在乡村自治制度中得到体现。因此，乡村自治是家族和国家这两个因素的重要连接点，在这里，家族通过其内部控制系统而使国家的利益和意志得到实现，而国家则通过承认家族的控制而使家族制度得到进一步的强化。

如果说国家的统治以成文法为基础，而家族控制则是以习惯法为规范的话，那么，在乡村自治这个连接点上，成文法与习惯法便获得了相互协调的利益平衡点。在中国古代社会，控制乡村事务的家族通过承担保障税赋征纳、维护地方治安等责任来表明其对官方成文法的遵守；国家则通过准许家族控制下的乡村自行处理日常事务而承认民间习惯法的规范作用。④ 中国古代社会的许多族规都规定，族内的斗殴、户婚、田土等一般争讼，都要由族长解决，不许擅上官府⑤，而行政当局"只要（其）提出的某些最低限度的要求得到了满足，也就不会再干涉这种'乡村或宗族的自治'"⑥。同时，乡村或宗族的自治并不排斥官方的成文法，相反，习惯法总是寻求并且实际获得行政当局的支持和保护。朱熹在其制定的

---

① 参见刘广安：《中华法系的再认识》，15 页，北京，法律出版社，2002。

② ［英］S. 斯普林克尔：《清代法制导论》，张守东译，57～58 页，北京，中国政法大学出版社，2000。

③ 在南方的许多村庄，家族与村庄甚至在地域上也是重合的。

④ 高其才教授在其研究习惯法的专著中认为，"宗族习惯法基本上为国家制定法所确认"。高其才：《中国习惯法论》，13 页，长沙，湖南出版社，1995。

⑤ 参见高其才：《中国习惯法论》，41 页，长沙，湖南出版社，1995。英国学者的研究也证实了绝大多数宗族在族人有纠纷提交族长评断之前，禁止到官府诉讼。参见［英］S. 斯普林克尔：《清代法制导论》，张守东译，104 页，北京，中国政法大学出版社，2000。

⑥ ［英］S. 斯普林克尔：《清代法制导论》，张守东译，57 页，北京，中国政法大学出版社，2000。

《家礼》中规定了宗族建立族田的办法，并称应当在族田建立后"旨立约闻官，不得典卖"①，显然，向官府报告的目的是将族田情况存档备案，以便在族人违反族田不得擅自典卖的规定时获得行政当局的保护。在宗族内部，一种非常严厉的处罚就是鸣官，也称告官，即将违反族规或违法的族人送往官府究办②，可见在某种程度上官方的成文法体系甚至是习惯法的后盾。在鸣官前，宗族通常要将被送官的族人削族，因而鸣官也就意味着被送官者失去了宗族的支持，而失去宗族支持者"肯定会受到国法最大限度的严厉惩罚。官府和宗族两个体系的惩罚结合起来所构成的威胁，令人不得不予以重视"③。

正如笔者前文所提到的，官府在正式的审判中通常也会对习惯法予以承认，并在判决中实际适用。清代成文法中民事规范较少，但这并不意味着清代就没有民事规范。④ 事实上，大量的民事活动是由习惯法加以规范的，官方则通过审判对这些习惯法加以认可，强化习惯法的约束力。⑤

二、习惯法在州县审判中的适用

在制度层面上，州、县级行政机构的审判活动构成了融合成文法与习惯法的中间环节。日本学者在对中国清代诉讼制度的研究中提出了"州县自理"审判和"命盗重案"审判的概念。"州县自理"审判是指那些经过州、县级行政长官审理并作出判决后，除非当事人不服上诉，便不需要再报送上级官府覆审的案件，换句话说，就是州、县级官员具有终审权的案件，主要包括民事案件和微罪案件；而"命盗重案"审判则是指那些经过州、县行政长官审理并作出判决后，无论当事人是否上诉，都必须将案件报送上级官府覆审的案件。⑥日本学者认为，在"命盗重案"审判中依据的是正式的成文法，而在"州县自理"审判中，裁判者据以裁判的根据却是"情"和"理"。然而笔者前文已经指出，在所谓"州县自理"审判中，虽然"情"、"理"被裁判者用来说服当事人，使当事人服判，但是在无成文法可

---

① 高其才：《中国习惯法论》，31 页，长沙，湖南出版社，1995。

② 斯普林克尔认为宗族对族人其最严厉的制裁，是向官府告发，任凭官府发落。[英] S. 斯普林克尔：《清代法制导论》，张守东译，123 页，北京，中国政法大学出版社，2000。

③ [英] S. 斯普林克尔：《清代法制导论》，张守东译，106 页，北京，中国政法大学出版社，2000。

④ 斯普林克尔认为，律典对工商业相对规定不多，原因在于，把具体管理工作留给了工匠及商人们的协会去做。这些协会就是人们通常所知的"行"。参见 [英] S. 斯普林克尔：《清代法制导论》，张守东译，112 页，北京，中国政法大学出版社，2000。

⑤ 滋贺先生认为在清代官方审判中几乎找不到直接引用习惯作出判决的实例，因而习惯法并不构成清代诉讼制度的法源。参见 [日] 滋贺秀三：《清代诉讼制度之民事法源的概括》，载《明清时期的民事审判与民间契约》，北京，法律出版社，1998。笔者并不赞成以判决实际引用习惯作为习惯法存在的条件的看法。事实上，清代判词的书写并无固定的格式，官员在判词中也侧重于说理，对其判决依据大多并不明示，其引用《大清律例》的意义也仅在于增强其判决的正当性和威慑力。因此，习惯在审判中是否被正式引用并不构成其效力的依据，重要的是看习惯是否实际上成为判决的依据，即使是裁判者内心认为习惯具有合理性，因而依其理作出判决，仍然可以看作是习惯在起作用。尤其是在中国古代社会中，行政官员作为"父母官"，对老百姓的各种事务负有关照的责任，任何纠纷都可能诉至衙门以求公断，而在正式的成文法无规定的情况下，裁判的依据往往是官员通过体察风俗民情而知悉的当地习惯。

⑥ 参见 [日] 寺田浩明：《日本的清代司法制度研究与对"法"的理解》，载《明清时期的民事审判与民间契约》，北京，法律出版社，1998。

依，或不需要依据成文法的情况下，当地的习惯才是裁判者内心深处衡平案件是非的重要尺度，即使是"恶习"，裁判者也不能完全不受其拘束。滋贺教授在其讨论清代审判中的民事法源的论文中提到一个实际的案例：陈传福与陈宗泽合佃，交田主卢上达押租钱二十二串文，同时付了其上手佃户"溜庄钱"。该田变更佃户过程中，陈传福和陈宗泽称要收回溜庄钱一百余串，否则不交田。湖北省东湖县县令熊宾在审理中经讯问证人查明，根据"此处土风"该田的溜庄钱应在七八十串文，因而"断令卢上达出溜庄钱八十串。外给押钱二十三串"，陈传福和陈宗泽搬家（交田）。① 这是一件典型的依习惯法裁判的案例。溜庄钱涉及永佃权的问题，在清代的法律中始终未明确承认永佃权的合法存在，因而官方一直称溜庄钱是一种恶习。然而即使如此，在实际的审判中裁判者也不得不对其加以实际的承认，习惯法在裁判中的约束力之强也由此可见一斑。因此，日本学者关于清代审判中习惯法并不构成裁判依据的观点是值得商榷的。

如果清代州县审判中"命盗重案"必须依成文法判决，而在"州县自理"案件中习惯法则可以构成裁判的依据的观点可以成立的话，我们便可以看到这样一幅图景：州县审判构成了连接成文法与习惯法的中间环节。这首先是指无论是在成文法的适用还是在习惯法的适用中，裁判者都以共同的"情"和"理"来作为裁判的基础，审判都以劝教为其重要特征；其次是指在州、县行政官员手中，成文法与习惯法的适用范围得到了明确的划分，他们依据自己对于成文法和习惯法的理解，将案件加以区分，然后分别适用不同的法律②；再次是指官方的审判机构适用习惯法进行审判，从而便习惯法获得了官方的承认和保护，其强制性进一步获得了制度上的保障。可见，从本章所讨论的问题的角度看，州县审判发挥着两方面的作用，它不仅使正式的法律制度接纳习惯法，而且通过明确划分成文法与习惯法的适用范围而使两者和谐地共存于一个法律体系之中。如果这一判断是正确的，那么学术界就不应当沉溺在关于中国古代法律制度中民事法律规范很少的观点之中，而需要对中国古代民间契约中所表现出来的民事和商事习惯加以认真的挖掘和整理，并且充分吸收在中国法制土壤上产生出来的本土资源。

中国古代的习惯法产生于农业社会的基础之上，尽管在中国古代社会中，商品生产已经有了长足的进步，但是自然经济仍然是占统治地位的生产方式。这种状况表现在习惯法上，便是有关交易的规范并不发达，相应的合同制度也极不完善。然而，中国农业社会中存在着严重的土地问题，沉重的人口负担、有限的土地和低下的农业产出，这一切都使得土地成为紧缺的生存资源，因此，地权交易在中国古代始终较为发达，土地权利的交易更

---

① 不知何故滋贺先生认为在这一案件中，县令熊宾并未完全按照习惯法作出判决，而仅是进行"酌断"。参见〔日〕滋贺秀三：《清代诉讼制度之民事法源的概括》，载《明清时期的民事审判与民间契约》，北京，法律出版社，1998。事实上，且不说证人已经证明当地惯例也就是七八十串文，而熊宾已经依高限作出了判决，更重要的是这个案件中的习惯法的"溜庄钱"的合法性问题，无论熊宾判决卢上达支付多少，只要他判决卢上达要付溜庄钱，便表明其对习惯法的承认。

② 郝铁川认为清代州县行政长官在受理案件问题上有相当大的自由裁量权，他列举樊增祥判词所涉及的案件后指出，从樊增祥的司法实践来看，他想管的案件，他就管，哪怕是件芝麻大点的小案；他不想管的案件，他就不管，交给有关人员调解息销，哪怕是件多么重要的大案。参见郝铁川：《中华法系研究》，193页，上海，复旦大学出版社，1997。如果这一观点成立，那么，州县审判在协调成文法与习惯法的适用范围问题上便发挥着更为重要的作用，甚至还会对正式审判与民间自治之间的功能划分产生影响。

是频繁发生。在地权以及与地权相关的财产权（包括房产权）交易中，中国古代发展起了自己的财产权制度，产生了大量的有关财产权的习惯和习惯法。同时，土地交易的盛行，也导致了一些交易习惯的出现。在四川自贡地区，盐业的发展还使得合伙契约大量出现，合伙制度有了较多的发展。所有这些都构成了中国古代社会民事习惯和习惯法的主要内容。

但是，中国古代社会关于财产权制度的习惯和习惯法是在与西方社会完全不同的社会土壤中生成的，虽然在其所处的发展阶段上还没有形成自己的概念体系和理论逻辑，却已经具有自己独特的内在逻辑和表达方式。自 19 世纪末西方法律思想和法律制度传入中国以后，中国不仅按照西方的模式建立了自己的法律体系，而且接受了西方的法律理论逻辑和概念体系。从某种意义上说，今天的国人已经完全接受了西方的法律概念体系，无论是在理论研究还是在司法实践中，物权、债权、知识产权等术语已经成为一种先在性的思维和对话基础，成为一种"语境"，离开了这些术语，人们似乎已经无法讨论法律这一话题。这种状况严重地限制了我们对于中国古代习惯法的研究和讨论，因为我们无法用产生于西方法律土壤的概念和理论体系来观察和讨论产生于中国社会经济基础之上的法律现象。正因为如此，一些学者认为中国古代不存在完整的物权制度和债权制度，因而不存在自己的民法体系。这种看法显示出学者们以西方法律制度的理论和概念来审视中国古代法律状况的思维定势，其真正含义只不过是说中国古代并不存在西方国家那种类型的物权制度和债权制度，却不能表明中国古代并不存在自己的财产权制度。事实上，即使是认为中国古代已经存在自己的民事法律制度的学者，其对中国古代民事法律制度的表达和描述也是在西方法学理论和法律制度的概念体系下进行的，因而在方法论上与持否定态度的学者并无差异。① 日本学者岸本美绪在讨论中国明清民间契约所反映的土地关系时指出：

> 以立足于西欧社会土地关系的各种范畴来讨论中国的租佃关系是不行的，这样的方法说到底不过是从中国有关租佃关系的各种现象中找到与西欧相似的东西，再按西欧土地关系的框架加以排列而已。②

显然，从方法论的角度看，我们对中国古代社会财产权制度的讨论不应当建立在这样的逻辑基础之上，即：西方的财产权制度是什么，在我国古代社会是否存在这样的法律制度。相反，我们讨论的出发点应当是在中国古代社会的民事活动中存在着什么样的财产权规范，这些规范表现为什么样的形式和内容，哪些基本概念构成了中国古代社会财产权制度的基础，这些规范和概念所表达的是什么样的社会关系，其在社会生活中具有什么样的基本功效，其内在的逻辑关系又呈现出什么样的状况，等等。研究中国古代财产权制度的目的，是探寻我们的祖先在其社会实践中为规范民事关系提供了什么样的解决方案，这些

---

① 在已有的涉及清代民事法律制度的研究成果中我们几乎都可以看到这种思维的轨迹，关于这些成果，请参见：李志敏：《中国古代民法》，北京，法律出版社，1988；孔庆明等：《中国民法史》，长春，吉林人民出版社，1996；张晋藩：《清代民法综论》，北京，中国政法大学出版社，1998；等等。笔者认为这些研究是具有开创性的，具有重要的参考价值，然而其方法论上的问题是值得商榷的。

② ［日］岸本美绪：《明清契约文书》，载《明清时期的民事审判与民间契约》，北京，法律出版社，1998。

解决方案表达了什么样的价值理念，以及如何与中国的文化相契合。由此，我们可以更为客观地看到中国传统文化背景下的法律构造图景，以使我们这些根植于这种文化传统之下而又谋求变革、处在文化演进过程中的人认清自己发展的轨迹和方向。①

---

① 参见李力：《清代法律制度中的民事习惯法》，载《法商研究》，2002（4）。

第八章

家族制度下的财产权观念和财产权制度

家族制度是中国古代社会的一个重要特点，家（家庭和家族）不仅构成了最基本的社会细胞，而且成为国家制度的基础①，家的概念也作为儒家思想的核心理念，影响着整个社会的意识形态。这样一种以社会制度和意识形态的形式存在着的传统文化当然也影响着中国古代社会的财产权观念，并进而对财产权制度产生影响。因此，对中国古代社会财产权制度的讨论需要从中国传统文化中的"家"和"国"的观念入手，我们可以毫不夸张地说，不理解中国古代社会意识形态中的"家"和"国"的观念，就无法真正理解中国古代社会的财产权制度。

第一节
儒家文化与财产权观念和制度的关联路径

中国古代社会的财产权观念和财产权制度是中华法系所特有的法律现象，它生长在古代中国这样一个独特的社会历史文化环境之中，并且与之有着内在的一致性。因此，当我们对这种法律现象进行深入的讨论时，就必定要关注它所体现的中国传统文化的基因和表达。韦伯在论述现代资本主义精神与法律的关系时指出，对于"合理的现代资本主义"来说，"合理的法律结构和行政管理结构的重要性是毋庸置疑的"，然而，我们还必须探讨那种法律是从哪里来的。② 解释一个社会所特有的法律观念和法律制度的形成，有两个因素必

---

① 刘广安指出：家族组织是世代聚居在一起的同一个男性祖先的子孙，以血缘为纽带，以地缘为基础，以财产为保障所形成的一种社会组织形式。以君权为核心的政权系统和以族权为核心的家族系统是贯穿整个中国封建社会的两个组织系统。两千年来，地方上小族依附大族，大族之间互相联姻，又尽力攀附皇族，形成了以皇族为核心，以大族为支柱，以中小家族为基石的"家天下"的宗法社会结构。参见刘广安：《中华法系的再认识》，4～5页，北京，法律出版社，2002。

② 参见［德］马克斯·韦伯：《新教伦理与资本主义精神》，24页，成都，四川人民出版社，1986。

须加以实际的考虑，即经济因素和文化因素。"我们承认经济因素的基本意义，因此每作出一种解释，都必须首先考虑经济状况。但同时，相反的相互关系也绝不能置之不顾。因为，尽管经济合理主义的发展，部分地依赖合理的技术和法律，但它同时也取决于人类适应某些实际合理行为的能力和气质。如果这类合理行为受到精神上的阻碍，则合理经济行为的发展也会受到严重的内部阻力。神秘的和宗教的力量，以及以此为基础的伦理上的责任观念，过去始终是影响行为的最重要的构成因素。"① 韦伯的观念从一个方面指明了文化因素在社会发展过程中具有相对独立的地位和作用，这与马克思主义哲学中关于意识对物质的反作用的理论有着相通之处。一个社会的伦理价值观念会对其经济观念产生影响，并进而对其经济制度产生影响，因此，当我们观察中国古代社会的财产权观念和财产权制度时，就需要将其置于儒家传统文化的背景之下，并且寻找儒家传统文化与财产权观念和财产权制度的关联路径。

一、国与家

中国古代社会长期占统治地位的儒家思想建立起了以"国"和"家"两个概念为基础的意识形态。在家的概念中包含着中国古代社会一切社会观念和社会伦理道德的最基本的因素，而国则是在社会政治制度层面上放大了的家。在国家结构中，存在于家概念中的关系和原则得到充分的体现：国是由许多家庭或家族构成的大家庭，而皇帝是这个大家庭的总家长，他不仅具有一切家庭事务的决策权，而且对大家庭的全部财产具有控制权和分配权。家和国的关系构成了社会生活最基本的关系，家庭成员在家庭或家族中扮演着尊重和服从家长的社会角色，而在国的层面上，包括家长或族长在内的每一个社会成员都成为皇帝的臣民，尊重和服从皇帝这个总家长。

学术界对于中国传统文化中的"国"与"家"的关系有较多的论述。梁治平选择"家"与"国"二字作为讨论中国传统法律文化的开篇题目，因为在他看来，家与国的关系及其演变涉及那些形成并构成文明之核心的隐秘特质。② 他认为中国古代社会这种家、国结构的特征是由于国家在其形成和发展过程中与家族（氏族）制度之间存在着密不可分的关系而产生的，这与西方社会的国家发展史有着完全不同的历史轨迹。青铜时代是中国文明发展史上至为重要的一个环节，正是这一时期奠定了家与国的关系的基础。在中国青铜时代，青铜器极少见于生产工具，却大量地用来制造兵器和礼器，礼器原本的功能是作为祭祀祖先的活动不可缺少的器物，而其社会意义却是政权的象征，这一奇特的社会现象表达了中国古代国家的起源与氏族社会发展的关系：社会内部的分层是循着血缘亲族的线索展开的，氏族群体的不断分枝导致了具有血缘关系的宗族的出现，而当氏族之间的战争转变为族姓之间的统治与被统治的关系时，宗族便渐渐具有了国家组织的内蕴。在宗族内部，对祖先的祭祀构成了血缘延续的外部表征，从而成为维系血族团体的纽带，而在宗族之间则构成了统治与被统治的分野，从而成为国家关系的基础。礼器将祭祀祖先与国家权力结合在一

---

① ［德］马克斯·韦伯：《新教伦理与资本主义精神》，26 页，成都，四川人民出版社，1986。

② 关于家与国的关系，以及这种关系形成的历史原因，请参见梁治平：《寻求自然秩序中的和谐》，第一章，北京，中国政法大学出版社，1997。

起，表现出中国古代文化的独特性质。然而，西方古代国家的形成却是以氏族组织的瓦解作为前导的。在国家形成之先，宗族组织已经崩坏，所以国家的出现，便是以地域原则来取代亲属原则。① 国家形成的两种完全不同的路径，以及两种路径中形成的国与家的关系，被认为是中西文化差异的重要原因，而正是由于这一原因，给中国古代社会打上了宗法制度的深刻烙印。

在以地域原则组织起来的西方国家中，个人是社会的基本细胞，整个社会文化构建在个人与国家的关系的基础之上，基于这种关系构架，个人成为社会权利的基本主体，社会权利观念和权利体系的演变以个人权利为主线，发展起了一整套以个人身份识别、个人权利区分和个人权利保护为主要内容的民事法律体系。相应地，在世界观的层面上，社会成员被简单地抽象为人，从而使抽象的人类与自然相对立，在法律上也以人对物的关系作为基本的价值取向，构建起以人对物的占有为核心的物权制度和以物权为核心的所有权制度。显然，在西方社会私有制和国家产生的过程中，血缘关系的淡化和地域原则的确立对于民事权利体系和民事权利制度的影响具有重要的意义。

而在以宗族血缘为基础建立起来的国家中，家是国的一部分。在这里，家并不仅指家庭，而更多的是在家族的意义上存在的②，个人仅仅是家族的一员，只有在一定的家族中才能获得现实的存在；而国家也只不过是宗族的聚合和统治，离开了宗族也就无所谓国家的独立存在。因此，在中国的传统文化中，家与国的界限并不十分清楚，古人惯以忠、孝相提，君、父并论，视国政为家政的扩大，甚至在语言中将国与家并用。在这样一种文化背景下，家成为社会的基本构成单位，而个人的作用被淡化：从国家的角度看，有家才有国，有家便有国；从家庭的角度看，个人只是因其在家庭中的身份才有了社会地位和角色，因而他首先是作为某一个特定的家庭或家族而存在的人。在这一关系中，领袖对家族和国家的控制和统治的需要具有重要的价值意义，构成了家庭责任和社会义务的基础。因此，在中国古代的法律制度中，个人虽然也具有行为主体的地位，但是从权利主体的意义上说，却始终被看作是国家和家族的从属物，国家权力和家族权利具有优越的地位，个人作为权利主体在法律体系的构架中并不具有核心的价值。

更进一步看，在世界观的层面上，社会无法被直接抽象为独立的个人，因而很难形成抽象的人或人类与自然界相对立的观念，人与自然的关系被表达为家族和国家与自然的关系，家族和国家的领袖被认为是自然与人之间沟通与联结的媒介，从而出现了天人感应的观念和学说。这样一种家国合一的社会构造表现在社会观念上，便是家族和国家的领袖的权威和权力得到充分的张扬，他们对外具有通晓自然的能力和途径。所谓"天子"是代表天来统治社会的，因而天子的意志就是天的意志。所谓"五十而知天命"，是说即使是普通人，当他经过五十年的学习后，也可以知晓自然命运，从而年长本身便是其在家族中获得地位的基础。儒家学说极为准确地概括和表达了家和国的关系，它所宣称的"齐家、治国、平天下"，强调的就是把管理好家族、治理好国家，进而实现天下太平作为人生最高奋斗目

① 参见梁治平：《寻求自然秩序中的和谐》，10～18页，北京，中国政法大学出版社，1997。
② 梁治平说："古时候的家亦非现代人习见的原子式小家庭，而是在结构上近乎于人类学上所谓氏族的那种依单系亲属原则组成的社群。"梁治平：《寻求自然秩序中的和谐》，7页，北京，中国政法大学出版社，1997。

标。在这样一种文化背景中，一方面，个人的社会地位被淡化，离开了家族与国家，个人几乎已经不具有独立的社会存在价值；另一方面，人与自然的关系被淡化，国家和家族的领袖或者是生来就知天命，或者是经过后天的学习便可以知天命，因而天与人本来就是相通的，二者并不存在内在的、根本性的紧张和对立。独特的文化特征反映在民事法律的层面上，便产生出国家财产权和家族财产权在法律上的优越地位，以及与此相对应的个人财产权的被忽视；产生出法律制度的构建注重于对财产流转的过程和结果的规范而忽视对于财产权主体与构成财产权对象的物之间的关系的规范这样一种特征。这些都构成中国古代法与西方法律制度之间泾渭分明的差异所在。

二、家与业

正是由于中国古代社会国家建立在氏族社会和宗族社会的基础之上，因而在意识形态领域中，儒家文化发展起了一整套围绕着家与国的关系而建立的伦理价值观念。在儒家学说中，家庭价值观的核心概念之一是"孝"[1]，对于个人来说，家族利益重于一切，对于祖先的崇拜和对家长的尊重服从构成了家族文化的重要观念。[2] 与"孝"的观念相对应，儒家文化在社会生活层面上强调"忠"的观念，无论是臣还是民，都应当像在家庭或家族中尊重和服从家长那样忠于国这个大家庭的家长——皇帝。儒家学说非常重视这两个概念，强调人们必须具备这两种德行，但是在这样一种家和国的文化中，家的观念处于更为核心的地位，如果在同一个人身上，"忠"与"孝"两种德行发生冲突，那么，首先顾全的应是"孝"；换句话说，父亲的地位应优于统治者，家的地位应优于国。[3]

儒家文化中的"孝"的观念不仅构成社会政治文化的基础，而且同样构成经济文化的基础，中国古代社会经济生活中的许多意识形态都与"孝"的观念有关。例如，重农轻商一直是中国古代社会的一种传统观念，上至皇帝，下至普通民众都认同这一观念。如果说皇帝推行重农轻商的政策有其统治利益的考虑的话，那么普通民众为什么也在观念上对商人持轻视的态度呢？我们很难用追随皇帝的政策或对自身利益的追求这样的一般观念来解释这一问题。实际上，"孝"作为一种深层次的文化意识，对人们重农轻商的观念产生了根本性的影响，因为孝的观念要求人们全心全意地侍奉自己的父母，中国有古谚"父母在，不远行"，其原因就是因为远离父母不能尽孝道。基于这一观念，人们乐于守着祖先留下的土地，守在父母的身边以农业为生，而经商却因为要远离父母，不能尽孝道而被人们所排斥。同样，重义轻利是中国古代社会的一种重要的经济观，而"忠"和"孝"均构成义的最重要的内涵，经济的或其他利益的价值远在尽"忠"、尽"孝"的观念之下。可见，家与国的社会结构和与此相适应的儒家文化所产生的社会伦理价值观念深刻地影响着整个古代中国社会的意识形态。

基于家与国的关系和由此而产生的文化传统的特质，中国古代社会发展起了独特的财产观念。在中国的传统文化中，"成家立业"是中国人最基本的人生目标之一，在这里，

---

① ［美］D. 布迪、C. 莫里斯：《中华帝国的法律》，朱勇译，28 页，南京，江苏人民出版社，1995。

② 在儒家思想的影响下，唐代以后的官方成文法都将"不孝"作为十恶之一，以刑罚的方式予以严惩，以维护孝的观念在社会生活中的重要地位。

③ 参见［美］D. 布迪、C. 莫里斯：《中华帝国的法律》，朱勇译，28 页，南京，江苏人民出版社，1995。

"业"这一概念与"家"相关联,而这种关联的连接点就是"孝"的观念。在不断发展的儒家家族主义传统中,"孝"居于核心的地位①,而孝的基本内涵之一,便是对上尽心奉养父母,对下传宗接代,使家庭或家族在生命的意义上得以延续。显然,无论是奉养父母,还是抚育后代,都需要获得物质手段,或者说需要有稳定的收入来源,正是在这一意义上,"业"获得了最基本的概念内涵:它是能够为家庭或家族带来收益,从而能使家庭或家族得以延续的财产。尽管在文化的层面上,中国人还赋予"业"以更多的含义,它可以被用来涵盖一切能够使家族感到荣耀的事业,但是其基本的含义却仍然是用以维系家庭或家族的存在和延续的事业。在这里,财产观念与家的观念密切相关,财产作为奉养父母和养育后代的手段而具有了伦理意义:家庭或家族的延续是具有极终意义的生命价值,为此家庭或家族成员不但必须成家,而且必须立业,创立那种能够为家庭或家族带来稳定收益的事业(财产)。

早在儒家文化的初创时期,财产便被看作是"齐家"的重要手段,被赋予维系家的存在和延续的重要功能。孟子提出了所谓"制民之产"的思想②,他说:

> 今也制民之产,仰不足以事父母,俯不足以畜妻子,乐岁终身苦,凶年不免于死亡。此惟救死而恐不赡,奚暇治礼义哉!③

因此,制民之产"必使仰足以事父母,俯足以畜妻子,乐岁终身饱,凶年免于死亡"④。可见,在孟子看来,财产⑤是用来养家糊口的,他甚至设计了一个"五亩之宅"、"百亩之田"而保八口之家可以无饥、老者可以衣帛食肉的理想模式。⑥

可见,"业"这一概念在中国传统文化的语境中表达了一种将财产与家的伦理观念相关联的价值理念,它植根于儒家文化的深层价值体系之中,并且深刻地影响着中国古代财产权观念和财产权制度的发展。

三、业与财产观念的起源与发展

中国在夏、商之际开始形成国家,而春秋以降开始进入封建社会,社会形态和社会关系逐渐趋于定型,至清代时封建生产关系发展至顶峰,其法律制度也经过数千年的发展而趋于完善。与此同时,社会的意识形态也经历了从早期宗法文化起源、春秋时期诸子百家争鸣,一直到西汉时期罢黜百家、独尊儒术,奠定了儒家文化的基础。社会的演变和意识形态的发展有着共同的路径,财产权的观念与制度也与之相伴随而发展起来。

中国古代社会早期有文字记载的史料中并没有明确的权利表达,而仅仅是记载了一个

---

① 参见刘广安:《中华法系的再认识》,138~139 页,北京,法律出版社,2002。
② 有学者认为"制民之产"的思想在孟子的思想体系中具有重要的地位,"他主张的'仁政'在经济上的第一步,便是从'制民之产'开始的,即他所谓的'夫仁政必自经界始'"。张鸿翼:《儒家经济伦理》,66 页,长沙,湖南教育出版社,1989。
③ 《孟子·尽心上》。
④ 《孟子·梁惠王上》。
⑤ 孟子说的是"民产",应当是指臣民的财产而不包括皇帝的财产,因为皇帝的财产大概不是用来养家糊口的,而是应当被用来济民的。
⑥ 参见《孟子·梁惠王上》。

交易的行为。例如陕西出土的西周青铜器上的卫盉铭文中记载了周恭王三年，即公元前919年裘卫典田的契约，其内容是裘卫以玉璋、赤玉琥、鹿皮披肩等物从矩伯庶人手中租田十三亩的经过。[①] 甘肃省北部的额济纳河流域发掘出土的居延汉简中所记载的契约也具有此种特征，例如西汉建昭二年（前37年）甲渠塞欧威卖裘券全文为：

> 建昭二年闰月丙戌，甲渠令史董子方买鄣卒欧威裘一领，直七百五十。约至春，钱毕已。
>
> 旁人（一行）
杜君隽（二行）[②]

交换当然意味着权利的存在，但是权利在上述两个契约中均没有得到明确的表达，这种情况表明在当时社会中权利意识还处于萌芽状态当中。然而，裘卫典田契与欧威卖裘券仍然存在差别，前者只有契文而没有落款，而后者在文后还有"旁人"项下的署名。[③] 笔者推测，在裘卫典田契发生的时代，以契约记载的交易行为尚不多见，交易行为大多发生在公众场合，甚至发生在重大的仪式上，且契约以铭文的形式存在，而铸鼎行为本身和契约内容所涉及的人已经能够保障交易行为的公信力，因而并不存在见证的必要。而西汉时期交易行为扩大到民间，私下的交易需要见证，于是出现了交易时在场的人在契约上署名，以证明交易行为的存在这样一种现象。然而，尽管上述两段文字记载的形式差别不大，但是欧威卖裘券中旁人的签署仍然具有重要的观念意义，它表明西汉时期人们的财产权利的观念得到了强化，交易者已经意识到权利的交换不仅仅是交易双方的事，还需要他人的承认，而他人的承认有助于权利交易的稳定性。在这以后，有旁人签署的契约经常可以看到，例如汉贝丘县杨通贳卖八樱布券有"知券常利里淳于中君"的署名[④]；东汉建宁四年，即171年雒阳县孙成买田铅券记载了孙成买雒阳男子张伯名下的土地一町的事实，券后有"时旁人樊永、张义、孙龙、异姓、樊元祖，皆知张约"的记载[⑤]；东汉光和七年，即184年平阴县樊利家买田铅券在"时旁人杜子陵、李季盛"等署名之后，还有"沽酒各半，钱千无五十"的记载，其中"沽酒各半"的含义是买卖双方各买半斗酒以酬谢证人。[⑥] 这些契约表明在当时的交易活动中普遍存在着以见证人证明交易行为发生的习惯。

汉代的契约文书中，在契文后署名的除了以"旁人"称呼者外，还有的冠以"任者"

---

① 卫盉铭文、译文及图片见《文物》1976年第五期，引自张传玺主编：《中国历代契约会编考释》，3～4页，北京，北京大学出版社，1995。对这段铭文所记载的事实有不同的解释，有学者将其解释为裘卫以物为抵押租矩伯的土地，参见上引张传玺主编书第5页注释；亦有学者将其解释为裘卫以物交换矩伯的土地，参见孔庆明、胡留元、孙季平编著：《中国民法史》，17页，长春，吉林人民出版社，1996。

② 《居延汉简甲乙编》上册叁《图版》甲图版贰陆，编号一八七；下册肆《释文》第一六页上，编号二六·一，转引自张传玺主编：《中国历代契约会编考释》，39页，北京，北京大学出版社，1995。

③ 旁人，即见证人。

④ 参见《居延汉简甲乙编》上册叁《图版》甲图版贰伍，编号一六五六；下册《释文》第二一六页下，转引自张传玺主编：《中国历代契约会编考释》，42页，北京，北京大学出版社，1995。

⑤ 参见张传玺主编：《中国历代契约会编考释》，48～49页，北京，北京大学出版社，1995。有学者认为"皆知张约"当为"皆知卷（券）约"。

⑥ 参见张传玺主编：《中国历代契约会编考释》，55页，北京，北京大学出版社，1995。

或"任知者"一类的名称，这被看作是担保人的署名。① 在出土的《居延汉简甲乙编》中，汉临邑县古胜贳卖九樱曲布券中有"任者同里徐广君"的署名②；江苏仪征胥浦101号西汉墓出土的西汉元始五年（5年）高都里朱凌先令券书为墓主朱凌临终前夕所立遗嘱，主要内容为遗产继承和产权转移问题，券尾载有："时任知者：里师、伍人谭等，及亲属孔聚、田文、满真"等署名。③

尽管从以后契约的发展情况看，笔者更愿意将"任人"、"任者"或"知任者"等概念解释为保人④，且保人在中国古代交易活动中所起的作用和承担的责任也与现代民法中的担保人有很大的差异，但是，在一个交易行为中不仅存在着见证人，而且又出现了保人，这本身就表明契约行为人对自己的权利更为重视。

在中国古代的民间契约中，明确地从财产与财产权人之间的关系的角度来表达财产权利的概念，据笔者所见到的资料，大约是从唐朝开始的。⑤ 唐代有关权利的表达最初是以"主"的概念出现的。唐大中六年，即852年敦煌僧张月光博园田契中出现了这种表达方式：

> ［宜秋平］都南枝渠上界舍地壹畦亩，并墙及井水门前［道，张月光、］张日兴两家合同共出入，至大道。……又南枝下界地一段，叁畦，共贰拾亩。大中壬申十月廿七日，官有处分，许回博田地，各取稳便。僧张月光子父将上件宜秋平都南枝菌、舍、地、道、池、井水，计贰拾伍亩，博僧吕智通孟授　　同渠地伍畦，共拾壹亩两段。又一段，壹博以后，各自收地，入官措案为定，永为已主。⑥

该田契是一个缔约双方互相交换土地的契约，契文中称土地交换以后，双方"各自收地"，"永为已主"，其含义是说各自作为交换过的土地的永远的主人。与业的表达不同，主作为一种权利表达，所强调的是权利主体的地位，强调权利人是作为权利对象的土地的主

---

① "任"有保的含义，因而有学者认为"任者"、"任人"、"任知者"均指担保人。参见孔庆明、胡留元、孙季平编著：《中国民法史》，146～147页，长春，吉林人民出版社，1996。但是笔者认为在契约中以任人或任者名义署名的人所承担的责任是否就是现代民法中的担保责任还需要进一步的文献映证。

② 《居延汉简甲乙编》上册叁《图版》甲图版叁柒壹，编号二四一五；下册肆《释文》第二〇一页下，编号二八二·五，转引自张传玺主编：《中国历代契约会编考释》，41页，北京，北京大学出版社，1995。

③ 释文、摹本和图版见《文物》1987年第1期，引自张传玺主编：《中国历代契约会编考释》，27～28页，北京，北京大学出版社，1995。

④ 在唐代的契约文书中开始出现了"保人"的概念，并且逐渐成为一种普遍现象。这方面的例证请参见张传玺主编：《中国历代契约会编考释》，202～203页，北京，北京大学出版社，1995。《唐咸亨四年（673年）年康国康乌破延卖驼契》。

⑤ 唯一一个例外的资料是在西汉地节二年，即公元前68年巴州扬瞳买山的石刻契文拓片中曾经出现过"业"的表达：地节二年□月，巴州民扬瞳买山，直钱千百。作业□（分），子孙永保其毋替。该契文请见张传玺主编：《中国历代契约会编考释》，32～33页，北京，北京大学出版社，1995。从契文看，似乎的确是使用了业的概念来表达权利，并且强调其永久性。但是这一石刻是否形成于西汉，史学界是有疑问的。笔者认为，从已经发现的西汉时期的契约看，不仅都没有出现过"业"这一概念，甚至还都未出现有关权利的表达，更谈不上强调权利的永久性。因此笔者也倾向于认为这一石刻的形成时间应当是晚于西汉，很可能是后世有人借用这一石刻来主张其对该山的权利。

⑥ 《敦煌宝藏》第一二八册，伯三三九四，引自张传玺主编：《中国历代契约会编考释》，221～223页，北京，北京大学出版社，1995。

人，而业所强调的却是权利本身，即权利主体所享有的权利。然而，当人们把自己看作是财产之"主"时，实际上便已经不仅认识到了权利的存在，而且已经对权利的法律特征作出了明确的表达。尽管在这一契约中，权利仍然没有被从物当中抽象出来，但是这个物已经被作为权利主体的从属对象而加以强调，可见，当人们称自己为某一对象的"主"时，便实际上已经意识到了权利是一种财产与人之间的关系，而在这一契约中，这种权利还被强调为是永久性的。

金朝的契约中开始出现了"业"的表达方式。金大定二十八年，即 1188 年，修武县马用父子卖地契中两度使用了"业"的概念：

> 出卖地业人，修武县七贤乡马坊村故税户马愈、男马用同弟马和，自立契将本户下□□地二段，共计贰亩叁厘，立契卖与全真门弟子王太和、王崇德为永业，修盖全真道庵。准得价钱壹拾陆贯文，各七□九伯。并据即目见定交割。谨具开坐如后：
>
> ⋯⋯⋯⋯⋯
>
> 右件前顷（项）出卖地土，卖与全真门弟子等为永业。并不是衷私卑幼□交，亦不是债欠准折，并无诸般违碍；又加立契日一色见钱交领，并□别无悬欠。恐人无信，故立此文为据。①

该契使用"地业"的概念来表达契约出卖的标的，并且称将该标的卖与他人"为永业"，这表明当时已经明确地用"业"这一概念来表达作为交易对象的权利，这种表达与古代社会晚期的清代的表达已经没有什么区别。在这以后，民间契约中使用"业"的概念来表达权利已非常常见，例如，在南宋淳祐十二年，即 1252 年徽州李从致卖山田契中，李从致等将地一块卖给同里人胡南仕，契文称：

> 今从出卖之后，已任买主闻官纳完，迁作风水，收苗，永远为业。如有肆至不名（明），如有外人占栏（拦），并是出产人祗（支）当，不涉受产人之事。今恐人心无据，立此卖田山文字为照。②

这里不仅出现了"永远为业"，即买主享有永久性的业权表达，而且涉及管业正当性来源的问题。类似的表达还有：南宋咸淳三年，即 1267 年徽州方伯淳卖山地契，方伯淳将山地二亩，夏（下）地五号，计五步尽行出断卖与李四登仕名下，契文称："今从出卖之后，一任受产人永远收苗为业"③；南宋景定元年，即 1260 年祁门县徐胜宗卖山地契中，义胜都徐胜宗将山地一块卖与归仁都胡应元名下，契文也称："今从出卖之后，一任买主闻官割税，收苗管业"④。显然，这些表达即使以清代的眼光看，也是一种典型的表达方式。

然而，在唐朝至元朝这一时期的民间契约中，用业的概念来指称权利这种表达方式并不具有唯一性。事实上，在笔者所看到的契约中，常常是"主"和"业"两种表达方式并存，即有些契约采取"主"的表达方式，有些契约则采取"业"的表达方式，呈现出一种

---

① 张传玺主编：《中国历代契约会编考释》，530～531 页，北京，北京大学出版社，1995。
② 张传玺主编：《中国历代契约会编考释》，534～535 页，北京，北京大学出版社，1995。
③ 张传玺主编：《中国历代契约会编考释》，540 页，北京，北京大学出版社，1995。
④ 张传玺主编：《中国历代契约会编考释》，537～538 页，北京，北京大学出版社，1995。

"业"、"主"混用，并逐渐向业的表达过渡的阶段性特征。例如，元朝至元二十七年，即1290年徽州郑思通卖地红契中使用了"情愿出卖与尤昌拾贰□□□进士名下为主"的措辞①；而在元朝至大二年，即1309年徽州吴永吉卖山地契中则称："其山地并大小杉苗一任受产人闻官收苗，永远管业"②。在元朝至治二年，即1322年祁门县谢子英卖山地红契中甚至出现"业"、"主"两个概念在一个契约中并用的现象，该契文称："其山出卖之后，请买主收税收苗管业为主"③。笔者认为这种情况出现的原因，是当时的人们尽管接受了"主"和"业"这两个概念作为权利表达的方式，却并没有作出理论上的区分，也就是说，在当时的观念中，这两种表达方式的意义是同一的，是没有实质上的差异的。在以后的漫长发展中，当人们用以表达权利的概念所包含的内容越来越多，也越来越清晰时，"业"的表达才最终取代了"主"的表达，这是一个习惯的演变和形成过程，人们只是在潜意识的支配下认同于一种表达方式，而不是在理论的指导下，或是在成文法的规范下来选择一种表达方式。然而即便如此，元朝至治二年（1322年）祁门县谢子英卖山地红契中对"主"和"业"两种表达并用的事实或许仍然向我们表明：人们知道这两种表达方式并非完全的同义反复，而是从两个不同的侧面表达同一种权利，为了强调这一权利，所以同时并用。

笔者推断，在元代，"业"的表达方式已经最终被社会所普遍接受，其依据是在一个元代典卖田地契式中对权利作了这样的表达：

将上项四至内田段，立契尽底出卖（或云典）与厶里厶人为业。④

契式是契约的范本，编纂的目的是供不熟悉契约格式的人套用，因而应当是标准化的、普遍适用的。上述契式中使用了"业"的表达方式，表明这一概念已经是普遍适用的了。

总之，在中国古代社会的发展过程中，人们对于财产和财产权的观念逐渐明晰起来，用以表达的方式也逐渐被固定下来，而与这一过程相伴随的，是儒家传统文化的发展历程。显然，儒家文化中关于家和业的理念影响了人们的财产权观念，并且导致人们最终选择"业"作为对于某种最重要的财产权利的表达符号。

第二节
家族制度对古代中国财产权制度的影响

中国古代社会中的家族制度和儒家文化中的家或家族观念不仅对中华法系中的财产权观念产生了深刻的影响，而且对中国古代社会的财产权制度产生了深刻的影响，形成了中华法系独特的财产权观念和财产权制度。大陆法系的财产权观念和财产权制度从人对物的关系的角度建立起自己的价值体系和制度体系，人对物的占有具有终极的意义，而中华法

---

① 参见张传玺主编：《中国历代契约会编考释》，545页，北京，北京大学出版社，1995。
② 张传玺主编：《中国历代契约会编考释》，549页，北京，北京大学出版社，1995。
③ 张传玺主编：《中国历代契约会编考释》，556页，北京，北京大学出版社，1995。
④ 张传玺主编：《中国历代契约会编考释》，590页，北京，北京大学出版社，1995。

系的财产权观念和财产权制度则在家庭或家族延续的意义上建立起自己的价值体系和制度体系，财产对于家庭或家族延续的价值具有终极的意义，这种差异构成了中华法系与大陆法系在财产权观念和制度问题上的根本分野。英美法系的财产权观念和财产权制度虽然并未在理论上将财产权区分为物权和债权，从而并未特别强调人对物的占有关系，但是其所有权却是建立在个人权利的基础之上，个人对其财产的绝对控制和支配具有终极的价值意义，而中华法系的财产权观念和财产权制度排斥个人财产所有权，家和国的财产权利受到社会主流价值观的推崇，具有高于个人权利的价值意义，这种差异构成了中华法系与英美法系在财产权观念和财产权制度问题上的根本分野。① 可见，中华法系的财产权观念和财产权制度有着不同于大陆法系和英美法系的特征，而这些特征都与家族制度，以及在家族制度基础上形成的国家制度密切相关。

一、业权与其他财产权的分离

家族制度对于中国古代社会财产权观念的影响首先表现为社会成员对业权的极端重视。业被看作是财产权的一种，并且具有比其他财产权更为重要的性质，因为它不仅可以作为现世的家庭或家族生存的手段，而且可以作为祖产而留给后代，为子孙后代提供生存的手段，而世世代代积淀起来的业，构成了家族兴旺的基础。在中国古代社会的民事习惯法中，甚至是在官方的法律语境中，业都被用来表达一种对于家庭或家族的延续具有重要意义的财产权利，这种财产权利可以为家庭或家族带来收益，从而可以作为养家糊口的手段。笔者曾经在对清代民间契约中所使用的业的概念进行分析后指出，业在清代社会的财产权利体系中居于核心的地位，它是一种能够为权利人带来收益的财产权利，权利人通过"管业"，即对被称为业的财产的控制和使用来实际获得收益，而在急需大宗开支时，权利人还可以通过典当而获得业之半价，或者将其出卖而获得全部价款，甚至可能以各种形式将业权分割，与他人共享或者部分转让。因此，业权是中国古代社会中最基本，也是最重要的财产权利。②

作为一种财产权利，业权最基本的含义是收益权，而业则被用来指称能够为权利人带来收益的财产。我们已经指出，中国古代社会在元朝以后普遍使用业的概念来表达一种财产，这种财产的存在形态是多种多样的，在中国古代的民间契约中，人们用业来表达对于土地的权利、对于会股的权利、对于房屋的权利，以及对于合伙中的份额的权利，等等。

使用业的概念来表达对于土地的权利是最为常见的。以清朝的民间契约为例，乾隆十五年，即1750年，闽南人张万卿将其继承自祖上的土地壹段卖给尤氏府上，在为此而书立的契约中，张万卿立契称：

---

① 笔者认为，从某种意义上说，中华法系民法的构造更接近于英美法系，两者的基本范畴都是权利而非被区分为物权和债权的权利。同时笔者也认为，从现代民事法律关系发展的角度看，中华法系和英美法系的民法构造具有比大陆法系的民法构造更强的包容性和适应性，例如对于近现代社会中出现的知识产权和股权，在大陆法系的民法体系中无法合理归位，因为它既不能归入物权，也不能归入债权，而中华法系和英美法系的民法体系却可以很方便地将其归入财产权利的范畴。

② 关于对业和业权的详细分析，请参见李力：《清代民法语境中"业"的表达及其意义》，载《历史研究》，2005（4）。

　　银即收讫，田并佃听银主前去召佃耕种，管掌为业，日后永无言及贴赎等情。①

　　在这一契约下，张万卿所出卖的标的是"租并佃"，也就是既包括田骨也包括田皮②，这是一种完整的土地权利。契约中说钱已收讫，该地听由买主"管掌为业"。在这一契约里，"业"似乎是指土地的全部权利，类似于现代民法中的"土地所有权"。然而，在清人的心目中并不存在"土地所有权"的观念，当他们使用业来表达一种土地权利的时候，也不是在人对土地的意义上使用的。这种情况在另一个契约中可以看得很清楚，在该契中，立契者将契约交易的对象称之为田租，但也同样将其称之为业。清顺治八年，即1651年，安徽省休宁县许阿昊将一块土地卖给另一许氏，但在为此所书立的契约中却称"今将前项四至内田租，尽行立契出卖与许×名下为业"③，也就是说，在当事人看来，其转让给许氏为业的对象并不是土地或土地所有权，而是该土地的田租，或者严格地说，是收取该土地的田租的权利，但是却也将其称之为业。嘉庆十五年，即1810年李崇忠书立的一个卖地契更是将契约的标的称之为"送城租米"，并且同样将其称之为业。④ 尽管上述三个契约所交易的或者是完整的土地权利，或者是部分土地权利，但都是买卖土地权利的契约，它们都使用了业的概念，但却并不都以土地本身作为权利所指向的对象，有些契约直接将转让的权利表达为收取地租的权利。在清代，民间契约中还有将除土地以外的其他权利称为业的实例。例如，清顺治八年，即1651年，休宁县许元秀将其在真君会中的会股卖给其族伯时，在所立书契中也将契约标的称之为业⑤；清咸丰十一年，即1861年，闽南林子溥将其购置的房屋一处典卖给黄姓买主，卖契中称：

　　其行屋听（黄）衙上重新起盖，管掌招租为业，不敢生端异言。⑥

　　清嘉庆十一年，即1806年安徽省休宁县吴惟大的卖佃契将"承祖遗下佃业乙号"卖给朱某"管业收租办赋……另发耕种"⑦，等等。可见，在中国古代社会中，业可以被用来指称利用田骨收取大租、利用田皮收取小租、利用房屋收租，以及利用会股获得分配的收益

---

①　《闽南契约文书综录》，载《中国社会经济史研究》，1990年增刊。

②　在清代社会中，对于土地的权利被分为田骨权和田皮权两部分，前者大体上相当于现代民法中的土地所有权，后者则相当于土地使用权，依据田骨权可以获得地租，也称大租，依据田皮权可以获得佃租，也称小租，所以契约将两种权利的总和称为"租并佃"。

③　张传玺主编：《中国历代契约会编考释》，1139页，北京，北京大学出版社，1995。

④　该契称："立断卖送城租米契约字人李崇忠，今因需钱应用，情将父手遗下租米壹石五斗，兄弟相共，其田坐落洪家寨亭前，内抽出崇忠已分送城租米柒斗五升正……次托中人引到黄凌名下近前断买……自卖定之后，任凭照契管业。"参见杨国桢：《明清土地契约文书研究》，287页，人民出版社，1988。"送城租米"是指由于田主住在城里，佃户的交租义务不仅包括租米的数量，而且包括将租米送至城里田主手中的劳务。

⑤　该契称："廿四都乙图乙图立卖契人许元秀，今自情愿央中将承父阉分得辛卯年做过真君会半股并在会家火（伙）、田园、银两帐目一切等项，尽行立契出卖与族伯名下为业……其会听从买主管业坐会收租。"契载张传玺主编：《中国历代契约会编考释》，1137~1138页，北京，北京大学出版社，1995。根据契约的内容，我们大致可以判定会股是由许元秀用土地及农具，甚至还有货币入会而形成的，但是一旦入会以后，其权利的指向已经不是土地和农具，而是会股，即凭借会股而参与真君会活动及分配的权利。这在某种意义上与现代社会中的股权非常相似。

⑥　《闽南契约文书综录》，载《中国社会经济史研究》，1990年增刊。

⑦　契载张传玺主编：《中国历代契约会编考释》，1314页，北京，北京大学出版社，1995。

等权利。

　　显然，在中国古代社会中，并不是只有业权所指向的对象构成财产，货币、衣物、家禽、农具等都应当属于财产的范畴，但是我们在明代以后已经很少看到以这些财产为标的的契约文字。[①] 笔者认为，业在中国古代社会中是以能够带来收益的财产为对象而设定的权利，其权利客体与那些只能使用而不能带来收益的财产相对应。从这个角度出发，我们可以把古代的财产分为两个部分：一部分是对那些可以构成业权的客体的财产，另一部分则是只能带来使用效益而不能带来收益的财产；相应地，在中国古代社会的民事习惯法中，财产权利也分为两部分：即业权和一般财产权，前者的交易需要通过契约的形式进行，而后者则并非必须通过契约进行。契约在业权转让的过程中起着确认权利转移的作用，而在交易之后则起着证明业权归属的作用。当然，正如笔者前面已经指出的那样，契约本身并非业权归属的必不可少的证明，因为在中国古代社会中，对业权的证明是乡村社会自治的一个重要功能，但是在存在契约的情况下，它往往起着直接证明的作用。如果我们这样来划分中国古代社会中财产权利的类型，那么，在民间契约中经常出现的所谓田权、骨权、皮权、典权、佃权、永佃权、股权等等，都可以归入业权的范畴，而唯一难以归类的是货币财产。以现代社会的观念来看，货币是可以带来收益的，事实上，中国古代社会后期的民间借贷，甚至高利贷的存在似乎也表明在人们的观念中货币也是可以带来收益的。然而根据现有的史料，中国古代社会一直到清代，社会中主流的观念并不认为货币是能够带来收益的财产，这从当时人们仍然是有了钱以后就要购田置产，或者是有些地主仍然习惯于把钱埋在地下这样一些现象中可以得到印证。除了少数商品经济较为发达的地区以外，货币借贷主要被看作是在遇有急用时提供帮助的一种手段，而不是取得收益的手段。尽管清代民间借贷也是要支付利息的，但在一般村民心目中依靠贷款而获得利息并非一种可靠的谋生手段；在民间契约中我们也可以看到所谓"指地借钱"的现象，但这也仅是借贷双方为钱款有可能得不到归还而设定的一种救济手段。

　　当然，笔者也认为到清代时已经出现了把货币看作是能够带来收益的财产这一观念的萌芽，这在土地出典关系中得到明确的体现。出典关系是田主将土地这样一种能够带来收益的"业"交付给典主，以换取对一定货币的支配权，并且以土地收益抵冲利息，而又约定在将来某个时候以典价赎回土地。在这里，土地收益与利息相对应并且相互冲抵，而土地这种"业"又直接与典价这种货币相对应，并且相互对等交付。显然，在这一关系中已经包含着货币虽然具有与土地不同的存在形态，却也可以与土地相对应这样一种观念。但是笔者认为，由于田主以土地出典获得的货币通常是用于消费而不是用于投资，因而与其说出典关系在清人的心目中被看作是以土地这种业换得了另外一种业，倒不如说是以土地

---

① 在明以前的契约文书中有以非业财产为交易标的的契约，例如西夏天庆十一年，即 1204 年的一个契约记载了女浪粟以袄子裘出典，向裴某借麦的内容，契约文本及说明参见张传玺主编：《中国历代契约会编考释》，629～630 页，北京，北京大学出版社，1995；唐朝时亦有以买卖马匹、骆驼等为内容的契约，例如唐贞观二十三年，即 649 年高昌范欢进买马契（参见张传玺主编：《中国历代契约会编考释》，194 页，北京，北京大学出版社，1995）、咸亨四年，即 673 年康国康马破延卖驼契（参见张传玺主编：《中国历代契约会编考释》，194 页，北京，北京大学出版社，1995），等等，但从明朝开始，此类契约已很少见到了。另一种例外是以奴婢为买卖标的的契约在中国古代社会一直存在，契中不称奴婢为业，但都书立契约。

这种能够带来收益的业换得了货币这种花了就会少，而根本不会有带来收益的财产更为确切。在清人看来，土地作为一种业，具有比非业的货币更大的价值，也正因为如此，他们才尽一切可能要赎回土地①，因此，笔者更倾向于认为一直到清代，人们还是把货币归入非业财产范畴的。中国古代社会的民间契约和审判实践表明，业权主要是受民间习惯法的调整，并且在一定程度上得到官方成文法的保护；而非业财产权较少转移，其转移在形式上也主要采取口头约定的方式，这种情况表明在非业财产权的领域中尚未形成完整的、定型的民间习惯法，因而主要受社会意识和伦理道德的调整。②

二、作为家庭或家族权利的财产权

我们已经指出，与儒家文化共生在一个土壤上的中华法系发展起了以业权为核心的财产权观念，业的观念被从财产观念中特别区分出来，并且被看作是维系家庭或家族延续的最重要的工具和条件。在这一基础上建立起来的中国古代财产权制度和家族制度有着密切的联系，并表现出一系列鲜明的特征。

首先，在中国古代社会的财产权制度中，存在着以家族作为财产权人的家族财产权制度。中国古代的家族制度也称为宗族制度，它起源于原始社会的氏族制度。作为一种组织、一种社会团体，宗族最早出现在商朝。③

宗族由同属一个祖先的父系男性群体为主组成，通常由辈分最高的男性担任族长，与族长同辈的男性血亲以及他们的后代构成宗族或家族的分支，称为房，而房以下的分支构成家。在家族制度下，家是基本的财产所有单位，但也存在着以房或宗族为所有权人的财产，家、房或宗族所有的财产共同构成了家族财产权制度。在中国古代社会中，宗族通常都拥有一些土地，这些土地最基本的用途是作为同宗同族的共有墓地，并以土地收益来维修宗祠、祖坟并置办礼仪。④ 较大或较富有的宗族还有以耕地形式存在的族地，本族成员享有优先承租权，所取得的收入由集体决定用于各种各样的用途，如救济较为困难的族人，资助本族儿童的教育，资助有希望的本族子弟参加科举考试，或者干脆在族人之间分配。⑤房作为家族的分支单位也会有自己的财产，这种财产一方面可能产生于家族分立时分配的族产，另一方面也可能产生于由于各房在生产和收益上的不平衡而导致的财产积累。家是

---

① 当然，清代人们总是希望赎回土地还有其他的原因，例如有学者认为中国传统文化强调祖业不可卖，守业是尽孝的一个表现，而出卖土地是有失先辈的体面的，典卖既可找赎，因而可以免蒙出卖祖业的耻辱，人们非到万不得已不愿出卖土地而宁愿选择出典，并希望有朝一日能够赎回。参见李志敏：《中国古代民法》，106、107页，北京，法律出版社，1988。但是笔者认为，在清代土地交易已经非常普遍的情况下，人们选择典而不是卖，应当还有其经济上的原因，即认为作为业的土地比非业的货币具有更大的价值，这大概也是为什么典主总是容忍田主一而再、再而三地找贴不绝的原因所在吧。

② 参见李力：《清代民法语境中"业"的表达及其意义》，载《历史研究》，2005 (4)。

③ 参见高其才：《中国习惯法论》，长沙，湖南出版社，1995；阴法鲁、许树安主编：《中国古代文化史》，84～87页，北京，北京大学出版社，1989。

④ 有学者认为"宗族共有的坟茔地属于伙有财产。这种伙有汉代已经出现。"孔庆明、胡留元、孙季平编著：《中国民法史》，248页，长春，吉林人民出版社，1996。

⑤ 参见[英] S. 斯普林克尔：《清代法制导论》，张守东译，99～100页，北京，中国政法大学出版社，2000。

指家庭①，是构成家族的基本单位，也是财产权的基本主体，家庭财产通常被称为家产。秦代商鞅变法时实行"名籍"和"户居"制，推行"分户"政策，从而使家与户的概念联系起来，并且确立了以户为权利主体单位的法律传统，而户这个权利主体的权利能力，主要体现为"家父权"②。根据秦律的规定，作为家长，一户家庭中的父亲不仅享有"支配一家全部财产的权利，甚至把全家财产及人口都视为家长所有"，从而家长对子女有鞭笞教令和生杀的权利。③ 日本学者滋贺秀三引用"台湾私法"的见解认为：

> "家祖在世期间，家产以家祖作为权利主体，换言之，家祖对家产有完全的所有权"。从而，（1）家祖能够自由地处分属于家产的财物；（2）在家产的处分上使用家祖的名义，不需要家族的联署；（3）在家祖把家产分与继承人的场合，即在家产分割上，家祖能够自由地确定各继承人所得的数额；（4）由于犯罪而导致家产被籍没的场合，若是家祖犯罪的话，籍没就以全部家产为对象；如果是其他家族成员犯罪的话，则不必累及家产。④

在宗族及其分支房的单位中，族长和长房的家长虽然也享有和家庭中的家长类似的首领地位，但是在族产或房的财产的处分问题上，还须与长房的家长或家庭的家长商量。可见，在宗族制度中，家的财产权是基本的权利，而随着宗族人口的增加，各房会独立出去，成为新的宗族，家也就随之成为新的宗族中的房。

其次，以家为单位的宗族成员对本族的族产、本房的财产以及其他家庭的财产也享有一定的权利，这种权利表现为先问制度，即本族的人在出卖土地或房屋时，本族的其他家庭享有优先购买权，出卖者须先征询本族其他家庭是否有购买的意愿，只有在本族其他家庭表示不买时，才能卖给族外的人。先问制度的存在也是与维系家族的业的利益相关联的，这一制度使得中国古代社会的家庭财产权进一步受到家族财产权的限制，从而使家族的利益在财产权中得到表现。

再次，对于家庭或家族具有重要意义的财产权比一般财产权更为重要，在与其他权利对抗的过程中处于优先的地位。例如，在中国古代社会，家庭或家族的坟茔地在家族制度中具有重要的意义，它不仅是人们怀念和祭祀祖先的一个重要场所，也是家庭或家族延续的精神象征，因此，无论是成文法或是习惯法都对坟地给予特殊的保护。成文法规定盗伐或毁坏坟茔地上的树木要受刑罚处罚，而习惯法则更进一步确认家庭或家族坟茔地的权利具有对抗土地权利的性质，即使是将坟茔地所处的土地权利出卖给他人，卖主对坟茔地的占有和使用权仍然存在，也就是说，即使坟茔地不是一个独立的地块，而是一个地块的一部分，且卖主已经将该地块绝卖给他人，卖主却仍然可以继续保留坟茔地上所有的家族坟墓，可以继续在坟茔地上祭祀祖先，可以继续将死去的家族成员葬在该坟茔地上，甚至可

---

① 滋贺秀三先生将家的概念区分为广义和狭义，广义的家是指家系相同的人的总称，而狭义的家则是指共同维持家计的生活共同体。参见［日］滋贺秀三：《中国家族法原理》，李力译，北京，法律出版社，2003。作为家族的基本组成单位的家显然属于上述分类中狭义的家。

② 孔庆明、胡留元、孙季平编著：《中国民法史》，81～82页，长春，吉林人民出版社，1996。

③ 参见孔庆明、胡留元、孙季平编著：《中国民法史》，82页，长春，吉林人民出版社，1996。

④ ［日］滋贺秀三：《中国家族法原理》，李力译，119～120页，北京，法律出版社，2003。

以继续拥有该坟茔地上的树木不受侵害的权利。①

三、作为收益权利的财产权

在大陆法系的财产权制度得到发展的文化背景中，人与自然之间的张力构成了基本的文化元素，表现在财产权制度中，则形成了以人对物的占有为核心的所有权制度。而在中国古代财产权制度的发展中，以血缘为基础的人与人之间的关系却构成了最基本的文化元素，人是作为家族和家庭的一个成员而存在的，他与家族和家庭的关系决定着整个社会制度的基本形式。在这样一种文化背景下，个人对家庭和家族的义务被强调，家族成员为家庭或家族提供生存条件的权利被张扬，表现在财产权制度上，便是对于财产收益的权利构成了财产权体系的核心，并且在以收益权为核心权利的基础上发展起了充满家族色彩的财产权关系。同时，整个社会和家族都为这种以收益权为核心的财产权关系提供保障，从而形成了以家族关系和乡村自治为基础的保证制度。正是这个意义上，我们可以说以收益权利为核心的财产权制度体现着中国传统社会和传统文化的特质。

儒家传统文化对于中国古代财产权制度的影响不仅表现为"业"这个概念直接被用来指称一种在中国古代民事习惯法中居于核心地位的财产权利，而且更重要的是它作为一种价值理念，构成了财产权制度的观念基础，从而决定着财产权的范畴内涵和制度体系。从范畴内涵的角度看，"业"作为一种价值理念，其对财产权利的影响主要表现在两个方面：一方面，沿着这一观念理路，个人对于财产的所有权关系退居幕后，因为财产所有权是否归属于个人并不具有根本性的意义，即使是财产所有权归国家或家族所有，仍然可以通过一定的制度安排而使财产收益成为社会成员养家糊口的工具。事实上，孟子所提出的"制民之产"的思想便是建立在中国古代封建土地所有制基础之上的，在这种制度下，溥天之下，莫非王土，而国王又把土地分封给一些家族，这些家族再将土地交给农民耕种。② 尽管我们在中国古代社会中仍然可以看到私人占有生产资料的情况，但是即使我们把这种私人占有生产资料的关系称之为私有制，其在法律上的特征也与西方国家的私有制存在着相当大的差异。以西方的所有权制度来观照中国的财产所有权状况，甚至可以得出中国不存在私有制的结论。正因为如此，马克思把这种所有权制度下的生产方式称之为"亚细亚生产方式"，在亚细亚生产方式中，财产只是作为公共的土地财产而存在，个人不是财产的所有者，而仅是占有者，只有个人占有，而不存在个人所有，公社才是真正的实际的所有者。③

> 每一个单个的人，只有作为这个共同体的一个肢体，作为这个共同体的成员，才能把自己看成所有者或占有者。④

> 在大多数亚细亚的基本形式中，凌驾于所有这一切小的共同体之上的总合的统一体表现为更高的所有者或唯一的所有者，实际的公社却只不过表现为世袭的占有者。

---

① 我们不知道在此类土地交易中，买卖双方是否会因为交易的土地包含着卖方的家族坟地而在交易价格上做相应的减让，因为在此类交易的契约中并没有特别提到这种价格减让，但是通常会申明卖主在土地易手后仍然对坟地享有的权利。

② 参见张鸿翼：《儒家经济伦理》，67~68 页，长沙，湖南教育出版社，1989。

③ 参见公丕祥：《东方法律文化的历史逻辑》，124 页，北京，法律出版社，2002。

④ 《马克思恩格斯全集》，第 46 卷（上册），472 页，北京，人民出版社，1979。

因为这种统一体是实际的所有者，并且是公共财产的真正前提。①

　　另一方面，沿着这一观念理路，占有在财产权中的价值意义退居幕后，而将收益的价值意义凸显出来。在家族主义的文化背景下，财产作为养家糊口的工具，其价值意义的核心是收益权，这就使得中国古代社会的财产权观念中缺少了人与自然紧张对立的内在张力，不再像西方文化中的所有权观念那样体现人对于自然的关系，而是体现着一种家庭或家族关系，表现为家长或家庭成员对于家庭的义务。尽管收益的获得可能与对物的占有有关，但是对物的占有并不具有终极的意义，因而在中国古代社会，占有的观念始终未能得到强化。因此，在中国古代民事习惯和习惯法中，财产权与对物的占有的关系并不密切，甚至占有并不构成财产权的必要要件，而收益权却成为财产权的核心。

---

① 《马克思恩格斯全集》，第 46 卷（上册），473 页，北京，人民出版社，1979。

第九章

户的民事主体性

本章使用"中国古代民事法律"或"中国古代民事法"这一术语，是出于这样的考虑：民法是调整平等主体之间财产关系和人身关系的法律，其基本内容是财产关系和人身关系；我国古代社会同样存在着调整主体间财产关系和人身关系的法律。本章暂且将调整民事主体之间财产关系和人身关系的中国古代法律称为"中国古代民事法律"或"中国古代民事法"①，以区别于现代或西方意义上的民法。

研究中国古代民事法，自然离不开对民事主体的考察。民事主体是一个承载丰富内涵的生命体，在民事法律中占有十分重要的位置。一切民事行为都是民事主体的行为，离开民事主体，就没有民事活动，也没有民事法律，更不可能有民事法律文化。由于民事关系的复杂性，民事主体的种类也不会是单一的。那么，古代中国最主要的民事主体是什么？它在中国社会、中国法律以及在民事法律、民事法律文化中占有怎样的地位？中国古代民事法律和民事法律文化具有什么样的特征？……对于这些问题的探讨有助于更深入地理解古代中国的民事法律、民事法文化乃至中国古代的法律与社会。

中国古代是一个以农立国的国家，国家赋役的主要承担者、国家与社会构成的基本单位是家户（户或家）②，而不是个人。正是基于中国古代社会的这一特点，本章选择户这个生命有机体来解析中国古代的民事法律和民事法律文化。可以说，户是破解中国古代民事法律和民事法律文化之谜的根本所在。③

对于中国古代民事主体户的论述，现有的成果有不同程度的涉及，但都是简略地提到

---

① 本章虽然使用了"民事主体"、"权利"、"财产权"、"人身权"等近现代意义上的名词、概念、术语和基本原理，但这并不意味着中国古代曾存在这样的名词、概念、术语和基本原理，只是为了论述的方便而采取的借用和参照做法。正如有学者指出的那样："这是否意味着我们应该放弃用现代概念（它们可能又恰好来自于西方社会科学）描述和分析古代制度的尝试？依哲学解释学的看法，从本己之特殊立场（历史的、社会的、文化的乃至个人的）去观察世界，不但是不可避免的，而且是正当的。如果接受这种看法，则问题就不在于是否和能否使用现代概念，而在于怎样或如何使用这些概念。这正是问题最复杂、微妙之所在。"梁治平：《清代习惯法：社会与国家》，48 页，北京，中国政法大学出版社，1996。

② 户的主体是农户，即自耕农、半自耕农，因此，农户也称"正户"，此外，农户还包括部分中小地主和佃农等。中国古代的"家"有广义和狭义之分，本文所称谓的"家"主要指狭义上的家，大致相当于家庭。虽然古代中国的户与狭义上的家有某些差别，但两者的基本内容和特点是重叠的，故称之为"家户"。可参考下文进一步的讨论。

③ 参见周子良：《论户与中国古代民法文化》，8 页，西南政法大学硕士论文，1999。

而没有作专门的研究。本章在借鉴已有成果的基础上，对户的民事主体地位作进一步的论证与分析，通过凸显户在中国古代民事主体中的地位，以期对中国古代民事法律和民事法律文化能有较为深刻的认识和比较准确的把握。

第一节
家与户

一、家

在中国传统社会里，家占有极其重要的位置。家不仅是国之基础，而且是古代中国人精神的寄托和心灵的港湾。[①] 若抛开家，就无法理解中国社会。但是，古代中国的家是一个范围难以确定而又具有多重含义的范畴。就家的范围而言，可伸可缩。家可以很小，也可以大到数不清，天下可成一家。[②] 就家的含义，《辞源》和《辞海》分别有 11 和 14 种解释。[③] 虽然在不同的语境下，家有不同的内容，但其最基本的含义可以从广义和狭义来理解。[④]

广义的家，指家族、宗族。何谓家族、宗族？《尔雅·释亲》云：

> 父之党为宗族。

瞿同祖先生指出：

> 中国的家族是父系的，亲属关系只从父亲方面来计算……以父宗而论，则凡是同一始祖的男系后裔，都属于同一宗族团体，概为族人。其亲属范围则包括自高祖而下的男系后裔。以世代言之，包含自高祖至玄孙的九个世代，所谓九族是。以服制言之，由斩衰推至缌麻，包含五等服制。[⑤]

家族和宗族均由同一始祖的男系后裔所构成，因此，"家族，又称宗族。……家族就是同一个男性祖先的子孙，若干世代相聚在一起，按照一定的规范，以血缘关系为纽带结合而成的一种特殊的社会组织形式"[⑥]。家族有大有小，形式多样，但无论什么样的家族，都是由狭义上的家所构成。《北魏令》载：

> 百家为党族，二十家为闾，五家为比邻，百家之内有帅二十五。

《北齐河清二年令》载：

---

① 参见周子良、李锋：《中国近现代亲属法的历史考察及其当代启示》，载《山西大学学报（哲学社会科学版）》，2005（6）。

② 参见费孝通：《乡土中国 生育制度》，26～27 页，北京，北京大学出版社，1998。

③ 参见《辞源》（合订本），453 页，北京，商务印书馆，1988；《辞海》（缩印本），1022 页，上海，上海辞书出版社，1980。

④ 参见［日］滋贺秀三：《中国家族法原理》，张建国、李力译，41 页，北京，法律出版社，2003。

⑤ 《瞿同祖法学论著集》，1～3 页，北京，中国政法大学出版社，1998。

⑥ 徐扬杰：《宋明家族制度史论》，1 页，北京，中华书局，1995。

人居十家为比邻，五十家为闾，百家为族党。①

族由家成。狭义的家与以血缘关系为纽带而组成的家庭大致相同。② 家主要指家庭，应该是家的本义。"家"字最早见于商代甲骨文。《说文·家》中说："家，居也。从宀，豭省声。"③ 清人段玉裁《说文解字注》不赞同许慎的说法，认为：

> 按此字为一大疑案。豭省声读"家"，学者但见从豕而已，从豕之字多矣，安见其为豭省声耶？何以不云"叚"声，而迂回至此耶？窃谓此篆本义，乃豕之居也。引申假借，以为人之。字义之转移本如此。牢，牛之居也。引申为所以拘罪之陛（下加土）牢。庸有异乎？豢豕之生子最多，故人居处。借用其字，久而忘其字之本义，使引申之义得冒据之。盖自古而然。④

虽然许慎与段玉裁对家有某些不同的理解，但都承认家指"居"，许慎认为家"从宀"，而段氏则主张家"从豕"。段氏认为，家之本义"乃豕之居也"，但此论值得商榷。从家的字形看，家就是屋下有豕。罗常培先生推测说：

> 中国初民时代的"家"大概是上层住人，下层养猪。⑤

此种观点是有道理的。推想古人造字的本意，应当是假借"豕之居"而指"人之居"，即家庭。换句话说，有"豕之居"，必有"人之居"。《玉篇·宀部》："家，人所居，通曰家。"西周初年，青铜器铭文中出现了以"家"计数的记载。成王时期的青铜器《令簋》铭文云："（王）姜商（赏）令贝十朋、臣十家、鬲百人"⑥。《诗经·国风·桃夭》里的"宜其室家"、"宜其家室"。对《周礼·地官·小司徒》，郑玄注曰："有夫有妇然后为家"。1972年山东临沂银雀山汉墓出土的竹简《田法》，在记载战国前和战国时授田的情况时说："五十家为里，十里而为州，十乡（州）而为州（乡）。"⑦ 其中的家，均指家庭。不过，中国早期乃至中国古代的家庭一般要包括父母、自己和子女三代人。瞿同祖先生指出：

> 中国古代"大概一个家庭只包括祖父母，及其已婚的儿子和未婚的孙儿女，祖父母逝世则同辈兄弟分居，家庭只包括父母及其子女，在子女未婚嫁以前很少超过五六口以上的。"⑧

---

① ［日］仁井田陞：《唐令拾遗·户令》，栗劲等编译，126 页，长春，长春出版社，1989。本章以下引此书，均同一版本。

② 两者间虽有差别，不过，为讨论的方便，本章将狭义上的家与家庭基本等同使用。

③ 许慎：《说文解字》，150 页，北京，中华书局，1963。

④ 段玉裁：《说文解字注》，337 页，杭州，浙江古籍出版社，1998。

⑤ 罗常培：《语言与文化》，10 页，北京，语文出版社，1989。

⑥ 郭沫若：《两周金文辞大系图录考释》（六），3 页，北京，科学出版社，1957。另外，陈梦家先生认为，《令簋》为康王时的器物。见陈梦家：《西周铜器断代》，载《考古学报》，1955（10）。

⑦ 银雀山汉墓竹简整理小组：《银雀山竹书〈守法〉、〈守令〉等十三篇》，载《文物》，1985（4）。

⑧ 《瞿同祖法学论著集》，3 页，北京，中国政法大学出版社，1998。但也有家有百口的现象。《魏书·卢玄传》载：卢玄之孙"同居共财，自祖至孙，家内百口"。不过，在中国历史上，这种现象并非多数。南朝宋孝武帝孝建（454～456 年）年间，"士大夫父母在而兄弟异居，计十家而七；庶人父子殊产，八家而五"。见顾炎武：《日知录·周末风俗》卷十三。

需要说明的是，尽管我们将中国传统社会里的家大致分为了家族和家庭，但也要看到，中国古代"最小的家族也可以等于家庭"①，家族与家庭有时会重叠在一起。

关于狭义之家的含义，费孝通先生指出："在中国乡土社会中，家并没有严格的团体界限，这社群里的分子可以依需要，沿亲属差序向外扩大。"② "家是由亲属纽带结合在一起的"③。瞿同祖先生也认为："家应指同居的营共同生活的亲属团体"④。即中国古代的家是指因婚姻、血缘或收养等关系，由祖父母、父母和已婚或未婚子孙等组成，拥有一定数量财产的团体。家主要由亲属成员组成，但也不完全限于亲属成员。家庭内的成员同居共财，构成社会的基本单位。家庭不仅是生育单位，更是生产和消费单位。

二、户

户之本义指单扇门。《说文·户》云：

> 户，护也，半门曰户。象形。凡户之属皆从户。⑤

《辞源·户部》释"户"云：

> 一扇为户，两扇为门。⑥

至晚到西周时，户具有了家（狭义上的家，即家庭）的意义。《周易·讼》云："不克讼，归而逋，其邑人三百户，无眚。"根据孔颖达疏的理解，这里的三百户即是指三百家。⑦因此，《辞源·户部》释"户"也说："一家谓一户。"⑧ 从此以后，中国古代的家与户就有了密切的关联，在相当长的时间内，家与户的内容是重叠的。

最早解释户的法律应当是秦律。《秦简·法律答问》规定：

> "盗及者（诸）它罪，同居所当坐。"可（何）谓"同居"？户为"同居"，坐隶，隶不坐户谓（殹）也。⑨

即是说如果奴隶犯盗窃和其他类似犯罪，因奴隶是主人的财产，隶属于主人，所以，主人应当连坐，负刑事责任；若主人犯罪，因奴隶不是户内成员，所以奴隶不被连坐，不需要承担刑事责任。《秦简·法律答问》进一步解释道：

> 可（何）谓"室人"？可（何）谓"同居"？"同居"，独户母之谓（殹）也。"室人"者，一室，尽当坐罪人之谓（殹）也。

---

① 费孝通：《乡土中国　生育制度》，39页，北京，北京大学出版社，1998。
② 费孝通：《乡土中国　生育制度》，39页，北京，北京大学出版社，1998。
③ 费孝通：《江村农民生活及其变迁》，76页，兰州，敦煌文艺出版社，1997。
④ 《瞿同祖法学论著集》，3页，北京，中国政法大学出版社，1998。
⑤ 许慎：《说文解字》，247页，北京，中华书局，1963。
⑥ 《辞源》（合订本），647页，北京，商务印书馆，1988。
⑦ 参见（清）阮元：《十三经注疏》（上），24页，北京，中华书局，1980。
⑧ 《辞源》（合订本），647页，北京，商务印书馆，1988。
⑨ 睡虎地秦墓竹简整理小组：《睡虎地秦墓竹简》，160页，北京，文物出版社，1978。本章下引此书，均同一版本。

睡虎地秦墓竹简整理小组解释说：

> 独户母，一户中同母的人。《唐律疏议》卷十六："称同居亲属者，谓同居共财者。"与简文不同。①

即同居就是指一户之内同母的人。唐人颜师古在解释汉代的"同居"② 时说：

> 同居，谓父母、妻子之外，若兄弟及兄弟之子等见与同居业者，若今言同籍及同财也。③

"同居"指父母、妻子以及兄弟、兄弟之子等同籍同财者。"同财"与"大功"相连，"大功之亲，谓同财者也"④。秦代的户可以理解为，由同籍同财共居的父母、妻子以及兄弟、兄弟之子等家庭成员所组成的亲属团体。家庭与户基本相同。

唐律也是家、户相释。如《唐律疏议·名例律》"犯徒应役家无兼丁"条"疏议"曰：

> "而家无兼丁者"，谓户内全无兼丁。⑤

《大清律·户律》"脱漏户口"条：

> 凡一（家曰）户，全不附籍（若），有（田应出）赋役者，家长杖一百。⑥

一家即是一户。康熙时名幕沈之奇在《大清律辑注》中也说：

> 计家而言之曰户，计人而言之曰口。⑦

正是由于古代中国的家（狭义上的家）与户意义相近，故家与户常并用，称做"家户"。如，《后汉书·樊宏阴识列传》载，樊准任巨鹿太守时："饥荒之余，人庶流迸，家户且尽，准课督农桑，广施方略，期年间，谷粟丰贱数十倍。"《三国志·蜀书》记载，孟光诏访，问太子所读之书，并问其情性好尚，正太子答曰："奉亲虔恭，夙夜匪懈，有古世子之风；接待群僚，举动出於仁恕。"光曰："如君所道，皆家户所有耳。"吴国诸葛恪曾与丞

---

① 《睡虎地秦墓竹简》，238 页。但唐以后，"同居"之人不一定是同户之人。《唐律疏议·擅兴律》"征人冒名相代"条之《疏议》曰："称同居亲属者，谓同居共财者。"又《唐律疏议·名例律》"同居相为隐"条之"疏议"曰："'同居'，谓同财共居，不限籍之同异，虽无服者，并是。"

② 汉惠帝元年（前 194 年）下诏："吏所以治民也，能尽其治则民赖之，故重其禄，所以为民也。今吏六百石以上父母妻子与同居，及故吏尝佩将军、都尉印将兵，及佩二千石官印者，家唯给军赋，他无有所与。"（东汉）班固：《汉书·惠帝纪》卷二。

③ 不过，沈家本不赞成颜师古"若今言同籍及同财"的说法。沈家本驳道：颜师古"乃不本《唐律》为说，而漫云同籍同财，《疏议》明言同居不限籍之同异，岂得以同籍为同居之限哉？自当以《疏议》之说为断。"沈家本：《历代刑法考·同居考》（三），邓经元、骈宇骞点校，1325 页，北京，中华书局，1985。

④ 《仪礼·丧服》郑玄注。

⑤ 唐代的家与户虽基本相同，但两者之间也有某些差别。见上文注。又《律疏·名例律》"共犯罪造意为首"条《疏议》云："家人共犯者，谓祖、父、伯、叔、子、孙、弟、侄共犯，唯同居尊长独坐，卑幼无罪。"家即为同居，但同居不一定同户。本章所引《唐律疏议》（以下简称《律疏》）内容均自刘俊文：《唐律疏议笺解》，北京，中华书局，1996。以下所引均自同一版本，不再详注。

⑥ 《大清律》，田涛、郑秦点校，北京，法律出版社，1999。本章下引此书，均同一版本。

⑦ 沈之奇：《大清律辑注》，怀效锋、李俊点校，190 页，北京，法律出版社，2000。

相陆逊书曰，凡治国之臣："不舍小过，纤微相责，久乃至於家户为怨，一国无复全行之士也。"① 吴国孙皓为政，凶暴骄矜，政事日弊。贺邵上疏谏曰：

> 陛下"自登位以来，法禁转苛，赋调益繁；中宫内竖，分布州郡，横兴事役，竞造奸利；百姓罹杼轴之困，黎民罢无已之求，老幼饥寒，家户菜色，而所在长吏，迫畏罪负，严法峻刑，苦民求办。是以人力不堪，家户离散，呼嗟之声，感伤和气。"

华覈也曾上书孙皓说：当时是"军资空匮，仓廪不实，布帛之赐，寒暑不周，重以失业，家户不赡"，"家户贫困，衣食不足"②。《晋书·王羲之传》载，王羲之曾与尚书仆射谢安书曰：

> 自军兴以来，征役及充运死亡叛散不反者众，虚耗至此，而补代循常，所在凋困，莫知所出。上命所差，上道多叛，则吏及叛者席卷同去。又有常制，辄令其家及同伍课捕。课捕不擒，家及同伍寻复亡叛。百姓流亡，户口日减，其源在此。又有百工医寺，死亡绝没，家户空尽，差代无所。

吐鲁番出土文书《都乡啬夫被符征发役作文书一》："［前缺］——右五家户作次逮……"③

民间也有家户并称的用语。南宋宝祐三年（1255 年）祁门县周文贵卖山地契写道："其山见经界本家户下，其税钱将来于文贵户下起割。"④

有户，即有户主。户主，皆由家长（或尊长）为之，代表一户从事各种法律活动。又据《晋书·食货志》载：

> 丁男之户，岁输绢三匹，绵三斤，女及次丁男为户者半输。

这说明户主既可以是丁男，也可以由成年妇女及次丁男充任。

女子为户主者称之为"女户"。《律疏·户婚律》"脱漏户口增减年状"条、《宋刑统·户婚律》"脱漏增减户口"门，都有规定：

> 若户内并无男夫，直以女人为户。⑤

即只有在户内无男夫的情况下，妇女才可以为户主。从唐代神龙三年（707 年）高昌县崇化乡的点籍样⑥，也能看到这一规定。户内女子分为大女、中女和小女，女户主一般由年长的大女为之，"户主大女陈思香，年卌，丁寡。口大小总三，丁寡一，丁女一，黄女一。"（标点由笔者所加）无大女则由中女为之，无中女，则由小女任之。"户主小女曹阿面子，

---

① 《三国志·吴书》卷六十四。
② 《三国志·吴书》卷六十五。
③ 国家文物局古文献研究室、新疆维吾尔自治区博物馆、武汉大学历史系编：《吐鲁番出土文书》（第一册），89 页，北京，文物出版社，1981。
④ 张传玺主编：《中国历代契约会编考释》（以下简称《考释》），563 页，北京，北京大学出版社，1995。本章以下引此书，均同一版本，不再详注。
⑤ 窦仪等：《宋刑统》，吴翊如点校，北京，中华书局，1984。本章下引此书，均同一版本。
⑥ 参见国家文物局古文献研究室、新疆维吾尔自治区博物馆、武汉大学历史系编：《吐鲁番出土文书》（第七册），468～477 页，北京，文物出版社，1986。

年十三，小女。口大小总二，小女二。"①（标点由笔者所加）

虽然家与户的内容大致相当，但在一些特殊情况下，家庭与户也并不是完全相同：

第一，一人（丁）很难算做一个家庭，但却可以成为一户，《魏书·薛虎子传》："小户者一丁而已"。《律疏·户婚》"脱漏户口增减年状"条："纵一身亦为一户"。

第二，对于分家与分户，法律有不同的规定。②《律疏·户婚律》"子孙别籍异财"条：

> 诸祖父母、父母在，而子孙别籍、异财者，徒三年。若祖父母、父母令别籍及以子孙妾继人后者，徒二年；子孙不坐。
>
> 若祖父母、父母处分，令子孙别籍及以子孙妾继人后者，得徒二年，子孙不坐。但云"别籍"，不云"令其异财"，令异财者，明其无罪。③

即祖父母（高祖父母、曾祖父母在世亦同）、父母在世，而子孙另立户籍、分家析产者，处徒刑三年。若祖父母、父母令子孙另立户籍以及将子孙非法过继给他人为嗣者，处徒刑二年；子孙不处罚。"疏议"解释说：若祖父母、父母做主，令子孙另立户籍以及将子孙非法过继给他人为嗣者，处徒刑二年，子孙不处罚。这里只说另立户籍，而不提令子孙分家析产，这表明若祖父母、父母令子孙分家析产，不受处罚。要言之，无论是子孙要另立户籍，还是祖父母、父母令子孙另立户籍，其行为主体都要受到法律的惩罚。但如果是祖父母、父母令子孙分家析产，祖父母、父母以及子孙都不受处罚。

第三，家中的人口、财产与户内的人数和财产不一定相同或相等。家中的人口和财产只有经官方登记才能成为户内的人口和财产，也正因此，没有经过官方登记的人口和财产，尤其是财产，很难得到国家法律的保护。唐天宝六年（747年）的敕文规定：

> 其百官、百姓身亡之后，称是在外别生男女及妻妾，先不入户籍者，一切禁断。辄经府县陈诉，不须为理，仍量事科决，勒还本居。④

若事先不入户籍，即使子女、妻妾也不得享有分割家产的权利。

第四，户有时包含若干家庭。每当社会变革（或动荡）、户籍混乱时，户与家也不尽相同。如北魏初年，实行"宗主督护"制，任命豪强为宗主，督护百姓，导致"诸州户口，籍贯不实，包藏隐漏，废公罔私"⑤，"惟立宗主督护，所以民多隐冒，五十、三十家方为一户。"⑥ 不过，那种"五十、三十家方为一户"的现象是"籍贯不实"的表现，为国家法律所禁止。同时，也不是古代中国的常态。

再者，中国古代的户籍制度并非只是为了人口管理，更具有征派赋役的功能。从明朝的"一条鞭法"到清朝的"摊丁入亩"，土地逐渐成为赋税征收的主要依据或唯一标准，先

---

① 国家文物局古文献研究室、新疆维吾尔自治区博物馆、武汉大学历史系编：《吐鲁番出土文书》（第七册），469页，北京，文物出版社，1986。

② 有关这一问题的论述，还可参见［日］滋贺秀三：《中国家族法原理》，张建国、李力译，41页，北京，法律出版社，2003。

③ 刘俊文：《唐律疏议笺解》，936页，北京，中华书局，1996。

④ 《宋刑统·户婚律》"卑幼私用财"门。

⑤ 《魏书·食货志》卷一一〇。

⑥ 《魏书·李冲传》卷五十三。

前户籍中家庭人口登记的功能渐次减退，国家典册中的一些"户"，或以田立户，或以丁立户，而不是以家立户，家与户进一步分离。

第五，更值得注意的是，家是自然形成的，户则是国家运用权力建构起来的。① 国家通过编制户籍，将户内人口和财产登记在户的名下，使户承担起国家赋税和社会控制的重任。户的公法性质非常明显。虽然户的产生是出于公法上的需要，但同时法律也赋予户享有户内成员的人身权和户名下财产的财产权。

有关户与家庭的区别还可参考《辞海》的解释。② 不过，明代中叶之前，户与家基本相同，户以家立、因家立户是古代中国社会普遍存在的现象。有学者指出，明初黄册中的户对应于现实中的单个家庭，一户即一家。③ 本章的讨论也主要基于家户基本相同的现象。尽管明代中叶以后，家、户逐渐分离，但户作为民事主体的性质却没有多少变化。

基于上述分析，可以将户定义为：户是中国古代社会中国家为了掌握人口、财产与征派赋役，以家庭为基础而建构的，具有法律性质的最基本的单位。虽然中国古代户与家庭（狭义上的家）的内容基本相同，但两者之间也存在某些差别而不能完全等量齐观。再者，中国古代的"家"的含义具有不确定性，家可以指家族、家庭、家产、户（家户），而户则通过官府的登记而有较确定的含义和范围。故本章将户而不是家作为考察的主要对象。

第二节
户的种类与名称

在中国的传统社会里，编户是国家统治的重要手段之一，不同的人被编入不同的户籍：

> 神乡县主，普天之下谁不编户？④

因此，户也随朝代更替、社会变迁而产生了不同的种类和名称，某些朝代，户之种类和名称更是异常繁杂。

两汉之前，户的名称比较单一，一般统称为"户"、"人户"、"民户"⑤。两汉时期，根

---

① 受外国学者布迪厄和朱爱岚等观点的启发，本章提出这一看法。"当前对中国农村仍适用的户的定义，同样是通过国家权力的运作从内部建构起来的。""对中国户的分析是个被优先选取的主题，因为它在当代中国是由'官方'建构起来的。"［加］朱爱岚：《中国北方村落的社会性别与权力》，胡玉坤译，131 页，南京，江苏人民出版社，2004。

② 根据《辞海》"户"条的解释，户与家庭的区别：（1）户是经济的社会的实体，家庭是生物的社会的单位；（2）户可包括无血缘婚姻关系而居住在一起的人员，家庭成员必须具有血缘婚姻或收养的关系。在社会统计时，户是统计对象的一个单位。参见《辞海》（1999 年版缩印本），4477 页，上海，上海辞书出版社，2000。

③ 参见刘志伟：《在国家与社会之间——明清广东里甲赋役制度研究》，245 页，广州，中山大学出版社，1997。

④ 《魏书·元志传》卷十四。编户不仅仅是指国家按户登录人口、财产、赋役的活动，同时还指经国家登录的人户，"编户齐民"。

⑤ 吴王濞在"七国之乱"时宣布说：其以军若城邑降者，卒万人，邑万户，如得大将；人户五千，如得列将；人户三千，如得裨将；人户千，如得二千石。参见《史记·吴王濞列传》。《汉书·韩信传》载："大王之入武关，秋毫亡所害，除秦苛法，与民约法三章耳，秦民亡不欲得大王王秦者。于诸侯之约，大王当王关中，关中民户知之。"实际上，户、人户、民户的称谓，也存在于汉代，更为后世所广泛使用。

据不同的标准，可以分出不同的户种。若按职业和身份划分，两汉户的种类大可分为三类：一是农户，或称民户。农户主要由自耕农、半自耕农和大小地主组成。农户不仅是汉代最主要的户种，也是中国古代社会中存在时间最长、数量最大、覆盖面最广的户类。二是宗室贵族户。汉代有管理宗室贵族事务的专门机构"宗正"，其职责是："掌序录王国嫡庶之次，及诸宗室亲属远近，郡国岁因计上宗室名籍"[①]。其户籍称"宗室名籍"、宗籍。三是有市籍的市户。西汉时，凡在官府设立的市场中营业的商人都有专门的户籍，即市籍，不过，到东汉，商人已不见有无市籍之区别。[②]

根据财产的多少，汉代的户可分为上户、中户和下户三种（等）。上户亦称大家，资产在 50 万钱以上；中户亦称中家，资产在 10 万钱左右；下户亦称小家，资产多不满万钱。[③]不过，在两汉的典籍中，上户、中户的名称不为广泛使用，但可以看到"下户"的零星记载。

三国两晋南北朝时期，户的种类和名称明显增加。曹魏时期，曹操将控制下的人民分为农户、屯田户、兵户（世代为兵之家）等。北魏时，除了统治者直接控制的编户（即国家的编户齐民）外，还出现了名称和种类繁杂的"杂役之户"、"百杂之户"，统称为杂户。其中，有隶属于寺院团体的僧祇户，有为寺院所领的佛图户（寺户），以及与国家有着密切人身依附关系的依附户：军户、营户、乐户、隶户、府户、屯户、牧户、盐户、监户、驿户、伎作户（包括细茧户、绫罗户、工户、金户等手工技艺户）、平齐户等。所有杂户都各有专属的户籍，其地位高于官私奴婢而低于编户。

北魏的杂户主要来源于反叛者、战俘、被掳掠的人口和罪犯的家属子孙等。这与北周的情形大致相同。北周《大律》规定：

> 盗、贼及谋反、大逆、降、叛、恶逆罪当流者，皆甄一房配为杂户。[④]

北魏的营户多来自反抗统治的北方少数民族。延兴元年（471 年），"沃野、统万二镇敕勒叛。诏太尉、陇西王源贺追击，至枹罕，灭之，斩首三万余级；徙其遗迸于冀、定、相三州为营户"[⑤]。他们被迁置各地后，在军队的掌控下从事农业、畜牧和手工业等劳动。

隶户与平齐户主要是从别国掳掠来的民户。隶户多来自西凉。《隋书·刑法志》载：

> （北）魏虏西凉之人，没入名为隶户。

隶户主要从事各种杂役，地位低下，常与奴隶一起被赏赐臣下：许谦"从征卫辰，以功赐僮隶三十户"[⑥]。这意味着他们的地位与奴隶已无大的差别。

---

① （南朝宋）范晔：《后汉书·百官志》。
② 参见林甘泉、童超：《中国封建土地制度史》（第一卷），213、215 页，北京，中国社会科学出版社，1990。关于汉代的市籍和宗籍，有学者认为都不是户籍，而是名籍：市籍似指从事商业的当事人，不包括他的家属，这与记录全家人口的户籍有别。宗籍也主要是登记宗室家长个人的人事资料，不包含全户的人口。参见杜正胜：《编户齐民——传统政治社会结构之形成》，6 页，台北，联经出版事业公司，1990。
③ 参见邢铁：《户等制度史纲》，7～8 页，昆明，云南大学出版社，2002。
④ 《隋书·刑法志》卷二十五。
⑤ 《魏书·高祖纪上》卷七。
⑥ 《魏书·许谦传》卷二十四。

平齐户是北魏在对宋战争中所俘掠，并被强迁至魏都附近的齐郡（属今山东）人户。皇兴三年（469 年），魏又于平城西北北新城设立平齐郡，将历城、梁都（邹平县）所俘降将、僚属和两城民户迁置于此，名为平齐户。除部分被分赐百官为奴婢外，大部分平齐户被迫耕作，不许自由迁徙，地位类似农奴。[①] 不过，平齐户之名称，早在这年之前已经出现。文成帝和平（460—465 年）初年载：

> 昙曜奏：平齐户及诸民，有能岁输谷六十斛入僧曹者，即为"僧祇户"，粟为"僧祇粟"，至于俭岁，赈给饥民。又请民犯重罪及官奴以为"佛图户"，以供诸寺扫洒，岁兼营田输粟。高宗并许之。于是僧祇户、粟及寺户，遍于州镇矣。[②]

平齐户、重犯及官奴争相为僧祇户、佛图户，说明平齐户的地位低于僧祇户、佛图户。北魏出现的杂户直到北齐才被废除。《隋书·刑法志》载：

> 魏虏西凉之人，没入名为隶户。魏武入关，隶户皆在东魏，后齐因之，仍供厮役。建德六年（577 年），齐平后，帝欲施轻典于新国，乃诏：凡诸杂户，悉放为百姓。自是无复杂户。

杂户又重新成为编户，获得更多的自由，摆脱了卑贱的地位。

虽然北齐在放免法令后已"无复杂户"，但在唐代，由罪犯的家属变成的杂户依然存在。《律疏·名例律》"免所居官"条云：

> 杂户者，谓前代以来，配隶诸司职掌，课役不同百姓，依令"老免、进丁、受田，依百姓例"，各于本司上下。

又《旧唐书·职官志》云：

> 凡反逆相坐，没其家为官奴婢。一免为番户，再免为杂户，三免为良民，皆因赦宥所及则免之。

《唐六典》"都官郎中、员外郎"条也有相同之记载。作为官贱民，杂户的户籍隶属于州县官府，其地位低于编户而高于官奴婢和番户。

何谓"番户"，据《唐六典》"都官郎中、员外郎"条下注：

> 诸律、令、格、式有言官户者，是番户之总号，非谓别有一色。……官户皆在本司分番，每年十月，都官按此。……番户一年三番，杂户二年五番，番皆一月。十六以上当番请纳资者，亦听之。其官奴婢长役无番也。

番户是属于官户的罪役户，其户籍隶属于所服役的州县官府。《律疏·名例律》"免所居官"条："官户者，亦谓前代以来配隶相生，或有今朝配没，州县无贯，唯属本司。"又《新唐书·百官志》：

> 凡反逆相坐，没其家配官曹，长役为官奴婢。一免者，一岁三番役。再免为杂户，

①　参见《辞海》（经济分册），149～150 页，上海，上海辞书出版社，1980。
②　《魏书·释老志》卷一一四。

亦曰官户，二岁五番役，每番皆一月。三免为良人。六十以上及废疾者，为官户；七十为良人。

《律疏·名例律》"官户部曲官私奴婢有犯"条：

> 官户隶属司农，州、县元无户贯；部曲，谓私家所有；其妻，通娶良人；客女，奴婢为之，部曲之女亦是：犯罪皆与官户、部曲同。

作为官贱民，官户来源于罪犯及其家属、官奴婢的赦免。地位仅高于官奴婢而低于杂户和编户。

虽然番户包括在官户中，但官户与番户也有某些差别：番户的户籍隶属于各地官府，而官户则"州县无贯，唯属本司"，不属地方官府，而属朝廷司农寺；番户服役"一年三番……番皆一月"，而官户"二岁五番役，每番皆一月"。

除杂户、官户外，唐代的官贱民还包括工户、乐户和太常音声人等。《律疏·名例律》"工乐杂户及妇人犯流决杖"条"疏议"云：

> 工、乐者，工属少府，乐属太常，并不贯州县。杂户者，散属诸司上下，前已释讫。"太常音声人"，谓在太常作乐者，元与工、乐不殊，俱是配隶之色，不属州县，唯属太常，义宁（隋恭帝年号：617—618 年，笔者注）以来，得于州县附贯，依旧太常上下，别名"太常音声人"。

工户是隶属于朝廷少府监的手工业户；乐户为隶属于朝廷太常寺、从事乐舞的官贱户；太常音声人是原附籍于太常寺而唐代改为属于州县官府的乐户，其地位较高。《律疏·户婚律》"杂户官户与良人为婚"条"疏议"云：

> 其工、乐、杂户、官户，依令"当色为婚"，若异色相娶者，律无罪名，并当"违令"。既乖本色，亦合正之。太常音声人，依令"婚同百姓"，其有杂作婚姻者，并准良人。

虽然太常音声人也属于官贱，但其地位高于其他官贱民（工、乐、杂户、官户）而仅次于良人编户。

唐代的奴婢、部曲"身系于主"①，其中"奴婢贱人，律比畜产"②，没有自己独立的户籍，而附于主人的户籍之内。据《唐大中四年（850 年）十月沙州令狐进达申请户口牒》载，在户主令狐进达的户内，还包括奴与婢：

> 令狐進達
>
> 應管口妻男女兄弟姊妹新婦 僧 尼奴婢等共參拾肆人。
>
> 妻阿張　男寧　　男盈　　男再盈　女塩子　女嬌
>
> 弟嘉興　妻阿蘇　弟華奴　女福子
>
> 弟僧恒璨　婢要娘

---

① 《律疏·贼盗律》"亲属为人杀私和"条。
② 《律疏·名例律》"官户部曲官私奴婢有犯"条。

弟僧福集　　婢來娘

弟僧福成　　妹尼勝福

兄興晟　妻阿張　母韓　男含奴　男仏奴　男歸奴　妹尼勝□

妹尼照惠　婢宜＿＿

姪男清＿＿　妻阿李　母阿□　弟勝奴　弟君勝　妹尼澗□

妹銀　　奴進子①

其中，"宜"为婢、"进子"为奴。部曲"谓私家所有"②，"此等之人，随主属贯，又别无户籍，若此之类，名为部曲"③。部曲之籍编入主人的户籍。奴婢、部曲无户籍，即没有独立的人格。

唐代的人户比较复杂，主要包括地主、自耕农、手工业者和商人。④ 这些人户根据资产，分为不同的户等。《通典·食货》载：

（武德）六年（623 年）三月令：天下户量其资产定为三等。至（贞观）九年（635年）三月，诏：天下户立三等，未尽升降，宜为九等。⑤

唐初武德年间，国家的编户分为上户、中户（次户）和下户三等。贞观之后，唐代的九等户分别为上上户、上中户、上下户、中上户、中中户、中下户、下上户、下中户、下下户。⑥ 根据居住地的不同，唐代的编户又分为主户与客户。凡是土著原籍人户称为主户，而因战乱、赋役、灾荒等逃亡异乡的客籍民户为客户。但到唐德宗实行"两税法"后，取消了主客户的区别。"建中元年（780 年）二月，遣黜陟使分行天下，其诏略曰：户无主客，以见居为簿。人无丁中，以贫富为差。行商者，在郡县税三十之一。居人之税，秋夏两征之。"⑦ 有产的客户与当地的主户都成为国家的"两税户"。晚唐，再次出现主户与客户，但晚唐的客户是指佃户而非客籍他乡的民户。

在唐代主客户存在的时期，主户又分为课户与不课户。《新唐书·食货志》载："凡主户内有课口者为课户。若老及男废疾、笃疾、寡妻妾、部曲、客女、奴婢及视九品以上官，不课。"⑧ 凡主户内有负担国家税役人丁的人户，即为"课户"；无田产或依法免除税役的人户为"不课户"。课户负担沉重的赋役：

凡赋役之制有四：一曰租，二曰调，三曰役，四曰杂徭。课户每丁租粟二石。其调，随乡土所产绫绢絁各二丈，布加五分之一。输绫绢絁者，绵三两。输布者，麻三斤。皆书印焉。凡丁，岁役二旬，无事则收其庸，每日三尺。有事而加役者，旬有五

---

① ［日］池田温：《中国古代籍帐研究·概观录文》（下），566 页，东京，东京大学出版会，1979。

② 《律疏·名例律》"官户部曲官私奴婢有犯"条。

③ （宋）此山贳冶子：《唐律释文·斗讼》卷二十二。

④ 参见王威海：《中国户籍制度——历史与政治的分析》，116 页，上海，上海文艺出版社，2006。

⑤ 《通典·食货》卷六；邢铁：《户等制度史纲》，22 页，昆明，云南大学出版社，2002。

⑥ 参见《旧唐书·食货志》卷四十八。

⑦ 《旧唐书·食货志》卷四十八。

⑧ 《新唐书·食货志》卷五十一。

日免调，三旬则租调俱免。①

由此，导致了众多的课户。

北宋以降，户种类的划分标准发生了重大转变，总的趋势是由以身份区别为主到职业划分为主、从看重人身关系到重视家庭资产的变化。但这并不是说宋代以后就没有身份的区别和人身的依附关系，而是说职业和资产成为划分户种的主要标准。

两宋的编户主要分主户和客户两类。这时的主客户主要以有无土地加以分别，主、客之间也常因有无土地而发生变化。主户拥有土地，相应也承担国家的赋役。主户又分乡（村）户与坊郭户两类。乡户的主体是自耕农户，此外还包括半自耕农户、地主、匠户、亭户（即灶户，以海水煮的正盐缴公的盐户）、锅户（以海水煮的浮盐卖给商贩的盐户）、井户（以井水制盐之民户）、茶户、机户、船户、茧户以及女户（凡无夫无子，则为女户）和一些官户、形势户。

何谓"官户"？《宋史·食货志》云：

> 进纳、军功、捕盗、宰执给使、减年补授，转至升朝官，即为官户；身亡，子孙并同编户。②

又载：

> 田归官户不役之家，而役并于同等见存之户。③

官户即指有官品、免除徭役的人户。这与南朝、隋、唐时的官户（即罪役户）不同。

形势户是宋代"立别籍，通判专掌督之"，在仕籍的文武官员和州县豪强人户的统称。④

坊郭户亦称城郭户，是指居住在州、县、镇内的手工业者、商贾和城市人户。

客户即佃户，无论乡村还是城市都有客户。前者称为乡村客户，后者名为坊郭客户。这里的主、客户，与晚唐的主、客户相近，但两宋的客户，其人身依附关系较前代大为减弱，其地位有了进一步的提高。即使客居他乡，也能很快取得国家编户的资格。天禧五年（1021 年）下诏：

> 诸州县自今招来户口，及创居入中开垦荒田者，许依格式申入户籍，无得以客户增数。

客户取得编户资格后，就与主户一样在法律上取得了法律平等保护的地位。同时，还应当明确的是，尽管两宋的户种繁多，但他们之间的区别主要是因职业而不是由身份。

元代的户种也主要依据资产和职业来加以区分。按每户占有土地的数量，民户被分为三等。武宗至大二年（1309 年）载：

> 淮西廉访佥事苗好谦献种莳之法。其说分农民为三等，上户地一十亩，中户五亩，下户二亩或一亩，皆筑垣墙围之，以时收采桑椹，依法种植。武宗善而行之。⑤

---

① 《旧唐书·职官志》卷四十三。
② 《宋史·食货志》卷一七八。
③ 《宋史·食货志》卷一七七。
④ 参见《辞海》（经济分册），149 页，上海，上海辞书出版社，1980；《宋史·食货志》卷一七四。
⑤ 《元史·食货志》卷九十三。

依职业分，元代的户主要有军户、民户、匠户、站户、医户、乐户、儒户、盐户、冶金户、葡萄户、打铺户、儒户、猎户、酒户和礼乐户等，统称为"诸色户计"。元代比较特殊的户种为"驱户"，是蒙古人在战争中俘获的汉人民户。他们有自己的户籍，主要从事农业生产，负担国家的赋役，但他们为蒙古贵族所占有，不得与自由民通婚，其身份是农奴或奴隶。

明清时期，户的种类和名称依然繁多。《大明律·户律》规定：

> 凡军、民、驿、灶、医、卜、工、乐诸色人户，并以籍为定。①

《大明令·户令》规定：

> 凡军民、医匠、阴阳诸色户计，各以原报抄籍为定，不得妄行变乱。违者治罪，仍从原籍。②

《大清律·户律》也有相同的规定。法律规定的军、民、驿、灶、医、卜、工、乐等诸色人户，只是某一户类的总称，在每一类的人户中又细分为更多的户种。如民户中除了一般农户外，还有佃户、茶户、织户、商户、船户、矿户、渔户、儒户、阴阳户等。灶户，亦称盐户，包括亭户、锅户、畦户、井户等。此外，明代还有匠户、丐户（亦称堕民、怯邻户）、疍户（以打鱼或水上运输为业）。这些户类都是按职业划分而有不同的名称。若按以财产多少，户分为上、中、下三等：

> 户有上、中、下三等，盖通较其田宅、赀畜而定之。③

有学者统计，明初户的种类至少有八十多种。④ 清代，户的种类大多承袭前朝。

上文的梳理仅仅是对古代中国户的种类和名称所作的简要概括，而事实上的户类与名称远比上文所述要丰富得多。但即使只是一个简略的观察，也能看到户在古代社会中普遍和长期存在的事实。正是这些种类繁多、名称各异的家户组成了纷繁复杂的古代社会。户既是中国古代社会中普遍存在的现象，也是构成古代社会的最小单位。⑤

第三节
户的私法属性

户是中国古代社会中长期存在的一个重要范畴，再加之户是统治者编制户籍、征收赋

---

① 怀效锋点校：《大明律》，北京，法律出版社，1999。本章下引此书，均同一版本。

② 刘海年、杨一凡：《中国珍稀法律典籍集成·大明令·户令》（乙编第一册），12页，北京，科学出版社，1994。

③ （清）顾炎武：《天下郡国利病书》原编第13册《河南》。又见同书原编第7册《常镇》："嘉靖元年……以家资富盛及丁田居上者为上户，丁田数少家道颇可者为中户，丁田消乏者为下户。"

④ 如在军户、民户、匠户、灶户这四大户类中，又可细分为："米户、园户、囤户、菜户、渔户、马户、窑户、酒户、裁缝户、船户、蛋户、站户、僧户道户、陵户、坛户、女户、丐户等等，计80种以上"。详见栾成显：《赋役黄册与明代等级身份》，载《中国社会科学院研究生院学报》，2007（1）。

⑤ 参见周子良：《中国传统社会中"户"的法律意义》，载《太原理工大学学报》（哲学社会科学版），2010（1）。

税、征发徭役乃至社会控制的依据和对象，这就使得户在中国传统社会中具有了不可轻视和低估的作用。

古代中国，对户以及与户有关的户口、婚姻、赋税、田宅等甚为重视。孟子认为，国家存在的必备要素有三："诸侯之宝三：土地、人民、政事。"① 其中，土地和人民不仅是户籍登记的主要内容，同时也是政事之本。东汉末年的政论家徐干（徐伟长）在其《中论》中进一步指出：

> 夫治平在庶功兴，庶功兴在事役均，事役均在民数周，民数周为国之本也。先王周知其万民众寡之数，乃分九职焉。九职既分，则劬劳者可见，勤惰者可闻也，然而事役不均者未之有也。事役既均，故上尽其心而人竭其力，然而庶功不兴者未之有也。庶功既兴，故国家殷富，大小不匮，百姓休和，下无怨疾焉，然而治不平者未之有也。故泉有源，治有本，道者审本而已矣。故周礼，孟冬，司寇献民数于王，王拜受之，登于天府，内史、司会、冢宰贰之。其重之也如是。今之为政者，未之知恤已也。譬犹无田而欲树艺，虽有农夫，安能措其强力乎！是以先王制六乡六遂之法，所以维持其民而为之纲目也。使其邻比相保爱，赏罚相延及，故出入存亡臧否逆顺可得而知也。及乱君之为政也，户口漏于国版，夫家脱于联伍，避役逋逃者有之，弃损者有之，浮食者有之。于是奸心竞生而伪端并作，小则滥窃，大则攻劫，严刑峻令不能救也。人数者，庶事之所自出也，莫不取正焉。以分田里，以令贡赋，以造器用，以制禄食，以起田役，以作军旅，国以建典，家以立度，五礼用修，九刑用措，其唯审人数乎？②

徐干认为，户籍登记是"国之本"、"治之本"、"道之本"。

萧何随刘邦攻入秦都咸阳，"诸将皆争走金帛财物之府分之，何独先入收秦丞相御史律令图书藏之"。以至刘邦能具知天下"户口多少，疆弱之处，民所疾苦者，以何具得秦图书也"③。萧何认为，治理国家，秦朝的律令典籍、户籍图册远比金帛财物更为重要。

民众虽不是国家统治的主体，却是承担国家赋税、徭役、兵役的主体，为了实行赋役征派和社会控制，历代统治者特别重视户籍的编订和管理。因此，户籍登记就成为君主掌握人口、治平天下的重要手段。法律规定，天下百姓都应依法编入户籍。

据甲骨文记载，至晚到商代，统治者就已开始登记人口，这是中国古代户籍制度的萌芽。商代的人口登记称为"登人"。卜辞"登人于庞"、"登人于皿"、"在北工登人"④，即是为征集兵丁而进行的人口登记。从"登人"之目的可以看出，在户籍制度的萌芽之时，户籍制度就具有了社会控制和国家统治的功能。

西周时，户籍制度已具雏形。《周礼·秋官·小司寇》载："自生齿以上，登于天府。"《周礼·秋官·司民》写道：

> 司民：掌登万民之数，自生齿以上，皆书于版。辨其中国，与其都鄙，及其郊野，异其男女，岁登下其死生。及三年，大比，以万民之数诏司寇。司寇及孟冬祀司民之

---

① 《孟子·尽心下》。
② 《通典·食货》卷三。
③ 《史记·萧相国世家》卷五十三。
④ 转引自宋镇豪：《夏商人口初探》，载《历史研究》，1991（4）。

日，献其数于王，王拜受之，登于天府。内史、司会、冢宰贰之，以赞王治。

郑玄注曰："登，上也。""版，今户籍也。下，犹去也。每岁更著生去死。"①

虽然《周礼》中所描述的制度的真实性不能令人完全信服，但也不会完全是空穴来风。根据《国语·周语上》的记载，周宣王曾"料民"于太原（甘肃环县至平凉一带），即通过调查人口以补充兵源和军赋。在关于"料民"的史料中提到了"司民"的职权："夫古者不料民而知其少多，司民协孤终。"

"司民协孤终"，即掌管户籍的司民官合计出生老病死的人口数目。因此，西周时曾设有掌管户籍的机构"司民"应无异议。

又据《吕氏春秋·慎大览》载：

> 武王胜殷，入殷……三日之内，与谋之士封为诸侯，诸大夫赏以书社，庶士施政去赋。

东汉高诱注曰："二十五家为社也。"② 书社制度是当时的户籍制度，即"社之户口，书于版图"，其中"版指户籍，以木版为之；图指地图，所以称为'书社'"③。再结合西周时期家口连带着土地的制度，"赏诸大夫以书社"，就是指将家口及其连带的土地一起赏给诸大夫。因此，西周户籍的内容应当包括人口和土地等事项。

春秋战国时期，由于生产力的发展和社会的变革，户籍制度得以进一步的发展。有学者认为，这一时期户籍制度的发展，"具体表现为两个方面：首先是，'书社制度'在许多国内已经变得普遍起来；其次，在上述基础之上，'上计制度'在'战国七雄'中的大半数都付之严格执行了。"④

实际上，除上述两点外，春秋战国时期的另外两种现象也是不容忽视的。其一，出现了"户籍"一词。《管子·禁藏》载：

> 户籍田结者，所以知贫富之不訾也。故善者必先知其田，乃知其人，田备然后民可足也。

意为通过编造的户籍和登记的田土，君主可以知道不易计算的贫富状况。所以善于治国的君主，必须首先要了解土地，了解土地就是了解人民，土地齐备，人民便可富足。掌握人口和土地是君主治理国家的基础。又据《史记》记载：献公"十年，为户籍相伍"⑤，即公元前375年，秦献公开始登记户口，人民每五户编为一伍，目的是加强对社会的控制。中国最早的"户籍"一词出现了。

其二，战国时期户籍制度的内容和作用比前代增多，魏国还首次制定了《户律》。公元

① （清）阮元：《十三经注疏》（上），878页，北京，中华书局，1980。

② 《诸子集成·吕氏春秋》（六），影印本，161页，上海，上海书店，1986。

③ 梁方仲：《中国历代户口、田地、田赋统计》，6页，上海，上海人民出版社，1980。虽然梁方仲先生解释的春秋时期的"书社制度"，但因这一制度源于西周，所以推断西周时期的"书社制度"应是户籍制度应无大问题。

④ 梁方仲：《中国历代户口、田地、田赋统计》，5页，上海，上海人民出版社，1980。

⑤ 《史记·秦二世本纪》卷六。

前 359 年（一说公元前 356 年），商鞅开始变法，曾颁布《分户令》：

> 民有二男以上不分异者，倍其赋。①

"分"指分户，即别籍；"异"，指异财、不同财。公元前 350 年，商鞅再次发布禁令：

> 令民父子兄弟同室内息者为禁。②

商鞅分户的主要目的不外乎是征发徭役和征收户赋。如《秦简》中的法律规定："可（何）谓'匿户'及'敖童弗傅'？匿户弗徭、使，弗令出户赋之谓也。"③藏匿人户，就是为了逃避徭役，不纳户赋。这项规定表明，战国时期的秦国已按户征发徭役和征收户赋。

商鞅不仅"分户"，而且还"编户"。商鞅在秦献公"为户籍相伍"的基础上，"令民为什伍，而相牧司连坐。"④将五家编为一伍，十家编为一什，家与家之间相互检举揭发，一家犯罪，九家连坐。"分户"的目的主要是征收户赋、征发徭役；"编户"不仅是为了征收户赋、征发徭役，更在于掌控民众、控制社会。

据《秦简》，至晚在前 252 年，魏国已制定了《户律》。魏《户律》的主要内容是：禁止百姓离开居邑、在野外居住、擅自进入孤寡之家、谋求人家的妇女；商贾、经营客店者与赘婿不准立户，不分给田地和房屋；上述三类人只有在三代以后才能做官，还要在户籍上写明是赘婿某人之后代等。⑤户既然是政府授予土地和房屋的基本单位，那么，在每一户的户籍中，一定有每户占有土地、房屋数量的登记。"某虑赘婿某叟之乃（仍）孙"⑥的规定表明，每户的人口也必须要登记在每户的户籍内，"四境之内，丈夫女子皆有名于上，生者著，死者削"⑦，只是如果是赘婿之后，需要在户籍中特别注明。

春秋战国时期，户籍制度被各诸侯国广泛适用，不仅出现了"户籍"的名称，而且户籍所包含的内容和所起的作用都奠定了后世户籍制度的基础。魏《户律》的制定更将户籍的管理纳入了法制的轨道，确立了户在法律上的主体地位，对后世产生了深远的影响。可以说，到春秋战国时期，中国古代的户籍制度正式形成了。

春秋战国之后，中国历代统治者都极为重视户籍，建立了比较完备的户籍制度。如西晋时北方的"黄籍"和南方的"白籍"；唐（后期）、宋、明初的户帖制度、明清的黄册制度等。以下就明代的户帖和黄册制度加以简要分析。

明初，土地荒芜，人口流散，户籍混乱，赋役征派难以实现。为此，洪武三年（1370年）朱元璋下诏，整顿户籍，在全国范围内普查人口，推行户帖制度。《续文献通考·户口考》记载：

> 洪武三年十一月，诏户部籍天下户口，置户帖。谕省臣曰："民者，国之本也，今

---

① 《史记·商君列传》卷六十八。
② 《史记·商君列传》卷六十八。
③ 《睡虎地秦墓竹简》。
④ 《史记·商君列传》卷六十八。
⑤ 在法律条文下标有魏《户律》。这条法律规定颁布于公元前 252 年。《秦简》中摘录魏《户律》的内容，说明这条法律规定也应当适用于秦国。详见《睡虎地秦墓竹简》。
⑥ 意为某间赘婿之后要在户籍上注明。详见《睡虎地秦墓竹简》。
⑦ 《商君书·境内》。

天下已定而民数未核实，其命户部籍天下户口，每户给以户帖。"于是户部置户籍、户帖，各书户之乡贯、丁口、名、岁，以字号编为勘合，用半印钤记。籍藏于部，帖给于民。仍令有司岁计其户口之登耗以闻。著为令。[1]

由于现存户帖之数量极少[2]，故有关户帖的资料甚为珍贵，为能清晰地认识明初的户帖，现将《明洪武四年安徽省祁门县十西都住民汪寄佛户帖》全文照录如下：

户部洪武三年十一月二十六日钦奉

圣旨：说与户部官知道，如今天下太平了也，止是户口不明白俚，教中书省置天下户口的勘合文簿、户帖。你每（们）户部家出榜，去教那有司官，将他所管的应有百姓，都教入官附名字，写着他家人口多少。写的真着，与那百姓一个户帖，上用半印勘合，都取勘来了。我这大军如今不出征了，都教去各州县里下着绕地里去点户比勘合，比着的便是好百姓，比不着的便拿来做军。比到其间有官吏隐瞒了的，将那有司官吏处斩。百姓每（们）自躲避了的，依律要了罪过，拿来做军。钦此。除钦遵外，今给半印勘合户帖，付本户收执者。

一户汪寄佛　徽州府祁门县十西都住民应当民差计家伍口

男子叁口

成丁贰口

本身年叁拾陆岁

兄满年肆拾岁

不成丁壹口：

男祖寿年肆岁

妇女贰口

妻阿李年叁拾叁岁

嫂阿王年叁拾叁岁

事产

田地无

房屋瓦屋叁间　孳畜无

右户帖付汪寄佛收执准此

洪武四年　月　日

部[3]

作为明初的户籍册，户帖既是百姓身份的证明，也是当差纳税的依据。户帖的格式由户部制定后分发各地，各地有司再分给人户填写。[4] 户帖的基本格式是，先录圣旨，继列户

① 《续文献通考·户口考》卷十三。

② 据栾成显先生调查，现存的户帖实物仅存6件，而其中1件已下落不明。详见栾成显：《明代黄册研究》，26～27页，北京，中国社会科学出版社，1998。

③ 转引自栾成显：《明代黄册研究》，27～28页，北京，中国社会科学出版社，1998。

④ 参见《梁方仲经济史论文集·明代的户帖》，224页，北京，中华书局，1989。

主之姓名、住址、户类①、全家人口（分为成丁、不成丁、妇女，分别写明与户主的关系及其姓名、性别、年龄等）、"事产"（即家产，包括房屋、土地、山林、河塘、耕畜、船只等主要生产、生活资料）、年月日，最后是左上方书写一个很大的"部"字。"但总的来看，户帖的登载是详于户口而略于事产。"② 户部根据人户填写的内容制成正式的户帖和本地乃至全国的总户籍，户籍与户帖"合编同一的号码，于两联的骑缝处加盖户印，帖籍各得印的半面，故曰'半印勘合'。"③ 户籍留存户部，户帖分发人户收执，即所谓"籍藏于部，帖给于民"。

出于户籍管理和征收赋役的需要，明朝在实行户帖制度十余年后，于洪武十四年（1381 年）开始推行黄册制度④，以此作为户籍管理和征调赋役的依据：

> （朱元璋）即位之初，定赋役法，一以黄册为准。册有丁有田，丁有役，田有租。租曰夏税，曰秋粮，凡二等。夏税无过八月，秋粮无过明年二月。丁曰成丁，曰未成丁，凡二等。民始生，籍其名曰不成丁，年十六曰成丁。成丁而役，六十而免。又有职役优免者，役曰里甲，曰均徭，曰杂泛，凡三等。以户计曰甲役，以丁计曰徭役，上命非时曰杂役，皆有力役，有雇役。府州县验册丁口多寡，事产厚薄，以均适其力。⑤

文献记载表明，编订黄册的主要目的是征派赋役，所以黄册亦称"赋役黄册"。

关于黄册的编订，《春明梦余录》云：

> 其黄册以户为主，田各归其户，而详其旧管、新收、开除、实在之数为之纬而赋役之法从焉。⑥

又据《明史·食货志》载：

---

① 明代将户分为许多种，但最主要可归为军户、民户、匠户和灶户四大类。从户帖所记内容可知，汪寄佛户为民户。而《嘉禾征献录》所录《洪武四年嘉兴府嘉兴县杨寿六户帖》则记载，杨寿六户为"匠籍"。"洪武三年十一月二十六日钦奉圣旨……一户杨寿六，嘉兴府嘉兴县思贤乡三十三都上保必暑字圩，匠籍。计家八口。"详见栾成显：《明代黄册研究》，25 页，北京，中国社会科学出版社，1998。
② 栾成显：《明代黄册研究》，24 页。再参考 27 页，北京，中国社会科学出版社，1998。
③ 《梁方仲经济史论文集·明代的户帖》，224 页，北京，中华书局，1989。
④ 洪武年间，户帖因失去实际作用而被废止。栾成显先生认为，洪武十四年（1381 年）以后，因在全国实施黄册制度，"户帖遂逐渐被黄册所代替"。参见栾成显：《明代黄册研究》，25 页，北京，中国社会科学出版社，1998。黄册是指明清时期为征派赋役而编制的户籍册。明代以前称"黄籍"，明朝称"黄册"。黄册最早始于西晋，因户口册的材料为黄色或由于户籍册含有黄旧之意而得名。梁方仲先生曾在《明代黄册考》一文中指出："宋齐时的'黄籍'，乃与'白籍'对称。盖自东晋以来，朝野盛倡所谓'土断'之法。原来西晋时，北方的户籍，是用竹简作的，'籍皆用一尺二寸札，名曰黄籍；江南则用纸，故曰白籍。'承陈寅恪先生相告，黄白之分，不仅由于所有材料，如竹或纸之不同。所谓黄籍，乃指旧籍，含有黄旧之意，以别于新的白籍。"（《梁方仲经济史论文集》，272 页，北京，中华书局，1989。）一说男女始生为黄，黄代表人口；另一说因该户口册的封面为黄色而得名，到康熙七年（1668 年），因每 5 年编造丁口增减册而被废止。参见《辞海》（经济分册），210 页，上海，上海辞书出版社，1980。
⑤ 《明史·食货志》卷七十八。
⑥ （明末清初）孙承泽：《春明梦余录》卷三十五。

先是，诏天下编黄册，以户为主，详具旧管、新收、开除、实在之数为四柱式。①

黄册制度直接源于户帖制度，二者所登载的人口和家产等内容基本相同，只是前者采用旧管、新收、开除、实在"四柱式"② 的编订方法，较后者更为科学。黄册 10 年一造，在册内以旧管、新收、开除、实在为纲，分别详列户内人口（包括户主、男子：成丁、不成丁；妇女）、事产（包括田宅、牲畜等）等内容，以此反映出 10 年内户内人口和家产的变化。

现存至今最早的明代黄册是明初永乐年间的《永乐至宣德徽州府祁门县李务本户黄册抄底》：

永乐元年

一户李务本承故父李舒户

旧管

事产（略）

新收

人口男子不成丁一口，本身，系洪武贰拾柒年生。

事产（略）

开除

人口：正除男子成丁壹口，父舒，洪武三拾壹年病故。

事产：（略）

永乐拾年

一户李景祥，承故兄李务本户

新收

人口肆口

正收妇女小贰口　姐贞奴永乐肆年生

姐贞常永乐陆年生

转收男子贰口

成丁壹口义父胡为善，系招赘到拾肆都壹图胡宗生兄

不成丁壹口，本身景祥，系摘到本图李胜舟男。

开除

人口正除男子成丁贰口

义父胡为善永乐九年病故。

兄务本永乐十年病故。

事产（略）

实在

人口肆口。

<hr>

① 《明史·食货志》卷七十七。

② "四柱"中的"旧管"指从前造册时人口和事产的情况；"新收"指上次造册后人口和事产新增加的情况；"开除"指上次造册后人口和事产的减少情况；"实在"指"新收"与"开除"相抵后，人口和事产的现有情况。

男子不成丁壹口　本身年贰岁

妇女叁口

大壹口　母谢氏年叁拾玖岁

小贰口　姐贞奴年柒岁　贞常年伍岁。

事产无①

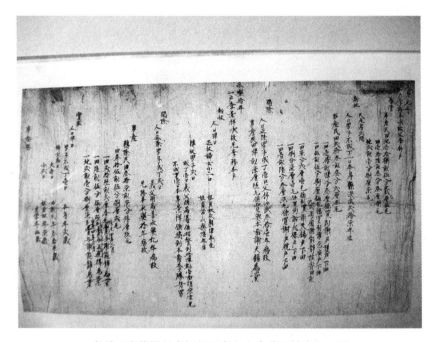

永乐至宣德徽州府祁门县李务本户黄册抄底之一页

图片来源：现藏中国社会科学院历史研究所，转引自栾成显：《明代黄册研究》，图版二，北京，中国社会科学出版社，1998。

通过对明代户帖和黄册等户籍制度的解析可知，无论是户帖还是黄册，都以户为单位，由中央的户部负责编制。其内容主要登载户内人口和家产。因户帖和黄册是国家征调赋役和实现社会控制的主要依据，所以，户帖和黄册中的人口和财产必须如实登记，否则，要受到法律的严惩。明《万历会典》载：若全国的总户籍与户帖"不合者，发充军；官吏隐瞒者，处斩"②。简言之，由于户内人口和财产是国家存在的前提和基础，所以，户成为国家严格控制的对象。

户籍虽不等于户律，但两者之间是相互契合的。出于统治的需要，战国之后的历代王朝，在户籍制度的基础上，将与户籍制度关涉的户口登记、田宅、赋役、婚姻、家庭和继承等重要事项以"户（婚）律"③的形式规定在各朝的主要法典中。户律更以国家的强制力确立和保障户的主体地位，严惩违反户籍规定的行为。

---

① 栾成显：《明代黄册研究》，134～136 页，北京，中国社会科学出版社，1998。

② 《万历会典·户部·户口》卷十九。

③ 《户（婚）律》之名称因朝代不同而有变化，详见下文的论述。

汉初，丞相萧何在《法经》六篇的基础上，增加厩、兴、户三篇合称《九章律》。汉《户律》早已散佚，至唐初，史家已不清楚其篇目：

> 《户律》之目，《晋志》无文以考之。①

因此，《晋书·刑法志》也只有简略的记载：

> 汉承秦制，萧何定律，除参夷连坐之罪，增部主见知之条，益事律《兴》、《厩》、《户》三篇，合为九篇。

所幸 1983 年年底至 1984 年年初，湖北江陵张家山二四七号汉墓出土了汉律竹简，即自名的《二年律令》，其中包含汉初律文里的《户律》，即现在所谓的汉简《户律》，共 21 条。② 汉简《户律》虽不是汉《户律》的全部，但汉《户律》的概貌已清晰可见。其主要内容涉及立户的条件、户内人口的登记、五家连坐、田宅的分配（包括每户田宅的分配）、每户的赋税、户的田宅买卖和土地出租、契约文书等。

曹魏明帝于太和三年（229 年）命陈群、刘邵等人制定新法。陈群等人参照汉《九章律》，制定出《新律》18 篇。《晋书·刑法志》载：

> 凡所定增十三篇，就故五篇，合十八篇，于正律九篇为增，于旁章科令为省矣。

其中，《盗律》、《贼律》、《捕律》、《杂律》、《户律》仍沿用《九章律》之篇目。

公元 264 年，司马昭令贾充、杜预等人制定法律，于公元 267 年完成，次年颁行天下，史称《泰始律》。《泰始律》共 20 篇，篇目依次为：《刑名》、《法例》、《盗律》、《贼律》、《诈伪》、《请赇》、《告劾》、《捕律》、《系讯》、《断狱》、《杂律》、《户律》、《擅兴律》、《毁亡》、《卫宫》、《水火》、《厩律》、《关市》、《违制》、《诸侯》③，《户律》次第 12 位。南朝宋、齐、梁、陈基本沿用晋律。

《北魏律》仍沿用《户律》名称。又据《律疏·户婚》：

> 北齐以婚事附之，名为婚户律。隋开皇以户在婚前，改为户婚律。既论职司事讫，即户口、婚姻，故次职制之下。

《北齐律》共 12 篇，《婚户》为第 3 篇。北周武帝保定三年（563 年）制成《大律》共 25 篇，其中第 6 篇为《户禁》。④ 隋朝的《开皇律》改《北齐律》中的《婚户》为《户婚》，在 12 篇中，《户婚》位居第 4。《律疏》和《宋刑统》以《开皇律》为蓝本，《户婚》仍在第 4 位。《大明律》和《大清律》共 7 篇，《户律》居第 3 位。

上述表明，户律或户婚律在法典中的位次逐渐提前，显示其地位也逐步提高，户的重

---

① 沈家本：《历代刑法考》（三），1376 页，北京，中华书局，1985。

② 参见张家山二四七号汉墓竹简整理小组：《张家山汉墓竹简》（二四七号），51～56 页，北京，文物出版社，2006。

③ 参见《唐六典·刑部》卷六注。

④ 《隋书·刑法志》："至保定三年三月庚子乃就，谓之《大律》，凡二十五篇：一曰刑名，二曰法例，三曰祀享，四曰朝会，五曰婚姻，六曰户禁，七曰水火，八曰兴缮，九曰卫宫，十曰市廛，十一曰斗竞，十二曰劫盗，十三曰贼叛，十四曰毁亡，十五曰违制，十六曰关津，十七曰诸侯，十八曰厩牧，十九曰杂犯，二十曰诈伪，二十一曰请求，二十二曰告言，二十三曰逃亡，二十四曰系讯，二十五曰断狱。"

要性被凸显出来。

从法典的性质来看，在中国古代漫长的历史进程中，历代统治者都认为，有关民间的田土、钱债纠纷是"民间细故"，民事活动一般由民间习惯或礼俗调整，因此，每个朝代从来没有制定过一部专门的民事法典。但从先秦开始，每朝都要制定刑法典，而刑法典的内容则是关乎国家、社会和民生重大问题的规定。正是因为历代统治者将有关国计民生的户口登记、田宅、赋役、婚姻、家庭和继承等重要事项规定在《户（婚）律》之中，户的法律主体地位因此而被长期地固定下来。

既然户是中国传统社会中长期而普遍存在的法律主体，那么，对户的性质作进一步的分析就显得尤为必要。

对于古代中国户之性质的认识，权威的观点是：户具有公法的性质。戴炎辉先生认为，"家"在公法上称户。① 日本的仁井田陞、滋贺秀三也持类似的观点：

> 在中国，家作为私法意义上的存在的同时，还是公法意义上的存在，即亦是通过国家权力掌握人民的单位。从后者的角度来看时，作为词汇更喜好使用的与其说是"家"，不如说是"户"字。②

即户属于公法领域，是公法上的主体。

户作为国家征收赋税和社会控制的对象，再加之户律的规范多以刑罚手段以保证实施，由此而认为户具有公法性质是不无道理的。但户是否只具有公法的性质而没有私法的性质呢？答案是否定的。

就性质而论，包括《户（婚）律》在内的上述法典都是刑法典，但是，从内容来看，《户（婚）律》（唐宋以前包括《杂律》）中关于户籍、田宅、赋役、婚姻、继承、家族伦理、市场交易等犯罪方面的法律规定，涉及经济、行政、刑事和民事等关系。其中有关田宅、婚姻、继承、市场交易等主要是民事法律关系，只是这些关系是以行政、民事、刑事等多种或一种手段来调整。以行政、民事、刑事等多种或一种手段来维护正常的民事法律关系，正是古代中国民事法律的特点之一，也是中国古代民事法律与西方及当代民法的主要区别之一。

中国古代社会没有当代法律部门的划分，因此也没有制定过一部简略的民事法典。虽然古代中国没有形式上的民法，但在实际生活中却普遍存在着复杂的民事关系。战国之后，每个王朝主要法典中有关田宅、婚姻、继承、市场交易等的法律规定，其目的就是为调整当时的民事关系而设。

> 综观《唐律》以降，历代立法者不以刑法、民法判然分离为必要，而合并民事规范于刑律之中。③

因此，《户（婚）律》中所包含的民事法律关系，能够反映出古代中国民事法律的某些内容，或者，从这些以行政或刑事手段调整民事法律关系的行政或刑事法律规范中，可以

---

① 参见戴炎辉：《中国法制史》，211 页，台北，三民书局，1979。
② ［日］滋贺秀三：《中国家族法原理》，张建国、李力译，40、72 页，北京，法律出版社，2003。
③ 黄源盛：《民刑分立之后——民初大理院民事审判法源问题再探》，载《政大法学评论》（台湾），2007（89）。

反映（推导）出古代民事法律的事实，即为行政、刑事法律所否定的行为，也一定是在民事活动中所禁止的行为。实际上，判定法典中的户婚律是刑事法律规范，或是民事法律规范，其意义并不仅仅在于性质上的区分，更重要的是，这些规范是用来调整民事法律关系的，正是由于这些规范的作用，才形成了民事活动的基本秩序。

如果说《户（婚）律》中所包含的民事法律关系可以纳入考察古代中国民事法律的范畴，那么，《户（婚）律》中有关户对户内财产的占有、使用、收益、处分以及户内财产的继承、户对户内成员享有人身权以及户在市场交易等方面的规定，就从国家法的角度确认了户所具有的民事法律性质。

再者，户籍登记具有多方面的意义。尽管户籍登记的目的是出于公法上的需要，但事实上，当国家通过户籍登记以法律的形式赋予户在刑事、经济、行政等方面的主体资格的同时，法律也确立了户对户内财产的所有权和对户内成员的人身权，使得户成为民事权利与义务的享有者和承担者。

既然户籍登记和法典中《户（婚）律》的相关规定赋予了户以民事的性质，那么，户在中国古代民事法律中到底担当何种角色呢？民法史学者已经指出，户是中国古代的民事主体之一。① 这一论断十分正确。

民事主体，也称民事法律关系的主体。它是指参加民事法律关系，享有民事权利，承担民事义务的"人"。户要成为民事主体，必须具有民事权利能力和行为能力，这是民事主体具有一定民事法律地位的集中表现。按照现代民法理论，民事权利能力是指法律赋予民事主体的，参与一定民事法律关系，依法取得民事权利和承担民事义务的资格。没有民事权利能力就不能成为民事主体。民事权利能力即所谓的"人格"。民事行为能力是指民事主体依法能够独立地通过自己的行为参与民事法律关系而取得和行使民事权利，承担和履行民事义务的资格。

户取得权利资格，成为民事主体必须要得到法律上的承认。在传统社会里，户要成为民事主体就必须依法进行户籍登记。

户在经过户籍登记后，不仅获得了公法上的主体资格，同时，国家也赋予了户以民事主体的资格，换句话说，户因登记而被赋予了民事权利能力和行为能力，户的权益也因法律的确认而受到保护。例如，户所拥有的家内人口与财产是国家征收赋税、征发徭役的对象，也正因如此，当户内人口和财产经过登记后，户内的人口和财产就得到了法律的肯定和承认，法律便赋予了户对户内财产的所有权和户内成员的人身权。户内人口便能以户的名义从事买卖、借贷和租赁等各种民事活动。反之，如果脱漏户口、隐匿田产，户主便会受到法律的惩罚。如《律疏·户婚律》的第1条即为"脱漏户口增减年状"。该条规定：

> 诸脱户者，家长徒三年；无课役者，减二等；女户又减三等。

家长，即户主。法律既已规定了户对家内人口公法上的权利，相应地，户也享有了对

---

① 李志敏先生认为，户是独立的民事主体。详见李志敏：《中国古代民法》，22～23页，北京，法律出版社，1988。孔庆明等先生编著的《中国民法史》也将"户"作为民事主体。详见孔庆明、胡留元、孙季平编著：《中国民法史》，115、241、349～350页，长春，吉林人民出版社，1996。张晋藩等先生也认为户是中国古代的民事主体。详见张晋藩主编：《中国民法通史》，152～154、790～791页，福州，福建人民出版社，2003。

户内人口私法上的权利。

同时，当户内人口和财产经过登记后，户内人口和财产也获得了法律保护的资格。如果户内财产和成员的民事权益受到不法侵害，法律便给予必要的保护和救济。反之亦然。

总之，户不仅关乎国家的赋税、徭役和社会的秩序、稳定，同时还涉及财产、婚姻、家庭、收养、继承、市场交易等民事关系。户不仅具有公法的性质，同时还带有私法的性质。户不仅是公法上的主体，同时还是私法上的主体。虽然学者们已正确地指出户是古代中国的民事主体，但其论述比较简略，而且有的学者只承认户是某个朝代的民事主体，而不肯定户的普遍存在。下文将对户的民事主体性作进一步的论述。

第四节
户的财产权利

中国古代以农立国，自给自足的小农经济是中国古代社会的主要经济形态。农业以土地为生产资料，农民必须定居，因此，土地成为农业社会中财产的主要部分，本文所指的财产权也主要以土地为内容。财产权是指与权利主体的人格、身份相分离，以财产利益为内容，直接体现某种物质利益的权利。

一、古代中国财产所有权的观念

中国古代没有近现代民法意义上"所有权"的概念，但不能说没有所有权方面的事实和观念。正是在这个意义上，有民法学者指出，在中国古代民事法律中，"所有权（特别是土地所有权）是最重要的物权形式"。由于中国古代"物权的核心和基本形式是土地所有权"[1]，本章也主要立足于土地所有权进行分析。

从古代买卖田宅契约中还可看到，契文中一般要写明田、宅的位置以及四至（即东、南、西、北所达到的地方）范围。这是明显的田、宅所有权观念。这种观念表明，凡四至内的房屋、土地，包括土地上的附着物均属田、宅所有人。

> 四比之内，根生伏账物一钱以上，皆属仲成。田中有伏尸□骨，男当作奴，女当作婢，皆当为仲成给使。[2]
>
> 根生土著毛物皆属孙成。[3]

所有权的范围甚至"界至九天上，九地下"[4]。唐、宋法律还规定，凡在自己的土地或借得的官田宅内发现宿藏物（即埋藏物），归田主或借得者所有；若发现的是古器钟鼎之

---

① 李志敏：《中国古代民法》，83 页，北京，法律出版社，1988。

② 《考释》，51 页。

③ 《考释》，48 页。

④ 《考释》，52 页。

物，则要"送官酬直"①。相反，任何侵入四至之内的行为，都是对财产所有权的侵害。而且，就合法契约本身，便是对户的财产所有权的确认，同时，也是财产所有权观念的具体化。

古代中国明确表示财产所有权的语词主要有"分"、"有"、"名"、"名有"、"名下"、"户下"、"为业"、"主"、"为主"等。

"分"，读"fèn"，《辞源》、《辞海》均解释为"职分"、"名分"。内容包括等级、身份、职责、财产等的区分，意义比较广泛。

"分"作为财产所有权的观念，最早见于先秦诸子文献。《管子·七臣七主》云："律者，所以定分止争也。"② 所谓"定分止争"，即是要用法律明确各自的权利义务，以达到"止争"的目的。商鞅、慎到更以兔为喻进一步说明"定分止争"：

> 一兔走街，百人追之，贪人具存，人莫之非者，以兔为未定分也。积兔满市，过而不顾，非不欲兔也，分定之后，虽鄙不争。③

"定分"即确定财产所有权。在这里，"分"，即"名分"是明确的有关财产所有权的观念。荀子则以"分"释礼，《荀子·荣辱》篇云：

> 故先王案为之制礼义以分之，使有贵贱之等，长幼之差，知愚能不能之分，皆使人载其事而各得其宜，然后使谷禄多少厚薄之称，是夫群居和一之道也。

就是说，以礼确定身份等级，再以等级确定权利和财产的分配。"分"包含着所有权的意义。④《淮南子·本经训》记载的"各守其分，不得相侵"，其"分"同样也包含了财产所有权的内容。

"有"、"名"的名称多见于先秦。《诗经·大雅·瞻卬》载："人有土田，女反有之。"此诗用以讥讽周幽王企图强占他人所有的田土和庶人的行为。春秋时，子产为政，三年后郑国人念诵到："我有田畴，子产殖之。子产而死，谁其嗣之?"周定王十六年（前453年）"三晋灭智伯，分有其地。"⑤ 孟子认为：

> 夫谓非其有而取之者，盗也。⑥

根据上下文，上述引文中的"有"均指所有。田主对所有土地得以占有、使用、收益和处分。又据《史记》载，商鞅变法时曾下令：

---

① 参见《律疏·杂律》"得宿藏物隐而不送"条；《唐令拾遗·杂律》，791页；《宋刑统·杂律》"地内得宿藏物"门。

② 据罗根泽考证，《管子·七臣七主》非出于管仲之手，乃战国末政治思想家之作。详见张心澂：《伪书通考》，768页，上海，上海书店，1998。

③ 详见《诸子集成·慎子·逸文》(5)，影印本，9页，上海，上海书店，1986。钱熙祚认为，《慎子·逸文》"杂取《鹖子》、《墨子》、《韩非子》、《战国策》诸书"而成。详见《诸子集成·慎子·慎子跋》(5)，影印本，15页，上海，上海书店，1986。《商君书·定分》也有类似的记载："一兔走，百人逐之，非以兔也。夫卖者满市，而盗不敢取，由名分已定也。"《诸子集成·商君书》(5)，影印本，43页，上海，上海书店，1986。

④ 参见俞荣根：《儒家法思想通论》，393页，南宁，广西人民出版社，1992。

⑤《史记·周本纪》卷四。

⑥《孟子·万章下》。

明尊卑爵秩等级，各以差次名田宅，臣妾衣服以家次。①

"名田宅"，即是指按尊卑爵秩的等级占有（意指所有）田宅。

汉代用以表达财产所有权的语词多是"有"、"为有"、"名有"。如《西汉建元元年（前140年）荥阳邑王兴圭买田铅券》：

> 建元元年夏五月朔廿二日乙巳，武阳太守大邑荥阳邑朱忠，有田在黑石滩，田二百町，卖与本邑王兴圭为有。"②（此部分着重号均为笔者所加，以下不再详注）

《东汉建宁四年（171年）洛阳县孙成买田铅券》：

> 建宁四年九月戊午朔廿八日乙酉，左骏厩官大奴孙成从洛阳男子张伯始卖所名有广德亭部罗佰田一町，贾钱万五千。③

唐、五代常以"主"表示财产所有权。其用语有"永为主己"、"为主己"、"永充主己"、"世世为主记"、"永世为主"、"永世便为主记"、"世代为主"、"为主记"④、"世代为主"、"世世作主"⑤。"主"为何意？《辞源》解释说：

> 主，物的所有者。⑥

显然，《辞源》将"主"解释为物的主人。但在唐、五代的契约中，虽然也可以释"主"为"物的所有者"，但将"主"理解为"财产永远归主人所有"似更接近契文的本义。

此外，唐代契约中还经常出现"认名"的用语。《高昌延寿十五年（638年）周隆海买田券》载，公元638年，周隆海从周（栢）石家买得常田（等级较高的田地）一分，当日钱交田付。为避免日后发生土地所有权的纠纷，契约规定：

> （若）后有人阿（呵）盗偬佮（认名）者，仰本主（了）。⑦

"认名"指辨认并确认土地的所有权。"名"为财产所有权的语词。

宋、元、明、清时期的契约中经常以"名下"、"名下为业"、"户下"、"为业"、"永远为业"、"永远管业"等表示财产所有权。如南宋时（1215年）一份买卖山地的契约记载：户主吴拱将本户拥有山地等财产，卖与"朱元兴名下"⑧；《元至元二十六年（1289年）徽州汪周孙卖地契》载：汪周孙情愿将"本户"内分得土地"卖与归仁都李光远名下"⑨。明

---

① 《史记·商君列传》卷六十八。

② 《考释》，58页。

③ 《考释》，48页。另外《东汉光和七年（184年）平阴县樊利家买田铅券》中载有平阴男子樊利家买田的情况，并说："若一旦田为民秦胡所名有"。详见《考释》，55页；再见60、61、67页等。

④ 沙知辑校：《敦煌契约文书辑校》，5、10、12、18、24、26、33、77页等，南京，江苏古籍出版社，1998。

⑤ 《考释》，223、246页。

⑥ 《辞源》（合订本），0052页，北京，商务印书馆，1988。

⑦ 《考释》，97～98页。"认名"的用语还见于该书92、94、95、96、99页等。

⑧ 《考释》，533页。

⑨ 《考释》，543～544页。

清时期，绝大部分买卖契约中有情愿将土地卖与某某等"名下"或"名下为业"① 的文字，以表示财产的归属。

考察宋、元、明、清时期的契约，还发现"名下"不仅被广泛使用于买卖契约，同时也出现在典当、租佃、借贷等契约中。质言之，"名下"在买卖契约中是财产所有权的概念，包括户对财产占有、使用、收益、处分的权利。而在典当、租佃、借贷契约中，权利人只享有部分权利，即占有、使用、收益等权利。

"户下"的概念也常见于在宋、元、明、清时期的契约中。② 《元至大二年（1309 年）徽州吴永吉卖山白契》载：

> 三都吴永吉承祖吴朝瑞户下土名六公坑……③

这里的"户下"与"名下"意思相同，可以互换。不过，两者也有细微的差别，所不同者只在于，"名下"之前一般是户主的姓名，"某某名下"，而"户下"则不一定。如"分得祖户下本都君字号粒漆源尚（上）山九亩"、"承父户下有田一坵"④。

此外，有关财产所有权方面的概念还有"业"。在不同的语境分别表述为"为业"、"永远为业"、"永远管业"、"永远受业"、"名下管业"⑤ 等名称。

上文的分析表明，古代中国表示财产所有权的概念有诸多的名称，而这些名称的使用没有严格的规定，且因时代的不同，其名称也有变化。这也说明古代中国有关财产所有权理论的贫乏。户主要根据礼制或民事习惯，而不是依靠某种所有权理论的指导从事民事活动。

二、法律确认户的财产权利

西周以前，土地所有权表现为单一的所有权形式——国家所有权。井田制即是土地国有制的典型代表。《诗经·小雅·北山》：

> 溥天之下，莫非王土；率土之滨，莫非王臣。

不过，到西周中期以后，"诸侯封主已对土地具有完全的私有权，而原来以国有制形式出现的部落所有制已处于消亡前夕了"⑥。

春秋时期，诸侯争霸，各国均实行了富国强兵的改革，改革重点集中在土地制度和户籍制度两个方面。公元前 685 年，齐国"相地而衰征"；公元前 645 年，晋国"作爰田"，将公田分配给农民，并征收田租⑦；公元前 594 年，鲁国实行"初税亩"，"履亩而税"，承认了私人占有土地的事实，确立了土地私有制。土地私有制确立的这一时期，"统治阶级的

---

① 《考释》，704、1142、1143、1146、1148、1150～1155 页等。

② 《西汉神爵三年（前 59 年）资中县王褒僮约》表明，早在西汉时已有"户下"的概念。见《考释》，34 页。

③ 《考释》，548 页。再见该书 536 页等。

④ 《考释》，547、706 页。

⑤ 《考释》，535、540、546、552、703、706～707、708、709、711、1162 页等。

⑥ 叶孝信主编：《中国民法史》，55 页，上海，上海人民出版社，1993。

⑦ 有关"作爰田"的解释，众说纷纭，详见杨伯峻：《春秋左传注》（一），362 页，北京，中华书局，1981。

剥削，已具体到以农户为对象，就出现了'税户、税亩制度'"①。这说明"户"作为一个经济领域内的主体已经出现。

土地私有制的确立，为土地所有权的发展提供了可能。春秋时期，"虽从现存的史料中还找不到正式宣布承认土地私有权的法令，但却有很多对土地占有者规定赋税义务的法令，这说明法律实际上已经承认了土地的私有权"②。贵族和平民已实际取得了对占有土地的所有权。

战国时期，"孝公用商君，制辕田，开仟佰，东雄诸侯"③。商鞅变法时，秦国即以法律的形式确立了私人对土地的所有权。在"除井田"的同时，法律又规定"民得买卖"土地。④

汉代土地买卖盛行。荀悦《申鉴·时事》载：

> 诸侯不专封，富人民（名田）逾限，富过公侯，是自封也；大夫不专地，人卖买由己，是专地也。

又据《曹翌买地券》文：

> 买石子坑虎牙之田地，方十里，直钱百万，以葬。不得有侵抵之者。券书分明。⑤

虽为买地券文，但也从侧面反映出土地买卖的现实。汉以后直至明清时期，土地买卖的活动更是少有停歇。

既然土地可以买卖，那么土地所有权归谁所有呢，是归家长个人所有，还是另有所归？这是一个关于土地所有权的一个重要问题。《公羊传·宣公十五年》何休注：

> 是故圣人制井田之法而口分之，一夫一妇受田百亩，以养父母妻子。

国家将土地分配给"一夫一妇"，其目的是要"养父母妻子"。质言之，一夫一妇所受之田是用来"养父母妻子"的家庭共同财产，而非为"一夫一妇"所专有或家长独占。按古代人的普遍观念，"父子一体也，夫妇一体也，昆弟一体也。……而同财。""使父子无异财"⑥。《礼记·曲礼》上说：

> 父母存，不许友以死，不有私财。

《礼记·内则》云：

> 子妇无私货，无私畜，无私器，不敢私假，不敢私与。

《礼记·坊记》：

> 父母在，不敢有其身，不敢私其财，示民有上下也。

---

① 张传玺：《秦汉问题研究》，24 页，北京，北京大学出版社，1995。

② 张晋藩主编：《中国民法通史》，52 页，福州，福建人民出版社，2003。

③ 《汉书·地理志》卷二十八。

④ 参见《通典·食货一·田制上》卷一。

⑤ 张传玺：《秦汉问题研究》，36～37 页，北京，北京大学出版社，1995。

⑥ 分别见《仪礼·丧服传》、《魏律·序略》。详见戴炎辉：《中国法制史》，214 页，台北，三民书局，1979。

这说明，按照儒家的观点，父母在世，不允许子孙有私财。战国时的魏《户律》规定：

> 自今以来，叚（假）门逆吕（旅），赘胥后父，勿令为户，勿鼠（予）田宇。①

魏已设立户籍制度，国家按所登记之户授予田宅。田宅为户所有。秦代的土地占有权与魏国大致相仿。② 公元前216年秦始皇颁布了"使黔首自实田"③ 的法令，从法律上肯定了农户对土地的所有权。汉代也有类似的规定：

> 它子男欲为户，以为其□田予之。其已前为户，而毋田宅，田宅不盈，得以盈。④

国家授田宅的标准是，作为平民的公卒、士五（伍）、庶人，每户各授田一顷、一宅。司寇、隐官每户各授田50亩、半宅。⑤ 相反，"诸不为户，有田宅，附令人名，及为人名田宅者，皆令以卒戍边二岁，没入田宅县官"⑥。田宅必须登记在户的名下，否则将受到刑事制裁。

户既为受田宅的单位，不言而喻，也成为赋役单位。汉简保存有汉代的"户籍"残册，如在户主徐宗的名下记有户内人口和财产：

> 宅一区，直三千；田五十亩，直五千；用牛二，直五千。⑦

记私田于户主名下，即所谓的"名田"。"名田"表明：名田之田，是私田，而私田不是归某一个人所有，而是归户所有。

湖北江陵凤凰山十号墓出土的汉景帝时的廪簿竹简⑧，在记录政府贷粮给郑里民户数量的同时，也记载了民户拥有田亩的数量："户人圣能田一人口一人——田八亩"；"户人毂能田一人口三人——田十亩"；"户人击牛能田二人口四人——田十二亩"；"户人野能田四人口八人——田十五亩"；"户人厌治能田二人口二人——田十八亩"；"户人□能田二人口三人——田廿亩"；"户人立能田二人口六人——田廿三亩"。……

这份简牍共记25户，"户人某"是指每户户主的名字，"能田"，即能田者，是指能从事农业生产的劳动者，"口"是指一户中的所有人口，"田多少亩"，是指每户占有土地的数量。资料说明，汉景帝时，各家的土地也不是归个人甚至户主所有，户才是每家土地的真正所有者。

三国两晋时期，频繁的战争、动荡的社会，导致民户流亡、土地抛荒、人口赋税锐减。

---

① 这一法条的内容不属于秦简，是魏国的法律。其时间约在公元前252年。《睡虎地秦墓竹简》，292～293页。

② 《睡虎地秦墓竹简·法律答问》：可（何）谓"匿户"及"敖童弗傅"？匿户弗（徭）、使，弗令出户赋之谓（也）。

③ 《史记·秦始皇本纪》卷六"集解"。

④ 张家山二四七号汉墓竹简整理小组：《张家山汉墓竹简·二年律令·户律》，52页，北京，文物出版社，2006。本章以下所引《张家山汉墓竹简·二年律令·户律》均为同一版本。

⑤ 参见《张家山汉墓竹简·二年律令·户律》，52页。

⑥ 《张家山汉墓竹简·二年律令·户律》，53页。

⑦ 劳干：《居延汉简考释·释文·簿录·名籍类》，转引自张传玺：《秦汉问题研究》，112页，北京，北京大学出版社，1995。

⑧ 参见裘锡圭：《湖北江陵凤凰山十号汉墓出土简牍考释》，载《文物》，1974（7）。

又因战乱之后，土地产权难以确定，极易引起土地纠纷。为了解决上述问题，统治者根据所处的社会现实，因朝代不同，颁布了不同的土地法令。这一时期，明确以法令确认户的土地所有权的制度主要是西晋的占田制。

西晋太康元年（280 年）颁布法令，具体规定了占田制的内容。为了能更清楚地说明占田制，这里将与占田制一起实行的课田制、户调制等内容一并分析：

> 又制户调之式：丁男之户，岁输绢三匹，绵三斤，女及次丁男为户者半输。其诸边郡或三分之二，远者三分之一。夷人输賨布，户一匹，远者或一丈。男子一人占田七十亩，女子三十亩。其外丁男课田五十亩，丁女二十亩，次丁男半之，女则不课。①

西晋的户调制将户分为丁男之户、丁女之户和次丁男之户三种，并按户种缴纳户调，其中后两种户所缴纳的实物绢、棉是丁男之户的一半。"丁男之户，岁输绢三匹，绵三斤，女及次丁男为户者半输"的户调额，仅仅是国家征收户调的平均数额，而在实际的征收中，则要根据每户所拥有的土地、住宅、园圃等不动产以及动产收取不同的户调额。② 既然国家按每户所拥有的不动产和动产收取不同的户调额，不言而喻，每户所拥有的不动产和动产理应受到国家法律的保护，简言之，法律确认户对户内财产的所有权。

课田制虽然以丁为征收田税的对象，"丁男课田五十亩，丁女二十亩，次丁男半之，女则不课"。

"但在实际课征时则是以户为计算单位，按户计丁，按丁计课，丁有常数，课有定额"③。这里的"丁"是户内之丁，丁课之土地也是户内之土地。

再看占田制。占田不是国家授田、分田，而是统治者确认农民、地主自报占有土地的所有权，并规定占有土地最高限额的制度。占田制规定：

> 男子一人占田七十亩，女子三十亩。④

不论男女、老少，只要是国家的编户齐民，就可以按限额计口占田，国家确认其所有权。

在形式上，占田制好像确认的是男、女个人的土地所有权，但事实上并非如此。古代中国的男女，或称口并不是独立的个体，而是隶属于不同户种的成员。公元 280 年颁布占田令时，西晋"户二百四十五万九千八百四十，口一千六百一十六万三千八百六十三"⑤。口户相连，口属于户，户统领口；无户，也就无所谓口。

再者，中国传统社会中，理想的占田标准为家有百亩之田。战国初，魏国即是"一夫

① 《晋书·食货志》卷二十六。西晋的占田制除规定百姓占田的同时，还规定了官僚、贵族按官品等级占田的标准："其官品第一至于第九，各以贵贱占田，品第一者占五十顷，第二品四十五顷，第三品四十顷，第四品三十五顷，第五品三十顷，第六品二十五顷，第七品二十顷，第八品十五顷，第九品十顷。"（见《晋书·食货志》）但这九等官品是否也是"九品相通"（见唐徐坚曾奉敕撰《初学记》卷二十七），分为九等户，或这些官僚、贵族所拥有的财产是否也是归于户的名义之下，由于缺乏足够的资料，暂不作进一步的讨论。

② 参见林甘泉、童超：《中国封建土地制度史》（第一卷），512 页，北京，中国社会科学出版社，1990。

③ 林甘泉、童超：《中国封建土地制度史》（第一卷），509 页，北京，中国社会科学出版社，1990。

④ 《晋书·食货志》卷二十六。

⑤ 《晋书·地理志》卷十四。

挟五口，治田百亩"①。孟子在论及古代的井田制时说：

> 方里而井，井九百亩，其中为公田。八家皆私百亩，同养公田；公事毕，然后敢治私事，所以别野人也。②

有关井田制的存在与否，以及其具体内容为何，可参阅相关的论述，在此不做进一步的分析。即使每家"私田百亩"的记载也有着理想的成分，但这种思想却对古代中国产生了深远的影响。孟子曾极力主张"仁政"，要求"制民之产"，使"百亩之田，匹夫耕之，八口之家足以无饥矣"③。《周礼》载：

> 不易之地，家百亩；一易之地，家二百亩；再易之地，家三百亩。④
>
> 以土均平政。辨其野之土：上地、中地、下地，以颁田里。上地，夫一廛，田百亩，莱五十亩，余夫亦如之。中地，夫一廛，田百亩，莱百亩，余夫亦如之。下地，夫一廛，田百亩，莱二百亩，余夫亦如之。⑤

这些都是关于家有百亩之田的记载。西晋的"男子占田七十亩，女子三十亩"，恰好是一家一户理想的占田数额。

可以说，占田制有关占田限额的规定，仍然以户为单位，按户计口，计口占田。占田制确认的是户的土地所有权而非男、女个人的土地所有权。

通过分析可知，西晋的户调制、课田制、占田制之间是相互关联的，它们从不同的角度，以法律的形式确认了户的财产所有权。

北朝至唐中叶实行均田制。北朝的均田制又以北魏为代表。北魏太和九年（485 年），为了鼓励垦荒，恢复和发展农业生产，限制土地兼并，保证财政收入，因给事中李安世的建议⑥，孝文帝颁布了均田令。该令文共 15 条，其主要内容为：

> 诸男夫十五以上，受露田四十亩，妇人二十亩，奴婢依良。丁牛一头受田三十亩，限四牛。所授之田率倍之，三易之田再倍之，以供耕作（《通典》作"耕休"）及还受之盈缩。
>
> 诸民年及课则受田，老免及身没则还田。奴婢、牛随有无以还受。
>
> 诸初受田者，男夫一人给田二十亩，课莳余，种桑五十树，枣五株，榆三根。非桑之土，夫给一亩，依法课莳榆、枣。奴各依良。限三年种毕，不毕，夺其不毕之地。于桑榆地分杂莳余果及多种桑榆者不禁。
>
> 诸桑田皆为世业，身终不还，恒从见口。有盈者无受无还，不足者受种如法。盈者得卖其盈，不足者得买所不足。不得卖其分，亦不得买过所足。

---

① 《汉书·食货志》卷二十四。
② 《孟子·滕文公上》。
③ 《孟子·尽心上》。
④ 《周礼·地官·大司徒》。
⑤ 《周礼·地官·遂人》。
⑥ 参见《魏书·李安世传》卷五十三。

诸麻布之土，男夫及课，别给麻田十亩，妇人五亩，奴婢依良。皆从还受之法。①

由均田令可知：第一，十五以上的男夫，以及妇人、奴婢、丁牛均为授田的对象。但这些男夫、妇人并不是独立的个体，而是分属于不同家户的成员，丁牛更是家庭或户内财产，奴婢依良所授之田，并非属于奴婢个人，而归奴婢的主人占有、使用和收益。因此，男夫、妇人、奴婢、丁牛受田之后，这些土地的占有、使用和收益，甚至处分之权，依然属于户而不是个人。第二，所授露田在身老死后必须归还政府。露田、麻田归国家所有，人户只有占有、使用和收益的权利而无处分权。第三，20亩桑田虽为世业，身死不还，可传子孙，但家户也只有占有、使用和收益的权利，不得买卖，只有20亩之外的桑田才可出卖，若不足可以买入。在均田制下，家户只对少数的土地享有所有权，对大部分土地只有占有、使用和收益的权利。

北齐、北周、隋、唐的均田制基本沿袭北魏之制。唐武德七年（624年）颁布的均田令规定：

凡民始生为黄，四岁为小，十六为中，二十一为丁，六十为老。授田之制，丁及男年十八以上者，人一顷，其八十亩为口分，二十亩为永业；老及笃疾、废疾者，人四十亩，寡妻妾三十亩，当户者增二十亩，皆以二十亩为永业，其余为口分。永业之田，树以榆、枣、桑及所宜之木，皆有数。田多可以足其人者为宽乡，少者为狭乡。狭乡授田，减宽乡之半。其地有薄厚，岁一易者，倍受之。宽乡三易者，不倍授。工商者，宽乡减半，狭乡不给。凡庶人徙乡及贫无以葬者，得卖世业田。自狭乡而徙宽乡者，得并卖口分田。已卖者，不复授。死者收之，以授无田者。②

按照均田令，18（《旧唐书》为16岁）岁以上、60岁以下的男子，每人授口分田80亩，永业田20亩；狭乡减半；工商户授田，宽乡减半，狭乡不给。老男、残疾者授口分田40亩，寡妻妾授口分田30亩，如这些人为户主，每人增授永业田20亩。妇女一般不授田。唐代的口分、永业之田虽均不得买卖，但与北朝的法令相比，唐代有条件地放宽了对所授土地买卖的限制。均田令规定，凡家贫无以供葬者，得卖永业田；百姓由狭乡迁往宽乡者，得卖永业、口分田。《律疏·户婚律》也规定："诸卖口分田者，一亩笞十，二十亩加一等，罪止杖一百；地还本主，财没不追。即应合卖者，不用此律。""疏议"解释说：

"即应合卖者"谓永业田家贫卖供葬，及口分田卖充宅及碾硙、邸店之类，狭乡乐迁就宽者，准令并许卖之。其赐田欲卖者，亦不在禁限。其五品以上若勋官，永业地亦并听卖。故云"不用此律"③。

唐代的均田令与北魏相比略有变化，但法律确认家户对所受土地的占有、使用、收益，

① 《魏书·食货志》卷一一〇。
② 《新唐书·食货志》卷五十一。《旧唐书·食货志》记载："丁男、中男给一顷，笃疾、废疾给四十亩，寡妻妾三十亩。若为户者加二十亩。所授之田，十分之二为世业，八为口分。世业之田，身死则承户者便授之；口分，则收入官，更以给人。"新旧唐书的记载略有不同。
③ 《律疏·户婚律》"卖口分田"条。

甚至处分权利的传统①，不仅没有改变，反而扩大了家户对所受土地处分的权利。

安史之乱之后，土地兼并进一步加剧，"富者万亩，贫者无容足之居"②，民户流亡，更造成土地荒芜，均田制已名存实亡。

> 中叶以后，法制隳弛，田亩之在人者不能禁其卖易，官授田之法尽废。③
>
> 《通典》曰：虽有此制（即均田制——笔者注），开元、天宝以来，法令驰坏，并兼之弊，有逾汉成、哀之间。④

与之相适应的租庸调制也难以维系。唐德宗建中元年（780年），采纳宰相杨炎的建议，实行两税法：

> 凡百役之费，一钱之敛，先度其数而赋于人，量出以制入。户无主客，以见居为簿；人无丁中，以贫富为差。不居处而行商者，在所郡县税三十之一，度所与居者均，使无侥利。居人之税，秋夏两征之，俗有不便者正之。其租庸杂徭悉省，而丁额不废，申报出入如旧式。其田亩之税，率以大历十四年垦田之数为准而均征之。夏税无过六月，秋税无过十一月。⑤

其大意是：纳税的原则是"量出以制入"；纳税的主体为"户"；确定税额标准的依据是户的"资产"。《新唐书·食货志》上说：

> 两税以资产为宗，不以丁身为本，资产少者税轻，多者税重。

纳税的时间分为夏、秋两季。两税法的核心内容是按户所拥有的动产和不动产等"资产"征税，其中"以大历十四年垦田之数为准而均征之"的规定，以法律的形式肯定了户对所占土地的所有权。古代中国的赋役制度也由以"丁身为本"过渡到了以"资产为宗"的新阶段。

但是，北宋初年，国家的基本法《宋刑统》又全面继承了《律疏》中有关均田制的规定，继续维护国家的土地所有权，对土地买卖作了较多的限制。不过，在现实中，《宋刑统》的相关规定多成具文。

相反，宋朝统治者顺应唐两税法之后私人土地所有权迅速发展的趋势，推行"不抑兼并"的自由政策，促进了土地的私有化。南宋婺州永康县（今属浙江）吕师愈"不遗余力经理其家，至有田近数千亩，遂甲于永康"⑥。根据《文献通考》的记载，北宋神宗元丰年间（1078—1085年），官田与民田的数量分别为"天下总四京一十八路，田四百六十一万六千五百五十六顷，内民田四百五十五万三千一百六十三顷六十一亩，官田六万三千三百九

---

① 《文献通考·田赋考》卷二载："八十亩为口分、二十亩为世业"仍"是一家之田"。
② 《新唐书·食货志》卷五十二。
③ 《文献通考·田赋考》卷三。
④ 《文献通考·田赋考》卷二。
⑤ 《旧唐书·杨炎传》卷一一八。
⑥ 陈亮：《龙川集》卷三十，《吕夫人夏氏墓志铭》。

十三顷"①。另有学者统计，两宋的私有土地约占全国土地总数的95%以上，国有土地不足5%。② 与国有土地相比，私有土地占绝对的优势。

宋代人户取得土地所有权的主要途径是继承与分家析产（古代中国家产的分析与财产的继承基本是同时进行的）、买卖、垦荒，而国家则以法律的形式确认了依法继承与析产、买卖和垦荒后人户取得的土地所有权。

在土地等家产的继承与析分方面，宋代沿袭了唐律的规定，禁止祖父母、父母在时子孙"别籍异财"③。有关别籍异财的规定，最早始于商鞅变法时的"分户令"。法律的这一规定强迫成年男子与父母别立户籍、分异财产。汉代以后，儒家思想上升为正统法律思想，祖父母、父母在而子孙"别籍异财"的现象，因朝代不同而受到不同程度的限制或者禁止。

《宋刑统·户婚律》"父母在及居丧别籍异财"门④，在严禁子孙与在世祖父母、父母别籍异财的同时，对"于法应别立"、"应分田宅"等事项也作出明确的规定。《宋刑统·户婚律》"相冒合户"门：

> 即于法应别立户而不听别，应合户而不听合者，主司杖一百。

《议》曰："应别谓父母终亡，服纪已阕，兄弟欲别者。""卑幼私用财（注云：分异财产别宅异居男女）"条"疏议"曰：

> 凡是同居之内，必有尊长，尊长既在，子孙无所自专。……即同居应分，谓准令分别，而财物不均平者。准《户令》，应分田宅及财物者，兄弟均分，妻家所得之财，不在分限。兄弟亡者，子承父分。违此令文者，是谓不均平。

该条后所附《户令》曰：

> 诸应分田宅者，及财物，兄弟均分（注云：其祖父亡后，各自异居，又不同爨，经三载以上，逃亡经六载已上，若无父祖旧田宅、邸店、碾硙、部曲、奴婢，见在可分者，不得辄更论分），妻家所得之财，不在分限（注云：妻虽亡没，所有资财及奴婢，妻家并不得追理）。兄弟亡者，子承父分（注云：继绝亦同）。兄弟俱亡，则诸子均分（注云：其父祖永业田及赐田亦均分，口分田即准丁中老小法。若田少者，亦依此法为分）。其未娶妻者，别与聘财。姑姊妹在室者，减男聘财之半。寡妻妾无男者，承夫分。若夫兄弟皆亡，同一子之分（注云：有男者不别得分，谓在夫家守志者，若改适，其见在部曲、奴婢、田宅不得费用，皆应分人均分）。

上述规定表明，祖父母、父母（包括曾、高祖父母）在世，子孙不得别籍异财；如果

---

① 《文献通考·田赋考》卷四。

② 参见漆侠：《中国经济通史·宋代经济卷》（上），387页，北京，经济日报出版社，1999。

③ 《宋刑统·户婚律》"父母在及居丧别籍异财"门继承了唐律"子孙别籍异财"条的规定："诸祖父母、父母在，而子孙别籍、异财者，徒三年。"但开宝二年（969年）八月的敕令则明显加重了对"父母在而子孙别籍异财"的处罚："八月丁亥诏：川峡诸州，察民有父母在而别籍异财者，论死。"《宋史·太祖本纪》卷二。太平兴国八年（983年）十一月"癸丑，除川、峡民祖父母、父母在别籍异财弃市律。"《宋史·太宗本纪》卷四。说明在此年之前，北宋有祖父母、父母在，因别籍异财而被弃市的法律。

④ 该条主要继承了《律疏·户婚律》"子孙别籍异财"条的内容，同样允许祖父母、父母在而令子孙分家析产的行为。

祖父母、父母允许，子孙可以异财，但不得别籍，否则，祖父母、父母"徒二年"。祖父母、父母去世后，再经二十七个月，若兄弟愿意，可别立户籍，并按"诸子均分"① 的原则分割家产。别立户籍与分割家产，无论何者为先，子孙所继承的家产均为纳税的对象，迟早得归于子孙的户名之下。与唐律的规定相同，祖父母、父母在而令子孙异财的行为也为《宋刑统》所肯定。但即使祖父母、父母在世时，令子孙先行分家（但不是别立户籍）析产②，而待祖父母、父母去世后再另立户籍，子孙所分得的财产作为纳税的对象，得纳入各自的家户之内，由此，子孙所分得的财产也成为户内的财产。

户享有所析之产只是一种事实，而这种事实要得到法律的确认，必须要有凭证。宋代法律确认析产产权的文书为"阄书"：

> 分析止凭阄书，典买止凭契书。③

"阄书"，亦称"分书"、"关书"、"支书"，"录已分所得田产者"④。若分家析产未立阄书，或虽立却又失去阄书，常常导致争讼。所以，时人告诫：

> 凡析户之家，宜即阄书，以杜后患。⑤

对于土地的买卖，宋朝统治者为适应商品经济和土地私有制发展的需要，采取了不加过多干预的政策。叶适说：

> 自汉至唐，犹有授田之制，则其君犹有以属民也，犹有受役之法，则其民犹有以事君也。盖至于今，授田之制亡矣。民自以私相卖易而官反为之司契券而取其直。而民又有于法不得占田者，谓之户绝而没官，其出以与民者，谓之官自卖田，其价与私买等，或反贵之。⑥

"授田之制亡"意味着国家对土地私有权的肯定。承认土地私有权的存在，土地的买卖就成为顺理成章之事。早在宋朝建立之初，统治者就在基本法《宋刑统》内专列"典卖指当论竞物业"门，对田宅的典卖作出了具体的规定，后世又不断完善，使得"官中条令，惟交易一事最为详备，盖欲以杜争端也"⑦。在鼓励私人之间买卖土地的同时，国家还作为一个民事主体直接参与土地的买卖。徽宗政和元年（1111年）六月户部侍郎范坦奏曰：

> 奉诏总领措置出卖系官田产，欲差提举常平或提刑官专切提举管勾出卖。凡应副河坊、沿边招募弓箭手或屯田之类并存留。凡市易抵当、折纳、籍没、常平户绝、天

---

① 这一制度约起始于商鞅变法之后。参见李志敏：《中国古代民法》，60 页，北京，法律出版社，1988。

② 由于宋代法律承认祖父母、父母在而令子孙异财行为的合法性，所以宋人在娶妻成家之后，多与父母别居异财。蔡襄在看到当时福州的社会风尚时，曾作《福州五戒文》："其一曰：观今之俗，为父母者，视己之子，犹有厚薄，迨至娶妇，多令异食。贫者困于日给，其势不得不然；富者亦何为哉？盖父母之心，不能均于诸子以至此，不可不戒。二曰：人子之志（宋吕祖谦编《宋文鉴》卷一○八写作"孝"而非"志"），本于养亲以顺其心，死生不违于礼，是孝诚之至也。观今之俗，贫富之家，多是父母异财，兄弟分居，乃至纤悉无有不校。"

③ 《袁氏世范》卷下。

④ 《袁氏世范》卷下。

⑤ 《袁氏世范》卷下。

⑥ （明）杨士奇：《历代名臣奏议·治道》卷五十四。

⑦ 《袁氏世范》卷下。

荒、省庄、废官职田、江涨沙田、弃堤退滩、濒江河湖海自生芦苇荻场、圩埠、湖田之类并出卖。从之。①

许多种类的"系官田产"都可出卖，以至于"贫富无定势，田宅无定主，有钱则买，无钱则卖"②，田宅买卖的现象十分普遍。

"司契券而取其直（值）"是指为满足田宅频繁交易的现实，国家还对田宅流转中的契约活动进行规范，并收取契税。法律规定，凡典卖田宅必须要经过"先问亲邻"③、"过割赋税"④、"输钱印契"⑤、"原主离业"⑥ 四道程序，否则属"违法交易"⑦。即订立典卖契约后，还须到官府"过割赋税"，并向国家缴纳契税，在典卖契约上加盖官府红印，即"输钱印契"，此契即所谓的"红契"（亦称"赤契"），否则为"白契"。红契是合法的契约，白契则不受法律保护。典卖田宅必经的最后程序是"原主离业"："田产典卖，须凭印券、交业，若券不印及未交业，虽有输纳钞（缴财产税后的凭据），不足据凭。"⑧ 总之，国家采用"司契券而取其直"的手段对田宅买卖和典当进行有效的管理，通过"过割"、"印契"、"离业"的程序进一步肯定了人户典卖田宅后的财产所有权。

此外，宋神宗熙宁五年（1072 年）王安石变法时实行《方田法均税法》：

> 重修定方田法，诏司农以《均税条约并式》颁之天下。以东西南北各千步，当四十一顷六十六亩一百六十步为一方；岁以九月，县委令、佐分地计量，随陂原平泽而定其地，因赤淤黑垆而辨其色；方量毕，以地及色参定肥瘠而分五等，以定税则；至明年三月毕，揭以示民，一季无讼，即书户帖，连庄帐付之，以为地符。……若瘠卤不毛，及众所食利山林、陂塘、沟路、坟墓，皆不立税。凡田方之角，立土为峰，植其野之所宜木以封表之。有方帐，有庄帐，有甲帖，有户帖；其分烟析产、典卖割移，官给契，县置簿，皆以今所方之田为正。⑨

---

① （清）徐松《宋会要辑稿·食货》六十三之一九一，北京，中华书局，1957。本章下引此书，均同一版本，不再详注。

② 《袁氏世范》卷下。

③ 有关"先问亲邻"的法律规定详见下文。

④ "过割"亦称"推收"。"过"是指"过户"；"割"，指"割除"。"过割赋税"指割除原业户（卖方）名下田宅所附着的赋税，同时将此赋税转移登记在新业户（买方）名下的田宅买卖、典当程序。《宋会要辑稿·食货》六十一之六十五载："人户典卖田宅，准条具账开析顷亩、田色、间架、元（原）业税租、免役钱数、均平取推，收状入案，当日于簿内对注开收讫，方许印契。"

⑤ 太祖开宝二年（969 年）九月，"初令民典卖田土者，输钱印契"。参见李焘：《续资治通鉴长编》卷六。《文献通考·征榷考》卷十九载："宋太祖开宝二年，始收民印契钱，令民典卖田宅，输钱印契，税契限两月。""输钱印契"之程序应在"过割赋税"之后。《宋会要辑稿·食货》六十一之六十三载："诸路州军人户欲自今应典卖田宅，并赍元（原）租契赴官，随产割税，对立新契，其旧契便行批凿除豁，官为印押。本县人口等第簿亦仰随时销注，以绝产去税存之弊。"又据《文献通考·征榷考》卷十九载：孝宗乾道七年（1171 年）"民间交易，并令先次过割，而后税契……如不先经过割，不许投税。"

⑥ 《宋史·食货志》卷一七三载：宋仁宗皇祐年间规定："凡典卖田宅，听其离业，毋就租以充客户。"

⑦ 《袁氏世范》卷下。

⑧ （宋）陈古灵：《州县提纲·交易不凭钞》卷二。

⑨ 《宋史·食货志》卷一七四。再参见《续资治通鉴长编》卷二三七、《文献通考·田赋考》卷四等。

文中的"户帖"之名唐代即已出现，宋太祖建隆四年（963 年）即令诸州编制户帖。[1]
户帖是由政府编制、发给民户保存，登载户内口数、家产、应纳租课，用以核查户口、征派赋役的簿册，"以为永远照验"[2]。因户帖内登记的家产主要是土地，所以户帖也具有"地符"的性质，由此，户内土地的所有权得到国家的确认。可以说，户帖不仅是国家核查户口、征派赋役的簿册，也是确认户内财产的产权证。同时，宋代对分家后的析产、典卖田宅后产权的归属作出特别规定，既要"县置簿"，还要"官给契"。此"契"，非契约，而是确认财产所有权的产权契书。

宋代不仅放任民间典卖田宅，而且奖励人户开垦荒地。奖励垦荒的措施之一是减免租额。宋太祖乾德四年（966 年）闰八月下诏：

> 所在长吏告谕百姓，有能广植桑枣、开垦荒田者，并只纳旧租，永不通检。令佐能招复逋逃、劝课栽植、岁减一选者，加一阶。[3]

至道三年（997 年）七月太宗又发布敕令：

> 应天下荒田，许人户经官请射开耕，不许（计）岁年，未议科税，直候人户开耕事力胜任起税，即于十分之内定二分，永远为额。[4]

真宗咸平二年（999 年）二月诏：

> 前许民户请佃荒田，未定税赋，如闻抛弃本业，一向请射荒田。宜令两京、诸路榜壁晓示，应从来无田税者，方许请射系官荒土及远年落额荒田，俟及五年，官中依前敕，于十分内定税二分，永远为额。如见在庄田土窄，愿于侧近请射，及旧有庄产，后来逃移，已被别人请佃，碍敕无路归业者，亦许请射。[5]

请佃荒田之租税只有收获物的十分之二，而且永不改变。

奖励之二是，政府在减免租税的基础上，又承认垦户永远租佃开垦荒地的权利。除上述规定的"只纳旧租，永不通检"、"永远为额"外，宋朝统治者又以敕令的形式明确将荒田规定为垦户的"永业"、"己业"。宋太宗至道元年（995 年）诏：

> 募民请佃诸州旷土，便为永业，仍蠲三岁租，三年外输三分之一。州县官吏劝民垦田之数，悉书于印纸，以俟旌赏。[6]

又据《宋史·蒲卣传》载：

> 宛、襄地广沃，国初募民垦田，得为世业，令人毋辄诉，盖百年矣，好讼者稍以

---

① 唐、宋实行户帖之制后，元代似亦沿用。《梁方仲经济史论文集·明代的户帖》，219～221 页，北京，中华书局，1989。

② 《宋会要辑稿·食货》十一之十六。对于户内的土地，在户帖上要写明田色、步亩、四至、著望、应纳租课等。见《宋会要辑稿·食货》一之三十三。

③ 《宋会要辑稿·食货》一之十六。

④ 《宋会要辑稿·食货》六十三之一六三。

⑤ 《宋会要辑稿·食货》六十三之一六三。

⑥ 《续资治通鉴长编》卷三十八。

易佃法摇之，卣一切禁止。有持献于权贵而降中旨给赐者，卣言："地盈千顷，户且数百，传子至孙久，一旦改隶，众将不安。先朝明诏具在，不可易也。"朝廷是其议。①

宋徽宗宣和元年（1119年）八月，农田所奏请将浙西田土：

> 除出人户已业外，其余远年逃田、天荒田、草薪茭荡及湖泺退滩沙涂等地，并打量步亩、立四至座、著望乡村，每围以千字文为号，置籍拘籍，以田邻见纳租课比扑，量减分数，出榜，限一百日召人实封投状，添租请佃，限满拆封给租多之人。每户给户帖一纸，开具所佃田色、步亩、四至、著望、应纳租课。如将来典卖，听依系籍田法，请买印契，书填交易。②

南宋孝宗淳熙二年（1175年）五月，湖广总领刘邦翰上书言：

> 湖北州县应请佃官田并归业人，将见耕田土许自陈，官出户帖，永为己业，听从典卖。……从之。③

两宋通过不断的立法对民户所垦之田的产权作出规定。不过，上述引文也表明，垦户依法拥有的"永业"、"世业"也不一定就是所有权，有时只享有垦田的占有、使用和收益的权利而没有处分权，只能永远租佃，不能自由典卖。而对于另外一部分垦田，国家不仅发给民户户帖，而且承认民户对垦田的所有权，允许其自由地典卖。

到明初，"田始占于寺，曰僧田；始占于观，曰道田；始入于官，佃之民而官收其租，曰官田。今此三田，皆散于编氓而户占之矣"④。为了防止欺隐田亩，逃避赋税，达到征收赋税之目的，洪武二十年（1387年）朱元璋命令各州县分区编绘土地册。《明史·食货志》载：

> 洪武二十年，命国子生武淳等分行州县，随粮定区。区设粮长四人，量度田亩方圆，次以字号，悉书主名及田之丈尺，编类为册，状如鱼鳞，号曰鱼鳞图册。……而鱼鳞图册以土田为主，诸原坂、坟衍、下隰、沃瘠、沙卤之别毕具。⑤

该册以田地为主，详细记载土地的亩数、四至、地形、土质，并列有户主的姓名，因册中所绘田亩依次排列的形状如鱼鳞，故称"鱼鳞册"⑥。若有土地争讼，以此作为凭证。黄册与鱼鳞册的关系是"鱼鳞册为经，土田之讼质焉。黄册为纬，赋役之法定焉"⑦。《东维子文集》载：

---

① 《宋史·蒲卣传》卷三五三。

② 《宋会要辑稿·食货》一之三十三。

③ 《宋会要辑稿·食货》六十一之三十五。

④ （清）顾炎武：《天下郡国利病书》（原编第22册）卷八十六《浙江下·田赋书》，转引自《续修四库全书·史部·地理类》（597册），70页，上海，上海古籍出版社，2002。

⑤ 《明史·食货志》卷七十七。

⑥ 春秋战国之后，历代都有相应的户籍制度。南宋在户籍簿之外，又出现了专用的田地底簿，这就是创始于南宋时的土地册——鱼鳞册（鱼鳞图），元代称"鱼鳞符"。鱼鳞册制度始创于南宋，完备于明代，沿用至清末。

⑦ 《明史·食货志》卷七十七。

洪武元年春，遣使行天下，经理田土事……阅岁终，鱼鳞图籍成。①

又据《天下郡国利病书》：

洪武十九年，上念民贫富不均而赋税多不以实自占……遣国子生临县，将各乡田土一一经量，编画鱼鳞图以记之。②

鱼鳞册的编制方法和作用是：

鱼鳞图每县以四境为界，乡都如之。田地以坵相挨，如鱼鳞之相比。或官或民，或高或圩，或肥或瘠，或山或荡，逐面细注，而业主之姓名随之。年月买卖，则年有开注。人虽变迁不一，田则一定不移，是之谓以田为母，以人为子。子依乎母而的的可据，纵欲诡寄埋没而不可得也。此鱼鳞图之制然也。③

鱼鳞册是国家征收赋税的主要依据，而户就是国家赋税的承担者。鱼鳞册在规定户所承担赋税的同时，实际上也肯定了户的土地所有权。

明代万历之后，鱼鳞册制度废弛，出现了"以田随户，以户领田，户既可以那移，而田即因之变乱。母依乎子，变动不拘，官民肥瘠高圩山荡存于籍者，特其椠尔，名是而实非"④ 的情况。

由上可知，从明初到万历年间，户与田之间的关系由"以田为母，以人为子"变为"以田随户，以户领田"，但无论如何变化，土地隶属于户的性质没有改变。

若从财产买卖的结果也能看到法律对户的财产所有权的确认。田土的买卖意味着土地的流转，也标志着户所承担赋税额变化。因此，国家十分重视改变户赋税额的过割环节。过割也称"推收"，意思是就产业和田税过户，这项制度可能产生于"初税亩"之后。⑤ 宋元法律规定，土地买卖后必须过割：

今后典卖田宅，先行经官给据，然后立契，依例投税，随业推收。⑥

反映到契约上，如《南宋宝祐三年（1255 年）祁门县周文贵卖山地契》载：

其钱当立契日一并交收足讫，其契后更不批领。其山见经界本家户下，其税钱将来于文贵户下起割。⑦

明清土地买卖契约中多书有"起割入户"、"起割过户"的记载，如《明万历二十九年（1601 年）休宁县江仲炎卖山地白契》：

① （明）杨维桢：《东维子文集》卷一《送经理官成教授还京序》。
② （清）顾炎武：《天下郡国利病书》原编第 22 册《浙江下》。
③ （清）顾炎武：《天下郡国利病书》原编第 22 册《浙江下》。
④ （清）顾炎武：《天下郡国利病书》原编第 7 册《常镇》。
⑤ 参见张传玺：《秦汉问题研究》，128 页，北京，北京大学出版社，1995。
⑥ 《元典章·户部·田宅·典卖》。
⑦ 《考释》，536 页。

其银当日收足，其地听凭买人日下管业。其税候册年起割入户支解。①

《清乾隆五十一年（1786年）休宁县孙廷爵卖田契》：

其税奉例随即在本家四甲孙文尤户内起割，推入买人户内办纳粮差。②

过割之后，法律确定了征收赋税的对象，相应地，法律也重新明确了买卖田产的归属，所以，过割与"名田"制相连。"名田"就是户主名下之私田。虽然，过割之目的是禁止"产去税存"的不正常现象，以保证"履亩而税"③的制度得以贯彻，但从客观上看，买进的土地为户的财产，其所有权也归户所有。

为了维护户的共同财产，国家以法律的形式严禁父母在而卑幼别籍异财。唐、宋、元、明、清律都有类似规定。但从元代开始，发生一些变化，只要祖父母、父母同意，允许分家。明、清律规定，别籍异财者，只杖一百，但须期亲以上尊亲告乃坐。

同居共财的财产主要是户内土地，由户主或家长管理，并行使处分权。卑幼不得擅自处分。《律疏·户婚律》"同居卑幼私辄用财"条规定：

诸同居卑幼，私辄用财者，十匹笞十，十匹加一等，罪止杖一百。

《大清律·户律·户役》"卑幼私擅用财"条规定：

凡同居卑幼，不由尊长，私擅用本家财物者，十两笞二十，每十两加一等，罪止杖一百。

户内共同财产归户主或家长管理和处分，从表面来看，似乎归户主或家长个人所有，但实际上，"家政统于尊长，家财则系公物"④。户内财产并不归户主或家长个人所有。户主或家长只是代表家户行使财产所有权。因此，户主和家长不得随意处分户内财产。《律疏·户律》"同居卑幼私辄用财"条规定：

即同居应分，不均平者，计所侵，坐赃论减三等。

即同居应分户者，若尊长分割财产不均平，计所侵占的财产数额，最高处以杖80的刑罚。《大明律》、《大清律》中的《户律》"卑幼私擅用财"条规定，若同居尊长应分家财不均平者，罪如卑幼私擅用财，"二十贯笞二十，每二十贯加一等，罪止杖一百。"《大明律集解附例·户部》"卑幼私擅用财"条规定：

同居二字最重要，盖同居则共财矣，财虽为公共之物，但卑幼得用之，不得而自擅也；尊长得掌之，不得而自私也。若卑幼不禀命而私用，是谓专擅；尊长当分散而不均平，是为利己。

家产分割不均，即为"自私"、"利己"，法律规定的"卑幼私擅用财"条，实际上可改

① 《考释》，917页。
② 《考释》，1292页。
③ 《公羊传·宣公十五年》。
④ （清）沈之奇：《大清律辑注·户律》"卑幼私擅用财"条注文，怀效锋、李俊点校，217页，北京，法律出版社，2000。

为"卑幼私擅用财尊长应分不均平"条。依此推论，家长若只为自己利益而出卖家产，则胜过分割不均，更为"自私"、"利己"之行为。

日本学者仁井田陞、美国学者金勇义等先生也肯定家庭财产并不只掌握在父亲手中，而对于家内财产的处分通常要经过父子、夫妻、兄弟之间的协商。父亲如果擅自处分家庭财产，在观念上被认为是不合惯例的，或被看作是"盗卖盗买"的非法行为。[①] 也就是说，从总体上来看，户内财产所有权既不属于户主或家长本人，更不属于卑幼，而是属于户这个"共同体"。无论是国家法律还是民间惯例都确认户对家内财产的所有权。

还需要注意的是，我们说家户享有财产所有权，并不意味着户内成员没有任何财产权，家庭卑幼仍然享有部分财产所有权，如妻子对妆奁仍有所有权。[②] "就一般情形来说，不能绝对禁止私产，尤其官吏的俸禄及妻财等。"[③]《律疏·户婚律》"同居卑幼私辄用财"条"疏议"云：

> 准《户令》："应分田宅及财物者，兄弟均分。妻家所得之财，不在分限。兄弟亡者，子承父分。"

《宋刑统·户婚律》"卑幼私用财"门继承了该规定。又《元典章》引《金令》曰：

> "应分家财，若因官及随军或妻家所得财物，不在分限。"

按照《大明令》寡妇若"改嫁者，夫家财产及原有妆奁，并听前夫之家为主"[④]。当然，这部分私产并不占主导地位。

第五节
户的民事法律行为

一、户以自己的行为参加民事法律活动

说明户以自己的行为参加民事法律活动最有力的根据之一就是契约。契约是指民事主体之间依法设立、变更、终止民事法律关系确定主体之间权利和义务的协议。古代的契约称"质剂"、"傅别"、"约剂"、"券书"、"书契"、"契"、"约"或"合同"。

在大量的契约资料中，能够看到的现象是，签订契约的主体常常是某个人，即户主或家长。这种现象给人的印象是，契约的签订只是户主或家长的个人行为，各种民事活动都

---

① 仁井田陞、金勇义认为，自汉代以来有关家庭财产的买卖和租赁契约文书，买卖双方中签约的有父亲、长子、孙子、伯叔等。详见［美］金勇义：《中国与西方的法律观念》，陈国平等译，123 页，沈阳，辽宁人民出版社，1989。本章以下引此书，均同一版本。

② 陈鹏认为，妻带至夫家的妆奁均作"私产"，其归属在实际中依礼而定，详见陈鹏：《中国婚姻史稿》，581 页，北京，中华书局，1990。

③ 戴炎辉：《中国法制史》，219 页，台北，三民书局，1979。

④ 《大明令·户令》。

是由户主或家长个人来进行。

但是，如果进行仔细的分析能够明白，从事民事活动真正的主体并不是户主或家长个人。《西汉神爵三年（前 59 年）资中县王褒僮约》云：

> 神爵三年正月十五日，资中男子王子渊从成都安志里女子杨惠买夫时户下髯奴便了，决卖万五千。

张传玺先生解释说："男子：少年男子为户主者。"[①] 买方王子渊是户主，所买之奴原是属于"成都安志里女子杨惠""夫时户下"财产。"户下"财产，就是属于户的财产。杨惠出卖的奴隶是户所拥有的财产，杨惠的行为也不是她个人的行为。实际上，无论王子渊、杨惠，他们的行为都是户的行为。

《明天启七年（1627 年）歙县吕必达卖田地红契》载：歙县人吕必达情愿将田地卖与"十八都三图程文进军庄户内名下为业"[②]。"军庄户"即军户。"户内名下为业"是说，户主程文进作为军户的代表从事田地买卖活动，程文进买入的田地是户内的产业，相应地，他的行为也不是个人的行为，而是户的行为。[③]

考察元、明、清时期的契约，在契文中，常有母子、兄弟、父子共同行使财产处分权的记载。元代的一则买卖花园屋基官契，清楚地表明，即使户主也不能独自享有财产处分权。《元至元二年（1336 年）晋江县麻合抹卖花园屋基官契》文：

> 泉州路录事司南隅排铺住人麻合抹，有祖上梯己花园一段，山一段，于内亭一座，房屋一间，及花果等木在内。坐落晋江三十七都东塘头庙西，四围筑墙为界。东至孙府山，西至谢家园，南至瑞峰庵田，北至谢家山；又花园西边屋基一段，东至小路，西至陈家厝，南至空地，北至谢家园。因为钞经纪用度，将前项花园并屋基连土出卖。遂□晋江县（颁）给公勘据□明白。立帖口问亲邻，俱各不愿承支。今得蔡八郎引到在城东隅住人阿老丁前来就买，经官牙议定时价中统宝钞六十锭。其钞随立文契日一完领讫，（不另）批目。其花园并基地□□上手一应租契，听从买主收执，前去自行经理管业，并无克留寸土在内。所卖花园屋基，的系麻合抹梯己物业，即不是盗卖房亲兄弟叔伯及他人之业，并无诸般违碍，亦无重张典挂外人财物。如有此色，卖主抵（支）当，不涉买主之事。所有合该产钱，麻合抹户苗米二斗八升，自至元二年为始，系买主抵纳。今恐（人心）难信，立卖契一纸，付买主印税收为用者。
>
> 元至元二年十月　　日文契
情愿卖花园屋基人　　麻合抹
同卖花园母亲　　时邻

---

① 《考释》，36 页。

② 《考释》，966 页。

③ 户主代表户从事法律行为，不仅体现在民事法律中，同样在古代中国的经济法律中也能看到：吐鲁番出土了一份记载唐代史玄政等人纳钱代车牛役的账单："史玄政（八七文）、竹往欢（十文更四文）二日，靳义府（六文更四文）一日……"（标点由笔者所加）从文字表面看，史玄政等是以个人的名义纳钱代车牛役的，但文中"已上户共车牛一乘"的内容告诉我们，史玄政等人虽然是以户主个人的名字出现于账单中，但他们的名字所代表的不是他们个人，而是他们所在的"户"。他们都是以户主的身份代表户所从事的行为。

引进人　　蔡八郎

知见卖花园屋基姑夫何暗都剌

代书人　　林东卿。①

显然，麻合抹为户主，由户主代户行使财产处分权。如果母亲等尊长在世，户主若要行使财产处分权，必须由户内尊长画押，即"同卖花园母亲时邻"画押，只是在署名时户主在前，尊长次之。契文中的"同"字既表示母亲与儿子一起出卖花园屋基，又说明这些财产是属于户的共同财产而非户主一人或尊长的财产。

《明宣德八年（1433年）休宁县汪仕端等卖屋基菜园契》上说：汪仕端与弟汪仕美、王仕旻，"因门户无钱支用"，兄弟商议愿将"住基地、菜园地二号……凭中尽行立契出卖与……"汪仕端等三兄弟同户，户内财产并不归户内某个人所有，而是归户所有，故若要处分财产，户内成员须商量行事，户内任何个人，包括户主个人都无权处分户内财产。

明代《卖田契格式（甲）》一般为：

> 立卖田契人某都某图某人同某等，今因缺少钱粮，无从辨纳，是以父子兄弟商议，情愿凭中将受分祖父^早晚田地一段，坐落土名某处，共计几十几亩，载种^{若干}，田塘水圳俱已脚踏四至明白。……尽行出卖与某名下为业。②

除"父子兄弟商议"之外，"母子商议"、"父子商议"③的文字也常见于清代的契约中。《清同治七年（1868年）新都县温何氏母子杜卖车水田红契》："立杜卖车水田文契人温何氏同子温扬奎，情因要银使用，无处出办，是以母子商议……卖主温何氏同子温扬奎。"④《清同治七年（1868年）新都县温兴隆父子杜卖水田红契》：

> 立杜卖水田文契人温兴隆同子立正，今因要银使用，无从出办，父子商议，愿将父分受己名下，回三甲瓦子堰，过枧高沟灌溉水田贰块，要行出售。先尽房族，无人承买。自行请中说合，情愿卖与三圣宫文昌会总理温祥发、温鹏举名下，承买为会业。……同治七年十月初四日立杜卖水田文契人温兴隆（押）同子立正（押）。⑤

此契约中的温兴隆是父亲，应当是户主。但即使是户主（父亲）买卖田土，也要与儿子商量。温兴隆与儿子立正共同出卖的土地，虽是"父分受己名下"的财产，但实际上，该财产并不属于温兴隆个人所有。与其说是"父分受己名下"的财产，不如说是"父分受户名下"的财产。正因为"父分受己名下"的财产为户所有，所以，当父亲出卖户内财产时，必须"父子商议"，并且在契文的最后，要一起署名、画押，共同行使财产的处分权，以防日后发生财产所有权的纠纷。

明清契约中记载的"户内成员商议"、"一起署名、画押"等出卖财产的行为，清楚地

---

① 《考释》，566～567页。

② 《考释》，1007页。

③ 《考释》，1316、1317、1412、1418页等。

④ 《考释》，1416～1418页。卖主先列母亲名后书子名，与元代契约正好相反。再见《考释》，1411页等。

⑤ 《考释》，1418页；《考释》，1412页。

说明了户以自己的行为参加民事法律活动的事实。

这里需要强调的是，虽然民事活动由户来进行，如南宋刊印官版契纸后，规定"约度县分大小，用钱多寡，每月给付诸县，置柜封记。遇人户赴县买卖，当官给付"①，因此使得"人户田产，多有契书"②。但是，从中国古代丰富的契约资料中，要想找到明确的以户为主体来签订契约的记载是比较困难的。因为在签订契约时，契约文字中常常省去"户"或"户主"的名称，而契文中只书某人的姓名，以致使人以为签订契约的主体只是户主或家长个人的活动，而不是户（或家）的行为。

除契约之外，从一些文献记载也能看到户参加民事活动的事实。北齐时，"给授田令，仍依魏朝"，露田不许买卖，但"卖买亦无重责"，因此，"贫户因王课不济，率多货卖田业"③。

通过上文的分析可知，中国古代民事法律中，户独立享有户内财产所有权，处分户内财产必须商议而行，即户内财产由户内成员共同行使其处分权。因此，订立契约的主体不是户主或家长个人，而是户（由户主或家长代表）；户主或家长只是户的代表，他们的民事法律行为，实际上是户的民事法律行为。

二、户以自己的行为承担法律责任

由于户内财产归户所有，所以，户所欠债务，也应由户来承担。汉代文帝时"有卖田宅、鬻子孙以偿责者矣"④。《律疏·杂律》"负债违契不偿"⑤ 条规定：如负债违反契约不偿还，除受到笞或杖、徒刑外，还要责令赔偿。但如何偿还户所欠债务，律文没有作出明确规定。所幸《宋刑统·杂律》"受寄财物辄费用"门在照录《律疏·杂律》"负债违契不偿"条律文和疏议的同时，又引唐开元二十五年（737年）令，对如何偿还作出了具体规定：

> 诸公私以财物出举者，任依私契，官不为理。每月取利不得过六分，积日虽多，不得过一倍。若官物及公廨，本利停讫，每计过五十日，不送尽者，余本生利如初，不得更过一倍。家资尽者役身，折酬役通取户内男口，又不得回利为本（注曰：其放财物为粟麦者，亦不得回利为本，及过一倍）。⑥

凡欠公私债务，先以"家资"偿还，"家资尽者，役身折酬，役通取户内男口"。户内男口都有义务"役身"，以清偿户所负债务。

吐鲁番出土的唐代租佃、借贷等契约中也常常写道：若到期不能按时缴租，或延期不还借贷钱物，出租人或出借人"得曳家资"⑦ 或"任拽家财杂物"⑧ 充抵债务，即户所欠债

---

① 《宋会要辑稿·食货》三五之六。

② 《文献通考·田赋考》卷五。

③ 《通典·食货》卷二。

④ 《汉书·食货志》卷二十四。

⑤ 何谓"负债"，"疏议"解释说："负债者，谓非出举之物，依令合理者，或欠负公私财物，乃违约乖期不偿者"。

⑥ 该令文又见《唐令拾遗·杂令》，789 页。

⑦ 《吐鲁番出土文书》（第五册），18 页，北京，文物出版社，1983。

⑧ 《吐鲁番出土文书》（第七册），529 页。相关的内容还可参见《吐鲁番出土文书》（第六册），404、412、414、417、422、430、432 等页，北京，文物出版社，1985。

务，如果不能按时偿还，就要用户所拥有的财产——"家资"来折抵。

此外，户内成员既在户内享有权利，也应负有偿还户之债务的义务。"父债子还"是中国古代天经地义的事情。如果户欠有债务，不是仅仅由户主或其中的某一个人来承担责任，而是由户内成员共同负连带责任。如唐麟德二年（665 年）西州高昌县宁昌乡的一份举银钱契：

> 麟德二年正月廿八日，宁昌乡人卜老师于高参军家人未豊边举取钱十文，月别生利钱壹文，若未豊须钱之日，本利具还。若身东西不在，一仰家妻儿收后上（偿）钱，听曳家财平为钱直。两和立契，获指为信。

> 钱主高未豊
举人卜老师
保人翟子龙
见知人翟贞信
保人男后德

卜老师借钱显然是供户内家人使用，是代表户而进行的民事行为，所以，双方约定，若卜老师躲债离家，就由家中的妻儿偿还，如不履行契约的规定，债主便可"曳家财平为钱直"。

实际上，不仅户内男口，就是户内女子也负有清偿户债务的义务。杜甫曾感慨道："况闻处处鬻男女，割慈忍受还租庸。"[1] 唐文宗时，更是"编户男女多为诸道富家虚契质钱"[2]。宋代敦煌的一份契约也表明了同样的情况：

> 癸未年（983 年？）二月十九日，常住百姓张骨子为少侯（糇）粮，遂于灵图寺仓内便麦三石，至秋六石。只（质）典女一人，名仙子。如秋不纳者，其女便充麦替，不在论说知（之）限。恐人无信，故勒次（此）契，用为后凭。癸未年二月十九日，便物人张骨子（押）

> 口承男友子（押）
口承人妻（押）
见人张再住（押）

> 同日，便麦一石五斗，至秋三石。便物人张骨子（押）[3]

张骨子代表户向灵图寺借麦三石，到秋天要还六石。为了保证能到期偿还，张骨子先要将女子质典于灵图寺。如果到期不能还麦，户内女子就要以身质典抵债。

三、户以自己的行为维护其民事权益

有人类，就有侵害行为的发生。为防止侵害行为的发生，人类逐渐创制出"侵权行为

---

① 《御定全唐诗·杜甫·岁晏行》卷二二三。

② 《册府元龟·帝王部·仁慈》卷四十二。

③ 转引自［法］童丕：《敦煌的借贷：中国中古时代的物质生活与社会》，余欣、陈建伟译，131 页，北京，中华书局，2003。

法"。英国学者梅因曾断言："在法律学幼年时代，公民赖以保护使不受强暴或诈欺的，不是'犯罪法'，而是'侵权行为法'。"① 梅因所谓的"侵权行为"亦称"不法行为"。在中国古代，当户的财产权受到不法侵害时，户主（或户内成员）就代表户向国家司法机关提起诉讼，请求保护自己的合法权益。中国古代不可胜计的民事案例或民事官司，就是古代中国人维护自己权益的写照。

《名公书判清明集·户婚门·争业上》（以下简称《清明集》）"章明与袁安互诉田产"案载：

> 王文曾买入袁安户田，虽是见行投印，而袁安上手为业已久。

不久，章明乃以五十年前的契书，"欲行占护"袁安所卖之田。于是袁安向衙门提起诉讼，要求排除侵害。最后的判决是，因"契后即无印梢，莫知投印是何年月。契要不明，已更五十年以上，何可照使？合照使、州行下，付见佃为主，如再有词，从杖八十科断"②。此案中袁安应当是户主，而且该田属于袁安已五十多年。但袁安所卖之田不属于袁安个人，而是户内之田。因此，袁安所维护的利益也是户的利益，袁安的诉讼行为显然是户的行为。

《清明集》"王九诉伯王四占去田产"案云：王九伯父王四"擅卖本户田产，欺谩卑幼"。"欺谩"，指欺骗，蒙蔽。"欺谩卑幼"是指，伯父王四在出卖本户田产时已得到本户成员的同意，但使本户成员同意的手段是欺骗。因此，当本户田产受到不法侵害时，户内成员王九提起诉讼，请求保障户的财产权。③

《鹿州公案》"兄弟讼田"案载：故民陈智有二子，长子阿明，次子阿定，兄弟之情深厚。娶妻后分产异居。及父没，剩有余田七亩，兄弟互争，诉至公堂。从上文可知，兄弟两人已各娶妻生子，另立门户。④ 本案的意思是说，如果户的财产继承权受到侵害，那么，户内成员将可代表户诉诸法律。

户以自己的行为维护其民事权益的案例是不胜枚举的。古代中国社会中每一桩诉讼的提起，多是受害者为保护自己的权益而作的努力。就表面而言，整个诉讼的过程，都是由具体的个人（户主或户内成员）来进行，但实际上，无论是户主或户内成员，他们从事的诉讼活动，并不是个人的行为，而是户的行为。

第六节
户所遵循的民事基本原则

在民事活动中，户所遵循的基本原则有平等、和同、诚信和情理等。本节所谓的民事基本原则，是指户参加民事法律关系、从事民事活动，以及司法审判人员在审理民事案件

---

① ［英］梅因：《古代法》，沈景一译，209 页，北京，商务印书馆，1959。
② 中国社会科学院历史研究所宋辽金元史研究室点校：《名公书判清明集》，111 页，北京，中华书局，1987。以下引此书，简称《清明集》均同一版本，不再详注。
③ 参见《清明集·户婚门·争业上》，106 页。
④ 参见（清）蓝鼎元：《鹿州公案》，123 页，北京，群众出版社，1985。

中所遵循的基本准则。

一、平等原则

当人类告别了漫长的野蛮时代，迎来文明曙光的时候，人们也在不知不觉之间失去了"平等"、"自由"而被打上了身份的烙印。人类曾以历史必然的变革力量创造了灿烂的文明，同时也被戴上前所未有的枷锁，也许这正是人类社会前进和发展而必须付出的代价！中国古代社会是一个身份等级社会。每个人都以不同的身份分属于不同的等级关系中。

但是，与任何有机体一样，社会是由诸多因素相互交织构成的复杂统一体。历史展示给人们的不仅仅是"君君"、"臣臣"、"父父"、"子子"的等级社会，而且还有平等交往、自愿行为的生活场面。在民事活动（包括买卖、典当、借贷、租佃、租赁、雇佣等）中，商品交换的规律，淡化了民事主体的身份色彩，使主体趋于平等。马克思指出："还在不发达的物物交换情况下，参加交换的个人就已经默认彼此是平等的个人"①。商品交换的客观要求，必然会反映到法律上。

有关中国古代平等问题的研究，金勇义先生有精辟的解说。② 本节所论民事平等原则之"平等"，不是指经济地位或经济实力的平等，而是指在民事活动中民事主体户的法律地位的平等。法律地位的平等也不是指在具体的民事法律关系中，主体实际享受权利和承担义务的均等，而是指在实际的民事法律活动中，任何一方不得把自己的意志强加给对方，并且任何一方的权利都平等地受法律的保护。其含义主要体现在两个方面：

第一，户在民事法律活动中都依照法律的具体规定享有权利，承担义务，任何一方不得将自己的意志强加给对方。法律不允许只享有权利而不承担义务的民事主体或只承担义务而不享有权利的民事主体的存在。

古代户的种类虽然繁多，但在民事法律活动中，户之间是相对平等的民事关系。③ 汉代以后，"编户齐民"一词频繁出现，这既表明了古人的一种诉求，也说明了古代社会的某些事实，即《史记·平准书》如淳"集解"所言："齐等无有贵贱，故谓之齐民。若今言'平民'矣。"事实上，我们也很少看到古代允许一方当事人将自己的意志强加给另一方的法律规定。以宋代为例：宋高宗绍兴二十三年（1153 年）"诏民户典卖田地、毋得以佃户姓名，私为关约，随契分付得业者；亦毋得勒令耕佃。如违，许越诉"④。朱熹也说："佃户既赖田主给佃生，借以养活家口，田主亦籍佃客耕佃纳租，以供赡家计，二者相须，方能存立。今仰人户递相告戒：佃户不可侵犯田主，田主不可挠虐佃户。"⑤（着重号为笔者所加）

即使是佃户与国家之间的租佃关系也是平等的民事法律关系。政府有选择佃户的权利，佃户也享有佃与非佃的权利。宋徽宗宣和元年（1119 年），政府"召人实封投状，添租请

---

① 《马克思恩格斯全集》，第 19 卷，423 页，北京，人民出版社，1964。

② 分别见［美］金勇义：《中国与西方的法律观念》，前言，2 页，100 页。

③ 我国古代的户，依职业、户内财产多少可划分为若干类。户的分等始于汉代，唐代以产多少，武德时分为三等，贞观时改为九等。宋、明分别为五等、三等。《明会要·民政》规定，"凡户三等：曰民，曰军，曰匠。"分等的主要目的在于征税派役。

④ （南宋）李心传：《建炎以来系年要录·绍兴二十三年·六月庚午》卷一六四。

⑤ （南宋）朱熹：《晦庵先生朱文公文集·劝农文》卷一〇〇，缩印明刊本，上海，商务印书馆，1936。

佃，限满拆封，给租多之人"①。"实封投状"指当官府出卖土地、作坊等或出典官田时，诸多人户自愿报出买价或佃租数额，密封后投标竞价，出价或租额最高者与官府成交。这里的国家与人户之间是平等的民事法律关系。

由于政府拥有大量的公田，为了能招募佃户来承佃土地，政府或按民间的均分办法，收取租额，如宋真宗咸平二年（999 年），

> 检讨杜锡等言："臣等参详，请不计系官庄土及远年逃田，充州县官吏职田者，悉免二税及缘纳物色，许长吏以下募人牛垦辟，所得租课均分，如乡之例。"②

或者，政府降低租额。宋高宗绍兴七年（1137 年）"诏诸路营田、官庄收到课子，除桩留次年种子外，今后且以十分为率，官收四分，客户六分"③。

在这里，政府不是国家权力的代表者，而是一个民事主体，是一个以土地所有者的身份，通过租佃契约与佃户建立租佃关系的民事主体。政府不得将自己的意志强加于佃户。政府的权利是按时按额收取地租，其义务是将土地租与佃户耕种；佃户的权利是享有所租土地的占有、使用、收益的权利，义务是按时按额缴纳租税。佃户无论是租佃政府之田，还是租佃其他家户之田，都仅仅是一个租田者，在履行租佃契约的义务之外，对其他分外义务，都可拒绝。

第二，户的权利平等地受到法律具体规定的保护，而不因民事主体的种类不同而只保护一方的权利。

《律疏·户婚律》"盗耕种公私田"条：

> 诸盗耕种公私田者，一亩以下，笞三十……罪止徒一年半。若强行耕种各加一等。苗子归官、主。

"妄认盗卖公私田"条："诸妄认公私田若盗贸卖者，一亩以下笞五十，五亩加一等。"如果是在职官员，居官挟势，侵夺人户私田，比常人加重处罚，"一亩以下杖六十，三亩加一等……罪止徒二年半"④。唐律还规定，如果擅自摘食或弃毁或带走瓜果、蔬菜等，不论是在官府或私人之田园内，都一律按盗窃罪论处。⑤ 明、清律典中的相关规定虽在文字上作

---

① 《宋会要辑稿·食货》六十三之一九五。
② 《宋会要辑稿·职官》五十八之一～二。
③ 《宋会要辑稿·食货》二之二十。营田，与屯田相关联，指开垦、耕种之田，其所有权归国家所有。最初，屯田指驻军的垦种之田，营田指民户垦种之田，后因屯田为兵、民共种而使两者名异实同。《文献通考·田赋考》卷七载："屯田，因兵屯得名，则固以兵耕。营田，募民耕之而分里筑室以居其人，略如晁错田塞之制，故以营名，其实用民而非兵也。国初，惟河北屯田有兵，若江浙间名屯田者，皆因五代旧名，非实有屯也。祥符九年，李允则奏，改保州、定州营田务为屯田务，则募兵以供其役。熙宁取屯田务罢之，则又收务兵各隶其州以为厢军，则屯营固异制矣。然咸平中，营田襄州，既而又取邻州兵用之，则非单出民力。熙丰间，屯、营多在边州，土著人少则不复更限兵民，但及给用即取之。于是，屯田、营田实同名异。而官庄之名最后乃出，亦往往杂用兵民也。"
④ 《律疏·户婚律》"在官侵夺私田"条。唐律对在职官员侵夺人户私田的行为，加重处罚。常人盗耕种公私田，一亩以下笞三十……罪止徒一年半，而若官员侵夺人户私田，一亩以下杖六十……罪止徒二年半。
⑤ 参见《律疏·杂律》"私食官私田园瓜果"条："诸于官私田园，辄食瓜果之类坐赃论，弃毁者亦如之，即持去者，准盗论。"（疏）议曰：称'瓜果之类'，即杂蔬菜等皆是。若于官私田园之内，而辄私食者坐赃论。其有弃毁之者，计所弃毁亦同辄食之罪，故云'亦如之'。持将去者，计赃准盗论。并征所费之赃各还官、主。"

了修改，但其基本内容和精神不改。在这里，法律不因财产归官府或私人所有之不同而有所分别。

《大明律·户律·田宅》"盗卖田宅"条：

> 凡盗卖、换易及冒认，若虚钱实契典买，及侵占他人田宅者，田一亩，屋一间以下笞五十，每田五亩，屋三间加一等，罪止杖八十徒二年；系官者，多加二等。

就特定的债权方面，法律保护债权人的合法利益，《律疏·杂律》"负债违契不偿"条："诸负债违契不偿，一匹以上，违二十日，笞二十，二十日加一等，罪止杖六十；三十匹加二等；百匹又加三等。各令备偿。"

同时，依照法律，债权人不得滥用权利，以保护债务人的合法利益。"诸负债不告官司，而强牵财物过本契者，坐赃论。"① 宋代的一篇书判表明，即使是下户，他的权利受到侵害，也平等地受到法律的保护。《清明集·户婚门·取赎》"典主迁延入务"载：下户阿龙曾将四项田地典与富户赵端。典期已满，县衙判令阿龙，待诉讼受理期间（即"务开日"）收赎所典之田。但赵端以"施工耕种为辞"刁难。其目的是谋取下户田产。胡石壁判道：

> 当职观所在豪民图谋小民田业，设心措虑，皆是如此。当务开之时，则迁延月日，百端推托，或谓寻择契书未得，或谓家长出外未归，及至民户有词，则又计嘱案司，申展文引，逐限推托，更不出官，辗转数月，已入务限矣，遂使典田之家终无赎回之日。

胡公进一步指出：

> 且贫民下户，尺地寸土皆是汗血之所致，一旦典卖与人，其一家长幼痛心疾首，不言可知。日夜夫耕妇蚕，一勺之粟不敢以自饱，一缕之丝不敢以为衣，忍饿受寒，铢积寸累，以为取赎故业之计，其情亦甚可怜矣。而为富不仁者，乃略无矜恤之心，设为奸计，以坐困之，使彼赎田之钱，耗费于兴讼之际，纵是得理，而亦无钱可以交业矣。是以富者胜亦胜，负亦胜，而贫者负亦负，胜亦负。此富者所以田连阡陌，而贫者所以无立锥之地也。②

但法律不允许"富者胜亦胜，负亦胜，而贫者负亦负，胜亦负"的不正常现象的存在。根据法律："诸典卖田产，年限已满，业主于务前收赎，而典主故作迁延占据者，杖一百。"但胡公以赵端年老，只判"勒令日下交钱退业"③。这类性质的案例并不仅仅限于宋代。

前推至汉，相国萧何曾"贱强买民田宅数千万"，民户上书控告，刘邦责令萧何要"君自谢民"④。民事活动的平等原则，消解了相国的身份地位，将相国与民户置于平等的位置，相国不能凭借权势把自己的意志强加给民户，不得以强凌弱。东汉时，泰山"郡内豪姓多

---

① 《律疏·户婚律》"负债强牵财物"条。
② 《清明集》，317页。
③ 《清明集》，318页。
④ 《史记·萧相国世家》卷五十三。

不法"，太守范康赴任，"奋威怒，施严令，莫有干犯者。先所请夺人田宅，皆遽还之"①。下延至明代，佃户的合法利益同样也受法律的保护。例如，佃户戴三，曾向地主陈生升租佃土地18亩，按契约，租佃期为10年。刚到6年，陈生升"迫令换约"，戴三"据约拒之"，以至上诉官府。官府认为，在租佃关系存续期间，佃户对土地拥有耕作权，理亏在陈。故，判决地主败诉，"田仍着三照旧种，至满十年，交换如约"②。

到乾隆时，户与户（包括主户与佃户）之间的地位进一步受到法律的平等保护：

> 若农民佃户雇请工作之人……平日共坐同食，彼此平等相称，不为使唤服役者，此等人并无主仆名分，亦无论其有无文契年限，及是否亲族，俱依凡人科断。③

这里的"农民佃户"不仅指一般的佃户，还包括富裕的土地经营户。

经过分析可知，中国古代民事活动遵循着平等原则。当然，也不能因此而过分夸大古代平等的程度。由于古代中国是一个身份等级社会，较高程度的平等很难实现。需要注意的是无论古今中外，平等都不可能是客观的、绝对的平等。

马克思在谈到资本主义社会的"自由契约"时曾指出：

> 他把自己的劳动力卖给资本家时所缔结的契约，可以说像白纸黑字一样表明了他可以自由支配自己。在成交以后却发现：他不是"自由的当事人"，他自由出卖自己劳动力的时间，是他被迫出卖劳动力的时间；实际上，他"只要还有一块肉、一根筋、一滴血可供榨取"，吸血鬼就决不罢休。④

平等应该是一种主观的平等。正如王泽鉴先生所说：

> 契约正义是一种平等正义……它强调在一方的履行与另一方的对应履行之间必须存在平等（即所谓的平等原则——原作者）。无论客观上履行与对应履行是否匹配，譬如劳务的对应履行应是相应数额的工资或货物销售应得相应数额的价金。何谓公平合理并无明确的标准。由于许多因素须要考虑，因此现行民法典基本上采用的是主观的平等原则，即交易方主观上希望获得的作为其履行之回报的对应履行。是为已足，无论其客观平等与否。⑤

另外，平等还是一个历史过程。古代的平等不可与近现代的平等同日而语，先辈们所认为的平等，在后世人看来可能是极不平等的；我们现在所谓的平等，在若干世纪后，也许晚辈们认为我们的平等还存在着不平等。中国古代民事活动中的平等，是古代法律上的平等，是相对的平等。

二、和同原则

"和"字最早出现在商代甲骨文中，是一种古乐器的象形字，后引申为不同声音的相互

---

① 《后汉书·苑康传》卷六十七。
② ［日］滨岛敦俊：《明代之判牍》，载《中国史研究》，1996（1）。
③ 《清高宗实录》卷一二五"乾隆五十一年（1786年）上谕"。
④ 《资本论》，第1卷，334～335页，北京，人民出版社，1975。
⑤ 转引自苏亦工：《发现中国的普通法——清代借贷契约的成立》，载《法学研究》，1997（4）。

协调统一。西周以降，"和"上升到政治法律和哲学的层面。《尚书·多方》载，成王在位的第三年，周公曾代替成王向"四国多方"与"殷侯尹民"发布诰命说："不克敬于和，则无我怨。"《蔡传》解释说："苟又不能敬于和，犹复乖乱，则自底诛戮，毋我怨尤矣。"意思是说，如果你们不能敬遵我的命令，与我们和睦共处，反而祸害作乱，那你们就是自招杀戮，不要怨我。即不能和睦共处，就是祸害作乱，就要受到杀戮的严惩。《左传·襄公十一年》载：晋国"八年之中，九合诸侯，如乐之和，无所不谐"。孔颖达疏云："如乐之和，谓诸侯和同，如乐之相应和也。"中国文化也逐渐以"和"作为价值追求的最高理想。[①]

在汉语中，"和"是个多义字。按照《辞源》、《辞海》的解释，"和"常指和顺、和谐、协调、调和、温和、谦和、和平、交易等。"和同"，在《辞源》中解释为"和睦同心"[②]。不过，《辞源》、《辞海》在解释"和"与"和同"时，忽略了它们在法律上的"自愿"等意。[③] 在古代法律，尤其在民事法律中，"和"、"和同"主要指自愿、情愿、商议等。西晋明法掾张斐注《晋律》时解释道："两和相害谓之戏"[④]，指双方自愿戏要而造成伤害的，构成戏杀伤罪。《律疏·户婚律》"义绝"条：

> 若夫妻不相安谐而和离者，不坐。

"疏议"解释说：

> "若夫妻不相安谐"，谓彼此情不相得，两愿离者，不坐。

"和离"，即"两愿离者"。

"和"亦称"和同"，被广泛用于古代中国法中。在唐代法律中，"和同"适用于刑事、行政、民事等诸多方面。《律疏·名例律》"略和诱人赦后故蔽匿"条：

> 诸略、和诱人，若和同相卖；
>
> 【疏】议曰：……和诱者，谓彼此和同，共相诱引，或使为良，或使为贱……若和同相卖者，谓两相和同，共知违法。

大意为凡拘掠良人、良人自愿受诱，或双方自愿相卖者；"疏议"解释说，诱拐，指彼此愿意，互相引诱，使之仍然为良人或者为贱人……凡自愿相卖者，指双方情愿，均知此事违法。《律疏·斗讼律》"戏杀伤人"条：

> 诸戏杀伤人者，减斗杀伤二等（注曰：谓以力共戏，至死和同者）。虽和，以刃若乘高、履危、入水中，以故相杀伤者，惟减一等……
>
> 【疏】议曰：……遂致杀伤，虽即和同，原情不合致有杀伤者，惟减本杀伤罪一等。

---

① 参见周子良、乔守忠：《中国传统法律文化中的和谐精神》，载中国法律史学会编：《中国文化与法治》，北京，社会科学文献出版社，2007。

② 《辞源》（合订本），0272页，北京，商务印书馆，1988。

③ 参见《辞源》（合订本），0272页，北京，商务印书馆，1988；《辞海》（缩印本），1739页，上海，上海辞书出版社，1980。

④ 《晋书·刑法志》卷三十。

《律疏·杂律》"和奸无妇女罪名"条：

> 诸和奸，本条无妇女罪名者与男子同。强者，妇女不坐。其媒合奸通，减奸者罪
> 一等（注曰：罪名不同者，从重减）……
> 【疏】议曰："和奸"，谓彼此和同者。

又据《律疏·户婚律》"和娶人妻"条："诸和娶人妻及嫁之者，各徒二年；妾，减二等。"意指凡双方商议、自愿（非"恐喝"、强迫）① 娶某人之妻与将妻子出嫁者，处两年徒刑；嫁娶妾者，减二等。

"和"、"和同"的反面是"不和"或称"略"、"不和同"。张裴曾解释说："不和谓之强，攻恶谓之略。"② 即不情愿就是强迫，以不法手段侵夺就是强取。《律疏·名例律》"略和诱人赦后故藏匿"条："诸略、和诱人，若和同相卖"，"疏议"曰："不和为'略'，前已解讫。"即《律疏·名例律》"除名"条下"疏议"的解释：

> "监守内奸"，谓犯良人。"盗及枉法"，谓赃一匹者。略人者，不和为略；年十岁
> 以下，虽和亦同略法。

"不和为略"，这是对"不和"的简要解释，但"不和"到底为何？这里没有进一步的说明。而在"彼此俱罪之赃"条下，"疏议"对"不和"作了明确的解释：

> "取与不和"，谓恐喝、诈欺、强市有剩利、强率敛之类。

"取与不和"指的是在不自愿的情形下取得和给予，即以恐吓、欺诈手段取得财物，强迫买卖而得利，以及强行搜刮财物等违法行为。对这种行为的处罚是，将财物还主。而如果是监临官在其所辖区内借贷或买卖财物，以坐赃或受所监临财物罪论；若有强迫行为，加重处罚。③

还应当注意的是，并非所有行为中的"和同"都受到法律的肯定。如果是违法的"和同"行为，将为法律所禁止。《律疏·杂律》"买奴婢牛马不立券"条：

> 诸买奴婢、马牛驼骡驴已过价，不立市券，过三日笞三十，卖者减一等……
> 【疏】议曰：买奴婢、马牛驼骡驴等，依令并立市券。两和市卖已过价讫，若不立
> 券，过三日，买者笞三十，卖者减一等。

意思是说，凡买奴隶、马牛驼骡驴等，依令当即签订买卖契约。若双方自愿买卖，已经交付价款，而不即时立券，经过三日，买方被处笞三十，卖方减一等。此买卖虽为自愿行为，但该行为已违反法令，即使是在自愿的情形下，也要受到法律的惩罚。

《律疏》有关买卖活动中应当遵守"和同"的条文主要规定在《杂律》"买卖不和较固"条：

> 诸卖买不和，而较固取者（注曰：较，谓专略其利。固，谓障固其市）……杖

---

① 《律疏·户婚律》"违律为婚恐喝娶"条："诸违律为婚，虽有媒娉，而恐喝娶者，加本罪一等；强娶者，又加一等。被强者，止依未成法。""疏议"曰："'强娶者，又加一等'，谓以威若力而强娶之，合徒一年半。"
② 《晋书·刑法志》卷三十。
③ 参见《律疏·职制律》"贷所监临财物"条。

八十。

　　【疏】议曰：卖物及买物人，两不和同，"而较固取者"，谓强执其市不许外人买，故注云"较，谓专略其利。固，谓障固其市"。

　　这是有关欺行霸市的禁止性规定。"强执其市"为霸市；"不许外人买"是欺行。凡强迫他人买卖，同时又不许另外的其他人自愿交易，而使其独占且获利者，杖八十。此罪的构成要件为违背他人意志，违反和同自愿原则。也就是说，按照法律规定，买卖活动必须要遵守和同自愿原则，反之，强买强卖、违背自愿原则，就要受到刑罚的制裁。

　　实际上，和同原则不只适用于买卖行为，同时，借贷等民事活动也必须依照和同原则而进行。《开元二十五年令》规定：

　　　　诸出举，两情和同，私契取利过正条者，任人纠告，利物并入纠人。①

《开元二十五年令》：

　　　　诸公私以财物出举者，任依私契，官不为理。每月取利，不得过六分。积日虽多，不得过一倍。②

　　即凡借贷活动，只要双方遵循自愿原则，订立契约，而且利息不超过六分即为合法行为，受国家法律保护。

　　唐律以国家法的高度确立了"和同"在借贷、买卖等民事活动中的原则性地位。民事主体（包括户）的民事法律行为，必须在自愿或情愿、商议的原则下进行，如果采取恐吓、欺诈、强迫等手段，或欺行霸市，将受到民事或刑事的处罚。

　　虽然民事活动中的和同原则起源于物物交换的原始阶段，而且，秦律中已经规定了"强质罪"③，但毫无疑问，到唐代，和同原则才基本定型。

　　《宋刑统》全面继承了《律疏》的规定，将和同原则规定在《杂律》中的"较斗秤不平"门内，继续肯定和同原则在合法的民事活动中的重要作用。

　　和同原则的规定还见于《大明律》、《大清律》。在《大明律》、《大清律》的《户律·市廛》中，律文改唐、宋律中的"买卖不和较固"条为"把持行市"条：

　　　　凡买卖诸物，两不和同，而把持行市，专取其利……杖八十。

　　《大清律·户律·市廛》在"把持行市"条下，以明朝条例为基础，于律条之后直接附例，就民事活动中的和同原则作出更为详细的规定。

第一，所有人户与外国和少数民族商人交易，得依和同原则：

　　　　一、凡外国人朝贡到京，会同馆开市五日，各铺行人等，将不系应禁之物入馆，两平交易。染作布绢等项，立限交还。如赊买及故意拖延，骗勒远人久候，不得起程者，问罪，仍于馆门首枷号一个月……

　　　　二、甘肃、西宁等处，遇有番夷到，所在该管官司委官关防督查，听与军民人

---

① 《唐令拾遗·杂令》，791 页。《宋刑统·杂律》"受寄财物辄费用"门内照录了这条令文。
② 《唐令拾遗·杂令》，789 页。
③ 《睡虎地秦墓竹简》，214 页。

等两平交易。

第二，各地牙行等若违反和同原则，"用强邀截客货者，不论有无诓赊货物，问罪俱枷号一个月"。

第三，对王公贵族、官僚、豪强及其家人、亲属的买卖、借贷等民事活动作出特别规定，要求他们在与民户交易时，不得依仗权势，欺行霸市：

> 若势豪之家，主使弟男、子侄、家人等，将远人好马奇货包收，逼令减价，以贱易贵，及将一切货物、头畜拘收取觅，用钱方许买卖者，主使之人，问发附近卫分充军；听使之人，减主使一等。委官知而不举通同分利者，参问治罪。
>
> ……………
>
> 凡内府人员家人，及王、贝勒、贝子、公、大臣、官员家人，领本生理，霸占要地关津，倚势欺陵，不令商民贸易者，事发，将倚势欺凌之人拟斩监候。
>
> 如民人借贷王以下大臣、官员银两，指名贸易，霸占要地关津，恃强贻累地方者，亦照此例治罪。又内府人员家人，及王以下大臣、官员家人，指名倚势网收市利，挟制有司，干预词讼，肆行非法，该主遣去者，本犯枷号三个月、鞭一百。本犯私去者，照光棍例治罪。

第四，如果王公贵族、官僚的家人倚势欺凌人户，扰乱市场，恃强取利，而王公贵族、官僚失察，以及地方官员不能纠察，俱交所属衙门照例议处。

第五，对汉族与少数民族交界处的市场，当地衙门必须派士兵巡查，严禁强买强卖、缺斤短两、把持市场的行为。如果士兵借助权势恐吓勒索人户，计赃论罪。

与唐宋相比，明清的法律，尤其是清律，不仅在前朝的基础上丰富了和同原则的内容，而且加重了对王公贵族、官僚及其家人、亲属违反和同原则的处罚，最高刑可以到拟斩监候。可以说，民事和同原则的法律规定，到清代达到了最为完善的程度。

法律维护主体在民事交往中的和同自愿原则，其最终目的当然是巩固统治，但商品经济的规律迫使统治者首先应尊重这一规律。正如经典作家指出的那样：

> 为了使这些物能作为商品彼此发生关系，商品监护人必须作为有自己的意志体现在这些物中的人彼此发生关系，因此，一方只有符合另一方的意志，从而依双方的意志行为，才在让渡自己的商品时，占有他方的商品。[①]

商品交易是"自愿的交易；任何一方都不使用暴力"[②]。违背自愿原则，民事活动将无法进行。

如果说法典中规定的和同原则，还仅仅停留于静态层面的话，那么，大量的契约文书则展现出和同原则动态的一面。

考古资料表明，早在西周中期，民事主体的自愿、合意就已成为契约成立的要素之一。

---

① 《资本论》，第1卷，102页，北京，人民出版社，1975。
② 《马克思恩格斯全集》，第46卷（上册），196页，北京，人民出版社，1979。

据《五祀卫鼎》铭文记载①，周恭王五年（前917年），贵族邦君厉向裘卫发出要约，自愿租给裘卫田五百亩②，裘卫承诺后，双方又将租田之事告诉了执政大臣邢伯、伯邑父等人。大臣们讯问厉："你租田吗？"厉承认："我确实要租给人田五百亩。"随后，大臣们让厉立了誓，勘查了田的四至，厉到场将四百亩出租土地交给裘卫。大臣们的讯问，尽管是要肯定租田的事实，但其中也包含查证双方是否出于自愿的因素，而且，租田的整个过程也遵循了自愿的原则。

双方和同或自愿是契约成立的要素之一，但在汉代以前，很少将"和"、"和同"、"愿"、"自愿"、"情愿"等内容直接地写入契约。现有的契约资料表明，从5世纪到7世纪，在新疆高昌地区绝大多数的买卖契约中，已明确写有和同的内容。③《北凉承平八年（450年?）高昌石阿奴卖婢券》：

> 承平八年，岁次己丑，九月廿二日，翟绍远从石阿奴买婢壹人，字绍女，年廿五。交与丘慈锦三张半。贾（价）则毕，人即付。若后有何（呵）盗仞（认）名，仰本主了。不了部（倍）还本贾（价）。二主先和后券。券成之后，各不得返悔。悔者，罚丘慈锦七张，入不悔者。民有私要，要行二主，各自署名为信。券唯一支，在绍远边。倩书道护。④

"二主和同立券（或二主先和后券）。券成之后，各不得返悔"等类似话语，几乎成为5世纪到7世纪初高昌地区各类买卖契券中的习惯用语。这些契券的种类有：卖奴券、卖葡萄园券、卖薪契、买作人（佚役、匠人）券、买宅基地券、买房券、买田券、卖田契等⑤，买卖标的物有动产、不动产和奴隶等。

在买卖契约之外，"二主和同立券"（或"二主先相和可"、"二主先和后券"），甚至"三主（四主、九主）和同立券"等语，也广泛用于高昌的租佃、借贷、雇用等契约中。⑥

现在能看到的唐代契约，主要来自高昌和敦煌地区。但契约中在使用"和同"等内容时，两个地区的表述却有明显的区别。高昌地区的买卖、租赁、借贷、雇用等契约中，仍然继承前代，常常使用"二主可"、"二主和同立券"、"两和立契（券）"、"二（贰）主和同"等语。《唐贞观十五年（641年）前后高昌某人夏田券》：

> "二主和同……（返）悔。悔者一罚二，入不悔者。"⑦

---

① 参见唐兰：《西周青铜器铭文分代史征》，462~464页，北京，中华书局，1986；马承源：《西周青铜器铭文选》，131~132页，北京，文物出版社，2003；《考释》，5~8页。对于《五祀卫鼎》的年代，学术界尚有不同看法，马承源、张传玺先生认为在周恭王时期，而唐兰先生主张在周共王时期。本文从前者说。译文参见《西周青铜器铭文分代史征》，462页。

② 唐兰等先生认为，邦君卫自愿租给裘卫田五百亩，是租田契约；马承源等先生认为，邦君卫愿意拿田五百亩与裘卫交换，是以田易田的土地交换转让契约。相关的内容还可参孔庆明、胡留元、孙季平主编：《中国民法史》，17~22页，长春，吉林人民出版社，1996。

③ 参见《考释》，86~101页。有的契约因残缺较多，不能解读。因资料所限，5世纪以前的情况，难以说明。

④ 《考释》，86页。

⑤ 参见《考释》，86~101页。

⑥ 参见《考释》，134~188页。

⑦ 《考释》，276页。

"夏",读为"jiǎ","夏田"即租佃土地。① 从少量的契约中也能看到,中原地区的契约中,也常出现"和同"的用语。《唐贞观二十二年(648年)河南县桓德琮限期退还典宅钱契》:"坊正、坊民令遣两人和同,别立私契。"②

与高昌不同,敦煌的买卖、典当、租赁、借贷、雇佣等契约,少见"和同立券"等语,常见的用语有"两共对面平章(为定)"、"两共面对商量为定"、"两共平章,用为后验"、"两共平章,书纸为记"等。如《唐天复二年(902年)敦煌刘加兴出租地契》载:

> 两共对面平章,一定与(已)后,不得休悔。③

与此相近,"两共(对面)平章,画指为记"④ 的契约用语也常见于龟兹、于阗等地。不过,在敦煌、高昌的契约中,也曾有分别使用"两和立契书,画指(为记)"⑤、"两共平章,获(画)指为记"⑥ 的例证,但不很普遍。

敦煌契约中的"两共平章"为何意?根据契文的前后意思,可以解释为"双方商议"或"双方自愿协议"。又依据高昌的契约文书,"两共平章"之意义与"二主和同"最为接近。如《唐□元二年(759或761年)高昌朱进明转租田契》的契文"两共平章,获(画)指为记"⑦ 与《唐龙朔三年(663年)高昌张海隆租田契》的契文:

> 两主和同立契,获指(为)记。⑧

无论句式还是句意,两者基本一致。因此,将"两共平章"解释为"两主和同"应无大问题。

除个别地区之外⑨,宋、元、明、清时期的买卖、典当、借贷等契约中已很少出现"二主和同"、"两共平章"等用语,而大多写有"情愿"、"自愿"、"商议"等语词。如《南宋淳祐十二年(1252年)徽州李从致卖山田契》:

> 归仁都李从致、从卿、侄思贤等,今自情愿将地名乾塘坞……今来无钱支用,众议将前项四至内山并田出卖与同里人胡南仕名下。⑩

《元代典买房屋契式》:

> 右厶有梯己承分房屋一所,兑计几间几架……今因贫困,不能自存,情愿□到厶人为牙……所卖(或云典)其屋的系梯己承分物业,即非瞒昧长幼,私下成交。⑪

---

① 参见《考释》,134 页注(1)。
② 《考释》,266 页。
③ 《考释》,326 页。
④ 《考释》,354、356、358、359 页。
⑤ 《考释》,307 页。又敦煌的一份兄弟分家文书载:"其两家和同,对诸亲立此文书。"见《考释》,454 页。
⑥ 《考释》,317 页。
⑦ 《考释》,317 页。
⑧ 《考释》,295 页。
⑨ 如敦煌地区等,参见《考释》,640、644 等页。
⑩ 《考释》,534~535 页。
⑪ 《考释》,588 页。

清代的一份母子卖田契约明确写道：

> 此系二家情愿，并无债账准折逼勒等情。①

在清代的某些地区，"今因……情愿将……出卖与某某某为业"或"此系两愿无悔"（"此系两愿，各无异言"）等内容几乎成为书写买卖契约的格式。如在浙江宁波乾隆至光绪年间的 411 份②买卖契约（包括找契）中，除一份契约外③，都写有"情愿"或相当于情愿、商议的词句。契约中的这些文字，至少说明"情愿"、"自愿"是合法契约成立的必备要件。

合法契约成立的必备要件之一是"情愿"、"自愿"，但这些语词不一定必须要写在契约里。只要契约是在遵循"和同"原则的基础上签订，契约即为合法。有些契约虽然没有明确写着"和同"或"情愿"、"自愿"、"商议"等语词，但从契约的内容仍然可以推知，民事主体的民事活动不存在恐吓、强迫的情形。如《南宋景定五年（1264 年）祁门县项永和卖山地契》，其中并没有出现"自愿"等词，但"并山地尽行出卖与同宗人项永告，三面伴（评）议价钱"④ 的契文表明，山地是在多方的商议下自愿出卖的。

和同原则不仅规定在法典里，贯彻于民事活动中，而且也适用于司法领域。以《清明集》中记载的《窑户杨三十四等论谢知府宅强买砖瓦》案为例：因建房所需，谢知府家曾与窑户十七人订立购买大砖、大瓦文约。但，当买到砖、瓦时，谢知府故意刁难，声称是小砖、小瓦，遂以窑户违约为由，企图低价强买。窑户不肯，于是陈词县衙，讼谢知府非理抑勒，强迫买卖。经过调查，确系谢知府家"赖人砖瓦，欠人钱物"，而且，"所谓文约，岂窑户之所情愿，迫之以弓手、保正，抑勒而使之着押耳"。判官遂以"交关市易，当取其情愿，岂有挟官司之号令，逼勒而使之贱卖之理"为据，判令谢知府家必须按价购买。⑤ 和同成为判决的原则。

通过上文的分析可知，在民事活动中，和同原则具体表现为，户依法自主地占有、支配、收益，甚至处分自己的财物；户依法自愿缔结契约，根据自己的内心意愿设立变更和终止民事法律关系；参加民事活动的人户，无论任何一方都不得使用暴力；在处理民事案件时，法官可以运用和同原则，平衡各方当事人的利益，以实现司法和社会的公正。

和同原则的遵守为形成正常的社会秩序所起的作用是显而易见的。但，当我们在翻检那些在和同自愿原则下签订的买卖、典当、租佃等契约时发现，在和同自愿的形式下，常常掩藏着实质上的被迫和无奈。虽然这种被迫和无奈也可能出于官僚、豪强、地主的强迫，但更多的时候则来自生活的贫困。如在上述清代宁波的买卖契约文书里，民户"情愿"出卖田、地、山、地基、房屋等最主要的原因，不是"今因乏用"、"今因钱粮无办"，就是"今因粮祀无办"、"今因母丧无办"，生活的窘境迫使民户不得不"自愿"地出卖田地、房

---

① 《考释》，1416～1417 页。

② 参见王万盈辑校：《清代宁波契约文书辑校》（以下简称《辑校》），天津，天津古籍出版社，2008。该书共收集 415 份契约文书，其中 413 份为买卖契约文书。

③ 参见《辑校》，197 页，312 份契约。

④ 《考释》，538～539 页。

⑤ 参见《清明集》，586～587 页。

屋等。

在农耕社会里，田宅是人户赖以生存的基础，"方地寸土皆是汗血之所致"，而民间买卖、典当、租佃的主要标的物恰恰就是田宅。那些出卖田宅的大部分民户不是因为他们有大量的土地需要出卖，或者以土地为商品而盈利；那些租佃土地的人户也不是要进行集约化的生产，而是因生活的重负迫使他们"和同"或"自愿"地典卖自己的田宅，租佃他人的土地。典卖的田地是他们养家糊口的凭藉，典卖的屋舍是他们遮蔽风雨的屏障，"一旦典卖与人，其一家长幼痛心疾首"。可以说，中国古代民事活动中的和同，常是在和同的表面下，做着不情愿的交易。这种迫于生计而买卖田宅、租佃土地的"自愿"，与纯粹谋利而买卖田宅的自愿有着本质的区别。

三、诚信原则

诚信原则是现代民法中的一项重要规则。我国民法学界有学者认为"它几乎是大陆法系民法中唯一的基本原则"[①]。有学者强调："非以诚实信用为最高法律原则，无以实现社会的妥当性与公平。"[②] 现代民法中的诚信（即诚实信用）原则有其特定的含义。民法学家指出：

> 诚实信用原则为市场经济活动中的道德准则，它要求一切市场参加者符合于诚实商人的道德标准，在不损害他人利益和社会公益的前提下，追求自己的利益，目的是在当事人之间的利益关系和当事人与社会之间的利益关系中实现平衡并维持市场道德秩序。[③]

虽然古代民事主体所遵循的诚信原则与现代民法中的诚信原则在具体内容上存在差别，但对诚实不欺和恪守契约的要求却是相通的。

中国古代"诚、信"互训。《说文》解释道：

> 信，诚也，从人言；诚，信也，从言成声。

《易·乾》载：

> 修词立其诚，所以居业也。

孔颖达《疏》曰：

> 诚谓诚实也。

《礼记·乐记》曰：

> 著诚去伪，礼之径也。

孔颖达《疏》曰：

> 诚谓诚信也。

---

① 徐国栋：《民法基本原则解释——成文法局限之克服》，74 页，北京，中国政法大学出版社，1992。
② 王泽鉴：《民法学说与判例研究》（1），303 页，北京，中国政法大学出版社，1998。
③ 梁慧星：《民法总论》，44 页，北京，法律出版社，1996。

《论语》中多讲"信"，主要是指诚实不欺。"诚信"连用最早见于先秦文献。《商君书·靳令》将"诚信"作为"六虱"之一。《礼记·祭统》："身致其诚信。诚信之谓尽，尽之谓敬，敬尽然后可以事神明。"

有学者认为，儒家的诚信主要指诚实不欺和恪守契约。[①] 此论甚为恰当。户在民事活动中所遵循的诚信原则至少应包含"诚实不欺"和"恪守信用"两个方面。

民事活动的实质是为了实现民事主体的利益，因此，在民事交往中，常会出现欺诈行为。这种行为为社会所不齿。人们希望童叟无欺，同时贬斥虚假欺诈。《荀子·儒效》载：

> 仲尼将为司寇，沈犹氏不敢朝饮其羊……鲁之粥牛马者不豫贾，必蚤正以待之也。

朝饮其羊，虚抬物价，以欺骗买主，诈取钱财，明显违背民事活动中的诚实不欺信条。故诈伪之人，在孔子将为司寇前，不得不有所收敛。这一事例说明，早在春秋时期，诚实不欺已成为人们从事民事活动应当遵循的一个普遍性原则。

其实，诚信与欺诈本是孪生的兄弟。自产生私有制以来，有商品交换的地方，就有诚信与欺诈。西周时期的质剂、傅别等契约，国家机构中设立的"司誓"、"司约"等官职，以及将民事活动内容铭刻于铜器的做法，都含有诚信之意。对违背诚信原则的行为，将以礼（包括刑）正之。

秦汉以后，封建国家为贯彻诚信原则，保证交易安全，常将有关禁止诈伪行为的规定纳入国家律典。《律疏·诈伪律》"诈欺官私财物"条：

> 诸诈欺官私以取财物者准盗论。（诈伪百端皆是……）［疏］议曰：诈谓诡诳，欺谓诬罔。诈欺官私以取财物者，一准盗法科罪……"诈欺百端皆是"，谓诈欺之状，不止一途。

即凡是欺诈行为，如买卖标的物有瑕疵的，私作斛斗秤度而用在市场的，强买强卖的，以贱卖贵的，哄抬物价[②]等行为，视其情节，依律科刑。

如果说法律规定所反映的诚信原则，仍是静态的、字面的，那么，契约中所反映的诚信原则就是动态的、现实的。由于法律规定，民事活动必须遵循诚信原则，而且诚信已成为主体行为的一种观念，所以，古代契约中，卖方常在契约上写明"未卖之先，即不曾与家外人交易"[③] 字样。以此表明户的出卖行为不是欺诈行为。

此外，契约中还常有"各自署名为信"[④]，"恐人无信，故立此契"[⑤] 等内容。这里的"信"即是指"信用"之意。诚信原则所要求的是要使双方当事人"恪守信用"，遵守契约的规定。当然，实际交往中，并非一切契约都具法律效力，如果契约的规定明显悖于情理、国法，这样的契约就不为国家的法律所承认。在这里，起作用的原则，已不是诚信原则，而是另一个原则——情理原则。

---

① 参见俞荣根：《道统与法统》。278 页，北京，法律出版社，1999。
② 分别见《律疏·杂律》"器用绢布行滥短狭而卖"条，"私作斛斗秤度"条，"买卖不和较固"条。
③ 《考释》，758 页。契约中书写"未卖之先，即不曾与家外人交易"字样的契约很多，再如《考释》，729、803、824、973 页。
④ 《考释》，91、90、176、188、308 页。
⑤ 《考释》，400、402、403、565 页。

四、情理原则

情理原则是古代民事法律中独具中国特色的民事活动原则，但对情理原则下一确切的定义是困难的。因为"情理"不仅内容丰富，而且其本身的内涵和外延又不具确定性，所以下文只对"情理"作一简要的解释。

情与理是中国古代既有内在联系又有区别的两个范畴。"理"主要是指"天理"、"天之常理"（即天下通行之常理）。"天理"内涵丰富，其核心内容便是宗法伦理。

> 天理只是仁义礼智之总名，仁义礼智便是天理之件数。①
> 其张之为之三纲，其纪之为五常，盖皆此理之流行，无所适而不在。②

且"三纲五常，终变不得，君臣依旧是君臣，父子依旧是父子"③。这就是说，以三纲五常为根本内容的伦理是无处不在、永恒不变的"天理"。

所谓"情"，主要包括"情势"和"人情"（主要是指人之常情）两个方面。"情势"主要指当时所面临的特定形势和具体案情。关于"人情"，古人曾从不同角度予以解释。《礼记·礼运》上说：

> 何谓人情，喜、怒、哀、惧、爱、恶、欲，七者弗学而能。

即人本身固有的七种情感就是"人情"。

汉代晁错则从人情感中的欲望来说明人情：

> 臣闻三王臣主俱贤，故合谋相辅计安天下，莫不本于人情。人情莫不欲寿，三王生而不伤也；人情莫不欲富，三王厚而不困也；人情莫不欲安，三王扶而不危也；人情莫不欲逸，三王节其力而不尽也。其为法也，合于人情而后行之。④

北宋人张耒进一步解释道：

> 立法常至于沮而不行者何也？是其立法非人之情故也。何谓非人之情？夫天下之所共恶者而时轻之，天下所共恕者而时重之，不当恕而强为之仁，不必恶而过为之罚。凡此者，天下之情所不安者也。⑤

人情即是"人之情"、"天下之情"，也就是天下普遍认同的观念和习俗。换言之，人情是指基于人的本性，民间普遍认为本来应该是"那样"的观念和状态。那么"人情"的核心是什么呢？清末大理院正卿张仁黼的一段话较明确地回答了这个问题：

> 夫礼昭大信，法顺人情，此心此理，原可放诸四海而准，先王法制，本足涵盖寰宇。……一国之民必各有其特性，立法者未有拂人之性者也。……故一国之法律，必合乎一国之民情风俗。……中国文教素甲全球，数千年来礼陶乐淑，人人皆知尊君亲

---

① 《朱文公文集·答何叔京》卷四十。
② 《朱文公文集·读大纪》卷七十。
③ 《朱子语类·论语·为政篇下·子张问十世可知章》。
④ 《汉书·晁错传》卷四十九。
⑤ （北宋）张耒：《张右史文集·悯刑论下》卷三十五。四部丛刊初编集部。

上，人伦道德之观念，最为发达，是乃我之国粹，中国法系即以此。[①]

"一国之人情风俗"，其核心仍然是"人伦道德"。"情"与"理"虽然各自强调的侧面不同，但其在本质上是相通的，即都是宗法伦理。当然，这并不是说宗法伦理就完全等于情理。情理至少还包括特定条件下的具体情势和民情习俗等。

在民事活动中，户所遵循的情理原则主要表现在两个方面：

一是户在民事活动中所遵循的抽象的情理原则。它不仅存在于户的潜在意识里，而且体现在户的行为中。

从古代的契约，尤其是从明清时的契约可知，情理原则是户所遵循的基本原则之一。如契约中表述的"情因要银使用"[②]等。更值得注意的是，即使是在以"三纲"为核心的理学盛行的南宋，如果违背情理，父的行为也不会为法律所肯定。比如父与子，是家庭内主要的伦理关系，父对子要慈，子对父要孝，若父不慈，则是"为父不父"。《清明集》载：父亲曾将儿子两次出卖。判官翁浩堂判道：此"可谓败人伦，灭天理之已甚者！"是"为父不父"之举。[③]

二是户所依照的具体的原则。主要表现于：

1. "典卖物业，先问亲邻"——亲邻先买权

户享有民事权利，但这种权利不是绝对的，如户享有对家庭财产的所有权，但户主在典卖田宅时，必须先问亲邻而不能无条件地自由处分。

户主首先要在征求买主的书面文件"帐"上写明户主姓名、产业售价等，送往亲、邻处，询问亲、邻是否要买。如亲邻不要，在帐上批明，是谓"批退"。批退之后，户主可与他人自由买卖。

《宋刑统·户婚律》"典卖指当论竞物业"门记载，唐代已有"典卖田宅，先问亲邻"的制度：

> 应典卖、倚当物业，先问房亲，房亲不要，次问四邻，四邻不要，他人并得交易。房亲着价不尽，亦任就得价高处交易。

宋、元法律对业户典卖田宅，仍有先问亲邻的规定。《元典章·户部·典卖》"典卖税问程限"条：延祐二年（1315 年）规定：

> 今后军户诸色人户，凡典卖田宅，皆从尊长画字，给据立帐，取向有服房亲（即已分异的伯叔、兄弟等房），次及邻人典主。

明、清律文虽废除此项制度，但在民事活动中仍遵循这项制度。与前代不同的是，由原先的"先问亲邻"，变为"问亲房"，或"先尽房族。"明代《卖田契格式（乙）》：

> 某都某人今为无银用度，情愿将己分官，民田几坵……欲行出卖。除问亲房人等，

---

① 故宫博物院明清档案部：《清末筹备立宪档案史料》，834～835 页，中华书局，1979。

② 《考释》，1416 页。此外，还可参阅上述原则中的相关内容。

③ 参见《清明集·户婚门·归宗》"衣冠之后卖子于非类归宗后责房长收养"案。

不愿承买，凭中说合，出卖与某宅为业。①

《清同治九年（1870年）新都县胡尚书杜捆卖水田红契》：

> 立写一捆杜买水田文契人胡尚书，情因要银使用……自请中证说合，先尽房族，无人承买。②

清代合肥邢氏《家规》第六条规定：

> 族中有变卖祖居产业或坟山毗连之房屋田地者，宜先尽亲房、本族，而后外人。若挟私怀隙，故卖外人、拖累本族者，勒罚赎回，仍议减价。③

这说明，明清时期的民间习惯中，"亲邻先买权"的变种"亲族先买权"仍然存在。

"亲邻先买权"（包括亲族先买权），在中国较长的历史时期内存在，其根本原因是"情理"原则的作用。

亲邻先买权制度是古代民事法律中"情理"原则的制度化和法律化。这是因为：第一，中国古代社会以家户为本位。首先，家户无论对于个人还是国家，都有重要的作用。国家和社会由家户组成。《管子》载：

> 分国以为五乡，乡为之师；分乡以为五州；州为之长；分州以为十里，里为之尉；分里以为十游，游为之宗。十家为什、五家为伍，什伍皆有长焉。④

《唐武德七年令》载：

> 百户为里，五里为乡，四家为邻，五家为保。在邑居者为坊，在田野者为村，村坊邻里递相督察。⑤

其次，齐家是修身的直接目标，是治国平天下的基础。家庭观念成为人们思考问题、处理事务的立足点。再次，家户间的矛盾，靠族长调处；家户内的婚丧嫁娶要亲邻帮助；家户在生活上的困难尚需亲邻周济，即使是"远亲"也不如"近邻"。因此，亲邻享有先买权合情合理，符合古代的习惯。

在人们的观念里，凡立足于家户或宗族、邻里利益的行为就是合于情理，否则，就是悖于情理。如果不问亲邻，私下典卖田宅与他家外户，这将被视为是"胳膊肘往外扭"的不近情理的行为。而且，亲邻在行使先买时，法律也不允许亲邻故意抬高或压低买价。如果买方给价不合情理，失去公平即为"房亲着价不尽"，卖方"亦任就得价高处交易"，亲邻丧失先买权。

"先买权"制度的实施，一方面限制了户的权益的行使；另一方面为保证族人财产留在家族内部而不使其流入外族人之手提供了可能。

第二，古代聚族而居，家与家之间的关系复杂。亲、邻享有先买权，可避免因外来户

① 《考释》，1008页。

② 《考释》，1427页。

③ 朱勇：《清代宗族法研究》，33页，长沙，湖南教育出版社，1987。

④ 《管子·立政》卷一。

⑤ 《唐令拾遗·户令》，123页。

入居，带来不必要的麻烦。第三，亲邻之间，或地连或屋接，亲邻享有先买权，利于房院的连接、扩建；便于田地的经营和管理等。从这个意义上说，亲邻先买权不仅符合人情，更符合实情。

2. 以情理化争端

中国古代法的发展史，向人们昭示了这样一个特点：在实际生活中，除少数朝代（如秦等）外，成文法律基本没有取得最高地位而让位于富有弹性的"情理"："法律并不是解决人与人之间争端的正常方法。法律可以向人们提供行为的准则……但并不存在必须按照字面严格遵守法律的问题"；"中国人尊重的传统是，解决争端首先必须考虑'情'，其次是'礼'，然后是'理'，只有最后才诉诸'法'"①。

而且，就大多数中国人来看，法律本身也源于情理。《礼记·丧服四制》说："凡礼之大体，体天地，法四时，则阴阳，顺人情，故谓之礼。"司马迁在《史记·礼书》中干脆说："缘人情而制礼"。反过来，如果法律有悖于情理，法就"不可以为法"②。真德秀（宋代名公）亦称：

> 夫法令之必本人情，犹政事之必因风俗也。为政而不因风俗，不足言善政；为法而不本人情，不可谓良法。③

明代薛瑄《要语》认为："法者，因天理，顺人情，而为之防范禁制。"可以说，中国古代法一以贯之的精神就是情理。

"情理"既是民事主体从事民事活动的基本原则，同时也是司法审判的基本原则。古代司法活动的最终目标不是准确、完全地使法律条文得以实现，而是借助法律实现整个社会的和谐；主要不是严格按照文本适用法律，使当事人得到实际利益的平衡，而是以情理使人们的内心得以平衡。法官的司法实践，是以情理为指导的实践，是以情理办事的实践；同时，诉讼当事人的诉讼活动，也是逐渐认识情理原则的活动，最终也是遵循情理原则的活动。

《清明集》中许多书判反映了情理原则对判官、诉讼当事人实际指导的现实。现举两例以说明：

例一，毛永成诉其兄私卖共有田宅并要收赎案。案由是：毛永成兄毛汝良曾将兄弟共有田宅私下典卖于他户为业。十多年后，永成持"白约"，状告其兄，并欲赎回田宅。依据法律规定："典卖满十年者免追，止偿其价。"追赎时效已过，而且永成所持契券为"白约"（未经官府见证盖印的文书）。

但判官认为："大率小人瞒昧同分，私受自交易，多是历年不使知之，所以陈诉者或在条限之外，此姑不论也。"而被告也没有能证明所卖田宅是属于自己所有的凭证，"何以证永成白约之伪乎？此不论也。"判官看重的一方面是"汝良所卖与陈自牧屋一间，系与其所

---

① ［法］勒内·达维德：《当代主要法律体系》，漆竹生译，486 页正文及注释，上海，上海译文出版社，1984。

② 《清明集·惩恶门·奸秽》"因奸射射"："祖宗立法，参之情理，无不曲尽，倘拂乎情，违乎理，不可以为法于后世矣。"

③ （宋）真德秀：《西山先生真文忠公文集·真前奏札》卷三。

居一间连桁共柱，若被自牧毁拆，则所居之屋不能自立，无以庇风雨，此人情也"。另一方面是典卖与陈潜的田里"有祖坟一所"，"他地他田，不许其赎可也。有祖坟之地，其不肖者卖之，稍有人心者赎而归之，此意亦美，其可使之不赎乎？此人情也"①。在这里，情理高于法律。

例二，"诸侄论索遗嘱钱"案。案由：柳璟曾立遗嘱，每年给四个侄子钱财若干。履约数年后，柳氏妻儿违约。诸侄告至官府。因遗嘱真实，按法律，柳氏妻儿应继续支付。

但判官范西堂认为，虽然遗嘱真实，但从情理上来看，立嘱者原本并非真心愿以钱财与侄，其真实原因是恐"孤儿寡妇"遭受"侵欺"。最后判决，销毁遗嘱，自此以后，各自以受分为业，不得侵欺孤寡。②

到明清时期，以情理决讼的案例更多。据清《陆稼书判牍》记载，陆陇其遇兄弟讼争财产：

"乃不言其产之如何分配，及谁曲谁直，但令兄弟互呼……此呼弟弟，彼呼哥哥……未及五声，已各泪下而沾襟，自愿息讼。"于是陆公判道："夫同气同声，莫如兄弟，而乃竟以身外之财产，伤骨肉之至情，其愚真不可及也。……所有财产统归长兄管理，弟则助其不及，挟其不足……从此旧怨已消，新基共创，勉之，勉之。"③

此案中，情理胜过法律，甚至事实本身。以情理处断，使诉讼双方真正从内心"旧怨已消"，便于日后和睦相处。以和谐为价值目标的中国古代法，也在实际中真正得以实现。换言之，古代的司法审判已超越了它自己本身的价值，而具有了更广泛、更高层次的社会意义。

情理原则是民事活动中的道德原则，它能实现在当事人之间和当事人与社会之间实现利益的平衡，特别是心理的平衡。情理原则，一方面，对民事主体的活动起着指导作用，它要求民事主体在符合情理的条件下，追求自己的利益。另一方面，也是对"法官""衡平权"的授予或肯定。"法官"可根据这个"模糊原则"，审断各种法律没有明确规定的案件，以弥补甚至校正法律规定的缺失，保证社会的稳定与和谐的发展。

第七节
户是古代中国最主要的民事主体

对中国古代民事主体的研究，学界一直没有予以足够的重视。迄今为止，相关的专门性的研究论文、论著仍然没有问世。有限的几部古代民事法史著作和一些《中国法制史》教材，对民事主体仅作了简略的介绍。

① 《清明集·户婚门·赎屋·执同分赎屋地案》，165～166 页。
② 参见《清明集·户婚门·遗嘱·诸侄论索遗嘱钱案》，291～292 页。
③ 《陆稼书判牍·兄弟争产之妙判》。

《清代民法综论》① 在第二章"清代社会各阶级、阶层的民事法律地位"中，将农民、地主、雇工人、工商业者、皇帝、宗室、贵族与官僚等，列为民事主体。

叶孝信先生主编的《中国民法史》②，是一部以历史朝代为序编写的民事法通史著作。书中没有列专章专节讨论民事主体，只是在每章的第一节中列"有关某朝民法的若干问题"的题目，主要论述各朝代的"社会分层"和"人的行为能力"，很少明确地论述民事主体问题。

孔庆明先生等编著的《中国民法史》③ 也是一部民事法通史著作。该书在从汉代至清朝的民事法律制度中，列专节讨论"民事主体和权利客体"。虽然因朝代不同而使主体有所差异，但就整个中国古代来看，著作者们认为民事主体主要包括个体（皇帝、诸侯王、贵族、官僚、地主、大工场作坊主、商人、手工业者、小农、雇农、佃农、妇女、奴隶等）、国家、官府、社团（如商业性合伙经营组织和宗教性组织）、户等。

张晋藩先生主编的高等学校文科教材《中国法制史》④ 提及的民事主体，主要有皇帝、贵族、官僚、士、农、工、商四民以及商贾、奴隶（隶臣妾）等。

李志敏先生所著的《中国古代民法》⑤ 对民事主体列专章进行了概说。作者认为，"民事主体，即民事法律关系的参与人"。主体分为组织与个人。组织包括宗族组织（宗族团体、户等）、国家政权组织、生产经营组织和商业组织、宗教性组织、教育组织、其他组织。个人包括奴隶主、地主、官僚、小农、雇农、佃农、手工业者、奴隶、奴婢、商人、妇女等。

张晋藩先生主编的《中国民法通史》共 12 章，基本代表了当时民事法律研究的水平。该书除最后一章"解放区政权民事法律"外，每章都单列"民事权利主体和权利客体"一节，以凸显民事主体的重要性。从先秦到清代的民事主体主要是，组织（国家、官府、寺院、宗室、宗族、社团、户、铺、牙行、合伙）、个人（皇帝、贵族、官僚、商贾、地主、商人、自耕农、佃农、雇农、雇工人、手工业者、奴婢）。⑥

研究现状表明，中国古代民事主体的范围十分宽泛。上至皇帝、官僚，下至平民、奴婢，从国家、官府到户、宗族等都可成为民事主体。但若进行分类，古代中国的民事主体也主要分为个人和组织两大类。那么，这些主体在民事活动中是否占有同等重要的地位？有没有一个主体是民事关系的主要参加者？如果有，这个"主要参加者"是个人还是组织？

---

① 张晋藩：《清代民法综论》，北京，中国政法大学出版社，1998。
② 叶孝信主编：《中国民法史》，上海，上海人民出版社，1993。
③ 孔庆明、胡留元、孙季平编著：《中国民法史》，长春，吉林人民出版社，1996。
④ 张晋藩主编：《中国法制史》，北京，群众出版社，1991。
⑤ 李志敏：《中国古代民法》，20～27 页，北京，法律出版社，1988。
⑥ 从先秦到清代的民事主体分别是，先秦：王室、庶人和官府；秦代：有户籍的庶民、商贾、隐官工、邦客游士、与少数民族通婚所生的子女；汉代：组织（国家、社团、户）、个人（诸侯王、官僚贵族、豪强地主、商人、自耕农、佃农、雇农、奴婢）；魏晋南北朝：组织（官府、寺院）、个人（皇帝、官僚、地主、商人、手工业者、小农、佃农、雇农、奴婢）；隋唐：皇帝、贵族与官僚、贫民、贱民；宋代：家内服役者、手工业者、佃客等；元代：官府、商贾、寺院、各种编户；明代：组织（宗室、宗族、户、国家、铺、牙行、合伙）、个人（地主、自耕农、商人、手工业者、佃农、雇工、奴婢）；清代：皇帝、贵族、官僚、庶民地主和绅衿地主、农民、手工业工人与雇工、商人、雇工人。参见张晋藩主编：《中国民法通史》，福州，福建人民出版社，2003。

是什么样的组织？这是本节讨论的重点，也是阐释中国古代民事法律和民事法律文化的关键之处。

从现代民法理论来看，自然人和法人是民事活动的主要主体。[1] 但是古代中国没有法人概念和法人制度，法人制度始于罗马帝国时期。[2] 即使是自然人（个人），也是主体资格受到限制的民事主体。

自然人虽然也可以作为主体，但古代的自然人与现代民法中的自然人有着本质的区别。古代的"个人"是不完全的民事主体（权利能力十分有限），他们主要在动产方面享有少部分财产权，而户内的大宗财产——田宅不动产并不归户内成员个人所有而为户所有。

在民法上，无财产即无人格。梅因在考察遗嘱继承的早期史时，发现这样一个永恒显著的特点：

> 人们不是被视为一个个人而是始终被视为一个特定团体的成员。……他绝不把他自己看成为一个各别的个人。他的个性为其家族所吞没了。……作为社会的单位的，不是个人，而是由真实的或拟制的血族关系结合起来的许多人的集团。……族长……如果他管理一家，这是为了家族的利益。如果他是所有物的主人，他是作为儿女和亲族的受托而持有的。……他享有权利，负担义务，但这些权利和义务在同胞的期待中和法律的眼光中，既作为他自己的权利和义务，也作为集体组织的权利和义务。[3]

梅因的概括，虽然是通过分析"原始时代的共和国"所得出的论断，但在很大程度上也符合古代中国社会。只是中国古代社会中的"团体"或称组织，更多时候是指"户"，而"族长"主要是指"户主"或"家长"。

上述民事法史著作中所谓的个人，如奴隶主、地主、官僚、贵族、商贾、自耕农、佃农、雇农、雇工人、手工业者等，虽说也可以成为民事主体，但更多的时候，每个个体都隶属于不同种类的家户之中。

由于中国古代以家户为国家、社会构成的基本单位，个人的人格为家户所吸收，在家户中，个人失去了尊严，没有独立性；"个人"始终被认为是家户的成员，而不是独立的个体，在民事领域真正起作用的并不是个人。所以，研究中国古代的民事法律不能以"个人"为出发点，考量中国古代的民事主体不能立足于自然人。

---

① 除自然人和法人外，民事主体还有非法人组织。非法人组织包括合伙、个体工商户、农村承包经营户、个人独资企业、企业法人的分支机构、筹建中的法人，以及其他（不具备法人条件的中外合作企业、外资企业；行政单位或企、事业单位开办的不具有法人资格的经营实体；不具备法人资格的公益团体等）。参见魏振瀛主编：《民法》，95～116 页，北京，北京大学出版社、高等教育出版社，2000。但是将"个体工商户、农村承包经营户"归入非法人组织的观点是值得商榷的。

② 法人制度始于罗马法，但在古罗马时期，仍没有形成系统的法人制度。罗马法学家认为，帝国时期以前，罗马的公社，还不是抽象的统一体，而仍然是生存的集合体。直到帝国时期，城市公社才成为法人。详见王利明等：《民法新论》（上册），226 页及注 [1]，北京，中国政法大学出版社，1988。"法人"作为法学语词，则始于12～13 世纪。详见张俊浩主编：《民法学原理》，162 页，北京，中国政法大学出版社，1997。中国的法人制度肇始于清末，但法人制度的真正构建则自民初始。

③ ［英］梅因：《古代法》，沈景一译，105 页，北京，商务印书馆，1959。梅因所谓的"家族"包括亲属团体、养子和奴隶三类人。这在结构上类似于中国古代的户而与中国古代的家族略有区别，详见《古代法》，94 页。

《律疏·户婚律》"脱漏户口增减年状"条"疏议"云："率土黔庶，皆有籍书。"即使是以一个人的名义经商的商人，也多有市籍，归为商户。由于自然人基本没有完全独立的财产权和人身权，因此，自然人不可能成为中国古代最主要的民事主体。

实际上，奴隶主、地主、官僚、贵族、商贾、自耕农、佃农、雇农、雇工人、手工业者等作为个人所从事的民事活动是十分有限的。表面上看，他们是个人的活动，但实际上，更多的时候他们是以户的名义，代表户在进行民事活动。

即使是户主（家长）也基本没有独立的财产权，尤其是当他在行使田宅等大宗财产的处分权时，他所拥有的民事权利，实质上是户这个共同体的民事权利，而不是他自己本身的权利。户主只是户的法定代表。

虽然明代中期以后，自然人的地位有了大幅度的提高，但是，自然人仍然没有成为最主要的民事主体。明万历九年（1581 年），张居正在全国全面推行"一条鞭法"的赋役制度，将田赋、力役、杂税等合并编为一条，计亩征银，并将部分徭役转化为人头税，按人丁征收"丁银"；又因商品经济的发展和土地兼并的加强，出现了"人非版籍，徒以田产置生各里而得名"① 的现象，户与家分，家户不一。到康熙五十一年（1712 年）清政府规定，各地依照上年丁册，固定税额，以后"滋生人丁，永不加赋"②。特别是自康熙、雍正实行"地丁合一"③ 制度之后，统治者已无力再对百姓进行严密地控制，征派赋役的户籍制度逐渐失去了国家的支持，乾隆三十七年（1772 年）清政府更下令停止户籍编审：

> 编审人丁旧例，原因生齿繁滋，恐有漏户避差之弊，是以每届五年编查造册，以备考核。今丁银皆摊入地粮，而滋生人户，又钦遵康熙五十二年皇祖恩旨，永不加赋。则五年编审，不过沿袭虚文，无裨实政。况各省民谷细数，俱经该督抚于年底专折奏报，户部核实具奏，付之史馆记载，是户口之岁增繁盛，俱可按籍而稽，更无籍五年一次另行查办，嗣后编审之例，著永行停止。④

户在国家生活中的地位也明显下降。由于户失去了公法上的依托，户的民事主体地位的法律保障受到影响。

不过，自明中叶以来，虽然出现了以田立户，或以丁立户的现象，但无论是前者还是后者，并没有改变户的民事主体性质。以田立户，或以丁立户引起的后果主要是家与户的分离、家与户内部结构的变化，而没有改变户作为最主要民事主体的地位和性质。田或丁，都依然隶属于户。"个人"（丁）仍然主要以户的名义从事各种民事活动。

因此，自然人失去了作为最主要民事主体的资格。

在民事主体中，宗族无疑也是一个民事主体。宗族事务常由族长、房长、支长等人掌握。他们依靠宗族法来调处本宗内的分家析产、钱债"细故"等纠纷。宗族拥有墓地、宗祠、祭田等财产，常与族内人户、族外人户进行民事活动。但宗族之民事活动，仍没有户

---

① 顾炎武：《天下郡国利病书》卷十四《江南二·前人寄庄议》。
② 《皇朝正典类纂·户役一》卷三十。
③ 康熙五十五年（1716 年）清政府率先在广东试行"摊丁入亩"制度，稍后实行于四川。雍正二年（1724 年）之后开始在全国范围内推广实施。到乾隆时，除山西外，已通行全国。
④ 《皇朝正典类纂·户役一》卷三十。

的民事活动普遍，也远没有户的数量大。其他组织与宗族的情况相类似。

总结上文，可以得出这样的结论，在中国古代的民事法律中，户充分享有户（家）内的财产权和人身权，个人或户主（家长）的民事法律行为也主要是户的民事法律行为。户享有较多的民事权利能力和行为能力。同时，在所有的民事主体中，享有不动产所有权、从事不动产民事活动数量和种类最多的主体既不是皇帝、贵族、官僚、农民等个人（自然人），也不是国家、官府、宗族等组织，而是户。户既享有权利，又承担义务，不仅是古代中国社会中不可或缺的民事主体，而且是最主要的民事主体。

第八节
户与中国古代民事法律文化

户既然是中国古代社会长期而且普遍存在的最主要的民事主体，那么，户就必然承载着丰富的古代民事法律文化的内涵，而解析古代中国的民事法律文化就离不开对户的考察。离开户，也就无法真正理解和把握中国古代的民事法律和民事法律文化。

在论及中国古代民事法律文化时，学术界较为普遍的一种认识是：中国古代社会是小农社会、等级社会，而不是市民社会；个人的自由、权利和人格尊严不受重视；中国古代法律以刑为主，只有刑法典而没有民法典；中国传统法律文化以义务为本位，在本质上它是一种"公法文化"而不是"私法文化"，因此，中国古代没有民事法律，当然也不可能有民事法律文化。

可是，当我们用这一思维模式去研究中国古代的民事活动或民事法律关系时发现，这一理论与古代社会的现实之间存在着较大的差异。产生这种差异的根本原因，不在于古代社会的现实，而在于这一模式本身的缺陷。

首先，它以个人为出发点，用以个人为本位的西方模式来框架和裁剪中国古代民事法律文化。"让我们来看看民法。民法向资产阶级法学家提出的根本问题是个人利益的保护，因而是私有财产的保护"①。西方近代民法以个人为本位，而中国古代社会则是以家户为本位。如果以个人本位来探求中国古代民事法律文化，就难以得出符合中国古代社会实际的结论。

其次，以有无民法典为坐标，认为中国古代没有民事法律。中国古代没有民法典，亦即没有形式民法，但不能因此而漠视古代复杂的民事关系以及调整这些关系的法律。这些法律见诸历代的律、令、礼、习惯以及家谱、族谱、契约、案例中。那些具有民事性质的律、令、礼、乡规、民约、家法、族规等应是中国古代实质的"民法"。"因此，一概而论地说中国固有文化中没有民法，至少是不全面的"②。

在面对中国古代的民事活动和民事法律时，不能完全以现代或西方的民法理论为标准。

---

① ［法］勒内·达维德：《当代主要法律体系》，漆竹生译，271 页，上海，上海译文出版社，1984。
② 张俊浩主编：《民法学原理》，57 页，北京，中国政法大学出版社，1997。

因为，古代社会绝不可能产生现代意义上的民法。而且，即使是西方资本主义国家的学者，在论及社会主义国家的民法时，也没有完全地或严格地以资本主义国家的民法理论来否认社会主义国家的民法。尽管两者之间的民法有很大不同。

例如，西方资产阶级的民法以保护个人利益，即保护个人私有财产为根本任务，而苏联民法则以维护"社会主义所有制"为中心，个人财产和个人利益的保护居于次要地位。"苏联民法，在其以社会主义所有制为对象的整个范围内——在这个范围内对法学家要提出最重要的问题——显得从内容上与非社会主义各国的民法极为不同"[①]。但我们不能说，苏联没有民法。

中国古代民事法律与现代民法在民事主体的"平等"性，以及财产关系、人身关系和调整这些关系的手段等方面有着很大的差异，这种差异有时是本质性的。但是，正如美国人类学家霍贝尔说的那样：

> 这并不意味着，当我们从事法律人类学的研究时必须完全拒绝传统的法律专门术语。它只是意味着，我们不能盲目地和任意地把这些传统用语强加于原始资料之上，而必须参照使用。[②]

"参照使用"，是研究中国古代民事法律的方法之一。由于民法是调整平等民事主体之间财产关系和人身关系的法律，因此，上文所论中国古代民事法律的范围就主要集中于民事主体间的财产关系和人身关系两个方面。

民事法律文化是法律文化的有机组成部分，但什么是法律文化，至今学术界没有取得普遍认同的解释。除外国法学家外，我国学者有关法律文化的解释或定义约有二十多种。[③]这主要是因为法律文化是一个具有多层内涵又不具确定性的集合体，人们可以从不同角度和层面去界定。本节所谓的"法律文化"是指：法律文化是文化系统中的一个子系统，是基于社会生活的主体关于法律的意识、思想、价值评价以及与此相适应的法律规范、法律制度、法律机构、法律设施和法律活动的总和。

中国古代民事法律文化是指：基于社会生活的民事主体关于民事法律和民事活动的意识、思想、价值评价以及与此相适应的法律规范、法律制度、法律机构、法律设施和法律活动的总和。其中最根本、最核心的内容应该是曾经影响和规范民事主体活动的、具有普遍性的法律观念和法律原则。

研究中国古代民事法律文化，不能以个人为考察对象。古代中国的个人，由于长期受到社会、家庭或家族的挤压，个人人格萎缩。具有身份色彩的君、臣、父、子、夫、妻、兄、弟、奴婢、部曲等取代了独立、自主的个人或公民的位置。每个人都被编织于一张无时不在、无处不有的无形的宗法伦理网络上。家庭成员没有完全意义上的独立意志，少有自己独立的财产，不充分享有财产权。

中国古代的个人被吸收在具有宗法伦理特性的群体——户之中。中国传统法律中的"人"不是个人，也不是享有平等法律主体资格的"法人"，而是"人户"。宋真宗乾兴元年

① ［法］勒内·达维德：《当代主要法律体系》，漆竹生译，272 页，上海，上海译文出版社，1984。

② ［美］霍贝尔：《原始人的法》，严存生等译，18 页，贵阳，贵州人民出版社，1992。

③ 参见张文显：《法律文化的释义》，载《法学研究》，1992（5）。

（1022 年）法律规定：

> 人户应典卖、倚当庄宅田土，并立合同契四本，一付钱主，一付业主，一纳商税院，一留本县。①

《大清律》规定：

> 凡军、民、驿、灶、医、卜、工、乐诸色人户并以（原报册）籍为定。②

民也不是"公民"，而是"民户"。

> 凡民户逃住邻境州、县躲避差役者，杖一百，发还原籍当差，其亲管里长提调官吏故纵及邻境人户隐蔽在己者，各与同罪。③

既然个人没有作为主要民事主体的资格，"个人权利本位"就不会成为中国古代民事法律文化的固有内容。

相反，"家户本位"是中国古代社会的一大特点。立足于家户，我们发现，中国古代用以明确表示财产所有权的语词，包括"分"、"有"、"名"、"名有"、"名下"、"户下"、"为业"、"主"、"为主"等，户内财产属于户这个"共同体"。在民事活动中，户遵循着平等、和同、诚信和情理等原则。

作为最主要的民事主体，户是中国古代民事权利与义务的统一体。户主代表户行使权利、承担义务。正因为民事权利和义务是统一于户而不是个人，中国古代民事法律以确立和保护"户"而不是"个人"的权利为出发点或重心。因此，中国古代民事法律文化的主要特征不是"个人本位"，而是"户权利本位"或"户本位"。

进一步说，户不仅是民事法律，同时还是行政法律、刑事法律和经济法律中的主要主体。户既是古代中国私法中的主要主体，同时还是公法上的主要主体，而且户的公法性远比其私法性明显。也正因为如此，人们首先看到的是户的公法性，而不是私法性。古代中国户的私法性常因户的公法性而被遮蔽，户的私法性附属于户的公法性。私法的附属性，不仅是古代中国民事主体的特点，同时也是中国古代民事法律的特点。

再进一步说，"户权利本位"或"户本位"不仅是中国古代民事法律和民事法律文化的主要特征，同时也是中国古代法和中国传统法律文化的主要特征。

本书致力于中国古代民事法律和民事法律文化的研究，旨在分析中国古代民事法律和民事法律文化的独特意义，并非意在主张中国古代民事法律和民事法律文化中已蕴含着现代（或西方）民法和民法文化中的相关内容。但同样必须明确的是，这并不意味着中国古代民事法律和民事法律文化的一切内容都与现代相左。虽然，户已不再作为中国现代民法上的主要主体，但民法上对个体工商户、农村承包经营户（以下简称"两户"）的规定已表明，户仍然是一个民事主体，而且，短期内不会有所改变。

但是，无论是在立法，还是在理论研究方面，人们对"两户"没有给予应有的重视。

---

① 《宋会要辑稿·食货》六十一之五十七。
② 《大清律·户律·户役》"人户以籍为定"条。
③ 《大清律·户律·户役》"逃避差役"条。

尽管现行《民法通则》中单列"个体工商户、农村承包经营户"一节，以示区别于"公民"（自然人），但还是没有单列一章，而将"两户"置于"公民"（自然人）一章中。这种立法例极易引起认识上的混乱，以至于一些学者和法律工作者在《民法通则》起草后，还一直认为，应将两户当做民事主体公民看待，形成了"两户"等同于公民的"公民论"①。还有一些学者的观点与此相近，认为"两户"是属于自然人的特殊形式，包含在自然人这类民事主体中。② 这类观点也可归为"公民论"之中。但是，无论如何，"两户"与公民在法律特征和主体地位上都有明显的区别。③

　　除"公民论"外，在论及"两户"的法律地位时，一些学者持"法人说"或"准法人说"；另外一些学者则持"特殊主体说"④，还有学者主张"新主体说"，认为"农村承包经营户既不同于公民，更不同于法人，它应该是脱离公民和法人而存在的一类新的主体。"⑤我们比较赞同"新主体说"。实际上，不仅农村承包经营户，包括个体工商户都是既不同于公民，更不同于法人的民事主体。此外，若与国外相比，"两户"确实可谓是"新"的民事主体，但若从中国民事法史的角度审视，户作为民事主体也不是当代才有的现象。基于中国民事法史的角度，我们认为，在我国未来的民法典中，"两户"既不应当列入自然人的范畴，也不能归入法人的范围，更不该并入"非法人组织"中⑥，而应当将"两户"单独列为一章，使之成为公民（自然人）、法人之外的另一类民事主体。因此，户作为民事主体的价值和意义仍然值得当代人的关注。

---

　　①　法学研究编辑部：《新中国民法学研究综述》，100、103 页，北京，中国社会科学出版社，1990；王利明等：《民法新论》（上册），199 页，北京，中国政法大学出版社，1988。

　　②　参见苏号朋：《民法总论》，130～132 页，北京，法律出版社，2006；傅静坤主编：《民法总论》，129 页，广州，中山大学出版社，2005；江平主编：《民法学》，124 页，北京，中国政法大学出版社，2000；罗玉珍主编：《民事主体论》，92 页，北京，中国政法大学出版社，1992。

　　③　参见法学研究编辑部：《新中国民法学研究综述》，100、103 页，北京，中国社会科学出版社，1990；王利明等：《民法新论》（上册），199～201 页，北京，中国政法大学出版社，1988。

　　④　法学研究编辑部：《新中国民法学研究综述》，100、103 页，北京，中国社会科学出版社，1990；王利明等：《民法新论》（上册），200 页，北京，中国政法大学出版社，1988。

　　⑤　王利明等：《民法新论》（上册），200 页，北京，中国政法大学出版社，1988。

　　⑥　如果可以称为"非法人组织"，为什么不可以叫做"非自然人"？！

第十章

中国古代土地权利形态

土地上的法律关系是历朝历代难以规避的问题，寻常时期，有关土地的法律问题关系到百姓的生存基础；变革时期，土地上的权利义务关系着王朝的安危。在几千年的历史演变过程中，尽管中国土地权利有各种不同的表现形式，但从现代所有权的角度来看，大致可以分为国家土地所有权和私有土地所有权，虽然学界对于这两种土地所有权究竟哪种居于支配地位有争议，但是一般都认为这两种土地所有权一直以来是并存的。关于什么是土地所有权？马克思指出：

> 土地所有权的前提，一些人垄断一定量的土地，把它作为排斥其他一切人的、只服从自己个人意志的领域。[①]
>
> 法律观念本身只是说明，土地所有者可以像每个商品所有者处理自己的商品一样去处理土地。[②]

可见，按照马克思的理解，土地所有权应包括对土地排他的占有、自主地使用和收益、绝对地处分土地的权利。

第一节
国家土地所有权的形成

我国原始社会史在很长时期被称为古史传说时代，许多著名学者都曾致力于有关文献的整理和研究，取得了一定的成果。但新中国成立前，无论信古派还是疑古派学者，在田野考古仍处于兴起和萌芽状态时，仅仅依靠文献、传说都不可能对原始社会有全面科学的认识。整个中国原始社会的历史一直是疑说纷纭，迷雾重重。新中国成立后的半个世纪，原始社会史才真正发展成一门学科。总之，由于历史的久远和文献的不足，人们对我国原始社会氏族公社土地状况的认识受到了种种限制。可喜的是，近几十年，民族学者对中国

---

① 《马克思恩格斯全集》，第 25 卷，696 页，北京，人民出版社，1974。
② 《马克思恩格斯全集》，第 25 卷，715 页，北京，人民出版社，1974。

境内曾经历过较早期社会形态的少数民族，进行了深入细致地研究，为历史学家深入了解、大胆假设、充分印证过去已有的材料观点，提供了新的路径和资料。一般认为，在原始社会时期国家土地所有权具体表现为公社的耕地在一定时期内交给个体家庭使用，存在一个从占有到所有的过程。

一、原始社会氏族公社土地公有性

马克思、恩格斯不仅是伟大的哲学家、经济学家，同时也是卓越的历史学家。关于土地所有权的早期形态问题他们也进行过探索，提出很多有价值的论点，1881 年，马克思写的《答维拉查苏里奇的信和草稿》，以及恩格斯的《马尔克》，全面论述了农业（村）公社形态下的土地问题。恩格斯说：

> 在凯撒时代，至少有很大一部分日耳曼人……他们的田地还是共同耕作的。
> 一些包括若干具有近亲关系的家庭的氏族，一起耕种分配给他们的、年年更换的土地，并把产品分配给各个家庭。[①]

马克思说：

> 如果你在某一个地方看到有陇沟痕迹的小块土地组成的棋盘状耕地，那你就不必怀疑，这就是已经消失的农业公社的地产。农业公社的社员并没有学过地租理论课程，可是他们了解，在天然肥力和位置不同的土地上消耗等量的农业劳动，会得到不等的收入。为了使自己的劳动机会均等，他们根据土壤的自然差别和经济差别把土地分成一定数量的地段，然后按农民的人数把这些比较大的地段再分成小块。然后，每一个人在每一块地中得到一份土地。[②]

马克思进一步指出农村公社土地的性质，他认为具有公有和私有的两重性：

> 在农业公社中，房屋及其附属物——园地，是农民私有的……耕地是不准转卖的公共财产，定期在农业公社社员之间进行重分……

他还深入分析了这种二重性的重大作用：

> 显然，农业公社制度所固有的这种二重性能够成为它的巨大的生命力的源泉。它摆脱了牢固然而狭窄的血统亲属关系的束缚，并以土地公社所有制以及由此而产生的各种社会关系为自己的坚实基础；同时，各个家庭单独占有房屋和园地、小土地经济和私人占有产品，促进了个人的发展……但是，同样明显，就是这种二重性也可能逐渐成为公社解体的萌芽，土地私有制已经通过房屋及农作园地的私有渗入公社内部，这就可能变为从那里准备对公社土地进攻的堡垒，这是已经发生的事情。但是，最重要的还是私人占有的泉源——小土地劳动。它是牲畜、货币，有时甚至奴隶或农奴等动产积累的基础。这种不受公社控制的动产，个体交换的对象（在交换中，投机取巧起极大的作用），将日益度强烈地对整个农村经济施加压力。这就是破坏原始经济平等

---

① 《马克思恩格斯全集》，第 19 卷，355 页，北京，人民出版社，1963。
② 《马克思恩格斯全集》，第 19 卷，449 页，北京，人民出版社，1963。

和社会平等的因素。它把别的因素带进来，引起公社内部各种利益和私欲的冲突，这种冲突，首先会破坏耕地的公有制，然后会破坏森林、牧场、荒地等等的公有制；一旦这些东西变成了私有制的公社附属物，也就会逐渐变成私有了。①

民族、历史、经济史、法律史等学科的学者深入调研了云南省的独龙族、怒族、布朗族、佤族等少数民族的土地状况。以布朗族为例，经过考察，学者们发现：分布于云南省西双版纳、双江、镇康、澜沧等地的布朗族，直至 20 世纪上半叶，还保留着原始公社的残余形态。由若干"考公"（家族组织）与个体家庭构成的农村公社的领地，有着严格的完整性与不可侵犯性，未经许可，不准农村公社以外的人使用土地和地上的附属物。农村公社有三种土地所有关系：

1. 农村公社公有地——包括荒山野林和部分较差的可耕地，凡村社成员都可以自由开垦耕种，长期占用。

2. 考公地——以家族或几个近亲家庭集体开垦耕种的村社土地，属于考公成员集体所有、集体耕作，产品按户平均分配。正在逐渐演变为个体家庭耕作、产品私有。

3. 个体家庭私有地——包括住宅、园圃、经过较多个体劳动的茶园、竹林、固定耕地，还不占主导地位。

民族学者包括历史学家、经济史学家更进一步得出这样的结论："以上这些民族的土地关系的基础都是土地公有制，但土地私有制已有不同程度的发展，正在经历着由共同生产、共同消费向个体生产、个体消费的过渡阶段。"② 多亏这些学者的研究，才能让我们对无文献可证的原始社会的土地关系有了推测的依据。中国的土地早在原始公社时期就是以公有土地为基础，这可以称历史的连续性或历史的惯性，夏商周的土地王有制度得到进一步发展，而且这种土地公有制与井田制是密切相关的，也许正如赵冈等学者认为的那样：

中国古代实行过井田式的土地公有制，大概是确有其事，先秦古代文献中记载此事者不止一处，春秋以前的文献《周礼》有此记载，较晚之战国时期的作品如《孟子》、《司马法》、《谷梁传》等都有井田之记载。③

二、夏商西周时期的土地王有性

土地国有即王有，王把土地封给臣属后，他们只有使用权，而没有所有权。周代实行"溥天之下，莫非王土"的国有制的同时，贵族诸侯通过周王"授民授疆土"④ 而形成自己的土地占有形态，变土地国有为私有。

百年来，夏、商、西周、春秋、战国史的研究在考古学兴起后有了开拓性、实质性的进展。二里头、殷墟、郑州商城、列国都城等大批遗址的考古发现和数以万计墓葬的发掘，

① 《马克思恩格斯全集》，第 19 卷，449～450 页，北京，人民出版社，1963。
② 樊树志：《中国封建土地关系发展史》，16 页，北京，人民出版社，1988。
③ 赵冈、陈钟毅：《中国土地制度史》，第一章·土地所有制·上古的井田制，1 页，台北，联经出版事业公司，1982。
④ 周康王时大盂鼎内壁铭文，现藏中国历史博物馆。

极大地弥补了史料的不足，"夏商周断代工程"多学科的综合研究的成功和遥感考古、碳十四断代等先进科技的运用，使整个先秦史（包括原始社会史）的研究牢固地建立在科学的基础之上，新成果不断涌现。验收组专家认为，《夏商周年表》是我国古代历史自西周晚期共和元年以前，最有科学依据的年表，其中武王克商年代、武丁在位年代、夏商分界年代以及夏代始年的估定具有重要创新意义。在工程中改进的碳十四技术，取得了国际先进水平成果，其他测年手段、设备、方法，适应了工程高精度测年的要求，大大提高了我国测年技术的水平。该项目在自然科学与人文科学相结合，多学科交叉的研究途径上进行了有益的探索，并在海内外产生了广泛的影响。该成果入选"1999 年中国十大科技进展"。考古学的新发展为夏商周土地制度的研究提供了新素材，在此基础上历史学者更进一步采用比较的研究方法试图恢复历史的原貌，例如，袁林在《两周土地制度新论》中运用一个比照范例——近代西双版纳傣族土地制度剖析，试图在比较中探索西周社会的生产关系，并在此基础上认识这一时期土地制度。

从理论上讲，中国的土地立法应始于夏代，因为其建立了正式的国家，推行了以地缘为纽带的管理制度，但是，囿于目前史料难以了解夏代的具体情况，很多都是后人的推测。我们推测，夏代通过法律规范确定财产权利的归属，战争的胜利者，自然要通过一定的方式表达自己对于最大的战利品——土地所有权的愿望。商代土地属商王所有，国有实际上表现为王有。《尚书·周书·梓材》曰：

> 皇天既付中国民越厥疆土于先王。[①]

这正是土地王有的真实写照。"殷因于夏礼"，"周因于殷礼"，虽然目前不敢臆说商代的土地所有权制度是继承夏代的，但是商代的土地制度确实对后来西周的制度产生了很大的影响。商代土地国有，体现在商王可以任意下令开垦管辖范围内的土地，甲骨文中有这样的材料：

> 乙丑，贞王令垦田于京。（《京人》2363）
> 癸亥，贞王令多伊垦田于西，受禾。（《京人》2363）
> 于龙垦田。（《京人》2363）
> 王令垦田〔于〕龙。（《粹》1544）[②]

可见，商代开垦土地需要经过商王的批准或命令。商代土地王有的另一证据是商王经常将土地赏赐给奴隶主贵族，甲骨文中提到的"归田"的记载，实际上说的是"归还商王所赐田邑"的意思。另外，甲骨文中还有大量的"王作邑"、"我作邑"或"作邑于某地"的卜辞，这实际上说的是直接由商王控制的土地的情况。[③]

在土地王有制之下，西周的直接生产者虽然是在"别人所有"的土地上劳动，但是他们享有一小块"份地"，私有耕畜和农具，他们也有一部分时间为自己工作。周天子与各级领主对土地所有权的分割，形成了错综复杂的土地所有权关系，而且更多地带有农村公社

---

① （春秋）孔丘等编著：《四书五经·尚书·周书·梓材》，207 页，北京，线装书局，2007。
② 以上转引自彭邦炯：《商史探微》，144 页，重庆，重庆出版社，1988。
③ 参见彭邦炯：《商史探微》，145 页，重庆，重庆出版社，1988。

的各种残余色彩。当然《诗经·小雅·北山之什·北山》说:"溥天之下,莫非王土。率土之滨,莫非王臣。"① 经济上的土地王有是政治上实行诸侯分封制的物质基础,正因为土地王有,周初才能够广泛推行分封制。分封,即将土地连同土地上的百姓分配给周的同姓子弟和个别的异姓功臣。《春秋左氏传·定公四年》卫臣子鱼说:

> 昔武王克商,成王定之,选建明德,以藩屏周。故周公相王室,以尹天下,于周为睦。分鲁公以大路、大旗,夏后氏之璜,封父之繁弱,殷民六族,条氏、徐氏、萧氏、索氏、长勺氏、尾勺氏,使帅其宗氏,辑其分族,将其类丑,以法则周公,用即命于周。是使之职事于鲁,以昭周公之明德。分之土田陪敦,祝、宗、卜、史,备物、典策,官司、彝器。因商奄之民,命以《伯禽》,而封于少皞之墟。分康叔以大路、少帛、綪茷、旃旌、大吕,殷民七族,陶氏、施氏、繁氏、锜氏、樊氏、饥氏、终葵氏、封畛土略,自武父以南,及圃田之北竟,取于有阎之土,以共王职,取于相土之东都,以会王之东蒐。聃季授土,陶叔授民,命以《康诰》,而封于殷墟,皆启以商政,疆以周索。分唐叔以大路、密须之鼓、阙巩、沽洗,怀姓九宗,职官五正,令以《唐诰》,而封于夏虚,启以夏政,疆以戎索。②

可见,出于政治上的需要,两周在理论上需要坚持土地王有。而且,这种王有制在周夷王之前仍能得到强有力地维护,从西周直到春秋初年,周王朝还有不少"削地废国"的事例。《礼记·王制》曰:"山川神祇有不举者为不敬。不敬者君削以地。"③ 另有:"诸侯之有功者,取于间田以禄之。其有削地者,归之间田。"④《春秋左氏传·隐公十一年》有更具体的描述:"王取邬、刘苏、邘之田于郑,而与郑人苏忿生之田……"。尽管在形式上直到春秋之前,一直坚持着"田里不粥"⑤(同鬻,卖也)。但是,随着周王朝的衰微,诸侯贵族突破制度,土地用于交换、租借等灵活的民事活动屡见不鲜,这在后面关于中国土地的私有化问题中将详细阐述。

两周土地王有另外一个重要的表现就是在国家的官吏体系当中有专门管理土地的机构和职官,我们从这一环环相扣、体系严格的土地管理机构的职能范围可以体会出其国有土地的发达。据《周礼》⑥的记载,当时的中央机构中有地官司徒(此处原为秋官司寇:乃立秋官司寇,使帅其属而掌邦禁,以佐王刑邦国。)一职,其职责是:"掌建邦之土地

---

① (春秋)孔丘等编著:《四书五经·诗经·小雅·北山之什·北山》,251页,北京,线装书局,2007。

② (春秋)孔丘等编著:《四书五经·春秋·春秋左传·定公元年十五年·定公四年》,437页,北京,线装书局,2007。

③ (春秋)孔丘等编著:《四书五经·礼记·第五·王制》,113页,北京,线装书局,2007。

④ (春秋)孔丘等编著:《四书五经·礼记·第五·王制》,116页,北京,线装书局,2007。

⑤ (春秋)孔丘等编著:《四书五经·礼记·第五·王制》,114页,北京,线装书局,2007。

⑥ 《周礼》一书存在不少疑义,从它的成书时代到它的内容。从宋代的一些学者(经今文学派)到晚清康有为撰写《新学伪经考》,提出并论证《周礼》由西汉刘歆伪造。其实中国现存的先秦古籍,历来颇多争议,其成书也大多经辗转传抄、整理、笺注和校勘等,而并非出于一手或成于一时。所以,对古书固然不可盲目全信,也不当因其有问题就完全怀疑它,不敢用或否定它。实际上,《周礼》的不少官名,早就出现于各种先秦文献,也见于周代的铭彝刻辞中,晚清孙诒让的《周礼正义》以大量文献资料疏证《周礼》,证明《周礼》内容的文献依据是充分的。

之图与其人民之数，以佐王安扰邦国。"① 在大小司徒之下，管理土地的官吏还主要有以下数种：

一、封人：掌设王之社壝，为畿封而树之。（西周把土地分封给诸侯，要划分疆界，并在疆界上垒土为坛，并用五色土祭祀社稷，封人同时负责社稷的祭祀任务。）

二、载师：掌任土之法，以物事地，授地职，而待其政令。（即负责根据大司徒确定的法律原则，研究土地的特性以确定土地的用途和百姓应向国家交纳的贡赋。）

三、均人：掌均地政，均地守，均地职，均人民、牛马、车辇之力政。（"政"同"征"，地征指收取山林川泽之税与农田租税；力征指修理道桥、沟渠及转运粮草等徭役。）

四、遂人：掌邦之野。以土地之图经田野，造县鄙形体之法。（西周时期都城及近郊称"国"，郊以外称"野"。）

五、土均：掌平土地之政，以均地守，以均地事，以均地贡。（地守，指掌管山泽事务的虞人、衡人；地事指苑囿、园圃的各种职事；地贡指诸侯应向天子交纳的土贡。）

六、土训：掌道地图，以诏地事。（意为把九州形势和各地所宜生长作物的情况告诉国王。）

七、山虞：掌山林之政令，物为之厉而为之守禁。（山虞是负责管理山林资源的职官。）

八、林衡：掌巡林麓之禁令，而平其守，以时计林麓而赏罚之。若斩木材，则受法于山虞，而掌其政令。（林衡与山虞是相关联的官职，凡山脚地区的林木由林衡负责掌管，但是如果需要砍伐此地的林木，则需要山虞颁布的许可证。）

九、川衡：掌巡泽之禁令，而平其守，以时舍其守，犯禁者执而诛罚之。（是保护川泽资源的职官。）

十、泽虞：掌国泽之政令，为之厉禁，使其地之人守其财，以时入之于玉府，颁其于万民。（国泽是属于周天子所有，其中的鱼鳖等资源首先是满足周王的需要，剩余的才能让百姓使用。）

十一、迹人：掌邦田之地政，为之厉禁而守之，凡田猎者受令焉。（为了保护国家的土地资源的生态平衡，迹人的职责就是依法对田猎活动进行管理。）②

---

① （清）孙诒让撰，王文锦、陈正霞点校：《周礼正义·地官司徒·大司徒·卷十八》，第三册，689 页，北京，中华书局，1987。

② 以上各官的职掌皆引自（清）孙诒让撰，王文锦、陈正霞点校：《周礼正义·地官司徒》，第三、四册，890～1209 页，北京，中华书局，1987。（其中，"封人"参见《周礼正义·第三册·卷二十二》，890 页；"载师"参见《周礼正义·第四册·卷二十四》，937 页；"均人"参见《周礼正义·第四册·卷二十五》，992 页；"遂人"参见《周礼正义·第四册·卷二十九》，1121 页；"土均"、"土训"参见《周礼正义·第四册·卷三十》，1179、1194 页；"山虞"、"林衡"、"川衡"、"泽虞"、"迹人"参见《周礼正义·第四册·卷三十一》，1198、1204、1205、1206、1209 页。）

第二节
国家土地所有权的法律保护

国家土地权制度形成以后，在漫长的历史变迁中经历了不同的发展过程。影响这一制度演变的主要因素，包括社会政治经济制度的演变，民族文化的影响，以及阶级利益冲突等。中国古代国家土地所有权的演变在不同的朝代显现出不同的特点：秦汉时期仍然强调对国有土地所有权的保护，魏晋南北朝存在寺院土地所有权，隋唐前期国有土地所有权继续延续，唐中叶后国有土地所有权衰退，辽金时期大量私人土地国有化，元朝大量国有牧场出现，在这之后国有土地所有权逐渐不再占据主导地位。

一、秦汉时期国有土地所有权的保护

对于秦汉时期土地所有权的"公、私"性质问题这一问题，学术界的认识并不是完全一致的。有的学者认为，秦汉时期封建国有土地所有制占据了绝对统治的地位，理由是有统计数据为证，"汉代的公田几乎占到全国土地的94％，而私人所拥有的土地只占区区6％"[1]。有的学者认为，尽管国有土地在全国土地总面积中占有如此大的比例，但还是不能认为它即是占支配地位的土地所有权。史学界在这一问题上始终有三种相持不下的意见。[2]

（一）秦汉时期国有土地的法定来源

实际上两汉留下的垦田数量统计未必精确，但是汉简《田律》与《户律》中记载的授田制度又证明可耕地主要由实施授田行为的国家控制掌握，所以，在目前的史料基础上，我们很难得出究竟孰占支配地位。但是，尽管这样，通过现有的材料我们还是可以得出这样的结论：秦汉时期的国有土地有法定的来源而且法律也在各个方面强调对国有土地的保

---

① 林甘泉主编：《中国封建土地制度史》，193页，北京，中国社会科学出版社，1990。

② 第一种：土地国有占主导地位。其根据是：皇帝可以"依法"收回或没收土地并规定其"占"和"限"，即便买卖私有土地，也必须得到封建法律承认才有效；地主阶级对土地只有占有权而无所有权，农民对土地只有使用权；封建国家以超经济手段强制征收赋税，本质上也是一种地租。持此意见者有侯外庐、贺昌群、吴树平、高敏等，但具体观点不尽相同。第二种：土地私有占主导地位，国有土地占次要地位，只是土地私有补充形式。其根据是：自从土地可以买卖开始，就标志着土地私有制的确立，不仅地主对土地有私人所有权，自耕农也有对小块土地的私人所有权；私取"见税什伍"和官取"三十税一"，表现了地租、赋税的明显差别；农民的剩余生产物大部分被当做私租归地主所有，国家赋税只占其中较少部分。持此意见者有翦伯赞、林甘泉、朱绍侯、祝瑞开、林剑鸣、熊铁基等，但他们对当时皇室掌握的"公田"、荒地、山林川泽等看法并不一致。第三种：多种土地所有制形式并存。较早由李埏指出，中国封建社会各种土地所有形态彼此存在明显区别，不能混淆；华山也指出，在土地的占有权和使用权方面，更重要的是"经济事实"，而不是虚假过时的法权观念。以后唐赞功认为，在秦代地主土地私有制、国有制和自耕农小土地所有制等形式中，只有地主土地私有制唯一获得发展，并制约其他形式；杨一民认为，国家土地所有制、自耕农小块土地所有制和豪强大地主土地所有制三种形式之间力量对比，在汉代经历了一个彼此消长的过程。

护。首先我们来考证一下秦汉的公田具有这样几个来源：

第一，山林川泽和未开垦之地。自商周以来，山林川泽之地一直属于公共资源，由国家直接控制。国家可以将其开辟成巨大的"帝之苑囿"。苑囿也称苑，或称园。当时苑有两种：一种是牧场，另一种是别墅式的园林。汉景帝时，太仆苑三十六处，分布于西北边区牧养马匹，这是牧场。上林苑和甘泉苑，则与太仆之苑不同，它是皇帝的别墅兼猎场，规模很大。据《三辅黄图》卷四记载，当时最大的有上林苑，甘泉苑、御宿苑，思贤园、博望园、乐游园、宜春园等。[①] 山林川泽等地，是公田的重要组成部分，在国家的经济中占有重要地位，故秦汉的土地法令非常重视对其保护与利用。

另外，秦汉时期，由于对外战争的胜利，国家的版图大大扩展，于是新的郡县纷纷诞生，内地人口大量移往边郡，政府或者授田耕种，或者组织屯田。不论边郡地区新拓展的土地还是内郡新垦辟的土地，它们都属于国家所有。例如《汉书·卷六·武帝纪》说：

> （元狩六年（前117年）夏）六月，诏曰：……今遣博士大等六人分循行天下……详问隐处亡位，及冤失职，奸猾为害，野荒治苛者，举奏。[②]

颜师古注：

> 野荒，言田亩不辟也。[③]

可见全国有很多过去未开垦之土地，通过国家的再登记都归于国家所有。

第二，罚没和无主的各种土地。秦汉对犯有重罪的大臣，除处以刑罚外，往往还要没收其土地。汉武帝时期，由于"杨可告缗"，政府从商贾手上没收了大量的土地，沉重打击了商人地主。史称："即治郡国缗钱，得民财物以亿计……田大县数百顷，小县百余顷，宅亦如之。"[④]

户绝地，秦汉实行授田制，从汉简《田律》来看，如果旧户主死亡，有人代户，则所授田不用归还；如果户绝，无人继代，则土地要归还政府。还有，由于出现灾荒、疾疫、饥馑和兵乱，不少地方人口死散，于是原来的熟田就成了无主荒田。楚汉战争、西汉末与东汉末的农民战争之后，都出现了这种的情况，对于离乱之后的这些无主荒田，自然都归国家所有。

（二）对侵犯国有土地所有权行为的惩处

尽管民间土地私有化的趋势不可阻挡，但是从秦汉政府统治阶层的角度而言，还是不可避免地希望土地的国有能占据统治地位，因为这是其统治的物质基础，所以，官方法律非常重视运用法律的手段惩处国有土地所有权的行为，其主要集中在打击以下几个方面的行为：

一是"买公田"。公田不得买卖，以买卖的方式侵占公田属违法行为。《汉书·百官公卿表下》，记载成帝二年的一个案例，"右扶风温顺为少府，二年，坐买公田，与近臣下狱

① 参见乌廷玉：《中国历代土地制度史纲》（上卷），93页，长春，吉林大学出版社，1987。
② （汉）班固撰，（唐）颜师古注：《汉书·卷六·纪第六·武帝》，180页，北京，中华书局，1962。
③ （汉）班固撰，（唐）颜师古注：《汉书·卷六·纪第六·武帝》，180页，北京，中华书局，1962。
④ （汉）司马迁撰：《史记·卷三十·书第八·平准》，976页，上海，上海书店出版社，1988。

论"①。直到东汉时期，这一罪名仍然存在。据《后汉书·郅寿传》记载：

> 寿以府藏空虚，军旅未休，遂因朝会讥刺（窦）宪等，厉音正色，辞旨甚切。宪怒，陷寿以买公田诽谤，下吏当诛。②

尽管史书的记载说郅寿买公田的事是被诽谤，但这一点可以证明：东汉沿袭西汉的做法未改，买公田是一种重大的犯罪行为。

二是"田宅逾制"、"名田他县"。汉武帝设置监察官刺史时，命其按"六条"问事，以监察各个地方的郡守与诸侯王。《后汉书·志第二十八·百官五》注引蔡质《汉仪》曰：

> 诏书旧典，刺史班宣，周行郡国，省察治政，黜陟能否，断理冤狱，以六条问事，非条所问，即不省。一条，强宗豪右，田宅逾制，以强凌弱，以众暴寡。……③

可见监察条例"六条"中的第一条即是"田宅逾制"，凡各地的守令与诸侯违法占有田宅，都在监察之列。这一规定主要是为了禁止诸侯逾越制度，非法多占土地，这和禁止"名田他县"有着异曲同工之效。《汉书·哀帝纪》注引如淳曰：

> 名田县道者，令甲，诸侯在国，名田他县，罚金二两。④

其中，名田，即占田，就是向官府登记户口，领受田宅；他县，指诸侯封地之外的县。

二、魏晋南北朝时期土地所有权的复杂化和国家土地所有权的强化

这个时期，政局动荡、政权不断地分裂更迭，社会动荡，佛教兴盛，每个短暂政权的不稳固造成了国家土地所有权的强化和整个土地所有权关系的复杂化。魏晋南北朝时期在不断的政权争夺过程中，尽管国有土地的实际控制数量势必减少，但是出于军事上军饷和粮食的需要，其实际掌握的土地大多都实行屯田制，即把军队连同家属分配到荒地上，按劳动力分配土地。

尤其是曹魏时期大规模的屯田及相关立法在中国土地制度史上，更是占据不可替代的位置，《晋书·卷四十六·刘颂传》曰其："权假一时……非正典也"⑤。在国家如此倚赖屯田的形势下，屯田制下的国有土地势必受到法律的严格保护，曹魏时，曹芳即位时，曹爽、司马懿辅政，受曹爽重用的何晏曾受到这样的指责：

> 晏等专政，共分割洛阳、野王典农部桑田数百顷，及坏汤沐地以为产业。⑥

---

① （汉）班固撰，（唐）颜师古注：《汉书·卷十九下·表第七下·百官公卿表下》，823～824 页，北京，中华书局，1962。

② （宋）范晔撰，（唐）李贤等注：《后汉书·卷二十九·列传第十九·郅恽·（子）寿》，1033 页，北京，中华书局，1965。

③ （宋）范晔撰，（唐）李贤等注：《后汉书·志第二十八·百官五》，3617 页，北京，中华书局，1965。

④ （汉）班固撰，（唐）颜师古注：《汉书·卷十一·纪第十一·哀帝》，337 页，注引（四）"如淳曰……"，北京，中华书局，1962。

⑤ （唐）房玄龄等撰：《晋书·卷四十六·列传第十六·刘颂》，1305 页，北京，中华书局，1974。

⑥ （晋）陈寿撰，（南朝宋）裴松之注，中华书局编辑部编：《三国志·卷九·魏书九·曹爽》，119 页，北京，中华书局，1998。

到晋武帝即位初期就颁布了禁止占田的诏令：

> 法者，天下取正，不避亲贵，然后行耳，吾岂将枉纵其间哉！然案此事皆是友所作，侵剥百姓，以缪惑朝士。奸吏乃敢作此，其考竟友以惩邪佞！[1]

这里提到的"友"是指刘友，同时涉案的还有其他皇亲国戚位重之臣：

> 泰始初，（李憙）封祁侯。憙上言："故立进令刘友、前尚书山涛、中山王睦，故尚书仆射武陔各占官三更稻田，请免涛、睦等官。陔已亡，请贬谥。"[2]

山涛、司马睦、武陔都是位高权重的人，却由于侵占公田而被李憙弹劾，晋武帝对此也表示赞同。由此可知对国有土地所有权的保护力度还是非常大的。

除屯田制下的土地国有外，两晋南朝还有两种类型的国有：山林川泽等自然资源的国有、郡县公田的国有。《晋书·职官志》记载：

> 名山大泽不以封，盐铁金银铜锡，始平之竹园，别都宫室园囿，皆不为属国。[3]

不为属国即不为分封的诸王所有，而为国家所有。三国时期各郡都控制掌握着一定数量的官田。魏文帝时有"吏士大小，并勤稼穑"[4] 的说法，两晋和南朝时期州郡拥有公田，由文武官吏耕种，并且田亩的多少和向国家交纳的租米的多少也都制度化了，据刘宋时期记载：

> 郡大田，武吏年满十六，便课米六十斛，十五以下至十三，皆课米三十斛。[5]

官田也被称为禄田、菜田，主要作用是充当官吏的俸禄，这在《晋书》中对官吏应给禄田的多少有明文规定：

> 特进等，元康元年，给菜田八顷，田驺八人，立夏后不及田者，食奉一年；光禄大夫等，给菜田六顷，田驺六人；三品将军等，菜田、田驺，如光禄大夫诸卿制；尚书令等，元康元年，始给菜田六顷，田驺六人，立夏后不及田者，食奉一年；太子太傅、少傅等，给菜田六顷，田驺六人，立夏后不及田者，食奉一年。[6]

其中"立夏后不及田者"是指以立夏之时为界限，立夏前到任者收菜田的收益充俸禄，立夏后到任的菜田的收益归前任官员，本人另发俸禄。关于禄田的使用方法在《南史》中也有明确的与晋时相近的禄田制度的记载：

> 时郡田禄，以芒种为断，此前去官者，则一年秩禄皆入后人。[7]

---

① （唐）房玄龄等撰：《晋书·卷四十一·列传第十一·李憙》，1189 页，北京，中华书局，1974。

② （唐）房玄龄等撰：《晋书·卷四十一·列传第十一·李憙》，1189 页，北京，中华书局，1974。

③ （唐）房玄龄等撰：《晋书·卷二十四·志第十四·职官》，745 页，北京，中华书局，1974。

④ （晋）陈寿撰，（南朝宋）裴松之注，中华书局编辑部编：《三国志·魏志·卷十三·王朗》注引《魏名臣奏》，172 页，北京，中华书局，1998。

⑤ （梁）沈约撰：《宋书·卷九十二·列传第五十二·良吏·徐豁》，2266 页，北京，中华书局，1974。

⑥ （唐）房玄龄等撰：《晋书·卷二十四·志第十四·职官》，727～730、742 页，北京，中华书局，1974。

⑦ （唐）李延寿撰：《南史·卷七十·列传第六十·循吏·阮长之》，1740 页，北京，中华书局，1975。

北朝与南朝相比较而言，社会变化动荡的程度更加强烈，尤其是北方少数民族入主中原后，鲜卑族建立的北魏政权进行了全面的改革，其中就包括在土地制度方面颁布了均田令，均田令涉及国有土地的分配和使用，对隋唐的均田制产生深远影响。有的史学家甚至认为：

> 在北魏孝文帝太和九年以后，不论贫富，都不得私有耕地，即身为奴隶主的富人亦不得私有耕地。他们所耕种的田地，都是国家机关授予的。因而对于耕地只有定期使用权，而没有所有权。①

当然，我们并不认为均田令标志着土地的完全国有化，但是，在均田令当中体现了部分土地属于国家所有，这却是不争的事实。这一点从均田令的内容上分析是很明显的：

> 诸男夫十五以上，受露田四十亩，妇人二十亩，奴婢依良……诸民年及课则受田，老免及身没则还田。②

露田国家实行的是"有授有退"的做法，这当然应属于土地国家所有的表现，耕种者对这部分土地只享有使用权。赵俪生也曾经说：

> 北魏时虽然没有像王莽那样宣布天下田土为王田，但从《均田令》的精神来看，世家大族的土地是以桑田、世业等名义授予的，国家权力在私有田土上打上了烙印。③

北魏在征服北方少数民族的过程中，将大量的被征服地收归国有，成为国有的牧场，它的分布领域大多在原来北方六镇及其以北的蒙古草原上，也包括河西和陇右地区，甚至中原的一些农区也划为国家的牧场。如孝文帝"即位之后，复以河阳为牧场，恒置戎马十万匹，以拟京师军警之备。每岁自河西徙牧于并州，以渐南转，欲其习水土而死无伤也，而河西之牧弥滋矣"④。

三、隋唐前期国有土地所有权的延续

从令文的角度看，北朝隋唐的均田制，似乎是一种国有的土地制度。根据田令规定，农民的田土分成两种（不计居住园宅地）：一种是永业田（或称桑田），另一种是口分田（或称露田）。名义上都属于国家的"授田"。永业田看上去是私人的土地，但实际上也渗透着国家权力，不仅所占比重较小，而且只有在特定情况下才可买卖，法律规定每人份额内的永业田不许买卖，只允许盈者卖其盈，不足者买其不足。一直到唐代，只有在"乐迁"及家贫卖供葬两种情况下才允许出卖永业田。因此，一般认为它带有国有的性质。口分田由于需要定期还授，所以农民只有定期的使用权而没有私有权，所有权仍然在国家。所以学者认为：

---

① 李亚农：《周族的氏族制与拓跋的前封建制》，116 页，转引自乌廷玉：《中国历代土地制度史纲》（上卷），183，长春，吉林大学出版社，1987。

② （北齐）魏收撰：《魏书·卷一百一十·志第十五·食货志》，2853 页，北京，中华书局，1974。

③ 赵俪生：《赵俪生文集》（第二卷）（中国土地制度史上），124 页，兰州，兰州大学出版社，2002。

④ （北齐）魏收撰：《魏书·卷一百一十·志第十五·食货志》，2857 页，北京，中华书局，1974。

如果北朝隋唐田令的上述规定都付之实行，那么，我们就应该承认北魏太和九年以后直至唐朝建中以前这三百年间土地国有制占主导地位。[1]

"均田制"的切实推行需要有大量的国家能够掌控的荒地，隋唐之初这一条件是具备的。据《魏书·地形志》记载：

> 恒代而北，尽为丘墟；崤潼以西，烟火断绝；齐方全赵，死如乱麻。[2]

这种战争状况一直持续到隋初，其田土的荒芜无主状况更是可想而知。唐朝初年，由于隋末战乱，土地再次大量荒芜，到唐太宗贞观初年仍有这样的情景：

> 自伊、洛以东，暨乎海岱，灌莽巨泽，茫茫千里，人烟断绝，鸡犬不闻，道路萧条，进退艰阻。[3]

在这样情势下，隋唐立朝后不久，就都推行均田制，尽力维护土地国有制，以图尽快恢复农业生产、安抚民心。隋开皇元年（581 年），颁布新令，开始授田；唐的田令散见于《新唐书》、《旧唐书》、《资治通鉴》、《唐会要》、《通典》、《唐六典》、《唐律疏义》等，明钞本《天圣令》后十卷也能较全面地复原唐田令的全文。

隋唐时期国有土地主要有以下种类：

第一，口分田，在隋朝称露田。唐朝收授口分田的规则是这样的：丁男、中男以一顷，老男笃疾废疾者以四十亩，寡妻妾以三十亩，如为户者，减丁之半。凡天下田分为二等，一曰永业，一曰口分。丁之田，二为永业，八为口分。口分田在民户死后须还田与国家。《唐会要》卷八三《租税》记：

> （武德）七年三月二十九日始定均田赋税。

其中有关民户授田与土地还授部分是：武德七年（624 年）三月二十九日，始定均田：凡天下丁男，给田一顷；笃疾废疾，给田十亩；寡妻妾，三十亩，若为户者，加二十亩。所授之田，十分之二为世业，余以为口分。世业之田，身死则承户者授之。口分田则收入官，更以给人。[4]《隋书·卷二十四·食货》记载：

> 及（高祖）受禅……其丁男、中男永业、露田，皆遵后齐之制。[5]

即一丁男受露田八十亩，妇人四十亩，露田也是要依法还受的。露田和口分田在性质上是一样的。

第二，职分田、公廨田。从隋朝开始，官吏的公田被分为两类：一类是职分田，其收

---

① 杨际平：《北朝隋唐均田制新探》，383 页，长沙，岳麓书社，2003。

② （北齐）魏收撰：《魏书·卷一百六上·志第五·地形志二上》，2455 页，北京，中华书局，1974。

③ （后晋）刘昫等撰：《旧唐书·卷七十一·列传第二十一·魏征》，转引自许嘉璐主编，黄永年等编译：《二十四史全译之旧唐书·第三册·卷七十一·列传第二十一·魏征》，2060～2061 页，北京，汉语大词典出版社，2004。

④ 参见（唐）玄宗李隆基御撰，（唐）李林甫奉敕注，张希亮校正：《唐六典·卷三·尚书户部》，宋绍兴四年温州州学刻本，分藏于北京图书馆、南京博物院、北京大学图书馆。

⑤ （唐）魏征等撰：《隋书·卷二十四·志第十九·食货》，680 页，北京，中华书局，1973。

入作为官吏俸禄的一部分；另一类是公廨田，其收入作为官府的办公费用。苏孝慈这样表述公廨田的设置过程："先是，以百僚供费不足，台省府寺咸置廨钱，收息取给。"① 唐朝的职分田也有很细致的规定：

> 诸京官文武职事职分田：一品一十二顷，二品十顷，三品九顷，四品七顷，五品六顷，六品四顷，七品三顷五十亩，八品二顷五十亩，九品二顷。并去京城百里内给，其京兆河南府及京县官人职分田，亦准此。②

唐朝各级政府沿用隋制设立了公廨田，《通典·卷二·食货二·田制下》对在京诸司和在外诸司各级官府的公廨数量都作了明确规定。

第三，园林、川泽公共土地等国有土地。隋唐时期的皇家园林、驿站土地、山川湖海、城乡道路等，政府颁布法令禁止私人占有，例如，唐律当中有这样的规定：

> 诸侵巷街、阡陌者，杖七十。若种植垦食者，笞五十。各令复故。③

我们前边已经指出国家必须掌握大量荒地，这是均田制执行的物质条件，而均田制实行的一个必然结果就是国有土地的减少直至枯竭。由于国泰民安，这个时期人口激增，贞观时期不满三百万户，开元初年七百余万户，天宝末八百九十万户。④ 随着人口的增加，政府每年必须拿出大量的国有土地进行分配，而永业田是不需要的，这样的话就会有大量的土地逐步私有化；而国有土地的数量是有限的，这样循环往复的结果就是政府掌控的国有土地会逐渐枯竭。另外一个国有土地减少的重要原因是土地兼并，实际上在唐初，政府还是力图通过法律的方式抑制土地兼并，保护土地国有的基础均田制，使国有土地有授有还，《新唐书·食货一》曰：

> 永徽中，禁买卖世业、口分田。其后豪富兼并，贫者失业，于是诏买者还地而罚之。⑤

到玄宗时期，开元二十三年（735年）九月再次下诏：

> 天下百姓口分永业田，频有处分，不许买卖典贴。如闻尚未能断，贫人失业，豪富兼并，宜更申明处分，切令禁止。若有违犯，科违敕罪。⑥

可见，违法买卖口分田、永业田以"违敕"罪论处。

---

① （唐）李延寿撰：《北史·卷七十五·列传第六十三·苏孝慈》，转引自许嘉璐主编，周国林等编译：《二十四史全译之北史·第四册·卷七十五·列传第六十三·苏孝慈》，2114 页，北京，汉语大词典出版社，2004。

② （唐）杜佑撰：《通典·卷二·食货二·田制下》，16 页，杭州，浙江古籍出版社，2000。

③ （唐）长孙无忌等撰，刘俊文点校：《唐律疏义·卷第二十六·杂律·侵巷街阡陌》，488 页，北京，中华书局，1983。

④ 相关数据参见乌廷玉：《中国历代土地制度史纲》（上卷），240 页，长春，吉林大学出版社，1987。

⑤ （宋）欧阳修、宋祁撰：《新唐书·卷五十一·志第四十一·食货一》，转引自许嘉璐主编，黄永年等编译：《二十四史全译之新唐书·第二册·卷五十一·志第四十一·食货（一）》，1073 页，北京，汉语大词典出版社，2004。

⑥ （宋）王钦若等编：《宋本册府元龟·卷四九五·邦计部一十三·田制》，1252 页，北京，中华书局，1989。

四、宋代强调对公田的管理，防止其私有化

包括官田等在内的各种形式的国有土地，或者转化为私有地，或者采用封建租佃制，这是唐中叶以来国有土地所有制关系变化的趋势，宋代的国有土地继续发展了这一趋势。

（一）官田

官田在宋代国有土地中占有重要地位，各地学田、职分田往往是从官田中拨充的，一部分户绝田则拨充常平广惠仓田，王安石变法期间曾经变卖以充青苗本钱。宋代仍以土地为官有主要财产，官有土地即是国有土地。宋代在土地私有制充分发展的同时，还保留着部分官田。宋代官田的名目颇多，主要有"官庄"、"屯田"、"营田"、"户绝没官田"、"逃田"等。宋代的土地国有制不占支配地位，只是土地私有制的一种补充形式而已。宋神宗熙宁七年（1074 年），共有各种官田四十四万七千多顷[①]，同时期的全国总垦田为四百四十五万多顷[②]，官田占全国垦田数的十分之一强。南宋时由于连年战争，国家将许多逃绝户的土地收归国有，官田的数量又有所增加，但是由于国家财政频频告急，只得不断出卖官田以救急，所以两宋期间，官田的数量呈不断减少的趋势。截止到宋孝宗乾道二年（1166年），出卖各种没官田产，"已卖到钱五百四十余万贯"，到第二年，"未卖没官田产计价钱一百四十余万贯"[③]，从绍兴末到淳熙十四年（1187 年），共卖过官田七万顷[④]，于是大部分没官田产转化为私田。余下的官田也往往采取官有民营的方式，因此，南宋人吕祖谦说：

> 今世学者坐而言田制，然天下无在官之田，而卖易之柄归之于民。[⑤]

如果仅仅从官田的数量和经营方式而言，像吕祖谦那样认为宋代不存在绝对意义上的官田也不无不可，但就整个宋代而言，毕竟还存在一定数量的官田。南宋末年，贾似道在两浙、江东西路强买官户和民户逾限之田，每年收入租米六七百万石[⑥]，曾在地主阶层内部激起轩然大波，如果不是南宋迅速亡国，剩余的"公田"也会逐步向私田转化，而且其土地官有民营的运作方式也值得探讨。

（二）职田

职田是用做官吏在职补贴的官田，亩数以差遣为别。按宋代官制，差遣为官员所任的实际职务，如知州、知县之类，有时亦简称职。职田本是自古以来历代相沿已久的制度，职田的本意是用以养廉，因取其"圭洁之意"也称做"圭田"。至五代时废，宋真宗咸平二年（999 年）始又设职田，但与历代职田相比较在经营方式上所不同，宋以前的职田以徭役

---

① 参见（宋）马端临撰：《文献通考·田赋考·卷第七·官田》，80 页，上海，商务印书馆，1936。

② 参见（宋）马端临撰：《文献通考·田赋考·卷第四·历代田赋之制》，60 页，上海，商务印书馆，1936。

③ （清）徐松辑：《宋会要辑稿·第一百五十一册·食货六一之三零》，5888 页，北京，中华书局，1957。

④ 参见（宋）李心传撰：《建炎以来朝野杂记·乙集·卷一六·绍兴至淳熙东南鬻官产本末》，据 1915 年吴兴张氏采辑善本影印，台北，艺文印书馆。

⑤ （宋）吕祖谦撰：《历代制度详说·卷九·田制·详说》，转引自《钦定四库全书·卷一百三十五·子部四十五·类书类·御提历代制度详说·卷九·田制·七·详说》。

⑥ 参见（元）脱脱等撰：《宋史·卷一百七十三·志第一百二十六·食货上一·农田》，4194 页，北京，中华书局，1977。

的方式来经营，所谓"籍而不税"，至宋变为招租承佃，随二税输租，免二税及沿纳，官府与佃户各得收获之半。

> 籍之言借也，借民力治公田，美恶取于此，不税民之所自治也。
> 此皆历代故事，令文旧制也。今三司建议，但系官水陆庄田，据州县近远，并充职田，召人佃时，所得课利，随二税输送，置仓收贮，依公使钱例，上历公用。①

宋仁宗时曾废止职田，但在两年后又恢复。北宋末年和南宋时，又多次拘籍职田，按统一收租、按职均给田租等分配方式给各级官吏。职田并非官吏的私有土地，但是职田地租是其俸禄的一部分，故贪官污吏常非法多占，以重租、折变等侵渔佃户，各地职田数多不符合规定，甚至有无职田而令民纳租的怪事发生。据建炎年间一诏书记载：

> 应州县官职田，访闻多系实无田土，抑令人户输租。②

宋代全国各地职田存在种种差异。有的地方的小官甚至得不到职田，如北宋时昆山县的监酒官就没有职田，后来从县令主籍县尉职田中均出一份；而且各地的职田田租极不均匀，有的地方高达九百斛，有的不过二三十斛，而两广、福建等路许多州县则没有圭租。③由于各地圭租的肥瘠不同，地方官争着去圭租优厚的地方，在圭租较少或没有的地方，官吏自会另开生财之道，如在福州，无职田，却强迫百姓缴纳圭租。针对这种情况，在绍兴年间对职田作了补充规定：

> 职田虽堪耕种，而强抑人户租佃，及佃户无力耕种不令退免，各徒二年；遇灾伤已经检放，或不堪耕种，无人租佃，而抑勒乡保邻人陪纳租课，并计所纳数坐赃论罪，轻者徒二年；非县令而他官辄干预催佃自己职田者杖一百。④

这也反映职田为祸深矣，不得不引起国家的重视。总之，两宋三百多年，职田一直是贫苦佃客的沉重负担，职田的租课往往要重于其他租课，其方法多种多样，以斗折变以加重盘剥就是其中之一，所谓"圭田粟入以大斗而出以公斗，获利三倍"⑤。

（三）学田

宋代以"崇儒右文"作为其基本国策之一，所以对学校教育是极为重视的，为此专门拨出一部分土地即所谓的学田，以供应学生日常生活之用。所谓"上自太学下至郡县学莫不教且养也"。学田就是随着宋代学校教育的发展而发展起来的一项国有土地。宋仁宗时，始赐国子监学田五十顷，又累诏州郡立学，赐学田五至十顷。宋神宗熙宁四年（1071年）定以十顷为额，不足的增加。宋徽宗大观三年（1109年），全国学田总数共105 990顷。多以常平户绝田拨充，亦以没官田、寺院常住绝产田拨充。召人承佃，收取地租，学中自置

① （清）徐松辑：《宋会要辑稿·第九十四册·职官五八之一》，《宋会要辑稿·第九十四册·职官五八之二》，3702页，北京，中华书局，1957。
② （清）徐松辑：《宋会要辑稿·第九十四册·职官五八之二三》，3713页，北京，中华书局，1957。
③ （清）徐松辑：《宋会要辑稿·第九十四册·职官五八之一八》，3710页，北京，中华书局，1957。
④ （清）徐松辑：《宋会要辑稿·第九十四册·职官五八之二四》，3713页，北京，中华书局，1957。
⑤ （元）脱脱等撰：《宋史·卷三百四十·列传第九十九·吕大防》，10839页，北京，中华书局，1977。

仓廪贮藏。南宋初改由提刑司收管，大部分被国家移用，绍兴十三年（1143 年）又恢复了学田。

在两宋三百多年中，学田制是值得肯定的一种国有土地形态。宋代科学文化之所以得到了前所未有的发展，并居当时世界的最前列，同宋代学校教育的发达有着密切的关系，而学田是学校教育发展的物质基础，宋代学田制度历元明清三代而不衰，中国教育的发展一定程度上得益于学田制。

宋代与隋唐一样，对土地所有权是严加保护的。就其土地所有权的主要形态而言，有所谓的公田（官田）、私田之分。宋代法律同唐律一样，宋代的基本法典《宋刑统》中有关土地的法规严格禁止盗耕公私田：

> 盗耕种公私田者，一亩以下笞三个，五亩加一等。过杖一百，十亩加一等，罪止徒一年半。

盗罪分窃盗或强盗两类，如果是强行耕种，则罪加一等；耕有荒有熟，如被窃耕的田地，原来已经荒芜则减罪一等。还禁止"窃耕人墓田"，或"窃葬他人田"。如果是伤他人坟者，则徒一年，葬他人田者，则令移葬。宋初，由于采取"不立田制，不抑兼并"的政策，土地集中的现象非常严重，更有些官吏利用职务之便将公田私有化，影响国家的财政收入及军饷的来源，于是宋代几次下诏限田。景定四年（1263 年），殿中侍御史陈尧道、右正言曹孝庆、监察御史等上书言廪兵、和籴、造楮之弊：

> 乞依祖宗限田议，自两浙、江东西官民户踰限之田，抽三分之一买充公田。得一千万亩之田，则岁有六七百万斛之入可以饷军，可以免籴，可以重楮，可以平物而安富，一举而五利具矣。[①]

五、具有北方少数民族特点的辽金元土地国有权

（一）辽金的国有土地

辽金元是北方少数民族契丹、女真、蒙古三个少数民族建立的政权，其施政方法上与传统的中原地区有一些不同，这体现在土地制度上是国有土地再次占主导地位，尤其是存在着与北方少数民族的传统习惯相一致的大型大量国有牧场。

契丹的游牧地区本属于各部落公有，耶律阿保机建国后，在重新编排部落的过程中，确定了各个部落的游牧范围。契丹的本部地区——上京、中京两道，有广阔的草原牧场，牲畜是私有的，牧场的使用权属于各个部族，所有权仍然属于国家。可见，辽代的国有牧场大部分来自于过去的部落公有土地，也有部分是来源于征伐过程中掠取或者扩田活动中强取的土地。如太祖伐河东，下伐北郡县，获牛羊驼马十余万，讨女真后获马二十余万，"分牧水草便地"[②]。又如，在道宗大安（1085—1094）年间的扩田活动中，曾遣括天荒使四

---

① （元）脱脱等撰：《宋史·卷一百七十三·志第一百二十六·食货上一·农田》，4194 页，北京，中华书局，1977。

② （元）脱脱等撰：《辽史·卷六十·志第二十九·食货志下》，931 页，北京，中华书局，1974。

处扩地，名义上是扩天荒，实际上往往也会借机强占民田，有时连田契不明的田土也被收归国家，所谓：

> 以豪民所首，谓执契不明，遂围以官封，旷为牧地。①

为了军事上的需要，辽代还在边境地区屯驻军队实行屯田，这也是一种很重要的公田形式。驻扎在边境的部落兵携带家眷屯垦，产品交公，供给部队给养。当时沿边的戍军的一个重要任务是："易田积谷以给军饷"②。太平七年（1027 年），圣宗下诏：

> ……在屯者力耕公田，不输税赋。③

女真建国后，其土地制度也有一种私田国有化的趋势，当然这是少数民族由部落制向奴隶制发展的产物。金土地国有化的过程主要是通过拨地、扩地，把辽斡鲁朵、头下军州的土地和汉族自耕农及中原地带部分中小地主的土地变为国家所有，之后这所有的土地称为牛头地，分给猛安谋克④户耕种。牛头地制度是金代土地国有的主要方式，据记载：

> 牛头税，即牛具税，猛安谋克部女直户所输之税也。其制每耒牛三头为一具，限民口二十五受田四顷四亩有奇，岁输粟大约不过一石，官民占田无过四十具。⑤

可见，在牛头土地制度下，其分田的计算单位为具（一具等于一耒、三头牛、二十五人），也就是说根据所拥有的牛、耒、人口的多少分配土地。这种土地属于国有土地，所以不可以买卖，到章宗泰和元年（1201 年）仍然规定："鬻地土者有刑"⑥。进入中原后的猛安谋克，仍然在相当长的时间内推行牛头地制度，一直到大定二十三年（1183 年），还重新统计了猛安谋克的牛具、农具和土地数。⑦ 出于军事上粮草的需要，金政府也大兴屯田，大量地圈夺民间土地使之转化为国家所有；在强夺民田的过程中，金与辽相比较而言，有过之而无不及，这种记载也不绝于史：

> 比者括官田给军，既一定矣，有告欲别给者，辄从其告，至今未已。名曰官田，实取之民以与之，夺彼与此，徒启争端。⑧

---

① （辽）南抃撰：《上方感化寺碑（乾统七年）》，转引自陈述辑校：《全辽文·卷十·上方感化寺碑（南抃）》290 页，北京，中华书局，1982。

② （元）脱脱等撰：《辽史·卷五十九·志第二十八·食货志上》，926 页，北京，中华书局，1974。

③ （元）脱脱等撰：《辽史·卷五十九·志第二十八·食货志上》，926 页，北京，中华书局，1974。

④ "猛安谋克"是女真的一种组织形式，它与部落氏族组织和兵制有密切的关联，是金代女真族的军事和社会组织单位，为后清朝八旗制度打下了基础。《金史·兵制》记载："金之初年，诸部之民无它徭役，壮者皆兵……其部长曰孛堇，行兵则称曰猛安、谋克，从其多寡以为号。猛安者千夫长也，谋克者百夫长也。"平时族人在孛堇领导下"以佃渔射猎为劳事"；战时孛堇因率领兵士数目不同而称"猛安（千夫长）"、"谋克（百夫长）"，指挥族人打仗。参见（元）脱脱等撰：《金史·卷四十四·志第二十五·兵·兵制》，992 页，北京，中华书局，1975。

⑤ （元）脱脱等撰：《金史·卷四十七·志第二十五·食货二·牛具税》，1062～1063 页，北京，中华书局，1975。

⑥ （元）脱脱等撰：《金史·卷十一·本纪第十一·章宗三》，256 页，北京，中华书局，1975。

⑦ 参见（元）脱脱等撰：《金史·卷四十七·志第二十五·食货二·牛具税》，1063 页，北京，中华书局，1975。"……上虑版籍岁久……按籍征之必有不均之患。乃令验实推排，阅其户口、畜产之数……"

⑧ （元）脱脱等撰：《金史·卷一百六·列传第四十四·张暐·（子）行简》，2332 页，北京，中华书局，1975。

承安中，拨赐家口地土，匡乃自占济南、真定、代州上腴田，百姓旧业辄夺之，及限外自取。[①]

这种做法在南渡之后仍然延续了很长时间，以至于在《金史·卷一百一十三·列传第五十一·赤盏合喜》中记载：

南渡二十年，所在之民破田宅、鬻妻子以养军士。[②]

（二）元代的国有土地形态和对国有土地的保护[③]

中唐以来"官田益少"的土地发展趋势到元朝被数量巨大的国有土地所取代，元代有大量的掌控在政府手中的国有土地。元代国有土地依其用途可分为屯田（军屯、民屯）、职田、学田、牧场等，由元廷直接占有。这些土地，主要是通过战争承继宋、金的官田，主要是通过占有无主荒地、没收罪犯田地及强征农民土地及接受"投献"等途径获得的。

接收宋、金的官田，是元朝国有土地形成的主要方式。以南宋官田为例，元世祖甫平江南，至元十三年（1276年）十二月谕："如委是官司土地，官司收系。"[④]，这是元廷继承宋官田的正式法令。金、宋遗留下的官田大约有六七十万顷，除此之外还有两朝皇亲国戚，高官豪右的大量私田也被没为官田。例如，南宋后妃的田土被没收之后，元朝专门设立了"江淮等处财赋总管府"，下辖着四处官田管理机构，岁收楮币三百余万缗，米百余万石。[⑤]

占有无主荒地、没收罪犯田地、搜括强征民地及接受"投献"等也是重要的土地国有化的途径。由于长期的战乱，民户大量死亡或逃迁，民间确实也存在大量的荒地，这些无主荒地被元廷理所当然地接收过来。接受"投献"，是元朝国有土地的另一来源，尽管有时元廷严禁诈冒投献地土。元成宗大德八年（1304年）正月诏：

国家财赋自有常制。比者诸人妄献田土……无非徼名贪利，生事害民。今后悉皆禁绝，违者治罪。[⑥]

元武宗至大四年（1311年）三月再次下诏：

国家租赋有常，侥幸献地之人所当惩戒。其刘亦马罕、小云失不花等冒献河南地

---

① （元）脱脱等撰：《金史·卷九十八·列传第三十六·完颜匡》，2494页，北京，中华书局，1975。

② （元）脱脱等撰：《金史·卷一百一十三·列传第五十一·赤盏合喜》，2173页，北京，中华书局，1975。

③ 在田制研究上，元代官田数量之多在历代王朝中是最突出的，韩国磐《试论金元时官田的增多》最先对元代自田发表专论。陈贤春的《元代官田的数量和成因考析》估计元代官田总数约为一百三四十万顷，约占官民税田总额的1/4左右。元代官田多集中在江南，尤其是江浙地区。学者们从不同角度对此进行了分析，高荣盛《元代官田刍议》将元代官田分为直属官田和地方官田，并指出元代官田数量愈益扩大和"官田租重"日益发展的趋势。孟繁清《元代江南地区的普通官田》则主张把元代官田分为屯田、赐田、职田、学田等专用官田与普通官田两大类，并认为江南普通官田的经营对元政府的统治具有十分重要的财政意义。由此可见，元代国有土地居于重要和主导地位。

④ 《元典章·典章十九·户部卷之五·田宅·民田·强占民田回付本主》，304页，北京，中国书店，1990。

⑤ 以上数据参见蒲坚主编：《中国历代土地资源法制研究》，371页，北京，北京大学出版社，2006。

⑥ （元）完颜纳丹等奉敕撰，黄时鉴点校：《通制条格·卷第十六·田令·妄献田土》，199页，杭州，浙江古籍出版社，1986。

土，已令各还原主……①

可见所谓投献并非自己土地，而是冒献，即将民田指认为无主地，献给元廷借此邀功；因此行为而被治罪者也不在少数，如将"刘亦马罕长流海南"②。

在元代的国有土地当中，职田占有相当的比重，职田是划拨给在职官员以充俸禄的公田。元代职田仅给予外官，依官职品级给授。北方路府州司县官员职田划拨标准，始定于元世祖至元三年（1266 年）；按察司官职田标准，定于至元十四年（1277 年）；江南行省及诸司官员职田标准，规定于至元二十一年（1284 年）。元代职田很普遍，依官职大小，除有一定的俸银之外，还分配若干职田，从十六顷到一顷不等。③ 仅仅从元政府规定的常规职田数来看，数量已是相当惊人，加之元代经常有一些常规之外的临时条画，将私田或所谓的荒地转化成了职田，例如，至元二十一年（1284 年）至大德七年（1303 年），曾有过这样的规定：

> 每俸钞五贯，给公田一顷。④

> 先尽系官荒闲无违碍地内标拨。如是不敷，于邻近州郡积荒地内贴拨。若无荒地，照勘曾经廉访司体复过无违碍户绝地内拨付。⑤

这实际上又为官吏借职田之名强占民间私田找到了借口。仁宗皇庆二年（1313 年），江南行台监察御史指出职田之弊云：各地无公田充职田的地方，即那些"全缺不敷去处"，官府却挟势百姓，致使"无田虚包者有之"⑥。所谓"无田虚包"，显然是将民田指为官田，勒令农民交租。

作为少数民族建立的政权，其国有土地的形式当中也不可避免地存在着牧场。早在征服中原的过程中，就将大量的被征服地区的农田变为牧场，所谓的"汉人无补于国，可悉空其人以为牧地"⑦ 的思想在征服中原的过程中体现无遗。这种做法对中原成熟的农业经济造成了严重的破坏，元世祖时，东平布衣赵天麟曾这样写道：

> 今王公大人之家，或占名田近于千顷，不耕不稼，谓之草场，专用牧放孳畜。又江南豪家广占农地，驱役佃户。无爵邑而有封君之贵，无印节而有官府之权。恣纵妄为，靡所不至。⑧

---

① （元）完颜纳丹等奉敕撰，黄时鉴点校：《通制条格·卷第十六·田令·妄献田土》，199 页，杭州，浙江古籍出版社，1986。

② （元）完颜纳丹等奉敕撰，黄时鉴点校：《通制条格·卷第十六·田令·妄献田土》，199 页，杭州，浙江古籍出版社，1986。

③ 参见樊树志：《中国封建土地关系发展史》，330 页，北京，人民出版社，1988。

④ （元）完颜纳丹等奉敕撰，黄时鉴点校：《通制条格·卷第十三·禄令·俸禄职田》，141 页，杭州，浙江古籍出版社，1986。

⑤ （元）完颜纳丹等奉敕撰，黄时鉴点校：《通制条格·卷第十三·禄令·俸禄职田》，145 页，杭州，浙江古籍出版社，1986。

⑥ 《元典章·典章十五·户部卷之一·禄廪·职田·职田佃户子粒》，254 页，北京，中国书店，1990。

⑦ （明）宋濂等撰：《元史·卷一百四十六·列传第三十三·耶律楚材》，转引自许嘉璐主编，李修生等编译：《二十四史全译之元史·第五册·卷一百四十六·列传第三十三·耶律楚材》，2704 页，北京，汉语大词典出版社，2004。

⑧ （明）黄维、杨士奇编：《历代名臣奏议·卷一百一十二·田制》，1492 页，上海，上海古籍出版社，1989。

元代掌握着广阔的牧场，如滨州（今天山东滨县）"行营军士多占民田为牧地"①，中原尚且如此，边疆更不必说，元代边疆地区专设十四个马场道，"周回万里，无非牧场"，据《元史·兵三·马政》记载：

> 其牧地，东越耽罗（今辽东及朝鲜北部），北逾火里秃麻（蒙古共和国以北），西至甘肃，南暨云南等地，凡一十四处。自上都（内蒙古多伦县）以至玉尼伯牙、折连怯呆儿（大约西伯利亚贝加尔湖以东），周回万里，无非牧地。②

元代国有土地中数量和规模最大的是屯田，这一朝代也是中国屯田制度大发展时期，不仅军屯扩大了，民屯的规模也超过前世各朝。元世祖时，灭亡南宋，全国统一，于是在全国范围内建立了庞大的屯田区。东起淮海，西至陇右，北至松江，南达琼州，其范围之广，规模之大，远远超过汉、魏、唐、宋、金，当时全国屯田数总面积达到一千八百三十六万九千九百七十三亩，占全国土地总面积百分之五左右。③ 元代以前的军屯，还没有专职的军屯士兵，都是且战且耕，宋代有了专职的屯田军，但仅仅在个别地方。元代将军队分为两部分：一部分称为"正军"，从事军事活动；另一部分称为"屯田军"，他们的任务是从事生产。元代的国有土地的大规模扩大，主要是在元代前期完成的，元代中期后，国有土地就难以抵御土地私有化的趋势了，屯田制也开始废弛，至大元年（1308 年）十一月，中书省臣曰："天下屯田百二十余所，由所用者多非其人，以致废弛。"④

元代大量地圈地使之转化为国有，势必会与地方豪右的私有利益发生冲突，例如，元世祖至元二十三年（1286 年），"中书省臣言，以江南隶官之田多为强豪所据"⑤。直到至元二十六年（1289 年）《条画》也说：

> 亡宋各项系官田土……归附以来，多被权豪势要之家影占以为己业佃种，或卖与他人作主。⑥

说明实践中元廷并未完全掌握南宋官田。元代国有土地，尤其是原宋官田，一直是元廷与豪右争夺的对象，因为对土地的追逐也是中国豪族的传统，而出于游牧习惯和军事需要元廷不愿放弃对国有土地的实际控制，便颁布了一系列保护国有土地的法令。

① （明）宋濂等撰：《元史·卷一百六十七·列传第五十四·姜彧》，转引自许嘉璐主编，李修生等编译：《二十四史全译之元史·第五册·卷一百六十七·列传第五十四·姜彧》，3130 页，北京，汉语大词典出版社，2004。

② （明）宋濂等撰：《元史·卷一百·志第四十八·兵三·马政》，转引自许嘉璐主编，李修生等编译：《二十四史全译之元史·第四册·卷一百·志第四十八·兵（三）·马政》，2009 页，北京，汉语大词典出版社，2004。

③ 参见乌廷玉：《中国历代土地制度史纲》（下），123 页，长春，吉林大学出版社，1987。

④ （明）宋濂等撰：《元史·卷二十二·本纪第二十二·武宗一》，转引自许嘉璐主编，李修生等编译：《二十四史全译之元史·第一册·卷二十二·本纪第二十二·武宗海山（一）》，421 页，北京，汉语大词典出版社，2004。

⑤ （明）宋濂等撰：《元史·卷十四·本纪第十四·世祖十一》，转引自许嘉璐主编，李修生等编译：《二十四史全译之元史·第一册·卷十四·本纪第十四·世祖忽必烈（十一）》，238 页，北京，汉语大词典出版社，2004。

⑥ 《元典章·典章十九·户部卷之五·田宅·官田·影占系官田土》，303 页，北京，中国书店，1990。

对于"豪要影占田地者"，条画规定："立限一百日"，若一百日限内自行到行大司农司或劝农营田司自首，可免本罪；田地还官所有，但出首人可继续种佃，依例纳租，此前租赋免征；若限内不自首而被人告发到官，此前应缴租赋一律追征，内一半付告人充赏，职官犯者解现任，军民诸色人犯者，依所影占地亩多寡酌量断罪。关于如何断罪这一问题，行大司农司补充规定：议得犯人，

> 十亩以下，杖五十七下；一百亩以下，杖六十七下；三百亩以下，杖七十七下；五百亩以下，杖八十七下；一千亩以下，杖九十七下，田亩虽多，罪止杖一百七下。①

六、相对弱化的明清国有土地所有权

明清时期和前些朝代一样，仍有国有土地，清代基本上继承、恢复了明朝的田土制度，仍保留了一定的国有土地。但是，总的来说，明清时期国有土地与私有土地时常处于相互转化的变动状态，而且在所有权问题上，国有土地所有权越来越弱化，有大量的国有土地逐渐私有化，是土地所有权制度发展变化的主要趋势。明清都是在初立之时，由于"自兵兴以来，民无宁居，连年饥馑，田地荒芜"②，大批流民流离失所，大量土地变为荒田，加之每一次朝代的更迭，都意味着社会财富的一次再分配，土地作为最重要的社会物质财富在再分配的过程中，在朝代的前期由于国家权力的强势，会有相当的土地属于国家所有。但是，总的来说，明代政府控制的官田数量远比民田要少。《明史》称：

> 弘治年间，"官田视民田得七分之一"③。

而且，明清时期，国家土地所有权弱化的一个重要体现是官田与民田一样，可以在民间买卖、租佃。

> 此类社会现象，不仅反映了官田可以同民田一样让渡所有权，而且官田与民田可以互相冒名顶替，一般百姓根本不把官田看作"国家之所有"或"朝廷之田"，而是把它仅仅看作是一种重赋田，不断地在频繁的土地买卖中流通。④

（一）明代的国有土地所有权

明中后期，随着土地兼并的加剧，明初钦赐给勋臣贵戚的大量土地多数已转为这些官宦贵族的私产，屯田也遭到破坏，实际上已开始私有化了。因此，明政府实际控制支配的官田越来越少。关于明代田土所有权的划分，《明史·卷七十七·志第五十三·食货一》有这样的记载：

> 明土田之制，凡二等：曰官田，曰民田。初，官田皆宋、元时入官田地。厥后有还官田、没官田、断入官田，学田、皇庄，牧马草场，城壕苜蓿地，牲地、园陵坟地、

---

① 《元典章·典章十九·户部卷之五·田宅·官田·影占系官田土》，303 页，北京，中国书店，1990。

② 《明太祖实录·卷十二》，148 页，台北，"中央研究院"历史语言研究所，1962。

③ （清）张廷玉等纂修：《明史·卷七十七·志第五十三·食货一·户口·田制》，1882 页，北京，中华书局，1974。

④ 樊树志：《中国封建土地关系发展史》，397 页，北京，人民出版社，1988。

公占隙地，诸王、公主、勋戚、大臣、内监、寺观赐乞庄田，百官职田，边臣养廉田，军、民、商屯田，通谓之官田。其余为民田。[①]

《明史·食货志》中这段话已清晰地告诉我们明代官田的来源种类繁多，而且尽管与民田相比较而言数量上不占优势，但是，明代国有土地的总数量还是相当可观的。据统计，明孝宗时期，全国共有官田六十万顷左右[②]，并且随着商品经济的萌芽，在国家国计民生中影响最大的屯田也有了更多的灵活经营方式，除了传统的军屯、民屯之外，还出现了商屯。商屯起源于洪武三年（1370 年）的"开中法"，当时明初"各处边防缺粮，户部申请开中纳米，定为则例，出榜招商"，朝廷利用手中的盐业专卖权，要求经营盐业商人必须把粮食运到边防军仓交纳后，才能向当地政府换取盐业经营许可证，然后定点取盐定点发卖，这称为"开中法"。这种办法给商人带来了不便，到了永乐年间商人为了规避法律，往往就近出资招募百姓屯种土地，就近交纳军粮换得盐引，这就是商屯，政府对商屯还是很支持的，租税仅仅为"量征其租十之一二"[③]。弘治十五年（1502 年），盐法改为交银子领盐证，加之政府逐渐失去了对盐业生产的垄断权，商人也无须纳粮取盐引，商屯就渐渐废止。

（二）清代的国有土地所有权

明末清初数十年的战乱，再次造成土地的荒芜，大量的土地被抛荒。据统计：明末崇祯年间全国的总田数是 7.8 亿亩，而清顺治十二年的全国耕地面积减少到 3.8 亿亩。[④] 如此大的悬殊，势必使国家再次有机会将更多的土地控制在政府手中，为国有土地所有权的重建奠定了基础。但是，顺治、康熙时期就开始实行的"更名田"、"垦荒令"的主要内容是保护土地私有权，所以，从开始时清廷就倾向于强化私有土地所有权。但是，这并不意味着清廷不重视国有土地问题，当时由于私有化潮流的影响，属于国有的土地又大致分为两类：第一，所有权完全属于国家的国有土地；第二，易转化为私人所有的土地。第一类包括：籍田，各省公田和天子亲耕之地，是专供皇帝和各地方行籍礼之土地。学田，其地租专供学校经费、赡恤贫士等教育用途。祭田，免征田赋税收，其收入主要用于祭祀社稷、先圣等用。牧场，供放牲畜和供牧草粮科之用，主要包括直隶、山西、边疆牧场和各地驻防马厂。另一类主要是指官庄，它们名为"官田"，按法律规定也不能买卖，但是随着时间的推移，它们逐渐转化为民田；官庄主要指清初通过"圈占"所得赐予满族皇族、贵族的土地。

在对土地所有权的保护上，我们从清代法律的规定中可以明显感觉到对国有土地所有权的保护力度大于对私有土地的保护。清代保护土地所有权的法律规范大多集中在《大清律例》、《户部则例》、《大清会典》中，在《户律》中专设《田宅》一门，其中有关保护土地所有权的法律内容，主要有《功臣田土》、《盗卖田宅》、《住所置头出宅》、《典买田宅》、《盗耕种官民田》等数条。在《盗卖田宅》条规定，凡盗卖、换易、冒认、诈骗、侵占他人

---

① （清）张廷玉等纂修：《明史·卷七十七·志第五十三·食货一·户口·田制》，1881 页，北京，中华书局，1974。

② 参见乌廷玉：《中国历代土地制度史纲》（下），173 页，长春，吉林大学出版社，1987。

③ （明）陈子龙等编：《明经世文编·卷三六零·庞中丞摘稿四·清理甘肃屯田疏》，3889 页。

④ 参见梁方仲编著：《中国历代户口、田地、田赋统计》甲表一，10 页，上海，上海人民出版社，1980。

土地的行为，处以笞五十至杖八十，徒二年的刑罚；如果侵害的是国有土地，则要加重二等量刑。所谓："系官（田宅）者，各加二等。"① 在《盗耕种官民田》条也有类似的规定，私自耕种他人田土者处三十至八十的笞刑，如私自耕种的是国有土地，也要罪加二等量刑。到了清末《大清民律草案》中有调整土地关系的内容，即便是其过渡性法律《大清现行刑律》中，关于土地的内容，也不处以刑罚，而改为罚金之类的经济性处罚，中国的土地法规终于进化到了它应有的面貌。

总之，秦汉以降，国家土地所有权无疑是占重要地位的所有权形态。在我国史学界，首先对这一问题加以系统研究的，是侯外庐先生。在《中国封建社会土地所有制形式的问题》一文中，他指出国家土地所有制在我国整个封建主义时期中，一直都存在着。他说：

> 秦汉以来这种土地所有制是以一条红线贯串着全部封建史。②

虽然历史也证明中国很早就出现了土地私有制，中古时期土地私有制也非常发达，土地买卖盛行，但不能否认的是皇帝或官府对土地的控制权和最终决定权。否则，便不能解释中国历史上每一个朝代抑豪强、抑兼并的反反复复重演的原因。

第三节
私有土地所有权的形成

什么叫私有土地？恩格斯指出："完全的、自由的土地所有权，不仅意味着毫无阻碍和毫无限制地占有土地的可能性，而且也意味着把它出让的可能性。"③ 不仅马克思主义经典作家持这种观点，中国古代的学者，也是把土地买卖作为土地所有权的标志。东汉荀悦的《申鉴》载：

> 诸侯不专封，富人民田踰限，富过公侯，是自封也；大夫不专地，人卖买由己，是专地也。或曰："复井田与？"曰："否，专地非古也，井田非今也。"④

所谓"专地"即是后来所说的私有土地。土地买卖的情形已见于六国，《史记·廉颇蔺相如列传》载：赵括母对赵孝成王说，括"王所赐金帛，归藏于家，而日视便利田宅可买者买之"⑤，不过秦孝公使商鞅变法，把它在秦国内确立成为制度罢了。战国末年虽然存在土地买卖、存在私有土地，但当时土地买卖现象极少，私有土地制度处在萌芽状态，中国的土地私有制的正式确立是在秦汉时期。尽管这样，我们仍然有理由认为，私有土地制度在法律层面上确立初步形成是在战国时期，而完成这一任务的当首推著名的政治家——商

---

① 蒲坚编著：《中国古代法制丛钞》（四卷本），335 页，北京，光明日报出版社，2001。

② 侯外庐：《中国封建社会土地所有制形式的问题》，载《历史研究》，1954（1）。

③ 《马克思恩格斯全集》，第 21 卷，190 页，北京，人民出版社，1965。

④ （汉）荀悦撰：《申鉴·时事》，转引自张涛、傅根清译注：《申鉴中论选译》，30 页，成都，巴蜀书社，1991。

⑤ （汉）司马迁撰，（宋）裴骃集解，（唐）司马贞索隐，（唐）张守节正义：《史记·卷八十一·列传第二十一·廉颇蔺相如》，2447 页，北京，中华书局，1959。

鞅。董仲舒曾这样评价说：

> （秦）用商鞅之法，改帝王之制，除井田，民得卖买，富者田连阡陌，贫者亡立锥之地。[①]

一、春秋战国时期井田制的破坏与土地私有权的过渡

（一）"作爰田"、"制辕田"

鲁僖公十五年（前 645 年），晋作爰田，放宽土地分配的限制。何谓"作爰田"？孔颖达曰：

> 爰，易也。赏众以田，易其疆畔。

《国语·晋语三》说：

> （惠公）且赏以悦众，众皆哭，焉作辕田。

这里的"辕田"即"爰田"，即是一种授田制，是把小亩制改成了大亩制。[②]

秦孝公十二年（前 350 年）离晋行爰田，时间相差近三个世纪。晋国改小亩为大亩的做法一定会激励农耕开拓，人口增多乃是必然的趋势，所以商鞅说晋地狭人稠，有多余人口，可以招来。而晋的历史经验也可以模仿参考，这就是商鞅建议制辕田的历史根据。公有地、森林牧地、空荒地的开辟，又与开阡陌有关。由于各诸侯国经济与社会发展不平衡，这个历史过程大体上从春秋中期一直延续到战国初年。晋作辕田，不讲开阡陌。商鞅的任土地，就更进一步了。制辕田与开阡陌，在土地的分配与利用上，实际上是一个问题。孝公十二年，"废井田，开阡陌，更赋税之法"[③]，这一记录，大抵表示实物税的普遍实行。孝公十四年（前 348 年）"初为赋"，又是一种新办法，即不采取人民一半耕地、一半当兵，而是使赋经常化，使赋与税合一，酌量减少服兵役者的负担。实际上，春秋时期齐国"相地而衰征"，鲁国"初税亩"，郑国"作丘赋"，都是基于土地所有制变革而推行的履亩而税的改革，份地成为可以世袭的私有地产之后，农民也就成了小土地所有者。秦国原先比较落后，到战国初年商鞅"制辕田，开阡陌"，才以法令的形式肯定了农民对份地占有的永久化。份地私有化之后，农民垦荒的积极性大大提高。

（二）封地的逐渐私有化

除了共同体成员的份地变为个体农民的私有土地之外，中国古代土地私有化的过程还有另一条途径，即由国家分封和赏赐的田邑变为私人的地产。西周初年实行分封制，周天

---

①　（汉）班固撰，（唐）监颜师古注：《汉书·卷二十四上·志第四上·食货上》，1137 页，北京，中华书局，1962。

②　参见乌廷玉：《中国历代土地制度史纲》（上卷），43 页，长春，吉林大学出版社，1987。

③　1979 年春天，四川省博物馆在青川县清理了一批战国时期的古墓，其中第五十号墓出土两件木牍，经辨认整理，发表了简报《青川县出土秦更修田律木牍》，同时发表的文章有于豪亮的《释青川出土秦更修田律木牍》和李昭和的《青川出土木牍简考》。于豪亮的文章中说，这些木牍可以据以说明秦孝公十二年"为田，开阡陌"的史实。

子以全国土地最高所有者的身份，在王畿之外分封许多诸侯国，又在王畿之内分封卿大夫封地。诸侯在封国之内也分封卿大夫封地。卿大夫的封地带有禄田的性质，并非私有地产。当周王室地位兴盛之时，周天子是有权削夺卿大夫的采邑的。但是采邑既然是一种合法的长期占有，这就为它向私有地产的转化准备了必要的条件。从青铜器铭文中可以看到，至少从西周中期以后，贵族在实际生活中已经可以把自己采邑的土地用来赏赐、赔偿和交换。《格伯簋》的铭文则提到四匹马可以换三十田。随着王权的逐渐衰落，贵族对封地土地的占有权也由不稳固而越来越稳固，终于使他们得以把封地变为自己的私有地产。春秋时代，诸侯与卿大夫之间，卿大夫相互之间，乃至卿大夫和王室之间，常常为了一田一邑，引起无数的纠纷。

另外战国时期各国为了鼓励将士英勇作战，都制订了一套军功赏田的制度。商鞅变法根据军功"明尊卑爵秩等级，各以差次名田宅，臣妾衣服以家次"[1]。"名田"就是把土地归于私人名下。国家规定有军功的将士得按爵秩等级合法占有不同数量的田宅，这就培育了一大批新兴的军功地主。除了军功赏田之外，有的国君还把土地随意赐给臣民。这种赏田和赐田不同于过去井田制下贵族的禄田，它一经赏赐之后，就成了被赏赐者的私有地产。战国末年，秦始皇派王翦去攻打楚国，王翦要求赏赐大量田宅园池作为子孙家业，可见军功地主获赐赏田之后，是可以传之子孙的。有的军功地主还大肆兼并民田。

二、秦汉时期土地私有制的确立

（一）"使黔首自实田"、"名田"

云梦秦简《法律答问》中有"部佐匿诸田"的记载，简文中的"民"还没有为"黔首"所代替，秦始皇二十六年（前221年）"更名民曰'黔首'"[2]，即规定用黔首统一对平民的称呼，此后在官方的法令文书中，经常使用"黔首"一词。[3] 秦始皇统一六国之后，于三十一年（前216年）下令"使黔首自实田"[4]，黔首即平民。"使黔首自实田"就是让全国的平民（包括农民和没有爵禄的地主）都向政府如实呈报自己占有土地的数额，以便政府作为征收田租的依据。私人占有的土地只要向国家登记并交纳赋税，就取得了合法的所有权，这是土地私有制确立的重要里程碑。从此以后，"官田"、"公田"与"民田"、"私田"有了

---

① （汉）司马迁撰，（宋）裴骃集解，（唐）司马贞索隐，（唐）张守节正义：《史记·卷六十八·列传第八·商君》，2230页，北京，中华书局，1959。

② （汉）司马迁撰，（宋）裴骃集解，（唐）司马贞索隐，（唐）张守节正义：《史记·卷六·本纪第六·秦始皇》，239页，北京，中华书局，1959。

③ 例如据《史记》卷六《秦始皇本纪》记载，秦始皇在琅琊台刻石上写到："皇帝之功，勤劳本事。上农除末，黔首是富。"（汉）司马迁撰，（宋）裴骃集解，（唐）司马贞索隐，（唐）张守节正义：《史记·卷六·本纪第六·秦始皇》，245页，北京，中华书局，1959。

④ 对于秦统一后的"使黔首自实田"，历史教科书中大多采纳郭沫若、翦伯赞的解释：就是命令土地私有者向政府呈报自己占有土地的数额，它标志着封建土地私有权在全国范围内得到确认。此外，学者间还有三种不同解释：(1) 李永田认为，这是为了驱农归田，即秦朝统治者在"远方黔首未集"的情况下，重申其"令民归心于农"的一贯政策；(2) 袁林认为，这是告知"黔首"按国家制度的规定自己占有土地，此举填补了战国国家授田制到汉代较普遍的私人所有制之间的缺环；(3) 李福泉虽然同意"使黔首自实田"可释为令民自由占有土地，但他对这条出自《史记》之外的史料记载的可靠性提出了怀疑，并认为秦代不可能实行令民自由占有土地的政策。

明确的区别。

"名田"① 一词在商鞅变法时就是当时的流行语,前面我们已经提到了在《史记·商君列传》中有:"明尊卑爵秩等级各以差次,名田宅臣妾衣服以家次"② 的记载,司马贞的《史记索隐》中解释:名田即"以名占田",它与秦始皇三十一年"使黔首自实田"的意义一样,是把土地登记在私人名下以确认其私有权。但是"名田"在汉代使用时还有其特殊的意义,尤其是董仲舒的所谓限民名田,目的是限制富者占田逾制,"古井田法虽难卒行,宜少近古,限民名田,以澹不足,塞并兼之路"③,总之,无论"名田"的目的为何,最终在形式上实现了土地私有权的法典化。

(二)私有土地的主要法定来源——土地买卖

秦汉时期都有通过皇帝的赏赐而获得土地私有权的,皇帝根据"朕即国家"观念的支配,经常将国家的土地赏赐给皇亲贵戚、达官臣僚,获赐的这些土地都变成了私田。国家的大量公田,从形式上既可以体现为由政府所有,也可以体现为由皇帝所有。在某些特殊环境中,作为一种皇帝德行的体现,皇帝也可能将土地赏赐给贫民。《后汉书·明帝纪》记载汉明帝永平九年(66年)夏四月甲辰的一道诏书说:"诏郡国以公田赐贫人各有差"④,就是这样的例子。

秦汉时期在国有土地所有制持续向前发展的同时,土地买卖也日益盛行起来,从而急遽地扩大了地主土地私有制。秦代存在的时间过于短暂,留下的土地买卖的材料不多,而汉代的这种记载却不绝于史,从中可以看出,当时购买田地,已是社会上一种常见的现象。从出土的契约状况,有以下几个要素需要我们关注:第一,土地买卖契约的分布地是很广的,几乎在当时的全国各地都有土地买卖现象,北至河南、南到广东、东到浙江、西达八县等地。第二,从发现史料来分析,土地买卖是获得私田的主要合法来源,买卖土地时要订立契约,契约受到高度的重视,一般不把它写在已损坏的竹帛上,而是将买卖土地的契约刻在具有永久保存可能的砖、石、玉、铁、铅上面,作为传家宝,这说明当事人非常珍视买卖土地的契约。在表中所列的曹仲成买田铅券上刻有这样的字"时旁人贾刘,□如天

---

① 史学界对汉代"名田"的性质问题有三种不同意见:(1)名田具有国有土地性质。贺昌群认为,名田制是在国有土地上进行授还的一种均田制。汉代土地占有者可用自己名义、有限制地圈占国有土地,但由于经常逾制占有,国有土地事实上变成了大小封建主的"累世之业"。(2)名田是一种土地私有制形式。韩连琪认为,名田就是通过买卖或其他兼并方式占有在自己名下的私有土地。殷崇浩认为,名田是秦"使黔首自实田"的继续,是封建政权进一步对私人占有土地予以有条件的认可;它的推行,标志着封建土地私有制在两汉完全确立。(3)名田具有国有制到私有制的过渡性质。郭人民认为,名田始于商鞅变法时对土地所有制的变革;吏民"名田"得到的土地,国家不再收回另行分配,从而把土地所有权从国有制推向个人私有制;它是中国土地制度发展史上的一大进步。

② (汉)司马迁撰,(宋)裴骃集解,(唐)司马贞索隐,(唐)张守节正义:《史记·卷六十八·列传第八·商君》,2230页,北京,中华书局,1959。

③ (汉)班固撰,(唐)颜师古注:《汉书·卷二十四上·志第四上·食货上》,1137页,北京,中华书局,1962。

④ (宋)范晔撰,(唐)李贤等注:《后汉书·卷二·纪第二·显宗孝明帝》,112页,北京,中华书局,1965。

帝律令。"① 王国维是这样考证订立契约时要写"如律令"的原因：

> 汉时行下诏书，或曰如诏书，或曰如律令。……苟为律令所已定而但以诏书督促之者，则曰如律令。……其后民间契约，道家符咒，亦皆用之。②

这说明当事人既然在契约的末尾用如律令这样的格式用语，这就强调土地契约的不可违背性，同时也很真实地反映了土地买卖契约是得到国家认可的，因土地买卖而得到的土地私有权也是有法律保障的。

从理论上来讲，在允许土地买卖的环境中，交易活动应该按照一定的价格公平贸易。但是，在封建的等级制度和官本位的社会条件之下，出卖土地的农民其实很难得到公平合理的地价，他们的土地多被巧取豪夺、强行霸占。例如《汉书·萧何传》记载：

> 上罢布军归，民道遮行，上书言相国强贱买民田宅数千人。③

萧何位重至相国，所谓的一人之下，万人之上的位置，强买民田，就被老百姓控诉。可见汉代对土地私有权是有法律保护的或者说起码在制度法律层面是有所规制的，其中直接与土地权益有关的部分是《户律》、《厩律》、《田律》等。汉武帝处治衡山王时，所列罪状之一便是"王又数侵夺人田，坏人冢以为田"④，一并被剪除的淮南王也有"夺民田宅"一项罪状，可见侵夺他人私人田宅是一项名正言顺的罪状，国家对土地私有权在司法实践当中也是保护的。

第四节
私有土地所有权的演变及表现形态

一、三国两晋时期大土地私有权的极度膨胀与法律限制

（一）西晋的占田令

汉魏之际，社会动乱不已，在两汉时期业已形成的豪族地主经济更加发展，许多地主以宗族为骨干，拥兵自重，"大者连郡国，中者婴城邑，小者聚阡陌"⑤。大批破产的小农转入私家门下，中央皇权的统治大大削弱。总之，东汉末年一直到三国两晋时期，是所谓的

---

① 转引自乌廷玉：《中国历代土地制度史纲》（上卷），85 页，长春，吉林大学出版社，1987。

② 王国维：《观堂集林（第三册）·第十七卷·敦煌汉简跋二》，846~847 页，北京，中华书局，1959。

③ （汉）班固撰，（唐）颜师古注：《汉书·卷三十九·传第九·萧何》，2011 页，北京，中华书局，1962。

④ （汉）司马迁撰，（宋）裴骃集解，（唐）司马贞索隐，（唐）张守节正义：《史记·卷一百一十八·列传第五十八·淮南衡山》，3095 页，北京，中华书局，1959。

⑤ （晋）陈寿撰，（南朝宋）裴松之注，中华书局编辑部编：《三国志·卷二·魏书二·文帝丕》，89 页，北京，中华书局，1998。

"大姓雄张"① 时期，土地私有制的经济力量不断地冲击国家的政治权威，使国家田制屡遭颠覆。西晋司马氏代魏而立，标志着豪族地主中的世族地主取得了支配国家政权的地位，因此，晋武帝在平定吴国叛乱、稳固政权之后，立即颁布了"占田法令"②，以图在保护世族地主利益的前提下发展小农经济，平衡国家与地主争夺土地人口的矛盾。③ 西晋的占田令通过土地申报登记的法定程序全面整理了土地权属关系。"占田"的本义是指个人通过口授形式向政府自报土地数量，进行登记；自报的目的在于使这些土地有了法定依据，所以后来"占田"一词由本义"自报土地"引申为"据有土地"的意思。马克思曾经说过：

> 私有财产的真正基础，即占有，是一个事实，是不可解释的事实，而不是权利。只是由于社会赋予实际占有以法律的规定，实际占有才具有合法占有的性质，才具有私有财产的性质。④

依据马克思的理解，要使土地的实际占有变为合法占有，必须通过一定的程序赋予其合法的所有权。西晋占田制和此后的均田制中有关等级占田的规定，表明国家公开承认了身份性地主政治特权与土地占有相结合的合法性。土地私有权的深化，使"王者之法不得制人之私"⑤，成为社会公理，在一般情况下，国家既不可能也无必要对土地私有权进行暴力干预，而是使土地占有制度化、规范化，维持土地占有的稳定性。

占田令这种土地登记制度的主要功能在于：一是确认土地所有权，二是据以确定户赀等级，课征田赋。西晋的占田制与战国秦汉时期的"名田制"的不同之处在于：它明确规定了申报登记的标准额度，因而是一种限额土地申报制度。在西晋颁行的占田令中，实际上包含了两种不同的类型：一种是士族的官僚地主的等级占田制。另一种是以农民以及寒门庶民地主为对象的占田制，这是一种计丁均等占田制。第一种占田制规定官僚、贵族和先贤、士人子孙按品位的高低贵贱占田占客，允许他们"各以品之高卑荫其亲属，多者及九族，少者三世"⑥，公开承认世族、官僚占田占客和宗法统治的特权，使世族、官僚的大土地私有制法典化。与此同时，第二种占田制也承认小农土地私有的合法性，把农民占耕的屯田私有化，并按丁之多寡而不是按田之数量课税，以强化对自耕农的人身控制。⑦ 西晋实行的计丁占田制不仅使农民在法定额度内占有的土地得到确认，而且为部分国有土地的私有化提供了依据。因为，按照在这之前的历史传统："其地有草者，尽曰官田"⑧，也就是说荒地是属于国有的。但是从战国商鞅变法为了鼓励百姓垦荒就逐渐有这样一种习惯：

> 垦辟弃地，悉为田畴，而不使其有尺寸之遗，以尽地利，使民有田，即为永业，

---

① （晋）陈寿撰，（南朝宋）裴松之注，中华书局编辑部编：《三国志·卷十六·魏书十六·仓慈》，213 页，北京，中华书局，1998。

② 关于占田令的性质问题，国内学界众说纷纭，主要有授田说和限田说的分歧。

③ 参见魏天安：《从模糊到清晰：中国古代产权制度之变迁》，载《中国农史》，2003（4）。

④ 《马克思恩格斯全集》，第 1 卷，382 页，北京，人民出版社，1956。

⑤ （唐）房玄龄等撰：《晋书·卷四十六·列传第十六·李重》，1310～1311 页，北京，中华书局，1974。

⑥ （唐）房玄龄等撰：《晋·卷二十六·志第十六·食货》，790 页，北京，中华书局，1974。

⑦ 参见魏天安：《从模糊到清晰：中国古代产权制度之变迁》，载《中国农史》，2003（4）。

⑧ （宋）范晔撰，（唐）李贤等注：《后汉书·卷四十九·列传第三十九·仲长统·昌言·损益篇》，1656 页，北京，中华书局，1965。

而不复归授。①

西晋的占田制起到了将几百年的传统习惯以法律的形式固定下来的作用，使农民能够通过合法的形式将过去国有的荒地变成私有的土地。

（二）东晋南朝私有田庄的膨胀

大地主田庄是当时社会经济政治背景下的必然产物，西晋建立后，采取笼络江南豪门大姓的政策，十六国时期北方战乱，南方相对安宁，有一些江北大姓为避战乱逃到江南，加之西晋以来荫客制②基础上的占客令的推行使东晋和南朝的私有大地主田庄极度膨胀。东晋南朝不仅逐步扩大占田占客的数量，而且破坏山林川泽不许私有的历史传统，使按品官高低确定占田数额的规定名存实亡。

东晋南朝私有田庄的膨胀主要体现在以下几个方面：第一，"土断之例"助长了大地主田庄的形成发展。自永嘉之乱后，流民大量南徙，主客户错杂，户口无法稽查，于是政府不得不实行"土断之例"，凡"亡乡失土，逐食流移者……不问侨旧，悉令著籍，同土断之例"③。土断制实施的本意是通过整理户籍，以便于政府编户齐民征收赋税。对"民籍不立"的"无贯之人"编入国家户籍，但是由于赋役沉重，北方迁来的流民往往在"土断之际"，隐匿不报户口，请求世家大族的保护，这就是所谓的"隐丁匿口"，他们的数量相当可观，并与奴婢构成了世家豪族的直接生产者。加之荫客制的法律化，使地主可以合法地占有大量免除国家课役的廉价劳动力，这些"隐丁匿口"几乎成为地主的私有财产，与地主有极强的人身依附关系。但是我们也可以看得出来，国家的正常运转也需要大量的编户农民，他们是国家田税、户调和徭役的主要承担者，国家如果不控制相当数量的自由农，就会丧失其赖以生存的经济基础，所以这个时期，世家田庄与国家之间争夺自由农民的斗争也始终存在。西晋初年，晋武帝严格限制私自召募、荫庇佃客，对于违犯者处以重罚：

> 武帝践位，诏禁募客，恂明峻其防，所部莫敢犯者。④

晋武帝泰始五年（269 年）正月又下敕令：

> 豪势不得侵役寡弱，私相置名。⑤

刘裕当政之时，虞亮由于"复藏匿亡命千余人"导致"公诛亮，免会稽内史司马

---

① （宋）马端临撰：《文献通考·田赋考·卷第一·历代田赋之制》引朱子《开阡陌辩》，31 页，上海，商务印书馆，1936。

② "客"是相对于宗姓而言，广义上泛指非本乡和非本宗族的人，但是，随着私有田庄的发展，大量的破产农民以逃亡者的身份和佃作的形式，投靠地主成为依附农民。按照官品的高低规定了不同的荫庇数："其应有佃客者，官品第一、第二者，佃客无过五十户，第三品十户，第四品七户，第五品五户，第六品三户，第七品二户，第八品、第九品一户"。参见林甘泉主编：《中国封建土地制度史》（第一卷），517 页，北京，中国社会科学出版社，1990。

③ （唐）姚思廉等撰：《陈书·卷三·本纪第三·世祖》，转引自许嘉璐主编，杨忠等编译：《二十四史全译之陈书·卷三·本纪第三·世祖陈蒨》，46 页，北京，汉语大词典出版社，2004。

④ （唐）房玄龄等撰：《晋书·卷九十三·列传第六十三·王恂》，2412 页，北京，中华书局，1974。

⑤ （唐）房玄龄等撰：《晋书·卷二十六·志第十六·食货》，786 页，北京，中华书局，1974。

休之"①。

第二，山川薮泽私有化得到法律的认可。占据山川薮泽是这个时期大地主田庄的共同之处，例如，当时的世家大族最典型的占山占水者当推谢灵运和孔灵符。《宋书·卷六十七·列传第二十七·谢灵运》对他家的山川湖泊和整个田庄的繁盛状况有这样的记载：

> 灵运父祖并葬始宁县，并有故宅及墅，遂移籍会稽，修营别业，傍山带江，尽幽居之美。灵运因父祖之资，生业甚厚。奴僮既众，义故门生数百，凿山浚湖，功役无已。寻山陟岭，必造幽峻，岩嶂千重，莫不备尽。……尝自始宁南山伐木开迳，直至临海，从者数百人。临海太守王琇惊骇，谓为山贼，徐知是灵运乃安。②

孔灵符的田庄也是有山有水："灵符家本丰，产业甚广，又于永兴立墅，周回三十三里，水陆地二百六十五顷，含带二山，又有果园九处。为有司所纠，诏原之……"③

在这个时期，国家与地主争夺山林川泽的过程中，经历了从严厉打击到法律上不得不适度承认的过程。东晋咸康二年（336年），制定"壬辰之科"颁布诏书：

> 占山护泽，强盗律论，赃一丈以上，皆弃市。④

东晋安帝义熙九年（413年），颁布诏令禁止占山封水：

> 先是山湖川泽，皆为豪强所专，小民薪采渔钓，皆责税直，至是禁断之。⑤

到宋孝武帝大明（457—464年）初年朝廷就不得不规定按照官品的高低确定占山的顷数，超出限额者才依常盗律论罪，这样就废除了咸康二年的壬辰之科。"这条法令的严重性是在于国家第一次用法律形式公开承认私人占有山泽的合法；封建政府公开宣布放弃历史上传统的山泽独占权。说明中国大土地所有制的发展，已进入新阶段。"⑥以后的宋孝武帝、梁武帝为了标榜施仁政与民，都颁布过禁止占山封水的禁令，但是，一则由于这个时期的王朝都是在这些世家大族们的支持下才建立的，所以这些诏令往往只有道义上的责问而没有实际的处罚措施，例如，南齐高帝建元元年（479年），只是下了一个空洞的诏书，其中写道："二宫诸王，悉不得营立屯邸，封略山湖。"⑦但是，如果占山封水后该如何处罚却没有下文。二则即便朝廷想用严刑峻法禁止占山封水，由于当时政治环境的混乱，朝廷的法令是很难贯彻下去的，梁武帝大同七年（541年）颁布诏书，有严刑禁止封山占水，防止国家资源私有化的内容：

> ……遂至细民措手无所。凡自今有越界禁断者，禁断之身，皆以军法从事。若是公家创内，止不得辄自立屯，与公竞作以收私利。至百姓樵采以供烟爨者，悉不得禁；

---

① （梁）沈约撰：《宋书·卷二·本纪第二·武帝中》，27页，北京，中华书局，1974。

② （梁）沈约撰：《宋书·卷六十七·列传第二十七·谢灵运》，1754、1775页，北京，中华书局，1974。

③ （梁）沈约撰：《宋书·卷五十四·列传第十四·孔灵符》，1533页，北京，中华书局，1974。

④ （梁）沈约撰：《宋书·卷五十四·列传第十四·孔灵符》，1537页，北京，中华书局，1974。

⑤ （梁）沈约撰：《宋书·卷二·本纪第二·武帝中》，29页，北京，中华书局，1974。

⑥ 乌廷玉：《中国历代土地制度史纲》（上卷），151页，长春，吉林大学出版社，1987。

⑦ （宋）王钦若等编：《宋本册府元龟·卷一九一·闰位部·政令》，522页，北京，中华书局，1989。

及以采捕，亦勿呵问。若不遵承，皆以死罪结正。①

但是，这样的诏令在走马灯似的朝代更替和宫廷争斗不断的情势下，加之世家大族对朝廷潜在的威慑力，是不可能得到确实遵守的。

（三）寺院土地所有权明确化

佛教寺院垦殖土地，兼射商利，从而形成经济实体，大约始于两晋。西晋时，已有资财颇丰的豪人皈依佛门。梁时佛教最盛：

> 都下佛寺五百余所，穷极宏丽，僧尼十余万，资产丰沃。所在郡县，不可胜言。道人又有白徒，尼则皆畜养女，皆不贯人籍，天下户口几亡其半。②

寺院倚靠政治和宗教的特权大量占有土地，北魏孝文帝时，"寺夺民田，三分居一"，"非但京邑如此，天下州、镇僧寺亦然。侵夺细民，广占田宅……"③。这些土地从来源上分析，既有受法律保护的，也有非法侵占的。

受法律保护的寺院土地来源主要有布施和购买。大量的布施来源于皇室、豪族官僚、地主。上自皇帝，下至世族，构成了寺院地主经济急剧膨胀的输血队伍。在皇帝中，对寺院地主经济贡献最大的莫过于以"菩萨"自居的梁武帝。他曾三次舍身同泰寺，让公卿大臣以钱亿万奉赎。其中一次"皇帝舍财遍施，钱绢银锡杖等物，二百一种。值一千九十六万。皇太子……又施僧钱绢，值三百四十万。六宫所舍二百七十万。……是时朝臣至于民庶，并各随喜，又钱一千一百一十四万"④。不难看出，寺院的兴起，主要是笃信佛教的统治阶层大力资助的结果。《石窟寺本末》中记载，今河南巩县石窟寺，在北魏时"买官田二十顷"，在魏孝文帝时，再次"买寺田二十顷"⑤。寺院不合法占有土地的方式多种多样，诸如寺院"侵夺细民，广占田宅"，"翻改契券，侵蠹贫下"⑥的记载时有所见。梁武帝曾于大同七年（541年）下诏说：

> 又复公私传、屯、邸、冶，爰至僧尼，当其地界，止应依限守规；乃至广加封固，越界分断水陆采捕及以樵苏，遂至细民措手无所。……若不遵承，皆以死罪结正。⑦

贫苦农民依附于沙门，以求寺院庇护，也是寺院土地扩大的重要方式。南北朝时期，赋税和徭役极为繁重，但僧尼却"寸绢不输官府，斗米不进公仓"，"家休小大之调，门停

---

① （唐）姚思廉等撰：《梁书·卷三·本纪第三·武帝下》，转引自许嘉璐主编，杨忠等编译：《二十四史全译之梁书·卷三·本纪第三·武帝萧衍（下）》，73页，北京，汉语大词典出版社，2004。

② （唐）李延寿撰：《南史·卷七十·列传第六十·循吏·郭祖深·舆榇诣阙上封事略》，1721~1722页，北京，中华书局，1975。

③ （北齐）魏收撰：《魏书·卷一百一十四·志第二十·释老志》，3045页，北京，中华书局，1974。

④ （唐）（麟德元年）西明寺沙门释道宣撰：《广弘明集·卷十九·法义篇第四之二·御讲金字摩诃般若波罗蜜经序（萧子显）》，宋刻宋印湖州思溪圆觉禅院刻本。

⑤ 原文见《中州今古》，1985（4），转引自蒲坚主编：《中国历代土地资源法制研究》，162页，北京，北京大学出版社，2006。

⑥ （北齐）魏收撰：《魏书·卷一百一十四·志第二十·释老志》，3041页，北京，中华书局，1974。

⑦ （唐）姚思廉等撰：《梁书·卷三·本纪第三·武帝下》，转引自许嘉璐主编，杨忠等编译：《二十四史全译之梁书·卷三·本纪第三·武帝萧衍（下）》，72~73页，北京，汉语大词典出版社，2004。

强弱之丁，入出随心，往还自在"①。寺院所受的免税免役优待，对一般编户齐民更具有强大的诱惑力，贫苦农民纷纷"竭财以赴僧，破产以趋佛"②，"假慕沙门，实避调役"③。

二、唐中后期开始——私有土地所有权占据主导地位

北魏均田制颁布不过二三十年，均田户的破产、逃亡问题即十分突出，北齐、北周、隋、唐无不如此，以至每个王朝都不得不重建田制框架，而每次重建，土地所有权就有所深化，国家干预也相应减弱。一直以来，关于唐代土地制度的研究很多，但是对于唐代土地所有权的属性学界却存在争议。④

大多数学者认为，尤其是近二十年，学者大都认为，唐代的土地从所有权上考证，大多具有公有和私有的两重性，具体表现为制度层面力图维护土地国有和实际社会发展中土地逐步私有化，土地的所有权在唐代经历了从公有到私有的动态演变过程。实际上，从秦商鞅变法首次承认了土地的私有产权，但在中唐以前，由于国家干预较强，这种私有产权受诸多限制。土地主要是一种等级的体现，不是纯粹经济意义上的物，这一点我们从均田制中可明显看出。从表面来看，"计口授田"无疑具有平均思想，但是在当时的历史条件下，"口"就是"人"，而人是具有等级性的。所以，均田制下的土地授受，从本质上来说应是一种按等级授田，反映了在当时土地资源的分配过程中，政治力量起着决定性的作用，当然，也正是这点决定了均田制崩溃的必然性。下面我们试图从制度和实际社会两个层面考察唐代土地所有权问题。

---

① （唐）（麟德元年）西明寺沙门释道宣撰：《广弘明集·卷二四·僧行篇第五之二·谏仁山深法师罢道书（徐陵）》，宋刻宋印湖州思溪圆觉禅院刻本。

② （唐）姚思廉等撰：《梁书·卷四十八·列传第四十二·儒林·范缜·神灭论》，转引自许嘉璐主编，杨忠等编译：《二十四史全译之梁书·卷四十八·列传第四十二·儒林·范缜·神灭论》，北京，汉语大词典出版社，2004。

③ （唐）（麟德元年）西明寺沙门释道宣撰：《广弘明集·卷第二·归正篇第一之二》，"熙平元年诏遣沙门慧生"条，宋刻宋印湖州思溪圆觉禅院刻本。

④　20世纪30年代鞠清远、陶希圣合写的《唐代经济史》，对诸如田庄、客户等唐代土地有关问题都有论述。五六十年代，学界围绕均田制的推行问题展开了激烈的讨论。邓广铭《唐代租庸调法的研究》（1954年）依据敦煌户籍中各户受田数远低于应受田数，而且两者的比例又各不相同，提出均田制从未认真实行过的论点，掀开了论战的序幕。韩国磐、胡如雷等人先后在《历史研究》等杂志上发表文章提出反对意见。到了八十年代，均田制的研究进一步深入。翁俊雄《关于唐代均田制中永业田的性质问题》（1982年）提出把永业田与口分田当成国有土地、具有两重性的观点。宋家钰《唐代户籍上的田籍与均田制——唐代均田制的性质与施行问题研究》（1983年）从唐代户籍上的田籍出发，比较深入地论述了唐代均田制的性质与施行方面的一些疑难问题。翁俊雄《隋代均田制研究》（1984年）不同意有些论著关于隋代只是承认北齐均田制、并未认真推行的观点。宋家钰的专著《唐朝户籍法与均田制研究》（1988年）及相关的论文通过对户籍法的研究，发现均田令实际上是国家关于土地占有最高限额的规定，户籍上的已受就是来自祖业的私田，它们被划分为口分田和永业田，是为了按照均田令审查民户土地的继承和转让的合法性，性质上是私田。王永兴《论唐代均田制》（1987年）一文也认为均田制是国家对私田的管理制度。翁俊雄《唐代职分田制度研究》（1990年）认为职分田不是均田制的一个组成部分，或是从均田制中脱颖而出的，唐代官员政府取得收入中，职分地租占重要地位，与官永业田比较，前者比较落后，后者有名无实。杨际平《均田制新探》（1991年）肯定均田制的土地国有性质，但他通过对四至和自田的考察，认为永业田、口分田之外仍存在私田。武建国《均田制研究》（1992年）对均田制进行了整体、系统的探索和研究，提出均田制下的永业田和口分田具有国有和私有两重性质。

（一）受限制的土地私人所有权的形态

为了保障均田制的推行，隋唐两代对土地买卖在立法环节都有种种限制。从立法层面，隋唐时期的立法就为土地私有留出一席之地。在均田、土地国有的大背景下，国家对私有土地也有明确的规定，尽管所有权的有些权益受到一定程度的限制。其合法所有的土地在当时的主要形态有：永业田、园宅墓田和寺院土地。

1. 永业田

永业田的私有特点表现为在受田者去世后由子孙继承，国家不再收回。关于永业田的数量，隋唐时期都有明确的规定："（隋文帝）令自诸王下至于都督，皆给永业田。各有差，多者至百顷，少者至三十顷。"① 一般老百姓也有永业田，"其丁男、中男永业露田，皆遵后齐之制"②。唐代关于官吏永业田的数量更有明细的规定（大唐开元二十五年，737 年）：

> 其永业田：亲王百顷，职事官正一品六十顷，郡王及职事官从一品各五十顷，国公若职事官正二品各四十顷，郡公若职事官从二品各三十五顷，县公若职事官正三品各二十五顷，职事官从三品二十顷，侯若职事官正四品各十四顷，伯若职事官从四品各十顷，子若职事官正五品各八顷，男若职事官从五品各五顷。上柱国三十顷，柱国二十五顷，上护军二十顷，护军十五顷，上轻军都尉十顷，轻军都尉七顷，上骑都尉六顷，骑都尉四顷，骁骑尉、飞骑尉各八十亩，云骑尉、武骑尉各六十亩。③

对于普通老百姓的授田，明显地有着"均贫富"的理想在其中。根据《唐律疏议·卷第十三·户婚》："依田令：'授田：先课役，后不课役；先无，后少；先贫，后富。'"④ 具体的授田数量是：

> 凡给田之制有差，丁男、中男以一顷（原注：中男年十八以上者，亦依丁男给），老男笃疾废疾者以四十亩，寡妻妾以三十亩，如为户者，减丁之半。凡天下田分为二等，一曰永业，一曰口分。丁之田，二为永业，八为口分。⑤

可以根据此推断分配到百姓手中的土地至少有百分之二十是属于私有性质的。

2. 园宅墓田

其也具有私人属性，无须返还国家，后代有权继承，尤其是墓田一般属于家族所有，由家族的后人代代相传。根据《隋书·食货志》的记载，普通百姓"其园宅，率三口给一亩，奴婢则五口给一亩"⑥，到了唐代法律也有类似的规定：

> 凡天下百姓给园宅地者，良口三人以下给一亩，三口加一亩；贱口五人给一亩，

① （唐）杜佑撰：《通典·卷二·食货二·田制下》，杭州，浙江古籍出版社，2000。
② （唐）杜佑撰：《通典·卷二·食货二·田制下》，杭州，浙江古籍出版社，2000。
③ （唐）杜佑撰：《通典·卷二·食货二·田制下》，杭州，浙江古籍出版社，2000。
④ （唐）长孙无忌等撰，刘俊文点校：《唐律疏议·卷第十三·户婚·授人田课农桑》，249 页，北京，中华书局，1983。
⑤ （唐）玄宗李隆基御撰，（唐）李林甫奉敕注，张希亮校正：《唐六典·卷三·尚书户部》，宋绍兴四年温州州学刻本，分藏于中国国家图书馆、南京博物院、北京大学图书馆。
⑥ （唐）魏征等撰：《隋书·卷二十四·志第十九·食货》，680 页，北京，中华书局，1973。

五口加一亩。①

在国家律典中，对公私田有同样的保护措施，等于变相承认私有土地所有权的合法性。如《唐律疏议·户婚》中有规定：

> 诸盗耕种公私田者，一亩以下笞三十，五亩加一等；过杖一百，十亩加一等，罪止徒一年半。②

> 诸妄认公私田，若盗贸卖者，一亩以下笞五十，五亩加一等；过杖一百，十亩加一等，罪止徒二年。③

而且，若官吏利用职务之便侵夺土地私有权还要加重处罚："诸在官侵夺私田者，一亩以下杖六十，三亩加一等；过杖一百，十亩加一等，罪止徒二年。"由于墓田的私人属性，及其在古代家族社会的特殊作用，对其专门地保护，在《唐律疏议》中卷十三有"盗耕人墓田"条：

> 诸盗耕人墓田，杖一百；伤坟者，徒一年。即盗葬他人田者，笞五十；墓田，加一等。仍令移葬。若不识盗葬者，告里正移埋，不告而移，笞三十。即无处移埋者，听于地主口分内埋之。④

3. 寺院土地

唐代的授田对象包括僧尼道士，这也是唐代的首创。⑤《唐六典·尚书户部》记载："凡道士给田三十亩，女冠二十；僧、尼亦如之。"⑥寺院土地的来源不主要靠授田，但是由于唐代很多皇帝和官僚贵族都信奉佛教或道教，寺院土地不断地扩大。例如，唐玄宗开元十八年（730年），金仙长公主奏请把自己的土地捐献给寺院，《金石萃编》卷八十三记载此事曰：

> 范阳县东南五十里上垡村裏子淀中麦田、庄并果园一所及环山林麓，东接房南岭，南逼他山，西止白带山口，北限大山分水界，并永充供给山门之用。安史之乱后，土地买卖弛禁，寺院也卷入买卖田土的狂潮，田土面积更进一步扩张。狄仁杰就曾说当时各地寺院"膏腴美业，倍取其多；水碾庄园，数亦非少"⑦。

---

① （唐）玄宗李隆基御撰，（唐）李林甫奉敕注，张希亮校正：《唐六典·卷三·尚书户部》，宋绍兴四年温州州学刻本，分藏于中国国家图书馆、南京博物院、北京大学图书馆。

② （唐）长孙无忌等撰，刘俊文点校：《唐律疏议·卷第十三·户婚·盗耕种公私田》，244页，北京，中华书局，1983。

③ （唐）长孙无忌等撰，刘俊文点校：《唐律疏议·卷第十三·户婚·妄认公私田》，245页，北京，中华书局，1983。

④ （唐）长孙无忌等撰，刘俊文点校：《唐律疏议·卷第十三·户婚·盗耕人墓田》，246页，北京，中华书局，1983。

⑤ 僧尼道士在唐代被首次授田的原因，有各种说法。我们认为最主要的原因是唐代经济文化的繁荣也带动了宗教的兴盛，佛教、道教受到朝廷的推崇使僧尼道士的社会地位提高。

⑥ （唐）玄宗李隆基御撰，（唐）李林甫奉敕注，张希亮校正：《唐六典·卷三·尚书户部》，宋绍兴四年温州州学刻本，分藏于中国国家图书馆、南京博物院、北京大学图书馆。

⑦ （后晋）刘昫等撰：《旧唐书·卷八十九·列传第三十九·狄仁杰》，转引自许嘉璐主编，黄永年等编译：《二十四史全译之旧唐书·第四册·卷八十九·列传第三十九·狄仁杰》，2363页，北京，汉语大词典出版社，2004。

从史籍记载分析，唐代宗、穆宗、文宗时期寺院更大量买田。肃宗时期，扬州六合县灵居寺贤禅师"置鸡笼墅、肥地庄、山原连绵，亘数十顷"①。

（二）土地私有权的扩张路径——土地买卖

在现存的史料中，首先看到的是对买卖田土禁止性规定："诸卖口分田者，一亩笞十，二十亩加一等，罪止杖一百；地还本主，财没不追。"《唐律疏议》是这样解释的："'口分田'，谓计口受之，非永业及居住园宅。辄卖者，礼云'田里不鬻'，谓受之于公，不得私自鬻卖……"② 开元二十三年（735 年）九月，又颁《禁买卖口分永业田诏》，云：

> 天下百姓口分永业田，频有处分，不许买卖典贴。如闻尚未能断，贫人失业，豪富兼并，宜更申明处分，切令禁止。③

玄宗天宝十一年（752 年），再颁《禁官夺百姓口分永业田诏》：

> 自今已后，更不得违法买卖口分、永业田，及诸射、兼借公私荒废地、无马妄请牧田、并潜停客户、有官者私营农。如辄有违犯，无官者决杖四十，有官者录奏取处分。④

统治者在禁止买卖田土的诏书、律令颁布的同时，也为田土的买卖留下了缺口，即唐代从一开始就允许一定条件下的田土交易。如在《唐律疏议》中就有关于"即应合卖者，不用此律"的规定：

> 即应合卖者，谓永业田家贫卖供葬，及口分田卖充宅及碾磑、邸店之类，狭乡乐迁就宽者，准令并许卖之。其赐田欲卖者，亦不在禁限。其五品以上若勋官，永业地亦并听卖。故云不用此律。⑤

其次，来考证口分田买卖的情况，正如前面所引"诸卖口分田者，一亩笞十，二十亩加一等，罪止杖一百；地还本主，财没不追"⑥。口分田在开元以前是不准买卖的，到开元时期放宽到，狭乡迁往宽乡者，"虽非乐迁，亦听私卖"⑦。唐朝中后期，均田制逐渐瓦解，地主庄园普遍建立，土地归为私有，政府不再限制土地买卖了，口分田的买卖也就成为常事。如《敦煌社会经济文献真迹释录》第二辑录《唐天复九年安力子卖地契》：

---

① 蒲坚主编：《中国历代土地资源法制研究》，207 页，北京，北京大学出版社，2006。

② （唐）长孙无忌等撰，刘俊文点校：《唐律疏义·卷第十二·户婚·卖口分田》，242 页，北京，中华书局，1983。

③ （宋）王钦若等编：《宋本册府元龟·卷四九五·邦计部一十三·田制》，1252 页，北京，中华书局，1989。

④ （清）董诰等编：《全唐文·卷三十三·元宗十四·禁官夺百姓口分永业田诏》，366 页，北京，中华书局，1983。

⑤ （唐）长孙无忌等撰，刘俊文点校：《唐律疏义·卷第十二·户婚·卖口分田》，242 页，北京，中华书局，1983。

⑥ （唐）长孙无忌等撰，刘俊文点校：《唐律疏义·卷第十二·户婚·卖口分田》，242 页，北京，中华书局，1983。

⑦ "卖充住宅、邸店、碾磑者，虽非乐迁，亦听私卖。"（唐）杜佑撰：《通典·卷二·食货二·田制下》，杭州，浙江古籍出版社，2000。

阶和渠地壹段两畦共五亩，东至唐荣德，西至道，氾温子，南至唐荣德及道，北至子渠及道。又地壹段两畦共贰亩，东至吴通通，西至安力子，南至子渠及道，北至吴通通。已上计地四畦共柒亩，天复己巳岁十月七日，洪润乡百姓安力子及男擖搔为缘阀少用度，遂将父祖口分地出卖与同乡百姓令狐进通。断作价值生绢一匹，长四丈。其地及价当日交相分付讫，一无玄欠。[①]

《唐天复九年安力子卖地契》

图片来源：《敦煌社会经济文献真迹释录》（第二辑）（八），全国图书馆文献缩微复制中心，1990。

口分田所有权归国家所有，受田农民身死，国家"则收入官，更以给人"，严禁买卖，只有在特殊情况下国家才允许买卖口分田。安力子等卖口分田的契约出现在唐代末年，此时均田制早已崩溃，庄园制已全面建立，土地私有化程度很高，买卖口分田是完全合法的。

正如叶适所言：

> 方授田之初，其制已自不可久，又许之自卖，民始有契约文书而得以私自卖易。故唐之比前世，其法虽为粗立，然先王之法，亦自此大坏矣！[②]

立法层面，无论是禁止还是限制，唐代商品经济的发展造就了有利于私有产权成长的社会环境，当然，对土地私有产权制度变革产生最直接影响的是土地买卖。到了唐代，市场关系迅速向农村扩展，自中唐以来，商业性农业的发展，促进了土地占有和所有关系向

---

① 唐耕耦、陆宏基编：《敦煌社会经济文献真迹释录》（第二辑），310页，全国图书馆文献缩微复制中心，1990。

② （宋）马端临撰：《文献通考·田赋考·卷第二·历代田赋之制》，43页，上海，商务印书馆，1936。

长期化、稳定化的方向发展。在唐代以前的均田制下，虽然在某些特殊情况下曾允许永业田的买卖，但总的说来，国家对土地买卖是严格限制的。但是，面对日益严重的土地买卖，一纸诏令是根本解决不了问题的。天宝十一年（752 年）的一道诏令证明了这点。该诏令说：

> 如闻王公百官及富豪之家，比置庄田，恣行吞并，莫惧章程。借荒者皆有熟田，因之侵夺，置牧者惟指山谷，不限多少。爰及口分永业，违法卖买，或改籍书，或云典贴，致令百姓无处安置。乃别停客户，使其佃食。①

时人杜佑也指出："虽有此制，开元之季，天宝以来，法令弛坏，兼并之弊，有踰于汉成、哀之间。"② 土地买卖的过程，是对原有束缚私有产权法律饬令不断冲击的过程，土地私有产权制度的变革正是在土地频繁买卖的过程中实现的。

通过对敦煌吐蕃文书整理研究，我们可以更加深入地体会到唐代田土的实际状况怎样通过频繁的买卖逐步转向私有。在敦煌文书整理中有划时代意义的是《敦煌资料》第一辑的问世，它用新式标点式对所录敦煌文书资料进行整理、分类和定名，其中有关于买卖土地的契约（如《唐大中六年僧张月光易地契》、《唐乾宁四年张义全卖宅舍契》、《高昌延寿八年孙阿父师买舍券》、《高昌延寿十四年康保谦买园券》、《高昌张元相买葡萄园券（年代残缺）》）。从这些资料和其他的史料相佐，我们可以推测出唐代土地买卖的法律要件。

要件之一：订立书面契约。因为在古代土地是最重要的交易物，为了慎重起见，买卖土地都要订立书面契约。在书面契约中一般要写明以下几个方面的内容：契约签订的时间、买卖双方的姓名、土地的四至和亩数、土地买卖的担保人和见证人（担保人要承担连带责任、见证人只起契约订立的见证作用而无须承担连带责任）。买卖双方在契约成立后的保证，从现在的史料来看，对契约订立后当事人的悔约行为，往往有明确的违约责任的约定，例如《未年安环清卖地契斯一四七五》中对违约责任有这样的约定：

> 一卖□如若先翻悔，罚麦伍硕，入不悔人。已后若恩敕，安清罚金伍两纳入官，官有政法，人从私契两共平章，书指为记。③

《唐大中六年僧张月光易地契》也有类似的约定：

> 一定已后，不许休悔；如先悔者，罚麦贰拾驮入军粮，仍决杖卅。④

我们选一份契约为例，体会当时契约的主要内容和必备要件：

《元和九年乔进臣买地契》⑤：

---

① （清）董诰等编：《全唐文·卷三十三·元宗十四·禁官夺百姓口分永业田诏》，365 页，北京，中华书局，1983。

② （唐）杜佑撰：《通典·卷二·食货二·田制下》，16 页原注，杭州，浙江古籍出版社，2000。

③ 中国科学院历史研究所资料室编：《敦煌资料（第一辑）·契约文书·未年安环清卖地契斯一四七五》，293 页，北京，中华书局，1961。

④ 中国科学院历史研究所资料室编：《敦煌资料（第一辑）·契约文书·唐大中元年（公元八五二）僧张月光易地契伯三三九四》，287 页，北京，中华书局，1961。

⑤ 参见 [日] 仁井田陞：《唐宋法律文书之研究（第二编）·第一章·第二节》，东方文化学院东京研究所刊，1937。

元和九年九月廿七日，乔进臣买德地一段。东至东海，西至山，南至釰各，北至长城，用钱九十九千九百九文。其钱交付讫，其得更不得忏吝。如有忏吝，打你九千，使你作奴婢。

上至天，下至皇（黄）泉。

保人张坚故

保人管公明

保人东方朔

见人李定度

涿州范阳县向阳乡永乐村郭义理

南二里人　　　　　　　　　　　　　　　　　　　　乔进臣牒

要件之二：官司申牒。根据《通典》卷二记载："凡买卖，皆须经所部官司申牒，年终彼此除附。若无文牒辄买卖，财没不追，地还本主。"《唐律疏议》卷十三《户婚》"妄认盗卖公私田"条更有明确的规定：

> 依《令》：田无文牒，辄卖买者，财没不追。苗、子及买地之财，并入地主。

可见，国家对土地交易采取公示主义，即购买土地时要向当地的主管机关申报，经官府确认后，到年底时，将卖主旧的田籍换为买主新的田籍，并发给土地所有的凭证，类似于今天的不动产过户手续。如果双方没有向官府申报，其土地交易行为不受法律保护，官府会将土地没收后返还给原主。政府对土地交易的干预最直接的目的是为了赋税管理的方便，因为赋税随田走，官府只有明确田主是谁，才能保障征收赋税的顺畅。

但是，我们也可以看出，由于政府对土地交易行为的介入，加强了土地交易的安全性，土地交易双方也会把官府"申牒"作为保障土地交易契约能够得到履行的安全保障。如前面引用的《元和九年乔进臣买地契》和《安国寺买地契》都提到了"申牒"的环节。霍存福认为，在申牒的过程中，官府可能还存在着一个审查程序，即审查出卖者的权利资格。[①]而出卖者的资格问题，从相关资料来分析，主要是家长权问题，即考虑出卖土地是否征得了家长的同意，尊亲家长表示同意是避免将来发生纠纷的一个重要因素。这种家长权规定在唐开元《杂令》载：

> 诸家长在（谓三百里内，非隔阂者），而子孙弟侄等，不得辄以奴婢、六畜、田宅及余财物私自质举及卖田宅（无质而举者，亦准此）。其有质举、卖者，皆得本司文牒，然后听之。若不相本问，违而与及买者，物即还主，钱没不追。[②]

实践中，只要尊亲属在，即便家中有成丁，往往尊亲属也要联合署名，以《未年安环清卖地契》为例，署了地主安环清年廿一，21岁已是成年年龄，仍在后署了"师叔正灯（押）母安年五十二、姊夫安恒子……"的名。[③]

---

① 参见霍存福：《再论中国古代契约与国家法的关系》，载《法制与社会发展》，2006（6）。

② ［日］仁井田陞：《唐令拾遗》，栗劲、霍存福、王占通等编译，788～789页，长春，长春出版社，1998。

③ 参见中国科学院历史研究所资料室编：《敦煌资料（第一辑）·契约文书·未年安环清卖地契斯一四七五》，294页，北京，中华书局，1961。

《未年安环清卖地契》

图片来源：《敦煌社会经济文献真迹释录》（第二辑）（一），全国图书馆文献缩微复制中心，1990。

（三）唐代地主庄园经济——土地高度私有的体现

据唐史专家张泽咸先生考证，最早的"庄"是东魏祖鸿勋在范阳雕山的山庄。[①] 到了隋朝以后，私有土地（庄田）继续发展。《旧唐书》第五十八卷《柴绍传》附《平阳公主传》载：

> 绍即间行赴太原，公主乃归鄠县庄所，遂散家财，招引山中亡命，得数百人。[②]

隋末农民战争冲击了大小庄主，同时加之唐初的均田制，暂时缓和了土地兼并。

从唐朝文献看来，当时的"庄田"、"庄园"，一般是指耕地及附属茅舍（客坊）、碾硙等。《旧唐书》第九十九卷《张嘉贞传》载："嘉贞虽久历清要，然不立田园。及在定州，所亲有劝植田业者，嘉贞曰：吾忝历官荣，曾任国相，未死之际，岂忧饥馁？若负谴责，虽富田庄，亦无用也。比见朝士广占良田，及身没后，皆为无赖子弟作酒色之资，甚无谓也。"[③] 这段记载里的"田园、田业、田庄"三个词讲的是一件事，就是田地，田地在唐朝也叫田庄、庄田、庄园等。

在唐代，庄园进入玄宗朝，不断突破法律禁限，社会上层强势集团的大土地实现私有

---

① 参见张泽咸：《唐代的寄庄户》，载《文史》，1978（5）。

② （后晋）刘昫等撰：《旧唐书·卷五十八·列传第八·柴绍·（妻）平阳公主》，转引自许嘉璐主编，黄永年等编译：《二十四史全译之旧唐书·第三册·卷五十八·列传第八·平阳公主》，1836页，北京，汉语大词典出版社，2004。

③ （后晋）刘昫等撰：《旧唐书·卷九十九·列传第四十九·张嘉贞》，转引自许嘉璐主编，黄永年等编译：《二十四史全译之旧唐书·第四册·卷九十九·列传第四十九·张嘉贞》，2546页，北京，汉语大词典出版社，2004。

并步入快速发展时期，大规模的私人田庄蓬勃兴起。当时"朝士广占良田"①，已成社会风气。刑部尚书卢从愿被密告"盛殖产，占良田数百顷"，"帝（玄宗）自此薄之，目为多田翁"②。东都留守李憕"丰于产业，伊川膏腴，水陆上田，修竹茂树，自城及阙口，别业相望，与吏部侍郎李彭年皆有地癖"③。权相李林甫"京城邸第、田园、水磑，利尽上腴"④。地方上，土地私有化程度也很高，天宝年间，相州人王叟，"家邺城，富有财……积粟近至万斛……庄宅尤广，客二百余户"⑤。可见当时疯狂的土地买卖和兼并已经席卷全国，到懿宗朝，高度的土地私有化已导致极度的土地分配不均衡，所谓的"富者有连阡之田，贫者无立锥之地"⑥ 是当时土地贫富不均的辛酸写照。

地主庄园土地的主要来源是地主、官僚、商人兼并土地，形成大规模的庄园，其中之一是通过合法的途径：或是皇帝赐予或是购买。例如，属于皇帝所赐庄园的记载有《唐会要》卷八十四记载大中六年（864 年）三月敕：

> 先赐郑光鄠县及云阳县庄各一所，府县所有两税及差科色役，并特宜放者。

《全唐文·卷二十五·元宗六·加哥舒翰爵赏制》记载：

> 赐音声小儿十人，庄园各一所。⑦

《全唐文·卷二十四·元宗五·追尊元元皇帝父母并加谥远祖制》记载："各赐近城庄园各一所。"⑧

购买庄园也是唐中期后社会上层的风尚，《南部新书》（已）载：

> 崔群，元和十年典贡，放三十人。……时群夫人李氏谓之曰：君子弟成长，合置庄园乎？对曰：今年已置三十所矣。

李冗《独异志》卷下载：

> 唐崔群为相，清名甚重。元和中，自中书舍人知贡举。即罢失人李氏因暇日常劝

① （宋）司马光编著，（元）胡三省音译：《资治通鉴·卷二百一十三·唐纪二十九·玄宗开元十七年八月条》，6786 页，北京，中华书局，1956。

② （宋）欧阳修、宋祁撰：《新唐书·卷一百二十九·列传第五十四·卢从愿》，转引自许嘉璐主编，黄永年等编译：《二十四史全译之新唐书·第五册·卷一百二十九·列传第五十四·卢从愿》，3098 页，北京，汉语大词典出版社，2004。

③ （后晋）刘昫等撰：《旧唐书·卷一百八十七下·列传第一百三十七·忠义下·李憕》，转引自许嘉璐主编，黄永年等编译：《二十四史全译之旧唐书·第六册·卷一百八十七下·列传第一百三十七·忠义（下）·李憕》，4202 页，北京，汉语大词典出版社，2004。

④ （后晋）刘昫等撰：《旧唐书·卷一百六·列传第五十六·李林甫》，转引自许嘉璐主编，黄永年等编译：《二十四史全译之旧唐书·第四册·卷一百六·列传第五十六·李林甫》，2680 页，北京，汉语大词典出版社，2004。

⑤ （宋）李昉等编：《太平广记·第一百六十五·吝啬·王叟》，1210 页，北京，中华书局，1961。

⑥ （清）董诰等编：《全唐文·卷九百六十八·阙名·（咸通十三年六月中书门下）议免摊配逃亡户口赋税差科奏》，10056 页，北京，中华书局，1983。

⑦ （清）董诰等编：《全唐文·卷二十五·元宗六·加哥舒翰爵赏制》，291 页，北京，中华书局，1983。

⑧ （清）董诰等编：《全唐文·卷二十四·元宗五·追尊元元皇帝父母并加谥远祖制》，281 页，北京，中华书局，1983。

其树庄田，以为子孙之计。

上述记载说的都是崔夫人劝崔群购"庄园"的经过和理由，它从侧面反映了当时唐人的土地私有观。庄园的另外一个来源往往是利用政治权势掠夺或抑买百姓良田，例如，用"借荒置牧"名义向政府请射荒地，然后招佃开垦，归自己名下。

针对大土地私有快速发展所造成的庄园急遽膨胀现象，玄宗多次颁布禁令。天宝十一年（752 年），颁《禁官夺百姓口分永业田诏》，指出当时：

> 王公百官及富豪之家，比置庄田，恣行吞并，莫惧章程。借荒者皆有熟田，因之侵夺；置牧者惟指山谷，不限多少；爰及口分、永业，违法卖买，或改籍书，或云典贴，致令百姓无处安置，乃别停客户，使其佃食。既夺居人之业，实生浮惰之端。远近皆然，因循亦久。①

权贵地主们肆无忌惮，不但在"借荒"、"置牧"名义下，侵吞了大量公有的土地，而且"或改籍书，或云典贴"，不择手段地违法购买均田民户的永业田和口分田，造成了严重的社会问题。

地主庄园的经营方式：唐代土地的生产经营形态和经营方式也发生了显著变化，最重要的是个体小农经济大量破产，田庄租佃经济走向繁荣，广大小农不再是拥有小块土地的耕织结合的个体小生产者，不再是向国家交纳赋税的小农，而大量成为地主田庄上的租佃劳动者，变成了向地主交纳地租的佃农，农业经济的生产方式发生了重大变革。

唐代较大的庄，主人设专人管理，称为庄吏或知庄。唐代田庄的生产者主要是庄客，也称为田客、佃人、客户等，一般庄园有客户上百户也是很普遍的，例如我们前面提到的天宝中相州王叟积粟至万斛，庄宅尤广，有客二百余户。② 庄客大多属于租佃农民，此外也有雇佣农民，称为"佣力客作"，也称为"浮客"、"寄庄户"、"守庄"。"寄住户"所谓"天下编户，贫弱者众，亦有佣力客作，以济粮粮……"③，他们有的是日佣，也有月佣和长工。庄客租佃庄主土地，有的交定额租有的交分成租，如果庄主直接监督管理庄客生产的，大多用分成租；如果不直接进行管理，坐收田租的，往往用定额租。租金往往较国家官税还要重一些，"每田一亩，官税五升，而私家收租，殆有亩至一石者，是二十倍于官税也。降及中等，租尤半之，是十倍于官税也"④。除了交租的义务之外，庄客还要为庄主承担各种劳役、杂役，甚至在战乱时还要承担保卫庄园的责任。《酉阳杂俎》卷十五记载：

> 工部员外郎张周封言，旧庄城东狗脊嘴西，尝筑墙于太岁上，一夕尽崩，且意其基虚，功不至，乃率庄客指挥筑之。⑤

---

① （清）董诰等编：《全唐文·卷三十三·元宗十四·禁官夺百姓口分永业田诏》，365 页，北京，中华书局，1983。

② 参见（宋）李昉等编：《太平广记·第一百六十五·吝啬·王叟》，1210 页，北京，中华书局，1961。

③ （后晋）刘昫等撰：《旧唐书·卷九十四·列传第四十四·李峤》，转引自许嘉璐主编，黄永年等编译：《二十四史全译之旧唐书·第四册·卷九十四·列传第四十四·李峤》，2458 页，北京，汉语大词典出版社，2004。

④ （唐）陆贽著，刘泽民校点：《陆宣公集·卷二十二·均节赋税恤百姓第六条·论兼并之家私敛重于公税》，260 页，杭州，浙江古籍出版社，1988。

⑤ 柴荣、柴英：《唐代土地私有权问题研究》，载《史学月刊》，2007（8）。

两税法实行后，土地买卖和兼并的合法化进一步促进了大土地私有的巨大发展，占总人口极少数的贵族、官僚等社会上层集团以庄园的形式拥有了绝大部分土地资源和社会财富。而社会底层的广大民众遭受惨重剥削，贫富分化势同天壤，社会上下层之间阶级对立的格局越来越清晰[①]，由土地不均造成的社会动荡又在酝酿之中。

三、宋代渐趋完备的土地私有权法律保护机制

宋代土地私有权得到法律的承认，地主、官僚、商人占有大量的私田，其来源的主要途径是买卖，其经营的主要方式是租佃；有权势的地主、官僚还通过强占民田，侵占公田来扩大自己的私田，更加剧了土地兼并现象，蔡京在永丰一地的圩田就达近千顷。两宋土地政策的基本特征是"不立田制"，没有完整的贯彻始终的土地政策。总之，宋代土地私有权非常发达，宋代土地买卖、典当盛行。国家制定日益严密的法律条文，保障私人对于土地的转移让渡，使土地买卖、典当的法律更加规范化，总之，宋代国家公权力对土地的管理程度渗透得更深。土地所有权分割为"田骨"、"田根"和"田皮"、"田面"，同时还出现了一田两主或一田多主的现象。宋代实行的是一种私有程度比较高的地主和自耕农的土地所有制。所谓"自汉至唐，犹有授田之制……盖至于今，授田之制亡矣。民自以私相贸易，而官反为之司契券而取其直。而民又有于法不得占者，谓之户绝而没官；其出以与民者，谓之官自卖田，其价与私买等，或反贵之"[②]。国家授田制的消亡，意味着土地私有制业已牢固确立。自北宋初年开始，国家不断为土地让渡转移过程中出现的新情况制定新法律。宋孝宗时，袁采指出：

> 官中条令，惟（田产）交易一事最为详备。[③]

这些条法或条令中，规定在买卖、典当土地时，卖出或典出者称为"业主"或"典卖人"，买进或典进者称为"钱主"、"典买人"、"典主"或"见典人"。

（一）灵活复杂的田土交易方式

北宋沿袭唐朝后期以来的土地政策，支持和鼓励土地私有制度的发展，放任土地自由买卖。唐朝以前实行均田制时国家对土地买卖有诸多限制，宋代土地私有制进一步发展，土地买卖盛行，宋代人认为本朝"田制不立"[④]，这正反映了宋代所实行的土地制度不同于前代的各种封建国家授田制，而是实行一种私有程度比较高的地主和自耕农的土地所有制。叶适说：

> 自汉至唐，犹有授田之制……盖至于今，授田之制亡矣。民自以私相贸易，而官反为之司契券而取其直（值）。而民又有于法不得占出者，谓之户绝而没官；其出以与

① 参见刘玉峰：《唐代土地所有权状况及结构的演变》，载《山东大学学报》（哲学社会科学版），2006（2）。

② （宋）叶适著，刘公纯、王孝鱼、李哲夫点校：《叶适集·水心别集·卷之二·进卷·民事上》，652页，北京，中华书局，1961。

③ （南宋）袁采著，贺恒祯、杨柳注释：《袁氏世范·卷之下·治家·田产宜早印契割产》，160页，天津，天津古籍出版社，1995。

④ （元）脱脱等撰：《宋史·卷一百七十三·志第一百二十六·食货上一·农田》，4163页，北京，中华书局，1977。

民者，谓之官自卖田，其价与私买等，或反贵之。①

宋代国家授田制的消亡，意味着土地私有制业已牢固确立。由此带来的法律变化是：宋代有关田土交易的法律规定的完善以及地权的详细划分。

1. "典卖"——"永卖"、"绝卖"、"断卖"

土地和房屋是宋代不动产交易的主要对象，土地交易中，凡称"永卖"、"绝卖"、"断卖"的，是将土地的所有权绝对让渡给买主；只转让使用权、收益权而保留土地的所有权和回赎权的"典卖"，称之为"活卖"。唐末开始用"典"或"典当"一词取代原来的"贴赁"、"典贴"，其债务人称"业主"，债权人称"钱主"或"典主"。五代时期开始用"典卖"一词，其含义有时包括买卖、典当两种行为，有时只是单一的典当行为。宋律本身将典当田土与买卖田土不作精细划分，常将其连称为"典卖"作同一规定，无论典、卖都必须符合"先问亲邻"、"输钱印契"、"过割赋税"、"原主离业"等要件，两者的关系十分密切，在民间更常相混淆，引起许多田宅纠纷。典是指业主把土地交给钱主，并领取银钱，但不付息，并保留收赎权；作为典买人的钱主可以使用田产，享有该田产的课利（地租等），以代利息。在典当的过程中，典卖人所保留的土地赎回权，称为"田骨"或"田根"。钱主对田产的用益物权还包括出租和再典当，但不能出卖。如果活卖人以后愿意放弃回赎权（放弃回赎权在民间称为断骨），典买人应补足绝卖与典当之间的差价，称为"添贴"或"贴买价钱"。绝卖与活卖的最大区别是有无回赎权，而且由于钱主得到的是一种受限制的物权，所以典价往往要低于卖价，司法实践中也常常以价钱作为判断是绝卖还是活卖的一个标准。

2. "典"——"抵当"

宋代"典"还易与另一种叫做"抵当"的交易方式相混淆。前者被称作正典，意即正式标准的典当，正式的典当具有以下两个要素：第一，业主必须离业，由钱主管业；第二，钱主必须受税，即经官府将业主出典这部分田土的税额割归钱主户下。凡是业主仍管业、仍纳税的就不是正典而是抵当，其实是以产业作为抵押，向钱主借钱。民间进行田土交易，为了逃避国家契税，常常会发生名为"典"，实为"抵当"，最终引起田土纠纷的事情。其具体做法是先定一田宅出典契约，双方不交割赋役，典主不交契税，业主不离业，交割典钱之后，业主与典主另签订一假租约，继续耕作该田，只是每年交一定的租金。《名公书判清明集》中，"抵当不交业"这一具体案例很能说明这种情况。杨衍在嘉定八年（1215 年）将七亩多田典与徐子政，典钱是会子二百八十钱。从承典之日开始，另立一假租约，由杨衍向徐子政"租种"这块田，每年交租三十钱。事实上，徐子政从来没有承担过这块田的税额，杨衍也一直管业，只是以田地作为借款的抵押，并每年交百分之十一的利息而已。②这也说明在民间，正典与抵当有时并不作严格区分，而只是笼统地称其为典当。一旦涉及诉讼，官府往往以是否离业作为区分正典与抵当的一个标准。

---

① （宋）叶适著，刘公纯、王孝鱼、李哲夫点校：《叶适集·水心别集·卷之二·进卷·民事上》，652 页，北京，中华书局，1961。

② 参见中国社会科学院历史研究所宋辽金元史研究室点校：《名公书判清明集·卷之六·户婚门·抵尝·倚当》，170 页，北京，中华书局，1987。

3. "典"——"倚当"

另外，在宋代有关田土制度的一些文献中还常常出现"倚当"这个词，有人认为，倚当这种形式，即业主将土地使用权转让给钱主，收取现金，其手续简便，不需得到官府的确认，类似于现在的土地出租。实际上，从《名公书判清明集》的案例分析，倚当应是抵当的别称，两者含义并无不同。在此案例集中，专门谈到抵当的案例有三个，其一，"抵当不交业"；其二，"以卖为抵当而取赎"；其三，"倚当"。在倚当篇中，用的相关词都变为抵当，其含义也为抵当。现将相关判词录于此以为例：

> 照得叶渭叟身故，其家以干人入状，讼宋天锡、李与权脱骗交易钱。所谓脱骗者，非果交易也。李与权之子李正大状称，先父原抵当田亩。所谓抵当者非正典卖也。此邑风俗，假借色物，以田为执，必立二契，一作抵当，一作正典，时移事久，用其一而匿其一。遂执典契以认业。殊不知抵当与典卖不同，岂无文约可据，情节可考邪？且李与权于嘉定十一年，将田土三十三亩典与叶渭叟，计价四百五十贯，有宋天锡为牙保。以契观之，似若正典，其无抵当也。大凡置产，不拘多少，决是移业易佃，况三百余亩，关涉非轻，何不以干人收起田土，却以牙人宋天锡保抱租钱，已涉可疑。何况宋天锡亦将自己田契一纸相添抵当，有叶渭叟亲批领云：宋天锡与李与权为保借钱，将自契为当，候钱足检还。可见原是抵当分明。李与权因入三年租息，恐债负日重，于嘉定十三年冬还前项借项，又有叶渭叟亲批领云：宋天锡与李兄送还钱共三百贯足，执此为照。书押尤分晓。较之原钱，今尤有未尽。李正大称，继有古画梨雀图障一面，高大夫山水四大轴，唐雀内竹鹊四轴，潭帖、绛帖各一部，准还前项未尽之券。虽无叶渭叟批领，据叶之干人供称，系庄干李喜收讫，可见还所借钱、会分明。李与权入还钱、会之后，（叶）经今一十五年，已不管业，不收租矣。抵当之说，偿还之约，委为可信。[①]

从此案例中我们不仅可以看出抵当与倚当是同一概念，而且也可以看出，在这一田土纠纷中，实际上包含了两层抵当法律关系：一为李与权和叶渭叟之间的名典实当，田土典卖之后，李与权并未离业，与上一案例相同，而是以租佃的形式继续"管业"，所不同之处是另有第三人以实物为其租钱担保。二为宋天锡以自己的土地为李与权的债务作担保的名实相符的抵当，在今天看来这是一种典型的抵押。对于因抵当（既包括名典实当，也包括真正的抵当）而产生的债权债务关系随着债务的偿还而随之解除，钱主对相关抵当物的预期取得权也随之丧失。所以该案的承审官叶岩在判词中写道：

> 殊不思抵当之产，昨已还钱，十五年间既无词讼，（叶家）今欲管业责租，不亦妄乎！[②]

可见在实践中宋代土地交易方式具有灵活多样的复杂性。人们可以通过各种方式进行

---

① 中国社会科学院历史研究所宋辽金元史研究室点校：《名公书判清明集·卷之六·户婚门·抵尝·倚当》，170～171 页，北京，中华书局，1987。

② 中国社会科学院历史研究所宋辽金元史研究室点校：《名公书判清明集·卷之六·户婚门·抵尝·倚当》，171 页，北京，中华书局，1987。

田土交易，进一步加剧了土地的流动性，并造成一田两主乃至多主的复杂情况，这也是宋代土地兼并严重的经济根源。

从宋代土地交易的三种主要方式中，可以看出当时土地用益物权的发达程度。当时取得和占有土地的方式虽然多种多样，但买卖土地仍不失为一种主要的交易活动。不仅百姓买卖土地，国家也经常参与其中，"官庄"、"营田"、"没官田"无不经常投入土地的流通领域，国家与民间进行土地交易，这在前代及宋以后的封建王朝都是罕见的，宋代却习以为常。加之商品经济比较发达，更促使土地比较容易进入流通领域，土地所有权的转移让渡极为频繁。"宋高宗时，四川立限让典卖田宅者纳税印契，一次就征收到契税四百万贯、婺州征收到三十万贯。如果以契税率百分之十计算，四川印契上的田价总额就达四千万贯、婺州三百万贯。这时四川的土地价格每亩为近四贯，官府卖田定价为八贯到十贯。如果以每亩十贯计算，四川这次纳税印契的田土共有四百万亩，婺州有三十万亩。虽然这些田地的买卖可能前后相隔了一二十年，但加上另一部分在交易时就向官府纳税印契的田地，足以说明当时投入流通领域土地的数量之大，也说明土地所有权的转移之迅速。"① 与这种活跃的土地交易相适应，自北宋初年开始，国家就不断为土地让渡转移过程中出现的新情况制定出新的条法，宋孝宗时，袁采指出："官中条令，惟（田产）交易一事最为详备。"② 随着土地买卖的频繁，有关土地交易的法律制度进一步完备。

（二）田土交易的法定程序

从宋代的律典及司法判例分析，其土地买卖的法定手续，有如下这些：在典卖土地之前，必须询问亲邻，订有"问亲邻法"；然后订立契约，契约按照土地转移让渡的不同方式，订立不同的契约，即"绝卖契"、"典契"、"贴买契"等。契纸都由官府雕版印造，典卖的契约上写明号数、亩步、田色、四邻界至、典卖原因、原业税钱、色役、回赎期限（宋初始立典卖田宅收赎法）、交易钱数、买卖双方姓名等。交易的双方各执一份，又称"合同契"。订契后，必须携带双方砧基籍、上手干照（老契或旧契）到官府，交契税钱，地方官当面核验，过割物力和税钱，然后盖印，并"批凿"上手干照，交由典主保存。加盖了官府印章的契约称为"红契"，否则就是不合法的"白契"。宋代在土地交易过程中规定了较为严格的法定程序，一方面意味着国家对于田土交易的某种控制和干涉，土地所有者不能绝对自由地去处理土地，但另一方面也体现了宋代物权立法的完备和发达。

1. 先问亲邻

中国是以家族伦理为基础的农业国家，自北魏始土地买卖就有"先问亲邻"的做法，到唐朝时则以法律的形式确定了亲邻的先买权。宋代理宗时的通判范西堂分析了"取向亲邻"的立法本意在于：

> 父祖田业，子孙分析，人受其一，势不能全，若有典卖，他姓得之，或水利之相关，或界至之互见，不无杆格。③

---

① 朱瑞熙：《宋代社会研究》，113页，濮阳，中州书画社，1983。

② （南宋）袁采著，贺恒祯、杨柳注释：《袁氏世范·卷之下·治家·田产宜早印契割产》，160页，天津，天津古籍出版社，1995。

③ 郭成伟、肖金泉主编：《中华法案大词典》，469页，北京，中国国际广播出版社，1992。

　　根据宋代的亲邻条法，业主典卖产业，他的亲邻（必须是既亲又邻）有优先典买权，甚至典卖与他人之后，亲邻也可从典主或买主手中赎买归己。这一规定一直沿用到南宋，南宋宁宗年间有吕文定、吕文先兄弟二人，父母双亡后，分户而立。弟文先死无后嗣。其兄文定讼于官府，告堂叔吕宾占据田产，经审理，田产系文先于嘉定十二年（1219 年）典与吕宾的，十三年八月投税印契，证据清楚，吕宾不能拥有该田产。因为依据宋律，在典卖关系中，亲邻有优先权，吕文定"系是连分人，未曾着押"说明吕文先在典田时，没有公开取问亲邻，吕文定因当初不知情而以"亲邻优先权"起诉，官府也根据亲邻的优先取得权，判吕文定"听收赎为业，并给断由为据"①。《庆元重修田令》中进一步规定：

　　　　诸典卖田宅满三年而诉以应问邻而不问者，不得受理。②

　　在《名公书判清明集》另中有一案例名为："有亲有邻在三年内者方可执赎"，其判词为：

　　　　埂头之田，既是王子通典业，听其收赎，固合法也。至若南木山陆地，却是王才库受分之业。准令：诸典卖田宅，四邻所至有本宗缌麻以上亲者，以帐取问，有别户田隔间者，并其间隔古来沟河及众户往来道路之类者，不为邻。又令：诸典卖田宅满三年，而诉以应问邻而不问者，不得受理。王才库所受分陆地，使其果与王子通同关，亦必须与之有邻，而无其他间隔，及在三年之内，使可引用亲邻之法。如是有亲而无邻，及有亲有邻而在三年之外，皆不可以执赎。③

　　这说明在实践中官吏把有亲、有邻、三年之内作为亲邻能够行使优先购买权的三个必要条件，宋代通过这些规定进一步完善了土地实际所有者对土地的物权，提高了原业主的物权地位及对物的支配权。虽然亲邻的先买权仍受法律的保护，但必须是在法定的三年之内，逾期者，亲邻就不可以再主张先买权。尤其是在以典就卖的情况下，典主的优先权又高于亲邻的优先权。这些规定都使亲邻的先买权有所削弱。

　　2. 订立田土交易文契

　　宋代的土地典卖属于要式法律行为，交易方必须订立书面契约，乾兴元年（1022 年）开封府言：

　　　　今请晓示人户，应典卖倚当庄宅田土，并立合同契四本，一付钱主，一付业主，一纳商税院，一留本县纵之。④

　　且只有经官府印押的红契，才是买主取得所有权的合法凭证，也是涉及土地诉讼的主

---

　　① 中国社会科学院历史研究所宋辽金元史研究室点校：《名公书判清明集·卷之四·户婚门·争业上·吕文定诉吕宾占据田产》，106 页，北京，中华书局，1987。

　　② 中国社会科学院历史研究所宋辽金元史研究室点校：《名公书判清明集·卷之九·户婚门·违法交易》，309 页，北京，中华书局，1987。

　　③ 中国社会科学院历史研究所宋辽金元史研究室点校：《名公书判清明集·卷之九·户婚门·违法交易》，309 页，北京，中华书局，1987。

　　④ （清）徐松辑：《宋会要辑稿·第一百五十一册·食货六一之五七·食货民产杂录》，5902 页，北京，中华书局，1957。

要依据，亦有公证的性能。所谓"交争田地，官凭契书"①。

宋代为使契约制度规范化，同时增加国家的收入，强制推行"官版契纸"、"标准契约"。所谓官版契纸，是由官府统一印制的买卖契约用纸。所谓标准契约一般应包括以下内容：主契人的姓名、典卖顷数、田色、坐落、四邻界至、产业来历、典卖原因、原业税钱、交易钱额、担保、悔契的责任。② 现举一例：

> 某某某附产户李思聪、弟思忠，同母亲阿汪商议，情愿将父所某某日置受得李舜
> 俞祈（祁）门县归仁都土名大港山源梨字壹某（号）次夏田贰角肆拾步，贰号忠田壹
> 角、又四号山壹拾肆亩、共某某东至大溪，西至大降，南至胡官人山，随垄分水直下
> 至大溪，北至某某山，随垄分水直上至降，直下至大溪。今将前项四至内某山四水归
> 内，尽行断卖与祈（祁）门县归仁都胡应辰名下。三面评议价钱，官会拾柒界壹百贰
> 拾贯文省。其钱当某（立）契日一并交领足讫。其田山今从卖后，一任受产人闻官某
> 某（受）税。祖舜元户起割税钱，收苗为业。其田山内，如有风水阴地，一任买主胡
> 应辰从便迁葬，本家不在·（再）占拦。今从出卖之后，如有内外人占拦并是出产人祇
> （抵）当，不及受产人之事。所有元典买上手赤契伍纸，随契缴付受产人收执照会。今
> 恐人心无信，立此断卖田山文契为照。淳祐二年十月十五日。
>
>
>
> 李思聪（押）
>
> 弟李思忠（押）
>
> 母亲阿汪（押）
>
> 见交钱人叔李余庆（押）
>
> 依口书契人李文质（押）
>

今于胡应辰名下交领前项契内拾柒（界）官会壹百贰拾贯文省前去足讫。其钱别
更不立碎领，只此契后一领为照，合某年月日

李思聪（押）

弟李思忠（押）

母亲阿汪（押）

某某某某③

这是一份土地绝卖的契约，其中并无牙人担保，仅有见钱人签押。见钱人具有作证的作用，证明买主已付款，但对交易行为并不负担保责任。由于典契的复杂性，宋代规定典契必须有牙人担保，此牙人不仅对典契的订立起见证作用而且对交易本身负担保责任，和业主一起承担连带责任，有时为了使这种担保更具有可靠性，甚至在牙人的田土上设立物的担保。如前面分析过的倚当案中，宋田锡为李与权与叶渭叟的典契的牙人，并以自己的田契作担保。

---

① 中国社会科学院历史研究所宋辽金元史研究室点校：《名公书判清明集·卷之六·户婚门·赎屋》，185页，北京，中华书局，1987。

② 参见郑定、柴荣：《两宋土地交易中的若干法律问题》，载《江海学刊》，2002（6）。

③ 转引自《徽州千年契约文书》（宋元明编）卷一，石家庄，花山文艺出版社，1991。

3. 纳税投印

五代后唐时已有"印契抽税"的规定，宋太祖开宝二年（969 年），"始收民印契钱，令民典卖田宅，输钱印契，税契制限二月"①。在宋代，田宅交易双方达成协议后，必须由买主缴付田契税钱，官府在买卖契约上钤印。从以上这份标准的田土交易契约中，我们也可以看出，在订立契约之后，还需经官府核验无误后交纳典卖田契税钱，再由官府在新立契书上加盖官印。红契的取得要经过"输钱印契"的程序。所谓"凭由"就是田宅交易纳税的凭据，在《名公书判清明集》卷六的"争田业"案中提到了凭由："据孙绍祖赍到庆元元年赤契，阎丘旋亲书出卖石家渡等处水田五十亩及桑园、陆地、常平等田，实有县印、监官印及招税凭由并朱钞可考。"这里的"招税凭由"无疑就是前文说的"以田宅契投税"后官府所给"凭由"。加盖了官印的红契也称为赤契，没有缴纳契税、加盖官印的契约称为白契，持白契进行的田土买卖，即"私立草契，领钱交业"者的交易，不具有合法性，一经官府发现是要受到严厉制裁的。宋代沉重的交易契税和名目繁多的附加钱，致使"州县人户典卖田宅，其文契多是出限不曾经官投税"②。私立草契，以白契成交者相当普遍。宋真宗时，仅秦州一地就查出"开宝以后未税契者千七百道"③。因此宋官府又制订了限期投契纳税的法令。南宋时，随着契税的加重，民间典卖"私立草契，领钱交业"的情况更为突出，严重地影响了官府的契税收入，也造成了"产去税存"的恶果。因此南宋代廷对违限不投税的行为亦推行自首及告赏之法。南宋绍兴十五年（1145 年）四月诏：

> 人户典卖田宅投税请契，已降指挥宽立信限，通计不得过一百八十日。如违限，许人告首，将业没官。④

此后又屡有此类指挥降下。

在宋代，赤契是土地合法交易的凭证，也是理断交易争讼的主要依据。而没有经过投税印契的白契，则没有这种效力。南宋绍兴十三年（1143 年）规定：

> 民间典卖田宅，赍执白契因事到官，不问出限，并不收使，据数投纳入官。⑤

尤其是"只作空头契书，却以白纸写单帐于前，非惟税苗出入可以隐寄，产业多寡皆可更易，显是诈欺"的白契，官府要严刑制裁。从《名公书判清明集》看大多数官吏不承认白契的效力，翁浩堂在判词中写道："录白干照，即非经官印押文字，官司何以信凭？"韩似斋也说："执白契出官，是自违契限，自先反悔，罪罚讵可轻赏乎？"但对宋代的实际案例作进一步的分析，我们可以发现有些官吏并不绝对不承认白契的效力。例如，据《名

---

① （宋）马端临撰：《文献通考·征榷考·卷第十九·杂征敛·牙契》，上海，商务印书馆，1936。

② （清）徐松辑：《宋会要辑稿·第一百六十三册·食货七零之一四零·钞旁定帖杂录》，6440 页，北京，中华书局，1957。

③ （清）徐松辑：《宋会要辑稿·第一百五十一册·食货六一之五七·食货民产杂录》，5902 页，北京，中华书局，1957。

④ （清）徐松辑：《宋会要辑稿·第一百三十八册·食货三五之八·钞旁印帖》，5412 页，北京，中华书局，1957。

⑤ （清）徐松辑：《宋会要辑稿·第一百三十八册·食货三五之八·钞旁印帖》，5412 页，北京，中华书局，1957。

公书判清明集》卷九记载，南宋理宗年间，浙江杭州有毛永成以白契为凭告兄毛汝良十余年前典卖自己名下的屋宇、田地与陈自牧、陈潜，要求赎回，"本县援引条限，坐永成以虚妄之罪"，永成不服，诉于临安知府吴恕斋。吴恕斋认为"永成白约，固不可凭，如果是汝良分到自己之产，则必自有官印力照可凭，今不赍出，何以证永成白约之伪？"在双方都无证据的情况下，吴知府"参酌法意人情"居然作出如下判决："将屋两间及大堰有祖坟桑地一亩，照原价仍兑还毛永成为业，其余田地由陈潜等照契管业。"在这一案件中，吴恕斋一定程度上承认了毛永成手中的白契，并没有按照宋律的规定将田土没官；毛永成也居然敢手执白契诉官，可见南宋时白契的泛滥。

宋代法律，不仅规定白契为非法，即使是红契，凡不依格式，不用官板契纸，或未记入砧基籍，也视为违法。南宋初规定：

> 人户典卖田产，若契内不开顷亩间架、四邻所至、税租役钱、立契业主、邻人牙保、写契人书字，并依违法典卖田宅断罪。①

李椿年制订的经界法进一步规定，田不入籍者，虽手执契据也要没入官府。砧基籍是田产底帐，绍兴经界法规定，人户砧基籍由各户自造，图画田形地段，标明亩步四至、原系祖产抑或典卖，赴县印押讫，用为凭证。各县亦置砧基籍，以乡为单位，每乡一册，共三本，县、州、转运司各藏一本。人户典卖田产，须各赍砧基籍及契书赴县对行批凿，有契书而不上者无效。在司法审判中，如果无田契，砧基籍亦可起到证明田土产权的作用。据《名公书判清明集》卷十三记载：

> 南宋年间，有民黄清仲与陈家因田产归属发生争执，到县衙起诉。经查，绍兴年间，黄清仲的祖父黄文炳将田卖给陈经略家，并于陈家经界砧基籍上载明黄文炳管沙坑田九亩三角，其字迹分明无涂改痕迹，可见此田确为陈家产业。数年后黄文炳之孙黄仲清知陈铁为陈经略家绝继子，未持有当年买田契书，砧基籍又由族长收藏，并因田在黄家门前，于是将砧基籍上原批字扯去，重贴旧纸，写"立契典与"四字，妄称此田原是典与陈家，意欲赎回。赵知县索契书对质，陈铁手无契书，又未从族长处讨得陈家砧基籍，于是赵知县仅凭黄仲清一面之词，将钱二十八贯作为田价付给陈家，将田判给黄家。后陈铁虽上诉于转运司，因无证据而败诉。直到陈铁讨得陈家砧基籍，再向户部申诉，辨明真伪后，才将田判归陈家。

4. 过割赋税，朱批官契

这是指在买卖田宅的同时，必须将附在其上的赋税义务转移给新业主。在宋代，典卖田宅不及时过割税收和偷漏税钱的现象十分严重，针对田宅典卖中有大量的产去税存现象，乾道七年（1171 年）有臣僚言：

> 比年以来，富家大室典卖田宅，多不以时税契。有司欲为过割，无由稽察，其弊有四焉：得产者不输常赋，无产者虚籍反存，此则催科不便，其弊一也。富者进产，

---

① （清）徐松辑：《宋会要辑稿·第一百五十一册·食货六一之六六·食货民产杂录》，5906 页，北京，中华书局，1957。

而物力不加多；贫者去产，而物力不加少，此则差役不均，其弊二也。税契之直，率为干没，则隐匿官钱，其弊三也。已卖之产或复求售，则重叠交易，其弊四也。乞诏有司，应民间交易，并先次令过割而后税契。①

宋孝宗"诏令敕令所恭照见行指挥修立成法，申尚书省施行"②。于是从乾道七年开始，就把官府监督田宅租税割移和役钱登录这一程序调整到了纳税投印之前。所谓"人户典卖田宅，准条具帐开析顷亩、田色、间架、元业税租、色役钱数，均平取推，收状入案，当日于簿内对注开收讫，方许印契"③。即交易双方必须在契约上写清买卖标的的租税、役钱，并由官府在双方赋税籍帐内改换登记后，才有条件加盖官印，使之成为合法的红契。总之，宋代法律强调田土买卖要同时转移赋役，割税离业是典卖契约实现的重要环节。

（三）田土交易的实质要件

1. 原主离业

这是指订立田土典卖契约后，必须转移标的的实际占有。宁宗时规定：

> 凡典卖田宅，听其离业，毋就租以充客户。④

在下面分析的例二中就有卖主出卖田土之后，不离业而"就租以充客户"的情形。离业是田宅买卖实现的最终体现，只有原业主离业、交业之后，钱主才取得所典买产业的占有权，才能实现对所买产业的管理、使用、收益。所以宋代法律强调田宅典卖在订立契约后，原业主必须"离业"，即必须转移田宅的占有。在审断田土交易诉讼时，官吏也往往认为："既当论契书，亦当论管业。"规定卖方离业，可以避免佃户数量增多，自耕农数量减少，既有利于官府的赋税征收，也有利于减少田宅纠纷。

实践中，宋代对"已卖而不离业"的情况采取不承认其田土典卖合法性的态度，但是对这种不合法的土地买卖，当事人应如何承担相应的民事责任，不同的官吏有不同的裁断。⑤下面选两份宋代判词，并加以分析作为实例。

例一：

> 阿章绍定年内将住房两间并地基作三契，卖与徐麟，计钱一百五贯。当是时，阿章，寡妇也，徐鼎孙，卑幼也，律之条令，阿章固不当卖，徐麟亦不当买。但阿章一贫彻骨，他无产业，夫男俱亡，两孙年幼，有可鬻以糊其口者，急于求售，要亦出于大不得已也。越两年，徐十二援亲邻条法，吝收赎为业，亦既九年，阿章并无一词。

---

① 戴建国：《宋代的田宅交易投税凭由和官印田宅契书》，载《中国史研究》，2001（3）。

② （清）徐松辑：《宋会要辑稿·第一百六十三册·食货七零之一五零·钞旁定帖杂录》，6445 页，北京，中华书局，1957。

③ （清）徐松辑：《宋会要辑稿·第一百五十一册·食货六一之六四·食货民产杂录》，5905 页，北京，中华书局，1957。

④ （元）脱脱等撰：《宋史·卷一百七十三·志第一百二十六·食货上一·农田》，4178 页，北京，中华书局，1977。

⑤ 参见郑定、柴荣：《两宋土地交易中的若干法律问题》，载《江海学刊》，2002（6）。

> 今年正月，忽同鼎孙陈词：当来只典与徐麟，不曾断卖，仍欲取赎。本县已令徐十二交钱退业。今徐十二又有词于府，称是徐麟见其修整圆备，挟曩年各赎之恨，扶合阿章、鼎孙，妄以断卖为典；且缴到赎回徐麟原买赤契三道。切详此讼，阿章既有卖与徐麟赤契，分明该载出卖二字，谓之不曾卖，不可也。经隔十有余年，若以寡妇卑幼论之，出违条限，亦在不应受之域。向使外姓辗转得之，在阿章已断无可赎之理。但参酌人情，阿章与徐十二为从嫂叔，其可赎不可赎，尚有二说。据阿章供称：见与其孙居于此屋，初不曾离业。倘果如此，徐十二合念其嫂当来不得已而出卖之意，复幸其孙克自植立，可复旧物，以为盖头之地。……但又据徐十二供，阿章离业已久，只因徐麟挟仇，教唆兴词。若果如是，则又难堕小人奸计，以滋无根之讼。大率官司予决，只有一可一否。不应两开其说。但本府未审阿章果离业与否，难以遽为一定之论。今两词并不到府，暑天又不欲牵连追对，宗族有争，所合审处，欲牒昌化佐官，更与从公契勘，限五日结绝，申。①

可见，在此案中，承审官没有过多地考虑亲属的优先权及寡妇阿章的交易权利能力，而是把阿章离业与否作为其田土可否收赎的关键所在，认为如果阿章果然离业，其与徐麟之间的田土交易便被认定为永卖，绝无收赎之理；如果阿章果然未曾离业，其田土交易便被认定为典当，可由阿章收赎。

例二：

> 游朝将田一亩、住基五十九步出卖与游洪父，价钱十贯，系在嘉定十年，印契亦隔一年有半。今朝已死，其子游成辄以当来抵当为词，契头亡没……且乡人违法抵当，亦诚有之，皆作典契立文。今游朝之契系是永卖，游成供状亦谓元作卖契抵当，安有既立卖契，而谓之抵当之理。只缘当来不曾交业，彼此违法，以至争业。今岁收禾，且随宜均分，当听就勒游成退佃，仰游洪父照契为业，别召人耕作。②

在此案中，审判官也认为不离业的土地买卖是不合法的，但却坚持一旦绝卖契约经官府加盖官印就必须履行，由官府强制出卖人离业，而不把未离业的出卖视为抵当。

2. 寡妇和卑幼的田土交易权受限制

据《名公书判清明集》卷九记载有"鼓诱寡妇卖业案"。南宋理宗年间，徐二与前妻阿蔡生一女六五娘，再娶阿冯，无子。阿冯带前夫之子陈百四入徐家后，主掌家事，不容徐二立嗣。徐二深谋远虑，惟恐身死之后，家业为异姓所夺，于是立遗嘱，将房屋、园池给付亲妹与女儿，并对阿冯将来的生活作了安排，阿冯本可以衣食无忧。但徐二尸骨未寒，里人陈元七唆使陈小七为牙，诱阿冯立契，盗卖徐二家业。官府审理此案援引了"诸财产无承分人，原遗嘱与内外缌麻以上亲者，听自陈，官给凭由"，"诸寡妇无子孙，擅典卖田宅者杖一百，业还主，钱主、牙保知情与同罪"，判定徐二遗嘱将家业给其妹与女儿，且经

---

① 中国社会科学院历史研究所宋辽金元史研究室点校：《名公书判清明集·卷之六·户婚门·赎屋》，164～165 页，北京，中华书局，1987。

② 中国社会科学院历史研究所宋辽金元史研究室点校：《名公书判清明集·卷之四·户婚门·争业上·游成讼游洪父抵当田产》，104～105 页，北京，中华书局，1987。

官投税，为合法遗嘱；陈元七诱阿冯盗卖夫产，当比照擅卖法条加重处罚，陈元七、陈小七、阿冯三人，各勘杖一百。

有时官府也承认寡妇和未成年的孤幼典卖产业的有效性，但要有一定的条件和保证，对于这些条件和保证，法律并不作明确的规定，往往由审案者依据情理与法自由裁量。例如据《名公书判清明集》卷九记载，发生在南宋理宗年间的"寡妇阿章已卖而不离业案"，临安知府吴恕斋认为阿章身为寡妇，鼎孙又为卑幼，典卖产业，是受法律限制的，但又考虑到阿章的具体情况，"阿章一贫彻骨，他无产业，夫男俱亡，两孙年幼，有可鬻以糊其口者，急于求售，要亦出于大不得已也"。故并没有追究寡妇阿章擅自典卖田宅的责任，而是责成昌化县查清阿章是否离业这一事实而后结绝。有人认为不承认寡妇和未成年人典卖田产的有效性是对妇女民事权利能力的限制，但也有人认为在整个社会男尊女卑的氛围下，对寡妇卑幼田土交易权的一定限制在一定程度上既防止有人欺凌寡幼，强迫其典卖田宅，又防止有人利用对寡弱的保护而挑起词讼。

3. 在自愿的基础上进行田土交易

宋代的田土交易十分重视是否出于交易人的本意，是否是在自愿的基础上进行的交易，即田土交易是否是交易各方真实意思的表示。用欺诈、胁迫方式进行的田土交易是无效的，尤其对乘人之危假以交易之名夺他人产业者更要给以严厉的惩处。《名公书判清明集》附录《勉斋文集》记载的"宋有诉谢知府宅侵占坟地案"说明在胁迫之下订立的田宅交易契约是无效的。宋有早在庆元元年（1195 年）即状告谢家强占其地，历经多年没有得到公正判决。后上诉至户部，户部将此案发下，委派知县黄干审理。诉讼中，谢家当庭出示买卖文契，声称宋有曾作为见证人在文契上签字画押，其中一项是宋家与曾吏部家交易而不是与谢家；宋有声称，其弟未成年之孙宋代英被谢家关锁抑逼，一家恐惧，只得着押，又称曾吏部宅即是谢知府宅，假作曾吏部宅的名字。经查实，谢家强迫宋辅之孙宋代英与之立契置买宋有、宋辅两兄弟的共有地产，立契之时，宋代英还未成年，按律不能与他人立契典卖主业。据此黄干认定"以宋有共分之物业，乃能使出作见知人着押，则是以形势抑逼可知"，宋有是被逼在典卖自己有共有权的土地的契约上，作为见知人画押。宋代英年幼，其所以立契"则其畏惧听从，亦无可疑者"，宋代英也是被胁迫立契的。最后判决追回谢家所持典契，予以销毁，谢家将强典之地归还宋有、宋代英。

如果是乘人之危，强买人田，不仅要返还原物，承担民事责任，而且要受到刑罚的制裁。据《名公书判清明集》卷四之记载：

> 张光瑞屋与洪百四连至，平日欲吞并而不可得，为见洪百四病且死，又无以为身后送终之资，遂乘其急，下手图谋。——遂自令其子张曾七写成见契。子既写契，难以自出己名，又借女婿詹通十己名作契头，其谋可谓深且巧矣。当时尽已欺见洪千二、洪千五无能为役，又且心欲得钱，殡殓其父，必是俯首听从。又且借洪百四之兄洪百三以长凌之，意谓必无不可，却不拟洪百四出继子周千二者归家，不肯。其张光瑞已视此为囊中之物，冒急至将周千二赶打，周千二既退听，则可以遂其所图矣。殊不思人心不服，必有后患，未几，周千二果与洪千二经官，以惊死乃父陈词，且以所凑还未尽钱后把赝求和之物。

这是一起典型的乘人之危强买屋业案，我们来看一下当时的承审官吏如何决断此案：

> 此事合两下断治，若诬告死事，若抑勒谋图，皆不可恕。当时入状，系周千二、洪千二，其洪千二因讼而病死，继而周千二死，天已罚之，无身可断。张光瑞子写契，婿出名，乘人将死夺人屋业，子婿均合断罪，然皆张光瑞使之，罪在一身。兼因此事，辗转死者二人，张光瑞岂可漏网，从轻杖一百，并余人放，其钱免监，其业本合给还业主，以其诬告，不及坐罪，业拘入官，以示薄惩。

可见在宋代强人买卖田产屋业者不仅要承担其钱免监的民事责任，而且要承担相应的刑事责任，即便从轻尚且要杖一百，可见其打击力度之大。

宋代土地买卖发达对社会的影响。土地交易的频繁使社会贫富之间的变化也因而急剧起来。大量的土地交易也使封建等级结构经常发生变动。魏晋隋唐庄园农奴制阶段，世族豪强之家往往相传几十年甚至上百年，封建等级结构是相对凝固的；到宋代，以襄州为中心继续流行庄园农奴制的地区，仍然保持了封建结构的相对稳定性，但在农业经济和商品经济较为发达的地区，新兴的暴发户时常代替老牌的地主，有所谓"十年财东轮流做"的观念。正如袁采言：

> 贫富无定势，田宅无定主，有钱则买，无钱则卖！①

在宋代，地主阶层始终仍占支配地位，但其具体成员来说却是"贫富无定势"，在经常变动。特别在封建租佃制占支配地位、商品经济比较发达、土地交易频繁的地区，这种变动尤为显著。到南宋晚期，罗椅在《田蛙歌》中写道：

> 暇蟆，暇蟆，汝本吾田蛙！
> 渴饮吾稻根水，饥食吾禾穄花。
> 池塘雨初霁，篱落月半斜。
> 啁啁又向他人叫，使我惆怅悲无涯！
> 暇蟆对我说，使君休怨嗟，
> 古田千年八百主，如今一年一换家。
> 休怨嗟，休怨嗟，
> 明年此日君见我，不知又是谁田蛙。②

这首民谣形象生动地描述了土地买卖频繁所导致的土地所有权的急剧变动。从"有钱则买，无钱则卖"来分析，土地交易当中的货币经济具有强大的冲击力量，正是这种力量使地主阶级的升降沉浮线波动频繁起来。而拥有雄厚货币力量的，除官吏显贵和各大地主之外，就是大商人和高利贷者。显然，在宋代土地兼并的过程中，"富者有赀可以买田"一语，深刻地反映了商业资本和高利贷资本对土地私有权的促进。

---

① （南宋）袁采著，贺恒祯，杨柳注释：《袁氏世范·卷之下·治家·富家置产当存仁心》，162 页，天津，天津古籍出版社，1995。

② （宋）罗椅撰：《涧谷遗集·卷二·田蛙歌》，影印上海图书馆藏民国罗嘉瑞刻本。转引自《续修四库全书（第 1320 册）·集部一·涧谷遗集·卷二》，494 页，上海，上海古籍出版社，2002。

四、辽金元蒙古贵族私人土地所有权扩大

从前面对辽金元土地状况的分析，我们已得出这一时期是公有土地占主导地位，尤其是入主中原前，但是这并不意味着这一历史时期不存在着土地私有权。

（一）辽的土地私有形态

辽的私有土地主要有"头下军州"、寺庙、自耕农土地等。"头下军州"是指辽国皇帝把若干土地连同掠夺来的人口，分赐给皇亲和功臣，这些土地不仅可以世袭占有而且可以作为私有财产传给子孙后代。

契丹以佛教为国教，官方建了很多庙，同时寺庙也常常得到上层贵族捐舍的土地。唐天复元年（901年），阿保机伐北胜利后，城龙化州于潢河之南，"始建于教寺"①，辽清宁五年（1059年），秦越大长公主"舍棠阴坊第为寺，土百顷"②。寺院占有大量私有土地，相关的证据不绝于史，蓟州盘山上方感化寺"创始以来，占籍斯广。野有良田百余顷，园有甘栗万余株，清泉茂林，半在疆域"③，涿州超化寺"地吞百顷"④，涿州静安寺建成后，"寺即成，必假众以居之。……遂施地三千顷，粟一万石……"⑤ 等等。

另外，辽受中原经济文化的影响，也曾允许农民占射闲荒之地，把公有土地变成了私有土地。统和十三年（995年）："诏许昌平、怀柔等县诸人请业荒地"⑥。统和十五年又诏：

> 余民应募，或治闲田，或治私田，则计亩出粟，以赋公上。（统和）十五年，募民耕滦河旷地，十年始租，此在官闲田制也。又诏山前后未纳税户，并于密云、燕乐两县占田，置业入税，此私田制也。⑦

（二）金的土地私有过程

猛安谋克在进入中原的过程中，原来的以牛头地为主的公田制度受到了冲击，其土地关系逐渐发生了变化。大定（1161—1189年）末年，"计口授田"成为女真个体农民获得土地的一种方式，这时牛头地制度已经被"计口授田"所代替，大定二十七年（1187年），对猛安谋克实行"每丁授五十亩"⑧，泰和四年（1204年）规定猛安谋克户自种亩数不再以牛头地为准，而以每丁每口为准。通过这种方式的授田，猛安谋克所占土地的国家所有权更加削弱了。

尤其是绍兴议和后，大定年间，受中原租佃关系的影响，官田的私田化相当普遍，猛

---

① （元）脱脱等撰：《辽史·卷　　本纪第一·太祖上》，2页，北京，中华书局，1974。
② 陈述辑校：《全辽文·卷九·燕京大昊天寺传菩萨戒故妙行大师遗行碑铭（孟初）》，249页，北京，中华书局，1982。
③ 陈述辑校：《全辽文·卷十·上方感化寺碑（南抃）》，290页，北京，中华书局，1982。
④ 陈述辑校：《全辽文·卷八·涿州超化寺诵法华经沙门沙慈修建实录（刘师民）》，172页，北京，中华书局，1982。
⑤ 陈述辑校：《全辽文·卷八·创建静安寺碑铭（耶律舆公）》，200页，北京，中华书局，1982。
⑥ （元）脱脱等撰：《辽史·卷十三·本纪第十三·圣宗四》，146页，北京，中华书局，1974。
⑦ （元）脱脱等撰：《辽史·卷五十九·志第二十八·食货志上》，926页，北京，中华书局，1974。
⑧ （元）脱脱等撰：《金史·卷四十七·志第二十八·食货二》，1084页，北京，中华书局，1975。

安谋克把国家授田当做私产，或者出卖或者出租。猛安谋克得到授田之后，受传统生产方式的影响，常常将土地租佃给汉人耕种，大定二十一年（1181 年）世宗曰：

> 山东、大名等路猛安谋克之民，往往娇纵不亲稼穑，不令家人农作，尽令汉人佃种，取租而已。①

即便是土地不多的猛安谋克贫户，也往往不自己耕种，而是租给汉民，金世宗不断地劝农，屡次下诏"必令自耕"，甚至动用刑罚对"不种者杖六十，谋克四十"②，但是，收效不大，于是租佃关系在猛安谋客土地关系中占据了主导地位，这样牛头地的"聚族而种"的生产方式也就让位于家庭小生产，为土地私有奠定了基础。

私有土地的另外一个来源就是农民请射官荒地。由于在女真族入主中原的过程中，原来的土地所有关系被破坏，官田明显增多，荒地大多是过去的民田，被称为系官荒地，可由农民请射，请射后往往就转化为私有了。明昌元年（1190 年）规定："河南荒闲官地，许人计丁请佃，愿仍为官者免租八年，愿为已者免税三年。"③ 泰和八年（1208 年）又规定："今请佃者可免三年，作已业者免一年，自请冒佃并请退滩地，并令当年输租"④。

（三）元代大量土地集中在大土地私有者手中

民田，就是私人所有的土地。元代民田的占有情况主要表现在：有大量土地集中在大土地所有者手中，这些大土地所有者既有蒙古王公、贵族、勋戚，又有百官、功臣、寺院等。

蒙古王公贵族功臣拥有大量私田的第一个途径是皇帝的赐田，元朝给王公贵族赏赐的田地，其数量之多是中国历史上少见的，有史可查的赐田数量，我们可以列表如下：

元代皇帝赐田统计

时　间	赐田数（顷）	受田者	资料来源
宪宗时（1251—1259 年）	1 073	不怜吉带	《元史》卷二十四《仁宗纪一》
世祖中统二年（1261 年）	100	子聪（刘秉忠）	《元史》卷四《世祖纪一》
世祖中统四年（1263 年）	20	刘整	《元史》卷五《世祖纪二》
世祖至元三年（1266 年）	50	刘整	《元史》卷六《世祖纪三》
世祖至元十六年（1279 年）	150	阿尼哥	程钜夫：《雪楼集》卷七《凉国敏慧公神道碑》
世祖至元十八年（1281 年）	30	郑温	《元史》卷一百五十四《郑温传》
世祖至元二十二年（1285 年）	10	徐世隆	《元史》卷一百六十《徐世隆传》
世祖至元二十五年（1288 年）	4	叶李	《元史》卷十五《世祖纪十二》
	80	王都中	《元史》卷一百八十四《王都中传》
世祖至元二十九年（1292 年）	10	高兴	《元史》卷一百六十二《高兴传》
成宗大德九年（1305 年）	500	陈益稷	《元史》卷二十一《成宗纪四》

---

① （元）脱脱等撰：《金史·卷四十七·志第二十八·食货二》，1046 页，北京，中华书局，1975。
② （元）脱脱等撰：《金史·卷四十七·志第二十八·食货二》，1047 页，北京，中华书局，1975。
③ （元）脱脱等撰：《金史·卷四十七·志第二十八·食货二》，1059 页，北京，中华书局，1975。
④ （元）脱脱等撰：《金史·卷四十七·志第二十八·食货二》，1051 页，北京，中华书局，1975。

续前表

时　间	赐田数（顷）	受田者	资料来源
成宗大德十一年（1307 年）	100	塔剌海	《元史》卷二十二《武宗纪一》
	40	月赤察儿	《元史》卷二十二《武宗纪一》
武宗至大元年（1308 年）	200	乞台普济	《元史》卷二十二《武宗纪一》
武宗至二年（1309 年）	1500	鲁国大长公主	《元史》卷一百一十八《特薛禅传》
	50	铁哥	《元史》卷一百二十五《铁哥传》
不详	1230	近幸为人奏请	《元史》卷二十三《武宗纪二》
仁宗皇庆元年（1312 年）	20	李孟	《元史》卷二十四《仁宗纪一》
仁宗延祐元年（1314 年）	28	李孟	《元史》卷二十五《仁宗纪二》
仁宗延祐五年（1318 年）	100	丑驴	《元史》卷二十六《仁宗纪三》
英宗至治二年（1322 年）	100	拜住	《元史》卷二十八《英宗纪二》
泰定帝泰定二年（1325 年）	30	观音保、锁咬儿、哈的迷失妻子	《元史》卷二十九《泰定帝纪一》
泰定帝泰定二年（1325 年）	100	寿宁公主	《元史》卷三十《泰定帝纪二》
不详	5 000	伯颜	《元史》卷一百八十三《伯颜传》
文宗天历元年（1328 年）	500	燕铁（帖）木儿	《元史》卷三十二《文宗纪一》
	300	西安王阿剌忒纳失里	《元史》卷三十二《文宗纪一》
不详	100	笃麟（帖）木儿	《元史》卷三十三《文宗纪二》
文宗天历二年（1329 年）	50	史惟良	《元史》卷三十三《文宗纪二》
明宗至顺元年（1330 年）	500	鲁国大长公主祥哥刺吉	《元史》卷三十四《文宗纪三》
顺帝至元元年（1335 年）	110	宣让王（帖）木儿、不花	《元史》卷三十八《顺帝纪一》
顺帝至元二年（1336 年）	5 000	伯颜	《元史》卷三十九《顺帝纪二》
顺帝至元三年（1337 年）	200	郯王彻彻秃	《元史》卷三十九《顺帝纪二》

资料来源：梁方仲编著：《中国历代户口、田地、田赋统计》，318～320 页，上海，上海人民出版社，1980。

以上是有数据可统计的赐田数目。实际上，元朝赐田数绝不只是这些，在史籍中还有许多是只提到赐田，而没有具体数据的，例如，"以诸王只必铁木儿贫，仍以西凉府田赐之"[1]。

赐田所得土地变为私有，是合法的途径；除此之外，蒙古贵族依仗权势非法侵占民田变为私产的现象也时有发生，当时很盛行的一种非法夺田方式是献田。献田风行的原因主要是投献者为了规避沉重的杂泛差役，元贞元年（1295 年），中书省指出，江浙行省"有力富强之家，往往投充诸王位下……影占不当杂泛差役。"[2] 由于投献成风，严重影响中央的

---

① （明）宋濂等撰：《元史·卷二十三·本纪第二十三·武宗二》，载引自许嘉璐主编，李修生等编译：《二十四史全译之元史·第一册·卷二十三·本纪第二十三·武宗海山（二）》，439 页，北京，汉语大词典出版社，2004。

② 《元典章·典章二十五·户部卷之二十一·差发·影避·投下影占户计当差》，428 页，北京，中国书店，1990。

赋税收入，所以有元一代屡次下诏禁止。至元十七年（1280 年）下诏规定："诸人亦不得将州县人户及办课处所系官田、各人已业，于诸投下处呈献。"① 大德元年（1297 年）又下诏：

> 禁诸王、驸马并权豪，毋夺民田，其献田者有刑。②

但是，可以看得出来，这是明显的处罚不均等的诏令，受处罚的只是"献田者"，而蒙古族贵族不会受到任何实质的处罚，这样的禁令的效果可想而知。为了规避法律的禁令，又有了变相的"投献"，所谓的"虚钱实契"，例如，武冈路府判昔里吉思"虚钱实契，典卖部民田土，乾要租钱"，"将民户舒德舆等田土，虚立典卖文契，影占不当杂役"③。

元朝佛教盛行，寺庙遍布全国，寺院占有大量土地，寺院从政府得到了大量的赐田。

《元史》中还有只记载赐田事实而不涉及具体亩数的资料，例如《元史》卷三十五《文宗纪四》记载："籍入速速、班丹等资产，赐大承天护圣寺为永业"。

寺院僧侣也经常凭借宗教势力肆意侵夺民田、官田，江南释教总统杨琏真加，夺民田二万三千亩④，"白云宗总摄沈明仁，强夺民田二万顷"⑤。武宗至大四年（1311 年）"禁诸僧寺毋得冒侵民田"⑥。但是，寺院却是有恃无恐，甚至连官田也成了其侵吞的对象，世祖时有人指责说："江南官田，为权豪寺观欺隐者多"⑦。

蒙古和僧侣贵族大量的兼并占有民田，造成土地私有资源分配的极度不均。至元二十八年（1291 年），布衣赵天麟上《太平金镜策》谓：

> 今王公大人之家，或占名田近于千顷，不耕不稼，谓之草场，专用牧放孳畜。又江南豪家广占农地，驱役佃户。无爵邑而有封君之贵，无印节而有官府之权。恣纵妄为，靡所不至。

与之形成鲜明对比的是"贫家乐岁终身苦，凶年不免于死亡。荆楚之域，至有雇妻鬻子者……衣食不足由豪富之兼并故也。"⑧ 另据《元史·邹伯颜传》记载：

---

① （元）完颜纳丹等奉敕撰，黄时鉴点校：《通制条格·卷第二·户令·投下收户》，17 页，杭州，浙江古籍出版社，1986。

② （明）宋濂等撰：《元史·卷十九·本纪第十九·成宗二》，转引自许嘉璐主编，李修生等编译：《二十四史全译之元史·第一册·卷十九·本纪第十九·成宗铁穆耳（二）》，346 页，北京，汉语大词典出版社，2004。

③ 《元典章·典章十九·户部卷之五·田宅·典卖·虚钱实契田土》，314 页，北京，中国书店，1990。

④ 参见（明）宋濂等撰：《元史·卷二百二·列传第八十九·释老·八思巴·必兰纳识理》，转引自许嘉璐主编，李修生等编译：《二十四史全译之元史·第六册·卷二百二·列传第八十九·释老·八思巴·必兰纳识理》，3657 页，北京，汉语大词典出版社，2004。

⑤ （明）宋濂等撰：《元史·卷二十六·本纪第二十六·仁宗三》，转引自许嘉璐主编，李修生等编译：《二十四史全译之元史·第一册·卷二十六·本纪第二十六·仁宗爱育黎拔力八达（三）》，494 页，北京，汉语大词典出版社，2004。

⑥ （明）宋濂等撰：《元史·卷二十四·本纪第二十四·仁宗一》，转引自许嘉璐主编，李修生等编译：《二十四史全译之元史·第一册·卷二十四·本纪第二十四·仁宗爱育黎拔力八达（一）》，456 页，北京，汉语大词典出版社，2004。

⑦ （明）宋濂等撰：《元史·卷十三·本纪第十三·世祖十》，转引自许嘉璐主编，李修生等编译：《二十四史全译之元史·第一册·卷十三·本纪第十三·世祖忽必烈（十）》，220 页，北京，汉语大词典出版社，2004。

⑧ （明）黄维、（明）杨士奇编：《历代名臣奏议·卷一百一十二·田制》，1492 页，上海，上海古籍出版社，1989。

> 崇安之为邑，区别其土田，名之曰都者五十，五十都之田上送官者，为粮六千石。其大家以五十余家，而兼五千石，佃民以四百余家而合一千石。大家之田，连跨数都，而佃民之粮或仅升合。

这就是说，五十多"大家"，占有六分之五的田，而"四百余家"的佃民只占有六分之一的田。

（四）元代土地交易的法律要件进一步完善

元代田宅交易，比宋代更加规范完善，需具备"经官给据"、"先问亲邻"、"印契税契"、"过割赋税"这些程序，才是有法律效力的交易行为。

经官给据：元代的土地交易，为了确保田宅买卖的真实性以及增加官府的契税收入，于元贞元年（1295 年）规定：

> 已后典卖田地，须要经诣所属司县给据，方许成交，随时标附，明白推收，各司县置簿附写。

大德四年（1300 年）规定：

> 凡有诸人典卖田地，开具典卖情由，赴本管官司陈告，勘当得委是梯己民田，别无规避，已委正官监视，附写原告并勘当到情由，出给半印勘合公据，许令交易典卖。①

我们从至正二十六年（1366 年）福建晋江蒲阿友的诉讼中，可以体会出"公据"的重要作用和使用方式：

> 皇帝圣旨里，泉州路晋江县三十七都住民蒲阿友状告：祖有山地一所，坐落本都东塘头庙西。今来阙银用度，就本山拨出西畔山地：东至自家屋基、西至墙、南至路、北至本宅大石山及鱼池后为界，于上一二果木，欲行出卖。缘在手别无文凭，未敢擅便，告乞施行得此行。据三十七都里正主首蔡大卿状申：遵依兹去呼集亲邻人曾大等，从公勘当得蒲阿友所告前项山地的□□□□物，案中间并无违碍。就出到□人执□文状檄连申乞施□。得此合行，给日字三号半印勘合公据，付蒲阿友收执。问亲邻愿与不愿，依律成交，毕日赍契赴务投税，毋得欺昧税课违错。
>
> 所有公据须至出给者。
>
> 至正二十六年　月　日　　　　　　　　　右付蒲阿友　准此②

由此可见，从程序上而言，由出卖人提出申请，经过当地里正等出面核实后，再予以所有权的证明。正如，材料中所反映的，如果出卖人没有"上手老契"，为了证明田土的所有权没有瑕疵，一般出卖人会主动提出申请公据。

"经官给据"是要严格履行的法定程序，否则的话要受到刑罚制裁，"买主、卖主俱各

---

① "半印勘合"就是有骑缝印章、一式两份的公文。参见郭建：《中国财产法史稿》，217 页，北京，中国政法大学出版社，2005。

② 原件藏北京大学图书馆。

断罪，价钱、田地一半没官，没官物内一半付告人充赏"。尽管法律上要求"经官给据"，但是，出于节省费用等方面的考虑，民间"白契"也是大量存在的。民间土地典卖如果履行了所有法定程序，契约上会加盖政府机构的公章，称为"红契"。契约后面会附有契本、契尾。① 没有加盖政府公章的被民间私下签订的典卖田宅契约往往被称为"白契"。1999 年在河北隆化鸽子洞元代窖藏中出土了大量珍贵织物和六件文书。《文物》杂志 2004 年第 5 期发表的考古报告《河北隆化鸽子洞元代窖藏》一文刊登了文书照片和录文。② 其中的鸽子洞出土的第四号文书《元至正廿二年王清甫典地契》没有任何官府印章，应是民间私下交易的"白契"。因为这个交易是兴州湾河川河西寨两户农民王清甫、王福元私下进行的，所以契约的写作不很规范，现抄录如下：

> 兴州湾河川河西寨住人王清甫今为要钱使用，无处展兑，今将自己寨后末谷峪祖业白地壹段约至伍晌，河杨安白地两晌，梨树台白地两晌，寨前面白地壹晌，通〔该〕白地拾晌，并无至内。典契出典与本寨王福元耕种为主。两和议定典地价钱白米玖硕、粟柒硕。当日两相并足，不致短少。不作年限，白米、粟到，地归本主；如米粟不到，不计长年种佃。立典契已后，如有远近房亲邻人前来争竞，并不干王福元之是。□是地王清甫壹面代偿，承当不刻。恐后无凭，故立典契文字。
>
> 　　　　　至正廿二年十二月十三日立典契人王清甫（押）
> 　　　　　邻人韩敬先（押）
> 　　　　　见人王七（押）
> 　　　　　见人邢敬福（押）
> 　　　　　书见人□文卿（押）③

先问亲邻：元代法律中典、卖是连称的，要求遵守相同的程序。元代法律在典权人的先买权方面，将典权人的顺序移到了亲邻之后。泉州晋江《丁姓家谱》元朝顺帝至元二年（1336 年）麻合抹卖园契中关于"亲邻先买权"的体现写在附件中：

> 泉州路录事司南隅排铺住人麻合抹，有祖上梯己花园一段、山一段、亭一所、房屋一间及花果等木在内，并花园外房屋基一段，坐落晋江县三十七都，土名东塘头村。今欲出卖，钱中统钞一百五十锭。如有愿买者，就上批价，前来商议；不愿买者，就上批退。今恐难信，立帐目一纸，前去为用者。
>
> 　至元二年七月　　日　　　帐目
> 　　　立帐出卖　　　孙男　　　麻合抹
> 　　　同立帐出卖　　母亲
> 　　　时邻
> 　行帐官牙　　　　　黄隆祖
> 　不愿买人：姑忽鲁舍，姑比比，姑阿弥答，叔忽撒马丁④

---

① 关于元代土地典卖的合法程序，参见陈高华：《元代土地典卖的过程和文契》，载《中国史研究》，1988（4）。
② 参见隆化县博物馆田淑华、陶敏、王晓强、孙慧君等：《河北隆化鸽子洞元代窖藏》，载《文物》，2004（5）。
③ 柴荣：《中国古代物权法研究——以土地关系为研究视角》，284 页，北京，中国检察出版社，2007。
④ 福建晋江陈埭丁姓（道光修）家谱，参见柴荣：《中国古代先问亲邻制度考析》，载《法学研究》，2007（4）。

据元朝法律，无论将土地典还是卖，都要首先征询亲戚四邻的意见，他们享有典入或买入的优先权。按法规，他们应在指定时间内表明态度，只有在他们不典不买的情况下，土地才可以典卖给外人。有时由于典卖者没有普遍知会亲邻，常出现交易已经完成而亲邻出来相争的事情，在元代一旦出现这样的争执，买卖多半被裁判无效。元代较前朝有关"先问亲邻"的规定更加完备，其主要体现在以下三个方面：

第一，明确了相邻的寺院不属于"亲邻"的范围，元贞元年（1295年）立法曰：

> 僧道寺观常住田地既系钦依圣旨不纳税粮，又僧俗不相干，百姓军民户计，虽与寺观相邻住坐，凡遇典、卖，难议为邻。

第二，明确了亲邻批退、批价的时限及亲邻的相关责任。延祐二年（1315年）规定：

> 凡典、卖田宅，皆从尊长画字给据，立帐取问有服房亲、次及邻人、典主。不愿者限一十日批退，如违限不行批退者，决一十七下；愿者限一十五日批价，依例立契成交，若违限不酬价者，决二十七下……亲邻、典主故行刁蹬，取要画字钱物，取问是实，决二十七下。[①]

第三，明确了出卖人虚抬高价，没有"先问亲邻"的责任。"如业主虚抬高价，不相由问成交者，决二十七下，听亲邻、典主百日内收赎。"

"印契税契"、"过割赋税"是物权公示主义在元代土地交易中的体现，所谓"私相贸易田宅、奴婢、蓄产及质压交业者，并合立契收税。"也就是说土地交易的书面契约必须经官府加盖官印，并缴纳交易税。

> 诸人典卖田宅、人口、头匹、舟舡物业，应立契据者，验立契上实值价钱，依例收办正税外，将本用印关防，每本宝钞一钱。[②]

"过割赋税"是要求在转移田宅的同时将附随其上的赋税义务转移给买主，这是为了防止出现卖方"产去税存"和国家赋税落空的弊端。

五、明清时期土地私有权更加明晰

在明清土地所有权问题上，学术界的研究和讨论主要围绕以下几个方面进行：第一是明清土地所有制的形式。学术界普遍认为，明代同时存在着国家土地所有制和地主土地所有制两种形式。但在两种所有制中，何者占据主导地位，学者们有不同的看法。[③] 第二是明初江南官田的性质。关于明初江南官田的性质，学术界存在几种不同的看法。一种观点认

---

① 《元典章·典章十九·户部卷之五·田宅·典卖·典卖田宅须问亲邻》，312页，北京，中国书店，1990。

② 《元典章》卷二十二，《户部八》。

③ 侯外庐在《中国封建社会土地所有制形式的问题》等文章中提出，明代前期占支配地位的是国家土地所有制，嘉靖、万历以后，随着土地私有权（自由买卖）的不断发展，土地国有的所有制形式才渐渐不占支配地位。清初"更名田"的立法，最终标志着国有土地所有制的废除。以胡如雷等为代表的另一些学者认为，在整个明代，占支配地位的自始至终是地主土地所有制，而不是国家土地所有制；后者是在前者的基础上产生的，因而也只能是前者的补充形态；明初官田的增加，不是国有土地所有制占支配地位的表现，而是地主土地所有制无限制发展引起的后果。

为，明代江南官田不是国有土地，而是一种特殊的民田。它大量地由民田转化而来后，仍与民田一样可以自由买卖。尽管它在形式上被称为官田，但其原来的民田性质并未改变。它与民田之间的区别，仅仅在于税粮科则不同，不在于所有制性质的差异。另一种观点认为，从洪武朝开始到明中叶为止，江南官田的土地所有权属于封建国家，它是国有土地，而非民间私田。在明代中后期实行"官民合一"之后，国有官田才大量私田化。明初所发生的某些买卖官田的现象，并没有改变其国有的性质。

实际上，每个王朝建立初期，都无一例外地承袭了土地国有制。这样，所谓屯田、占田、均田，便都是国家分配土地，农民在土地国有制的前提下使用土地。但是，在王朝的中后期国家往往就会面临无法掌控土地的尴尬局面，明清两朝也难以规避这个历史规律。在地权分配方面，明清两代经过几次大的变化，即由分散到集中，又由集中到分散。明代建国初期，一度采行扶植自耕农的法律措施。元末农民大起义时期，地主受到严重冲击，不少地主下落不明。在战争中大户豪家受到冲击也最大，地权就会相对分散一些。明代中叶以后，由于贵族缙绅的发展，土地关系再次呈现地权高度集中的趋势。清初，经过全国范围的农民大起义，土地关系再次受到大冲击，到处有荒芜的土地，清政府为招徕垦荒，放弃了"原主产权"的政策，其有主土地，如果抛荒不耕种纳税，即划为官田，招垦兴屯。到清朝中后期随着商品经济的萌芽发展，土地的私有化已成为不可阻挡之势。总之，在前辈学者的研究基础上，笔者拟从明清时期法律对私有田土的保护和实践中的土地集中、法律对田土交易的规范的要求和实践中复杂灵活的田土交易这两个角度，对明清时期土地由国有到私有的流动过程、更加明确的土地私有权进行更深入的分析。

（一）明清时期法律对私有田土的保护和实践中的土地集中趋势

1. 制度层面对土地私有权的保护

在明朝统治的二百七十多年间，有关土地所有权尤其是土地私有权保护的制度是非常规范的，也受到统治阶层的高度重视。在《明史·卷七十七·食货一·户口·田制》中将土地明确分为两类"明土田之制，凡二等：曰官田，曰民田"①。民田和官田受到同样的法律保护。明朝初年，就颁布一系列律令，禁止侵占官田私田。

洪武三十年（1397 年），在《大明律》中首次专门设立《户律二·田宅》一门，系统规定了如何调整土地法律关系。神宗万历十三年（1585 年）的《问刑条例》也设立了《户律二·田宅》门，有关于土地法律关系的条例规范，其中都涉及保护土地所有权问题。清代有关保护土地私有权的法律规范主要在《大清律例》、《户部则例》和《大清会典》中，梳理明清两代关于保护土地权的法律主要有以下几个方面的内容：

其一，禁止以各种方式盗卖公私田。《大明律》中首次专门设立《户律二·田宅》的《盗卖田宅》条明确规定：

> 凡盗卖、换易及冒认，若虚钱实契典买及侵占他人田宅者，田一亩、屋一间以下笞五十，每田五亩、屋三间加一等，罪止杖八十，徒二年。系官者，各加二等。……

---

① （清）张廷玉等纂修：《明史·卷七十七·志第五十三·食货一·户口·田制》，1881 页，北京，中华书局，1974。

若将互争及他人田产妄作己业，朦胧投献官豪势要之人，与者受者各杖一百，徒三年。田产及盗卖过田价，并递年所得花利，各还官、给主。若功臣，初犯，免罪附过；再犯，住支俸给一半；三犯，停其禄；四犯，与庶民同罪。

《大清律例》的《盗卖田宅》有几乎与此相同的规定：

> 凡盗（他人田宅）卖、（将己不堪田宅）换易及冒认（他人田宅作自己者），若虚（写价）钱实（立文）契典买及侵占他人田宅者，田一亩、屋一间以下笞五十，每田五亩、屋三间加一等，罪止杖八十、徒二年。系官（田宅者），各加二等。……若将互争（不明）及他人田产妄作己业，朦胧投献官豪势要之人，与者、受者各杖一百、徒三年。（盗卖与投献等项）田产及盗卖过田价，并（各项田产中）递年所得花利，各（应还官者）还官，（应给主者）给主。若功臣有犯，照律拟罪，奏请定夺。

神宗万历十三年（1585年）奏定的《真犯死罪充军为民例》，将强占土地犯罪行为改为充军刑，加大了打击力度，凡是"假充大臣及近侍官员家人名目，豪横乡村，生事害民，强占田土、房屋，招集流移住种，犯徒以上者"，改为判充军刑。

神宗万历十三年（1585年）的《问刑条例》中《户律二·田宅》门的《盗卖田宅》也加重了对非法"投献"土地行为的处罚：

> 军民人等将争竞不明并卖过及民间起科、僧道将寺观各田地，若子孙将公共祖坟山地，朦胧投献王府及内外官豪势要之家，私捏文契典卖者，投献之人问发边卫永远充军，田地给还应得之人及各寺观，坟山地归同宗亲属，各管业。其受投献家长并管庄人，参究治罪。山东、河南、北直隶各处空闲地土，祖宗朝俱听发尽力开种，永不起科。若有占夺投献者，悉照前例问发。

其二，禁止盗耕种公私田等侵害土地使用权的行为。《大明律》中首次专门设立《户律二·田宅》的《盗耕种官民田》规定：

> 凡盗耕种他人田者，一亩以下笞三十，每五亩加一等，罪止杖八十；荒田，减一等。强者，各加一等；系官者，各又加二等。花利归官、主。

《真犯死罪充军为民例》的《边卫充军》也有类似的规定：

> 陕西榆林等处近边地土，各营堡草场界限明白，敢有那移条款、盗耕草场及越出边墙界石种田者，军民系外处，发榆林；本处，发甘肃。

在《问刑条例》中《户律二·田宅》门的《盗耕种官民田》条例中有更严苛的处罚：

> 陕西榆林等处近边地土，各营堡草场界限明白，敢有那移条款、盗耕草场及越出边墙界石种田者，依律问拟，追征花利。完日，军职降调甘肃卫分差操。军民系外处者，发榆林卫充军；系本处者，发甘肃卫充军。有毁坏边墙私出境外者，枷号三个月发落。

《大清律例》中的《盗耕种官民田》也有类似的规定：

> 凡盗耕种他人田（园地土）者（不告田主），一亩以下笞三十，每亩加一等，罪止杖八十。荒田，减一等。强者（不由田主），各（指熟田、荒田言）加一等；系官者，各

（通盗耕、强耕荒熟言）又加二等。（仍追所得）花利，（官田）归官、（民田给）主。

另外，为防止官吏利用职权之便侵占民田，清朝法律还禁止官吏在任职地购买土地，《大清律例》《任所置买田宅》条规定：

> 凡有司官吏，不得于见任处所置买田宅。违者，笞五十，解任，田宅入官。

其三，依法加强地籍管理，买卖私有土地的合法性从地籍上得以反映。鱼鳞图册是明清官方对土地产权的登记，有许多不同名称，如鱼鳞清册、保簿、经理册、弓口清册等等。其所登载的田土形态、面积、科则、业主等信息反映了土地所有关系。洪武朝制定的田籍只是当时土地所有关系的反映，册籍一旦编定，业主的土地所有权的变动，并不能见载于册。明代鱼鳞图册不能反映地权变动情况，成为地籍败坏、偷税漏税的重要原因，清代在前朝的基础上克服了这一缺陷。清代顺治朝始见在册批注土地买卖记录，康熙年间以"现业的名"详注地权变动情况，县级地政部门跟踪"金业"归户，反映出私有土地交易得到官府明晰的认可。① 安徽歙县档案馆藏康熙署字号"弓口册"，每页只登载一号田土，上半页在图形中又细分为若干小块，并标明序号，下半页详细登载该号土地历年地权变动情况，有的还记载了土地纠纷经官裁定的结果。② 如署字五十七号③，记载得非常详细：

> 康熙四十年十月廿七日廿七都五图七甲藩必生户丁藩德远禀明县主金爷，遵奉县主金爷票：仰图册即将潘德远所买李伯和屋业验明印契归户。今验印契收税票，照税金业。据李伯和契买上则地税四分二厘一毫五丝，该积上地八十四步三分入二十七都五图七甲潘必生户丁德远。其李永祥原票，李公华执住不肯批除，我奉仰票为凭发票，日后造册记查除步。系四十年十一月初九日发票。

地籍是土地私人所有权明晰的官方证据，安徽博物馆馆藏资料中，有明中叶（1404—1455 年）的休宁县汪希美，现存其土地买卖契约有三十余件，零星购买本都、邻都的土地，35 年买进七十余亩土地，有 32 个卖主。又如明末清初休宁县二十七都朱学源户册载土地达八百余亩，但其户下经济独立的子户在万历四十年已有四十余户，平均每户占地约二十亩④，这些记载都是当时土地已合法私有的"活化石"。地籍也是国家税收的重要依据，所以，清代对于脱逃地籍的行为，给予严厉的制裁。例如，《大清律例》的《欺隐田粮》条规定：

> 凡欺隐田粮（全不报户入册），脱漏版籍者（一应钱粮，俱被埋没，帮计所隐之田），一亩至五亩笞四十，每五亩加一等，罪止杖一百；其（脱漏之）田入官，所隐税粮，依（亩数、额数、年数、总约其）数征纳。
>
> 若将（版籍上自己）田土移丘（方圆成丘）换段（丘中所分区段），那移（起科）等则，以高作下，减瞒粮额，及诡寄田粮（诡寄，谓诡寄于役过年分，并应免入户册

---

① 例如安徽省博物馆藏，康熙年间《休宁县新编弓口鱼鳞现业的名库册》属休宁县二十四都七图，"新编"时间见大字七百八十五号"分庄现业户"项下有墨笔"康熙五十五年十二月六甲程天弟卖与本甲程圣和"的记载，明确提到"现业的名"的概念。

② 参见汪庆元：《通过鱼鳞图册看明清时期的土地所有关系——以徽州府为中心》，载《历史档案》，2006（1）。

③ 安徽博物馆藏。

④ 参见刘和惠、汪庆元：《徽州土地关系》，47～49 页，合肥，安徽人民出版社，2005。

籍），影射（脱免自己之）差役，并受寄得，罪亦如之（如欺隐田粮之类）。其（减额诡寄之）田改正，（丘段）收（归本户）（起）科当差。里长知而不举，与犯人同罪。

其还乡复业人民，人丁少而旧田多者，听从尽力耕种，报官入籍，计田纳粮当差。若多余占田而荒芜者，三亩至十亩笞三十，每十亩加一等，罪止杖八十，其田入官。若丁力多而旧田少者，告官于附近荒田内，验力拨付耕种。

2. 社会生活中土地集中的趋势

自宋以来，"田制不立"使得土地交易市场交易日益频繁，为土地通过市场产权的转移集中提供了条件。又加之在明清时期，商品经济有了更大的发展，作为特殊商品的土地，其买卖也更加频繁。在明代，商品经济发达的江南松江等地，出现了"有田者什一，为人佃者什九"的现象，土地已很集中。中国古代土地集中的方式有两种，一是在土地交易市场上，通过土地买卖，获得大量土地；二是超经济兼并，统治阶层对农民的土地进行无偿掠夺或通过不等价交换，霸占农民土地产权。从土地集中的总体情形来看，明清时期后者不是主流。

在明清时期，土地交易市场空前发展，公田、私田均参与市场的买卖，交易对象增加，小农家庭和地主家庭，甚至家族财产广泛而普遍地卷入土地买卖。中国古代官田是不准买卖的，但明中叶以后逐渐向私有和民田转化，并大量进入土地市场。暗中转租、偷卖或盗卖屯田、旗地等行为日渐公开化和普遍化。官田买卖大多缘起于租赁。官田的经营以招人承佃为主，在使用权的转让过程中，形式上的承佃契约逐渐转变成买卖契约，形成了事实上的地权转移。清代的旗地本来是严禁买卖的，后来也卷入了土地市场中。由于旗人不善生产，开始多以保留地权、出典旗地的方式进入市场，后来逐渐开始出卖土地。

（二）田土交易制度层面的严格规范性和实践中的变通灵活性

明清时期，中国的土地买卖异常活跃，土地流转速度加快，土地交易的形式也有所创新。随着商品经济的发展和土地市场化程度提高，土地交易在制度层面的严格规范性和实际社会生活中的变通灵活性形成巨大的反差。

研究明清土地交易状况时不仅有当时官方的法律规定作依据，而且有大量的土地契约文书以及相关的论著供我们参考。傅衣凌先生早在 1939 年于福建永安县发现了明清土地契约文书百余件，并于 20 世纪 40 年代进行了整理研究。日本学者仁井田陞搜集了大量田契，并以田契为中心做了较系统的研究，著成了《中国法制史研究》（东京大学出版会 1962 年版），其中有专章研讨《元明时代村落的规约与租佃证书》。日本东洋文库明代史研究室曾编有《中国土地契约文书集》（日本东洋文库 1975 年版）一书。安徽省徽州地区储存的田契为全国之冠，科研工作者据此进行了整理与研究，其成果有周绍泉、王钰欣编的《徽州千年契约文书·第一编·宋元明代编》（花山文艺出版社 1992 年版），安徽省博物馆编的《明清徽州社会经济资料丛编》第一辑（中国社会科学出版社 1988 年版），中国社会科学院历史所徽州文契整理组编的《明清徽州社会经济资料丛编》第二辑（中国社会科学出版社 1990 年版）。还有杨国桢的《明清土地契约文书研究》（人民出版社 1988 年版）、日本学者滋贺秀三等著的《明清时期的民事审判与民间契约》（法律出版社 1998 年版）等。[①]

---

① 参见陈学文：《土地契约文书与明清社会、经济、文化的研究》，载《史学月刊》，2005（12）。

1. 法律对田土交易规范的要求

随着私有土地所有权的日益明晰化，明清两代继承和发展了有宋以来的土地交易法律制度，其主要体现在以下几个方面：

其一，要求使用官印契本或具备契尾。

从五代开始就需在自书的田土交易契纸上加盖官印，到北宋时期有人向朝廷建议制定统一的官契：

> 庄宅多有争讼，皆由衷私妄写文契，说界至则全无长尺，昧邻里则不使知闻，欺罔肆行，狱讼增益。请下两京及诸道州府商税院，集庄宅行人众定割移典、卖文契各一本，立为榜样。①

实际上在宋代民间也大都是先自书契约，由官府加盖官印而成为"红契"的。金元两朝也沿袭了宋的做法，买卖田宅、奴婢等较重要的物都要求使用官印契本。明初沿袭了前几朝的传统，例如《大明令·户令》规定：

> 凡买卖田宅、头匹，务赴投税，除正课外，每契本一纸，纳工本铜钱四十文，余外不许多取。

官印契本于官于民都比较烦琐，有碍交易物的快速流转，因此早在元代，官府就会印制一些已收契税的收据，粘连在当事人自书的契书上，骑缝加盖官印。契尾是土地买卖成交后经政府认可，由政府收取定额契税的凭证，故有人称契尾为契税单，其实称契税单不完全合适，因为契尾不仅仅是收契税的凭证，还具有确认地权转移的法律效应，即有地权转移的法律认定性质，如果一旦买卖双方发生纠纷，契尾也具有法律凭证的作用。在契尾上详细注明了买卖双方的姓名、田产数量、坐落地、价银、税银等。明中叶后，契尾的印制逐渐下放到地方各级政府，万历四十八年（1620 年）户部发文规定契尾由各府印制，清入关后继承了这一制度，契尾由各承宣布政使司统一设计印制，授权于州县再复印。一式两份，一份给业户（买主），一份存州县备案，并造册会同其他文件呈送上级机关查考。

附：万历十九年休宁县契尾②

> 休宁县为查理税契事，本年四月二十日抄奉本府纸牌，蒙钦差兵备副使袁批，据本府呈详，大造将期，先行属县一体税契推收缘由，仰县查照上年规式，印刷契尾，编定号簿，请印发县，谕买产民人赴县投契。每契一纸，给尾一张，每价一两，纳税二分。如有买产人户匿契不印，照律追价一半入官等因，备行到县，奉此合行刻刷契尾请印，以便民人报纳推收。如有隐匿不行报官及里书私自过割者，定行如律一体重究。须至契尾者。
>
> 计开
>
> 一据东南都三图丁旸契价银八两二钱（买）本都一图李叔平（田），计税……该税

---

① （宋）李焘撰：《续资治通鉴长编·卷二十四·太平兴国八年三月乙酉》，542 页，北京，中华书局，1985.

② 中国社会科学院历史研究所徽州文契整理组编校：《明清徽州社会经济资料丛编》，第二辑，82 页，北京，中国社会科学出版社，1990.

银一钱六分四厘。

右给付买主……收执。准此。

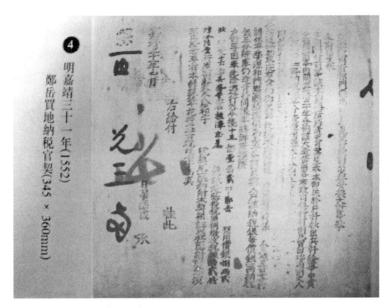

《明嘉靖三十一年（1552 年）郑岳买地纳税官契》

图片来源：田涛、[美] 宋格文、郑秦：《田藏契约文书粹编》(4)，北京，中华书局，2001。

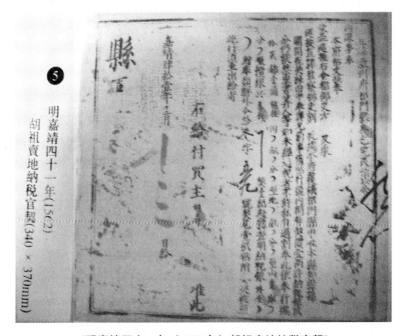

《明嘉靖四十一年（1562 年）胡祖卖地纳税官契》

图片来源：田涛、[美] 宋格文、郑秦：《田藏契约文书粹编》(5)，北京，中华书局，2001。

其二，买卖土地应诚信，不得重复典卖。

典卖田宅者应确保自己对田宅享有所有权，不得将一物重复典卖，违反者，应承担刑事和民事双重责任：从刑事责任而言，所得价金按赃款计算，比照窃盗罪论处，只是可免刺字。民事责任而言，撤销该非法典卖行为，其典卖标的物归还原主。例如，洪武三十年（1397 年）颁布的《大明律·户律二·田宅》中的《典买田宅》条规定：

> 若将已典卖与人田宅朦胧重复典卖者，以所得价钱计赃，准窃盗论，免刺，追价还主，田宅从原典卖主为业。若重复典卖之人及牙保知情者，与犯人同罪，追价入官。不知者不坐。其所典田宅、园林、碾磨等物，年限已满，业主备价取赎。若典主托故不肯放赎者，笞四十，限外递年所得花利，追征给主，依价取赎。其年限虽满，为主无力取赎者，不拘此律。

对于违反诚实信用原则，重复典卖田宅的行为，《大清律例》中的《典买田宅》条与《大明律》有着几乎完全相同的处罚措施：

> 若将已典卖与人田宅朦胧重复典卖者，以所得（重典卖之）价钱计赃，准窃盗论，免刺，追价还（后典买之）主，田宅从原典卖主为业。若重复典卖之人及牙保知（其重典卖之）情者，与犯人同罪，追价入官；不知者不坐。其所典田宅、园林、碾磨等物，年限已满，业主备价取赎。若典主托故不肯放赎者，笞四十，限外递年所得花利，追征给主，依价取赎。其年限虽满，为主无力取赎者，不拘此律。

其三，在制度层面废除了"先问亲邻"制度。

明清时期，从法律制度层面不再有"先问亲邻"的强制要求，允许典卖者自由寻找买主。但由于中国家族社会在这个时期并未解体，所以，"先问亲邻"作为民间习俗，在土地交易中屡见不鲜。明清民间习俗仍不能自由地选择买主或典主，亲属地邻往往有优先购买权，只有在族人和地邻放弃优先权或不买时，才能卖给别人，否则很容易产生争端，甚或闹出命案。直到清末民初，民间仍然有先问亲族的习俗，例如，在四川新都县衙档案中的196 件嘉庆元年（1796 年）至宣统三年（1911 年）的晚清地契中，有 163 件仍写着"先尽房族，无人承买"[1]，可见，清代绝大多数土地典卖契约都遵循了"先问亲邻"的习俗。一直到民国初年进行民商事习惯调查时仍发现有大量地契体现了买卖先问亲邻的习惯。《民事习惯调查报告录》甘肃省习惯："第四十条，本族先置权，田主房屋如未得本族抛弃意思，不许与异姓人结买卖之契约。"[2] 安徽泗县习惯有："当卖田产，须先尽本族，如族中无人承受，始能谋及异姓。"[3] 山西解县的习惯："购买田宅，立约时，须邀请四至地邻，以证明契

　　① 四川新都档案局编：《清代档案地契史料》，（嘉庆—宣统）统计，转引自郭建：《中国财产法史稿》，220 页，北京，中国政法大学出版社，2005。
　　② 前南京国民政府司法行政部编：《民事习惯调查报告录》（下册），胡旭晟等点校，733 页，北京，中国政法大学出版社，2000。
　　③ 前南京国民政府司法行政部编：《民事习惯调查报告录》（上册），胡旭晟等点校，227 页，北京，中国政法大学出版社，2000。

载界址之确否（按：此习惯山西各县大抵皆然）。"① 另外，河南、山东、福建等地也都有"先问亲邻"的习惯。

其四，缴纳契税，过割赋税。

这里的契税，实际上就是土地交易税，明清时期和前几朝一样，凡是田土交易的契约按照法律的要求都必须经由官府审查，加盖管印，这样既证明交易的合法性，又证明已缴纳契税，所以，"税契"和"印契"是合一的。一般先缴纳契税，再过割赋税，土地交易时，附着于土地上的赋税自然要随之转移，缴纳土地赋税的义务转移给新的土地所有权人，这两种程序是合法的土地买卖契约所必需的要件。

早在明朝初年制定颁布的《大明令·户令》就有明确的法律要求：

> 凡买卖田宅、头匹，务赴投税，除正课外，每契本一纸，纳工本铜钱四十文，余外不许多取。凡典卖田土、过割税粮，各州县置簿附写，正官提调收掌，随即推收，年终通行造册解府，毋令产去税存，与民为害。

明朝田宅的契税是百分之三，"凡民间贸田宅，必操契券请印，乃得收户，则征其直百之三。"② 洪武三十年（1397 年）颁行的《大明律·户律二·田宅》中《典买田宅》对缴纳契税、过割赋税更有法律上的强制要求，不遵循者，要被科以刑罚：

> 凡典买田宅不税契者，笞五十，仍追田宅价钱一半入官；不过割者，一亩至五亩笞四十，每五亩加一等，罪止杖一百，其田入官。

在明朝官府的收税票上也有"私相过割者，查出依律并究，决不轻恕"这样的表述：

> 收税票
> 休宁县为黄册事据八都四图五甲户丁徐六喜，买到八都四图十甲户丁汪聚兴已经纳税，印契讫合，该印票发给本人，付该图册里，照票内该税推入本户，造册当差敢有不行税契，无印信号票，私相过割者，查出依律并究，决不轻恕，须至票者。
> 计开
> 奈字黄芝山辛塘坞田二亩九分九厘五
> 　　　　　　　　塘　一分二厘五毛
> 　　　　　　　　山　五分正
> 　　　　　　　　崇祯九年四月　　日库给③

清朝的《大清律例》之《典买田宅》条对此也有与明朝类似的规定：

> 凡典买田宅，不税契者，笞五十，（仍追）契内田宅价钱一半入官；不过割者，一亩至五亩笞四十，每五亩加一等，罪止杖一百，其（不过割之）田入官。

---

① 前南京国民政府司法行政部编：《民事习惯调查报告录》（下册），胡旭晟等点校，476 页，北京，中国政法大学出版社，2000。

② （清）张廷玉等纂修：《明史·卷七十五·志第五十一·职官四·税课司》，1852 页，北京，中华书局，1974。

③ 蒲坚编著：《中国古代法制丛钞》（第四卷），352 页，北京，光明日报出版社，2001。

2. 明清田土交易中的变通复杂灵活性

明清时期，随着商品经济的发展，农业商品化程度也有增强之势，地权市场范围进一步扩大，地权与资本相互转化。商品资本流向土地，在明清之前，不绝史书。地主的土地所有权与经营权逐渐分离，土地经营权呈市场化发展趋势，形成大规模的土地交易，土地市场化趋势日益加快。① 商品经济的冲击也造成在国家制定法不变的情况下，明清田土实际交易规则表现出变通复杂灵活性。例如，土地契约中有一种称为上手契约，即土地拥有者土地来源的契约证明；许多契证大都在契后写明上手契的移交的情况，明确田产来源；有了上手契，同时又可以为土地买卖提供一个合理的价钱依据。如果在土地买卖中没有上手红契的移交，这是不合规范的买卖。随着土地交易的快速流转，清代往往不再过分强调上手契约的这种规范要求，只是在立契约时搪塞一句："上手红契霉烂无存，日后搜出，是为枯纸。"② 另外，"族田不得典卖"传统的突破和大量的田面、田底分离交易和白契的流行都是这个时期土地交易的新特点。现在我们就一一作出分析：

其一，突破"族田不能典卖"的规则。

族田是世代相传的族产，它是家族宗法制度的产物，也是宗族最重要的物质基础，同时，谁拥有土地谁就拥有财富和社会地位，土地也是家族社会地位的象征：

> 土地除了其内在的和实用的价值之外，也给人带来声望，一家世世代代拥有的一块土地会获得一种象征性的及礼仪上的意义，成为家庭关注的焦点，且有一部分是受尊敬的祖先安息之地……③

据学者考察，族田起源于北宋范仲淹所设之苏州范氏义庄，此后推向全国，至清代到达高峰。朱熹在《家礼》中提出族田"不得典卖"的原则，一直为民间所遵循，并得到政府的认可。族田、祠田的买卖、租佃契约的成立，渗透着宗法宗族制的因素。如宗（族）土地买卖，必有族众一起签名画押，个人不能独立做主。广东南海黄氏族田，自宋朝以来，皆为宗族永远世守管业，"不得卖与外人，亦不准招引外人居住。历来无异，例禁甚严。如敢抗违，即将此人永远出族"④。

明清时期，尽管土地契约中几乎都声明所卖土地"并非留祭之物"或"非祖尝之物"，但实质上族田买卖已公开化。宗族通过多种途径典买田地，不得典卖族内成员田房的规定也被突破，族田进入市场之势不可遏止。据考察，在清代广东土地买卖中，宗族是最大的买家，又是最大的卖家，较大数量的土地交易往往是在宗族之间进行的。⑤ 例如，在《翰香社向紫水义仓立绝卖田契》中有这样的表述："今因宜银急需，无处计备，集社友商议，愿将本社置买尝田……出卖与人。"⑥ 到晚清，族田买卖的趋势大为加速，族田参与土地市场

---

① 参见胡刚：《明清时期土地市场化趋势的加速》，载《古今农业》，2005（2）。

② 《翰香社向紫水义仓绝卖田契》，载《广东土地契约文书》，188 页，广州，暨南大学出版社，2000。冼剑民：《从契约文书看明清广东的土地问题》，载《历史档案》，2005（3）。

③ ［英］S. 斯普林克尔：《清代法制导论》，张守东译，12 页，北京，中国政法大学出版社，2000。

④ （清）黄仁恒编：《南海学正黄氏家谱节本·卷十二·杂录谱·乡规·禁约碑》，宣统三年孟秋保粹堂刊。碑文末载："光绪廿一年乙未岁七月吉日黄永享堂公启"。

⑤ 参见胡刚：《中国古代土地市场发育研究》，47 页，西北农林科技大学硕士学位论文，2003。

⑥ 《翰香社向紫水义仓绝卖田契》，载《广东土地契约文书》，188 页，广州，暨南大学出版社，2000。

的交易，一方面活跃了土地交易市场，加速了明清时期土地产权流转速度；另一方面使本成规模的族田不断分崩离析，为土地的分散化经营提供了条件。①

其二，田面、田底分离交易。

这种田面权自宋代开始形成，经历了元、明、清三代都没有得到法律的明确认可。官府也会经常随着时事的变化经常调整对田面、田底分离交易的态度，时而默许时而明文禁止。中国古代社会实际生活中更重视的是财产的收益权，即怎样最大限度地使物尽其用，所以在土地权益上也并不强调处分权仅仅为所有人拥有，这种田面、田底分离交易的现象一直是非常盛行的。土地承租人往往可以买卖、出租土地，这种权利在中国古代称为"田面权"、"田皮权"等等，权利人叫做"面主"、"皮主"；原来的所有权称为"田底权"、"田骨权"，权利人叫做"底主"、"骨主"。田底权与田面权的分离，早在宋代就已萌芽，当时的契约就有了"断骨契"、"断卖骨契"的说法，例如，宋代有这样的表述："广都人张九，典同姓人田宅。未几，其人欲加质，嘱官佃作断骨契以罔之。"② 但是，我们认为，宋代的这种"田面"、"田底"分离既不充分，也不普遍，一直到明代中叶，随着商品经济的发展，地主兼工商业者大量增加，土地的所有权与经营权明显分离，田地权与田面权的分割才成为较为普遍之事。与此相关的土地买卖，只卖田面权，叫做小买田，只有将田底（田骨）权也卖断，才是彻底的地权转移。田底权买卖称大买田。由于有了田底、田面的分离，于是土地制度中就出现了"一田二主"、"一田三主"的现象③，这在皖、闽地区较多存在。其他如山、地、塘、坟、宅地的买卖契约也大体如此。这种土地所有权和使用权的长期分离反映在土地市场上，就会出现"一田二主"、"一田三主"等现象。从这份契约可以看出，佃农通过保人"引进"，在支付了"讨田银"后，可以不限年月永远耕种，这种在土地上可以永远耕种的权利实际上是与田面权密切相关的，或者说是包含着田面权的。到后来，这种买卖田面的契约无须假以"租佃"的名义，可以直接将其"出赔"他人。这种土地关系的长期持续，导致土地的实际占有者对田面的支配权利越来越大，越来越明朗化，既可以将田面转租给他人，收取一部分地租，还可以将田面典卖给他人，收取田面的典卖价。到了清朝，随着商品经济卷入土地交易，土地交易频繁，田皮买卖已非常公开明朗，土地交易时，如果田底、田面一并卖绝，必须在契约中注明"大小全业"或者"大小全租"，而买卖田面出现的字样往往是，田皮、赔田、小苗田、小租、小业。④

其三，白契大量存在。

明清时期土地买卖，政府虽定有立契、税契、过割推收等程序，但很多契约都不完备，土地买卖者想方设法逃税，它导致虚粮厚积和政府税收日益混乱，至于假契带来的土地争讼更是层出不穷。事实民间土地交易往往想方设法逃避契税。实际上，土地买卖，官有官法，民有民法。⑤ 白契广泛流行而且被社会认同。通常情况下，土地买卖要向官府办理登记手续，向政府办理纳税、粮差过割手续，并在契约上加盖官印。由官方认可的契约，加盖

---

① 参见石涛、李军、刘成虎：《明清农村产权流转制度再探》，载《经济问题》，2006（11）。
② （宋）洪迈撰：《夷坚志·乙志卷5·张九罔人田》，何卓点校，223页，北京，中华书局，1981。
③ 参见陈学文：《土地契约文书与明清社会、经济、文化的研究》，载《史学月刊》，2005（12）。
④ 参见樊树志：《中国封建土地关系发展史》，548页，北京，人民出版社，1988。
⑤ 参见冼剑民：《从契约文书看明清广东的土地问题》，载《历史档案》，2005（3）。

官印红章，称为红契。白契实际是民间私人土地买卖的契约文书，一般写在不易风化、较牢固坚韧、能防水渍的白桑皮纸上，由出卖人立契，内容需载有出卖人姓名、出卖原因、土地数量（亩、分）、坐落、编号、四至八到（土地界限）、卖价、交讫日期、租税额、起割入册、管业归属、防止和注意事项等（如不许有重复交易、来脚不明及一切不明之事，家内外人不许占拦，这是卖方之责，不涉买方等）。交易后双方不许反悔，先悔者要罚款，而原契仍旧生效，立契时间等亦须一一写明。此外如有特殊情况，卖方亦须在私契上写明，如卖方原土地上有附属物（青苗、木植、堆房、水碓等）、火佃（佃户、佃户住房）等，写明一并卖给对方（买方、业户），更要写明买主（业户），自交割之日起即归业户受业。为了表示契约的公正性，必须有中见人，或称凭中、凭中人、中人、见人。中见人一般是年长有声望者。书写人，或称书契人、代笔人、代笔，负责书写契约，一般由书写端正清楚者担任。卖主称立契人、卖契人、契人。上述人员（除业户外）都需一一画押（签字）。①（现录两件白契）

其一：隆庆五年（1571年）程＿＿＿吴卖田白契②：

　　十都程＿＿＿吴，有晚田一段，坐落本都土名前坑屯前。今丈量系盈字号，其田东至……西至……南至……北至……上四大至内该田一亩。今因无钱支用，情愿内将租三秤（分），计田三分三厘，立契出卖与本家堂叔程宠名下为业。当日三面议（定）时值价钱纹银一两五钱整，前去支用。所卖其田，系是自意情愿，即非抑勒抵押公私债负，及（日前）未卖之先，与内外人并无肿（朦）胧交割不明，如有不明，本家自理，不干买人之事。所有契内价钱，当日尽行收足，再不别立领钱文贴，其于书押为照。所有税粮，随产认纳。今恐无凭，立此契书为照。

　　隆庆五年五月二十六日　　　　　　　　　立契人　程　　吴（押）契

　　　　　　　　　　　　　　　　　　　　　中见人　程　　汶（押）

　　所有契内价钱，当日尽行收足。再批为照。（押）

　　本家今将土名前坑屯前晚田三分三厘，计租三秤，分出卖与叔程宠名下，听从前去管业收租为楮，本家无阻。今恐无凭，立此退业为照。

　　隆庆五年五月二十六日　　　　　　　　　退业人　程　　吴（押）退为业

　　　　　　　　　　　　　　　　　　　　　中见人　程　　汶（押）

其二：万历十六年（1588年）浮梁章会卖田白契③：

　　浮梁县法京都章　　会，今将买受得田一备，在于祁门十二都九保，土名潘家坞。计早谷租三十九秤，又晚租一百廿秤，与祁门胡、李三股相共。本身三股该得一股，共计早晚实租五十三秤。所有税粮字号四至丘数，悉照新丈为准。今将前田自情愿凭中出卖与祁门十二都胡宜名下为业。当三面言议时值价文银三十两正在手足讫，当日契价两相交付。未卖之先，即无重复交易。来历不明，卖卖人自理，不干买人之事。

①　参见陈学文：《土地契约文书与明清社会、经济、文化的研究》，载《史学月刊》，2005（12）。

②　参见蒲坚编著：《中国古代法制丛钞》（第四卷），347页，北京，光明日报出版社，2001。

③　参见蒲坚编著：《中国古代法制丛钞》（第四卷），347页，北京，光明日报出版社，2001。

所有税粮，候造册之年，推入买人户供解。自成（交）之后，各不许悔，如悔者，甘罚三两银入官公用。今恐无凭，立此卖契为照。

　　万历十六年又六月廿四日立　　　　卖契人　　章　　会（押）
　　　　　　　　　　　　　　　　　　中见人　　　胡希颜（押）
　　　　　　　　　　　　　　　　　　　　　　　　胡梦林（押）
　　　　　　　　　　　　　　　　　　伭　章　　瑞（押）

　　有学者指出："中国农民对土地的黏着性，远较他国为大……美国农民把农场看成商品，中国农民把土地当作婴儿。"[1] 中国自古以农业立国，土地是最重要的社会资源，也是最基本的生产资料，土地所有权问题在中国法制史上占据重要的地位。纵观土地所有权变迁史，中国的土地产权结构是一个不断调整的连续过程，也是土地所有权不断明晰化、使用权与所有权不断地分离与合并、收益权随之不断变化的发展过程。

---

[1]　冯尔康：《中国社会结构的演变》，241 页，郑州，河南人民出版社，1994。

第十一章

永佃制

第一节
永佃制与相关概念之辨析

永佃制是我国传统租佃制中的一项重要制度，肇始于隋唐，明中叶以后逐渐遍及全国各地，其中尤以江苏、浙江、福建、江西、广东、广西等江南地区为盛。永佃制是指佃农支付佃租长久或永久地对他人土地占有、使用、收益甚至处分，而土地所有者无权随便撤佃的租佃制度，这种制度包括国家的单行法令和实际起法的作用的民间习惯等。永佃的名称，因地区差异而有不同的称谓，如"永佃"、"世耕"、"永耕"、"永为耕户"、"永远为业"、"不限年月"等。为了能更准确地理解永佃制，需要对与永佃制相关的概念作必要的辨析。

一、永佃制与租佃制、典

（一）永佃制与租佃制

"租"在古代有多种含义，其中主要是指田赋和租用。《说文解字》云："租，田赋也。"后引申为"租用"。"佃"，在古代是指"耕作土地"。在古代，租佃也称为"租"或"佃"。在租佃关系中，承租土地者称为"佃人"、"佃客"，又因古代租佃土地是由户这个主体来进行，故又称作"佃户"。租佃制是指土地所有者和佃农之间基于契约关系，由佃农支付佃租而占有和使用土地所有人的土地，在租佃关系终止时佃农返还土地的制度，其实质是土地所有权与使用权的分离。根据现有史料，中国最早的租佃关系不晚于西周时期。根据《卫鼎甲》铭文，邦君厉因治理泾、渭两河有功，周共王将五百亩土地赏赐给邦君厉。共王的大臣邢伯等人问邦君厉："女（汝）贮（租）田不？"邦君厉回答："余审贮（租）田五田。"邢伯等人又让邦君厉立了誓言。后来，邦君厉将田四百亩租给了裘卫。[①]

租佃制的种类，从不同的角度划分，大致可以分为以下三类：

---

① 参见张传玺主编：《中国历代契约会编考释》，5～8页，北京，北京大学出版社，1995。

第一，根据租佃关系的主体不同，可以分为国家与私人的租佃制和私人与私人的租佃制。

第二，根据租佃的形式，可以分为伙种制、帮工制和租种制，其中租种制最为普遍。伙种制是指，佃户以缴租为代价，从土地所有者那里不仅租得土地，还要获得许多生产资料，如种子、肥料、牲畜、农具等的租佃形式。帮工佃种制是指，土地所有者除要出租土地，提供一定数量的种子、肥料、农具、牲畜，还要给租佃家户住房和口粮等的租佃形式。到期缴租时，租佃家户不仅要缴租，还须归还所借种子、口粮，平时还要为土地所有者提供无偿劳动。租种制是指佃户以缴租为代价而租佃土地所有者土地的租佃形式。

第三，根据租佃时间，可以分为短期的租佃制和长久的租佃制。短期的租佃制包括定期和不定期的租佃制。长久的租佃制主要指永佃制。由上可知，永佃制与短期的租佃制都以佃户以缴租为代价而租佃土地所有者的土地；两者都使土地所有权和使用权分离。两者的区别在于：永佃制一般来说没有期限，而短期的租佃制无论长短，都有期限；与其他租佃形式相比，永佃制下的佃户对土地享有了更多的权能，获得了更多的自由，人身的依附关系弱化。

（二）永佃制与典

典是中国古代特有的制度，典主要属于习惯法制度，但到明代典制入律，清代法律中也有典的规定。在中国法制史上，典有广义与狭义之分。广义之典的标的物并不以不动产为限，田、宅、园林、碾磨、店铺等动产、不动产以及人身等均可为之。正因为典的范围十分广泛，所以，典常与卖、当、质、租等连在一起，古代有典卖、典当、典质等名称。

1. 典卖

典卖也称"帖卖"、"活卖"。典卖只转让使用权、收益权而保留土地的所有权和回赎权。北齐时的法令规定：

> 帖卖者，帖荒田七年，熟田五年，钱还地还，依令听许。[①]

唐代元和八年（813年）十二月"辛巳敕：应赐王公公主百官等庄宅、碾磨、车坊、园林等，一任帖典货卖，其所缘税役，便令府县收官"[②]。五代开始用"典卖"一词，其含义有时包括买卖、典当两种行为，有时仅指典当行为。[③] 宋代典卖连用比较普遍。《宋刑统·户婚律》规定：

> 应典卖依当物业，先问房亲，次问四邻，房亲著价不尽，亦任就得价高处交易。

《大明律》、《大清律》中，都列有"典卖田宅"专条。《大清律例》典卖田宅条规定：

> 凡典卖田宅不税契者，笞五十……其所典田宅、园林、碾磨等物，年限已满，业主备价取赎。若典主托故不肯放赎者，笞四十。

典卖与绝卖不同。典卖可以回赎，清乾隆以前，回赎期限由当事人自由约定，法律没

---

① 《通典·宋孝王关东风俗传》。

② 《旧唐书·宪宗本纪下》。

③ 参见叶孝信：《中国法制史》，249页，北京，北京大学出版社，1996。

有硬性的规定，约定的回赎期届满后，若出典人不回赎典物，则典权依然存在，不论经过多少年，只要出典人主张收回典物，典权人都得同意，俗称"一典千年活"，或"典在千年，卖在一朝"。绝卖则不能回赎，所谓"一卖千休，寸土不留"。由于典卖极易引起纠纷，为了避免纠纷，乾隆时在户部则例中规定："典卖契载不明之产，如在三十年内，契内无绝卖字样，即以绝产论，概不许找赎。"对典期的最高年限作了规定。

2. 典当

典当在我国古代文献较早记载。《后汉书·刘虞传》："虞所赉赏，典当胡夷，瓒数抄夺之。"唐人李贤随文注云："当，音丁浪反，亦谓之为典。"典当的主要内容是以收取实物作抵押进行放款，其核心是转移典当的标的物。如典期届满不回赎，则要转移标的物的所有权。古代的典当也有广义和狭义之分。前者的标的物可以是动产、不动产，乃至人身；后者则专指动产。从性质上来理解，典当有两层意思：一是指以物抵押借贷或放贷的行为；二是指经营抵押放贷的金融机构，即当铺，古代称质库、质肆、质店、质铺、解库、典库、典铺、抵当库、解典库、长生库等。质库最早始于南齐，由寺院经营。唐代，典当业多由贵族垄断，直至宋朝才由民间经营。明中期以后，典当业已非常盛行。

3. 典质

"质"在本质上是指借贷担保，以物抵押并可回赎。据《旧唐书·卢群列传》记载："节度使姚南仲归朝，拜群天成军节度……先寓居郑州，典质良田数顷"，这是典质二字并用的最早记载。

狭义上的典是指支付典价，占有他人的田宅等不动产而为使用、收益的制度。在典的关系中，支付典价、占有他人不动产而为使用、收益的承典人称为"典人"、"典主"、"典户"、"银主"；出典田宅、得受典价的出典人称为"业主"、"原主"、"所有主"；出典的不动产称为"典物"。典期届满后，得以退还典价，取回典物。

无论从广义还是狭义来理解，典与永佃制都既有相同之点，也有不同之处。典与永佃制的标的物都涉及土地；占有土地的一方都要支付一定数量的金钱。两者的区别在于：永佃制的标的物只是不动产——土地，而典的标的物可以是动产、不动产，甚至人身。即使从狭义上来理解，典的标的物也可以是不动产——土地以外的房屋、园林、山泽等。

二、永佃制与"一田两主"、"一田三主"

永佃制的进一步发展，在江南逐渐形成了一种新的土地习惯，即"一田两主"、"一田三主"制。日本学者仁井田陞指出："把同一地块分为上下两层，上地（称田皮、田面等）与底地（称为田根、田骨等）分属不同人所有，这种习惯上的权利关系就是'一田两主'。田面权（上地上的权利）与田底权（底地上的权利）并列，也是一个永久性的独立物权。底地所有人的权利，是每年可以从享有土地使用收益权的上地所有人那里收租（固定的得利），但是欠租一般不成为解约原因。而且，上地底地的所有人，各自处分其土地时，互相间没有任何牵制，这是通例。也就是说，即使对上地转让出租，也可以任意作为，底地所有人的同意不是转让出租的要件。从而上地底地所有人的异同变化，不会引起其他一方权益的任何消长。""江南的一田两主关系，在一分为二的土地上的两个所有权中，含有可以自由处分各自标的物的权能。"① 到明代，福建漳州又产生了"一田三主"的现象。

> 它指的是小租主（小税主）、大租主和佃户三者的关系。小租主是土地所有人，大租主是从土地所有人那里有偿地取得收租权的人，佃户是向土地所有人支付了粪土银而取得土地永久使用权的人。②

大租主可向小租主收租，同时履行向国家缴纳赋税的义务。这样，大租主是土地的名义上的所有者，小租主是土地的实际上的所有者，佃户是土地的永久使用者并且土地已"久佃成业"，形成一田之上有三个主人的习惯。而且，三方主体各自的变更，不会造成相对人权益的变化。③ 无论"一田两主"或"一田三主"都是以地权的分离为特点，即土地所有权分离为田底与田面，学术界多称为"田底权"与"田面权"。清代，"田底"在广东地区民间称为"粮业"；福建地区俗称"田面"、"田骨"、"大苗"；江西地区称为"大租"、"大苗"、"田骨"、"大买"。如"赣郡诸邑，多有田骨、田皮之号，田骨掌田者，曰大买；田皮属耕田者，曰小买。名号俨然齐驱"④。"田面"在广东地区民间称为"佃业"、"质业"；福建地区俗称"田根"、"田皮"、"小苗"；江西地区称为"小租"、"小苗"、"田皮"；浙江地区称为"田脚"、"田脚小业"、"田皮"⑤。土地所有者出卖土地所有权，叫"大卖"。佃农转让土地使用权，称"小卖"。耕作权转租的，向地主缴租称"大租"，为原佃户缴租叫"小租"。

从上文可知，"永佃制"与"一田两主"、"一田三主"之间有许多不同点，如永佃制的核心是佃户对永佃土地可以永久地占有、使用和收益，而"一田两主"、"一田三主"则是在永佃制的基础上发展而来的一种新的土地制度，其关键点在于佃户除享有永佃户的一切权利外，还可以自由地处分田皮，即在"一田两主"、"一田三主"的制度下，佃户不仅享有田皮的使用、收益的权利，还享有处分的权利；在本质上，"一田两主"、"一田三主"制度下的佃户，对租佃的土地享有了比永佃户更多的自由；再进一步，"一田两主"、"一田三主"制比永佃制更能反映社会商品化的特点。但无论它们之间的区别多大，不可否认的是，"一田两主"与"一田三主"都是在永佃制的基础上发展而来，它们都以"支付佃租，永久在他人土地上耕作等"为成立之实质要件，而且在本质上，两者都是土地所有者与佃户之间的租佃关系。基于此，我们将永佃制分为广义的永佃制与狭义的永佃制。狭义的永佃制仅指佃户长久或永久地对他人土地的田面占有、使用、收益和部分处分的权利。广义的永佃制包括"一田两主"、"一田三主"制，指除上述权利外，佃户还可以自由地处分田面的权利。本文所使用的永佃制是广义上的永佃制，但在具体的论述中，将狭义上的永佃制与"一田两主"、"一田三主"制作出必要的区分。

---

① ［日］仁井田陞：《明清时代的一田两主习惯及其成立》，载刘俊文主编：《日本学者研究中国史论著选译》，411、416 页，北京，中华书局，1992。

② ［日］仁井田陞：《明清时代的一田两主习惯及其成立》，载刘俊文主编：《日本学者研究中国史论著选译》，414 页，北京，中华书局，1992。

③ 参见周子良：《永佃权的历史考察及其当代价值》，载《现代法学》，2002（4）。

④ 同治《雩都县志》卷十三《艺文志》。

⑤ 周远廉、谢肇华：《清代租佃制研究》，315 页，沈阳，辽宁人民出版社，1986。

三、永佃制与永佃权

西方的永佃权，起始于希腊，发展于罗马，完善并存续于某些近现代国家的民法中。民法上的永佃权是指永佃权人支付佃租，长期或永久在他人土地上为耕作或畜牧之物权。① 永佃权作为一项法律制度，有着较为悠久的历史。在国外，永佃权最早出现于古希腊。

> 在希腊的城邦，就像把我们带到公元前五世纪的铭文所记述的那样，存在着将未耕耘的土地长期或永久地出租以便加以开垦的情况，和对已开垦土地的类似出租情况。②

古罗马时，由于罗马的侵略扩张，国家获得了大量的土地，其中"公地"，市民可以占有并耕种，年纳赋税。但市民耕种"公地"，没有法律的保障，政府可随时收回。罗马共和国进入帝国时期之后，国家正式把土地租给私人耕种，并征收"佃租"，其租期很长，有些没有订定期限的，通常也具有永久的性质；佃租人可将承租的土地出让、抵押、赠与、继承，并可设定役权等。同时，大法官赋予佃租人追击权和取得占有令状等权利，给予他们以类似所有权的保护。于是债权关系变为物权关系。保罗说：

> 为了永久享用土地而向市府租地的人虽未变成所有权人，但他有权对任何一个占有人，甚至对市府本身提起对物之诉。③

4 世纪中叶，国家继续将国有土地租给市民，租期以永久为原则，于是佃租权改称永佃权（jus perpetuum）。罗马皇帝又仿效希腊法制，将其私人土地长期或永久出租，收取租金，此项权利被称为"永租权"。5 世纪后，大地主也仿效政府延长租期，以满足佃农的要求。④ 查士丁尼进行法典编纂时，将永佃权与永租权合一，统称为永租权或永佃权。⑤ 在查士丁尼法中，永佃权被定义为：

> 一种可以转让的并可转移给继承人的物权，它使人可以充分享用土地同时负担不毁坏土地并交纳年租金的义务。⑥

至此，希腊的永佃权制度与罗马的永佃权制度相结合，形成了较为完备的永佃权制度。

罗马法上之永佃权，其标的物主要是土地，有时也包括房屋，主要因契约、遗嘱或遗赠、司法裁判与授让而设定。永佃权人的权利包括：长期或永久地享有对永佃物及其附属物的使用、收益的权利；以不减损永佃物的价值为前提，可改良标的物或变更其用途；收取永佃地的孳息；任意处分其永佃权，或转让或以遗嘱处分，但不得抛弃永佃权；永佃期内可设定他物权。永佃权人所负担的义务主要有：按期缴纳租金，否则将丧失其权利，即

---

① 参见史尚宽：《物权法论》，206 页，北京，中国政法大学出版社，2000；王泽鉴：《民法物权》（2），61 页，北京，中国政法大学出版社，2001；谢在全：《民法物权论》（上），394 页，北京，中国政法大学出版社，1999；江平、米健：《罗马法基础》，170 页，北京，中国政法大学出版社，1987。

② ［意］彼德罗·彭梵得：《罗马法教科书》，黄风译，265 页，北京，中国政法大学出版社，1992。

③ ［意］桑德罗·斯契巴尼：《物与物权》，范怀俊译，125 页，北京，中国政法大学出版社，1999。

④ 参见周枏：《罗马法原论》（上），383～384 页，北京，商务印书馆，1994。

⑤ 参见周枏、吴文瀚、谢邦宇：《罗马法》，193～194 页，北京，群众出版社，1983；江平、米健：《罗马法基础》，171 页，北京，中国政法大学出版社，1987。

⑥ ［意］彼德罗·彭梵得：《罗马法教科书》，黄风译，267 页，北京，中国政法大学出版社，1992。

使遇天灾战祸歉收，也不得请求减免租金；负担管理和一般修缮费用，缴纳赋税；以善良人的注意来耕种土地，使用房屋；转让永佃权时，须提前两月通知土地所有人，并以受益价值的2％给付土地所有人；若为赠与，须以永佃地的2％划还土地所有人。①

永佃权"定有期限或附有解除条件的，则在期限届满或条件完成时，返还原物和附属物。"②

永佃权制度使佃户拥有了稳定的承佃权，不仅有利于生产力的发展，也有助于社会经济的稳定。因此，"永佃权一直保存在现代民法法系当中，尤其是那些起源于法国的制度"③。意大利、葡萄牙、西班牙和日本等国民法，"皆采用之"④。

《日本民法典》⑤ 在第二编"物权"的第五章中规定了"永小作权"（即"永佃权"），共10条（第270～279条）。永小作人（即"永佃权人"）享有的权利主要有：有因支付"小作料"（即"佃租"）而在他人土地上耕作或牧畜的权利（第270条）；永小作人可以将其权利让与他人，或于其权利存续期间，为耕作或牧畜而赁贷（即"出租"）土地，但是，以设定行为加以禁止时，不在此限（第272条）；永小作人于其权利消灭时，可准用地上权有关收去权、买取权之规定（第279条）。其主要义务是：支付佃租（第270条）；永小作人不得对土地施加可致永久损害的变更（第271条）；永小作人，即使因不可抗力致收益受损失时，也不得请求佃租的免除或减额（第274条）。永小作权之取得，基于土地所有人与永小作人设定永佃契约、让与、继承和遗嘱等，但永小作权之设定、转移必须到有关国家机关登记，否则法律不予保护。永小作权之消灭，基于该权期限届满、永小作人抛弃其权利（第275条）、土地所有人撤佃（第276条）。永小作权的存续期间，为20年以上50年以下，长于50年的期间设定永小作权者，其期间缩短为50年；未在契约中确定永小作权存续期限者，除另有习惯情形外，其存续期间为30年（第278条）。

1997年修订的《意大利民法典》⑥，在第三编"所有权"中专列"永佃权"一章，用21条具体规定了永佃权的有关制度。永佃权人主要享有以下权利：对土地产生的孳息、埋藏物以及根据特别法的规定对有关地下层的利用，永佃权人享有与土地的所有人同等的权利；永佃权人的权利及于从物（第959条）；永佃权人可以以生前行为或者临终行为对自己享有的权利进行处分，永佃权人转让永佃权时无须向土地所有人支付任何费用等（第965条）。永佃权人承担的主要义务有：永佃权人承担改良土地、向土地的所有人定期缴纳地租的责任；永佃权人不得以土地的异常无收获或者孳息的灭失为由请求减少或者免除地租（第960

① 参见周枏、吴文翰、谢邦宇：《罗马法》，193～194页，北京，群众出版社，1983；江平、米健：《罗马法基础》，172～173页，北京，中国政法大学出版社，1987。

② 周枏：《罗马法原论》（上），387～388页，北京，商务印书馆，1994。

③ ［英］巴里·尼古拉斯：《罗马法概论》，157页，北京，法律出版社，2000。

④ 史尚宽：《物权法论》，206页，北京，中国政法大学出版社，2000。

⑤ 本文所引《日本民法典》"永小作权"或"永佃权"之条文，均出自：商务印书馆编译所：《日本六法全书》，32页，北京，商务印书馆，1914。同时，在写作中，参阅了王书江译：《日本民法典》，49～51页，北京，中国法制出版社，2000。

⑥ 本文所引《意大利民法典》"永佃权"之条文，均出自费安玲、丁玫译：《意大利民法典》，267～271页，北京，中国政法大学出版社，1997。

条）；附加在土地上的税款和其他负担由永佃权人承担，特别法另有规定的除外（第 964 条）等。永佃权的存续期限为永久或者附期限，在附期限设立永佃权时，所附期限不得少于 20 年（第 958 条）。

清末修律导致中华法系解体，中国法律迈开了近代化的步伐。1911 年，中国历史上第一部民律草案——《大清民律草案》完成。该草案分总则、债权、物权、亲属和继承五编。日本法学博士志田钾太郎、松冈义正等人"依据调查之资料，参照各国之法例，斟酌各省之报告，详慎草订，完成民律总则、债权、物权三编草案"①。在第三编"物权"中第一次设"永佃权"专章，从 1086 条到 1101 条，共 16 条。②"永佃权"之内容，主要仿照《日本民法典》第五章"永小作权"而定，如：

（1）仿照第 270 条，界定"永佃权"为"永佃权人得支付佃租而于他人土地为耕作或牧畜。"（《大清民律草案》第 1086 条。以下仅列条目。）

（2）依据第 278 条，确定永佃权的存续期限是"二十年以上五十年以下。若设定期间在五十年以上者，短缩为五十年。"（第 1089 条）"设定行为未定永佃权存续期间者，除关于期间有特别习惯外，概作为三十年。"（第 1090 条）而意大利民法关于永佃权的存续期限，则为不得少于 20 年。

（3）效仿第 270、272 条，规定永佃权人的权利，主要有用益权（第 1086 条）、处分权（即永佃权可让与、出租。第 1091、1092 条）等。

（4）仿照第 270、271 条、273 条、274 条，规定永佃权人的义务，主要为永佃权人得支付佃租，除非有特别习惯，否则，虽因不可抗力使收益受损时，也不得请求免除佃租或减少租额（第 1086、1096 条）；永佃权人不得实施使土地产生永久损害之变更（第 1095 条）；永佃权人的义务还准用租赁之规定（第 1094 条）等。

《大清民律草案》有关"永佃权"之规定，虽大多仿自日本民法中的"永小作权"（"永佃权"），但在"注重世界最普遍之法则"的同时，也"求最适于中国民情之法则"③。如第 1091 条、第 1092 条虽效仿《日本民法典》第 272 条，第 1095 条虽仿照《日本民法典》第 271 条，第 1096 条虽依据《日本民法典》第 274 条，第 1099 条虽效仿《日本民法典》第 275 条，第 1100 条虽仿照《日本民法典》第 276 条，但于这些条文中增加"有特别习惯"，或"若无特别习惯"的规定，对该条文加以限定，以合民情。那种流行于学界、认为"前三编全以德、日、瑞三国之民法为模范，偏于新学理，于我国旧有习惯，未加参酌"④ 的观点，就"永佃权"来说，不甚准确。这种概括性的定论，实与具体性的规定不符。

由于《大清民律草案》"多继受外国法，于本国固有法源，未甚措意"⑤。因此，修订

① 谢振民：《中华民国立法史》（下），244 页，北京，中国政法大学出版社，2000。

② 本文所引《大清民律草案》"永佃权"之条文，均出自潘维和：《中国历次民律草案校释》，300～302 页，台北，汉林出版社，1982。文中标点系笔者所加。对个别明显的错字，做了必要的校正。

③ 据原著所称，《大清民律草案》的编定宗旨，约有四个方面："注重世界最普遍之法则"；"原本后出最精确之法理"；"求最适于中国民情之法则"；"期于改进上最有利益之法则"。谢振民：《中华民国立法史》（下），744～745 页，北京，中国政法大学出版社，2000。

④ 杨幼炯：《近代中国立法史》，73 页，上海，上海书店，1989。

⑤ 谢振民：《中华民国立法史》（下），748 页，北京，中国政法大学出版社，2000。

《大清民律草案》就成为必然。1925 年至 1926 年，修订法律馆完成《中华民国民律草案》（以下简称《民国民草》），即我国历史上民律第二次草案。

> 民律第二次草案大抵由第一次草案修订而成，惟总则编、物权编变更较少。①

《民国民草》仍专列"永佃权"② 一章，其内容与《大清民律草案》基本相同，但更近于日本民法"永小作权"之规定，就连条目，也都分为十条。与"永小作权"不同者，仍然如《大清民律草案》，于条文中依旧以"有特别习惯"，或以"若无特别习惯"等规定，对该条文加以限定。在这里，我们不难看出，一方面，这两部民律草案，就"永佃权"之内容，主要仿照日本民法，但同时也顾及我国民间之习俗③，并非完全照搬他国。另一方面，"永佃权"条文中有关"特别习惯"、"习惯"等的规定，说明现实生活中确实存在与"永佃权"相关的"习惯"，这也是本文将中国的"永佃制"纳入考察"永佃权"范围的缘由之一。

1929 年 1 月，南京国民政府立法院成立民法起草委员会。该委员会以北洋政府的《民国民草》等为基础，参照德、日、意、瑞士等国家的民法典，陆续拟定出民法各编草案，分为总则、债、物权、亲属和继承五编，于 1929 年 5 月至 1930 年年底分期颁布，称为《中华民国民法》（以下简称《民国民法》），这是中国历史上正式颁行的第一部民法典。在民法典的第三编"物权"中，仍列"永佃权"一章（第四章），共九条（第 842～850 条）。有关"永佃权"的具体内容，学者已有详尽解说④，在此无须赘述。

那么，古代中国是否也存在永佃权呢？史尚宽先生认为：

> 中国的永佃权，旧称之为佃，户部则例"民人佃种旗地，地虽易主，佃户仍旧，地主不得无故增租夺佃"，盖即永佃权之意……我亦间有田面权（永佃权）与田底权（土地所有权）之称。⑤

中国古代的"永佃"与西方的"永佃权"，确有相似之处，但绝不能同日而语。有学者指出：

> 永佃权与"永佃"，虽仅一字之差，其渊源、内涵及意义等则相去甚远。"永佃"如

---

① 谢振民：《中华民国立法史》（下），748 页，北京，中国政法大学出版社，2000。

② 本文所引《中华民国民律草案》"永佃权"之条文，均出自潘维和：《中国历次民律草案校释》，480～481 页，台北，汉林出版社，1982。

③ 据北洋政府司法部第 232 期《司法公报》，宣统二年（1910 年），清政府组织了全国性的民商事习惯调查。以服务于民律草案的制定。另据胡旭晟先生考证，"至迟在光绪三十三年（1907 年）十月，清末的民商事习惯调查已正式启动。"胡旭晟：《20 世纪前期中国之民商事习惯调查及其意义（代序）》，载前南京国民政府司法行政部编：《民事习惯调查报告录》（上册），胡旭晟等点校，2 页，北京，中国政法大学出版社，2000。

④ 参见史尚宽：《物权法论》，中国政法大学出版社，206～220 页，北京，2000。王泽鉴：《民法物权》（2），61～64 页，北京，中国政法大学出版社，2001。谢在全：《民法物权论》（上），394～417 页，北京，中国政法大学出版社，1999。梅仲协：《民法要义》，566～570 页，北京，中国政法大学出版社，1998。

⑤ 史尚宽：《物权法论》，206～207 页，北京，中国政法大学出版社，2000。此外，张晋藩先生在《清代民法综论》中，以"永佃权"为一节，专门分析清代的永佃权（参见张晋藩：《清代民法综论》，113～118 页，北京，中国政法大学出版社，1998。李志敏先生认为，《东轩笔录》有关宋代"常为佃户，不失居业"等的记载，"就是永佃权的发端。"（参见李志敏：《中国古代民法》，101 页，北京，法律出版社，1988。戴炎辉先生在《中国法制史》教材中专列"永佃权"一节，对中国古代的永佃权做了探讨（参见戴炎辉：《中国法制史》，305～307 页，台北，三民书局，1966。）

同"世耕"、"永耕"，乃清代民间契约用语，它们直接反映某种租佃关系。永佃权则否，它是一个分析概念，其确定内涵首先来自于现代民法，其渊源又可以追溯至古代罗马。①

中国古代虽有永佃权某些内容的实践，但没有"永佃权"这一概念，也不可能形成有关"永佃权"的理论，更不会建构起系统的物权法体系，甚至复杂有序的民法系统。由于理论体系和成文规则体系的缺失，永佃制的实践，只能凭习惯、经验（而不是依理论的指引、成文制度的规范），亦步亦趋地行进。反过来，永佃制的实践，也不会对应有而没有的永佃制的理论、成文规则体系有什么样的促进。面对这样的考察对象，我们当尽力以符合该对象的一套语言系统来描述、研究该对象。再进一步，研究中国的法律史当尽力以中国法律史上的一套语言系统和中国古代的思维模式来描述、表达、解析中国古代的法律现象。相反，用现代或西方的语言系统来比附中国古代的法律，势必使许多本来就不甚清晰的历史存在变得更加模糊难见。正如朱利斯斯·科普斯曾警告的那样：

> 如果我们用已熟悉的专有法律用语简单地叙述与原始部落法律有关的事实时，就可能歪曲了其内容。②

当然，这并不意味着，在从事中国法律史的研究时，必须完全拒绝使用某些现代或西方的法律专门术语。而只是意味着，不能盲目地和任意地将那些法律专门术语强加于中国传统法律上，而可以参照、比照使用。③ 另外，进行"系统"的考察也是至关重要的，离开"系统"的"个别"讨论，将会得出似是而非的结论。我们研究的"个别"，是"系统"中的"个别"，而非脱离"系统"的"个别"。基于此，用"永佃制"代替学界称谓的"永佃权"，或许更符合古代中国社会的实际，也有助于廓清历史的真实。

古代中国的"永佃制"，与国外和中国近代的"永佃权"制度，在内容上有许多相似之处。如都以佃租为各自成立的要件；都以永久在他人土地上耕作或牧畜为目的；永佃户或永佃权人就承佃之土地，享有占有、使用、处分、优先承买等权能。但在关注"永佃制"与"永佃权"某些内容的共同性时，绝不应忽视它们在性质上的差异性。如在"一田两主"（或"一田三主"）制下，即使骨主（土地所有者）出卖其田骨，也不影响皮主（永佃土地者）的利益，俗称"倒东不倒佃"、"卖田不卖佃"；"皮主"将永佃之土地视为"己业"，可以自由地处分，对"骨主"，只要皮主按约缴租，就得允许皮主自由处分永佃之土地。这"与欧陆之永佃权，性质上为用益物权者，完全异趣"④。时至近代，《大清民律草案》第一次在中国规定了永佃权的内容，属用益物权。就内容，永佃权制度虽仿日本民法，但又通过民事习惯调查⑤，将某些民间习惯列入法典，以"求最适于中国民情之法则"。《民国民

---

① 梁治平：《清代习惯法：社会与国家》，88 页，北京，中国政法大学出版社，1996。
② ［美］E. 霍贝尔：《原始人的法》，严存生译，18 页，贵阳，贵州人民出版社，1992。
③ 参见［美］E. 霍贝尔：《原始人的法》，严存生译，18 页，贵阳，贵州人民出版社，1992。
④ 谢在全：《民法物权论》（上），398 页，北京，中国政法大学出版社，1999。
⑤ 有学者指出："从各种史料分析，无论清末还是民国时期，当时进行民商事习惯调查之目的主要有二：一是为立法做准备，二是供司法执法做参考甚或依据，其中尤以前者最为突出。"胡旭晟：《20 世纪前期中国之民商事习惯调查及其意义》（代序），载前南京国民政府司法行政部编：《民事习惯调查报告录》（上册），胡旭晟等点校，10 页，北京，中国政法大学出版社，2000。

草》中的"永佃权"制度，约略与《大清民律草案》相类。《民国民法》制定、公布之际，"正当社会本位法律思想兴盛的时候……我国很自然地以德国民法及瑞士民法作为蓝本，采用了西洋最新的立法原则"①。其中，有关永佃权的存续期间（第842条）、永佃权人在遇到不可抗力而致收益减少或全无时得请求减少或免除佃租（第844条）等的规定，一改保障土地所有人权利的立法宗旨，转向"保护经济上之弱者"，即永佃权人的权益。"物权篇重视物之占有者与使用人之权益，均以社会公益为依归。"② 这体现了民法基本观念由"权利本位"③ 向社会本位的转变。

就永佃制与永佃权所规定的标的物的用途来看，永佃权所规定的土地的用途只能是耕作或畜牧。而永佃制下的永佃土地的用途则比较广泛，除可以耕作、畜牧外，还可以建房、修坟等。

第二节
永佃制的历史发展

中国古代的永佃制萌芽于隋唐，形成于唐朝中后期，发展于宋代，盛行于明清。

关于永佃制起源于何时，学术界尚有不同的看法。有学者认为，在秦汉时中国古代就出现了永佃制："秦汉时以'假田'形式向农民出租公田，即允许农民永久占有公田，向政府缴纳'假税'可以看作是永佃权。"④ 比较权威的观点认为，永佃制始于北宋英宗时，"永佃权在北宋时已出现"⑤。时间是北宋英宗时，其依据为宋代魏泰的《东轩笔录》（卷八）。⑥

那么，中国的"永佃制"到底产生于何时？是产生于秦汉或北宋英宗时吗？让我们对上述资料做一简要的分析。据张传玺先生考证：

> 假民公田，在这里不是出租公田，而是暂时出借公田给灾民，以便生产救灾。⑦

"假田"，是政府向农民出借之田，而非出租之田；是暂时出借，而非长期或永久出租。因此，认为"永佃权"出现于秦汉，值得商榷。再看《东轩笔录》的记载：

> 侯叔献为氾县尉，有逃佃及户绝没官田最多，虽累经检估，或云定价不均。内有

---

① 潘维和：《中国历次民律草案校释》，144页，台北，汉林出版社，1982。
② 潘维和：《中国历次民律草案校释》，137页，台北，汉林出版社，1982。
③ 日本"1898年公布施行的民法典完全继承了法国民法典确立的三个基本原则：'契约自由原则'、'过失责任原则'和'所有权绝对原则'"（邓曾甲：《日本民法概论》，7页，北京，法律出版社，1995）。该民法具有权利本位的特点。而两部民律草案均以日本民法为蓝本。
④ 叶孝信：《中国民法史》，549页，上海，上海人民出版社，1993。
⑤ 张晋藩：《中国法制通史》（第七卷），222页，北京，法律出版社，1999。
⑥ 参见（宋）魏泰：《东轩笔录》，92~93页，北京，中华书局，1983。不仅法史学界，历史学界也据《东轩笔录》，认为中国的永佃权"出现于宋代"，而且是宋英宗时（参见韩恒煜：《试论清代前期佃农永佃权的由来及其性质》，载中国社会科学院历史研究所清史研究室：《清史论丛》（第一辑），37~53页，北京，中华书局，1979。
⑦ 张传玺：《秦汉问题研究》，86页，北京，北京大学出版社，1995。

一李诚庄，方圆十里，河贯其中，尤为膏腴，有佃户百家，岁纳租课，亦皆奥族矣。前已估及一万伍千贯，未有人承买者。贾魏公当国，欲添为二万贯卖之，遂命陈道古衔命计会本县令佐，视田美恶而增损其价。道古至汜，阅视诸田，而议增李田之直。叔献曰："李田本以价高，故无人承买，今又增五千贯，何也？"坚持不可。道古雅知叔献不可欺，因以其事语之，叔献叹曰："郎中知此田本末乎？李诚者太祖时为邑酒务专知官，以汴水溢，不能救护官物，遂估所损物直计五千贯，勒诚偿之。是时朝廷出度支使钱，表民间预买箭杆雕翎弓弩之材。未几，李重进叛，王师征淮南，而预买翎杆未集，太祖大怒，一应欠负官钱者，田产并令籍没，诚非预买之人，而当时官吏，畏惧不敢开析，故此田亦在籍没。今诚有子孙，见居邑中，相国纵未能恤其无辜而以田给之，莫若损五千贯，俾诚孙买之为便。"道古大惊曰："始实不知，但受命而来，审如是，君言为当，而吾亦有以报相国矣。"即损五千贯而去。叔献乃召诚孙，俾买其田，诚孙曰："实荷公惠，奈甚贫何？"叔献曰："吾有策矣。"即召见佃田户，谕之曰："汝辈本皆下户，因佃李庄之利，今皆建大第高廪，更为豪民。今李孙欲买田，而患无力，若使他人得之，必遣汝辈矣。汝辈必毁宅撤廪，离业而去，不免流离失职。何若酿钱借与诚孙，俾得此田，而汝辈常为佃户，不失居业，而两获所利耶？"皆拜曰："愿如公言。"由是诚孙卒得此田矣。①

大意是宋廷欲将太祖时籍没的汜水官吏李诚之田变卖，因地价过高，无人承买。汜水县县尉侯叔献劝佃户出钱，帮助李诚孙买回此田，以便佃户可"常为佃户，不失居业"。这段文字没有确切的年代记载，但经学者考证，魏泰所记之事，应在宋仁宗年间，而不是英宗时。② 既然如此，是否可以说中国的永佃制最早出现于北宋仁宗时呢？答案是否定的。据《宋会要辑稿》载，宋孝宗乾道年间，资州"属县有营田，自隋唐以来，人户请佃为业，虽名营田，与民间二税田产一同"。唐宋时屯田也称营田，营田属国家所有。佃，即租佃。业，即产业、家业。因佃户长期租佃国家官田，营田实已成为永佃户的产业。唐代中期以后，永佃户所佃之官田，与收取两税的私人的产业没有区别。因此，可以说，事实上的永佃制出现（或萌芽）于隋唐或唐中期以后。其内容是：土地归国家所有，承租人是佃户；承租人永佃国家的公田（"营田"）；"人户请佃为业"，即把公田视为自己的"产业"（即可长期使用土地），唐宋两税法实行中，国家承认佃户的"产业"，故租佃期限具有长期性或永久性。

宋代，有关永佃制的记载较多：

> 宋太宗至道二年闰七月，诏："邢州先请射草地，并令拨归牧龙坊，自余荒闲田土，听民请射。"先是，诏应荒闲田土，许民请射充永业。③

国家赋予佃户长期佃耕荒闲官田的权能，并视之为百姓的产业。仁宗天圣三年（1025年）载：

---

① （宋）魏泰：《东轩笔录》，92页，北京，中华书局，1983。

② 细读这段文字，我们很难找出这件事发生的具体年代。但文中提到该事发生在"贾魏公当国"时。"贾魏公"，即贾昌朝；"当国"，即任同中书门下平章事，任职时间是仁宗庆历五年（1045年）至庆历七年（1047年）三月。因此，魏泰所记之事的年代，应在宋仁宗年间，即公元1045至公元1047年间。

③ （清）徐松：《宋会要辑稿》，7136页，北京，中华书局，1957。

淮南制置发运使方仲荀言："福州官庄与人户私产田，一例止纳二税，中田亩钱四文，米八升；下田亩钱三文七分，米七升四勺，若只依例别定租课，增起升斗，经久输纳不易，兼从初给帖，明言官中却要不得占吝。臣欲乞以本处最下田价，卖与见佃户。"①

方仲荀建议将公田卖与现佃户的原因是，佃户所承租的官庄之田，与私产一样，只纳两税，而官家又不宜"增起升斗"，为增加收入，只好将国家所有之田出卖。神宗熙宁二年（1069 年），三司上书言：

天下屯田省庄，皆子孙相承，租佃岁久，兼每亩所出子斛比田税数倍。②

在江西，哲宗元祐间，宣仁太后高氏垂帘之日，史载：

以在官之田，区分为庄，以赡贫民，籍其名数计其顷亩，定其租课，使为永业。

民又相与贸易，谓之资陪，厥价与税田相若。著令亦许其承佃，明有资陪之文，使之立契字，输牙税，盖无异于税田。……历时既多，辗转贸易，佃此田者，不复有当时给佃之人。③

元祐二年（1087 年），河北、河东和陕西，"三路百姓佃官田者甚众，往往父祖相传，修营庐舍，种植园林，已成永业。"④ 徽宗政和元年（1111 年）载：

朝廷以用度难窘，命官鬻卖官田。……知吉州徐常奏："诸路惟江西乃有屯田非边地。其所立租则比税苗特重，所以祖宗时许民间用为永业。如有移变，虽名立价交佃，其实便如典卖己物。其有得以为业者，于中悉为居室坟墓，既不可例以夺卖，又其交佃岁久，甲乙相传，皆随价得佃。今若令见业者买之，则是一业而两输直，亦为不可。"⑤

上述史料略勾勒出宋朝永佃制的基本轮廓。国家将公田（包括荒闲田土）长期或者永久地出租给农民，收取地租，其租额一般高于税额；公田归国家所有，国家可以将其出卖。佃农将承租的土地视为自己的"永业"；永佃户对公田可使用、收益和处分：从事农业生产、"种植园林"、建房修坟；"子孙相承"；准许出卖、出租、转租；享有先买土地的优待；永佃户的权能以缴租为条件。

永佃制的进一步发展，在江南逐渐形成了"一田两主"制。关于"一田两主"的起源，仁井田陞认为："可追溯到明代甚至元代"⑥。我们认为，如果"佃耕的土地能否由佃户自由转让，是区分'一田两主'和永佃权的根本标志"⑦，那么，从上述有关宋代永佃制的记载可知，宋代佃户承佃的官田，已成"永业"，佃户若要出卖，"其实便如典卖己物"。"已

①　（清）徐松：《宋会要辑稿》，6074 页，北京，中华书局，1957。
②　（清）徐松：《宋会要辑稿》，5723 页，北京，中华书局，1957。
③　《陆九渊集》，114 页，北京，中华书局，1980。
④　（宋）李焘：《续资治通鉴长编》，9685 页，北京，中华书局，1992。
⑤　马端临：《文献通考》，80 页，北京，商务印书馆，1936。
⑥　［日］仁井田陞：《明清时代的一田两主习惯及其成立》，载刘俊文主编：《日本学者研究中国史论著选译》，411 页，北京，中华书局，1992。
⑦　杨国桢：《明清土地契约文书研究》，102 页，北京，人民出版社，1988。

物"，即土地归自己所有。在这里，土地虽没有被明确分为田底（底田、田骨、田根、大苗、大买）和田面（面田、田皮、田面、小苗、小买），但承租之土地，已是"己物"，可自由处分，应无太大问题。可以说，宋代已产生了"一田两主"的萌芽。

盛行于明清时的"一田两主"制，到清末民国时，依然在许多地区流行。天津县之习惯：

> 土地"自租之后，准租主不租，亦准转租转兑；如至期租价不到，准许业主将地撤回；如至开种地亩之时租价不到，有中人一面承管。此系同中三面言明'倒东不倒典'，各持一纸，各无反悔。"①

闽清县习惯：

> 闽清之田多分根、面。该田如归一主所有，其契约或阄书上必载明根面全；如属两主所有，则面主应向官厅完粮，根主应向面主纳租，但该两主皆得自由移转其所有权，不得互相干涉。②

绥远全区习惯：

> 绥区土地系蒙古原产，迨后汉人渐多，由蒙人手中租典垦种之地，历年既久，遂以取得永佃权。转典、转卖随意处分，蒙人不得干预。惟无论移转何人，均须按年向蒙人纳租若干。③

习惯表明，永佃土地者可对田面自由处分，而且田底人与田面人各自行使自己的权能，互不受对方的影响。④

第三节
永佃制的制度分析

一、永佃制的内容与性质

（一）永佃制的内容

第一，永佃制中的主体与客体。永佃制中的主体一方是土地所有人，另一方是租佃耕作人。在土地永佃关系中，佃户与土地所有人是相互独立的，只存在交租与收租的关系，佃户对其承佃土地自主经营、自主管理，土地所有权人不应干涉。土地永佃关系中，作为

---

① 前南京国民政府司法行政部编：《民事习惯调查报告录》（上册），胡旭晟等点校，13 页，北京，中国政法大学出版社，2000。

② 前南京国民政府司法行政部编：《民事习惯调查报告录》（上册），胡旭晟等点校，306 页，北京，中国政法大学出版社，2000。

③ 前南京国民政府司法行政部编：《民事习惯调查报告录》（上册），胡旭晟等点校，416 页，北京，中国政法大学出版社，2000。

④ 参见周子良：《永佃权的历史考察及其当代价值》，载《现代法学》，2002（4）。

个人的承佃者，必须是具有完全民事行为能力人，无民事行为能力人或限制民事行为能力人不能承佃土地。无民事行为能力人或限制民事行为能力人因继承或受赠而取得的永佃权，也应由监护人或法定代理人代为行使。永佃制中的客体为耕地或荒地等。第二，永佃土地的取得。取得永佃土地权之途径主要有两种：首先是因契约而取得。佃户取得永佃土地之权利，都要签订书面契约。其次是因继承而取得。同治十年（1871 年）河北昌黎县的永远租契中写道：王占元永远租五士祯的土地后，可以"一地两养，子孙世守"①。第三，永佃土地的用途。对于永佃土地一般是用来耕作，有的在契约中明确写道，佃户永佃土地后，只能用于耕作。雍正九年（1731 年）福建闽清县的一份永佃契约规定，佃户必须要"前去用心耕种，不得抛荒垃角，亦不得欠少租粒及插水等情。倘有此情，另召别人耕作，不许阻占"②。契约中明确约定土地的用途除用于耕作外不得改作他用，否则要撤佃。但也有例外。同治十年（1871 年）河北昌黎县的永远租契中写道：

> 立永远租契人正白旗汉军双成佐领下闲散五士祯同子国龄，因正用，今有祖遗圈地壹段三亩……同中情愿租与王占元名下永远为业，凡盖坊（房）使土，安茔栽树，以由置主至自便，不与去主想（相）干。③

也就是说，佃户在永佃土地上，既可以耕作，也可以用作他途，而土地所有人都不会干涉。第四，佃户与土地所有者的权利和义务。田主（业主）的权利与义务：土地的所有者，对土地（田骨）可以转让、买卖，但不影响佃户的利益，所谓"倒东不倒佃"、"换东不换佃"；定期向佃户收取田租，田租为定额，即使年成丰收也不能"增租夺佃"，若佃户拖欠少缴佃租，田主一般也不能夺佃。佃户的权利与义务：可以长久或永久地在永佃的土地上耕作，也可以退佃，但不能随意转租、典卖田皮，若转租土地须得土地所有人的同意。佃户长久或永久使用永佃土地的对价是定期向业主缴纳田租，即使遇有自然灾害造成年成歉收也不能减租。

（二）永佃制的性质

永佃制虽然是在中国古代租佃制基础上发展出来的一种新的土地租佃形式，但它与旧的租佃关系相比在性质上有很大的不同。它解除了佃户对地主的人身依附关系，赋予佃户较为稳定的对土地占有、使用、收益等权利，使佃户享有更多的租佃、经营土地的自由，是富有近代意义的一种土地租佃制度。永佃制的表面特征是土地所有权与使用权的分离。但这种分离的性质是佃户与土地所有者间的人身依附关系的弱化和淡化。这与传统租佃关系下的佃仆、世佃在性质上有着根本的区别。在佃仆、世佃关系中，佃户被迫依附于地主，佃户与地主之间是强迫与被迫的关系，而在永佃关系中，佃户与土地所有者的悬殊地位在很大程度上得以改变。根据契约，佃户只要照额纳租，就可以永远耕作，而土地所有者不能撤佃，土地所有者完全丧失了随意夺佃的权利。应该承认，获有永佃权的农民对地主阶级的人身依附关系减弱了，经济法律关系逐渐取代了超经济强制的人身依附关系，佃农在

---

① 杨国桢：《明清土地契约文书研究》，95 页，北京，人民出版社，1988。
② 转引自杨国桢：《论永佃权的基本特征》，载《中国社会经济史研究》1988（2），11 页。
③ 杨国桢：《明清土地契约文书研究》，1 版，95 页，北京，人民出版社，1988。

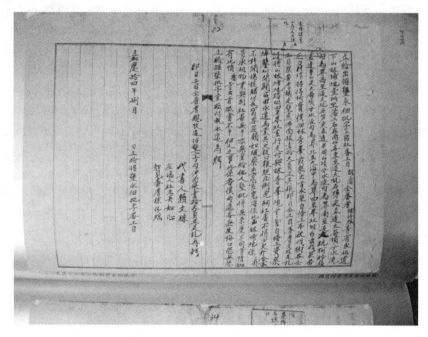

清嘉庆十四年（1809 年）立给招垦永佃批字契约

图片来源：现藏于"国史馆"台湾文献馆。转引自高贤治编著：《大台北古契字集》，台北，台北市文献委员会，2002。

经济上具有更大的自由度和独立性。

二、永佃制的特点与意义

（一）永佃制的特点

第一，无论是狭义的永佃制，还是"一田二主"、"一田三主"，都实行土地所有权与经营权、所有权主体与经营权主体的分离。在永佃制下，地主拥有土地的所有权，负责缴纳税赋，有权收取地租，但对土地使用权不能干涉，不能随意增加地租和收回耕地。佃农则租种土地，永远地享有其使用权，而这种使用权不仅是长久的，而且也是稳固的，在佃农不欠租的情况下，土地所有者不能剥夺这种权利，所谓"业主止管收租，赁耕转顶权自佃户，业主不得过问"[1]。因而，永佃制是对封建土地所有制的削弱。并且，通过这种分离促使生产资料与劳动者的紧密结合。第二，佃户所取得的使用权是存在于他人土地上之限制性的权利。永佃制的标的物是土地，并且以在他人土地上为耕作等为目的。土地标的物只能以他人所有为限度，在自己的土地上不可能存在该权利。同时，这种存在于他人土地上的权利不是完全而是受限制的。比如，狭义上的永佃制只允许佃户使用、继承田面的使用权而不能处分这种权利。"一田二主"、"一田三主"制虽然允许佃户处分田面权，但对田骨

---

① 凌焘：《西江视臬纪事》卷二《详议》。

不享有任何权利。佃户对土地的权利是不完全的。第三，永佃制以支付租佃为成立要件。第四，永佃制的期限较长或为永久。佃户得永久使用土地，纵然业主变更，佃户也得对抗新业主。第五，永佃制具有继承性和让与性。

(二) 永佃制的意义

宋代以降，随着商品经济的发展，土地的所有权与其权能继续相分离。永佃制适应了商品经济要求扩大所有权、扩展财产使用价值的客观要求，其意义主要有以下几点：

第一，永佃制充分反映了佃户的迫切要求，解除了佃户对地主的人身依附关系，获得了更多的自由，有利于社会生产力的发展。

第二，佃户的权益得到了有效的保障。在永佃制下，土地物权制度的两个层面——所有权和用益权界线明晰：土地归田主所有，佃农则拥有田面的权利，这不仅使农民拥有对土地的独立的决策权和处分权，并使他们能够依据该权利对抗外来的非法干预，成为土地的真正的主人和独立的主体。当农民能够自由处置土地权利时，也就意味着土地作为一种重要的生产资料，不再是农民的附属品，而农民也不再祖祖辈辈被束缚于土地上。同时，当农民拥有自由处置土地的权力时，土地的规模化、集约化生产就有了可能，从而使农产品的成本降低，市场竞争力增强。

第三，佃户可以长久或永久地使用永佃的土地，使不拥有土地所有权的佃农安心耕种，激发了农民对土地投资的积极性，从制度上铲除了农民经营行为短期化产生的可能性，这有助于社会经济的稳定和农业的发展，使永佃权人放心地对农地进行投资，从而抑制土壤的退化，提高土地生产率。同时，永佃制还有利于佃农独立自主经营、合理安排农事活动，对土地进行长远的规划和长期的经营，对生产力的发展起了积极的推动作用。

第四，永佃制有利于土地的开垦。学者们普遍认为，永佃制起源的途径之一是佃户通过开垦荒地而取得对土地的永久使用权。如雍正时台湾的一份招佃契约中写道：

> 立给垦字人业主杨管下武西堡，坐落土名罗厝庄前有荒浦地一片，兹因不成片段，诚恐久荒累课，兹招到佃人黄定前来给垦开荒。业主经丈田七分，年带纳大租粟五石六斗正，其荒浦地随即踏明界址……四至界址分明，交付黄定前去掌管耕作，收成花利，永为己业，业主亦不得另给他人。其大租每年交纳，给出完单，不敢短缺；如有短欠，任从业主起耕招佃，抵还国课。此系二比甘愿，各无反悔，口恐无凭，今欲有凭，立给垦字一纸，付执永远照。
>
> 乾隆十八年十月　日立给
>
> 垦字付佃人黄定[①]

此外，在直隶怀安、甘肃、江西等地都有这种情况。[②]

第五，有利于土地使用权的市场化。"一田二主"、"一田三主"制允许田面或田骨买卖、抵押、继承、赠与，不仅为土地投资提供内在动力，也为土地的市场化提供了可能。

---

① 台湾银行经济研究室编印：《清代台湾大租调查书》（台湾文献丛刊第 152 种），70 页，台北，大通书局，1987。

② 参见周远廉、谢肇华：《清代租佃制研究》，295～296 页，沈阳，辽宁人民出版社，1986。

第四节
永佃制的法文化解读

一、永佃制中的家族伦理观念

中国古代自给自足的小农经济孕育了中国古代发达的家族制度。家族既是每个人的生活依托，也是每个人的精神寄托。例如，中国古代结婚的目的是"将合二姓之好，上以事宗庙，而下以继后世也"（《礼记·昏义》）。金榜题名也是为了光宗耀祖。家族本位、家国一体成为中国古代社会的重要特征。孟子说：

> 仁之实，事亲是也；义之实，从兄是也；智之实，知斯二者弗去是也；礼之实，节文斯二者是也；乐之实，乐斯二者，乐则生矣；生则恶可已也，恶可已，则不知足之蹈之手之舞之。

《孟子·离娄上》进一步说道：

> 不得乎亲，不可以为人；不顺乎亲，不可以为子。

在儒家看来，事亲、从兄乃是人生最重要的事情之一，兴盛家族是人生最主要的一个追求。其原因如《孟子·离娄上》所载：

> 舜尽事亲之道而瞽瞍底豫，瞽瞍底豫而天下化，瞽瞍底豫而天下之为父子者定，此之谓大孝。

《大学》上也说：

> 欲治其国者，先齐其家……身修而后家齐，家齐而后国治，国治而后天下平……治国必先齐其家者：其家不可教，而能教人者，无之。故君子不出家而成教于国。

从预防犯罪的角度来看，《论语·学而》载：

> 其为人也孝弟，而好犯上者，鲜矣；不好犯上，而好作乱者，未之有也。

如果"一家仁，一国兴仁；一家让，一国兴让；一人贪戾，一国作乱"（《大学》）。就文化传统，尤其是儒家的思想而言，中国古代重视家族的目的是国治、天下平，但强调家族的重要性则是显而易见的。国只是家的放大，君则是父的延伸，忠即是孝的位移，故此，儒家强调"君子务本，本立而道生。孝弟也者，其为仁之本与！"孝悌是人之为人的根本，其中，孝又是核心。《孝经》上说："夫孝，德之本也，教之所由生也。""百善孝为先"既是传统社会的真实写照，也是人们行为的准则。继承家产、振兴家业，不仅是子孙的权利，更是后代的义务。若变卖家产祖业，则被认为是对祖宗不孝的"败家子"。如元代浦江郑氏所置家法《郑氏规范》中规定：

家中产业文券，即印义门公堂产业子孙永守等字……家长会众封藏，不可擅开。不论长幼，有敢言质弯者，以不孝论。①

永佃制将土地分为田底（田骨）和田面（田皮），使土地的所有权和经营权彻底分离，既发挥了土地的经济效能，又保有了对土地的所有。此外，佃户永佃到的土地，其用途也不限于耕作，也可以作为祖先的坟地。一份明代崇祯八年（1635 年）的卖山契，有助于说明问题。契约原文如下：

> 立卖山骨契人蒋益久，兹因困窘，要银急用，自愿将祖父遗下宁邑龙上、下里凤凰山小地名石家垟，房屋壹所以及四周山岗壹大处，东至凤凰山背，随田垄直上曹地为界，西至木古坳（即"坳"）随田坑直下梨树坑水口为界，南至木古坳分水为界，北至梨树坑路直出岗场田垄为界，四至分明，原载各佃山租铜钱叁仟捌百文，今要尽行出卖与人。遍问房亲，俱各不愿，今托中人说合，送至石城小姑。朱文政公位下嗣孙向前承买为业，当日凭中三面言定时值山骨价及房屋价共银拾陆两正。其银及契即日两交明白，不欠分厘，并无债货准折之类，二比甘允，亦非逼勒成交，其山骨自卖之后，任凭买人嗣孙迁坟收租，永远管业，卖人自后并无寸地相连，亦无房亲相干，倘有来历不明，卖人自行支当。今欲有凭，立卖山骨契为照。
>
> 计开界内山岗地基列后：（略）
> 崇祯八年九月吉日立卖山骨并房屋契人蒋益久（花押）
> 艾其先（花押）
> 说合中人张君甫（花押）
> 蒋振光（花押）
> 代笔人罗隆先（花押）②

契约中的"其山骨自卖之后，任凭买人嗣孙迁坟收租，永远管业"表明，佃户买得"田骨"之后，既可以将永佃土地出租收租，也可以作为安置祖先的坟地。这与西方或近代民法上规定的永佃权有大的差异。近代民法上的永佃制度规定，永佃土地只能用为"耕作"或"牧畜"，而不能用作他途，而中国古代的永佃制，因受家族伦理观念的影响，其用途不一定就是为耕作或牧畜。《论语·为政》载：

> 樊迟御。子告之曰："孟孙问孝于我，我对曰，无违。"樊迟曰："何谓也？"子曰："生，事之以礼；死，葬之以礼，祭之以礼。"

也就是说，中国古人的孝，不仅仅限于生前对父母或祖先的"养"和"敬"，还包括父母或祖先死后的"葬"与"祭"。将自己的父母或祖先葬在自己永佃的土地里，或自己认为的风水宝地里，就是孝。

二、永佃制中的情理观念

中国古代天理、国法、人情相通。天理、人情，即情理是法律的指导和原则，法律必

---

① 《郑氏规范》，载《丛书集成初编》零九七五。
② 崇祯八年（1635 年）九月卖山骨契，转引自卞利：《江西地区永佃权产生的时间问题考辨》，载《江西师范大学学报（哲学社会科学版）》，1989（3）。

须上合天理，下顺人情。就永佃制的产生来看，其主要的途径之一是因开荒时投入工本、"辛勤百倍"而取得永远租佃土地的权利。乾隆七年（1742 年），甘肃巡抚黄廷桂认为，佃户在开垦土地时，"芟刈草莱，辟治荒芜、筑土建庄，辛劳百倍，而子孙求为佃户而不可得，实于情理未协"。因此，他奏请朝廷保护原垦荒者子孙永远租佃土地的权利。① 除在甘肃外，台湾、察哈尔等边远地区也常因佃户的辛勤劳作而对开垦的部分土地取得永远耕作的权利。由于黄廷桂的建议符合情理，所以，黄廷桂的奏疏经户部议准，编入《钦定户部则例》，颁行各省。其文云：

> 甘肃有业民田，其初系佃户垦荒，籍绅衿出名报垦，自居佃户。立有不许夺佃团约者，准原佃子孙，永远承耕，业主不得无故换佃。佃户有意抗租，至三年以后者，准告官驱逐，田归业主。其偶有逋欠，止许控追租粮，不许籍词夺佃。若业主将田别售，令将原垦佃户姓名并租粮数目，契内一一注明，悉仍其旧。业主或欲自种，应合计原地肥瘠，业佃均分，报官执业。至佃户不系开荒原佃子孙，籍端告讦者，依律究拟。②

从这一法律规定可以看出，国家首先是肯定了永佃制的合法性。其次，从情理的原则出发，规定只有原垦荒者的子孙才能享有"永远承耕"的权利，而且"业主不得无故换佃"，即使佃户"有意抗租"也要"至三年以后"，才"准告官驱逐"，而不能由地主随意撤佃。

三、永佃制中的现代因素

有学者认为，"在历史上永佃权反映的是封建土地制度下的租佃关系"③。永佃权"是耕作者与地主之间的关系"④。"永佃权是地主利用土地获取收益的一种法律形式，具有一定的剥削性质。"⑤ "这种带有'落后的封建制度的残余'的永佃权制度实无重新使用的必要。"⑥ "永佃权在我国封建社会成为剥削农民的制度。"⑦ 但实际上，首先，古代中国，在"一田两主"的土地关系中，其封建性"也是很淡薄的"⑧。而且，即使是产生于封建社会的事物，也不一定就是封建性的。相反，生成于现代的事物也不一定就具有现代性。其次，认为永佃权"是耕作者与地主之间的关系"⑨ 的观点，恐不确切。在罗马法中，出租永佃土地的主体，有私人，有国家，而且，永佃权最初产生于罗马国家与个人之间。在中国的永佃制下，

① 详见杨国桢：《明清土地契约文书研究》，96 页，北京，人民出版社，1988。
② 杨国桢：《明清土地契约文书研究》，97 页，北京，人民出版社，1988。
③ 梁慧星：《中国物权法研究》（下），622 页，北京，法律出版社，1998。
④ 王利明：《中国物权法草案建议稿及说明》，373 页，北京，中国法制出版社，2001。
⑤ 王利明：《中国物权法草案建议稿及说明》，374 页，北京，中国法制出版社，2001。
⑥ 王利明：《物权法专题研究》（下），932 页，长春，吉林人民出版社，2002。
⑦ 杨立新：《论我国土地承包经营权的缺陷及其对策——兼论建立地上权和永佃权的必要性和紧迫性》，载《河北法学》，2000（1）。
⑧ ［日］仁井田陞：《明清时代的一田两主习惯及其成立》，载刘俊文主编：《日本学者研究中国史论著选译》，416 页，北京，中华书局，1992。
⑨ 王利明：《中国物权法草案建议稿及说明》，373 页，北京，中国法制出版社，2001。

出租永佃土地的主体也与罗马相类。另外，"在中国的一田两主关系中，所有权主体的身份没有固定性，虽然底地所有人不会不是大地主、土豪，但正如后述，上地所有人往往也是大地主和土豪。不仔细琢磨以上这种差异，一般化地把上地（田面）所有权猜想成下级所有权，把底地（田底）所有权猜想成上级所有权，不能不认为是简单的形式类比"①。换句话说，在一田两主制下，永佃土地（田面）的承佃者，或许是农民，或许不是农民，而是地主或土豪。再次，关于永佃权的剥削性。从表面看，永佃权确实具有剥削性，但永佃权的剥削性并非来自永佃权本身。在本质上，永佃权反映的是一种长久的或永久的租佃关系，永佃权的剥削性与社会的根本性的政治制度、经济制度等相关。这就是说，在个人与个人之间，在国家与个人之间都可以就农地产生永佃关系；永佃制并不是封建社会的特有制度，其本身并不具有剥削性。依据"一田二主"制度，佃户永佃土地后永远地享有土地的使用权，并且允许将使用权买卖、典押、继承或出租，土地所有权的转移不影响土地的使用权。土地可以自由地流转，这有利于实行大农业和集约化经营，从而提高劳动生产率，增加社会财富。

四、永佃制中的权利意识

中国古代社会重秩序而轻个人，中国古代法律也相应地重义务而轻权利，义务本位成为中国古代法律的一大特点。但这并不意味着中国古人没有权利观念而完全漠视自己的权利。在现实的社会生活中，当自家的名义或利益受到侵害时，也常常会通过各种方式，借用各种手段来维护自己的权利。永佃制的产生，恰恰是佃户通过多种手段和方式进行长期斗争后的结果，反映了古人为权益而斗争的现实。为自家的利益而斗争，是中国传统社会中的应有之事。

进入明代以后，封建地主土地私有制进一步发展。沦为佃户的农民不仅受沉重的地租剥削，而且要负担苛重的附租，有的还受到人身奴役，因而激起佃农的反抗。明正统年间（1436—1449 年）福建的邓茂七起义，便是因重租、重息、冬牲和交租送仓等苛例所引起的。明代中叶以后，佃农抗租又往往和霸田联系在一起，迫使地主无法任意撤佃。霸田抗租与永佃权及"一田两主"的发展也有密切关系。

从永佃制的形成可以看出，佃农反对"增租夺佃"的行为是永佃制产生的重要途径之一。在永佃制产生之前的租佃关系中，田主常常凭借自己的土地欺压和役使佃户。《湖南省例成案》中说：

> 更可恨者，凡佃户家嫁娶，田主必勒取挂红礼银，或二、三两以至三、五两不等，横征勒索，竟同当日土司之鱼肉其民。又田主本家遇有红白之事，以及修造房屋等项，或每田十亩派工几名。不论忙闲，一呼即至，是名虽佃户，实与仆隶无异。以上各项需索，稍有不遂欲，即将田另佃，或藉以踞庄骗租名色，送县差拿究比，甚至威逼

---

① ［日］仁井田陞：《明清时代的一田两主习惯及其成立》，载刘俊文主编：《日本学者研究中国史论著选译》，416 页，北京，中华书局，1992。

人命。①

但从实际情况来看，佃户也不是任人宰割的羔羊，为了自己的权利，他们的斗争从租佃土地开始就没有停止过。如明末福建《海澄县志》所说，"佃户出力代耕，如佣雇取值，岂得称为田主！缘得田之家，见目前小利，得受粪土银若干，名曰佃头银。田入佃手，其狡黠者，逋租负税，莫可谁何！业经转移，佃仍虎踞，故有久佃成业之谣。皆一田三主说阶之为厉"②。清朝顺治初年，据道光《石城县志》载：

> 顺治二年乙酉九月，石马下吴万乾倡永佃，起田兵。本邑旧例，每租一石收耗折一斗，名为桶面。万乾借除桶面名，纠集佃户，号田兵。凡佃为之愚弄响应。初辖除桶面，后正租止纳七八，强悍霸佃，稍有忤其议者。径掳入城中。邑大户土著为多，万乾恐不能胜，又要联客纲头目郑长春、李诚吾、连远候，结党惑众，名纲义约。王振初名集贤会，纠宁都、瑞金、宁化等处客户，一岁围城六次，城外及上水乡村毁几烬，巡检署俱毁。③

由上可知，吴万乾"起田兵"的目的不是要推翻政府，而是要"倡永佃"，以争取自己的权利。到乾隆时，据《湘潭县志》载：

> 贫民以佃为产，议佃之初，有进庄礼，自数金至数十金，少者谓之小写，退耕则金亦不取，多者谓之大写，退耕时仍给还原银。然佃多抗租，田主夺之，两相告讦，必初有成议，方可以息其争端云。④

总之，明末清初，福建、江西两省佃农的霸田抗租，往往同争取永佃权、田面权联系在一起。清代前期，在江苏、浙江、福建、江西、广东、广西、湖南等省永佃权和"一田两主"盛行的地区，佃农霸田抗租斗争都很激烈。

霸田抗租反映了明清佃农为自己的权利而斗争的要求，并构成明清时期佃农反抗封建剥削的特点之一。这一斗争形式的发展，使一部分佃农的社会经济地位发生了变化，产生了一些佃富农。有些佃富农通过霸田抗租的形式侵夺原地主的土地所有权，上升为实际的地主。因此，霸田抗租在一定的条件下，又是占有田面权的二地主与拥有田底权、征租权的原地主争夺土地所有权的一种手段，并导致封建社会后期的生产关系呈现出新的特点。

---

① 《湖南省例成案》，户律田宅卷七，转引自魏金玉：《清代押租制度新探》，载《中国经济史研究》，1993（3）。

② 崇祯《海澄县志》卷四，田赋考，转引自魏金玉：《清代押租制度新探》，载《中国经济史研究》，1993（3）。

③ 道光《石城县志》卷七，《武事》，转引自《康雍乾时期城乡人民反抗斗争资料》，74～75页，北京，中华书局，1979。

④ 转引自魏金玉：《清代押租制度新探》，载《中国经济史研究》，1993（3）。

第十二章

合伙制度

　　如果说中国古代社会始终没有形成自己的物权观念和物权制度的话，那么在有关合伙的问题上却完全不同，在西方法律制度中的相关概念尚未传入之前，中国古代社会便产生了自己的关于合伙的观念和制度。据《周礼》所载，西周时期已经出现财产合伙的形式，《秋官·司寇》中说：

　　　　凡民同货财者，令从国法行之，犯令者刑罚之。[1]

　　反映春秋时期社会状况的《史记·管晏列传》也记载：

　　　　管仲曰："吾始困时，尝与鲍叔贾，分财利多自与，鲍叔不以我为贪，知我贫也"。

　　在中国古代社会的长期发展中，尽管官方成文法中并没有关于合伙关系的规范存在，但是民间社会中的确存在着关于合伙的观念，以及相当定型的关于合伙的习惯规范。有学者在论及清代合伙现象时，认为：

　　　　合伙又称"合本"、"合股"、"合资"，是工商资本的一种组合形式。[2]

　　这一看法将中国古代社会关于合伙的观念和制度等同于现代民法中的合伙，并且将其限定在"工商资本"的范畴之下，因而虽在一定程度上是正确的，但是恐怕还不能完全涵盖中国古代社会关于合伙的实践。事实上，现代民法中的合伙概念包含着两方面的含义，其一是共有，即两个以上主体对同一财产享有共同的所有权；其二则是共担风险，即共同投资、共同经营，并且承担无限连带责任的一种财产制度。更广义地说，现代企业制度中的有限责任公司和股份有限公司也可以归入合伙的范畴，但其法律意义已经与制度意义上的合伙完全不同了。显然，财产的共有是合伙的基础，如果我们仅从共担风险的角度去理解合伙制度，从某种意义上说不利于我们探寻中国古代社会中有关合伙的观念，以及中国古代习惯法关于合伙的规范的独特之处。笔者认为，财产共有、共同经营或使用合伙的财

---

　　[1]　有学者认为这一记载表明当时对合伙经营商业已经有了专门的"国法"，可见财产合有形式已不是个别存在。参见孔庆明、胡留元、孙季平编著：《中国民法史》，56页，长春，吉林人民出版社，1996。

　　[2]　其具体表达为：合伙是两人以上共同提供资本或实物、技术等，共同分配收益，共同承担责任。合伙人或共同，或委托其中一人，或委托他人管理和经营合伙产业。参见孔庆明、胡留元、孙季平编著：《中国民法史》，585页，长春，吉林人民出版社，1996。

产、共担由于合伙财产的经营风险等因素构成了合伙概念的基本要素，这些要素的不同组合构成了合伙概念的不同梯次，其中财产共有是合伙的基础，也是其最初级的形式，而共同经营或使用合伙财产是合伙发展的更高阶段，至共担经营风险则形成现代民法中完整的合伙概念。但是，在这样一个发展梯次中，从低级向高级的发展并非是线性的，或者说，并非只有一种必然的模式。从本质上看，合伙制度所要解决的是不同的自然人对于同一个财产的共同使用问题，而解决问题的路径则存在着多种可能性。循着这一理路观察中国古代社会中关于合伙的观念和制度，我们可以看到构成合伙概念的诸种要素的存在，也可以看到其不同于现代民法中的合伙概念的组合形式，但在本质上，两种法律制度所要解决的问题却是一致的。因此，我们虽然以现代民法中的合伙概念作为参照系来讨论中国古代社会中关于合伙的观念和制度，却宁愿将我们所讨论的对象以"伙"的概念来表达，以便区别于现代民法中的合伙概念。

以中国古代社会晚期的清代社会为例，民间所存在的伙的关系大体上有三种类型：其一是乡村生活中所存在的伙佃、合业和会股关系，可以称之为共有意义上的伙的关系；其二是小手工业和小商业中的合伙关系，可以称之为合伙经营意义上的伙的关系；其三是存在于四川自贡盐业生产中的合伙投资关系，这种关系可以称之为合伙投资意义上的伙的关系。如果从财产共有的角度看，家庭财产似乎也可以被包含在上述第一种类型的伙的关系中[1]，并且家庭财产的共有对于中国古代社会伙的关系的发展也确实具有重要的意义。[2] 分别考察三种不同类型的伙的关系，以及与伙的发展有着某种联系的共有制度，使我们大体上可以把握中国古代社会关于伙的观念和习惯，并且可以看到其与西方合伙制度之间的差异。

第一节
共有意义上的伙的关系

从两个以上的主体共同享有对一个财产的所有权的角度，我们可以区分出中国古代社会中所存在的财产共有关系，这种关系大体上表现为家庭财产伙有和合业两种形式。家庭财产伙有与现代民法中的家庭财产共有具有某种相似之处，但是我们已经指出，中国古代社会的财产权观念和财产权制度是在与西方社会有着巨大差异的特定历史和文化环境中生成的，因而"家庭财产伙有"与现代民法中家庭财产共有概念之间也存在着差异性。当我们使用家庭财产伙有的概念来表达中国古代社会中存在的一种财产权关系时，它既含有现代民法中的合伙概念中所包含的财产共有的某些因素，也包含着中华法系所特有的某些因素，甚至与现代民法中所使用的家庭财产共有概念之间也存在着差异。

---

① 事实上，直到民国初年，在民国政府进行民商事调查时，还有地方习惯将兄弟共有财产称为"伙有"，例如直隶省高阳县的习惯认为："兄弟分居之后，其有未劈分之地，仍应认为伙有，毫不容疑。"参见前南京国民政府司法行政部编，《民事习惯调查报告录》（上册），胡旭晟等点校，18页，北京，中国政法大学出版社，2000。

② 例如，在成年男性分家而未析产，或未完全析产的情况下，家庭共有财产转化为不同家庭的共有财产，并且是不同家庭成员共同使用的财产。在这种情况下，伙的关系便发生和发展起来。

一、家庭财产共有

在中国古代法中，私有财产是属于家庭共有的，在这个意义上，我们说中国古代社会的家庭财产伙有是一种家庭财产共有制。但是，与现代民法中的合伙概念和家庭财产共有概念相比，中国古代社会的家庭财产伙有制却有着自己特有的内涵，从某种意义上说，我们可以把中国古代社会家庭财产伙有制度的本质特征表述为：家庭成员在家长的控制和支配下，对家庭财产享有的共同使用的制度。从总体上看，我们可以把家庭财产伙有制的特征归结为以下几个方面：

（一）私有财产以户为基本的所有权单位

在中国古代社会中，"户"是一个行政法上的概念，与"籍"的含义相近，并经常连用，它是指在官方的户籍登记中登记为一个独立的生产和生活单位的家庭，从这个意义上说，户就是指的法律意义上的家庭。无论是在法律上，还是在社会观念上，户或家庭均是私有财产权最基本的权利主体：在法律的层面上，国家土地权利的存在，以及以户为单位分配使用土地，并在土地上附随税赋义务的制度使家庭成为占有土地，并对国家承担税赋义务的最小单位[①]；而在社会观念上，家族制度所导致的个人只有作为家庭的一个成员才能获得其社会存在的意识形态也支持了以家庭作为财产权主体的制度。

中国古代社会是完全的农业社会，因而私人财产权的对象主要是土地，此外还包括大型牲畜和农具、私人用品和奴婢。在国家的土地管理制度下，私人所有或占有的土地都被登记在户主的名下，离开了户，个人不能成为土地的占有者，如果"户绝"，即家庭由于没有继承家长地位的男性成员而被取消户籍时，家庭所有的财产也就随着因婚姻或其他关系而进入其他家庭的家庭成员而成为其他家庭的财产，或者被收归国有。从这个意义上说，中国古代社会中的土地表现为家庭财产，是由家庭成员伙有的财产。同样，与土地相伴生的大型牲畜和农具也表现为家庭所有的生产工具，由家庭成员共同使用。中国古代社会一直存在着奴婢制度，而对奴婢的人身的占有和控制也是以家庭为单位的，因而奴婢往往被称为"家奴"、"家仆"或"庄仆"[②]。

（二）构成一户的家庭成员对家庭财产分别享有不同的权利

中国古代社会中的家庭财产伙有与现代民法中的家庭财产共有相比，有着很大的差别。现代民法中的家庭财产共有主要是指家庭财产夫妻共有，而中国古代社会中的家庭财产伙有则主要是指家庭中的男性成员伙有；现代民法中的家庭财产共有意味着家庭成员，主要是夫妻对于家庭财产有着同等的控制和支配的权利，而在中国古代社会中，家庭成员对于

---

① 汉代的税赋包括户赋、口赋、算赋、更赋等税种，主要依据人口征收；唐代中后期实行两税制，土地税的重要性日益增加；明代开始在部分地区实行取消人头税，实行以土地为单一税赋对象的变革；至清代康熙年间，实行了"滋生人丁永不加赋"和"摊丁入亩"的法令，土地成为征收税赋唯一对象。参见张晋藩：《清朝法制史》，123～126 页，北京，法律出版社，1994。

② 在韦庆远等学者所著的关于清代奴婢制度的著作中录有一份清雍正年间的《圣旨》，内容为："贬余姓为程姓世代家奴"，是奴婢为家庭所有的一个实证。参见韦庆远、吴奇衍、鲁素：《清代奴婢制度》，插页图片，北京，中国人民大学出版社，1982。

家庭财产所享有的权利却是不同的，这种不同首先表现为家庭成员与家长对家庭财产享有的权利不同：家长对于家庭财产享有控制并分配使用的权利，而家庭成员则只有使用的权利而无控制和分配使用的权利；其次则表现为家庭的男性成员与女性成员对于家庭财产的权利差异：在分割家庭财产时，男性成员可以均衡地分得一份家庭财产，而女性成员一般情况下却不享有此种权利；再次则表现为作为家庭主要成员的夫妻之间的财产权利存在差异：夫是家长，享有家长的财产权利，而妻仅享有家庭成员的财产权利，且不能对外单独代表家庭行使财产权。

（三）财产的处分权由家庭尊长行使，其他家庭成员不能私自处分家庭财产

在中国古代社会，只有家长才能代表家庭行使家庭财产的处分权和分配使用权。基于中国的家庭制度，一个宗族或一个宗族分支中的嫡长子成为家族或家庭的家长，享有家族或家庭财产的处分权和分配使用权。在一个家庭中，即使是家长以外的其他男性成员，除非经过分家而建立独立的家庭，否则也不能享有与家长同等的财产权利。

（四）在家庭财产权的基础上还存在着以包含若干个家庭在内的宗族或家族的共有财产权，属于宗族或家族共有的财产被称为"族产"或"公产"

在官方成文法的层面上，中国古代社会的土地是以户或家庭为单位占有或所有的，但是户的概念并不总是与家庭概念保持着外延上的一致性。由于家族制度的存在，家被看作是宗族的一个分支，由一个家庭不断地裂变而形成的一个血缘群体构成了宗族。在中国古代社会，宗族或家族也有共有财产，从而成为财产的共有权主体。但是，一方面在官方的户籍登记中，宗族或家族所拥有的土地也被登记在族长所在的家庭的名下，从而在法律上这些土地只是族长所在的家庭的财产；另一方面，现实生活中宗族或家族的土地以及来自于土地的收益也是由族长管理和控制，因而仍然具有家庭所有的特征。但是，宗族或家族财产与单纯的家庭财产在财产权关系上仍然是有差异的，宗族财产属于全宗族或家族共同所有，其收益用于宗族或家族的公共事项，例如祭祀祖先，救助贫困族人，或是资助族人读书等；族产收益及族产的处分需要经过宗族成员或成员代表的共同决定等。从某种意义上说，家族或宗族共有财产在性质上更接近于现代民法中的合伙财产。

（五）宗族或家族的族人对族内家庭的伙有财产也享有某种权利

尽管在宗族或家族内部，各个家庭的财产是独立的，不同家庭各自的财产界线也是清楚的，但是中国古代社会存在着族人在本宗族或家族成员转让其土地或房屋权利时享有优先受让权的习惯，其具体表现就是先问制度，即一个家庭要转让其土地或房屋权利时，须先问本宗族或家族内其他家庭是否愿意受让，如果有人愿意受让，便应当转让给他，只有本宗族或家族内部无人愿意受让时，才能向族外转让其土地或房屋权利。未经先问程序而向族外转让的行为是无效的。[①] 先问制度表明，在中国古代社会中，人们在观念上将家庭看

---

① 尤其是家长之间存在兄弟关系的家庭，转让祖上遗留下来的土地或房屋权利时，更须经其兄弟在卖契上签署才能使之生效。在民国初期的民事习惯调查中，福建省闽清县就存在着这样的习惯："除手置业产得自由处分外，凡典断祖遗阄分业产，须经阄内兄弟人等署名签字"。意思是除非是其自己购置的业产，凡是分家时分得的祖上业产，在典卖或断卖时，都须由参与分家的兄弟等人在契约上签署。参见前南京国民政府司法行政部编：《民事习惯调查报告录》（上册），胡旭晟等点校，304页，北京，中国政法大学出版社，2000。

作是宗族或家族的一部分，因而家庭财产也与宗族或家族存在着某种联系，是宗族或家族整体所拥有的财产的一部分，尽管宗族或家族对家庭财产并不具有直接的权利，但是这些财产转让给族外的人将导致宗族或家族整体财产的减少，这被认为有损于宗族或家族的利益。因此，宗族或家族以族人的优先受让权来限制家庭转让其家庭财产可能给宗族或家族利益带来的损害。然而在现代民法制度中，优先受让权也是基于合伙关系而产生的：合伙是一种人合关系，由于合伙份额的转让而导致的合伙人变更会破坏这种人合关系的基础，从而会损害其他合伙人的利益，因此，须以合伙人的优先受让权来对其转让行为加以限制。可见，在宗族或家族内部，家庭财产尽管是独立的，但也与宗族或家族的利益相关联，从而使族人享有对家庭财产权加以限制的权利，这种限制权在很大程度上有着与合伙制度相同的性质。

二、合业

合业是指两个以上的主体共同对一个业拥有业权，因而也是一种财产共有的形式。与家庭财产共有不同，合业财产权的主体属于不同的家庭，因而在这种财产共有关系中通常不具有家庭财产共有关系的种种特征，而更接近于现代民法中的共有关系。但是，与我们下面将要讨论的合伙经营意义上的合伙关系和投资意义上的合伙关系相比，合业仍然处在合伙关系发展的较低阶段，其基本的含义是两个以上的主体共同享有对一个业的权利，并且按照各自所享有的业权份额分配收益。

合业在中国古代社会有多种表现形式，几乎只要是业权，都有可能被几个不同的主体所分享。例如土地权利、房屋权利，甚至佃权，都可以归几个不同的主体所有，从而成为合业。这种合业与现代民法中的合伙财产的相同之处，在于共有财产在物或财产的形态上并不区分为属于各个共有人的不同部分，各个共有人的权利仅体现为在共有财产中的份额，而不对应具体的物或财产形态；但是与现代民法中的合伙财产不同，在中国古代的合业中，单个主体在合业中的份额似乎构成独立的业，业主可以相当自由地选择持有或转让其所享有的合业份额。在古代社会的民间契约中，我们可以看到关于两个以上主体共同享有一个合业，并且转让归其所有的合业份额的现象。

明永乐十四年，即1416年，安徽省祁门县谢俊杰等兄弟三人立了一个出卖地基并地上房屋的契约。[①] 根据契文，谢俊杰等兄弟三人所卖的，当是一片宅基地，土名柿树下，面积为壹亩拾壹步，其地内有一个叫汪祖的人（当与其家庭一起）住歇的瓦屋叁间并小屋。在这一契约标的中共存在着三项权利，其一是对地基的权利；其二是对地上房屋的权利；其

① 该契约载张传玺主编：《中国历代契约会编考释》，734～735页，北京，北京大学出版社，1995。正文全文如下："十西都谢俊杰同弟俊贤、俊良，今为户门家缘无钞支用，奉母凌氏指令，自情愿将火佃汪祖住基地壹片，坐落本宅门前，土名柿树下，系经理吊字陆百玖拾贰号、玖拾叁号，内基地壹亩拾壹步。东至洋（阳）沟塝，西至田，南、北至熟田。其地内有汪祖住歇瓦屋叁间并小屋，上瓦下礤、肆围壁尺俱全。其地并屋与兄祯祥相共。祯祥兄玖分内得陆分，俊杰兄弟玖分中合得叁分，内取壹分尽数立契出卖与叔谢振安名下，面议时价宝钞贰百壹拾贯，其钞当日收足无欠。其火佃汪祖家一听振安使用情唤，本家即无阻当。……其税粮候重造黄册之日，一听振安于故父积善户内照依分数收割入振安户内，俊杰兄弟即无阻当。所有尚（上）手文契未曾缴付，日后不在行用。今恐无凭，立此文契为用照。"

三是对汪祖的权利。根据契约推断，汪祖是立契人谢俊杰家的火佃，谢家以契约项下房屋为其提供住处，汪祖以劳务作为对价，因此，对汪祖的权利就表现为对汪的劳务的支配权。显然，这三项权利都构成业权，至少前两项权利当属业权无疑。然而，上述三项权利却不是谢俊杰兄弟三人的家庭财产[1]，契约中称"其地并屋与兄祯祥相共。祯祥兄弟玖分内得陆分，俊杰兄弟玖分中合得叁分"，据此推断，祯祥兄弟当是谢俊杰兄弟的堂兄弟，契约项下的地基及房屋当是其共同的祖先留下的家产，其中祯祥兄弟占有三分之二的份额，谢俊杰兄弟占有三分之一的份额，因此，在对汪祖的权利中，谢俊杰兄弟也应当只享有汪祖应当提供的全部劳务的三分之一的权利。现在谢俊杰兄弟从他们所享有的共有财产的三分之一的份额中再取出三分之一卖给其叔谢振安，卖得宝钞二百一十贯。

这一份契约向我们传达了这样一些信息：首先，契约项下的地基和房屋原来应当是谢俊杰兄弟和谢祯祥兄弟的共同祖先的家庭财产，由于家庭的分裂而成为族人的共有财产。其次，在该契约签订以后，契约项下的地基和房屋属于谢祯祥兄弟（占九分之六的份额）、谢俊杰兄弟（占九分之二的份额）和谢振安（占九分之一的份额）等人共同所有，从而不仅扩大了共有人的范围，而且已经进一步转化为一般意义上的共有财产。再次，契约所涉及的共有权不仅包括地基和房屋的权利，而且还包括由于将房屋租赁给汪祖家人居住而产生的获得收益的权利，因此，房屋租赁所取得的收益也作了与各共有人在地基和房屋中的权利份额相对应分割，契约将此表达为：

　　　其火佃汪祖家一听振安使用倩唤，本家即无阻当。[2]

这些信息不仅有助于我们了解中国古代社会合业关系的状况，而且还向我们展示了业权从家庭共有财产向族人共有财产转化的过程，如果业权的所有者再将业权份额向族外人转让，便会产生一般意义上的财产共有权。或许这也正是中国古代社会财产共有权产生和发展的路径之一。

在谢俊杰兄弟卖地基并地上房屋的契约中提到了"火佃"的概念，说"其火佃汪祖家一听振安使用倩唤，本家即无阻当"。在一些清代社会民间契约中，经常可以看到"伙佃"这一概念，根据契约内容，似乎可以解释为伙有的佃权，即合佃。[3]而在上述契约中，"火"字当与"伙"字相通，因而"火佃"也应当是表达"伙佃"的意思，但是如果做这样的解释，该契却显然有读不通的地方。在这一契中，"火（伙）"字却有"伙计"的含义，火佃似乎是指类似于伙计的佃户。张传玺先生也在另一份契约的注释中将"火佃"解释为一种关于身份的称呼，他说：

　　　火佃近于世仆，因之亦可被转让，近似于买卖。[4]

---

　　① 该契中有"奉母凌氏指令"而立契出卖地基的表达，表明谢俊杰三兄弟的父亲已经去世，但母亲还在，因而尚未析产，还在一个家庭中生活。

　　② 倩，使人；倩唤，作为仆人使唤。

　　③ 参见李力：《清代民间契约中关于"伙"的观念和习惯》，载《法学家》，2003（6）。

　　④ 张传玺主编：《中国历代契约会编考释》，742页，北京，北京大学出版社，1995，祁门县谢孟辉卖火佃住基田房白契，从该契的契文看，火佃的确可以解释为一种身份称呼，但从张传玺先生的解释看，似乎他将该契理解为是卖火佃的契约，这一理解可能有误。该契的标的是租给火佃住的房屋以及房屋所占的宅基地，契中说：

那么，伙佃的含义究竟是什么呢？中国古代社会究竟是否有以合佃的形式存在的伙的关系呢？

在张传玺先生主编的《中国历代契约会编考释》一书中还收有三份清代有关伙佃的民间契约。其中一份是清顺治八年，即 1651 年休宁县汪国震所立的一份卖伙佃契，其内容是卖主汪国震将其在土名观音塘坞的土地上的伙佃卖与另一汪姓买主名下为业，所卖的伙佃包括国贵三工半，国贞二工、添寿二工、国祥二工，共计九工半，递年交纳工租一铢九分，双方议定时值价银一两整。其银当日一并收足，其伙佃工一听买人管业无异。⑤另一份涉及卖伙佃的契约是清顺治十年，即 1653 年安徽省休宁县汪君善所立的卖伙佃工契，其内容是将其在土名观音塘坞的土地上的伙佃一工半，住佃人佛仍，在土名西山的土地上的伙佃一工，住佃人叶九龙、迟久等，共计五工正，一并出卖与堂兄汪某名下为业。当日收取价银，其工随即听买主叫工管业。⑥第三份是清顺治十二年，即 1655 年休宁县汪君宜、汪原明兄弟所立的卖伙佃契，其内容是将土名西山的土地上的伙佃六工，住人九龙、进富、迟久，在土名观音塘坞的土地上的伙佃一工半，住人七十仍，在土名西坑的土地上的伙佃三工半，住人天赦、显付，共计十一工，一并出卖与另一汪姓名下为业。⑦

上述第一份契约中仅有一处出现了"伙佃"，其表达为：

> 伙佃国贵三工半，国贞二工、添寿二工、国祥二工，共计九工半……

这一表达既可以理解为伙佃是国贵、国贞等人，也可以理解为在伙佃中的国贵三工半、国贞二工等等，因而似乎还难以确定伙佃的含义。但是上述第二份契约却将伙佃与佃户做了区别表达，将伙佃以工为单位来表达，并且与特定的土地做关联表达，而将佃户表达为"住佃人"，这就使我们可以非常确定地判定，在这份契约里伙佃不是一个有关身份的称呼⑧，而是一种业权，因为契约中说将工伙佃卖与堂兄汪某名下为业，听买主叫工管业为定。上述第三份契约的表达也与第二份相同，不仅将伙佃与佃户做了区别表达，并将伙佃与特定名称的土地做关联表达，而且也称将伙佃工出卖与他人为业，其业听从买人管业。然而，如果伙佃的确是指的与佃有关的一种合业，那么，其权利的指向又是什么呢？事实上，在上述三个契约中存在着两种伙的关系，首先，上述第一份契约卖的是土名观音塘坞

"其火佃黄金住歇基田屋宇一并听买人依照分法，永远叫唤管业"，张先生的解释是，管业是指对基田屋宇的权利，叫唤则是指使唤火佃。但并不能据此就推断本契所卖的标的一定包含火佃，因为该房屋是租给火佃住的，所以房屋转让后，火佃付的租金应当由买主享有，如果火佃的租金是以劳务的方式充抵的，那么，买主能够使唤火佃就是基于其收取租金的权利而不是对于火佃的权利。

⑤ 参见张传玺主编：《中国历代契约会编考释》，1136 页，北京，北京大学出版社，1995。该契注释录自中国社会科学院经济研究所藏《休宁潜溪汪姓置产簿》；工租：以工计租；铢：钱；一工为一铢九分，九个半工当合租一两八钱；伙佃工听从买人管业：表明是"卖田不卖佃"。

⑥ 参见张传玺主编：《中国历代契约会编考释》，1143 页，北京，北京大学出版社，1995。

⑦ 参见张传玺主编：《中国历代契约会编考释》，1147～1148 页，北京，北京大学出版社，1995。

⑧ 该契正文全文为："二十一都三图立卖契汪君善，今因缺少使用，央中将承祖业到字号，土名观音塘坞火（伙）佃一工半，住佃人佛仍；又将土名西山，字号，火（伙）佃乙工，住佃人叶九龙、迟久等，共计五工正。其工伙佃凭中三面出卖与堂兄汪名下为业。当日受价银正。其工随即听买主叫工管业为定。"载张传玺主编：《中国历代契约会编考释》，1143 页，北京，北京大学出版社，1995。

的土地上的伙佃，契中列出了四个佃户，因而所卖之地至少是由四家佃户合伙租佃的①，同样，第二份和第三份契约中所卖的土名西山的土地也至少是由三家佃户合伙租佃的，这是一种合伙租佃的关系。其次，上述第一份契约表明卖主汪国震在伙佃中的权利并不是完整的，他在所列出的四家佃户中只对国贵三工半、国贞二工、添寿二工、国祥二工，共计九工半享有权利，因而伙佃的其他部分应当另有权利人，另外两契也表明了相同的情况，可见，对于伙佃的权利也是按份共有的。就卖主而言，他们所卖出的，是作为地权所有人而对伙佃者所享有的权利，是按份收租的权利。在这三份契约中，伙佃都是以"工"来表达的，因而工是合伙份额的计量单位。但是我们不清楚的是，工是在什么基础上划分的份额？以第一份契约为例，是说国贵的全年工作量分为十份，从而他所应当交纳的地租也分为十份，汪国震对其中的三份半享有权利？还是将某一土地上的全部伙佃分为若干份，国贵承担三份半，国贞、添寿和国祥分别承担二份，另有其他人还承担有一定的份额，所有的伙佃者各自按照他们承担的份额向地主交租？然而有一点是可以判断的，即这种份额不仅表明各佃户应当交租的量，而且与他们各自应当在耕种中投入的工，即劳动量，以及他们各自在交租后的剩余中的分配量有关，否则的话，就没有必要将他们的交租义务以"工"这种份额单位来表示，而只要简单地以应交租额来表示就可以了。显然，在伙佃关系中，合伙租佃的佃户按照一定的份额投入劳动、负担地租、获得收益。在这种关系中，"工"是表示权利义务份额的基本单位，并且具有相对独立的地位，成为可以买卖的对象。

章有义先生对清代安徽省黟县地主孙居易堂②的租簿做了研究，指出当时"这里盛行所谓'合业'，即好几家地主共同占有同一宗田产"。在孙姓所有的"89宗田产中，就有49宗是'合业'，超过半数"；"同一宗田地的主人竟多至七八家，甚至十几家的。一二百斤田租往往由三五个地主分占"，而合业者除个人外，还有堂、会等。③ 章先生在对安徽李姓亨嘉会祁门租簿所做的研究中也指出了合业的存在：

> 所谓"合业"，就是由多数业主，同姓的或异姓的，合买一宗田产，共有一纸文契，而另立"分契合同"，载明各业主所分得之土名、税亩和租额。本簿内78宗地中就有21宗是合业，约占27%。计有两个业主共业的12宗，三个业主共业的8宗，四个业主共业的1宗。合业者，有同姓（即姓李），也有异姓，如汪、叶等姓；除亨嘉会外，多数是个人，但也有其他堂会，如顺和堂、张仙会等。④

与我们看到的民间契约相映证，大体上可以把清代乡村社会中的这种合业关系做这样的描述：在土地的地块较小不宜分割的情况下，由于家庭内部的析产行为而导致了合业现象的发生，而田皮与田骨分离状态的存在，又使合业有可能表现为合佃的形式。从合业者按份额享有业权，并按份额获得收益的角度看，合业关系类似于现代民法中的按份共有关系，但是在清代社会中，合业者（包括合佃者）对其份额所享有的权利却是完全独立的，

---

① 第二份和第三份契约中也卖了土名观音塘坞的土地上的伙佃，如果这与第一份契约中的是同一块土地的话，那么，佃种这一块土地的佃户就至少有五家了（佛仍与七十仍疑为同一人）。

② "堂"大多是对某个家族中某一支房的称呼。

③ 参见章有义：《明清徽州土地关系研究》，325～327页，北京，中国社会科学出版社，1984。

④ 章有义：《明清徽州土地关系研究》，165页，北京，中国社会科学出版社，1984。

他不仅可以独立地转让这种权利，而且在合业者之间并不存在任何连带的责任。从这个意义上看，与其说合业是一种按份共有的关系，倒不如说是一种业权的细分或分割，这种分割在以物权为中心的所有权制度中无法实现，而在以业权为中心的所有权制度中却是非常容易的。

明代还有一份契约表达了合业形成的另一种状况。明景泰元年，即1450年，安徽省祁门县方茂广立了一个出伙山地的合同，其内容为：方茂广买了一片山，土名赤桥下末，山上无苗，因而与朱忠约定，由朱忠"前去掘茅栽种杉苗。其山地并苗木议作对半管业，本家得一半，朱忠栽种杉苗得一半。其山今合之后，务要遍山密种杉苗，无毁花答荒废。日后子孙与家并作对半，永远管业"①。以现代民法的观念看，这个合同大概可以看作是一个合作合同，方茂广出地，朱忠出人力和树苗，双方出资完成后，山地和树木作为一个业，双方各自享有一半的权利，从而形成合为业。这份合同所传达的信息表明，在中国古代社会，即使是在农业生产中，合业也存在着由于共同投资而形成的路径。由于该合同的内容过于简单，因而我们无法对方茂广和朱忠之间究竟如何行使其对山地和树木的共有权、朱忠栽树义务的范围如何确定、山地的收益如何计算、树木成活的风险如何分担等许多问题作出判断，或许在当时方茂广与朱忠之间的共有关系还没有包含这么复杂的内容，但是从共同出资从而形成共有财产的角度看，这一份合同所确立的关系已经非常接近合伙经营意义上的伙的关系了。

中国古代乡村社会中还存在另一种类型的伙的关系，就是会。清朝时江浙一带盛行各种"堂"、"会"、"祀"之类的组织②，其中有些是宗族组织，拥有族产，例如各种堂；另一些则是祭神的组织，并不一定由族人组成，会、祀便是其组织形式。从现有的民间契约看，这种会的组织和运作形式大体上是：村民以一定的土地及农具入会构成会产，根据其入会土地及农具的价值确定其在会中所占份额，这种份额被称为"股"或"脚"；每年由会员轮值，或者是按股轮值，在固定的时间以会产的收益置办祭神仪式③，然后将祭神用品根据约定的数额按股平分给会员，会产的收益在置办祭神仪式并进行分配以后的剩余当为轮值的会员所有。可见，会员凭借其在某一个会中所拥有的"股"或"脚"不但每年可以获得固定的收益，而且在轮值年还可以获得扣除全体会员固定收入以外的会产收益。因此，在中国古代社会的观念中，神会的"股"或"脚"也被看作是一种业，这种业权的内容包括固定收益权和轮值收益权，因而是可以转让的。

清道光十六年，即1836年，山阴县蒋天球便立了一个卖土谷神会的契约，其内容为蒋天球将其祖遗的神会卖给王姓为业，蒋在该会中占有一股，王姓购买后即可按年轮值。④从该契的记载看，土谷神会是一个小会，会田只有一亩六分，另有田皮二分；立契人当是该

① 张传玺主编：《中国历代契约会编考释》，1041页，北京，北京大学出版社，1995。
② 参见章有义：《明清徽州土地关系研究》，165页，北京，中国社会科学出版社，1984。
③ 这种会所举办的集中活动就是庙会，社会学家认为庙会是以神庙为中心地点的祭仪，其社会学含义"是村落家庭群体通过敬拜社区神，以整肃与共认本村内部与外部的生活秩序、公众道德规范和加强地域的联合"。参见刘铁梁：《村落庙会的传统及其调整》，载郭于华主编：《仪式与社会变迁》，254页以下，北京，社会科学文献出版社，2000。
④ 参见张传玺主编：《中国历代契约会编考释》，1342页，北京，北京大学出版社1995。

会设立者的后代，所以会田的税赋是在蒋姓名下专项登记的；会产被分为五股，照股按年轮值。立契人卖出的一股不知是否是其全部的份额，买主因此而获得了会中一股所应享有的权利。但是该契约本身对于所转让的权利仅提到了轮值收益权，而未提到固定收益权，推断其原因可能是因为固定收益权是一种显而易见的权利以至于不必专门提起，或者是因为轮值收益权是会股权利中最重要的部分，以至于固定收益权可以忽略不计，笔者认为后一种可能性更大一些。

另一个活卖会股的契约是清道光五年，即 1825 年，山阴县张守常的活卖文武帝会契。[①] 张守常在文武帝会中占有一脚的份额，每年可以领取胙肉六斤，酒资二百文整。张守常将该份额卖给其族弟，卖后听凭其领受胙肉酒资。与上一契不同，这一契约定了买主的固定收益权，却没有明确提到买主的轮值收益权。但是双方在契约中约定了张守常只能在该脚的轮值年的次年将所卖会脚赎回，其余年份不准回赎，可见双方当事人都知道所卖的会脚包含有按脚轮值的权利，并且是一种重要的权利，因而卖主如果要赎回会脚，只能在买主行使了轮值权收益权以后。

一般而言，中国古代社会存在于民间的这种会仅仅是一种互助性的组织，其目的一方面是大家联合起来把祭神活动搞得隆重一些，另一方面也是为了使会员在其轮值年能够集中地获得较多的收益。但是在会的组织形式上却采取了合伙的形式，并且按股分配其收益，这表明伙的观念在中国古代社会已经相当普遍。从上述两个契约所表达的内容看，以会的形式存在的伙的关系具有以下一些特征：（1）会伙的内部结构系被称为"股"或"脚"的份额，在相等的份额之间权利义务是同等的。（2）会伙作为一个整体，对其内部份额的限制和约束较小，因而"股"或"脚"具有相当大的独立性，甚至直接被看作是一个独立的业，这一点从其转让的自由度中得到清楚的表现。（3）会伙作为一个整体，其收益是按照份额平均分配的，但是其风险却不是共同承担的，在伙会关系中，轮值收益权是一项重要的权利，但是由于会产基本上都是土地和农具，收益来自于农业生产，因而来自于自然因素的风险很大，轮值年如遇自然灾害，甚至有可能出现轮值人连会员的固定收益都无法保障的情况，而这些风险都是由轮值人单独承担的。[②]（4）会伙基本上不涉及对外的经营问题，因而没有对外承担连带责任的习惯。

第二节
合伙经营意义上的伙的关系

中国古代社会的商品经济曾经有过相当程度的发展，在一些历史时期，某些地区的手

---

① 参见张传玺主编：《中国历代契约会编考释》，1332 页，北京，北京大学出版社，1995。

② 在前述蒋天球所立卖契中，蒋天球将会股卖给了王姓，五年以后，王存仁又将该会股卖出，在王存仁所立的卖会契中有一段再批，其中提到："如少值年，家（加）倍贴"，意思是如果当值年办不齐约定的祭品，则由轮值人贴。如果这里所说的办不齐祭品包括因会产收益不足而致的情况的话，便意味着风险是当值人自己承担了。王存仁卖会契，详见张传玺主编：《中国历代契约会编考释》，1354～1355 页，北京，北京大学出版社，1995。

工业和商业都相当发达，并普遍出现了合伙经营关系。在清代民间契约中也相应地表现出了习惯法对于这一领域的调整。就今天所能看到的合伙经营契约而言，大多是对合伙人的出资额、所占股份、利润分配方式等事项作出约定，而对合伙人相互之间的权利义务关系则涉及不多。这种情况可能与当时的合伙经营还会另立章程的习惯有关。[①] 本节讨论两组相关的合伙经营契约，基本上表现出清代习惯法在这一领域中的调整状况。第一组共包括三份契约，合伙经营的内容是农副产品加工；第二组包括两份契约，合伙经营的内容为商业。

一、加工作坊合伙关系

第一组包括三个前后承继的契约，大体上反映了从合伙经营关系的设立到解体的过程中的习惯法。第一份合同发生在清光绪四年，即1878年，屈福禄和李瀛洲订立伙营碓房合同，全契如下：

> 立合同人屈福禄、李瀛洲，置到鞍匠营宝兴局碓房一座，傢器俱全，价银壹仟柒佰两整，生意按拾成股分，各领成股，永远为业。屈福禄名下置生意六成五厘，作本银壹仟壹佰零伍两整；李瀛洲名下置生意三成五厘，作本银伍佰九拾伍两整。自立合同之后，屈、李二姓决无争论。惟每年生意余利，总按十二成分批，屈姓仍按六成五厘分批余利，李姓仍按三成五厘分批余利。下剩二成，屈、李情愿给姜容庄一成，永远为业；其余一成作为财神股存在柜中。恐以后分批余利无信，各执合同存照。
>
> 　　光绪四年九月初四日　　立合同人屈福禄（押）
> 　　　　　　　　　　　　　　　　　李瀛洲（押）
> 　　　　　　　　　　　　　　领事人姜容庄（押）
> 　　　　　　　　　　　　　　　　中见人（略）[②]

从合同内容看，屈、李二人出资盘下了碓房一座，拟合伙经营，遂根据双方出资的比例，确定屈在全部生意中占65%的份额，李占其余35%的份额；双方对利润分配作了约定，即全部利润分为十二份，屈得六成五厘，李得三成五厘份；屈、李约定送给姜容庄一份，另留一份作为积累。这一合同表现出当时关于合伙经营的一些习惯：（1）合伙经营者按照出资比例享有股份，并且按股分红。（2）已经出现了投资股和管理股的区分，投资人享有投资股，根据下面一个合同中的表达，投资股被称为"东股"，管理者可以享有干股，即不出资而获得股份，并按股参加分配，该合同中姜容庄在"领事人"项下签字画押，表明他的身份是管理人，虽然他并未出资，但是屈、李两合伙人却决定分配时将全部利润分成十二份，其中一份送给姜容庄永远为业。（3）东股是对合伙财产（合同中称为"生意"）的权利，在该合同中明确表示全部生意分为十成，屈福禄占有六成五厘，李瀛洲占有三成五厘，其中并没有姜容庄的份额，但是基于对合伙财产的权利而产生了利润分配的决定权，因而在对合伙财产的权利中也包含着对合伙财产收益的权利；干股则仅是对合伙收益的权

---

① 据湖南省清末民初对合伙贸易契约习惯的调查，"营业较大者，其内部权义关系另以章程定之，附于合同之后"。参见前南京国民政府司法行政部编：《民事习惯调查报告录》（下册），胡旭晟等点校，681页，北京，中国政法大学出版社，2000。

② 张传玺主编：《中国历代契约会编考释》，1618页，北京，北京大学出版社，1995。

利，而不包括对合伙财产本身的权利，甚至也不包括对由于合伙收益积累而形成的合伙财产的权利。（4）合伙者已经开始将经营利润的一部分作为积累转为投资，其利润分配的十二分之一被留在账上，应当是用于流动资金。

然而两年以后的第二和第三份契约表明屈、李二人的合伙已经结束，碓房被转手。第二份契约发生在清光绪六年，即 1880 年，合伙人李瀛洲立契将其在碓房中的股份卖给了屈德禄，所立卖字称：

> 立卖字人李瀛洲，前与屈姓合伙开设宝兴局碓房生意一处，坐落宫门口内鞍匠营路西。今因乏用，将宝兴局生意十成之中应得银钱东股三成五厘情愿卖与屈德禄名下承做，永远为主。同众言明卖价市平松江银捌佰伍拾两整，当交不欠。自卖之后，所有宝兴局银钱货物、内外帐目及铺底房间等项，概不与李姓相干。原与屈姓立有合同一纸，交付屈姓，并无别项字据。此生意系自置自卖，亲族人等俱不得争论。倘有争论等情，有李姓一面承管。恐后无凭，立卖字存照。①

第三份契约是同一年宛平县屈德禄和姜容庄所立的伙营碓房合同：

> 立合同人屈德禄、姜容庄（并列）合夥在宫门口内鞍匠营路西开设宝兴局碓房生意壹处，出备作本银贰仟两整。同众言明生意作为十成，屈名下应得东股生意九成，姜名下应得东股生意一成。每年赚得徐利，各按成股分披。世世相承，永远为业。自立合同之后，愿两家和衷共济，同襄骏业，则获利益无疆矣。欲后有凭，立此合同二纸，各执一纸存照。②

上述第二份契约表明宝兴局碓房的全部资产已经转到屈德禄和姜容庄名下，原碓房的管理人姜容庄也已经成为持东股的新合伙人，但遗憾的是我们没有看到有关这一资产转让的全部合同。根据第三个合同我们大致可以判断，这一转让是屈德禄采取分别购买李瀛洲和屈福禄的合伙份额的方式完成的，由于缺少一张合同，我们无法判断屈德禄以何种代价买得屈福禄的份额，但是从第三份合同看，新的宝兴局碓房出资总额为 2 000 两整，而在第二份契约中，屈德禄用以购买李瀛洲的份额的价款为 850 两，可见购买屈福禄份额的价款不会超过 1 150 两。前面提到的屈福禄和李瀛洲订立的伙营碓房合同表明，在原来的宝兴局碓房中，屈福禄占有 65％的份额，而李瀛洲的份额仅占 35％，依此份额比例推断，屈德禄分别用以购买屈福禄和李瀛洲的份额的价款显然不合理。笔者推测这种情况可能有多种原因，例如，由于屈德禄分别购买两人的份额，因而屈、李并不知道屈德禄给予另一个人的出价；屈福禄与屈德禄有亲族关系，因而在转让价格上作了让步，或是在屈德禄购买以后还能获得其他利益，等等。但是无论如何，第二和第三份合同所体现的合伙转让方式表明了清代合伙经营中存在的一些观念特征。由于碓房实际上已经全部转让给屈德禄，因而可以推定屈福禄与李瀛洲二人均同意转让碓房，在这种情况下，转让本可以采取另外一种方式进行，即以屈福禄、李瀛洲，甚至姜容庄为代表，将原宝兴局碓房的全部财产卖给屈德禄，收回价款后在合伙人之间按比例分配。然而在本例中双方采取的却是合伙份额分别转

① 张传玺主编：《中国历代契约会编考释》，1444 页，北京，北京大学出版社，1995。
② 张传玺主编：《中国历代契约会编考释》，1619 页，北京，北京大学出版社，1995。

让的方式，碓房财产权利的转移只是作为份额转让的一个后果而存在。事实上，如果我们将第一份合同中屈福禄和李瀛洲最初的出资额和第二、三两份合同中提供的有关李瀛洲转让份额所获得的收益和屈福禄转让份额可能获得的收益作对比，就会发现李的转让收益大大超过其出资额，而屈的转让收益恐怕至少不会低于其出资额。显然，刚刚经营两年的原宝兴局碓房的财产增加速度不会如此之快，如果屈德禄以购买合伙财产的方式获得经营权恐怕代价要小于其实际采取的方式。以碓房存在高额利润来解释屈德禄不得不采取代价较高的方式来完成购买行为恐怕未必合理，因为李瀛洲卖东股合同明确表示其卖的原因是"乏用"，可见其收益不多；此外，如果碓房存在高额利润，两个合伙人都愿意卖掉份额的可能性也不大。因此笔者推断屈德禄是基于某种习惯的，或是当然的观念而以购买合伙份额的方式来购买宝兴局碓房的。[①]

如果这一推断成立，则我们可以看到清代合伙经营中存在的这样一些习惯性观念：

（1）合伙份额被作为一种业，成为契约交易的对象，而合伙财产却并不构成一种独立的业，因而并不能作为业进行交易。关于前一个方面，第一、第三两份合同中已经明确地把合伙份额称之为业，第一份合同中写的是"永远为主"，但笔者认为这是笔误，当为"永远为业"。由于合伙份额被视为业，因而其在财产权体系中便获得了独立的地位，成为业主可以充分支配并处分的权利。同时，业的买卖的各种方式也都适用于合伙份额的交易，例如，清乾隆八年，即1743年山阴县吴子麟等曾立出租票称[②]：

> 立出租票吴子麟、子周，有番轩贰股，出租与陈处，面议每年租价钱肆百文，其钱九四足，三月内一季交收。立此出租票存照。[③]

关于后一个方面，清代合伙经营中已经存在以货币出资或以店房、家具等货物抵作股本等多种出资方式[④]，我们不知道在以店房抵作股本的情况下，该店房在习惯法上的地位，但是可以肯定的是，在清代以业权为核心的权利体系构架中，租赁的店房和家具等物肯定不能构成业权。

（2）合伙份额在法律上具有相当大的独立性，合伙人对其份额可以自由处分，合伙人相互间并不具有限制对方的份额处分的权利，或者说，合伙人可以完全独立地处分其份额。在有关合伙份额转让、出租的合同中没有发现诸如合伙人先买权之类的表达，也没有关于其他合伙人在场的记录。这种情况与清人将合伙份额看作是业权的观念是一致的，因为业

---

① 事实上，在笔者所见到的清代民间契约中，有关合伙经营的契约大致分为两类：一类是合伙时的合同，有时称为"入股约"；另一类是退股或卖股合同，而整体转让合伙财产的合同却未有发现。当然，笔者并不能肯定不存在合伙财产整体转让的合同，但这至少说明合伙人退伙或合伙份额的转让是当时常见的交易方式。有关退股或卖股的契约，请见：清康熙五十九年（1720年）山阴县张北枢让股替单；清乾隆八年（1743年）山阴县吴子麟等出租股票；清同治七年（1868年）宛平县武荣光退聚泰成粮店股约；清光绪二年（1876年）宛平县邓德陛退聚泰成粮店股约；等等。分别载于张传玺主编：《中国历代契约会编考释》，1613、1554、1616、1617～1618页，北京，北京大学出版社，1995。

② 即出租股份的票据。

③ 张传玺主编：《中国历代契约会编考释》，1554页，北京，北京大学出版社，1995。

④ 参见江西省关于债权习惯之报告，载前南京国民政府司法行政部编：《民事习惯调查报告录》（下册），胡旭晟等点校，575页，北京，中国政法大学出版社，2000。

权本身便意味着其处分不受他人的限制。

（3）给管理人以干股似乎是清代合伙经营中的一个通例，在前述第一份合同中姜容庄作为领事人被给以利润的十二分之一的分红股权，并且是"永远为业"。如果我们进一步观察清代有关伙的各种类型的民间契约，便会发现以人力入股似乎是一种普遍的现象。伙佃关系的实质就是以人力合伙，而在盐业生产过程中发展起来的合伙契约更是把人力入股作为一种常态。再进一步看，清代社会中甚至存在着以人力作为业之来源的法的观念，即使是在官方的制度语境中，这种观念也获得正式的承认。①

（4）合伙经营通常使用合同契而不是单契，在清代有关合伙经营的契约中，通常有几个合伙人就会有几份合同，有时除合伙人各执一份以外，还要在合伙组织中存留一份。这种情况的存在首先与清人把合伙份额看作是独立的业的观念有关，既然其份额是各合伙人的业，当然需要人手一份"管业来历"。同时，这也表明在清人的观念中因合伙所获得的权利需要合伙人之间的相互认同，而不是单方意思表示就可以形成。

二、商业合伙关系

另外一组有关合伙经营的契约包括两个契约，是清末两广总督黄宗汉家族在福建厦门经商时留下的。这些契约涉及的合伙规模较大，所立时间也较晚，因而内容也较前几例为多，进一步为我们提供了清代合伙经营关系中的有关信息。第一个合同发生在同治三年（1864 年）三月，黄诗记等五人订立合伙约如下：

> 全立约字人泉城登贤铺黄诗记，泉城登贤铺黄书记，同安厦门火烧街联美号，同安厦门内柴市街黄潜记，同安厦门双连池吴安记……即就于厦岛火烧街建立联昌号丰记生理，前往广东香港等置办洋货，来厦销售。诗记出陆股，本银贰千肆百陆元，折库砣壹千陆百贰拾两；书记出肆股，本银壹千陆百元，折库砣壹千零捌拾两；联美出拾股，本银肆千元，折库砣贰千柒百两；潜记出柒股，本银贰千捌百元，折库砣壹千捌百玖拾两；安记出叁股，本银壹千贰百元，折库砣捌百壹拾两。计共叁拾股，合共本银壹万贰千元，折库砣捌千壹百两，交与黄青龙官专手管掌贸易各事宜。明约每年得息银两除开用行费外，按股均分。就中加荫叁股，内黄青龙官得壹股贰格，黄鉴舍得玖格，王长官得玖格，以为诸伙任事酬劳。所有各股应分息银，均听支用。倘年景不齐、或有亏本，亦财运使然，毋得别生异议。黄青龙官等责任经理，自当竭力尽心，调度一切，当不至稍存私意，有碍规约。若将来有欲抽起本银者，亦应先期会议，不得私相授受……爰立纸五张，约言一律，并加花押，各执为凭。此约。②

与前几份合伙契约相比，这一合伙约中有以下几点值得关注：（1）约中约定"若将来

---

① 清《户部则例》卷七，《田赋二》规定："（甘肃）有业民田，如系佃户开荒，籍绅衿出名报垦，立有不许夺佃团约者，准原佃子孙永远耕种，业主不得无故换佃。……业主或欲自种，应合计原地肥瘠，业佃均分报官执业。"根据这一规定，对于此类新开垦的土地，出名者获得地权，出力者获得永佃权，如果地权所有人要收回佃权，则需以地权的一半作为交换。可见，在官方的语境中也存在着以人力作为业之来源的观念：开垦者或者获得永佃权，或者获得部分地权。

② 陈盛明辑：《晚清泉州"观口黄"置业契约选》，载《中国社会经济史研究》，1985（3）。

有欲抽起本银者，亦应先期会议，不得私相授受"。这里所说的"抽起本银"的含义并不很清楚，既可能是指退伙，也可能是指转让合伙份额，从后面强调"不得私相授受"来看，似乎是指份额的转让，但从后来黄诗记、黄书记退出合伙的情况看，似乎又是指的退伙。①立约者对抽起本银作出了限制，即必须经过合伙人会议的同意。如果把抽起本银理解为合伙份额的转让的话，上述合同所作的限制便与前一组合同中所表现出来的合伙人份额具有相当独立的地位的观念存在着差异。显然，这一问题还需要有更多的契约文书来印证。(2)契约中设定了荫股（即干股）三股，分别给了三个经营者作为"任事酬劳"，这进一步印证了清代所存在的给经营者以红利股的习惯。(3)以"倘年景不齐、或有亏本，亦财运使然，毋得别生异议"的表述强调了亏损共担的原则，这在前几个契约中没有提到。(4)对管理人提出了原则性的要求，表述为"自当竭力尽心，调度一切，当不至稍存私意，有碍规约"。与前一组合同中的第一份合同不同的是，在本约中管理人并未在契约上签字，因而契约中的要求不能视为合伙人与管理人之间的意思表示一致，而只是合伙人赠送红利股所附带的条件。但管理人对这些要求的违反是否也构成剥夺其股权的条件，则需要进一步的材料来印证。②

第二份合同发生在同治十一年（1872年），前一合同中的五个合伙人订立分约，就黄诗记、黄书记退伙一事达成协议，其中涉及退伙事宜的处理问题，具有较大的参考价值。根据分约记载，黄诗记、黄书记退伙的理由是其还要打理其他生意，因而"联昌生理势难兼顾"，而"诸股伙深知其情，俱已乐从"。于是就退伙事宜书约如下：

> ……核结细数，按其就本银及得息，尚应分银陆千玖百叄拾玖两壹钱柒厘，立限立期凭单支付。此后联昌丰记生理及应收应还帐目，悉归联美、潜记、安记等协力设法营为，得失概与诗记、书记无干。此系三面公同商议妥洽情愿，交割明白，各无异言。除诗记、书记原合约取出公同焚化，余联美、潜记、安记原合约字，逐一批明外，合再立分约字一样五张，仍加花押，各执一纸为照。③

这一份分约就退伙事宜约定了三方面的内容：其一是清结账目，退还本、利（分约中称利为"息"），因联昌是赢利的，因而除了退本之外，还有退出者应当分得而没有提出的利润须结算；其二是声明退伙行为所产生的效力，即自其退出后便丧失了对联昌的所有权利和义务；其三是退伙的手续，即将退伙者手中的合伙合同收回作废、在剩余合伙人的合伙合同上加批说明退伙的情况，然后再同立一分约。

从总体上看，清代的合伙经营关系还比较简单，除了我们下面要讨论的四川盐业生产中的合伙经营关系外，其他合伙关系主要涉及入股、退股、转让股份等内容，而在以合伙

---

① 参见李力：《清代民间契约中关于"伙"的观念和习惯》，载《法学家》，2003 (6)。

② 同治五年（1866年），黄诗记、黄书记、黄胜义、黄敏记、黄文记等五人合伙开设锦昌号纸货店，以王盛舍为管理人，给荫股六格。至同治十一年（1872年）因经营亏损而立分约，其中提到在经营期间曾因亏损而"公议换人持筹，交与陈松官掌管"。虽然契约中没有提到对原管理人王盛舍所持荫股的处理问题，但是由于这种红利股只能享受分红而不能主张本金，因而在王离开时显然不能带走，其利润分配权当由接任的管理人陈松官享有。该分约见陈盛明辑：《晚清泉州"观口黄"置业契约选》，载《中国社会经济史研究》，1985 (3)。

③ 陈盛明辑：《晚清泉州"观口黄"置业契约选》，载《中国社会经济史研究》，1985 (3)。

份额为中心，并以货币与合伙份额对向流动的制度框架中，清代的合伙制度已经可以得到妥当的安排。因此，清代有关合伙经营的民间契约主要表达了清人在合伙——出资人付出货币而获得伙业、退伙——出资人放弃伙业而收回货币、伙业交易——伙业以各种形式与货币之间的互换等环节上的习惯，甚至合伙人与管理人之间的关系也是在合伙份额的基础上建立起来的。这些习惯所具有的共同性表明其也已经具有了习惯法的特征。

第三节
合伙投资意义上的伙的关系

四川自贡地区自古盛产井盐[①]，最早有关盐业生产的文字记载可以追溯到战国时代的秦。在长达两千多年的井盐生产中，留下了大量的文书档案。在宋代的文献中，曾有过井盐生产情况的记载，表明在当时已经有了井主地主的区分，类似于近代的井盐生产方式已经形成。[②] 但是在四川井盐生产遗留下来的档案文献中，虽然包括了民间契约文书三千多件，但最早的只有清雍正以后的。因此，我们没有办法对清以前的井盐生产关系进行更详细的考察，好在清朝既是我国古代社会发展最为成熟的时期，也是历史上井盐生产最为发达的时期，清代的民间契约已经可以为我们描述中国古代社会井盐生产中存在的合伙关系提供了足够的，而且是可靠的材料。

有关四川井盐生产的民间契约所记载的内容表明，在中国古代自贡地区的盐业生产中存在着一种特殊的合伙制度，它虽然在性质上与其他地区的合伙制度保持着相同的特征，但却是中国古代社会中最为发达的合伙制度。从某种意义上说，这种合伙关系已经超出了现代民法中合伙制度的范畴，并且具备了向更为复杂的资本制度过渡的内在条件。[③] 这一领域中有关合伙的民间契约虽然存在着多种类型，各种类型的契约涉及合伙经营盐业生产过程的不同阶段的权利义务，但由于这些权利义务关系经过漫长的历史演变已经形成习惯，并且以所谓"厂规"的形式成为成文惯例，因而自贡地区有关合伙的民间契约的内容大体上都差异不大，从而使得盐业生产中的合伙关系表现出高度的稳定性和规范性，这充分说明在中国古代及近代自贡地区的盐业生产中存在着一种由习惯法加以调整的法秩序，而民国时期遗留下来的一些文书档案则进一步表明，由习惯法加以规范的法秩序得到官方法律制度的充分尊重和保护。显然，研究中国历史上自贡地区盐业生产中的民间契约，不仅对于我们了解这种合伙制的规范内容，进一步把握中华法系中的伙的观念具有重要的意义，而且对于我们从整体上把握中国古代法律制度的精神和体系也具有重要的意义。

---

① 自贡这一地名便是来自产井盐的自流井和贡井的合称。

② 对宋代文献的考证请参见吴天颖、冉光荣：《引论》，载自贡市档案馆、北京经济学院、四川大学合编：《自贡盐业契约档案选辑》，29 页，北京，中国社会科学出版社，1985。

③ 正因为如此，有学者才将这种合伙制度称为"中国契约股份制"。参见彭久松、陈然：《中国契约股份制概论》，载《中国经济史研究》，1994 (1)。

一、盐井合伙

自贡井盐生产以开凿盐井为必经过程，而开凿一井须"合众家之力，攒百两之金，经历累月而后成"[1]，因此在过去，井盐的开采从一开始就不是单个家庭力所能及的，合伙集资开凿盐井成为自贡地区盐业生产活动的基本形式。[2] 为此，各方当事人订立合伙约，将其在合伙开凿盐井过程中的权利义务确定下来，便成为盐业生产的一个必经过程，这些合伙约也展现出盐井合伙关系的基本内容。清道光十四年（1834年）邹朝璋出立的一个合伙约是一个较为典型的例子，该契主要内容如下：

> 立合伙约人邹朝璋，今凭中佃明垇垱小溪沟夏洞寺天灯会地基壹段，新开凿盐井壹眼，取名天顺井。照小溪坝厂规贰拾肆口分派：地主出……一概等地基，地主得押头钱叁拾贰千文正，无还，地主得地脉水火锅份四口；承首得地脉水火锅份贰口；内有拾捌口，任凭承首邀伙出资凿捣，贰拾肆口不得争占。今凭中邀到罗廷珍名下做开锅壹口。自动土安圈，报开淘一切费用，吊凿之后，凭众伙清算，交与承首人经管，每月清算，如有一月使费不清，即将原合约退还承首，另邀开户，不得言及以前用过工本，亦不得私顶外人。承首不得停工住凿；如有停工住凿，将承首地脉水火锅份贰口，交与众开户承办，承首不得异说。其有天地二车、下大小木竹、柜房、廊厂、官前使费，拾捌口均派。以后井成大功，报试推煎，注册呈课，俱照贰拾肆口均派。其井或出水火二、三口，以作凿井使费；倘有肆口，贰拾肆口分班。恐口无凭，立合约一纸，子孙永远存据。
>
> 合伙人　邹朝璋壹口　刘鸿盛壹口　杨永章贰口　罗廷禄壹口
>
> 罗廷祥壹口　罗汉臣壹口　林文万壹口　魏开扬壹口　赖元宽壹口
>
> 余道恒壹口　黄德廷壹口　邹庆五伍口
>
> 道光十四年岁次甲午十一月初四日立出合约人　邹朝璋[3]

该合伙约涉及三方当事人：地主，即垇垱小溪沟夏洞寺天灯会，该会以地基一段入伙；承首，即立出合约人邹朝璋，他并不出资，而仅以其经营管理活动入伙，在清代自贡地区盐业生产中，这种以经营管理活动入伙的人被称为承首[4]；其他合伙人，即在合伙约上列名的合伙人，他们以投资入伙。土地、资金和人力三种资源形成了一个完美的组合，体现了现代市场经济条件下生产活动的基本特征，这大概不会仅仅是巧合吧。

地主尽管是以土地入伙，但在合伙约中却表达为"佃"，这种表达与该合伙约所形成的合伙关系具有时间性有关。在当时的民间习惯中，合伙开凿的盐井分为两种类型，即"客

---

① 潘鉴：《奏减盐课疏》，见嘉靖《四川总志》卷十六，《盐法》。

② 参见吴天颖、冉光荣：《引论》，载自贡市档案馆、北京经济学院、四川大学合编：《自贡盐业契约档案选辑》，45页，北京，中国社会科学出版社，1985。

③ 自贡市档案馆、北京经济学院、四川大学合编：《自贡盐业契约档案选辑》，336～337页，北京，中国社会科学出版社，1985。

④ 承首的主要义务：一是邀伙，即募集投资人；二是组织凿井；三是根据凿井的进度和开支向投资人收取资金。

井"和"子孙井","客井"经营议有年限，限满全井交还地主，故又称年限井；"子孙井"则没有经营期限的限制，由地主和投资人"子孙永远管业"①。该契约中虽然没有明确约定年限，但是记载地主得到了"押头钱叁拾贰千文正"，且"无还"，立约人将土地使用权的获得方式称为"佃"，而且约中没有出现子孙井通常都会写入的"子孙永远管业"表述，因此笔者推断天顺井当属客井，其合伙关系是有期限的。至于客井的具体期限，当时常见的有十二年、十四年、十六年等不同情况，在现存的契约中也有约定十三年为期的。② 该契约中没有约定年限，可能与当事人之间有口头约定，或是立约人与地主之间另订有佃田约有关。但是在该契约中，由于土地的投入带有风险性，如果盐井不"见功"③，地主所投入的土地可能得不到收益，因此，从性质上说地主投入土地的行为当属合伙中的入伙而不是租佃。事实上，光绪二十五年（1899 年）雷恒泰所立的一个出佃井灶车座基址文约表明清代的确有租佃土地开凿盐井的情况存在：

> 立写出佃井灶车座基址文约人雷恒泰，今来凭证，甘愿将已名下分授业内熟土一坪，随采盐井地一眼……出佃与潘长寿名下凿办井一眼。比日三家面议：每一眼押租铜钱五串文足，每眼月称食盐一斤，二十两称为准。其年限井老枯干，永远煎烧；如佃户不愿，将地基付还东家。④

对比邹朝璋所立之契和雷恒泰所立之契，合伙关系和租佃关系的区别一目了然。然而邹朝璋在其所立契约中仍然将入伙性质的土地投入称为"佃"，这一方面表明农业生产中的土地租佃关系所形成的观念仍然有着很大的影响，另一方面，客井合伙所形成的权利并不具有永久性，在一定期限后便会丧失，这在表面上与租佃具有相同的特征，因而也在当事人的观念中被看作是佃。

邹朝璋所立之契中一个值得注意的地方是它援引"小溪坝厂规"来确定合伙人之间的份额关系。现在能够见到的成文厂规有《桐、龙、新、长四埫地主与客人所做客井、子孙井三十班井规》、《垆埫小溪地主与客人二十四口子孙井规》和《上中下节井规》三种⑤，另有一些厂规没有文字遗传。该契约所援用的当是第二种，即《垆埫小溪地主与客人二十四口子孙井规》。⑥ 这些厂规成为清代自贡盐业生产中众多合伙者结成合伙关系、处理各类纠纷的主要依据。⑦ 可见，习惯法在当地盐业生产中已经发展到了较为成熟的阶段，对现实生活中的合伙关系起着有效的调整作用。根据上述几个厂规的规定，盐井合伙份额的确定有

---

① 彭泽益：《自贡盐业发展及井灶经营的特点》，载自贡市档案馆、北京经济学院、四川大学合编：《自贡盐业契约档案选辑》，12 页，北京，中国社会科学出版社，1985。

② 例如清嘉庆十二年（1807 年）张玉宁、师起用等所立佃约中便约定："年份拾叁年为准"，该约见自贡市档案馆、北京经济学院、四川大学合编：《自贡盐业契约档案选辑》，312 页，北京，中国社会科学出版社，1985。

③ 即出卤水或天然气。

④ 该契存乐山档案馆，67—7—7502—93。

⑤ 均见同治《富顺县志》卷三十《盐政新增》。

⑥ 该厂规名称虽为子孙井厂规，但立约人所援用的仅是其关于合伙人份额的规定，而不涉及盐井的类型。

⑦ 参见吴天颖、冉光荣：《引论》，载自贡市档案馆、北京经济学院、四川大学合编：《自贡盐业契约档案选辑》，47 页，北京，中国社会科学出版社，1985。

两种方式，其一是邹朝璋所立之契中采用的所谓二十四口锅份制，其二是所谓三十班日份制。^① 前者是将所有份额分为二十四锅份，后者则是将所有份额分为三十日份，地主、承首和其他合伙人各占一定份额。可见，所谓"锅份"、"日份"所表达的意义就是股。按当地习惯，地主分得的份额称为"地脉日（锅）份"，承首分得的称为"乾日（锅）份"，投资人分得的称为"客日（锅）份"。在邹朝璋所立之契中，二十四口锅份中地主占四口地脉锅份，承首邹朝璋作为承首而占两口乾锅份，作为投资人又占有一口客锅份，其他投资人共占十七口客锅份，与前述合伙经营关系一样，份额构成了合伙关系的基础。

　　然而，盐井合伙关系中合伙人基于其所占份额而承担的义务却与合伙经营关系有很大的差别。在合伙经营中，份额是在合伙人出资以后根据其出资比例确定的，因而除非合伙人之间另有约定，其所拥有的份额并不产生其出资的义务；而在盐井合伙中，客份合伙人的份额首先便意味着出资义务。由于盐井的开凿所需要的时间和费用在立约时均无法确定，因而立约者只能根据经验做大致的估算，并且采取逐步追加出资的方式进行投资。从邹朝璋契的内容看，立约时只有罗廷珍实际出了资，用于凿井的启动费用，而其他人只是认了股，并未实际出资。在实际动工（动土安圈）后，所有费用开支（使费）由合伙人每月结算一次，根据结算情况由客份合伙人按份额出使费以供继续开凿之用，直至见大功。^② 因此，在凿井过程中客份合伙人始终承担着继续出资的义务。邹朝璋契中为此种出资义务的履行规定了相应的责任，即"如有一月使费不清，即将原合同退还承首，另邀开户，不得言及已前用过工本，亦不得私顶外人"。……也就是说，客份合伙人只要有一个月不能履行其出资义务，便不仅丧失了其在合伙中的份额，而且不能请求返还其已经投入的资金。对客份合伙人的出资义务规定如此严重的责任一方面反映出习惯法已经具有相当大的强制性，另一方面也表明在当时人们的契约观念中已经出现了风险意识。事实上，盐井合伙本身带有很大的风险性，任何一口井的开凿都会有不见功的风险，也存在着见大功或见小功的可能，而盐井开凿的总费用无法事先预见又在这种自然风险的基础上加入了出资不能的风险，从而使盐井合伙的风险进一步加大。因此，客份合伙人在入伙时便应当明白存在着完全不能收回投资的风险，从而在观念上已经能够接受这种结果。正是在这样的观念基础上，习惯法对于不能履行出资义务而规定的责任才有可能被接受，也才能转化为现实秩序而不会受到严重的阻碍。当然，在盐井合伙中，合伙人并非承担着同等的风险，由于地主以土地出资，在投入土地后便不再承担出资义务，且即使盐井不见功，其所投入的土地也可以收回，因而其投资风险较小；承首所承担的风险也仅限于其投入劳动的机会成本。但是立约人对于客份合伙人不能履行出资义务所应当承担的责任的认同表明风险意识已经普遍被接受，并且成为盐井合伙制度框架的重要基础。在通过出丢下节方式而完成的合伙份额重组

---

　　① 民间习惯将合伙份额做这样的划分的原因尚未得而知，笔者推测早期合伙人之间的分配是以按时间分配盐井所产的卤水和天然气的方式进行的，由于卤水和天然气在短期内都是均衡产出的，因此按时间分配即可保证分配的公平。如以小时来划分，则一天的时间被分为二十四份，合伙人根据其拥有的份额而享有使用盐井在一定时间内产出的卤水或天然气生产盐的权利，因此合伙份额也被定为二十四份；而三十日则是以天来划分时间的结果。

　　② 所谓"见功"，是指盐井开始出卤水或天然气（火），有少量水、火时称为"小功"，水、火产量达到一定数量时（通常水达四口，火至二十圈）称见"大功"。

等制度中，这种风险观念也得到体现。

二、合伙份额的重组

清代四川盐井合伙中经常出现所谓"出丢下节"的合伙份额重组现象[1]，并且形式固定，当已形成习惯法。其重组制度从光绪十五年（1889 年）颜桂馨所立的一份出丢下节约文中可以看得很清楚：

> 立出丢下节子孙井份文约人承首颜桂馨占锅份十二口，姚寅甫二口，张富成二口，余成章一口，汤洪有一口，王梧岗一口，李鼎元一口，林万选一口等。先年在小溪坵垱张爷庙会业内，地名石板田复淘盐井一眼，更名海生井。依小溪厂规，照二十四口分派：主人占地脉三口；客人占开锅二十一口，出资锉井。因众伙乏力，齐伙等商议，愿将二十一口请凭中丢与严积厚晋丰灶名下出资捣锉，二十一口上节不出锉费。俟井见功之日，上节颜桂馨伙等占水火油锅份十口半，下节严积厚等占水火油锅份十口半。如井出微火、微水等，除缴有余，即该二十一口分派。倘见大功开班以后，如井老水枯，复行下锉，仍照二十一班派逗工本。其有天地二车、碓房、车房、牛棚、楻桶房屋一概俱全。凭证议明：下节当补还上节廊厂银二百两、押底银二百两正，均九七平漂色交兑；井见大功开班之日，上节还下节押底银二百两正，廊厂银不还。自丢之后，锉捣下脉，不得上开停工住锉；如停工住锉三个月，任随上节接回，或自办、外丢，下节不得言及锉费、廊厂押底等语。至于上节恐有帐各情，不与下节相涉，上节自行理落。今恐人心不古，特立承、出二纸，各执一纸存据。[2]

出丢下节的原因通常是客份合伙人遇到资金困难，无法继续开凿盐井，又不能停止开凿，不得已而另找出资者继续出资开凿。出丢下节的结果则是出丢人（上节）免除了继续出资的责任，而由下节承担。在这一过程中，除地脉份以外的所有客份和乾份合伙人构成出丢主体，与下节订立出丢下节约。在颜桂馨契的原有合伙份额中，承首颜桂馨占有锅份十二口，当包括乾锅份和客锅份，加上其他合伙人占有的客锅份，共计二十一口，包括了除地主所占三口地脉锅份以外的全部份额。出丢以后，上节和下节作为两个整体，平均享有上节所出丢的份额，即上、下节各占十一口半份额，相应地，原有合伙人所占的份也均等地缩减一半。

就一般的合伙观念而言，数量相同的份额意味着等量的出资和等量的收益，体现着资本平等的原则，在本章前两节所讨论的中国古代社会的乡村合伙和合伙经营中这一原则也都得到体现。然而在颜桂馨契所体现的合伙份额重组关系中，上节已经投入的资金是确定

---

[1]　目前国内研究古代四川盐业生产制度的学者们普遍把"出丢下节"看作是合伙份额的转让形式，例如彭松久、陈然认为"丢节也是在提留一定数量基础上的分割式转让"，参见彭松久、陈然：《中国契约股份制概论》，载《中国经济史研究》，1994（1）。但是下文的分析表明出丢下节所包含的权利义务关系远远超出份额转让的范围，因而笔者认为这是一种份额重组。

[2]　自贡市档案馆、北京经济学院、四川大学合编：《自贡盐业契约档案选辑》，362～363 页，北京，中国社会科学出版社，1985。该契中称"立承、出二纸，各执一纸存据"，但本契仅仅由立约人和中证人签字，当为出约，笔者推断接手人当另外立有承约，互相交换收执。此种契约形式兼具单契和合同契的特征，似并不多见。

的，因而每一口所代表的出资额也是确定的，但是下节将要投入的资金却是不确定的，在订立出丢下节契约时，无论是上节还是下节，都无法确切地知道下节还需要投入多少资金。上节久锉不见功，而下节接手很快就见功的现象并不少见，更重要的是，无论下节很快见功或是不能很快见功，其实际投入的资金恰好与上节所投入的资金完全相同的可能性几乎是不存在的。事实上，如果我们看一下现存的出丢下节约中都是按照上、下节平均分配合伙份额的现象的话，便会得出这样的结论，即立约人根本就不去考虑下节可能需要投入多少资金的问题，也不会根据其估算来协商其出丢的份额，上节出丢其所占份额的一半给下节已经成为一种习惯法规范而得到普遍的认同。有学者认为"在同一见功生产合资井中，同额股份所代表的产权完全相等，所承担的义务和享受的权利也完全相等"[1]，然而在出丢下节的情况下相同份额所承担的出资义务却几乎不可能是完全相等的。显然，在出丢下节这样的习惯法背后一定隐含着与资本平等原则不同的观念。一般而言，我们可以从两个方面来考虑支撑着出丢下节制度的观念基础：其一是资本贬值的观念，即由于上节所投入的资金没有产生实际的效益，因而已经贬值。其二是风险观念，由于丢节后上节已经不再承担资金投入的义务，其所承担的风险便仅限于已经投入的资金，因而已经是确定的；而下节所需要投入的资金却是不确定的，因而其风险也是不确定的，从这个意义上说，出丢下节实际上意味着风险转移。笔者认为，以资本贬值的观念来支撑出丢下节制度仍然不能解释合伙人不加评估便在上、下节之间均分份额的现象，因为资本贬值仍然存在一个量的问题，需要进行评估。因此，风险意识可能是出丢下节制度的观念基础。在盐井合伙中，当合伙人耗尽资金却不能见功时，继续投资的风险已经急剧增大，在这种情况下，下节接手继续开凿显然要承受比上节更大的风险。当然，风险总是与利益共存，在出丢下节以后，也可能会出现很快见功的情况，然而正是由于这种不确定性，使得上、下节之间采取平均分配份额这种形式上最公平的方式来完成合伙份额的重组。如果这种推断是正确的话，那么，在清代盐井合伙制度中我们已经可以看到风险投资的雏形。

三、合伙份额与合伙财产的关系

在中国古代社会的观念中，盐井合伙中的份额被看作是业，合伙人对其所持有的日份或锅份享有业权，因而这种份额也被纳入古代社会的权利体系，成为契约交易的对象。然而，与乡村社会中伙的关系以及合伙经营关系不同，盐井合伙涉及更多的物的关系：地主以土地出资；生产需要购置一些大型的工具；需要修建房屋等固定资产；需要牛等大型牲畜提供动力，甚至还会因为运输及人员的进出而涉及与相邻土地的关系。因此，在盐井合伙份额的买卖中，合伙份额与物的关系凸显出来。清光绪二十六年（1900 年）谢陈氏率子显连出立的杜顶[2]契向我们展示了清人在这一问题上所持有的观念：

> 立出杜顶子孙业昼夜水火油盐日份文约人谢陈氏，率子显连，情因已下先父谢仁
> 山，与吴裕通伙佃得林锡宠承首，在富邑新垱地名王笋坝王仕宽业内，复淘锉办盐井
> 一眼，原名金源井，后更名入海井。先父名下应占净日份六天，及顶明吴复初一天、

---

① 彭久松、陈然：《中国契约股份制概论》，载《中国经济史研究》，1994 (1)。
② 即绝卖。

吴敬轩一天、吴殿卿一天半，共成九天半，并应占天地二车、碓房、车房、踩架、楻桶，及四围基址、抬锅运炭、堆渣放卤、移水安笕、吃水、滚水堰塘，牵扯风篾一切路径，主人业内概无阻滞。兹因基业窎远，难以经办，母子商议，甘愿将先父遗留已下应占日份共九天半，先向伙内，无人承顶；然后请凭中证，一并出顶与王宏德堂名下，子孙推煎承办。比日三面议定，时值顶价丝银四十两正，其银九七平九八色，当即亲收入手……其井界上至坎子，左连蔡九江井，前至坎下，右至路边与主人合界。自顶之后，任随顶主推煎锉办下脉，出大水、火、油，谢姓伙内子孙不得言及挂红、赎取等语。其井有上、中、下三节日份不明，井事、水价、外欠、押借、押当等事不清，一力有谢显连母子理明归款抵偿，不与顶主相涉。①

谢陈氏契在说明了其份额的来源后概括其买卖对象说：

> ……共成九天半，并应占天地二车、碓房、车房、踩架、楻桶，及四围基址、抬锅运炭、堆渣放卤、移水安笕，吃水、滚水堰塘，牵扯风篾一切路径，主人业内概无阻滞。

从字面上看，立约人用"并应占"三个字将主人业内，即地主作为出资的井基内的所有房屋、生产用具，以及通行权都作为其契约的标的物来表示，显示出在立约人的观念中，对份额的占有也对应地使其产生了对物的权利，当然，或许我们也可以从"概无阻滞"的表达中将立约人的意思理解为声明上述房屋及物品的使用权均无妨碍存在。显然，这里的表达是十分含糊的。由于几乎所有买卖盐井份额的契约都会作出类似的声明，因而我们可以把份额交易完成以后出卖方便放弃了对盐业合伙中形成的一切物的权利看作是当时习惯的通例，从而在制度的层面上，合伙份额已经获得了独立的表达；但是在观念形态上，合伙份额的独立却不是在合伙份额与合伙财产的分离这一层面上展开，而是基于对份额买受方所获得的业权完整性的保护而发生的。

事实上，由于清代并不存在物权观念和物权制度，因而并未建立起以物权为中心的财产权制度，盐业生产中所涉及的井权的概念也就变得十分复杂了。嘉庆十三年（1808年）赵振九等人所立顶井约在约定卖井的同时，又约定了附着在井基生产范围内的一些物的买卖关系：

> 立顶井字约人赵振九，弟用章、济隆，今将自置黄桷坪地基捣锉兴海井壹眼，情愿出顶与王名下推煎下锉，现有水、火。同中议明：租银壹千肆百伍拾两整，当即银、井两交明白，从中并无货物准折等情。其做井如停工住锉，许主接回。蒙神天赐福，出水、火之日，足有四口，主人地脉九天分班煎烧。照依厂规抬贰年为率，许主人原井接回。临时再无他说，至见功应修灶房、柜房，亦以厂例，不得推托。恐后无凭，立约为据。本井所有牛只、家具，同中照物作以时价，银物两家照数收清。此批。②

---

① 自贡市档案馆、北京经济学院、四川大学合编：《自贡盐业契约档案选辑》，504页，北京，中国社会科学出版社，1985。

② 自贡市档案馆、北京经济学院、四川大学合编：《自贡盐业契约档案选辑》，361～362页，北京，中国社会科学出版社，1985。

从该契的内容看，赵振九等人所卖的并非合伙井，而是与其兄弟共有的，出顶以后成为上节；"现有水、火"表明该井已经见功，但仍需继续下锉；由此推断井基上应当有天地二车、廊厂等为盐业生产所必需的设施和器具。但是立约人并未提及上述设施和器具，却将牛只、家具等专门列出另卖，表现出在其观念上有些物被包含在井业中，不需要，也不可以单独卖，另一些则相反，是可以另卖的，但不知其加以区别的标准是什么，因为这里所说的牛只显然是为井盐生产提供动力的生产资料而非家庭畜养，其财产性质与天地二车等并无区别，那么，清人对此加以区分的标准是什么呢？然而无论如何，即使这种区分仅仅是该契的立约人与买受人的特别约定，也反映出清代的业权观念与现代民法中的财产权观念的差异。

总之，盐井合伙也以份额作为确定合伙人之间分配关系的标准；份额既可以以投资形成（土地也是一种投资），也可以以人力投入形成；合伙份额在子孙井中是永久性的业，而在客井中也在一定时期内成为业，这些似乎都与前面所讨论的清代乡村合伙关系及经营合伙关系没有太大的差别。但是盐井合伙契约所涉及的土地入伙、风险观念及其在制度层面上的规范、合伙份额与合伙财产的关系，以及合伙人的相互关系等方面，却有着自己鲜明的特色。与乡村合伙和经营合伙相比，盐井合伙处于中国古代合伙制度发展的更高阶段上，需要进一步进行多方位、多视角的研究。[①]

显然，清代民间契约中所表达的伙和西方法律制度中的合伙存在着相当大的差异，将两种规范安置于中国和西方两种不同的社会经济条件和法律制度的背景下，比较其各自的适应性，以及与两种不同法律制度之整体构架的关系，并探求其形成的原因，将有利于我们更好地继承中国古代的法律传统，完善我国市场经济条件下的民商事法律制度。

---

① 参见李力：《清代民间契约中关于"伙"的观念和习惯》，载《法学家》，2003（6）。

第十三章

担保制度

在现代法的语境中，担保指涉的是债权实现的保障问题。中国古代社会通过大量民间契约建立了广泛的私权转移关系，形成了稳定的债的秩序，因而也一定存在着保障债权实现的秩序性基础，从这个意义上说，中国古代社会中也一定存在着债的担保制度。然而我们已经指出，中国古代法生成于完全不同于西方法律制度的历史和文化环境之中，因而中华法系中所存在的担保制度无论是从其微观构造来看，还是从其宏观结构来看，都与现代法中的担保制度存在着差异。从整体制度结构来看，现代民法中的担保制度首先是在私法领域内设定的关于债的实现的保障制度，旨在建立一种稳定的债的秩序，而在私法的范围之外，则通过国家强制力为债的秩序的实现提供进一步的保障。因此，担保制度在本质上涉及两个领域：其一是在债权制度内部债的实现保障问题，这是微观的担保制度问题；其二是在债权制度之外，或者说在国家制度的层面上，债的秩序的实现问题，这是宏观的担保制度问题。循着这两条路径观察中国古代社会的担保制度，便会发现中华法系赖以生成的历史和文化因素对这一制度的影响，以及这种影响所导致的制度性后果。从历史的角度看，中国古代社会的债权关系相对于现代市场经济而言较为简单，交易活动大多表现为即时清结的形态，因而担保制度的内容也相对简单；从文化的角度看，家族制度和乡村自治构成了中国古代担保制度最重要的基础，并且决定着这一制度的主要的外部特征。考察中国古代社会担保制度的目的，便是揭示这一社会中存在的保障债的实现的微观的和宏观的社会机制。

第一节
官方成文法中的担保制度

中国古代社会中存在的与现代民法意义上的担保制度类似或接近的制度形式，包括保、典、质、抵、当等多种类型，但是其存在形态却主要表现为习惯和习惯法，而始终没有在官方成文法的层面上得到完整和充分的表现。事实上，在唐以前的朝代中，官方成文法中几乎看不到相应的规范，直到五代以后，官方的文献中才开始出现有关担保制度的记载，明朝以后，官方成文法试图对典卖关系加以规范①，到清代，成文法中有关担保制度的规范逐步增加。

中国古代社会后期的官方成文法对于民间存在的担保关系的关注主要出于两方面的原因，其一是出于维系社会秩序的需要，下面将要提到的宋代《宋会要辑稿》的一段记载清楚地表明了官方的立场；其二是税赋征收的需要，明、清两代成文法试图对民间的典和卖两种关系加以区别，并对典的关系加以规范，均出自于此种需要。然而，正是成文法对待民间长期存在的典、质、抵、当等担保关系的态度，导致了习惯和习惯法层面上的这些关系呈现出复杂的形式。一方面，由于民间的典、质、抵、当关系始终处于自然的发展状态，因而在概念表达上始终未能获得有效的统一，以至于今天的研究者们都很难准确地把握不同形式之间的区别；另一方面，正是明、清两代试图以成文法来规范典的关系的努力，使得表达的混乱进一步加剧，统治者的目的是保障税赋的征收，而民间却为了避税的目的而刻意在典的概念下建立卖的关系。从这个意义上说，中国古代社会的成文法与民间关于担保关系的习惯和习惯法之间的不协调性导致了后者的不成熟和模糊不清。

一、唐宋时期

我们已经指出，在中国古代社会的成文法中，对于民间早已存在的典、质、抵、当等制度并没有完整和系统的表达，在成文法的层面上也没有建立起自己的担保制度。在国家层面上，统治者认为私权交易及其相关的担保是民间自己的事情，因而采取对民间活动中形成的习惯和习惯法规范予以默认，在担保关系出现纠纷时参照习惯和习惯规范给出裁断的原则，只有在涉及国家利益的时候，才试图给予强制性的规范。

在唐代初期，法律禁止买卖、典卖、质押土地，直到开元二十五年（737年）还下令"诸田不得贴卖及质"。但是，受三国两晋南北朝时期出现的"贴卖"的影响，此时，作为具有担保功能的"典"，在其他的民事法律关系下——如租佃——已经存在。在吐鲁番阿斯塔那出土的文书中，有一个关于"借贷"的法律文书，已经萌生了典卖的关系。②到了唐朝的中后期和五代时期，"典"已经开始兴盛起来，皇室已经以敕令改变了《田律》中"诸田不得贴卖及质"的规定，放松了对土地房屋的控制，《旧唐书·宪宗纪下》载：

---

①　关于典的概念、典的关系，以及由于出典而形成的典权的内涵，在中国古代社会并没有形成清楚的、定型的界定，近现代的研究者们对此也有不同的看法。笔者认为在中国古代社会中，典可以有典卖和典当两种用法，表达了两种典的类型，前者是以土地、房屋等业权为出典对象的典的关系，而后者则是以非业财产为出典对象的典的关系。尽管这两种类型的关系都被用典的概念来加以表达，但是其内涵却有很大的差别，甚至具有完全不同的法律意义和社会学意义。例如，在典卖关系中，回赎和找贴，以及找贴不成时的制度安排是其主要的组成部分，而在典当关系中，则仅存在回赎关系，到期不赎即为绝当，而不存在找贴以及找贴不成时的制度安排。正是基于典卖关系中对于找贴以及找贴不成时的制度安排这一特征，笔者曾撰文认为典卖关系在本质上是一种过程性的卖的关系而非典当意义上的典的关系，参见李力：《清代民间契约中关于"典"的表达及其意义》，载《金陵法律评论》，2006年春季号。但是，在典当关系中，担保的性质是存在的，即使是在作为过程性的卖的关系的典卖关系中，也存在着担保的性质，因此，在担保的意义上讨论典的关系仍然是有意义的。

②　契约原文为：显庆四年十二月廿一日，崇化乡人白僧定，于武城乡王才欢边，通取小麦肆斛，将五年马地口分田部田壹亩、夏六胡麻井部田壹亩，准麦取田。到年不得田耕作者，当还麦肆斛入王才。租殊百役一仰田主，渠破水溢一仰佃□。两和立契，获指为信。

辛巳，敕："应赐王公、公主、百官等庄宅、碾硙、店铺、车坊、园林等，一任贴典货卖。"

在《敦煌资料》第一辑记载了一个后周时期的契约文书，可以从正面证明当时"典"的情况。[①] 由于政府规制不完善，出现了很多的弊端，所以，五代的政府开始对其进行规制。[②]

根据有关学者的研究，唐以前的成文法中几乎没有有关担保问题的规范，唐以后一些朝代的成文法关于这一问题的规范大体上涉及以下一些内容。孔庆明等人指出，唐代典卖、质押借贷、典当，统归于"质"。此时有"占有质"、"无占有质"的区分。[③] 但唐律中并无有关典、质、当的规定，可见这些关系仅存在于民间社会之中，官方成文法尚未对其加以规范。但是他们认为唐以后的五代时期的法律中已有关于此类关系的规范存在，在其所编著的《中国民法史》中引了《五代会要》二六和《册府元龟》六一三《刑法部定律令》五中的记载，其内容包括以下几个方面：

（1）凡典质倚当物业，须由官牙人、业主及四邻共同签署文契；

（2）纳税时须使用官府的白契，官府务必审查，确有官牙人及四邻签署，并确实不是重叠倚当的，才能盖印纳税；

（3）如果故意漏掉关联人签署的，断罪科刑，并追回钱物；

（4）如果业主不能清偿钱物，则由在契上署名的保人、邻人均分代偿；

（5）如果家庭中的卑幼未经家长同意便典卖契当物业，或虽是家族所有的物业，但其自己并无份额却典卖契当该物业，从重定罪科刑，官牙人和买主也一并问罪，物业按法律处理；

（6）典卖契当物业应当先问房亲邻人，房亲邻人不要，或是出价不足，方可别卖，但虚抬价格，如有发现，业主及牙人一并从重断罪，物业亦追回；

（7）房亲邻人虽不要，却阻碍业主别卖，也断重罪。[④]

---

① 中国科学院历史研究所资料室编：《敦煌资料》第一辑，324～325 页，北京，中华书局，1961。契约原文为：广顺三年，岁次癸丑，十月廿二日立契。莫高乡百姓龙章祐、弟祐定，伏缘家内窘阙，无物用度，今将父祖口分地两畦子共贰亩中半只典与连畔人押衙罗思朝，断作地价，其日见过麦一十五硕。字今以后，物无利头，地无雇价。其地佃种限四年内不喜地主收俗（赎）。若于年限满日，便仰地主还本麦者，便仰地主收地。两共对面平章为定，更不计喜休悔。恐后无信，故勒次（此）契，用为后凭。

② 《五代会要》二六和《册府元龟》六一三《刑法部定律令》五载：周广顺二年十二月，开封府奏："……又庄宅牙人亦多与有物业人通情，重叠将产宅立典典当，或虚指别人产业，及浮造屋舍，伪称祖父所置。更有卑幼骨肉，不问家长，衷私典卖及将倚当取债；或是骨肉物业，自己不合有分，倚强凌弱，公行典卖。牙人钱主，通同蒙昧，致有争讼。起今后，欲乞明降指挥……其有典质倚当物业，仰官牙人业主及四邻同署文契。委不是曾将物业印税之时，于税务内纳契白一本，乃司点检，须有官牙人邻人押署处，及委不是重叠倚当，方得与印。如有故违关连人押，行科断，仍征还钱物。如业主别无抵当，仰同署契行保邻人，均分代纳，如是卑幼不问家长，便将物业典卖契当或虽是骨肉物业，自己不合有分，辄敢典卖倚当者，所犯人重行科断，其牙人钱主当行深罪。所有物业，请准格律指挥。如有典卖庄宅，准例，房亲邻人合当承当，若是亲人不要及著价不及，方得别处商量，不得虚抬价例，蒙昧公私。有发觉，一任亲人论理。勘责不虚，业主牙保人并行重断，仍改正物业。或亲邻不收买，妄有遮吝阻滞交易者，亦当深罪。"从之。这里虽然是一个侧面的规定，说明在当时，民间"典"行为已经很兴盛了。

③ 占有质是指出贷人占有典物、质物或当物的典、质或当的关系，无占有质是指不占有相应物的典、质或当的关系。参见孔庆明、胡留元、孙季平编著：《中国民法史》，249 页，长春，吉林人民出版社，1996。

④ 参见孔庆明、胡留元、孙季平编著：《中国民法史》，260 页，长春，吉林人民出版社，1996。

宋代的传统法典法中并没有关于担保制度的规范，但是在官方其他法律渊源文献中有关于处理民间典卖纠纷的规范记载。此时期"典"与"卖"在一定情况下开始分离，但很多情况下都是使用同样的规定。在北宋时期，出现了不动产的绝卖和活卖两种形式。因为中国古代宗法血缘关系的存在，所以农民不肯轻易卖掉自己土地和祖产，这样，为了达到"典"的目的，北宋时期，开始兴起了"活卖"这种交易形式，也就是"典卖"。在实践中，农民为了解决自己的经济困难，先把土地典押出去，取得一笔款项，到了一定时期再将土地赎回，这样就形成了"典物权"。而在法律中，国家也是将两者一并作出的规定。

但是，毕竟"典"和"卖"是不同的，所以，尽管法律上经常适用同样的规定，但是在一定情况下，法律和实践还是将两者分开的。

两者在合同形式上是不同的。如在《名公书判清明集》中载有《妄执亲邻》案书判：卖与典立契不同，卖为断骨契，典为合同契。

两者在合同成立的要件上也是不同的。《名公书判清明集》载有《正典既子母通知不得谓之违法》案书判曰："典，绝两契皆是周道卿亲笔签押。母亲卢氏押字或写不拘，遇笔则签，遇印则印。典买只凭牙证，倚当不必批支书，绝卖不批支书，其绝契中已自射破。"

但是，民间为了交易的方便，在区分两者的同时，存在两者相转化的例子。①

同时，此时期，国家对于典的规定开始完善起来。由于信用制度有了很大的发展，所以典的关系开始在经济生活中不断地出现和完善。在这种情况下，国家对于"典"这种民事法律关系的规范开始完善起来，形成了比较系统的法律规范。

首先，宋代对契约形式有了明确的规定。宋代法律规定，典必须采用加画骑缝记号的复本书面契约形式，即"合同契"②。后来改为一式两份，钱主、业主各执一份。③ 但是，在宋朝，契约的行文格式也开始摆脱死框框的限制。从北宋到南宋初期，法律对契约的行文格式的限制是很严格的，具体的规定包括书契以及请买正契、合同契。④

其次，关于契约的成立要件。法律将典当买卖联称为"典卖"，作同一规定，需要经过

---

① 《名公书判清明集·卷九·户婚门·典主如不愿断骨合还业主收赎》载：范鹿父于乾道三年至淳熙四年，以园屋三次计价一百九十二贯出典与丁元珍家，丁元珍家后两次计价一百八十二贯（减十千），缴上手契转典与丁伯威管业。范鹿贫窘，欲断骨、取赎、交易，均不得为。丁伯威以其父有二名，又有官称，坐困范鹿。官司评断：如丁元珍愿意断骨，合仰依时价。如丁元珍不与断骨，即合听范鹿备元典钱，就丁伯威取赎。如范鹿无钱可赎，仰从条别召人交易。这个案例说明了"断骨"、"取赎"、"交易"的含义和差别。但是同时说明了他们在一定情况下是可以转化的。

② 《宋会要·食货六十一之六十四》载：真宗乾兴元年（1022 年）规定："应典卖倚当庄宅田土，并立合同契约四本，一付钱主、一付业主、一纳商税院、一留本县从之。"

③ 《宋会要辑稿·食货六一·民产杂录》载："人户出典田宅，依条有正契、有合同契，钱、业主各执其一，照证收赎。"

④ 书契是指确定了契约相对人之后，双方订立文约草本的过程。法律规定当事人订立草契时，必须按照统一的格式立下字据："人户典卖田产，若契不开顷亩、间架、四邻所至、租税役钱、立典业主、邻人牙保、写契人书字，并依违法典卖田宅断罪。"这种草契是双方合意的依据，凭此可以到官府办理正式手续。请买正契、合同契，是指交易双方订立草契后，必须共同到官府请买契纸书填，正契由典卖收执，合同契由业主收执："应有人户典业，并与钱主同赴官请买正契并合同契，一般书填所典田宅、交易钱数、年限，责付正身，当官收领"，以防典主"私立草契，领钱交业，至限将满，典主责赛契赴官请买正契，其合同契往往亦为典主所收"。为了保证契约格式的统一，两宋开始由官府统一印制正契与合同契契纸，由交易双方到官府请买书填。

"先问亲邻"、"输钱印契"、"过割赋税"、"原主离业"四个要件。①

关于契约中双方的权利义务，在契约成立的四个要件中，已经有了关于双方当事人之间权利义务的规定。同时，对于业主而言，另外还有两项权利，一为得到钱主给付的典价，二为约定期限届满后，在法定的日期内可以随时以原价赎回标的物。对于钱主而言，还有四项主要权利：一是在契约规定的期限内的使用收益权；二是在业主欲出卖该项田产时享有优先于业主亲邻的先买权；三是在待赎期中的转典权；四是待赎期中，业主不能赎回标的物时，钱主取得标的物的完全处分权。

另外，对于典主死后家中无人继承的"户绝"问题，按照宋朝的法律，全部财产包括有典权的财产都应该没官。②

形成于民间的其他出典习惯，也得到官府的认可。如《宋会要辑稿》食货六三中有一段记载：马固民典得马延顺的土地后，在该地块上栽树三百棵，取赎时除原典价外，还要马延顺为每棵树支付三十钱，该文说：

> 这种事"如不止绝，恐豪猾人户转侵孤弱，竞生讼词。自今后如典地栽木，年满收赎之时，两家商量：要，即交还价值；不要，取便斫伐，业主不得占吝"。

这一段记载向我们传达了两方面的信息，一方面，尽管成文法典并没有关于土地出典的规范，但是统治者对于民间已经存在的土地出典的习惯仍然予以认可，因为官方对于马固民和马延顺之间的纠纷所持的态度不是禁止出典土地，而是消除由于出典土地而导致的纠纷；另一方面，统治者虽然提出了一个解决问题的方案，但是其目的是使"豪猾人户"不能"转侵孤弱"，也不要因典而生词讼，而或许非是出于完善典的制度的考虑。尽管提出一个解决问题的方案本身也可以被看作是在完善制度，但这仅仅是对某一个问题的关注，而非对制度本身的关注。

二、明清时期

明朝开始以成文法对土地、房屋等业权交易中的卖的关系和典的关系加以区分，《大明律·户律·典卖田宅》规定："盖以田宅质人，而取其财曰典；以田宅与人，而取其财曰卖。典可赎也，而卖不可赎也。"在此基础上，清代时官方成文法进一步对典权制度作了更详尽的规定。乾隆十八年（1753 年）浙江藩司奏准，对契载不明的产业，特以条例规定："嗣后民间置买产业，如系典契，务于契内注明回赎字样；如系卖契，亦于契内注明绝卖、永不回赎字样，迄至乾隆十八年定例以前典卖契载不明之产，如在三十年以内，契无绝卖字样者，听其照例，分别找赎。若远在三十年以外，契内虽无绝卖字样，但未注明回赎者，即以绝产论，概不许找赎。"这一规定一方面强调了以是否允许回赎作为典和卖的根本区别，并且以契约中的文字记载作为这种区别的形式要件，未在契约中载明回赎事项的交易，即使其交易双方当事人实质上约定的是一个典卖关系，也将不被官方成文法所承认，从而

---

① 参见《宋刑统·户婚·典卖质当论竞物业门》。

② 《宋会要辑稿·食货一·农田杂录》载：北宋大中祥符七年（1014 年），为了防止户绝情况下的典权纠纷，下诏："诸州典买与人而户绝没官者，并纳官检估诣实，明立簿籍，许典限外半年，以本钱收赎。如经三十年、无文契，及虽有文契难辨真伪者，不在收赎之限。"参见赵晓耕、刘涛：《论典》，2004（4）。

不能在官方成文法的层面上获得救济；另一方面，官方成文法试图对之前存在的绝卖或典卖的关系加以清理，其原则是以三十年为界，三十年以内的契约，未载明绝卖的，当事人主张典卖，即以典卖关系处理，而三十年以上的，则只要未注明回赎字样，即以绝卖处理。

除了对绝卖与典卖的关系加以区分以外，明朝时还以成文法对土地出典关系中的欺诈行为加以规范。《大明律·户律·典卖田宅》规定：

> 若将已典卖与人田宅重复典卖者，以所得价钱计赃，准窃盗论免刺，追价还主，田宅从原典主为业。若重复典买之人及牙人及保知情者，与犯人同罪，追价入官，不知者不坐，其所典田宅园林碾磨等物，年限以满，业者备价收回取赎，若典主托故不肯放赎者，笞四十，限外递年所得花利，追征还主，依价取赎；其年限虽满，业主无力取赎者，不拘此律。

同时，明朝的法律对典卖土地、房屋等业权可以找赎的习惯加以确认，《大明律·户律·典卖田宅》规定：

> 如契未载绝卖字样或注定年限赎回者，并听回赎，若卖主无力回赎，许凭中公估找贴一次，另立绝卖契纸；若买主不愿找贴，听其别卖归还原价。

根据这一规定，只要买卖契约未明确注明绝卖，或者明确写明了回赎年限，都被看作是活卖，即典卖。出典者（业主）可以回赎，如果出典者无力回赎，允许找赎一次，但找赎后即为绝卖，并且应当另立绝卖契；如果出典者找赎，而典权人（典主）不愿意找赎，则出典人有权将出典的土地或房屋另卖他人，再将典价归还典权人。

然而，尽管明代的法律明确规定了找赎以一次为限，但对典权的期限仍然没有作出明确的规定，也就是说，明律并未规定找赎的期限，以至于民间有"一典千年活"、"典在千年"之类的俗语，表明在现实生活中典权似乎是一种几乎没有期限的权利。这种情况在清朝后期有了变化。清嘉庆六年（1801 年），统治者通过户部则例对典权期限制度做了重大修改，《户部则例·田赋·置产投税部》规定：

> 活契典当年限不得超过十年，违者治罪。民人典当田宅，契载年分，统以十年为率，限满听赎，如原业主力不能赎，听典主投税过割执业。倘于典契内多载年分，一经发觉，追缴税银，照例治罪。

《户部覆议》中又规定：

> 典限以二五年至十年为准，契约二三十年，四五十年以上者，须于三年内呈明改典作卖。[1]

这一规定以成文法的形式对典卖的期限给出了规范，它一方面赋予典权人一项重要的权利，即十年期满，如果出典人不回赎出典的土地或房屋，典权人便可以向官府投税，并办理将依附于土地上的税赋过割至自己名下的手续。向官府投税，便可以获得绝卖的红契，而将税赋过割入户，便完成了土地权利转移的登记程序，在官册上将土地登记在自己名下。

---

[1]　孔庆明、胡留元、孙季平编著：《中国民法史》，602～603 页，长春，吉林人民出版社，1996。

有了这一规定，典权人便不需要获得出典人的帮助便可以单方面完成土地或房屋过户的程序，从而使成文法中有关典权年限的规定有可能有效地转化为现实秩序。① 另一方面，上述规定还为民间私自在契约中约定超过规定期限的回赎期的行为设定了刑事制裁，从而使其实施更具有强制性。

此外，清代成文法还对民间关于典卖关系中典物灭失的风险责任的习惯和习惯法予以承认，《大清律例·户例·典卖田宅条》乾隆十二年（1747 年）附例规定：

> 凡典产延烧，其年限未满者，业主、典主各出一半，合起房屋，加典三年，年限满足，业主所将原价取赎。如年限未满，业主无力合起者，典主自为起造，加典三年，年限满足，业主照依原价加四取赎。如年限未满，而典主无力合起者，业主照依原价减四取赎，如年限已满者，听业主照依原价减半取赎。如年限已满，而业主不能取赎，典主自为起造，加典三年，年限满足，业主仍依原价加四取赎。活卖房屋，与典产原无区别。如遇火毁，一例办理。其被火延烧，原（典）业两主均无力起造，所有地基公司售价，原主将地价偿还业主三股之一起造屋，其高宽丈尺、工料装修、俱照原屋，以免争执。

这一规定所体现的基本原则是由典主和业主共同承担出典期间典物灭失的风险，同时兼顾典权和业权的利益平衡。典物在出典年限已满时灭失，业主以典价的一半取赎，体现风险共担的原则；年限未满时典物灭失，则业主和典主各出一半资金合盖房屋，也体现风险共担原则，但是由于典主在业主拥有业权的物上投入了自己的资金，因而将其典期延长三年以求利益的平衡；同样，在年限未满时典物灭失，业主又无力支付房屋造价的一半，而由典主独立支付房屋造价时，除将典期延长三年以外，业主还需在典价的基础上再加四成才能取赎。②

清朝末年改变了历朝仅对绝卖征税，而对典、抵关系不征税的成规，从清光绪三十四年（1908 年）开始，实行了对绝卖按契价一两课六，典当减收三分的制度，宣统年间又有湖南、云贵等地实行典当田房按典价每两收税六分的制度。这在很大程度上是由于清政府国库虚空，税源不足的原因所致，但在法律制度的层面上，则表现出明清统治者对绝卖和典卖关系加以区分和规范的原因，在于维系其税收体系的稳定。在清末以前，由于绝卖田房需要缴纳一两

---

① 但是，事实上即使是在清朝后期，典权长期存在的社会状况也没有发生根本性的转变，这一方面是由于在关于典权年限的规定形成之前便已经有大量的长期未赎的典权存在，另一方面，也是更重要的一个方面，就是在中国古代社会的观念中，业权是一种极为重要的权利，涉及"孝"这一核心文化观念，而业也是养家糊口的基本手段，业权具有对抗其他权利的能力，因此，即使是官方成文法试图从期限上限制出典人的回赎权，也不能从根本上改变人们基于社会的主流观念而产生的对于业权的重视心理，从而难以使成文法规范有效地转化为现实的法律秩序。关于对出典人回赎权的观念基础的分析，请参见李力：《清代民间契约中关于"典"的表达及其意义》，载《金陵法律评论》，2006 年春季号。

② 关于清代官方成文法的这一规定，还有两点需要注意：其一，这一规定显然是以典主占有出典物为前提而设定的，也就是说，在官方认定的典卖关系中，至少是在以房屋为标的的典卖关系中，包含着出典物占有权转移的内涵；其二，这一规定未对出典物灭失的责任因素加以区分，这是否意味着即使是由于典主的责任而导致出典物灭失，其风险也由业主和典共担呢？当然，我们可以把该规定所预设的条件"延烧"理解为由于相邻物的燃烧而引致的火灾，从而排除典主过失的可能性，但是即便如此，在现代法中仍然会对占有者是否对损失扩大负有责任加以区分，但在上述规定中却没有相应的区分存在。在这一问题上，习惯或习惯法中是否存在着责任区分的规范，是值得注意的问题。

课六的契税，而出典却无须纳税，民间为规避契税而以典卖的形式掩盖绝卖关系，导致税源流失，因此，明清成文法均要求交易者在契约中写明是否允许回赎，以及回赎期限，以杜绝以典代卖的现象发生。然而，在中国古代的法律体系中，民间的交易自有其基于习惯或习惯法的规范体系和维系机制，对官方法律制度的依赖并不强烈，因而成文法的强制规范并不能有效地改变以典代卖现象的存在，最终导致清政府不得不对典卖也一并征税。[①]

在明清时期，官方成文法除了对典卖关系进行规范以外，对典当关系也有所规范。典当亦称当，在中国古代早期社会也称为质，中国起始于南朝的当铺即称质库，唐宋亦称质库。元称解库、解典库、解典铺。明代除沿用旧称外，又有当铺、典铺、解铺、典当等名称，这时质与当仍然混用。[②] 明律规定，凡典商收当货物自行失火烧毁者，以价值十当五照原价值计算，作为准数；邻火延烧者，酌减十分之二，按月扣除利息，照数赔偿。其米麦豆石棉花等粗重之物，典当一年为满者，统以贯三计算，照原典价值给还十分之三，邻火延烧者，减去原典价值二分，以减膝八分之数，给还十分之三，均不扣除利息。当铺被窃，无论衣服米石丝棉木器书画以及金银珠玉铜铁铅锡各货，概照当本银两，再赔一两，如系被劫，照当本银两，再赔五钱，均扣除失事以前应得利息。如赔偿之后，起获原赃，即给与典主领口变卖，不准原主再行取赎。[③] 与前述清乾隆年间关于典产延烧的相关规定相比，明律这一规定的突出特点就是充分考虑了当物灭失的过错责任问题，不但区别了有过错和无过错的情况，而且还对过错大小作了区别。对于当物灭失，当铺有过错的，照原价赔偿，例如失火烧毁当物、当物被窃，均属此类；有部分过错责任的，按原价酌减赔偿，例如邻火延烧致使当物灭失、当物被劫等，则属此类。

清代有专门的典当业，当铺遍布城乡。官方成文法对典当取利有专门规范，《大清律例·户律》规定：

> 私放钱债及典当财物，每月取利不得过三分。年月虽多，不过一本一利，违者笞四十。

所谓一本一利，当是指的禁止复利，对违反者处以刑罚。

第二节
习惯法中的中（保）人制度

马克思在谈到地主和农民的租佃关系时指出，"要能够为名义上的地主从小农身上榨取

---

① 事实上，对典和卖一并征税，尤其是对典和卖以同一税率征税，在很大程度上进一步淡化了典和卖的区别，这本身与明清成文法区别典和卖的关系的作法是相矛盾的，但也正因为这种矛盾的存在，才表现出明清统治者区别、规范典和卖的关系的目的并不是构建或完善一种制度体系，而仅仅是出于税收控制的目的。

② 参见孔庆明、胡留元、孙季平编著：《中国民法史》，535 页，长春，吉林人民出版社，1996。该书认为"后来的质与当是有区别的，质是借贷在先，以物作质，也可以以人身作质；当则是当物在先，以物换钱，形成借贷关系。当的客体只能是无生命的动产，不包括牲畜，更不能当人。"

③ 参见孔庆明、胡留元、孙季平编著：《中国民法史》，535 页，长春，吉林人民出版社，1996。

剩余劳动，就只有通过超经济的强制，而不管这种强制是采取什么形式"①。显然，担保作为一种债的实现关系，也需要有超经济的强制，才能形成稳定的法律秩序。以民间契约而建立的经济关系不仅需要通过超经济的强制手段作为实现的保证，而且其本身就是以这种超经济的强制手段的存在作为秩序性基础的，离开了这一基础，人们不会奢望其契约关系能够实现，从而就不会以契约的方式建立其复杂的私权关系。那么在中国古代社会，这种超经济的强制手段以何种方式表现出来呢？日本学者矶田进认为，中国古代是一个"不存在国家或封建领主通过审判、强制执行等提供的权利保护或这种保护软弱无力的社会"②，然而我国学者章有义则引用清代徽州地区祁门县李姓亨嘉会（公堂名）租簿的实例，指出"禀官究治"的确是清代地主寻求官方正式成文法救济的一种手段，在从乾隆四十八年（1783 年）至嘉庆五年（1800 年）总共十八年的时间中，这一租簿共有六次因佃户欠租不交而簿主"出呈"的记录。③ 显然，在中国古代这样一个封建制度下的农业社会中，官方成文法对地主权利的保护是存在的，并且应当是强有力的，清朝律例便明确规定："至有奸顽佃户，拖欠租课，欺慢田主者，照例责治；所欠之租照数追给田主。"④ 然而问题却在于中国古代的官方成文法中，有关担保制度的规范却非常少见，它对广泛存在于民间的私权关系都能提供确切的、有力的保护吗？尤其是对那些与官方制度并不一致或并不完全一致的私权关系，例如永佃权，官方成文法也能够提供保护吗？对于这种追问的答案当然是否定的，因此我们判断在中国古代社会中，有相当多的私权关系是通过官方成文法以外的制度来加以保障的。

一、中（保）人制度的作用机理

中国古代遗留下来的民间契约中，几乎无一例外地使用中人作保，在几乎每一份契约中都会提到其约定是"凭中"形成的，并且在契约后面会有中人的签字或画押，可见中人参与契约关系已经成为一种根深蒂固的习惯。⑤ 基于这种情况，日本学者矶田进设问："'中人'、'保人'不就是以某种方式发挥维系社会秩序作用的主体吗？……如果'中人'、'保人'确实发挥着上述的功能，那么支持他们发挥这种秩序功能的社会机制是什么呢？"⑥ 矶田先生的追问是有道理的，然而这一问题的答案恐怕还得到中国古代社会的民间契约中去寻找。

古代民间契约中最常见的现象是中人与立契人或另一方当事人同属一姓。显然，这种中人与契约双方当事人同姓的现象在清代民间契约决非偶然现象。在以宗族关系为重要特征的清代社会中，同姓往往意味着同宗，甚至意味着同属一个家族。在一些契约中，中人的名字前面加上了称谓，使我们对凭中亲族的现象有更为直观的认识：在清嘉庆六年

---

① 《马克思恩格斯全集》，第 25 卷，891 页，北京，人民出版社，1974。

② ［日］岸本美绪：《明清契约文书》，载《明清时期的民事审判与民间契约》，北京，法律出版社，1998。

③ 参见章有义：《明清徽州土地关系研究》，171～172 页，北京，中国社会科学出版社，1984。

④ 《大清会典事例》卷一百，2 页。

⑤ "雇佣中人或保人，在每一个地方的中国人中，对几乎一切重要一点的交易，都是标准惯例"。［英］S. 斯普林克尔：《清代法制导论》，张守东译，134 页，北京，中国政法大学出版社，2000。

⑥ 参见［日］岸本美绪：《明清契约文书》，载《明清时期的民事审判与民间契约》，北京，法律出版社，1998。

（1801 年）山阴县高兆原兄弟卖田官契中，立契人为高兆原，中人除徐沩传外，还有"兄"兆禄、"叔"克全和"兄"兆德①；而在清嘉庆四年（1799 年）十月的一个典契中，立契人为王门黄氏，书契人为"男"正柄，当为王门黄氏的成年儿子，中见人为"叔"朝敬，当为正柄的叔叔。② 在清顺治三年（1646 年）休宁县汪学朱母子卖房地红契中，在立契人之后，不仅有主盟母刘氏画押，而且在"凭中亲族"项下共有 32 人签名，其中 28 人画了押。③ 这些例子都表明，清代民间契约中以同姓族人或宗人作为中人是一种普遍的习惯。

清代契约中也存在着中人与立契人不同姓的现象，其原因可能是以下几种情况：

其一是虽不同姓，但仍同宗族，例如在前面提到的清顺治三年休宁县汪学朱母子卖房地红契中，在"凭中亲族"项下签字的共有 32 人，其中 14 人并非汪姓，但因其在此项下签署，我们当然可以推断这 14 人与立契人亦属亲族，其不同姓的原因，可能是属同族中的姻亲关系。④

其二是立契人可能是当地宗族之外姓，在此种情况下中人当然与立契人不同姓。

其三还有可能虽不同姓，但却是在当地宗族中有声望的人，甚至是保甲长。⑤ 在清光绪二十九年（1903 年）宛平县阿克敦卖荒草凹地官草契中，立契人阿克敦显系外姓，契约后部除中保人泰山涌、李元画押外，白纸坊五七甲里长董永生亦加盖了名章。⑥

从字面上看，中人具有介于契约双方当事人之间而持中立立场的意思。在现代社会中，与一方当事人有亲属关系通常被看作是充当中间人资格之缺陷，因为亲属关系可能会使其不那么中立。然而，清代民间契约却将族人视为充当中人的最佳人选，甚至是立约的必要条件，这显然不是因为立契方普遍处于优势地位而迫使对方当事人不得不接受自己以亲族做中，而是与中人的作用机制有关。事实上，在中国古代社会，能够找到有脸面的族人做中人本身便是立契人的可信度的表现，因而在很多民间契约中都以"央中"来表达其请中人的过程。然而更为重要的是，在中国古代这样一个宗法社会中，以族人作为中人表明宗族社会对于民间契约关系的全面介入，在清代的一个绝卖契中，立契人说：

> （绝卖以后）其田听义先永远耕种，再无异说。随田草屋三间两厦，树木塘池一应在内，与身无涉。其田日后再不得借口生端，倘有此情，听凭中证宗族执纸付公理论。⑦

---

① 该契见张传玺主编：《中国历代契约会编考释》，1306～1308 页，北京，北京大学出版社，1995。

② 该契见《闽南契约文书综录》，载《中国社会科学经济史研究》，1990 年增刊，60 页。

③ 该契见张传玺主编：《中国历代契约会编考释》，1130～1132 页，北京，北京大学出版社，1995。

④ 另一个例子也可以说明这种情况，清乾隆十一年（1746 年）山阴县孙茂芳叔侄所立卖田契是一个官契，其契尾粘有官府印制的《条约五款》，其中第二款曰："契不许倩（请）人代写，如卖主一字不识，止许嫡亲兄弟子侄代写"（参见张传玺主编：《中国历代契约会编考释》，1249 页，北京，北京大学出版社，1995），而在清乾隆三十五年（1770 年）休宁县陈冬九所立卖园红契中，余思远虽与立契人不同姓，但却在"凭中代笔"项下署名，而既是代笔，则当有嫡亲关系，至少应为族亲。该契见张传玺主编：《中国历代契约会编考释》，1275 页，北京，北京大学出版社，1995。

⑤ 有学者在研究地主与佃农之关系时指出地主借用保甲这个基层政权组织的力量胁迫佃户，"更有以保长作土地交易之中介的"。参见章有义：《明清徽州土地关系研究》，171～172 页，北京，中国社会科学出版社，1984。

⑥ 该契见张传玺主编：《中国历代契约会编考释》，1474～1475 页，北京，北京大学出版社，1995。

⑦ 该契为清乾隆二十一年（1756 年）安徽省芜湖县孙近仁所立杜顶首契，契见杨国桢：《明清土地契约文书研究》，104～105 页，北京，人民出版社，1988。

可见由宗族公论是双方约定的当契约中约定事项出现争议时的纠纷解决方式。因此，族人做中将宗族关系与民间契约之间的关联凸显出来：它一方面表明立契人愿意将这一关系置于宗族的监控和约束之下，另一方面也表明其对方当事人非常重视在其契约上利益受到损害时寻求宗族之救济。正是因为契约双方都以宗族社会作为其契约签订和实现的外部框架，所以"人们通常以宴席表示买卖作成……请中人，代笔人，证人参加"，以示其交易在宗族内获得承认，起到一种公示的作用①；也正是因为中人在缔约后负有调停契约纠纷，保障其可以被付诸宗族公论的责任，所以缔约人需要付给中人以"使费"而加以酬谢。有学者认为在有些地区使费包括"引领费"，即给引领人（中人）的酬金；"亲房费"，即给见证的亲房的使费；"画字礼"，即给在契上画押签字的中见亲邻等的礼金；"天平"，即契银相交时，付给见银中人拜定银两的手续费；等等。这些使费可以用办宴席来代替，俗称为"折席"②。尽管笔者认为对这些使费的名称和含义还需要进一步讨论，但是基于中人的多重作用而付以诸多项目的使费却是确定无疑的。在诸如"凭亲"、"凭中"或"见收"（即见证卖方银两收讫的人）等中人的多重作用分由不同的人完成时，其使费表现为诸多独立的项目，而诸作用统由中人完成时，则一并表现为付给中人的使费。使费有时使用专门的契约来约定，大多数情况下则是按惯例确定，而在正契中加以表示。③

使费的存在证明了中国古代社会对中人作用的肯定，而使费的数量则从一个侧面表现出对中人作用的评价。笔者尚没有看到约定使费的书契，但是清代官府对使费的有关规定可以为我们提供一种评估的参考。清光绪二十二年（1896 年）蓟州乔顺所立卖房官契的契尾中开列了官府印制的《写契投税章程》九条，其中第六条曰：

> 民间嗣后买卖田房，务须令牙纪于司印官纸内签名，牙纪行用与中人、代笔等费，准按契价给百分中之五分，买者出三分，卖者出二分。系牙纪说成者，准牙纪分用二分五，中人、代笔分用二分五。如系中人说成者，丈量立契，祗准牙纪分用一分。如牙纪人等多索，准民告发，查实严办。④

在该章程中，官府显然是试图以民间支付中人使费数量的习惯来规范牙纪的取费标准，但根据这一章程估计，民间中人从说合到中见的全部使费大约为契价的百分之五左右。⑤ 清代初期田宅买卖须纳税，按买进价银一两纳税六分，光绪三十四年（1908 年）开始典也须

---

① 参见 ［英］S. 斯普林克尔：《清代法制导论》，张守东译，132 页，北京，中国政法大学出版社，2000。

② 杨国桢：《明清土地契约文书研究》，238 页，北京，人民出版社，1988。

③ 清光绪二十六年（1900 年）谢陈氏率子显连出立的杜顶契中便有这样的记载："立出杜顶子孙业昼夜水火油盐日份文约人谢陈氏，率子显连，情因已先父谢仁山……时值顶价丝银四十两正……书押、茶果、脱业概包价内。"契见自贡市档案馆、北京经济学院、四川大学合编：《自贡盐业契约档案选辑》，504 页，北京，中国社会科学出版社，1985。另有乾隆五十二年（1787 年）休宁县许配孚所立卖田红契中称"外高堂伯叔兄弟亲族交庄过割书契，一切杂项喜礼银拾两，卖主领去给散，与买主无干"。参见张传玺主编：《中国历代契约会编考释》，1293 页，北京，北京大学出版社，1995。

④ 张传玺主编：《中国历代契约会编考释》，1467 页，北京，北京大学出版社，1995。

⑤ 清乾隆十八年（1753 年）山阴县官府印制的卖田官契中写有"俗有推头通例，每两出银五分"，应当说的是付给推收见证人的使费。该契见张传玺主编：《中国历代契约会编考释》，1253 页，北京，北京大学出版社，1995。

纳税，典进价银一两纳税三分，至宣统元年（1909 年）又增加到一两纳税六分①，民间中人所取使费大体上与官府所收的契税相当，可见在清人观念中，有中保人见证的民间契约的作用大体上也与官府官契的作用相当。

显然，清代的中人制度是在宗法社会的背景下存在的，它以宗族或村社的控制力作为其发挥作用的基础，构建了一个对以业为中心的民事权利体系的保障系统。日本学者森田成满指出，"税契"、"过割"、"清丈"等官府关于所有权从事的公证业务"不过是把握民间土地所有权变动和存在样式的一个角度而已"，因而要重视民间的公证功能尤其是中人在契约中所发挥的作用。滋贺秀三也认为中人和保人的作用具有公证的性质。② 显然，在清代官方成文法并不具备权利登记、公示制度的情况下，中人所起的证明作用是不可或缺的。但是仅仅强调证明作用却并不能表达中人制度的全部内涵，甚至尚未能表达这一制度的实质性内涵。在清代官方正式法律制度中并不存在私法意义上的民事法律规范的情况下，习惯法却维系着一个以业权为核心的私权体系，而中人制度则通过宗族和村社对民间契约的效力所起的保障作用，表明宗法社会是习惯法的强制力的最终来源。这一制度的作用机制，是借助习惯和习惯法对于缔约者的约束力，并且凭借宗族社会和乡村自治对于缔约者的控制力，而使契约关系能够得到有效的实现。在这一机制作用下，违约者不仅在内心受到基于习惯和习惯法而产生的伦理道德的谴责，而且在其外部社会关系的层面上受到被宗族或家族处罚和排斥的威胁。从某种意义上说，这样一种担保制度的运作比官方法律的强制机制更为有效，成为维系中国古代社会契约关系实现的主要途径，只有极少数的契约纠纷被提交给官方的法律机制。

二、中（保）人担保的内容

中国古代民间契约中的中（保）人所起的作用是多方面的，至少包括以下几个方面：

第一，具有买卖程序上的证明作用。有学者在研究清代土地契约时指出，这类契约后部所列中证人有"凭房亲"和"凭中"两种类型，"凭房亲"是取得房亲同意的意思；"凭中"是请中人作证，或作中介的意思。③

第二，具有证明或担保所交易的田房已经经过先问族人的程序的作用。中国古代社会的土地交易受到宗族优先权的限制，即族人有优先购买权，出卖土地需要先问族人，族人

① 参见孔庆明、胡留元、孙季平编著：《中国民法史》，601～602 页，长春，吉林人民出版社，1996。但笔者看到的一份清康熙十二年（1673 年）的契约在契尾中写明"看头产人户照契内价银每两纳税叁分"，该契价银壹佰捌拾两整，纳税银伍两肆钱。可见在康熙时卖契税亦为银一两税三分。该契尾见张传玺主编：《中国历代契约会编考释》，1156～1157 页，北京，北京大学出版社，1995。另有学者按百分比对清代契税情况作了表述，参见张晋藩主编：《清朝法制史》，400 页，北京，法律出版社，1994。

② 参见［日］岸本美绪：《明清契约文书》，载《明清时期的民事审判与民间契约》，北京，法律出版社，1998。

③ 参见章有义：《明清徽州土地关系研究》，220 页，北京，中国社会科学出版社，1984。清末民初的民事习惯调查中有许多地方均报告了关于先买权的习惯，例如直隶省高阳县的报告称："买地须先尽业主亲族及地邻留买，但其亲族及地邻声明不愿留买时，应由去业主任意出卖"；吉林省榆树县亦报告有此种习惯，并加按称"此习惯已为吉省一般人民所公认，惟大理院判例尚不采用"。参见前南京国民政府司法部编：《民事习惯调查报告录》（上册），胡旭晟等点校，17～18、30 页，北京，中国政法大学出版社，2000。

不买才能卖给族外人。① 所谓"凭房亲"的意义，就在于以房亲证明其已经问过族人。② 在清代民间契约中，凭房亲一项也可以表达为"凭亲"、"凭婶（或某个其他具体的亲）"等等，未明确列出凭房亲项的契约则有可能是因为交易发生在宗族内部，因而不需要先问族人的程序，也可能是因中人即为房亲，因而以中人代替。就先问责任的证明而言，族人的代表当然是证明立契人已经在宗族内部征询是否行使先买权的最佳人选。

第三，具有证明管业的正当来历的作用。在中国古代社会的民间田宅买卖契约中，前脚的交付并非必不可少的条件，其根本原因就是因为在古代的民间习惯中，中人起到证明出契人之业权的正当来历的作用。立契人通常都要在契约中声明其管业来历没有问题，而中人的签字表示他对立契人的这种声明予以证明和担保。清光绪十七年（1891 年）北京镶蓝旗爱山立了一个卖地白契，在该契后部画押的除了立契人之外，还有"知情底保人"周永兴，将周永兴称为"知情底保人"明确地表达了中（保）人所起的证明所交易的业权归属的作用。③ 在中国古代社会，族人与立契人同属一宗族，"亲友们对各人的谋生手段，大都了如指掌"④，由他们为立契人提供对其用来交易的田房的管业来历证明当然也具有较大的可信度。

第四，具有保证立契人履行契约的作用。立契人在契约中会作出一些承诺，例如"不敢声端异言"，"如有不明等情为碍，尽身承值，不干买主之事"，等等，而中人的签字亦表示对于兑现此种承诺的保证。

显然，中国古代社会的中（保）人制度中中（保）人担保的内容与现代民法中的担保制度存在着很大的差别，现代法中担保制度的重心在于履约担保，而中国古代社会中的中人制度的重心却在于签约条件的担保；现代法中的担保制度强调对于债的履行的担保，而中国古代社会中的中人制度则强调对基于契约而发生的纠纷能够得到有效解决的担保；现代法中的担保制度为担保人或担保物设定了补充清偿的责任，而中国古代社会中的中人制度为中人设定的责任却主要是调处和解决纠纷的责任。正是这些差异构成了中华法系担保制度的基本特征。

三、中（保）人的责任

关于古代社会民间契约中中（保）人的作用的另一个值得注意的问题是中人的契约责任问题。尽管中人在缔约过程中实际发挥着证明管业来历正当性的作用，但是在契约中最常见的约定却是将证明责任直接归之于立契人，清乾隆五十一年（1786 年）休宁县汪贞隆当山契中对此的表达具有典型意义：

> 三都三图立当契人汪贞隆，今因急用，自情愿将祖遗下山一业，土名外坞，新丈

① 清代"习惯的作法是'倒户不倒族，倒族不倒宗'，出卖不动产需先问亲房、宗族之人，然后才可以与外姓人交易，否则买卖行为无效"。参见孔庆明、胡留元、孙季平编著：《中国民法史》，619 页，长春，吉林人民出版社，1996。这里的表述未必准确，但需先问族人却是肯定的。

② 有学者认为先问亲邻的习惯始于北魏，而到唐朝时则以法律的形式确定了亲邻的先买权。参见郑定、柴荣：《两宋土地交易中的若干法律问题》，载《江海学刊》，2002（6）。

③ 该契见张传玺主编：《中国历代契约会编考释》，1454 页，北京，北京大学出版社，1995。

④ ［英］S. 斯普林克尔：《清代法制导论》，张守东译，109 页，北京，中国政法大学出版社，2000。

辰字贰千四百九十三号，除上年卖与 吴音名下地税一亩之外，所存余山四至约取税五分为界，今又凭中立契出当与同都五图吴音名下为业，当日得受九五色当价五两正。其银成契之日是身一并收足讫，其山即交业。倘有来历不明及重复交易、内外人生端异说等情，尽是出当承当，不涉受当人之事。今将本号归户一纸，来脚契一纸交付收执。日后听从原价取赎，并无异说。今恐无凭，立此当契存照。①

在上契中，证明管业来历之正当性、证明其当物之上未设定其他权利，以及对第三人之权利要求的抗辩都被约定为立契人的责任。在这种情况下，中人的作用似乎只是担保立契人的意思表示是真实的，并且担保其能够履行其契约责任。事实上，中人通过提供履约担保而不是直接承担契约责任是古代社会中人制度的普遍情况。但是也有一些契约中明确规定了中人的契约责任，下面是两个实例：

清雍正四年（1726 年）大兴县刘门王氏母子所立卖空地白契全文如下：

立卖空地契约人刘门王氏同子文、武（并列），因无银乏用，有祖遗空地一块，坐落草厂三巷，地宽一丈，长六丈二尺，今卖到俞 名下，言定卖价银捌两。自卖之后，倘有弟男子侄亲族人等争竞，有卖主、中保人一面承管。

恐后无凭，立此卖约存照。

中保婿刘起凤（押）
雍正四年六月 　　　日立卖空地人刘门王氏（押）
子刘文、武（押）②

清乾隆十九年（1754 年）天津县丁予范所立卖房并地基红契中也对中人的契约责任作出了类似的约定：

自卖之后，倘有户族弟男子侄别姓人等争竞、违碍，俱在卖主并中人一面承管，不与买主相干。③

上两契的共同特征是约定由卖主与中人共同承担契约责任。前一契的立契人是一名妇女，其子当未独立，因而母子共同署名，而中人为该妇女的女婿，与立契人有亲属关系。同样具有该契的上述这些特征，并同样以中人共同承担契约责任的例子还有清康熙五十八年（1719 年）休宁县王阿朱所立卖园地红契④，等等。笔者推测这可能是由于妇女被认为在证明及抗辩能力上有缺陷而导致其成年男性亲属作为中人并直接参与契约责任。但是上两契中的后一契在"同中"项下有两人签署，其中一人为何文彬，另一人不清，契约的内容并未向我们提供与两契中的前一契类似的信息，但为何中人也直接参与契约责任，是需要进一步研究的问题。

更进一步的例子是由中人单独承担证明和抗辩的契约责任。清咸丰四年（1854 年）徽州张起父子所立卖地文约中称：

① 张传玺主编：《中国历代契约会编考释》，1513 页，北京，北京大学出版社，1995。
② 张传玺主编：《中国历代契约会编考释》，1200 页，北京，北京大学出版社，1995。
③ 张传玺主编：《中国历代契约会编考释》，1256 页，北京，北京大学出版社，1995。
④ 参见张传玺主编：《中国历代契约会编考释》，1192 页，北京，北京大学出版社，1995。

　　立卖地文约人张起同子张朝远，因乏用，将祖遗老粮民地壹段拾贰亩伍分，烦中说合，情愿卖与金玉垣名下为业……如有重复典当，尽在中人一面承管。恐后无凭，立卖字存证。[①]

　　该契在"中保说合人"项后签署的是刘广才，我们不能判断立契人与中保说合人之间的关系，但是也还有其他类似的例子存在，例如清乾隆三十四年（1769 年）北京正黄旗那兰泰所立转典房白契也约定"此房如有亲族人争竞，来路不明、拖欠官银、重复典卖，有中保人一面承管"[②]。该契的立契人系兵丁，而中保人是叫曾保的"领催"（一种官名）。这表明即使是在中人与立契人并无亲族关系的情况下，中人单独承担契约责任也是可能的。我们同样不知道由中人单独承担证明和抗辩责任的原因所在，也许这只是表达上的差异，而在立契人承担证明和抗辩责任与中人承担这种责任之间并不存在实质性的差别，但同时也存在着另外一种可能，即当另一方当事人认为立契人不足以承担证明和抗辩责任时，便会要求中人来承担此种责任，这也许就是有学者指出的作为担保制度而使用中人的特殊事例吧。[③]

　　值得注意的是，在宋代的官方成文法中，有关于保人承担补充责任的规定，《宋刑统·杂律》公私债务门规定："如负债者逃，保人代偿。"《宋刑统·户婚律》典当实指当论竞物业门附录臣下参详条文中规定："应将有物业重叠倚当者，本主、本人、邻人并契上署名人，各计所欺入已钱数，并准盗论。不分受钱者，减三等，仍征钱还被欺之人，如业主填纳罄尽不足者，勒同署契牙保、邻人等，同共陪填，其物业初归当之主。"官方成文法的这些规定是否存在着习惯或习惯法的基础？如果有的话，习惯或习惯法又是怎么规范的呢？这是需要进一步研究的问题。

第三节
典、当、押制度

　　中（保）人制度建立在宗法社会的基础之上，在中国古代习惯法中具有非常可靠的保障作用，并且构成官方正式法对民间私权利加以规范和保护的基础，因而是古代民间契约中使用最多的保证方式。由于中（保）人制度具有相当可靠的作用，契约当事人并不存在越过宗族社会或乡村自治组织所提供的保障框架而独立约定担保责任的动机，所以，与中（保）人制度的发达形成强烈反差的是担保的其他形式极不成熟，甚至可以说还没有获得独立的表现形态。从清代民间契约看，可能与契约担保有关的概念主要有：典、当、抵、押、质等等，此外，中人或保人也在一定程度上独立地承担担保责任。然而无论是典、当、抵、押、质，其在中国古代社会的民间契约中的含义都不具有确定性和统一性，甚至相互间的

---

　　① 张传玺主编：《中国历代契约会编考释》，1390 页，北京，北京大学出版社，1995。

　　② 张传玺主编：《中国历代契约会编考释》，1509 页，北京，北京大学出版社，1995。

　　③ 参见［英］S. 斯普林克尔：《清代法制导论》，张守东译，135 页，北京，中国政法大学出版社，2000。

区别都不十分明确。① 这种情况表明，除了中（保）人制度以外，中国古代社会还不存在独立的契约保证制度，担保的其他形式都还处于发育过程之中。

一、典的性质

明时的法律将典与卖相区别，规定："盖以田宅质人，而取其财曰典；以田宅与人，而取其财曰卖。典可赎也，而卖不可赎也。"② 清律承袭明制，也规定："以价易出，约限回赎者，曰典。"③ 在这里典的含义似乎并无复杂之处，但是在现代学术语境中，对存在于中国古代社会中的典和典权的性质却有不同的认识。

在担保的其他形式中，我国学者讨论最多的是典。典是我国古代所特有的一种私权关系，在对这种特有现象的法律定位过程中，我国学者似乎一致认为典与卖不同，由此便产生了试图在卖的范畴之外界定典的性质的努力，从而导致众说纷纭的状况。产生这种状况的原因，大概和明清成文法对典和卖的区别有关。我国在唐宋时期开始确立典权制度，但当时"典与卖的界限尚不清楚，往往典与卖并提"。明律开始对典与卖加以区别，但区别的要点也仅在于"典可赎也，而卖不可赎也"。清代官府进一步从交易形式要件上区别典与卖，规定以"绝卖"、"永不回赎"等措辞作为卖契的必备内容，而典契则必须注明"回赎"字样。④ 明清两代官方成文法的这些规定使研究者们产生了一种先入为主的观念，即典和卖是有区别的。有学者认为，典权是中国古代民法物权中的基本构成部分，典和卖都是对物的处分，但典是活卖，卖是绝卖⑤；另有学者将典权解释为担保物权或用益物权；还有学者将典理解为附有回赎条款的买卖；日本学者寺田浩明则认为典是"所有者接受约为卖价之半的金额而允许他人使用自己的土地获得收益，经过预定的期间后他随时可返还最初领取的价额，重新取回土地"的一种权利安排⑥；清水金二郎等人指出，与其在近代法体系中找"典"的对应物，还不如说"典"有与西洋历史上如"法兰克时代的古质权"等古代的各种质权形态更相近的一面。他们都认为中国的"典"属于向"作为一种担保制度的近代质权"发展中的一种过渡形态。⑦ 总之，对典这一概念在中国古代法律制度中的定位几乎没有统一的见解。就中国现代立法例看，民国时的民法把典作为位于质权和留置权之间的某种担保物权式的权利，而"满洲国民法"则将其置于各种用益物权的末尾，可见现代立法上是把典权作为物权看待的。

然而，存在于现实生活中的法的性质并不取决于官方成文法对它的界定，更何况清代

---

① 有学者指出："中国古代对典、当、质、抵的区别也模糊不清，清朝开始逐步加以区别"。参见孔庆明、胡留元、孙季平编著：《中国民法史》，601页，长春，吉林人民出版社，1996。然而该学者所说的逐步加以区别只是指在官方成文法的层面上的区别，而并非民间法观念上的区别。

② 《大明律·户律·田宅》。

③ 《大清律例》。

④ 参见张晋藩：《清代民法综论》，119～120页，北京，中国政法大学出版社，1998。

⑤ 参见张晋藩：《清代民法综论》，119页，北京，中国政法大学出版社，1998。

⑥ 参见〔日〕寺田浩明：《权利与冤抑》，载《明清时期的民事审判与民间契约》，198页，北京，法律出版社，1998。

⑦ 参见〔日〕岸本美绪：《明清契约文书》载《明清时期的民事审判与民间契约》，296页，北京，法律出版社，1998。

成文法对于典与卖的区别并不是基于对这两种权利的性质的理论界定，而仅仅是为了保证税收不至流失这一政策性目的。① 事实上，清政府对于卖和典的这种形式区分并无实体法上的意义，而只是一种税收政策。笔者认为，从中国古代民间契约中对典的表达看，与其说典是一种用益物权或担保物权，不如说是卖的一种形式。在清以前的朝代中，成文法规定田宅买卖须纳税而典无须纳税，民间为了避税而在田宅买卖中采取典的形式，这种情况不仅在清代官方文件中被看作是税制改革的原因，而且也被我国学者确认为存在于中国古代社会生活中的事实。然而，这一事实恰恰表明了在中国古代的社会观念当中，典可以达到与卖相同的法律后果，或者说典与卖具有相同的性质。因此笔者并不赞同将典归入物权的概念体系来加以表达的方式，更不赞同将其视为担保物权的观点。

但是，在典的关系中，的确会由于典价的支付而导致一种债权关系，而典物的交付也的确会与典价的支付形成对向的关系，从这个意义上说，在典的关系中的确也存在着使债权获得保障的因素，只是我们不能因为有这种因素存在，就将典的关系界定为物权担保关系而已。

以典契冠名的民间契约通常以出典人（业主）向受典人（典主）交付典物，收取典价，并约定取赎期限为基本内容，例如，清乾隆六十年（1795 年）福建永春县王门黄氏立典契如下：

> 立典契人王门黄氏，有承祖民田二段，俱坐廿五都，土名下确及上塪，共受种三斗，年载大租及佃租廿拾四石大，内氏应得一半，与三房公交轮。前年祖上将租已典与叔上，其租声、退额登载前契明白。今因欠银费用，托中将佃送就与让伯上，典出佛银拾玖圆伍角。银即日收明，其银约至新年，备契面银一齐取赎，如至期不赎，将田听叔前去起耕别召，收租管掌为业。保此田系氏阄分物业，并无别典他人及不明为碍，如有自当，不干银主之事。今欲有凭，立典契为照。②

这一份典契清楚地表明了清代官方成文法中所确定的出典关系的基本内容：首先，黄氏将两块地的田面典给"伯"或"叔"，典银十九元五角；其次，典期为一年，期满回赎；再次，出典期间田面权作为一种业权仍在黄氏手中，契约中明确说明如果黄氏到期不赎，叔才能去起耕别召，收租掌管为业，可见在典期内叔尚无权撤佃或换佃，或者说并没有业权；最后，双方没有约定典银的利息，从这一点看，似乎是以租代息，互不相找。但是笔者对最后一点持怀疑态度，因为如果是以租代息的话，在契约中应当说明佃户是谁，佃租多少，而本约中只记载了大租和小租共计"廿拾四石大"，却未写明所典的田面小租是多少，同时也没有约定由典主收了田租后交给银主，反而约定当一年后黄氏到期不赎时，典权人才可以管业，因此，笔者倾向于认为在这一契约中典银是无利息的。③ 如果考虑到清时典价通常要比卖价低得多这一事实，那么银主以不收利息来换取典期届满后黄氏不赎时以

---

① 清初规定田宅买卖须纳税，而典无须纳税，因而民间为逃避税收，在田宅买卖中采取典的形式。

② 《闽南契约文书综录》，载《中国社会科学经济史研究》，1990 年增刊。

③ 有学者认为在清代典契中一般只规定在典期届满后以原价取赎，而不规定典息，即所谓"银不起利"，典权人也不得向佃户加租，所谓"地不加租"。在个别典契中，也有议定收取典利的。参见张晋藩：《清代民法综论》，125 页，北京，中国政法大学出版社，1998。

低价获得典物的可能性也是存在的。该契所表明的典的关系似乎可以看作是出典人为获取借款（典银）而以田面权提供担保，因此有学者将其称为"指地借钱"。由于契约中约定了如到期不赎，则典业归典主所有，那么如果我们把田面权也看作是一种物权的话，则这种典的关系似乎在现代民法框架体系中可以归入抵押物权的范畴。然而，在清人的观念中，典是否也被看作是为借贷而提供的担保呢？事实上，该契在我们今天可以看到的清代典契中并不具有典型性，在清代的民间契约中，清人还赋予典契以更多的其他内涵，也正是由于清代典契还存在着其他的约定类型，才使学者们对典的性质产生了不同的界定。在王门黄氏所立的另一个典契，即清嘉庆四年（1799年）十月所立典契中，不仅出现了利息条款，而且业权转移时间也发生了变化：

> 立典契人王门黄氏，有承祖民田二段，俱坐廿五都，一段土名董埔门口，受种一斗五升，又一段土名上垅，受种一斗五升，共三斗，年载正租及佃租廿拾四石大，受产登载在册内，民应得一半配租拾贰石大，与时亿公同管交轮。今因欠银别置，托中将分前一半送就与夫兄让奇上典出佛番银壹百壹拾大圆，银即日收明，其田听兄前去起佃自耕，收租管掌为业。保此田系氏阄分物业，并无不明等情为碍，如有，氏自抵当，不干银主之事。约至壹年对期，备契面银一并取赎，不得刁难。年约粮银一钱时。今欲有凭，立典契为照。
>
> 并缴印税古契一纸，载（再）照。①

此契与前一契一样，也是两块地，但其中一块的地名不同，不知是否是相同的两个地块，但是从两块地大、小租同样是共计廿拾四石大来看，似乎两契的典物应当是相同的，至少可以说两契中的典物价值是差不多的。然而此契中约定的典价却高出前一契近六倍，这也许可以印证前一契中由于以极低的典价获得了管业的可能性，因而银主放弃了利息要求吧。与前一契的约定相比，此契有两个显著的不同：其一是加入了"年约粮银一钱时"一款，笔者认为这是对典价款的利息约定；其二是在契中约定"银即日收明，其田听兄前去起佃自耕，收租管掌为业"，也就是说，自立契时起，其田已经归银主管业。将前一契中关于典物业权转移时间的约定与此契中的相关约定相比较，我们可以认为，清代典物的业权是否转移并不构成典的关系的本质特征，在某种情况下，出典关系成立，但是典物业权并不转移，例如前一契；而在另一种情况下，则典物业权在出典关系成立时即发生转移，例如此契，而在前一种情况下，典价通常要远远低于后一种情况。在清代，此契这样的典契似乎更为常见，下面是乾隆三十八年（1773年）福建省仙游县李栋老所立的典契：

> 立典契功建里人李栋老，有自己分过阄内户根田壹亩壹分，应贰丘，坐北门棋盘洋落，年载早冬大小租肆石官，今因无银用度，自愿托中将户根田立契出典徐府松房为业，三面商议，实值时价九五色广戥银贰拾陆两正，其银即日交足，其户根田即听松房管掌为业，认佃收租。此田系自己物业，与兄弟叔侄诸人无干，在先不曾典挂他人帐物，保无交加不明等事。如有此色，系是典主支当，不干银主之事。期约三年为准，备银贴契赎回，如无银仍听银主管掌收租。此系两愿，各无反悔，今欲有凭，立

---

① 《闽南契约文书综录》，载《中国社会科学经济史研究》，1990年增刊。

典契为炤者。

递年贴纳米银六分民。

赎回言纳定价柒拾陆扣。再炤。①

与王门黄氏嘉庆年间所立之契一样，李栋老所立之契也是以出典时即发生业的转移为特征的，而基于这一特征，我们似乎可以将清代的典归入现代民法的质押范畴。然而笔者认为，这两契中所表达的典权与质权仍然有着本质的区别，因为质押的一个重要特征是在质权存在的情况下，质物的所有权并不转移，而在典的关系中，发生转移的恰恰不是典物，而是业权。尽管我们不能将业权简单地等同于现代民法意义上的所有权，但是与所有权在现代民法财产权体系中的地位一样，业权也是中国古代财产权体系中的根本性权利。事实上，从观念的层面看，与其说在清代人的观念中是把典看作是一种质押，倒不如说是把典看作是权利的转让，即使是在王门黄氏乾隆年间所立之契中，如果我们注意到契约在约定田主于典期届满时的权利和义务时使用的概念也是"赎"的话，恐怕认为在清人的观念中把典看作是权利转让的说法便有了进一步的支撑。事实上，清人对于与王门黄氏嘉庆年间所立之契和李栋老所立之契相同的契约大量地使用"活卖契"，甚至直接使用"卖契"的名称，可见在清人心目中，这种关系被认为就是一种卖。② 也正是在这个意义上，有学者认为典也是卖，只是与绝卖不同，典属于"活卖"的范畴。下面是清乾隆五年（1740 年）休宁县金若涛所立的一个活卖地红契：

二十七都五图立卖契金若涛，今因急用，自情愿央中将自己原买佥金企南地壹片，坐落土名陈村基地，系新丈良字壹千伍百叁拾肆、伍、陆、柒等号……其四至自有册载，不在（再）行写。今凭中立契出卖与王　名下为业，当日三面议作时值价银拾两整。其银契比（此）即交明，别无另扎（领扎）。未卖之先，并无重复交易。今卖之后，悉听买人收税管业，并无异说。如有内外人等争拦及一切不明等情，尽是卖人承值，不涉买人之事。其税在本图十甲金正茂户内起割，推入本图一甲王承启户内办纳无辞。今恐无凭，立此卖契存照。

其地议定准在来年八月内任凭原价取赎；如过八月，永远绝卖，不得取赎。再批。（押）③

这一契除了没有规定典息以外，其所规定的权利义务几乎与王门黄氏典地契和李栋老活卖地契完全相同，由于规定了回赎期，并且说明了到期不赎即为绝卖，因而这是一个土地出典关系当无问题。但是立契人在契约开始部分却明确地说这是一个卖契，可以想象收契人也认为这是一个卖契，否则他不会接受这个契约。显然，该契表明在清代至少有把典看作是卖的观念存在，如果我们再进一步看到许多实际上规定了典的关系的契约都以"卖

① 杨国桢：《明清土地契约文书研究》，245 页，北京，人民出版社，1988。

② 即使是在官方语言中，典有时也被置于卖的概念之下，例如前文所引的《大清律例》便称："嗣后民间置买产业，如系典契……如系卖契……"可见典契和卖契都被看作是置买产业时所使用的契约。

③ 张传玺主编：《中国历代契约会编考释》，1237～1238 页，北京，北京大学出版社，1995。

契"或"活卖契"自称的话①，便可以说把典看做卖是清人的一种比较普遍的观念。然而在清人的观念中，典与绝卖之间毕竟还存在着差别，这种差别表现在两个方面：其一是在典的关系中，典主还保留着回赎的权利，而在绝卖关系中，原主已经丧失了其所有的权利；二是典价通常要远远低于卖价，因而在典主到期不能取赎而成为绝卖时，还需要对绝卖作出某种安排。与现代民法中质押关系的观念基础相比较，典的关系中的回赎似乎还可以找到对应处：在质押关系中，当债务人到期清偿了债务时，质押物应当返还质押人，这可以看作是一种"回赎"。但是在债务人到期不能清偿债务时，清人的观念却与质押所体现的观念完全不同：在质押关系中，因债务人到期不能履行债务而导致的物权变动是质押权人行使质押权的结果；而在典的关系中，业权的转让却是典主"卖"的结果，且并非必然以出典人到期不能回赎为条件。可见，清代民间土地契约中的典无论是在观念上，还是在制度构造上，都属于卖的范畴而非担保物权的范畴。

正因为存在着此种观念上的差异，所以在清代习惯法中需要对典主"卖"的行为再作出恰当的安排，这种安排一方面要解决典价远远低于卖价的问题，另一方面则需要在更为正式的制度层面上对卖加以确认。由此便产生出了"找贴"或称"找价"的习惯，有学者将这种"找贴"称为"进一步卖出"，即从典到卖的过程中的"加价"环节，因此势必产生出一些补充性的契约。② 在清代，这种以找贴为内容的契约被称为"找契"。清康熙六十年（1721 年）武进县刘文龙立卖田租契曰：

> 立卖契刘文龙，今将惊字号平田一丘，计一亩八分，央中卖与陈名下收租，得受价银七两。每年完租夏麦五斗四升，冬米一石八斗。如有不清，听凭业主自种，立此存照。③

八年以后的清雍正七年（1729 年）刘文龙又就上述卖田租契而立找契：

> 立找契刘文龙，向有惊字号平田一亩八分，卖与陈名下收租。今因原价轻浅，央中找得钱一两整，其田仍照契，业主收租。立此存照。④

从刘文龙立找契的情况看，其当初所立卖契当为活卖，即典契，而找贴或找价的性质在于出典人无力回赎，便收回其典价与卖价之间的差额，从而使原来典的关系变为绝卖的关系。因此，经找贴之后，出典人便丧失了对于典物的全部权利，双方应当另立绝卖契，或者立找契，以找契作为绝卖契。清代官方成文法规定"如契未载'绝卖'字样，或注定年限赎回者，并听回赎。若卖主无力回赎，许凭中公估，找贴一次者，另立绝卖契纸。若买主不愿找贴，听其别卖，归还原价"⑤。可见正式的法律制度也允许找贴，但是以一次为限。该契是找契，按例应为绝卖。然而在清代民间契约中，出典人找贴的权利却似乎不止一次，该契的立契人刘文龙便于清乾隆十四年（1749 年）再次就同一地亩又立找契：

---

① 有学者认为，在清代，"典卖通用一种契式的现象是很普遍的"。参见杨国桢：《明清土地契约文书研究》，42 页，北京，人民出版社，1988。

② 参见杨国桢：《明清土地契约文书研究》，35 页，北京，人民出版社，1988。

③ 张传玺主编：《中国历代契约会编考释》，1196 页，北京，北京大学出版社，1995。

④ 张传玺主编：《中国历代契约会编考释》，1213 页，北京，北京大学出版社，1995。

⑤ 《大清律例》卷九，《户律·田宅·典买田宅·条例》。

又立找契刘文龙，向有惊字号平田一亩八分，卖与陈名下，原价轻浅，找过一次，仍未敷足，今再央中向找银七两，前后共银十五两。自找之后，田虽原主承种，如有租息不清，听凭业主收回自耕。恐后无凭，立此存照。①

上述三个契约完整地再现了刘文龙卖地的前后经过，其最初所立之活卖契约定的卖价当为银七两，前一找契找贴一两，后一找契再找贴七两，共计十五两。有学者认为典价通常是卖价的一半②，这似乎可以从后两个找契中得到印证。然而我们所关心的是：这种一找再找的事为什么会发生呢？究竟是什么样的权利使得刘文龙可以在已经经过找贴，从而理应是绝卖的情况下，事隔二十年以后再次找贴呢？陈姓买主又为什么会同意刘的再次找贴要求呢？根据本契的内容记载，原主刘文龙在找贴以后仍然承种原先出典的土地，而第一个找契中又未明确表示绝卖的意思，在这种情况下，也许刘文龙对土地的实际占有使得他处于有利的交涉地位，在后一个找契中刘文龙表示"如有租息不清，听凭业主收回自耕"，似乎表明在这之前应交的地租可能成为其交涉手段，仅是在这一契中，刘才明确表示以后再发生此种情况业主可以将田收回。以此看来，似乎上述再找契只是在出典人找贴绝卖之后仍然租种该地的情况下所发生的特例。但是，在清代民间契约中，我们还可以看到其他的再找贴实例。清雍正十二年（1734 年）镇洋县（今江苏太仓）殷门顾氏嫂叔立找绝田文契如下：

立找绝田文契殷门顾氏同叔殷足，为因钱粮急迫，曾有契卖东一都短字圩田七亩八分，卖到潘处为业，已经得价。因原价不敷，复央原中金胜贤三面议定，找绝银七两整，契下一并收足。自找之后，再无不尽不绝。欲后有凭，立此找绝田契为照。③

与刘文龙所立再找契不同，殷门顾氏叔嫂所立之契中立契人明确表示此为"找绝银"，并表示"自找之后，再无不尽不绝"，因而绝卖的意思表示非常清楚。然而仅仅一年以后，即雍正十三年（1735 年）又发生了再找贴的事情，殷门顾氏立契曰：

立贴绝田文契殷门顾氏同叔殷足，为有昔年契卖东一都短字圩田七亩八分，卖与潘处为业。已经得价得找外，因原价不敷，复央原中金胜贤，三面议得贴绝银四两整，契下一并收足。自贴之后，再无不尽不绝，永远潘姓为业，与殷姓无干。欲后有凭，立此贴绝田文契为照。④

第一次找贴找得银七两整，这一次又找得四两整，殷门顾氏经两次找绝后再不见找，但是殷门顾氏的前手却又向潘姓找绝。乾隆二年（1737 年）镇洋县潘门薛氏母子立杜绝田文契曰：

立杜绝田文契潘门薛氏同男凤观，为有先夫潘仲卿祖遗东一都短字圩官田七亩八分，于康熙四十七年得价卖与殷处，殷亦转卖潘晋扬处，见在管业。今田尚亏原价，为此协同原中，向潘晋扬找绝田价银二十四两整，契下一并收足。自找之后，其田任凭潘姓建房造坟，开河掘沟，与潘、殷二姓永无干涉。欲后有凭，立此杜绝田文契为照。⑤

---

① 张传玺主编：《中国历代契约会编考释》，1250 页，北京，北京大学出版社，1995。

② 参见〔日〕寺田浩明：《权利与冤抑》，载《明清时期的民事审判与民间契约》，北京，法律出版社，1998。

③ 张传玺主编：《中国历代契约会编考释》，1225 页，北京，北京大学出版社，1995。

④ 张传玺主编：《中国历代契约会编考释》，1227 页，北京，北京大学出版社，1995。

⑤ 张传玺主编：《中国历代契约会编考释》，1232 页，北京，北京大学出版社，1995。

根据潘门薛氏所立之契记载的内容，殷门顾氏最初所典的七亩八分地应当是从潘门薛氏户那里买来的，原为活卖，或者尚未找绝，而殷门顾氏又将该地卖与潘晋扬。潘门薛氏本应向殷门顾氏找绝，但是后者已经把该地出卖，因而向买主找绝。我们不知道殷门顾氏在向潘晋扬活卖地时是否已经说明了其前手尚未找绝的情况，但从清代民间契约普遍约定"如有一切不明等情，尽是卖人理值"的情况看，潘晋扬既同意潘门薛氏找贴，当是明知有前手未找绝并承认其权利。① 在上述三例中，买主潘晋扬先后三次被找贴，找价共计银三十四两，且找贴者既有其前手，又有其前手之前手，可见正如张传玺先生所说，清代"民间俗例在南方的许多地区盛行卖产后有'找贴'之事。找一至三次而再立契声言'找绝'者极多"。1959年3月，张先生在云南楚雄时，曾见到中央民族学院历史系韩公仟先生在楚雄县第六区力伯所乡大益居民村收集到的康熙时土地买卖契约一张，一为正契，其后粘连不同时间的"找"契共八张，全长丈余，粘连之骑缝处均有本县红印②，可见民间找贴之状况。

笔者认为可以从观念形态和制度形态两个方面来看待找贴现象存在的原因。在观念层面上，清人将典看作是卖，但又是与绝卖不同的一种卖。在买主向原主支付了低于卖价的价款后，其业权已经转移，正是在这个意义上，清人把典看作是卖。但是与绝卖不同的是，买卖双方都知道买主所支付的价款不足，导致买卖关系并未结束，因而双方又对以后的进程及双方的权利作出了安排，即约定一个期限，在这个期限届满时，卖主有权利作出两种选择，或者向买主支付原价款，从而重新获得其业权；或者要求买主进一步支付价款，以最终获得完全的业权；而买主则享有拒绝进一步支付价款购买典物的权利，在这种情况下，则"听其（卖主）别卖，归还原价"③，即卖主有权将典物卖给其他人，再归还买主原价款。也正是在这个意义上，清人把典看作是不同于绝卖的活卖。有学者正确地指出了典是"按低于通常市价将土地暂时出卖"，但是由于其忽视了清人对于回赎期满后双方的权利义务的进一步安排，因而又将典界定为"一种附条件的出卖"④。事实上，在清人的观念中，典是卖的一个阶段，这个阶段虽不是必然经过的，却是可能的，当人们使用典或活卖这种卖的形式时，便意味着双方都对卖的关系的未来发展保留了选择的权利，从而使卖更具有灵活性，这大概也是清人为什么称典为"活卖"的原因所在吧。在制度的层面上，典契屡找不绝的原因恐怕与契税和推收制度有关。《大清律例》规定："活契典当田房，一概免其纳税。其一切卖契无论是否杜绝，俱令纳税。"有学者据此认为典与卖的另一区别是典无须纳税，而卖须纳税。⑤

另外，从清代典契的内容看，在典的关系下不发生纳税义务的推收问题，即不改变纳税的主体。在这种情况下，典权人作为典物的业主的身份并未获得官方的承认，其法律地位并不完整，因而在出典人找贴时与其对抗的能力不足，这也许是典或活卖契屡找不绝的

---

① 清律规定典契只准找赎一次即为绝卖，而"倘已经卖绝，契载确凿，复行告找告赎……俱照不应重律治罪。"《大清律例·户律·田宅·典卖田宅》。

② 参见张传玺主编：《中国历代契约会编考释》，1233页，注三，北京，北京大学出版社，1995。

③ 《大清律例》卷九，《户律·田宅·典买田宅·条例》。

④ 李志敏：《中国古代民法》，106页，北京，法律出版社，1988。

⑤ 参见张晋藩：《清代民法综论》，119页，北京，中国政法大学出版社，1998。但另有学者认为，清代原来典、抵不纳税，后来改为买、典、抵三级收税制，买进价银一两纳税六分，典进价银一两纳税三分，抵押物款纳税更低。参见孔庆明、胡留元、孙季平编著：《中国民法史》，601页，长春，吉林人民出版社，1996。

制度上的原因。此外，笔者认为，清代社会中业是普通百姓谋生的重要手段，因而人们在观念上对业权极为重视，而在业权的体系中，经过绝卖而获得的业权与依据典契而获得的业权相比处于更高的地位，这恐怕也是清人将出典人称为业主，而将受典人称为典主，并且在业主与典主的对抗中业主往往占上风的原因之一。

总之，清代民间契约表明，在清人的观念中，典被看作是卖的一种特殊类型，如果说绝卖是即时清结的卖的话，典卖便是需要经过一个过程的卖。这个过程的第一个阶段是典或活卖，而找贴是其第二个阶段，在第二个阶段以后，卖的过程便终结了。在官方的制度中，第二个阶段表现为一次找贴，而在民间习惯法中，由于多种原因所致，找贴却可以反复进行，直至买卖双方都认为卖的过程已经结束。因此，笔者认为在清人的法观念中，典也属于业的范畴，这便是他们在典契中称典为业的原因。①

二、质、抵当、当与押

"质"本身就为以物抵押取赎的含义。许慎在《说文解字》中提到，"质，从贝，从所"，本意为"以物相赘"。而对于"赘"，许慎解释为"以物质钱，从敖、贝。敖者，犹放，谓贝当复取之。"

如前所述，"质"本身的含义已经包括了"典"的意义。② 作为一种交易形式，在我国古代权利还不是很明确区分，"典"还没有作为一种独立的交易形式出现的时候，"质"是作为一种口袋名称出现的。但是随着经济的发展，要求区分起来必须精确，所以，到了宋朝以后，基本上就不再使用了。这从我国古代关于"质"的规定的发展中可以看出来。

"质"在秦简中已经出现："中质去道一里〔濯〕者。"③ 在古代，"质"本身有担保的意义，所以，在春秋战国时期，出现了很多"人质"作为政治上的一种手段。如《战国策》卷四载：

> 陉山之事，赵且与秦伐齐。齐惧，令田章以阳武合于赵，而以顺子为质。赵王喜，乃案兵告于秦曰："齐以阳武赐弊邑而纳顺子，欲以解伐。敢告下吏。"

"质"在周朝的时候，曾是一种契约形式。④ 而财产当时也是经常用来进行"质"的。到了唐朝，"质"开始分化，和作为"典"的前身的"贴买"相并列。⑤ 到了宋朝，更将典、

---

① 参见李力：《清代民间土地契约对典的表达及其意义》，载《金陵法律评论》，2006年春季卷。
② 见前面"典当"的发源。
③ 刘信芳、梁柱编著：《云梦龙岗秦简》，35页，北京，科学出版社，1997。
④ 《周礼·地官》载：
　　司市：掌市之治教、政刑、量度、禁令。以次叙分地而经市，以陈肆辨物而平市，以政令禁物靡而均市，以商贾阜货而行布，以量度成贾而征儥，以质剂结信而止讼，以贾民禁伪而除诈，以刑罚禁虣而去盗，以泉府同货而敛赊……质人：掌成市之货贿、人民、牛马、兵器、珍异。凡卖儥者质剂焉，大市以质，小市以剂。掌稽市之书契，同其度量，壹其淳制，巡而考之，犯禁者举而罚之。凡治质剂者，国中一旬，郊二旬，野三旬，都三月，邦国期，期内听，期外不听。
　　从这里的记载可以看出，作为一种契约形式，本身就含有作为权利转移证明的意思。而"质人"正式取此意，以作为官方的证明。
⑤ 《唐令拾遗·田令第二十》载：
　　开元二十五年，诸田不得贴赁及质，违者财没不追，地还本主。若从远役、外任，无人守业者，听贴赁及质。其官人永业田及赐田，欲卖及贴赁者，皆不在禁限。

卖、质举相并列。① 到了元朝的时候，由于"质"普遍发展，已经形成了普遍的规则，并且基本为"典当"取代，所以在正律中已经很少规定。而明清两代，正律中更是少见关于质的规定。②

另外，唐朝的时候，有一种田土交易形式为"抵当"③。"抵当"在当时是一种债权的担保方式。到了五代，"抵当"演变为"倚当"。这时候民间的"倚当"已经很多，所以引起了政府的重视。④ 在当时，典卖和倚当是分开的。宋朝的时候，关于"倚当"的记载已经很多。⑤ 宋朝也有官办典当行。北宋时，政府所设质库称"抵当免所"。基于此，宋朝的时候对"倚当"有了较为详细的规定。真宗乾兴元年（1022 年）规定：

----

① 《宋刑统·户婚律·典卖指当论竞物业》载：

【准】建隆三年十二月五日敕文：今后应典及倚当住宅、物业与人，限外虽经年深，元契见在，契头虽已亡没，其有亲的子孙及有分骨肉，证验显然者，不限年岁，并许收赎。如是典当限外，经三十年后，并无文契，及虽执文契，难辩真虚者，不在论理收赎之限，见佃主一任典卖。臣等参详：自唐元和六年后来条理，典卖物业，敕文不一，今酌详旧条，逐件书一如后：

一、应田土、屋舍有连接交加者，当时不曾论理，伺候家长及见证亡殁，子孙幼弱之际，便将难明契书扰乱别县，空烦刑狱，证验终难者，请准唐长庆二年八月十五日敕："经二十年以上不论"，即不在论理之限。有故留滞在外者，即与出除在外之年。违者，并请以"不应得为"从重科罪。

一、应典、卖、倚当物业，先问房亲；房亲不要，次问四邻；四邻不要，他人乃得交易。房亲着价不尽，亦任就得价高处交易。如业主、牙人等欺罔邻、亲，契贴内虚抬价钱，及邻、亲妄有遮怪者，并据所欺钱数，与情状轻重，酌量科断。

一、应有将物业重叠倚当者，本主、牙人、邻人并契上署名人，各计所欺入己钱数，并准盗论。不分受钱者，减三等，仍征钱还被欺之人。如业主填纳罄尽不足者，勒同署契牙保、邻人等共同陪填，其物业归初倚当之主。

② 参见《大明律》和《大清律集解附例》。

③ 《续资治通鉴》卷七十四载：

乙亥，罢岢岚、火山军市马。古先是市易旧法，听人赊钱，以田宅或金银为抵当；无抵当者，三人相保则给之。皆出息十分之二，过期不输息，每月更罚钱百分之二。贫民取官货不能偿，积息罚愈多，囚系督责，仅存虚数。于是都提举市易王居卿建议："以田宅金帛抵当者，减其息；无抵当徒相保者，不复给。"己卯，诏："自正月七日以前，本息之外所负罚钱悉蠲之。"凡数十万缗。负本息者，延期半年。众议颇以为惬。

④ 《五代会要》二六和《册府元龟》六一三《刑法部定律令》五载：

周广顺二年十二月，开封府奏："……又庄宅牙人亦多与有物业人通情，重叠将产宅立契典当，或虚指别人产业，及浮造屋舍，伪称祖父所置。更有卑幼骨肉，不问家长，衷私典卖及将倚当取债；或是骨肉物业，自己不合有分，倚强凌弱，公行典卖。牙人钱主，通同蒙昧，致有争讼。起今后，欲乞明降指挥……其有典质倚当物业，仰官牙人业主及四邻同署文契。委不是曾将物业印税之时，于税务内纳契白一本，务司点检，须有官牙人邻人押署处，及委不是重叠倚当，方得与印。如有违连关人押，行科断，仍征还钱物。如业主别无抵当，仰同署契行保邻人，均分代纳，如是卑幼不问家长，便将物业典卖契当或虽是骨肉物业，自己不合有分，辄敢典卖倚当者，所犯人重行科断，其牙人钱主并当深罪。所有物业，请准格律指挥。如有典卖庄宅，准例，房亲邻人合当承当，若是亲人不要及著价不及，方得别处商量，不得虚抬价例，蒙昧公私。有发觉，一任亲人论理。勘责不虚，业主牙保人并行重断，仍改正物业。或亲邻人不收买，妄有遮吝阻滞交易者，亦当深罪。"从之。

⑤ 《宋史·志第一百三十九·食货下八》载：

三年，诏免行月纳钱不及百者皆免，凡除八千六百五十四人。九月，王居卿又言："市易法有三：结保赊请，一也；契要金银为抵，二也；贸迁物货，三也。三者惟保赊法行之久，负失益多，往岁罢赊钱而物货如故。请自今所贷岁约毋过二百万缗，听旧户赊请以相济续，非旧户惟用抵当、贸迁之法。"诏中书立法以闻。于是中书奏："在京物货，许旧户赊请，敛而复散，通所负毋过三百万缗，诸路毋过四之一。"诏如所奏。是岁，经制熙河边防财用司会其置司以来所收息：元丰初四十一万四千六百二十六缗、石，次年六十八万四千九十九缗、石。四年，从都提举贾青请，于新旧城外内置四抵当，遣官掌之，罢市易上界等处抵当以便民。

应典卖倚当庄宅田土，并立合同契约四本，一付钱主、一付业主、一付商税院、一留本县。①

另外《宋刑统·户婚·典卖质当论竞物业门》规定：

应典卖、倚当物业，先问房亲；房亲不要，次问四邻；四邻不要。他人并得交易。

在实践中，典卖、倚当是有很大区别的：

第一，两者在形式上是有区别的。《名公书判清明集》载有《正典既字母通知不得谓之违法》案书判曰："典，绝两契皆是周道卿亲笔签押。母亲卢氏押字或写不拘，遇笔则签，遇印则印。典买只凭牙证，倚当不必批支书，绝卖不批支书，其绝契中已自射破。"

第二，在内容上，两者也有区别。典为正典，即标准的典。其具备两个要素：第一，典主必须离业，由钱主管业；第二，钱主必须受税，即经官府将典主这部分田土的税额割归钱主户下。凡是典主仍管业、仍纳税的就不是正典而是抵当，其实就是以产业抵押，向钱主借钱。民间进行田土交易，为了逃避国家契税，常常会发生名为"典"，实为"抵当"，最终引起田土纠纷的事情。其具体做法是先定一田宅出典契约，双方不交割赋役，典主不交契税，业主不离业，交割典钱之后，业主与典主另订立一假租约，继续耕作该田，只是每年交一定的租金。②

对于当的概念我国学者似乎讨论不多，有学者仅仅从对象的属性的角度来将当与典相区别，认为"典卖的客体对象是土地房产等不动产和车犋大牲畜等，典当则是小型的动产，如衣物财宝等"③。显然这里所说的典当仅指当铺里发生的典当，在那里是容不下车犋大牲畜的。然而，清代民间契约中对于当的概念的使用却绝不仅限于当铺，我们可以在民间契约中看到以地基和地上物为对象而使用当的概念的例子，甚至还可以看到以人为对象而使用当的概念的例子。

清乾隆三十九年（1774 年）永安县冯九珠写立了以粪寮为对象的当约：

立当约堂弟九珠原有承祖遗下受分粪寮一只，坐落土名大舍树干。今来要物急用，托保前在与　　堂兄九珙侄祚彻当得铜钱二千文，其钱每百随月纳利二文，言约至乙丑年十一月本利一足付还。如是无还，即便退与兄侄前去自己管理，当人不敢阻占。其粪寮并地基坯盖木料一完，并无重叠典挂之类。今来二家甘心意允，欲后有凭，立当约照。④

而清康熙四十九年（1710 年）休宁县项福生甚至立下了以自己女儿为对象的当约：

① 《宋会要》食货六十一之六十四。

② 《名公书判清明集》中，"抵当不交业"这一具体案例很能说明这种情况。"杨衍在嘉定八年（1215 年）将七亩多田典与徐子政，典钱是会子二百八十千。从承典之日开始，另立一假租约，由杨衍向徐子政'租种'这块田，每年交租三十千。事实上，徐子政从没有承担过这块田的税额，杨衍也一直管业，只是以田地作为借款的抵押，并每年交百分之十一的利息而已。"（载于《名公书判清明集》附录七，北京，中华书局，1987。）参见赵晓耕、刘涛：《论典》，2004（4）。

③ 孔庆明、胡留元、孙季平编著：《中国民法史》，604 页，长春，吉林人民出版社，1996。

④ 张传玺主编：《中国历代契约会编考释》，1151 页，北京，北京大学出版社，1995。

立当契人项福生，今因缺用，自情愿将女一个当与汪名下，本纹银五两整。其利银即清，交人与汪名下不误。其女喜弟，年长八岁，六月二十一日子时生。今恐无凭，立此当契存照。

约纸共二张，共五两整。

康熙四十九年八月初六日立当契人项福生（押）①

项福生所立之契标明是当契，但是既无取赎期限，关于利息也仅称"其利银即清"，显然是没有约定，因而这里的"当"所表达的内容实质上就是卖，这大概没有什么疑问。而冯九珠所立之契中当的含义却需要推敲。其当的对象当是"粪寮并地基瓦盖木料一完"，从其"如是无还，即便退与兄侄前去自己管理"的约定看，在出当期间当物似乎并未转移至受当人手中，据此判断，冯九珠所立之契中所使用的当具有类似于现代民法中的抵押的性质。但是仅凭"如是无还，即便退与兄侄前去自己管理"一句来推断当物未转移占有似乎并不可靠，因为该句中使用了"退"这一概念，退本身就有退还的意思，因此这句话如果完全从字面上理解，便隐含着当物已经交付受当方，因而受当方已经凭借其当权而获得了对当物的正当的占有权这样一种前提，只是暂时将这种占有权交与出当方行使而已。我们不能假定的确出现过出当人先将当物交付受当人，再从受当人手中将当物拿回这一过程，这种转移占有的行为因属不必要而显得多余，但是立契人所作的表达也的确表明他在观念上已经视受当人对当物享有合法的占有权，而他自己对当物的关系却只不过是一种临时的占有。后面会提到的清人将当权视为业的讨论从另一方面支持了上述判断，因为业权当然包含着对相应物的占有权。基于这种判断，笔者认为，存在于冯九珠所立之契中的当的关系与典的关系在典当物是否交付问题上并无根本性的差别，只是典是实际交付，而当可以是观念上的交付；出当人付息而在当期内占有当物并占有当物的收益，与典的关系中受典人占有典物而"银不起利，地不起租"是一种等效的收益替代，在典的关系中受典人获得的是来自典物的收益，而在当的关系中，受当人获得的是来自出当人的利息。可见，清代的当与典之间并无本质上的差别，事实上在今天我国学者讨论清代担保制度时，也还是典当连用的。② 因此，如果我们将典看作是卖的一种特殊形式的话，将当视为物权担保便失去了合理性。

再看抵押。清代称抵押为"押"，民间契约中押契较少见，因而现有有关清代民法的著述中多次引用了咸丰四年（1854年）潘伟士所立的一个附押会契来说明抵押关系的存在，该契如下：

立会契（人）潘伟士，今会到警记名下净光银洋九十四元整，言定正月底归还，按月一分二厘行息。恐口无凭，立此存批。

立会券　　潘伟士

咸丰四年十二月三十日立

另将服字一千零八十号，土名屯溪中街屋契一纸附押，订期正月底一并归还，如

---

① 张传玺主编：《中国历代契约会编考释》，1500页，北京，北京大学出版社，1995。
② 例如前文所引学者对"典卖"和"典当"的划分。

过期不还，即将此契换当契。恐口无凭，立此存照，又批。①

该契中明确记载了以"屋契一纸附押"，这种以契附押的方式在中国古代被称为"契押"②，因而这里所约定的似乎的确是一个抵押关系。然而如果我们注意一下该契对于债务到期不能清偿时押所产生的契约后果，便不会不意识到该契所约定的押的关系与现代民法中的抵押关系的差别。该契约定：当债务人到期不能清偿债务时，此押契即被视为当契，显然，由押的关系转为当的关系这一后果与现代民法行使抵押权的后果是根本不同的。在现代民法抵押关系中，抵押权的行使意味着抵押物被出卖而抵押权人获得优先清偿，从而意味着债的关系的消灭；但是在该契所设定的押的关系中，受押人在出押人到期不能履行清偿义务时所享有的权利仅仅是将押转为当，出押人对押物的权利仍然存在（表现为回赎权），而清偿义务也没有消灭。可见，清人所说的押与现代民法中的抵押不是一回事。

笔者认为，在清人的观念中，押也是被纳入卖的范畴而加以考虑的，只是与典当相比，押处在卖的过程的更低阶段。如果我们从价款和卖物两个方面把卖的关系区分为一个渐进的过程的话，那么在价款的支付方面就存在着从支付小部分价款到支付半价，再到支付全部价款的阶梯；而在卖物的交付方面也存在着从交付契纸到暂时交付卖物（还可以赎回），再到彻底交付卖物的阶梯，相应地，买受方对于卖物的权利也是渐进的，表现为从占有契纸（权利证书）到暂时占有卖物，再到完全占有卖物的过程。典的关系处在一方半价支付价款，另一方暂时占有卖物的阶段上；而押的关系则处在一方部分付款（可能是半价，也可能更低），另一方仅占有契纸的阶段上。事实上，前引潘伟士会契中的立契人设定押的关系时，他就已经意识到卖的过程开始了，只是他为自己保留了不卖并且中止卖的过程的更多的权利。

还有学者将清代存在的所谓"指地借钱"看作是抵押担保，并举清同治四年（1865年）直隶顺义县沙井村李春所立指地代钱文约为例：

> 立指地代钱文约人李春，因手乏，今将自种老租地壹段柒亩五分，此地坐落沙井村西南，地名沙窝，亲托中人说合，情愿指此地借到本村杜文达名下承种，言明种地三年以后，钱到回赎，同中言明钱无利息，地无租价，以利息顶补租价，同中言明借价东钱贰佰柒拾吊整，其钱笔下交足，并不欠少。此系两家情愿，各无返悔，如有舛错争论者，自有借主中保人一面承管。恐口无凭，立借字为证。③

这一契的立契人声明了这是一个指地代钱文约，但是如果看一下文约的内容就会发现，该契约并没有约定如果立契人到期不能清偿债务将产生何种后果，因而我们甚至不能认为该契所约定的关系具有押的性质。当然，契中使用了"回赎"这一概念，从而使人产生押

---

① 该契载《明清徽州社会经济资料丛编》第一集，转引自孔庆明、胡留元、孙季平编著：《中国民法史》，607页，长春，吉林人民出版社，1996。

② 有学者认为清中叶时抵押有两种形式：转移占有抵押物与不转移占有抵押物，分别称为过手押和不过手押；而在不过手押中，以不动产作押的抵押人一般须交付上手契，如田契、房契等，这又称为"契押"。参见孔庆明、胡留元、孙季平编著：《中国民法史》，608页，长春，吉林人民出版社，1996。

③ 该契载日本中国农村惯行调查刊行会编：《中国农村惯行调查》，岩波书店，1952—1958年刊，转引自杨国桢：《明清土地契约文书研究》，40页，北京，人民出版社，1988。

的联想，但是在清代，与回赎相对应的概念既包括押，也包括典和活卖，从该契的内容看，与其把它所约定的关系看作是押，倒不如将其看作是典更为妥当。事实上，笔者认为，对该契所约定的关系可能都不必在与回赎相对应的概念框架中加以考虑，它更像是一种当事人对借贷关系中的利息支付方式的选择，这种选择使出借方获得了可靠的利息支付方式，即使是借款人到期不能清偿本金，出借人仍然可以在迟延清偿期间获得稳定的利息收入。[①]当然，我们并不能肯定出借方在这一关系中是否具有最终获得契中土地的所有权的意向，但是至少双方当事人都没有在该契中表示出这种意向。

再看另一个同样使用"押"字作为契名的例子，清嘉庆二年（1797 年）山阴县张畲邨等写了一个押地基白契：

> 立押地基人张畲邨等，今有望重东山台门西首第贰间平屋壹间，缘本年五月间，因失火烧毁，无力起造，凭中押于求仲房名下为业。押得价钱拾伍千文九八足底。其钱当日收足以作起造本屋之费。自押之后，任凭管业居住。钱不起利，屋不起租。不拘年限日期，钱到回赎。欲后有凭，立此押契存照（押）。[②]

该契的内容表达得不十分清楚，我们只知道在一个宅基地上的房屋被火烧掉了，根据契约的表达推断，立契人是以宅基地作押，向求仲房借钱，再用借到的钱在该宅基地上盖房，盖好房后由求仲房管业居住，而立契人保留了无期限的回赎权。显然立契者对押物的理解是有问题的，事实上他押的包括新起造的房屋而非仅是地基。如果是这样的话，那么该契就与前面提到的指地代钱契有了共同之处：交付押物以换取一定数量的货币，并约定回赎。但是该契的意义在于它凸显了设押所获得的价款与押物自身价值之间的差别：立契人以借来的钱造房，而以造好的房连同地基一并设押，地基这一独立的业的价值构成押物与借款之间的差价。事实上，押物价值大于设押而获得的借款额是清代押的关系中的一个普遍现象，正是由于这种情况的存在，清代押的关系中也会出现类似于存在于活卖土地的关系中的"找赎"或"找贴"现象。在下一个例子中，我们可以看到立契人以房屋设押借钱，回赎期满时无力回赎，反而又加借款项，然后将前后两次借款总额一并作为房价而将作为押物的房屋卖与出借方的情况，类似于"找绝"。清光绪三十三年，即 1907 年，北京正红旗胜魁立借银字据进一步表明了这种关系：

> 立借字人正红旗满洲四甲喇常凌佐领下马甲胜魁，今因手乏，指原有住房壹所，坐落锦什坊街小水车胡同中间马杓胡同北口内路东，瓦房叁间、灰棚小壹间，门窗户壁俱全。随同民红契、旂红契各一张，外老白字四张，以房契作押，同中人借到屈星垣名下市平足银壹佰壹拾两整。因素好关情，每月作利息壹两六银，另立息折。五年为期，准其赎房。如无力回赎，准许屈星垣收房抵价。恐后无凭，立字为证。

在该契上另有批字曰：

[①] 该契中称"情愿指此地借到……名下承种"，"以利息顶补租价"，这种表达甚至可以使我们认为契约双方将其所约定的关系看作是两不相找的互借关系，且未对到期不能清偿作出约定，似乎意味着在到期不能清偿时则将这种互借关系继续延续下去。

[②] 张传玺主编：《中国历代契约会编考释》，1517 页，北京，北京大学出版社，1995。

于宣统三年九月初十日胜魁同子奎玉，因聘女无资，央求屈星垣以房又借京足银陆拾伍两整，后作为房价壹佰七拾五两归屈姓业产。星垣因至交，不忍收房，再缓壹年，准其回赎。如无力回赎，屈姓再可收房。此房暂租景姓居住，并有住房人景福亲写租折，每月按贰两五钱归屈性择取，不与胜姓相干。恐口无凭，立租房折为据。

立续借字人胜魁（押）[1]

这是一个以房契作押的借契，从批字中我们大致可以判断，立契人所押的房屋是租给景姓居住的，而在续借之前，该房屋并未交付给出借方，并且是由立契人收取租金的，只是在续借以后才将收租权交给了出借方，从而可以视为在续借时已经转为典或当。因此，我们似乎可以将其正契看作是一个典型的押契。与前面提到的潘伟文所立之契相比，该契的立契人似乎更加注重押的担保功能而不是其业权买卖功能。然而即使如此我们仍然看到在契约所约定的回赎期届满时，这一押的关系实际上通过"找绝"而转变成了卖的关系。这种情况的存在也进一步表明了清代习惯在观念上将押的关系作为从借向卖转化的方式或途径来加以构建的意向。

笔者认为，押是清代社会中独立发展出的一种权利关系，对于这种关系我们无法将其在现代民法体系中归类：按其不转移抵押物的占有权，应当归入抵押担保，但按其关于债务到期不能履行清偿义务时的后果约定，又应当归入质押的范畴。可见，清代私法体系中的押并不能用现代民法中的概念体系来加以归位，而只能在清代社会自己的概念体系中来加以把握。但是我们这样说并不意味着问题的解决，因为清代民间契约中如同前述胜魁所立之契一样在典型意义上使用"押"的概念的契约并不多见，却存在着像李春所立之契、张畬邨所立之契那样在不同的意义上使用押的概念的情况。然而将其置于业的权利体系之下，我们大致可以把握押的关系的意义：押是借贷关系向业权买卖关系转变过程的一种表现形式，或是一个可能经过的阶段，发挥着促进或阻滞业权流动的作用。当然，笔者并不否认押的担保功能，但是押的担保功能是通过其所具有的促进业权流动的作用来体现的，在押的关系中，为出借人提供的保障不是他必定可以获得出借款的返还，而是最终可以获得某种业权，或者说是可以获得某种处于买卖关系的更高阶段上的业权。在中人制度下，业权买卖关系越是处于更高的阶段，习惯法对其所起的保护作用就越强，同时，正式的法律制度也越是能够对其提供较为可靠的保护，而押的关系正是通过促使借贷关系向业权买卖关系转化来使其获得中人制度和正式法的保障的。笔者认为，也只是在这个意义上，押才可以被看作是一种担保形式，但是我们不能将其归入物的担保，而只能称之为业的担保。

总之，在中国古代习惯或习惯法中，"典"、"当"、"押"、"质"等概念均有着与现代民法语境下的相同概念不同的含义。国内外学术界之所以会对这些概念产生不同的理解和看法，其根源在于将"典"、"当"、"押"、"质"等现象置于债权实现的框架下来加以认识，而这种认识的前提又是物权和债权的区分。然而在罗马法上，抵押权在其发展的最初阶段并未对债权与物权作严格的区分，行使抵押权的结果不是表现为债的清偿，而是直接表现

---

① 张传玺主编：《中国历代契约会编考释》，1584 页，北京，北京大学出版社，1995。

为对物的占有①，只是在严格区分物权与债权，并且强调债权之实现的理论构架下，才产生出抵押权与质押权的区别。显然，中国古代社会根本不存在物权与债权相区分的观念，甚至并不存在类似于物权的权利体系，因而清代的"典"、"当"、"押"、"质"等概念范畴不可能被置入现代民法的框架体系。从这个意义上说，讨论"典"、"当"、"押"、"质"等关系究竟是不是属于担保物权，属于哪一种担保物权的问题甚至是没有意义的。我们需要做的，是从清人的表达中去把握他们所赋予这些概念的内涵和法律意义，并且将其置于清代民法制度的框架体系中来把握其法律意义。

笔者认为，在清代民间契约中，典、当、押、质等关系被表达为一种业的担保关系，即以业的转移作为履行契约责任的担保。而正是由于其业的担保的性质，典、当、押、质等关系被置于业权体系之中，成为业的转让的一种形式。通过清代民间契约，我们可以在人们用典、当、押、质等概念来表达的关系中，看到一个从交付田宅契约，到交付田宅契约项下的物，再到活卖，最终成为绝卖的业的转让的完整过程，尽管不同的契约可能使用不同的概念，但总是能够准确地把握自己所处的业的转让的阶段。清代民间契约所作的表达使我们有理由相信，在清人的观念中，典、当、押、质的确是被作为业的转让过程的不同阶段来看待的，即使我们从担保的角度来看待这些概念，也只能将其定位为业权的担保。从这个意义上说，担保的其他形式在中国古代习惯法中的意义，在于其以业的转让的方式解决了债的担保问题，从而将债的关系也纳入了业权体系的范畴，构成了完整的法律体系。

---

① 有学者指出，罗马法上之抵押权制度本始于信托让与，其后又有占有质，农地承租人所搬入土地上之动产，承认其为土地租金之担保物，倘租金不纳时，出租人可取得上述动产之占有。参见潘维和：《中国民事法史》，382页，台北，汉林出版社，1982。

第十四章

契约制度（上）

第一节
西周青铜器铭文所见契约概述

一、西周青铜器铭文与古代契约

原始社会后期，随着社会经济、文化的发展，人与人之间、氏族之间、部落之间的关系日益复杂。由于债权和物权关系的频繁设立、变更，就产生了契约。那时中国祖先的原始契约是个什么样子？文献缺乏记载。[①] 尽管如此，我们仍然可以确定的是，中国使用契约的历史很长，其开始时间大约在原始社会末期。今天已发现的有文字可征、有实物可考的最早的契约资料见于西周中期的铜器铭文之中。[②] 所谓青铜器铭文，又称为"金文"，是商周时代铸（或刻）在青铜礼器、乐器及其他铜器上的文字。过去也被称为"钟鼎文字"或"彝器款识"。

据文献记载，早在两千年前的西汉时期，已有出土青铜器的记录[③]，东汉时期也曾两次发现铜鼎。[④] 从三国时期至隋唐时期，各地共计 12 次出土铜鼎，获鼎近二十件，其上大多有铭文。[⑤] 但是，总体上说，北宋以前发现的青铜器数量很少，而且这些发现的青铜器往往被当时的王朝当成"神物"，视为"祥瑞"的象征，或因此更改年号，或更改地名，或记入史书。后来的《宋书》、《齐书》甚至专列"符瑞志"和"祥瑞志"，专门记载发现青铜古器这种祥瑞之事。北宋以后，出土的青铜器逐渐增多。迄今为止，传世及出土的有铭文的青铜器，不少于六千五百余件。这些青铜器铭文绝大部分属于商周时期，且以两周时期的为多。

---

① 参见张传玺：《中国古代契约形式的源和流》，载《文史》第 16 辑，21 页，北京，中华书局，1982。
② 参见张传玺：《导言——论中国历代契约资料的蕴藏及其史料价值》，载张传玺主编：《中国历代契约会编考释》，（导言）7 页，北京，北京大学出版社，1995。
③ 参见《汉书·武帝纪》、《汉书·郊祀志》。
④ 参见《后汉书·明帝纪》、《后汉书·窦宪传》。
⑤ 参见高明：《中国古文字学通论》，405 页，北京，文物出版社，1987。

关于青铜器铭文产生于何时这个问题，有不同的看法。有的认为产生于商代早期，即二里冈时期[①]；有的认为最早在商代中期的青铜器上已出现铭文[②]；也有的认为商代早期和中期的铜器上至今未见铭文，大概到商代晚期的第二期，铜器上才出现铭文。[③] 造成这种认识分歧现象的主要原因有两个：一是对青铜器分期问题存在不同的认识，二是对文字有不同的见解。不过，目前至少可以断定，商代后期即盘庚迁殷以后，有铭文的铜器才开始逐渐盛行起来。

商代青铜器铭文的字数不多，少者仅有一个族徽，一般也就有四五个字，迄今所见直至商代末期的也没有超过 50 个字。其内容比较简单，铸铭的目的多是标记器主族氏以识别用途，记事铭文屈指可数。可以肯定，迄今为止所见的商代青铜器铭文，与商代法律的关系不大。

西周时期，青铜器铭文的字数、内容及其性质、形式等都有了很大的发展。迄今为止，其铭文字数最多者为"毛公鼎"，有铭文 497 字。其内容也丰富多彩，大多属于记事性质的铭文，涉及面也相当广泛，诸如祭祀、赏赐、册命、战事、旌功、约剂等。其中所谓约剂一类，从现代法律的角度看，当属于法律文书，保留了大量的西周法律文化的信息。《周礼·秋官·司约》云：

> 凡大约剂书于宗彝，小约剂书于丹图。

并有所谓"治民之约"与"治地之约"之分。"治民之约"是有关税收、买卖、诉讼等内容的，如"曶鼎"铭文、"倗匜"铭文、"鬲攸从鼎"铭文等即是；"治地之约"是有关土地使用和交易内容的，如"散氏盘"铭文、"大簋盖"铭文、"卫盉"铭文、"五年卫鼎"铭文、"九年卫鼎"铭文、"格伯簋"铭文等即是。[④] 这些铭文所涉及的事情与个人、家庭的财产权密切相关，是重大之事，因此"书于宗彝"，对于研究西周的法律制度有着不可替代的作用。西周青铜器铭文的这种变化，和周初形势的发展相关联。周人灭商后，为巩固其统治地位，便尽力加强礼制建设。作器铸铭在本质上也是礼的体现。正如《礼记·祭统》所云：

> 夫鼎有铭，铭者自名也。自名以称扬其先祖之美，而明著之后世者也。

其作用有二：一是用以形成奴隶主贵族的权威；二是加强宗法制度，突出奴隶主贵族自己在其宗族体系中的地位。

东周时期，由于礼崩乐坏，王室衰微，青铜器铭文的内容趋于简单，其格式、性质和书法等都有了很大的变化。

二、关于西周青铜器铭文契约史料的整理与研究

（一）20 世纪以前两周青铜器铭文的整理与研究[⑤]

在 20 世纪以前，就有人开始整理和研究两周青铜器铭文。但是，严格说来，北宋才开

---

① 参见马承源主编：《中国青铜器》，33 页，上海，上海古籍出版社，1988。
② 参见李学勤：《古文字学初阶》，33 页，北京，中华书局，1985。
③ 参见高明："商代铜器"条，《中国大百科全书·考古学卷》，447 页，北京，中国大百科出版社，1986。
④ 以上两段据马承源主编：《中国青铜器》，366 页，上海，上海古籍出版社，1988。
⑤ 参见王世民："金石学"条，《中国大百科全书·考古学卷》，237 页，北京，中国大百科全书出版社，1986。

始有组织的、比较系统的整理和研究青铜器铭文。从西汉至北宋的一千二百余年间，虽然文献记载屡有发现青铜器之事，但是这些发现基本上是被作为"神物"看待的，并被当时的帝王视为"祥瑞"的象征，或因此更改年号，或因此而更改地名，并记入史书。在这一时期，青铜器铭文并没有成为学者研究的对象。因此，既没有留下青铜器的器物图，也没有著录其铭文。

把青铜器铭文真正作为一门学科来研究，是从北宋开始的。北宋以后，随着出土青铜器的增多，当朝显贵及士大夫们不再把青铜器当作神奇祥瑞之物；加之理学的兴起，在古代象征着礼制和权力的青铜器也越来越受到重视。于是，研究青铜器铭文之风渐渐地兴盛起来。北宋的刘敞第一个将自己所收藏的古器物著录成《先秦古器物记》一书。从此之后，欧阳修、吕大临、赵明诚、薛尚功、王俅等人的著作也开始著青铜器图录及其铭文，并对铭文加以考释。从而开始形成了一门以青铜礼器与石刻为研究对象的"金石学"。到清代，"金石学"达到鼎盛，尤其是从乾隆敕令编撰宫廷所收藏的铜器图录开始，直至嘉庆时期，无论是出土青铜器的数量还是相关著作的数量之丰及研究水平之高，都远远超过了宋代的发展水平。据容媛所辑《金石书目录》统计，现存的金石学著作中，在北宋至乾隆以前的700 年间，仅有 67 种，其中宋人的著作有 22 种；而在乾隆以后约二百年间，却有金石学著作 906 种，可见清代金石学发展之盛。但是，从总体上看，在 20 世纪以前，并没有从法律史的角度对西周青铜器铭文中契约资料进行整理和研究。

（二）20 世纪西周青铜器铭文契约史料的整理与研究

1840 年之后，由于西学东渐，传统金石学的研究方法有了很大的转变。西方社会科学理论及研究方法被广泛吸收，因而推动了 20 世纪青铜器铭文的整体研究水平。20 世纪的学者们不仅仅考释古文字，而且还利用这些文物史料来研究商周社会的政治、经济、军事、艺术、文化、法律以及天文、地理、历法等领域。可以说，在 20 世纪尤其是 20 世纪八九十年代，有关青铜器铭文契约资料的整理与研究取得了一定的成绩。

在中国，提出"金文法律文献"的概念，并从法制史的角度整理青铜器铭文契约资料，开始于 20 世纪 80 年代。

1986 年，为了适应中国大陆各法律院系"中国法制史"这门课程教学的需要，法学教材编辑部组织编写了《中国法制史资料选编》（上下册）一书，由群众出版社出版。作为配合高等学校法学教材《中国法制史》的参考读物。该书在第一部分"商周"法律史料中，专列一节"金文法律文献"。其中，介绍倗匜、师旂鼎、卫盉、矢人盘（散氏盘）、卫鼎甲（五祀卫鼎）、曶鼎、琱生簋、大盂鼎、永盂，并录其铭文释文，进行简单的注释。① 这是最早整理西周青铜器铭文契约资料的尝试。虽然体例过于简单，整理也比较粗放，但是反映了当时刚刚复苏的中国法制史学界上升时期开始重视史料的真实情况，具有开拓之功。

1987 年，刘海年先生在《中国社会科学》第 5 期上发表《文物中的法律史料及其研究》一文，主要涉及甲骨文、金文、盟书、简牍、敦煌文书和吐鲁番文书、明清档案中的法律史料。该文第二部分"金文中记载的若干诉讼案件"，以师旅鼎、高攸从鼎、曶鼎、倗匜铭

---

① 参见法学教材编辑部《中国法制史资料选编》编写组：《中国法制史资料选编》（上），2～13 页，北京，群众出版社，1988。案：其整理者为中国政法大学李铁先生。

文为例，介绍了西周青铜器中与诉讼案件相关铭文的主要内容，并指出："西周后期青铜器载有法律史料的还有传世的'夨人盘铭文'和'卫盉铭文'。其内容反映了当时的契约关系，属于民事行为，也很重要。"虽然并没有全面列举青铜器铭文中的契约资料，但是从理论上强调了西周青铜器契约资料的重要意义。

1989 年，张传玺先生在《中国古代契约资料概述》一文中，较系统地介绍了青铜器铭文契约资料的情况，并且定性定位。他说，"在青铜器中，只有西周的青铜器上有契约资料，春秋、战国时期的青铜器没有这种资料"，"载有这种资料的铭文不是照录契约原文，主要是记载此事的经过。中间或详或略地述及立约之事"，如卫盉、九年卫鼎、格伯簋、曶鼎、鬲从盨因为"直接来源或脱胎于契约原件，所以其史料价值很高，有些还可以补现存原件的不足"①。其所论对于今天研究青铜器铭文中的契约资料颇有指导意义。

胡留元、冯卓慧先生在《西周金文中的法律资料》一文中，介绍了所谓"金文民法"，其中归纳了金文的四种契约形式：交换契约（五祀卫鼎铭）、买卖契约（曶鼎铭）、租赁契约（鬲攸从鼎铭）、租借契约（鬲从盨铭）。②

20 世纪 90 年代，法学界和历史学界开始比较系统地整理青铜器铭文法律史料，并出版了两项阶段性的成果。其一，是中国社会科学院法学研究所刘海年、杨一凡先生总主编《中国珍稀法律典籍集成》（甲、乙、丙三编，共 14 册），1994 年由科学出版社出版。其二，是北京大学历史学系张传玺先生主编《中国历代契约会编考释》一书，1995 年由北京大学出版社出版。刘海年、杨一凡总主编《中国珍稀法律典籍集成》甲编第一册《甲骨文金文简牍法律文献》之第二部分为"金文法律文献译注"，收录了西周至战国时代与法律有关的传世或出土的 41 件青铜器铭文，按其内容分为六个方面：国家法令、契约文书、司法官身份、诉讼案件、遗嘱性文书、有关法律思想的内容。在契约文书部分，录有三年卫盉、九年卫鼎、永盂、格伯簋、大簋、散氏盘铭文的释文，并附有译文和详细的注释。该书"金文铭文一般收录全器铭，有些器铭内容以事为主而关涉法律者，则仅摘录其有关法律部分内容"。比较系统地集录译注有关法律的青铜器铭文，如其译注者所云，这种"汇集译注更属首创"③。《中国历代契约会编考释》则从"中国契约学"的角度，收录了西周时期涉及经济关系的比较重要的 8 件青铜器铭文，即：卫盉、五祀卫鼎、九年卫鼎、格伯簋、曶鼎、鬲从盨、鬲攸从鼎、夨人盘（散氏盘）；并将之归为"契约录文"类。

后来，从事法律文献学教学和研究的学者在"法律文献学"领域中，将青铜器铭文法律史料列为法律文献。如，张伯元的《法律文献学》一书，在第二章"法律文献概况"之第二节"法制史料类文献"中，将"二、钟鼎碑石法律文献"列于"一、甲骨卜辞法制史料"之后，介绍了师旂鼎、曶鼎、俀匜铭文的主要内容，并明确提出："（钟鼎文）其中有一部分是法律文献，为研究我国奴隶制时期及其向封建制转变时期的法律思想、刑事审判、

---

① 张传玺：《中国古代契约资料概述》，载《中国法律史国际学术讨论会论文集》（《法律史研究》丛书第一辑），36～37 页，西安，陕西人民出版社，1990。案：原文误将"曶鼎"写作"口鼎"，今已改。

② 参见胡留元、冯卓慧：《西周金文中的法律资料》，载《中国法律史国际学术讨论会论文集》（《法律史研究》丛书第一辑），100～101 页，西安，陕西人民出版社，1990。

③ 刘海年、杨一凡总主编：《中国珍稀法律典籍集成》甲编第一册，27 页，233 页，北京，科学出版社，1994。

民事法规，提供了切实可靠的资料。"①

　　除中国学者之外，日本学者最重视中国法制史史料的整理和研究。从 1990 年 7 月开始，以滋贺秀三为首的日本法制史学者着手实施编辑《（从史料文献看）中国法制史》的计划。1993 年，该项研究成果以《中国法制史——基本资料的研究》为书名，由东京大学出版会出版。该书的特点是：由各断代史或研究各种史料的专家，以论文形式来对其各自非常熟悉的史料进行介绍和解说，以作为研究的指南。由松丸道雄、竹内康浩执笔的《西周金文中的法制史料》一文，被列于该书的首篇。该文由四部分组成：序言，与西周法制史有关的金文，结束语，附：与中国古代法制史有关的文献目录。其正文主要列出与西周法制史相关的 10 件青铜器铭文即：师旅鼎（师旋鼎）、五祀卫鼎、九年卫鼎、永盂（师永盂）、佣生簋（格伯簋）、舀鼎（曶鼎）、倗匜、五年琱生簋（五年召伯虎簋）\六年琱生簋（六年召伯虎簋）、禹攸从鼎（禹攸从鼎、禹从鼎）、矢人盘（散氏盘、散盘），介绍每一青铜器的基本情况、著录出处，录下铭文的释文并译成日语，介绍其大意，列举有关的研究论文。其附录列出了 1945 年以后至 90 年代有关殷商、西周时期中国古代法制研究的文献目录②，其中包括商周青铜器铭文法律史料研究的中文论著、日文论著和西文论著。这些文献涵盖了这一时期青铜器铭文法律史料研究的基本状况。该文确实可以称得上是进一步研究西周法制史的指南。

第二节
西周青铜器铭文所见的"治地之约"

一、青铜器铭文中的"治地之约"

（一）卫盉铭文

　　卫盉，1975 年 2 月出土于陕西省岐山县董家村。其上有铭文 12 行、132 字（包括重文 12，合文 2），为西周恭王时器（西周中期）③，又称为"裘卫盉"、"三年卫盉"。现收藏于陕西省岐山县博物馆。④

卫盉

---

①　张伯元：《法律文献学》，117、119 页，杭州，浙江人民出版社，1999。

②　参见［日］滋贺秀三编：《中国法制史——基本资料的研究》，"序"，3～55 页，东京，东京大学出版会，1993。

③　岐山县文化馆庞怀清、陕西省文管会镇烽、忠如、志如：《陕西省岐山县董家村西周铜器窖穴发掘简报》，载《文物》1976 (5)。

④　参见中国社会科学院考古研究所：《殷周金文集成释文》第 5 卷，9456 器，378 页，香港，香港中文大学中国文化研究所，2001。一说藏于陕西省博物馆。参见马承源主编：《商周青铜器铭文选》（三），127 页，北京，文物出版社，1988。

【释文】

（1）惟三年三月既生霸壬寅，

（2）王称旂于丰。矩伯庶人取

（3）瑾璋于裘卫，才八十朋，厥贾，

（4）其舍田十田。矩或取赤琥

（5）两、麀韎两、韎鞈一，才廿朋，其

（6）舍田三田。裘卫乃彘告于

（7）伯邑父、荣伯、定伯、琼伯、单伯。伯邑父、荣伯、定伯、琼伯、单

（8）伯乃令叁有司：司徒微邑、司

（9）马单旟、司空邑人服眔

（10）受田。燹、趄、卫小子鹭逆

（11）诸其飨。卫用作朕文考惠

（12）孟宝盘，卫其万年永宝用。①

【译文】

　　三年三月既生霸壬寅日这天，周王在丰邑举行建旂的典礼。矩伯（为参见典礼）派其庶人到裘卫那里取了朝觐用的玉璋，价值八十朋贝。若要以田相交换，则须给予十田（一千亩）。矩伯又向裘卫取了两个赤玉制的琥、两件鹿皮披肩、一件杂色的椭圆形围裙，作价二十朋，矩伯答应给田三百亩。裘卫乃向王室执政大臣伯邑父、荣伯、定伯、琼伯、单伯详细报告此事。伯邑父、荣伯、定伯、琼伯、单伯等大臣就命令具体掌管事务的三个职官：司徒微邑、司马单旟、司空邑人服，到场将矩的田授给裘卫。燹、趄、卫小子鹭迎接并宴请这些王室派来的人。得到了新的土地，为纪念此事，铸造一件祭祀其父惠孟的盘，我卫要万年永远珍惜使用。②

　　该铭文记载了西周恭王三年贵族裘卫与矩伯之间以玉器、毛皮交换土地的经过，是一篇有关土地买卖的契约资料。其大意是：矩伯两次以田为代价，从掌管裘皮的裘卫那里交换玉器和裘皮。第一次是以"田十田"交换了一件用来朝觐的玉璋，价值80朋；第二次又以"田三田"交换了一组赤玉琥、两件鹿皮饰和一件有文饰的围裙。裘卫就将这两次交易之事正告执政大臣伯邑父等人，于是司徒、司马、司空受命参加土地交割。参与土地交割的人员被设宴款待。裘卫因此作器记载此事，以纪念先祖保其万年使用。

　　据《周礼·秋官·司约》载，古时契约有六种，其中的"治地之约"，据郑玄注是指"经界所至，田莱之比也"。这些契约重要的铸在青铜器上，一般的书于竹帛，即"凡大约剂书于宗彝，小约剂书于丹图"。宗彝指陈设于宗庙中的青铜礼器。卫盉所载的土地买卖契

　　① 其铭文释文，参见《殷周金文集成释文》第5卷，9456器，127页，香港，香港中文大学中国文化研究所，2001。《商周青铜器铭文选》（三），127，北京，文物出版社，1988。《中国珍稀法律典籍集成》甲编第一册，266页，北京，科学出版社，1994。序号表示铭文行数。为便于印刷，个别字有所改动，以下引文亦同，不再注明。

　　② 此译文根据刘海年、杨一凡：《中国珍稀法律典籍集成》甲编第一册，266～267页，北京，科学出版社，1994。

约属"大约剂",故"书于宗彝"。这种土地买卖,有王室诸大臣出面,派专人踏勘田界、交割,可知该契约是具有法律效力的土地契约文书。[①] 卫盉铭文保留了这一土地契约文书的主要形式和内容。

(二) 五祀卫鼎铭文

五祀卫鼎,1975 年 2 月出土于陕西省岐山县董家村。其上有铭文 19 行、共 207 字 (重文 5、合文 1),为西周恭王时器,又称"卫鼎 (甲)"[②]。现收藏于陕西省岐山县博物馆。[③]

五祀卫鼎

【释文】

(1) 惟正月初吉庚戌,卫以邦君

(2) 厉告于邢伯、伯邑父、定伯、琼伯、伯

(3) 俗父,曰厉曰:余执恭王恤功,

(4) 于昭大室东逆营二川。曰:余

(5) 舍汝田五田。正乃讯厉曰:汝

(6) 贾田否? 厉乃许,曰:余审贾田

(7) 五田。邢伯、伯邑父、定伯、琼伯、伯俗

(8) 父乃颥。使厉誓。乃令叄有

(9) 司:司徒邑人趚、司马颡人邦、司

(10) 空隆矩、内史友寺刍,帅履裘

(11) 卫厉田四田,迺舍宇于厥邑。

(12) 厥逆疆逮厉田,厥东疆逮散

(13) 田,厥南疆逮散田、逮政父田。

(14) 厥西疆逮厉田。邦君厉逮付

(15) 裘卫田。厉叔子夙、厉有司𫞩

(16) 季、庆癸、燹表、荆人敢、邢人

(17) 倡犀、卫小子者其飨侯。卫用

(18) 作朕文考宝鼎。卫其万年

(19) 永宝用。惟王五祀。[④]

---

① 参见刘海年、杨一凡:《中国珍稀法律典籍集成》甲编第一册,267 页,北京,科学出版社,1994。

② 岐山县文化馆庞怀清、陕西省文管会镇烽、忠如、志如:《陕西省岐山县董家村西周铜器窖穴发掘简报》,载《文物》1976 (5)。

③ 参见中国社会科学院考古研究所:《殷周金文集成释文》第 2 卷,2832 器,402 页,香港,香港中文大学中国文化研究所,2001。一说藏于陕西省博物馆。参见马承源主编:《商周青铜器铭文选》(三),131 页,北京,文物出版社,1988。

④ 其铭文释文,参见《陕西省岐山县董家村西周铜器窖穴发掘简报》,载《文物》1976 (5);中国社会科学院考古研究所:《殷周金文集成释文》第 2 卷,402 页,香港中文大学中国文化研究所,2001;马承源主编:《商周青铜器铭文选》(三),131 页,北京,文物出版社,1988。

【译文】

正月上旬庚戌这天，裘卫把邦君厉的话转告邢伯、伯邑父、定伯、琼伯、伯俗父。厉说："我办理恭王勤政的事，在昭王的太室东北，临时营祭泾、渭两条大川的神，（裘卫）对我说：'给你五百亩田。'执政们讯问厉说：'你交易土地吗？'厉承认，说：'我确实要卖五百亩田。'"邢伯、伯邑父、定伯、琼伯、伯俗父办成了，让厉立誓。于是，命令司徒邑人趚、司马额人邦、司空附矩、内史友寺刍，带领着踏勘给裘卫的厉的田四百亩。然后给在这个邑里定下四界，北界到厉的田，东界到散的田，南界到厉的田和政父的田，西界到厉的田。邦君厉到场付给裘卫田。厉叔子凤、厉家管事的齲季、庆癸、燹表、荆人敢、邢人倡犀、卫小子者，举行宴会并送礼。卫用以做我父亲的鼎，卫一万年永远宝用。这是王五年。[①]

该铭文记载了西周恭王五年贵族裘卫和邦君厉交易土地的经过，是有关土地交换的契约文书资料。其大意是：邦君厉为在昭太室东北营治河川，兴修水利，需动用裘卫的田地，裘卫愿意以"田五田"交换邦君厉的"田四田"。裘卫将此事告诉邢伯等执政大臣，并在他们的主持参与下与厉达成换田协议，厉立誓永不反悔。于是，邢伯、伯邑父等人命令三有司即司徒、司马、司空及内史友率人前去勘定裘卫应得土地的田界，办理交割手续。裘卫设宴招待了厉一方参加交割土地的有关人员，并铸鼎将此事记载下来。

（三）九年卫鼎铭文

九年卫鼎，1875年2月出土于陕西省岐山县董家村。其上有铭文19行，共195字（重文1，合文3），为西周恭王时器，又称"卫鼎（乙）"[②]。现收藏于陕西省岐山县博物馆。[③]

九年卫鼎铭文

---

①　此译文参考唐兰：《陕西省岐山县董家村新出西周重要铜器铭辞的译文和注释》，载《文物》1976（5）。

②　岐山县文化馆庞怀清、陕西省文管会镇烽、忠如、志如：《陕西省岐山县董家村西周铜器窖穴发掘简报》，载《文物》1976（5）。

③　参见中国社会科学院考古研究所：《殷周金文集成释文》第2卷，2832器，400页，香港，香港中文大学中国文化研究所，2001。一说藏于陕西省博物馆。参见马承源主编：《商周青铜器铭文选》（三），131页，北京，文物出版社，1988。

【释文】

(1) 惟九年正月既死霸庚辰，

(2) 王在周驹宫，格庙。眉敖者

(3) 肤为使，见于王，王大致。矩取

(4) 眚车：較、幨、画辑，虎幎、帚帏、画

(5) 辕、鞭、席、鞍、帛辔乘，金鑣鋞。

(6) 舍矩姜帛三两。乃舍裘卫林

(7) 𣿭里。嘏！厥惟颜林，我舍颜

(8) 陈大马两，舍颜姒滕绞，舍

(9) 颜有司寿商貉裘、盠幎。矩

(10) 乃罘塱舜令寿商暨曶曰：

(11) "覭。"履付裘卫林𣿭里。则迺

(12) 成封四封，颜小子俱惟封，寿

(13) 商勠。舍盠冒梯羝皮二，𤞤

(14) 皮二，业舃踊皮二，䏶帛白金一

(15) 钣，厥吴喜皮二。舍塱戁幎、

(16) 㜅幨攘辑，东臣羔裘，颜下

(17) 皮二。罘受：卫小子宽。逆者其

(18) 㑋：卫臣踈䏶。卫用作朕文

(19) 考宝鼎，卫其万年永宝用。①

【译文】

　　九年正月既死霸庚辰这天，周王在周的驹宫，到达庙里。眉敖派名叫者肤的使者前来觐见周王，周王为此举行盛大接待典礼。（为参加王室典礼），矩向裘卫索取一辆好车，其车舆两旁挂满垂饰、车轼中央蒙有虎皮，并挂着长毛狸皮的车幔，在辕和车舆下框连缚之处有画彩的皮索，还有赶车的鞭子、用皮制的大绳索、帛制的四套马辔、青铜制的鑣和衔。（裘卫又）给矩伯夫人矩姜帛三匹。矩伯乃把林𣿭里伯给裘卫。呵！这林𣿭里上的林木是颜氏的。我裘卫又给颜陈马两匹，给颜氏夫人颜姒一件青绿色衣服，给颜家官员寿商一件貉皮制的裘，给盠一块罩巾。矩于是和塱舜共同命寿商和曶说："已成交了。你们去勘踏付给裘卫的林𣿭里，并在四至的田界立上封土。"颜氏的家臣具负责立封土，寿商作最后的检查。给裘卫的土地交割完毕后，裘卫又送给盠冒梯、羝皮两张，羔羊皮两张，给业鞋篙子皮两张，给䏶帛和铜饼一块，给吴靡皮两张，给塱戁獏皮制的罩子，上有猱皮为饰，有带子可系在车轼上，给东臣的是羔羊皮制的皮衣，给颜的是猴皮两张。在现场接受林𣿭里的是裘卫的家臣宽，负责迎接勘察交付人员等的是裘卫的属下踈䏶。裘卫得到了新土地，为此

---

　　① 释文参见马承源主编：《商周青铜器铭文选》（三），137 页，北京，文物出版社，1988；刘海年、杨一凡：《中国珍稀法律典籍集成》甲编第一册，270 页，北京，科学出版社，1994。

铸造一件祭祀父亲文考的鼎，刻铭其上，以作纪念。卫将万年永久珍用。①

该铭文记载了西周恭王九年裘卫以车等实物与矩交换山林土地之事的经过，是一篇有关土地交换的契约资料。其大意是：裘卫以一辆"告车"和一套车马饰具等与矩交换"林晉里"这块田地，但是这块地里有片树林归矩的属下颜家所有。于是，裘卫又以裘皮等物与颜家交易这片树林。最后，矩命令属下及颜家的管家等人会同裘卫勘查地界，并将之交付给裘卫。事毕，裘卫向参加交割的所有人员赠送礼品并设宴款待。最后，裘卫铸鼎记载此事。说明这是当时社会中一项重要的契约文书。

（四）格伯簋铭文

格伯簋，传世品，共三器。其器、盖各有铭文8行，但是均不完整，合三器完整的铭文应有83字。为西周恭王时器。② 现收藏于故宫博物院、上海博物馆和中国历史博物馆。③ 又称"佣生簋"、"周癸子彝"、"甬生敦"。

格伯簋

【释文】

（1）惟正月初吉癸巳，王在成
（2）周。格伯爰良马乘于佣生，
（3）厥贾卅田，则析。格伯履。殹妊
（4）彶仉人从。格伯安彶甸：殹
（5）人紉雫谷杜木、遛谷旅
（6）桑，涉东门。厥书史戠武
（7）立直成墨。铸保簋，用
（8）典格伯田。其万年，子子孙孙永宝用。

【译文】

这是正月初吉癸巳日，周恭王在成周。格伯给与佣生四匹好马，作价土地三千亩，两方交换的券契文书已办妥而各执一半。格伯亲自巡行踏察所得到的土地，有殹妊和仉人跟随。其田界是以殹人紉雫谷中的杜木、遛谷中旅桑，再穿过东门。格伯的书吏戠武与佣生一方人立誓，并将土地绘成图交给格伯。格伯于是制造这件珍贵的铜簋，用来记载格伯新获得的土地。希冀万年长久，子子孙孙永远宝用。④

该铭文记载了格伯和佣生之间以马易田之事的经过，是一篇有关土地交换的契约资料。⑤ 其大意是：格伯以4匹骏马交换佣生的30田。事毕，双方写成契券，并从中间分开

---

① 刘海年、杨一凡：《中国珍稀法律典籍集成》甲编第一册，271页，北京，科学出版社，1994。
② 参见马承源主编：《商周青铜器铭文选》（三），143页，北京，文物出版社，1988。
③ 参见中国社会科学院考古研究所：《殷周金文集成释文》第3卷，375～377页，香港，香港中文大学中国文化研究所，2001。
④ 以上释文及译文根据刘海年、杨一凡：《中国珍稀法律典籍集成》甲编第一册，280～281页，北京，科学出版社，1994。
⑤ 参见刘海年、杨一凡：《中国珍稀法律典籍集成》甲编第一册，281页，北京，科学出版社，1994。

此契券，两人各执一半。格伯回去，与随从一同勘查田界，书史戟武亲临现场将新勘定的田界记下。格伯作此器，以登录获得田地之事。

（五）散盘铭文

散盘，传世品。据传，清乾隆年间出土于陕西省凤翔县。[①] 原收藏于北京故宫博物院，现收藏于台湾省故宫博物院。为西周厉王时器。其上有铭文 19 行，351 字（一说为 305 字）。又名"散氏盘"、"矢人盘"。

散盘铭

【释文】

（1）用矢撲散邑，乃即散用田。履自瀗涉，以南，至于大

（2）沽，一封。以陟，二封，至于边柳，复涉瀗，陟雩徂霋陕

（3）以西，封于瞰城楮木，封于刍迷，封于刍道内。陟刍

（4）登于厂湶，封诸柣陕陵，刚柝。封于麞道，封于原道。

---

① 参见《中国大百科全书·考古卷》，431 页，北京，中国大百科全书出版社，1986。此节不注明出处者，均依《考古卷》。另有一说：清道光年间出土于陕西省宝鸡县，参见吴镇烽编著：《陕西金文汇编》拓本目录表，西安，陕西人民出版社，1989。

（5）封于周道。以东，封于敽东疆。右还，封于履道。以南

（6）封于渚逨道。以西，至于堆莫。履井邑田：自根木道

（7）左至于井邑封，道以东一封，还，以西一封。陟刚三

（8）封。降，以南，封于同道。陟州刚，登枡，降棫，二封。矢人

（9）有司履田：鲜、且、微、武父、西宫襄；豆人虞丂，录贞、师

（10）氏右、眚、小门人縣、原人虞芳、淮司工虎学、羂丰父

（11）堆人有司刑、丂，凡十又五夫。正履矢舍散田、周道。司徒

（12）逆寋、司马单墨、觌人司工驜君、宰遴父、散人小子履

（13）田戎、微父、效嬰父、襄之有司橐、州景、脩从嚣，凡散

（14）有司十夫。惟王九月，辰才乙卯，矢俾鲜、且、畀、旅誓

（15）曰："我既付散氏田器，有爽，实余有散氏心贼，则乎千罚

（16）千，传弃之。"鲜、且、畀、旅则誓。乃俾西宫襄、武父

（17）誓，曰："我既付散氏湿田牆田，余有爽变，乎千罚千。"

（18）西宫襄、武父则誓。厥受图，矢王于豆新宫东廷。

（19）厥左执要史正中农。[①]

【译文】

由于矢国人侵犯了散国的里邑，于是矢国付给散国土地作为赔偿。

踏勘和划分田界从瀗水渡口开始，渡瀗水往南到大沽，作一封堆。向上走作两个封堆到达边柳。又渡过瀗水、上到寽地而到达霉陕，再向西以歠城的桂木为界，以刍地的草地为界，在循着刍地的道路为界。向内，走上刍地，登厂湶，以诸岸、陕陵、刚岸为界。再循着单道、原道为界。向东以敽地的东疆为界。向右折回以履道为界，向南以渚逨道为界，向西至堆邑人的墓地为界。

踏勘和划分井邑的田界，从根木道的左侧到井邑边界的道路东侧作一封堆，再折回，在根木道的西侧作一封堆，往前登上刚地，连续作三个封堆。由刚地下来，在刚地之南以同道为界。再升上州地的山冈，登山崖，下到棫地，作两个封堆。

矢国的有司参加踏勘划界有鲜、且、微、武父、西宫襄、豆人虞丂、录贞、师氏右、眚、小门人縣、原人虞荼、淮司工虎学、羂丰父、堆人有司刑、丂，凡十五人。划定勘察矢国交给散国土地的疆界。

司徒逆寋、司马单墨、觌邑的司工驜君、邑宰遴父、散的部属参与踏勘田界的有戎、微父、效嬰父、襄邑的有司橐、州喜、脩从嚣，凡散国参与踏勘田界和接收的共十人。

在九月乙卯日，矢国君让其臣僚鲜、且、畀和旅向散人立下这样的誓言："我已经交付给你散国田和田器，若有隐瞒遗漏不实，若我对你散人存有不良之心，甘愿受罚款一千乎再受一千下鞭刑，然后用驿传传车流放到远方去。"鲜、且、畀、旅按照矢君定下的誓词内容，向散人发了誓。矢君又让西宫襄、武父向散人立下这样的誓言："我已经把低湿有水的田和山冈上不易被水淹的田都交付给了你散氏，如有按原定的赔偿额不足而有变化，我们

① 参见刘海年、杨一凡：《中国珍稀法律典籍集成》甲编第一册，286～287页，北京，科学出版社，1994。

甘愿接受罚款一千乎和受一千下鞭打之刑。"西宫襄、武父按照矢君定下的誓词的内容向散人发了誓。散君在豆邑的新宫东廷接受了矢王交给他赔偿土地的地图。

散君保存此契约的左半部，史官仲农为证人。[①]

该铭文记载了矢国因攻击散国并侵害其土地，不得不割让土地给散国作为赔偿的经过。推测此案可能已经周王审理。铭文虽未记载这一审理过程，但可知败诉者是矢人，其所受到的惩罚是：作为赔偿，将其一部分土地割让给散人。散是胜诉者，因此作器记载此事。[②]其大意是：矢人付给散氏的土地有两：一是眉地之田，一是井邑之田。矢国15人与散国10人一起勘定了界地所在的位置、四至以及如何封树。双方交割完毕，矢国派官员向散氏立誓如约，否则将受惩罚，由官方执行流放刑。最后，散氏在豆这个地方的新宫东廷，从王那里接受了新土地的地图，双方正式成立契约，各执一半。散国君执左约，由名为仲农的史官保存。获得土地的散氏铸器记载此事。可以说，该铭文较多地保留了有关西周土地交割的契约形式，也是目前所见最为典型的有关土地转让的契约资料。

(六) 鬲从盨铭文

鬲从盨，传世品。出土的时间、地点不详。学者据其铭文的内容推测，可能出自陕西省扶风县、凤翔县一带。[③]其上存有铭文12行，133字（衍文2，重文2，缺文6）。为西周厉王时器。又名"鬲从簋"、"鬲比簋"。现收藏于北京故宫博物院。

【释文】

(1) 惟王廿又五年七月既□□□，□在

(2) 永师田宫。令小臣成友逆□□

(3) 内史无期、大史禩曰：章厥器

(4) 夫尸鬲从田，其邑旃、兹、罬，复

(5) 友鬲从其田；其邑覃、懿言二邑

(6) 臾鬲从。覃厥小宫尸鬲从田，其

(7) 邑彶罙句商兒罙雠戈。复

(8) 限余鬲从田，其邑竸、楸，才

(9) 三邑，州、泸二邑，凡复友复友鬲

(10) 从田十又三邑。厥右鬲从，善夫克。鬲

(11) 从作朕皇祖丁公，文考惠公

(12) 盨，其子子孙孙永宝用。[④]

【译文】

在王二十五年七月既望日，周王在永师田宫内，下令小臣成友去迎接觑。内史无期、大史禩说："章氏派其下属器夫与鬲从交易土地，将其旃、兹、罬三个邑中的土地，交付给鬲

---

① 刘海年、杨一凡：《中国珍稀法律典籍集成》甲编第一册，287～288页，北京，科学出版社，1994。

② 参见刘海年、杨一凡：《中国珍稀法律典籍集成》甲编第一册，288～289页，北京，科学出版社，1994。

③ 参见胡留元、冯卓慧：《长安文物与古代法制》，71页，北京，法律出版社，1989。

④ 参见刘海年、杨一凡：《中国珍稀法律典籍集成》甲编第一册，331页，北京，科学出版社，1994。

从；同时，又将其邑睪、愬言二邑，赠送给鬲从。"另外，复氏也派其下属小宫卖给鬲从三块土地：伋、勾商兒，雔戈；又租给鬲从五邑：竸、檊、才、州、泸。鬲从一共得到田十三邑。周王已命人制作相关的契约文书。其右半部分交给鬲从保存，善夫克作为证人。于是，鬲从制作祭祀祖丁公、父惠公的盨作为纪念，希望子子孙孙永久珍惜使用。

该铭文记载了章氏、复氏二人分别与鬲从交换、租赁田地的经过①，是一篇有关土地交换、租赁的契约资料。其大意是：周厉王二十五年七月的一天，王在永师田宫。章、复二人与鬲从因田地交易而发生纠纷。王让小臣成友迎接鬲从。内史、太史向王和鬲从汇报情况。据查，章氏卖给鬲从田三邑，又赠送二邑；复氏也卖给鬲从田三邑，并有期限地租给其田五邑。共涉及田十三邑。此事已经由内史、太史当场登录并订立契约。右半契券交给鬲从保存。鬲从因此而铸器记下此事。

（七）鬲从鼎铭文

鬲从鼎，传世品。出土的时间、地点均不详。为西周厉王时器。② 其上有铭文 10 行，100 字。又名"鬲攸从鼎"。现收藏于日本黑川古文化研究所。③ 该器器主鬲从，又见于鬲从盨和散盘铭文，因而由此推测，其出土地点可能相去不远。

【释文】

(1) 惟卅又二年三月初吉壬辰

(2) 王在周康宫辟大室。鬲从

(3) 以攸卫牧告于王，曰：汝受

(4) 我田牧，弗能许鬲从。王令

(5) 眚。史南以即虢旅。乃事攸

(6) 卫牧誓曰：〔敢〕弗具付鬲从

(7) 其且射、分田邑，则播。攸卫

(8) 牧则誓。从作朕皇且丁公

(9) 皇考惠公尊鼎。鬲攸从其

(10) 万年子子孙孙永宝用。

【译文】

在王三十二年三月初吉壬辰日，周王在康王庙侧旁的大室。鬲从向周王控告攸卫牧，说："你经营我的耕地和牧场，而不遵守契约规定给我鬲从租金。"周王下令调查此事。经查，鬲从所告属实，史官南将调查的结果交给负责审理此案的虢旅。虢旅于是要攸卫牧立下如此的誓言："我若不全部付给经营鬲从耕地和牧场的租金，并赔偿他相应的田和邑，则愿意受流放之刑。"攸为牧按照虢旅定小的誓词发了誓，赔偿租金并给鬲攸从田邑。鬲攸从获得胜诉，于是铸造一件祭祀祖父丁公和先父惠公的宝鼎，以纪念此次胜诉。我鬲攸从要

---

① 该铭文多处缺字，故十分难以理解。关于其内容与性质，目前有不同的解读。本书从郭沫若说，见其《两周金文辞大系图录考释》。

② 一说为孝王时器。参见吴镇烽：《陕西金文汇编》（下），873 页，西安，三秦出版社，1989。

③ 参见马承源主编：《商周青铜器铭文选》（三），296 页，北京，文物出版社，1988。

子子孙孙万年珍惜使用。①

该铭文记载了一件违约侵占土地案件的处理过程。虽短却颇费解。其大意是：鬲从向周王控告攸卫牧违约侵占其田地，并拒付田租等行为。周王命令官吏调查，并将结果交给负责审理的虢旅。虢旅让攸卫牧立誓：如果敢再不支付田租、自行分田邑，就处以流放刑。攸卫牧立誓。鬲攸从铸鼎记载此事。

（八）永盂铭文

永盂，1969 年出土于陕西省蓝田县，其铭文有 12 行，123 字（重文 2）。西周恭王时期器。② 现收藏于陕西省西安市文管处。③

永盂

【释文】

（1）惟十又二年初吉丁卯，益公

（2）内即命于天子。公遁出厥

（3）命，易畀师永厥田阴阳洛

（4）疆眔师俗父田。厥眔公出

（5）厥命：井伯、营伯、尹氏、师俗父

（6）遣仲。公乃命奠司徒圅父

（7）周人司工眉、敃史、师氏、邑

（8）人奎父，毕人师同，付永厥

（9）田。厥率履厥疆宋句。永拜

（10）稽首，对扬天子休命，永用

（11）作朕文考乙公尊盂。永其

（12）万年孙孙子子永其率宝用。

【译文】

这是周恭王十二年某月的初吉丁卯日，益公入宫接受天子的命令。益公出来后传达和贯彻天子的命令说：赏赐给师永阴阳洛的土地，田界到师俗父的田（即以师俗父的田为界）。和益公一起传达命令而付诸实施的，有井伯、荣伯、尹氏、师俗父和遣仲五人。益公乃命郑司徒圅父，周人司工眉、敃史、师氏、邑人奎父、毕人师同等六人监理将王所赐的田交付给师永，并由他们踏勘和度量所赐的土地，划定到宋句的田为界。永下拜叩头，称颂天子的赏赐。永用以制造一件祭祀父亲乙公的盂。永将要子子孙孙万年永久相传珍惜使用。④

---

① 刘海年、杨一凡：《中国珍稀法律典籍集成》甲编第一册，335 页，北京，科学出版社，1994。

② 参见唐兰：《永盂铭文解释》，《文物》，1972（1），60 页。

③ 参见马承源主编：《商周青铜器铭文选》（三），141 页，北京，文物出版社，1988。

④ 以上释文与译文，参见刘海年、杨一凡：《中国珍稀法律典籍集成》甲编第一册，277～278 页，北京，科学出版社，1994。

该铭文记载周恭王赏赐永土地之事，其仪式是：先由王下命令，大臣益公传达王命并有井伯等五大臣在场。益公命令郑司徒辂父等六人监理具体付田的事宜，并由这六人率领踏勘田界事。其田界到宋句为界。记载了土地交割的过程，并逐一详列参与的人。是一篇有关确定土地所有权的契约文书资料。①

（九）大簋盖铭文

大簋盖，传世品，共存有两盖。其一，有铭文10行，105字（又重文2），西周晚期器，现藏瑞典王宫。其二，有铭文12行，106字（又重文2），西周晚期器，现收藏于中国历史博馆。又称为"十二年大簋盖"②。

簋盖铭文

【释文】

（1）惟十二年三月

（2）既生霸丁亥，王在羲

（3）侲宫。王呼吴师召大，易

（4）趞曩里。王令膳夫豕曰趞曩

（5）曰：余即易大乃里。曩宾豕璋

（6）帛束。曩令豕曰天子：余弗敢

（7）斁。豕曰曩履大易里。大宾

（8）宾豕害璋、马两，宾曩氍

（9）璋、帛束。大拜稽首，敢对

（10）扬天子丕显休，用作

（11）朕皇考刺白隮

（12）簋。其子子孙孙永宝用。

【译文】

这是十二年三月既生霸日，周王在羲侲宫内。周王命令吴师去召唤大来到王前，周王赏赐给他原属于趞曩的里邑，作为大的采邑。周王又命令膳夫豕去向趞曩传达他的话说："我已经将你的里邑赐给大了"。曩于是给传达王命的膳夫豕玉璋和帛一束。曩让豕回报周天子说："我不敢客啬里邑而不交出来"。膳夫豕与曩于是踏察、度量赏赐给大的邑里土地。大接受了邑里，乃送给膳夫豕一件大玉璋和四匹马，送给曩大玉璋和帛一束。大下拜叩头，感谢天子的美好赏赐。大为纪念此事而铸造一件祭祀父亲刺伯的簋，我大将子子孙孙永久珍惜使用。③

① 参见刘海年、杨一凡：《中国珍稀法律典籍集成》甲编第一册，278页，北京，科学出版社，1994。

② 中国社会科学院考古研究所：《殷周金文集成释文》第3卷，4298、4299器，424～425页，香港，香港中文大学中国文化研究所，2001；马承源主编：《商周青铜器铭文选》（三），269页，北京，文物出版社，1988。

③ 以上释文、译文，参见刘海年、杨一凡：《中国珍稀法律典籍集成》甲编第一册，283页，北京，科学出版社，1994。

该铭文记载周王命令吴师去召见大，把原来为赵嬰的里转赐给他作为采地，并由膳夫豕向赵嬰传达王命和实地踏勘赐给大的土地田界。这次土地的转移"出于周王之命，自然有法律上的地位"（李学勤：《西周金文中的土地转让》）。大铸此簋，书王命及事情经过于其上，自是当时的契约文书内容和格式。①

（十）琱生簋铭文

琱生簋，传世品。出土的时间、地点不详。据推测很可能出土于陕西省境内。共有两器：一为五年琱生簋，一为六年琱生簋。前者早年被盗至国外，现藏美国耶鲁大学博物馆（一说纽约穆尔处）；后者虽然留在国内，但是一直由私人收藏，现收藏于中国历史博物馆。前者有铭文 11 行，104 字；后者有铭文 11 行，105 字。合计 209 字。这两器的形制、花纹和大小相同，其铭文的格式一样，其内容也衔接，显属一对。为西周懿王时器（一说为西周厉王时器，一说为西周孝王时器）。又名"召伯虎簋"②。

琱生簋

【释文】

（1）惟五年正月己丑，琱生又

（2）事，召来合事。余献妇氏以

（3）壶。告曰：以君氏令曰，余老

（4）止公仆庸土田多諫，弋伯

（5）氏纵许。公宕其叄，汝则宕

（6）其贰；公宕其贰，汝则宕其

（7）一。余惠于君氏大璋，报妇

（8）氏帛束、璜。召伯虎曰：余既

（9）讯厌我考我母令，余弗敢乱

（10）余或至我考我母令。

（11）琱生则瑾圭。

（以上为五年琱生簋铭文释文）

（12）惟六年四月甲子，王在荅。

（13）召伯虎告曰：余告庆。曰：公

（14）厥禀贝，用狱諫为伯。有祇

（15）有成。亦我考幽伯幽姜令。

（16）余告庆！余以邑讯有司，余

（17）典勿敢封。今余既讯，有司

（18）曰：厌令！今余既一名典，献

---

① 参见刘海年、杨一凡：《中国珍稀法律典籍集成》甲编第一册，284 页，北京，科学出版社，1994。

② 中国社会科学院考古研究所：《殷周金文集成》（修订增补本）第 4 册，3419 页，北京，中华书局，2007；马承源主编：《商周青铜器铭文选》（三），208～209 页，北京，文物出版社，1988。

（19）伯氏。则报璧。琱生对扬朕

（20）宗君其休，用作朕烈祖召

（21）公尝簋，其万年子子孙孙宝用

（22）享于宗。

（以上为六年琱生簋铭文释文）

【译文】

五年正月己丑日这天，琱生在家中举行祭祀祖先的典礼，其兄召伯虎来参加会祭，并献给由母亲君氏派来参加祭祀的妇氏一件青铜器。妇氏向召伯虎、琱生传达其母的话："我已经老了，你们父亲的采邑中有不少资财，我打算趁我还健在的时候，把它分给你们。财产的分割原则，你作为兄长的必须赞同。我的分配方法是，若将这些财产分成五份，则伯氏（即召伯虎）得其中的三份、琱生得二份；若分成三份，则伯氏得二份，琱生得一份。"琱生听完后，献给母亲君氏一件大玉璋，送给妇氏一束帛和一件璜，以表示赞同。召伯虎也表态说："我明白父母的意思了，岂敢争执不从。我作为兄长还要认真实践父母的心意。"琱生听了召伯虎的表态后，就以瑾珪向召伯虎酬谢。六年四月甲申日这天，王在莽京。召伯虎向王报告："我要报告有关我家的一件诉讼案件"，即："因先父留下的遗产所引起的诉讼案。作为兄长，我认为此案的审理既慎重又有成例可依，而判决也与我先父幽伯先母幽姜的主张相一致。"还说："我要报告关于我家一件诉讼案的结果。我已经征询过主审官，决定让出田邑。有关这些田邑的契约文书，我没有敢私自封存收藏起来。现在我已征询了主审官们的意见。主审官说：你的意见我们已经明白了。"琱生的要求得到了满足，就说："现在我已在契约上签了名。"于是将契约的副本献于王室保存。召伯虎对琱生的合作酬报予玉璧。琱生称颂宗君召伯虎的赐予，用以铸造一件对伟大大先祖召公进行尝祭的青铜器。我琱生将一万年子子孙孙珍用它，作为宗庙中享祭的祭器。[①]

这两篇铭文记载一件有关土田争讼的案件。由第一篇铭文可知，召伯虎、琱生两兄弟在听到其母派人传达其父所遗财产的分配方案后，都表示赞同之意。但由第二篇铭文可知，却发生了争执，引起诉讼（具体原因不详）。一年多后，这场诉讼有了结果，召伯虎向周王报告结果，并表示服从判决，在契约上签名。琱生铸簋记载此事。

（十一）曶鼎铭文

曶鼎，清乾隆年间出土于陕西省长安县。初为毕沅所收藏，今下落不明，据说有可能毁于兵火。今传世仅有拓片数张，有拓本和摹本两种。拓本又分为剔字、未剔字两种。其铭文长达 403 字，今存 380 字。为西周懿王时器。[②]

由于曶鼎铭文有多种拓本存世，再加上其中有许多残缺不清之处，因此难以通读。诸家研究略有分歧，大体上相去不远。曶鼎铭文分为三段，各为起讫，这在青铜器铭文中确

---

① 以上释文与译文，参见刘海年、杨一凡：《中国珍稀法律典籍集成》甲编第一册，341～342、337～338页，北京，科学出版社，1994。该书分为两篇，在此从连读之说，将二者放在一起。

② 参见吴镇烽：《陕西金文汇编》目录表，西安，三秦出版社，1989。另一说或认为出土于陕西省扶风县，参见马承源主编：《商周青铜器铭文选》（三），169页，北京，文物出版社，1988。

是一个特例。从铭文内容来分析，这三段铭文可能不是同时铸上去的。第一段记载周王册命舀之事，第三段记载一起抢劫案件的审理经过。关于其第二段铭文，王国维曰："书约剂"①，白川静说是"记述有关卖买的争讼事件的始末和起诉的结果"②，郭沫若说是"因两次爽约遂成诉讼"③。理所当然，应是有关买卖契约的资料。其铭文有 12 行，186 字。在此仅节录第二段与契约相关的铭文。

舀鼎铭文

【释文】

(1) 惟王四月既生霸，辰在丁酉，邢叔在异为□。
(2) ［舀］使厥小子毂以限讼于邢叔：我既买汝五夫 ［效父］
(3) 用匹马、束丝。限誗曰：舀则俾我偿马，效父 ［则］
(4) 俾复厥丝束。效父乃誗毂曰：于王参门，□□
(5) 木榜，用征钲赎兹五夫，用百寽，非出五夫债 ［则］
(6) 誗。乃舀又誗鑪金。邢叔曰：在王廷乃卖用□
(7) 不逆付。舀，毋俾成于舀。舀则拜稽首，受兹五夫
(8) 曰陪、曰恒、曰耦、曰鑫、曰眚。使寽以告舀，乃俾饷
(9) 以舀酒及羊、丝、三寽，用致兹人。舀乃诲于舀曰：
(10) 汝其舍毂矢五束。曰：必尚俾处厥邑，田厥
(11) 田。舀则俾复令曰：诺。

【译文】

在四月既生霸辰丁酉日，井叔到异这个地方审理案件。舀派其家臣小子毂向井叔控告限，说："我已经买了效父的五夫，花了一匹马和一束丝，（但他却不给我五夫）。"限回答说："舀让我还了你（舀）的马，效父退回了你的丝束。"后来，舀和效父又对毂说："这项交易改在王宫参门外的□□木旁进行，要用金属货币交换。我们定下用一百寽买这五夫，并约定，如果这次不交出五夫，就是失信爽约。"舀又失信爽约，推翻了用金属货币相交易的协定。井叔听后判决如下："作为王室之人，不应签订买卖契约而不执行。"（舀于是答应交出五夫）舀向井叔行礼，接受了名叫陪、恒、耦、鑫、青的五夫，并派人将百寽交给舀。舀以酒、羊招待送百寽的人，并赠送给他丝和三寽货币，以相酬谢。舀对舀说："尼必须宋

① 王国维：《生霸死霸考》，同《观堂集林》（外二种）上册，7 页，石家庄，河北教育出版社，2001。案：王氏在此认为舀鼎"次三两节皆书约剂"。从铭文来看，第三节实为刑事案件，当如郭沫若所指出的："寇禾之罪与爽约大有悬殊"；亦如白川静所说，是"寇禾事件"，"似是作为刑事案件来处理"。参见郭沫若：《两周金文辞大系图录考释》（下），99 页，上海，上海书店出版社，1999。［日］白川静：《金文通释选译》，曹兆兰选译，148、150 页，武汉，武汉大学出版社，2000。

② ［日］白川静：《金文通释选译》，曹兆兰选译，141 页，武汉，武汉大学出版社，2000。

③ 郭沫若：《两周金文辞大系图录考释》（下），98 页，上海，上海书店出版社，1999。

五束箭给𤷍"，又说："这五夫必须居住在采邑中，种他们的田。"𤷍回答说："是的。"①

第二段铭文记载了一件违约案件的审理过程。其大意是：邢叔在异这个地方审理了一个案子，其原告方为匋，被告方为效父、限，双方代理人分别为俊和氏。原被告双方事先已经约定以一匹马、一束丝交易五个奴隶，原告（卖方）依约支付了匹马束丝，但是被告（卖方）却屡不践约，以致买方告到刑叔那里，请求裁断。邢叔判定原约定有效，要求双方履约。于是，此次交易最终完成。

二、西周土地转让的法律程序②

关于卫盉铭、五祀卫鼎铭、九年卫鼎铭、格伯簋铭、散盘铭及鬲从盨铭究竟属于什么性质，有不同的认识。有的认为，这些铭文本身就是或事实上正是"约剂"③；有的主张，这些载有土地转让的铭文不是照录契约的原文，主要是记载此事的经过，其内容或详或略地述及立约之事，如：立契的时间、缔约双方的名字、标的、契价、交割、见证人等等。④从上述有关青铜器铭文来看，后一种看法比较符合史实。

传统的观点认为，西周时期实行土地国有制，"溥天之下，莫非王土"，土地以"田"为单位。汉代学者在《礼记·王制》中称之为"田里不鬻"。但是，卫盉等青铜器铭文中所见的"治地之约"却证明，西周中晚期已经出现了土地转让交易、租赁使用的现象。因此可知，当时，土地不仅能买卖交易，而且有依货币"贝"来计算的价格，如卫盉铭文明确记载裘卫以价值"贝"80朋的一件瑾璋与矩伯交换了"十田"。把"贝"这种货币作为衡量实物价值的标准，这在周代青铜器铭文中尚属首次，也确证当时已经出现了土地买卖的现象。同时，我们从这些青铜器铭文中可知，西周时期已经有了一套关于土地转让的法定程序。归纳起来，这套程序大致包括如下的步骤：

第一，土地转让时，交易双方当事人必须在场，并在官方的参与下共同实地度量，勘定地界。这在铭文中称为"履"。交易土地的行为，在出让土地一方称为"付田"，在受让土地一方则称为"受田"。其典型者如散盘铭文所记载，矢国方有15人到场参加交易，散国方有10人到场参加交易。

第二，土地交易要由官方认可才具有法律效力。如：卫盉铭文记载，裘卫两次交易土地都直告伯邑父、荣伯、定伯、㯺伯、单伯五位周王朝的执政大臣，然后由五位大臣授命三有司直接参与交割活动；五祀卫鼎所载亦然，此外，三有司还要参加勘定地界的工作；鬲从盨铭文记载，周王派史官参加交割活动；在九年卫鼎、格伯簋及散盘铭文中，虽然未见有周王直接派人参与交割活动的记载，但是都有各自封国的三有司等官员参加交割活动的记载。可见，官方亲临交割现场参与并认可相关的活动，其交易才有法律效力。

---

① 以上释文及译文，参见刘海年、杨一凡：《中国珍稀法律典籍集成》甲编第一册，320～322页，北京，科学出版社，1994。

② 关于此问题，李学勤有详细论述。参见李学勤：《西周金文中的土地转让》，载《光明日报》，1983-11-30。

③ 李学勤：《西周金文中的土地转让》，载《光明日报》，1983-11-30。胡留元、冯卓慧：《长安文物与古代法制》第一章，北京，法律出版社，1989。

④ 参见张传玺：《中国古代契约资料概述》，载《中国法律史国际学术讨论会论文集》，36～37页，西安，陕西人民出版社，1990。

第三，出让一方将新地界绘成地图并授予受让一方，由史官制作土地转让契约，从中一分为二，双方各执其一。这在铭文中称为"析"，散盘铭文、格伯簋铭文、鬲从盨铭文对此程序均有详细的记载。此外，如果有必要，那么出让一方还要发誓以保证契约的履行；若违约反悔，则要受到法律制裁。五祀卫鼎铭文、散盘铭文都见有"誓"这一程序。但是，这种程序是否必经程序，还有待于进一步的研究。

第四，得到土地的一方要将整个转让经过及契约的主要内容铸在青铜礼器之上。这正如《周礼·秋官·司约》所云"凡大约剂书于宗彝"。之所以如此，汉代的郑玄解释说：

> 大约剂，邦国约也。书于宗庙之六彝，欲神监焉。

唐代的贾公彦则说：

> 使人畏敬，不敢违之。

可见，古代人想通过"礼器"这一种方式，将这些土地契约保持永久的效力。

此外，西周青铜器铭文中的"誓"字，也与西周的土地转化程序有关。可以说，"誓"是其程序之一。

在西周青铜器铭文中，"誓"字频繁出现。经统计，在五祀卫鼎铭文中出现了1处，散盘铭文4处，㫫匜铭文7处，鬲从鼎铭文2处；此外，在西周孝王时器番生簋铭文中也出现1处。共计15处。

其中，除番生簋铭文"克誓厥德"之"誓"字通"哲"字外，其余的"誓"字均为当时的法律用语。《说文解字》：

> 誓，约束也。

段玉裁注：

> 按凡自表不食言之辞皆曰誓，亦约束之意也。

这是"誓"字的本义，文献中多见。如《尚书》有《甘誓》、《汤誓》、《牧誓》，就是战前告诫将士以激励、约束其行为之誓词。这种行为本身也可以称之为"誓"，用现在的话来说，即是"立誓"或"发誓"。

在崇尚神权的古代社会，立誓人向神保证，如违背其誓言就要受到神的惩罚。这种"誓"方式被用来确立"信"，因而具有法律效力。据研究，发誓在西亚各文明古国中颇为盛行，如古亚述人的法典规定，官府根据原告的誓言即可对被告治罪；古巴比伦的《汉穆拉比法典》也承认，起誓具有法律效力。[①] 而中国的民族学研究者则将发誓作为古代神判之一种来进行探讨和研究。[②] 如此看来，中外历史上都曾经有过这样的一个阶段：承认"誓"的法律效力，并以之为审判案件的一种程序。

由西周青铜器铭文可知，一方面，古人以"誓"来证明某一事物的可信性，如在五祀卫鼎、散盘铭文中，"誓"是保证契约履行的一种方式，若当事人违约则要依其誓言受到惩

---

① 参见吴荣曾：《试论先秦刑罚规范中所保留的氏族制残余》，载《中国社会科学》1984（3）。
② 参见夏之乾：《神判》，上海，三联书店上海分店，1990；林惠祥：《文化人类学》，208～209页，北京，商务印书馆，1991。

罚；另一方面，古人甚至以"誓"的形式来决断案件。而后者正是保留古代神断的遗迹。

西周青铜器铭文中的"誓"字，大多用为动词。在对译中，由于古今语言的差异性，现代汉语中没有与之相应的动词，不得已译为"发誓"和"起誓"。从禼从鼎、散盘、倗匜铭文可以知道，西周宣判有时是强制败诉人当场起誓的。这种誓要经过两道程序：一是"俾誓"，即由宣判人向败诉人提出并强制他必须发出的誓言的内容，必要时可同时指出，如果违背这一誓言将会得到什么样的后果；二是败诉人接受制裁，依照宣判人给他规定的誓言，照样子郑重起誓。[①] 但是，青铜器铭文中的"誓"字，也有用作名词的情况，意即"誓言"，如倗匜铭文有："汝亦既从辞从誓"。

西周时期之所以频频出现这种"誓"现象，就是因为周初神权虽然动摇但是仍占据统治地位。人们仍然需要借助对天帝和祖先神灵的信仰与崇拜来约束行为，以维持整个社会的信用关系。这正如《礼记·曲礼下》"约信曰誓"之疏所云："以其不能自和好，故用言辞共相约束以为信也。"

———————————

① 参见孙常叙：《则、瀗度两则、则誓三事试解》，载《古文字研究》第七辑，24 页，北京，中华书局，1982。

第十五章

契约制度（下）

第一节
中国传统契约概念的演变与发展

英国法史学家亨利·梅因在《古代法》一书中对法律概念做了如下表述："我们对古罗马法已具有足够的知识，使我们可以提供一些在法律学萌芽时代各种法律概念和法律用语所遵循的转化方式的大概。它们所经历的变更似乎是从一般到特殊的一种变更；或者，换言之，古代的概念和古代的名词是处于逐渐专门化的过程中。一个古代的法律概念相当于不仅一个而是几个现代概念。一个古代的专门术语可以用来表示许多东西，这些东西在现代法律中分别具有各种不同的名称。如果我们研究下一阶段的法律学史，我们就可以看到次要的概念逐渐地被解脱出来，旧的一般的名称正为特别的名称所代替。旧的一般概念并没有被遗忘，但它已不再包括它起初包括的一种或几种观点。因此同样的，古代的专门术语依旧存在，但它只执行着它以前一度具有的许多职能中的一种。"①

中国传统契约的主要概念包括"傅别"、"质剂"、"书契"、"券"、"莂"、"合同"、"契"、"约"等等。从总体上看，以上契约概念也大致经历了逐渐专门化的过程。这种专门化过程，不断地淘汰契约旧概念，采纳符合新的社会经济条件的契约新概念，并最终塑造了今天我们所使用的合同话语。

中国传统契约时间跨度很长，下面本节按照明清以前和明清时期的时段划分来考察传统契约概念的演变和发展。

一、早期的传统契约

根据文献记载，早期的契约主要包括"傅别"、"质剂"、"书契"、"券"、"莂"、"合同"等概念。《说文解字》对契约的功能有所解释：

契，约也。

① ［英］梅因：《古代法》，沈景一译，178～179页，北京，商务印书馆，1959。

可见，契是双方立券的行为，约是契约的内在约束力。双方或多方立契当事人通过刻立契券的行为来保障大家遵守共同的约定，在相互享有权利的同时，相互承担义务。春秋战国时期的契约甚至有国与国之间的盟约，如《战国策·燕策》记载："必得约契"，此"约契"即为一种盟约。

从不同的角度来理解契约，传统契约的概念是不同的。

其一，从书写的载体来看，刻在金木之上者，称之为"契"、"券"、"别"（莂）、"剂"等，这些表示契约概念的字，其偏旁部首均从"刀"；书写在竹木纸帛者，称之为"约"、"要"。

其二，从订立契约的行为过程来看，包括以刀、丝、绳作为工具来分券、束约等方式。所谓"判书"之名源于立券的过程，把契券刻好之后，用刀子从中分开，双方各持一半，或多方各持一份，即为"判"。《周礼·秋官·朝士》郑注释"判"云：

> 半分而合者。

"判书"也称为"别"或"莂"。《周礼·天官·小宰》载"听称责以傅别"。或作"傅辩"，郑众注云：

> 辩，读为别，谓别券也。

1996年湖南长沙走马楼出土的简牍为我们研究古代契约提供了大量的实物，从中我们可以对古代契约的缔结程序和手续找到一点佐证。走马楼简牍主要是各类经济文书，其中有木简标设签牌，名为"莂"，大木简顶部有墨笔画和线条，从顶端锯开或从侧面劈开。这一现象正好印证了刘熙在《释名·释书契》中的解释：

> 莂，别也，大书中央，中破别之也。①

其三，从文字学的角度来看，契约的概念同时蕴含着"相互约束"和"立约不悔"的朴素理念。②"约"、"要"二字均有捆绑和扎紧的含义，喻示契约对双方的约束力。《说文解字》载：

> 剂，齐也。

"齐"者，齐之如一也。之所以从刀旁，除了表示订立契约的过程外，段玉裁《说文解字注》云：

> 从刀者，齐之如用刀也。

"剂"字也蕴含着契约主体双方在经过周密、认真的思考之后，一旦达成协议，绝不能反悔的理念。中国早期的契约一般由两部分组成，使用时通过合券方式进行验证，明确双方的权利义务。

二、明清时期的契约

明清时期契约有着强烈的格式化倾向，导致传统契约的概念发生了很大变化。许多早

---

① 胡平生、宋少华：《新发现的走马楼简牍的重大意义》，载《光明日报》，1997-01-14。
② 参见刘云生：《中国古代契约法》，31～32页，重庆，西南师范大学出版社，2000。

期契约概念逐渐被淘汰的同时，许多新的契约概念产生了。在数以千万计的明清契约资料中，下文以《田藏契约文书粹编》为样本进行考察，明清时期的契约概念主要涉及"契"、"约"、"字"、"据"、"书"、"告示"、"票"、"照"等。

（一）"契"

在汉代，契已经是法律文书的一种，到唐朝，契约实践中经常有"官有政法，人从私契"的说法。① 契已经正式成为契约文书的通称，不仅典买田宅的文书称契，其他如借贷类契约也称为契。"契"在宋以降的契约实践中，田宅交易是其主要应用领域。

考察明清"契"文书的概念，我们发现两个特点：一方面，其交易方式涉及广泛，有卖、买、赠、典、换、转典、借、出佃、当。另一方面，其交易所涉及对象为土地、房屋、山、院、树园、银、树。从这两个特点可以作出如下推论：明、清之季，围绕着不动产而展开的交易文书有着统称为"契"的倾向。②

（二）"约"

《说文解字》载：

> 约，缠束也，从系勺声。③

《辞海》"约剂"条解：

> 约剂，古代作为凭信之文书契卷。④

可见约字指代有约束力的文书由来已久。《说文解字》许铉序：

> 神农氏结绳为治，而统其庶业。⑤

结合"约，缠束也，从系"，大概是指人类结绳记事。至于"约结"，《荀子·王霸》云：

> 约结已定，虽睹利败，不欺其与。⑥

其中的"约结"都表现出强烈的约束色彩。

在契约实践中，约适用的范围非常广泛，包括：土地经管、和解、承包值年保长、租卖土地、典田、析产、过继等。

（三）"字"与"据"

"字"与"据"是一种凭证文书，使用于民间继嗣、择嗣、休妻、折股和祖产经理这类事务，是民间为保证而出具的凭证。

---

① 参见沙知录校：《敦煌契约文书辑校》，1页，南京，江苏古籍出版社，1998。
② 参见王旭：《中国传统契约文书的概念考察》，载《法治论丛》2006（4）。
③ （汉）许慎撰：《说文解字》，（宋）徐铉校定，272页，北京，中华书局影印，1963。
④ 《辞海》（缩印本），1151页，上海，上海辞书出版社，1980。
⑤ （汉）许慎撰：《说文解字·序》，（宋）徐铉校定，314页，北京，中华书局影印，1963。
⑥ 《二十二子》之《荀子》（周）荀况撰，（唐）杨倞注，（清）卢文弨、谢墉校，312页，上海，上海古籍出版社，1986。

（四）"书"

"书"，《辞海》解释为券约等书面凭证。[1] 从《田藏契约文书粹编》中称为"书"的契约文书来看，其适用对象为家庭内部关系、婚姻、析产、立继和遗书。

（五）"告示"

告示是一种官文书。如《田藏契约文书粹编》中收录的告示包括：清乾隆十六年（1751年）徽州府歙县严禁盗砍山林告示，清嘉庆十九年（1814年）婺源县批俞士清等所请禁止盗砍坟山林木告示，清光绪元年（1875年）伍祐场为缉私盐告示。

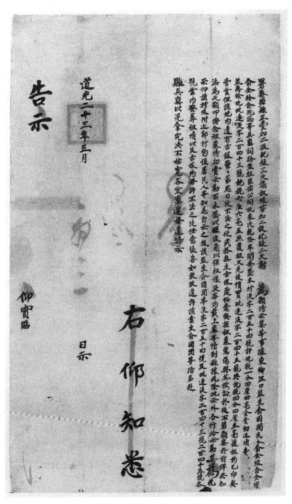

清道光二十三年（1843年）婺源县为禁止侵害俞姓祖坟告示

图片来源：田涛等主编：《田藏契约文书粹编》，北京，中华书局，2001。

---

[1]　参见《辞海》（缩印本），1570页，上海，上海辞书出版社，1980。

（六）"票"

从《田藏契约文书粹编》中所收票文书可以发现，票文书可分为签业票、串票、税票、行票和收票等，是官府发给百姓的完纳凭证。

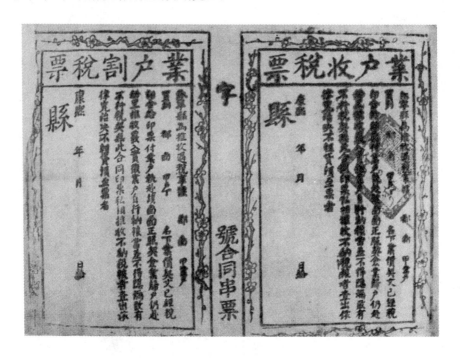

清康熙朝业户收税票

图片来源：田涛等主编：《田藏契约文书粹编》，北京，中华书局，2001。

（七）"照"

《辞海》释："照，凭证。"[1]《田藏契约文书粹编》中的照文书包括：清乾隆六年（1741年）宋士权库捐监生户部执照，清乾隆三十一年（1766年）三官会纳户执照，清乾隆三十八年（1773年）正红旗绰克託典房执照，清同治八年（1869年）陈登九兵米执照，清光绪三年（1877年）汪汝雯运纲盐执照，清光绪三年（1877年）张自惠土地执照，清光绪二十一年（1895年）津海关道给发大法国古副领事游长城执照等。

从以上有关所引照文书来看，调整范围广泛，但是有一个共同的特点，即均是官方发放的凭证。[2]

---

① 《辞海》（缩印本），1570页，上海，上海辞书出版社，1980。

② 参见王旭：《中国传统契约文书的概念考察》，载《法治论丛》，2006（4）。

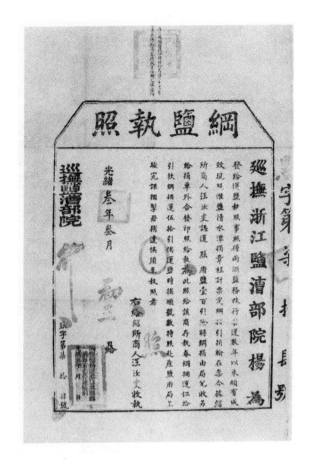

清光绪三年（1877 年）汪汝雯运纲盐执照

图片来源：田涛等主编：《田藏契约文书粹编》，北京，中华书局，2001。

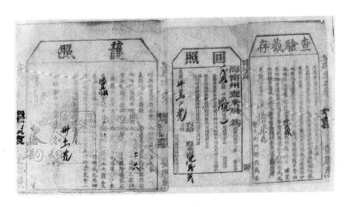

清光绪二十九（1903 年）沈茂兴运米联照

图片来源：田涛等主编：《田藏契约文书粹编》，北京，中华书局，2001。

第二节
中国传统契约的法律意义

英国功能主义人类学家马林诺夫斯基在考察"原始文化"的基础上曾经对法的界定提出了独到见解：一是视法律本身为一种责任或义务；二是履行和调控该种责任或义务履行的社会机制是社会所"固有的"，并且调控维系系统必须是"公开"的和"相互"的。从这个意义上来讲，不仅国家制定法具有这种功能，而且传统契约的功能也正是如此。

一、"官有政法，人从私约"——传统契约的法律效力

在中国传统契约制度的发展过程中，虽然从学理的层面上难以找到保障契约效力实现的理论依据，但民间社会对契约效力却是非常重视的。传统契约的效力主要体现在以下方面：

（一）契约在调整民间社会秩序方面具有强制执行的法律效力

早在汉代，各类契约中都有规定契约效力的专门条款。例如《建宁元年（168年）二月五凤里番延寿墓莂》中记载：

> 有私约者如律令。

又如《熹平五年（176年）刘元台买冢地契》的结语为"正如律令"。还有，《光和元年（178年）十二月曹仲成买冢田契》的结语为：

> 时旁人贾、刘皆知券约，他如天帝律令。

《晋太康五年（284年）杨绍买地瓦券》中有明确规定契约效力的条款：

> 民有私约如律令。

以上文献中的"律令"，在某种意义上表明契主双方所订立的契约具有相当于法律的效力。

发展到唐代，契约的效力条款主要置于契主双方的相互约束，并从一定程度上排斥了官方法律对私家契约的限制干预。如《高昌延寿十四年康保谦买田券》记载："民有私要，要行二主，各自署名为信。"这在当时是非常典型的契约套语。从敦煌出土的大量契约看"官有政法"、"人从私契"也是非常典型的契约用语。

宋代以后，由于契约效力的认定权开始由民间契主本人转向官府，官府对民间契约的控制逐渐趋于程式化和严格化，所以契约中规定效力条款的情况也逐渐减少。从宋至清末，国家公权力正式介入民间契约，对其效力享有认定和否决的权力。[①]

[①]　参见刘云生：《中国古代契约法》，125页，重庆，西南师范大学出版社，2000。

在传统民间社会里，涉及买卖、借贷、抵押、雇佣、典卖范围，国家制定法的效力范围往往是有限的，而大量的民间契约中专门规定类似"官有政法，人从私约"的条款以排斥国家制定法的限制干预，因为民间契约中所规定的有关利率、价格和官方规定是有差别的。

（二）传统契约显示其法律效力的方式

在民间社会，契主双方达成协议、订立契约后，双方都必须严格遵守，已成立的契约不得因为任何一方契主的擅自变更、解除而失去效力。双方都必须以相应的保证条款或其他条款来明确表示契约合同必须履行。传统契约一般采用如下的手段表明契约的效力：

1. 通过神灵取信的制衡机制来保证契约的威慑力

传统契约效力的实现最初深受古代盟誓制度的影响。盟誓制度在商周时期就已经存在，考察中国古代典籍，我们发现了盟誓制度的真正功能。《春秋左氏传》记载：

> 盟，所以周信也。故心以制之，玉帛以奉之，言以结之，明神以要之。再会而盟以昭明……昭明于神。①

由此可见，盟誓的缔结建立在诚实意思的基础上；它通过寻求神灵的庇护和公证的方式来维护守盟者的利益，同时惩罚悔约者；"盟誓的真正目的是使缔结盟者得以相互信赖并以鬼神之灵约束之"②。

在谈及盟誓制度的本质时，霍布斯曾说：

> 发誓或誓言是附加于诺言之上的一种语言形式。提出诺言者通过誓言表示：除非他履行诺言，否则将自绝于神的慈悲，并请求神对自己进行报复。
> 发誓加上宗教仪式，其作用是对背信的恐惧越发来得强烈。③

盟誓具有公示性、证约性以及约束性三大基本功能，而公示、证约的目的则在于使与盟者对盟约信守不渝，否则神灵降罪，其他盟约方也会通过武力手段强制其履行盟约。

民间契约中多以"如律令"等形式以神鬼取信于双方，并且契约中所体现的"诚实信用"原则，都是深受盟誓制度影响的。

2. 通过自愿的方式缔结契约，严禁休悔

契约不仅是取信于神灵的载体或媒介，而且也是取信于缔约双方的载体和媒介，同时也是证明契约权利、义务的工具。这一点我们可以从大量的契约中找到显示其效力的条款，如：

> 官有政法，人从私契。两和立契，画指为信……④
> 恐人无信，两共对面平章，故勒此契，各愿自押署，用后凭验。⑤

---

① 《左传》，哀公十二年，昭公十三年版。
② 刘云生：《中国古代契约法》，126页，重庆，西南师范大学出版社，2000。
③ ［英］霍布斯：《利维坦》，黎思复、黎延弼译，107～108页，北京，商务印书馆，1985。
④ 《吐鲁番出土文书》第六册《阿斯塔那四号墓文书》。
⑤ 《乾宁四年张义全卖宅舍契》，《敦煌资料》五《契约文书》甲。

以上契约中的效力条款"两共对面平章"是指双方就契约中的权利、义务关系自愿达成合意，而且合意一经达成就必须得到遵行，否则要承担违约的责任。同时也表明，契约的效力由双方共同拟定，在一定程度上抵销或减弱了国家制定法对民间契约的限制和干预。

3. 通过私力救济的方式保障契约的效力

缔约双方对契约的自觉履行才能使当事人的利益得到真正保障。当契约义务得不到履行时，不悔一方可通过私力救济的方式来完成其契约权利的实现。民间契约首先是一个封闭的效力系统，其效力仅仅限于缔约双方，此外的第三者或国家公权力不得以强力干预契主双方的缔约过程和所订立的相关条款，不得削弱民间契约的效力。

从民间契约法的层面看，习惯法的效力优先，民间契主及其"公议"者仍然享有对私约效力的认定权。如瑶族就有"石碑大过天"的说法，其谚语云："白天有太阳，晚间有月亮；官家有法律，瑶民有私约。"[1]

4. 通过公救济方式保障契约的效力

如果凭借神灵和私家的力量都难以强制缔约人履行契约义务时，国家公权力就会作为最后一道屏障出现，以确保无过失方的合法利益得到实现。

二、民间契约习惯与国家制定法的相辅相成

在 18 世纪以前，由于法典不完备、社会关系单纯，几乎各国都以习惯为法源之一。

> 成文法、习惯与法理，为法律之三大渊源。[2]

至 19 世纪，在"法律中心主义"思潮的影响下，各国纷纷制定成文法典，把法律，特别是把国家以合法的立法程序制定的成文法律规则，视为秩序和发展的前提。对习惯多采取歧视的态度，甚至不把法理看作法源之一。20 世纪以后，社会关系复杂，变化甚大，成文法完全不能适应实际需要，因而，习惯与法理的地位日趋重要，判例及学说，也成为补充的法源。

同样，在中国传统社会中，国家制定法的精神在于"禁奸止暴"，古代民事法律的构成中，民间契约习惯占有重要的地位，有关"户婚、田土、钱债"之类的法律纠纷多以民间契约习惯为法律依据。对此，中外法学研究者均有论述。戴炎辉先生认为：

> 各朝代的实定法偏重于刑事法，其关于民事法的部分甚少，大率委于民间习惯法。[3]

著名比较法学家勒内·达维德也认为：

> 自汉朝以来，历代虽制订过许多法典，但都只包括行政方面或刑事方面的条款；民事方面往往只限于规定因触犯习惯准则而受刑事制裁的有关条款。[4]

---

① 高其才：《中国习惯法论》，404、422 页，长沙，湖南人民出版社，1995。
② 杨仁寿：《法学方法论》，275 页，北京，中国政法大学出版社，1999。
③ 戴炎辉：《中国法制史》自序，三民书局。
④ ［法］勒内·达维德：《当代世界主要法律体系》，489 页，上海，上海译文出版社，1984。

由于国家制定法给民间的契约实践留下了相当广阔的空间，没有从契约的订立到契约的履行等进行系统规范的法律规定，所以，中国传统的国家制定法和民间契约习惯之间是一种"分工配合"、相辅相成的关系。日本学者寺田浩明在《明清时期法秩序中"约"的性质》一文中，开篇的小标题便是——"法的领域与契约的领域"。他将两者的逻辑关系视为并列关系，他认为在"法的领域"之外还存在着一个"契约的领域"。寺田浩明还通过重新界定"法"和"法秩序"的概念来强调契约关系的重要性。他指出：

> 如果仅仅着眼于成文法典，则所谓"法秩序"指的就只是皇帝以官僚为执行机构对民间发生的种种恶行坏事进行惩戒，即所谓"信赏必罚"的过程。

> 但另一方面，如果把所谓"法"和"法秩序"理解为人们不直接依靠暴力而通过语言和交往形成秩序的行为总体，则关于明清时期法秩序的讨论就有了另一层面。……在此意义上，完全可以说正是这些契约关系构成了明清时期法秩序的实体部分。

> 总之，同其他文明的法文化一样，明清时期的中国法中契约和法律本身同等重要，它构成了法秩序另一个不可或缺的侧面。①

在深入研究清代国家法与习惯法的关系的基础上，国内学者梁治平认为，国家统治的基础是乡村的社会和经济秩序，而乡村社会的秩序则是建立在习惯法的基础上的，这便意味着国家的统治实际上间接地建立在习惯法的基础上。国家法与习惯法在长期的演进和互动中彼此渗透，互相影响。梁治平说，"'习惯法'与国家法之间的'分工'，实具有'断裂'性质"②。在梁治平所讨论和研究的习惯法中，相当大的部分是关于民间契约实践的内容。③

第三节
中国传统契约的形式

尽管经历了三千多年的发展，在形式要件的构成上，中国传统契约仍然存在着内在的规律。无论是何种类型的契约，从形式上看，其行文都是极其格式化的，尽管中国传统社会法律制度及其民间习惯有很大的地域性差异，而且时间跨度很大，但是存在着明显的"同一性的规律"，即中国传统契约超越了时间和空间关系的限制，在契约的结构上和行文格式上极为相似。如果隐去立契时间，甚至很难区分是唐朝还是明清时期之契。例如，在《田藏契约》中我们发现，如果把民间契约的年代遮挡住，我们是很难区别出到底是何时的契约，我们会发现编号 2 明代永乐八年的契约、编号 21 清代雍正元年的契约、编号 165 清代同治年间的契约、编号 532 中华民国的契约和编号 586 中华人民共和国 1969 年的契约，它们在结构上和文书格式方面都是极为相似的，参加的有关当事人和关联人之间的相似，

---

① ［日］寺田浩明：《明清时期法秩序中"约"的性质》，载［日］滋贺秀三等：《明清时期的民事审判与民间契约》，140～141 页，北京，法律出版社，1998。

② 梁治平：《清代习惯法：社会与国家》，129、140 页，北京，中国政法大学出版社，1996。

③ 参见李倩：《民国时期契约制度研究》，17、18 页，北京大学出版社，2005。

除了当事人以外，还都存在一个中人——在契约当事人之外参加的第三人。①

总之，"中国传统契约在形式结构上的相似特征，不但反映在不同类型上，也反映在不同地域上，最后，也是反映在不同时代之间的。"②

中国传统契约的形式要件包括：立契当事人的确认、成契理由的认定、标的物的界定、立约双方的权利和义务关系、第三方"中人"的参与、承认与交割的认证、立契时间与时效的标注。③

一、立契当事人的姓名及自然情况

传统契约首先是介绍明确的、合法化的双方当事人。明确的当事人是直接介绍一个或多个当事人的姓名。"合法化"的当事人涉及什么身份的当事人有资格参与契约订立活动的问题。不同的历史时期，契约成立对当事人身份的限制是不同的，由于中国传统社会宗法等级制度和封建礼教的影响，妇女及卑幼者在民事契约的订立过程中，其权利是受到多方限制的，概括起来表现在以下方面：

1. 妇女无权独立参加立契

在中国传统社会，儒家礼教思想的影响十分深刻，父权家长制和夫权的束缚十分严重，导致妇女无权独立以一方当事人的身份参与契约的订立。一般来说，作为"母亲"身份的妇女必须附带儿子参加，同时，还需要有长辈亲友参与见证契约才能成立。例如：（清）道光八年（1828年）徽州休宁孙连芳与弟媳遗产纠纷重复分据④：

> 立覆分据人孙连芳、弟媳对氏同子承父遗下搂屋贰堂，前于道光十年闰分新旧堂各执一半。今因同居不睦，二造各自情愿覆托经手凭公言定，下首新屋一堂，归于对氏同子所管安居；上首老搂屋一堂，连芳同弟媳孤霜。身妇不睦，终日争论，自愿带妻同子局上首老屋，其老新屋内妆所零星料件，俱以凭公论定，二造无得争执。下首柴屋凭经手有界为据，新屋门前余地上首连芳该管一半，下首对氏同子归管一半。上首老屋旁吴姓出当，有余地七步六分，贴老屋连芳名下管业，一便搭造。自分之后，二家永无反悔，以免后代子孙争斗。今恐无凭，二造各自情愿立此覆字据一样二张，各执一张存照。

道光八年正月日

立分据人孙连芳同子（押）

明忠

全忠

孙门对氏同子

孙海华

代书人孙振彩

---

① 参见田涛：《本土民法的素材》，载田涛：《第二法门》，北京，法律出版社，2004。

② 俞江：《是"身份到契约"还是"身份契约"》，载《读书》，2002（5）。

③ 参见李祝环：《中国传统民事契约成立的要件》，载《政法论坛》，1997（6）。

④ 契约原件藏于信吾是斋。

再批：老新屋前后石旁搭榻各居自做。

又批：柴屋里边考山旁，对氏同子管业，外边至路连芳管业。

以上这件涉及遗产纠纷的契约出现了"弟媳对氏同子"、"孙连芳同子"、"孙门对氏同子"等字样，可见，妇女参与立契时常常须附带上儿子，而不能直接出现母亲自己的姓名。

又如，清代乾隆朝《紫丁氏卖房契》记载："立杜卖房基地契人柴丁氏同子瑞佑、瑞朝因度荒不及，央人说和，情愿将自己基地一段出卖……"，母亲的姓名是不能够出现在契约里的，而只能是"柴丁氏同子"。同样，在最后的签字画押人中有族人、同亲族人等见证人。

2. 典卖物业等立契活动只能由以男性为主的家主尊长者参与

为了防止子孙弟侄私自订立契约变卖家产，传统法律明确申明只有家长才能成为合法的当事人，严格禁止子孙弟侄参与这方面契约的订立，奴婢更不具备当事人的身份。如《宋刑统·典卖指当论竞物业》中规定：

应典卖物业或指名质举，须是家主尊长对钱主或钱主亲信人，当面署押契贴。或妇女难于面对者，须隔帘幕亲闻商量，才成交易。如家主尊长在外，不计远近，并须依此。

《宋刑统》还规定：

诸家长在，而子孙弟侄等不得辄以奴婢、六畜、田宅及余财物私自质举，及卖田宅。

二、成契理由的说明

契约的订立肯定是基于一定的理由而进行的，在订立契约中首先要申明理由。在重农轻商的社会条件下，诸如土地、房宅买卖之类的交易，陈述其交易的理由是交易行为合法化的必要前提，当然这也构成了农业经济条件下相对稳定的社会现实。

明清时期常见的声明立契事由的表达方式大体相似，如，明代所见卖田的标准契式分别见于《四民利观翰府锦囊》、《万书萃宝》、《新刻天下四民便览三台万用正宗》以及《尺牍双鱼》、《学海群玉》等十余种书籍中，其理由如"今因缺银使用"、"今因缺少钱粮"。

清代常见的声明事由的表达如"今因无力"、"今因无度"、"今因无力茔葬"、"今因天灾"、等，"今因正用"之类的叙述往往出现在官版契纸中。"为缘夫主早亡，男女碎小，无人求（救）济供急（给）衣食，负债深（广）"；"因为急中无钱使用"。总之，清代对成契理由的表达更为简洁。

三、客体或标的物的介绍

在交代完订立契约的合法当事人和成契理由之后，就要详细地说明契约客体或标的物的准确情况，这是中国传统契约成立的主要内容。

如果买卖行为的客体是自然人，则介绍自然人的年龄、姓名、生辰；如果是土地的话，则要说明土地的来源、四至、数量、坐落、名称等基本情况。对"四至"的详细描述早在西周土地交易契约中就已经出现，以后两千多年的封建社会一直相沿不改，几乎是所有的土地房宅交易契约不可缺少的形式要件。

明清时期对于标的物的"四至"的描述十分规范。明代实行"鱼鳞册"制度，清代实行"归户册"制度，业主土地的具体范围需要明确标注在这两册中，所以，这时期在订立契约时必须将两册所表明的具体"都图号"写清楚。如《徽州千年契约》中的许多土地买卖契约都将土地按照××都××图××号加以标示，有时还写明该土地习惯上称呼的土名，并且，还写明该土地应纳的税金。

除了描述卖方标的物的情况外，对于另外一方当事人（买方）所用以交换的标的物也应加以描述，使立契双方的标的物都显得明确具体。在土地房宅契约中，买方一般以钱、粮为交换物，对于粮食的品种、质量、数量都有十分清楚的描述、下面是（明）洪武二十六年徽州休宁县李资衮卖田赤契①，其内容和形式如下：

> 十二都九保住人李资衮，今将本户田一号，系八保迩字一千五百七号，田一亩六分二厘五毫，东至吴名山，西至倪保田，南至汪显彰田，北至朱铁千田，土名大干源查木坵。每年上租谷壹拾柒秤，上田。今来缺物支用，自情愿将前项四至内田取一半，计八分一厘三毫，出卖与同里人汪猷观名下，面议时值价钞六贯整，前去用度。……

又如，《明崇祯十年黄氏卖地契》是完全格式化的契纸，采用木板雕版印刷的形式，刊明×字×号及×税银，领契纸坊长里长××。立契人××，×县××图人。今将××出卖等等。双方当事人立契时只需按照格式填写相应的内容就可以了。

四、立约双方权利和义务的正当性

对于权利与义务的记述，在立契时写明标的物来源正当，成为传统契约是否合法的重要构成要件。

卖方在出让标的物时需说明其来历，以证明其所有权的正当性。宋元以来一般多称"祖业"、"祖产"、"祖宗基业"等来表明其对标的物享有正当的权利，表明其所有权的不可质疑，同时也产生了相应的义务。订立契约时，明确了交易的正当理由与标的物所有权的可靠来源，而以后当这种理由或所有权受到质疑、发生争执时其责任自然应归功于卖方。

防止追夺所有权也是契约的重要构成要件。所有权被追夺的原因大体上有三种：其一，"寒盗"而来，即表明原业主就不具有正当的所有权；其二，标的物与原业主的亲邻存在着其他相关的可能，使交易结果受到影响；其三，所有权属于原业主的家族所共有的，即"未经析产"的共同财产，或虽"阄分"，但只有使用权，没有所有权。为了防止原卖方的所有权受到追夺，必须在契约中规定相应的保证条款，宋元以后，这种现象被加以肯定并程式化。②

五、契约中的第三方"中人"

在中国传统契约中区别于西方契约的一个独特现象是基本都有被称作"中人"的第三方的参与。在借贷、租赁和雇佣等契约的订立时存在着双方在经济和社会地位上的不平等；在家族、宗族内部订立契约时存在着因长幼、辈分的不同而在法律上权利义务的不平等。

---

① 徽州地区博物馆藏。
② 参见李祝环：《中国传统民事契约成立的要件》，载《政法论坛》，1997（6）。

因此，"中人"就似乎作为一个支点，使双方在经济交易和契约订立的过程中，局部地、暂时地处于一种相对平衡的状态下。"中人"在双方契约当事人之间充当中介或中证的角色。

从形式上看，有关"中人"之类第三方的称谓在中国传统契约的发展过程中是丰富多样的，就各历史时期的契约看，有关中人的称谓有所不同，汉代有旁人、任者的称谓，如《汉乐奴卖田契》中的"旁人淳于次孺、王充、郑少卿"；《汉召胜卖九棱曲布契》中的"任者同里徐文君"。据《说文解字》："任，保也"，故"任人"即保人之意，魏晋时期有"证知、时见、时人、任人"等称谓，如北魏正始四年（507年）九月十六日《张神洛买地契》中的"时人路善王、时人路荣孙"，"旁人、证知、时见、时人"等都是第三方参加人的身份。

此后唐五代时，第三方参加者的称谓有：保人、见人、知见人、同商量人、同保人、证见、领钱人、量地人、书券人、读券人。随着商业经济的发展，唐代出现了有组织的职业化的商业行为中介人，即"牙人"，又称"牙行人"、"牙侩"、"牙郎"等。"牙人"的主要作用在于对标的物进行估价计值并从中收取报酬。

元代的第三方参加者称谓除了"知见人"、"见人"外，还有"引进人"、"作中人"、"写契人"、"代书人"等。明清时期契约中的第三方参加者一般多称为"凭中人"、"同中人"、"中人"、"中证人"等。①

以上是在契约成立过程中作为证人身份参加的第三方参加人，他们是契约成立的直接见证人。此外，在某些具体的契约签订中还有领钱人、量地人、书券人、读券人、写券人等，这些应当是从事专项工作的参与者。

六、立契时间与时效的标注

契约内容完成后即按照某年、某月、某日的顺序表明契约订立的时间，但大部分不注明具体的时间，而只注明"吉日"二字。西周时期的契约，立契时间习惯上标在契约之首。汉唐以来基本上遵从这一习惯，至宋开始有所变化，逐渐习惯于将立契时间标明在契约的尾部。元代以后则基本上都将立契时间标明在契约的尾部。

传统契约均使用帝王年号纪年，以表明一切社会活动及民事行为都纳入正统的环境之下。清朝灭亡时，大部分地区改用"中华民国"纪年，蒙古中部地区曾一度使用过"成吉思汗"纪年。新中国成立以后，则均以公元纪年。立契时间也是契约失效或引起诉讼时涉及相关时效问题的客观依据。

契约的时效包括契约标的物的占有时效和契约的诉讼时效两种。前者如"子孙永宝"、"永为基业"等，标明物权转让后契主对标的物的永久占有。或标明"限内"、"限外"、"限满"、"上限"、"下限"等限期形式。如在买卖契约中常常以"当即两下交讫"表明所有权人对标的物占有的开始。在分期付款或赊买契约中要注明付款的约定期限，涉及粮食、种子的有关借贷契约，一般约定在"至秋时还"。

七、法律责任的承诺和保障

为了保障契约的严肃性和合法性，在立契双方达成协议后，双方都必须对因此而带来

---

① 参见李祝环：《中国传统民事契约成立的要件》，载《政法论坛》，1997（6）。

的法律上的权利和义务表示承诺，如表示"立契为凭"、"立契为验"等，并且由当事人及相关人在契约上亲自画押、留下手摸、掌摸，以表明上述人对契约内容的认同和法律责任的承诺，从而赋予契约以法律上的效力，保障双方的权利的实现和义务的履行。

北魏时期的土地买卖契约中就有了"立券文后，各不得变悔，改者，出北绢无匹，画指为信"的记录。① 唐朝的契约文书中则普遍存在着指摸、手摸、押印的现象，且押印也有一指、三指及手掌等不同的形式。宋代文人黄山谷在《山谷全集》中称：

"今婢券不能书者，画指节，及江南田宅契，亦用手摸也"。

《名公书判清明集》中也有类似的记载：

"叶四有妻阿邵，不能供养，自写休书钱领及画手摸"②。

宋元以后，这种指摸押印逐步改为画"十"字符号押印。在明清时期则盛行一种笔画繁杂的秘纹画押。民国以后往往以私人印章押印。

总之，契约中的押印认同构成了合法、有效的契约在法律上的形式要件，此后，若发生争执或引起诉讼，可作为判定契约真伪及合法性的有效证据。

在履行契约的过程中可能出现违约的行为，为了防止"悔约"行为的发生，保障契约的有效性，在契约中须对双方的相关责任进行制约。如敦煌契约中即有各种惩罚的规定：

"立契后有人先悔者，罚麦三石，入不悔人，恐人不信，古（故）立此契为记"；

甚至还有将罚金交归官府管理的记录，如：

"一买已后，更不许翻悔。如先悔者，罚黄金三两充入官家，恐后无凭，故立此契，用为验耳"③

可见，唐代金额较大的契约订立须有地方政府进行管理。宋元以后，继续沿用这类防止反悔的条款。明清之际则常见以"空口无凭，立契为证"等。

第四节
中国传统契约文书的分类

一、中国传统契约文书的分类

中国传统契约的种类十分丰富，调整的对象也极为广泛，几乎涉及民事和经济活动的方方面面。我们可以按照不同的标准对它进行分类。

按照调整对象的不同，中国传统契约可以分为调整财产关系的契约、人身关系的契约

---

① 如北魏正始四年的《张洛神买地契》。
② 李祝环：《中国传统民事契约成立的要件》，载《政法论坛》，1997（6）。
③ 转引自李祝环：《中国传统民事契约成立的要件》，载《政法论坛》，1997（6）。

等。若按照调整对象为财产关系来看，可分为买卖、典当（抵押）、借贷、租赁、合伙、赠送、赔偿、"摇会"、"合股"、阄书或分书等种类；若按照特征对象为人身关系，则可分为雇佣、收养、立嗣、放妻、放良、卖妻、卖子、婚书、绍书（过继）等种类；从承担连带责任的角度看有所谓的"截头文书"、"仓租"、"借据"，到清末甚至还出现了"水渍保险"、水上运输的"行票"等，涵盖民事活动的方方面面。

按照契约在法律性质上的不同，可以分为"红契"与"白契"。

所谓"红契"，是指契字已经向地方衙门登录，在契约正文后面粘附有已缴契税证明的"契尾"，并盖上红色关防印信。之所以要向地方衙门登录，主要是为了保障新业主的产权，防止上手（前）业主欠缴漏税而影响地权的完整性。

所谓"白契"，也称为"民间契约"、"民间私约"，从法律性质而言，这些契约在签订过程中，并未经过法庭或官方公开认证的程序。通常只是由当事人在买卖、典当或阄分田产之际，聘请中介人士或代书拟订合约，经过签字画押的手续，即算完成契约行为。[①] 由于红契在登录盖印的过程中，需要耗费相当时日，往还于官府与村庄之间，而且还要向官府缴纳一定的契税，如，在土地买卖中一般缴纳约为田价 3％的契税。为避免这些花费，减少对业主造成的一定负担，大多数人在签订契约时，只是聘请双方信任的中介人士和相关亲属见证签字，就算完成手续，避免官府的介入。这些民间私约能更真实、细致地反映历史上民间生活的原貌，是官修"正史"之外的珍贵的"民间正史"。20世纪中期以来，其价值日益受到国内外学界的重视。民间契约文书存世数量较大，种类齐全，内涵丰富，其学术价值重大，有待我们深入发掘。

此外，传统契约文书还可分为官版契、草契、绝卖契、找契、市券、文牒、问帐、公据、契尾（税给）、税票、推单等。[②]

二、传统官方契约文书的种类

官方契约文书的种类繁多，下面以与土地契约有关的官文书与官田契据为例来考察官方契约文书的概貌。官田契据是官府对国有土地的管理和使用所形成的官文书。官文书和民间土地契约联系在一起，共同构成传统社会土地管理和赋役制度的重要法律文书。

土地买卖是私人之间发生的经济行为，但它不能脱离现实的社会条件而孤立进行。在中国封建社会里，地主阶级的统治是通过公的——国家政权和私的——乡族势力两个系统实现的，所以土地买卖向来受到社会上公的和私的两方面的制约。土地契约是一种私家档案文书，但因为产权登记和买卖税契、过割推收都须经过官府才能取得合法的承认，所以，这些与土地契约有关的官方文书虽然不是土地契约的组成部分，但和土地契约一样藏入公、私档案，具有证明土地契约合法、受到法律保护的作用。

税契和过割以及在此基础上实现钱粮的征收，是封建政府的财源所在，因此也是官府繁重的经常性的工作，由此而产生大量和土地契约相关的官文书。官府钤印的卖田"红契"及其附属的官文书，是形式完备的法律文件；"白契"在实际生活中也具有产权证明的性

---

① 参见《契约文书的性质及意义》。

② 参见张传玺主编：《中国历代契约会编考释》，凡例 4～5 页，北京，北京大学出版社，1995。

质，但从法学观点看它只是不完全的文本。在特定的条件下，如付诸诉讼时，"白契"的产权证明效力便受到影响，甚至于被否定，从而有改变现实产权关系的可能。在一般的情况下，如没有权势或作弊手段隐匿田亩，逃避钱粮，履行税契过割是订立土地契约不可缺少的附加手续。

明崇祯六年（1633 年）
陈姓买地纳税契尾

元代以来，税契后粘附土地买卖契约末尾的官文书，称为"契尾"。清代的"契尾"，例由皇帝裁定，各省督抚指令布政司印刷编号发给各州县地方官，在办理税契手续时使用。清初对"契尾"的使用几经反复，到乾隆年间稳定下来，形成全国统一的官文书。在此之前，各省州县曾单独颁用规格不一的税据。

下面以江苏①为例，考察康熙年间使用过"粘契照"，下面是长洲县的实例：

粘契用印照

　　长字　　　　　　　　　　　　　　　　　　　　　　号
　　长洲县为兵饷之缺额等事。案奉院司府宪行到县，查将田房税银征解充饷等因。奉此，合行收解。今据　　都　　图业户　　完康熙　　年分税　　整，除登流水并

----

① 本节所引用的江苏官文书，转引自杨国桢：《明清土地契约文书研究》，74～77 页，北京，人民出版社，1988。

给完照外，合用粘契照，须至印票者。

  康熙　　　年　　月　　　日

  正堂

  下面是雍正初年使用的"业户税票"：

业户税票

  江南苏州府长洲县为清查税契银两事。奉院司府　　　宪行饬，征雍正　　　年分田房税银，按季解济兵饷等因。奉行查催间，今据　　　都　　　圖业户　　　赍到契一纸，价完税　　　整，合给税契粘为照。

  雍正　　　年　月　　　日给

  雍正末年，以河南总督田文镜奏请，取消契，契改颁官刷契纸契根，使契约和税据合为一纸。下面是江苏布政使司颁行的格式：

契　纸

  江南江苏等处承宣布政使司为清杜田房税银等事。奉江抚部院陈　宪行开□　户　部咨："河南总督田覆奏民间置买田房，与其颁给契尾，不如使布政使司颁给契纸契根一款。部覆，凡绅衿民人置买田房产业，既不许用白纸写契，藩司将契纸契根即发该州县，收税裁存契根，契纸发各纸铺，听民间买用。侯立契过户纳税时，照契纸填入契根内，并将上税年月日、数目并填契内，各盖用州县印信，买卖一体治罪。至活契、典契亦一例俱填契纸"等因。奉旨："依议"。钦遵备行到司。

  奉此，合发填用，须至契纸者。

  契　　　为因正用，原将自己名下　　　　　凭中　　绝到　　管业，三面议得时值价银　　　　　整，立契之日，一并收足，并无重叠典卖、亲邻争执情弊。恐后无凭，立此　　　契为照。

  许开　则　坐落　县　都　圖　字圩第　垆

  四址

  每年□完银　　米

  承粮□□　系　县　都　圖　户名

  买主□□　系　县　都　圖　地方

  于雍正　　年　月　日上税银　两钱厘毫

  雍正　　年　月　日

立　契

居　间

凭　牙

字第　　号，发苏州府长洲县

每张制钱五文，毋得多收滋累

  乾隆初年，又恢复颁写契尾文书制度。江苏布政使司刷颁的格式如下：

契　尾

抚部院挂藩字　　　号，发　府　县

江南江苏等处承宣布政使司为请复契尾之旧例以杜私征捏契事。奉江抚部院邵咨宪行，准户部咨开："民间置买田地房产投税，应仍照旧例复设契尾，由布政编号给发地方官，粘连民契之后，填明价值银数，钤印给民收执，所收税银仍令尽收尽解"等因。奉旨："依议，钦此"。咨院行司。奉此，合置契尾颁给该（州/县），凡有绅士、军民置买田地、房产、洲荡，务令赍契到官，按照买价遵依定例完税，即将田房价税数目、年月日期填入契尾，粘连原契，用印钤盖，给付业户收执。如有不粘契尾，仍用白契投税，及契尾内无本司印信者，查出仍以漏税罪，产业半没入官。胥役产牙勒索滋扰，该业户立即据实告究。须至契尾者。

计开据　府　（州/县）　都　图　甲　业户　　用价　　两买（州/县）

都　　　图　　　甲　　卖主

乾隆　年　月　　　日完税银　两　钱　分　厘讫

　　　　　右给业户　准此

乾隆　日给

布政使司

乾隆十五年（1750 年），以各地刷颁契尾格式不一，繁简参差，实行中弊端甚多，改由户部颁发格式通行。下面是福建布政使司刷颁的通行格式①：

契尾字号

福建等处承宣布政使司，为遵旨议奏事："乾隆十五年五月二十四日，奉准户部咨河南司案呈所有本部议复河南布政使查验等因"一折，于本年十二月二十日奏，本日奉旨："依议。钦此。相应抄录原奏，并颁发格式，行文福建巡抚钦遵办理可也。"计粘单一纸，格式一张，内开："该臣等查得该布政使富明奏称'部议多颁契尾以后，巧取病民，缘业户契尾，例不与照根同申上司查验，不肖有司，其与给民契尾，则按数登填，而于存官照根，或将价银册改，请嗣后州县，于业户纳税时，将契尾粘连，用印存贮，每遇十号，申送知府、直隶州查对，如姓名、银数相符，即将应给业户之契尾，并州县务案之照根，于骑缝处截发，分别给存，其应申藩司照根，于季报时，府、州汇送知府，直隶州经收，税契照州县申送府、州之例，径送藩司'等语。查杂税与正赋，均由州、县造报该管府、州核转，完纳正赋，填写联三串票，从未议门花户收执串票，与申缴上司底串，并送府、州查验，诚以花户照票，一缴府、州，则给领无时，弊端易起。今税契杂项，契尾与照根并送查发，是杂项更严于正赋，殊与政体未协，况契尾一项，经一衙门、即多一衙门停搁，由一吏胥，即多一吏胥之索求，甚至寅缘为奸，肯勒验查，以致业户终年累月求一执照，宁家而不可得，势必多方打点，需索之费，数倍于前，将来视投税为畏途，观望延挨，宁匿白契而不辞，于国课转无裨益，应将该布政使奏请州、县经收税银，将契尾粘连存贮，十号申送府、

---

① 厦门大学历史系资料室藏。原件粘连卖田契约之后，自乾隆至宣统间的格式相同。转引自杨国桢：《明清土地契约文书研究》，77～79 页，北京，人民出版社，1988。

州查发，并知府、直隶州照州、县例，径送藩司之处，均毋庸议。至于贪吏以大报小，奸民争执讦讼，实缘法久弊生，不可不量为变通。臣等酌议，请嗣后布政司颁发给民契尾格式，编列号，及前半幅于空白处预钤司印，以备投税时，将契价、税银数目大字填写钤印之处，令业户看明，当面骑字截开，前幅给业户收执，后幅同季册汇送布政司查核。比系一行笔迹，平分为二，大小数目，委难改换，其从前州县、布政司备查各契尾，应行停止，以省繁文，庶契尾无停搁之虞，而契价无参差之弊，于民无累，于税无亏，侵蚀可杜，而争讼可息矣。如蒙俞允，俟命下之日，臣部颁发格式通行，直省督抚一体钦遵办理可也"等因，咨院行司，奉此

> 计开　业户买　　　　用价银　　纳税银
> 布字　　　号右给　县业户　　准此
> 　年　　月　　　　日
> 　县　　买　　价银　　税银

这种通行的格式，分前、后两半幅，前幅给业户收执，后幅同季册汇送布政司查核。使用时，当面骑字截开，平分为二。从此到清亡，各省布政使司刷颁的都是这一格式，唯说明文字略有不同。如江苏布政使司刷颁的：

契　字　号

江南江苏等处承宣布政使司为遵旨议奏事。奉（督/抚）部院行准户部咨："嗣后布政司颁发给民契尾，编列号数，前半幅照常细书业户姓名、买卖田房数目、价税银两，后半幅于空白处预钤司印，投税时将契价税银数目，大字填写钤印，骑字截开，前幅给业户收执，后幅同季册汇送布政司查核"等因。奉旨："依议。钦此"。咨院行司。奉目经，合置契尾颁给（州/县），凡有绅士军民置买田地、房产、洲场，务必赍契到官，一契粘给一尾，照价上税，尽收尽解。倘有不肖官吏，希图侵隐，察出照例参处。如小民贪减税银，甘印白契，不请粘给契尾者，经人首报，即照漏税例治罪，产业半没入官。均各凛遵，须至契尾者。

> 计开　业户　买　坐落　都图甲　（亩分/间披）　用价银
> 千　百　拾　两　钱　分
> 　于乾隆　年　月完税银　佰　拾　两　钱　分　厘讫抚部院挂布字　　号
> 发　县
> 　　　　　　　　　　　　　　右给业户　　准此
> 乾隆　年月　　　日给
> 　县　　买　价银　　税银

土地买卖后的产权登记，有推收过割的手续。在办理时，除呈出原契和新订契纸税契外，还要呈出原主推字。为了防止虚产收降，还必须检验清田执业单据。这种官文书的格式有如下例[①]：

---

① 以下官文书转引自杨国桢：《明清土地契约文书研究》，80～81页，北京，人民出版社，1988。

（一）

长洲县遵宪颁给版图执业清田新单

特简长洲县正堂加三级纪录四次李　　　为遵旨密议事。照得粮户管业田地，就以坵号印单为凭，本县版图案内，□经颁给，因岁有遗发，遂致虚田实卖之弊，混淆不明。今奉院宪奏准举行顺庄办赋之后，每户另给版图执业单等因。今顺庄已竣，合行颁发为此单，给该粮户查照，后项田亩执此管业。如遇售赎，递交票换改户。如无今次新印方单，即系虚田。须单。

一坐落　　　都　　　图　　　字圩　　　坵

　　　　　　　　　　　　老户

则　轩　分　厘　毫

右给今业户　　　　　准此

东至　　　　南至

西至　　　　北至

乾隆拾伍年　　　　　月　　　日给

县

此单失不再给

（二）

奉文清厘田粮给业细号执照联单

武进县正堂　　　为奉饬清厘田粮归正的业完粮事。除设根单存查外，合给田号清单执守，嗣后如遇买卖回赎，务将此单同契赴县投税，以凭换给现业的名联单，注册过户办粮。如无此单呈验，即属虚产，不准收除。倘有遗失，即行呈明，听候伤饬遵。不准私立推付划粮，以杜重叠盗卖之弊，如违查究。须至执照者。

计开　　　图　　　其田坐落土名

字

现业户　　　住　　　乡　　　都　　　图　　　庄

道光伍年　　　　　月　　　日　　　　　经造图正

县　　　　　　　　　武字第　　　　　　　号

呈验明白后，即在原主都图册内注除，并填发给推单，以便现业主收入本户。推单的格式①，有如下例：

推单

浦城县正堂熊　　　　　为验契推收事。今据　　　里　　　图

甲花户　　　　请将后开已户田粮照数推入　　　里　　　图

甲业户　　　　名下管业，投税承粮，以次年为始，本年仍归旧户完纳。合给印单执

① 原件，厦门大学明清福建社会经济史研究组藏，转引自杨国桢：《明清土地契约文书研究》，81页，北京，人民出版社，1988。

凭。须至单者。

计　开

里　图　　　号土名　　　田　　　应完

粮银　　　　　粮米

光绪　　年　月　日给

有的地方则称为"推税单"（或称"拨税单"、"割税票"），如下列安徽歙县的实例：

推税单①

歙县主准给印照分立柱头。贰拾都图管理　　　甲

黄册　　　今据甲下　　　推单，将

户内卖过产土，照单开除列后。

计　开

字　号　税　土名

以上共计　号推入本都　图　甲　户内支解

乾隆　年　月　日　经管

推收后，又将旧除新收现管产业填入推收户管册内，付业户执照。下为浦城县的实例：

推收配造清厘田供号亩户管细册②

建宁府浦城县正堂加之级纪录十次　　为遵旨议奉事。奉部颁行，民间置买田产，勒限一年内投税推收过割等因。查闽省丁口，久已奉文匀入民田钱粮之内，合饬推割，遵照定例，自立户名完纳。如有隐匿，罚半充公。为此颁给。须至户管者。

计　开

图　甲

业户　　　　　住　里　图　村

上田

中田

折实田

下田

折实田

以上共折实田

受民米

科则粮

丈地

受地米　　　科则粮

---

① 日本国立国会图书馆藏，92196 号，转引自杨国桢：《明清土地契约文书研究》，81 页，北京，人民出版社，1988。

② 原件自嘉庆到宣统间均有，厦门大学明清福建社会经济史研究组藏，转引自杨国桢：《明清土地契约文书研究》，82 页，北京，人民出版社，1988。

丈塘

受塘米　　　　科则粮

勺丁　　　　该银

女口　　　　该银

勺匠班银

以上各项通共应征额银

秋米

号土名　　　　田

号土名　　　　田

号土名　　　　田

号土名　　　　田

…………

右照给业户　　准此

嘉庆元年　月　日给

县

明清鼎革，东北新兴的满洲贵族入主中原，便在北京附近进行大规模的圈地，同时，大部分有主民田也在"圈拨"、"兑换"、"拨补"的名义下被强行圈占，在圈地的基础上，清初设置了一批皇庄和部、寺官庄。皇庄初在近畿设百三十二所，每庄给田三百垧，各委庄头督之，由内务府会计司管理。各部、寺官庄，则由各该部、寺管理。礼部为接待来朝的外国使臣、外藩王公及归宁的公主、郡王等饲养驼、马的方便，特设"马馆"；又出于供祭、宴会、廪饩、赐恤等使用牲牢的需要，设立"牛羊馆"，在北京近郊附设了六马场（厂）。此即礼部官地，是部寺官庄的一个组成部分。

礼部马场原为放牧而设，各有军头夫役，分别地段进行具体管理。康熙年间，丰台厂、郭公庄场、北高场、天柱场四处已有部分垦耕，军头夫役得每月"随报所种地亩若干"①。随着垦耕的扩大，到了雍正年间，便改为"礼部取租地亩"，给为添补养廉之用，"其地亩坐落郭公庄、丰台厂、天竺厂、北臯厂，凡五处"②。乾隆二十七年（1762 年）裁废马馆制度以后，礼部官地渐次开垦为农田，并有相当大的一部分因侵垦、隐匿"遗失"，转化为民田。

礼部取租地亩，例由地租处管理，所征地租交付养廉处。地租处设有司官、书吏，各厂下有催头（后称首事），负责分片招佃承租。"催头"是礼部委派的管庄人，是一种世职，可能是从马场时代的"军头"承袭演化而来的。"催头"招佃催粮，礼部给予一块五十亩的"养身地"，免其交纳租钱，"作为催粮饭食"。此外，"催头"还可以领种官地，兼为"佃户"。种地人称为"佃户"，亦称"军户"、"地户"、"庄户"。其承种、退佃，需和"催头"出具"呈"、"结"、"禀"等文书，报部申请给照。其格式有佃户或催头书写的单式，佃户

---

① 康熙《大清会典》卷七八，"礼部·精膳司·牛羊馆"。

② 嘉庆《大清会典》卷十九，"礼部·地租处·掌征收地租"。

与催头各书并为一纸的联单式，示例如下①：

（一）单式

1. 军户王治全具呈单

具呈由同治年间换执照军户人杨景富，居家所类［累］，将军地推倒与王治全承种，立［历］年交纳租项。今年本部换照，更换军户人名字，叩求老爷赏络［给］新照。若有舛错、别项情（事），惟军户人是问，并有催头承保。谨

保人　王顺十
　　　王堂十

光绪三十三年冬月二十二日具呈人　　王治全十

2. 催头张继祥具禀单

具禀催头张继祥，所有佃户周万祥，前领礼部官地一段，将原领执照缴还陆亩正，报长柒亩五分，共合更换拾叁亩五分，堪以承领。倘有别项情事，俱为佃户周万祥是问，并有催头承保。伏乞老爷恩准换给执照，以便耕种纳租。谨

禀

光绪三十三年十一月十三日

催头　张继祥　凭
佃户　周万祥　十

3. 佃户杨殿安具结单

具结佃户杨殿安，原照三张，合计壹章［张］，伏乞老爷恩准换给执照，以便耕重［种］纳租。谨

禀

催头　张继祥　凭
三张合一章　佃户　杨殿安　好
共地廿二亩折交老钱壹千捌百贰十文
东　王　南　道

光绪三十三年拾月初三日　　　　至　　　　至

西　王　北　道

（二）联单式

双 呈 式

具呈军户王自泰，前领礼部官地拾六亩七分，每年交老制钱壹吊五百三十八文，原领执照庚子年遗失无存，现在无力耕种，情愿退佃。倘有别情，有催头承保，伏乞老爷恩准。谨

呈

---

① 以下"单式"、"联单式"文书转引自杨国桢：《明清土地契约文书研究》，85～87 页，北京，人民出版社，1988。

光绪叁拾四年　　月　日　军户　王自泰　押

催头　王顺　押

王堂　押

具呈催头王顺、王堂，所有军户王自泰，退出礼部官地拾六亩七分，每年交老制钱壹吊五百三十八文。今招得军户孙会元堪以承领，如有缺租等事，有催头承保，伏乞老爷恩准，换给执照，以便耕种纳租。谨

呈

光绪拾四年　　月　日　催头　王　顺　押

王堂　押

军户　孙会元　押

结、禀联式

具结佃户元〔原〕册马三，更换马世骧，及〔即〕是马三之孙，将原领执照缴还，倘有别项情事，俱为佃户马三是问，并有催头承保。所结是实。

光绪三十三年拾壹月　　　　催头　张继祥　凭

佃户　马　三　押

具禀催头张继祥，所有佃户退他之孙，今招得佃户马世骧，计地贰拾亩，堪以承领。倘有别情及缺租等事，均有催头承保，伏乞老爷恩准，换给执照，以便耕种纳租。谨

禀

光绪叁拾叁年拾壹月　　　　催头　张继祥　凭

佃户　马世骧　押

佃户、催头呈、禀、结报部之后，由礼部地租处核准，登入《发照簿》，正式发给"部照"（"礼部执照"），即礼部官地的租照。"部照"系木刻印刷，若干年内清查即行更换，但基本格式并无多大变动。现存"部照"，咸丰七、八年（1857、1858 年）271 件，同治八至十年（1869—1871 年）159 件，光绪六、十五、十六、十九年（1880、1889、1890、1893年）称为"执照"者 15 件，光绪二十八至三十年（1902—1904 年）254 件，光绪三十三至三十四年（1907—1908 年）272 件。

清代还有一种被称为"部照"的文书制度，这是管理官地、官佃的文书，相当于民间地主所立的招佃契约，其中规定："如无本部印照者，即为私种"；"若有盗卖及私行典押者"，查出典者、受者"一并从严究办不贷"，表明土地的国有性质。

由此可见，官田契据具有如下鲜明的特点：

其一，是格式的凝固化。官田契据形成文书制度以后，很少发生变化。

其二，是官佃的人身依附关系。官佃一般没有自由离土权利，受到国家政权的严格控制。故他们所出具的呈、禀、结，和民间的承佃契约完全不同，反映了主佃双方的不平等。

除了"部照"这种官文书外，清代还有诸如《发照簿》、《催头所管佃户名册》、《增垦地申告簿》、《地亩册》、《查地单》、《批单》等等。

第五节
中国传统民间契约的种类

本节将以明清时期徽州民间契约为中心来研究中国传统民间契约的种类。

明清徽州地区历史文化底蕴深厚，徽商"贾而好儒"，具有收藏文书与原始资料的优良传统，重视商业合同与契约文书的作用，重视家族谱牒的修纂，加之地理环境相对封闭，以致为我们留下了数十万件的各种契约文书、家谱族规、诉讼文书等原始资料，明清徽州传统契约大致上可分为三类：（1）民事和经济活动中所订立的各式契约；（2）与各式契约活动相关的、民间收执的各类票据书证之类；（3）族谱、诉讼状、碑铭和家书之类的各类民间私撰文书、民间契约文书。在此，根据我们对徽州明清时期契约的统计，我们发现它所涉及的范围几乎涵盖了古代社会民事行为和民事法律关系的方方面面，具体包括买卖、抵押（典当）、借贷、租赁、合伙、分家析产、婚姻、继承、纠纷调解、交换、雇佣与雇工以及其他共十多类。

一、买卖契约

出卖的原因包括以下多种：管业不便、钱粮急用（或钱粮无措、欠少钱粮紧急）、乏用（或年下乏用）、欠少使用、欠少祠租、欠少粮差、奉神主进祠（上神主乏用、或缺少拜祭紧急无措）、因病急需、今因正用（或称正用）、用度不凑（用度不足、或称用度不敷）、正用无措、日食急用、钱粮紧急正用、钱粮无办、今因欠少等等。

按照买卖行为的标的不同，可分为卖田契、卖田皮契、卖地契、卖塘契。

（一）卖田契

（明）洪武二十六年休宁县李资衮卖田赤契①

十二都九保住人李资衮，今将本户田一号，系八保迸字一千五百七号，田一亩六分二厘五毫，东至吴名山，西至倪保田，南至汪显彰田，北至朱铁千田，土名大干源查木坽。每年上租谷壹拾柒秤，上田。今来缺物支用，自情愿将前项四至内田取一半，计八分一厘三毫，出卖与同里人汪猷观名下，面议则值价钞六贯整，前去用度。其钞当成契日一并收足无欠。其田今从出卖之后，一任买人自行闻官受税，收苗管业为定。如有四至不明，重复交易，内外人占拦，并是出产人祇当，不及买者之事。所有上手来脚入户契文与别产相连，缴付不便，日后要用，本家索出参照不词。今恐人心无凭，立契［此］文书为用。

洪武二十六年十二月　　日

出产人　李资衮契

风交易人　　胡羊

---

① 徽州地区博物馆藏，藏号（2：16802）。

今就领去契内价钞并收足讫。同月日再批。

（明）成化十五年休宁县汪瑛卖田契①

八都住人汪瑛，今将承祖父户下经理到十都四保民字一百伍拾三号，又同经理一百五拾五号，二坵共计田一亩一分捌厘六毫，该租一十三䄷，土名麻梓山，佃人□□，其田东至小路，西至水坑，南至朱均辅田，北至自等田。今来要物使用，自情愿将前项四至内田，尽行立契出卖与十都吴道真名下，三面议作时值价白银银贰拾两柒钱整。其价当成契日收足，别不立领札。如有内外人占拉及重复交易，一切不明等事，并是出产人之当，不及受产人之事。所有上手来脚与别产相连，一时缴付未便，日后要用，本家索出参看不词。今恐人心无凭，立此文契为用。

成化十五年十月二十日

立契人　汪瑛　契

中人　李社得

（清）顺治五年休宁县陈应文卖田赤契②

九都三图七甲立卖契人陈应文，今因缺少钱粮，自情愿凭中将承祖芥字一百六十三号，土名牛系公，计田税六分五厘二毫，计秈租五䄷重二十五斤，佃人陈七老弟；又将芥字二百三十一号，土名社屋干，计中则田税七分四厘，计秈租六䄷零十六斤，每䄷重二十四斤，佃人金明；又将芥字一千三百号，土名堰上，计田税三分零五毫，计秈租二䄷半，每䄷重二十四斤，佃人胡社保；又将姜字四千二百四十八号，土名大塘，计田税二分，计秈租二䄷，每䄷重二十五斤，佃人汪的，以上四号共计田税一亩八分九厘七毫，计秈租十六䄷零十六斤，其前各号田东西四至俱照原清大册籍；又将姜字三千六百六十三号，三千六百六十四号，三千六百六十五号，土名查路水碓头地一业，共地四十一步八分三厘五毫，计中则地税一分六厘七毫三丝四忽；又将姜字三千六百十七号，土名查路山头住基，本家该地十步一厘六毫，计地税五厘零八丝二忽九微，前项四号共地五十一步八分五厘一毫五丝八忽，共地税二分一厘八毫一丝六忽九微，其基地东西四至俱照册籍管业，今将前田、地等项四至内，凭中尽行立契出卖与伯□□名下为业，当日三面议作时值白纹银五十两整。其田地银、契当日两相交收足讫，别不立领札。今从出卖之后，一听买人随即收租管业为定。如有内外人拦占及重复交易，一切不明等等，尽是卖人之当，不及买人之事。所有上手来脚契文与别产相连，缴付不便，日后要用，本身刷［索］出参照无辞。其粮税今遇清丈，在本家陈应文户起割，推入本甲陈一新户内注册管业，办纳粮差，并无异说。今恐无凭，立此卖契存照。

顺治五年八月　日

立卖契人　陈应文

中见人　汪若愚

汪先知

---

① 徽州地区博物馆藏，藏号（2∶16810·14）。
② 徽州地区博物馆藏，藏号（2∶27952）。

今就契内价银尽行收足，别不立领札。同年月日再批。

（清）顺治六年歙县黄退之卖田契①

二十三都十一图立卖契人黄退之，今将续买慕字一千二百八十四号田八分五厘九毫，圭名浑坪头；又慕字一千二百八十五号四分七厘四毫，土名同；又伤字一百四十四号四九分七厘六毫，土名方村，三号共计税二亩三分零九毫，四至照依清册，凭中出卖与本都七图黄名下为业，三面议定时值价纹银三十两整。其银当即收足，不另立收领。其田听凭过割管业。此系两相情愿，并无准折等情。倘有亲房人等异说，俱系卖人承当，不干买主之事。今恐无凭，立此卖契存照。

又将伤字一百四十六号，塘一分零六毫四丝，土名黄家塘，一并出［卖］与黄名下，得受价银五钱整。再批。

顺治六年七月二十三日

立卖契人　黄退之

中见史　我　生

仲　明

（二）卖田皮契

（清）雍正十二年歙县汪子严交业小买批②

立交业小买批人汪子严，今将向年卖过及字等号田一业，计税六亩四分八厘四毫□丝，大小共八坵，系子严出卖之业，凭中尽交业与许荫祠名下管业，听凭另召他人耕种，得受小买银九两整。其青苗一应在内。其银当即收足。此交业之后两无异说。倘有亲房内外人等异说，俱系子严一并承当，不涉许祠之事。今恐无凭，立此交业小买批存照。

雍正十二年十一月　日　立

交业小买批人　汪子严

凭中　汪楚玉

汪焕若

汪我循

汪静公

计开：及字二百四十九号，田一亩一分五厘四毫，土名石塔头；及字二百五拾一号，田二亩零二厘六毫八丝，土名同；及字二百九十九号，田七分八厘，土名塘桥口；及字二百五十号，田五分八厘二毫八丝，土名石塔头；及字二百四十七号，田一亩整，土名长坵；及字四百四十五号，田一分九厘四毫八丝，土名官中井堀塘；及字四百四十八号，田三分三厘六毫，土名同。

日后有老小买契检出，不在行用。

---

① 徽州地区博物馆藏，藏号（2：16848）。
② 徽州地区博物馆藏，藏号（2：23098）。

（清）乾隆四十三年歙县程阿鲍退小买田批①

立交业退小买青苗顶头人程阿鲍，今因钱粮紧急，自愿将身卖过发字号田税二亩，土名方坞，今因自种不便，自情愿将回赎票青苗小买顶头交与受业人自种、收割无异，三面议定得受价足九色银五两整。其银当即收足。其田即交买人管业，无得异说。今恐无凭，立此交业退小买青苗顶头批存照。

乾隆四十三年三月日

立退批人　程阿鲍

凭中笔　吴恒兆

（清）道光十二年歙县吴积寿退小买地批②

立杜退青苗小买地批人吴积寿，今因正用，自愿将祖遗受地一业，[经]许宅四至订界为规，约税一分四厘，土名主山岭，凭胞叔、胞兄杜退许名下为业，得受退价足大钱二千文整。其钱当[即]收足。其地即交管业。从前至今并无重复交易。此系两相情愿，并无逼勒，准折等情。倘有亲房内外人等异说，俱系出退人一力承担，不干受业人之事。恐口无凭，立此杜退小买批永远存照。

道光十二年冬月　日立

杜退青苗小买地批人　吴积寿

凭胞兄人　吴长寿

胞叔　吴文华

代笔人　吴禹辉

（清）光绪三十四年胡圣勋卖粪草田皮契③

立社卖粪草田皮人胡圣勋，今将承父买受　分水男一备，坐落三四都六保，土名音坑种苎坞，计田皮大小八坵，计步数贰亩，计交客租拾贰洋整；又重号同都保，土名音坑大圣前琵琶形，共计田皮七坵，计步数二亩，二号计交客租拾贰洋整。共计田皮三号，共计交客租贰拾四洋整。今因正用，自情愿托中尽数立契出卖与胡仁善名下为业，三面言定时值英[鹰]洋拾元整。其洋在手足讫，比日契、价两明。未卖之先，并无重复交易。来历不明，卖人自理，不涉买人之事。家、外人等毋得生端异说。今欲有凭，立此出卖田皮契为据。

再批：将原价谢回。

光绪三十四年二十月初一日

立杜卖田皮契人　胡圣勋

中见　胡圣易

亲笔

（三）卖地契

明清时期卖地契极为普遍，如下图所示：

---

① 徽州地区博物馆藏，藏号（2：23268）。
② 徽州地区博物馆藏，藏号（2：27806）。
③ 徽州地区博物馆藏。

明万历三十二年（1604年）和应节卖地契

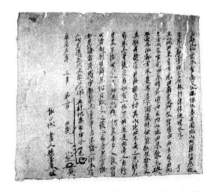

明永乐六年（1408年）汪仁受卖地契

（明）洪武二十五年祁门县谢芳卖地赤契①

拾西都军户谢劳，承祖地及兄续买到基地共壹段，坐落本都十保，土名岭西，经理系伐字三百七十八号壹亩肆分伍厘；又同号地叁分壹厘贰毫。其地二号，东至谢玄保地及杨沟为界，西、南至程德富田，北至山，取原路壹条，直出至坑。今将前项二号四至内地，尽数立契出卖与拾西都拾保民户谢绩祖名下为业，面议价钞柒贯整。其钞当日收足无欠。

---

① 徽州地区博物馆藏，藏号：（2：29641）。

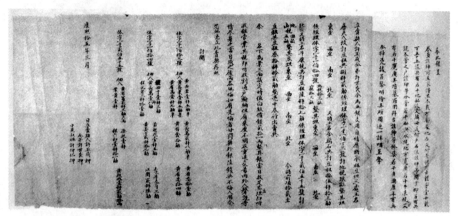

清康熙十五年（1676年）许玉成同弟许世炎卖地契

其地未卖之先，即不曾与家、外人交易。如有家、外占拦及一切不明，并是出卖人自行[祇]当，不干买人之事。自卖之后，各家不许番[翻]悔，如有先悔者，甘罚契内价钞与不悔人用，后仍依此文书为始。所是税粮役官事，推收过割之日，一听买人收割入户，随产供解。所是上手随时缴付。今恐无凭，立此文契为用者。

洪武二十五年二月十二日

立契人　　　　谢　芳

主盟在堂叔母　　汪　氏

遇见人　　　　胡宗仁

谢原升

（清）康熙九年歙县吴一化卖地赤契①

二十一都六图八甲立卖契人吴一化，今因缺少使用，自愿将化字一千八百九十八号，地七毫，又将化字一千八百九十九号，地一分九厘，土名义合墩，上店屋地基一业，四至照依清册，凭中立契出卖与二十一都二图许荫祠名下为业，三面议定受价纹银一两八钱整。其银、契当即两相交付明白并无欠少、准折等情。倘有内外人等异说，俱身承当，不涉买人之事。今恐无凭，立此卖契存照。

康熙九年十二月初六日

立卖契人　　吴一化

主盟母　　　吴阿郑

凭中　　　　许公硕

许六吉

吴君祥

程社明

契内价银一并收足，再不另立收领。再批。

---

① 徽州地区博物馆藏，藏号：（2：23041）。

（四）卖山契

（明）洪武二休宁县谢元熙卖山赤契①

十都七保谢元熙同侄孟良孙，今为户门无赀支用，自情愿将土名梨禾坞，山地一片，西排上截，唐字一千三百三十号，夏山三亩，其山东至坑，西至降，南至坞头，北至大湾里岭，随岭分水，上至降，下至坑，今将前项四至内并地骨大小松苗，尽数立契出卖与李仲德名下，面议价钱花银四两。其银当立契日一并交足地欠。其山未卖知［之］先，则不情［曾］与家、外交易。如有家、外占拦，并是出卖人自行祗挡［当］，不涉买者知［之］事。所有上手赤契与别段相连，不在［再］缴付。今恐人心无凭，立此文书为用者。

洪武二年五月十六日

谢元熙　契

周侄　良孙

（明）永乐十三年祁门县李道经卖山契②

西都李道弘，用价买受到同都李彦文山地壹片，座落本部八保，土名大坞，系经理吊字二千一百九拾六号，计山二亩二角下地，其东至谢嵩山，西至山，南［至］田，北［至］自山。今为无钞用度，愿将前项四至内山地并地内大小杉苗，尽行立契出卖与同都李仲政名下，面议时价宝钞肆拾贯整。其钞当收足讫无欠，契后别不立领。其山今后［从］卖后，一听买人自行永远长养杉苗管业，本宅即无阻当［挡］。未卖之先，即不曾与内外人交易。如有内外人占拦，并是卖人之当，不及买人之事。所有来脚契文与别产相连，不及缴付。所有李彦佑原卖山五亩贰角，本家亦不在［再］阻当［挡］，两无易［异］说。今恐无凭，立此文契为用。

永乐十三年八月初三日

李道弘　契

见立契兄　彦佐

依口代书吏　仲孕

（清）顺治十年歙县程武庆等卖山赤契③

九都六图九甲立卖契人程武庆等，今将承祖分受男字一千叁百陆拾陆号，内山税五分，土名大塘山，其山东至本家塘，西至黄、程地，南至本家坟山，北至方家山；又将男字一千叁百六十七号，内地税一分，土名里边山，其地东至□□，西至□□，南至□□，北至□□。四至开载明白，凭中立契出卖与二十二都七图黄千名下为业，三面议定时值价纹银壹百叁拾两整。其银当即收足。其山地眼同钉界，听凭受主管业，迁造风水。其税于本甲程仁户、程世魁户，程奎户三户内起割，入受主户内支解。从前至今并未与他人重复交易。此系两相情愿，亦无准折等情。倘有亲房内外人等异说，俱系卖人一面承当，不干受业囚

① 徽州地区博物馆藏。
② 徽州地区博物馆藏，（2：16804·11）。
③ 徽州地区博物馆藏（2：16848）。

之事。今恐无凭，立此卖契存照。

顺治十年三月　　日

立卖契人	程武床
	程武学
	程武光

同中	徐哲甫
	徐启爱
亲房	程襟海
	徐元锦
	程尔静

册里	徐启祥
	程武吉

（五）卖塘契

（明）永乐元年休宁县程祖卖塘赤契①

拾式都一图军人程悬保、户丁程祖，今将户下塘一号，系本部九保乙字壹千伍拾伍号，内取一半，计六分九厘八毫，东［至］□□，西［至］□□，南［至］□□，北［至］□□，土名引江；又将乙字一千伍拾六号，塘内取一半，计贰亩陆分陆厘陆毫，东［至］□□，西［至］□□，南［至］□□，北［至］□□，土名引江。今来缺物支用，情愿将前项贰号肆至内塘，尽行立契出卖与同里人汪猷干名下，面议时值价谷一百八十斤整。其谷当成契日一并收足无欠。其塘今从出卖之后，一听买人自行闻官受税，贮水放鱼，本家并无易［异］说。如有四至不明、重迭交易、内外人占拦，并是出卖人自行抵当，不及买人之事。所有来脚契文，缴付不便，日后要用，本家索出，参照不词。今恐人心无凭，立此卖契文书为用。

永乐元年四月十四日出产人	程祖卖契
见人	邵兆保
依口代书人	吴志高

今领前项契内价谷，并收足讫。同日再批。

（清）雍正六年歙县许五祺卖塘赤契②

本都本图立卖塘契［人］许五祺，今因管业不便，自愿将父遗受化字三千七百七十八号，塘税二厘，土名龙竭干，凭契出卖到荫祠名下为业，得受时值价纹银三钱整。其银、契当［日］两相交付明白。其税即过割管业无辞。今恐无凭，立此卖契存照。

---

① 徽州地区博物馆藏，藏号：（2：16804）。
② 徽州地区博物馆藏，藏号：（2：23396）。

契内价银一并收足，不另立收领。又照。

雍正六年正月　日

立卖契　许五祺

亲笔

（六）卖田加价契

（清）乾隆十一年歙县叶方翼卖田加价契[①]

二十一都一图立批据人叶方翼，今因前乾隆六年将场字号田一亩，卖与许荫祠名下，得过价银十四两五钱，因契上批有五年取赎，今又加价银一两八钱整。其银系身收去。其田日后永远不得回赎。今恐无凭，立此批据存照。

乾隆十一年十二月　日

立批据人　叶方翼

中人　叶自芳

代笔　叶三蓝

（七）卖屋契

下图为明崇祯三年朱一泰等卖房契：

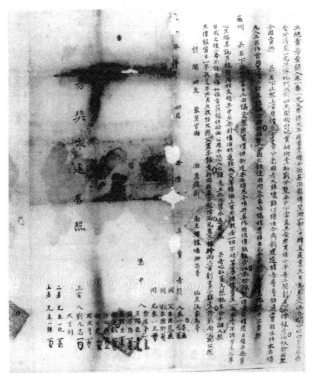

明崇祯三年（1630年）朱一泰、朱一元卖房契

---

① 徽州地区博物馆藏，藏号：(2；23568・12/18)。

（明）宣德三年休宁县汪思名卖屋赤契①

拾二都玖保住人汪思名户内有地一片，坐落本都九保乙字八百玖拾贰号地，共一分陆厘柒毫；又将同保八百玖拾叁号地，共一分四厘贰毫，土名渠口村，于上有瓦屋一所，并厨灶牛拦等屋，系胡晋保、李添、胡春□等住歇，其地东至朱舟虎住基，西［至］自等地，南至汪猷干地，北至汪猷干□。自情愿将前项四至内本家合得分数，捌百玖拾贰号地取玖毫，捌百玖拾叁号地取壹厘伍毫并地房屋等项，尽行立契出卖与同里人汪希美名下，实［时］面议籼谷叁拾秤，其价当成契日一并收足，别不立领扎。其地、屋今从出卖之后，一听买人自行闻官受税，永远管业为定。如有内外人占拦及重复交易，一切不明等事，并系卖人之当，不及买人之事。所有来脚契文，一时检寻不及，日后要用，本家索出无难。今恐人心无凭，立此为用。

宣德三年五月初二日

出产人　汪思名　契

见人　　程支

父　　克中

今就领契内价籼谷并收足讫。同日再批。

（清）顺治十年何大受卖屋加价契②

立加文契人何大受同弟大才等，前于崇祯十五年将原芥字等号，于上土库楼屋二所、四围厢屋、门前田地等项，土名厂里，并新屋等处，原契得受价纹银肆佰肆拾两，收足无异。今复具词加价，亲族劝谕，公议增价银壹佰壹拾两整。其银当即收足，伍股均得清楚，俱已心服，嗣后并无生情异说。今恐无凭，立此文契永远存照。

顺治十年九月二十四日

立加价文契　　何大受

同弟　　　　　何大才

　　　　　　　何大德

　　　　　　　何大本

侄　　　　　　何顺生

居间　　　　　吴心宇

（八）卖基地契

下图所示为明崇祯元年陈国器等卖基地契：

（明）洪熙元年歙县郑广成卖基地赤契③

十五都郑广成，今有祖产基地住前空园地一片，座落本都三保祈岭源祖屋住前禾场，与弟得成相共，本家合得一半。今将东边新立四至，东至郑洪乔路，南至本家屋檐滴水，西至埋石明堂心为界，北至小坑。今为户门无钱支用，自情愿将前项新立四至内园地，尽

---

① 徽州地区博物馆藏，藏号（2：26631）。

② 徽州地区博物馆藏。

③ 徽州地区博物馆藏，（2：16805）。

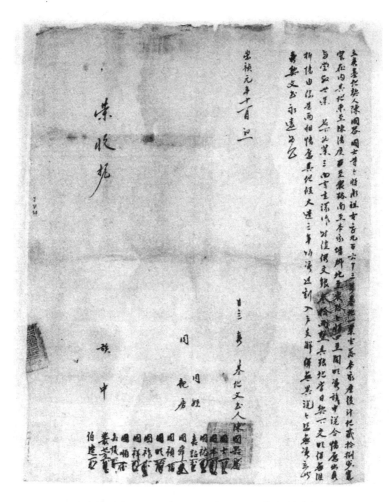

明崇祯元年（1628年）陈国器、国土等卖基地契

数立契出卖与叔郑铸名下为业，面议大绵布二拾匹，在手前去用度。其地基未卖之先，与家、外人即无重［迭］交易。如有一切不明，卖人自理，不涉买人之事。今恐无凭，立此文契为用者。所有亩步，听自分割前去入户；亩步不明，自有经理可照。再批。

洪熙元年十二月十五日

郑广成　契

见人　郑洪乔

郑仲道

（清）康熙二年歙县郑禹思等卖屋基赤契①

二十三都四图立卖契人郑禹思等，今因钱粮无措，愿将承祖毁字一千二百二十九号，

---

① 徽州地区博物馆藏。

基税叁分六厘零,土名住屋基,东至卖人地,西至买人厅,南至买人屋,北至路心,四至俱照清册,凭中立契出卖与本都七图族兄名下为业,三面议定时值价银九两整。其银当即收足。其地即交管业。从前至今不曾典当他人重复交易,并无威逼、准折等情。倘有内外亲房人等异说,俱系卖人承当,不涉买人之事。今恐无凭,立此卖契为照。

康熙二年四月初九日

立卖契人　郑禹思

弟　曙开

日休

居间　黄五叙

郑君德

郑叔清

郑君礼

郑永锡

二、典当(抵押)契约

"佃之为言,转也。囊内钱空,无以治事,则转而谋诸所有之物,以所有而匡其所无"[1]。按照典当的客体的不同,传统典当(抵押)契约包括典当田宅等不动产、动产以及典当人身等不同的类型。

(一)典当(抵押)不动产和动产的契约

(明)永乐十九年休宁县吴名典山地赤契[2]

拾式都九保住人吴名,今将户下有山壹片,坐落本都九保,系乙字贰百柒拾肆号,山六分式厘伍,东至□□,西至胡能右山,南〔至〕尖,北至路,又将同处式百玖拾壹号,山计共伍分,东至□□,西至自山,南至尖,北至胡授山田,土名共小干住前。今为户役缺钞支用,自情愿将前项四至内山,尽行立契出典与同都汪希华、希美,面议时值价式百伍拾贯。其钞当便收足。约在本年八月中将本息钞贯一并送还。如过期无还,此契准作卖契,一听受典人砍斫杉木,永远管业;候至过割,一听收税入户,本家即无悔意。所有四至不明及重迭交易,内外人占拦,并是出典人自行祗当,不及受典人之事。仿恐人心无凭,立此典契文书为用。

又添价钞式贯。

永乐十九年六月初三日

典山人　吴名契

保人　汪宗远

遇见人　胡彦祥

今领契内典去价钞,并收足讫。

同日再批。

---

① 史尚宽:《物权法论》,391页,北京,中国政法大学出版社,2000。

② 徽州地区博物馆藏。

下面是徽州地区以房屋作为标的进行典当行为而订立的两则典当契约：

（明）崇祯二年歙县郑元寿典屋契①

立当契文书人郑元寿，今因缺少使用，自情愿凂中将承父分受住房一间，草字一千二百六十五号，上至青天，下至黄土，父所生兄弟四人身合得一股，该身分法尽行出当与本图鲍□□名下为业。三面言定得受当价银式两整。其银每月二分起息，约至来年冬将本利取赎。其银并无货物准折情由。今恐无凭，立此当契为照。

崇祯二年四月二十九日立

当契文书人　郑元寿

亲见人　　　郑元老

代笔人　　　郑文明

（清）乾隆九年歙县赵仕蔡等当屋契②

二十一都六图立当屋契人赵仕蔡同胞弟仕良，今因同弟往衢州生意，管业不便，自情愿将祖遗化字一千二百八十七号，于上有披屋五间，凭中立契出当与二十一都二图吴名下为业，三面议定得受价九色银二十两整。其银随即收足，分偿父手久欠债本清楚。其屋即交与管业，银不起利，屋不起租。此系两相情愿，并无准折等情。倘有亲房内外人等异说，系身一应承当，不干受当人之事。言定听凭早晚将原价取赎无辞。恐口无凭，立此当契存照。

乾隆九年十一月　　　日立

当屋契人　　赵仕蔡

同胞弟　　　仕良

亲叔代押　　仕友

凭中人　　　吴天祁

　　　　　　吴在伦

凭亲叔代笔　赵德芳

（二）典当人身契约

在中国传统乡土社会，一些民不聊生的父母，佃儿卖女，立字为据。例如：

（清）康熙四十九年休宁县项福生当女约③

立当契人项福生，今因缺用，自情愿将女一个当与汪名下，本纹银五两整。其利钱即清，交与汪名下不误。其女喜弟，年长八岁，六月二十一日子时生今恐无凭，立此当契存照。

在这份当契中并没有写明年限，表明立当契人并没有今后一定要赎回的愿望。

---

① 徽州地区博物馆藏，藏号（2：26805）。
② 徽州地区博物馆（2：23232）。
③ 参见张传玺主编：《中国历代契约会编考释》，北京，北京大学出版社，1995。

三、借贷契约

下面是一则有关借贷行为的契约,即"借贷券"。

(清)嘉庆元年歙县程翼文会票①

凭票会到方处本银五十两整,其利言明每月一分贰厘行息,约至对周归楚。其本约于三年对期,归还不误,此照。

计开:平九四,色九六。

嘉庆元年六月初十日

立会票　　程翼文

中程翼川

四、租佃契约

(一)租田契约

租佃关系是明清时期土地关系中反映农业生产关系本质的最基本的关系,明清两代民间的租佃契约主要有一般租佃和永佃两类。明代一般的租佃契约格式有地主使用的招佃契式和佃户使用的承佃契式。招佃契式包括田批式和园批式,例如:

(清)康熙三十三年歙县胡百伦租田批②

立租批人胡百伦,今租到许荫祠名下田一坵一亩二分,土名小深坵,三面议定每年秋收交纳风车净谷二十斗,挑送上门,不致欠少。立此租批存照。

康熙三十三年五月

立租批人　　胡百伦

凭中　　吴在田

本年月日近,只收租十五斗。

(明)万历十年歙县吴元镃转佃契约③

十一都吴元镃,原佃到寺口汪春门前佃种十王院田一坵,计田三亩,内取三秤零五斤,计佃价一两二钱伍分与子静,仍存佃租四秤零伍斤,计佃价银一两五钱八分整,自情愿凭中转佃与侄吴应乔名下,与汪春取租无词。今恐无凭,立此转佃约为照。

日后有银听自取赎地词。

万历十年正月十五日

立转佃约人　　吴元镃

中见人　　吴元鉴

---

① 徽州地区博物馆藏。
② 徽州地区博物馆藏。
③ 徽州地区博物馆藏。

（清）顺治八年休宁县刘香佃田约①

立佃约人刘香，今凭中佃到汪名下土名广武桥对河二坵，计租六砠半。每年秋收上纳籼租陆砠半，每砠二十六斤，递年送交上门，无得异说。立此佃约存照。

面议每年折乾米七斗整。

顺治八年七月十二日

立佃约人　　刘香

中见人　　金仰泉

汪成

（二）租山文约

（明）景泰六年休宁县吴凯转佃山契②

十二都十保住人吴凯，今将本户承佃到蜜多院官山一号，坐落九保，系乙字一千一百七号，山二分九厘二毫，本家合得壹半，其山东至□□，西至□□，南至□□，北至□□，土名深安塘尾。今来缺银纳粮用度，自情愿将前项四至内取山一半，尽行立契出转佃与本图人汪士熙名下，三面议价银二钱，前去用度。其银当成契日一并收足，别不立领札。其山今从出佃之后，一听受佃人自行管业。所有及重复交易不明一切等事，尽是出佃人祇当，不及受佃人之事。今恐无凭，立此文书为用。

景泰六年二月二十二日

出佃人　吴　凯　契

见人　汪文通

今就领去契内价银，并收足讫。同日再批。

（清）乾隆四年歙县金公耀转佃山文约③

二十四都二图立转出佃人金公耀，今因缺少自用事，情愿将土名大木坞柴山一块，贴北头岭两边坞心为界，祖遗下山该身分下，转佃与同都四图金圣永名下管业，三面言定佃价九七纹银捌钱伍分整。其银当日收足。其柴苗树秧在内，待至年月听从原价取赎。其有老佃约存众。其山价银每年伍分，不得异说。今恐无凭，立此佃约存照。

乾隆四年十二月三十日

立转佃约人　　金公耀

亲兄中见人　　金公明

（三）租屋文约

（清）康熙三十一年休宁县汪日之租屋批④

立租批人汪日之，今租到汪□□名下屯溪石坎前店屋一间，三面议定每周年交纳九五色银六两整。其银四季支付，不至［致］短少。今恐无凭，立此租批存照。

---

① 徽州地区博物馆藏。
② 徽州地区博物馆藏。
③ 徽州地区博物馆藏。
④ 徽州地区博物馆藏。

康熙三十一年五月　　日

立租批人　　汪日之

凭中　　周敬候

周君华

毛彩宾

（清）康熙四十一年休宁县王正大赁屋票①

立赁票王正大，今赁到程处西门马头上岸，坐西朝东，王正大号内店屋一所，第一进门面式间，第二进楼房上下三间，第三进平房二小间，第四进平房二小间。以上正大三股之二，程处三股之一，又顶首招牌与正大各半，每年共租银十二两，四季支取。恐后无凭，立此存照。

计开银水九五色典平。

康熙四十一年正月　　日

立赁票　　王正大

见中　　程素文

程端伯

王鼎枚

孙惟一

五、合伙契约

下面是一则几位徽州人为合伙开粮店，做生意而订立的合伙契约，称为"合同议据"：

（清）光绪十九年歙县程振之等伙开粮行合同②

立合同议据人程振之、程耀庭、陈傅之、吴柴封、程润宏等志投意合，信义鸿□，商成合开溪西码头上永聚泰记粮食行业生意，每股各出资本英（鹰）洋贰佰元，五股共成坐本英（鹰）洋壹千元。所有官利每年议以捌厘提付，各股勿得抽动，本银亦不得丝毫宏欠。每年得有盈余，言定第二年提出照股均分。亏则坐照镶足，如有不镶公照盘帐折出无辞。自议之后，各怀同心同德，行见兴隆，源远流长，胜有厚望焉。恐口无凭，立此合同议据壹样五纸，各执壹纸，永远存照，大发。

再批：官利候做叁年之后，再行盘结分利。又照。

光绪十九年正月　　日

立合同议据人　　程振之（押）

程耀庭（押）

陈傅之（押）

吴柴封（押）

程润宏（押）

居间执笔人　　王致芬

---

① 徽州地区博物馆藏。

② 徽州地区博物馆藏。

下面是一件家族亲戚合伙开店的契约，称为"合同分□文约"：

（清）乾隆二十年休宁王学□与同侄士锦合□开店立合同分□文约①

立合同分□文约王学□同侄士锦光年合□开店生理，经今十有余载，生意自觉颇顺，二人家务实繁，不能在店经管，自愿托中□分品搭均匀，编为天地二字号，拈阄为定，各照阄分字号，经管倘有遗漏，未□查出两半均共。自分之后，两无异说，如违甘罚白银拾两，共用仍依此分□为准，今欲有凭，只此合同分□贰纸，各收一纸存照。

学　阄得天字号

树下屋壹重上下余地店内家伙所有木料砖瓦石头等行共作银壹百两整

士锦阄得地字号

典祖共银　十贰两五钱贰分

大祖田五号计租贰拾陆评价银贰拾四两玖钱

小祖贰号共银壹两五钱

出借银叁行共银五两五钱

高坡绫罗岭弃山银拾　两五钱

家　　贰双价拾壹两整银

以上共银壹佰两

（半书：　　　　　　　）

乾隆贰拾年五月初九日

第一纸俊收

第二纸锦收

立合同分　文约人　王学俊（押）

同侄　士锦（押）

中见　叔道凉（押）

兄　学旦（押）

外批：地下所欠银为各人阄分　载各收一薄在店，货物当即分讫，所有众存银如会账附记各薄之后，再各人所分账目，倘有虚实不一，各撞造化，勿得生端，增补面批。

六、分家析产契约

在传统乡土社会里，任何稍有田产的家族，当家长年老之时或去世之前，总会召集相关亲族在一起，当众依据诸子均产的原则，分配田产，并由各房代表抽签，或称为抓阄，取得应分田业产权。在中国传统社会这种分家析产的习惯非常普遍，一贯有之，以致留下大量的分家析产契约，通常称为"分书"、"阄书"等。分书这种法律文书的使用在我国历史源远流长，最早的分书应该是在春秋时期随着个体小家庭的产生而产生的。分书和其他民间契约一样，经历了一个从判书形式到合同契形式这样的发展过程。到唐代时，分书样文的出现说明分书早在唐或唐以前已发展为一种成熟的法律文书了。如下图所示明嘉靖年间的一份兄弟分田卖地契：

---

① 田涛先生所藏。

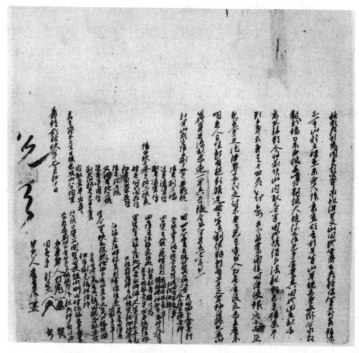

明嘉靖二十九年（1550年）胡鬼同弟胡宝分田卖地契

由于历史的原因，遗留至今的古代分书中，尤以清代分书居多。故下文以清代为例进行研究。

（一）立契的参加人

订立契约时会有固定的程序和众多的参加人。立契的参加人包括立契人、分书当事人和立契参与人。立契人一般为父母亲或本家中的长者；分书当事人即分家的各兄弟，是分书中权利的享有者和义务的承担者；立契参与人则是家庭之外的人，如中人、母舅、代书人等，他们主要的功能在于确保分书的法律效力。

（二）立契程序

最为重要的立契程序就是"拈阄"，即各个分书当事人通过抽签来获得具体的财产份额。清代分书的成契过程有一次性成契和多次性成契两种情况。

（三）固定化的分书内容

主要包括家产的分割、祖先的祭祀、父母赡养的安排、家庭共有财产的留置等内容。

（四）家产的析分原则

采取的是"诸子均分"的原则。所谓"诸子"，指的是男性后裔；所谓"均分"，对家产作绝对平均的划分。诸子均分是一种析产的原则，同时也是一种继承方式。可以说，在传统中国社会，析产与继承行为往往同时或者混合发生，很难在现代法学语境中将其加以区分。此外，在坚持诸子均分为基本原则的前提下，长子会额外多得一份财产或者长孙会分得一份财产，这种习俗的存在是因为宗祧继承和宗法关系的需要。

（五）分家析产文书的样式

分家析产文书的样式看，大致可概括为：

（立分书父×××，育有×子，长曰××，次曰××，三曰××……）＋（回顾家业创立的艰辛）＋（略述分家的原因）＋（点明分书订立的在场亲族谊邻）＋（对各个新成立家庭的劝勉）＋（分书一样×本，各执一本，今恐无凭，永远存照，云云。）

长房分得……

次房分得……

三房分得……

…………

加批：…………

××年×月吉日立

分书人 ×××（押）

×××（押）

×××（押）

……

母舅 ×××（押）

亲房 ×××（押）

中见 ×××（押）

代笔 ×××（押）

（半书：…………）

（六）分家析产文书的种类

1. 根据文书内容的完整性，可以分为单式分书和复式分书。

所谓单式分书，就是同时订立若干份内容完全相同，或是内容相同但对各方所分财产记载顺序不同的分书，如：

（清）咸丰贰年张礼顺、张礼财等五兄弟阄书[①]

寿字号　　大发大旺

立阄书人张礼顺，缘父母早逝，俱各兄友弟恭，承旧产创新，子侄俱成家宜。虽未九世同居、齐目眼前，而今两代毣毣绵绵、成衍成群、荆树茂荣。巳将老矣，恐口丁繁，世远义不及今，以致挽凭亲族将田地、屋宇、山场、菜园、粪窖、基地、竹园、灰仓、什物、钱粮、门户、帐目、会物等项一概品搭阄分，各管各业，无得争长兢短，亦无反悔。恐口无凭，立此阄书永远大发，存照。

一则土名仓基屋内堂前 存众

一则土名方茂下厝屋 存众

一则土名荄省塘屋基 存众

---

① 田涛先生所藏。

一则土名土库楼上东边房一步 存众

一则土名园后坊厝屋 存众

一则土名两具仓泼一个 存众

一则土名竹园塘染屋 存众

一则土名前坦屋基 存众

一则土名前坦牛栏基 存众

一则土名前山脚灰仓　存众

一则土名前山柴山 存众 善荣

一则土名水碓后地一业 存（坐）【众】善荣

一则土名汪村前地一业 存众善荣

礼兴

一则土名村中屋内楼下房一步

一则土名下屋内楼上房一步

一则土名管子坦田一业

一则土名竹坞地一业

一则土名拜竹园柴山一业

礼顺

一则土名仓基新屋内楼上房两步

一则土名厨灶屋一间

一则土名拜竹园田一业

一则土名潘岭庵前地下山一业

一则土名洗沙堀地柴山一业

一则土名打鼓凸北山地柴山一业

一则土名后坞地柴山一业

一则土名园后坊菜地一业

一则土名后降岭地一业（座）〔坐〕长孙子

一则土名前山嘴粪窖一只（座）〔坐〕长孙子

礼财

一则土名芰省塘屋一间

一则土名官路桥头田一业

一则土名园后坊菜地一业

一则土名野子坞拜竹园地一业

一则土名洗沙崛柴山下山一业

一则土名园坑地柴山一业

一则土名潘岭庵前中浓地一业

一则土名角坞地上山一业

礼珍

一则土名村中屋内楼上房步半

一则土名厨灶屋一间

一则土名白阳坵田一业

一则土名小高山地一业

一则土名野坞柴山下山一业

一则土名潘岭庵前地上山一业

一则土名后降岭地下山一业

一则土名园后坊菜地一业

一则土名园坑地一业

礼宝

一则土名仓基新内楼上、下两步

一则土名大毛山脚田一业

一则土名水碓后地上山一业

一则土名野坞柴山上山一业

一则土名角坞地下山一业

咸丰贰年拾贰月　日立阄书人　张礼顺（押）

仝弟　张礼财（押）

张礼兴（押）

张礼珍（押）

张礼宝（押）

中见　张永山（押）

张正钰（押）

张正镛（押）

张礼五（押）

张礼茂（押）

张礼玉（押）

张礼源（押）

张尚果（押）

张族兴（押）

（半书：立阄书各一纸）代笔　张士心（押）

上引的分书中，列出了五兄弟各房所分得的家产，契约原件有字号分别为"福、禄、寿、三、星"五本内容相同的分书，五房各执一本，作为凭证。可见，这种类别的分书，其各个文本中均完整记载了析产情况。

与单式分书相对的就是复式分书，各房所执的一本分书只是记载了各自所分得的家产，对其他各房的所分财产情况却没有记载。因此，各房的分书合在一起才形成一份完整的记载析产情况的文书。如：

（清）光绪二十五年赵履坦六兄弟分书①

立分书人赵履平、履坦、履厚、履安、履祥、履道，于光绪四年家道不和，难以处置，谨遵父命，先拨父母养膳，计西赵家坟地五亩八分六厘九毫，坟东地四亩，三清庙后地三亩五分，官渠北地五亩，圐圙地四亩五分，刘家地五亩。又拨履安成人地，计薛家坟地五亩，履道成人地，计薛家坟地五亩三分，又顶债地，计薛家坟地六亩。以上除成人地、顶债地外，所有父母养膳地。至今二老归西，出殡已毕，已将养膳地俱为花尽矣。所留房产地土按六股均分。既分以后各守各业，永远不许反口。如有反口者，禀官究治。

履坦分到上西房二间，东西阔一丈四尺三寸，南北长一丈九尺三寸，计基地四厘五毫九丝九忽。外加伙行院心、门道、毛房基地一厘二毫六丝二忽。又场基从北往南第四俸，计南北阔二丈五尺四寸、东西长六丈五尺三寸，计基地二分七厘六毫四丝。内有伙走道一丈，系在东边。又风口地二亩，系在南边。三贤道地一亩。恐口无凭，立分书为证。

光绪二十五年十一月廿四日

立　　　邦枞（押）

星魁（押）

中见人　赵邦彦（押）

履谦（押）

很明显，此份分书只是记载了次子履坦的析产分得情况，其他各子的情况则没有记载。因此，应该说，这并非为"一份"分书，只是"一部分"分书。从上引分书内容可知，这家共有兄弟六人，因此，严格地说，只有将六本分书文本合起来，才形成一份完整的分书契约。

2. 按照分书人之间的宗法关系的不同，可以分为兄弟分书和叔侄分书。

兄弟分书是普遍的情况，一家在父母长辈的主持下分家析产，订立分书，各执一本，如上文引述的分书均为兄弟分书。叔侄分书则是一种非正常状态下产生的分书，往往是兄弟中有人早逝，留下遗子，则侄子便作为分书当事人之一参与析产，类似于今日继承法中的代位继承。在这里，同样可以引述一份分书作为例子。

（清）嘉庆十四年汪兆云同侄汪进财阄书②

立阄书人汪兆云全侄进财等自愿央托族中诸人，将祖产田地、山场派作两股，拈阄均分，嗣后各管各业，毋得混争强占。今欲有凭，立此阄书两张，各执一张为证。

一溪南屋宇承老屋壹重，西边前面一间到顶，又厢一间到顶，贴厢厨屋一重，进财阄得。

一溪南后边厨屋，兆云阄得。新屋后面靠墙厨屋一重，兆云阄得。

一溪南新屋壹堂，东边当脊壹半，进财阄得，东边贴西边厢银五两正。

西边当脊壹半，兆云阄得，厢上大门同众出入

一土名苦李树段计田壹大坵，计税八分，交骨租两秤，进财阄得。

---

① 田涛、[美]宋格文、郑秦编著：《田藏契约文书粹编》，285号契约，北京，中华书局，2001。

② 田涛先生所藏。

一土名滴水坑口计田壹坵，计税叁分交骨租肆秤，兆云阉得。

一土名苦李树段计田共贰小坵，内壹荒坵，计税贰分，交骨租叁拾斛，兆云阉得。

一土名碥头，计田壹坵计税五分，计硬租伍秤半，双元已卖，骨短肆秤，仍骨租叁拾斛，其田皮与侄二人同卖。

一土名小连坑鱼塘背，计田一坵，计税伍分，计骨租肆秤，兆云已卖，其田皮父卖过。

一土名叶家下坞竹园一块，两半均分，兆云阉得里半，进财阉得外半。

一土名长杏田竹园苗山，两半均分。又竹园山苗山，两半均分，又枧头苗山，该身股分，两半均分。

以及荒山粮，两半均纳有花利，两半均分。

嘉庆十四年十月　　　　日立阉书人　　　汪兆云（押）

进财（押）

族中　　兆连（押）

定照（押）

天升（押）

廷义（押）

吉三（押）

圣保（押）

兆义（押）

依口代笔　　　徐晓峰（押）

（半书：不清）

（七）分书的形式

清代分书从形式上而言，可以分为契首、正文、契尾和加批四部分。契首一般会交代分书当事人，阐述订立分书的缘由，说明财产分配的原则等内容；正文是对家产析分情况的具体记载；契尾包括立约时间、分书的签名画押人和分书的半书三部分；加批则一般是在分家文书开列批分各项析产之后，改注、补注的新内容。[①] 改注补注的新内容，多数是父家长对自留自管或分家后新置产业乃至存众公产族产的再分配。在这里，父家长自留自管或分家后新置产业，对诸子而言实际是潜在的公产，这一点，父家长自己心里也明白。加批均写明日期，批前或批后注明"再批"或"又照"。而后加批者画押。有重要的加批，仍需有中凭、亲见、代书等。但加批只是少量的变动。如父家长由于自感不久于人世或其他原因，将自留自管或分家后新置业以及大部分存代众公款产全分诸子，仍要正式再立分家文书，第二次分家文书由于父家长自留自管或分家后新置产业也已分完，所以又叫"分关清单"、"清业文书"、"永清字"等。[②] 下面即为一例：

---

① 转引自张妍：《十九世纪中期中国家庭的社会经济透视》，82～92 页，北京，中国人民大学出版社，2003。

② 参见张妍：《对清代徽州分家文书书写程式的分析与考察》，载《清史研究》，2002（4）。

（清）乾隆五年徽州胡立翔分关清单①

立分关清单胡立翔，身年七十有二，生有四子。长男光序，次男光度，三男光廉，四男光庸。俱已婚配各囊。身老染病，恐日后四人兄弟横争。自托族中，将承租并续置屋宇山场园地坦土并茶科竹山，四支拈阄均分。至于郭口周坑开有山坑乙（一）支，向与启第五瑞叔侄相共，伙计人众，兄第四人不便管理。且度庸二人向各有生意，将坑付与序廉二人前去开挖管业。于序廉二人名下扒与银陆拾两整，与度庸二人相共，听自支持用，其坑并业等物，度庸二人日后再不得争竞有分。身夫妇生养病死费用俱系序廉二人承管，亦不得累及度庸二人。自立清单之后，各宜遵守，毋得生端异说，如违听送闻官以不孝论。今欲有凭，立此存照。

再批　身买有五保土地名关帝庙前田乙（一）号（一），计租拾伍秤小租四秤，不分，众存，永为标记。存照。屋后乙（一）条柿树下乙（一）块

光度　阄得天字号房乙（一）间　茶科岭下乙（一）块
光廉　阄得人字号房乙（一）间　茶科弯里竹园
光庸　阄得和字号房乙（一）间　茶科
光序　阄得地字号房乙（一）间　茶科弯里竹园
所有树木存众，钱粮各人自纳存照。

落款（下略）

分书中还有"清单"、"清业文书"的形式同样值得我们关注，以下即为一例：

（清）嘉庆嘉庆十三年元魁公立等立永清字②

立永清字元魁公　元栋公后裔盛世 德恩等。身等叨沐祖泽，人丁渐发。从前所管老屋自有分单字据，不须赘列。今商议将康公未分土名老祠边牌坊下首碓屋两间，并置田恒河堪屋宇一所，并门前余地一块，以及茅坦厝屋两行，拈阄以"忠孝"二字分执，免后争端。详载清晰，一一备列。至从前账目，亦已面算清洁。自分以后，各执拈阄管业。仍有众存产业，开列于后。今欲有凭，立此一样六纸，各执一张，永远存照。

计列：

忠字阄　魁公支下德恩兄第阄执。土名牌坊下首碓屋外一半计一间，中至封墙，直上至脊。又土名河堪上屋一所，得里首正房 厢廊 天井 堂心上楼 后步一半。又门前余地一块，得上首一半，计地一。又分后不得做造，并不得蓄养树木。又土名茅坦屋厝屋计十六棺。自左至右，以"日月盈昃 辰宿列张 寒来暑往 秋收冬藏"十六字号为则，得阄内"日"字"盈"字"昃"字"寒"字"来"字"收"字"冬"字八棺，日后子孙不得借售他人。

恕字阄　栋公支下盛世叔侄阄执。土名牌坊下首碓屋外一半计一间，中至封墙，直上至脊。又土名河堪上屋宇一所，得外首正房 厢廊 天井 堂心上楼 后步一半。又门前余地一块，得下首一半，计地一。又分后均不得做造，并不得蓄养树木。又土名茅坦厝屋计十六棺。自左至右，以"日月盈昃 辰宿列张 寒来暑往 秋收冬藏"十六字号为则，得阄内"月"

① 王钰欣、周绍泉主编：《徽州千年契约文书》（清、民国编），石家庄，河北花山文艺出版社，1991。
② 王钰欣、周绍泉主编：《徽州千年契约文书》（清、民国编），石家庄，河北花山文艺出版社，1991。

字盛执，“宸”字塔执，“列”字栋公厝，“张”字李氏厝，“暑”字塔执，共捌棺，日后子孙不得借售他人。

所有众存土名 上冲厝屋并朝日山坟山，又来龙山过脉松竹坦地 庄囊冲坟山并茅坦 坟后山竹木庇荫 风吹雪压公拚（砍伐）公分。老鼠垅地租 朝日山脚地租 黄刑坂屋基地租 塘边坞茶山租 茅坦朝山地租，每年合收入均放。又名西山坂田九分，每年收租以“忠恕”二均放。又土名四亩山松山内管七股之一，两行均执。再蛇形田租 陈家园地租 庄囊冲二处田租每年交给管祭年头分收。至于庄囊冲坟山，魁公后裔已厝二棺，日后听栋公后裔择厝二棺无异。

以上除分存银产业，均不得借售他人永远又照。

计开土地名宕丘原共丈田四亩三分，魁公栋公两面三刀行共业。先年卖与薛姓。恩父赎取收租，契系恩执。日后听栋公子孙照契承让原价一半。

再，康公原买百梁竭阳边山地已受价拚受与盛世执业。又照。又牌坊下首碓屋基地文已售价便售康公名下，忠恕二阄执未立契。又照。

计开契十九纸 佃约十纸 议约一纸 俱系盛执。又照。又祝林等议笔 徐双喜等议笔 徐怀林佃约 并六支众庄囊冲山契四纸 陈姓批单一纸 字据一纸 亦系盛执。又照。

嘉庆十三年正月　　日立

永清字 长行 元魁公 二行 元栋公

后裔　徐盛世（押）

同嫂徐陈氏

侄　德恩（押）

题塔（押）

德珍（押）

侄孙志芜（押）

中：必沐（押）

代笔亲人：曹步超（押）

七、婚姻契约

在我国传统社会婚姻契约也称为婚书，是有关建立或取消婚姻关系的契约文书，包括聘书、婚约、解除婚姻的离书、休书甚至卖身婚书等。中国传统社会婚姻的成立必须以婚书为必要条件之一。为什么说婚书具有契约的性质呢？俞樾曾论及媒官的作用：“主万民之判，于义未安，此判即判书之判……疏曰，即质剂别傅，别分支合同，两家各得其一者也。”①

（一）各类婚书

婚书的形式和内容一般多尊崇习惯，据《元典章·户部》“婚姻”条的规定可知，从元代开始在法律上规定了婚书的形式要件，即包括聘礼的数目；各方（婚主、嫁主、媒人等）

① 俞樾：《群经平议》，转引自陈鹏：《中国婚姻史稿》，331 页，北京，中华书局，1990。

的签字；背面的"合同"字样。

从下面两件元代的婚书我们可见其民间婚书的一般格式：

（元）纳聘书①

某州某县某处某姓，今聘某人为媒，某人保亲，以某长男名某，见年几岁，与某处某人第几令爱，名某姐，见年几岁，缔亲，备到纳聘财礼若干。自聘定后，择日成亲，所愿夫妻偕老，琴瑟和谐，今立婚书为用者。

年　　月　　日

合同婚书

婚主婚　　某押
女婿姓　　某押
保亲姓　　某押
媒人姓　　某押

（元）回聘书

县乡贯姓某，今凭某人为媒，某人为保亲，以某第几女名某姐，见年几岁，与某处某人□某男名某，见年几岁，结亲，领讫财礼若干，自受聘后，一任择日成亲，所愿夫妻保守□续繁昌，今立婚书为用者。

年　　月　　日

合同婚书

婚主婚　　某押
女　姓　　某押
保亲姓　　某押
媒人姓　　某押

自唐代之后，虽然各地的习惯千差万别，但婚书的大体形式及主要内容仍具有一致性。明清之际婚书的形式在全国各地并不统一，但我们从政府强制推行于少数民族地区的"官制婚书"的样式可以了解当时全国大部分地区的婚书格式。②

（清）宣统年间官制婚书③

立婚书人　　　　住　　　　属　　月　　　日　　时凭媒　　　聘　　娶
属　　村　之　为　　　甘愿立婚书为据。
大清宣统　　　年　　月　　　日
（地方官印）

在以上官制婚书中还特地说明每一项空白所应添注的内容，包括男女姓名、双方家长、

---

① 以下两则格式化婚书转引自〔日〕仁井田陞：《支那身份法史》，第五章，626～627页，东京，东京大学出版社，重刊1983。

② 从宣统元年开始，为了改良川滇等少数民族地区原始落后的婚俗，苗疆等地强制推行官方印制的统一婚书格式。

③ 四川省档案馆所藏：川滇边务大臣（清全宗7－157）"四川官制婚书"，35～36页。

媒妁姓名，并由地方用印，以显示管理婚书的政府级别。这些婚书格式虽然并非是全国通行的规范文本，但也是对当时社会上流行的婚书格式的归纳，当然也是立法者心目中理想的婚书形式。

另外，还有一种涉及人身买卖行为的卖身婚书。因为家境贫寒而被迫将自己的亲生儿女卖给他人家作儿媳妇或女婿的，在媒人的说和下达成婚约的形式。下面即为一例卖男婚书：

（明）嘉靖三十年胡音十卖男婚书①

立卖婚书十二都住人胡音十，今因缺食，夫妇商议，自情愿将男胡懒　乳名昭法，命系辛丑年三月十五日申时，凭媒说中出卖与家主汪□□名下为仆，三面议作财礼银叁两伍钱整。茂名银当日收足。其男成人日后，听从家主婚配，永远子孙听家主呼唤使用，不得生心异变。如有等情听从家主呈公理治〔直〕。恐后无凭，立此卖男婚书存照。

长命富贵

婚书大吉

嘉靖三十年二月三十日

立婚书人　　胡音十

婚人　　胡永道

中见人　　汪玄寿

（清）顺治二年祁门县江观大重立卖身契②

重立婚书人江观大，前因年荒，衣食无措，自愿浼中将身夫妇二口出卖与洪名下使唤，当得财礼纹银拾陆两整，过门服役无异。因乙酉年逆恶万表等集众结会，劫财弑主，身不合乘机拥众，向主挟去原卖文书，未还财礼，甘罪无词。今蒙四管朝奉处明，重立婚书，送还原主，永远服役。自后再有背主逃走、偷盗等情，听凭尽法究治。今恐无凭，立此照。

顺治二年十一月初六日

重立婚书人　　江观大

代书人

三十八号

四管公给文书纸

（二）结婚类婚书的形式要件

婚书或婚约首先当然应具备传统民事契约成立的一般要件，同时，婚姻的合法又必须具备许多特殊的要件，从上文所引的历代婚姻契约看，婚书的形式要件主要包括以下几点：

1. 主婚人姓名

根据"父母之命、媒妁之言"而缔结的婚姻决定了双方的主婚人是婚姻的真正主体，而非成婚者本人。③ 婚书契约上立契双方的主体是成婚男女的家长。如，女方的立契主体常为某女的父亲、伯叔；再嫁妇、孀妇的亲族或长老，自宋代始，寡妇再嫁由夫家做主。男

---

① 徽州地区博物馆藏。
② 徽州地区博物馆藏。
③ 夫家无人做主时，娘家做主；娘家若无人做主时，在下层社会甚至可由妇女自己做主。

方主婚人一般同样由男方的父亲、伯叔来承担，在清代婚书上男方主婚人的顺序一般是：

> ……主张其事者，谓之主婚，由祖父母为孙，父母为子，伯叔姑为侄，兄姐为弟妹，外祖父母为外孙，此皆分重义尊，得以专制主婚，卑幼不得不从。①

2. 缔结婚姻的理由

在婚书中会涉及缔结婚姻的意义，如"鸾凤和合"等，一般无须特别写明婚姻的理由。而对于再嫁妇女的婚书则往往会有"因不便业"、"因无钱筹措"等，或"不得已也"，以表明再嫁妇女为生活所困，难以留节的苦衷，如"因男人亡故，家无庶用，因此不能庭（停）流（留）"，故而改嫁。②

3. 媒人

媒人在婚姻的缔结过程中起着举足轻重的作用，并且婚姻契约中媒人的介入也是法律规定的婚约成立的条件之一。如《唐律·户婚律》规定"为婚之法，必有行媒"。明清虽设有官媒，但并非介入任何婚姻，清朝地方官当堂择配的婚姻由官媒执行，而民间的大部分婚约由一般的媒人参与。

4. 婚约的标的与对价

婚约的标的是双方共同努力缔结的婚姻，而非待嫁的妇女。根据婚约确立了夫与妻在家族中的身份与地位。婚约的责任具有同构、同向的特征，聘金也不是嫁女儿的对价，而只是构成婚姻仪式上较为隆重的一项过程。男女双方家长成就一门婚姻目的在于"合二姓之好"，婚书不仅是一项契约，而且是传统婚姻的证书和保障，甚至作为婚姻有效性的凭证与诉讼时的证据。

5. 主婚者对婚书内容的担保

围绕婚姻的目的双方家长进行担保，男方家族对成婚男子是否婚配、能否保证该女子作为妻子的地位等作出担保。女方担保的义务包括：保证该女子自幼未曾许配他人；对未婚者贞操和品行的保证，当然，未婚的地位本身就包含了对贞操的担保，如"令淑有闻，四德兼备"；女方家长合法的主婚地位；对日后争议承担责任，如"任凭过门成亲，日后不得生异议"等。

下页图所示"庚贴"、"求婚书"、"婚礼单"均为结婚类婚书形式。

（三）休书类婚书的形式要件

唐宋时丈夫对离婚的书面表示称为"离书"，如唐朝的"放妻书"、"离婚状"。其格式为后人所沿用。宋元之后称为休书，休书不是协议，其功能是证明被休之女子从此具有离异的身份状态，以便该女子今后再嫁，即所谓"分明写立休书，赴官告押执照，即听归宗，依理改嫁，以正夫妇之道"③。

休书或离书同时还具有另外一个功能，即宣布女子重回娘家的身份。随着婚姻关系的

---

① 《大清律例集解附例·卷十》注。

② 见于民国二十五年"王董氏带子改嫁卖身契"，转引自郝维华：《明清身份契约的法律分析》，载韩延龙主编：《法律史论集》第4卷，560页，北京，法律出版社，2002。

③ 《元典章》卷十八"户部·休弃"。

清朝庚贴

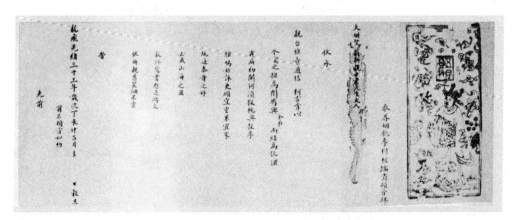

清光绪三十三年（1907 年）李树檀代弟北致姻翁求婚书

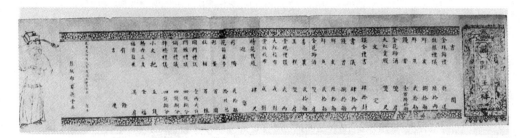

清光绪十九年（1893 年）安德堂婚礼单

解除，女子与夫及夫家族的一切身份关系趋于终止，所以女子在离婚与再嫁之间的过渡期内，回到娘家，不再用夫家婚姓，在元代称为"即听归宗"。

离婚后涉及女子财产的处分问题，所以休书也包括这方面的内容。处分不涉及共同财产，女子无权要求分割财产，而由夫家视多寡给予，如唐朝放妻书中"所分活业，任意将分"。但女子出嫁时的嫁资和妆奁可以带走。

八、纠纷调解契约

从民事纠纷调解的民间契约文本来看，私约的形式十分丰富，就我们目前所掌握的徽州私约的材料看，民间纠纷调解的契约文书存在着多种形式，如，合息、合墨、劝议合墨、批字、言明字据、合同、劝和睦字据、覆分字据、遵劝和约、杜绝，以及调解等，由此可见民间调解的盛行和形式的多样。下面列举一些典型的纠纷调解的契约文书。

（清）道光三十年十一月徽州祁门王方详等劝和家庭民事纠纷合同约①

立议约合同太原邑文治裔孙王方宽、王方祥、王方志、王方谅等，原因在前情愿合移多载，今凭族戚以方详四子远重立与亲弟方谅为嗣，至祖父登先之后奈年止。后因弟方谅有生心娶妻之意，未曾与兄商议，私自讨妻，既亦应债付胜，重家误（务）事繁难以合伙，自列国之后，妻不安分守己，背夫逃走只得收妻出舍自开稿之后，幸□族戚相劝，合移同居，务要同心合意，不得背地娶讨，如有等情，凭族戚去责，竭力向前，不得以怠情退缩。既有祖遗续置业产，四股均分，着谅补贴长孙，是以立议，馀则均分，不得私自肥囊，兄弟和睦，贰相好矣。彼此情愿，既往不咎。立此议约合同，永远为据。

道光三十年十一月二十二日

立约合同人　王方宽（押）

王方祥（押）

王方志（押）

王方谅（押）

凭族戚　王荣华（押）

王凌云（押）

储绍贵（押）

---

① 中国社会科学院历史研究所图书馆馆藏。

$$\quad\quad\quad\quad\quad\quad\quad\quad\quad\quad\quad\quad\quad\quad\quad\quad\quad\quad\quad\quad\quad\quad\quad\quad$$
朱万表（押）

储恒春（押）

储有聚（押）

当事人王方谅在未与兄长商量的情况下私自讨妻，后来妻子又不安分守己，背夫逃走，致使他负债累累，生活无着落。在这种情况下，族内众亲戚出面劝说、调解，使兄弟重新"合移同居"，并对祖遗业产重新进行了分割，终于使兄弟和睦，重归于好。

（清）同治九年八月徽州李相武等央劝字据[①]

立央请（劝）字人李相武同男佑韶连芳，孙久松情年泛水岁歉，堂弟永清退耕，今无银退给。父子商议无法设辬，只得央请满弟元上、堂弟云楼再三言劝胞弟世顺、正杰二人月佃已分关分，地名古塘湾田壹石以作备规银柒拾两整，以退给永清规银。今央请（劝）是实，日后世顺、正杰退耕无得异言，恐后无凭，立此央请（劝）字一纸，付世顺、云楼、正杰、元上收执为据。

计批添劝字三个

计批涂请字三个

$$\quad\quad\quad\quad\quad\quad\quad\quad\quad\quad\quad\quad\quad\quad\quad\quad$$凭　云楼、元上

$$\quad\quad\quad\quad\quad\quad\quad\quad\quad\quad\quad\quad\quad\quad\quad\quad$$凭族　佑正

$$\quad\quad\quad\quad\quad\quad\quad\quad\quad\quad\quad\quad\quad\quad\quad\quad\quad\quad\quad\quad$$克昌

$$\quad\quad\quad\quad\quad\quad\quad\quad\quad\quad\quad\quad\quad\quad\quad\quad\quad\quad\quad\quad$$久厚

$$\quad\quad\quad\quad\quad\quad\quad\quad\quad\quad\quad\quad\quad\quad\quad\quad\quad\quad\quad\quad$$久盈

$$\quad\quad\quad\quad\quad\quad\quad\quad\quad\quad\quad\quad\quad\quad\quad\quad\quad\quad\quad\quad$$久林

$$\quad\quad\quad\quad\quad\quad\quad\quad\quad\quad\quad\quad\quad\quad\quad\quad\quad\quad\quad\quad$$布云

同治九年八月二十日

$$\quad\quad\quad\quad\quad\quad\quad\quad\quad\quad\quad\quad\quad\quad\quad\quad$$李相武（押）

$$\quad\quad\quad\quad\quad\quad\quad\quad\quad\quad$$同男佑　韶连芳（押）

$$\quad\quad\quad\quad\quad\quad\quad\quad\quad\quad\quad\quad\quad\quad\quad\quad$$孙久松立

从契约文书的内容看，由于连年水灾，堂弟永清退耕，无钱退给。在父子商议没有办法的情况下，只得请求满弟、堂弟去再三劝说胞弟世顺、正杰二人退银，最后在七位族人的参与和见证下达成一份调解的协议，称为"劝央字据"。

（清）光绪二十七年徽州休宁陈桂亭墓地民事纠纷言明字据[②]

立言明字人陈桂亭，缘因日纯公祖茔一事与族侄吉祥等争端。蒙亲族再三劝导，不得相争，以全族谊亲族理处，帮补英洋七十七元，交桂手收，作旅费。自后两造均愿息争，各尽其道，所谓和气致祥也。今欲有凭，立此言明字照。

光绪二十七年十一月　日

$$\quad\quad\quad\quad\quad\quad\quad\quad\quad\quad\quad\quad\quad\quad\quad\quad$$立言明字陈桂亭（押）

---

① 中国社会科学院历史研究所图书馆馆藏。

② 田涛先生收藏。

凭族长　陈长春（押）

见场人　金茂桂（押）

　　　　汪焕卿（押）

　　　　汪似山（押）

　　　　　　　亲笔

　　徽州地处崇山峻岭之间，可谓寸土寸金。因墓葬而引发纠纷是非常普遍的现象。当事人陈桂亭因墓葬之事与同族侄子发生争端，在亲族的再三劝导下，双方以族谊为重，在"和气致祥"的理念下，达成息争的协议。这份调解协议书称为"言明字据"，从中可见，参加调解的还有一名族长和三名见场人。

（清）咸丰二年徽州方镇洪、方镇顺等遵劝和睦字据①

　　立遵劝和睦字人方镇洪、方镇顺等兹因于道光三十年九月间，堂兄方灶玄与族叔方时院一时忿怒，将院子冒手误伤致命。玄知理斥情亏，□中登门，央求劝解。愿出衣衾棺椁，斋□召度，应该承值，共用所费资财银钱四百五十两之数。不料玄家资稀微，尽作银钱不足三十余两之数，其余无所出处。以致拖累亲房，各自量力愿出，再若不敷支用，镇洪与镇顺二人面说对半承值，两相无异。不料本月间（须）[需]要归还　添右先银钱二十两之账项，须要二人派出，是以口角。因为前后支收不清，多寡者三百余文之数，借一为末之小事，而伤兄弟之大伦，是以邻居邀集苦劝，但将前后之事一应说明，二各自愿遵劝，永无生端。其有不愿者，将本收回应该洪、顺二人派出无辞。亦有不愿收者，各日本德也。自立之后，务要各守安分，切莫缘木求鱼，二各心平气和，永无反悔。若有悖墨反悔者，干罚银钱拾两以备酒酌公论无异。恐后无凭，立此遵劝和睦字一样两纸，各取一纸，永远为据。

　　　　计开出钱例名于后：

　　　　方时绣同智六、智七二人产业房步并会本共计币一百八十三千文

　　　　方美章公出钱九百七十五文

　　　　时胜出钱一千四　十二文

　　　　方社　公会出钱二十五千一　文

　　　　镇预出钱九百七十五文

　　　　时珪出钱七千文

　　　　时游出钱贰千五百二十文

　　　　时状出钱三千　四十五文

　　　　上有出钱拾五千　文

　　　　仍有不敷镇洪。顺二人均派

　　　　咸丰二年六月　日

立遵劝和睦字人　方镇洪

　　　　　　　　方镇顺

---

① 中国社会科学院历史研究所图书馆馆藏。

九、交换契约

一些因交换行为而订立的契约，如"换鱼池文书"、"换田地文书"、"换地契"等在徽州地区也是很常见的。例如：

（明）永乐元年休宁县汪汝嘉、汪汝名对换鱼池文书[①]

十二都汪汝嘉、汪汝名，原将江婆林、住东园二处鱼池，阄分各自一业，汝嘉分得住东园鱼池临北头一半，汝名分得江婆林鱼池一半，其二处鱼池字号、亩步、四至，自有原立合同文约可照，兹不再写。今汝嘉、汝名各思前项鱼池若不对换，俱各供养不便。今来商议，汝嘉永远管业江婆林鱼池，汝名永远管业住东园鱼池。今从对换之后，各人从便修理供养，并出两意情愿，各不许悔异。如先悔者甘罚籼谷贰拾秤与不悔人用，仍依此文为照。今恐无凭，立此对换合同文书为用。

永乐元年五月二十六日

汪汝嘉

对换文书

汪汝名

（清）乾隆三十四年歙县许元熙换地契[②]

立调换地契人支下元熙，今因买有场字一千八百八十二号，山税若干，土名金线充，厝葬先人，是业西首毗连有荫祠户内场字一千八百八十二号，地税二分，土名金线充，今身理恳族尊分长凭诸公眼同见业，将祠内熟地调换保护坟茔，自情愿将自置化字一千二百十号，地税三分九厘，土名大坞　，出调与荫祠户内支解收租。倘日后支下人等生端，故意侵害，族中自行理论，与身无涉。今恐无任，立此换契存照。

乾隆三十四年二月　　日

立调换地契人　支下元熙

凭中　永生

文坤

亲笔

十、雇佣与雇工契约

明清时代的农业长工，其劳动力的出卖一般都要通过订立雇佣文约的手续。明中叶以后，雇佣文约已有通行的格式。明后期的"雇长工契式"、"雇长工契"，亦称"雇工帖"、"雇工文约"、"雇工契"、"雇工议约"、"雇工人帖"、"雇工人文约"、"佣工议帖"[③]。

下面是《翰府锦囊》所记载的雇佣契式，其式文如下：

---

① 徽州地区博物馆馆藏。

② 徽州地区博物馆馆藏，（2：23490）。

③ 至少在今尚存的二十多种民间日用杂书中保留下来，笔者见到的有十二种，分见于《翰府锦囊》、《万忆萃宝》、《学海群玉》、《家礼简仪》、《杂字全书》、《尺牍双鱼》、《启札云章》、《鳌头杂字》、《增补素翁指掌杂字全书》、《释义经书士民便用通考杂字》、《新刻徽郡补释士民便读通考》、《四民便览东学珠玑》。

　　×县×都××，今为无活，情愿将空身出雇于×县×都×家，佃田生理一年，当日议定工钱文银若干正，其银定限按月支取，所有主家什色动器械毋得疏失，如有天行时契，蛇伤虎咬，皆系自己命，并不干主人事。今恐无凭，立此为照。

雇佣契约的格式主要包括以下要素：

（一）立契人

在契文开首写明立契人的姓名和住地。如"×县×部"、"×里×境"、"×社"、"×里"、"×都"。也可以不写住地，如作"立雇工人××"、"立工约人××"。

（二）出雇原因

如作"今为无活"、"为无生活"、"因无生活"、"今因生意无活"、"今因家无生理"、"贫无活计"。

（三）出雇方式

有托中和面议两种。托中人介绍雇主、议明工资者，书为"情愿托中雇到某都某名下"，或"凭中议定工资若干"在"议定"下加"每年"二字，"工资"写为"工觅"。若无"托中"和"凭中"字样，似为主雇面议者。

（四）雇佣期限

雇工期限一般为"一年"。一年之后，仍旧雇佣，再另行立契。有些未写明期限，但从"议定每年工资"来看，是一年以上的长期雇佣，无论二三年、五年、十年，甚至长达二十年，可以单凭一纸加以确定。

（五）工资

工资均以银两支付，一般是"按季支取"的，也有"按月支取"，或"其银陆续支用"者。契文中的"工银"，一般只指工价，不包括工食。工食通例是雇主提供，标准由雇主掌握，所以不必写入契中。

（六）双方的权利和义务

有关双方权利、义务的叙述如："佃田生理……所有主家什色动器械毋得疏失。""耕田……朝夕勤谨，照管田园，不敢外懒；主家杂色动用器皿，不致疏失。""耕田使用……朝夕照管田园，不敢逃躲懒惰；其主家杂用器物，不敢疏失。""替身农工……朝夕勤谨，照管田园，不敢懒惰，主家杂色器皿，不敢疏失。""新工使唤……不许东西躲闪，务要尽心做活……如或误工，照工除算工银。""耕……朝夕勤谨，照管田园，不敢懒惰，主家杂色器皿，不致疏失。""耕……朝夕勤谨，照管田园，不敢懒惰，主家杂色器皿，不致疏失。""耕田……朝夕勤谨，照管田园，不敢懒惰，主家杂色器皿，不致疏失……如有荒失，照数扣算。""如或抽拔工夫，照日除算。""耕田……朝夕勤谨，照管田园，不得闲戏，主家各色动用器皿，不致疏失。"

在雇主方面，有提供工银、工食、农具、食宿的义务，但契式中略而不书。但是特别应该指出的是，雇主有不顾死活使用的权利。雇工在文约中必须声明："如有天行时契，蛇伤虎咬，皆系自己命"；"如有风水不虞，此系己命"；"己命"作"本命"，"此系己命"作

"系己之命"，"风水不虞，此系天命"；"恐有不测祸患。皆系天命"，均与主家无干。

下面是一份典型的雇人照看柴草的雇佣契约，即"看约"：

（清）嘉庆二十三年姜平寿立看草约①

立看草约（姜平寿、胡得丰）许锦福，今看到王名下下湾兜二圩内柴草包看，当日言明看工制大钱八百文，一年为止，倘有外人窃去，俱在看草人培［赔］补无辞。恐后无凭，立此看草笔约为照。

嘉庆二十三年十二月　　日

立看草人　姜平寿（押）

胡得丰（押）

凭　中　许锦福（押）

明清时代的"长工"，还有一部分采用"典雇"或"年限仆婿"的契约形式。明代前中期，"典雇"刊刻有契约格式。明正统元年（1436 年）和景泰六年（1455 年）刊刻的《新编事文类聚启劄青钱》所载格式如下②：

典雇男子书式

×处×人，有亲生男名×，见年几岁。今因荒歉不能供赡，托得×人为保，情愿将男典雇与×处×人宅，充为小厮，当三面得典雇钱若干，交领足讫。自工雇后，须用小心伏事，听候使令，不敢违慢，亦不得擅自抛离，拐带财物在逃。如有此色，且×自当报寻前来，依数陪还无词。男×在宅，向后倘有不虞，皆天命也，且×即无它说，今立文字为用者。

×年×月×日

父亲姓　×押

保人姓　×押

典雇女子书式

×处×人，有亲生女名×姐，见年几岁，不曾受人定聘。今为日食生受，托×人为媒，情愿将×姐雇与×人宅为妾，得财礼若干。所雇其女，的系亲生，即非诱引外人女子，于条无碍。如有此色，且×自用知当，不涉雇主之事。如或女子在宅，恐有一切不虞，皆天之命也，且×更开它说。今恐无凭，故立典雇文字为用者。

×年×月×日

父亲姓　某押

媒人姓　某押

除了书面雇佣契约外，还有口头契约的形式，口头契约一般是主雇双方（也有通过中保人的，但这种现象愈来愈少）面议各种雇佣劳动条件，诸如年限、工价、工食、劳动项目、社会待遇等等。而双方口头同意的条件在不同的对象中实际相差甚远，有的很苛刻，

---

①　日本东京大学东洋文化研究所藏（九）宝应王氏文书中的一份。转引自杨国桢：《明清土地契约文书研究》，63 页，北京，人民出版社，1986。

②　转引自杨国桢：《明清土地契约文书研究》，63～64 页，北京，人民出版社，1986。

有的很优厚。其中条件优厚的自然比立契者更自由，但条件苛刻者有的甚至比立契者不自由。

（清）乾隆五十九年赵桂如立芒工文约①

立写芒工文字人赵桂如，今写到郭世福名下芒工两料，同中言明青钱贰串壹百伍拾文。刀镰斧伤，山荒草野，车前马后，自不小心，不与主相干。割大麦上工，谷锄三遍下工；种麦上工，菀豆种毕下工。恐后无凭，立字为证。

乾隆五十九年八月初六日借支 60 年芒工料

立字人　越桂如

中见人　刘添才

郭添春

上份文约即立契人赵桂如借支了郭世福 60 年芒工两料的钱，约定每年做两料短工抵偿。这当然不是自由短工，而是强制性的短工，而且契约有效期长达 60 年，需要二三代人才能做完，雇主才有必要把契约保存下来。这种特殊的短工，本人原是佃农，因为负债被迫定期进行季节性的奴役劳动，从债务引起的主雇关系这方面看，短工劳动毫无自由可言。

此外，在种植经济作物比较普遍的地方，雇佣劳动往往又是农家的一种副业。如福建泉州地区盛产龙眼，地主雇人看守果树，一般都是附近的农民。此类雇佣也订立契约，下面即为一例②：

立守雇字人晋江县水门外州四都柳通铺鲤洲乡郑日出，认过黄衙上来龙眼壹所，内栽龙眼壹拾壹株，坐在本乡土名后埔门闲内，东至岸，西至郑才良龙眼，南至岸，北至郑添彩园。今日出认来竭力看守，每年龙眼成熟之时，卖得银项若干，衙上应得捌分，其余贰分应得分与日出，以为守雇之工资。倘日出无竭力梭巡守雇，听衙上召起别管。今欲有凭，立守雇字为炤。

郑咸官　　林财官

中人

郑婆官　许豪谈官

十一、继承契约

与身份继承相关的，如过继文约，也是一种重要的继承契约，具体包括收养文约、立嗣文约以及南方某些地区的"绍书"。还有一种广义的婚书，如名为收养义男、义女的契约，而实质上目的是为了买卖奴婢，应归入典雇人口之类的契约之中。

十二、其他契约

另外，比较典型的还有"还约文书"、"领约"、"分界合同"、"借银券"以及"保护风

---

① 短工契约因为有效期间短，对雇主来说没有长期保存的价值，现在很难发现这种契约实物。陕西《长安县地主庄园博物馆概况介绍》中所列的芒工文约，是一种特殊的短工契约。

② 转引自杨国桢：《明清土地契约文书研究》，68 页，北京，人民出版社，1988。

水文约"等，举例如下：

（清）天启五年祁门县庄人康具旺等立还约①

庄人康具旺，李六保等，因先年拚山一号，土名成一□坞后，未知房东有分，潜地据造窑柴发卖，房东得知要行告理，自知理亏，情愿托中纳还价粮，承佃本山，前去砍拨锄种花利，变[遍]山载[栽]插松[山]杉苗禾，不得抛荒寸土。今恐无凭，立此为照。

天启五年八月初一日

立约人　康具旺

李六保

范端保

王旺祖

（清）同治十三年祁门县仆人胡祯福领约②

立领约仆人胡祯福，缘身祖居黄岗塘坞看守洪东主坟茔，历来无异，今身年巳二十七岁，无钱婚娶，蒙洪东主将身移继朱门，所招春林叔次女为室，当蒙洪东主帮贴婚配钱四千文，在手足讫。自此以后，朱门及塘坞两家门户，以及洪东主婚姻丧祭等役，使唤毋辞。如有抗违，听凭处治，身无异说。恐口无凭，立此领约存据。

同治十三年九月十九日吉

立领约仆人　胡祯福

凭代笔中人　吴联庆

（明）永乐二年休宁县汪汝嘉等分界合同③

十二都第三图住人汪汝嘉、汪汝弼、汪汝名、汪汝初兄弟四人，共承父存日置到住屋东边地一片，土名干塘口，于上长养竹木，阄书上俱作四人平取。今为管业不便，情愿公[同]商议，将前项地段量作四分，各立新捷篱为界。各人从便，永远管业，庶得长养竹木，屋宇造作便益。为此今将各人分得地段四至图册条画于后。今后各人只照依见立合同图册管业，各不许悔异。如先悔者甘罚籼稻壹百秤与不悔人用，仍依[此]文为用。其税粮仍依父阄书输纳，日后不必推收。今恐无凭，立此合同文为用。

永乐二年十一月初七日

汪汝嘉

汪汝弼

汪汝名

汪汝初

（图略）

下图是清宣统元年一份借银券：

由于徽州地区特定的地理环境，徽州山多地少，地形地貌复杂多样，客观上赋予风水

---

① 徽州地区博物馆藏。
② 徽州地区博物馆，藏号2：20763。
③ 徽州地区博物馆，藏号22：16768。

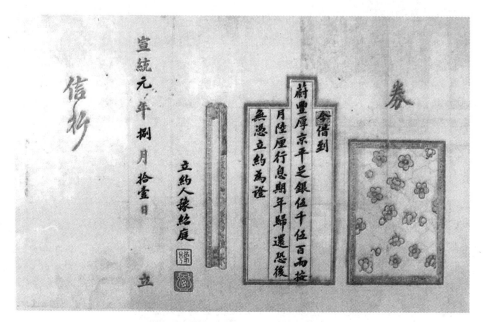

清宣统元年（1909年）豫绍庭借银券

术士以用武之地。同时，徽州居民多是从中原迁来的望族，有着深厚的文化沉淀，文化水平较高，这又为风水之术的探讨研究，提供了丰富的文化背景。从风水的角度来看，自然环境中的山石草木皆被认为与人的命运息息相关，不可轻动。由此，徽州地区出现了大量的有关保住风水龙脉，防止他人盗砍盗伐荫木的契约。下面是两则徽州地区最常见的一种合族保护风水文约的契约：

（清）顺治七年歙县胡宗朝等保护风水文约①

立齐心合同文书胡宗朝等。今因长湾口墓山来龙，则合族之干，系命脉之所，开祖以来向无侵害。今因王姓侵犯兹土，皆因人心不一，以致外人相欺。今合门人等齐心约束，歃血定盟。自立以后，俱要同心，毋得结外害内。官司等事，必要挺身为祖，毋得徇情躲缩。如有以上此情查出，合族人等呈送官理，定以不孝罪论。恐后无凭，立此文约为照。

顺治七年四月初四日

立齐心文约人胡宗朝等

---

① 徽州地区博物馆馆藏。

本卷后记

本卷是教育部哲学社会科学研究重大课题攻关项目《中国传统法律文化研究》子课题之一（第三卷），是在项目首席专家曾宪义教授的主持和指导下完成的。

本卷作为我的导师曾宪义先生主持的重大课题的分课题之一，作者实际上从1995年前后就开始拟稿撰写了。涉及古代中国民事法制的著述已有多部，所以从负责本卷的组织与撰写工作之初，我们便为本卷的编写初定了两个目标：其一是尽可能涵括法律史学界已有的这一领域的研究成果；其二是尽可能展示本卷编写者各自的最新研究成果。因此，我们在本卷的内容选取上和体例设计上，尽可能避免简单重复前人已有著述的内容，而是在前人研究的基础上，力图有所提高。

在此预设的指导下，本卷参加者，在参考学界已有相关研究成果的基础上，经过多次讨论，形成了本卷现在的体例结构。

此后，作为分卷主编，自2008年开始，对其他作者执笔的各章全部文字一一审读，进行适当的增补或修改。去年以来，对有些章节进行了较大的文字增加或改动；其间，婚姻继承部分，主要由王立教授负责修订；导论部分由王平原博士、余钊飞博士、沈玮玮博士作了进一步的修改；对他们的倾心相助深表感谢。如果因此造成文中的一些错误，当然应该由我来负责。

2010年出版社排出书稿清样后，逐字审读批注修改意见发还我们，我们先后对书稿清样进行了审改。并请张璐博士、沈玮玮博士多次做了文字特别是引文注释的校订工作。特别感谢他们在进行上述一系列繁细工作中所给予我的帮助。

本卷得以完成，应当感谢本卷诸位参加编写者同仁的大力相助，正是他们的艰辛付出，才使本书得以付梓。借此也要感谢当时在读的曲词博士、王帅硕士等同学在许多具体编写事务工作中的协助。这是一项在我们的导师曾宪义教授指导下，集体协作完成的学术著作，凝聚着十多位学人的心智劳顿和十多年的寒暑春秋。在此，作为本卷主编，我想代表我们所有参加本卷编写的作者，真诚期待学界同仁的批评斧正，以不负我们的导师曾宪义教授的期望。

本卷具体写作分工如下（按章节顺序）：

导论、第一章（赵晓耕、易清、肖洪泳、余钊飞）

第二章（赵晓耕、何民捷）

第三章（赵晓耕、王平原、余钊飞）

第四章（王平原）

第五章（王　立、马晓莉、马慧玥）

第六章（王　立、袁兆春）

第七章、第八章、第十二章、第十三章（李力［南京］）

第九章、第十一章（周子良）

第十章（柴荣、何莉萍）

第十四章（李力［北京］）

第十五章（春杨）

赵晓耕
2010 年京城初冬

图书在版编目（CIP）数据

身份与契约：中国传统民事法律形态/赵晓耕主编 . —北京：中国人民大学出版社，2011.12
（中国传统法律文化研究）
ISBN 978-7-300-15010-9

Ⅰ.①身…　Ⅱ.①赵…　Ⅲ.①民法-法制史-研究-中国　Ⅳ.①D923.02

中国版本图书馆 CIP 数据核字（2011）第 271588 号

"十一五"国家重点图书出版规划
教育部哲学社会科学研究重大课题攻关项目资助
中国传统法律文化研究
总主编　曾宪义
身份与契约：中国传统民事法律形态
主　编　赵晓耕
Shenfen yu Qiyue：Zhongguo Chuantong Minshi Falü Xingtai

出版发行	中国人民大学出版社		
社　　址	北京中关村大街 31 号	邮政编码	100080
电　　话	010 - 62511242（总编室）	010 - 62511398（质管部）	
	010 - 82501766（邮购部）	010 - 62514148（门市部）	
	010 - 62515195（发行公司）	010 - 62515275（盗版举报）	
网　　址	http://www.crup.com.cn		
	http://www.ttrnet.com（人大教研网）		
经　　销	新华书店		
印　　刷	涿州星河印刷有限公司		
规　　格	185 mm×240 mm　16 开本	版　　次	2012 年 1 月第 1 版
印　　张	42.5 插页 1	印　　次	2012 年 1 月第 1 次印刷
字　　数	860 000	定　　价	118.00 元